MÉMOIRES

DE LA

SOCIÉTÉ DES ANTIQUAIRES

DE PICARDIE.

DOCUMENTS INÉDITS

CONCERNANT LA PROVINCE.

TOME HUITIÈME.

BÉNÉFICES

DE

L'ÉGLISE D'AMIENS

OU

ÉTAT GÉNÉRAL DES BIENS,

REVENUS ET CHARGES DU CLERGÉ DU DIOCÈSE D'AMIENS,

EN 1730 ;

AVEC DES NOTES INDIQUANT L'ORIGINE DES BIENS, LA RÉPARTITION DES DIMES, ETC.

Par F.-I. DARSY,

Membre titulaire résidant de la Société des Antiquaires de Picardie.

TOME SECOND.

AMIENS,

E. CAILLAUX, IMPRIMEUR DE LA SOCIÉTÉ DES ANTIQUAIRES DE PICARDIE, RUE DU LOGIS-DU-ROI, 13.

1871.

TROISIÈME PARTIE.

ARCHIDIACONÉ DE PONTHIEU.

I. DOYENNÉ D'ABBEVILLE.

PRIEURÉS, CHAPITRES, ABBAYES ET COUVENTS.

COMMUNAUTÉS ET AUTRES ÉTABLISSEMENTS RELIGIEUX.

Prieuré de SAINT-PIERRE ET SAINT-PAUL, a Abbeville [1].

Manse du prieur commendataire.

Collateur de plein droit : l'abbé de Cluny.

Déclaration faite le 10 mai 1730 par le titulaire messire Antoine de la Roche de Fontenilles, approuvée par le Bureau diocésain.

— La terre et seigneurie de Barly-en-Ponthieu [2], consistant en : 22 journaux 1/2 de bois à coupe réglée, évalués à 8 sols la verge ; — 147 journaux de terre à la sole, sous-fermés à

---

[1] Ce prieuré, de l'ordre de Cluny, fut fondé en l'année 1075, par Gui II, comte de Ponthieu, à la sollicitation de Ade, son épouse, et il le dota de biens importants. Le roi Philippe Ier confirma cet établissement par charte datée d'Amiens en la même année 1075 et donna aux religieux le terrain nécessaire à la construction de leur monastère, à prendre dans l'emplacement du vieux château. En l'année 1100, le 2 des nones d'octobre (c'est-à-dire le 5 de ce mois), le comte Gui renouvela ses donations et y fit de nombreuses additions. Ce fut peu de jours avant sa mort, qui arriva le 13 du même mois. Plusieurs de ses hommes-liges intervinrent et ajoutèrent leurs largesses aux siennes. Nous les rappellerons en désignant ces biens. — L'église et les bâtiments du prieuré étaient situés sur la place St.-Pierre. Ceux-ci sont maintenant occupés par les dames Ursulines. (*Gallia Christ.* X, Instrum. col. 292 et 296. — D. Grenier, Mss. paquet 14e, liasse 3e. — Louandre, *Hist. d'Abbeville*, I, 129, et II, 436. — *Déclarat. de la manse convent. du prieuré.* — *Picardia christiana.* Ms. du chanoine Villemant. Arch. Départ. — Ms. 516 de la Biblioth. d'Amiens, f° 131.)

[2] Le comte Gui avait donné, lors de la fondation, une portion de terre sise à Basly, pour le travail d'une charrue. Le jour de l'inhumation de sa femme il donna tout son domaine audit lieu, comme le rappelle la charte de 1100. Par ce titre, l'un de ses hommes Hugue, seigneur (*senior*) de Chec, y ajouta quatre hôtes et une carruée de terre à Basly. — La seigneurie provenait de l'abbaye de St.-Josse. (V. p. 3 ci-après.)

divers ; — un droit de dîme sur le terroir de Barly, qui peut avoir, déduction faite du domaine, 300 mesures de terre par sole ; — un droit de champart sur environ la 8e partie du terroir ; — les droits de censives qui sont de 20 livres en argent, 25 setiers de blé, 50 setiers d'avoine, une poule par chaque ménage, cinq chapons ; — le droit de mort et vif herbage à raison d'un sol par chaque bête à laine. Le tout affermé 4,000 liv. en 1723. — Une ferme située au village de Campagne-en-Vimeu, avec 50 journaux de terre à la sole et environ 4 journaux de pré non planté, sous-fermée moyennant 100 setiers de blé et 1000 liv. d'argent. — 57 journaux de terre à la sole, situés au terroir de Genville-en-Ponthieu, sous-fermés 133 setiers de blé et 142 liv. d'argent. — 19 journaux de terre à la sole, à Menchecourt, estimés 40 setiers de blé. — Une dîme à Acheu-en-Vimeu, sous-fermée à la redevance de 32 setiers de blé et 180 liv. d'argent. — Une autre à Ailly-sur-Somme [1], sous-fermée à maître Henri Devalois, curé du lieu, 87 liv. 10 sols.— Une autre sur le terroir d'Auxy-le-Château, sous-fermée 130 liv. — Une autre à Bezancourt, sous-fermée 175 liv.— Une dîme à Buigny-St.-Maclou, du bailliage d'Amiens, sous-fermée 60 liv. — Une autre à Canaple, sous-fermée 240 liv.— Une dîme à Cocquerel, en Ponthieu, sous-fermée 350 liv. — Une autre à Eaucourt-sur-Somme en Ponthieu, sous-fermée 3 4 setiers de blé, 12 setiers d'avoine et 185 liv. — Une autre à Fontaine-le-Sec, sous-fermée 440 liv. — Une autre à Francière, en Ponthieu, sous-fermée à maître Tholomé, curé du lieu, 52 setiers de blé et 25 setiers d'avoine. — Une autre à Franleu, en Vimeu, sous-fermée 900 liv.—Une autre à Frettemeule, sous-fermée à maître Jean Tunc, curé du lieu, 48 setiers de blé, 10 setiers d'avoine et 105 liv. d'argent.—Une autre à Frieul, sous-fermée 17 setiers de blé et 110 liv. d'argent. — Une autre à Grébaut, en Vimeu, sous-fermée moyennant 58 liv.— Une autre sur le terroir de Hercourt, en Vimeu, sous-fermée à maître De Losier, curé du lieu, 42 liv. 10 sols. — Une autre à Limeux, sous-fermée moyennant 6 setiers de blé, 6 setiers d'avoine et 45 liv. d'argent.— Une autre à Longuemort, en Vimeu, sous-fermée 15 setiers de blé et 15 setiers d'avoine. — Une autre à Menchecourt, estimée 410 liv. — Une autre à Moyenneville, sous-fermée 20 liv. — Une autre à Neuilly-le-Dien, en Ponthieu, sous-fermée 12 setiers de blé, 12 setiers d'avoine et 120 liv. d'argent. — Une autre à Noyelle-en-Chaussée, sous-fermée à maître Maran, doyen de St.-Riquier, moyennant 8 setiers de blé et 8 setiers d'avoine. —Une autre à Oisemont, en Vimeu, sous-fermée 140 liv. — Une autre sur le terroir de Puchau, sous-fermée 75 liv — Une autre au Quesnoy-St.-Sulpice, sous-fermée 15 setiers de blé et 110 liv. d'argent. — Une autre à Villeroy, en Vimeu, sous-fermée 325 liv. — Une autre à Villers-sous-Ailly, sous-fermée 350 liv. — Une autre à Villers-sous-Authie, sous-fermée 15 liv. — Un appartement du prieuré, sous-loué 50 liv. — Un chantier dans la cour du prieuré, sous-loué 300 liv. — Une portion de chantier, sous-louée 15 liv. — 3 setiers de blé et 3 setiers d'avoine, dus par

---

[1] Donation de cette portion de dîme avait été faite au prieuré par l'oncle (*patruus*) du comte Gui, qui la confirma par la charte de l'année 1100. (Voy. ci-dessus I, 411, note 6.)

M. de Belloy-Pontdemer. — 12 setiers de blé et 12 setiers d'avoine dus par le marquis de Chepy. — 48 setiers de blé et 48 setiers d'avoine dus par l'abbaye de Villencourt. — Sur le roi, comme comte de Ponthieu, par an 50 liv. — Sur le moulin de Babos [1], annuellement 26 setiers de blé. — Sur le moulin de Rue [2], annuellement 60 liv. — Sur le comte de Thorace, 8 setiers de froment. — Droits de censives à Abbeville [3], Campagne, Cramont [4], Flibeaucourt, Francières et Port, évalués 470 liv. — Le tout affermé par bail notarié en 1722, à la redevance annuelle de 4,562 l. — Sur les aides et gabelles une rente au principal de 18,000 liv., produisant 440 liv., dont le tiers aux religieux, et 2/3 au prieur ou 293 l 6 s 8 d. — Rente sur l'abbaye de St.-Bertin de St.-Omer, 1,000 l. — Total des revenus 9,855 l 6 s 8 d.

Charges.

Aux religieux du prieuré : 96 setiers de blé, 12 setiers de froment, 42 setiers d'avoine, 2 setiers de pois et 3,000 liv. d'argent. — Au prieur claustral, 100 liv. — Aux religieux, pour leur petit couvent, 60 liv. — A la prévôté du prieuré, 100 liv. — A la sacristie, un setier de blé et 9 liv. pesant de cire. — Au portier, 10 setiers de blé et 20 liv. d'argent. — Au bailli, 12 setiers d'avoine et 20 liv. d'argent. — Au procureur fiscal, 4 liv. — Au greffier, 3 liv. — Au sergent royal, 4 liv. — Au médecin, 12 liv. — Au chirurgien, 4 liv. et 3 setiers de blé. — Gages du bailli de la terre de Barly, 40 liv. ; — du procureur d'office, 20 liv. ; — de deux gardes de bois, 120 liv. ; — et d'un arpenteur, 20 liv. — Aux religieuses de l'abbaye de St.-Michel de Doullens, 10 setiers de blé et 10 setiers d'avoine [5]. — Aux religieux de St.-Josse-sur-Mer, 18 setiers de blé et 18 setiers d'avoine [6]. — Au curé de Barly, 80 liv. d'argent, 18 setiers de blé et 18 setiers d'avoine. — Aux curés de St.-Éloy, 170 liv. ; — de Fransière, 100 liv. ; — de Genville, 6 setiers de froment et 6 setiers d'avoine ; — de Mareuil, 8 liv. ; — de Frettemeule, 10 setiers de blé, 10 setiers d'avoine et 45 liv. en argent ; — de Limeu, 25 liv. ; — d'Ailly-sur-Somme, 59 liv. ; — d'Oisemont, 20 liv. ; — de Villeroy, 3 setiers de blé et 3 setiers d'avoine ; — de Tours, 4 setiers de blé

---

[1] Le moulin de Baboth est compris dans les donations de 1075 et de 1100. Il paraît avoir été baillé à cens dans la suite.

[2] Peut-être pour tenir lieu des six *marées* données par le titre de 1075, ou des 60 muids de sel donnés par le titre de 1100 : le tout à prendre à Rue ? — Nous traduisons le mot *aquatia* par marée, c'est-à-dire le produit d'une pêche. Du Cange nous apprend, sous ce mot, que le salaire du marin se nommait lui-même *acq*.

[3] Peut-être pour raison du four dit Rohalt, sis dans la rue du Vimeu (*in burgo Vimacensi*), donné au prieuré par Eustache, vicomte de Canchy, de l'assentiment de son fils Godefroi, en présence du comte Jean de Ponthieu, en l'année 1189. (*Picardia christ.* Mss. — P. Ignace. *Hist. chron. des mayeurs d'Abbev.*)

[4] Par le titre de 1100 l'archidiacre de Ponthieu, Foulque, avait donné au prieuré tout ce qu'il possédait à Cromont.

[5] Dans leur *déclaration*, les religieuses n'ont porté que 9 setiers de blé, mesure de Doullens ; mais c'est probablement une erreur. (Voy. ci-dess. I, 204.)

[6] La cense, terre et seigneurie de Barli avait été cédée audit prieuré de St.-Pierre par l'abbaye de St.-Josse-sur-Mer, moyennant 3 muids de grains, moitié blé et moitié avoine, à la mesure du lieu, selon charte du mois de janvier 1242. De longues contestations surgirent entr'eux, à ce sujet, dans la suite ; elles furent réglées par transaction devant notaires au Châtelet de Paris le 28 juillet 1656. (*Copie du Cartulaire de St.-Josse-sur-la-Mer*, p. 340.)

et 4 setiers d'avoine ; — de Quesnoy, 59 liv. ; — d'Hercourt, 60 liv. ; — d'Himville, 4 setiers de blé. — Au trésorier de St.-Vulfran d'Abbeville, 9 setiers de blé. — Au seigneur de la Ferté-lès-St.-Riquier, 4 setiers et 4 boisseaux de blé. — Aux héritiers de Ch. Maillard, 24 setiers de blé. — A la maison du Val-aux-Lépreux, 3 liv. — Au bureau des pauvres d'Abbeville, 52 liv. — Toutes lesquelles charges ayant été imposées aux fermiers du prieuré par-dessus les redevances, ne sont portées que pour *Mémoire*. — Au prieur claustral, pour les frais du chapitre général de Cluny, 100[1]. — Réparations des chœurs de 24 églises, celles de l'église du prieuré, du couvent et de la maison prieurale dont les bâtiments sont vieux et caducs, 3,000[1]. — Total, 3,100[1].

RÉCAPITULATION : Montant des revenus . . . . 9,855[1] 6ˢ 8ᵈ
— des charges . . . . 3,100 » »
Reste net. 6,755 6 8

MANSE CONVENTUELLE.

La Communauté était alors composée de 8 religieux [1].

DÉCLARATION faite le 30 juin 1728, par le prieur claustral De Buissy du Maisnil et les religieux, rectifiée.

REVENUS AFFERMÉS.

Trente-trois journaux de terre au terroir de Nibas, chargés de fondations, 315[1].

REVENUS NON-AFFERMÉS.

Sur le prieur commendataire, suivant transaction de 1722: en argent, 3,000[1] ; — 96 setiers de blé, mesure du prieuré, faisant 100 setiers, mesure d'Abbeville, évalués à 8 liv. 1 sol, 805[1] ; — 30 setiers d'avoine, mesure du prieuré, faisant 31 setiers et 1/5, mesure d'Abbeville, évalués à 5 liv. 15 sols, 179[1] 8[s] ; — 2 setiers de pois à 9 liv., 18[1]. — Sur ledit prieur commendataire, pour pension au prieur claustral, 100[1]. — Sur le même, à cause de la ferme de Genville, pour le petit couvent, chargés de fondations : 12 setiers de blé froment, mesure du prieuré, ou 12 setiers 1/2 d'Abbeville, évalués 100[1] 12ˢ 6ᵈ ; — autant d'avoine, 71[1] 17ˢ 6ᵈ. — Le tiers d'une rente [2] sur l'Hôtel-de-Ville de Paris, assignée sur les aides et gabelles, et provenant d'une vente de bois [3], 130[1]. — Censives et surcens

---

[1] Il paraît qu'avant que le prieuré fût en commende, la communauté était composée de 24 religieux. (*Déclarat.*)

[2] Cette rente étant de 440 liv. en total, comme le dit la *déclaration* du prieur, il devrait figurer ici 146 liv. 13 sols 4 deniers. (Voy. ci-dess. I, 5.)

[3] Par le titre de 1100, le prieuré avait le droit de prendre, pour chauffage, dans chacun des bois de Gaden-Selve et de Cantastre autant de bois que deux ânes pourraient en porter en tout temps; il

avait en outre été doté de tout le bois au Mont de St.-Riquier. — Le bois de Gaden-Selve s'étendait de Forest-l'Abbaye à Abbeville. D. Grenier pensait que c'était l'ancien nom de la forêt de Crécy. Le défrichement de ce bois était commencé dès le XIIᵉ siècle. Le bois de Cantastre, entre Flibeaucourt et Hautvillers, a été défriché depuis environ 30 ans. (*Introd. à l'hist. de Picardie*, p. 171. — Louandre, loc. cit. I, 68. — Titres de l'Hôtel-Dieu d'Abbeville. Charte de Jean, comte de Ponthieu, de l'année 1155. citée par Louandre, *Notice historique sur l'Hôtel-Dieu*.)

sur plusieurs immeubles d'Abbeville [1], déduction faite d'un renvoi de 50 liv., 150 l. — Sur le seigneur de Villers-sur-Authie [2], 8 setiers de blé froment, 64 l 8 s. — Total des revenus, 4,934 l 6 s.

Charges.

Au bureau des pauvres, 8 l. — Repas dont, par la transaction, la communauté est chargée au lieu du prieur commendataire, savoir : au jour de St.-Pierre, fête patronale, au St.-Sacrement, au jour de St.-Marc et aux Rogations, pour les officiers de justice du prieuré, ceux du chapitre de Longpré et les prêtres des 3 paroisses de la ville qui sont du patronage du prieuré et qui assistent aux processions des Rogations, 200 l. — Gages des domestiques, 250 l. — Leur nourriture, *Mémoire*. — Entretien des bâtiments, *Mémoire* [3]. — Total, 458 l.

Récapitulation : Montant des revenus. . . . . 4,934 l 6 s
 — des charges . . . . 458 »

Reste net. 4,476 6

Prévôté dudit Prieuré.

Déclaration faite le 30 juin 1728 par le titulaire maître Lucas, approuvée.

Une branche de dîme au village de Conteville, 30 l. — Plusieurs renvois sur les fermiers du prieuré, 50 l. — Rente pour un fief situé au village de Sallenelle, qui avait droit de champart sur plusieurs pièces de terre, et aliéné moyennant ladite rente annuelle de 10 l. — Censives audit Sallenelle, 3 l. — Droits seigneuriaux sur la rivière de Scardon [4] et Baboc dans la ville d'Abbeville, 2 l. — Plusieurs censives dans la ville d'Abbeville, 3 l 10 s. — Total, 98 l 10 s.

Charges. — *Néant*.

> Nota. — Le revenu sur le Scardon et Baboc était plus fort autrefois, parce que les riverains faisaient des saignées pour l'arrosement de leurs prairies, ce qui a cessé, les curages ayant fort abaissé le lit de la rivière.

Chantrerie du prieuré.

Déclaration faite le 30 juin 1728 par le titulaire maître de Forcheville, rectifiée.

Sur le chapitre de Longpré-les-Corps-Saints, à cause de la dîme de Drucat, 6 setiers de

---

[1] En 1438 des débats eurent lieu entre les religieux de St.-Pierre et les marguilliers de l'église St.-Georges, au sujet d'une rente que les premiers prétendaient leur être due par *la maison du dieu d'Amour*, qui existait sur l'emplacement de ladite église. (Arch. municip. d'Abbeville, JJ, 135.)

[2] Cette redevance aurait-elle eu pour objet l'abandon par le prieuré de quelques-uns des droits que le comte Gui lui avait donnés, c'est-à-dire tout ce qu'il possédait à Villers, par la charte de l'année 1100 ? — Il est mis ici *sur*, et plus haut *sous* Authie.

[3] Ces deux derniers articles, omis en la *déclaration*, ont été ajoutés par le Bureau diocésain.

[4] Le comte Gui, par la charte de 1100, donna la pêche sur le Scardon, depuis le moulin des prés jusqu'à la Somme.

blé froment, mesure d'Abbeville, évalués à 8 liv. 1 sol l'un, 48ˡ 6ˢ ; — plus 6 setiers d'avoine à 5 liv. 15 sols, 34ˡ 10ˢ. — Sur la seigneurie de Ramburelles, 6 setiers de blé, évalués 48ˡ 6ˢ. — Total 131ˡ 2ˢ

CHARGES. — Entretien des livres de chœur, bancs des chantres et bâtons d'argent. . . . . 12 »

Reste net 119 2

SACRISTIE DU PRIEURÉ.

DÉCLARATION faite le 30 juin 1728 par le titulaire maître De Buissy du Maisnil, rectifiée.

Une portion de dîme au terroir de Cocquerel, 30ˡ. — Un droit de patronage ou renvoi sur la cure de Vron, à rendre par le curé dans la ville de Rue, au jour de St.-Martin d'hiver, de : 9 setiers de blé, évalués à 8 liv. 1 sol, 72ˡ 9ˢ ; — et 9 setiers d'avoine à 5 liv. 15 sols, 51ˡ 15ˢ. — Censives dans la ville d'Abbeville (une partie est prescrite), 6ˡ. — Renvoi sur la cure de Colline, 6ˡ. — Un droit de drap mortuaire dans l'étendue des trois paroisses d'Abbeville qui sont du patronage du prieuré, 80ˡ. — Sur le prieur commendataire : un setier de blé pour le pain à chanter, évalué 8ˡ 1ˢ ; — plus 9 liv. pesant de cire, 11ˡ 5ˢ. — Total, 265ˡ 10ˢ.

CHARGES.

Fourniture des cires de l'église du prieuré, 120ˡ. — Huile de la lampe qui brûle jour et nuit dans l'église, et pain à chanter, 40ˡ. — Aux sonneurs et fourniture des cordes des cloches, 50ˡ. — Total, 210ˡ.

RÉCAPITULATION : Montant des revenus 265ˡ 10ˢ
— des charges . . . . 210 »»

Reste net. 55 10

PRIEURÉ SIMPLE DU SAINT-ESPRIT, A ABBEVILLE [1].

Collateur de plein droit : le prieuré de St.-Pierre d'Abbeville.

DÉCLARATION fournie par le prieur titulaire dom Adrien François Lucas, religieux profès du prieuré de St.-Pierre et St.-Paul d'Abbeville, sans date.

Vingt-huit à trente journaux de terre à la sole, situés aux terroirs de Buigny-St.-Maclou et de Menchecourt, affermés moyennant : 14 setiers de blé, mesure d'Abbeville, à raison de 8 liv. 1 sol, 112ˡ 14ˢ ; — et en argent, 450ˡ. — 8 journaux de terre au village d'Épagne, affermés 62ˡ. — Censives et renvoi, 8ˡ. — Total, 632ˡ 14ˢ.

CHARGES.

Frais du visiteur de l'ordre à chaque chapitre général [2], 10ˡ. — Une messe par semaine,

---

[1] Ce prieuré était de l'ordre de Cluny.

[2] La *déclaration* avait porté ces frais à 30 liv.; mais le Bureau diocésain les réduisit à 10 liv., par ce que le chapitre ne se tenait que tous les 3 ans.

le dimanche, 26 ¹. — Cire, pain, vin et ornements, 30 ¹. — Une grand'messe le jour de la Trinité, 6 ¹. — Entretien de la chapelle et des bâtiments de la maison prieurale, 60 ¹. — — Total, 132 ¹.

Récapitulation : Montant des revenus . . . . 632 ¹ 14 ˢ
— des charges . . . . 132 »»

Reste net. 500 14

Prieuré simple de CANCHY-LÈS-PONT-DE-REMY [1].

Collateur de plein droit : l'abbé du Bec-Helluin.

Déclaration faite le 3 avril 1730 par le prieur commendataire, maître Jérôme True, rectifiée.

La seigneurie de Canchy [2], avec justice vicomtière, 32 journaux de terre labourable, 6 journaux 1/2 de pré, 4 journaux de bois taillis et les 2/3 de la dîme, affermés moyennant 1,000 ¹ ; plus à la charge de remettre au curé du lieu, 60 ¹, avec 8 setiers de blé et 8 setiers d'avoine, *Mémoire.* — Une branche de dîme sur le terroir de Feuquières-en-Vimeu, 135 ¹. — Une autre sur le terroir de Fontaine-sur-Somme, 283 ¹ 6 ˢ 8 ᵈ. — Une autre sur le terroir de Fransière, 25 ¹. — Une autre sur le terroir d'Hallencourt, 151 ¹ 13 ˢ 4 ᵈ. — Une autre sur le terroir de Liercourt, 180 ¹. — Une autre sur le terroir de Wavant-en-Artois, 303 ¹ 6 ˢ 8 ᵈ. — Une autre sur le terroir de Wiry, 60 ¹. — Une autre sur le terroir de Villers-l'Hôpital, et 25 journaux de terre à la sole, le tout affermé 603 ¹ 6 ˢ 8 ᵈ. — Total, 2,741 ¹ 13 ˢ 4 ᵈ.

Charges.

Honoraires du sous-prieur, 250 ¹. — Au curé de Liercourt, pour partie de sa portion congrue, 37 ¹ 5 ˢ. — Au curé de Villers-l'Hôpital, pour partie de sa portion congrue, 112 ¹ 10 ˢ. — Au vicaire de Forestel, 18 ¹ 15 ˢ. — Rente annuelle à la demoiselle Le Bel, veuve Morgan, 17 ¹ 10 ˢ. — Réparations de 9 chœurs [3], 450 ¹. — Total, 886 ¹.

Récapitulation : Montant des revenus . . . . 2,741 ¹ 13 ˢ 4 ᵈ
— des charges . . . . 886 »» »

Reste net. 1,855 13 4

Nota. — Il n'est point compté de réparations de bâtiments, parce que les fermiers en sont chargés.

---

[1] Ce prieuré, de l'ordre de St.-Benoît, de la congrégation de St.-Maur, fut fondé, croit-on, par Gautier Tyrel, sire de Poix et vicomte d'Esquennes, en 1127. (M. Goze, *Château et Eglise de Pont-Remy*, p. 17, au tome II des *Eglises, Châteaux, etc. de la Picardie et de l'Artois*.)

[2] La *déclaration* ajoute : « lequel village n'existe plus. »

[3] Les travaux faits au chœur de Villers-l'Hôpital depuis 10 ans avaient coûté, dit la *déclaration*, plus de 1800 livres.

Chapitre de SAINT-VULFRAN, a Abbeville [1].
Patron : le roi, comme comte de Ponthieu.

Nous n'avons pas trouvé les déclarations détaillées de ce chapitre, ni des dignités y attachées. Le *pouillé* de 1736 nous a donné les documents suivants :

Le Chapitre était composé de 21 chanoines capitulants. — Les revenus étaient de 19,342 livres.

Le Doyenné était à la nomination du roi ; l'évêque conférait la charge d'âmes, *curam animarum*. — Revenus : 260 livres.

La Chantrerie [2], aussi à la nomination du roi. — Revenus : 90 livres.

La Trésorerie, à la nomination du roi. — Revenus : 150 livres.

Chapitre de NOTRE-DAME, a Noyelle-sur-Mer [3].
Il était composé d'un doyen et de 11 chanoines [4].
A la collation de l'évêque d'Amiens et du seigneur du lieu, alternativement [5].

Déclaration faite le 17 juillet 1728, par André-Nicolas Hecquet, doyen, les chanoines et chapitre, approuvée.

---

[1] La fondation du chapitre de St.-Vulfran est due aux comtes de Ponthieu. Par charte de l'année 1121 Jean, Ier du nom, institua 20 chanoines et autant de prébendes, dont il se réserva la collation. Il leur donna tout ce qu'il avait à Laviers, les deux moulins de Cauroy, la moitié du moulin de la Bouvaque, le moulin du Fossé, celui de Pennoc, des cens à Epagne, au Crotoy, à Noyelle, à Rouvroy, à St.-Riquier, etc., plus les dîmes de divers lieux que nous citerons à leur ordre. — En 1138 son fils Jean II et Béatrix, épouse de celui-ci, du consentement du Chapitre, institua 6 nouveaux chanoines, qui ne devaient rien prendre sur la première donation, mais convertir tous leurs biens en quotidienne, pour être distribuée eu égard aux jours de présence. L'un d'eux devait avoir la charge de la paroisse. Il leur donna, entre autres choses : le moulin Brassières sur l'eau de Talance, tout ce qu'il possédait à Onicourt à Rainvillers, le patronat de St.-Vulfran-en-Chaussée et d'un grand nombre d'autres églises, et diverses dîmes. — Les titulaires des 20 premières prébendes se nommaient prévôtaux et les autres quotidiens. — L'aumusse des chanoines avait le bord gris. — En l'année 1142 l'évêque Guarin avait tenté de substituer des religieux de Cluny aux chanoines de St.-Vulfran ; mais ce projet ne réussit pas. — Par une coutume assez bizarre, le chapitre avait le droit de s'emparer de l'autorité municipale pendant l'octave de la Pentecôte. Le chapitre avait pour armes : Semé de France, à la croix patriarcale tréflée d'or, accostée de deux lettres de même : S à dextre, et W à senestre. — L'église collégiale actuelle de St.-Vulfran fut commencée en 1488, sur les ruines d'une autre consacrée au même saint. (Rapport sur les monum. historiq. *Mém. Soc. d'Emulation d'Abbeville*, 1834-1835, p. 62 ; 1836-37, p. 100. — Louandre, *Hist. d'Abbeville*, I, 477 et 488. — Ms. 516 de la Biblioth. comm. d'Amiens, fol. 87 et 88. — *Gallia Christ.* X, 1174 E. — *Extr. des Registres de l'église collégiale de St.-Vulfran.* Biblioth. commun. d'Abbeville.)

[2] Elle avait été aumônée de cent journ. de bois dans la forêt de Crécy, par la comtesse Jeanne de Ponthieu, épouse en deuxièmes nôces du sire de Nesle, en l'année 1265. (Louandre, loc. cit. I, 164.)

[3] Ce chapitre fut fondé au mois de mai 1217 par Guillaume III, comte de Ponthieu, et confirmé par l'évêque Evrard au mois de juin suivant. — Le doyen était choisi par élection capitulaire. — Au milieu du XVIIe siècle il avait été question de transférer ce chapitre à Abbeville. Mais, par acte capitulaire du 5 mai 1653, le chapitre de St.-Vulfran s'opposa au sceau des lettres-patentes. (*Déclaration.* — *Gallia Christ.* X, 1181 E. — *Extr. des Registres de l'église St.-Vulfran.*)

[4] Il fut fondé en 1217 par Guillaume III, comte de Ponthieu et de Montreuil, avec sa femme Alaïde, dans l'église paroissiale du lieu. — Le mercredi après Quasimodo de l'année 1281 l'évêque Guillaume renouvela les statuts du chapitre. Ils établissent 13 prébendes, dont une attribuée, avec un canonicat, au curé de la paroisse et deux au doyen du chapitre. — En 1689 il n'y avait que le doyen avec deux chanoines, dont le curé du lieu. (*Pouillé de l'Archid.* f° 30. — P. Ignace, *Hist. des mayeurs d'Abbeville*, p. 135. — Titres de l'Evêché, 16-2°. — *Picardia Christiana*, f° 125 v°. Ms.)

[5] Ce droit de collation alternative fut réservé par

Revenus non-affermés.

Le fief nommé d'Heudemer, situé en la ville et banlieue de Noyelle et terroir environnant [1], dont le revenu consiste en un droit de censive de 13 l 2 s 1 d ; — et un droit de lods et ventes de 15 l. — Cens d'anciennes fondations sur plusieurs immeubles situés en la ville d'Abbeville, 8 l. — Sur le domaine de Ponthieu [2], 87 l 10 s. — Sur le même domaine [3], 7 l 10 s. — Sur le seigneur de Noyelles, pour fondations [4], 7 l 10 s. — Rente sur la cure du lieu, pour fondations, 8 l. — Autre rente, aussi chargée de fondations, 3 l. — Sur la fabrique de Noyelle, pour acquit de fondations, 30 l. — 16 journaux de terre [5], dont 7 quartiers ont été donnés à surcens pour 6 liv. par an, et 14 journaux, sont évalués 50 l. — La dîme de grains de Noyelle, 270 l. — La dîme de laines du même lieu, 80 l.

Revenus affermés.

Un petit fief situé à Cerisy-Bulleux [6], 6 l. — Les deux tiers des grosse et menue dîmes du même lieu, affermés en 1722, à maitre Gabriel Foucart, curé du lieu, 370 l. — Les 2/9 de la grosse dîme et les 2/3 des menues dîmes de St.-Blimont [7], 230 l. — Les 2/9 de la dîme de la paroisse de Broutelle, quittés et abandonnés au curé du lieu, suivant transaction de 1693, la somme de 40 l. — La dîme de la paroisse d'Aoûte, 480 l. — Une petite dîme sur un canton de la paroisse d'Arri, appelé les Essarts, pour laquelle le curé du lieu rend au chapitre, 10 l. — Total des revenus, 1,721 l 12 s 1 d.

Charges.

Au curé de Cérisy-Bulleux, pour supplément, 56 l. — A celui de St.-Blimont, pour même cause, 16 l. — Au vicaire du même lieu, pour son entretien, 45 l. — Pour l'entretien de la sacristie, gages d'officiers, honoraires du receveur, 210 l. — Pour la poursuite des

l'évêque Evrard dans la charte de 1217; il fut reconnu par charte de Jean, comte d'Aubemarle, du 27 septembre 1316, laquelle porte nomination en commun à deux prébendes vacantes de « Guillaume, fils de Guillaume Latarte, receveur de Ponthieu, et Pierre de Pressi, clerc de noble homme et sage sire Thomas de Savoie, chanoine d'Amiens. » (Titres de l'Evêché, 16-2e. — *Manuscrits* de Pagès, III, 191.)

[1] Ce fief fut donné au chapitre en 1273. Il relevait de la seigneurie de Saigneville. Les censives qui composaient son revenu fixe se percevaient sur 62 journ. 1/2 de terre à labour, en 25 pièces. (*Déclarat.*)

[2] Cette somme de 87 liv. 10 sols représentait celle de 70 liv. parisis donnée par le comte Guillaume au chapitre, pour sa fondation. (*Déclarat.*)

[3] Cette rente avait été léguée au chapitre par Marie, comtesse de Ponthieu, au mois de septembre 1240 et au mois de juin 1250, à la charge de 2 obits solennels,

l'un pour Alix, comtesse de Ponthieu, et l'autre pour Simon, comte de Ponthieu. (*Déclarat.*)

[4] Cette rente fut léguée par Jean de Ponthieu en l'année 1296, à la charge de 2 obits solennels pour les comtes de Ponthieu, autrefois seigneurs de Noyelle. (*Déclarat.*)

[5] Ils leur furent légués le 20 septembre 1591 par Jeanne Pinchet, à la charge d'une messe du St.-Sacrement le jeudi de chaque semaine. (*Déclarat.*)

[6] Ce petit fief fut donné au chapitre en 1217; sept journ. de terre et 2 maisons à Cérisy-Buleux en relevaient et devaient le quint denier en cas de vente. (*Déclarat.*)

[7] Le curé de St.-Blimont avait l'autre tiers des menues dîmes ; le surplus de la grosse dîme appartenait tant au même qu'aux abbayes de St.-Valery, de Sery et de Bertaucourt. (*Déclaration.* — Voy. ci-dessus tome Ier, page 483.)

affaires du chapitre, 70 l. — Pour censives dues à différents seigneurs, 8 l. — Pour les quittances en parchemin, droits du receveur du domaine et honoraires du notaire, qui dressent les quittances, 3 l. — Une rente de 25 liv. au principal de 500 liv. au profit de M⁰ Pierre Hecquet, chanoine d'Abbeville, 25 l. — Entretien de l'église de Noyelle, exposée aux vents de mer, 47 l 2 s 2 d. — Entretien de l'église de Cérisy-Bulleux, 22 l 9 s 6 d. — Entretien des églises d'Aoûte et de St.-Blimont, 40 l. — Total, 542 l 11 s 8 d.

    Récapitulation : Montant des revenus . . . . 1,721 l 12 s 1 d
    —   des charges 542   11   8
                                                    Reste net . . . . . . 1,179 » » 5

Nota. — Le doyen n'avait d'autre revenu qu'une double prébende, selon la déclaration négative faite par lui le même jour.

Couvent des CAPUCINS [1].

Ces religieux mendiants ne possédaient d'autres biens que les lieux réguliers.

Couvent de la CHARTREUSE de Saint-Honoré [2].

La Communauté était fondée pour 14 religieux de chœur et 4 frères donnés. Elle n'était composée alors que de 12 religieux de chœur et 3 frères donnés.

Déclaration faite en 1728 par le prieur Liévin Caron et les religieux, rectifiée.

Revenus non-affermés.

Environ 400 arpents de terre situés au lieu nommé Thuison, faubourg et banlieue d'Abbeville, dont un tiers en côtes, produisant annuellement 200 setiers de blé, mesure d'Abbeville, évalués à raison de 8 liv. 1 sol, 1,610 l. — 34 journaux de terre à foin, situés au même lieu, 72 l. — 70 journaux de bois taillis, dont 30 situés à Forest-l'Abbaye et 40 à Nouvion [3], 120 l. — Dîme ecclésiastique sur les terres à Port, Noyelles-sur-Mer, Morlay,

---

[1] Fondé en 1601, par la protection du duc de Longueville et à la sollicitation du P. Cyprien de Gamaches, célèbre prédicateur de l'ordre. — Le 28 juillet 1600, le chapitre de St.-Vulfran délibérait qu'il serait représenté à l'Hôtel-de-Ville que les anciens couvents, tels que les Cordeliers, les Minimes, etc., étaient très-pauvres, faute d'aumônes, et que par conséquent on ne devait pas créer de nouvelle maison. Cependant le 6 juillet 1601 il leur accordait une chapelle dans l'église de Notre-Dame-du-Châtel. Ces religieux s'établirent d'abord dans une maison de la rue aux Pareurs. Plus tard ils allèrent demeurer dans la rue St.-Eloi, auprès du Pont au Scardon. (*Hist. d'Abbev.*, II, 463. — *Gamaches et ses Seigneurs*, p. 173. — Extrait des *Registres de l'Église collégiale de St.-Vulfran*. — P. Ignace, *Hist. ecclés.*, p. 217.)

[2] Ce couvent fut fondé en 1301 par Guillaume de Mâcon, évêque d'Amiens. La maison conventuelle était située au lieu nommé Thuison, faubourg et banlieue d'Abbeville, et contenait environ 10 journaux. Les bâtiments tombaient de vétusté en 1728. Ces lieux et les biens désignés sous les articles 4, 13, 14, 21, 23, 31, 32, 33, 38, 43, 45 et 49 provenaient de ladite fondation. (*Déclarat.*) — Pour celle-ci l'évêque avait acheté la place et la maison des Templiers (à Thuison), et du chapitre d'Amiens, la cure et les dîmes de Port-le-Grand. (*Actes de l'Église d'Amiens*, I, xlvj. — *Histoire ecclésiastique d'Abbeville*, p. 191 — *Gallia Christ.* X, 1189 C.)

[3] Celui-ci fut planté en 1704. Le tout provenait d'une donation très-ancienne d'un seigneur de Nouvion. (*Déclarat.*)

Hamel et dépendances, *écarsées* pour causes dites aux transactions et produisant, suivant transaction de 1719, la somme de 200 l. — Sur plusieurs particuliers propriétaires de terres, pour même cause, 40 l. — Sur la commanderie de Beauvoir [1] : 21 setiers de blé, évalués 169 l 1 s ; — et 21 setiers d'avoine, évalués à 5 liv. 15 sols, 120 l 15 s. — Sur l'Hôtel-Dieu d'Abbeville : 6 setiers de blé, 48 l 6 s ; — et 6 setiers d'avoine, 34 l 10 s. — Sur le moulin de Riquebourg, situé à Abbeville [2], 48 l 6 s.

Rentes, cens et surcens.

Censives sur le fief de St.-Milfort désigné ci-après, 40 l. — Un fief à Mautor, avec moyenne justice, produisant de censives, 6 l. — Cens, surcens et rentes sur plusieurs immeubles dans la ville et banlieue d'Abbeville, 250 l. — Cens et surcens sur maisons et terres dans la ville et banlieue du Crotoy, 12 l. — Le fief de Lavier, auquel afférent, à cause d'immeubles situés à Lavier, Sailly-le-Sec, Sailly-Bray et Nollette, des censives s'élevant à 40 l. — Le fief Simon Broquet à Noyelle-sur-Mer, produisant de censives sur plusieurs immeubles, 12 l. — Le fief de Tourtinéglise relevant de la seigneurie de Villers et auquel afférent, à cause d'immeubles situés à Lheure, Drucat, Bouvaque, Poultier et Acheux, des censives s'élevant à 13 l. — Le fief St.-Honoré [3] produisant de censives, à cause d'immeubles sis à Port et environs, 43 l. — Censives et surcens à Petit-Port, à cause du même fief, 19 l. — Le fief Tillette à Port, relevant en partie du roi et en partie de la Ferté-lès-St.-Riquier, produisant en censives à cause d'immeubles sis à Port, 22 l.— Le fief Lando à Port, produisant en censives, 2 l. — Le fief d'Allenay à Port, relevant de la Ferté-lès-St.-Riquier, donnant en censives 34 l. — Le fief de Thuison à Thuison, donnant en censives et surcens 50 l. — Droits de lods et ventes, à cause des dits fiefs, 70 l. — Dédommagement payé par le roi pour les dîmes qui appartenaient anciennement aux Chartreux sur les sels qui se faisaient dans les salines de Noyelle, Nollette et environs [4], 120 l. — Sur le roi, à cause de son comté de Ponthieu, 36 l 5 s. — Sur le roi, au lieu du clergé, rente constituée au principal de 5 mille et tant de livres, anciennement au denier 12, réduite depuis au denier 50, produisant 103 livres.

Revenus affermés.

Une maison de la contenance de 2 journaux, avec 6 journaux de pré, situés à Thuison, 110 l. — Le fief de St.-Milfort, sis en la banlieue d'Abbeville, consistant en une ferme, grange, bâtiments et pourpris enclos de murs, d'une contenance de 12 journaux, avec

---

[1] Provenant d'un legs fait anciennement par un seigneur comte d'Egmont. (*Déclarat.*)

[2] Il provenait d'un legs fait en 1470 par Jeanne Marbrier. (*Déclarat.*)

[3] « Le manoir et pourpris St.-Honoré séant en la ville de Port...(consistant) en jardin, grange, chelier,» avait été baillé à cens par les religieux le 9 avril 1405. (Titres des Chartreux d'Abbeville, Archives départ.)

[4] Ces dîmes sur le sel en produisaient 50 à 60 setiers par an. Le roi ayant transféré le sel à brouage, accorda en dédommagement à la Chartreuse 8 minots de sel par an, à prendre dans le grenier d'Abbeville, en payant le prix marchand, et encore quelques arpents de bois dans sa forêt de Cressy; mais ce bois ayant été depuis converti, fut remplacé par ladite redevance. (*Déclarat.*)

justice moyenne et basse, relevant du comté de Ponthieu¹, 170 ¹. — Maison et pourpris de 5 quartiers dépendant du même fief, 40 ¹. — Deux moulins audit lieu de St.-Milfort, l'un à blé et l'autre à huile, maison, grange, bâtiments et pourpris, de la contenance de 5 journaux, avec 21 journaux de prés, 1500 ¹. — Les fief et seigneurie de Port ², avec moyenne et basse justice, et nomination à la cure, ferme, grange, bâtiments, 330 journaux de terre à labour et 7 journaux de pré, un tiers de la grosse dîme ³, affermés moyennant : 50 setiers de blé, évalués 402¹ 10ˢ ; — 50 setiers de seigle, 335 ¹ ; — et en argent, 800¹. — Une branche de dîme à Port, affermée moyennant : 8 setiers de seigle, 53¹ 12ˢ ; — 8 setiers d'avoine, 46¹ ; — et en argent, 200¹. — Le tiers des grosses dîmes de Nollette, les menues et vertes dîmes en entier (avec nomination à la cure), 260¹. — Dîme inféodée sur les terroirs de Morlay, Nollette et environs, 120¹. —Une branche de dîme inféodée ⁴ qui se perçoit dans l'enclos Pinchet à Noyelle-sur-Mer, affermée moyennant 24¹ ; plus 3 setiers de blé, évalués 24¹ 3ˢ. — Une branche de dîme inféodée, au terroir de Mautort, dans la mouvance de la seigneurie du lieu, 105¹. — 33 journaux de terre à Biencourt, dont 4 en fief, le surplus en rôture, affermés 33 setiers de blé, 265¹ 13ˢ. — 8 journaux 1/2 de terre labourable en rôture, situés au Boisle, affermés en argent, 10¹ ; plus 6 setiers et 8 boisseaux de blé, 52¹ 6ˢ 6ᵈ. — 10 journaux à Cauroy, dont 4 en fief, le reste en rôture, affermés moyennant 20 liv. ; plus 11 setiers de blé, évalués 88¹ 11ˢ. — 28 journaux de terre à Gorenflos, en rôture, affermés en argent, 80¹ ; plus 12 setiers et 8 boisseaux de blé, 100¹ 12ˢ 6ᵈ. — 60 journaux de terre à Halloy, affermés moyennant : 16 setiers de blé, évalués 128¹ 16ˢ ; plus en argent, 160¹. — 11 journaux de pré à Lheure, faisant partie du fief de Tourtinéglise, 150¹. — 14 journaux de terre à Limercourt, affermés moyennant : 7 setiers de blé, évalués 56¹ 7ˢ ; plus en argent, 15¹. — Une branche de dîme inféodée à Zaleux, Limercourt et environs ; et 9 journaux de terre en rôture, situés à Acheux et à Miannay, affermés en argent, 12¹ ; — plus 8 setiers de blé, 64¹ 9ˢ. — Un demi-journal de bois, à prendre dans les bois de la seigneurie de Mareuil ⁵ ; ces 2 articles affermés moyennant : 130¹ ; — 8 setiers de blé, évalués 64¹ 8ˢ ; et 8 setiers d'avoine, 46¹. — 9 journaux 1/2 de pré à foin, situés à Menchecourt et Lavier, 78¹. — 18 journaux de terre en rôture aux terroirs de Miannay et de Bouillancourt,

---

¹ Il fut acquis, avec les art. 28 et 29, en juillet 1666, du sieur de Gorenflos. (*Déclarat.*)

² Une partie était du patrimoine de St.-Honoré de l'ancienne fondation, une autre fut acquise de Gilles Lando en 1657, et une autre provenait d'échange fait avec le sieur Trufier, contre la ferme de Bonneval, qui était de l'ancienne fondation. (*Déclarat.*)

³ Les dîmes de Port avaient appartenu au chapitre de la Cathédrale jusqu'à la donation que l'évêque en fit aux chartreux, lors de leur fondation. (*Rec. Décis. capitul.* Ms., p. 170. — Voy. ci-dess. p. 10, note 2.)

⁴ Elle était d'un tiers, et fut cédée à la chartreuse par le chapitre de Notre-Dame d'Amiens, à la charge de lui remettre annuellement 3 setiers, mesure d'Abbeville, de bon blé de muison, selon transaction du 27 mai 1679. — En 1529 les chartreux en avaient un tiers et M. de Longueville autant. — Ledit enclos était sur la partie du terroir appelé *les Salines*. (*Décl.* — Titres du chapitre d'Amiens, arm. 5, liasse 31, nᵒˢ 1, 2 et 3.)

⁵ En échange de 14 journ. de mauvaise terre à Mareuil, qui étaient de l'ancienne fondation. (*Décl.*)

affermés moyennant 50 ¹; plus 8 setiers de blé, 64 ¹ 8 ˢ. — 20 journaux de terre à Morival et Translay, affermés moyennant 19 setiers de blé, 152 ¹ 19 ˢ; plus en argent, 22 ¹. — 11 journaux de terre à Oisemont, affermés moyennant : 10 setiers de blé, évalués 80 ¹ 10 ˢ; plus en argent, 20 ¹. — 4 journaux de terre à Rambures ¹, 30 ¹. — 30 journaux de terre à Ville près Flixecourt, 200 ¹. — 150 journaux de terre à Zoteux, dont 1/2 en fief restreint et le reste en rôture ², affermés 300 ¹; plus 50 setiers de blé, 402 ¹ 10 ˢ. — Total des revenus, 10,369 ¹ 17 ˢ.

Charges.

Au chapitre de Longpré, 62 ¹. — Gages du garde de bois de Forest-l'Abbaye et de Nouvion, 60 ¹. — Partie de la portion congrue du curé de Port, 200 ¹. — Censives dues à la seigneurie du Pont-de-Remy, 11 ¹. — Gages du garde de bois de Port, 70 ¹. — Partie de la portion congrue du curé de Nollette, 100 ¹. — Au même curé, en considération de ce qu'il bine à Hamelet, 50 ¹. — Au chapitre d'Amiens 3 setiers de blé, 24 ¹ 3 ˢ. — Renvois à différentes fabriques, à des chapelains ou à des particuliers, 90 ¹. — Renvoi à l'abbaye de St.-Riquier, 2 ¹ 10 ˢ. — Droit de quittance pour le sel, 4 ¹. — Prix marchand de 8 minots de sel, 16 ¹. — Droit annuel, 19 ¹. — Au roi, à cause de son comté de Ponthieu, pour des immeubles employés ci-dessus : 24 boisseaux de blé, 12 ¹ 1 ˢ 6 ᵈ; 4 boisseaux d'avoine, 1 ¹ 8 ˢ 9 ᵈ; et en argent, 21 ¹ 4 ˢ 10 ᵈ. — Taxe pour l'assistance des pauvres, suivant le rôle, 46 ¹. — Réparations de chœurs des églises des paroisses où les Chartreux sont gros décimateurs, et des bâtiments des fermes leur appartenant, 580 ¹. — Total des charges 1,369 ¹ 8 ˢ 1 ᵈ.

Récapitulation : Montant des revenus . . . . 10,369 ¹ 17 ˢ »»
— des charges 1,369   8   1
³ Reste net. 9,000   8   11

Nota. — L'entretien de l'église, de la sacristie et des bâtiments de la maison conventuelle, la nourriture et les gages des domestiques, ne sont pas estimés en la déclaration.

Couvent des CORDELIERS ⁴.

La Communauté n'était pas assujettie à un nombre limité et se trouvait alors composée de 26 religieux.

Déclaration faite le 18 avril 1728, par F. Paulard, gardien et les religieux, rectifiée.

Un moulin affermé 65 setiers de blé, mesure d'Abbeville, évalués à 8 liv. 1 sol, 523 ¹ 5 ˢ.

---

¹ Acquis en 1650. (*Déclarat.*)

² Quatre-vingt-dix-huit à 99 journ. venaient de l'ancienne fondation, et le reste avait été acquis en 1647 et 1651, avec les art. 41 et 48 de la désignation. (*Déclarat.*)

³ Les religieux jouissaient encore d'un bois de 80 journ. qu'ils avaient fait planter vers 1714 sur une côte en friche sise à Port. A l'époque de la déclaration il ne produisait presque rien encore qu'un mauvais taillis, qui était employé pour l'usage de la Communauté et des domestiques. (*Déclarat.*)

⁴ Ce couvent fut établi en 1237, dans la maison

— 9 maisons à Abbeville, dont : une vis-à-vis la porte de la cour du couvent ; une autre [1] vis-à-vis la grande porte de son église ; une autre près du cloître extérieur, et les 6 autres dans la rue St.-Jean-des-Prés, louées 598 l. — Rente sur les tailles, 400 l. — Total, 1,521 l 5 s.

Nota. — Ces biens sont chargés de fondations.

Charges.

Le moulin est chargé envers le domaine de 30 l. — Réparations dudit moulin, 150 l. — Réparations desdites maisons, 250 l. — Réparations des lieux réguliers, 300 l. — Rentes, 250 l. — Gages de 3 domestiques, 100 l. — Entretien de la sacristie, 100 l. — Total, 1,180 l.

Récapitulation : Montant des revenus . . . . 1,521 l 5 s
— des charges . . . . 1,180 »
Reste net [2] 341 5

Nota. — Plusieurs sommes données pour fondations ont été employées en réparations et au rétablissement d'une partie de la maison qui tombait en ruines [3], et le receveur des amortissements demande une somme de 1000 liv., avec les 2 sols pour livre : ce que la communauté sera obligée d'emprunter et d'en payer les intérêts.

Couvent des JACOBINS [4].

La Communauté n'était pas assujettie à un nombre limité ; elle était composée alors de 9 religieux.

Déclaration faite le 24 juillet 1728, par le frère L. de Gouy, prieur et les religieux, approuvée.

connue aujourd'hui sous le nom du Roi-Louis. Lorsqu'on voulut, en 1664, y introduire la réforme, des troubles éclatèrent. Les religieux en possession du couvent tentèrent d'abord de s'y maintenir de vive force, puis se retirèrent dans une maison voisine. A la suite d'une information, l'autorité ecclésiastique lança contre eux l'interdit, puis l'excommunication. (*Actes de l'église d'Amiens*, I, 359 et suiv. — *Histoire d'Abbeville*, par M. Louandre, II, 179.)

[1] Pendant les dernières guerres les religieux avaient été contraints de se retirer dans cette maison, parce que leur couvent avait été converti en hôpital par ordre du Roi. Ils ne reçurent aucun dédommagement pour les dégradations que les soldats y avaient faites. (*Déclarat.*)

[2] La *déclaration* ajoute que les religieux obligés de donner l'hospitalité aux religieux passants, vivaient plutôt de leur travail, du casuel et d'aumônes, que de leurs revenus.

[3] Les bâtiments, qui dataient de 500 ans, croulaient de toute part. En l'année 1727 la brasserie et 115 pieds de murs étaient tombés dans la rivière. Le 3 mars 1728 dix religieux avaient failli être ensevelis sous les ruines d'un bâtiment de 60 pieds de longueur. (*Déclarat.*)

[4] « Ce couvent des Frères prêcheurs, l'un des 4 ordres mendiants de la ville, fut établi en 1664, sans fondateur particulier, par la charité et les aumônes de plusieurs personnes pieuses et par les travaux des religieux. » (*Déclaration.*) — Il existait avant ladite époque, puisque nous voyons le 20 février 1659 la dame Catherine Lustin, veuve de Jacques Le Couteulx, bourgeois de Paris, y demeurant rue Neuve St.-Honoré, faire donation aux « Frères prêcheurs dits Jacobins réformés, *nouvellement* établis en la ville d'Abbeville, » d'une somme de 4000 liv., pour payer une partie de l'acquisition qu'ils avaient faite « d'une place de terre nommée *le Nouvel Atre*, ci-devant apropriée à usage de cimetière, qui appartenait au Chappitre et membres de la fabricque de l'église St.-Vulfran ; pour sur icelle faire bastir et construire leur église et couvent. » Les religieux étaient obligés de

Revenus affermés.

Un pré contenant 7 quartiers situé *aux Planches*, près d'Abbeville, 38 l. — 2 quartiers à usage d'aire, et 1 journal 1/2 à usage de pré, tous deux situés aux Planches ; — un autre journal 1/2 à usage de pré, situé au terroir de Rouvroy, le tout affermé 65 l. — 2 journaux de terre à usage de pré et d'aire, situés au terroir de Rouvroy, 50 l. — 7 quartiers de terre à usage de pré, situés au faubourg St.-Gilles d'Abbeville, 34 l.

Maisons a Abbeville.

Une maison avec jardin, sise rue et chaussée d'Hocquet, 50 l. — Une autre avec jardin, rue du Pont-à-Plicourt, 130 l. — Une autre, rue de la Tannerie, 125 l. — Une petite maison, rue des Basses Chambres, 16 l. — Une maison, cour, jardin et pré en dépendant, le tout contenant 7 journaux, situé aux Planches ; — 3 journaux de terre tant en labour qu'en pré, situés auprès des Planches, vis-à-vis la chapelle de Ste-Marguerite ; — et un pré de 4 journaux aux Planches : le tout affermé moyennant 150 livres, plus l'acquit des censives, consistant en 4 liv. 16 sols, et 8 bottes de rames évaluées 1 l 4 s.

Rentes.

Sur l'Hôtel-de-Ville de Paris, deux parties de rente à prendre sur les aides et gabelles, réduites à 214 l 7 s 6 d. — Sur les tailles, 29 l 12 s. — Total des revenus, 907 l 19 s 6 d.

Charges.

Réparations de l'église, de la maison conventuelle et des maisons données à loyer, 150 l. — Entretien de la sacristie : linge, ornements, cire, etc., 110 l. — Censives des immeubles repris ci-dessus, 14 l 17 s. — Total, 274 l 17 s.

Récapitulation : Montant des revenus . . . . 907 l 19 s 6 d
    — des charges . . . . 274 17 »

                    Reste net. 633 2 6

Nota. — I. Il n'est point parlé dans la déclaration des gages des domestiques et de leur nourriture. *Mémoire.*

II. Le couvent est chargé d'un professeur de philosophie pour la jeunesse de la ville et de la campagne.— Plus, tous les 4 ans il fournit, sans y être tenu, un prédicateur pour la dominicale de la paroisse de St.-Georges.

faire dire tous les jours, à perpétuité, la première messe basse à l'autel de la chapelle du Saint-Rosaire, pour le repos de l'âme de la donatrice, comme première fondatrice, et de celles de son mari et de ses parents. — M. Louandre fait arriver ces religieux à Abbeville en 1652. (*Histoire d'Abbeville*, II, 465. — M. de Beauvillé, *Recueil de Documents inédits*, 2e partie, p. 344.)

Couvent des MINIMES [1].

La Communauté était ordinairement composée de 9 religieux prêtres et d'un frère.

Déclaration faite le 6 juin 1728, par le frère Léonor-Lambert Jacquesson, prêtre, correcteur, et autres religieux, rectifiée.

Revenus affermés.

Vingt maisons sises à Abbeville [2] en diverses rues, 1053 l. — 10 journaux au terroir de Dodelainville, affermés 12 setiers de blé, 96 l 12 s. — Un journal 1/2 de terre à Franleu, 10 l. — 4 journaux à Frenneville, affermés 4 setiers de blé, évalués 32 l 4 s. — 2 journaux [3] à Fressenneville, 16 l. — 9 journaux à Genvillers, affermés 11 setiers de blé, 88 l 11 s. — Une ferme à Noyelle-sur-Mer, consistant en pâturages, 300 l. — 1 journal 1/2 à Oneux, 12 l. — 18 journaux de terre à labour, situés au terroir de Villeroy, affermés : en argent, 18 l ; et 14 setiers de blé, mesure d'Abbeville, 112 l 14 s. — 8 journaux à Villers, affermés 8 setiers de blé, 64 l 8 s. — Une dîme sur plusieurs immeubles à Airondel, 125 l.

Rentes et surcens.

Rentes foncières sur 9 maisons sises à Abbeville, et notamment sur celles nommées l'*Écu d'or*, les *Tourettes*, etc. 62 l 15 s 6 d. — Rente consistant en 6 rasières, 15 biquets, un lot et demi pinte de blé, mesure de St.-Omer, et une poule due par plusieurs immeubles [4] et constituant un fief situé à Boisdinghen dans le Boulenois, évalués 40 l. — Sur le domaine du roi, pour le prix d'un journal de bois [5] dans la forêt de Cressy, 40 l. — Sur la terre d'Hornoy [6] appartenant au sieur d'Imberville, 100 l. — Sur celle de Drucat [7], à toucher du sieur Duménil des Caules, 100 l. — Sur le duché d'Aumale, 100 l. — Sur

---

[1] Ce couvent eut pour fondateurs et bienfaiteurs André de Rambures, et son épouse Jeanne de Hallewin-Piennes, sœur de l'évêque d'Amiens. Le Corps municipal d'Abbeville consentit à son établissement par délibération du 3 juillet 1499. En cette même année fut commencée la construction des bâtiments. Déjà depuis longtemps ces religieux étaient établis dans la ville. (*Annales des Minimes de la province de France*, Ms. in-4°, N° 2881, Bibl. Mazarine. — *Invent. général des titres.... de la maison de Rambures*, dressé en 1696, cote 30e. Docum. particul. — Arch. Départ., carton de Rambures. — P. Ignace, *Hist. eccl.*, p. 209. — Louandre, *Hist. d'Abbev.*, II, 462.)

[2] La plupart étaient dans la rue des Minimes, trois rue Larquet, une dans la rue St.-Vulfran, et une autre dans la rue St.-Jacques. (*Etat des biens des Minimes*, vers 1747. Arch. Départ.)

[3] Cet article a été omis par le Bureau diocésain ; nous l'avons rétabli d'après les *Etats de biens* trouvés dans le carton des Titres des Minimes d'Abbeville, aux Arch. Départementales.

[4] C'est-à-dire par 31 mesures de terre. (Ibid.)

[5] Il s'agit de bois taillis. Le couvent des Minimes a été reconnu comme usager en ladite forêt dans le Règlement fait par Colbert, lors de la réformation des forêts, le 12 décembre 1666. (M. de Beauvillé, *Rec. de Docum. inédits*, IIe partie, p. 351.) — Nous verrons dans la *déclaration* des Ursulines l'époque à laquelle des revenus en argent ont remplacé les droits d'usage en nature des communautés religieuses.

[6] On lit dans l'*Etat des biens* déjà cité : « M. de Fontaine seigneur d'Ornois, doit cent livres sur cette terre comme provenant de la maison de Rambures. » — Messire André de Rambures l'avait acquise en l'année 1491. (*Invent. général des titres... de la maison de Rambures*, cote 20e.)

[7] L'*Etat des biens* dit aussi, en cet article, que la terre de Drucat provenait de la maison de Rambures. — Elle y était entrée par le mariage de Jeanne de Durcat (fille de Willaume ?) avec Hugue de Rambures, vers 1380. (Voy. arch. départ. Fonds des seigneuries.)

trois particuliers de Dodelainville, de St.-Maxent et d'Amiens, 48ˡ 2ˢ 6ᵈ. — Toutes lesquelles rentes sont chargées de fondations. — ¹ Total des revenus, 2,403 ˡ 7ˢ.

Charges.

A divers seigneurs, desquels sont tenus et mouvant les immeubles ci-devant repris, 34ˡ 17ˢ 1ᵈ. — Entretien des maisons louées, des bâtiments du couvent et de l'église, 500 ˡ. — Total, 534 ˡ 17ˢ 1ᵈ.

Récapitulation : Montant des revenus. . . . . 2,403ˡ 7ˢ »
          — des charges. 534 17 1ᵈ

                  Reste net. 1,868 9 11

Nota. — L'entretien de la sacristie, les gages et nourriture des domestiques ne sont pas portés en la déclaration.

COMMUNAUTÉS DE FEMMES.

Abbaye de NOTRE-DAME d'Épagne [2].

La Communauté était composée alors d'une abbesse, de 24 religieuses [3] de chœur et de 8 sœurs converses.

L'abbesse était à la nomination du roi.

Déclaration faite le 15 février 1730, par sœur Marie Maqueron de Beaulieu, prieure, en l'absence de l'abbesse [4], et par toutes les religieuses, rectifiée.

---

[1] Le même *Etat des biens* ajoute aux biens et revenus ci-devant constatés : 1° la dîme d'Airondel, affermée 170 liv., plus 20 aulnes de toile ; 2° une fondation sur la terre de Querrieu, de 100 liv.; 3° des rentes sur les tailles, dont une de 25 liv. provenue de donation testamentaire de M. d'Orémieux ; 4° enfin, sur la Compagnie des Indes, une action de 150 livres et la moitié des 7/10ᵉˢ d'une autre action ou 52 liv. 10 sols. — Il est présumable que, dans la *déclaration*, l'on a oublié ces diverses portions du revenu des religieux, car les deux premiers articles au moins existaient assurément en 1728. — Rappelons le legs d'une rente probablement remboursée, fait par Adrien de Brimeu et affectée sur la terre de Béthizy, comme on le voit en deux arrêts du parlement des 3 juin 1530 et 19 août 1551, celui-ci condamnant au paiement Antoine de Vassé, chevalier, seigneur dudit lieu ; et encore le don d'une autre rente de 50 liv. tournois fait par Nicolas de Gomer, noble homme, seigneur de Cuignières, à la charge de prières perpétuelles qu'autorisa le pape Léon X, en 1521, dans les circonstances rappelées plus haut. (Voy. ci-dess. tome 1ᵉʳ, p. 118, note 2. — Titres des Minimes d'Amiens, A. 23. Arch. Départem.)

[2] Cette abbaye fut fondée à Epagne par Ingelran de Fontaine, sénéchal de Ponthieu, seigneur châtelain du village d'Epagne, en 1178. La fondation fut confirmée l'an 1190 par Jean, comte de Ponthieu, l'an 1191 par Thibault, évêque d'Amiens, et l'an 1192 par Guillaume, archevêque de Reims et cardinal du titre de Ste.-Sabine, c'est-à-dire par les diverses autorités hiérarchiques temporelles et spirituelles. Des religieuses y furent amenées de Rouen en l'année 1192. L'abbaye était soumise à la règle de Cîteaux. La vétusté des bâtiments et surtout les dangers de la guerre contraignirent, en 1642, les religieuses à se fixer à Abbeville, et elles y occupèrent le Paraclet jusqu'en 1747, époque à laquelle cette maison fut supprimée et réunie à celle de Villancourt, (Louandre, *Hist. d'Abbeville*, I, 470. — Piganiol de la Force, *Nouvelle descrip. de la France* (1753), t. 2, p. 46. — P. Ignace, *Hist. ecclésiast. d'Abbeville*, p. 360. — *Procès-verbal de la consistance du monastère*, 1745. — *Gallia Christ.* X, 1179 A. — Prarond, *Abbeville, etc.*, p. 183. — *Picardia Christ.* f° 43.)

[3] Un *procès-verbal de la consistance du monastère* dressé à la requête de l'abbesse, madᵉ Marie-Anne de Castellane, et signé par la célérière Jeanne-Charlotte Leblond du Plouy, religieuse-professe, le 28 octobre 1745, n'accuse plus que *quatorze* religieuses de chœur, avec 8 sœurs converses, le Directeur, une tourière et 3 domestiques, à cause d'Epagne-des-Champs. (Titres de l'abbaye d'Epagne. Arch. Départem.)

[4] Elle n'est pas nommée. C'était sans doute Madame

Revenus affermés.

La terre et seigneurie d'Épagne, avec moyenne et basse justice [1], une maison et enclos, 50 journaux de terre [2] à la sole, et 20 journaux de pré [3], affermés moyennant 400^l; — plus 147 setiers de blé, mesure d'Abbeville, évalués 1183^l 7^s. — 4 journaux de terre à Épagne, affermés 20^l; — plus 22 setiers d'orge, évalués à raison de 7 liv. 9 sols, 163^l 18^s. — 5 journaux [4] de terre à Épagne, affermés 6^l 13^s 4^d; — plus 5 setiers de blé, 40^l 5^s. — Une maison, bâtiments, aire et pré, situés au marais d'Épagne, le tout contenant 7 journaux [5], 100^l. — Une autre maison et bâtiments, situés à Épagne, contenant 75 verges et baillés à cens pour 12^l. — Le droit de pêche dans la rivière de Somme, dans l'étendue de la seigneurie d'Épagne, affermé 10^l. — 40 journaux de terre au terroir d'Épagne, affermés moyennant 32 setiers de blé, évalués 257^l 12^s; — plus en argent, 60^l. — 6 journaux un quartier de terre au faubourg du bois [6] d'Abbeville, 60^l. — 16 journaux de terre à la sole, situés au terroir de Bellencourt, affermés moyennant : 100^l en argent; — 40 setiers de blé, évalués 322^l; — et 24 setiers d'orge, 178^l 16^s. — 16 journ.[7] au terroir de Bernaville, affermés 40 setiers de blé, 322^l. — 20 journ. au terroir de Domémont [8], affermés 18 setiers de blé, 144^l 18^s. — La ferme de la Biette, consistant en prés, aires et terres labourables, au terroir de Duncq, 300^l. — 33 journaux à la sole, situés à Grandsart, affermés moyennant 40 setiers de blé, 322^l; — plus en argent, 140^l. — Une portion de

---

Claude-Marie-Marguerite Lambert de Thorigny, qui, ayant donné sa démission, fut remplacée par Marie-Anne de Castellane. Celle-ci fut pourvue par bulle du pape Clément XII du 3 des ides (c'est-à-dire le 12) de juillet 1733 et installée le 8 avril 1734. (Titres de l'abbaye d'Épagne.)

[1] Ce domaine lui avait été donné par son fondateur, à titre de *Vicomté*, comme le dit Piganiol de la Force (*Nouvelle Descript. de la France*, II, 47) : ce qui signifie bien avec seulement moyenne et basse justice, selon les termes ici employés.

[2] L'abbaye avait acheté sur le terroir d'Épagne : 9 journ. 19 verges de terre, en une pièce, à l'angle *Heudebergun*, de Eustache de Coquerel, meunier, de l'assentiment de Nicole, sa femme; ce qui fut ratifié par Isabelle d'Épagne (*de Yspania*), au mois de juillet 1251; 9 autres journ. de Wulfran Mulet et Ade, sa femme, en une pièce qui provenait du chef de celle-ci, son père Bernard dit Marcel, l'ayant remise pour sa dot à son mari; le tout selon lettres de R., doyen de chrétienté d'Abbeville, du 25 juin 1265. (M. de Beauvillé, *Rec. de Docum. inédits*, IIe partie, p. 38 et 43.)

[3] Une sentence du bailli royal d'Abbeville, du mois de mai 1502, maintint l'abbaye dans la propriété d'un pré accostant à ses autres prés et nommé *le Wate-Rivière*, auprès duquel passait un cours d'eau faisant d'ancienneté mouvoir un moulin à blé qui appartenait autrefois aux religieuses. (Titres de l'abbaye d'Épagne, ancienne cote AA. Archives Départem.)

[4] Peut-être s'agit-il des 5 journ. de terre donnés à l'abbaye par les parents de Mabille de la Campagne, suivant accord du 16 mai 1505 ? (Voy. *Catalogue des Mss. sur la Picardie*, par M. Cocheris, N° 510. — Biblioth. Imp. Cart. N° 1792.)

[5] Ne s'agit-il pas des 7 journ. de terre sis dans la vallée d'Épagne (*de Yspania*), vendus aux religieuses par Jean dit Vavasseur, ce qui fut confirmé par Philippe dame de Ponthieu, en 1252 ? (M. Cocheris, ibid.)

[6] Le procès-verbal de 1745 les dit situés au faubourg St.-Gilles.

[7] Il faut lire : à la sole ; en effet ledit procès-verbal porte 48 journaux.

[8] Vendus à l'abbaye par Ingerran de Malrecoeth, de l'assentiment de Béatrice, sa femme, de ses quatre fils, et de Adam de Ellaincort, chevalier, seigneur dominant, ainsi que le constatent des lettres de l'évêque Godefroy du mois de juin 1235. Il y est dit que ces 20 journ. de terre sont situés dans le terroir de Dumainmont, au lieu dit *Wastepus*. (M. de Beauvillé, *Rec. de Docum. inédits*, IIe partie, p. 33.)

dîme sur le terroir de Heuzecourt, 22¹ 10ˢ. — Un droit de dîme¹ et de champart², sur partie du territoire de Mautor, Vaux et Yonval, affermés en argent, 100¹; — plus 26 setiers de blé, 209¹ 6ˢ. — 92 journaux de terre au terroir de Prouville³, affermés 80 setiers de blé, évalués 644¹. — 21 journaux et 31 verges de terre au terroir de Pont-de-Remy⁴, 300¹.

Revenus non-affermés.

Les censives de la seigneurie d'Épagne, 7¹. — Une rente sur les tailles de l'élection de Ponthieu, au principal de 1,497 liv. 10 sols, au denier cinquante, 29¹ 19ˢ. — Sur le domaine de Ponthieu une rente de : un muid ou 12 setiers d'avoine, mesure d'Abbeville, évalués à 5 liv. 15 sols le setier, 69¹; — plus en argent⁵, 82¹ 2ˢ 9ᵈ. — ⁶ Total des revenus, 5,607¹ 7ˢ 1ᵈ.

Charges.

Huit setiers de blé au sieur Buteux, 64¹ 8ˢ. — A la fabrique de l'église d'Épagne : 3 setiers et 4 boisseaux de blé, évalués 26¹ 3ˢ 3ᵈ; — plus 3 setiers et 4 boisseaux d'avoine, 18¹ 13ˢ 9ᵈ. — Au curé d'Épagne, même rente, 44¹ 17ˢ. — Aux chapelains de Stᵉ-Croix dans la Cour de Ponthieu à Abbeville, 4 setiers de blé, 32¹ 4ˢ. — Entretien des

---

¹ « *Decimas de Wionval et de Maltort,* » dit la donation que nous allons citer en la note 4 ci-après.

² Le couvent avait acheté le 6 mai 1272 de Jehan sire de Mautort le terrage sur 25 journ. et demi de terre au terroir de Mautor, en deux pièces, dont l'une « *à le Crois de pierre* » tenait au « Kemin qui va d'Abbeville à Moieneville, » et au « Kemin qui va de Cambron à Oysemont; » et l'autre « sur Vaus. » (M. de Beauvillé, *Rec. de Docum. inédits*, IIᵉ partie, p. 46.) — Cette croix est encore debout et se nomme aujourd'hui *la Croix qui corne*, à cause de sa situation dans l'angle ou corne de ces deux chemins.

³ Le *procès-verbal* de 1745 les dit situés au terroir de Bernaville et occupés par un fermier de Prouville.

⁴ S'agira-t-il des 21 journaux sis au terroir d'Eaucourt (*Aquecurie*), au champ appelé *licanstiuleus*, achetés par l'abbaye de Gui de Mouflières : ce que ratifia son seigneur, Mathieu de Roie, chevalier, au mois de juin 1240 ? (M. de Beauvillé, *Rec. de Docum. inédits concernant la Picardie*, IIᵉ partie, p. 35.) — Ou bien faut-il voir ici ce qui a fait l'objet de la donation ainsi exprimée en un titre dont le texte nous a été conservé par D. Grenier (24ᵉ paq., 12ᵉ liasse. — M. Prarond, *Abbeville, etc.*, p. 185) : « *Ego Ingerranus de Fontanis.... concessi.... totam terram quam habeo juxta Pontem de Remy.* » — Eaucourt se trouve entre Epagne et Pont-Remy.

⁵ Il est très-présumable que cette partie de la rente tenait lieu : 1° des portions de bois données par ledit titre, savoir : « *tertiam partem nemoris* Mutuel *et septem jugera nemoris super Hispaniam....* »; 2° et de la donation faite en 1237 par le comte Simon et Marie, sa femme, de 4 milliers de harengs, à prendre sur la Vicomté de Rue, et de 52 livres parisis à prendre sur la Communauté de Crécy et sur la Vicomté d'Abbeville. (Voy. M. Prarond, *Abbeville, etc.*, p. 188.)

⁶ Les religieuses n'ont pas fait figurer en leur *déclaration* les redevances ci-après, qui paraissent cependant avoir existé alors : 1° sur la terre et seigneurie de Moyenneville, pour raison des droits de champart et don que l'abbaye avait droit de prendre sur le terroir du lieu : 9 setiers de froment, 9 setiers de blé moitié, 6 setiers de blé muison, 8 boisseaux de pois blancs, 12 livres de cire blanche mise en œuvre à la volonté de l'abbesse, 30 livres de chandelles de suif, un *cuignet* de 4 boisseaux de farine, un agneau et 200 livres; 2° sur le moulin de Long, 12 setiers de blé; 3° sur l'un des moulins du pont Talance à Abbeville, 4 setiers de froment et 15 setiers 8 boisseaux de blé muison; 4° sur le grand moulin de Rouvroy, 36 setiers de blé muison; 5° sur le moulin de la Mare, un setier de blé froment; 6° sur l'Hôtel-Dieu d'Abbeville, 10 setiers 4 boisseaux d'avoine; 7° sur l'abbaye de St-Valery, 14 setiers de blé froment; 8° sur Charles Landrieu et Claude Dupuis, de Canchy, 2 setiers 8 boisseaux de seigle et autant d'avoine; 9° sur l'abbaye de Valloires, une rente de 200 liv. au capital de 6000 liv

bâtiments de l'abbaye [1], des fermes et des maisons au village d'Épagne, 600 l. — Part des réparations des chœurs des églises de Mautor et de Heuzecourt, à cause de la grosse dîme appartenant à l'abbaye, 40 l. — Entretien et nourriture d'un père confesseur, 500 l. — Nourritures et gages de six domestiques, 800 l. — Total, 2,126 l 6 s.

RÉCAPITULATION : Montant des revenus . . . . 5,607 l 7 s 1 d
        — des charges 2,126   6   »
                     Reste net 3,481   1   1

Abbaye de VILLANCOURT [2].

La Communauté n'était pas assujettie à un nombre limité ; elle était composée alors d'une abbesse, 33 religieuses de chœur [3] et 10 sœurs converses.

L'abbesse était à la nomination du Roi.

DÉCLARATION produite le 4 mai 1730, par la sœur de Créquy, abbesse, et les religieuses, rectifiée.

Revenus affermés.

La ferme de La Mothe, près d'Auxy-le-Château, consistant en maison [4], bâtiments et 25 journaux de terre à la sole, avec un petit champart, affermés moyennant : 30 setiers de blé, mesure d'Abbeville, 241 l 10 s ; — 3 setiers d'orge, 22 l 7 s ; — et en argent, 150 l. — 8 journaux de terre à Bernâtre, affermés 3 setiers 8 boisseaux de blé, 28 l 3 s. — 13 journaux de terre à la sole, situés à Bernaville, affermés 28 setiers de blé, 225 l 8 s ; — plus en

---

10° sur les terres de la seigneurie d'Arrêt en Ponthieu, une rente de 60 liv. au capital de 1200 liv. 11° des censives et droits seigneuriaux à Abbeville, Rouvroy, Mautort et Yonval, évalués année commune, à 103 liv. 10 sols, etc. (*Procès-verbal de* 1745.) — La redevance en blé sur l'abbaye de St.-Valery paraît avoir l'origine suivante : au mois de mars 1215 l'abbaye d'Epagne lui avait cédé tous ses droits de justice et autres sur les moulins de Ponts près Eu, qu'elle tenait de la libéralité de Enguerran, en son vivant sénéchal de Ponthieu ; à la charge par les religieux de St.-Valery de lui payer un muid de blé à prendre à Cambron. — Willaume, comte de Ponthieu et de Montreuil, par charte du mois de mars 1215 (croyons-nous, quoique notre copie porte 1200, par omission sans doute) approuva la dite convention, à laquelle avait concouru A. (*Ansguillum*) de Mautor, chevalier. (Documents particuliers.)

[1] Ils étaient situés rue St.-Gilles, sur un terrain de la contenance de 2 journaux, qui était de toutes parts enclos de murailles. (*Procès-verbal de* 1745.)

[2] Cette abbaye de l'ordre de Cîteaux, avait été fondée à la fin du XII° siècle, par Guillaume III, comte de Ponthieu, à Willancourt près d'Auxy-le-Château, où elle subsista jusqu'en l'année 1662 ou 1664. A cette époque, à cause des guerres, elle fut transférée en la ville d'Abbeville, par l'abbesse Renée de Ramburess, en vertu de lettres-patentes de S. M. — Thibaut, évêque d'Amiens, avait confirmé la fondation de l'abbaye en 1201. — L'abbesse était à la nomination du roi. — M. Louandre nous apprend que ces religieuses, établies d'abord dans l'île Sénart, auprès de la rivière d'Authie ne furent transférées à Willancourt (*Willelmi curtis*, courtil de Guillaume) qu'en l'année 1220. — A Abbeville, l'abbaye était située en la Chaussée Marcadé, dans la paroisse St.-Jacques. L'enclos était d'abord de 8 journaux ; Mme de Créquy acheta et y joignit un jardin de 4 journaux, qui était exposé au flux et au reflux de la mer. (*Déclarat.* — *Gallia christ.* X, 1179 D. — M. Louandre, *Hist. d'Abbeville*, II, 470. — Titres de l'abbaye de Villancourt. *Etat général du monastère*, 1747.)

[3] La plus âgée avait 70 ans. (*Déclarat.*)

[4] La maison, le jardin et le pourpris contenaient 15 journaux. C'était le chef-lieu du fief du même nom. (*Etat général etc.* Titres de l'abbaye de Villancourt.)

argent, 50 ¹. — Dîmes et champart de Buire-au-Bois, en Artois, avec 12 journaux de terre à la sole, affermés moyennant : 230 liv. d'argent, sur quoi l'abbaye est obligée de donner 50 liv. au vicaire de Buire ¹, reste 180 ¹ ; — plus 30 setiers de blé, 241 ¹ 10 ˢ ; — et 30 setiers d'avoine, 172 ¹ 10 ˢ. — Une branche de dîme sur le terroir de Fontaine-l'Étalon, affermée 15 ¹. — Un droit de champart ² sur le terroir de Hiermont, affermé : 4 setiers de blé ; 32 ¹ 4 ˢ ; — plus en argent, 75 ¹. — Une branche de dîme sur le terroir de Longvillers, affermée 43 liv. ; sur quoi l'abbaye paie 10 liv. au curé : il reste 33 ¹. — La dîme de Mesnil-Donqueur, 60 ¹. — La terre de Millencourt-en-Ponthieu, avec 54 journaux de terre, 400 ¹. — Un marché de terre, avec une dîme sur les terroirs d'Ocoche et de Vauchelles, affermés 250 liv., sur quoi l'abbaye paie 33 liv. 6 sols 9 den. au curé pour partie de portion congrue, en sorte qu'il ne reste que 216 ¹ 13 ˢ 3 ᵈ. — La ferme ³ du Planty-en-Artois, avec bâtiments, 45 journaux de terre à la sole et un enclos de 3 mesures, affermés moyennant : 80 setiers de blé, 644 ¹ ; — 1 setier d'orge 7 ¹ 9 ˢ ; — et en argent, 400 ¹. — Une ferme située à St.-Acheul ⁴, baillée à emphythéose, et une branche de dîme sur le terroir de Béalcourt, affermées. Ces deux articles rapportent 60 setiers de blé et 60 setiers d'avoine ; sur quoi est dû au prieuré de St.-Pierre d'Abbeville un renvoi de 48 couples de grains ; en sorte qu'il en reste 12 couples, mesure d'Abbeville, évalués à 13 liv. 16 sols, 165 ¹ 12 ˢ. — Un autre reste de terre situé à St.-Acheul ⁵, affermé avec le champart, moyennant : 16 setiers 13 boisseaux de blé, 135 ¹ 6 ˢ 9 ᵈ ; — et 16 setiers 13 boisseaux d'avoine, 96 ¹ 13 ˢ 5 ᵈ. — Un autre petit marché de 6 journaux de terre tant à St.-Acheul qu'à Béalcourt, avec un petit champart, affermés moyennant 6 ¹ ; — plus 6 setiers de blé, 48 ¹ 6 ˢ. — L'ancienne abbaye, située à Villancourt-en-Artois, avec la

---

¹ Pour l'acquit d'une messe, dont l'abbaye était chargée. (*Etat général du monastère*.)

² Celui-ci portait sur 80 journaux de terre, mouvant du fief de l'abbaye à Hiermont. (Ibid.)

³ C'était le chef-lieu de la seigneurie du Planty. (Ibid.)

⁴ L'abbaye l'avait prise à cens, moyennant 4 muids d'avoine, du prieuré de St.-Pierre et St.-Paul d'Abbeville, le 8 juillet 1268. Cette ferme consistait, dit un bail à surcens de 1599, en un manoir, jardin, pourpris et tènement contenant 2 journaux et appelé *Franc-lieu*, 4 journaux de terre ci-devant en pré, et 105 journaux de terre labourable, en plusieurs pièces. Il en existe un plan dressé en 1752. (Titres de l'abbaye de Villancourt, cote B, *procédures*, et cote T.)

⁵ Ce qui comprend sans doute les portions suivantes. — Les religieuses avaient acheté en 1249 ou en 1269 de Mathieu dit Cosses et Hastine, sa femme, 14 journaux de terre, en deux pièces, situés au terroir de St.-Acheul. — Au mois d'octobre 1259 Jehan dit Blandroul, de l'autorité de Pierre dit Blondel, prêtre de St.-Acheul, son tuteur, vendit à l'abbaye 15 journaux 40 verges de terre, en deux pièces, au terroir de St.-Acheul, l'une dans le val Roger et l'autre au chemin de St.-Acheul vers Rasciaux, qu'il avait achetés de Roger de St.-Acheul, lequel ratifia au mois de février suivant, du consentement de son fils aîné Bauduin. — Ingerran de St.-Acheul et son épouse Aanor, par chartes des mois de décembre et de février 1259, firent don au couvent de leur droit de terrage et de tous autres droits qu'ils pouvaient avoir sur 9 journaux de terre, en deux pièces, achetés du dit Pierre. — Dès le mois de septembre 1245, le même Ingerran ratifiait le don qu'avait fait à l'abbaye son père Robert de St.-Acheul, chevalier, du cens d'un setier de blé qu'elle lui devait pour 9 journaux de terre, au terroir nommé le bois de Mons. (Arch. municip. d'Abbeville. JJ, 19. — Titres de l'abbaye de Villancourt. Arch. Départ.)

ferme [1], bâtiments, 50 journaux de terre à la sole et 26 journaux de mauvais prés, affermés moyennant : 80 setiers de blé, évalués 644 l; — 10 setiers d'orge, 74 l 10 s ; — 110 livres de beurre à 6 sols, 33 l ; — et en argent, 500 l.

Maisons à Abbeville.

Une maison sise au faubourg St.-Gilles, avec grange, écurie, étables et 6 journaux de terrain environ, le tout loué 170 l. — Une petite maison [2] tenant à l'abbaye, 30 l.

Revenus non-affermés.

Un fief à Cambron, sans aucun domaine, 150 l. — 48 setiers d'avoine à prendre sur la terre d'Hiermont, pour fondation de 4 obits [3], 276 l. — Un fief à St.-Acheul [4], produisant : 16 setiers de blé, évalués 128 l 16 s ; — 16 setiers d'avoine, 92 l ; — et en argent, 25 l. — Les fiefs de Tuncle et Buire, celui seigneurial de la Neuville, tous situés en Artois, où l'abbaye paie centième pour raison de ces fiefs, qui produisent 200 livres, *Mémoire.* — 60 mesures de bois à coupe de l'âge de 9 ans, situés aussi en Artois, pour quoi l'abbaye paie le centième aux États d'Artois, évalués 400 livres, *Mémoire.* — Total des revenus, 5,769 l 18 s 11 d.

Charges.

Pour une première messe les dimanches et fêtes et pour l'entretien de la sacristie, 400 l. — Nourriture et entretien d'un confesseur, 500 l. — Réparations des presbytères, 160 l. — Réparations du chœur de Béalcourt, 50 l. — Réparations des lieux réguliers de l'abbaye, des deux maisons d'Abbeville et de la ferme de La Mothe, 800 l. — Intérêts de 4,000 liv., que l'abbaye a été obligée d'emprunter, 200 l. — Au nommé Petit, 160 l. — Gages de

---

[1] La contenance de son pourpris était de 66 journaux, y compris les fossés. (*État général du monastère*). — La chapelle de la ferme était profanée : on y entassait des récoltes. Cependant on y disait encore la messe le jour de St.-Jean. Mais elle fut interdite dans la visite de l'archidiacre du 26 avril 1693. (Note addit. au *pouillé de l'Archid.* f° 36.)

[2] Celle-ci paraît avoir été donnée, avec l'emplacement du monastère, par la famille de Rambures, laquelle avait d'ailleurs augmenté les revenus de près de 1000 livres en fiefs, seigneuries, fermes et terres labourables. (*État général du monastère de Villancourt.*)

[3] Cette redevance provenait de donation faite par les comtes de Ponthieu et était payée par les receveurs du marquis de Nointel, représentant la duchesse de Nemours. (*Déclarat.*) — Par lettres du 7 février 1250, Jeanne, « par la grâce de Dieu », reine de Castille et de Léon, comtesse de Ponthieu et de Montreuil, confirma la donation de cette redevance, faite tant par son aïeul Guillaume III, comte de Ponthieu,

que par Simon (de Dammartin), du consentement de Marie, son épouse, père et mère de Jeanne. — Cette redevance fut servie, après la réunion du comté à la couronne, par le roi, et depuis l'année 1712 par le marquis de Nointel, seigneur des terres et seigneuries de Noyelles sur la mer, forêt de Caule entre Hiermont et Conteville, par suite d'échange avec S. M. (Titres de l'abbaye de Villancourt. — *Mémoire contre le marquis de Nointel*, Ms.)

[4] C'est probablement de ce fief qu'il s'agit dans la vente faite à l'abbaye par Ingerran de St.-Acheul, du consentement de sa femme Aanor et de leur fils Guy, de : 13 journaux de terre à St.-Acheul, en une pièce nommée le Traisnoy, d'un manage auprès du chemin de St.-Acheul à Heuzecourt, enfin de tout ce qu'il possédait au dit terroir en terres, cens, hommes, domaine, justice haute et basse, qu'il tenait en fief de Hugue de Conflans, chevalier, seigneur de Gizaincourt, et de Ide, sa femme, lesquelles en donnèrent l'investiture à l'abbaye, selon charte du mois de mars 1261. (Titres de l'abbaye de Villancourt, *Notes.*)

5 domestiques [1], 500 l. — Réparations des fermes de Villancourt et du Planty, 400 l. — [2] Total, 3,170 l.

Les revenus qui ne paient pas centième dans le diocèse d'Amiens, mais en Artois, c'est-à-dire 600 liv., se trouvant représenter environ le neuvième et demi des revenus additionnés, il faut déduire une pareille quotité des charges, ou 369 l 8 s 11 d.

Ce qui réduit celles-ci à . . . . 2,800 l 11 s 1 d
Le chiffre des revenus s'élevant à 5,769 18 11

Il reste net. 2,969 7 10

Couvent des Carmélites [3].

La Communauté était alors composée de 18 religieuses professes.

Déclaration faite le 29 juin 1728, par la prieure et les religieuses, approuvée.

Une maison sise à Abbeville attenant au monastère, bâtie depuis quelques années par les religieuses, 50 l. — 3 parties de rentes au capital de 30,700 l sur l'hôtel-de-ville de Paris, 767 l 10 s. — Sur les tailles, 227 l 4 s. — Dix parties de rentes sur divers particuliers, 714 l 1 s 4 d. — Total, 1,758 l 15 s 4 d.

---

[1] Cet article comprend 50 liv. données annuellement, tant en argent qu'en habits, au *laquais de Madame* (l'abbesse), comme dit la *déclaration*. On sait que le luxe s'était introduit jusque dans les couvents à cette époque.

[2] Nous trouvons dans la déclaration quelques charges que n'a point reproduites l'état du Bureau diocésain, à savoir : l'abbaye payait 10 liv. au curé et 50 liv. au vicaire de Buire-au-Bois; 33 liv. 16 sols au curé d'Ococche, pour partie de portion congrue; 7 liv. pour même cause au curé de Longvillers; 5 liv. au curé d'Auxy-le-Château, pour l'administration des sacrements aux fermiers et habitants de l'ancienne abbaye et de la ferme du Planty; 50 liv. à différentes églises d'Abbeville, pour censives et surcens des maisons acquises lors de la translation de l'abbaye ; 30 liv. au médecin; 35 liv. au chirurgien ; au bailli, procureur d'office et greffier 2 arpents de bois dans ceux de l'abbaye ; aux gardes du bois, pour gages, 4 setiers de blé muison, du bois et tous les 3 ans un habit, ce qui valait en total environ 40 liv.; au garde-chasse 20 liv.; au premier jardinier 75 liv.; au deuxième jardinier 27 liv.; au bureau des pauvres 12 liv.; trois minots de sel, etc.

[3] Ce couvent est aussi désigné dans la *déclaration* sous le titre de *Jésus-Maria*. Il fut fondé par Antoine Malery, greffier de la juridiction consulaire d'Abbeville, qui le dota de 16,000 liv. par acte du 6 octobre 1631, que ratifia messire André du Val, docteur en théologie, lecteur du roi et l'un des supérieurs et administrateurs de l'ordre des Carmélites, établies en France, le 7 décembre 1631. L'évêque siégeant y donna son consentement le 17 décembre, et l'échevinage de la ville le 2 juillet suivant. Cet établissement fut confirmé par des lettres-patentes du roi Louis XIII, données à St.-Germain au mois de décembre 1634, enregistrées à la Chambre des comptes à Paris le 21 août 1637, et au présidial de la sénéchaussée d'Abbeville le 16 avril 1635. (*Déclar.*) — L'installation des religieuses n'eût lieu que le 3 janvier 1636. Les dames Carmélites d'Amiens avaient envoyé à Abbeville six religieuses de leur communauté, savoir : la mère Anne de Jésus-Maria, pour être prieure, quatre sœurs de chœur et une sœur converse. Elles fournirent 10 mille liv. tournois pour leurs dots. Le tout est expliqué en un acte d'approbation de la dite fondation par messire André du Val, datée du 19 février 1636. (Titres des Carmélites d'Amiens, carton 1er. Arch. Départ. — Pagès, I, 352. — M. de Beauvillé, *Recueil de documents inédits concernant la Picardie*, IIe partie, p. 300.) Ces religieuses étaient réformées selon l'institut de Ste.-Thérèse de la congrégation de France. — Le couvent était situé rue St.-Gilles, sur l'emplacement du Tribunal de Commerce actuel. — La plus âgée des religieuses, en 1728, avait 78 ans. (*Déclaration*.)

Charges.

Droits de censives, 24¹ 2ˢ. — Fondation pour chemises à distribuer aux pauvres, 100¹. — Réparations du monastère, de l'église et de la petite maison, 200¹. — Gages et nourriture de 2 tourières, 251¹. — Aux prédicateurs et confesseurs extraordinaires, 66¹. — Gages du sacristain, 80¹. — Gages du jardinier, 100¹. — Aux médecin, chirurgien, apothicaire, et pour médicaments, 250¹. — Aux chaudronnier, tonnelier et autres ouvriers, 100¹. — Aux prêtres qui assistent le célébrant en qualité de diacre et de sous-diacre, 50¹. — Entretien de la sacristie, 412¹. — Total, 1,933¹ 2ˢ.

Récapitulation : Montant des revenus 1,758¹ 15ˢ 4ᵈ
— des charges . . . . 1,933 2 »
¹ Partant, les charges excédent de. 174 6 8

Couvent des MINIMESSES ².

La Communauté n'était point assujettie à un nombre limité ; elle se trouvait alors composée de 24 sœurs ³ de chœur, 6 converses et une novice.

Déclaration faite le 11 juin 1728, par sœur Marie-Marguerite d'Orémieulx de la Sᵗᵉ-Trinité, correctrice, et les religieuses, rectifiée.

Revenus affermés.

Cinquante-quatre journaux de terre situés à Saucourt, affermés moyennant 54 setiers de blé, mesure d'Abbeville, 434¹ 14ˢ ; — plus en argent, 100¹. — 11 journaux à Guéchart, affermés 10 setiers de blé, 80¹ 10ˢ. — 4 journaux à Eaucourt⁴, affermés 7 setiers 1/2 de blé, 66¹ 6ᵈ. — 18 journaux à Maisnières, affermés moyennant : 12 setiers de blé, 96¹ 12ˢ ; — plus en argent, 25¹. — 12 journaux à Andainville, affermés 12¹ ; — plus 10 setiers 1/2 de blé, 84¹ 10ˢ 6ᵈ. — Une maison et 16 journaux de terre au faubourg St.-Gilles d'Abbeville, 255¹. — 10 journaux de pré au même lieu, 180¹. — 13 journaux de pré au même lieu, 185¹.— 2 journaux de pré au même lieu, 51¹.— 18 journaux de terre à Canaple, 32¹.

Maisons a Abbeville.

Une maison sise rue St.-Gilles, louée 90¹. — Une autre auprès de l'Hôtel-Dieu, 85¹. —

---

¹ Les Carmélites avaient été appauvries par les liquidations et réductions des rentes sur les tailles et autres opérations qui leur avaient fait perdre 1840 liv. 16 sols 8 deniers de rente annuelle. Aussi se recommandaient-elles à la charité des prélats et autres membres du clergé, dans leurs évidents et pressants besoins. (*Déclarat.*)

² Ce couvent était dit de *Jésus-Maria* ; il fut établi en 1621. Il n'eut point de fondateur particulier, mais fut bâti peu à peu avec les dots des religieuses. Celles-ci observaient la règle de St.-François de Paule. (*Décl.*) — Louandre (*Hist. d'Abbeville et du comté de Ponthieu*, II, 473) et le P. Ignace (*Hist. ecclés. d'Abbev.*, p. 277) font remonter cette fondation à 1601 et l'attribuent à Gabrielle Foucquart veuve du Val. Les *Annales des Minimes de la province de France* fixent la date de 1615. (Voy. à la Bibl. Mazarine, le Ms. n° 2881.)—Le couvent était situé chaussée Marcadé, près du pont Touvoyon.

³ La plus âgée des religieuses avait 69 ans. (*Décl.*)

⁴ *Aliàs* Yaucourt. (Fonds de l'Intendance.)

Une autre auprès de Ste-Catherine, 48 l. — Une autre à usage de corderie, 90 l. — Une autre chaussée Marcadé, 55 l. — Une autre rue Dargonne, 18 l. — Douze autres, 318 l.

Revenus non-affermés.

Six setiers de blé payés par M. de Bussuel, seigneur de Monflières, 48 l. 6 s. — Un petit fief à Menchecourt, 30 l. — 26 barils de petite bière donnés par la ville chaque année, évalués à 20 sols l'un, 26 l.

Rentes et surcens.

Sur le trésor royal, 750 l. — Rentes provinciales, 21 l. — Six parties de rentes et surcens, 117 l. — Total des revenus, 3,292 l. 13 s.

Charges.

Réparations annuelles de l'église, du couvent, d'une ferme et de 19 petites maisons, 400 l. — Rentes foncières et seigneuriales, 32 l. 4 s. — Au bureau des pauvres, 6 l. — Entretien de la sacristie, 200 l. — Pension du père confesseur, 300 l. — Au petit clerc qui sert les messes, 10 l. — Aux médecin et chirurgien, 40 l. — Au jardinier, pour gages et nourriture, 200 l. — Gages et nourriture de deux sœurs tourières, 400 l. — Au procureur et au notaire, 30 l. — Total, 1618 l. 4 s.

Récapitulation : Montant des revenus . . . . 3,292 l. 13 s
— des charges 1,618 4
Reste net. 1,674 9

Nota. — Outre lesdites charges annuelles, la Communauté se trouvait en dette de 9,980 liv. tant pour marchandises, que pour nourriture des religieuses [1].

D'un autre côté, plusieurs bâtiments menaçaient ruine et devaient entraîner de grandes dépenses.

Couvent des dames de SAINTE-ÉLISABETH [2] (sœurs grises).

La Communauté n'était point assujettie à un nombre limité ; elle se trouvait composée alors de 35 religieuses de chœur [3] et de 4 sœurs converses.

Déclaration faite le 15 mars 1728, par la supérieure, sœur Charlotte de Fontaine de Ste-Élisabeth, et les religieuses, rectifiée.

---

[1] La déclaration porte encore ce qui suit : « La misère extrême des temps est cause que nous ne mangeons que du pain de petit méteil et les rebuts du poisson de la halle. Depuis 5 ans nous ne buvons plus de vin. Les mauvaises nourritures multiplient nos infirmités. Personne ne quête pour nous dans la ville, et la misère empêche les aumônes des fidèles. »

[2] Ce couvent, qui remplaça les Béguignes, était de l'ordre de St.-François. Il fut fondé en 1456. Deux siècles après, les religieuses résolurent de garder la clôture et y furent autorisées par lettres du roi du 6 août 1628. Cette date a remplacé celle de 1635, écrite d'abord sur la *déclaration*; et c'est aussi celle donnée par Louandre. — On les nommait vulgairement les *Seurettes*. — Leur couvent était sur la place dite autrefois du béguignage et maintenant la Placette. Il consistait en une église, maison, plus un jardin de la contenance d'un journal, séparé de l'habitation par une rivière. — L'acte de dédicace et de consécration de l'église des Seurettes, daté de l'année 1471, existe aux archives municipales d'Abbeville. (GG. 26. — *Déclaration.* — Louandre, *Hist. d'Abbeville*, II, 471.)

[3] La plus âgée de celles-ci avait, dit la *Déclaration*, 75 ans.

Revenus affermés.

Vingt-cinq journaux de terre situés aux molières de Cayeux, affermés 250 ¹. — 17 journaux de terre au terroir de Liercourt, 90 ¹. — 28 journaux à Vraignes, 133 ¹ 10 ˢ. — 6 journaux à Eaucourt, 30 ¹. — 5 journaux au faubourg St.-Gilles d'Abbeville, 80 ¹. — Un pré situé à Mareuil, 20 ¹. — Un demi-journal de pré à Auxy-le-Château, 8 ¹. — 11 journaux de terre à Bouillancourt, affermés 12 setiers de blé, mesure d'Abbeville, évalués à 8 liv. 1 sol, 96 ¹ 12 ˢ. — 16 journaux à St.-Maxent, affermés 20 setiers de blé, 161 ¹. — 4 journaux à Chepy, affermés 5 setiers de blé, 40 ¹ 5 ˢ. — 10 journaux au faubourg Menchecourt d'Abbeville, affermés 20 setiers de blé, 161 ¹. — 12 journaux à Gueschart, affermés 10 setiers de blé, 80 ¹ 10 ˢ. — 2 journaux audit lieu, affermés 1 setier 4 boisseaux de blé, 10 ¹ 1 ˢ 3 ᵈ. — 21 journaux à Domvast, affermés 12 setiers de blé, 96 ¹ 12 ˢ. — 2 journaux 3/4 de terre à Feuquières, affermés 4 setiers de blé, 32 ¹ 4 ˢ. — 12 journaux au terroir de Monflières, affermés 12 setiers de blé, 96 ¹ 12 ˢ.

Maisons a Abbeville.

Deux petites maisons et un jardin assis chaussée d'Hocquet, loués 106 ¹. — Maison, jardin et pré au faubourg St.-Gilles, 120 ¹. — Maison et jardin au faubourg de la Portelette, 100 ¹. — 2 petites maisons tenant au couvent et au jardin, 141 ¹. — 20 petites maisons ou barraques tenant et servant de clôture au jardin, 100 ¹.

Revenus non-affermés. — Rentes et surcens.

Un surcens à Monflières, 4 ¹. — Un autre sur un pré à Mareuil, 5 ¹. — Surcens au terroir de Froyelle, de 10 setiers de blé, 80 ¹ 10 ˢ. — Rente sur les tailles, au capital de 1,000 liv., 20 ¹. — Une autre sur le domaine de Ponthieu, créée en 1668, originairement de 20 liv., puis réduite au denier 50 en 1715, la somme de 10 ¹. — Sur le domaine du roi, pour dédommagement de 45 verges de terre plantée d'arbres et qui furent prises dans les fortifications de la ville, 20 ¹. — Plusieurs petites censives sur des maisons d'Abbeville, 20 ¹. — Sept parties de rentes sur divers particuliers, 117 ¹ 3 ˢ 8 ᵈ. — Rente au principal de 7,000 liv. sur l'abbaye de Licques, créée de 350 liv. en 1712, réduite au denier 50 en 1720, maintenant de 175 ¹.

Aumônes.

Le roi donne, au lieu d'un arpent de bois ¹ dont ses prédécesseurs avaient aumôné le couvent, 40 ¹. — Sur les fermes des oboles, 30 barils 1/2 de petite bière, 30 ¹. — Sur les fermes des aides, 80 barils de petite bière donnés par les feus rois et que le receveur des aides a fait retrancher en 1716, *Mémoire*. — Les quêtes du carême produisent à la communauté 2 setiers 1/2 de blé, évalués 20 ¹ 2 ˢ 6 ᵈ. — Total des revenus, 2,495 ¹ 2 ˢ 5 ᵈ.

---

¹ Les Sœurs-Grises figurent parmi les usagers en la forêt de Crécy, reconnus dans le règlement fait par Colbert le 12 décembre 1666. Mais on les porte comme ayant droit à 3 journaux de taillis.

Charges.

Réparations de l'église, des lieux réguliers et de la maison derrière l'église [1], des maisons à loyer, 550 l. — Au bureau des pauvres, 9 l. — Censives, 15 l. — Entretien de la sacristie, 300 l. — Entretien et nourriture du directeur, 500 l. — Au chapelain, 60 l. — Gages et nourriture de deux tourières, 300 l. — Gages du jardinier, 90 l. — Total, 1,824 l.

Récapitulation : Montant des revenus (sous la déduction des articles aumônes) . . . . 2,404 l 19 s 11 d
Montant des charges . . . . 1,824 » » » »

Reste net. 580   19   11

Nota. — Il se trouve dans la Communauté deux pensionnaires : l'une religieuse hollandaise, pour laquelle on reçoit 200 liv. sur le trésor royal, et une dame Maillet, religieuse bénédictine, mise au couvent par lettre de cachet, pour laquelle on reçoit 300 liv. par an.

Il y a encore six petites pensionnaires, payant chacune 150 liv. par an.

La Communauté a déclaré devoir aux fournisseurs et ouvriers une somme de 6,320 livres.

Couvent des Ursulines [2].

La Communauté était composée de 40 religieuses professes [3] et de 6 sœurs converses.

Déclaration faite le 30 décembre 1727, par la sœur de St-François de Sales, supérieure, et les religieuses [4].

Revenus affermés.

Six journaux cinquante-neuf verges de terre au faubourg du bois d'Abbeville, baillés à surcens, 101 l 13 s.— Une masure, cour, jardin, pourpris et tènement, terres à labour, pré et aire contenant 4 journaux, un quartier d'aire, 4 journaux 1/2 de pré, 3 autres journaux 1/2 de pré. Le revenu n'est pas indiqué. *Mémoire.*

Maisons a Abbeville.

Une maison sise chaussée du Bois, louée 56 l. — Une autre, même chaussée, 110 l. — Une autre, aussi chaussée du Bois, 120 l.—3 autres tenant ensemble, rue du Collège, louées au bureau des pauvres, 90 l. — Une autre maison avec jardin, sise chaussée d'Hocquet, et deux autres jardins aux marais de St.-Paul. 180 l. — 22 petites maisons tenant ensemble,

---

[1] L'église, ladite maison et un jardin de la contenance d'un journal environ tenaient ensemble et se trouvaient séparés par une rivière d'avec le corps de la communauté. (*Déclaration* produite à l'Intend^ce. en 1728. Fonds de l'Intendance. Arch. départem.)

[2] Ce couvent avait été établi en 1613, et les religieuses logées d'abord dans l'hôtel de Gamaches, place St.-Pierre. Plus tard elles firent bâtir un nouveau couvent dans la chaussée du Bois et s'y transportèrent au nombre de 60, le 10 octobre 1642. (*Hist.* d'Abbev., t. 1er, p. 474.— P. Ignace, *Hist. eccl.*, p. 256.)

[3] La plus âgée des religieuses avait 82 ans, une autre 74, et une autre 71 ans. (*Déclarat.*)

[4] Cette *déclaration* est celle fournie à l'Intendance, en exécution de l'arrêt du conseil du roi du 29 avril 1727, dont nous avons parlé en l'*Introduction*. Nous n'avons pas trouvé l'extrait vérifié par le Bureau diocésain en 1730, en conséquence de la déclaration du roi et de la délibération générale du clergé, de l'année 1726.

occupées par de pauvres gens, 310 ¹. — Une maison avec grange, étable, jardin, aire, pourpris et tènement, appelée *la Commanderie,* baillée à surcens, 96 ¹. — Une autre maison avec jardin et aire, en la chaussée d'Hocquet, baillée à surcens à Josse Van Robais en 1701, 90 ¹. — Un appartement au dehors du couvent, 56 ¹.

Revenus non-affermés.

Une rente au principal de 912 liv. sur l'hôtel-de-ville de Paris, réduite à 18¹. — Une autre de 25 liv. sur le domaine, réduite à 12¹ 10ˢ.— Une autre, pour indemnité des biens qui ont été compris dans les fortifications, 82¹ 10ˢ. Desquelles deux rentes on n'a rien reçu depuis 1717. — Une rente donnée au couvent par le sieur Du Candas en 1624, pour l'entretien d'une lampe qui brûle devant le St.-Sacrement, 20¹. — Une autre de 6¹ 5ˢ transportée au couvent par Marguerite Miroir en 1682. — Rente viagère de 200¹ donnée par le roi à la sœur Hardouin, depuis 1699. — La coupe d'un journal de bois à prendre tous les ans dans forêt de Cressy, pour le chauffage du couvent, par donation de la duchesse d'Angoulême du 1ᵉʳ juin 1615, ladite redevance remplacée depuis 1698 par une rente de 40 livres.

(Ici se trouve une lacune, par la perte d'une partie supplémentaire.)

La *déclaration* donne pour total des revenus du couvent, non compris le produit des pensions de 13 jeunes filles, une somme de 5,218¹ 19ˢ 6ᵈ.

Charges.

Réparations de l'église, des maisons et ferme, 1,055 ¹. — Censives pour les immeubles repris, 200¹. — Au bureau des pauvres d'Abbeville, 15¹. — Au curé de la paroisse, 6¹. — Entretien de la sacristie, y compris les parements d'autel, 840 ¹. — Au confesseur de la communauté, 400 ¹. — Au chapelain, 200 ¹. — Au sacristain, 10¹. — Aux prêtres desservants, 50¹.— Gages des deux tourières, 60¹.— Gages du jardinier, 120¹.— Total, 2,956¹.

Récapitulation : Montant des revenus 5,218¹ 19ˢ 6ᵈ
    — des charges . . . . 2,956 »» »

¹ Reste net. 2,262 19 6

Nota. — La Communauté déclare devoir tant aux fournisseurs qu'à des prêteurs une somme de 7,995 livres.

Elle ajoute que les réparations urgentes à faire au chœur de l'église, au cloître et aux bâtiments sont estimées 4,923 livres.

Il y a dans le couvent 13 petites pensionnaires, qui paient chacune 120 liv. par an.

Les religieuses instruisent les pauvres par charité : c'est leur quatrième vœu.

---

¹ Tous les chiffres ci-dessus n'étant point ceux contrôlés par le Bureau diocésain n'offrent pas le degré d'exactitude que nous trouvons dans la plupart des autres déclarations.

Couvent de la VISITATION DE SAINTE-MARIE [1].

La Communauté n'était point assujettie à un nombre limité ; elle était composée alors de 25 religieuses [2] de chœur, 3 sœurs converses et 2 tourières.

Déclaration faite le 4 avril 1730, par la supérieure, sœur Françoise-Emmanuelle Froissart et les religieuses, approuvée.

Revenus affermés.

Une maison, bâtiments, cour et jardin, avec 18 journaux de terre à labour, situés au faubourg St.-Gilles de la ville d'Abbeville, affermés moyennant 210 l ; — et 6 cochons de lait, évalués 6 l.

Maisons a Abbeville.

Deux maisons et deux jardins, loués 150 l. — Une autre, 40 l. — Maison et jardin rue des Poulies, 24 l. — Une autre, rue des Rapporteurs, 36 l. — deux autres, rue des Rapporteurs, 46 l. — Une autre, rue des Rapporteurs, 14 l. — Une autre, rue des Wets, 60 l. — Une autre, aussi rue des Wets, 22 l. — Une autre près du monastère, 16 l. — Une autre, 36 livres.

Revenus non-affermés.

Un surcens sur la maison du sieur Josse Van Robais, 120 l. — Sur l'hôtel-de-ville de Paris, 250 l. — Sur les tailles, 106 l 18 s. — Sur le marquis de Vauchelles, 75 l. — Total des revenus, 1,211 l 18 s.

Charges.

Censives à divers seigneurs, 50 l. — Rentes dues à deux personnes, 220 l. — Honoraires du directeur, 300 l. — Honoraires d'un chapelain, 200 l. — Gages du sacristain, 20 l. — Gages du jardinier, 100 l. — Gages de deux tourières, 36 l. — Réparations de la maison conventuelle et des maisons louées, 365 l. — Total, 1,291 l.

Récapitulation : Montant des revenus . . . . 1,211 l 18 s
      — des charges. . . . . 1,291 » »

Partant, les charges excédent de. 79 2

Nota. — L'entretien de la sacristie n'est pas porté dans la déclaration. *Mémoire.*

---

[1] Le couvent de la Visitation fut établi en 1650, par les soins du mayeur Claude Becquin, avec la permission d'Anne d'Autriche (*Déclarat.* — Louandre, *Hist. d'Abbeville*, II, 475). Il était situé rue des Wets, dite maintenant des Saintes-Maries.

[2] Les 2 plus âgées des religieuses avaient l'une 85 ans et l'autre 84. (*Déclarat.*) — Une autre déclaration préparée au mois d'avril 1727 accusait 33 religieuses de chœur. Quelle cause a pû amener une telle diminution en si peu de temps ?

CURES DANS LA VILLE ET SES FAUBOURGS.

SAINT-ANDRÉ [1].

Présentateur : le chapitre de St.-Vulfran.
Collateur : l'Evêque

Déclaration faite le 12 juin 1728, par le titulaire maître Philippe Regnault, prêtre, bachelier en théologie de la faculté de Paris, approuvée.

Censives dues par le chapitre de St.-Vulfran, et divers particuliers, 10¹. — Fondations : de la fabrique 218 liv., et des confréries de la Miséricorde et autres, 52 liv., — Casuel : oblations en cire et argent, baptêmes, mariages [2], messes, etc. ; ce que le titulaire a évalué à 30 sols par ménage [3], 150¹. — Total . . . . 430¹ »»

Charges. — Réparations du presbytère. . . . . 10 »»

Reste net. . . . . . 420 »»

SAINTE-CATHERINE.

Présentateur : le Chapitre de St.-Vulfran.
Collateur : l'Evêque.

Déclaration faite le 12 juin 1728, par le titulaire maître Claude Brandicourt [4], prêtre, docteur en théologie de la faculté de Paris, rectifiée.

Censive ou surcens, 15¹ 1ˢ 6ᵈ. — Fondations, 265¹ 10ˢ. — Casuel, 184¹ 18ˢ 6ᵈ. — Total 465¹ 10ˢ

Charges. — Un renvoi de 1¹ 4ˢ. — Réparations du presbytère, 10¹. — Total. 11 4

Reste net. 454 6

---

[1] L'église de St.-André était située dans la rue de ce nom, auprès du grand échevinage. Elle fut démolie en 1811. (Louandre, loc. cit., p. 490.) — Du commencement du XIVᵉ siècle à la fin du XVIIᵉ il y avait dans cette église deux chapellenies. (*Pouillé* de 1301 et de 1682.) — En l'échevinage il existait autrefois une chapelle dans laquelle le mayeur et les échevins entendaient la messe quand ils étaient réunis pour les affaires de la ville. Par lettres du mois de mai 1369 le roi Charles V avait autorisé l'achat de 60 *livrées* de terre, pour la dotation du chapelain ou des chapelains qu'on voudrait y établir. (Archives municip. d'Abbeville, AA.)

[2] Des difficultés s'étant élevées à l'occasion des droits que les curés de la ville percevaient pour les baptêmes, bénédictions de lits et épousailles, et de l'amende pour la non-continence temporaire par les nouveaux mariés, un arrêt du Parlement daté du 11 mars 1401 fixa les droits de bénédiction de lit à 12 deniers, ceux des épousailles à 13 deniers, et décida que « les mariés de nouvel pourront *franchement* gésir ensemble les trois premières nuits des noces. » — Un autre arrêt du Parlement daté du 19 mars 1409 statua que les nouveaux mariés n'auraient plus à demander aucune dispense de l'évêque à ce sujet. — Il est à noter qu'on trouve dans ces arrêts les noms de tous les curés d'Abbeville. — (Arch. municip. d'Abbeville, FF. 72 et 78.—*Gallia Christ*. X, 1196 A, et 1197 E. — M. Veuillot, *Le droit du seigneur au moyen âge*. Appendix, p. 451. — Arch. Impér. X., 57.)

[3] En 1728 la paroisse de St.-André n'avait que 100 ménages, dont 50 étaient des bouchers, la plupart fort pauvres, surtout depuis les billets de banque. Antérieurement à ceux-ci, le curé recevait 3 à 400 liv. de casuel. (*Déclarat*.)

[4] Le déclarant dit qu'il n'a la cure de Ste.-Catherine que depuis 3 ans, et que la paroisse a 750 communiants.

SAINT-ÉLOI [1].

Présentateur : le prieur commendataire de St.-Pierre d'Abbeville.
Collateur : l'Evêque.

DÉCLARATION faite le 21 juin 1728 par le titulaire, maître Nicolas-Alexandre Lucas [2], rectifiée.

Portion congrue payée par le prieur de St.-Pierre, 150 l. — A recevoir dudit prieur, pour l'administration des sacrements dans l'enceinte du prieuré, 20 l. — Fondations diverses, notamment pour dame Anne de Cormont, Louise Bernard épouse du sieur d'Achery, M. de Bouillencourt, Marguerite Lebel, épouse de M. de Carpentin, damoiselle Marie Manessier, 287 l. — Pour la procession à Monflières, y compris la messe haute, le lundi après la Nativité de Notre-Dame, 2 l. — Casuel, 60 l. — Total . . . 519 l »»

CHARGES. — Honoraires des prêtres qui se chargent de la messe matinale du lundi, 41 l. — Réparations du presbytère, 10 l. — Total . . . . 51 »»

Reste net. . . . . . 468 »»

SAINT-GEORGES [3].

Présentateur : le chapitre de St.-Vulfran.
Collateur : l'Evêque.

DÉCLARATION faite le 18 juillet 1728, par le titulaire maître Louis-Antoine Duval, prêtre, bachelier de Sorbonne, rectifiée.

Pour le presbytère qui a été vendu depuis un temps considérable, 50 l. — Fondations, 322 l. — Casuel, 400 l. — Total des revenus 772 l.

CHARGES. — *Néant.*

SAINT-GILLES [4].

Présentateur : ledit chapitre.
Collateur : l'Evêque.

DÉCLARATION faite le 7 juin 1728, par le titulaire maître François Sangnier [5], approuvée.

---

[1] L'église de St.-Eloi était située sur la place St.-Pierre, en face de la chaussée Marcadé. Il se trouvait des hérétiques sur la paroisse, à cause de la manufacture. (*Pouillé de l'Archid. de Ponthieu*, f° 5, Ms. 514 de la Biblioth. comm. d'Amiens.) — Deux chapellenies existaient dans cette église au commencement du XIVe siècle. (*Pouillé de* 1301.)

[2] Il se dit curé de St.-Eloi depuis 2 ans, et 1 mois, et ajoute que son prédécesseur se nommait : Antoine Sangnier. Il se plaint aussi de l'appauvrissement de la paroisse depuis les billets de banque. (*Déclarat*.)

[3] L'église existait autrefois sur la place du marché au blé. Elle fut reconstruite en 1367, à côté du Bourdois, sur l'emplacement d'une ruelle nommée Lucquet, comme on le voit en des lettres d'Edouard, roi d'Angleterre, de l'année 1367. — Du commencement du XIVe siècle à la fin du XVIIe il existait six chapellenies dans cette église. (Arch. municip. d'Abbeville, DD, 28 à 51. — *Pouillés* de 1301 et de 1682. — Louandre, loc. cit. p. 488.)

[4] Dans cette église il existait deux chapellenies au commencement du XIVe siècle, et quatre à la fin du XVIIe. — Sur la paroisse se trouvait la prison de la ville, dans laquelle il y avait trois chapelles à la collation du chapitre de St.-Vulfran. Le revenu de chacune d'elles était de 60 livres. Les messes qui devaient s'acquitter dans la prison l'étaient dans l'église St.-Gilles. — Dans le présidial se trouvait aussi une chapelle, mais on n'y disait point la messe depuis 25 ans, en 1689. (*Pouillés* de 1301 et de 1682. — *Pouillé de l'Archid.* f° 7.)

[5] Il était bachelier de Sorbonne, comme on le voit

Portion congrue payée par le chapitre de St.-Vulfran, seul décimateur tant des grosses que des menues dîmes et des novales, 300 ¹. — Fondat. et casuel, 628 ¹. — Total. 928¹ »»

CHARGES. — Réparations du presbytère. . . . . 20 »»

Reste net. . . . . . 908 »»

SAINT-JACQUES ¹.

Présentateur : le chapitre de St.-Vulfran.
Collateur : l'Evêque.

DÉCLARATION faite le 11 juin 1728, par le titulaire maître Jacques Ringot, approuvée.

Censives payées par la fabrique de St.-André et trois communautés de filles qui sont sur la paroisse, pour indemnité, 17 ¹ 12 ². — Fondations payées par la fabrique, 252 ¹ 16 ². — Casuel, 236 ¹ 1 ². — ² Total, 506 ¹ 9 ².

CHARGES.

Renvoi à la cure de St.-Paul, 6 ². — Pour les chapitres des curés, 2 ¹. — Pour un ecclésiastique habitué, qui aide le curé dans ses fonctions curiales, 30¹. — Réparations du presbytère, 10¹. — Total, 42¹ 6 ².

RÉCAPITULATION : Montant des revenus . . . . 506¹ 9 ²
   — des charges 42   6

Reste net. 464   3

SAINT-JEAN-DES-PRÉS ³.

Présentateur : ledit chapitre.
Collateur : l'Evêque.

DÉCLARATION faite le 21 juin 1728, par maître Jacques Durand, approuvée.

Cens et surcens sur deux maisons à Abbeville, 18 sols. — Portion congrue, dont le chapitre d'Abbeville paie 60 ¹, et les chapelains de St.-Jean des Prés, 40¹. — Obits et autres fondations, 52 ¹. — Casuel, 80¹. — Total. . . . . 232¹ 18 ²

CHARGES. — Réparations du presbytère ⁴ . . . . 10 »»

Reste net. 222   18

---

au procès-verbal d'installation de l'abbesse d'Epagne, dressé en 1734 et sus rappelé (p. 17, note 4).

¹ Il existait dans cette église deux chapellenies, du commencement du XIVᵉ siècle à la fin du XVIIᵉ. (*Pouillés* de 1301 et de 1682.)

² « Il n'y a ni gros ni dîmes. » (*Déclarat.*)

³ L'église de St.-Jean-des-Prés avait été bâtie à l'extrémité de la rue de ce nom, au XIVᵉ siècle, et fut démolie en 1793. (Louandre, *Hist. d'Abbev.*, p. 495.)

⁴ Il n'y avait pas de presbytère en 1689, ce qui était cause que le curé ne demeurait pas dans la paroisse. (*Pouillé de l'Archid.*, f°. 10.)

SAINT-NICOLAS [1], EN LA COLLÉGIALE DE SAINT-VULFRAN.

Nous n'avons pas trouvé la déclaration des revenus de cette cure que le pouillé de 1736 dit être de 450 livres. Il ajoute que le patron-présentateur était le chapitre de Saint-Vulfran.

SAINT-PAUL [2].

Présentateur : ledit chapitre.
Collateur : l'Evêque.

DÉCLARATION faite le 29 juin 1728, par le titulaire maître Jean-Baptiste Calippe, approuvée.

Dîme de la paroisse [3], affermée 340 ¹. — Surcens à prendre sur la fabrique, 3 ¹ 1 ˢ 6 ᵈ. — Casuel et fondations, 101 ¹. — Total. . . . . 444 ¹ 1 ˢ 6 ᵈ

CHARGES. — Réparations du chœur de l'église, 40 ¹. — Réparations du presbytère, 10 ¹. — Total . . . . 50 » »

Reste net. 394 1 6

SAINT-SÉPULCRE [4].

Présentateur : le prieuré de St.-Pierre d'Abbeville.
Collateur : l'Evêque.

DÉCLARATION faite le 1ᵉʳ juin 1728, par le titulaire maître Jean Lesueur [5], rectifiée.

Un dimage au faubourg du Bois d'Abbeville, affermé 150 ¹. — Obits et autres fondations, 335 ¹. — Censives, 9 ¹ 18 ˢ. — Casuel, 245 ¹. — Total . . . . . 739 ¹ 18 ˢ

CHARGES. — Réparations du presbytère. . . . . 20 » »

Reste net 719 18

SAINT-VULFRAN-EN-CHAUSSÉE [6].

Nous n'avons point trouvé la déclaration des revenus de cette cure, que le pouillé de 1736 dit être de 600 livres. Il donne pour patron-présentateur le chapitre de Saint-Vulfran.

---

[1] Il y avait sur cette paroisse « six maisons pleines d'hérétiques, à cause de la manufacture » de Van Robais. (*Pouillé de l'Archid.* f° 1.)

[2] Il y avait dans la paroisse, en 1689, un ménage de hollandais, qui n'avait point fait abjuration. (*Pouillé de l'Archid.* f°. 13.)

[3] Le curé n'avait droit à la totalité de la dîme que depuis une convention faite en 1720 avec le chapitre, qui précédemment en prenait moitié et donnait un supplément de portion congrue au curé. (*Déclarat.*) — L'arrêt de 1401 que nous venons de rappeler, fait connaître que les curés de St.-Paul, de St.-Jacques, de St.-Vulfran-en-Chaussée, de St.-Sépulcre et de St.-Eloi étaient les seuls de la ville qui prissent quelque part des grosses et menues dîmes à la dite époque.

[4] Cette église fut construite primitivement sur le lieu même où Godefroy de Bouillon passa la revue des croisés Picards et Normands en 1096. (Louandre, loc. cit., t. 1ᵉʳ, p. 126.) — La *Déclaration* porte que la paroisse avait environ 1800 communiants. — Il y eut dans l'église 5 chapellenies du commencement du XIVᵉ siècle à la fin du XVIIᵉ. (*Pouillés* de 1301 et de 1682.)

[5] Le curé dit que son prédécesseur fut Becquin de Fresnel, qui exerça trente années. (*Déclarat.*)

[6] L'église de St.-Vulfran-en-Chaussée se nommait aussi petit St.-Vulfran. Elle existait à l'angle de la rue de ce nom; elle fut démolie pendant la révolution. (*Hist d'Abbeville*, II, 488. — *Pouillé de l'Archid.* f°. 2.) Dans un arrêt du Parlement du 19 mars 1409 (Arch. Imp. X, 57) cité par M. Louis Veuillot (*Le droit du*

NOTRE-DAME DU CHATEL [1].

Présentateur: le chapitre de St.-Vulfran.
Collateur: l'Evêque.

Déclaration faite par le titulaire maître Aimé Sannier, rectifiée.

Le gros payé par an, 120¹. — Fondations, 169¹. — Casuel, 10¹. — Total . 299¹ »»
Charges. — Réparations du presbytère . . . . 10 »»

Reste net. . . . . . 289 »»

NOTRE-DAME DE LA CHAPELLE [2].

Présentateur: le prieuré de St.-Pierre d'Abbeville.
Collateur: l'Evêque.

Déclaration faite le 10 juin 1728, par le titulaire maître François Longuet, rectifiée.

La dîme [3] du haut et du bas et les novales, affermées moyennant : 6 setiers de blé, mesure d'Abbeville, évalués 48¹ 6ˢ ; — et en argent, 400¹. — Dîme de sang et de fruits, 12¹. — Obits et autres fondations, dont 18 liv. pour la confrérie de la Sᵗᵉ-Vierge, 191¹ 12ˢ. — Casuel, 140¹. — Total 791¹ 18ˢ
Charges. — A la maison d'école des pauvres filles, 36¹. — Réparations du presbytère, 15¹. — Total . . . . 51 »»

Reste net. 740 18

SAINT-JEAN DE ROUVROY [4].

Présentateur: le chapitre d'Amiens.
Collateur: l'Evêque.

Déclaration faite le 28 avril 1730, par le titulaire maître Adrien de la Rue, rectifiée.

---

seigneur, 1854, p. 45), est nommé *Guerardus de Bienruria*, curé de St.-Vulfran d'Abbeville. — Il y avait 3 chapellenies dans cette église au xivᵉ siècle et au xviiᵉ. (*Pouillés* de 1301 et de 1682.)

[1] L'église de Notre-Dame du Châtel ou du *Castel* était située près du quai du Pont-Neuf, à l'angle des 2 rues de Notre-Dame. Elle avait été rebâtie en 1574 et remplaça sans doute une chapelle dépendant du *Castel*, ou château des comtes de Ponthieu. (Louandre, loc. cit. p. 486.) — Le curé dit, dans sa *déclarat.*, que cette cure était la plus petite du diocèse.

[2] L'église Notre-Dame de la chapelle dite de Menchecourt était située dans le faubourg de Thuison. Elle avait été élevée sur les débris d'un temple payen, avec de l'argent trouvé par un berger. (Louandre, *Hist. d'Abbev.* t. II, 496 ; — P. Ignace, *Hist. Ecclés.* d'Abbev., p. 140. — *Pouillé* de 1753.) — La déclarat. dit que la paroisse n'était composée que de menu peuple et d'artisans, à l'exception de 3 ou 4 notables.

[3] Les autres décimateurs étaient, selon le *Pouillé de l'Archid.*: le prieuré de St.-Pierre, les Chartreux d'Abbeville, la Commanderie du Val et la Fabrique. — La *déclaration* est plus explicite. « Dans la dîme des champs dite *de Haut*, on distinguait deux parties: l'une, la plus grande, appartenait pour 6/9 aux religieuses de l'Hôtel-Dieu d'Abbeville (au lieu de la commanderie du Val), pour 2/9 au prieur de St.-Pierre, et pour 1/9 au curé ; l'autre appartenait pour 2/3 au prieur et pour 1/3 au curé. Les novales, dites dîmes *de bas*, appartenaient entières au curé. » (Voy. ci-dess. p. 3.)

[4] C'était jadis une chapelle que l'évêque d'Amiens

Les dîmes [1] de lin, chanvre, foins et légumes, affermées à diverses personnes, moyennant 410 l.; — plus 10 bottes de lin et 10 setiers de pommes, 35 l. — Les dîmes de pommes et poires, de sang, etc., évaluées 120 l. — Casuel, 150 l. — Total . . . . . 715 l. »»
Charges.—Réparat. du chœur, 30 l.—Réparat. du presbytère, 15 l. — Total.   45   »»

Reste net. 670   »»

CURES RURALES.

AUVILLERS [2] (Vocable : l'Assomption de Notre-Dame) et BUIGNY (Vocable : Saint-Maclou), son annexe.

Présentateur : le chapitre de St.-Vulfran d'Abbeville [3].

Collateur : l'Evêque d'Amiens [4].

Déclaration faite le 17 juillet 1728, par le titulaire maître Charles Wateblé, rectifiée.

Revenus non-affermés.

Un tiers de la grosse dîme d'Auvillers et de celle de Buigny-St.-Maclou ; partie de celle de La Motte-Buleux ; un quart de la grosse dîme d'Oville [5], produisant : 26 setiers de blé, mesure d'Abbeville, évalués à raison de 8 liv. 1 sol, 209 l. 6 s.; — 17 setiers d'avoine à 5 liv. 15 sols, 97 l. 15 s.; — 17 setiers de seigle à 6 liv. 14 sols, 113 l. 18 s.; — 114 bottes de warats et lentilles à 4 sols, 22 l. 16 s. — Les menues dîmes, 60 l. — 8 journaux de terre de cure, 22 l. — Casuel, 50 l. — Fondations, 6 livres.

---

[1] érigea en cure la veille de Pâques (*infra parasceven*) de l'année 1265, en conséquence d'une transaction faite avec son chapitre quelques jours auparavant, c'est-à-dire la veille des Rameaux 1265. (Titres de l'Evêché, 6-3°.)

[1] La grosse dîme appartenait au chapitre d'Amiens, aux chapelains de St.-Jean-des-Prés et au curé. Au lieu dit Sur-Somme, qui contenait la moitié du territoire de la paroisse et se nommait *la sixième*, le chapitre prenait cinq gerbes de 6, à l'encontre du curé ; sur la partie nommée *la douzième* le chapitre ne prenait qu'une part de 12, à l'encontre des dits chapelains et du curé ; et sur le reste du territoire le chapitre prenait moitié, à l'encontre du curé. (*Pouillé de l'Archid.* — Titres du chapitre d'Amiens, arm. 1, liasse 2, n° 1, et arm. 5, liasse 63, n° 3. — *Invent.* V, p. 354. — *Cartul. du chapitre*, II, f° 124 v°.)

[2] Ouviler, au *pouillé* de 1301. — De cette paroisse dépendaient encore deux hameaux : la Motte-Buleux et Oville, et aussi la ferme de Bonneval. (*Déclarat.*)

[3] Le patronat de Auvillers et de Buigny lui fut donné par la charte de 1138.

[4] *Rappelons au lecteur que nous omettons, en général, de mentionner le collateur, lorsque c'est l'évêque, parce qu'il l'état de droit.*

[5] L'abbé de St. Riquier possédait moitié et le doyen de St.-Vulfran 1/6° de la dîme d'Auvillers ; — le prieur de St.-Pierre d'Abbeville avait 1/3, l'abbé de St.-Acheul 1/6°, et le doyen de St.-Vulfran, le dernier sixième de la dîme de Buigny ; — le curé avait au terroir de la Motte-Buleux toute la dîme sur 40 journaux et le tiers du reste, les 2 autres tiers appartenaient aux religieuses de l'Hôtel-Dieu d'Abbeville ; — les dites religieuses avaient 1/2 et les religieuses de l'abbaye de Moreaucourt d'Amiens le dernier quart de la dîme d'Oville. — En l'année 1215 Thomas de Chasteau avait abandonné à cette abbaye la 3° gerbe de Ouviller ou Omvile, qu'il possédait injustement. (Titres de Moreaucourt. *Invent.* f° 20, cote 12. — *Déclarat.* — Voy. ci-dess., I, 97 et 134 ; II, 2.)

Revenus affermés. — Toute la dime sur la ferme de [1] Bonneval, 250¹. — Total des revenus. 831¹ 15ˢ

Charges. — Réparat. du presbytère, 15¹. — Frais de dime, 100¹. — Total. 115 »»

Reste net. 716 15

BELLENCOURT (Vocable : Saint-Martin) et BUIGNY-L'ABBÉ (Vocable : Saint-Jean-Baptiste), son secours [2].

Présentateur : le prieur de Biencourt.

Déclaration faite le 16 octobre 1730, par le titulaire maître Jacques Cornu, rectifiée.

Les deux neuvièmes de la dîme de la paroisse [3] produisant : 40 setiers de blé, mesure d'Abbeville, évalués 322¹ ; — 20 setiers d'avoine, 115¹ ; — et 300 bottes de warats, 45¹. — 5 journaux de terre de presbytère, chargés de 6 obits, produisant : 4 setiers de blé, 32¹ 4ˢ ; — 600 gerbées et 120 bottes de paille d'avoine, 50¹. — Obits et autres fondations, 44¹. — Casuel, 15¹. — Total, 623¹ 4ˢ.

Charges.

Frais de dîme et de labour, 110¹. — Réparations du presbytère, 15¹. — Réparations du chœur de Bellencourt, 10¹. — Réparations du chœur de Buigny-l'Abbé, 10¹. — Total 145¹.

Récapitulation : Montant des revenus 623¹ 4ˢ
— des charges . . . . 145 »

Reste net 478 4

BOUCHON (Vocable : Saint-Pierre) [4].

Présentatrice : l'abbesse de Bertaucourt.

Déclaration faite le 9 octobre 1728, par le titulaire maître Firmin Hardy, rectifiée.

La dîme de blé du terroir de Bouchon [5], produisant : 22 setiers de blé, mesure de

---

[1] A raison de 7 gerbes du cent, comme au terroir de Buigny dont cette ferme dépendait. (*Sentence de la sénéchaussée de Ponthieu,* du 22 décembre 1681. — *Invent. de l'abbaye de St.-Acheul,* f° 173.)

[2] Dans le hameau de Monflières dépendant de cette paroisse se trouve une chapelle, qui passe pour avoir été bâtie en 1100. Elle est sous l'invocation de Notre-Dame et entretenue par les aumônes des pèlerins. On y disait la messe aux fêtes de la Ste.-Vierge. — La chapelle *de Mofleriis* fut confirmée à l'abbaye de Bertaucourt par bulle du pape Alexandre III, du 8 des kal. de mai 1176. (*Pouillé de l'Archid.* f° 16. —

Bibliothèque historique et monumentale de la Picardie, par M. Roger, p. 90. — Titres de l'abbaye de Bertaucourt, carton 2ᵉ. Arch. départem.)

[3] Les autres décimateurs étaient : l'abbé de St.-Riquier pour 5 gerbes, et le prieur de Biencourt pour les 2 autres. (*Pouillé de l'Archid. de Ponthieu,* f° 16.)

[4] Cette paroisse ne figure pas au *pouillé de* 1301.

[5] Toute la dîme appartenait à l'abbaye de Bertaucourt. Elle est relatée, ainsi que l'autel, aux lettres confirmatives données par l'évêque St.-Geoffroy en 1108, et en la bulle du pape Alexandre III de l'année 1176. (Titr. de Bertaucourt.— *Pouillé de l'Arch.* f° 17.)

Dommart, évalués à raison de 8 liv. 8 sols, 184¹ 16ˢ; — 25 boisseaux de seigle à 8 sols 9 den., 10¹ 18ˢ 9ᵈ; — 1/2 setier d'orge, 2¹ 11ˢ; — 100 bottes de lentilles, 15¹. — La dîme d'avoine, produisant : 10 setiers d'avoine à 4 liv., 40¹; — 100 bottes de vesce et warats, 20¹; — 70 bottes de lin et de chanvre à 15 sols, 52¹ 10ˢ. — Menue dîme de cour et de jardin, 25¹. — 2 journaux 3 quartiers de terre de cure, 20¹. — Fourrages, 50¹. — Fondations, 120¹. — Casuel, 10¹. — Total 550¹ 15ˢ 9ᵈ

CHARGES.— Frais de dîme, 50¹.— Réparat. du presbytère¹, 15¹.—Total.   65 »» »

Reste net. 485 15 9

CAUX (Vocable : SAINT-MARTIN)².

Présentateur : le chapitre d'Abbeville³.

DÉCLARATION faite le 7 mars 1730, par le titulaire maître Jean Watteblé, rectifiée.

Le tiers de la dîme, ou 3 gerbes de neuf⁴, sur le terroir de Caux, produisant : 30 setiers de blé, mesure d'Abbeville, à 8 liv. 1 sol, 241¹ 10ˢ; — 16 setiers d'avoine, 92¹; — 200 bottes de lentilles, warats et menus grains, 30¹. — Dîmes de foin, novale et sacramentelle, 140¹. — 9 journaux de terre de presbytère, produisant 13 setiers de blé, 104¹ 13ˢ; — et en mars, y compris la paille, 30¹. — Fourrages, 60¹. — Obits et autres fondations, 50¹. — Casuel, 20¹. — Total, 768¹ 3ˢ.

CHARGES.

Frais de dîme, 150¹. — Frais de labour des terres du presbytère, 45¹. — Pour le pain et le vin, 15¹. — Réparations du presbytère, 15¹. — Total, 225¹.

RÉCAPITULATION : Montant des revenus 768¹ 3ˢ
— des charges . . . . 225 »

Reste net. 543 3

COCQUEREL (Vocable : SAINT-MARTIN)⁵.

Présentateur : le prieur de St.-Pierre d'Abbeville.

DÉCLARATION faite le 7 juin 1728, par le titulaire maître Jean Legrand, rectifiée.

---

¹ La maison presbytérale de Bouchon contenait environ 20 verges de terre. (*Déclarat.*)

² Caours, au *pouillé* de 1301.— Aujourd'hui encore ce nom s'écrit de diverses manières, et la prononciation vulgaire semble être la tradition de la forme ci-dessus. — Il y avait dans la paroisse un prêtre qui faisait l'école en 1689. — Neufmoulin dépendait de cette paroisse. Il se nommait autrefois Otremencourt. (*Pouillé de l'Archid.*, f° 20. — *Invent. de St.-Riquier*, p. 265. — J. de la Chapelle, *chronique*, chap. 47.)

³ Le patronat de St.-Martin de Cahors lui fut donné par Jean II, comte de Ponthieu, suivant la charte de l'année 1138.

⁴ Des 6 autres gerbes il en appartenait 4 aux religieux de St.-Riquier et 2 au chapitre de St.-Vulfran. (*Déclarat. — Pouillé de l'Arch.* f° 20.)

⁵ Cokerel, au *pouillé* de 1301. — Longuet etait un hameau en dépendant : il y avait une chapelle presque ruinée en 1689 ; on n'y faisait aucun service. (*Pouillé de l'Archid.* f° 18.)

REVENUS NON-AFFERMÉS.

Une portion de dîme, consistant en 2 gerbes de 7 au cent sur le terroir de Coquerel, et 4 gerbes de 7 au cent sur le terroir de Longuet [1] ; produisant : 60 setiers de blé, mesure d'Abbeville, évalués 483 l. ; — plus 28 setiers d'avoine, 161 l. — 2 journaux 2 quartiers et demi de terre de presbytère, 20 l. — Fourrages, 60 l. — Fondations, 98 l. — Casuel, 50 l.

REVENUS AFFERMÉS. — Dîme novale, 185 l. — Total des revenus, 1,057 l.

CHARGES.

Frais de dîme, 100 l. — Au sacristain du prieuré de St.-Pierre d'Abbeville, 30 . — Moitié des réparations du chœur de l'église, 10 l. — Réparations du presbytère, 15 l. — Total, 155 l.

RÉCAPITULATION : Montant des revenus . . . . 1,057 l »»
— des charges . . . . 155 »»
Reste net. . . . . 902 »»

DRUCAT (Vocable : SAINT-MARTIN) [2].
Collateur de plein droit : l'Evêque.

DÉCLARATION faite le 30 mai 1728 par le titulaire maître Pierre-Crysologue Masse, approuvée.

Partie de la grosse dîme [3], les novales du lieu, plus un tiers de la dîme que les religieux de Dommartin abandonnent au curé pour qu'il administre les sacrements à une ferme située dans un bois et éloignée de trois quarts de lieue ; le tout produisant : 26 setiers 8 boisseaux de blé, mesure d'Abbeville, évalués 213 l. 6 s. 6 d. ; — 12 setiers d'avoine, 69 l. ; — 2 setiers de pamelle, 16 l. 2 s. ; — 40 bottes de lentilles, 6 l. ; — 25 bottes de warats, 3 l. 15 s. ; — 5 setiers de seigle à 6 liv. 14 sols, 33 l. 10 s. ; — 1 setier d'orge, 7 l. 9 s. ; — 400 bottes de foin à 5 liv., 20 l. ; — 6 bottes de sainfoin à 3 sols, 18 s. ; — 21 bottes de chanvre à 15 sols, 15 l. 15 s. ; — et 27 bottes de lin à 15 sols, 20 l. 5 s. — Les menues dîmes, 6 l. 15 s. — Fourrages, 30 l. — A recevoir de l'évêque d'Amiens, chaque année, 18 l. — Casuel, 30 l. — Fondations, 105 l. — Total. . . . . 595 l. 15 s. 6 d.

CHARGES.—Frais de dîmes, 120 l.—Réparat. du presbytère [4], 15 l.—Total. 135 »» »

Reste net. 460 15 6

---

[1] Le surplus de la dîme appartenait au prieuré de St.-Pierre, à la sacristie du prieuré, au chapitre de St.-Vulfran et à celui de Longpré. — Le chapitre d'Abbeville avait été doté, par la charte de 1138, d'une portion de dîme sur Coquerel, laquelle était évaluée à 4 gerbes en une reconnaissance du curé. (*Extrait des Registres de l'église collégiale.* — *Pouillé de l'Archid.* — Voy. ci-dess. p. 3 et 9, et ci-après.)

[2] Durcat, au *pouillé* de 1301.—Cette paroisse avait trois secours écartés du chef-lieu et l'un de l'autre de 3/4 de lieue. (*Déclarat.*)

[3] Les autres gros décimateurs étaient : l'évêque, le commandeur de Beauvoir et le chapitre de Longpré-les-Corps-Saints. (*Pouillé de l'Archid.* f° 19. — Voy. ci-dess. I, 4.)

[4] La *déclaration* dit que ce presbytère contenait plus de 2 journaux, qu'il y avait 180 pieds de bâtiments : maison, écurie, grange, etc., 70 pieds de murs et plus de 1500 pieds de haies.

EPAGNE (Vocable : SAINT-JEAN-BAPTISTE) [1] et **EAUCOURT** (Vocable : SAINT-AUBIN), son annexe.

Présentateur : le prieuré de Notre-Dame de Biencourt.

DÉCLARATION faite le 5 octobre 1728, par le titulaire maître Michel Boulenger, rectifiée.

Part de dîme [2] produisant : 24 setiers de blé, mesure d'Abbeville, évalués 193¹ 4ˢ ; — 10 setiers d'avoine, 57¹ 10ˢ ; — et 12 setiers d'orge, 89¹ 8ˢ. — Novales, consistant en terres, sur lesquelles on dépouille lin et chanvre, 150¹ — Dîme des prés, environ 1500 bottes de foin, 90¹. — Menues dîmes de pommes, 10¹. — Terres de cure : 6 journaux de mauvaise qualité, 6¹. — Fourrages, 50¹. — Casuel, 10¹. — Total 636¹ 2ˢ
CHARGES. — Frais de dîme, 150¹. — Réparat. du presbytère, 15¹. — Total. 165 »

Reste net. 491   2

EPAGNETTE [3] (Vocable : SAINT-MICHEL) et **VAUCHELLES** (Vocable : NOTRE-DAME), son annexe.

Présentateur : le chapitre de St.-Vulfran d'Abbeville [4].

DÉCLARATION faite le 26 octobre 1726, par le titulaire maître Louis Fournier [5], rectifiée.

Un tiers des dîmes [6] sur Epagnette, y compris les novales, produisant : 7 setiers 1/2 de blé, mesure d'Abbeville, 60¹ 7ˢ 6ᵈ ; — 4 setiers d'avoine, 23¹ ; — 4 setiers de chenui à 8 liv., 32¹ ; — 30 bottes de lin, 22¹ 10ˢ ; — 400 bottes de foin, 20¹ ; — un muid de cidre, 10¹. — Fondations et casuel d'Epagnette, 11¹ 10ˢ. — Dîme de Vauchelles [7] produisant : 20 setiers de blé, 161¹ ; — et 10 setiers de mars, 57¹ 10ˢ. — Fondations à Vauchelles, 30¹. — Casuel à Vauchelles, 15¹. — Dîme de laine tant à Epagnette qu'à Vauchelles, 25¹. — 7 journaux de mauvaise terre de cure, 10¹. — Total . . 477¹ 17ˢ 6ᵈ
CHARGES. — Réparations des chœurs des deux églises [8], 10¹. — Réparations du presbytère, 15¹. — Total . . . . 25 »» »

Reste net. 452 17 6

---

[1] Le *pouillé* de 1301 ne mentionne pas cette paroisse, qui vraisemblablement n'existait point alors.

[2] Cette part était de 1/3 tant sur Epagne que sur Eaucourt ; les 2 autres tiers sur Epagne appartenaient au séminaire, à cause du prieuré de Mareuil ; les 2 autres tiers sur Eaucourt étaient au prieuré de St.-Pierre. — Le déclarant ajoute : « Les religieuses de Bertaucourt dans le Maubergeon ont au terroir d'Eaucourt les 2/3, à l'exception des novales et prés, que le curé prend seul. » (*Déclaration.—Pouillé de l'Arch.*)

[3] *Hispaneta*, au *pouillé* de 1301. — Ce village n'avait que 50 maisons en 1726. (*Déclarat.*)

[4] Les églises d'Epagnette (*de Hispaneta*) et de Vaucelles furent données à ce chapitre par Jean, comte de Ponthieu, selon la charte de 1138.

[5] Dans sa *déclaration* il dit qu'il exerçait depuis 3 ans. et qu'il devait chanter la grande messe à Vauchelles comme à Epagnette.

[6] Le surplus appartenait au chapitre de St.-Vulfran. (*Pouillé de l'Archid.* fº 22.)

[7] L'abbaye de Villancourt paraît avoir eu une fraction de dîme sur Vauchelles. (Voy. ci-dess. p. 25.)

[8] En l'année 1726 le chœur d'Epagne « fut charpenté et couvert en tuiles. » (*Déclarat.*)

FRANSIÈRES [1] (Vocable : Saint-Martin).

Présentateur : le prieuré de St.-Pierre d'Abbeville.

Déclaration faite le 29 mars 1730, par le titulaire maître Louis Tolomé, rectifiée.

Le tiers des dîmes [2] sur tous grains produisant : 40 setiers de blé, seigle et orge, mesure d'Abbeville, évalués 304 ^{1} ; — 20 setiers d'avoine, 115 ^{1} ; — 200 bottes de warats, 40 ^{1} ; — 100 bottes de foin, 6 ^{1} ; — 130 bottes de lin, 97 ^{1} 10 ^{s} ; — et chanvre, 30 ^{1}. — La dîme des fruits que le curé perçoit seul et qui produit 2 muids de cidre, 20 ^{1}. — La dîme de laine qu'il perçoit aussi entière, 30 ^{1}. — Sur le prieuré de St.-Pierre d'Abbeville, 100 ^{1}. — Fondations, 100 ^{1}. — Casuel, 15 ^{1}. — Fourrages, 35 ^{1}. — Total . . . . . 892 ^{1} 10 ^{s}
Charges. — Frais de dîme, 185 ^{1}. — Réparat. du presbytère, 15 ^{1}. — Total. 200 »»

[3] Reste. 692 10

LAVIERS, grand et petit (Vocable : Saint-Fuscien) [4].

Présentateur : le chapitre d'Abbeville [5].

Déclaration faite le 13 mars 1728, par le titulaire maître Charles Lucas, rectifiée.

Revenus affermés.

Dîme [6] au petit Laviers, en argent, 120 ^{1} ; — plus 6 *pierres* [7] de lin à 15 sols, 4 ^{1} 10 ^{s}.

Revenus non-affermés.

Dîme au grand Laviers, produisant : 100 bottes de lentilles, 15 ^{1} ; — 100 bottes d'hyvernache, 20 ^{1} ; — 100 bottes de warats, 15 ^{1} ; — 300 bottes de foin, 15 ^{1} ; — 34 setiers de blé, mesure d'Abbeville, 273 ^{1} 14 ^{s} ; — 2 setiers de seigle, 13 ^{1} 8 ^{s} ; — 27 setiers d'avoine, 115 ^{1}. — Menues dîmes, 10 ^{1}. — Fourrages, 40 ^{1}. — Obits et autres fondations, 42 ^{1}. —

---

[1] Franssières, au *pouillé* de 1301. — La paroisse avait 55 feux en 1730. — Dans l'église se trouvait une chapelle dédiée à Notre-Dame-de-Liesse, qui attirait les pèlerins. (*Déclarat.* — *Pouillé* de 1753.)

[2] Le surplus appartenait au prieuré de St.-Pierre, sauf une branche à celui de Canchy. (*Pouillé de l'Archid.* — Voy. ci-dess. p. 3 et 10.)

[3] Il existe une autre déclaration faite par le même titulaire le 20 septembre 1728, dont les éléments sont les mêmes, mais les évaluations diverses.

[4] Dans cette paroisse se trouvait la commanderie du Val d'Abbeville, dont, en 1689, les bâtiments et l'église étaient bien entretenus, mais de la nef on avait fait « une manière de grange » et le cimetière était profané, nous dit *le pouillé de l'Archidiaconé* (f° 24). Le possesseur alors était M. de Wateville, colonel du régiment d'Orléans. — Cette commanderie était sans doute la léproserie du Val. — Le curé de Laviers recevait 20 liv., chaque année, de l'Hôtel-Dieu d'Abbeville, pour l'administration des sacrements à la ferme du Val-aux-Lépreux. (Louandre, *L'Hôtel-Dieu d'Abbeville*. Mém. Soc. d'Emulation d'Abbeville, 1852-1857, p. 101.)

[5] Ce patronat lui fut donné par la charte de 1138.

[6] Les gros décimateurs de la paroisse étaient : le doyen de St.-Vulfran, le commandeur du Val, le prieur de St.-Pierre d'Abbeville et le curé de Notre-Dame de la Chapelle-lès-Abbeville. — Le chapitre d'Abbeville avait été doté de sa part par la charte de 1138. (*Pouillé de l'Arch.* f° 24.)

[7] On nommait ainsi un paquet de lin du poids de 2 livres.

Casuel, 20 l. — Total des revenus . . . . 703 l 12 s
CHARGES. — Frais de dîme, 80 l. — Réparations du chœur [1], 40 l. — Réparations du presbytère, 15 l. — Total . . . . 135 » »

        Reste net. 568 12

L'ÉTOILE [2] (Vocable : SAINT-JACQUES-LE-MAJEUR) et BOUDELEVILLE [3] (Vocable : SAINT-FIRMIN-LE-MARTYR), son secours.

Présentateur : le chapitre de la Cathédrale [4].

DÉCLARATION faite le 25 octobre 1728, par maître Vincent Groulle, rectifiée.

Pour partie de la portion congrue, il est payé 120 l, savoir : 70 liv. par le chapitre de a cathédrale, 30 liv. par les bénédictins de St.-Riquier, 15 liv. par les religieuses de Moreaucourt, et 5 liv. par les PP. Jésuites du collège d'Amiens. — Pour le reste de la portion congrue, les gros décimateurs [5] ont cédé un neuvième de leur droit de dîme tant à L'Étoile qu'à Condé-Folie qui en dépendait autrefois, et au Boudeleville, ce qui produisait : 100 gerbes de blé donnant 15 setiers de grain, mesure d'Amiens à 42 sols, 31 l 10 s ; — 20 bottes d'avoine donnant 4 setiers, 6 l ; — 20 bottes de lentilles, 3 l ; — 10 bottes de seigle donnant un setier, 1 l 15 s ; — 30 setiers de chanvre à 45 sols, 22 l 10 s ; — 2 setiers de pamelle, 4 l 4 s ; — et 500 rations de foin, sur 68 journaux de pré où l'on dîme 7 pour cent, 50 l. — Menues dîmes de cour et de jardin à l'Étoile, au Boudeleville et à Condé-

---

[1] Ces réparations étaient importantes, dit la *déclaration*, parce que l'église était bâtie sur une éminence exposée aux vents de mer.

[2] *Stella*, au *pouillé* de 1301.

[3] C'est-à-dire Bout-de-la-Ville. — On le nommait aussi : Petit et ancien Flixecourt-en-Ponthieu. — Le cimetière était assis sur un terrain tenant à la grande chaussée d'Abbeville, de la contenance d'un quartier. Il était compris dans les dénombrements et aveus des mayeur et échevins de Flixecourt comme appartenant à la dite commune. — Une petite chapelle tenant au clocher ou campenard était à l'usage des lépreux. (Arch. communales de Flixecourt, *Compte des Dépenses*, 1742. GG 1, 17 ; *Déclarations et aveus*. DD. 1.)

[4] Ce droit fut constaté et confirmé par l'évêque Thibault, en l'année 1197. (*Cartul. du chapitre d'Amiens*, I, f° 105.)

[5] La grosse dîme se prenait à 7 du cent. Elle appartenait pour 2 gerbes de 9 au chapitre d'Amiens, 6 aux religieux de St.-Riquier (à l'exception d'un canton, dans lequel ces 6 gerbes étaient levées au profit de l'Hôpital de Picquigny), et la 9e gerbe au curé, qui était substitué aux Jésuites d'Amiens, à cause du prieuré de Flixecourt, et aux dames de Moreaucourt. — Une sentence arbitrale du 3 avril 1311 maintint le chapitre d'Amiens en possession des dîmes sur les terres et lieux de « Villeneuve de Folies, vers Longprez, » auprès du fief de Condé et mouvant du fief de l'Etoile. — Dans un canton, qui se nommait le camp Badin et se composait de 150 journ. de terre, les Jésuites avaient 2 gerbes de 9, les religieuses de Moreaucourt 4, les chapelains de Notre-Dame d'Amiens 2 et le curé la neuvième. Aux titres de Moreaucourt (*Baux de la dîme*) ce canton est nommé Baudau et la fontaine Turaude. — Le chapitre d'Amiens fut maintenu en possession de ses 2 gerbes sur le Bout-de-la-Ville de Flixecourt par sentence du bailliage d'Amiens du 18 février 1614. — Une carte topographique, aux titres du chapitre d'Amiens, indique les limites d'entre la paroisse de l'Etoile et celle de Condé-Folie, pour la perception des dîmes. (*Invent. du collège d'Amiens*, p. 88. — Etat des droits de dîme. Titres de prieuré de Flixecourt. Arch. Départ. — Voy. ci-dess. I, 26, 134. — Arch. commun. de Flixecourt, *Compte de Dépenses*, 1742. GG. 1. — Titres du chap. d'Amiens, arm. 4, liasse 80, n°s 1, 5, 11, 16 et 21. — *Invent*. V, 520.)

Folie, 30¹. — Petite portion de dîme que le curé s'est réservée dans la séparation de Condé-Folie-le-bas d'avec L'Étoile, produisant : 250 bottes de foin, 30¹ ; — et 10 bottes de chânvre et de lin, 7¹ 10ˢ. — Novales de L'Étoile, Boudeleville et Condé-Folie, 10¹ 10ˢ. — 2 journaux 1/2 de terre de presbytère, 15¹. — Fourrages, 20¹. — Fondations, 72¹. — Casuel, 15¹. — Total 438¹ 19ˢ

CHARGES. — Frais de dîme, 70¹. — Réparations du presbytère, 15¹. — Total. 85 »»

Reste net. 353 19

LE TITRE (Vocable : SAINT-JEAN-BAPTISTE) ¹.

Présentateur : l'abbé de Forêtmontier.

DÉCLARATION faite le 29 avril 1730, par le titulaire maître Charles Leroy, approuvée.

Part de dîme ² produisant : 29 setiers de blé, mesure d'Abbeville, évalués 233¹ 9ˢ. — 12 setiers de seigle, 80¹ 8ˢ ; — 26 setiers d'avoine, 149¹ 10ˢ ; — 3 setiers de pamelle, 24¹ 3ˢ ; — warats et lentilles, 80¹. — Menues dîmes, 65¹. — Fourrages, 30¹. — Obits et autres fondations, 70¹ 5ˢ. — Casuel, 47¹ 5ˢ. — Total, 780¹.

CHARGES.

A la chantrerie de Forêtmontier, pour un droit de dîme qu'elle a sur le terroir du Titre, 361¹. — Frais de dîme, 200¹. — Réparations en entier du chœur ³, 60¹. — Réparations du presbytère, 15¹. — Total, 311¹.

RÉCAPITULATION : Montant des revenus . . . . 780¹ »»
— des charges . . . . 311 »»

Reste net. . . . . . 469 »»

LHEURE ⁴ (Vocable : LA NATIVITÉ DE NOTRE-DAME).

Présentateur : le chapitre de St.-Vulfran d'Abbeville ⁵.

DÉCLARATION faite le 18 juin 1728, par le titulaire maître Louis Lejeune ⁶, rectifiée.

Portion congrue payée par ledit chapitre ⁷, 300¹. — Fondations, 28¹ 10ˢ. — Casuel,

---

¹ Tristre, au *pouillé* de 1301. — On comptait 60 feux dans le village en 1730. (*Déclarat.*)

² C'est-à-dire le quart. Les autres décimateurs étaient : la chantrerie de Forestmontier, dont la part est comprise dans l'évaluation ici faite, le chapitre d'Abbeville, celui de Longpré et l'Hôtel-Dieu d'Abbeville. (*Déclarat. — Pouillé de l'Archidiaconé.*)

³ Le clocher était sans doute en mauvais état, car en 1689 les cloches étaient attachées à un arbre dans la rue. (*Pouillé de l'Archid.* f° 34.)

⁴ Leures, au *pouillé* de 1301. — La *déclaration* dit qu'il n'y avait que 25 maisons, habitées par de pauvres journaliers pour la plupart.

⁵ Ce patronat lui fut donné par le comte de Ponthieu, Jean deuxième du nom, par la charte de l'année 1138.

⁶ Ce curé n'y était que depuis 9 mois. (*Déclarat.*)

⁷ En qualité de seul gros décimateur en vertu de la donation faite en la charte de 1138. (*Pouillé d' l'Archid.*)

12¹. — Total 340¹ 10ˢ
Charges. — Réparations du presbytère. . . . . 10 »»

　　　　　　　　　　　Reste net. 330 10

　　　　　LONG [1] (Vocable : Saint-Jean-Baptiste).
　　　　　Présentateur : le chapitre de St.-Vulfran [2].

Déclaration faite le 23 juin 1728, par le titulaire maître Ignace Jumel, approuvée.

Portion congrue payée par le chapitre de St.-Vulfran, gros décimateur [3] avec le commandeur de Beauvoir, 300¹. — Obits et autres fondations, 100¹. — Casuel, 200¹. —
Total. . . . . 600¹ »»
Charges. — Réparations du presbytère. . . . . 10 »»

　　　　　　　　　　　Reste net. . . . . . 590 »»

Nota. — Le chapitre de St.-Vulfran jouit à présent, au grand préjudice du curé, des novales, des menues dîmes et de 16 à 17 journaux de terre du presbytère, dont avaient toujours joui les curés de Long jusqu'en l'année 1711.

　　　　　MAUTOR (Vocable : Saint-Sylvain) [4].
　　　　　Présentateur: le chapitre d'Amiens [5].

Déclaration fournie le 23 juillet 1728, par le titulaire maître Nicolas de Gouy, rectifiée.

Part de dîme consistant en 1/6 dans les champs [6] et 1/2 dans les novales, produisant :
3 setiers d'orge, mesure d'Abbeville, évalués à raison de 7 liv. 9 sols, 22¹ 7ˢ ; — 3 setiers de seigle à 6 liv. 14 sols, 20¹ 2ˢ ; — 7 setiers d'avoine à 5 liv. 15 sols, 40¹ 5ˢ ; — 28 setiers de blé à 8 liv. 1 sol, 225¹ 8ˢ ; — 4 boisseaux de pamelle à 14 sols, 2¹ 16ˢ ; — 115 bottes de vesce, warats et hyvernache, évaluées à 4 sols, 23¹. — Dîme de laine à 1 sol 3 den. par mouton, selon l'ancienne coutume du lieu, 10¹. — Dîmes de lin et de chanvre [7],

---

[1] Lonc, au *pouillé* de 1301. — Celui de 1689 constatait 415 communiants.

[2] Ce droit de patronage lui fut donné par Jean, 2ᵉ du nom, comte de Ponthieu, selon la charte de l'année 1138. (P. Ignace, *Histoire Ecclés. d'Abbeville*, p. 89. — Notes sur le Chapitre de St.-Vulfran. Arch. départem.)

[3] Le chapitre avait 3/9 de la dîme et le commandeur de Beauvoir 6/9. — La dîme de Long fut donnée au chapitre par le titre de sa fondation, en 1121. (Ms. 516 de la Bibl. comm. d'Amiens, f° 88.)

[4] Mautort, au *pouillé* de 1301, *alias* Maltort.

[5] Il fut confirmé dans ce droit par l'évêque Thibault en l'année 1197. (*Cart. du chap. d'Amiens*, I, f° 105.)

[6] Les autres gros décimateurs étaient : le chapitre d'Amiens, les chapelains de St.-Jean des Prés d'Abbeville, les chartreux d'Abbeville et l'abbesse d'Epagne. (*Déclarat.*) — Une autre déclaration produite par le fermier le 19 décembre 1622, attribuait au chapitre d'Amiens 1/6, à l'abbaye d'Epagne 1/3, et aux chapelains de St.-Jean des Prés aussi 1/3. La dîme se percevait sur 1629 journaux, à raison de 7 gerbes et demie du cent. (Titres du chapitre d'Amiens, arm. 5, liasse 12, nᵒˢ 6 et 12.) — Il n'était pas d'usage dans la paroisse de percevoir de dîme verte. (*Déclarat.* — Voy. ci-dess. I, p. 27, et II, p. 12, 19 et 48.)

[7] Les menues dîmes des jardins et enclos de Mautort, Rouvroy, Wionval, Vaux, sous le Mont-Caubert et sur Somme avaient été baillées à rente perpétuelle

75 l. — Un setier 1/2 de fèves sèches, 12 l. — Dîme de foin, 20 l. — Dîme de denrees: ognons, poireaux, etc., 4 l. — Dîme de cour, 5 l. — Dîme de pommes, 6 setiers à 55 sols l'un, 16 l 10 s. — Obits et autres fondations, 94 l. — Casuel, 50 l 5 s. — Total. 620 l 13 s

CHARGES. — Réparations du chœur et du presbytère, 27 l. — Frais de dîme, 150 l. — Total . . . . 177 » »

Reste net. 443   13

NOLETTE [1] (Vocable : SAINT-MARTIN) et HAMELET (Vocable : SAINT-CORNEILLE), son annexe.

Présentateur : le couvent des Chartreux d'Abbeville [2].

DÉCLARATION faite le 26 juillet 1728, par le titulaire maître Jean Dubal, rectifiée.

Portion congrue payée : 100 liv. par lesdits Chartreux, 100 liv. par le commandeur de Beauvoir, 50 liv. par l'abbé de St.-Valery, et 50 liv. par le doyen du chapitre de Longpré, tous gros décimateurs. — Le tiers de la dîme novale, produisant : 600 bottes de foin, évaluées 48 l ; — 20 boisseaux de blé et 20 boisseaux d'avoine, mesure d'Abbeville, quelques bottes de chanvre et de lin, 20 l. — Menues et vertes dîmes sur Nolette, 12 l. — Menues et vertes dîmes sur Hamelet, 24 l. — Fondations sur Nolette, 98 l. — Fondations sur Hamelet, 56 l. — Dîme de laine et d'agneaux à Nolette, *Mémoire*. — Dîme de laine et d'agneaux à Hamelet, 15 l. — Casuel à Nolette, 40 l. — Casuel à Hamelet, 7 l. — Gratification faite par les Chartreux, pour dire la messe les fêtes et dimanches à Hamelet, 50 l. — Total. . . . . 670 » »

CHARGES. — Réparations du presbytère, 15 l. — Frais de dîmes menues et novales, 50 l. — Total. . . . . 65 » »

Reste net. . . . . . 605 » »

NOUVION (Vocable : SAINT-MAURICE) [3].

Présentateur : le chapitre de St.-Vulfran [4].

DÉCLARATION faite le 16 juillet 1728, par le titulaire maître Jean-Baptiste Deslaviers, rectifiée.

Le quart de la grosse dîme [5], produisant annuellement : 4 setiers 8 boisseaux de blé,

---

au chapitre d'Amiens par Ade, abbesse d'Epagne, au mois de septembre 1299. Le chapitre remboursa cette rente le 4 décembre 1428. (Titres du Chapitre, arm. 5, liasse 12, n°⁸ 1 et 3.)

[1] *Nigellula*, au *pouillé* de 1301. — Hamelet était distant de deux grandes lieues de Nolette. — Le chemin de Nolette au Hamelet était presque impraticable ; il n'était guère possible d'ailleurs de s'y rendre quand la marée était haute, sans exposer sa vie. Aussi le chapelain du château était-il obligé de faire célébrer la messe dans l'église du secours aux principales fêtes. (*Déclarat.—Pouillé de l'Arch.* f° 31.)

[2] A cause du personnat de Port, qui lui est uni. (*Pouillé de l'Archid.* f° 31.)

[3] Le hameau de Forest-l'Abbaye, qui avait 80 feux, dépendait pour un quart de Nouvion et un quart de la commanderie de Beauvoir-lès-Abbeville. Il y avait une chapelle et un chapelain. (*Pouillé* de 1753.)

[4] Ce patronat lui fut donné par la charte de 1138.

[5] Les autres décimateurs étaient : le chapitre de St.-Vulfran pour 1/4, et le commandeur de Beauvoir

mesure d'Abbeville, 36¹ 4ˢ; — 9 setiers de seigle, 60¹ 6ˢ; — 9 setiers d'avoine, 51¹ 15ˢ; — 2 setiers 5 boisseaux de pamelle, 18¹ 12ˢ 3ᵈ; — et 100 bottes de lentilles et warats, 20¹. — Supplément de portion congrue, payé par la commanderie de Beauvoir, 60¹. — Le tiers des menues dîmes¹, 6¹. — Dîme de laine, 15¹. — Dîme novale produisant : 8 boisseaux de blé, 4¹; — 6 setiers 12 boisseaux de seigle, 45¹ 4ˢ 6ᵈ; — 5 setiers 8 boisseaux d'avoine, 31¹ 12ˢ 6ᵈ; — 3 setiers 4 boisseaux de pamelle, 26¹ 3ˢ 3ᵈ; — 8 dizeaux de lentilles et warats, 16¹. — Dîme sur une partie du village de Forest-l'Abbaye, paroisse de Nouvion, 12¹. — 3 quartiers de terre de cure, 2¹. — Fondations, 45¹. — Casuel, 60¹. — Total 509¹ 18ˢ
Charges. — Frais de dîme, 60¹. — Réparat. du presbytère, 15¹. — ²Total. 75 »»

Reste net. 434 18

NOYELLE-SUR-MER (Vocable : Notre-Dame) ³.

Présentateur : le chapitre de Noyelle.

Déclaration faite le 20 juillet 1728, par le titulaire maître Jean-François Cauchy, chanoine de Noyelle ⁴, certifiée.

Dîme ⁵ novale produisant : 12 boisseaux de blé, mesure d'Abbeville, évalués 6¹ 9ᵈ; — 12 boisseaux de seigle, 4¹ 6ˢ 3ᵈ; — et 24 boisseaux d'avoine, 8¹ 12ˢ 6ᵈ. — Menues et vertes dîmes, donnant 5 ou 6 poulets, 1 cochon de lait et environ 30 boisseaux de pommes, évalués 8¹. — Casuel, 24¹. — Fondations : le salut les jours de fêtes et dimanches, 15¹. — Total 65¹ 19ˢ 6ᵈ
Charges. — Réparations du presbytère et frais de dîme novale . . . . 15 »» »

Reste net. 50 19 6

Nota. — La déclaration ajoute que le gros de la cure consiste dans le revenu d'une prébende du chapitre de Noyelle ⁶, laquelle peut varier selon le nombre des chanoines.

pour 1/2. (*Déclarat.*) — Ledit chapitre en avait été doté par le titre de sa fondation, en 1121.

¹ Les 2 autres tiers appartenaient audit Chapitre. (*Déclarat.*)

² Le déclarant ajoute qu'il dépense encore une certaine somme « pour faire la charité aux pauvres du lieu et aux étrangers, pour loger les religieux et les frères quêteurs des 4 ordres mendiants, pour donner des raffraichissements aux soldats, quelquefois même aux officiers, aux matelots qui ont fait naufrage et à quantité d'autres qui passent très-fréquemment par Nouvion, à cause du grand chemin, auxquels le clocher du lieu assez apparent par sa grosseur sert d'enseigne pour les attirer au presbytère. »

³ *Nigella*, au *pouillé* de 1301. — De cette paroisse dépendait Sailly-Bray, ainsi nommé par opposition à Sailly-le-Sec. — Bray signifie limon, marécage. (Voy. Du Cange, *Glossar.* v° brayum.)

⁴ Par le titre de fondation l'administration de la paroisse fut confiée à l'un des chanoines du lieu. (*Picardia christiana*, f° 125 v°. — P. Ignace, *Hist. des mayeurs d'Abbeville*, p. 135.)

⁵ La grosse dîme appartenait en totalité audit Chapitre. « Anciennement les chartreux d'Abbeville en avaient 1/9ᵉ. » (*Déclarat.*) Peut-être s'agit-il ici de la dîme inféodée dont il est parlé ci-dess. II, 12 ?

⁶ Ce qui fut fixé par le titre de sa fondation, comme il est dit ci-dess. p. 8, note 1.

PONT-DE-REMY (Vocable : Saint-Pierre) [1].
Présentateur : le prieuré de Canchy.

DÉCLARATION faite le 9 septembre 1728, par le titulaire maître Charles Floüart, rectifiée.

Dîme [2] du lieu, savoir : 1/3 depuis le pont jusqu'au bout de la chaussée ; — 1/9 dans la partie du terroir située depuis le bois jusqu'aux masures ; — 1/6 dans la partie du terroir nommé *la Queute* [3], qui est au delà du bois ; le tout produisant : 13 setiers 1/2 de blé, mesure d'Abbeville, 108¹ 13ˢ 1ᵈ ; — 4 setiers d'avoine, 23¹ ; — 5 setiers d'orge, 37¹ 5ˢ ; — 45 bottes de lin, avec la linuise, 45¹ ; — 50 bottes de chanvre avec le chenui, 50¹ ; — 150 rations de foin, 15¹ ; — et 30 bottes de warats, 6¹. — Supplément fourni par le prieur de Canchy : 8 setiers de blé, 64¹ 8ˢ ; — et 8 setiers d'avoine, 46¹. — 4 journaux de novales, 3¹. — Fourrages, 60¹. — 1/3 de la dîme de fruits et de laine, 7¹ 10ˢ. — Casuel, 35¹. — Obits et autres fondations, 180¹. — Total 680¹ 16ˢ 6ᵈ

CHARGES. — Frais de dîme, 70¹. — Réparations du chœur et du presbytère [4], 30¹. — Total . . . . 100 »» »

Reste net. 580 16 6

PORT (Vocable : Saint-Honoré [5].)
Présentateur : le couvent des Chartreux d'Abbeville [6].

DÉCLARATION faite le 23 juin 1728, pour le titulaire maître Vocquet, par le desservant Antoine Dallery, approuvée.

Portion congrue payée par les Chartreux d'Abbeville, 200¹, et par le doyen de St.-Vulfran [7], 100¹. — Obits et autres fondations, plus le casuel, 160¹. — Total . 460¹ »»

CHARGES. — Réparations du presbytère. . . . . 10 »»

Reste net. . . . . . 450 »»

---

[1] *Pons Remigii,* au *pouillé* de 1301.

[2] Les gros décimateurs étaient : le prieur de Canchy, celui de St.-Pierre d'Abbeville, le chapitre de St.-Vulfran, une personne laïque (la veuve Fuzelier en 1689) et le curé. (*Pouillé de l'Archid.* — Voy. ci-dess. II, 12.)

[3] Ce lieu est dit *Questa* en un accord de l'année 1219 entre le prieur de St.-Pierre d'Abbeville et celui de Canchy, qui convinrent de partager par moitié la dîme sur ce lieu. (*Invent. de l'Évêché,* fᵒ 40.) — Le fief de la Queute était situé entre Pont-Remy et Francières dont il dépendait. Il provenait de Charles Paschal, chevalier, conseiller du roi Henri III, et son ambassadeur en Angleterre et en Pologne. (Voy. notre *Descript. du canton de Gamaches,* p. 75.)

[4] Il n'en existait pas en 1689. (*Pouillé de l'Ar.* fᵒ 32.)

[5] Cette église était autrefois sous l'invocation de St.-Pierre. Le huitième évêque d'Amiens, St.-Honoré, fils d'Aimeric, comte de Ponthieu, naquit et mourut au village du Port ; il fut enterré derrière l'autel, où son tombeau est encore conservé. Son corps fut transporté à Amiens au IXᵉ siècle. (Voy. *Actes de l'Eglise d'Amiens,* I, xxij.)

[6] Cette église leur fut donnée par leur fondateur (*Rec. décis. capitul.* Ms. p. 170), qui y réunit aussi le personnat du lieu dont il avait la collation. (*Pouillé* de 1301.)

[7] Ils étaient les seuls décimateurs. — La dîme de Port *extra Sommonam* avait été donnée au chapitre par le titre de sa fondation. (*Pouillé de l'Arch.* fᵒ 35.)

SAILLY-LE-SEC (Vocable : Saint-Martin) [1].

Présentateur : le prieuré de St.-Pierre d'Abbeville.

Déclaration faite le 20 juillet 1728, par le titulaire maître Gaspart Froissart, approuvée.

Portion congrue payée par le seigneur du lieu (M. de Monchy [2]), sans doute par suite d'accord fait avec le patron du bénéfice, 320 l. — Terres de cure : un journal à la sole, 10 l. — Fondations, 50 l. — Casuel, 30 l. — [3] Total . . . . 410 l »»

Charges. — Réparations du presbytère. . . . . 10 »»

Reste net. . . . . . 400 »»

CHAPELLES [4].

Communauté des Chapelains de l'église collégiale et royale de SAINT-VULFRAN.

Les chapelains étaient au nombre de 28 [5].

Collateur de plein droit : le chapitre.

Revenus : 450 livres.

Communauté des Chapelains de SAINT-JEAN-DES-PRÉS d'Abbeville.

Ladite Communauté était composée de 7 chapelains, tous prêtres [6].

Présentateur : le chapitre de St.-Vulfran.

Déclaration faite le 22 juin 1728, rectifiée par le Bureau diocésain.

---

[1] L'église neuve de Sailly-le-Sec fut consacrée par Mgr. Sabatier le 15 juillet 1714. (Voy. *Actes de l'Eglise d'Amiens*, I, lxxxix.)

[2] Probablement André marquis de Monchy, chevalier, seigneur et baron de Visme, seigneur de Sailly-le-Sec, Flibeaucourt et autres lieux, sénéchal de Ponthieu, fils de François. (Voy. *Descript. du canton de Gamaches*, p. 141.)

[3] Il n'y avait point de novales ni de menues dîmes. (*Déclarat.*)

[4] Il existait anciennement un bien plus grand nombre de chapelles que nous n'en citons ici. Beaucoup avaient disparu soit par leur union à d'autres bénéfices, soit par l'anéantissement de leurs revenus. (Pour la nomenclature de ces chapelles, voy. *Pouillé* de 1301 ; *Pouillé* de 1682 ; *Extrait des Registres de l'église collégiale St.-Vulfran*, etc.)

[5] Il n'en existait que 22 au commencement du xive siècle. (*Pouillé* de 1301.) — Douze chapelles avaient été fondées par Guillaume Talvas, comte de Ponthieu, en l'année 1110. Elles sont rappelées en la charte de fondation du Chapitre de l'année 1121. (Ms. 516 de la Bibl. comm. d'Amiens, f° 87. — *Pouillé de 1301.* — Notes sur le chapitre de St.-Vulfran. Arch. départ. — Piganiol de la Force, *Nouv. Desc. de la France*, II,35.)

[6] Ils devaient l'office canonial tous les jours ; ils ne faisaient aucune fonction curiale. (*Pouillé de l'Arch.* f° 10.) — Un règlement qui leur fut donné par l'évêque Geoffroy, au mois de février 1223, fixe à sept le nombre des chapelains et en attribue la présentation au chapitre, qui ne pouvait choisir que des prêtres, tenus à résidence. L'évêque rappelle que 2 des chapellenies avaient été instituées par J., doyen d'Amiens, et G., doyen de St.-Vulfran, pour l'âme de leur frère Raoul, curé de Ste.-Catherine. — Une bulle du pape Grégoire IX, du 13 des kal. de mai 1231, prit la Communauté sous sa protection et confirma ses statuts et ses possessions. (Extr. du *Livre noir du Chapitre de St.-Vulfran*, p. xl, tiré des Archives de St.-Remi. Biblioth. commun. d'Abbeville.—*Gallia Christ.* X, 1183 A.) — Une délibération du Chapitre de St.-Vulfran, du 17 juillet 1705, marque que les Chapelains devaient porter l'aumusse uniforme vairée. (*Extr. des Registres de l'église de St.-Vulfran.*)

Revenus affermés.

Quatorze journaux de terre situés à Buigny-St.-Maclou, affermés 80¹. — Une branche de dîme sur le terroir de la paroisse de St.-Jean-des-Prés, affermée moyennant : en argent, 110¹ ; — 7 boisseaux d'ognons, évalués à 10 sols l'un, 3¹ 10ˢ ; — plus un pot de vin de 20 liv., ce qui fait par an, 2¹ 4ˢ 5ᵈ. — Une autre partie de dîme sur le terroir de Mautor, 412¹.

Revenus non-affermés.

Vingt-six setiers de blé, mesure d'Abbeville, à prendre sur le moulin de la rivière de Maillefeu, évalués 209¹ 6ˢ. — 10 setiers de blé, à prendre sur le moulin de St.-Nicolas, 80¹ 10ˢ. — Censives sur plusieurs immeubles dans la ville et la banlieue, 197¹ 11ˢ 3ᵈ. — Rente sur les tailles, 12¹ 13ˢ. — Rentes sur plusieurs particuliers, 10¹ 10ˢ. — Une autre sur les maîtres potiers d'étain d'Abbeville, 6¹. — Sur plusieurs personnes chargées de fondations ¹, 36¹ 16ˢ. — Total des revenus, 1,161¹ 0ˢ 8ᵈ.

Charges.

Au curé de St.-Jean-des-Prés, pour partie de sa portion congrue, 40¹. — Au curé de Mautor, pour même cause, 132¹ 8ˢ. — Entretien des ornements et linge de ladite église de Mautor, et réparations du chœur, 20¹. — Entretien de la sacristie, 40¹. — Renvoi de censives, 72¹ 5ˢ 2ᵈ. — Au receveur de la communauté, 40¹. — Total, 344¹ 13ˢ 2ᵈ.

RÉCAPITULATION : Montant des revenus 1,161¹ 0ˢ 8ᵈ
— des charges 344 13 2

Reste net. 816 7 6

Chapelle de SAINT-NICOLAS en Saint-Vulfran.

Revenus : 30 livres.

Chapelle de L'ANNONCIATION, dite de Notre-Dame des Fromages, en l'église Sainte-Catherine d'Abbeville [2].

Collateur de plein droit : Le chapitre de St.-Vulfran d'Abbeville.

DÉCLARATION faite le 18 avril 1730, par le titulaire maître Claude Vaillant, approuvée.

Une pièce de très-petite terre, de la contenance de 30 journaux, située au faubourg St.-Gilles d'Abbeville, près la croix d'Ailly, affermée 135¹.

CHARGES. — *Néant.*

---

[1] Les fondations à la charge de la Communauté étaient nombreuses. On ne comptait pas moins de 680 messes basses et 230 messes hautes. A cause de la modicité des revenus, les chapelains en sollicitèrent la réduction, et par délibération du 20 septembre 1649 le Chapitre y consentit. (*Extrait des Registres de l'église collégiale de St.-Vulfran.* Biblioth. comm. d'Abbeville.)

[2] Au commencement du XIVᵉ siècle il existait dans cette église 4 chapellenies ; on en trouve encore trois

Chapelle de SAINTE-CROIX, dite Sainte-Eltrope [1].

Collateur de plein droit : le chapitre d'Abbeville.

Déclaration faite le 11 avril 1730, par le titulaire maître L. F. Tirar, approuvée.

Deux setiers de blé, mesure d'Abbeville, 16ˡ 2ˢ. — Censives, 15ˡ. — Total. 31ˡ 2ˢ
Charges. — Treize messes [2] par an 6 10
                                                Reste net. 24 12

Chapelle de SAINTE-CROIX de Ponthieu.

Collateur de plein droit : le chapitre de St.-Vulfran.

Revenus : 25 livres.

Chapelle du SAINT-ESPRIT (l'une des quatre [3]), a Abbeville.

Présentateur : le prieur du St. Esprit [4].

Déclaration faite le 15 juin 1728, par le titulaire maître Pierre Le Blond, rectifiée.

Quatre setiers de blé, mesure d'Abbeville, évalués 32ˡ 4ˢ.
Charges. — *Néant.*

Chapelle de SAINT-PAUL.

Elle a été unie au chapitre de Noyelle le 5 décembre 1701.

Chapelle de SAINTE-MARGUERITE de la geole [5].

Elle a été unie au chapitre d'Abbeville le 4 mai 1711.

Revenus : 30 livres.

Chapelle de SAINT-LOUIS, a Drucat.

Présentateur : le seigneur de Drucat.

Déclaration faite le 12 juin 1728, par le titulaire maître Charles Regnault, prêtre, docteur en théologie de la Faculté de Paris, principal du collège de Boncourt, approuvée.

Cinquante journaux de terre à Romaine, affermés moyennant : en argent, 75ˡ ; —

---

a la fin du xviiᵉ siècle. Elles ne paraissent plus exister en 1730. Peut-être étaient-elles réunies depuis longtemps au chapitre. Celle ici portée l'était aussi depuis le 4 mai 1711. (*Déclarat.—Pouillés* de 1301 et de 1682.)

[1] Cette chapelle et la suivante paraissent être les deux qui, au xivᵉ siècle, existaient dans le château des comtes de Ponthieu. (*Pouillé de 1301.*)

[2] Autrefois ce nombre était beaucoup plus considérable, et déjà il avait été réduit par le chapitre d'Abbeville à 26 messes « dites par 26 dimanches dans la prison, » selon délibération du 24 octobre 1692. (*Extr. des Registres de St.-Vulfran.*)

[3] Les 3 autres ne paraissent plus. Toutes les quatre figurent au *pouillé* de 1301 et en celui de 1682. Elles avaient été instituées pour la desserte de l'hôpital du St.-Esprit, situé dans la rue de ce nom et fondé pour les pauvres par un prêtre nommé Guillaume, en 1231. (Louandre, *loc. cit.* II, 509.)

[4] Primitivement c'était le prieur de St.-Pierre, lequel aura transféré son droit dans la suite au prieur du St.-Esprit, si le déclarant n'a pas fait erreur ici. (*Pouillé de 1301. — Pouillé de l'Archid.*)

[5] N'est-elle pas l'une de celles de la prison, énoncées ci-dessus p. 31, note 4 ?

et 2 canards, 1 ¹ 10 ˢ. — 30 journaux de terre à Neuville, affermés moyennant : en argent, 40 ¹ ; — et 2 canards, 1 ¹ 10 ˢ. — Total . . . . 118 ¹ » »

Charges. — Honoraires de 2 messes [1] par semaine, 52 ¹. — Entretien et réparations de la chapelle, 20 ¹. — Total . . . . 72 » »

Reste net. . . . . . 46 » »

Chapelle de SAINTE-MARGUERITE, au château d'Eaucourt [2].

Présentateur : le seigneur du lieu.

Déclaration faite le 29 septembre 1728, par le titulaire maître Charles Flouart [3], approuvée.

Un droit de dîme de 3 gerbes sur 9, au terroir de Plouy, paroisse de Donqueur, affermé moyennant 6 setiers de blé, mesure d'Abbeville, évalués 48 ¹ 6 ˢ ; — et en argent, 200 ¹.

Charges.

Une messe par semaine pour les fondateurs, 26 ¹. — Au curé de Donqueur : 4 setiers de blé, 32 ¹ 4 ˢ ; — et 4 setiers d'avoine, 23 ¹. — Réparations du chœur de l'église de Donqueur, 4 ¹. — Total, 85 ¹ 4 ˢ.

Récapitulation : Montant des revenus . . . . 248 ¹ 6 ˢ
— des charges 85 4

Reste net. 163 2

Chapelle de l'Hôpital de LONG (Vocable : Saint-Nicolas) [4].

Présentateur : le seigneur de Long.

Déclaration faite le 8 novembre 1729, par le titulaire maître François-Paul Duval, chanoine de Longpré, rectifiée.

Une maison, grange, cour, jardin et 2 journaux 56 verges de terre à aire, plus 219 autres journaux de terre labourable, un pré d'un journal, situés au terroir de Long, avec une petite dîme au terroir d'Allier, paroisse d'Ailly-le-Haut-Clocher ; le tout affermé : en argent, 200 ¹ ; — plus 4 setiers d'avoine, 23 ¹. — Une petite branche de dîme sur le terroir

---

[1] La charge imposée était de 3 messes par semaine. Vu la modicité des revenus, le titulaire n'en acquittait plus que deux. (*Déclarat.*)

[2] Le *pouillé de l'Archid.* dit (f° 21) que cette chapelle était détruite depuis trois ans, c'est-à-dire vers l'année 1686. — Elle existait au commencement du XIVᵉ siècle ; le *pouillé* de 1301 la désigne ainsi : *de Aqua curte*.

[3] Pourvu depuis un an et demi. (*Déclarat.*)

[4] Cette chapelle fut fondée vers l'an 1250 par les hoirs de Aléaume de Fontaine, qui en ont été les patrons jusqu'en l'année 1700 que la terre et seigneurie de Long et celle de Longpré-les-Corps-Saints furent vendues à M. Honoré de Buissy, lieutenant particulier en la Sénéchaussée de Ponthieu. Celui-ci eut pour successeur son fils Charles-Honoré de Buissy, trésorier de France en la Généralité d'Amiens. (*Décl.*) — Il n'y avait ni décoration, ni ornements dans la chapelle à la fin du XVIIᵉ siècle ; aussi n'y pouvait-on dire la messe. Elle était profanée par les bestiaux. (*Pouillé de l'Archid.* f° 27.)

— 51 —

d'Auxy-le-Château [1], affermée moyennant, y compris un pot de vin, 41ˡ 13ˢ 4ᵈ. —
Total 264ˡ 13ˢ 4ᵈ
CHARGES. — Cinquante-deux messes par an . . . . 26 »» »

Reste net. 238 13 4

NOTA. — Les réparations de la chapelle et de ladite maison sont mises à la charge du fermier.

CHAPELLE CASTRALE DE SAINT-PIERRE, A NOYELLE-SUR-MER [2].

DÉCLARATION faite le 17 juillet 1728, par le chapitre du lieu, approuvée.

Les deux tiers de la dîme de laine de la paroisse de Nolette, à l'encontre des Chartreux d'Abbeville, estimés . . . . 100ˡ »»
CHARGES. — Une messe par semaine à l'intention des comtes de Ponthieu, fondateurs, 26ˡ. — Acquit de l'office divin dans l'église de Hamelet, aux quatre grandes fêtes de l'année, 25ˡ. — Total . . . . 51 »»

Reste net. . . . 49 »»

CHAPELLE COMTESSE, A NOYELLE [3].

DÉCLARATION faite le 17 juillet 1728, par le chapitre du lieu.

Une rente sur le domaine de Ponthieu, de 12ˡ 10ˢ.
CHARGES. — *Néant.*

---

[1] Cette portion de dîme était de 1/7ᵉ, et se percevait sur les terroirs de Neuville, Tuncq et fiefs du Puincq, de la paroisse d'Auxy-le-Château. (*Bail de* 1722, joint à la *déclarat.*)

[2] Elle fut unie au chapitre de Noyelle-sur-Mer en 1719. — Le dernier titulaire de cette chapelle fut François Piolé. (*Déclarat.*)

[3] Elle fut unie au Chapitre de Noyelle le 28 janvier 1702. (*Déclarat.*)

II. DOYENNÉ D'AIRAINES.

PRIEURÉS ET CHAPITRE.

Prieuré de Notre-Dame, a Airaines [1].
Collateur de plein droit : l'abbé de St.-Martin-des-Champs.

Déclaration faite le 10 mai 1728 par le titulaire, maître Jacques Barthélemy de la Broise [2], prieur commendataire, docteur en théologie et curé de St.-Louis-en-l'Ile à Paris, rectifiée.

Revenus non-affermés.

Censives tant en avoine qu'en argent, 44 l. — Droits seigneuriaux [3], 35 l 10 s. — Sur le curé d'Estrejus, à cause de la dîme abandonnée, 7 l. — Sur la maladrerie d'Airaines (à présent l'hôtel-Dieu), livrables au prieuré : 3 setiers 1/2 de blé, mesure du lieu, évalués 29 l 8 s; — et 3 setiers 1/2 d'avoine [4], évalués 18 l 12 s 6 d. — Sur l'abbaye du Gard, quérables en l'abbaye : 6 setiers de blé, 50 l 8 s; — et 6 setiers d'avoine, 34 l 10 s. — Sur l'abbaye de St.-Pierre de Selincourt [5], aussi quérables : 24 setiers de blé, 201 l 12 s; — et 24 setiers d'avoine, 138 l. — Sur le moulin à blé du Surmont, à cause de la moitié de la rivière qui le fait mouvoir, une valeur en blé de 60 l.

Revenus affermés.

La dîme de Frettecuisse affermée : en argent, 135 l; — et une liv. de cire, 1 l 15 s.
Celle de Longpré affermée : en argent, 55 l; — et 1 liv. de cire blanche façonnée, 1 l 15 s.

---

[1] De l'ordre de St.-Benoît, congrégation de Cluny. Il fut fondé par Etienne, comte d'Aumale, et sa femme Havise de Mortemer, qui donnèrent à St.-Martin-des-Champs tout ce qu'ils possédaient à Airaines, du consentement de Raoul de Mortemer, de qui provenaient les biens. — L'évêque Thibaut confirma les biens du prieuré la veille des kal. de février 1180. — Il devait y avoir, le prieur compris, cinq religieux. (*Monasterii regalis S*ti *Martini de Campis historia*, p. 390. — *Picardia Christ.* Ms. f° 96.)

[2] Le bail de la dîme du Quesnoy dressé en 1719 fait connaître que le prédécesseur du déclarant, à cette époque, était : messire Maxime-George Gaultier, bachelier en théologie de la faculté de Paris, où il demeurait. (Pièces jointes à la *déclarat*.)

[3] Le prieuré d'Airaines avait haute, moyenne et basse justice. (*Déclarat.*)

[4] Le setier au blé d'Airaines revenait à 4 setiers d'Amiens, et celui au mars à 3 setiers et demi-piquet. (Voy. *Réduct. des mesures*, aux titres de l'abbaye du Paraclet. Arch. départ.)

[5] Cette redevance avait pour cause la cession faite à l'abbaye par Simon, prieur d'Airaines et ses religieux de tout ce qu'ils possédaient aux terroirs de Risluez, de Aldan-Vilete et de Muntennolles, et aussi de la dîme de Butlainvileir, suivant pacte fait en l'année 1150, en présence de Raoul, très-noble prince d'Airaines, et de ses frères Gautier et Hugue. (*St.-Martini de Campis historia*, p. 391.)

— La dîme de Mérelessart, affermée : en argent, 230¹ ; — et 3 livres de cire, 5¹ 5ˢ. — Celle de Métigny, 30¹. — La dîme du Quesnoy-sur-Airaines, affermée en 1719 au sieur Cardon, curé du lieu, moyennant : en argent, 450¹ ; — 6 canards, 6¹ ; — et 2 livres de cire blanche façonnée, 3¹ 10ˢ. — Celle de Vergies, affermée : en argent, 190¹ ; — et 2 liv. de cire, 3¹ 10ˢ. — Total des revenus 1,730¹ 15ˢ 6ᵈ.

CHARGES.

Desserte et honoraires du sous-prieur, 250¹. — Gages du magister ou clerc laïc, 25¹. — Gages des officiers du prieuré, 7¹. — Aux officiers de la châtellenie d'Airaines, 7¹ 10ˢ. — Au curé de Frettecuisse, pour partie de sa portion congrue, 34¹ 10ˢ. — A celui de Vergies, pour même cause, 34¹ 10ˢ. — Au visiteur de l'ordre de Cluny, dont la visite se fait tous les 3 ans au prieuré, prorata 10¹. — Droits de recette au receveur du prieuré, 40¹. — Réparations des églises des lieux où sont perçues les dîmes, et des bâtiments et murailles du prieuré¹, 190¹. — Total 598¹ 10ˢ.

RÉCAPITULATION : Montant des revenus 1,730¹ 15ˢ 6ᵈ
— des charges . . . . 598 10 »

Reste net 1,132 5 6

PRIEURÉ DE SAINT-VALERY, A LALEU ².
Collateur de plein droit : l'abbé de St.-Germer-lès-Fly.

DÉCLARATION faite le 15 mai 1728 au nom du titulaire maître Charles-Jacques-Michel de Sorel de Donery, chantre de l'église cathédrale de Toul, prieur commendataire ³, approuvée.

La maison prieurale située à Laleu ⁴, avec 30 journaux de terre labourable à la sole, un journal de pré, quelques censives, les droits seigneuriaux à proportion, un droit de champart et une neuvième gerbe de dîme à percevoir sur le terroir de Métigny-Laleu ⁵, le tout affermé 800¹. — La dîme de Hallencourt, 280¹. — Une branche de dîme sur le terroir d'Allery, 10¹. — Une autre sur le terroir de Frenneville, 80¹. — Une autre sur celui de Mérelessart, affermée moyennant 72¹ ; — plus une paire de poulets, 15ˢ. — Une branche

---

¹ La maison prieurale consistait en un grand bâtiment fort élevé, avec écurie, cour et jardin sur des terrasses environnées d'une muraille aussi très-élevée, le tout contenant un journal. Les dits bâtiments joignaient le chœur de l'église Notre-Dame et se trouvaient occupés par le sous-prieur. — Les murailles de l'enceinte et les terrasses étaient susceptibles de fréquentes réparations : « Il en croulait de grandes pannées » dit la *déclaration*.

² Il était simple et de l'ordre de St.-Benoît.

³ Son prédécesseur fut N. Duval qui mourut le 30 août 1726, laissant aux pauvres tout ce qu'il possédait, à l'exception de 600 liv. qu'il légua aux fabriques des paroisses où il dîmait. (*Déclarat.*)

⁴ La *déclaration* donne des détails très-circonstanciés sur la situation et l'étendue de chacun des bâtiments du prieuré, sur les murs, leur longueur, etc. Elle ajoute que l'église tenait à la maison du prieur et qu'elle portait 30 pieds de longueur sur 24 de largeur, y compris l'épaisseur des murailles.

⁵ Les autres décimateurs étaient : l'un des chapelains de Notre-Dame d'Amiens, le prieur d'Airaines, et le curé de Métigny. (*Declarat.*) — Un plan des terres susdites se trouve aux Arch. départ., sect. des plans.

de dîme sur le terroir de St.-Mauvis, affermée 100¹. — Une branche de dîme sur le terroir de Vergies, affermée moyennant 150¹ ; — plus un cochon de lait, 1¹ 10ˢ. — Total 1,494¹ 5ˢ.

CHARGES.

Aux officiers de justice du prieuré, savoir : le bailly, le procureur d'office, le greffier et le sergent, gages, 20¹. — Réparations de la maison prieurale, 200¹. — Supplément de portion congrue au curé d'Hallencourt, 18¹. — Au curé de Vergies, pour même cause, 28¹ 2ˢ 6ᵈ. — Réparations du chœur de l'église de Frenneville, 10¹. — Réparations du chœur de l'église d'Hallencourt, 12¹. — Réparations du chœur de Mérelessart, 5¹. — Réparations du chœur de l'église de St.-Mauvis, 15¹. — Réparations du chœur de l'église de Vergies, 8¹ 8ˢ 9ᵈ. — Total 316¹ 11ˢ 3ᵈ

RÉCAPITULATION : Montant des revenus . . . . 1,494¹ 5ˢ »
— des charges 316 11 3ᵈ

Reste net. 1,177 13 9

CHAPITRE DE NOTRE-DAME, A LONGPRÉ-AUX-CORPS-SAINTS ¹.

Il était composé d'un doyen et de 12 prébendes, celles-ci à la collation du seigneur du lieu, de plein droit ².

DÉCLARATION fournie le 16 avril 1730, par le doyen et les chanoines, rectifiée.

Gros de la 1ʳᵉ prébende, dont le titulaire est maître François-Paul Duval : Une branche de dîme sur le terroir de Vergies, consistant en une gerbe et demie de 9, affermée 150¹.

Gros de la 2ᵉ prébende, dont le titulaire est maître Louis Dessommes : Une branche de dîme sur les terroirs d'Hangest-sur-Somme et de Soues, affermée 130¹. — Sur l'hôtel-Dieu d'Abbeville : 3 setiers et 2 boisseaux de blé, 1 setier et 1 boisseau et demi d'avoine, mesure d'Abbeville, plus 3 liv. 2 sols 6 den. d'argent ³. Mais comme on ne reçoit rien

---

¹ Fondé sous le titre de l'Assomption de la Ste-Vierge, par Aléaume de Fontaine et sa femme Lorette, fille de Bernard de St.-Valery, en 1190. — Ses statuts furent approuvés par l'évêque Robert de Fouilloy le 10 septembre 1316. (*Picardia Christ.* Ms. f° 128. — *Gallia Christ.* X, 1191. — Ms. D. Grenier, 27ᵉ paquet, 4ᵉ liasse.)

² Les prébendes, avec 5 chapelles, ont été fondées pour la plupart par Aléaume de Fontaine dès l'an 1190 et par ses héritiers, qui nommaient aux dits bénéfices. — Le doyen était électif et devait être *de gremio canonicorum*, d'après les statuts. — Aléaume de Fontaine et Lorette dotèrent une première prébende. Après la mort d'Aléaume, sa veuve et son fils Hugue ajoutèrent deux prébendes ; ses autres fils Isambart et Gautier fondèrent le reste.

On lit dans les notes Ms. de D. Grenier (paq. 24, liasse 27) qu'en 1205 Hugue de Fontaine donna la dîme du marché (*mercati*) de St.-Maxent, pour fonder l'une des prébendes. (M. Prarond, *St.-Valery et les cantons voisins*, t. 2, p. 42. — *Picardia Christ.* Ms. f° 128. — *Déclarat.*)

³ Pour censives, à raison de 60 journ. de terre sis à Gaden-Selve, vis-à-vis de la ferme de St.-Nicolas des Essarts, non loin d'Abbeville, relevant du chapitre à cause de son fief Baillon. Les frères de l'Hôtel-Dieu les avaient achetés de deniers que leur avait donnés le roi Louis VIII, et ils en servirent aveu au chapitre au mois de mars 1228. Ils lui payaient aussi un droit de relief de 30 sols à la mort de chaque roi de France. (*Cartul. du chapitre de Longpré.* M. Delgove, loc. cit. p. 347. — *L'Hôtel-Dieu d'Abbeville*, par Louandre, dans les Mém. Soc. Emulat. d'Abbeville, 1852-1857, p. 87.)

depuis 1714, il y a procès pendant au Parlement, *Mémoire*. — Sur le couvent des chartreux d'Abbeville, une rente foncière de 7¹ 15ˢ. — Un petit droit de champart sur le terroir de Buigny-St.-Maclou, 3¹ 15ˢ.

Gros de la 3ᵉ prébende, dont le titulaire est maître Gaspard Poirier : 4 journaux de bonne terre et 3 journaux de petite terre au terroir de Longpré, affermés 100¹. — Une branche de dîme sur le même terroir, affermée 72¹. — Un setier de blé, à la mesure d'Airaines, à prendre sur le moulin de Longpré, 8¹ 8ˢ.

Gros de la 4ᵉ prébende, dont le titulaire est maître Antoine Manessier : Une branche de dîme sur le terroir de Longuet, 110¹. — 36 setiers de blé sur le moulin de Longpré, 302¹ 8ˢ.

Gros des 5ᵉ et 6ᵉ prébendes, qui sont *sœurs germaines* et dont les titulaires sont maîtres Jean Maguet et Nicolas Dodenfort : Un dimage sur les terroirs de Forceville et de la Neuville, affermé 110¹. — Un autre dimage sur le terroir de Drucat, 100¹. — Un autre sur les terroirs de Woignarue, Broutelette, Beaumelle et Bromancourt, 300¹. — 15 journaux de terre labourable sur le terroir de Ramburelles, 137¹.

Gros de la 7ᵉ prébende, dont le titulaire est maître Jean de St.-Blimond : Une branche de dîme sur les terroirs d'Hangest et de Souès, affermée 80¹. — Sur les Chartreux d'Abbeville, une rente foncière de 7¹ 15ˢ. — Un petit droit de champart sur le terroir de Buigny-St.-Maclou, 3¹ 15ˢ. — Sur l'hôtel-Dieu d'Abbeville, même droit que la 2ᵉ prébende ; pourquoi il y a instance au Parlement, *Mémoire*.

Gros de la 8ᵉ prébende, dont le titulaire est maître Pierre de Chedeville : Un petit droit de champart sur le terroir de Long, 25¹. — 6 setiers de blé sur le moulin à blé de Longpré, 50¹ 8ˢ.

Gros de la 9ᵉ prébende, dont le titulaire est maître Louis Louette : Une branche de dîme sur le terroir de Morival, 75¹.

Gros de la 10ᵉ prébende, dont le titulaire est maître Louis Alet : Sur les Chartreux d'Abbeville, une rente foncière de 20¹ 13ˢ 4ᵈ. — Un petit droit de champart sur le terroir de Buigny-St.-Maclou, 10¹. — Sur l'hôtel-Dieu d'Abbeville : 8 setiers et le tiers d'un boisseau de blé, mesure d'Abbeville, avec 4 setiers et 2 boisseaux 1/2 d'avoine, plus 8 liv. 6 sols d'argent. Mais il y a instance au Parlement pour défaut de paiement depuis 1714, *Mémoire*.

Gros de la 11ᵉ prébende, dont le titulaire est maître Pierre-François Dercourt : Une petite branche de dîme sur le terroir du Titre, affermée 16¹. — 5 journaux de terre labourable au terroir de Condé-Folie, 26¹. — Un setier de blé, mesure d'Airaines, à prendre sur ledit moulin de Longpré, 8¹ 8ˢ.

Gros de la 12ᵉ prébende, dont le titulaire est maître C. François Petit : Sur lesdits Chartreux, une rente foncière de 13¹. — Un petit droit de champart sur le terroir de Buigny-St.-Maclou, 6¹ 13ˢ 4ᵈ. — Sur l'hôtel-Dieu d'Abbeville : 5 setiers et 8 boisseaux 1/2 de blé, avec 2 setiers et 12 boisseaux 1/4 d'avoine, mesure d'Abbeville, plus 5 liv. d'argent[1]. Pour défaut de paiement de quoi il y a instance. *Mémoire*.

[1] Pour cette redevance, et aussi pour celle de la dixième prébende, voy. ci-dess. p. 54. note 3.

Revenus communs a distribuer.

Deux journaux à Condé-Folie, affermés moyennant une couple de grains, 14 l 3 s. — Un journal de pré et de terre labourable à Condé, 30 l. — 5 journaux de terre au même lieu, 26 l. — 2 journaux tant à usage de pré que d'aire, 50 l. — 30 journaux de terre labourable, situés aux terroirs de Long et Longuet, affermés moyennant 42 setiers de blé, mesure d'Airaines, 352 l 16 s. — 14 journaux au terroir de Long, affermés moyennant 18 setiers de blé, 151 l 4 s. — 3 journaux de terre labourable, 1/2 journal d'aire, et 5 quartiers de pré, le tout au terroir de Longpré, affermé 40 l. — 5 quartiers d'aire à Longpré, 20 l. — 1 journal 30 verges d'aire et 1/2 journal de pré situés à Longpré, 50 l. — La dîme du fief du Metz, 36 l. — 5 quartiers d'aire à Longpré, 26 l. — 4 journaux d'aire sur le terroir de Longpré, 80 l. — 5 quartiers de terre audit terroir, 30 l. — 2 journaux tant en pré qu'en aire, 33 l. — 4 journaux tant en pré qu'en aire, 83 l. — Un petit droit de champart [1] sur le terroir de St.-Maxent, 30 l. — 4 journaux de terre labourable au terroir de Wanel, affermés moyennant 4 setiers de blé, 33 l 12 s. — Sur le moulin à blé de Longpré, 28 setiers de blé, mesure d'Airaines, pour fondation [2] de l'an 1200, évalués 285 l 4 s. — Sur l'hôtel-de-ville d'Abbeville, 10 setiers de blé, même mesure, par donation d'Eustache de Fontaine [3], de l'an 1242, évalués 84 l. — Sur le marquis de Fontaine, en vertu de lettres de l'an 1400, la somme de 50 l. — Rente foncière et viscérale de 4 l 10 s sur Sébastien Gallant d'Airaines, suivant lettres de l'an 1477. — Sur la boëte de Ponthieu, pour l'obit de Jean, comte de Ponthieu, 5 l. — Sur le sieur Douzenel, pour partie de la fondation de la messe haute des Saintes-Reliques, tous les premiers dimanches du mois, suivant contrat de 1639, la somme de 20 l. — Sur le sieur Jacques Jourdain, pour même cause, 10 l. — 1000 fagots faisant le produit de 2 journaux de bois de basse futaie, abandonnés au chapitre dans le petit bois de Longpré, contenant 18 à 20 journaux [4], pour la cuisson de leur pain, évalués 80 l. — Censives et droits seigneuriaux, à cause d'un petit fief nommé du Metz, donné par Eustache de Fontaine l'an 1316, s'élevant à 34 l. — Tous lesquels biens et revenus étaient chargés de 68 grands obits, 92 messes hautes et 88 messes basses. — [5] Total des revenus 3,482 l 7 s 8 d.

---

[1] Légué par Jean de Crésecques, seigneur de Long et de Longpré, vers l'année 1358. (M. Delgove, loc. cit. p. 356.)

[2] En l'année 1292, le « merkedi devant pask florie, » Witasse (Eustache) de Fontaine, sire de Long, donnait reconnaissance de cette redevance, fondée pour ses auchiseurs. (Cartul. de Longpré. — M. Delgove, loc. cit., p. 352.)

[3] Cette donation était primitivement de 17 setiers de blé, à prendre sur les moulins de la Penne et d'Arragon situés à Abbeville, en face de l'église de St.-Vulfran. Ils furent achetés par la ville et enlevés pour l'agrandissement de la rivière et la facilité de la navigation, vers 1467, à la charge de continuer le paiement de la dite redevance (M. Delgove, loc. cit., p. 350. — Cartul. de Longpré). — L'énonciation de l'année 1242 faite en la déclaration donne à penser que M. Delgove a fait confusion lorsqu'il a attribué ensuite (p. 354) à Eustache de Fontaine, chanoine de St.-Vulfran et préchantre d'Amiens, la dite fondation en l'année 1316. Eustache n'a pu que ratifier l'ancienne donation réduite par une circonstance quelconque.

[4] Ce qui provient de la donation faite par Bon de Crésecques et Marie de Harcour, sa femme, qui ont fait réserve de la haute futaie et de la chasse. (Déclarat.)

[5] Les terres et revenus déclarés avaient été amor-

Charges.

De la 1re prébende : Part des réparations du chœur de Vergies, 8 ˡ 8 ˢ 9 ᵈ. — Part de portion congrue au curé dudit Lieu, 28 ˡ 2 ˢ 6 ᵈ.

De la 2e prébende : Part des réparations des chœurs d'Hangest et de Soues, 15 ˡ. — Supplément de portion congrue au curé de Soues, 11 ˡ 5 ˢ. — Au curé d'Hangest, pour même cause, 4 ˡ 4 ˢ.

De la 3e prébende : Part des réparations du chœur de Wanel, 2 ˡ 10 ˢ. — Supplément de portion congrue aux curés de Longpré et de Wanel, 19 ˡ 2 ˢ 6 ᵈ.

De la 4e prébende : Part des réparations du chœur de Coquerel, 4 ˡ.

Des 5e et 6e prébendes : A la fabrique de l'église collégiale de Longpré, 4 setiers d'avoine, mesure d'Airaines, évalués 23 ˡ. — Réparations des chœurs de Woignarue, Onival et Drucat, 35 ˡ. — Supplément de portion congrue au curé de Woignarue, 12 ˡ.

De la 7e prébende : Réparations des chœurs d'Hangest et de Soues, 15 ˡ. — Supplément de portion congrue au curé de Soues, 11 ˡ 5 ˢ. — Au curé d'Hangest, pour même cause, 4 ˡ 4 ˢ.

De la 8e prébende : A la fabrique de l'église collégiale, un setier de blé et un setier d'avoine, 14 ˡ 3 ˢ.

Nota. — Les 4 autres prébendes n'ont point de charges particulières.

Charges communes.

Supplément de portion congrue aux curés de Longpré et de Wanel, 54 ˡ 11 ˢ. — Gages d'un chantre et sonneur, 100 ˡ. — Censives au seigneur temporel de Longpré : 4 setiers 1/2 d'avoine, évalués 25 ˡ 17 ˢ 6 ᵈ ; — et en argent, 8 ˡ. — Rente constituée au principal de 2,000 liv., 100 ˡ. — Gages d'un garde de bois, façon et charriage de fagots, et habillement de 4 enfants de chœur, 150 ˡ. — Censives aux seigneurs de l'Etoile, du Cardonnois et de Dourier et au prieur d'Airaines, 2 ˡ 10 ˢ. — Aux religieux de St.-Pierre d'Abbeville, 12 cierges d'une livre [1] et 24 sols d'argent [2], 25 ˡ. — Entretien de la sacristie, 302 ˡ. —

us, comme étant d'ancienne fondation, par les rois Jean en 1355, et Charles V, son fils, en 1376, dont les lettres furent entérinées en la chambre des comptes en cette même année. (*Déclarat.*) — Indépendamment des biens déclarés, le chapitre possédait quatorze maisons canoniales contenant chacune une *masure* ou 1 journal 1/2, plus une maison au pied du clocher appelée la *chambre des malades*, et une autre auprès de la trésorerie qui servait de logement au clerc. (M. Delgove, loc. cit. p. 407.) — Elles ont été omises ici sans doute parce qu'elles ne donnaient pas de revenu.

[1] Un de ces cierges était présenté aux religieux par chacun des chanoines qui assistaient en chœur à leur messe de chœur, le jour de la fête de St.-Pierre. (*Déclarat.*) — Par une convention souscrite le 4 avril 1190 les chanoines s'étaient obligés à assister chaque année à la dite messe, et à porter les cierges à l'offrande. (*Cart. de Longpré.* M. Delgove, loc. cit. p. 342.)

[2] Cette somme représentait les 20 *sols* stipulés pour prix de la concession faite au chapitre par le prieuré de St.-Pierre et de St.-Paul, à la demande de Lorette de St.-Valery, épouse d'Aléaume de Fontaine, du patronage de l'église de Longpré, en l'année 1198. Une sentence du sénéchal de Ponthieu de l'année 1600, confirmée par accord de l'année 1712, détermina ce chiffre. (M. Delgove, loc. cit., p. 342. — *Cartul. de Longpré.* — *Picordia Christiana*, Ms. f° 128.)

Réparations de l'église, des cloîtres et de la chapelle de la trésorerie, 80 ¹. — Total général des charges, 1,055 ¹ 3 ˢ 3 ᵈ.

RÉCAPITULATION : Montant des revenus . . . . 3,482¹ 7 ˢ 8ᵈ
— des charges 1,055 3 3
Reste net. 2,427 4 5

DOYENNÉ DU CHAPITRE DE LONGPRÉ ¹.
Élection par les chanoines ; confirmation par l'évêque.

DÉCLARATION faite le 18 avril 1730, par le titulaire maître Jean Maguet, approuvée.

REVENUS AFFERMÉS.

Un droit de dîme sur le terroir de Sailly-Bray et Nolette, 120 ¹. — Un autre sur le terroir de Neuville-au-Bois et Forceville, 110 ¹. — Un droit de champart sur le terroir de Longpré, 15 ¹.

REVENUS NON-AFFERMÉS.

Sur le couvent des Chartreux d'Abbeville, 6 ¹ 18 ˢ. — Ancienne redevance sur Oudart Destalminy, demeurant à Buigny, 3 ¹ 6 ˢ 8 ᵈ. — Sur l'hôtel-Dieu d'Abbeville : 2 setiers 12 boisseaux 1/2 de blé, avec 1 setier 6 boisseaux 1/4 d'avoine, mesure d'Abbeville, plus 55 sols 4 deniers en argent d'ancienne redevance, ce qui ne se paie plus depuis 16 ans ; pour quoi il y a instance au Parlement, *Mémoire*. — Total, 255 ¹ 4 ˢ 8 ᵈ.

CHARGES.

Au curé de Nolette, pour supplément de portion congrue, 50 ¹. — Réparations du chœur de Nolette, 10 ¹. — A la fabrique de Longpré, 2 setiers d'avoine, mesure d'Airaines, à titre de renvoi, 11 ¹ 10 ˢ. — Total, 71 ¹ 10 ˢ.

RÉCAPITULATION ² : Montant des revenus . . . . 255 ¹ 4 ˢ 8 ᵈ
— des charges . . . . 71 10 »
Reste net. 183 14 8

PERSONNAT DE LA CHANTRERIE DUDIT CHAPITRE [3].

DÉCLARATION faite le 18 avril 1730, par les doyen et chanoines, approuvée.

Un droit de dîme [4] sur le terroir de Longpré, affermé 130 ¹. — Un douzième de la somme

---

[1] Ce bénéfice fut créé par le premier titre de fondation du chapitre. (*Picardia Christ.* f° 128.)

[2] *L'État des revenus* dressé en 1711 et analysé par M. Delgove (loc. cit. p. 407) reproduit à peu près ce que porte la *déclaration*. Il détermine au tiers le droit de dîme sur Nolette ou Noyellette ; il porte droit de champart au lieu de dîme à Forceville ; il applique au fief du Mès le droit de champart au terroir de Longpré ; il désigne sous le nom de champart et plus loin (p. 408) de dîme la redevance à Buigny, enfin il ajoute quelques autres petits produits.

[3] Uni à la manse capitulaire en 1683, selon M. Delgove (loc. cit., p. 408). — La chantrerie avait été créée par le premier titre de fondation du chapitre. (*Picardia Christ.* Ms. f° 128.)

[4] Sur lins, chanvres et foins, d'après l'état des revenus de 1711. (M Delgove, loc. cit., p. 408.)

de 60 liv., payée annuellement par les Chartreux d'Abbeville, 5¹. — Un douzième de 30 liv. payées par Oudart Destalminy du village de Buigny-St.-Maclou, 2ˡ 10ˢ. — Sur l'hôtel-Dieu d'Abbeville le 12ᵉ de 25 setiers de blé et d'autant d'avoine, pour défaut de paiement desquels il y a instance au Parlement, *Mémoire.* — Total 137ˡ 10ˢ

CHARGES. — Aux curés de Longpré et de Wanel, pour supplément de portion congrue, 54ˡ 11ˢ. — A la fabrique de Longpré, par forme de renvoi, 3ˡ. — Total. 57 11

Reste net 79 19

CURES.

AIRAINES [1] (Vocable : LA NATIVITÉ DE NOTRE-DAME).

Collateur de plein droit : le prieur d'Airaines.

DÉCLARATION faite le 15 avril 1728, par le titulaire maître Charles Ledez.

Un tiers de la dîme du lieu [2], produisant année commune : 550 bottes de blé qui rendent 275 boisseaux, mesure d'Airaines, évalués [3] 172ˡ 10ˢ ; — 400 bottes de lentilles, rendant 133 boisseaux, évalués 84ˡ 15ˢ 6ᵈ ; — 300 bottes d'avoine, rendant 300 boisseaux, 143ˡ 15ˢ ; — 200 bottes de pamelle rendant 150 boisseaux, 100ˡ 12ˢ 6ᵈ ; — 120 bottes de bisaille, hivernache et autres bas grains, rendant 40 boisseaux, 31ˡ 16ˢ 8ᵈ. — La dîme novale, affermée 100ˡ. — Obits et autres fondations, 35ˡ. — Casuel, 15ˡ.

Total 683ˡ 9ˢ 8ᵈ

CHARGES. — Frais de dîme, 100ˡ. — Réparat. du presbytère [4], 20ˡ. — Total. 120 » »

Reste net. 563 9 8

AIRAINES (Vocable : SAINT-DENIS L'ARÉOPAGITE).

Collateur de plein droit : le prieur d'Airaines.

DÉCLARATION faite le 20 octobre 1728, par le titulaire maître Charles Testu.

Les 2/3 de la dîme du lieu, produisant : 1200 gerbes de blé, rendant 600 boisseaux, 420ˡ. — 900 warats de lentilles, rendant 300 boisseaux, 191ˡ 5ˢ. — 700 bottes d'avoine, rendant 700 boisseaux, 335ˡ 8ˢ 6ᵈ. — 500 bottes de pamelle, rendant 375 boisseaux,

---

[1] *De Harenis, au pouillé* de 1301. — La nef de l'église du prieuré servait de paroisse. (*Pouillé de l'Archid.* f° 97.)

[2] Nous allons voir que les deux autres tiers étaient au curé de la paroisse St.-Denis. — La dîme d'Airaines avait fait l'objet d'une composition entre Gautier, abbé de Selincourt, et le prieur d'Airaines, en l'année 1130. (*Pouillé de l'Archid.* — *Picardia Christ:* f° 96.)

[3] Ici, comme pour les articles qui suivent et aussi pour les autres *déclarations* qui ne portent pas le contrôle du Bureau diocésain, nous avons substitué aux évaluations données par le titulaire celles adoptées ailleurs par le Bureau, afin qu'il y ait uniformité dans les appréciations.

[4] Il n'y avait pas de presbytère en 1689. (*Pouillé de l'Archid.*)

251¹ 12ˢ 6ᵈ; — 250 bottes de bisaille, hivernache et autres bas grains, rendant 95 boisseaux, 75¹ 12ˢ 6ᵈ. — La dime novale, affermée 130¹. — Fondations diverses, 10¹¹. — Casuel, 100¹. — Total 1,607¹ 18ˢ 6ᵈ

Charges. — Frais de dime, 180¹. — Réparations du chœur de l'église, 20¹. — Total . . . . 200 »» »

Reste net. 1,407 18 6

ALLERY [1] (Vocable : Saint-Sauveur ou la Trinité).

Présentateur : le chapitre de St.-Vulfran [2].

Déclaration faite le 27 août 1728, par le titulaire maître Jacques Hecquet [3].

La dime novale qui se perçoit dans le fond ou centre du village d'Allery, entre les haies. — Celles de laine et de carottes, qui se paient en argent. — Ces deux articles affermés 290¹. — Dime sur plusieurs cantons du territoire, d'une étendue d'environ 300 journaux, dont le curé jouit seul [4], et qui produit annuellement : 24 setiers de blé, mesure d'Airaines, 201¹ 12ˢ; — 10 setiers de seigle et lentilles, 70¹; — 6 setiers de pamelle, 48¹ 12ˢ; — 7 setiers 1/2 d'avoine, 43¹ 12ˢ 6ᵈ; — 30 bottes de lin, 22¹ 10ˢ; — 50 warats de bisaille et vesce, 10¹; — et le fourrage desdits grains, 55¹. — Part de la grosse dime sur le surplus du territoire [5], évaluée 465¹. — Même part de dime sur 30 journaux de terre faisant partie du *fief de Machy*, du côté d'Occident [6], évaluée 50¹. — Dime de fruits : environ 2 muids 1/2 de cidre, évalués 18¹. — La dime de sang, qui produit environ 20 poulets et 3 cochons de lait, 10¹ 16ˢ. — Casuel mal payé, 35¹. — Obits et

---

[1] Alery, au *pouillé* de 1301.

[2] Le patronat de Hallery lui fut donné par Jean II, comte de Ponthieu, selon la charte de l'année 1138.

[3] Ce curé était alors depuis plus de 12 ans à Allery, d'après sa *déclaration*.

[4] Par suite d'accommodement avec les autres décimateurs qui étaient : le chapitre de St.-Vulfran et celui de Fouilloy et le prieuré de Laleu. (Voy. p. 53.— *Pouillé de l'Archid.*) — Une délibération du chapitre de St.-Vulfran, du 3 juin 1707 portait qu'il avait droit à 1/3 au total de la dîme des champs, excepté dans un canton appelé *Cambot*. Cette part provenait de la donation que lui avait faite Jean II, comte de Ponthieu, selon charte de l'année 1138. (Extr. *des Registres de l'église collégiale de St.-Vulfran*.)

[5] Dans cette partie il appartenait : au chapitre de St.-Vulfran une gerbe de 6 verant à dime, au chapitre de Fouilloy une fraction dont le curé ne savait pas bien l'importance, mais pour laquelle il payait annuellement 35 liv., et le surplus audit curé. (*Déclarat.*) — Le chapitre de Fouilloy n'a pas non plus, dans sa *déclaration* (Voy. ci-dess. t. 1ᵉʳ p. 261) spécifié la quotité de dîme qui lui appartenait. Elle lui était provenue d'ailleurs, tant de Henri, prêtre (curé) d'Aleri, selon lettres de l'évêque Geoffroy II, du mois de septembre 1226, que de son père Gui Le Bret d'Airaines, qui en tenait une partie d'héritage et en avait acheté une autre de son frère Raoul Tésart (*aliàs* Thésart), clerc, suivant autres lettres de l'évêque Evrard du mois de décembre 1212. (*Cartul. Fouilloy*, fol. 2 v° et 13 v°.)

[6] Le prieur de Laleu avait un sixième de cette dîme et le curé le reste. (*Déclarat.*)

autres fondations, 17¹. — Total 1,337¹ 2ˢ 6ᵈ
Charges. — Frais de dîme, 123¹. — Réparations du chœur¹, 23¹. — Visites de l'archidiacre et du doyen de chrétienté, 4¹ 14ˢ. — Au vicaire 147 liv. — Et à la maîtresse d'école des filles 114 liv. — Total . . 411 14 »

Reste net. 925 8 6

Nota. — Il n'y a aucun bien de cure.

BETTENCOURT-LÈS-RIVIERE (Vocable : Saint-Martin) ².

Presentateur : le chapitre de Longpré ³.

Déclaration faite le 22 décembre 1728, par le titulaire Fr. Levasseur.

Dîme du territoire de Bettencourt, produisant : 250 gerbes de blé qui rendent, déduction faite des droits du batteur, 100 boisseaux, mesure d'Airaines, les bottes étant fort petites, évalués 70¹; — 150 bottes d'avoine rendant 75 boisseaux, 35¹ 17ˢ; — 20 bottes de pamelle, 4¹; — 200 petites bottes de foin, 10¹; — 20 bottes de grains divers, 2¹; — et fourrage, 40¹. — Dîme novale donnant un peu de chanvre, un demi-muid de cidre. — Dîmes de laine et de cour, presque nulles dans un terroir aussi ingrat. — Ces deux articles évalués 40¹. — Terres de cure : 18 journaux, dont 6 à 7 en rapport, les autres en friche, affermés 29¹. — Casuel, 6¹. — Total 236¹ 19ˢ

Charges. — Réparations du chœur, une pistole, 10¹. — Réparations du presbytère⁴, 15¹. — Total . . . . 25 »»

Reste net. 211 19

CONDÉ-FOLIE (Vocable : La Visitation de Notre-Dame) ⁵.

Collateur de plein droit : l'Évêque.

Déclaration faite le 15 juillet 1728, par le titulaire maître Jean Trencart.

Portion congrue payée par les décimateurs ⁶, savoir : 75 liv. par le prieur de St.-Pierre-

---

¹ « Le chœur de l'église d'Allery est plus long que la nef, il a 9 grandes fenêtres vitrées, il est couvert d'ardoises clouées sur des lattes, ce qui le rend sujet à beaucoup de réparations ». (*Déclarat.*)

² Bétencourt, au *pouillé* de 1301.

³ Ce patronat fut cédé en 1204 au chapitre par les religieux du prieuré de St.-Pierre et de St.-Paul d'Abbeville, qui le tenaient du prieur de St.-Martin-des-Champs depuis l'année 1198. (*Notice sur Long et Longpré*, par M. l'abbé Delgove, Mém. Soc. Antiq. Pic., XVII, 343.)

⁴ Il n'en existait pas en 1689. (*Pouillé de l'Archid.*)

⁵ La *déclaration* dit que cette paroisse était de nouvelle fondation. En effet, elle ne figure pas au *pouillé de l'Archid.* qui dit à la paroisse de Longpré : « il y a deux parties des villages de Condé et Folie ». (Voy. ci-dess. p. 41 la *déclaration* de la paroisse de l'Étoile.)

⁶ Outre les décimateurs ici nommés, il y avait encore le doyen du chapitre de Picquigny, qui avait droit au tiers, mais à titre d'*inféodation* : c'est pourquoi il ne participait pas à la portion congrue. Il avait reçu cette dîme, à titre de donation, de Thomas de Salen, qui l'avait achetée de Raoul de Bougainville le 7 janvier de l'année 1272. — La partie du territoire où elle se percevait était située entre Hangest et Longpré et s'appelait *Faucaucourt*, nom que pour

à-Gouy, 125 liv. par le curé de Dargnies-en-Vimeu, et 100 liv. par le commandeur d'Abbeville. — Fondations d'obits, 40¹. — Casuel, 60¹. — Total . . . . 400¹ »»
Charges. — Entretien du presbytère . . . . 15 »»

Reste net. . . . . . 385 »»

CROQUOISON¹ (Vocable : Saint-Firmin-le-martyr).
Présentateur : le prieur d'Airaines.

Déclaration faite le 15 janvier 1730, par le titulaire maître Philippe Maillot.

Dîme du lieu², rapportant : 400 gerbes de blé froment, qui rendent 200 boisseaux, mesure d'Airaines, évalués 140¹ ; — 200 gerbes de blé lentilleux ou *merlage*, rendant 100 boisseaux, 60¹ ; — 100 bottes d'avoine, rendant 100 boisseaux, 47¹ 18ˢ ; — 100 bottes de pamelle, 35¹ ; — 30 bottes de seigle, 15¹ ; — 100 bottes d'hivernache et vesce, 25¹ ; — 50 bottes de lin, 37¹ 10ˢ ; — 30 bottes de sainfoin, 6¹ ; — et fourrage battu, 50¹. — Dîme de fruits : un muid de cidre, 12¹. — Dîme sacramentelle, 10¹. — Obits et autres fondations, 40¹. — Casuel, Néant. — Total 478¹ 8ˢ
Charges. — Frais de dîme, 100¹. — Redevance à la fabrique, 5¹. — Censives, 4¹. — Réparations du presbytère, 7¹. — Total . . . . 116 »

Reste net. 362 8

DOURIER-LÈS-AIRAINES (Vocable : Saint-Riquier)³.
Présentateur : le prieur d'Airaines.

Déclaration faite le 6 janvier 1730, par le titulaire maître Adrien Révillon.

Dîme du lieu⁴ abandonnée pour la portion congrue et produisant : 300 gerbes de blé, qui rendent 140 boisseaux de grain, mesure d'Airaines, évalués 98¹ ; — 300 bottes d'avoine rendant 250 boisseaux, 119¹ 16ˢ ; — 200 bottes de pamelle, rendant 150 boisseaux, 101¹ 5ˢ ; — et 200 bottes de lentilles, rendant 60 boisseaux, 38¹ 5ˢ. — Dîme des novales, 10¹. — Obits payés par la fabrique, 4¹ 10ˢ. — Dîme sacramentelle, 16¹ 10ˢ. —

---

cela on donnait à cette dîme. (*Invent. raisonné des principaux titres de St.-Martin de Picquigny*, p. 26 et 27. — *Répertoire des titres... de St.-Martin de Picquigny*, case 3ᵉ, p. 21. — *Titres du chapitre de Picquigny. Archiv. départ.*—*Picquigny et ses seign.*, p. 104.) — La portion du prieuré de St.-Pierre-à-Gouy lui avait été donnée, en 1199, par Raoul de Condé, de l'assentiment de Béatrix, sa femme, de Bernard, son fils, et de ses trois filles. (D. Grenier, Ms. paq. 24ᵉ, tome cxcix. IIIᵉ *Cartul. de l'abbaye de St.Germer*.)

¹ Crokoison, au *pouillé* de 1301. — Cette paroisse était pauvre et n'avait que 22 feux. (*Déclarat.*)

² Le *pouillé de l'Archid.* dit que le prieur d'Airaines avait un tiers de la dîme qu'il a abandonné au curé.

³ Dourihier, au *pouillé* de 1301. — En 1730 la paroisse n'avait que 6 maisons, dont 2 fermées. (*Déclarat.*) — Au mois de décembre 1290, Guillaume de Bayeu, sieur de Lonvillé, donna 13 journaux de terre sis à Dourier, pour l'augmentation d'une chapelle fondée en l'église dudit lieu par ses père et mère. (*Inventaire de l'Evêché* f° 117.)

⁴ Il y avait 100 journaux de terre dites de St.-Lazare, qui ne payaient pas de dîme. (*Déclarat.*)

Casuel. *Néant.* — Total . . . . 388¹ 6 ⁕
CHARGES. — Frais de dime, 60¹. — Entret. du chœur de l'église ¹, 10¹. — Total. 70 »

Reste net. 318 6

DREUIL-SOUS-AIRAINES (Vocable : SAINT-DENIS) ².

Présentateur : le chapitre de St.-Vulfran ³.

DÉCLARATION faite le 6 juin 1728, par le titulaire maître Jean Hoyer.

Le tiers de la dime ⁴ produisant en moyenne par année : 350 gerbes de blé, rendant 17 setiers de grain, mesure d'Abbeville, 136¹ 17ˢ ; — 230 bottes d'avoine, rendant 17 setiers de grain, 97¹ 15ˢ ; — 33 bottes de seigle, rendant 1 setier, 6¹ 14ˢ ; — 185 bottes de pamelle, rendant 11 setiers de grain, 88¹ 11ˢ ; — 280 bottes de lentille, rendant 9 setiers, 42¹ ; — 55 bottes de bisaille, rendant 1 setier 10 boisseaux, 11¹ ; — et fourrage mangé par le cheval et la vache, dont il reste à peine un cent, évalué 10¹. — Dime de laine, évaluée 22 ¹. — Dime novale, comprenant la dime du chanvre et du lin qui se récoltent dans les masures, et le tiers du lin récolté dans les champs ⁵, 100¹. — Dime de fruits ⁶ : 3 muids de cidre, évalués 45¹. — Une branche de dime sur le terroir de Hallencourt, affermée 50 ¹. — Une autre sur celui de Wanel, affermée 35¹. — Obits et autres fondations, 20¹. — Casuel, à peine une pistole, 10 ¹. — Sur le seigneur du lieu, pour remplacer la dime sur 120 journaux de terre donnés anciennement à la Maladrerie d'Airaines par le seigneur de Dreuil, avec exemption de ladite dime, 6 setiers de blé, mesure d'Abbeville, que le seigneur ne veut plus payer, *Mémoire.* — Total. 674¹ 17ˢ

CHARGES. — Frais de dime, 150¹. — Réparations du chœur et du presbytère, 25¹. — Total . . . . 175 »»

Reste net. 499 17

---

¹ Il n'y avait point de presbytère et le curé demeurait dans une paroisse voisine, en 1728. (*Déclarat.*)

² Drueul, au *pouillé* de 1301. — Il y avait sur la paroisse une chapelle sous le titre de St.-Elier, bien bâtie. On y portait autrefois les enfants en langueur : il y avait une maison et des cuves pour les baigner. (*Pouillé de l'Archid.* f° 110.)

³ Ce patronat lui provenait de la donation de 1138.

⁴ Les deux autres tiers appartenaient au chapitre de St.-Vulfran. (*Pouillé de l'Archid.*) Mais il paraît que ses fermiers ne parvenaient à les percevoir qu'à travers les injures et les violences ; l'un d'eux fut même assassiné en 1646, et ils durent être autorisés à porter des armes à feu en dimant. (*Extr. des Registres de l'église collégiale.*)

⁵ Anciennement le curé de Dreuil dimait seul sur les lins et les chanvres dans les champs. Mais le chapitre de St.-Vulfran d'Abbeville, gros décimateur de 2/3, prétendit étendre son droit sur les lins et les chanvres. Une sentence du Châtelet de Paris, rendue en l'année 1660, maintint le curé en possession. Une transaction intervint alors avec le titulaire maître Leclercq, par laquelle le chapitre s'obligea, moyennant l'abandon qu'il consentit du droit contesté, de lui payer, sa vie durant seulement, 8 setiers d'avoine. Son successeur, maître Leroy, en reçut encore 4 setiers ; mais en 1728 cette redevance était réduite à 2, pour être nulle bientôt, prévoyait le titulaire. (*Déclarat.*)

⁶ Il n'y avait pas de dime verte, selon la coutume. (*Déclarat.*)

ESTREJUS [1] (Vocable : Saint-Martin).

Présentateur · le prieur d'Airaines.

Déclaration faite le 6 juin 1728, par le titulaire maître François Olive.

Dîme du lieu [2], produisant : 800 gerbes de blé, évaluées 240¹ ; — 150 bottes d'avoine, 30¹ ; — 200 warats, 30¹ ; — et 100 bottes d'orge, 20¹. — Dîme de lin : 15 bottes, 15¹. — Dîme de sainfoin : 20 bottes à 3 sols, 3¹. — Dîme de fruits : 3/4 d'un muid de cidre, 6¹. — Terre de cure : 1 journal 1/2 à la sole, 53¹. — Fondations, 15¹. — Casuel, 25¹. — Total, 432¹.

Charges.

Part de réparations du chœur de l'église, livres et ornements, 12¹. — Réparations du presbytère, 10¹. — Au prieur d'Airaines, 7¹. — Frais de dîme, 135¹. — Total, 164¹.

Récapitulation : Montant des revenus . . . . 432¹ »»
      — des charges . . . . 164 »»
                          Reste net. . . . . . 268 »»

FONTAINE-SUR-SOMME (Vocable : Saint-Riquier), et SOREL.

Présentateur : le chapitre de St.-Vulfran [3].

Déclaration faite le 31 mai 1728, par le titulaire maître Jean Meurice, rectifiée.

Revenus affermés. — Une branche de dîme [4], 485¹.

Revenus non-affermés. — Terres de cure : 11 journaux en 4 pièces produisant, toutes charges déduites, 120¹. — Dîme de foin sur 25 journaux nommés les prés de Mailly : 600 grosses bottes à 4 sols, 120¹. — Dîme de foin, de cour et de fruits, 30¹. — Fondations [5],

---

[1] Estruisiex, au *pouillé* de 1301.

[2] Le curé avait toute la dîme. — Les chartes de 1131 et 1135, confirmatives des biens de l'abbaye de Selincourt, constatent que celle-ci possédait alors le tiers de la dîme dépendant de l'église de Estruisuiz. (*Pouillé de l'Archid.* — *Gallia Christ.* X, Instr. col. 304 et 305.)

[3] Ce patronat lui fut donné par Jean II, comte de Ponthieu, par la charte de l'année 1138.

[4] Cette branche de dîme se composait ainsi : 1° sur les terres des terroirs de Fontaine et de Sorel, 1/6° à l'encontre tant des chanoines de St.-Vulfran qui avaient un sixième d'abord, puis 1/3 à cause d'une chapelle de la Ste-Vierge réunie à leur manse, que du prieur de Pont-Remy pour l'autre 1/3 ; — 2° Dans les *escharts* ou prés mis en labour des bassures de Fontaine, 1/3 à l'encontre des mêmes ; — 3° Dans les prés et terres labourables des bassures nommées le *Courco* et le *Clausez*, les 2/3 à l'encontre du prieur de Pont-Remy ; — 4° Dans les terres cultivées et nouvellement défrichées dans les jardins, masures et champs dits *norales*, toute la dîme ; — 5° Toute la branche de la dîme de Sorel, y compris les jardins et enclos ; — 6° La 1/2 de la dîme de laine tant à Fontaine qu'à Sorel, à l'encontre dudit chapitre ; — 7° Et 1/2 de la dîme de Vendures, à l'encontre de seigneur de Fontaine. (*Déclarat*). — Le chapitre de St.-Vulfran avait été doté de sa portion de dîme, par la charte de 1138.

[5] Consistant en messes, vêpres et prières diverses, plus en l'obligation pour le curé de lire, tous les dimanches avant la grande messe, la Passion du Sauveur et de l'annoncer au son de la grosse cloche. (*Déclarat.*)

151¹ 15ˢ. — Casuel, 50¹. — Total des revenus 956¹ 15ˢ

CHARGES. — Réparations du chœur de l'église et du presbytère, qui contient un quartier et demi de terrain . . . . 50 »»

Reste net 906 15

FRETTECUISSE (Vocable : LA NATIVITÉ DE LA SAINTE-VIERGE)¹.

Présentateur : le prieur d'Airaines.

DÉCLARATION fournie le 21 juin 1728, par le titulaire maître Antoine Douillet.

Dîme du lieu : une gerbe de neuf venant à dîme sur tous les grains, novales et menues dîmes, évaluée 100¹. — Supplément de portion congrue payé par le prieur d'Airaines pour 34 liv. 10 sols, et par le commandeur de St.-Maulvis² pour 76 liv.; ensemble 110¹ 10ˢ. — Terres de cure : 3 journaux à la sole, 90¹. — Obits et autres fondations, 20¹. — Casuel, 15¹. — Total 335¹ 10ˢ

CHARGES. — Frais de dîme, 50¹. — Réparations, *Mémoire*. — Total . . . 50 »»

Reste net. 285 10

HALLENCOURT³ (Vocable : SAINT-DENIS).

Présentateur : le chapitre de St.-Vulfran⁴.

DÉCLARATION faite le 29 décembre 1729, par le titulaire maître Antoine Dupont.

Le neuvième de la dîme du lieu⁵ rapportant : 300 gerbes de blé, qui donnent 18 setiers, mesure d'Abbeville, estimés 144¹ 18ˢ; — fourrage et gerbées dudit blé, au nombre de 510, estimés 30¹ 12ˢ; — 20 bottes de seigle avec le grain, 8¹; — 40 bottes d'avoine, 8¹; — 45 bottes de pamelle, 10¹ 16ˢ; — warats ou bottes de bisaille, fourrage des menus grains, etc., 15¹. — Le 6ᵉ de la dîme⁶ sur un très-petit canton de la même paroisse, plus 1/2 de la dîme sur environ 30 journaux de terre⁷, produisant 8¹ 12ˢ 6ᵈ. — Dîme novale produisant 57¹. — Dîme de lin (55 bottes) et de chanvre (18 bottes), évaluée 52¹ 4ˢ. — Dîme de fruits : 4 muids de cidre de pommes, évalués à 12 liv. l'un, 48¹ ; et un muid de cidre de poires, évalué 8¹. — Dîme de laine, 15¹. — Suppléments de portion congrue : 12 liv. du

---

[1] Fratecuisse, au *pouillé* de 1301. — Le Fay-Vergies était un hameau de la paroisse, dit le *Pouillé de l'Archidiaconé* (f° 142). Mais n'est-ce pas une erreur ? (Voy. ci-après p. 71, note 1.)

[2] Tous deux étaient les gros décimateurs. (*Pouillé de l'Archid.*)

[3] Halencourt, au *pouillé* de 1301.

[4] Ce patronat lui provenait de la donation et fondation de 1138. (Voy. ci-dess p. 8.)

[5] Le reste de cette dîme était perçu d'une manière inégale par le chapitre de St.-Vulfran, le prieur de Laleu et celui de Pont de Remy. (*Déclarat.*) — Le prieur de Laleu, dans sa *déclaration*, s'est attribué 1/3, et 2/3 au chapitre de St.-Vulfran, moins le 1/9ᵉ du curé. Il a oublié le prieur de Pont-de-Remy. (Voy. ci-dess. p. 7 et 53.)

[6] Le chapitre de St.-Vulfran prenait 4 gerbes et le curé de Dreuil une. (*Déclarat.*)

[7] Le curé de Dreuil avait l'autre moitié de la dîme sur ce canton. (*Déclarat.* — Voy. ci-dess. p. 63.)

chapitre de St.-Vulfran, 18 liv. du prieur de Laleu, et 6 liv. du prieur de Pont-de-Remy. — Obits et autres fondations, 49¹. — Casuel, 52¹. — Terres de cure : 3 journaux, de 75 verges chacun, de terre labourable, dont l'un au terroir d'Hallencourt, provenant de l'ancien presbytère, et les 2 autres communément appelés les terres de *Miserere* ¹, sis au terroir de Rinvillers joignant celui d'Hallencourt, 37¹. — Total, 580¹ 11ˢ 6ᵈ.

Charges.

Frais de dîme, 143¹. — Réparations du chœur de l'église, 3¹ 18ˢ. — Réparations du presbytère, assis sur 20 verges de terrain, 14¹. — Au vicaire de la paroisse ² et autres prêtres appelés pour chanter et célébrer quelqu'un des services qui se doivent faire un même jour, 15¹. — Total, 175¹ 18ˢ.

Récapitulation : Montant des revenus 580¹ 11ˢ 6ᵈ
— des charges . . . . 175 18 »
Reste net. 404 13 6

HANGEST-SUR-SOMME (Vocable : Sainte-Marguerite) ³.

Présentateurs : l'Évêque et le prieur de St.-Pierre-à-Gouy, *vicissim* ⁴.

Déclaration faite le 15 avril 1728, par le titulaire maître Claude Ledez.

Le tiers de la dîme du lieu ⁵ produisant : 400 bottes de blé, qui donnent 200 boisseaux d'Airaines, 140¹ ; — 100 bottes de lentilles, 14¹ 17ˢ ; — 200 bottes d'avoine, qui donnent 200 boisseaux, 95¹ 17ˢ ; — 50 bottes de pamelle, 11¹ 11ˢ ; — 20 bottes de pameleuse, 3¹ 18ˢ ; — 20 bottes de grenade, 6¹ ; — et 20 hagues de foin, à 4 liv. l'une, 80¹. — 130

---

¹ Ce nom vient de ce que le curé était tenu de dire ce psaume tous les dimanches, avec le *De Profundis* et l'oraison, pour un prêtre nommé Nicolas Dubus. Cette terre était de très-ancienne et immémoriale fondation. (*Déclarat.*)

² Il tenait l'école. (*Pouillé de l'Archd.* f° 99.)

³ La ferme des Cohues dépendait de cette paroisse. (Arch. municipales de Hangest-sur-Somme. DD. 1.)

⁴ En conséquence d'une transaction faite entr'eux au mois de mars 1234. (Titres de l'Evêché, 9-2°.)

⁵ Les autres décimateurs étaient : dans le haut du terroir, le chapitre de Longpré pour un tiers, et les religieuses de l'Hôtel-Dieu pour l'autre tiers ; dans le bas : le prieur de St.-Pierre-à-Gouy, tantôt seul pour les 2/3 et tantôt pour un tiers seulement, l'autre appartenait à la fabrique du lieu. — Les chapelains de St.-Pierre, du côté droit et du côté gauche du chœur en la cathédrale, avaient aussi une portion de dîme. — Voici l'origine de la part de l'Hôtel-Dieu : au mois de janvier 1252, Giles de Rivières, chevalier, du consentement de sa femme Mabille et de son fils Raoul, fit don à l'évêque G. de toute la dîme qu'il avait en blé, vin, etc. à Hangest et dans le terroir, tenue de la seigneurie de Picquigny. Et la veille de St.-Clément (c'est-à-dire le 22 novembre 1253) Jean de Audenarde, chevalier, et noble dame Mathilde de Picquigny, son épouse, ayant la tutelle de Jean de Picquigny, en investirent l'évêque, et celui-ci assigna cette dîme à l'hôpital des prêtres infirmes, nouvellement établi à Amiens. Notons ici, par occasion, que par lettres du mois de mars 1255 le roi Louis approuva l'acquisition faite par le même évêque, pour l'œuvre des prêtres infirmes, de deux maisons contiguës sises à Amiens, en dehors de la porte St.-Michel, dans la rue de Ricbors, dont l'une provenait de Riquier, abbé de St.-Riquier en Ponthieu et passa à Mˢ Eustache, clerc, appelé *illuminator*, qui la vendit à l'évêque. (*Déclarat — Picardia Christ.*, Ms. — Titres de l'Evêché, Q, 14. Voy. ci-dess. I, 49, 52 et 407 ; II, 54 et 55.

bottes tant chanvre que bouquets, 122¹ 10ˢ. — 10 bottes de lin, 7¹ 10ˢ. — Fondations, 100¹. — Casuel, 40¹. — Supplément de portion congrue, 30¹. — Total . . 662¹ 3ˢ
CHARGES. — Frais de dîme, 80¹. — Réparations du presbytère, 20¹.— Total. 100 »

Reste net. 562 3

HEUCOURT [1] (Vocable : SAINT-MARTIN).
Présentateur : l'abbé de Selincourt.
Revenus : 350 livres [2].

LIERCOURT [3] (Vocable : SAINT-RIQUIER) et DUNCQ.
Présentateur : le chapitre de St.-Vulfran.

DÉCLARATION faite le 25 juin 1728, par le titulaire maître Jean Depoilly.

Les deux tiers de la dîme dans la partie basse du terroir, produisant : 8 setiers de blé, mesure d'Abbeville, évalués 64¹ 8ˢ ; — 100 bottes de lin, avec la linise, 75¹ ; — 150 bottes de chanvre, avec le chenuis, 112¹ 10ˢ ; — et 200 bottes de foin dans les prés, 20¹. — Le sixième de la dîme dans la partie haute du terroir, produisant : 4 setiers de blé, évalués 32¹ 4ˢ ; — 2 setiers d'avoine et 2 setiers de lentilles, 12¹ 14ˢ. — Les dîmes vertes et de fruits, évaluées 20¹. — Les novales produisant 12 bottes de lin et 15 bottes de chanvre, 20¹ 3ˢ. — Terres de cure : 5 quartiers, 8¹. — Supplément de portion congrue à payer par le prieur de Pont-de-Remy, le chapitre de St.-Vulfran [4] et le chapelain de Fontaine, gros décimateurs, suivant transaction de 1687, la somme de 67¹.— Fondations et obits [5], 45¹. — Casuel, 6¹. — Total, 482¹ 19ˢ.

NOTA. — Le curé a omis de rappeler les charges, hormis celles qui consistent en prières pour les fondations.

LONGPRÉ-LES-CORPS-SAINTS (Vocable : SAINT-MARTIN) [6].
Collateur de plein droit : le chapitre du lieu [7].

DÉCLARATION [8] faite le 1ᵉʳ juin 1728, par le titulaire maître Charles Halet.

---

[1] Heueucourt, au *pouillé* de 1301.

[2] Les décimateurs étaient : le commandeur de St.-Maulvis pour un tiers et le curé pour le reste. (*Pouillé de l'Archid.* f° 102 et 144.)

[3] Liarcourt, au *pouillé* de 1301.

[4] Ce chapitre avait une gerbe de six qui se percevaient sur ce terroir, d'après une délibération du 8 août 1598. (*Extr. des Registres de l'église collégiale.*)

[5] C'est-à-dire : 24 messes d'obits, chantées, avec vigiles et commendaces, 4 messes basses, le *Languentibus* les fêtes et dimanches, à l'issue de la messe paroissiale, le salut pendant l'octave du St. Sacrement et aux 5 fêtes de la Ste.-Vierge, enfin recommandation des bienfaiteurs au prône de la messe, aux grandes fêtes de l'année. Les fondations avaient été faites notamment par sire François Duval, prêtre, en 1632 ; demoiselle Marie Delépine, en 1657 ; Pierre Saulmon, prêtre, aussi en 1657 ; Gabriel Testu, prêtre, curé de St.-Aubin, en 1668 ; Mathieu Boutin ; sieur et dame de Boisleville, etc. (*Déclarat.*)

[6] Loncpré, au *pouillé* de 1301.

[7] Ce patronage appartenait précédemment au prieuré de St.-Pierre et de St.-Paul d'Abbeville, qui le céda le 4 des kal. d'avril 1198 ; il fut racheté comme nous l'avons vu ci-dessus. (p. 57, note 2.) — *Picardia Christ.* Ms. f° 128.)

[8] Il y avait originairement à Longpré, deux portions de cure dont les titulaires étaient les premiers

Le sixième de la dîme [1], affermé 55 l. — 5 journaux de terre de cure, affermés avec les novales, 220 l. — Supplément de portion congrue à recevoir : du chapitre de Longpré, 54 l 11 s ; — de l'un des chanoines, à cause d'une dîme entrant dans le gros de son canonicat, 19 l 2 s 6 d ; — et du curé de Limeu, à cause d'une chapelle qu'il possède à Longpré, 19 l 2 s 6 d. — Obits dus par la fabrique, 10 l. — Casuel, 40 l. — Total, 408 l 4 s.

Nota. — Les charges sont omises en la déclaration.

MÉRELESSART (Vocable : Saint-Martin) [2].

Présentateur : le prieur de Laleu.

Déclaration faite le 20 juillet 1728 et rectifiée le 30 janvier 1730, par le titulaire maître Joseph Hocquet.

Les quatre neuvièmes de la grosse dîme du territoire [3], sauf sur un petit canton peu étendu, tenant au bois Renaud, où le curé a les 2/3 et le prieur de Laleu le dernier, produisant : 500 gerbes de blé qui rendent 400 boisseaux, mesure d'Airaines, évalués 280 l ; — les gerbées évaluées à 8 liv. le cent, 40 l ; — 200 bottes d'avoine, vesce, bisaille et maucorne, évaluées 70 l ; — et 60 bottes de lin à 15 sols, 45 l. — Les dîmes novales et prédiales, tant du haut que du bas, produisant : 30 gerbes de blé, 18 l ; — 40 bottes de chanvre, 30 l ; — 25 bottes de lin, 18 l 15 s ; — et quelques bottes de mars, 10 l. — Dîme de pommes, 8 setiers, 24 l. — Dîme de cour : 2 cochons de lait et 6 paires de poulets, 6 l 14 s. — Terres de cure : 4 journaux 1/2 provenant de donation très-ancienne et immémoriale, lesquels peuvent produire par chaque sole : 100 boisseaux de blé, évalués 70 l ; — 120 gerbées, 10 l ; — et 70 bottes tant d'avoine, que de vesce, pamelle et autres grains, 25 l. — Environ 1/2 journal de bayure ou bois taillis, contigu au bois dit de la Carrière, 2 l. — Rentes [4] obituaires, 21 l 7 s. — Casuel, 16 l. — Total, 686 l 16 s.

chapelains de la collégiale, prenant place au chœur, l'un à droite, l'autre à gauche, et l'église de Wanel était succursale. Par ordonnance de l'évêque d'Amiens du 8 janvier 1677 la résidence de l'un des titulaires fut fixée à Wanel, dont l'église fut érigée en cure. Un concordat imposa au curé de Longpré la charge d'un supplément envers celui de Wanel, comme nous le verrons ci-après. (*Picardia Christiana*, Ms. — M. Delgove, *Notice sur Long et Longpré-les-Corps-Saints*, loc. cit. p. 410.)

[1] La *déclaration* du chapitre de Longpré en attribue un autre sixième à l'une de ses prébendes, et un autre au curé de Wanel. — Le *pouillé de l'Archidiaconé* donne (f° 121) pour décimateurs de la paroisse : le curé de Darguies en Vimeu, le doyen du chapitre de Picquigny, le prieur de St. Pierre-à-Gouy, le commandeur de Beauvoir, le prieur d'Airaines, le chapitre de St. Vulfran, le chapitre de Longpré, la chantrerie dudit chapitre et la fabrique de Fontaine-sur-Somme. Le chapitre de St.-Vulfran avait été doté de sa portion par Jean II, comte de Ponthieu, et Béatrix, sa femme, selon la charte de 1138. (Ms. 516 de la Biblioth. commun. d'Amiens, p. 88. — Voy. ci-dess. p. 52, 55 et 58.)

[2] Melheressart, au *pouillé de* 1301. — Paroisse très-pauvre. (*Déclarat.*)

[3] Les autres décimateurs sur Mérelessart étaient : le prieur de Laleu pour une gerbe, l'église pour une, et le prieur d'Airaines pour les 3 autres. — Ce prieuré avait été aumôné du tiers de la dîme par Raoul de Meshereschart, Gui, son frère, Pierre et Goscelin, fils de Gui, comme on le voit en la charte confirmative des biens, donnée par l'évêque Thibaut, en l'année 1180. (Voy. ci-dess. p. 52, note 1. — *Déclarat.* — *Bail y joint* — *Déclarat.* du prieuré de Laleu. — *Pouillé de l'Archidiaconé.* — Voy. ci-dess. p. 53.)

[4] Pour lesquelles le curé était tenu à 22 obits solennels, 16 messes basses, vêpres, salut et remise du St.-Sacrement le jour du grand Rosaire. (*Déclarat.*)

CHARGES.

Réparations et entretien du chœur de l'église, 16¹. — Réparations de la maison presbytérale, 10¹. — Frais de dîme, 120¹. — Total, 146¹.

RÉCAPITULATION : Montant des revenus 686¹ 16ˢ
— des charges . . . . 146 »»

Reste net. 540 16

MÉTIGNY (Vocable : SAINT-PIERRE) et LALEU (Vocable : SAINT-JEAN¹), son secours.
Présentateur : le prieur de Laleu.

DÉCLARATION faite le 12 avril 1728, par le titulaire maître Pierre-Alexis de Forceville, rectifiée.

Les quatre neuvièmes de la dîme sur le terroir de Métigny², et une autre dîme sur celui de Laleu, tant dans le haut que dans le bas, lesquelles produisent : 275 boisseaux de blé, mesure d'Airaines, évalués à raison de 14 sols l'un, 192¹ 10ˢ ; — 150 boisseaux de lentilles, 95¹ 12ˢ 6ᵈ ; — 300 boisseaux d'avoine, 143¹ 15ˢ ; — 75 boisseaux de pamelle, 50¹ 6ˢ 3ᵈ ; — 20 boisseaux de seigle, 11¹ 13ˢ 4ᵈ ; — 20 boisseaux d'hivernache et de sainfoin, 15¹ 18ˢ 4ᵈ ; — et 150 bottes de foin pesant de 20 à 22 livres, 19¹ 10ˢ. — 60 bottes de lin à 14 sols l'une, 42¹. — 70 bottes de chanvre contenant 10 poignées à 15 sols, 52¹ 10ˢ. — Un muid 1/2 de cidre, 15¹. — un journal de terre, évalué 1¹ 10ˢ. — Fondations pour 5 obits et 3 messes, 8¹. — Casuel, 10¹. — Total, 658¹ 5ˢ 5ᵈ.

CHARGES.

Entretien des cires de l'église de Laleu, 10¹. — A l'archidiacre, pour visite de ladite église, 1¹ 5ˢ. — Part des réparations du chœur de celle de Métigny, 20¹. — Frais de dîme, 120¹. — Réparations du presbytère, 15¹. — Total, 156¹ 5ˢ.

RÉCAPITULATION : Montant des revenus 658¹ 5ˢ 5ᵈ
— des charges . . . . 156 5 »

Reste net. . . . . . 502 » 5

QUESNOY-SOUS-AIRAINES³ (Vocable : SAINT-MICHEL).
Présentateur : le prieur d'Airaines.

DÉCLARATION fournie le 20 août 1728, par le titulaire maître Nicolas Cardon.

---

¹ St.-Valery, d'après le *pouillé* de 1736 ; mais il a confondu le saint patron du prieuré avec celui de la paroisse. — Le curé était obligé de dire une messe à Métigny et une à Laleu, fêtes et dimanches. (*Déclarat. du prieuré.*)

² Le prieur de Laleu avait un neuvième, celui d'Airaines un autre, et le chapelain de St.-Domice en la cathédrale les 3 autres neuvièmes. — Le curé avait seul droit aux novales. (*Déclarat. — Pouillé de l'Archid.* — Voy. ci-dess. p. 53.) — Nous avons donné l'origine de la portion du chapelain. (Voy. ci-dess. I, 63.) — Il paraît que l'abbaye de Breteuil eut autrefois 1/6ᵉ de la dîme. (*Picardia Christ.* Ms. f° 106.)

³ Et mieux *sur Airaines*. Caisnoy, au *pouillé de* 1301.

Les quatre neuvièmes de la dîme de la paroisse [1] sur toute espèce de grains, produisant : 25 setiers de blé, mesure d'Airaines, estimés 210 ¹; — 15 setiers d'avoine, 86 ¹ 5 ˢ; — 10 setiers de pamelle, 81 ¹; — 5 setiers de grenade, bizaille et hivernache, 20 ¹. — Dîme de chanvre et de lin [2], 10 ¹. — Les novales, 60 ¹. — Terres de cure [3] : 6 journaux de médiocre qualité, 24 ¹. — Fondations et obits, 87 ¹. — Casuel, 50 ¹. — Total . 628 ¹ 5 ˢ

Charges. — Grosses réparations du chœur de [4] l'église, 28 ¹. — Réparations de la chapelle du cimetière, 5 ¹. — Réparations du presbytère, 30 ¹. — Total . 63 »

Reste net. 565 5

RIVIERE (Vocable : Notre-Dame).

Collateur de plein droit : l'Évêque, ou l'abbé de St.-Riquier, selon l'ancien cartulaire [5].

Déclaration faite par le titulaire Fr. Levasseur [6], à la suite de celle de Bettencourt, le 22 décembre 1728.

Une branche de dîme affermée 130 ¹. — Fondations et obits, 6 ¹. — Casuel, 2 ¹. — Total, 138 ¹.

Nota. — Il n'est déclaré aucune charge.

TAILLY (Vocable : la Nativité de Notre-Dame) [7].

Collateur de plein droit : le chapitre de St.-Firmin-le-Confesseur d'Amiens [8].

Déclaration faite le 10 mai 1728, par le titulaire maître Nicolas Le Roy [9].

Le tiers de la dîme [10] du lieu, produisant : 300 gerbes de blé qui donnent 150 boisseaux, mesure d'Airaines, évalués 105 ¹; — 30 bottes de seigle, évaluées 5 ¹; — 240 bottes de lentille, hivernache, vesce et autres petits grains servant à la nourriture des bestiaux, 37 ¹; — 140 bottes de pamelle, 27 ¹; — et 160 bottes d'avoine, 40 ¹. — Dîme de foin et de sainfoin : 25 bottes à 3 sols, 3 ¹ 15 ˢ. — un muid de cidre, 20 ¹. — Lin : 7 bottes, 6 ¹ 6 ˢ. — Terres

---

[1] Le prieur d'Airaines avait les cinq autres neuvièmes. (*Pouillé de l'Archid.* — *Déclarat.*)

[2] « On ne recueille dans la paroisse aucun fruit à cidre ni autre. » (*Déclarat.*)

[3] Elles n'étaient chargées d'aucune prière et appartenaient à la cure depuis plus de 200 ans, d'après les registres du seigneur du lieu. (*Déclarat.*)

[4] Cette église était vaste et caduque. (*Déclarat.*)

[5] Le *pouillé de l'Archid.* (f° 145) dit que l'abbé de St.-Riquier avait abandonné le patronage à l'évêque.

[6] Il desservait aussi la paroisse de Bettencourt. — C'était peut être l'un des chanoines de Longpré, car ceux-ci avaient la desserte de la cure, selon le *pouillé de l'Archidiaconé.*

[7] Le curé a déclaré que la paroisse avait seulement 12 maisons occupées par des journaliers et des manouvriers, sauf deux laboureurs. (*Déclarat.*)

[8] Le patronat de l'église de Tailly (*de Talliaco*) fut adjugé audit chapitre contre Guillaume de Bocles, écuyer, et Marthe, sa femme, qui le réclamaient, par sentence de l'évêque d'Amiens de l'an 1310. (Titres du chapitre de St.-Firmin. Arch. départem.)

[9] Il avait été pourvu à la fin de 1715. (*Déclarat.*)

[10] Cette portion lui avait été donnée par Jean Le Cat, qui la tenait en fief du seigneur du lieu ; pourquoi l'église lui devait une messe basse par semaine et 4 obits aux quatre temps de l'année. Il y avait dans le terroir plus de 200 journaux de terre qui ne donnaient que 2 bottes du cent de dîme. (*Déclarat.*)

de cure : 6 journaux, 18¹. — Total . . . . 262¹ 1 ͤ

Charges. — Frais de dîme, 60¹. — Réparations de l'église et du presbytère, 35¹. — Total . . . . 95 »

Reste net. 167 1

VERGIES (Vocable : Notre-Dame) ¹.
Présentateur : le prieur de Laleu.

Déclarations faites les 13 juillet et 28 décembre 1729, par le titulaire maître Antoine de Blanger ².

Portion congrue payée par le prieur de Laleu, celui d'Airaines, le chapitre de Longpré-les-Corps-Saints et le commandeur de St.-Mauvis, tous gros décimateurs ³, 300¹. — Fondations et obits, 70¹. — Un journal 1/2 d'enclos et un plant, 19¹. — Casuel, 30¹. — Total, 419¹.

Nota. — Il n'est déclaré aucune charge.

VIEULAINES (Vocable : l'Assomption de la Sainte-Vierge).
Collateur : l'évêque de Noyon, comme abbé de St. Riquier ⁴.

Déclaration faite le 29 mai 1728, par le titulaire maître Nicolas Dumet.

Moitié de la dîme ⁵ du terroir produisant : 350 gerbes de blé, qui donnent 17 setiers 1/2 de blé, mesure d'Airaines, évalués 147¹ ; — 100 bottes d'avoine, 30 de seigle et lentilles, 50 bottes de warats, pois, bisaille, orge et pamelle, évaluées 32¹. — La dîme novale, à l'exception de ce que les gros décimateurs perçoivent sur 9 journaux d'enclos, c'est-à-dire 2 gerbes de 7, laquelle produit : 80 grosses bottes de chanvre tant bouquets que femelle, qui donnent 4 setiers de chenui ; — 40 bottes de lin ; — 100 bottes de foin de ration ; — Le tout évalué 130¹. — Terres du presbytère : 11 journaux, 60¹. — 2 journaux de terre novale, 1¹ 5ˢ. — Dîme de pommes : 2 muids de cidre, 20¹. — Casuel, 1¹ 10ˢ. — Obits et

---

¹ *Verresies,* au *pouillé* 1301. — Deux hameaux dépendaient de la paroisse : Valoupuis et vraisemblablement Fay. (Voy. ci-dess. p. 65, note 1. — *Pouillé de l'Archid.* f⁰ 132.)

² Son prédécesseur était mort le 21 novembre 1726. (*Declarat. du prieuré de Laleu.*)

³ Le prieur de Laleu et le chapitre de Longpré prenaient chacun 3/18 de la dîme, le prieur d'Airaines 2/9, le commandeur 3/9, et le curé du lieu le dernier neuvième. — L'origine des 2/9 du prieur d'Airaines est bien constatée en la charte confirmative de ses possessions de l'année 1180 : Foulques Guuion d'Airaines avait donné le 6ᵉ de la dîme de tout le terroir de Verresius, qui appartenait *ad casam,* du consentement de ses fils Adam et Raoul, et Gebon de Wahen avait donné la 6ᵉ partie du tiers qui appartenait à l'autel. (*Declarat.* du prieuré de Laleu. — *Déclarat.* du chapitre de Longpré. — *Pouillé de l'Archid.* f⁰ 132. — *Historia Sᵗⁱ Martini de campis,* p. 393. — Voy. ci-dess. p. 53 et 54.

⁴ Cette dernière qualité est omise en la *déclaration*, mais elle n'est pas douteuse. L'abbé était à cette époque, Mgr Charles-François de Châteauneuf de Rochebonne, nommé en 1717 à l'évêché de Noyon (*Gallia Christ.* X, col. 1263 B.)

⁵ L'autre moitié appartenait aux religieux de l'abbaye de Ste.-Larme de Selincourt. (*Declaration.* — *Pouillé de l'Archid.*)

fondations, 41 ˡ 8 ˢ. — Total. . . . . 433 ˡ 3 ˢ
CHARGES. — Frais de dîme, 80 ˡ. — Réparations du chœur de l'église, 20 ˡ.
— Réparations du presbytère, 15 ˡ. — Total . . . . 115 »

         Reste net. 318 3

WANEL (Vocable : SAINT-FUSCIEN) ¹.
Présentateur : le chapitre de Longpré-les-Corps-Saints.

DÉCLARATION faite le 7 juin 1728, par le titulaire maître Jean-Baptiste Blocquet, rectifiée.

Dîme dans les champs et dans les enclos, produisant : 6 setiers de blé, mesure d'Airaines, évalués à raison de 8 liv. 8 sols l'un, 50 ˡ 8 ˢ ; — 6 setiers de toute sorte de grains de mars à 7 liv. 15 sols 8 den., 46 ˡ 14 ˢ ; — et fourrages, 10 ˡ. — Une portion de dîme, avec 20 journaux de terre, au terroir de Longpré, affermés 100 ˡ. — Dîmes novale et de cour, évaluées 15 ˡ. — Supplément de portion congrue payé par les chapitres de St.-Vulfran d'Abbeville et de Longpré, un chanoine particulier de ce dernier chapitre, les chapelains de Longpré, l'église paroissiale de Fontaine-sur-Somme et le prieur d'Airaines ², 109 ˡ. — Casuel de Wanel, 12 ˡ. — Supplément de casuel fourni par la cure de Longpré, en vertu d'un concordat fait lors de la division des 2 cures, 20 ˡ.—Fondations et obits, 6 ˡ.—Total. 389 ˡ 2 ˢ
CHARGES. — Frais de dîme, 30 ˡ. — Réparat. du presbytère, 15 ˡ. — Total . 45 »

         Reste net. 344 2

WARLUS ³ (Vocable : SAINT-APRE) et MONTAGNE, son secours.
Collateur de plein droit : l'évêque, comme abbé de St.-Martin-aux-Jumeaux ⁴.

Revenus : 500 livres ⁵.

WIRY (Vocable : L'ASSOMPTION DE LA SAINTE-VIERGE) ⁶.
Collateur de plein droit : le prieur de Pont-de-Remy ⁷.

DÉCLARATION faite le 15 juin 1728, par le titulaire L. Fenier.

---

¹ Cette cure fut formée en 1677 de l'une des portions de celle de Longpré. (Voy. ci-dessus, p. 67, note 8.)

² Ils étaient les gros décimateurs. Le *pouillé de l'Ar chid.* (f° 138) substitue les curés de Longpré au chapitre et aux chapelains du lieu.

³ Waaluys, au *pouillé* de 1301.

⁴ Cet autel avait été confirmé à l'abbaye par bulle du pape Pascal II de l'année 1109, et par lettres de l'évêque Thierry de 1147. (*Gallia Christ.* X, Instr. col. 302 et 313.)

⁵ La dîme appartenait aux abbayes de St.-Martin-aux-Jumeaux, de St.-Pierre de Selincourt et de Bertaucourt. L'église du lieu en avait une petite partie inféodée. — Dreux (de Selincourt?) et son fils avaient donné à l'abbaye de Selincourt le tiers de la dîme de Warlus, ce qui est dit aux chartes de confirmation de 1131 et 1135, rappelées plus loin. (*Povillé de l'Archid. — Gallia Christ.* X, Instr. col. 304 et 305.— Voy. ci-dess. I, 483.)

⁶ Wairy, au *pouillé* de 1301.— Cette paroisse comprenait Wiry-au-Mont, Wiry-au-Val et Woirel. (*Déclarat.*)

⁷ Ou plutôt de Canchy-lès-Pont-Remy.

Portion congrue payée par les religieux de St.-Valery et le prieur de Pont-de-Remy [1], 300 l. — Fondations et obits, 27 l 8 s. — Casuel, 15 l. — Total . . . . . 342 l 8 s

CHARGES. — Réparations du presbytère. . . . . 10 »

Reste net. 332 8

CHAPELLES.

Chapelle du chateau d'Airaines, dite de Ponthieu [2].

Collateur de plein droit : l'Evêque [3].

DÉCLARATION faite le 9 juin 1728, par Jacques Bertin, titulaire.

Sept journaux de prairie, en une pièce, aux terroirs de Laleu et de Tailly, affermés 75 liv.

CHARGES. — *Néant.*

Chapelle de NOTRE-DAME, en l'église paroissiale de Fontaines.

Elle a été unie au chapitre de St.-Vulfran d'Abbeville le 4 mai 1711.

Revenus : 150 livres.

Chapelle de SAINTE-MARGUERITE, a Frettecuisse [4].

Unie à la fabrique de Notre-Dame du Châtel d'Abbeville, le 9 juin 1646.

Revenus : 250 livres.

Chapelle de SAINT-MATHIEU (Ire) [5], en la collégiale de Longpré.

Collateur de plein droit : le seigneur de Long et Longpré.

DÉCLARATION faite le 22 mai 1728 par le titulaire messire Jacques de Buissy, acolyte du diocèse d'Amiens, bachelier en théologie et docteur ès-lois civiles et canoniques en l'Université de Paris [6].

Quarante journaux de terre au terroir de Long, en plusieurs pièces, dont 5 journaux en

---

[1] Ils étaient les gros décimateurs. Autrefois le curé prenait 2 gerbes et demie de 6, importance de la dîme (*Pouillé de l'Archid.*) — Le prieur, dans sa *Déclaration* (II, 7 ci dess.) ne parle pas de la portion congrue, mais il semble en déduire l'importance sur l'évaluation qu'il donne de la dîme.

[2] Elle était sous le vocable de St.-Jean. (*Pouillé de l'Archid.* f° 97.) — Le plan de ce château se trouve aux Arch. départem., section des plans.

[3] Selon le *pouillé* de 1736. — Autrefois la présentation était faite par les comtes de Ponthieu.

[4] Fondée au mois de juin 1334 par Gilles de Rivières, seigneur de ce lieu et de Fretecuisse, qui donna à cet effet plusieurs terres à Fretecuisse ; ce que confirma son fils Raoul. (*Invent. de l'Evêché*, f° 119.)

[5] Cette chapelle et la suivante furent fondées vers 1350 par les dispositions testamentaires de Vitasse de Crésecques, seigneur de Long et de Longpré, et leurs revenus sur les biens ici désignés furent amortis par lettres de Jacques de Bourbon, comte de Ponthieu, du mois de mai 1354, et en 1376 par le roi Charles V. (*Registre aux actes capitul.* — *Cartul. de Longpré.* — M. Delgove, loc. cit., p. 346.) — La *déclaration* attribue cette fondation à Robert de Crésecques, sous la date du 5 mai 1376.

[6] Il était fils de Honoré de Buissy, écuyer, lieutenant particulier en la sénéchaussée de Ponthieu et siège présidial d'Abbeville. (*Déclarat.*)

prairie et le reste en labour, affermés . . . . 372¹ »»

CHARGES. — Au chapitre de Longpré, pour qu'il fasse acquitter une messe ¹ par semaine. . . . . 52 »»

                                               Reste net. . . . . . 320 »»

CHAPELLE DE SAINT-MATHIEU (IIe), EN LADITE ÉGLISE.

Collateur de plein droit: le seigneur de Long et Longpré.

DÉCLARATION faite en même temps que la précédente par le mandataire de messire Charles-Joachim de Bongards, curé d'Epiney, au diocèse de Rouen:

Quarante-trois journaux de terre au terroir de Long, en plusieurs pièces, dont 5 journaux en prairie et le reste en labour, affermés. . . . . 262¹ »»

CHARGES. — Au chapitre de Longpré, pour même cause que dans la déclaration qui précède . . . . 52 »»

                                               Reste net. . . . . . 210 »»

CHAPELLE DE SAINT-NICOLAS, EN LA MÊME ÉGLISE ².

Collateur de plein droit: le chapitre du lieu.

DÉCLARATION faite le 18 avril 1730 par le chapitre de Longpré, comme administrateur desdits revenus, pour le titulaire Mre Pierre Rousseau.

Trois journaux de terre à usage d'aire, au terroir de Condé-Folie, affermés 90¹. — La moitié de 13 journaux de terre au terroir de Vieulaines, affermés 65¹. — La 1/2 de 10 journaux de terre au terroir de Hallencourt, affermée 40¹. — Lesdits héritages amortis et provenant d'anciennes fondations. — Total . . . . 195¹ »»

CHARGES. — Au chapitre de Longpré, pour raison de la non-résidence du chapelain . . . . 52 »»

                                              Reste net. . . . . 143 »»

---

[1] Chacun des titulaires de ces deux chapelles était tenu, par le titre de fondation, de dire 4 messes par semaine pour le fondateur, et une autre pour le roi Jean, alternativement entre eux, aussi de semaine en semaine: ce qui faisait pour chacun 9 messes par quinzaine. — La donation pour les deux chapelles fut originairement de 106 journaux de terre. Comme elles ne jouissaient plus que de 83 journaux, les chapelains prétendaient que le chapitre de Longpré détenait le surplus; pourquoi et au moyen de ce qu'ils lui payaient 52 liv., le chapitre devait acquitter les messes. Les chanoines soutenaient de leur côté, que la dite somme était payée pour la non-résidence des chapelains. La question restait incertaine.

Les deux chapelains de St.-Mathieu étaient tenus d'assister personnellement, en habit de chœur, à la fête de Longpré-lès-Corps-Saints, qui se célébrait en la collégiale chaque année le dimanche qui suivait immédiatement le 29 août, à peine de privation de leurs revenus. (*Déclarat.*) — La messe pour le roi Jean avait été fondée en 1355. (*Cartulaire de Longpré.* M. Delgove, loc. cit., p. 361.)

[2] Il existait une seconde chapelle sous le même vocable et ayant les mêmes revenus. Elles étaient vi-

Chapelle de NOTRE-DAME [1], a Longpré.

Collateur de plein droit : le seigneur du lieu

Revenus : 100 livres [2].

Chapelle de la MALADRERIE de Rivière [3] (Vocable : Saint-Jean-Baptiste).

Collateur de plein droit le doyen du chapitre de Longpré.

Revenus : 70 livres.

cariales et obligeaient a résidence et a l'assistance au chœur. L'une était dite *de dextro choro* et l'autre *de sinistro*. Le chapitre les avait fondées en l'année 1212, avec l'aide de Jean d'Abbeville, doyen d'Amiens. Chacun des titulaires avait une maison pour son logement. (*Etat des revenus de* 1711. M. Delgove, loc. cit., p. 347 et 409.)

[1] Ce vocable lui est donné par le *pouillé* de 1775.

[2] Ce revenu provenait du 1/3 de la dîme sur tous les grains de Longpré et du fermage de six journaux de terre. Le titulaire jouissait en outre d'une maison derrière le chœur de l'église. Il était obligé à résidence et à l'assistance au chœur. Il devait dire la messe des trépassés tous les jours à l'exception des dimanches et fêtes. Cette chapelle *de dextro choro* avait été fondée en 1190 par Aléaume de Fontaine et Lorette de St.-Valery : c'était le plus ancien bénéfice de la collégiale. (*Etat des revenus de* 1711. M. Delgove, loc. cit., p. 409.)

[3] Fondée en même temps que la maladrerie, c'est-à-dire le 1er septembre 1243, par Gilles de Rivières, chevalier, seigneur du dit lieu. et Isabelle de Senlis, sa femme ; ce que ratifia le même jour Raoul de Rivières, écuyer, fils de Gilles et de Ade de Rivières, sa première épouse. Les fondateurs stipulèrent qu'il y aurait toujours un clocher et une cloche, et que le maître de l'hôpital serait tenu de dire ou faire dire dans la chapelle trois messes par semaine, les mardi, jeudi et samedi. — La maladrerie fut réunie a l'Hôtel-Dieu d'Airaines par un arrêt du conseil privé du Roi daté du 13 juillet 1695. (Titres de l'hospice d'Airaines, A. 1 et 2.)

III. DOYENNÉ D'AUXY-LE-CHATEAU [1].

ABBAYE ET PRIEURÉ.

Abbaye de CERCAMP [2].

Nous n'avons point trouvé la déclaration de ses biens. Le *pouillé* de 1736 donne les renseignements suivants :

Manse abbatiale.
L'abbé était à la nomination du roi.
Revenus : 20,000 livres.

Manse conventuelle.
Revenus : 7,000 livres [3].

Prieuré de LIGNY-SUR-CANCHE [4].
Collateur de plein droit : l'abbé de St.-Martin-des-Champs.
Revenus : 4,000 livres [5].

---

[1] Ce doyenné fut formé d'un démembrement de celui de Labroye dans le XVIIe siècle. (Voy. ci-dessus *Introduction*, chap. 1er, § 2.)

[2] C'était une abbaye d'hommes, assise non loin de Frévent. Elle était de l'ordre de Cîteaux, affiliation de Pontigny. Hugue Camp d'Avesne, comte de St.-Pol, la fonda en 1137, dans les circonstances suivantes. Le 5 des kal. d'août (28 juillet) de l'année 1131, en compagnie des seigneurs d'Auxi, de Beauval, de Santy et autres, il avait brûlé la ville et l'abbaye de St.-Riquier, où s'étaient réfugiés ses ennemis les Calletois, seigneurs de Beaurain. Pour ce méfait les évêques d'Amiens, de Soissons, de Térouanne, d'Arras, de Noyon et de Beauvais, commis par le pape Innocent II, condamnèrent, en 1137, le comte à fonder un couvent de l'ordre de Cîteaux et en l'honneur de la Ste.-Vierge Marie. Ses complices furent chargés d'autres fondations. — L'abbaye fut dotée de 1200 arpents de terre et 2000 arpents de bois et prairies. (*Chronique abrégée de St.-Riquier*, par J. de la Chapelle. Mém. Soc. d'Emulation d'Abbeville, 1852-1857, p. 210 et suiv. — *Mémorial du commencement et fondation de la maison de Cercamp*, rédigé en vers par un religieux, D. Pierre de Laderierre, en 1590, Ms. Titres de l'abbaye de Cercamp. Arch. du dép. du Pas-de-Calais. Voy. M. Roger, *Biblioth. historique de la Picardie et de l'Artois*, p. 40. — M. Harbaville, *Mémoire historique et archéologique du département du Pas-de-Calais*, II, 284 et 285. — Turpin, *Comitum... S^{ti} Pauli annales historici*, p. 60. — Petit Pagès, p. 78 et 117. — Piganiol, *Nouvelle description de la France*, Picardie, tom. II, p. 45 et 52.)

[3] Chiffre donné par le Petit Pagès (p. 78), qui porte le nombre des religieux à sept.

[4] Il était simple, de l'ordre de St.-Benoît et sous l'invocation de St.-Vit et de St.-Modeste. Il fut fondé par Jean de Grigny, dans l'église paroissiale, que donna l'évêque St.-Geoffroy à l'abbaye de St.-Martin-des-Champs le 11 des kal. de mars (20 février) 1104. Le vice-chancelier d'Amiens y donna son consentement le 2 desdites kal. Il devait y avoir six moines, d'autres disent quatre, le prieur compris. — Le prieur avait le droit d'instituer un précepteur pour instruire la jeunesse dans la paroisse de St.-Hilaire de Frévent, dont il avait le patronage. (*Gallia Christ.* X, col. 1169 C. — Petit Pagès, p. 118. — *Puits Artésien* p. 223. — *Picardia Christiana*, Ms. f° 98. — D. Marrier, *Monasterii regalis St.-Martini de campis historia*, p. 349 et 352. — *Biblioth. Cluniac.* p. 1720 C. — M. Harbaville, loc. cit. p. 287 et 341.)

[5] Ce chiffre est celui donné par le *pouillé* de 1736. Le *pouillé de l'Archid.* (1689) ne porte que 1800 livres.

CURES.

AUTEUX [1] (Vocable : LA DÉCOLLATION DE SAINT-JEAN-BAPTISTE).
Présentateur : le prieur de Bagneux.

DÉCLARATION faite le 4 août 1728 par le titulaire maître François-Hyacinthe Despaux, rectifiée.

La dime du lieu [2], produisant : 1500 gerbes de blé, qui donnent 62 setiers 1/2 de grain, mesure d'Amiens, évalués à 42 sols, 551 l 5 s ; — 800 bottes d'avoine, rendant 160 setiers à 1 liv. 10 sols, 240 l ; — et les fourrages, 115 l. — Terre de cure : 2 journaux et demi, 5 l 15 s. — Fondations, 14 l. — Casuel, 30 l. — Total, 956 l.

CHARGES.

Frais de dime, 200 l. — Au chapitre [3] de St.-Nicolas-aux-Cloîtres d'Amiens, 25 setiers de blé, 52 l 10 s. — Aux chapelains de la cathédrale d'Amiens, 45 l. — Réparations du presbytère, 15 l. — Réparations du chœur de l'église, 20 l. — Total, 332 l 10 s.

RÉCAPITULATION : Montant des revenus . . . . 956 l » »
— des charges . . . . 332 10 s
Reste net. 623 10

AUXY-LE-CHATEAU (Vocable : SAINT-MARTIN) [4].
Présentateur : le prieur de St.-Pierre d'Abbeville [5].
Revenus : 900 livres [6].

---

[1] Auteus, au *pouillé* de 1301.

[2] Ceci comprend la totalité qui avait été abandonnée au curé. Les décimateurs étaient, nous dit une déclaration du dimage faite en 1673 : les chapelains de la cathédrale, le chapitre de St.-Nicolas, le prieuré de St.-Pierre d'Abbeville et celui de Bagneux. Cependant, dans un certain triage, le chapitre de St.-Nicolas prenait un 6e et le curé autant. (Titres du Chapitre de St.-Nicolas, liasse 22, n° 5.) — On ne voit pas trace de ce droit dans les diverses déclarations de ces bénéfices, sinon en celle dudit chapitre, qui mentionne une redevance en grains. (Voy. ci-dess. I, 69.)

[3] Cet article et le suivant représentent probablement les portions de dime du chapitre et des chapelains. (Voy. la note précédente.)

[4] Auxi, au *pouillé* de 1301. — En 1689 le presbytère n'était point bâti. La ferme de Villancourt, ancien siège de l'abbaye de ce nom (Voy. ci-dess. p. 20), était dans la paroisse (*Pouillé de l'Archid.* f° 36). — Nous avons vu ci-dess. (I, 57 et 64) Méricourt et Lannoy, autres dépendances d'Auxy-le-Château.

[5] Le *pouillé* de 1736 ajoute que, selon l'ancien cartulaire, le chapitre de St.-Vulfran était présentateur. — Les *pouillés* de 1301 et de 1682 le disent en effet. Celui de 1689 porte le prieur de St.-Pierre.

[6] Selon le *pouillé de l'Archidiaconé* (f° 36) la dime appartenait au prieur de St.-Pierre d'Abbeville, aux religieux de St.-Riquier, au prieur de Biencourt, à l'abbesse de Villancourt, à celle de St.-Michel de Doullens, aux dames de Moreaucourt, à l'abbé et aux religieux de Cercamp, au chapelain de St.-Laurent d'Auxy, à l'hôpital du même lieu, à un chapelain de la cathédrale (celui de St.-Augustin, à la collation du Chapitre), à l'abbesse de Bertaucourt et au doyen de Longpré-les-Corps-Saints (ou plutôt à la chapelle de St.-Nicolas de Long?) La part du chapelain ne serait-elle pas celle donnée à l'Université des chapelains de l'église d'Amiens par Hugue d'Auxi (*de Auxiacho*) et ratifiée par son fils Hugue, chevalier, au mois de septembre 1225? (*Cartulaire du chapitre d'Amiens*, II, f° 231. — Voy. ci-dessus, I, 36, 57, 134 ; II, 2 et 51.) — Les baux de l'abbaye de Moreaucourt disent que

BARLY (Vocable : Saint-Pierre).

Présentateur : le prieur de St.-Pierre d'Abbeville.

Déclaration faite le 10 juillet 1728, par le titulaire maître Guy-François Baudrelique, rectifiée.

A recevoir des gros décimateurs [1] : 20 setiers de blé, mesure d'Abbeville, évalués à 8 liv. 4 sol l'un, 164 l ; — 20 setiers d'avoine, 115 l ; — et un supplément de portion, 70 l. — Une petite dime dans les enclos, et la dime de sang, 20 l. — Obits et autres fondations, 40 l. — Casuel, 50 l. — Total . . . . 456 l »»

Charges. — Réparations du presbytère [2] . . . . 10 »»

Reste net. . . . . . 446 »»

BERNATRE [3] (Vocable : Notre-Dame).

Le pouillé de 1736 donne les renseignements ci-après :

L'évêque a conféré de plein droit la dernière fois. D'après l'ancien cartulaire, le patronage appartenait au prieur de St.-Sulpice de Doullens [4], aux abbés d'Anchin et d'Auxy-les-Moines.

Revenus : 420 livres [5].

BOISBERGUE [6] (Vocable : Saint-Martin).

Présentateur : l'abbé de St.-Riquier.

Revenus : 400 livres [7].

---

celle-ci avait sur Auxy-le-Château, côté de France, de 7 gerbes venant à dime un tiers, et le prieuré de Biencourt les deux autres tiers ; que sur les terroirs de Neuville, Tuncq et Buignes ladite abbaye prenait 2 gerbes de 7, les dames de Villancourt 2, le prieuré de Biencourt autant, et le titulaire de la chapelle de St-Nicolas en l'Hôpital de Long la dernière. — Le dernier fief que nous venons de citer est nommé Cuignes dans un certificat sur l'importance de la dime daté du 17 février 1689, et Buignes en un bail de 1760. Nous avons dit qu'il est nommé Puincq en un autre bail pour l'hôpital de Long. (Ci-dess. p. 51, note 1. — Titres de Moreaucourt, 1er carton. Arch. dép.) — Nous verrons plus loin que les religieux de St.-Riquier avaient une fraction de dime à Villancourt.

[1] C'est à dire les religieux du prieuré de St.-Pierre d'Abbeville, auxquels l'église de Barly avait été donnée, selon le titre de 1075. (*Pouillé de l'Archid.* f° 39. — Voy. ci-dess. p. 2.)

[2] Il n'en existait pas en 1689. (*Pouillé de l'Archi-diaconé*, f° 39.)

[3] Bernastre, au *pouillé* de 1301. — Le presbytère de cette paroisse fut brûlé en 1691. (Addition de l'année 1693 au *pouillé de l'Archid.* f° 40.)

[4] L'*Inventaire de Corbie* énonce (III, 614) des provisions de la cure de Bernâtre du 30 mai 1602, portant que le patronage appartenait au prieur de St.-Sulpice et la collation à l'évêque. C'est à cause du prieuré de St.-Sulpice, qui lui a appartenu, que l'abbé d'Anchin a pu être considéré comme patron, et l'abbé de Corbie lui a succédé depuis 1562. — Le *pouillé de l'Archid.* attribue de son côté (f° 40) ce patronage à l'abbé d'Auxy-les-Moines : c'est une erreur.

[5] Selon le *pouillé de l'Archid.*, les décimateurs de la paroisse étaient, en 1689 : le chapelain de St.-Nicolas dans la cathédrale, le commandeur d'Abbeville, l'abbé de Cercamps et l'abbesse de Villancourt. L'addition faite en 1693 dit que le chapelain de St.-Nicolas jouissait du tout par abandon que lui avaient fait les autres décimateurs, à la charge de la portion congrue du curé. (Ibid. f° 49.) — L'abbé de Corbie paraît avoir joui d'une branche de dime à Bernâtre, à cause du prieuré de St.-Sulpice. (Voy. ci-dess. I, 54, 58 et 208 note 2.)

[6] Baisbergues, au *pouillé* de 1301.

[7] La dime appartenait aux religieux de St.-Riquier. (*Pouillé de l'Archid.*)

BONNIÈRES (Vocable : Saint-Albin) [1].
Présentateur : l'abbé d'Anchin.
Revenus : 650 livres [2].

BOUBERS [3] (Vocable : Saint-Omer).
Présentateur : l'abbé d'Auxy-les-Moines [4].
Revenus : 400 livres [5].

BUIRE-AU-BOIS (Vocable : Notre-Dame) et **ROUGEFAY** [6].
Présentateur : l'archidiacre de Ponthieu.
Revenus : 450 livres [7].

[1] Il y avait dans la paroisse 10 ou 12 maisons qu'on appelait Boischoqué, dépendant de l'abbaye de Cercamp, plus les deux fermes des Croisettes et les huit de Beauvoir, appartenant aussi à l'abbaye. Le tout comprenait bien 100 communiants auxquels le curé administrait les sacrements; pourquoi l'abbaye lui donnait 45 liv. par an. (*Pouillé de l'Archid.* f° 43.)

[2] La dîme de Bonnières appartenait, d'après le *pouillé de l'Archidiaconé*, à l'abbaye d'Anchin (lisez d'Auchy). Cependant il est constant qu'elle en avait fait cession au profit du prieuré de St Georges de Hesdin, par échange contre 1/3 des dîmes de Fontaine-le-Sec et de Flamermont, selon titre du mois de juillet 1218, qui est rappelé dans des lettres de l'official d'Amiens du mois de juin 1279. (*Cartul. d'Auchy*, p. 100 et 257.)

[3] Bouberch, au *pouillé* de 1301. — Il y eut autrefois un prieuré dans cette église. (*Pouillé de l'Archid.* f° 44.) Le *pouillé* de 1736 le nomme, mais vaguement et sans aucun détail; il ne figure pas au *pouillé* de 1682: ce qui fait supposer sa disparition. — Une chapelle fut fondée, au mois d'avril 1272, par Robert, chevalier, seigneur d'Ailly et de Bouberch-sur-Canche, dans son château de Bouberch, la collation réservée pour lui et ses héritiers. — On trouve jointe à ce titre une autre charte de l'année 1285, portant fondation d'une autre chapelle Mais il est à croire qu'il s'y agit de Boubers au doyenné de Mons. (Titres de l'Evêché, 46°. Archives départ.)

[4] Cette cure (*altare de Budbers*) et les membres en dépendant alors (*membra subjacentia*), savoir: Vacquerie (*Vacaria*), Fleirs, Escouavres (*Escua vias*) et Flamermont (*Frodmermunt*), furent donnés à l'abbaye du temps de l'abbé Norbert, par Ingelran (*Ingelramnus*) comte de Hesdin, en 1099. — L'évêque d'Amiens, Gervin, ratifia cette donation par charte donnée à Amiens en chapitre (*in consilio*) le 8 des ides de novembre 1099. Elle fut ensuite confirmée en l'année 1112, aux ides de février, par Gautier, comte de Hesdin, et vers 1220 par Charles, comte de Flandre. — Au mois de juillet 1255 l'évêque d'Amiens reconnut le droit de patronage de l'abbaye d'Auchy. (*Cartul. de l'abbaye St.-Sylvin d'Auchy*, fait en 1680, par D. Bertin Thiembronne, religieux de la dite abbaye, p. 1, 62 et 180. Biblioth. communale d'Abbeville.)

[5] La dîme appartenait à l'abbaye d'Auxy-les-Moines. (*Pouillé de l'Archid.*)

[6] Roussenfay, au *pouillé* de 1301 et aussi en celui de 1682. — De la paroisse dépendaient encore: le hameau de Bachimont, la ferme de Belleville qui appartenait à l'abbaye d'Anchin, et celle de Mamure. (*Pouillé de l'Archid.*, addition de 1693, f° 41.) — Dans une requête présentée par le curé à l'évêque le 14 avril 1700, à l'effet d'obtenir un vicaire, il est dit que la paroisse était composée de 110 feux, dont 28 à Bachimont et 36 à Rougefay. (Titres de Moreaucourt, 2° carton, Arch. départ.)

[7] Les décimateurs étaient: l'abbé d'Anchin, le chapitre de Vinacourt, l'abbesse de Villancourt, celle de Bertaucourt et les dames de Moreaucourt. (*Pouillé de l'Archid.*) — Selon les baux, le droit décimal était de 7 du cent sur tous grains. De 12 gerbes venant a dîme, les dames de Moreaucourt en prenaient 4, celles de Villancourt 5, et le chapitre de Vinacourt 3. — Une enquête faite en 1602 constatait que la dîme de Buire était inféodée et se percevait par les chanoines de Vinacourt, les religieuses de Villancourt et celles de Moreaucourt. Les autres décimateurs nommés au *pouillé* n'avaient sans doute que des branches. — Par charte de l'année 1203 noble homme Hugue d'Auxi (*de Alsiaco*) avait donné aux religieuses de Moralcurt 2 muids de blé et 2 muids d'avoine, à la mesure de Hesdin, sur la dîme de Buire qui lui appartenait. (Voy. ci-dess. I, 134 et 487; II, 21. — *Invent. de l'Evêché*, f° 242. — Titres de Moreauconrt, 2° carton. Arch. dép.)

CERCAMP (Vocable: Saint-Chrysogone), dans l'abbaye.
Collateur de plein droit : l'abbé de Cercamp [1].
Revenus : 300 livres.

CONCHY [2] (Vocable : Saint-Pierre) et BLANGERVAL, son secours.
Présentateur : l'abbé d'Auxy-les-Moines [3].
Revenus : 450 livres [4].

FLERS (Vocable : Saint-Éloi) et ESCOUAVRES [5], son secours.
Présentateur : l'abbé d'Auxy-les-Moines [6].
Revenus : 500 livres [7].

FRÉVENT [8] (Vocable : Saint-Vast).
Présentateur : le prieur de Canchy.
Revenus : 600 livres [9].

[1] Ce patronage appartint autrefois à l'abbaye de St.-Michel de Doullens et lui fut confirmé par l'évêque Guarin le 6 des ides de novembre 1138. (*Gallia. Christ.* X, Instrum. col. 807.)

[2] Conchy, au *pouillé* de 1301. — L'évêque Gérard de Conchy, qui fonda dans l'église d'Amiens la fête de St.-Juste et de St.-Arthémis, martyrisés près de là, pourrait bien avoir été originaire de ce lieu. Sa dévotion aux martyrs que nous venons de citer le ferait supposer. (Decourt, *Mémoires chronologiq. pour l'histoire d'Amiens*, Ms. I, 874.)

[3] Cette cure (*altare de Conci*) et ses membres (*et membra quæ ad illud pertinent*) : Blangizel et Maisnil étaient compris dans les mêmes donations et confirmations que Boubers. Le droit de patronage de l'abbaye fut aussi reconnu en 1255. (Voy. ci-dess. p. 79, note 4.)

[4] Les décimateurs étaient l'abbé d'Auchy-les-Moines et celui de Corbie. — Le presbytère était tenu de l'abbaye d'Auchy. Un ancien curé du lieu, Hugue Mauchion, ayant légué à la paroisse, pour être uni au presbytère, son courtil avec une cressonnière (*curtillum cum carsonaria*), l'abbaye n'en consentit la saisine qu'à la condition que chaque nouveau titulaire lui paierait, à son installation (*in novitate sua*), 2 sols parisis de droit de relief. C'est l'évêque d'Amiens, Gérard *de Conchy*, qui constate le tout, en l'année 1251, La copie du titre porte : M° CC°. *quadragesimo primo*; mais c'est une faute évidente de copiste, puisque Gérard ne fut promu à l'épiscopat qu'en 1247, et que d'ailleurs la charte rappelle son retour de la croisade où il avait accompagné St.-Louis en 1249. (*Cartulaire d'Auchy*, p. 216. — *Pouillé de l'Archid.* f° 45. — Voy. ci-dess. I. 234, note 6.)

[5] Nous venons de voir (p. 79, note 4.) que cette paroisse et son secours étaient, en 1059, des dépendances de Boubers.

[6] Ce droit de patronage fut reconnu par le titre de 1255.

[7] La dîme était à l'abbé d'Auchy-les-Moines et aux jésuites de Douay. (*Pouillé de l'Archid.*) — Par charte du mois d'avril 1207, sous le sceau de l'évêque Evrard, Gérard, curé de Conchy, a attesté que Jean de Neum, clerc, et Hugue de Guinecort avaient résigné en ses mains certaines dîmes qu'ils possédaient sur les territoires de Flers et d'Esquaves, lesquelles furent transmises à l'abbaye d'Auchy. — Au mois de mai 1225 Robert d'Esquaves vendit à l'abbaye la douzième gerbe qu'il avait droit de prendre sur la dîme d'Esquaves. — Par le titre du mois de juillet 1218 que nous avons vu l'abbaye d'Auchy avait cédé au prieuré de St.-Georges de Hesdin la dîme qu'elle avait à Flers. (*Cartul. d'Auchy*, p. 64, 72 et 77. — Voy. ci-dess p. 79, note 2.)

[8] Févrench, au *pouillé* de 1301. — Ce bourg était sur la limite du diocèse. Sur celui de Boulogne, et précédemment de Térouanne, il se trouvait une seconde paroisse, dédiée à St.-Hilaire, que Jean, évêque de Térouanne, attribua au prieuré de Ligny, en 1112. — Celle de St.-Vast avait été donnée *cum terra comitis*, à la collégiale de St.-Sauveur de St.-Pol, par le comte Roger, en l'année 1050 ; ce que confirma le pape Alexandre II. — Il y avait jadis à Frévent un personnat à la collation de l'évêque. (*Pouillé de l'Archid.* f° 47. — M. Harbaville, loc. cit. p. 282. — Turpin, *Comitum S^{ti}-Pauli annales*, p. 55 et 78.)

[9] Les décimateurs étaient : le chapitre de St.-Pol,

FROHEN-LE-GRAND[1] (Vocable : Saint-Fursy) et **BÉALCOURT** (Vocable : Notre-Dame), son secours.

Présentateur : le prieur de Biencourt.

Déclaration faite le 13 juillet 1728 par le titulaire maître Jean Minard, rectifiée.

Dîme de Frohen-le-Grand[2], produisant : 18 setiers de blé, mesure de Doullens, évalués à 8 liv. 1 sol, 144ˡ 18ˢ ; — et en mars, moitié du blé, 72ˡ 9ˢ. — Les novales dudit lieu, 150ˡ. — Dîme de Béalcourt[3], produisant : 12 setiers de blé, 96ˡ 12ˢ ; — et en mars, moitié du blé, 48ˡ 6ˢ. — Les novales du même lieu, 70ˡ. — Terres de cure : 6 journaux, 60ˡ. — Provenant du hameau du[4] Meillard, 30ˡ. — Les menues dîmes tant à Frohen qu'à Béalcourt, 30ˡ. — Casuel, 20ˡ. — Obits et autres fondations omis en la déclaration, *Mémoire*. — Total 722ˡ 5ˢ

Charges. — Frais de dîme, 100ˡ. — Réparat. du presbytère, 15ˡ. — Total. 115 »

[5] Reste net. 607 5

FROHEN-LE-PETIT (Vocable : Saint-Pierre).

Présentateur : le prieur de St.-Pierre d'Abbeville.

Déclaration faite le 2 juin 1728, par le titulaire maître Nicolas Hardy, rectifiée.

---

les religieux de Cercamp, le prieuré de Canchy et celui de Ligny. Une part de dîme était inféodée. (*Pouillé de l'Archid.*)

[1] Frohens, au *pouillé* de 1301. — En 1689 l'église était en ruine, principalement le chœur, lequel était interdit depuis 16 ans. (*Pouillé de l'Archid.* f° 48.)

[2] Pour deux gerbes de 6 ; l'évêque en prenait une l'abbé de Cercamp deux, et les dames de Moreaucourt, une. — L'évêque Arnoul avait acheté, au mois de juillet 1237, de Enguerran du Candas, chevalier, seigneur de Frohens, du consentement de sa femme Aélis et de son fils aîné Gui, la dîme des nouveaux essarts de ses bois de Frohens et du Caisneel. — De son côté, l'évêque Bernard avait acheté d'autres parties de la dîme, au mois de mars 1273, savoir : de Aélis dame de Frohens, veuve de Willaume de Candas, « jadis sen baron » (mari), et de Enguerran de Frohens, écuyer, son fils ; de Jehan de Canteraine, écuyer, et damoiselle Bihars, sa femme, du consentement desdits Enguerran de Frohens et Aélis, sa mère, seigneurs du fief ; de Cristofles de Frohens « li manniers » la dîme de Bétencourt (probablement dépendance de Frohen), tenue dudit Enguerran et de sa mère Aélis. Enfin le 12 juin 1355 un accord intervint au sujet de la dîme entre l'évèque Jean de Cherchemont, le chapelain de Fouilloy et le curé de Frohen. — Des lettres du roi Philippe III, du mois de juillet 1273, confirment la vente faite au profit de l'abbaye de Cercamp par

Cristofles de Frohen de sa dîme a Bétencourt, du consentement dudit Enguerran de Frohen. Et par autres lettres du mois de novembre suivant, le même roi confirma la vente que Jean de Chanteraine, écuyer, du consentement de Jean, seigneur de Frohens, avait faite à la dite abbaye de toutes les dîmes qu'il avait au terroir de Frohens. (Titres de l'Evêché, & 14°. — *Inventaire de l'Evêché,* f° 44, v°. — Titres de Moreaucourt, *Invent.* f° 16 v°. J. — *Pouillé de l'Archid.* — Voy. ci-dess. I, 4 et 134.)

[3] Pour 5/18ᵉˢ ; l'abbesse de Villancourt avait le reste. — La dîme se prenait à 7 du cent. (*Pouillé de l'Archid.* f° 48 et addition de 1693. — Voy. ci-dess. p. 21.)

[4] Le hameau du petit Meillard se composait en 1693 de 30 feux. La dîme s'y prenait à 7 du cent, dont 2/3 au prieuré de Biencourt, et 1/3 à l'abbesse de Bertaucourt, excepté dans les essarts. — Ce lieu est écrit Meslers en la bulle de 1176, qui confirme l'autel à l'abbaye, et aussi dans la *Cartulaire de Bertaucourt* (f° 53), et Mellers dans des lettres sur ladite dîme au *Cartulaire noir de Corbie*, lib. 4, f° 89 (M. Cocheris loc. cit. n° 344.) — Le grand Meillard, qui dépendait aussi de la paroisse, n'était qu'une ferme. (*Pouillé de l'Arch.* f° 48 r° et v°, addition.— Voy. ci-dess. I, 483.)

[5] Le curé se plaignait à l'évêque ou à l'archidiacre, lors de sa visite de 1689, que les jeunes gens exigeaient avec violence de l'argent de ceux qui se mariaient (*Pouillé de l'Archid.* f° 48.)

La dîme¹ produisant : 80 setiers de blé, mesure d'Amiens, évalués 168¹ ; — et en mars, moitié du blé, 84¹. — Les novales produisant 200 bottes de foin, 20¹. — Les menues dîmes, 10¹. — Biens de cure : 4 journaux de terre, et un quartier de pré chargé de fondations, 20¹. — Total . . . . 302¹ »»
CHARGES. — Frais de dîme, 50¹. — Réparat. du presbytère, 15¹. — Total. 65 »»

$$\text{Reste net.} \quad \ldots \quad 237 \text{ »»}$$

HEM² (Vocable : NOTRE-DAME) et HARDINVAL.
Présentatrice : l'abbesse de Bertaucourt.
Revenus : 400 livres³.

HEUZECOURT⁴ (Vocable : SAINT-JEAN-BAPTISTE).
Présentateur : le chapitre de St.-Vulfran d'Abbeville⁵.

DÉCLARATION faite le 10 juillet 1728, par le titulaire maître Jacques-Nicolas Maquet, approuvée.

Portion congrue payée par ledit chapitre et par les abbayes d'Epagne et de Bertaucourt⁶, 300¹. — Les novales, 30¹. — Dîme de sang, 7¹. — 2 journaux de terre chargés de fondations, 10¹. — Obits et fondations, 46¹. — Casuel, 25¹. — Total . . . . 418¹ »»
CHARGES. — Réparations du presbytère. . . . . 10 »»

$$\text{Reste net.} \quad \ldots \quad 408 \text{ »»}$$

---

¹ Tout entière. (*Pouillé de l'Archid.*)

² Ham, au *pouillé* de 1301. — Briquemaisnil dépendait aussi de la paroisse.

³ Les religieuses de Bertaucourt avaient toutes les dîmes grosses et prédiales, et 2/3 de celles mixtes et menues de la paroisse et de ses hameaux. Hardinval, Briquemaisnil et Brestel, ainsi que le reconnurent Mᵉ Nicolas Lenglès, prêtre, recteur et curé titulaire de ladite église paroissiale, par transaction faite au mois de novembre 1578, avec vénérable et dévote dame Anthoinette de Hallewin, abbesse, et le 24 novembre 1580 un autre curé, Mᵉ Robert de Ponthieu. — Le patronage de l'autel de Han (*Hani*) et partie de la dîme de Hardinval sont compris dans les lettres de l'évêque Geoffroy de l'année 1108 et dans la bulle du pape Alexandre III de l'année 1176, confirmatives des possessions de l'abbaye. — Au mois de mai 1229, devant l'évêque Geoffroy, Christophe de Rikemaisnil, chevalier, vendit au monastère de Bertoucort la dîme de Rikemaisnil ; ce qu'approuvèrent sa femme Mainsende et Bauduin, seigneur de Beauval (*Bellevallis*), non encore chevalier, du fief duquel elle dépendait Sur le fief d'Oricourt, dépendant de la paroisse, son possesseur, le président de la prévôté de Doullens, en 1689, avait une dîme inféodée. (Titres de l'abbaye de Bertaucourt, carton 1ᵉʳ. — *Pouillé de l'Archidiaconé*, f° 50.)

⁴ Heusecourt, au *pouillé* de 1301. — Le hameau de Glimont, situé à un quart de lieue, dépendait de la paroisse. — Auprès de Heuzecourt se trouve la ferme du Mont Renault, qui appartenait à l'abbaye de Cercamp, dont la paroisse était distante de 3 lieues ; c'est pourquoi le curé de Heuzecourt administrait les sacrements dans la ferme depuis 12 ans en 1689. Il y avait une chapelle, mais on n'y disait plus la messe depuis 4 ans. (*Pouillé de l'Archid.*)

⁵ Ce patronage lui fut donné par Jean I, comte de Ponthieu, selon la charte de sa dotation de l'année 1121. (Voy. Ms. 516 de la Bibl. comm. d'Amiens, f° 87. — *Picardia Christiana*. Ms. du chanoine Villeman.)

⁶ Ils étaient gros décimateurs. Le *Pouillé de l'Archid.* ajoute le commandeur de Fieffe. — Le chapitre de St.-Vulfran avait été doté de sa part de dîme par le titre de sa fondation de l'année 1121. (Voy. ci-dess. I, 483 ; II, 19.)

LIGNY-SUR-CANCHE [1] (Vocable : SAINTS VIT, MODESTE et CRESCENCE).

Présentateur : le prieur de Ligny.

Revenus : 650 livres [2].

MAIZICOURT [3] (Vocable : NOTRE-DAME).

Présentateur : l'abbé de St.-Josse-sur-Mer [4].

Revenus : 500 livres [5].

MÉZEROLLES [6] (Vocable : SAINT-MARTIN).

Présentatrice : l'abbesse de Bertaucourt [7].

Revenus : 450 livres [8].

MONCHEL (Vocable : SAINT-JUSTE et SAINT-ARTHEMIS) [9].

Présentateur : l'abbé d'Auxy-les-Moines [10].

Revenus : 400 livres [11].

---

[1] Legny, au *pouillé* de 1301. — La paroisse était dans la nef de l'église du prieuré. Hautemotte dépendait de la paroisse. (*Pouillé de l'Archid.* f° 66.)

[2] La dîme appartenait au prieur du lieu. (*Pouillé de l'Archid.*)

[3] Maisecourt, au *pouillé* de 1301. — Il n'y avait pas de presbytère en 1689. (*Pouillé de l'Archid.*, f° 54.)

[4] Le 10 des kal. de juillet 1123, Ingelran, évêque d'Amiens, confirma à l'abbaye l'autel de Maisilcurt. (*Copie du Cartulaire de St.-Josse-sur-la-mer*, p. 97.)

[5] Selon le *pouillé de l'Archidiaconé*, les décimateurs étaient : le curé pour un tiers, les abbayes de Corbie, et de St.-Jean d'Amiens, le chapitre de Vinacourt et un chapelain d'Amiens. La fabrique du lieu avait aussi une branche de la dîme. — La part de l'abbaye de Corbie était sans doute celle dépendant du prieuré de St. Sulpice de Doullens. (Voy. ci-dess. I, 208, note 2.)

[6] Maiseroles, au *pouillé* de 1301. — Il n'y avait pas de presbytère en 1689; depuis 17 ans le curé se logeait à ses dépens. (*Pouillé de l'Archid.* f° 52.) — St.-Fursy qui prêcha l'évangile dans cette partie du Ponthieu voisine de l'Authie, mourut à Maiseroles, dans le domaine du duc de Ponthieu, Aymon, en 650 ou 655. (M. Gosselin, *Notice historique sur l'église et le chapitre de St -Fursy de Péronne*, p. 5. La Picardie, 1865. — M. Harbaville, loc. cit. p. 271.)

[7] Cet autel fait partie des biens que le pape Alexandre confirma à l'abbaye par la bulle de l'année 1176. (Titres de l'abbaye de Bertaucourt. carton 2°. Arch. Départem.)

[8] La dîme appartenait à l'abbé de Corbie pour 3 gerbes de 7, à l'abbesse de Bertaucourt pour une, et au curé pour les 3 autres. — Les droits de l'abbaye de Corbie donnèrent lieu à diverses conventions constatées par des lettres de l'évêque Robert de l'année 1167, et du doyen de l'église d'Amiens de l'année 1179. — L'abbaye en possédait aussi une fraction provenant du prieuré de St.-Sulpice de Doullens. (*Pouillé de l'Archid.* f° 52. — *Gallia Christ.* X, 1177 B. — *Cartul. noir de Corbie*, f° 90, et *Cartul. blanc*, f° 76 v°. Mss. Biblioth. imp., fonds de Corbie, n°ˢ 19 et 20. M. Cocheris, *Catalogue des Mss. sur la Picardie*, n° 344 et 345. — Voy. ci-dess. I, 208, note 2.)

[9] Les reliques de St.-Juste et de St.-Arthémis qui ont souffert le martyre près de là, en 784, étaient conservées en cette église. (Decourt, loc. cit. I, 374. — M. Harbaville, *Mémoire historique du Pas-de-Calais*, II, 288.)

[10] Cette cure était aussi comprise dans la donation de 1099, et dans les confirmations des comtes de Hesdin et de Flandre. (Voy. ci-dessus, p. 79, note 4.) — Le droit de patronage fut reconnu à l'abbaye par l'évêque d'Amiens, au mois de juillet 1255.(*Cartul. d'Auchy*, p. 181.)

[11] La dîme appartenait à l'abbé d'Auchy-les-Moines. (*Pouillé de l'Archid.*) — Au mois de février 1207 l'abbé d'Auchy racheta de plusieurs vavasseurs des dîmes à Monchel-sur-Canche, (*apud Concheam*), lesquelles relevaient du fief de Oylard Haignères, selon charte scellée de Thibaut, évêque d'Amiens, sur le témoignage de Pierre, doyen de Labroye et autres. —

MONTIGNY-LES-JONGLEUX [1] (Vocable : Notre-Dame).

Présentatrice : l'abbesse de Bertaucourt [2].

Déclaration faite le 17 juin 1728, par le titulaire maître Antoine Doliger, approuvée.

Portion congrue [3], 300ˡ. — Novales sur environ 3 journaux de terre, 3ˡ 15ˢ. — Obits et autres fondations, 10ˡ 7ˢ. — Casuel, 24ˡ. — Total 338ˡ 2ˢ
Charges. — Réparations du presbytère . . . . 10 »

             Reste net. 328 2

NEUVILLETTE [5] (Vocable : Saint-Nicolas).

Présentatrice : l'abbesse de St.-Michel de Doullens [6].

Déclaration faite par le titulaire maître Charles Dupuy, le 10 juillet 1728.

La grosse dîme [7] produisant : 890 gerbes de blé, évaluées à 30 liv. le cent, 240ˡ ; — 300 bottes d'avoine évaluées à 15 liv., 45ˡ ; — et 100 bottes de warats, 12ˡ. — Les menues et vertes dîmes et les novales, évaluées 10ˡ. — Casuel, 20ˡ. — Total . . . 327ˡ »»
Charges. — Réparations du chœur de l'église . . . . 15 »»

             Reste net. . . . . . 312 »»

Par un titre de l'an 1255, le 23 juin, l'abbaye d'Auchy institua un curé dans l'église de Monchel au diocèse d'Amiens, dont elle avait le patronage et lui assigna l'autel, toutes les oblations, les legs, menues dîmes, dîme de laine et d'agneaux, avec 14 journaux environ de terre, nommés *la Vallée*. (*Cartul. d'Auchy*, p. 66 et 182.)

[1] Montegny, au *pouillé* de 1301.

[2] L'autel de Monchy et de Rastels (*de Montenniaco et de Rastellis*) est compris dans la bulle de l'année 1176, confirmative des biens de l'abbaye.

[3] La dîme appartenait à l'abbesse de Bertaucourt. (*Pouillé de l'Archid.*) — La bulle de 1176 rappelle que l'abbaye avait alors toute la dîme de la terre de Hugue *de Melcherus*, et à Rastels moitié de la dîme ecclésiastique (*decime case*), c'est-à-dire un tiers. Une charte du mois d'août 1233, explique que dans la dîme de Rasteals l'abbaye de Bertaucourt, qui déjà en possédait le tiers par moitié avec le curé, acheta un autre tiers de Eustache Houchart et Elisabeth de Rasteals, sa femme, et de Jean, leur fils aîné, lesquels le tenaient en fief de Bernard de Bel-Estre, et que le dernier tiers appartenait alors à Hugue de Auxi, chevalier. (Titres de l'Evêché, 6-2ᵉ.)

[4] Sous la rubrique de cette paroisse, le *pouillé de l'Archid.* constate (p. 55) que « les jeunes gens exigent par violence de l'argent de ceux qui viennent d'un autre village pour se marier. »

[5] *Nova Villeta*, au *pouillé* de 1301.

[6] Il semble qu'elle ait tenu son droit de l'évêque, car on lit au *pouillé* de 1301 : « *abbatissa Sᵗⁱ Michaelis ... pro episcopo patronus.* »

[7] Elle appartenait pour la plus grande partie, si non pour le tout, à la maladrerie de Doullens, dont jouissait en 1689 le sieur d'Abancourt, lieutenant du roi à St.-Quentin. — Une bulle du pape Alexandre III, du 3 des kal. d'octobre 1170, confirme d'abord à la maladrerie (*infirmorum fratribus*) de Duilenz la possession de deux parts de la dîme, avec l'autel de Neuvillette (*de Novileta*), puis la donation de moitié de l'autre tiers, faite par Berte de St.-Albin, admise à soigner les malades (*in sororem recepta*) dans le même établissement, sans doute. — Il y avait dans la paroisse 360 journaux de terre et 18 mesures de pré, exempts de dîme. (*Histoire de la ville de Doullens* par M. Delgove, p. 468, pièces justif. n° 3.—*Pouillé de l'Archid.* f° 58.)

NŒUX[1] (Vocable : SAINT-MARTIN) et **BOFFLES**, son secours.

Présentateur : le chapitre de St.-Vulfran d'Abbeville[2].

Revenus : 100 livres[3].

OCOCHES[4] (Vocable : SAINT-ANDRÉ).

Présentateur : l'abbé de St.-Pierre de Corbie[5].

DÉCLARATION faite le 4 juillet 1728, par le titulaire maître Jean-Baptiste Clément, rectifiée.

La dîme[6] du lieu produisant : 700 gerbes de blé qui donnent 105 setiers de grain, mesure d'Amiens, à 42 sols, 220ˡ 10ˢ ; — en mars la moitié, 110ˡ 5ˢ ; — et fourrage, 40ˡ. — Supplément payé par les gros décimateurs, 73ˡ. — Terres du presbytère : 7 journaux à 5 livres, 35ˡ. — Fondations, 50ˡ. — Casuel, 25ˡ. — Total 553ˡ 15ˢ
CHARGES. — Frais de dîme, 90ˡ. — Réparat. du presbytère, 15ˡ. — Total. 105 »»

Reste net. 448 15

OUTREBOIS (Vocable : SAINT-SÉVERIN)[7].

Présentateur : l'abbé de St.-Jean d'Amiens[8].

DÉCLARATION faite le 16 juin 1728 par le titulaire frère Jean-Baptiste Semets, religieux de l'ordre de Prémontré, rectifiée

La dîme du lieu[9] produisant : 300 gerbes de blé qui donnent 45 setiers de grain, mesure

---

[1] Nues, au *pouillé* de 1301.

[2] Ce patronage lui fut donné par la charte de 1121.

[3] Ce chiffre est celui porté au *pouillé* de 1720. — La dîme appartenait au commandeur de Fieffe pour 4 gerbes de 9, à la fabrique de l'église de Nœux pour 2, au chapitre de St.-Vulfran pour une, et au curé pour les 2 dernières. (*Pouillé de l'Archid.*) — La dîme des deux villages fut donnée à l'hôpital de Villers par Andrieu du Gardin au mois de janvier 1235. (M. Cocheris, *Catalogue des Mss. sur la Picardie*, n° 563. *Cartulaire de Fieffes*, f° 11). — Selon un *Reg. cueilloir des droits seign. de la commanderie de Fieffes* (M. Cocheris, ibid. n° 564) le 1/3 de la dîme de Nœux appartenait en 1470 à la dite commanderie.

[4] Aucoche, au *pouillé* de 1301.

[5] A cause de l'union du prieuré de St.-Sulpice de Doullens. C'est pourquoi au *pouillé* de 1301 le patronage est attribué à l'abbaye d'Auchy.

[6] Elle se percevait, d'après les baux de l'abbaye de St.-Michel, à raison de 7 gerbes du cent, sur les fiefs et seigneuries d'Ocoche et de Vauchelles, dont 2 par ladite abbaye, 2 par celle de Corbie, une par l'abbaye de Villencourt, et les 2 dernières par la cure d'Ocoche. — Le *pouillé de l'Archid.* donnait à l'abbesse de St.-Michel 1/3 sur le fief d'Ocoche seul, à l'abbé de Corbie 1/6ᵉ sur tout le terroir, outre les novales. — Le 6 des ides de novembre 1138, l'évêque Guarin confirma à l'abbaye de St.-Michel avec ses autres biens, ses droits dans la dîme de Alcoch. — La part de l'abbaye de Corbie provenait du prieuré de St.-Sulpice. — Le chapitre de St.-Vulfran avait été doté de la dîme de Wavant par le titre de fondation de 1121. (Titres de l'abbaye de St.-Michel de Doullens, carton 2. Arch. Départem. — *Gallia Christ.* X, Instr. col. 307. — Voy. ci-dess. I, 204, 208, note 2 ; II, 21.)

[7] Le *pouillé* de 1736 désigne, avec raison, cette paroisse sous le titre de prieuré-cure.

[8] Cet autel lui fut donné, lors de sa fondation sous le titre de prieuré de St.-Firmin-au-Val, par Guy, châtelain d'Amiens, seigneur de Vinacourt et Mathilde, sa femme, selon qu'il est dit aux lettres confirmatives de l'évêque Guarin du 13 des kal. de juillet 1131, et en celles d'Alelme de Flixecourt, leur fils, en l'année 1151. (*Registrum chartarum... ecclesiæ Sᵗⁱ Johannis Amb.* p. xv et xxix. Arch. Départem.)

[9] C'est-à-dire 1/3 ; l'abbé de St.-Jean d'Amiens avait un autre tiers, et le surplus se divisait ainsi : les dames de Moreaucourt avaient un douzième du

d'Amiens, 94¹ 10ˢ ; — en mars la moitié, 47¹ 5ˢ ; — et en fourrage, 20¹. — Supplément payé par l'abbaye de St.-Jean d'Amiens et le prieur de Bagneux, 132¹ 10ˢ. — Terres de cure : 2 journaux 1 quartier en labour, et 5 quartiers de pré, chargés de fondations, 24¹. — Dîmes novales, 100¹. — Casuel, 30¹. — Total 448¹ 5ˢ
CHARGES. — Frais de dîme, 24¹. — Réparat. du presbytère, 15¹. — Total. 39 »

Reste net. 409 5

REMESNIL¹ (Vocable : SAINT-BARTHÉLEMY).

Présentateur : l'abbé d'Auchy.

DÉCLARATIONS faites par le titulaire maître Jacques Anselin, l'une le 20 juin 1728, rectifiée le 16 décembre 1729 par le Bureau diocésain, et l'autre faite le 4 mai 1730, rectifiée le 6 du même mois ².

La dîme du lieu abandonnée par les gros décimateurs ³ et produisant : 30 setiers de blé, mesure de Doullens, évalués à 8 liv. 1 sol, 241¹ 10ˢ. — 30 setiers d'avoine à 5 liv. 15 sols, 172¹ 10ˢ. — 100 bottes de warats et de vesce, 20¹. — 20 bottes de lin, 15¹. — et fourrages, 50¹. — Terres de cure : 3 journaux à la sole, chargés de fondations, 45¹. — Obits et autres fondations, 28¹ 4ˢ. — Casuel, 4¹. — Total 581¹ 4ˢ
CHARGES. — Frais de dîme, 120¹. — Réparat. du presbytère, 15¹. — Total. 135 »

Reste net. 446 4

SAINT-ACHEUL.

Présentateur : le prieur de St.-Sulpice de Doullens.

Revenus : 400 livres ⁴.

---

total de la dîme, le prieur de Bagneux deux douzièmes, et l'abbaye de Corbie un douzième. Dans les novales, les dames de Moreaucourt prenaient 1/12ᵉ et l'abbaye de St.-Jean avec le curé le surplus. Ce fut reconnu par arrêt du grand conseil le 25 juillet 1755. — La part de Corbie provenait du prieuré de St.-Sulpice de Doullens. — En l'année 1209 Herbert Le Vasseur de Oultrebois vendit à Oillard le Secq, clerc, la moitié lui appartenant de la sixième partie tant du terrage que des dîmes sur Oultrebois ; ce que ratifia, en cette même année, Thibaut d'Amiens, seigneur de Canaples. — En 1247 l'abbaye de Moreaucourt acheta de Bauduin Lesage et sa femme un muid de grain, moitié blé et moitié avoine, à prendre sur les dîmage et terroir d'Oultrebois. Pierre d'Amiens, chevalier, seigneur dudit lieu, en donna confirmation et amortissement. Ce Lesage représentait sans doute Oillard, et le grain ladite portion de dîme. (Titres de Moreaucourt, cotes A, B, D, F. *Invent.* fº 15.— *Invent. de Corbie*, III, 614. — *Pouillé de l'Archid.* fº 56. — Voy. ci-dess. I, 134, 207 et 208, note 2.)

¹ Erreumaisnil, au *pouillé* de 1301.— Vulgairement on disait Riminy, et c'est ainsi que les pouillés modernes et notamment celui de 1689 ont écrit le nom.

² Nous avons complété la première de ces déclarations par la seconde, en ajoutant les terres de cure. — Plusieurs fois nous avons rencontré de doubles déclarations. Cela provenait sans doute de ce que la première ayant été égarée pendant un temps, le Bureau diocésain en avait exigé une autre.

³ C'est-à-dire l'abbé et les religieux d'Auchy. (*Pouillé de l'Archid.*)

⁴ Le curé prenait toute la dîme, par abandon des décimateurs qui étaient : l'abbé de Corbie, à cause du prieuré de St.-Sulpice, le commandeur de Fieffe, et l'abbesse de Bertaucourt. — La portion de l'abbaye de Bertaucourt lui avait été donnée par Hugue Campd'avaine, ce que ratifia Marguerite, veuve de Adrien de Mencicourt, chevalier, qui s'y était opposée d'abord, et elle y ajouta ses propres droits, au mois d'avril 1233. (Titres de l'Evêché, 6-2ᵉ. — *Pouillé de*

VACQUERY-LE-BOUC [1] (Vocable : Notre-Dame).

Présentateur : l'abbé d'Auxy-les-Moines [2].

Revenus : 400 livres [3].

VILLERS-L'HOPITAL (Vocable : Saint-Jean-Baptiste) et FORTEL (Vocable : Saint-Pierre),
son secours [4].

Présentateur : le commandeur de Fieffes.

Revenus : 500 livres [5].

WAVANT [6] (Vocable : Saint-Vast) et BEAUVOIR [7].

Présentateur : le chapitre de St.-Vulfran.

Revenus : 800 livres [8].

l'Archid. f° 38.) — Il existe un plan indicatif des limites des terroirs et dîmages de St.-Acheul et de Montigny, aux Archives Départem., section des plans.

[1] *Vacaria le bouc,* au *pouillé* de 1301.

[2] Ce droit de patronage fut reconnu à l'abbaye par l'évêque d'Amiens, au mois de juillet 1255. (*Cartul. d'Auchy,* p. 181.)

[3] La grosse dîme se divisait entre ledit abbé, le prieur de Ligny et le curé. — Il semble, d'après une charte du mois de septembre 1291, que l'abbaye avait 2/3 et le curé 1/3 de la dîme des courtils et jardins. (*Cartul. d'Auchy,* p. 166. — *Pouillé de l'Archid.*)

[4] Le *pouillé de l'Archid.* dit (f° 64) qu'il y avait un vicaire à Fortel, que cependant le curé y binait tous les dimanches et fêtes, et le curé de Ligny les jours de Pâques et de Noel.

[5] La dîme se prenait à 6 du cent. Le commandeur de Fieffes avoit 5 gerbes de 8, excepté sur les fiefs de Hauchy et du Jardin, où il avait 7 gerbes de 8 ; le surplus était au prieur de Pont-Remy (Canchy). A Fortel les décimateurs étaient : le prieur de Ligny pour 3/4, le prieur de Framcourt, celui de Pont-Remy et le commandeur de Fieffes, pour l'autre quart. — Une partie de la dîme paraît avoir été donnée à la maison hospitalière de Villers par Mahieu de Rollepot, en 1233 ; et une autre partie vendue audit hôpital par Andrieu du Gardin, en 1243. (M. Cocheris, ibid. n° 563 ; *Cartul. de Fieffes,* fol. 10 et 11 ; et n° 564, *Reg. cueilloir.* — *Pouillé de l'Archid.* f° 64.)

[6] Wavans, au *pouillé* de 1301. — Il y avait sur la paroisse une ferme nommée Drucat. (*Pouillé de l'Archid.* ° 62.)

[7] Existait-il anciennement une église ou une chapelle à Beauvoir-Rivière ? Quoiqu'il en soit, voici l'analyse des titres de fondation d'une chapelle qui y fut édifiée, sous le titre de Notre-Dame de la Consolation.

Le 12 décembre 1719 Claude Lefrançois, bailli d'Auxy-le-Château, présenta requête à l'évêque à l'effet de faire visiter et bénir la chapelle qu'il venait de faire édifier dans le hameau de Beauvoir. Le 11 août 1720 l'évêque ordonna cette bénédiction, qui fut faite le 3 septembre suivant. Le 24 mars 1721 ledit Claude Lefrançois, sieur du Mesnil, et sa sœur Marguerite Lefrançois donnèrent les manoir, terre et fief de Castelers, situés à Beauvoir, avec plusieurs terres au même lieu et deux prés à Wavans-en-Ponthieu, au total 75 mesures, pour l'acquit des messes qui se diraient dans ladite chapelle, dont la nomination serait à l'évêque. Le 3 mai 1737 Charles de Prudhomme d'Ailly, seigneur de Hannecamp, patron de Wavant, Beauvoir-Rivière et autres lieux, fit don du surplus du pré où la chapelle était érigée, afin d'y bâtir une maison pour le chapelain. Le 27 juillet suivant le seigneur donna son consentement à la construction de la chapelle, de 22 pieds de long sur 13 de large, dans la pointe nommée le Bocquet. Le 31 du même mois Claude Lefrançois y consentit, à la condition que cette chapelle serait toujours amovible, qu'elle ne pourrait jamais être érigée en titre, qu'elle resterait à la nomination de l'évêque, et que le desservant demeurerait toujours dans la maison que lui fondateur avait fait construire auprès de la chapelle. Le 14 août requête était présentée à l'évêque pour obtenir l'érection de cette chapelle sous ladite invocation de Notre-Dame de la Consolation. Par une délibération du 29 novembre 1737 le chapitre de St.-Vulfran agréa l'érection de la chapelle, mais sous la réserve de son patronage. Cette érection eut lieu le 28 décembre suivant. (*Invent. de l'Evêché,* fol. 130 et 131. — M. Decagny, *Etat général de l'ancien diocèse d'Amiens.*)

[8] La dîme était due à 7 du cent. Ledit chapitre prenait 2 gerbes de 9, le prieur de Pont-Remy 4, et le curé les 3 autres. (*Pouillé de l'Archid.* f° 62.)

CHAPELLES.

Chapelle de SAINT-LAURENT, a Auxy [1].
Présentateur : le seigneur du lieu.
Revenus : 270 livres.

Chapelle de NOTRE-DAME, a Buire-au-Bois [2].
Présentateur : le seigneur du lieu.

Déclaration faite le 26 août 1728, par le titulaire maître Simon-Joseph Le Vert, approuvée.

Trente mesures de terre labourable, à la sole, vulgairement appelées *le fief et camp de Lannoy*, situées à Buire-au-Bois, affermées moyennant 470 liv., plus 11 liv. 2 sols 2 den. de pot de vin. — Total . . . . 481￼ 2 2

Charges. — Honoraires de 3 messes par semaine, y compris pain, vin, luminaire et ornements, 69￼. — Frais de marle et amendement des dites terres, une fois tous les 20 ans, 30 liv.; dont la moyenne est de 1￼ 10￼.—Total. 70 10 »

Reste net. 309 12 2

Chapelle de SAINT-NICOLAS, a Rougefay-en-Artois [3], paroisse de Buire-au-Bois.
Collateur : l'Evêque d'Amiens.

Déclaration faite le 23 décembre 1729, par le titulaire maître Charles Crignon, approuvée.

Les revenus sont évalués sans désignation à 130 liv.

Charges. — La dame de Rougefay prétend que les réparations de cette chapelle sont à la charge du chapelain, quoiqu'elle soit castrale, — et que ladite chapelle est chargée de 3 messes par semaine, sans qu'elle justifie d'aucun titre. Pourquoi il y a procès depuis 1724, *Mémoire*.

Chapelle de SAINT-SÉBASTIEN, a Outrebois [4].
Présentateur : le chapitre de Notre-Dame de Paris [5].

Déclaration faite le 12 juillet 1728, par le titulaire maître François Caron, approuvée.

---

[1] Elle fut transférée à Lannoy le 26 Décembre 1695. Elle était chargée de trois messes par semaine. — Ce fut probablement cette chapelle que fonda dans l'église d'Auxy, Regnault, curé du lieu, qui y affecta 19 journaux de terre, en plusieurs pièces, et en attribua la présentation au seigneur, après son décès, ce que confirma Hugue, seigneur d'Auxy, au mois d'avril 1263. (Titres de l'Evêché, 39º. — *Pouillé de l'Archid.* fº 36. — *Pouillé de 1736*.)

[2] Fondée en 1425 par messire Jean de Mailly dit Maillet (*Déclarat.*)—Cette chapelle avait été détruite avec le château dans lequel elle était fondée, et les trois messes par semaine dont elle était chargée s'acquittaient dans l'église paroissiale. (*Pouillé de l'Archid.* fº 41.)

[3] Elle figure au *pouillé* de 1301.

[4] Ce bénéfice était sans bâtiment depuis longtemps. Le curé du lieu acquittait les messes. (*Pouillé de l'Archid.* fº 56 vº.)

[5] Ce chapitre possédait le domaine d'Outrebois, que lui avait donné en 1367 le roi Charles V. Celui-ci

Trente-cinq arpents et 2 verges de terre, affermés moyennant 41 setiers de blé, mesure d'Amiens, évalués à 42 sols l'un . . . . 86ˡ 2·

CHARGES. — Douze messes par an . . ˙. . . . . 6 »

                                                     Reste net. 80 2

CHAPELLE DE SAINT-VAST, A WAVANT [1].

Collateur de plein droit : l'Evêque.

REVENUS. — Douze setiers de blé, mesure de Doullens, sur le moulin de Wavant [2], évalués . . . . 96ˡ 12·

CHARGES. — Deux messes par semaine. . . . . 52 »»

                                                     Reste net. 44 12

l'avait acheté en 1340 de Jeanne de Picquigny, dame d'Outrebois, veuve de Jean de Créquy et remariée à Henri de Bures, seigneur de Flandre. (M. Delgove, *Histoire de la ville de Doullens*, p. 180.) — Plusieurs plans de la terre et seigneurie d'Outrebois dressés en 1684, 1737, etc. se trouvent aux Archives départem section des plans.

[1] Elle figure au *pouillé* de 1301.

[2] L'importance des revenus et des charges est tirée du *pouillé de l'Archid.* f° 62.

IV. DOYENNÉ DE GAMACHES [1].

ABBAYES, PRIEURÉS ET CHAPITRE.

Abbaye de NOTRE-DAME du LIEU-DIEU [2].

Manse abbatiale.

Déclaration fournie le 15 juillet 1730 par Nicolas Creton, notaire à Gamaches, comme fondé de la procuration de messire Pierre-Jean-Baptiste Durant de Missy, abbé commendataire, rectifiée.

La ferme de Huqueleu [3], affermée 1,232 l. 10 s. — Celle de Nifrigny [4] près le bourg

---

[1] Ce doyenné était autrefois beaucoup plus considérable : il comprenait les paroisses qui composèrent depuis le doyenné de St-Valery, par suite de la division opérée au synode du 7 octobre 1693. (Voy. ci-dess. *Introduction*, chap. 1er, § 2.)

[2] Cette abbaye était située entre Gamaches et Beauchamp, sur la rivière de Bresle. Elle était de l'ordre de Cîteaux, filiation de Clairvaux. On croit qu'elle fut fondée en 1191, époque à laquelle elle reçut les largesses de Bernard de St.-Valery, du consentement de son épouse Aanor, de son fils et héritier Thomas, et de son autre fils Henri. (*Déclarat*. — *Gallia Christ*, X, col. 1178 D, et Instrum., col. 328, 329. — P. Ignace, *Hist. ecclésiast. de Ponthieu*, p. 471.) Cependant il résulte des termes mêmes de la charte qu'on regarde comme son titre de fondation et de quelques autres témoignages que la fondation pourrait être antérieure. — L'établissement du nouveau monastère fut confirmé par Thibaut, évêque d'Amiens et Guillaume, archevêque de Reims, en 1193; par le pape Innocent III, le 4 des ides de novembre 1203; par Edèle de Ponthieu, épouse de Thomas de St.-Valery, en 1207. — C'est de l'abbaye de Foucarmont que furent tirés ses premiers religieux. (*Gamaches et ses seigneurs*, p. 40 et 42. — *Mém. sur les comté d'Eu et duché-pairie d'Aumale*, Ms. tom. 1er, p. 326. — Duchesne, *Histoire généalog. de la Maison de Dreux*, p. 71.)

[3] Elle était située à l'extrémité nord du village d'Embreville. Mais les titres la disaient de la paroisse de Notre-Dame du Lieu-Dieu. — Elle consistait, outre les bâtiments ruraux, jardins et pâtures, en 100 journ. de terre à la sole, 9 journ. de bois taillis, les droits de dîme, champart et don du terroir de Fontenelle. (*Gamaches et ses Seigneurs*, p. 49. — Voy. les baux devant Déleplanque, notaire à Gamaches.) Peut-être provenait-elle de la donation de 1191, où elle se trouverait désignée par ces mots : « *Quidquid habebam apud Embrevillam in hospitibus, in terris, in bosco, in pasturis, in herbagiis.* » — On entendait par le mot *hospites*, hôtes, une classe de colons entièrement libres, c'est-à-dire exempts de tout service arbitraire, qui cultivaient les terres des chevaliers, à la charge d'un cens annuel, d'où le nom de *cense* appliqué à la ferme ou manage, autrefois l'hostise. — Faut-il aussi comprendre dans cette ferme les 8 journ. de terre, avec un manage à Embreville, abandonnés au couvent, en 1227, par Raoul Le Roy, du consentement d'Emmeline, sa femme, et 7 autres journ. au champ de Noes, donnés en ladite année par le même, qui fit ratifier ce don par Richard de Feuquières, son frère, au mois d'octobre 1228 ? (*Gallia Christ*. X, Instrum. col. 329. — M. Prarond, *St.-Valery et les cantons voisins*, II, 347. — Du Cange, *Glossar*. — *Cartul. de l'abbaye de St-Père de Chartres*, Prolégomènes, par M. Guérard, p. xxxv. — *Registre aux saisines des mouvances du Chapitre de Gamaches*, f° 3. Arch. municip. de Gamaches.)

[4] *Aliàs* Ruffigny. Elle provenait aussi de la donation de 1191, dans laquelle le bois où elle fut établie est

d'Ault 1,550 ¹. — Celle de Jupigny ¹ en Normandie 1,326 ¹. — Une branche de dîme sur les terroirs de Beaumont et Bretel, 242 ¹. 10 ˢ. — Un trait de dîme à Cambron, 80 ¹. — Une branche de dîme sur le terroir de Cauroy, paroisse de Tours, 160 ¹. — Une autre sur le terroir de Dergny, 151 ¹. — — Une autre sur le terroir de Oincourt, 267 ¹. 10 ˢ. — Une autre sur le terroir de Pont ², 160 ¹. — Une autre à Tilloy-sur-Mer, 72 ¹. — Une autre sur le terroir de Tully, 250 ¹. — Total 5,491 ¹. 10 ˢ.

Charges

Supplément de partage aux religieux, 370 ¹. — Partie de la portion congrue du curé de Tully, 82 ¹. — — De celui d'Oincourt, 65 ¹. — Gages des officiers de l'abbaye, 40 ¹. — Réparations de la maison abbatiale, qui est un grand bâtiment sujet aux coups de vent, 150 ¹. — Réparations des fermes de Huqueleu et de Nifrigny, dont les bâtiments sont très-anciens et voisins de la mer, 300 ¹. — Réparations des chœurs et chancels de Tours, Cambron, Boismont, Tilloy-sur-la-Mer, Dergny, Oincourt et Tully, 300 ¹. — Gages du receveur-comptable, 400 ¹. — ³ Total 1707 livres.

Récapitulation : Montant des revenus . . . . 5,491 ¹ 10 ˢ
— des charges . . . . 1,707 »»
Reste net 3,784 10

Manse conventuelle ⁴.

Les religieux étaient au nombre de huit.

Déclaration faite le 12 juillet 1730 par fr. G. Joseph Duru, supérieur commissaire, fr. Michel Le Roux, cellerier, et quatre autres religieux, rectifiée.

Revenus affermés.

La ferme de La Haye, consistant en une mauvaise maison, 25 journaux à la sole de terre

---

bien nommé Nifrigny. On a dit que cette terre avait été donnée par le comte d'Eu, Jean de Brienne, sous le nom de Ruffigny. Si ce n'est par une erreur, c'est qu'il s'agit d'un accroissement sans doute.

¹ Jupigny-lès-Reniétuit était de la paroisse de St.-Aignan, dans le comté d'Eu. — M. Guillemeth (*Notes sur l'arrondissement de Dieppe*, p. 286) dit que ce bien provenait d'un ancien prieuré de la paroisse de St.-Aignan. — La possession en fut confirmée à l'abbaye par Jean, comte d'Eu, en 1284. (*Mém. sur les comté d'Eu et duché pairie d'Aumale*, par M. Estancelin, Ms. tom. 1ᵉʳ.) — La ferme se composait d'un jardin enclos nommé *le pannier*, d'un bois dit des moines, au-dessous de Talmeny, contenant 9 acres, du bois de Renoval contenant 4 acres, et d'environ 125 acres de terre en plusieurs pièces. (Voy. les baux devant Déleplanque et Bourgeois, notaires à Gamaches.)

² Ce village assis sur la rive gauche de la Bresle, non loin d'Oust, était du doyenné d'Eu, au diocèse de Rouen. Son église est dédiée à St.-Valery, apôtre du pays, lequel près delà renversa un arbre couvert de figues, objet d'un culte idolâtrique. — Une partie du terroir de Pont était en Picardie, par la cause que nous donnerons plus loin ; c'est sur cette partie que dîmait l'abbé du Lieu-Dieu. (*Acta SS. Bened.*, sæculo II, p. 84, n° 25. — M. Cochet, *Les Eglises rurales de l'arrondissement de Dieppe*, p. 339 et 342. — Voy. ci-après la paroisse de Oust.)

³ Dans l'état des revenus révisé par le Bureau diocésain on a omis 75 liv. pour partie de la portion congrue du curé de Dargnies, que portait la *déclaration*.

⁴ Ses biens furent déterminés par les partages faits avec les abbés. (*Déclarat*.)

médiocre, quelques pâtures sèches ¹ et 24 journaux de prés dans les ² Houllois, 500¹. — — Un journal au terroir de Dargnies, 12 ¹. 10 ³. — Un demi-journal et 14 verges de terre au dit terroir, 4¹. — Un journal 1/2 de terre au village d'Embreville, 12¹.

Ces trois derniers articles proviennent des épargnes des religieux.

REVENUS NON AFFERMÉS.

La ferme de la basse-cour de l'abbaye consistant en une mauvaise maison, 36 journaux de terre ³ à la sole, en côte, un petit moulin à blé pour l'usage de la maison, et environ 40 journaux de prés à foin ⁴ tant secs que flottants, les pâtures et jardins très-peu plantés, à cause de leur situation aquatique, 800 ¹. — Une pièce de terre au dessus de l'abbaye, du côté de Normandie, au hameau de Platemart, contenant 9 acres ⁵. — Une autre dans le même canton, contenant 14 acres⁶, anciennement nommée *les Landes*, toutes deux évaluées 110¹. — Un bois taillis nommé *La Haye* ⁷, au dessus de Gamaches, dans lequel on coupe annuellement 18 journaux, dont le produit ne sert qu'à faire des fagots médiocres évalués, façon déduite, 500¹.—Sur la ferme de Huqueleu ⁸, 85 setiers de blé, mesure de Gamaches, évalués à 8 liv. 8 sols, 714¹ ; — et 18 setiers d'avoine à 4 liv. 17 sols, 87¹. 6ˢ. — 3 setiers 8 boisseaux de blé à prendre sur des terres au terroir de Pierrepont, près St.-Remy-en-Vallée, donnés pour faire le pain de la sacristie. *Mémoire*. — Sur la cense de Grand Selve⁹ appartenant au commandeur d'Oisemont: 7 setiers 6 boisseaux de blé évalués 71¹. 19ˢ;

---

[1] A cette ferme était attaché le droit de *franc-panage* dans la forêt d'Eu. — On sait que ce droit consistait à envoyer les porcs ramasser les glands. (Voy. les baux devant Bourgeois, notaire à Gamaches.)

[2] Ces prés étaient compris en la donation de 1191: *prata etiam de Holoi*. Il y est dit qu'ils relevaient du fief de Elie de St.-Sidoine (*Elia de Sto Sidonio*) et que le donateur Bernard de St.-Valery les avait achetés de Bernard de Rengunval, de Willaume le meunier, de Raoul Vassal et de Gamelin.

[3] Faut-il y comprendre les deux pièces que l'abbaye avait acquises vers les années 1202 à 1205, des frères de la léproserie du Val d'Abbeville, en échange de 11 journ. de terre tenant à la maison des frères, dite *le Wastine ?* L'une de ces pièces contenait 9 journ. moins 13 verges, était sise entre l'alnoi du seigneur Rorgon de Baucien et le chemin conduisant de Gamaches à Baucien, et se nommait *le Champ de la Sansuière;* l'autre contenait 2 journ. 13 verges, et tenait à la route, mais de l'autre côté. Celle-ci avait été donnée aux frères par ledit Rorgon, en aumône, à raison de l'agrégation de sa sœur Emeline, à la communauté de leurs prières. — Guillaume Fournier, ayant élevé quelques prétentions sur le Wastine, Bernard, seigneur de Daregnies, l'y fit renoncer, ainsi que son fils, selon transaction du mois de septembre 1217. (*Cartulaire de la léproserie du Val*, copie, p. 15. Archives municip. d'Abbeville, GG. 1.)

[4] Ils étaient compris dans les 120 journ. d'aulnois donnés, pour l'emplacement du monastère, par Bernard de St.-Valery, lequel explique qu'il en a fait l'acquisition de Rogon de Balchen. Celui-ci était présent à la donation. (Voy. *Gallia Christ.* X, Instrum. col. 329.)

[5] L'acre était de 160 perches carrées ; la perche du comté d'Eu avait 23 pieds de long, à raison de 11 pouces par pied du comte, ou 21 pieds un pouce au pied du Roi. (*Mém. sur les comté d'Eu et duché-pairie d'Aumale*, Ms. tome I, p. 241ᵇⁱˢ. Biblioth. de M. H.-C. de M***, ancien bailli d'Eu.)

[6] Les baux faits devant Bourgeois, notaire à Gamaches, portent 18 acres.

[7] Il est compris dans la donation de 1191, comme aussi sans doute toute l'étendue de la ferme ci-dessus, sous ces mots : *totam* HAIAM *quæ est inter Gamacias et Guerram villam*. Bernard de St.-Valery l'avait acheté, dit-il, de Gautier de St.-Martin, moyennant 160 livres angevines et 20 marcs d'argent.

[8] Elle appartenait à l'abbé. (Voy. ci dess. p. 90.)

[9] Nous ne savons pas l'origine de cette redevance. Mais faisons une remarque, puis un rapprochement.

— et 7 setiers 6 boisseaux d'avoine, 35 l. 15 s. 4 d. — Un trait de dîme sur le fief de *Cantepie-lès-Bouvaincourt*, donnant 6 setiers de blé, évalués 50 l. 8 s. ; — et 6 setiers d'avoine, 29 l. 2 s. — Sur la terre d'Arrest, 24 setiers de blé, mesure d'Abbeville, évalués à 8 liv. un sol chacun, 193 l. 4 s. — Sur la ferme de Ribehem-lès-Nibat, 24 setiers de blé, mesure de St.-Valery, chargés de deux messes par semaine, évalués à 9 liv. 9 sols l'un, 226 l. 16 s. — Sur la terre de St.-Valery, 12 setiers de blé, même mesure, 113 l. 8 s. — Sur l'abbaye de Forestmontier, un renvoi à cause d'un trait de dîme sur les terres de Corroy et de Visme : 4 setiers 8 boisseaux de blé, 42 l. 10 s. 6 d. ; — et 4 setiers 8 boisseaux d'avoine, 21 l. 16 s. 6 d. — Plusieurs petites censives dans différents terroirs, y compris les droits casuels, 150 l. — Chauffage du couvent, à prendre dans la forêt d'Eu, lequel leur a été accordé par les comtes d'Eu[1], à la charge d'acquitter tous les jours indistinctement une messe pour les sieurs comtes d'Eu, 300 l. — Le *Franc-Salé* à prendre sur le grenier d'Ault, à cause de plusieurs terres qui ont été retirées aux religieux, situées au terroir de Mers, 100 l. — Sur l'abbé du Lieu-Dieu, pour supplément de partage, 370 l. — Sur les héritiers de maître De Paris, à cause d'une rente affectée sur 4 journaux de terre aux haies de Bauchen, 6 l. 8 s. — Sur Pierre Caron, à cause d'une maison à Bauchen, 1 l. — Sur les héritiers de la veuve Thorel et de Jean Firmin, du village de Bauchen, 12 l. 10 s. — Sur Jean Hermine, du village de Buigny, 15 l. — Un surcens sur une maison à Embreville, 18 l. — Sur Pierre Ricouart, du village d'Embreville, 15 s. — Sur Françoise et Anne Ozenne, à cause d'une rente affectée sur une maison à Embreville, 3 l. 2 s. 6 d. — Sur David Cocquet, à cause d'une maison à Gamaches, 2 l. 8 s. — Sur maître Jacques Le Bailly, demeurant à Pierrepont en Normandie, 100 l. — Sur les héritiers de Louis Boulet, à cause d'une rente affectée sur une maison située à Longroi, 1 l. 10 s. — Sur une maison située à Gousseauville, nommée *la Carrière*, 1 l. 8 s. — Sur Jean Vasseur, à cause d'une rente affectée sur une maison à Gousseauville, 1 l. 6 s. — Sur le sieur Pastourelle, à cause de demoiselle La Routure, sa femme, pour partie des terres nommées *les Landes*, 5 l. 10 s. — Sur la veuve Jean Piquet, de Plattemart, 12 l. 10 s. — Ces 14 derniers articles proviennent des épargnes des religieux. — Total des revenus 4,616 l. 2 s. 10 d.

CHARGES.

Réparations de l'abbaye, de l'église, des bâtiments et édifices, des jardins, plants et prairies, de la ferme de la basse-cour, du moulin à blé, relets, ventelles, ponts et chaussées,

---

Par la charte de 1191, Bernard de St.-Valery avait donné au couvent *terram de Theoldi Silva*. — Aurait-elle été unie à ladite cense, à charge de rente ? — Vers le même temps, c'est-à-dire en 1185, les sires de Cayeux avaient donné à l'abbaye de Sery, un champ cultivé (*agrum*) où fut la maison *Gerlandi Silve*. (*Cartul. de Sery*, p. 68.) Gerland Selve et Theold Selve seraient-ils devenus, par corruption, Grand Selve e Petit Selve (*tiot* Selve vulgairement) ?

[1] C'est-à-dire par le comte d'Estampes, en l'année 1350 ou 1358. Les princes d'Artois confirmèrent cette donation, mais en appliquant à leur famille la condition d'une messe quotidienne. Nous avons donné ailleurs des détails sur ce droit. (*Gamaches et ses Seigneurs*, p. 43 et 54. — *Descript. et narré des droictz, authorités, prééminences et presrogatives du comté d'Eu*, p. 3. — *Mém. sur le comté d'Eu*, t. 1er, p. 350.)

et de la ferme de La Haye, 900 ¹. — Entretien des ornements et luminaire, 300 ¹. — Gages de l'organiste, 100 ¹ ;— Du garde de bois, 120 ¹ ;— De 16 domestiques, tant dans l'abbaye que dans la ferme, 640 ¹. — Un renvoi à l'abbaye de Sery ¹ de 7 setiers 1/2 de blé, évalués à 8 liv. 1 sol chacun, 60 ¹. 0 ˢ. 6 ᵈ ; — Plus 7 setiers 1/2 d'avoine à 5 liv. 15 sols l'un, 43 ¹. 2 ˢ. 6 ᵈ· — Au marquis de Gamaches, 6 setiers d'avoine, mesure de St.-Valery, évalués à 5 liv. 5 sols l'un, 31 ¹. 10 ˢ. — Total 2,194 ¹. 13 ˢ.

RÉCAPITULATION : Montant des revenus . . . . 4,616 ¹ 2 ˢ 10 ᵈ
    — des charges . . . . 2,194 13 » »
          Reste net. 2,421 9 10

ABBAYE DE NOTRE-DAME DE SERY ².
MANSE ABBATIALE ³.

DÉCLARATION faite le 7 juin 1730 par le titulaire messire Louis-Charles-Marie d'Estourmel, rectifiée.

La maison abbatiale, tenant à l'abbaye ⁴, avec les écuries adjacentes et un jardin contenant environ 2 journaux.—Les grosses dîmes de Bouillancourt-en-Sery.— Celles de Busmenard ⁵, et la seigneurie du lieu, avec haute, basse et moyenne justice tant sur le lieu que sur les

---

¹ Pour prix de la cession de la dîme de Cauroy, faite par les religieux de Sery en 1314. (Voy. ci-après *déclaration* de la cure de TOURS.)

² De l'ordre de Prémontré. Ce fut d'abord un simple prieuré, fondé en 1127 dans le bois de Sery qui lui donna son nom, par Anselme de Cayeu, seigneur de Bouillancourt-en-Sery et de Friville. Ensuite il reçut des religieux de l'abbaye de St.-Josse-au-Bois et se soumit à la règle de Prémontré. En 1185 l'abbaye assise primitivement sur une colline, descendit dans une charmante prairie arrosée par la Bresle, située entre Gamaches et Blangy ; ce qui fut approuvé par l'évêque Thibaut, le 5 des kal. d'avril 1185. — L'ancien emplacement de l'abbaye, qui se nommait et se nomme encore l'Abbaye-au-Bois, fut baillé à cens en l'année 1481. C'est maintenant un cimetière commun aux villages de Bouillancourt, de Watteblérie et de Busmenard. (Collenot, *Notice des Hommes illustres d'Abbeville*, p. 482. — *Gallia Christ.* X, 1178 C. — *Extr. de l'histoire manuscrite de Sery*, p. 1 et 2. — *Cartulaire de Sery*, p. 344.) — La *déclaration* de l'abbé, qui confond les faits et les dates, dit que l'abbaye fut fondée par A. de Cayeu, en 1180. — Nous avons puisé la plupart des documents qui vont suivre dans un Manuscrit contenant le *Cartulaire* et un *Extrait de l'histoire manuscrite de l'abbaye de Sery*, écrite en 1677, par le frère Sauvage, sous-prieur. Ce Ms. in-4° se trouve à la Biblioth. Ste.-Geneviève de Paris et figure au Catalogue sous les lettres H. f. 8. — Quant aux titres, ils avaient été perdus lors de la prise par les Anglais de la ville de Gamaches, où ils avaient été portés ; ce que nous apprend une lettre du roi Charles V, adressée en 1488 au prévôt de Vimeu pour aider à leur recouvrement. (*Cartul. de Sery*, p. 327.) Que sont-ils devenus ?

³ L'abbé, autrefois nommé par élection, était, depuis la commende, choisi par le roi. — La réforme fut introduite dans l'abbaye par l'abbé commendataire Alphonse de Hallewin, le 17 mars 1636, après concordat signé entre lui et l'abbé chef-général de l'ordre, au nom des religieux de la réforme, le 1ᵉʳ dudit mois, stipulant qu'il serait fait 3 lots égaux des biens temporels, dont un pour l'abbé, un autre pour les religieux, et le troisième pour les réparations. Il fut procédé à ce partage par transaction de l'année 1648. (*Déclaration.* — M. de Beauvillé, *Rec. de documents inédits concernant la Picardie*, IIᵉ partie, p. 332. — *Notice sur l'abbaye de Sery*, p. 104.)

⁴ L'emplacement de l'abbaye avait été donné aux religieux par Willaume de Cayeu, fils du fondateur. (*Cartulaire de Sery*, p. 65.)

⁵ Ce lieu, autrefois nommé *Rohastre*, avait été donné aux chevaliers du Temple, par Anselme de Cayeu, avant l'année 1164. Ceux-ci firent abandon de la grosse dîme (*decimam segetum*) à l'abbaye de Sery,

terres qui en dépendent [1]. — Celles du village de Chepy. — Celles de Friville, Belloy et Escarbotin, avec un fief au dit Friville [2] et toute justice [3] sur 3 maisons, et environ 30 journaux de terre [4] tant en domaines qu'accensés. — Celles de Valines, avec un fief et toute justice temporelle tant sur maisons que sur terres à labour. — Celles de Vaudricourt et de Broutelle, avec un fief consistant en censives. — Une partie des grosses dimes du village de Cansart. — Une partie des dimes du village de Friaucourt. — 42 sols de cens à prendre sur les dimes du village d'Allenay. — 4 liv. 10 sols de cens, à prendre sur le fief *Catelois* [5], à présent dit *Hottignaux*, avec tout droit de justice et seigneurie. — Un fief à Monchaux, consistant en censives a prendre sur l'hôpital du lieu, avec toute justice et seigneurie. — Un

vers ladite époque, ce que confirmèrent les comtes de Ponthieu, Gui et Jean, notamment par une charte de l'an 1177. (*Cartul. de Sery*, p. 47 et 48. — *Extr. de l'histoire manuscrite de Sery*, p. 31.)

[1] La ferme et le domaine de Rohastre avaient aussi été cédés à l'abbaye par les frères du Temple, sous le sceau de Baudouin de Gant, *magister et provisor* au diocèse d'Amiens, en échange des fermes de Mouflers et d'Ailly, et de la terre de Villeroy (*curiam de Mulfleriam..., curiam de Alleio..., et terram quam habebant apud Ville-roiam*), avant 1185, car le 5 des kalendes d'avril (28 mars) de ladite année Thibaut, évêque d'Amiens, comprit le tout dans les lettres de confirmation. — Au mois de mai 1219, Guillaume, comte de Ponthieu, céda à l'abbaye 45 journ. de terre du fief de Rohastre, sis en partie au-dessous de la chaussée (*infra viam ferratam*), en échange de pareille quantité de leur terre à Froileville. — En 1361 Jean de Cayeu, chevalier, seigneur de Visme et de Dominois, reconnut a l'abbaye le droit de Vicomté dans l'enceinte des murs de la maison de Busmenard. — Le manoir de Busmenard relevait du comté de Ponthieu, contenait 80 journ. enclos de murs, et ses dépendances consistaient en 1350 journ. de terre, selon dénombrement fourni à la Chambre des comptes, le 20 juillet 1380, et un autre servi en 1581. (Mémoire pour l'abbé de Sery, dans les *Mém. concernant plusieurs personnes d'Abbeville et ses environs*, à la Biblioth. communale d'Abbeville, n° 1899. — *Extr. de l'histoire de Sery*, Ms. p. 31. — *Cartulaire*, p. 48, 67, 85 et 300.)

[2] Le fief de Friville fut donné au couvent par Willaume de Cayeu, fils d'Anselme, vers 1180. — Les religieux l'aliénèrent en 1577 au profit de Reignier ou René de Roussel, écuyer, seigneur de Friville en partie, sous la réserve du droit de rachat qu'il exercèrent en 1584. (*Cartul. de Sery*, p. 139, 384. — *Gallia Christ.* X, Instrum. col. 323.)

[3] Reconnue a l'abbaye par sentence arbitrale de l'année 1314, rendue à l'encontre d'Anselme de Cayeu, et ratifiée en 1316 par l'abbé Raoul. (*Cartul. de Sery*, p. 139 et 279.)

[4] Nous devons les retrouver dans les titres suivants. En l'année 1214, Laurent, seigneur de Friville, chevalier, fils de Girold, confirma la donation faite par son oncle Willaume de Friville, au profit de l'abbaye, de 20 journ. de terre. Et en 1257, André de Bétencourt, renonça aux droits qu'il pouvait y prétendre du chef de sa mère Héremburge, nièce de Willaume. — En 1241, Laurent, seigneur de Friville, et Jeanne, sa fille, du consentement du seigneur de Bétencourt, son mari, donnèrent à l'abbaye 6 journ. de terre. — En 1256 Jean Maupin, seigneur de Friville, du consentement de Jean de Bétencourt, son seigneur capital, vendit à l'abbé de Sery 12 journ. de terre à Friville et un droit de terrage. (*Cartulaire de Sery*, p. 82, 232, 249 et 256.)

[5] Nous croyons qu'il faut lire ici *Caplois*, comme dans les titres, qui ne portent jamais Catelois. Le copiste du Bureau diocésain écrivant sous dictée aura mal entendu. Ce fief est désigné quelquefois sous le nom des Caplers. — Par charte de l'année 1219, Eustache de Capegny reconnut les droits de l'abbaye sur ce fief que son père Gui leur avait donné, dit-il. Nous avions pensé et dit ailleurs (*Notice historique sur l'abbaye de Sery*, p. 38) que ce fief était l'îlot donné à l'abbaye en 1177, par Guillaume de Sorenc et Emmeline, sa femme. Quoi qu'il en soit, le fief des Caplois fut, en l'année 1455, donné à cens par l'abbé Thomas au profit d'un laboureur de Blangy, Guillaume Leboucher, surnommé *Hottignau*, dont il prit le nom. — En l'année 1322 Raoul, seigneur de Monchaux reconnut à l'abbaye le droit de justice sur ce fief assis derrière les murs de l'abbaye. (*Cartul.*, p. 43, 236, 285 et 338.)

fief au bourg de Blangy, consistant en censives sur plusieurs maisons[1], avec toute justice et seigneurie. — Le dixième denier à prendre sur le moulin de Grandcourt[2], selon le prix qu'il est affermé.

NOTA. — Ces six derniers articles ne se paient plus.

Un fief dans la ville d'Abbeville rue de la Pointe, consistant en censives sur plusieurs maisons[3]. — La seigneurie de la moitié du bourg d'Oisemont[4], consistant en censives sur plusieurs maisons et terres à labour, avec toute juridiction temporelle et droit de courtage, gambage et afforage. — La seigneurie de St.-Séverin, consistant en plusieurs censives sur 700 journaux de terre, à raison de 3 sols parisis pour chacun, situés au terroir du dit lieu de St.-Séverin[5], Watebléry, Framicourt, Huitainéglise[6] et Rambures, avec toute juridiction temporelle, telle que justice haute, moyenne et basse[7]. — Un fief au village de Watebléry[8],

[1] En 1215 Gillebert de Cayeu, avait donné à l'abbaye une maison sise à Blangy, dont saisine fut consentie par le maire et les échevins du lieu. — En 1220 Robert Flourie qui, peu auparavant, avait été maire de Blangy, étant sur le point de partir pour la croisade, donna à l'abbaye une rente d'une demi-livre de poivre sur sa maison sise à Blangy. — Et en 1255 Alfonse fils de Jean, roi de Jérusalem, comte d'Eu, chambellan de France, confirma quelques donations faites à l'abbaye tant à Blangy qu'à Septmeules depuis trente ans passés. (*Cartul.*, p. 233, 237 et 255.)

[2] En vertu de la donation qu'en firent à l'abbaye l'aïeul et le père de Henri de Grandcourt, qui ratifia en l'année 1185. (*Cartul. de Sery*, p. 70.)

[3] Probablement les 5 masures qu'avaient données les sires de Cayeu et qui sont rappelées en la charte confirmative de 1185, et aussi la maison nommée l'Hôtel de Sery, acquise en 1347 de Jean Aucosté, et donnée en partie à cens dès 1371, puis en 1590. (*Cartulaire de Sery*, p. 289.)

[4] L'abbé Hugue en avait fait l'achat le 2 décembre 1304, de Jean de Bailleul, né à Mons-en-Vimeu, seigneur dudit lieu, autrefois roi d'Ecosse, moyennant le prix de 2376 livres, en conséquence d'une autorisation donnée par le roi Philippe-le-Bel, au mois de septembre précédent. Les biens sont ainsi détaillés en cette charte : 164 *capones vel circiter parisiensium* de cens annuel sur certaines masures, 21 liv. 4 den. paris. de rente sur environ 40 journ. de terre, un four, 20 journ. de terre dont moitié en labour, les droits du vendeur sur 17 journ. de terre amodiés par lui à la léproserie d'Oisemont, et enfin son droit de justice sur le tout ; ce qui est estimé valoir 85 liv. 15 sols paris. de revenu annuel. (*Cartulaire de Sery*, p. 100, 274 et 275.)

[5] La ferme et le bois de St.-Séverin, la terre de Framicourt (*Framercour*), faisaient partie des biens donnés avant 1185 par W. de Cayeu, fils du fondateur. — En 1219, un autre W. de Cayeu, seigneur de Bouillancourt et de Senarpont, chevalier, donna 40 journ. de terre contigus au bois de Sery, et au mois de mai 1226 son fils Willaume de Cayeu, seigneur de Carenchy, donna 30 autres journaux, tant en terre qu'en bois. En 1233 Richard de Montiers, donna 18 journ. de terre. En 1253 Henri de Maisnières, seigneur de Nellette, céda aux religieux des terres qu'il avait auprès de la ferme de St.-Séverin, à la condition qu'ils les laboureraient et que chaque partie fournissant la moitié de la semence, les fruits se récolteraient par moitié. En 1273 il retira la moitié de ces terres, c'est-à-dire 18 journ. et laissa le reste en propre aux religieux, ce que ratifièrent sa femme Aélis et leur fils Willaume. (*Cartulaire de Sery*, p. 84, 87, 244, 253 et 263.)

[6] Les possessions de l'abbaye sur ce fief furent confirmées par Gautier de Camberon, chevalier, seigneur de St.-Maxent, en 1236, et par Jean de Bailleul, comme seigneur capital, en 1253. (*Cartul. de Sery*, p. 90 et 253.)

[7] La basse justice seulement et les amendes de 7 sols 1/2 appartenaient à l'abbaye, en 1333, sur les terres et bois de St.-Séverin et de l'Abbaye-au-Bois ; la haute justice et la justice vicomtale étaient au seigneur de Bouillancourt, comme on le voit en une charte de ladite année, donnée par Jean de Varennes, chevalier, seigneur de Vinacourt et de La Broie, à cause de sa femme Jeanne de Cayeu, dame dudit lieu et de Bouillancourt. (*Cartul. de Sery*, p. 288.)

[8] Peut-être ce qu'on nommait *les grandes* et *les petites masures*, dont le terrage fut racheté en 1258

— 97 —

avec toute justice sur trois maisons. — Un fief à Neslette, consistant en 9 liv. 12 sols d'argent et 2 chapons de censives annuelles, avec toute justice sur un tènement de 2 journaux de terre, où est situé le moulin *des Cloyes* [1]. — Un fief à Martinneville [2] et Longuemort, à Bouillancourt-sur-Miannay, à Valines [3], à Broutelle [4], à Vaudricourt, à Mons-en-Boubert, au Translay, à Biencourt [5] et à Bouttencourt [6], avec toute juridiction temporelle, telle que justice haute, moyenne et basse. — Un fief à Fressenneville et Escarbotin, consistant en censives sur plusieurs maisons et terres aux champs [7], avec toute juridiction temporelle. — Un fief à Offeu, consistant en censives sur 24 journaux de terre dites le *camp Magin*, avec toute juridiction temporelle. — Le tout affermé aux religieux de l'abbaye, par bail notarié, moyennant 5,800 l.

CHARGES.

Au curé de Bouillancourt, pour supplément de portion congrue, 6 setiers de blé, mesure par l'abbaye, de Jean dit *Wateblé*, seigneur de Wateblérie. — Ce nom serait-il celui du possesseur imposé à son fief? (*Cartul. de Sery*, p. 257.)

[1] Ce moulin fut donné à l'abbaye dès avant l'année 1185 et il est cité dans les lettres confirmatives de l'évêque Thibaut. (*Cartul. de Sery*, p. 68.)

[2] Duquel faisaient partie sans doute les 15 journ. de terre dont Raoul Tirel confirma le don en 1227, sous la condition d'une redevance annuelle de 2 sols et d'une paire d'éperons dorés, dont il fit remise en 1230, du consentement de Gila, sa femme et de Ingerran, son fils aîné. (*Cart. de Sery*, p. 242 et 243.)

[3] Au mois de Juillet 1235 Jean de Gamaches, du consentement de son épouse Marie, fit don de 8 journ. de terre à Valines, au profit de l'abbaye de Sery; ce qui fut confirmé au mois d'avril 1238 par Jean, seigneur de Valines, chevalier. En 1241 Jean de Gamaches et Marie, son épouse, donnèrent encore 6 autres journ. de terre, sis au territoire de Valines. Et au mois d'avril 1265 la reine Jeanne, douairière de Castille et de Léon, conjointement avec son mari Jean de Nesle, comte de Ponthieu, confirma la possession de ces terres. (Chambre des Comptes, Registre coté 587. A. N. S. Ms. p. 1156, 1157 et 1158. — Extr. des notes de M. de Rousseville : *Recherches sur la Noblesse de Picardie*, Ms. tom. 2, au nom Gamaches. — *Cartul. de Sery*, p. 67, 249 et 259.)

[4] Voici l'origine de ce fief. Geoffroy de Broustelle avait fait don à l'abbaye de 44 journ. de terre, ce qu'approuva, en 1216, Willaume de Valines. Celui-ci et sa femme Ermengarde, seigneurs du fief, confirmèrent en 1224 la renonciation à toute prétention souscrite par la femme dudit Geoffroy. Et en 1246 Jean, seigneur de Bailleul, confirma à son tour comme seigneur dominant. — Wibert ou Hubert de Cayeu, chevalier, seigneur de Broustelle, fit don en 1226 de 12 journ. de terre, pour le repos de l'âme de son frère Jean de Cayeu, et en 1239 de 10 journ. tenant aux 12 autres ; ce que confirmèrent Willaume de Montigny, chevalier, seigneur de Cayeu et Alis, sa femme, en 1247. (*Cartul. de Sery*, p. 83, 91, 240, 247 et 250.)

[5] Ce fief ne consistait plus qu'en droits seigneuriaux sans domaine. Par un titre non daté mais antérieur à l'année 1177, Hainfroy de Biencourt, chevalier, avait vendu à Jean du Pont le fief qu'il tenait de l'abbaye, à la charge de deux sols de redevance annuelle et de service à roucin (*cum equo*) trois fois par an. (*Cartul. de Sery*, p. 61.)

[6] Peut-être s'agit-il ici du cens de six sols, en monnaie du Vimeu (*monetæ Vimacensis*), dû annuellement pour abandon de six journ. de terre, dont deux situés auprès de Bouttencourt et les autres dans le Val-Mault, abandonnés, à titre d'inféodation, par l'abbaye au profit d'Odon, le chirurgien ou saigneur (*minutori*), en l'année 1211. (*Cartul. de Sery*, p. 81 et 82.)

[7] Peut-être les 36 arpents rappelés aux lettres de l'évêque Thibaut de 1185, et aussi les 14 arpents situés au lieudit *le Fresnal*, donnés en 1221 au couvent par un habitant du village : ce qui fut confirmé, au mois de janvier 1231, par Gérard d'Abbeville, seigneur de Boubercq et de Fressenneville, et en 1247 par sa femme Agnès, dame de Fressenneville, par Bernard de Beauchamp et Emeline, sa femme. (*Cartul. de Sery*, p. 68, 243 et 251.)

de Blangy, évalués 50 l. 8 s; — plus en argent, 60 l. — Au curé de Broutelle, supplément 60 l. — Au curé de Friville, 52 mines de blé, mesure de St.-Valery, évaluées à 9 liv. 9 sols l'une, 491 l. 8 s.—52 mines d'avoine, à 5 liv. 5 sols l'une, 273 l.— 660 gerbées, 300 bottes de feurre d'avoine et 100 warats de vesce, 80 l. — Au vicaire de St.-Blimont, 30 l. — Au prieuré de Gamaches, par manière de préciput [1], 40 l. — A l'abbaye de St.-Valery, par manière de préciput, 5 setiers de blé, mesure du dit lieu, 47 l. 5 s ; — et 5 setiers d'avoine, 26 l. 5 s. — Un renvoi à l'abbaye de St.-Lucien de Beauvais, 20 l. — Moitié des réparations de l'église, de l'abbaye et des lieux réguliers, comme il est porté par le concordat fait en 1648, la somme de 400 l. — Réparations de la maison abbatiale, 400 l. — Réparations du chœur de Bouillancourt [2], 60 l. — Réparations du chœur de Broutelle, 30 l. — Réparations du chœur de Friaucourt, 40 l. — Réparations du chœur de Friville [3], qui est très-haut et exposé aux vents de la mer, 176 l.— Réparations du chœur de Villers-sous-Cansart, 50 l.— Réparations de la chapelle de Busmenard, 20 l. — Décimes ordinaires et extraordinaires que l'abbé est obligé de payer pour les religieux, suivant ledit concordat, 300 l. — Au moine-lai, 25 l. — Honoraires du bailli, 40 l. — Honoraires du procureur fiscal, 30 l. — Honoraires du greffier, 30 l. — Au sergent et garde-chasse, 50 l. — Total 2,829 l. 6 s.

Nota. — En outre l'abbé est obligé de payer une pension annuelle de 400 liv. au sieur Graiot, curé de Gien-sur-Loire, comme il est porté par le brevet de S. M. en date du 15 août 1725.

Récapitulation : Montant des revenus . . . . 5,800 l »»
— des charges 2,829   6 s

Reste net. 2,970 14

MANSE CONVENTUELLE.

La Communauté est à présent composée de dix religieux [4].

Déclaration fournie le 15 mai 1730 par le prieur et les religieux, rectifiée.

REVENUS NON AFFERMÉS.

Les dîmes de Bouttencourt, donnant environ 300 gerbes de blé, autant d'avoine et d'autres ronds grains, ce qui produit année commune, tous frais faits, 300 l. — Un droit de préciput sur la seigneurie de Bouillancourt-en-Sery [5], de 5 setiers de blé, mesure de Blangy,

---

[1] Voyez-en l'origine ci-après p. 102.

[2] Cette énonciation, fait supposer qu'une sentence arbitrale du mois de juillet 1294, qui imposait cette charge aux habitants de Bouillancourt, n'était plus exécutée. Peut-être était-ce depuis le déplacement de l'église qui, ayant été démolie « durant les guerres et divisions de ce royaume, » fut reconstruite sur l'emplacement de l'ancien presbytère, et celui-ci au lieu où était l'église, en conséquence de l'autorisation donnée à Hesdin, le 20 septembre 1430 par Jean de Bourgogne, comte d'Estampes, seigneur de Dordain et de Bouillancourt. (Cartul. de Sery, p. 41 et 42.)

[3] « Il a coûté, depuis quatre ans, en grosses et menues réparations 1760 livres. » (Déclarat.)

[4] Il devait y avoir 12 religieux, d'après la transaction de 1648. (Déclaration.)

[5] Cette redevance portait sur le moulin Herlant, lisons-nous dans les pièces d'un procès soulevé entre l'abbaye et le sieur Van-Robais, pour quelque entreprise sur le cours d'eau. Ce moulin était bâti sur la petite rivière qui servait de clôture à l'abbaye. Il fut

évalués 47 l. 5 s; — plus de 200 l en argent. — Un préciput sur la seigneurie de Frette-meule ¹, de 3 setiers de blé, mesure d'Abbeville, évalués à 8 livres 1 sol l'un, 24 l. 3 s. — Un autre sur l'abbaye du Lieu-Dieu, à cause de la dîme de Corroy, de 7 setiers 1/2 de blé, 60 l. 7 s. 6 d; — plus de 7 setiers 1/2 d'avoine, 43 l. 2 s. 6 d. — Huit arpents de bois-broussaille à coupe ², évalués 400 l. — Menus cens ou rentes foncières sur les héritages de différents particuliers, 30 livre.

Revenus affermés.

Une ferme dans l'enclos et lieux circonvoisins de l'abbaye, avec 130 journaux de terre arable, pleine de cailloux, et 10 à 12 journaux de pré, pâturages et plants d'arbres fruitiers. — Les grosses dîmes d'Ansenne; — ces 2 articles affermés ensemble 800 l. — La 1/2 des dîmes de Bouillancourt-sur-Miannay, 330 l. — Les dîmes de Framicourt, 220 l. — Les dîmes de Huitainéglise, 450 l. — Le 1/3 des grosses dîmes d'Izangremel et Oincourt, 150 l. — Les grosses dîmes de Monthiers, 300 l. — Le tiers des grosses dîmes d'Offeu, Offoël et Eslincourt, 153 l. — Les 2/3 des grosses dîmes sur le fief d'Olainville près Limeux, 39 l. — Une branche de dîme sur le terroir d'Onicourt paroisse de Martinneville, 120 l. — Les dîmes tant grosses que menues de Wattebléry, autrefois affermées 155 l, mais à présent abandonnées au desservant-vicaire. *Mémoire.*— Les dîmes de St.-Séverin, 300 l. — 42 journaux de terre arable situés au terroir de St.-Séverin, affermés en argent, 120 l; — plus 8 setiers de blé, mesure de Blangy, 75 l. 12 s. — 33 journaux de terre situés à Bouttencourt, 84 l. — Une ferme nommée *les Rendus* ³ près Dieppe, diocèse de Rouen, consistant en une maison, granges, écuries, terres, pâturages, plants, petit bois, avec chapelle domestique ⁴,

---

aliéné vers 1567 au profit du sieur d'Inglessens, seigneur d'Ansenne. (*Notice historique sur l'abbaye de Sery*, p. 101. — *Description et narré des droictz, authorités, prééminences et presrogatives du comté d'Eu,* f° 369. Ms. du XVIᵉ siècle. Bibl. de M. G. D***.)

¹ Donné au couvent au mois d'octobre 1222, par Robert de Fraitemeule, chevalier, de l'assentiment d'Agnès, son épouse, et d'Eustache, son fils aîné. (*Cartul. de Sery*, p. 86 et 87.)

² C'était le bois de St. Séverin, qui contenait 127 journ., mis à coupe tous les 16 ans. La partie qui entourait la ferme du même nom, depuis l'angle Gile jusqu'à la terre de Nellette, avait été donnée par Willaume de Cayeu avant 1185, et 40 journ. contigus avaient été acquis le 10 des kal. de septembre (23 août) 1209 d'un autre Willaume de Cayeu, en paiement de 340 liv. paris. que le couvent lui avait prêtées pour le mariage de son fils puisné, Eustache. — Le même Willaume donna audit couvent en 1219, quarante journ. de bois, et en 1220, du consentement d'Elisabeth, son épouse, il en abandonna encore 80 journ.

à titre d'échange contre le droit d'usage que le couvent avait dans sa forêt. (*Cartul. de Sery*, p. 65, 68, 79, 84, 85 et 86.)

³ Cette ferme était située dans la forêt de Sauchoy, aujourd'hui Sauchay (Seine-Inférieure). Ce fut d'abord une portion de bois que défrichèrent les religieux et qui leur fut donnée savoir: par Jean de Salchois (*alias de Salceio* et *de Sauceio*) connétable d'Eu, 140 acres vers 1180, et 40 acres le 8 des kalendes de juin (24 mai) 1190. Ces dons furent confirmés en 1182 et 1190 par Henri, comte d'Eu, seigneur suzerain; en 1221 par un autre Jean de Sauchoy, après quelques difficultés sur l'étendue des dons; au mois de mai 1271 et en 1285 par Hugue de Sauchoy, et en 1289 par sa fille Marie. — En 1187, aux ides (le 13) de décembre, Gosselin de Bellengreville (*de Berenger-villa*), seigneurie voisine assise sur les rives de l'Eaulne, fit don à l'abbaye d'un champ sis auprès des communes. (*Cartul. de Sery,* p. 52, 53, 54, 71, 348 et 349.)

⁴ Elle était dédiée à St.-Nicolas, datait de l'époque de la donation de la ferme, et fut probablement

affermés 1,600¹. par an. — Un autre *petit gaignage* de 30 journaux de terre, maison, jardin, écuries, situé au village de Saulx, même diocèse, affermé 170¹. par an. — Les 2/3 des grosses dîmes de Bazinval ¹, au même diocèse, affermés 270 ¹.

Nota. — Ces trois derniers articles ne sont ici portés que pour *Mémoire*, parce que la déclaration en a été fournie au Bureau diocésain de Rouen, où la dite abbaye paie décimes pour les dits biens ².

Total des revenus : dans le diocèse d'Amiens . . . . 4,246¹ 10 ˢ
— dans celui de Rouen . . . . 2,040 »»

Ensemble 6,286 10

Charges.

Entretien et desserte de la chapelle des Rendus, 60 ¹. — Réfections extraordinaires de la dite ferme, qui est construite de mauvais matériaux et située à une lieue et demie de la mer, 300¹. — Entretien de la ferme de Saulx, composée aussi *de boue et de crachat*, 50 ¹. — Entretien du chœur de Bazinval, 30 ¹. — Portion congrue du curé de St.-Etienne, 300¹. — Entretien du chœur de son église, 40 ¹. — Au desservant de la chapelle de Monthiers, 200 ¹ ; — et réparations du chœur, 30 ¹. — Au curé de Huitainéglise pour son gros, 230 ¹ ;

reconstruite au siècle suivant, car l'évêque de Rouen, Eudes Rigaut, nous apprend (*Regestrum Visitationum*, p. 279) qu'il en fit la consécration le 13 juillet 1257. — On faisait dans cette chapelle les fonctions curiales pour les domestiques de la ferme. Dans les premiers temps cinq à six religieux y demeuraient ; il n'y en eut plus qu'un dans la suite. (*Extr. de l'hist. de Sery*, Ms. p. 33. — *Cartulaire*, p. 53.)

¹ Elles appartenaient à l'abbaye, tant par la donation que Guillaume de Sorenc et Emmeline, sa femme, lui firent de tous leurs droits sur les églises de Sorenc, de Bazinval et de l'Epinoy, ensemble des dîmes de deux clercs, en l'année 1177, que par suite de l'abandon fait par Hugue, abbé de St.-Germer, en la même année de l'église de Sorenc, avec ses dépendances, c'est-à-dire les chapelles de Bazinval et de l'Epinoy qu'il avait reçues de Hugue, archevêque de Rouen, en 1163. L'abbaye de Sery avait cédé en échange une terre, nommée *de Puteolis*, voisine du couvent de Flay. — L'autre tiers de la grosse dîme et toute la petite dîme étaient perçus par le curé. (*Cartul. de Sery*, p. 43, 44 et 45.) — Le P. Ignace s'est trompé en comprenant (*Histoire ecclésiastique d'Abbeville*, p. 509) les églises de Bazinval, de Soreng et de l'Epinoy dans le doyenné de Gamaches. Ce qui a pu engendrer cette erreur, c'est que les villages cités faisaient partie de la prévôté de Vimeu. (Voy. Ricard, *Coutumes du bailliage d'Amiens*, commentées : Etat des villes, bourgs, villages, etc., situés dans l'étendue et ressort du Bailliage-Présidial d'Amiens.)

² On a omis le droit de chauffage et d'usage dans la forêt d'Eu, concédé à l'abbaye par Henri et par son fils Jean, comtes d'Eu. En l'année 1174 Henri, leur fils et petit-fils en donna des lettres de confirmation, puis Raoul d'Issoudun, en 1208, et Aélis, comtesse d'Eu, mère de Raoul le jeune, en 1228. Dans la suite, ce droit fut réglé, par sentences de la Table de marbre à Paris des années 1533 et 1581, et fixé à cent cordes de bois-mort et mort-bois, selon les termes de la charte normande de 1315. Un siècle plus tard, un arrêt d'ordre au décret du comté d'Eu de l'année 1660, convertit ce droit en 50 cordes de bois marchand, ou 5,000 bûches. — Il ne faut pas confondre le mort-bois avec le bois-mort. Ladite charte qualifiait *mort-bois* les neuf espèces suivantes : saulx, marceaulx, épines, puisnes, séurs (sureau), aulnes, genets, genievre et ronces. — La corde du comté d'Eu était de 6 pieds de couche sur 4 pieds 1/2 ; le tout au pied du comté, qui était de onze pouces. (*Cartulaire de Sery*, p. 79, 88, 347 et 349. — *Mém. sur les comtés d'Eu et duché-pairie d'Aumale*, Ms. tome I, p. 225, et tome II, p. 340. — *Descript. et narré des droictz... du comte d'Eu*, f° 424 v°. — *Collect. de cartes concernant la forêt d'Eu*. Estancelin, 1768. — *Déclar. du Roi*, du 4 octobre 1533. — Blanchard, *Table des ordonnances*, p. 70.)

— et pour entretien du chœur de son église, 30 ˡ. — Au vicaire desservant de Wattebléry, 320 ˡ. pour le tout ; mais comme le produit de la dîme dudit lieu n'est porté que pour *Mémoire*, cet article ne doit aussi figurer que pour *Mémoire*. — Au curé et au vicaire de St - Blimont, pour gros, 31 ˡ ; — et pour réparations du chœur, 10 ˡ. — Au curé d'Izangremel, pour son gros, 42 ˡ. 17 ˢ ; — et pour le chœur, 20 ˡ. — Entretien du chœur de Bouillancourt-sur-Miannay, 25 ˡ. — Réparations de l'église de l'abbaye : toitures, murs, pavés, et autels. Elle est très-humide et bâtie de pierres gelisses, très-exposée aux coups de vent de mer, 300 ˡ. — Réparations des lieux réguliers : cloître, dortoir, appartement des hôtes, cuisine, écuries, muraille contenant plus de 1000 toises en pierres gelisses, 400 ˡ. — ˡ Entretien de la ferme dans l'enceinte de la maison, 200 ˡ. — Entretien de la sacristie : cloches, cordes, beffroi, aubes, chasubles, chappes, cierges, vin, et pension d'un organiste, 300 ˡ. — Honoraires des médecin, chirurgien et apothicaire ², 150 ˡ. — Aumônes et hospitalité dont les religieux sont chargés par transaction avec l'abbé, 300 ˡ. — Gages d'un portier et d'un barbier, 100 ˡ. — Frais de l'ordre et changement des religieux, 180 ˡ. — Partie de la taxe du moine-lai, par transaction avec l'abbé, qui est chargé du reste des impositions, 125 ˡ. — Au curé de Framicourt, pour son gros, 192 ˡ. — Réparations du chœur de l'église du dit lieu, 25 ˡ. — Total 3,670 ˡ 17 ˢ.

RÉCAPITULATION : Montant des revenus dans les deux diocèses. . . . . 6,286 ˡ 10 ˢ
— des charges 3,670 17

Reste net. 2,615 13

AU DIOCÈSE D'AMIENS : Montant des revenus. . . . . 4,246 ˡ 10
— des charges (les 2/3 du total, parce que le revenu au diocèse de Rouen est environ de 1/3 du total) 2,447 17

Reste net. 1,798 13

AU DIOCÈSE DE ROUEN : Montant des revenus. 2,040
— des charges (1/3) 1,223

Reste net. . . . . . 817, ci. 817 »»

Réunion. 2,615 13

---

¹ « Lorsque les frais de réfection de l'église, des lieux réguliers et de la ferme dépassent 1000 livres, l'abbé y entre pour moitié. » (*Déclarat.*)

² La *déclaration* ajoutait : « la maison étant très-humide, sujette aux vents et vapeurs de la mer, n'est presque jamais sans infirmes ; » et elle portait cette charge à 300 livres, y compris les remèdes et aliments extraordinaires.

Prieuré simple de SAINT-PIERRE et de SAINT-PAUL, a Gamaches [1].
A la collation de l'abbé de St.-Germer [2].

Déclaration faite le 4 février 1730 par le chargé de procuration de dom Jean-Baptiste Orion, prieur titulaire, religieux profès de l'ordre de St.-Benoît, demeurant en l'abbaye de St.-Julien de Tours, approuvée.

Le tiers de la dîme de Bauchen. — Un trait de dîme sur le terroir de Bouillancourt. — Un autre sur celui de Frettemeule. — Une portion de dîme sur Friaucourt. — La dîme de Gamaches, et un pré nommé *le Jardinet* [3]. — Une autre sur les terroirs d'Hélicourt, Harceleine, etc. — Une rente foncière de 40¹ sur l'abbé de Sery, à cause de la dîme du fief de *Belleperche*, paroisse de Bouillancourt, à lui cédée en 1715. — Une autre sur les héritiers de Nicolas Saulmon, à cause de la partie de son jardin nommée *le prieuré*. — Le tout affermé moyennant 1,870¹, charges comprises.

Charges.

Portion congrue du curé de Gamaches, 330¹. — Gages du sous-prieur chargé de l'acquit d'une messe basse tous les jours ouvrables, des premières vêpres la veille des fêtes et dimanches, et grand'messe le jour, 400¹. — Aumône distribuée aux 12 apôtres le Jeudi-Saint, 15¹. — Aux 4 prêtres qui assistent à l'office aux quatre jours nataux, 20¹. — Au clerc, pour son assistance à l'office et aux services dont est chargé le prieur, 15¹. — Luminaire du grand autel de l'église du prieuré, 40¹. — Réparations du chœur de l'église de St.-Pierre de Gamaches, qui est d'un grand entretien, et celles des 5 autres églises dans les paroisses desquelles le prieur a droit de dîme, 166¹. 6ˢ. — Total, 986¹. 6ˢ.

Récapitulation : Montant des revenus 1,870¹
— des charges 986 6ˢ
Reste net. 883 14

Prieuré de la TRINITÉ, a La Chaussée d'Eu [4].
Collateur de plein droit : l'abbé de St.-Lucien de Beauvais.

Déclaration fournie (sans date) par le titulaire Louis Lucas, religieux profès du prieuré de St.-Pierre et St.-Paul d'Abbeville, rectifiée.

---

[1] De l'ordre de St.-Benoît, congrégation de St.-Maur.

[2] Ce droit est rappelé en la bulle du pape Alexandre III, du 12 des kal. de juillet 1178, qui confirme les possessions de l'abbaye de St.-Germer, (*Historia Bellovac.* I, 455. — *Picardia Christ.* Ms. f° 93.) — C'est donc par erreur que ce droit de collation a été attribué à l'abbaye de St.-Lucien de Beauvais par le *Pouillé de l'Arch. de Ponthieu,* f° 171, et par les suivants, qui probablement ont été copiés l'un sur l'autre.

[3] Il contenait, selon la *déclaration,* environ 100 perches, et d'après l'état rectifié 4 à 5 quartiers. Voyez sur la valeur relative des quartiers l'*Introduct.* ci-dessus, chap. IV.

[4] La Chaussée formait un fief distinct de la ville d'Eu. — Le prieuré était de l'ordre de St.-Benoît. — Il fut fondé par Henri Iᵉʳ, comte d'Eu, sur un terrain donné par Hugue, seigneur de La Chaussée, fils du vicomte Robert d'Eu, en l'année 1138, et augmenté le 6 juin 1157 par Jean Strabon, comte d'Eu. (*Picardia Christ.* f° 99 v°. — Désiré Lebeuf, *La ville d'Eu,* p. 47 et 70.)

La dîme sur le terroir de la Trinité d'Eu ; — et les 2/3 de celle sur le terroir de St.-Martin de Mers. — Le tout affermé 1,580 [1].

Charges.

Portion congrue du curé de la Trinité d'Eu, 300 [1]. — Au même, pour l'acquit des offices dont est tenu le prieur, 60 [1]. — Aux 2 chappiers qui assistent aux dits offices, 40 [1]. — Pour l'acquit d'une messe par semaine, 26 [1]. — Au bedeau, 6 [1]. — Réparations des chœurs des églises de la Trinité d'Eu et de St.-Martin de Mers, livres, linges et ornements, 150 [1]. — Supplément au curé de Mers et augmentation de gages aux chappiers de la Trinité, 60 [1]. — Total 642 [1].

Récapitulation : Montant des revenus . . . . 1,580 [1]
           — des charges 642

Reste net 938

Chapitre de l'assomption de NOTRE-DAME, a Gamaches [1].

Il est composé de 6 chanoines [2].

Collateur de plein droit : le marquis de Gamaches.

Déclaration faite le 5 mars 1730 par le doyen Delespinoy de Godmont [3] et les chanoines, rectifiée.

---

[1] Fondé en l'année 1191, dans le château de Gamaches, par Bernard de St.-Valery, qui y appliqua la dîme de tous les revenus de la vicomté de Gamaches. Son fils Thomas confirma cette donation et y ajouta, pour l'habitation des chanoines, la maison de son chapelain Milon, située entre la chapelle et la muraille du château. Au mois de septembre 1207 Richard, évêque d'Amiens, à la demande dudit Thomas, approuva le tout et imposa aux chanoines l'obligation de résider. Plus tard le pape Honorius III prit cette église sous sa protection. (Ms. Bibl. d'Amiens, n° 563, f° 141. — *Cartulaire de l'église collégiale de Notre-Dame de Gamaches*, p. 157 et suiv. Bibliot. Sainte-Geneviève, à Paris; H. f. 8. — P. Ignace, *Hist. des mayeurs d'Abbeville*, p. 116.) — A tort et sur des renseignements fautifs, nous avions dit ailleurs (*Gamaches et ses seigneurs*, p 61) que Thomas de St.-Valery était le fondateur du chapitre et que la collégiale avait été d'abord dédiée à St.-Thomas. Le *Cartulaire* que nous venons de citer et que, sur les indications de notre savant collègue M. Cocheris (*Rec. de Mss. sur la Picardie*, n° 665), nous avons lu, rappelle le véritable vocable et fait connaître (p. 200) qu'il existait en 1294 dans l'église une chapelle dédiée à St.-Thomas de Cantorbéry. — On trouve que le 15 novembre 1664, à la demande du seigneur, l'évêque d'Amiens aurait érigé une chapelle en septième prébende. (*Picardia Christ.* Ms. f° 131.) Cependant la *déclaration* ici copiée ne porte que 6 chanoines. — On voit encore sous cette chapelle, aujourd'hui profanée, le caveau où reposaient, dans de beaux cercueils en plomb, les puissants seigneurs du lieu. Lorsque les révolutionnaires virent ces cercueils, pour prendre le métal, n'hésitèrent-ils pas un moment, n'eurent-ils pas le frisson, en trouvant le cadavre de l'illustre maréchal Joachim Rouault bien conservé, momifié et portant fièrement encore ses cheveux et sa barbe ? (Renseignement d'un témoin oculaire.)

[2] Un titre de 1348 (*Cartul.*, p. 304) montre qu'alors les chanoines n'étaient pas encore constitués en chapitre et n'avaient ni doyen, ni prévôt, ni trésorier. — Le 21 juin 1739 les chanoines, alors au nombre de cinq, y compris le doyen, assemblés capitulairement, firent constater leurs usages et règlements par un notaire. Le chanoine chargé de pointer les absents y est nommé *ponctuateur*. (Voy. aux minutes de Déleplanque.)

[3] Le règlement de 1739 que nous venons de citer le dénomme ainsi : Richard-Dominique Masquerel de l'Epinoy de Godmont.

Revenus non affermés.

Dîme [1] sur le moulin à blé de Gamaches, donnant 20 setiers de blé, mesure du lieu, à 8 liv. 8 sols l'un, 168 l. — Cens et surcens [2] sur plusieurs maisons de Gamaches, 25 l. — 12 setiers de blé, mesure de Dommart, à prendre dans la grange de la seigneurie de Bernaville [3], évalués à 8 liv. 8 sols l'un, 100 l. 16 s. — Six journaux de bois produisant 20 l.

Revenus affermés.

Une branche de dîme au village de Bouvaincourt, 90 l. — Une autre sur le terroir de Cahon, 120 l. — Une autre sur le terroir de Frettemeule et Maigneville, 270 l. — Une autre sur le terroir d'Harcelaine [4], affermée en argent, 60 l ; — et 20 setiers de blé, mesure de Gamaches, 168 l. — Une autre à Ouste, affermée au curé du lieu *ad vitam curatam*, 25 l. — Une autre sur celui de Sainneville, 150 l. — 15 journaux [5] de terre au terroir du bourg d'Ault, 150 l. — 42 journaux de terre à Dargnies [6], affermés en argent, 100 l ; — plus 38 setiers de blé, mesure de Gamaches, 319 l 4 s. — 14 journaux de terre situés à Buigny-

---

[1] Cette dîme avait été donnée par Thomas de St.-Valery, selon charte non datée mais qui doit être de l'année 1207, comme les lettres confirmatives de l'évêque Richard, ci dessus rappelées. Elle fut fixée d'abord à 120 setiers de blé, puis réduite à 20 setiers et enfin retranchée totalement par les seigneurs : ce qui donna lieu à un procès, en 1746. (*Gamaches et ses seigneurs*, p. 65. — Ms. 563 de la Bibl. d'Amiens, f° 141. — *Hist. des mayeurs d'Abbeville*, p. 116. — *Cartulaire de la collégiale*, p. 558, 162 et 172.)

[2] La donation par Bernard de St.-Valery de la dixième partie de tous les revenus de la vicomté, comprenait des cens ; et on en trouve un certain nombre spécifié, dont quelques-uns acquis depuis. — Notons les surcens sur une maison où pendait pour enseigne l'*Aigle d'or* tenant aux fossés du château, sur une autre où pendait pour enseigne le *Dauphin*, provenant du feu sieur d'Izancourt, et sur une autre où pendait pour enseigne la *Croix blanche*, tenant aux murailles de la ville. (*Cartul.* p. 170, 210, 214, 220, 227 et 237. — Titres nouvels aux minutes de Déleplanque.)

[3] Cette redevance avait été donnée par Thomas de St.-Valery, pour fondation d'une prébende, et à la charge d'un annuel pour lui, pour sa femme Edèle, pour Bernard et Aanor, ses père et mère, au mois de décembre 1208. — Par sentence du bailliage d'Amiens, du 21 janvier 1393, Jean de Craon, chevalier, seigneur de Dompmart et de Bernaville, fut condamné au paiement de cette redevance d'un muid de blé ; une autre sentence du 1er juillet 1481 y condamna Jehan de Soissons, écuyer, seigneur des mêmes terres. (*Cartul.*, p. 168, 169, 310 et 313.)

[4] Ou plutôt sur Monchelet, dépendance de la paroisse. (Voy. ci-après.) C'est du reste ce que porte le bail qui en fut fait en 1719. (Voy. minutes du notaire Retard.)

[5] Les baux portent 14 journaux, en une pièce. C'est aussi la contenance qui figure en la vente faite, au mois d'octobre 1292, par Martin du Maisnil, châtelain d'Ault, à Guillaume Potier, de qui paraît provenir ladite pièce « sise au quemin qui maine d'Aut à Ouste. » (*Cartulaire*, p. 218. — *Gamaches et ses Seigneurs*, p. 65 — Bail devant le notaire Retard, du 6 novembre 1719.)

[6] Le chapitre acquit en 1263, de Reginald de Daregny, chevalier, et Ade, sa femme, suivant lettres adressées à l'official par Eustache, doyen de Gamaches, 24 journ. de terre, en deux pièces sises près de la voie qui mène de Daregny à Ault et dans un lieu nommé *Campus Tierricii*; au mois d'octobre 1269 de Willaume de Daregny, fils et héritier de Willaume, jadis chevalier, onze journ. de terre tenant à celle d'Arnoul, fils d'Anselme ; ce qui fut confirmé immédiatement par Willaume de Cayeu, chevalier, seigneur de Boulaincort ; enfin au mois de décembre 1269. de Willaume de Daregny, onze autres journaux tenant à la terre de Jean de Daregny, et sis au chemin de Bauchien, à celui d'Ault et au camp Boiard. (*Cartul.* p. 180, 182, 184 et 186.)

sur-Gamaches [1], affermés en argent, 25 l; — plus 14 setiers de blé, 117 l. 12 s. — 14 journaux de terre situés à Tilloy-sur-Gamaches [2], affermés au même prix, 142 l. 12 s. — Total des revenus [3], 2,051 l. 4 s.

CHARGES.

Réparations de la chapelle, ornements, linge, cire, pain et vin, 160 l. — Réparations des chœurs des églises de Bouvincourt, Cahon, Frettemeule, Harcelcine, Ouste et Sainneville, 100 l. — Gages des officiers du chapitre, 20 l. — Au petit clerc et serviteur d'église, 60 l. — Logement [4] des chanoines, 240 l. — Total 580 l.

RÉCAPITULATION : Montant des revenus . . . . 2,051 l 4 s
— des charges . . . . 580 »»
Reste net. 1,471 4

COUVENT DES CORDELIERS, A BOUTTENCOURT [5].

Nous n'avons pas trouvé de déclaration de ses biens. Il ne figure pas non plus au *pouillé* de 1736 [6].

CURES.

AULT (Vocable : SAINT PIERRE) et FRIAUCOURT (Vocable : la NATIVITÉ DE NOTRE-DAME), son annexe.

Présentateur : le prieur de Cayeux-sur-Mer.

DÉCLARATION faite le 14 juillet 1728 par le titulaire maître Mathieu Goüet, approuvée.

---

[1] Les baux portent 15 journ. en deux pièces, l'une de 8 sur Buigny, et l'autre de 7 sur Harcelaine. (Voy. aux minutes de Déleplanque.)

[2] Au mois de mai 1262 Jean Delamare (*J. de Mara*) vendit aux chanoines de Gamaches une pièce de terre, contenant 10 journ. sise au terroir de Tilloy, entre l'arbre de Tilloy et Frettemeule. — Au mois de septembre 1294 Béatrix, dite Comtesse, leur fit don d'une pièce de 5 journ. de terre, sise en son fief de Tilloy, aboutissant au chemin qui va de Frettemeule à Blangy, pour l'entretien de la chapelle de St.-Thomas de Cantorbéry. (*Cartulaire*, p. 200 et 238.)

[3] La *déclaration* du chapitre ajoutait 6 à 7 journ. de bois auprès de ceux de Bouillancourt-en-Sery et produisant 20 liv. Ils ont été omis dans l'état des revenus révisé par le Bureau diocésain, que nous avons suivi ici. — Les chanoines possédaient autrefois à Saulcourt un fief noble qu'ils aliénèrent le 1er février 1589, pour subvenir à la cotisation de 64 écus qui leur fut imposée par les députés du clergé. (*Cartul.*, p. 243. — M. Cocheris, loc. cit. n° 665.)

[4] Obligés alors de se loger à leurs dépens, il leur en coûtait à chacun 40 livres. (*Déclarat.*)

[5] Il fut fondé par Jehan de Mailly, baron et seigneur temporel dudit lieu de Mailly, qui le dota, comme on le voit dans des lettres par lui données à Cambray le 2 octobre 1499. Il déclare que son intention fut toujours que la bulle qu'il avait impétrée pour l'édification du couvent de Bouttencourt, fut « pour les frères mineurs vivant sous le vicaire immédiat du ministre provincial de Franche, comme ceux de Mailly, Dourlens et Abbeville. » Cette bulle était probablement du mois de mai 1499, comme celle de Mailly, que nous avons citée. (*Cartul. de Sery*, p. 360. — Voy. ci-dess. I, 322.)

[6] La cause en est sans doute qu'il ne formait pas un bénéfice et qu'il avait changé de destination. En effet, depuis longtemps il servait à recevoir, moyennant de fortes pensions, des personnes de bonne famille qui avaient eu le malheur de perdre la raison. — Ses biens furent vendus à la Révolution. Ils se composaient notamment de l'emplacement du couvent, bâtiments, église, cour, jardin et plant, d'une contenance de 12 journ. tenant à la rivière, un journal de petite terre tenant au bois de Bouillancourt, un petit plant contenant deux quartiers, vulgairement appelé les *quatre nations*, tenant au chemin

Une portion de la dime du bourg d'Ault[1], affermée 175¹. — Moitié de la dime de Friaucourt[2], 450¹. — Supplément de portion congrue, payé par les religieux de St.-Valery, 60¹. — Fondations: sur la fabrique d'Ault, 87¹ 10ˢ ; — sur le prévôt de la confrérie de la Charité, 20¹ ; — et sur celui de la confrérie du Rosaire, 10¹. — Casuel, 160¹. — Total, 962¹ 10ˢ

CHARGES. — Au vicaire du lieu, 150¹. — Réparations du chœur de l'église et du presbytère de Friaucourt, 52¹. — Total . . . . 202 »

Reste net. 760 10

BEAUCHAMP [3] (Vocable : SAINT MARTIN) et EMBREVILLE (Vocable : NOTRE-DAME), son secours.

Présentateurs : les deux chapelains de St.-Jean-Baptiste *retrò chorum*, en la cathédrale.

DÉCLARATION fournie le 19 juin 1728 par le titulaire maitre Nicolas Dechepy, rectifiée.

Dix-neuf journaux de terre labourable, évalués 133¹. — Le tiers de la grosse dime [4] de Bauchen, évalué, frais déduits, 220¹. — Toutes les novales et menues dimes tant sur le terroir de Bauchen, que sur celui d'Embreville, produisant : 5 setiers de blé, mesure de Gamaches, 42¹. — 50 bottes de chanvre à 15 sols, 37¹. 10ˢ. — 30 boisseaux de chenuis, 30¹. — 40 bottes de lin à 15 sols, 30¹. — Dîme de cour, 10¹ ; — et 8 muids de cidre, 80¹. — Fondations en l'église de Bauchen, 78¹ ; — et en celle d'Embreville, 40¹. — Casuel, 30¹. — Total 730¹ 10ˢ

CHARGES. — Réparations du chœur de l'église, 15¹. — Réparations du presbytère, 15¹. — Frais de dime novale seulement, 70¹. — Total . . . . . 100 »

Reste net 630 10

BOUILLANCOURT-EN-SERY [5] (Vocable : SAINT-JACQUES LE MAJEUR). Prieuré-Cure.

Présentateur : l'abbé de Sery [6].

DÉCLARATION faite le 24 décembre 1729 par le titulaire frère Jean Hocmelle, chanoine régulier prémontré, rectifiée.

---

de l'église, et 2 journ. de terre et pré tenant à la commune. (*Descript. du canton de Gamaches*, p. 223. — *Mémoires sur le comté d'Eu*, tome III, p. 20.)

[1] C'est-à-dire une gerbe de 9 ; le prieur de Cayeu en prenait une autre, et les religieux de St.-Valery le surplus. (*Pouillé de l'Archid.* f⁰ 150.)

[2] Le surplus appartenait au prieuré de Gamaches et à l'abbé de Sery. — L'abbaye avait acheté sa portion du chevalier Ingerran de Fontaines, sous le sceau de l'évêque d'Amiens, le 6 des ides (8ᵉ jour du mois) de décembre 1206. En l'année 1226, Willaume de Restonval renonça à tout droit qu'il y prétendait et ce du consentement de Jean, son fils aîné et autres. (*Cart. de Sery*, p. 77 et 240. — Voy. ci-dess. p. 95 et 102.)

[3] Bauchien, au *pouillé* de 1301. — La *déclaration* a

écrit Bauchen. Si nous ne suivons pas ici cette orthographe, c'est qu'elle s'écarte trop de l'usage actuel.

[4] Un autre tiers appartenait au prieur de Gamaches et le dernier tiers au prieur de Senarpont. — La grosse dime d'Embreville était levée par les deux chapelains de St.-Jean-Baptiste. (*Déclarat. — Pouillé de l'Archid.* f⁰ 154. — Voy. ci-dess. I, 46 et 50.)

[5] L'église avait été rasée pendant la guerre contre les Anglais, vers l'année 1420. Elle fut reconstruite au lieu où elle est actuellement 60 ans après. (*Extr. de l'histoire manuscrite de Sery*, p. 42. — *Descript. du canton de Gamaches*, p. 208.)

[6] L'autel de Bouillencour fut donné à l'abbaye de Sery par Anselme de Cayeu ; ce que confirma l'évêque Thibaut en l'année 1185. (*Cart. de Sery*, p. 64 et 68.)

Sur l'abbé de Sery : en argent, 60¹ ; — et 6 setiers de blé, mesure de Blangy, évalués à 8 liv. 8 sols l'un, 50¹. 8ˢ. — Novales produisant : 6 setiers de blé, 50¹. 8ˢ ; — 3 setiers d'avoine, 17¹. 5ˢ ; — et 1 setier d'orge, 7¹. 9ˢ. — Vertes dîmes : 1 setier 1/2 de vesce et bisaille, à 9 liv. 11 sols, 14¹. 6ˢ. 6ᵈ ; — plus un setier de chenuis, 8¹. — Dîme de fruits : 7 muids de cidre, 70¹· — Dîme de laine, 30¹. — Le tout accordé et cédé par l'abbé de Sery¹ au titulaire, pour tenir lieu de sa portion congrue. — Fondations obituaires, 60¹. — Casuel, 18¹. — Total, 385¹. 16ˢ. 6ᵈ.

CHARGES. — *Néant.*

BOUVINCOURT (Vocable : SAINT-HILAIRE) ².
Présentateur : le chapitre de la Cathédrale.

DÉCLARATION faite le 14 juillet 1728 par le titulaire maître Edouard-François Beaurain ³, approuvée.

Une portion de grosse dîme dans l'étendue de la dite paroisse ⁴, affermée 775¹. — Menues dîmes, comme de laine, sang et pommes, 15¹. — Fondations, 48¹. — ⁵ Casuel, 15¹. — Total, 853¹. 10ˢ.

CHARGES.

Au curé de Pont et Petit-Marais, diocèse de Rouen, à cause du changement du lit⁶ de la

---

¹ Celui-ci jouissait de la grosse dîme, qui avait été donnée, avec l'autel, au couvent par Anselme de Cayeu, son premier fondateur. — Le prieur de Gamaches avait un trait de dîme sur le terroir de Bouillancourt. (*Pouillé de l'Archid.* f° 157. — Voy. ci-dess. 94 et 102. — *Cartul. de Sery,* p. 64 et 68.)

² Bouvaincourt, au *pouillé* de 1301. — En 1729 la paroisse se composait de 40 feux. (*Déclarat.*) — On y distinguait les fiefs de l'île St.-Hilaire et de Cantepie. (*Descript. du canton de Gamaches,* p. 62, 63 et 65.)

³ Il était fils de messire Edouard Beaurain, chevalier, seigneur de Bureuil. D'après les registres de la paroisse il aurait pris possession de ce bénéfice le 15 septembre 1727, et selon sa *déclaration* seulement le 15 janvier 1728. Il mourut le 30 mai 1741. (*Descript. du canton de Gamaches,* p. 67.)

⁴ La grosse dîme se percevait tant par le curé que par les chanoines de Gamaches et le collège d'Eu, à cause du prieuré de St.-Martin. — Les droits du chapitre étaient d'un sixième sur Bouvincourt et d'un tiers sur les fiefs de l'Isle St.-Hilaire, du petit Cantepie et du Chellier ou Sellier. — Un trait de dîme avait été donné au prieuré par le seigneur de Rambures, en 1211. (*Déclaration.*) — Hugue de St.-Hilaire avait donné aux chanoines de Gamaches, en l'année 1214, le tiers de la dîme de son fief et de celui de Willaume de Rambures, chevalier, sis à St.-Hilaire, tenus de Thomas de St.-Valery, plus le sixième de la dîme du fief de Rogon de Bauchien, sis à Bouvaincourt ; ce qui fut confirmé par Thomas de St.-Valery.—La dîme du *fief de Cantepie* était à l'abbé du Lieu-Dieu. Donation en avait été faite au couvent par Guillaume, XVIIIᵉ abbé du Tréport, vers 1337. (*Mém. sur les comté d'Eu et duché-poirie d'Aumale,* tome 1ᵉʳ, p. 313.) D'un autre côté, l'abbaye du Lieu-Dieu possédait encore les 2/3 de la dîme sur le terroir de Pont en Picardie, autre dépendance de la même paroisse. (*Gamaches et Seigneurs,* p. 50 et 64. — *Pouillé de l'Archid.* f° 158. — Voy. ci-dess. p. 93 et 104, et ci-dessous, note 6.—*Cartul. de la collégiale de Gamaches,* p 163 et 167. — Baux aux minutes de Deleplanque.)

⁵ L'usage de la paroisse était de ne donner que 6 liv. pour l'inhumation et les 3 services des grandes personnes, riches ou pauvres, et 60 sols pour les mariages. (*Déclarat.*)

⁶ La Bresle servant de limite naturelle aux deux diocèses, le changement de lit avait eu pour effet d'agrandir l'un au détriment de l'autre. C'est pourquoi la cure, dont le casuel et les autres revenus étaient augmentés, fut chargée d'une indemnité. — Mais quand eut lieu ce changement ? Fut-ce lorsque Henri, comte d'Eu (1093-1139), fit redresser le cours de la rivière entre le Tréport et Mers, ou lorsque Charles

rivière, 31 l. — Au chanoine présentateur ¹, 10 l. — Réparations du chœur de l'église, dont un côté est couvert en ardoises, 15 l. — Réparations du presbytère ², 15 l. — Total 71 liv.

RÉCAPITULATION : Montant des revenus . . . . 853 l 10 s
— des charges 71   » »

Reste net. 782   10

CHEPY (Vocable : SAINT-PIERRE).

Présentateur : le chapitre de St.-Firmin le Confesseur d'Amiens.

DÉCLARATION faite le 18 novembre 1728 par le titulaire maître Jean Louis Caron, rectifiée.

Le tiers de la dîme du lieu ³ produisant : 25 setiers de blé, mesure d'Abbeville, évalués à 8 livres 1 sol l'un, 201 l. 5 s. — 15 setiers d'avoine à 5 liv. 15 sols, 86 l. 5 s. — 100 bottes de warats, 20 l. — 8 bottes de lin à 10 s l'une, 4 l ; — et fourrage, 60 l. — Le 9e de la dîme du hameau de Monchaux ⁴, paroisse de Chepy, affermé 35 l. — La dîme de laine et de charnage, à raison de 2 sols par tête, 12 l. — La dîme des pommes dans les enclos et jardins, produisant 4 muids de cidre, évalués, tous frais faits, 40 l. — Obits (107 messes), 65 l. — Casuel, 24 l. — Total, 589 l. 10 s.

CHARGES.

Réparations du chœur de l'église exposée aux tempêtes et grands vents, à cause de la proximité de la mer, 12 l. — Réparations du presbytère, qui a 240 pieds de bâtiments, et pas de jardin, 15 l. — Pain, vin et cire ⁵ pour la messe, 25 l. — Au valet qui recueille la

---

d'Artois entreprit, au commencement du XVe siècle, un canal dans la vallée, dont les traces étaient encore visibles à la fin du siècle dernier ? (*Collect. de notes sur le comté d'Eu,* Ms. de H.-C. de M***, fol. 30 et 70, v°. — M. Le Beuf, *La ville d'Eu,* p. 45.)

¹ Ce devait être 12 livres. d'après les titres et notamment une reconnaissance donnée devant l'official d'Amiens par Laurent Aseux, curé, au mois de décembre 1423, une autre par le curé Guillaume Garet en 1461, une sentence de l'official du 29 septembre 1536 contre le curé Jean de la Garde (*de Custodia*), une transaction faite entre le chapitre et le curé Jacques Martin en 1605, et une autre sentence du bailliage d'Amiens contre le curé Nicolas de Saint-Ive le 13 février 1666. (Titres du chapitre d'Amiens, arm. 3, liasse 40, n° 1. — *Invent.* III, 285 à 287.)

² En 1689 il n'en existait pas. (*Pouillé de l'Archid.* f° 158.)

³ L'abbé de Sery percevait 4/9es et le chapitre de St.-Firmin d'Amiens les 2 autres neuvièmes. (*Déclarat.*) — Les 2 gerbes de St.-Firmin se prenaient aussi sur Monchaux. (*Compte....,* et *Etat des revenus, etc.* Titres St.-Firmin. Arch. Départem.) — Il semblerait qu'anciennement l'abbaye de Sery possédait toute la dîme sur Chepy, par la donation que lui en avaient faite les sires de Cayeu, comme il est rappelé en la charte confirmative de l'évêque Thibaut, datée du 5 des kal. d'avril 1185. — Le 6 des kal. de mars (février) 1213 Auscher de Freschenville, chevalier, renonça à la prétention qu'il avait sur les éteules (*stramentum*) de la dîme. (*Cartul. de Sery,* p. 82. — Voy. ci-dess. I, 65 ; II, 95. — *Pouillé de l'Archid.* f° 162.)

⁴ Le chapitre de St.-Firmin avait une autre portion de dîme. (Voy. ci-dess. I, 65.) — L'Hôtel-Dieu d'Abbeville, qui possédait (et possède encore) une ferme à Monchaux, donnait chaque année 24 liv. au curé pour qu'il y allât administrer les sacrements. (M. Louandre, *l'Hôtel-Dieu d'Abbeville,* dans les Mém. Soc. d'Emulation d'Abbeville, 1852-1857, p. 101.)

⁵ Le curé la fournissait, à cause de la pauvreté de la paroisse. (*Déclarat.*)

dîme, 30¹. — ¹ Total, 82¹.

RÉCAPITULATION : Montant des revenus 589¹ 10ˢ
— des charges . . . . 82 ⁿⁿ
Reste net. 507 10

DARGNIES ² (Vocable : SAINT-VANDRILLE).
Présentateur : le chapitre de Fouilloy ³.
Revenus : 500 livres ⁴.

FEUQUIÈRES (Vocable : NOTRE-DAME) ⁵.
Présentateur : le prieuré de Canchy ⁶.

DÉCLARATION faite le 12 août 1728 par le titulaire maître Adrien Halbart ⁷, rectifiée.

Une portion de la dîme du lieu ⁸, produisant : 1000 gerbes de blé qui rendent 40 setiers, mesure de St.-Valery, évalués à 9 liv. 9 sols l'un, 378¹ ; — 400 bottes d'avoine qui rendent 4 setiers de grain à 5 liv. 5 sols, 126¹ ; — et fourrages, 50¹. — La dîme anodaille, produisant 300 bottes de warats à 20 liv. le cent, 60¹ — Dîme de pommes, donnant 6 muids de cidre évalués, tous frais faits, 60¹. — Novales tant en blé qu'en mars, 50¹. — Dîme de laine et de charnage ⁹, 25 ¹· — 2 journaux et 2 quartiers ¹⁰ de terre de cure, 37¹. 10ˢ. — Obits et fondations, 90¹. — Casuel, 30¹. — Total, 906¹. 10ˢ.

---

¹ Le curé payait aussi au chapelain de Frireule, d'après la *déclaration*, 14 livres : ce qui n'avait point été admis, ou avait été omis par le Bureau diocésain.

² Daregny, au *pouillé* de 1301.

³ Par transaction du mois de janvier 1223, le chapitre de St.-Mathieu de Fouilloy renonça à toute réclamation sur les autels de Waincourt, Isengremeir et Daregni, moyennant un cens annuel de 30 sols, dont fut chargé l'archidiacre de Ponthieu ; et celui-ci fit donation au Chapitre, de la paroisse (*parochie*) de Daregni et du droit de présentation du curé. (*Cartulaire de Fouilloy*, f° 10 v°. Arch. Départem.) — C'est probablement delà que date l'érection de ladite paroisse.

⁴ Les décimateurs étaient : l'abbé de St.-Vandrille, celui du Lieu-Dieu et l'archidiacre de Ponthieu, chacun pour un tiers. — L'abbaye de St.-Vandrille de Fontenelle avait été confirmée par le roi Louis VII, en l'année 1177, dans sa possession de l'église et de la dîme de Dargnies (*Dareneyum*), qui lui provenait des dons du roi Childebert. (*Pouillé de l'Archid.* f° 164.— Voy. ci-dessus, I, 13 ; II, 91. — *Amplissima collectio*, I, 900. — D. Grenier, Mss. paq. 24ᶜ.)

⁵ Feukières, au *pouillé* de 1301. — En 1728 il y avait « 200 feux, beaucoup de pauvres. » (*Déclarat.*)

⁶ Au XIIIᵉ siècle le personnat de Feuquières appartenait à l'abbé du Bec-Helluin, collateur du prieuré de Canchy. (*Pouillé de 1301*).

⁷ Il exerçait depuis l'année 1715. (*Déclarat.*)

⁸ Les autres décimateurs étaient. l'abbé de St.-Valery, l'abbé de St.-Riquier, le prieur de Canchy, le commandeur d'Oisemont et le seigneur de la paroisse. (*Déclarat. — Pouillé de l'Archidiaconé*, f° 169. — *Registre-terrier de la Commanderie d'Oisemont*, f° 368 v°. Archiv. Départem. — Voy. ci-dess. p. 7.)

⁹ Dans les dîmes de laine et de charnage, comme dans les menues et vertes et dans les novales, même dans les offrandes et oblations, le seigneur de la paroisse percevait 4 bottes de 9, en vertu d'un prétendu droit. (*Déclarat.*)

¹⁰ C'est à-dire deux tiers de journal, selon la manière de compter du pays. Les journaux y sont de 75 verges et le *quartier* s'entendait de 25 verges, ou du quart de 100 verges, comme dans les lieux où le journal portait cette contenance. — Le Bureau diocésain qui ignorait ou oubliait cet usage, a compris qu'il s'agissait de 2 journ. 1/2, et a donné une évaluation en conséquence.

CHARGES.

A l'abbaye de St.-Riquier, 4 setiers de blé, 37¹. 16 ˢ. — Au prieur de Canchy autant, 37¹. 16 ˢ. — Frais de dîme, 150 ¹. — Réparations du chœur de l'église, 20¹. — Réparations du presbytère, 15 ¹. — Total, 260¹. 12 ˢ.

RÉCAPITULATION : Montant des revenus . . . . 906¹ 10 ˢ
— des charges 260 12

Reste net. 645 18

FRESSENNEVILLE¹ (Vocable : SAINT-QUENTIN). Prieuré-Cure.

Présentateur : l'abbé de Sery ².

DÉCLARATION faite le 28 décembre 1729 par le titulaire frère Louis Henriquet ³, religieux prémontré, rectifiée.

Le 9ᵉ de la grosse dîme⁴ produisant : 100 boisseaux de blé, mesure d'Ault, à 20 sols, 100¹; — 30 boisseaux d'avoine à 14 sols 8 deniers, 22¹; — 200 bottes de warats, 40¹; — et 10 bottes de lin, 7¹. 10 ˢ. — Les menues et vertes dîmes produisant : 5 muids de cidre à 10 liv. l'un, 50¹; — la dîme de laine, 36¹; — et charnage, 10¹ — Les novales produisant : 32 boisseaux de blé, 32¹; — 12 boisseaux d'avoine, 8¹. 16 ˢ; — 20 bottes de lin, 15¹; — et 50 bottes de warats, 10¹. — Fourrages des dîmes, 30 ¹. — Terre de cure : 3 journaux, 24¹. — Supplément de portion congrue par l'abbé de St.-Valery, à cause de son droit de dîme sur la paroisse : 6 setiers de blé et autant d'avoine, mesure de St.-Valery, 60¹. — Obits ⁵ et autres fondations, 100¹. — Casuel, 100¹. — Total 645¹ 6ˢ

CHARGES. — Frais de dîme, 100¹.— Réparations du presbytère, 15¹.— Total. 115 »

Reste net. 530 6

FRETTEMEULE ⁶ (Vocable : SAINT-MARTIN).

Présentateur : le prieur de St.-Pierre d'Abbeville.

DÉCLARATION faite le 10 mai 1728 par le titulaire maître Jean-Nicolas Detuncq, rectifiée.

---

¹ Fressaineville, au *pouillé* de 1301.

² Cette cure fut acquise à l'abbaye de Sery par l'un de ses premiers abbés qui, de l'autorité de Thibaut, évêque d'Amiens, la racheta le 6 des kal. de mars (24 février) 1203, moyennant 160 liv. angevines, des mains d'un laïque nommé Raoul, auquel elle était inféodée. D'un autre côté, Anscher, seigneur de Fressenneville, ses frères et sa mère, qui prétendaient droit à ce personnat, y renoncèrent en faveur de l'abbaye. (*Cartul. de Sery*, p. 36 et 37.)

³ Il exerçait depuis l'année 1719. (*Déclarat.*)

⁴ Les autres décimateurs étaient : les abbés de St.-Valery et de St.-Josse-sur-Mer, les religieux de Sery, à cause de la chapelle de Ste.-Barbe du lieu, et un bourgeois d'Abbeville pour une portion inféodée. — En 1656 le seigneur du lieu détenait la part de dîme de l'abbaye de St.-Josse « comme par force, » parce qu'il possédait le fief de Fressenneville aliéné par cette abbaye, en 1577, au profit du sieur Vaucousin, conseiller à Abbeville. (*Copie du Cartulaire de St.-Josse sur la Mer*, p. 334. — *Pouillé de l'Archid.* f° 168. — Voy. ci-après.)

⁵ Le nombre des obits était de 134, et les litanies de la Ste. Vierge devaient être récitées le premier dimanche de chaque mois. (*Déclarat.*)

⁶ Frattemole, au *pouillé* de 1301. — L'église est au milieu des champs. — Maigneville dépendait de la paroisse.

Sur le prieuré de St.-Pierre d'Abbeville : 10 setiers de blé, mesure d'Abbeville, 80 l. 10 s ; — 10 setiers d'avoine, 57 l. 10 s ; — et argent, 45 l. — Sur le chapitre de Gamaches : 8 setiers de blé, 64 l. 8 s ; — 8 setiers d'avoine, 46 l ; — et argent, 15 l. — Sur le prieuré de Gamaches, 14 l. — Sur la commanderie d'Oisemont [1], 13 l. — Dîme novale, 46 l. — Casuel et fondations, 110 l. — Total . . . . 491 l 8 s

CHARGES. — Réparations du presbytère. . . . . 10 »

Reste net. 481 8

FRIVILLE [2] (Vocable : SAINT-ETIENNE) et **ESCARBOTIN** (Vocable : SAINT-HUBERT [3]), son secours.

Présentateur : l'abbé de Sery.

DÉCLARATION faite le 20 septembre 1728 par le titulaire maître François Briet [4], rectifiée [5].

Sur l'abbé de Sery ou son fermier [6], 3 muids faisant 324 boisseaux, mesure d'Ault, ou 40 setiers et demi, mesure d'Abbeville, de blé, 326 l. 0 s. 6 d. — Autant d'avoine, 232 l. 17 s. 6 d. — 600 gerbées et 300 bottes de paille d'avoine, 45 l. — et 100 warats de vesce, 20 l. — [7] Dîmes de pommes et poires : 18 muids de cidre, 180 l. — Novales des enclos seulement défrichés depuis le concordat, 25 l. — Une masure non amasée à usage de labour,

---

[1] Cette redevance et les 3 précédentes tenaient lieu de la portion congrue. Lesdits prieurés, chapitre et commanderie jouissaient de la grosse dîme de la paroisse. Le chapitre de Gamaches avait les 2/3, sauf sur un petit canton, aux limites de Bouillancourt, où son droit n'était que du tiers. — Le prieuré de St.-Martin-au-Bois, uni au collège des Jésuites d'Eu, avait un trait de dîme sur la paroisse. Il provenait des dons faits au prieuré par un chevalier nommé Gautier, selon qu'il est dit en une charte de Philippe-le-Hardi, de l'année 1270. (*Cartul. Norm.* publié par la Société des Antiquaires de Normandie, dans le tome XVIe de ses *Mémoires*, p. 183, n° 798. — *Déclaration.* — *Gamaches et ses Seigneurs*, p. 63. — *Pouillé de l'Archid.* — Voy. ci-dess. p. 2, 102 et 104. — *Registre-terrier de la Commanderie d'Oisemont*, f° 403 v°. Arch. Départem. — Baux aux minutes de Déleplanque.)

[2] Frievile, au *pouillé* de 1301. — Belloy dépendait de la paroisse.

[3] La chapelle d'Escarbotin fut fondée par messire Etienne de Roussé, chevalier, seigneur de St.-Cler et son épouse Françoise d'Ally, dame d'Escarbotin et de Friville en partie, Jacques de Buires, écuyer, le sieur du Hamel et son épouse Claude de Roussel, tante de ladite dame, demeurant à Woincourt, lesquels, à cet effet, donnèrent une maison, par acte du 30 octobre 1637 ; ce qu'approuva l'évêque d'Amiens,

le 6 novembre suivant. — Le 31 juillet 1539 le sieur de St.-Cler et les habitants d'Escarbotin se reconnurent obligés à l'entretien total de ladite chapelle, sans être déchargés de celui de l'église de Friville. (*Cartul. de Sery*, p. 141. — *Invent. de l'Evêché*, f° 228.)

[4] « Voilà, dit-il, la cinquième année que je suis dans la cure. » (*Déclarat.*)

[5] Une *lettre* du curé, jointe à la *déclaration* et adressée le 28 décembre 1729 à M. Micquignon, syndic du clergé, porte : « J'ai tâché de faire ma déclaration juste. J'ai cru y être obligé ; je n'ai pas eu égard à ce qu'on dit, ny à l'exemple des autres qui n'ont pas agi avec la même sincérité.... Vous rendrez justice à chacun. Pour faire ma déclaration j'ai suivi les titres de la cure. » Les évaluations du bon curé n'étant pas néanmoins celles adoptées par le Bureau diocésain et ne s'élevant qu'à 631 livres 2 sols, ont été rectifiées, comme on le voit.

[6] En vertu de deux concordats intervenus entre le curé et l'abbaye les 20 juillet 1497 et 10 juillet 1550 et en conséquence d'un traité fait en 1648 entre les religieux et l'abbé, le revenu de la cure consistait « en certaine quantité de grains, fourrages, terres, dîme de fruits et novales, pour servir de portion congrue. » (*Déclaration.*)

[7] Toute la grosse dîme appartenait à l'abbé de Sery. Elle avait été donnée avec l'église (*altare cum*

de la contenance de 3 journaux. — 5 journaux 1/2 de terre en labour, en 3 pièces [1]. — Ces 2 articles évalués 85 l. — Un cens annuel supplémentaire sur plusieurs pauvres particuliers, de 7 l. — Casuel [2], 45 l. — Fondations : il n'en est point parlé en la déclaration.
Mémoire. — Total. . . . . 965 l 18 s
CHARGES. — Réparations du presbytère . . . . 10 »»

Reste net. 955 18

GAMACHES [3] (Vocable : SAINT-PIERRE et SAINT-PAUL). Eglise succursale dans le bourg (Vocable : SAINT-NICOLAS).

Présentateur : le prieur de Gamaches.

DÉCLARATION faite le 12 avril 1730 par le titulaire Jean-Paul Coussin, rectifiée.

Une portion congrue à recevoir du prieur [4], 330 l. — Menues dîmes produisant : 60 gerbes de blé qui rendent 30 boisseaux ou 6 setiers, mesure de Gamaches, évalués à 8 liv. 8 sols le setier, 50 l. 8 s ; — 58 bottes de mars (orge, avoine, warat), 25 l. 4 s ; — Laine, 30 l ; — 700 bottes de foin, 35 l ; — Lin, chanvre et le grain, 50 l ; — 2 muids de cidre, 30 l ; — Volailles, 1 l ; — et fourrages, 10 l. — Casuel, 60 l. — Fondations et obits [5] en St.-Pierre, 42 l. et en St.-Nicolas 30 l. — Total, 693 l. 12 s.

CHARGES.

Réparations du presbytère [6], 15 l. — Entretien des cordes des cloches, 10 l. — Frais de

decima) au couvent, par son fondateur Anselme de Cayeu ; ce qui se lit aux chartes de l'année 1185. — L'abbé fut maintenu dans ce droit contre Jean Le Bel, curé du lieu, par sentence de « Pierre Leclerc, docteur ès-droit, archidiacre d'Amiens, juge-commis, en 1555. » — L'abbé jouissait des 2/3 de la dîme des fruits et le curé de l'autre tiers. (*Cartul. de Sery*, p. 64, 68 et 140. — *Notice sur l'abbaye de Sery*, p. 102. — Voy. ci-dess. p. 95.)

[1] Nous pensons qu'il faut y comprendre les deux journaux de terre situés à Friville, donnés à l'abbaye par Jean de Nisbat dit doyen, à la condition que les chanoines résidant à Friville feraient tous les ans son anniversaire dans l'église du lieu. En 1284 Gui d'Oissencourt et Beatrix, sa femme, comme seigneurs capitaux, confirmèrent cette donation. (*Cartul. de Sery*, p. 267 et 269.)

[2] « C'est peu de chose, dit le curé : trois livres pour les mariages, en disant la messe ; six livres pour l'inhumation des grandes personnes, y compris trois grandes messes, avec vigiles. La plupart étant pauvres ne donnent rien. » (*Déclarat.*)

[3] *Parochia de Gamachiis*, au *pouillé* de 1301. — Il existait dans l'église paroissiale une confrérie de la Charité, qui avait son chapelain avec un clerc.— Dans le cimetière commun du bourg se trouvait une chapelle dédiée à St.-Michel. (*Pouillé de l'Arch.* f° 171.)

[4] Celui-ci était gros décimateur, avec le commandeur d'Oisemont. — On trouve qu'en l'année 1149 le curé recevait sur les religieux du prieuré de Gamaches 18 setiers de blé et autant d'avoine pour son cantuaire, en conséquence d'un transaction confirmée par l'évêque Thierry. (*Picardia Christ.* Ms. f° 93. — *Pouillé de l'Archid.* — *Registre-terrier de la Commanderie d'Oisemont*, f° 383. — *Livre de la Commanderie d'Oisemont*, f° 190. — Voy. ci-dessus, p. 102.)

[5] Parmi ces fondations il est bon de noter celle d'un anniversaire pour le repos de l'âme de Eubert de Kayeu, chevalier, seigneur de Brustele, qui avait donné à cet effet au prieuré 3 sols paris. de revenu à prendre sur le moulin de Brustele. (*Cartul. de la collégiale*, p. 190.)

[6] Il était situé dans la rue de la Chaussée, mais non pas où il est aujourd'hui. (*Déclaration, aveu et dénombrement des lois, mairie et eschevinage de la ville et communauté de Gamaches et des droits, biens et revenus y appartenant.* 1741. Arch. municip. de Gamaches, cote 15°. — *Gamaches et ses Seigneurs*, p. 107.)

menues dîmes, 60¹. — Pour chanter la messe et les vêpres dans la succursale, les dimanches et fêtes, 120¹. — Total, 205¹.

RÉCAPITULATION : Montant des revenus 693¹
— des charges 205

Reste net 488

HARCELAINE ¹ (Vocable : SAINT-SATURNIN).
Présentateur : le chantre de la Cathédrale.

DÉCLARATION faite le 20 décembre 1729 par le titulaire maître Charles Crignon, rectifiée.

Les dîmes grosse et novale ² produisant : 32 setiers de blé, du poids de 200 liv., évalués à 8 liv. 8 sols l'un, 268¹. 16ˢ ; — 15 setiers d'avoine, du poids de 150 liv., à 5 liv. 15 sols le setier, 86¹. 5ˢ ; — 400 bottes de warats, tant de vesce que de bisaille, 80¹ ; — et fourrages, 55¹. — Sur le chapitre de Gamaches, un renvoi de 6 setiers de blé, 50¹. 8ˢ ; — et de 6 setiers d'avoine, 34¹. 10ˢ. — Sur le prieuré de Gamaches, un renvoi de 5¹. — Menues dîmes : 1,500 bottes de foin, du poids de 6 à 7 livres, 75¹ ; — 40 bottes de chanvre, 30¹ ; — 16 bottes de lin, 12¹ ; — 3 muids de cidre, 30¹ ; — et dîme de laine et de cour, 32¹. — Fondations, 50¹. — Casuel, 10¹. — Total . . . . 818¹. 19ˢ.

CHARGES. — 1/3 des réparations du chœur de l'église, 5¹. — Réparations de presbytère, 15¹. — Frais de dîme, 150¹. — Total. . . . . 170 » »

Reste net 648 19

HÉLICOURT ⁴ (Vocable : SAINTE MARIE-MADELEINE).
Présentateur : le chantre de la Cathédrale.

DÉCLARATION faite le 3 juillet 1723 par le titulaire maître Nicolas Leleu, rectifiée.

REVENUS AFFERMÉS.

Les 4/9ᵉˢ de la grosse dîme du bas Hélicourt ⁵. — Le tiers de la grosse dîme du bas Har-

---

¹ Hercelaines, au *pouillé* de 1301. — Le curé accuse 30 ménages en 1729. (*Déclarat.*)

² D'après la *déclaration* produite la dîme appartenait : au curé pour 2 gerbes 1/2, au chantre de la Cathédrale pour 1 gerbe, au prieur de Gamaches pour une gerbe et 1/2, et au commandeur d'Oisemont pour les 2 autres. — Les chanoines de Gamaches, d'après les baux, percevaient 6 gerbes sur le hameau de Monchelet ; le curé dit 5, mais il se trompe. — Le *pouillé de l'Archid.* répartit ainsi la dîme : sur Harcelaine, le chantre de la Cathédrale avait 2 gerbes de 9, le prieur de Gamaches 2, le commandeur d'Oisemont 3 et le curé les 2 autres ; sur Monchelet, le chapitre de Gamaches prenait 6 gerbes de 9, et le curé de la paroisse les 3 autres. — Ledit chapitre avait été gratifié de cette dîme par Thomas de St.-Valery, qui l'avait achetée de Bernard de Daregnies, avant le mois de décembre 1208 (*Cartul. de la collégiale de Gamaches,* p. 162 et 168. — Baux aux minutes de Déleplanque. — *Gamaches et ses Seigneurs,* p. 63. — Voy. ci-dess. I, 16 ; II, 102 et 104. — *Registre terrier de la Commanderie d'Oisemont,* f° 379.)

³ Le village étant dans un fond, entre deux montagnes, les grandes pluies et les eaux sauvages rendaient tous les ans les chemins impraticables, et pour récolter sa dîme le curé était obligé de les tenir en état. (*Déclarat.*)

⁴ Hélicourt, au *pouillé* de 1301. — Le village de Buigny dépendait de la paroisse.

⁵ Les autres décimateurs étaient : le prieur de

celaine. — Les fruits et vertes dîmes d'Hélicourt. — Le tout affermé en 1728, la somme 355¹. — 1/9ᵉ de la grosse dîme de ¹ Buigny, 80¹.

REVENUS NON AFFERMÉS.

Dîme de laine d'Hélicourt et de Buigny. — Dîme de volailles et de fruits de Buigny. — Ces 2 articles évalués 120¹. — Sur le prieuré de St.-Pierre de Gamaches, un renvoi de 14 boisseaux de blé, 14¹; — de 14 boisseaux d'avoine, 8¹; — et de 14¹. en argent. — Fondations et obits, 72¹. — Casuel, 50¹. — Total 713¹

CHARGES. — Réparations du chœur de l'église d'Hélicourt, 10¹. — Réparations du presbytère, 15¹. — Total 25

Reste net. 688

LA CHAUSSÉE D'EU (Vocable : la SAINTE TRINITÉ) ².

Présentateur : le prieur du lieu.

DÉCLARATION faite le 8 juin 1728 par le titulaire maître François Gelucq, bachelier, approuvée.

Portion congrue payée par le prieur ³ de la Chaussée d'Eu, 300¹. — A recevoir du même, pour l'acquit des offices dont il est tenu, 60¹. — Une petite portion de novale, dont le curé s'est mis en possession depuis 3 ans, 4¹. — Fondations, 240¹. — Casuel, 30¹. — Total, 634¹.

CHARGES.

Réparations du presbytère, 10¹. — Luminaire pour l'acquit des offices du prieur, 20¹.

Gamaches et le chantre d'Amiens. (*Pouillé de l'Archidiaconé. — Déclarat. — Voy. ci-dess. I, 16; II, 102.*)

¹ Le reste appartenait au chantre d'Amiens, au prieur de Gamaches et au commandeur d'Oisemont. La part du commandeur portait sur la partie du terroir dite *Fontenelle* et sur le fief des *Vaux-Moreaux* ou *Gamoreaulx*, qui dépendait de la seigneurie d'Izencourt, unie à la baronnie d'Hélicourt. (*Déclarat. — Livre-terrier de la Commanderie d'Oisemont*, fol. 378, 381 et 387. Arch. Départem. — *Descript. du canton de Gamaches*, p. 125 et 126.)

² M. Lebeuf (*la ville d'Eu*, p. 71) dit que les religieux de St.-Lucien de Beauvais, qui possédaient le prieuré, se firent céder la petite paroisse picarde de La Chaussée, laquelle était dédiée à St.-Riquier, et qu'un changement de limite fut consenti par l'abbaye d'Eu, qui abandonna au prieuré la haute Chaussée, de l'agrément de Jean, comte d'Eu, et des évêques de Rouen et d'Amiens, vers l'année 1157. On voit que l'auteur se trompe sur le vocable. — Par le traité qui fut fait le 1ᵉʳ septembre 1670, pour l'union à l'Hôtel-Dieu de la chapelle St.-Laurent dont il sera parlé plus loin, il fut stipulé que le curé de la Trinité, en cas d'inondation ou autre accident qui l'empêchât d'entrer dans son église paroissiale, pourrait célébrer la messe dans celle des religieuses de l'Hôtel Dieu, y administrer les sacrements, y prendre le saint Ciboire et les saintes huiles, pour donner la communion, le viatique et l'Extrême-Onction, y aller en procession les jours de St.-Marc et de St.-Laurent, l'un des jours des Rogations, et généralement faire toutes les fonctions qu'il pouvait faire dans la chapelle de St.-Laurent, en avertissant seulement la supérieure. (Archives du départem. de la Somme. Carton de pièces détachées.)

³ Celui-ci était seul gros décimateur. (*Pouillé de l'Archid.* f° 163. — Voy. ci-dess. p. 103) Ledit *pouillé* parle d'une certaine chapelle, alors (en 1689) tout en ruine, laquelle avait servi de paroisse.

— Visites de l'archidiacre et du doyen de chrétienté, 5¹. — Au prédicateur qui fait 6 sermons par an à la charge du curé, 30¹. — Total, 65¹.

RÉCAPITULATION : Montant des revenus 634¹
       — des charges 65

Reste net. 569

LA MOTTE-CROIX-AU-BAILLY (Vocable : SAINT-QUENTIN). ¹ Prieuré-Cure.

Présentateur: l'abbé d'Eu.

DÉCLARATION faite (sans date) par le titulaire maître Jean-Charles Crevel, religieux prémontré, rectifiée.

La dîme du lieu ² produisant : 900 gerbes de blé qui rendent 400 boisseaux de grain, mesure d'Eu, évalués à 23 sols l'un, tous frais faits, 460¹. — 300 bottes d'avoine, 72¹. — 150 bottes de warats, 30¹. — et 50 bottes de lin, 50¹. — Dîme des fruits : 8 muids de cidre, 80¹. — Menues dîmes (laine, poulets, cochons de lait), 26¹. — Fondations, 60¹. — Casuel, 16¹. — Total. . . . . 794¹.

CHARGES. — Réparations du chœur de l'église et du presbytère. 50

Reste net. 744

MAISNIÈRES ³ (Vocable : SAINT-CRÉPIN et SAINT-CRÉPINIEN) et dépendances ⁴.

Présentateur : l'abbé de Corbie.

DÉCLARATION faite le 3 juillet 1728 par le titulaire maître Jean-Philippe Pohier, rectifiée.

Portion congrue payée par l'abbé de Corbie ⁵, en vertu d'un traité fait avec le sieur Fouache, ancien curé, 360¹. — Le tiers des dîmes ⁶ vertes, dîmes de sang, de fruits et de volailles tant à Maisnières que dans les villages et hameaux de Hocquélus, Aingueville, Courtieux, Tilloy, Floriville et Vis, 75¹. — Dîme novale qui se prend sur tous les nouveaux défrichés de la paroisse, produisant 5 setiers de blé, mesure de Gamaches, évalués 42¹ ; —

---

¹ *Sanctus-Quintinus propè Augum*, au *pouillé* de 1301.

² Sur un canton du terroir, et l'abbaye de St.-Valery sur l'autre, selon le *pouillé de l'Archidiaconé*.

³ Maynières, au *pouillé* de 1301.

⁴ C'est-à-dire deux secours : Aigneville et Tilloy, et plusieurs autres villages et hameaux nommés plus bas. — Il y avait un vicaire dans chaque église. — Plus tard, celle d'Aigneville, sous l'invocation de St.-Martin, fut érigée en titre de bénéfice-cure et église paroissiale, par décret de l'évêque du 9 juillet 1786, et la nomination du titulaire fut attribuée à l'abbé de Corbie. (*Pouillé de l'Archid.* f° 176. — Voy. ci-dess. I, 235, note 1. — Arch. Départ., liasse *Aigneville*, C. a.)

⁵ Toute la dîme appartenait à la manse abbatiale de Corbie, comme aussi le domaine. Suivant transaction constatée par une charte-partie, munie de son chirographe, et datée de l'année 1142, l'abbaye de St.-Lucien de Beauvais avait cédé à celle de Corbie le tiers qu'elle possédait depuis longtemps des dîmes de Maisnières, avec l'autel et le patronage, moyennant un cens annuel de 4 marcs d'argent au poids fort (*ad magnum pondus*) et 30 sols de monnaie d'Amiens ; ce qui fut ratifié par Samson, archevêque de Reims. (Titres de Corbie, arm. 3, lias. 36, n° 1.)

⁶ Les deux autres tiers à l'abbé de Corbie, comme on le voit en un bail de la châtellenie de Maisnières. (*Déclar.* — Titres de Corbie, arm. 3, lias. 34, n° 16.)

et 3 setiers d'avoine, 24 ¹. 5 ˢ. — Dîme de laine et de chanvre, 20 ¹. — Obits et autres fondations, 60 ¹. — Casuel, 50 ¹. — Total . . . . 631 ¹ 5 ˢ
CHARGES : Réparations du presbytère . . . . 15 »»

                                          Reste net. 616   5

MENESLIES (Vocable : SAINT-ELOI) [1].

Présentateur : le prieur de St.-Pierre d'Abbeville.

DÉCLARATION faite le 10 avril 1730 par le titulaire maître Louis Delattre, rectifiée.

Toute la grosse dîme [2], dont abandon a été fait au curé Robert Lecat en 1686 par le prieur de St.-Pierre d'Abbeville, produisant : 26 setiers de blé, mesure d'Abbeville, 209 ¹. 6 ˢ ; — 8 setiers d'avoine, 46 ¹ ; — 100 bottes de warats, tant de vesce que de bisaille, 20 ¹ ; — 30 bottes de lin, 12 ¹ ; — et fourrages, 30 ¹. 15 ˢ. — Dîme de fruits : 22 setiers de pommes, 36 ¹ 6 ˢ. — Dîme de laine qui se paie en argent, 15 ¹. — Dîme de cour : 10 poulets et un cochon de lait, 2 ¹. 5 ˢ. — Casuel, 12 ¹. — Total. . . . . 391 ¹ 12 ˢ
CHARGES : Frais de dîme, 60 ¹. — Réparations du chœur de l'église et du presbytere, 50 ¹. — Total . . . . 110 »»

                                            Reste net. 281   12

MERS (Vocable : SAINT-MARTIN).

Présentateur , le prieur de la Chaussée d'Eu.

Revenus : 850 livres [3].

OUST [4] (Vocable : SAINT-MARTIN). et dépendances.

Présentateur · le chapitre de Noyelle-sur-Mer.

DÉCLARATION fournie le 21 juin 1728 par le titulaire maître Robert Théron, rectifiée.

Le tiers de la grosse dîme [5] dans les terroirs qui sont dans l'étendue de la dite paroisse,

---

[1] Mainelies, au *pouillé* de 1301. — On y comptait 50 feux en 1730 (*Déclarat.*).

[2] Le déclarant, qui exerçait depuis 4 à 5 ans, explique que son prédécesseur Robert Lecat, quoique seul dîmeur, faillit, dans son extrême vieillesse, manquer du nécessaire, que ses héritiers durent renoncer à sa succession et laisser vendre ses meubles à la porte. (*Déclarat.*)

[3] Les décimateurs étaient : ledit prieur pour 2/3 et le curé pour le surplus. (*Pouillé de l'Archid.* — Voy. ci-dess. p. 103.)

[4] *Augusta* (Ouste), au *pouillé* de 1301. — Le curé, en 1728, accuse 50 feux au plus, habités par presque tous pauvres gens. (*Déclarat.*) — Au milieu du chœur de l'église se trouve la tombe d'un chevalier, Raoul de Auouste, mort en 1249, laquelle a été décrite et lithographiée par M. Lebeuf. (*La ville d'Eu*, p. 103. — Voy. aussi M. Cochet, *les Eglises de l'arrondissement de Dieppe*, p. 339.)

[5] Les autres décimateurs étaient, dans des proportions inégales : le chapitre de Noyelle, celui de Gamaches, et le commandeur de St.-Maulvis. Le curé dîmait aussi sur le terroir du petit Marest, au diocèse de Rouen. (*Déclarat.*) — Le chapitre de Gamaches prenait les 2/3 sur le fief de Belle d'Oust. — Dans la partie du terroir de Pont qui se trouvait en Picardie et sur la paroisse d'Oust, l'abbé du Lieu-Dieu prenait les 2/3 de la dîme sur toute espèce de grains (Voy.

affermé 427¹ 10¹. — Les menues et vertes dîmes, celle des enclos et novales, des pommes, laine et volaille, 150¹. — Casuel, 20¹. — Fondations. Elles ne sont pas déclarées. *Mémoire*. — Total. . . . . 597¹ 10·

CHARGES ¹. — Réparations du chœur de l'église et du presbytère . . . . 25 » »

Reste net 572 10

SAINT-ETIENNE-EN-SERY ². Dépendances : ANSENNE ³ et BOUTTENCOURT.

Présentateur : le prieur de l'abbaye de Sery ⁴.

DÉCLARATION faite le 23 avril 1730 par le titulaire frère Nicolas Thibault, approuvée.

Portion congrue ⁵ payée par les religieux de l'abbaye de Sery, 300¹. — Menues, vertes dîmes et novales de la paroisse, évaluées 80¹. — Fondations ⁶, 66¹. — Casuel, 80¹. — Total . . . . 526 ı

CHARGES : Réparations du presbytère ⁷. 15

Reste net 511

---

les baux devant Déleplanque, notaire à Gamaches. — *Gamaches et ses Seigneurs*, p. 63. — Voy. ci-dess. p. 9, 91 et 104. — *Pouillé de l'Archid*. f° 181.)

¹ La *déclaration* porte que les livres de chant étaient « défectifs et plus anciens que l'église même. »

² *Stus. Stephanus juxta Seriacum*, au *pouillé* de 1301. — Cette église fut bâtie primitivement par St.-Leu. — On la disait paroissiale de Bouttencourt et d'Ancenne dans la charte de 1183, par laquelle l'évêque Thibaut en confirma la possession au couvent. Elle avait pour annexe Monthières, dont le vocable était St.-Pierre ; elle en était « la mère église. » (*Cartulaire de Sery*, p. 67. — *Extr. de l'histoire manuscrite de Sery*, p. 25. — Voy. ci-dess. p. 94, note 2, 101 et 102. — *Descrip. archéolog. et historique du canton de Gamaches*, p. 137 et 212. — *Pouillé de 1736*.)

³ Ce village assis auprès de la rivière de Bresle, est célèbre par l'exil de St.-Leu ou St.-Loup, qui y fut relégué vers l'an 620 par le roi Clotaire II. (D. Grenier, *Introd. à l'hist. de Pic.*, p. 306. — Surius, tom. V, ad ann. 630, p. 2. — Bolland. *Acta sanct*. 1ª septemb. p. 559, n° 12. — Vie de St.-Leu, en *l'Histoire littér. de la France*, tome IV, p. 191, et tome X, addit. p. xxxvij.) — Comment M. de Montalembert, a-t-il placé le lieu d'exil de St.-Loup sur les bords de l'Oise (*Les Moines d'Occident*, II, 238, note 2)?

⁴ Ce patronat appartenait à l'abbé ; il passa au prieur par la transaction de 1648. (*Extr. de l'hist. Ms. de Sery*, p. 25.)

⁵ Le curé vivait en communauté dans l'abbaye. Il ne jouissait de la portion congrue et des menues dîmes que s'il était séparé des autres religieux de Sery. Il gardait le casuel pour s'habiller et faire ses aumônes. (*Déclarat*.) — La grosse dîme de la paroisse appartenait aux religieux de Sery. (Voy. la *déclaration de la manse conventuelle*, passim.) Elle leur avait été donnée dès les premiers temps de la fondation du couvent par les sires de Cayeu, selon les lettres confirmatives de l'évêque Thibaut, de l'année 1185. (*Cartul. de Sery*, p. 67. — *Pouillé de l'Archid*. f° 165. — Voy. ci-dess. p. 98 et 99.)

⁶ La moitié de cette somme paraissait s'appliquer aux fondations faites en l'église St.-Pierre de Monthières. (*Descript. du canton de Gamaches*, p. 225.) — La fabrique avait été dotée depuis un temps immémorial d'un journal de terre, à la charge de faire chanter le *Stabat* aux quatre principales fêtes de l'année ; d'un demi-journal de terre et d'un pré dit *de l'Eglise*. Ce pré avait été donné par Catherine Galand, à condition qu'elle serait recommandée aux prières des fidèles, aux bonnes fêtes de l'année. Sur le produit du tout, la fabrique donnait au curé 66 liv pour l'acquit des fondations, et au maître d'école 20 livres. (*Déclarat*.)

⁷ « Les gros décimateurs prétendent ne devoir pas contribuer aux réparations du sanctuaire, de la nef et du chœur. L'église est vaste et sujette à de grandes et fréquentes réparations. » (*Déclarat*.)

SAINT-MARD-EN-CHAUSSÉE [1] (Vocable : Saint-Médard).

Présentateur : le commandeur d'Oisemont.

Déclaration faite le 8 août 1728 par le titulaire maître Claude Lignières, approuvée.

Portion congrue [2] payée par M. Cornet de Coupel, 300 [1]. — 17 obits tant hauts que bas, 45 [1]. — Casuel, 10 [1]. — Total. . . . . 355 [1]
Charges : — Réparations du presbytère 10

Reste net. 345

TOURS-EN-VIMEU (Vocable : Saint-Maxent) [3].

Présentateur : le prieur de Dompierre.

Déclaration faite le 13 juillet 1728 par le titulaire maître Jean de Dompierre, rectifiée.

Revenus affermés.

Le tiers [4] de la dîme au terroir de Corroy, 160 [1]. — Le tiers [5] de celle au terroir de Berville, 220 [1]. — Les deux neuvièmes [6] de celle de Hamicourt, 100 [1]. — Le tiers [7] de celle de Houdent, 220 [1]. — Le neuvième [8] de celle Longuemort [9]. — Quatre quartiers de terre, au terroir de Houdent, 10 [1].

Revenus non affermés.

Un renvoi sur l'abbaye de St.-Pierre de Selincourt, à cause de la dîme qu'elle perçoit à Houdent, 10 [1]. — Un autre renvoi sur le prieuré de St.-Pierre d'Abbeville, à cause de la dîme qu'il perçoit à Longuemort, de 4 setiers de blé, mesure d'Abbeville, évalués 32 [1]. 4 [s];

---

[1] St.-Maart, au *pouillé* de 1301. — On lit ailleurs : St.-Mard-en-Cauche, *aliàs* en Vimeu. — Le curé accuse soixante communiants en 1728. (*Déclarat.*)

[2] Selon le *pouillé de l'Archidiaconé*, les décimateurs étaient : le seigneur du lieu et Mlle de Boismont, dont on disait la part inféodée.

[3] Quatre hameaux : Corroy, Hamicourt, Houdeng et Longuemort en dépendaient. (*Pouillé de l'Archid.* f° 183.) Berville paraît n'avoir été qu'un fief. — Houdent passe pour le lieu de naissance de St.-Gautier, abbé de Pontoise, fondateur de l'abbaye de Bertaucourt. (P. Ignace, *Hist. ecclésiastique d'Abbeville*, p. 357.)

[4] Le prieur de Dompierre avait 2 gerbes de 9, et l'abbaye du Lieu-Dieu les 4 autres. (*Déclarat.*) — Celles-ci avaient été cédées à l'abbaye par les religieux de Sery en 1314, à la charge d'une redevance en grains. (*Cartul. de l'abbaye de Sery*, p. 279.) Il semblerait que les autres auraient appartenu autrefois à l'abbaye de Bertaucourt, puisqu'on voit figurer en la bulle confirmative de ses possessions la moitié de la dîme ecclésiastique : *decime case de Colreio*. (Titres de Bertaucourt. 2e carton. Arch. Départ.)

[5] Les 2 autres tiers étaient à M. Constant. (*Déclar.*)

[6] Deux neuvièmes appartenaient au prieur de Dompierre, et les 5 autres au prieur de Senarpont. (*Déclarat.*)

[7] Un autre tiers était à l'abbé de Ste.-Larme et le dernier à M. de Buscamp. (*Déclarat.* — Voy. ci-après p. 124.)

[8] Le prieur de Dompierre avait 2 gerbes de 9 et celui de St.-Pierre d'Abbeville les 6 autres. (*Déclarat.* — Voy. ci-dess. p. 2.)

[9] Une chapelle avait été fondée en ce lieu par Jehan et Philippe de Longuemort, frères, qui lui avaient légué 24 journ. de terre en plusieurs pièces au terroir de Hamercourt. Hue de Bailleul ratifia cette fondation le lundi avant St.-Michel, au mois de septembre 1282. (Titres de l'Evêché, 45e.)

— et de 4 setiers d'avoine, 23 l.— Le neuvieme ¹ de la dime de Tours produisant : 8 setiers 1/3 de blé, mesure d'Abbeville, 67 l. 1 s. 8 d ; — 2 setiers d'avoine, 11 l. 10 s ; — 33 bottes de warats, 6 l. 12 s ; — et fourrages, 10 l. — Les menues et vertes dimes, 15 l. — Fondations et casuel, 50 l. — Total . . . . 965 l 7 s 8 d
CHARGES : — Frais de dime, 40 l. — Réparations du presbytère, 15 l.
— Total . . . . 55 » »

Reste net 910 7 8

WOINCOURT ² (Vocable : SAINT-MARTIN) et IZENGREMERS (Vocable : SAINT-MÉDARD), son secours.

Présentateur : l'archidiacre de Ponthieu.

DÉCLARATION faite le 26 juillet 1728 par le titulaire maître Jacques de Glicourt, approuvée.

Portion congrue ³ payée par les gros décimateurs, 300 l. — Novales depuis l'option, 10 l. — Obits et autres fondations, dont la plus grande partie dans l'église succursale d'Izengremers, 145 l. — Casuel, 25 l. — Total . . . . 480 l

CHARGES : — Pain et vin pour les messes, 10 l. — Réparations du presbytère, 10 l.
— Total 20

Reste net 460

CHAPELLES.

CHAPELLE DE SAINT-JULIEN, A AULT.

Revenus : 100 livres.

---

¹ Deux autres neuvièmes étaient au prieur de Dompierre et 6 autres au seigneur du lieu. (*Déclarat.*) — L'abbaye de Sery semblerait avoir autrefois possédé une partie de la dîme, que lui auraient donnée les sires de Cayeu, avant 1185, et les vavasseurs de Corroy, Gautier et Bernard, avec Enguerran de Tours, en 1206. Mais ne s'y agit-il pas du fief de Corroy ? (*Notice sur l'abbaye de Sery*, p. 43 et 49.)

² Waincourt, au *pouillé* de 1301. — « Paroisse composée de pauvres gens, tisserands de toile, et de mendiants, » en 1728. (*Déclarat.*) Aujourd'hui l'industrie des serrures a transformé le village.

³ Les décimateurs étaient, sur Woincourt : l'archidiacre de Ponthieu, les abbés de St.-Vandrille et du Lieu-Dieu, et le commandeur de St.-Maulvis ; sur Izengremer, les religieux de Sery, le commandeur de St.-Maulvis, et l'Hôtel-Dieu d'Abbeville pour un neuvième. (*Pouillé de l'Archid.* f° 187. — Titres de l'Hôtel-Dieu d'Abbeville. M. Louandre, *L'Hôtel-Dieu d'Abbeville : Notice historique*, dans les Mém. de la Soc. d'Emulation, 1852-1857, p. 85.) Le curé s'exprime ainsi : « Les gros décimateurs se sont emparés de la dîme des champs appartenant au curé, qui était de la 7ᵉ gerbe, des novales et menues dimes, et le pénultième curé s'est avisé mal à propos, à la fin de ses jours, de se réduire à la portion congrue. » (*Déclarat.*) — L'abbé du Lieu-Dieu avait 1/3 des dîmes, grosses, menues et novales. (*Gamaches et ses Seigneurs,* p. 50. — Voy. les baux devant Deleplanque.) — Les religieux de Sery avaient aussi 1/3 de la grosse dîme d'Izengremer et de Woincourt que leur avait donné en 1185 Thibaut, évêque d'Amiens, du consentement de Riquier, prieur de Corbie et de ses frères Silvain et Arnoul de Millencour, desquels il était tenu. — La part de dîme de l'abbé de St.-Vandrille avait la même origine que celle sur Dargnies. (*Cartul. de Sery*, p. 69. — Voy. ci-dess. I, 15 ; II, 91, 99, et 109, note 4.)

CHAPELLE DE SAINT-THOMAS, A AULT.

Présentatrices : les dames ursulines de la ville d'Eu.

Revenus : 80 livres.

Charges : Une messe basse tous les mercredis [1].

CHAPELLE DE LA MALADRERIE, A BOUTTENCOURT [2].

Unie à l'Hôtel-Dieu de St.-Valery [3]

DÉCLARATION faite le 20 avril 1730, approuvée.

Un fief sans domaine, consistant en menues censives, évaluées.	50	1
Les droits seigneuriaux, évalués.	22	6
Total.	72	6

CHARGES. — *Néant.*

CHAPELLE DE SAINT-SAUVEUR, A BOUVAINCOURT [4].

Présentateur : le seigneur de Cantepie.

Revenus : 3 journaux et demi de terre, 40 livres.

CHAPELLE DE BUIGNY.

Revenus : 60 livres.

CHAPELLE DE SAINT-LAURENT, A EU [5].

Revenus : 80 livres.

---

[1] Ce renseignement et celui relatif au patronage sont tirés du *pouillé de l'Archid. de Ponthieu*, f° 150.

[2] On disait aussi maladrerie de Blangy. En effet, elle fut fondée par les habitants de Blangy sous le nom de St.-Barthélemy. Au mois de décembre 1270 Jean Pate lui fit don de tous les biens qu'il possédait audit lieu. Les revenus en sont sans doute la représentation. L'administration de la maladrerie était confiée, en même temps que celle de l'Hôpital, à l'abbé de Sery, qui y fut maintenu par sentence de l'évêque Guillaume de Mâcon de l'année 1293. — Le mayeur et les échevins de Blangy étaient patrons-présentateurs. — Le bâtiment de la chapelle était commun à la maladrerie et à l'hôpital de St.-Jean-Baptiste du lieu, fondé en 1203. On l'a laisser tomber depuis la réunion de leurs revenus aux ordres du Mont-Carmel et de St.-Michel. (*Pouillé* de 1301. — *Pouillé de l'Archid.* f° 165. — Titres de l'Evêché, D. 24. — *Descript. du canton de Gamaches*, p. 218 et 221. — *Cartul. de Sery*, p. 56 et 135. — *Ext. de l'hist. Ms. de Sery*, p. 34.)

[3] Cet Hôtel-Dieu était administré, autrefois et depuis 1518, par des religieuses de St.-Dominique, que remplacèrent des sœurs de St.-Augustin le 10 juillet 1665. (M. Louandre, *Histoire d'Abbeville et du comté de Ponthieu*, II, 515.)

[4] C'était la chapelle d'une ancienne maladrerie fondée en l'année 1203, en dehors du village, vers celui d'Oust, sur le chemin qui conduisait à Eu, ancienne voie romaine d'Amiens à la mer. — Dans cette chapelle une antique statue, connue sous le nom de St.-Sauveur, est depuis un temps immémorial l'objet d'une grande vénération et le but d'un pèlerinage très-suivi encore aujourd'hui. On y mène les bestiaux pour les préserver de maladies. (*Pouillé de l'Archid.* f° 158. — D. Grenier, *Introduct. à l'histoire de Picardie*, p. 487. — *Description du canton de Gamaches*, p. 71.)

[5] Cette chapelle était située sur le côteau, vers la ferme de Touvent. — Elle fut unie à l'Hôtel-Dieu de la ville d'Eu, suivant traité fait entre l'archevêque de Rouen et l'évêque d'Amiens le 1er septembre 1670, approuvé par les religieuses de l'Hôtel-Dieu le 20 juillet de l'année suivante. On y lit que toutes les fois que les évêques d'Amiens passeront dans la ville et

Chapelle de SAINT-LÉONARD du VAL-DE-GLAND, près Eu [1].

Présentateurs : les administrateurs de l'hôpital d'Eu [2].

Déclaration faite le 24 juin 1728 par le titulaire maître Jacques Foubert, approuvée.

Soixante-douze boisseaux (ou 12 mines) de blé, à prendre sur le fermier de l'hôpital [3], évalués à 20 sols le boisseau, 72 l.—A recevoir du même en argent, 16 l.—Total. 88 l »

Charges : — Une messe tous les dimanches . . . . 26 »

Reste net. . . . . . . 62 »

Chapelle de SAINTE-BARBE, a Fressenneville [4].

Unie à la manse conventuelle de l'abbaye de Sery.

Déclaration faite le 15 mai 1730, rectifiée.

Les dîmes de Fressenneville, affermées . . . . 246 l »
Charges : — Honoraires de 3 messes par semaine . . . . 78 »

Reste net. . . . . 168 »

Chapelle de SAINTE-MARGUERITE, a Fressenneville [5].

Déclaration faite le 20 juin 1728 par le titulaire maître Charles Lefèvre de la Cardonette, approuvée.

Vingt-quatre journaux de terre affermés . . . , ... 180 l »
Charges : — 2 messes par semaine . . . . 52 »

Reste net. . . . . 128 »

Chapelle de NOTRE-DAME, a Fressenneville.

Revenus : 160 livres.

---

faubourg de La Chaussée d'Eu, il leur sera libre d'entrer dans le monastère, de visiter l'église, revêtus de leurs habits pontificaux, d'y donner la bénédiction du St.-Sacrement, d'y dire la messe et d'y faire toutes autres fonctions qu'ils pouvaient faire dans la chapelle de St.-Laurent avant la réunion, comme aussi de faire rendre compte aux administrateurs de l'hôpital de l'emploi des fondations ; d'y envoyer une fois tous les ans le doyen de chrétienté ou un autre ecclésiastique, qui pourrait entrer dans l'église avec surplis, étole et bonnet carré, y chanter les prières accoutumées, et aussi se faire rendre compte. (Arch. du Dép. de la Somme. Carton de pièces détachées.)

[1] Elle dépendait d'une ancienne maladrerie évidemment antérieure à la fondation de l'abbaye d'Eu, puisqu'il en est parlé dans la charte de cette fondation (1119). En effet, le comte Henri d'Eu donna « toute la paroisse d'Eu, avec toutes les dîmes… jusqu'à la maison de Gland. » La même charte porte aussi donation du bois du Val-de-Gland. (*La ville d'Eu*, p. 50, 52 et 94.)

[2] C'est-à-dire les trois curés d'Eu et le procureur fiscal. (*Declaration.*)

[3] Une ferme était attachée à ce bénéfice et les sœurs de la Charité d'Eu en jouissaient. Elle était située dans les faubourgs et avait été donnée par les prieurs d'Eu. (Déclarat.)

[4] Les lettres de l'évêque Thibaut, de l'année 1185, confirmatives des possessions de l'abbaye de Sery, rappellent la chapelle de Fressenville, avec 36 arpents de terre. (*Cartul. de Sery*, p. 68.)

[5] Elle paraît être la chapelle que le *pouillé de l'Archid.* dit (f° 168) ruinée en 1689, et dont il fait porter le revenu sur 27 journ. de terre.

— 122 —

Chapelle de SAINTE-MARGUERITE, a Gamaches [1].

Présentateurs : le mayeur et les échevins du lieu.

Revenus : 50 livres [2].

Chapelle de la NATIVITÉ de NOTRE-DAME, a Hocquélus [3].

Présentateur : M. Danzel de Beaulieu.

Déclaration faite le 26 décembre 1729 par le titulaire maître Jean-Charles Dugardin [4], approuvée.

Maison contenant 1 journal 1/2, pour le logement du chapelain, *Mémoire*.
24 journaux de terre, au terroir de Hocquélus et de Fontenelle . . . . 200 l »
Charges : — Réparations de la maison . . . . 10 »

                          Reste net . . . . . . 190 »

Chapelle de la SAINTE TRINITÉ, a La Motte-Croix au-Bailli [5].

Présentateur : le seigneur du lieu.

Déclaration faite le 18 décembre 1729 par le titulaire maître Louis-Victor Miny, approuvée.

---

[1] Fondée au mois de novembre 1246 par Aanor, comtesse de Dreux, qui donna 12 liv. paris. de rente pour l'entretien du chapelain. — Elle dépendait d'une ancienne maladrerie ou léproserie, peut-être fondée à la même époque. — Le titulaire devait être un prêtre natif du lieu. Il était tenu de dire dans la chapelle deux messes par semaine, l'une le dimanche avec eau bénite et pain bénit, et l'autre le mardi. — Déjà en 1689 il ne s'y disait plus aucun office. — On trouve dans les titres de la maladrerie de Ste-Marguerite une commission donnée en 1680 à un nouveau titulaire qui devait jouir d'une maison et d'un jardin. Son cantuaire était de 6 écus 40 sols (20 liv.) en 1584 ; il fut porté à 10 écus en 1587 ; on le trouve à 36 livres en 1607, 1615 et 1619. (Titres de la maladrerie. Arch. de Gamaches, cotes 54e, 55e, Enquête de 1606, et 20e, Comptes de la Maladrerie. — *Gamaches et ses Seigneurs*, p. 213. — *Invent. de l'Evêché*, f° 113, r°. — *Pouillé de l'Archid.* f° 171. — *Pouillé* de 1301.)

[2] Ce chiffre est approximatif et fixé par nous sur les données qui précèdent.

[3] La *déclaration* porte Hocqueleu. — Ce hameau dépendait d'Aigneville, comme aujourd'hui. On croit qu'il a donné naissance au savant théologien Mathieu Béroalde. — La chapelle fut fondée et dotée, après formalités qui paraissent avoir marché bien lentement. Ainsi, le 12 janvier 1620 Charles de Belval, sieur de Rouvroy, demandait à l'évêque l'autorisation d'édifier une chapelle : ce qui était accordé ; le 23 du même mois le curé de Maisnières donnait son consentement ; son successeur permettait le 2 novembre 1632 de conserver le Saint-Sacrement avec un ciboire dans la chapelle ; enfin le 24 octobre 1659 ledit sieur de Belval dotait la chapelle et le chapelain de : 4 journ. et demi de terre au terroir de Fontenelle, de 20 autres journ. en plusieurs pièces, au terroir de Hocquélus, et d'une maison à Hocquélus contenant deux journaux. Le donateur réservait le droit de patronage à lui et à Antoine Danzel, sieur de Beaulieu, son petit-fils et héritier apparent, puis à l'aîné de la famille de celui-ci. Il présentait en même temps pour premier titulaire Gédéon Cahon. — Il est à croire que la chapelle fut fondée d'abord dans le château, en 1620, puis en 1659 en dehors du château, au lieu où elle subsiste encore. — On y gardait le St.-Sacrement et les saintes huiles pour les malades. On y enterrait aussi. (*Pouillé de l'Archid.* f° 176. — *Inventaire de l'Evêché*, f° 128. — Collenot, *Notice des Hommes illustres contenus dans le tableau peint par Choquet*. Ms. n° 99 de la Biblioth. comm. d'Abbeville.)

[4] Le titulaire était obligé à résidence. (*Déclaration*.)

[5] On y faisait l'eau bénite et le pain bénit. (*Pouillé de l'Archid.* f° 161.)

Vingt-six journaux un quartier de terre [1] dans le domaine du comte de Lannoy, affermés 236 1 5

CHARGES : — Pain, vin, cire, ornements pour la messe [2] et réparations de la chapelle 38 5

                Reste net. . . . . . 198 »

[1] Sur ce terrain il y avait autrefois une maison pour le chapelain. (*Déclarat.*)

[2] Elle devait être dite tous les jours par le titulaire, qui était tenu à résidence. (*Déclarat.* — *Pouillé de l'Archid.* f° 161.)

V. DOYENNÉ D'HORNOY [1].

ABBAYE ET PRIEURÉ.

Abbaye de SAINT-PIERRE-LÈS-SELINCOURT [2].

Manse abbatiale.

L'abbé était à la nomination du roi.

Déclaration faite le 7 septembre 1730, par le fondé de procuration de messire Guillaume-François de Croy, abbé commendataire, approuvée.

Revenus affermés.

Les terres de l'enclos d'Andainville, consistant en 9 journaux. — Les censives d'Aumont [3], avec celles de Mme Mary. — Le moulin d'Aumont. — Les terres de Hurtebise, composant environ 20 journaux à la sole, avec un petit bosquet. — Les terres de

---

[1] Ce doyenné fut formé de cures distraites de celui d'Airaines, au synode du 7 octobre 1693. Dans le *pouillé de l'Archidiaconé de Ponthieu* (1689) les cures des deux doyennés furent d'abord mélangées, sous un titre double ; mais peu après la même main les distingua. (Voy. *Introduction*, chap. 1er, §. 2.)

[2] De l'ordre de Prémontré. Elle fut fondée en 1131 par Gautier Tyrel, IIIe du nom, chevalier, seigneur de Poix, qui y établit des frères de St.-Augustin. Le 13 des kal. de juillet 1131 Guarin, évêque d'Amiens, confirma cette fondation et la possession des biens donnés aux religieux. Il leur reconnut le droit de choisir leur abbé. Reginald, archevêque de Reims, donna pareille confirmation en 1135, le pape Innocent II le 3 des kal. de février 1137, et Henri, archevêque de Reims en 1166. On en trouve encore plusieurs autres postérieures. — Cette abbaye se nommait aussi Ste.-Larme, parce que Bernard, seigneur de Moreuil, lui avait donné cette relique célèbre en 1209. (*Cartulaire de l'abbaye de St.-Pierre de Selincourt,* fol. 1 et 13. Ms. 528 de la Biblioth. comm. d'Amiens. — *Gallia Christ.* X, col. 1367 et suiv.; Instrum. col. 304 et 305.) —Une note datée de 1775, publiée par M. de Beauvillé (*Rec. de docum. inédits*, IIe partie, p. 417.) nous fait connaître que cette abbaye possédait de précieux manuscrits sur vélin, parmi lesquels une chronologie du temps de Chilpéric.

[3] Nous pensons qu'il s'agit de la terre dont nous allons parler, laquelle aura été accensée. En l'année 1167 Gautier, seigneur (de Selincourt) et Eve, son épouse, confirmèrent la donation faite à l'église St.-Pierre de Selincort par Robert de Riencort et Raagonde, son épouse, de l'assentiment de Girard, vidame de Picquigny, de la terre d'Allemunt, que les religieux avaient défrichée dans la forêt et qui était « bunnée et cerchemanandisiée, » c'est-à-dire bornée sur enquête juridique. — M. de Beauvillé, en publiant cette charte d'après l'original (*Recueil de docum. inédits concernant la Picardie*, IIe partie, p. 9), ajoute en note : « Aillemont fait aujourd'hui partie de Molliens-Vidame. » Nous pensons qu'il ne faut point chercher ce lieu ailleurs qu'à Aumont, village voisin de Selincourt. En effet, au nombre des possessions confirmées à l'abbaye par l'évêque Thibaut en l'année 1177, comme étant du fief de Raoul d'Airaines, se trouve la ferme d'Aumont, avec la terre y tenant et le mort-bois à prendre dans tout le bois d'Aumont, pour l'usage des religieux. En l'année 1148 Raoul, seigneur

Malmaison [1], consistant en 12 journaux à la sole. — Le bois de Poultière [2], consistant en 8 journaux à coupe, de l'âge de 10 ans ; sur quoi il faut déduire 1/2 journal pour le prieur de La Maronde et un quartier pour le garde. — La ferme de Saint-Martin-les-Horets [3], consistant en 90 journaux de terre à la sole. — Les terres Maillart, situées au terroir de Selincourt [4], consistant en 10 journaux à la sole. — Une partie des dîmes de Selincourt, conjointement avec le prieur du lieu et l'évêque d'Amiens. — La ferme de *l'Enclos*, consistant en 65 journaux de terre à la sole. — Dix journaux de terre à la sole, situés au terroir de Villers-sur-Campsart. — Le champart de La Maronde, tel que deux gerbes du

d'Airaines, avait donné le bois d'Aumont. Peut-être y avait-on fait des défrichements pour établir la ferme. (*Cartul. de Selincourt*, fol. 11 c⁴ 16, et fol. 27 c⁴ 78. — *Libri Biblici*, Ms. 13 de la Bibl. comm. d'Amiens, in fine.) — Le plan de la terre et seigneurie d'Aumont se trouve aux Archives Départem., section des plans.

[1] Ce lieu n'a-t-il pas quelque rapport avec celui de Tencheremesnil, assigné comme limite au domaine donné à l'abbaye pour sa fondation, et avec la terre de *Tenceneul-Maisnil*, rappelée en la confirmation de l'évêque Guarin et donnée par Roger Clabold, Eustache et Gautier Bonard, de l'assentiment de Dreux de Selincourt, dont elle relevait ? Le sens des deux noms se rapproche d'une manière frappante. Quoiqu'il en soit, voici deux chartes qui concernent la terre de Malmaison. Au mois de mars 1262 Jean de Biaunay, chevalier, du consentement de Jehanne, sa femme, vendit au couvent son « manoyr de Bonviler, avec totes ses apendisses, » c'est-à-dire 45 journ. de terre à l'entour, à la mesure de Vimeu, pour six vingt et dix livres parisis. Ce titre est en français. Au mois de juillet 1294 Jean de Ponthieu, comte d'Aubemalle, confirma « cumme sires souverains et kievetains » la vente dudit manoir situé, dit-il, « dedans les metes de no conté d'Aubemalle. » — M. de Beauvillé, en publiant ce dernier titre, a écrit Jean de Biauran. Cependant le *Cartulaire* porte bien Biaunay. — Au dos du titre de 1262 on lit : « pour Bonvillez dit le Mallemaison près Tronchoy. » Cela ne laisse aucun doute. Mais il est possible que Malmaison et Bonvillers aient été deux fiefs voisins, plus tard réunis et confondus. (*Recueil de documents inédits*, II⁰ partie, p. 56. — *Cartul. de Selincourt*, fol. 5 et 46. — *Gallia Christ.* X, Instrum. col. 304.)

[2] Le quart de ce bois avait été donné au prieuré de St.-Denis de Poix, le 7 des ides d'octobre, jour de la fête de St.-Denis (9 octobre) 1121, par Wesron de Galicules, pour l'indemniser de la destruction de son église par les gens du pays de Bray (*Braherii*), sous la conduite dudit Galicules. Cette donation est répétée ou confirmée par Gautier Tirel, du consentement de Ade de Selincourt, son épouse, et de Hue Tirel, son fils, au mois de mai 1127. D'un autre côté, l'abbaye de Selincourt possédait la moitié du bois de Poulletières et de la terre adjacente. Des difficultés de jouissance ayant lieu, on convint de partager et de borner, par transaction de l'année 1170. Cependant l'abbaye s'en était emparée. Mais, par transaction du 14 octob. 1455, l'abbaye de Selincourt reconnut le droit du prieuré au quart du bois, dont elle paraît avoir eu alors le surplus. — Si on en croit une note marginale de la copie de chartes que nous consultons, l'abbaye de Selincourt posséda définitivement la totalité. (Titres du prieuré de Poix. Arch. Départem. *Copie de titres de l'abbaye de St. Quentin-lès-Beauvais* maintenant aux Archives du départem. de l'Oise. — *Cartul. de Selincourt*, fº 18, c⁴ 37. — Voy. ci-dess. I, 430, note 1.)

[3] Parmi les biens confirmés au couvent en 1164, par Willaume, comte d'Aumale, comme sis en son fief, se trouve la cense de St.-Martin. — Elle est désignée sous le nom de St.-Martin *de Loheri-Campania*, avec la terre en dépendant sur le terroir de Laboissière (*de Buxeria*), donnée par Girold, fils de Roscelm, au nombre des possessions confirmées par l'évêque Thibaut en 1177, comme étant du fief de noble homme Raoul d'Airaines. — Au mois de décembre 1262, Henri, chevalier, seigneur d'Airaines, vendit au couvent la 4ᵉ gerbe de tout le gaignage du terroir de la cense de St.-Martin de Lohière-Campaigne. (*Cart. de Selincourt*, fol. 11, 24 et 41.)

[4] Serait-ce la terre sise entre le chemin d'Hornoy à Arguel et le chemin de Broecort, donnée au couvent par Jourdain de Biaunai, en l'année 1164 ? (*Cartul. de Selincourt*, fº 32, c⁴ 101.) — On trouve des plans où sont figurées les terres de l'abbaye aux Archives du Département, section des plans.

cent, à prendre sur une partie du terroir. — Les censives dudit lieu [1]. — Le champart et la dîme de Thieulloy, avec 6 journaux de bois à coupe, de l'âge de 6 ans. — Une partie des dîmes d'Andainville, conjointement avec le curé du lieu et autres. — La 1/2 des dîmes de Caulière. — La dîme de Dreuil-sous-Moliens-le-Vidame. — La 1/2 des dîmes de Guibermesnil. — La dîme du Mazis, conjointement avec le commandeur de Saint-Maulvis, abandonnée au curé du lieu pour sa portion congrue. — Une petite portion de dîme et champart sur le terroir dudit Moliens. — La 7ᵉ partie des dîmes de Saint-Maulvis, qui se perçoit sur une partie du terroir. — La 8ᵉ partie des dîmes de Tours-en-Vimeu, qui se perçoit sur le terroir d'Houdencq. — Une partie des dîmes de Villers-sur-Campsart, telle que quatre gerbes sur 9. — Un renvoi sur la commanderie d'Oisemont de 16 setiers de blé, mesure d'Oisemont. — Un renvoi sur les chapelles de Saint-Nicolas de Fluy et de Revelles, de 15 setiers de blé et 15 setiers d'avoine, mesure d'Amiens. — Une voiture en France, avec 4 chevaux, de 300 fagots et 3 cordes de bois [2], dans l'abbaye. — A recevoir des religieux de l'abbaye, 47 liv. — Le tout affermé moyennant : en argent 6,500 l ; — plus une voiture en France, 6 voitures de foin, la voiture de 3 cordes de bois et 300 fagots dans l'abbatiale, estimées 45 l.

Revenus non affermés.

Un journal 1/2 de bois à coupe de l'âge de 12 ans, dans le bois de Buire [3], évalué 60 l. — La maison abbatiale, avec un jardin et la moitié des lods et ventes, évalués 100 l. — Total des revenus 6,705 l.

Charges.

Au prieur d'Airaines, 24 setiers de blé et 24 setiers d'avoine, mesure dudit lieu [4]. — Au prieur de Boisrault, 50 liv. — Au prieur de Poix, 24 mesures [5] de blé. — Au curé de

---

[1] Voy. le plan de la terre et seigneurie de Lamaronde aux Arch. Départem. section des plans.

[2] Ceci s'applique-t-il au bois à prendre dans le bois de Poultière, dont nous avons parlé (p. 125), ou bien au droit de chauffage que devait avoir le couvent sur la forêt d'Eu ? Jean, comte d'Eu (1139-1170), et Marguerite, son épouse, lui avaient donné l'usage dans ladite forêt et le droit au bois-mort (*de nemore jacente*), pour les besoins de sa maison de Senarpont (sans doute St.-Léger). Leur fils Henri (1170-1193), confirma ce droit, et plus tard, au mois d'avril 1269, Alphonse, comte d'Eu, fils de Jean (de Brienne), roi de Jérusalem. — Mais ce droit, qui n'est point spécifié en la présente *déclaration*, subsistait-il encore, avait-il été reconnu dans le procès-verbal qui fut dressé en conséquence des arrêts de réformation rendus au siège de la Table de marbre à Paris le 1ᵉʳ décembre 1581, pour le règlement des droits d'usage dans ladite forêt ? (*Cartulaire de Selincourt*, f° 23. — Collection de Cartes concernant la forêt d'Eu, par M. Estancelin, 1768. — *Mémoires sur les comté d'Eu et duché-pairie d'Aumale*, par le même. Ms. tome II, p. 232 et suiv.)

[3] Dans la confirmation de l'année 1166 on voit figurer, outre le bois de Buire, la terre assise entre ce bois et *Buzforte* (Beaufort, Boisrault ?), deux parts de la dîme, etc.

[4] Cette redevance a pour cause une transaction de l'année 1150, que nous avons analysée ci-dessus (p. 52, note 5), d'après D. Marrier. Nous retrouvons le titre dans le *Cartulaire de Selincourt* (f° 19 c* 38), avec cette variante : la cession s'appliquait à toutes les possessions du prieuré d'Airaines sur les territoires de Risluez, d'Andeinvilete et de Monteinoles, plus à la dîme de Bouslainviler réclamée par Ingerran de Sevancemont.

[5] Cette charge figure ci-dessus (I, 430, note 5) pour 4 mines. C'est la même chose, car la mine contenait six mesures ou boisseaux. (Voy. ibid. note 6.)

Beaucamp-le-Vieux, 15 liv. — Aux Célestins d'Amiens, 5 setiers de blé et 5 setiers d'avoine, mesure d'Airaines. — A M. de La Boissière, 18 mesures de blé [1]. — Gages de deux gardes de bois, 150 liv.

> NOTA. — Toutes ces charges ne sont ici portées que pour *Mémoire*, parce que les fermiers en sont tenus par le bail général.

Réparations de la maison abbatiale, des murailles qui enclosent la cour et les jardins, 500 [1]. — Réparations de la ferme de Saint-Martin, de celle de l'Enclos et de celle de Thieuloy, 270 [1]. — Réparations des chœurs des églises de Dreuil, Thieuloy, La Maronde, Caulière, Guibermesnil, Tours-en-Vimeu, Le Mazy, Saint-Maulvis, Andainville, Selincourt, Villers-Campsart et Mohens, 425 [1]. — A l'église de Drucat, 6 setiers de blé, 12 [1] 12 *; — et 6 setiers d'avoine, mesure d'Amiens, 9 [1]. — Gages de deux gardes de bois, 150 [1]. — Gages d'un jardinier, 100 [1]. — Total 1,466 [1] 12 *.

RÉCAPITULATION : Montant des revenus . . . . 6,705 [1] » »
— des charges . . . . 1,466 12 *
Reste net 5,238 8

MANSE CONVENTUELLE.
La Communauté est composée de 12 chanoines.

DÉCLARATION faite le 7 juin 1729, par le prieur et les chanoines réguliers de ladite abbaye, rectifiée.

REVENUS NON AFFERMÉS.

Soixante-trois journaux de terre situés autour des murs de l'abbaye [2], produisant 600 setiers de blé, mesure d'Amiens, évalués 1,260 [1] ; — plus pour beurre, fruits et bestiaux, 200 [1].

> NOTA. — Le produit en mars est abandonné pour les frais de labour.

---

[1] Il est à croire que cette redevance grevait les terres attachées à la ferme de St.-Martin-des-Horets. (Voy. ci-dess. p. 125.)

[2] Une partie provient de la fondation et figure dans les premières chartes confirmatives. Notons les acquisitions faites depuis. Au mois d'août 1262 Willaume, chevalier, seigneur d'Avesnes, de l'assentiment de Béatrix, sa femme et de Jean, son fils aîné, donna, pour son anniversaire, à l'abbaye, 10 journ. de terre, en deux pièces, dont l'une de 8 journ. et l'autre de 2, auprès du bois Watier-Talon. — Le samedi après St.-Martin d'hiver 1263 pardevant M. doyen d'Aubemalle, commis par justice (*in jure constituto*) Jean Le Sereurier, de la volonté d'Odeline, sa femme, vendit à l'abbaye deux pièces de terre, au terroir de Selincort, tenant au chemin de Hornoy à Dromaisnil ; ce qui fut ratifié par Bauduin, vicomte de Selincort, au mois de juillet 1265. — Raoul, seigneur de Selincourt et Emmeline, sa femme, avaient donné à l'église St.-Pierre de Selincourt 80 liv. paris. « pour estorer une capelerie à perpétuité en chele meisme église, à l'autel de Notre-Dame, » à la charge d'une messe par jour. Après la mort de son mari, Emmeline, pour remplacer cette redevance, donna dix journ. de terre, en deux pièces, qu'ils avaient achetés de Wilard Coullet, dont 7 tenaient au mur de l'abbaye et trois « seur le bos Watier-Talon ; » ce que ratifia Willaume, chevalier et sire de Poix, « l'an del incarnation mil cc.lx, u mois de genvier. » Au mois d'août 1268, Hue, écuyer, sire de Selincort, fils de Raoul, confirma ladite donation. — Au mois de juillet 1271, ledit Hue, vendit à l'abbaye 19 journ. et demi de terre, en deux pièces, au terroir du Bos Raoul ; ce qui fut confirmé la même année par Willaume Tyrel (Tyriaul), cheva-

— 128 —

Un petit bois appelé *Talon* [1], aussi autour des murs de ladite abbaye, contenant 10 journaux évalués, déduction faite des frais du garde, 32¹. — 72 arpents de bois [2], nommés *le bois l'Abbé*, produisant, gages du garde déduits, 170¹. — Un bois auprès de Beaucamp-le-Vieux, contenant 36 arpents, dont 18 sont en réserve. Les frais excèdent le produit du reste, *Mémoire*. — 52 arpents de bois sur le terroir de Selincourt, où l'abbaye a toute justice ; le tout est en réserve, *Mémoire*. — Censives de la seigneurie de Boisrault, 18¹. — Censives de la seigneurie de Bellavesne [3], compris les mouvances, 35¹. — Censives de la seigneurie de Frocourt [4], 25¹. — Censives de celle de Saint-Léger-le-Pauvre [5], y compris les mouvances, 24¹. — Censives de celle de Saint-Martin, 28¹. — Censives de Thieuloy-

lier, sire de Poix, et par Bauduin, vicomte de Selincourt. Nous croyons qu'il faut comprendre cette terre dans celles autour des murs de l'abbaye, puisqu'il en est ainsi du bois Talon ci après désigné. — Enfin au mois d'avril 1273 Marie Ledouche et ses enfants vendirent 9 journ. de terre sis à Selincourt, tenus de Wermont, vicomte de Selincourt, qui ratifia. (*Cartul. de Selincourt*, fol. 58, 59, 62, 63, 64 et 65.)

[1] Par le même titre du mois de juillet 1271 Hue, sire de Selincourt, vendit à l'abbaye « quatorze journels ou là entor de bos... que on soloit apeleir le bos Watier Talon, assis en une pieche u terouoir du Bos Raoul... » Ce bois et la terre provenaient de Bauduin, vicomte de Selincourt, qui avait forfait à son seigneur, auquel il devait la garde à son château de Selincort. Ce titre donne de bien curieux détails à ce sujet. — Peut-être le bois a-t-il été réduit à 10 journ. par le défrichement d'une partie qui aura été jointe à la terre. (*Cartul. de Selincourt*, f° 63.)

[2] Vers l'année 1186 Dreux de Selincourt (*de Silincuria*) avait fait don à l'abbaye, entre autres choses, de six charriots de bois à prendre dans le bois de Selincourt et, en cas de déficit, en celui de Waerluis, pour la cuisson des hosties. (M. de Beauvillé, *Rec. de docum. inédits*, IIᵉ partie, p. 14.) — Peut-être ce droit fut-il remplacé par une donation du fonds.

[3] Gautier de Selincourt, avait concédé au couvent tous ses droits sur la maison de Bele-Avesne en ce qui dépendait de son fief, par titre de l'année 1167. — En 1200, devant Robert, doyen de St.-Maxent, Jean, seigneur de Miaunay, avait fait abandon de la 4ᵉ gerbe lui revenant sur un champ que cultivaient les religieux. — En 1201, Hugue de Rogeham avait, devant le même Robert, abandonné tout ce qui dépendait de son fief à Beleavesne. — Au mois de mars 1217 Godefroy de Miaunai, chevalier, avait aussi abandonné tout ce qu'il pouvait réclamer à Beleavesne sur la terre dite le quartier (*quartarium*). — Au mois de février 1222, Jean, doyen de St.-Maxent, constata que Renier du Sauchoy ou du Chaussoy (*de Salceio*), clerc, Emma sa femme et Wibert son fils, avaient cédé à l'abbaye la 3ᵉ gerbe qu'ils recevaient sur toutes les terres qu'elle avait à Beleavesne. Par lettres à la même date, Marie dame de la Freté confirma cet abandon. Le plan de ladite seigneurie se trouve aux Archives Départ. section des plans. (*Cartul. de Selincourt*, fol. 27 et 28. — *Gallia Christ.* X, col. 1368.)

[4] Au mois d'avril 1236 Symon, seigneur de Dargies, Elisabeth, sa femme, et Renault, leur fils aîné, firent don au couvent de tout ce qu'ils avaient ou devaient hériter, soit de leur domaine, soit de leur puissance, dans le terroir de la ferme de Frocourt, qui avait été donnée au couvent, c'est à-dire bois, terres, prés, dîmes, moulins, etc. — Une charte non datée porte confirmation par Raoul de Clermont et Aalis, son épouse, de tout ce que l'abbaye possédait dépendant de leur fief de Breteuil à Froelcort. (*Cart. de Selincourt*, fol. 25 cᵃ 67, et fol. 26 cᵃ 73.)

[5] Selon charte sans date mais que, par ses témoins, nous estimons être de l'année 1160 environ, Willaume de Gillermerville (Guimerville), du consentement de Marguerite, sa femme, et de ses enfants, donna en perpétuelle aumône et en bénéfice spirituel à l'abbaye de Selincourt tout son fief de St.-Léger qui s'étendait jusqu'au Caisnoi de Senarpont, à Neuville et à l'eau de la marche de Normandie, et qui consistait en bois, plaine, aulnois, eau, pêcherie, près, moulin, etc. — En l'année 1164 Willaume, comte d'Aumale, confirma les dons faits à l'abbaye de biens sis en son fief, et notamment la cense (*curiam*) de St.-Léger. — Ledit fief relevait de la seigneurie de Senarpont, comme on le voit en un titre du mois de décembre 1241, sous le sceau de Willaume, chevalier, seigneur de Caieu et de Senarpont, par lequel Renauld de Hosdenc et Elisabeth, sa femme, renoncèrent à réclamer une prébende d'un pain conventuel et d'un pot de cervoise

l'Abbaye [1], 88 l. — 48 setiers de blé, à prendre sur la seigneurie d'Avelesge [2], évalués à 42 sols, 100 l 16 s.—Un renvoi sur la cure d'Aumont, de 96 setiers de blé, évalués 201 l 12 s; — et 96 setiers d'avoine, évalués à 30 sols, 144 l. — Un renvoi sur l'abbaye de Saint-Pierre de Corbie, de 108 setiers [3] de blé, 226 l 16 s; — et 108 setiers d'avoine, 162 l. — — Une branche de dîme à Sarcus, dont le curé rend 70 l.

qu'ils prétendaient sur ledit fief. — Le plan de cette terre existe aux Archives Départem., section des plans. — On trouve divers titres et transactions sur sa délimitation. Ainsi : en l'année 1307, le bailli de Rouen détermina la séparation d'avec le fief de Pléville, en Normandie, comme nous l'avons vu en l'*Introduction*; — au mois de décembre 1339, une transaction la marqua entre l'aulnoi de la maison de la basse Rozière appartenant à la commanderie de St.-Mauvil; — le 3 août 1365 une sentence de Henri Barberi, bailli d'Airaines et d'Arguiel, maintint l'abbaye en possession de la justice vicomtière dans les « grans aunoys de St.-Ligier le poure » lui appartenant et que contestait noble homme Jehan de Cayeu, chevalier, seigneur de Senarpont. — Quand le domaine fut-il aliéné ? Nous trouvons que la maison et cense de St.-Ligier-lès-Senarpont fut baillée avec ses dépendances, droits, profits, revenus et émoluments, 12 journ. de bois en une pièce et la haie de St.-Ligier, pour le temps et espace de 66 ans, moyennant 8 livres de redevance annuelle, au profit de Robert de Hantecourt, écuyer, demeurant à Morival, le 2 février 1447. Le 3 avril 1456 celui-ci transporta son droit à George, seigneur et baron de Clerc. Son fils et héritier George, seigneur et baron de Clerc, de la Croix St.-Lieffroy et de Nœufville-sous-St.-Germain, le transporta à mess. Edmond de Monchy, chevalier; seigneur de Senarpont, Vymes, Guillemerville et Lheures, le 26 mai 1487. — Ce fut probablement après cette époque que l'aliénation eut lieu. (Titres de Selincourt. Arch. Départ. — *Cartul. de Selincourt*, fol. 24 et 30.)

[1] Ce qui comprenait tant la ferme dudit lieu, que le fief d'Andeinvilete et de Risleus, lesquels sont rappelés en plusieurs lettres confirmatives des possessions du couvent, et notamment en celles données en 1166 par Henri, archevêque de Reims, en 1177 par Thibaut, évêque d'Amiens, et en 1195 par Gautier Tyrel le jeune, pour tout ce que le couvent tenait depuis le temps de Hugue, son quadrisaïeul (*atavus*). — La charte de 1166 constate ainsi la situation des dites terres et fiefs et les noms des donateurs : le courtil de Teuloi, toute la dîme, l'oratoire et la couture (*culturam*) donnés par Walbert de Cavellon, Odon de Tolent, Jean de Luecuel et Raoul Bascoaz ; le quart dudit terroir en terre et en bois, donné par Odon de Tolent et Jean du Luecuel ; la terre de Andeinvilete sise entre la dite ferme et le chemin qui va de Croix-Rault à Hornoy, le chemin de Flandre et le fai de Teuloi, laquelle fut donnée par Wernon de Poiz et Etienne de Hornoi ; le quart du même terroir, donné par Henri, fils de Adonis et autres ; le demi-quart de la terre de Risleuz, moitié de la dîme dudit lieu et de Andeinvilete, avec trois parts de la dîme de Monteinoles et un quart de celle de Bosleinviler, donnés par les religieux d'Airaines, moyennant 2 muids de froment et autant d'avoine de cens annuel ; enfin la terre au terroir de Risleus qui est entre le courtil de St.-Nicolas (le prieuré de Lamaronde), le chemin de Poiz à Poutières, le chemin de Flandre et le bois de Poutières, donnée à cens par Robert, vicomte de Poiz, et Etienne de Hornoi. (*Cartulaire de Selincourt*, fol. 11, 13 et 54. — Voy. ci-dess. p. 52, note 5.) — Il existe plusieurs plans de Thieulloy-l'Abbaye et de Rilleux aux Arch. Départem., section des plans.

[2] Cette redevance fut donnée par Hugue d'Airaines, chevalier, seigneur d'Avlesge, du consentement d'Elisabeth, sa femme et de Raoul, son fils aîné, en l'année 1239. Le titre porte un muid à la mesure d'Airaines, qui était quadruple de celle d'Amiens. (*Cartul. de Selincourt*, f° 49, c⁂ 148.)

[3] On lit ci-dessus, en la *déclaration* de la manse conventuelle de Corbie (p. 247), 6 muids. C'est exactement la même chose, parce que le muid du cellerier de Corbie se composait de 18 setiers. Quant au muid d'avoine il devait être de 20 ou 22 setiers, ce qui impliquerait ici une petite différence. — Ce renvoi était dû sur la maison ou cense de Guisy, dépendant de la seigneurie de Longpré-lès-Oresmaux, et avait été vendu au couvent par Guerard de Péquigny, chevalier, du consentement du vidame Regnault, seigneur du fief, et de l'abbé de Corbie, au mois de novembre 1306. (Titres de Corbie, arm. 5, liasse 4, n° 6. — *Invent. de Corbie*, V, p. 24.)

Revenus affermés.

Une ferme appelée *le Fayelle*[1], affermée à plusieurs moyennant 800 setiers de blé, mesure d'Amiens, évalués à 42 sols, 1,680[1] ; — 60 setiers de pamelle à 42 sols, 126[1] ; — 40 setiers d'avoine, 60[1] ; — et en argent 1,600[1]. — 112 arpents de bois [2] près la ferme du Fayelle affermés, déduction faite de 45 liv. pour le garde du bois, 275[1]. — 18 journaux de petites terres situées sur la seigneurie de Saint-Léger, 44[1]. — 2 moulins à l'eau, à fouler des étoffes, plus les prés voisins abandonnés pour les réparations, 200[1]. — Un moulin à vent dans l'enclos de l'abbaye, 220[1]. — Une branche de dîme sur le terroir d'Arguel, 60[1]. — Une autre sur le terroir d'Andicourt[3], 90[1]. — La dîme d'Avelesge, 140[1]. — Une dîme sur la seigneurie de Bellavesne, et 16 journaux de terre affermés, sous la déduction de 50 liv. pour l'administration des sacrements aux habitants, 150[1]. — Une branche de dîme sur le terroir de Boulainvillers, 130[1]. — Une autre sur le terroir de Frocourt, 175[1]. — Une autre sur le terroir de Sentelie [4], 60[1]. — Une autre sur le terroir de Vieulaines, 100[1]. — Une autre sur le terroir de Vraigne, 100[1]. — Une autre sur le terroir de Waben affermée, charges payées, 100[1]. — Une autre sur le terroir de Warlus et Montagne, affermée, charges payées pour les réparations du chœur de l'église de Warlus, 320[1]. — Une autre sur le terroir de Hodencq[5] en Normandie, 90[1]. — Une autre sur le terroir de Cerny et à Tortonne, en Normandie, 60[1]. — Total des revenus 8,565[1] 4[s].

Charges.

Réparations de la ferme de l'Abbaye, gages du concierge, d'une servante, de 2 valets de charrue, d'un porcher, d'un maréchal et d'un charron, 600[1]. — Réparations du moulin à

---

[1] La terre du Fayel fut donnée par Dreux (de Selincourt) et le vidame d'Amiens, aux religieux de Selincourt, qui y construisirent une ferme (*curiam*); Raoul et Rainold donnèrent, du consentement de Dreux, les terres adjacentes sises sur les terroirs de Asniercort, Wandreliercort, Montaignes et Monteignoles; ce qui fut confirmé par la bulle du pape Innocent II de l'année 1137, et par les lettres de l'archevêque de Reims de 1166. (*Cartul. de Selincourt*, fol. 1 et 13.) — On trouve le plan de ladite ferme aux Arch. départem., section des plans, sous la rubrique Montagne.

[2] En l'année 1154, sous le sceau de l'évêque Thierry, le vidame Girard, du consentement de son fils Guermond, pour réparer des dommages qu'il avait faits au couvent pendant la guerre, lui donna le bois de Druel. Celui-ci s'étendait depuis la voie conduisant de Camps à Riencourt, à travers le Val-de-Golca, longeait la ferme de Faiel et atteignait le bois de St.-Léger. Ce dernier village était situé sur la rivière de St.-Landon. Il n'existe plus. (*Cartul. de Selincourt*, f° 7, c ª 9. — P. Daire, *Histoire du doyenné de Picquigny*, p. 34.)

[3] Il s'agit de Handicourt, hameau de la paroisse d'Agnière? (Voy. ci-dess. I, 289, notes 3 et 4.) — La 4ᵉ partie de la dîme du terroir de Aidincort avait été donnée à l'abbaye de Selincourt par Etienne Féret, du consentement de son fils Bérenger: ce que confirma Dreux de Selincourt, vers l'année 1186. (*Cartul. de Selincourt*, fol. 154, cª 167.) — M. de Beauvillé, en publiant cette charte (*Recueil de docum. inédits*, etc., p. 13), a pensé qu'il s'y agissait de St.-Sauveur, autrefois Hédicourt. Nous ne sommes point de cet avis, et d'autant moins que l'abbaye n'avait en ce lieu aucun droit de dîme.

[4] Au doyenné de Grandvillers. — En l'année 1189 Hugue de Creuse avait abandonné à l'abbaye, par les mains de l'évêque Thibaut, le tiers de la dîme de Sainterlies, du consentement de Gautier, chevalier de Paillart, du fief duquel il dépendait. (*Cartul. de Selincourt*, f° 12, cª 18. — Voy. ci-dess. I, 296.)

[5] La dîme de Hosdenc appartenait dès le milieu du XIIIᵉ siècle au couvent. Elle fut l'objet de difficultés avec Willaume de Montegni, chevalier, qui, par titre du mois d'avril 1259, renonça à inquiéter les religieux. (*Cartul. de Selincourt*, f° 31, cª 97.)

vent dans l'enclos, 80¹. — Réparations de l'église de l'abbaye, 400 ¹. — Entretien des ornements, linge et luminaire, 400¹. — Entretien de la maison conventuelle, qui est très-grande et ancienne, 600¹. — Partie des réparations du chœur d'Andicourt, et autres charges, 15¹. — Moitié des réparations du chœur d'Arguel, pain, vin, cire et ornements, 25 ¹. — Réparations du chœur de l'église d'Avelesges et fourniture des autres besoins ordinaires, 40¹. — Réparations de la ferme du Fayelle, 200¹. — Moitié des réparations du chœur de Vieulaines et autres charges ordinaires, 25 ¹. — Moitié des réparations du chœur de Vraignes, 25 ¹. — Partie des réparations du chœur d'Hodencq et autres besoins, 20 ¹. — Desserte de la chapelle de Frocourt, 75 ¹. — Entretien de ladite chapelle, 40¹. — Pour la taille de l'ordre, 20¹. — Pour la taxe du procureur général de l'ordre, 30¹. — Pour la visite du général, compris les frais de bouche, 100¹. — Au garde du bois de Selincourt, qui est en réserve, 75 ¹. — A la manse abbatiale, 47¹. — A l'évêché d'Amiens¹, un renvoi de 28 setiers de blé, mesure d'Amiens, 58¹ 16ˢ ; — et 22 setiers d'avoine, 33¹. — A la cure de Boisrault, 50¹. — Au prieuré de Molliens-Vidame, à cause des fermes du Fayelle : 26 setiers de blé, 54¹ 12ˢ ; — et 26 setiers d'avoine, 39¹. — Aux dames de Bertaucourt² : 12 setiers de blé, 25¹ 4ˢ ; — et 12 setiers d'avoine, 18¹. — A la fabrique de Saint-Remy d'Amiens, 4 setiers de blé, 8¹ 8ˢ. — Aux héritiers de M. Dumoulin, conseiller, pour un champart situé à La Maronde : 71 setiers de blé, 149¹ 2ˢ ; — et 48 setiers d'avoine, 72¹. — Total 3,325¹ 2ˢ.

RÉCAPITULATION : Montant des revenus 8,565¹ 4ˢ
— des charges 3,325 2

Reste net. 5,240 2

Prieuré de NOTRE-DAME d'Hornoy ³.
Collateur de plein droit : l'abbé du Tréport.

Déclaration faite le 17 février 1730, par le fondé de procuration de messire Claude Roujault, titulaire.

Les censives de la seigneurie d'Hornoy, évaluées 70¹. — Une vieille maison, avec divers bâtiments, le tout couvert de chaume, cour, petit jardin et plant, contenant environ un journal 1/2, situés à Hornoy. — 40 journaux de terre à la sole au hameau de Blanche-maison ⁴, et un petit bois contenant un journal 1/2 environ. — Une dîme sur le terroir

---

¹ Nous avons dit l'origine d'une partie de cette redevance au profit de l'Evêché, comme substituée à l'abbaye de St.-Martin-aux-Jumeaux. (Voy. ci-dessus tome 1ᵉʳ, p. 6, note 7. — *Cartul. de Selincourt*, f° 7, cᵃ 10. — *Invent. de l'Evêché*, f° 99.)

² Une partie de cette redevance fut fixée par composition du mois de juillet 1225. (*Cart. de Selincourt*, f° 21, cᵃ 47.) — Les dames de Bertaucourt ont porté Voy. ci-dess. I, 484) « trois couples de grains, mesure d'Airaines. » C'est la même chose, cette mesure étant quadruple de celle d'Amiens, et le mot *couple* signifiant moitié blé, moitié avoine.

³ De l'ordre de St.-Benoît. — Il fut fondé par Gérold de Hornoy, à la prière d'Osberne, abbé de Tréport, vers l'année 1110. (M. Le Beuf, *La ville d'Eu*, p. 45.)

⁴ Ce lieu est nommé *outre le val du bois d'Hornoy* ou *les blanches maisons* dans un dénombrement du

d'Hornoy, à raison de 7 du cent. — Une branche de dîme sur le terroir de Tronchoy et Blanchemaison. — Une autre sur le terroir de Bezencourt, à raison de 4 du cent. — Une portion de dîme sur le terroir de Villers-Campsart. — Une redevance foncière due par la commanderie d'Oisemont, de 25 setiers de blé et 25 setiers d'avoine, mesure d'Abbeville. — Les 7 derniers articles affermés, outre les charges ci-après exprimées, moyennant 1,400 liv., plus un pot de vin de 11 l 2 s 3 d. — Total 1,481 l 2 s 3 d.

Charges.

Au prêtre desservant [1] le prieuré, 242 liv. — Au curé d'Hornoy, pour supplément de portion congrue, 28 setiers 1/2 de blé, 10 setiers 1/2 d'avoine, mesure d'Abbeville, plus 12 liv. d'argent. — Au magister d'Hornoy, 60 liv. — Pour les cires d'Hornoy, 60 liv. — Au prieuré de Fluy, une redevance foncière de 80 boisseaux de blé et 80 boiss. d'avoine, mesure d'Aumale. — Au prieuré de St.-Denis de Poix, une redevance foncière de 120 boiss. de blé et 120 boisseaux d'avoine, mesure d'Aumale. — Toutes lesquelles charges ayant été imposées au fermier en sus dudit prix ne figurent ici que pour *Mémoire*. — Grosses réparations de la maison et ferme du prieuré, 100 l. — Entretien des ornements et livres de chant de l'église d'Hornoy, 50 l. — Réparations de l'église de Tronchoy, 40 l. — Entretien des ornements et livres de chant de la même église, 40 l. — Réparations du chœur de l'église de Villers-Campsart, 15 l. — Supplément au prêtre desservant, 48 l. — Total, 293 l.

Récapitulation : Montant des revenus . . . . 1,481 l 2 s 3 d
— des charges . . . . 293 » »
Reste net. 1,188 2 3

CURES.

ANDINVILLE [2] (Vocable : Saint-Vast) et FRESNOY.
Présentateur : le chapitre de St.-Firmin-le-Confesseur d'Amiens.
Collateur : l'Évêque.

Déclaration faite le 9 juin 1728 par le titulaire maître Louis Caron, rectifiée.

La dîme d'Andinville [3], évaluée 540 l. — Celle novale, 250 l. — La dîme de laine et de

---

fief de Riencourt, servi à André de Rambures, seigneur d'Hornoy et autres lieux, par « Jeanne Lesenne, sœur et ayant le gouvernement et l'administration de Ysabeau Lesenne, obstant son innocence, » le 14 février 1494. (Titres de l'Évêché, M. 13e.)

[1] Il disait tous les jours la messe pour le prieur. (*Pouillé de l'Archid.* f° 117.)

[2] Andainvile, au *pouillé* de 1301. — Il est de tradition dans le village que St.-Vast y naquit ; les habitants montrent même sa maison. (*Pouillé* de 1753.)

[3] C'est-à-dire 4 gerbes de 9 venant à dîme, le chapitre de St.-Firmin en prenait 2, et l'abbaye de St.-Pierre de Selincourt les 3 autres. Cette abbaye en possédait, dès son origine, une fraction qui est rappelée dans les lettres confirmatives de l'année 1166. Le surplus provenait de la donation faite en 1201 par l'évêque Gervin, entre les mains duquel l'avait résigné Ansold Hatcreals, doyen d'Airaines (?), du consentement de son frère H., chevalier. (*Cartul. de Selincourt*, f° 12 c° 20, et f° 13 c° 22. — *Pouillé de l'Archid.* — *Compte... et État des revenus*, etc. Titres de St.-

fruits, 250¹. — La dîme de Fresnoy¹, 185¹. — Casuel, 75¹. — Fondations, 24¹. — Total 1,324¹.

CHARGES.

Au vicaire de Fresnoy, 75¹. — A celui d'Andinville, 85¹. — Réparations du chœur d'Andinville, 10¹. — Réparations du presbytère, 15¹. — Total, 185¹.

RÉCAPITULATION : Montant des revenus . . . . 1,324¹ »
       — des charges . . . . 185 »
                     Reste net . . . . 1,139 »

ARGUEL (Vocable : Saint-Jean).

Présentateur : M. Le Rouge, chanoine de St.-Nicolas du Louvre ².

DÉCLARATION faite le 7 juin 1728 par le titulaire maître Alexandre Mercier, rectifiée.

La dîme ³ produisant : 800 gerbes de blé, rendant 140 setiers, mesure d'Amiens, évalués à 2 liv. 2 sols, 294¹ ; —200 bottes d'avoine, rendant 40 setiers à 30 sols, 60¹ ; —200 bottes de bisaille, lentille, vesce et autres grains, à 20 liv. le cent, 40¹ ; — et fourrages, 35¹. — Une portion de bois, 18¹. — Dîme sacramentelle, 5¹. — Casuel, 6¹. — Une portion de dîme au village de Coquel, 28¹. — Total 486¹.

CHARGES.

Aux religieux de Selincourt, 55¹. — Frais de dîme, 90¹. — Réparations du chœur de l'église, 10¹. — Réparations du presbytère, 15¹. — Total 170¹.

RÉCAPITULATION : Montant des revenus . . . . 486¹ »»
       — des charges . . . . 170 »»
                     Reste net. . . . . . . 316 »»

AUMATRE ⁴ (Vocable : Notre-Dame).

Présentateur : le prieuré de Mareuil ⁵, autrefois : depuis son union, le supérieur du séminaire.

DÉCLARATION faite le 15 juin 1728 par le titulaire maître Paul Magnier, approuvée.

Firmin. Archives Départem. — Voy. ci-dess. I, 65 ; II, 126.)

¹ C'est-à-dire 2 gerbes de 9 ; ledit chapitre en prenait aussi 2 ; les 5 autres étaient inféodées. (*Pouillé de l'Archid. — Compte et Etat des revenus,* etc. Titres de St.-Firmin. — Voy. ci-dess. I, 65.)

² C'était sans doute le titulaire du personnat de Liomer, à qui appartenait le patronat, d'après les pouillés. (*Pouillé de l'Archid.* f° 101. — *Pouillé* de 1736.)

³ Tout entière, à la charge d'une redevance envers les religieux de Ste.-Larme, qui avaient une branche de dîme. (*Pouillé de l'Archid.* f° 101. — Voy. ci-dess. p. 130.)

⁴ Oumastres, au *pouillé* de 1301.

⁵ Ce patronat avait été confirmé à l'abbaye de Breteuil par l'évêque St.-Geoffroy le 11 des kal. de février 1105. Il est à remarquer toutefois que le titre porte St.-Eloi d'Aumatre. — On verra que le prieuré de Mareuil avait été fondé par l'abbaye un peu auparavant. (*Picardia Christ.* Ms. f° 106, v°.)

La dîme[1] produisant : 36 setiers 4 mesures de blé, faisant 146 setiers, mesure d'Amiens, évalués 306¹ 12ˢ ; — 8 setiers de seigle, 14¹ ; — 50 setiers d'avoine, 75¹ ; — hivernache, 9¹ ; — 7 dizeaux de vesce et bisaille, 14¹ ; — 7 bottes de lin à 15 sols, 5¹ 5ˢ ; — et fourrages, 55¹ 10ˢ. — Dîme de cour, 7¹ 10ˢ. — Dîme de fruits : un muid et demi de cidre, 15¹. — Fondations, 30¹. — Casuel, 10¹. — Terres de cure, 20¹. — Total. 561¹ 17ˢ

Charges. — Réparations du chœur de l'église, 170¹ 10ˢ. — Réparations du presbytère, 15¹. — Total 185 10

Reste net. 376 7

AUMONT (Vocable : Saint-Servais) et AVELESGE, son secours.
Présentateur : l'abbé de Selincourt [2].

Déclaration faite le 31 mai 1728, par le titulaire maître Jean-Baptiste Fontaine, religieux prémontré, rectifiée.

La dîme d'Aumont [3] et les terres de cure produisant : 900 boisseaux de blé, mesure d'Airaines, 630¹ ; — 150 boisseaux de pamelle, 100¹ 12ˢ 6ᵈ ; — 700 boisseaux d'avoine, 335¹ 8ˢ 4ᵈ ; — et fourrages, 125¹. — Dîme novale : un demi-muid de cidre, 6¹. — Dîme de laine, 10¹. — Censives sur 6 maisons du village d'Aumont, 5¹. — Un petit bois produisant 300 fagots, 18¹. — Fondations à Aumont, 12¹. — Dîmes d'Avelesge [4], affermées 45¹. — Fondations d'Avelesge, 38¹. — Casuel, 30¹. — Total 1,355¹ 10ᵈ.

Charges.
A l'abbaye de Selincourt : 24 setiers de blé, 201¹ 12ˢ ; — et 24 setiers d'avoine, 138¹. — Réparations du chœur de l'église et du presbytère, 60¹. — Frais de dîme, de labours et semences, 250¹. — Total 649¹ 12ˢ.

Récapitulation : Montant des revenus . . . . 1,355¹ »» 10ᵈ
— des charges . . . . 649 12ˢ »»

Reste net. 705 8 10

---

[1] Par moitié avec le prieuré de Mareuil. (*Pouillé de l'Archid.* — Voy. ci-après la *déclarat.* du prieuré.) — Au XIIᵉ siècle l'abbaye de Sery possédait une partie de cette dîme *de Hulmastro*. Elle est rappelée aux lettres confirmatives de l'évêque Thibaut de l'année 1185. (*Cartul. de Sery*, p. 69.)

[2] L'autel d'Avlege (*Avlegia*) avait été retiré de mains laïques par l'évêque Thibaut, et par lui donné au couvent. (*Cartul. de Selincourt*, fº 11, cᵃ 16.)

[3] Le curé jouissait du tout, non seulement à Aumont, mais à Avelesge, en payant une redevance aux religieux de Selincourt pour leur part. — Selon transaction du mois de septembre 1237 trois frères, Riquier, Pierre et Godefroy abandonnèrent au couvent tout ce qu'ils possédaient de la dîme d'Avlèges. Laurent, seigneur de Freneville, chevalier, ratifia cette convention, sous les sceaux de Milon, abbé de Sery et de Thibaut de Selincort, chevalier, au mois d'avril 1240. — En l'année 1239 Hugue d'Airaines, chevalier, seigneur d'Avlesge, du consentement de sa femme Elisabeth et de Raoul, son fils aîné, confirma la donation faite à l'abbaye par Raoul Rakes de sa dîme *de oava rua*, de la croix Reneline, de l'essart (*de ruptitio*) du bois d'Aumont et du courtil assis derrière le monastère. Ces lieux paraissent des dépendances d'Avelesge et d'Aumont. (*Cartul. de Selincourt*, fol. 49 et 50. — *Pouillé de l'Archid.* — Voy. ci-dess. p. 129.)

[4] Deux parts de cette dîme avaient été données à

AVESNES (Vocable : Saint-Denis) [1].

Présentateur : le chapitre de St.-Firmin-le-Confesseur.

Déclaration faite le 7 juillet 1728, par le titulaire maître Charles Fransière, rectifiée.

La dîme [2] produisant : 500 gerbes de blé, donnant 87 setiers 1/2, mesure d'Amiens, 183¹ 15ˢ ; — 150 bottes de seigle; lentilles et hivernache, rendant 22 setiers 1/2 de grain à 40 sols, 45¹ ; — 150 bottes d'avoine rendant 30 setiers, 45¹ ; — 100 bottes d'orge, bisaille et vesce, rendant 15 setiers à 44 sols 6 den., 33¹ 7ˢ 6ᵈ ;—10 bottes de lin, 7¹ 10ˢ; — et 30 bottes de sainfoin, 6¹. — Menues dîmes produisant : 50 gerbes de blé qui rendent 8 setiers 3 picquets, 18¹ 7ˢ 6ᵈ ; — 100 bottes d'avoine et autres grains, qui rendent 20 setiers, 30¹ ; — et 3 muids de cidre, 30¹ ; — Dîme de cour, 20¹. — 100 bottes de lentilles, provenant des terres de cure, 15¹. — Fourrages, 50¹. — Casuel, 10¹. — Fondations, 40¹. — Total, 534¹.

Charges.

Réparations du chœur de l'église, 3¹. — Réparations du presbytère, 15¹. — Frais de labours et semences, 20¹. — Frais de dîme, 100¹. — Visites de l'archidiacre et du doyen, pain et vin pour les messes, 11¹. — Total, 149¹.

Récapitulation : Montant des revenus . . . . 534¹ »»
— des charges . . . . 149¹ »»

Reste net. . . . . . 385 »»

Nota. — Bon pour 380 livres. Les 500 gerbes portées au premier article ne peuvent pas rendre une aussi grande quantité de blé.

l'abbaye de Selincourt par Wilart Lecat (*Catus*), en 1150. Il en est parlé dans les lettres de l'évêque Thibaut de l'année 1177. (*Cartul. de Selincourt*, f° 11, cˢ 16. — *Libri Biblici*. Ms. 13 de la Biblioth. comm. d'Amiens, in fine. — Voy. ci-dess. p. 130.)

[1] Il en dépendait un hameau nommé le Saulchoy ou Chaussoy. — Le *pouillé* de 1736 donne St.-Riquier pour vocable de la paroisse, mais le *pouillé de l'Archid.* porte également St.-Denis. — Avesnes figure, sous le nom de *Avisnas*, parmi les lieux situés en Vimeu (*in Vimnao*) restitués à l'abbaye de St.-Denis par Pépin, maire du palais, selon diplôme de l'année 750 environ. Un diplôme confirmatif de cette restitution donné par le roi Charlemagne en l'année 775 porte : *Avisinas in pago Vimnau*. (D. Bouquet, *Rerum Gallic. et Franc. scriptores*, IV, 717 D ; V, 734 B.)

[2] C'est-à-dire moitié; l'autre moitié appartenait aux religieux du Gard. — Au mois d'août 1224 Hugue de Avesnes attestait que Henri Merleth, son homme lige, de l'assentiment de sa femme Mable, avait vendu à l'abbaye toute la dîme qu'il avait à Avesnes. Au mois de novembre suivant l'évêque Geoffroy confirma cette vente. — Au mois d'octobre 1231 Hugue, chevalier, seigneur d'Avesnes, de l'assentiment de son fils aîné Willaume et du vidame Girard, fit don à l'abbaye d'un muid de froment sur sa grange d'Avesnes. — Un dénombrement donné le jeudi avant St.-Laurent (août) 1342 par Bauduin, sire d'Avesnes, écuyer, de ce qu'il tenait à ferme de l'abbaye, porte : « ... deus pars de le disme... ès terres qui sont jusques à *le crois de pierre*, qui est pardevers St.-Mauvils, et de le devant dite crois en venant à ligne jusques à un haut arbre qui est au bos Robart d'une part, et d'autre part jusques au cornet du bos Fraigneville, au bout de Sous ; » et aussi « les deux pars de le disme en dis et wit journeux de terre séant oultre le devant dite ligne, qui va de le devant dite crois jusques à l'arbre devant dit. » Au dos sont repris comme témoins, à la date du 8 août 1343, Jehan de Rambures, Jehan de Hornoy, Jean *de*

BELLOY [1] (Vocable : SAINT-LÉONARD).
Collateur de plein droit : l'Evêque.

DÉCLARATION faite le 31 décembre 1729, par le titulaire maître Antoine Montière, rectifiée.

La dîme du lieu [2] produisant : 20 setiers de blé, mesure d'Airaines, évalués à 8 liv. 8 sols, 168 l; — 15 setiers de lentilles, à 7 liv. 13 sols, 114 l 15 s; — 300 boisseaux d'avoine, à 9 liv. 7 sols, 143 l 15 s; — 60 boisseaux de pamelle, à 13 sols 6 den., 40 l 5 s; — 50 bottes de sainfoin, 10 l; — 10 bottes de lin, 7 l 10 s; — un demi-muid de cidre, 5 l; — et fourrages, 50 l. — Fondations, 10 l 4 s. — 2 journaux ou 7 quartiers de terre [3] de cure, 15 l. — La dîme de laine et de cour, 15 l. — Casuel, 15 l. — Total 594 l 9 s.

CHARGES.

A la fabrique, 25 l. — Frais de dîme et battage de grains, 140 l. — Réparations du chœur de l'église, 15 l. — Réparations du presbytère, 15 l. — Total, 195 l.

RÉCAPITULATION : Montant des revenus . . . . 594 l 9 s
   — des charges . . . . 195 »
        Reste net. 399 9

BOISRAULT [4] (Vocable : SAINT-MARTIN).
Présentateur : l'abbé de St.-Pierre de Selincourt.

DÉCLARATION faite le 12 juin 1728, par le titulaire frère Charles-Nicolas Josse, rectifiée.

La dîme [5] et un champart, produisant : 105 setiers de blé, mesure d'Amiens, évalués à 2 liv. 2 sols, 220 l 10 s; — 6 setiers de pamelle à 2 liv. 2 sols, 12 l 12 s; — 30 setiers d'avoine à 30 sols, 45 l; — 100 bottes de bisaille et vesce, 20 l; — et fourrages, 50 l. — Menues dîmes, 8 l. — Supplément payé par l'abbé de Selincourt et les religieux, 100 l. — Fondations, 70 l. — Casuel, 15 l. — Total, 541 l 2 s.

CHARGES.

Frais de dîme, 100 l. — Réparations du chœur de l'église, entretien des ornements, pain et vin pour les messes, 30 l. — Entretien du presbytère, 15 l. — Total, 145 l.

RÉCAPITULATION : Montant des revenus . . . . 541 l 2 s
   — des charges . . . . 145 »
        Reste net. 396 2

Gamachiis, et autres. (Titres de l'abbaye du Gard, n°s 239, 363 et 364. — *Pouillé de l'Archid.* — Voy. ci-dess. I, 403.)

[1] Beeloy, au *pouillé* de 1301.

[2] Elle appartenait tant au curé qu'à la fabrique du lieu et à deux chapelains de Longpré. (*Pouillé de l'Ar.*)

[3] C'est-à-dire deux journaux un quart, chaque journal étant composé de trois quartiers de 25 verges chacun. (Voy. p. 110, note 9.)

[4] *Boscus-Radulphus*, au *pouillé* de 1301.

[5] Il jouissait du tout. (*Pouillé de l'Archid.*)

BROCOURT [1] (Vocable : Notre-Dame).

Présentateur : le commandeur de St.-Maulvis.

Déclaration faite le 23 juin 1728, par le titulaire maître Antoine Hecquet, rectifiée.

La dîme [2] produisant : 80 setiers de blé, mesure d'Amiens, évalués à 42 sols, 168 l. ; — 40 setiers d'avoine, 60 l. ; — 5 setiers de pamelle, 10 l. 10 s. ; — 150 bottes d'hivernache, 30 l. ; — 5 bottes de lin, 3 l. 15 s. ; — 5 bottes de chanvre, 3 l. 15 s. ; — 4 muids de cidre, 40 l. ; — et fourrages, 30 l. — Dîme de laine, 10 l. — Casuel, 20 l. — Fondations, 6 l. — Total . . . . 382 l. » »
Charges. — Frais de dîme, 60 l. — Réparat. du presbytère, 15 l. — Total . 75 » »

Reste net . . . . 307 » »

DROMESNIL [3] (Vocable : Notre-Dame).

Présentateur : le prieur de Pont-de-Remy.

Déclaration du 15 février 1730, faite par le titulaire maître Nicolas Trencart, rectifiée.

La dîme [4] produisant : 40 setiers de blé, mesure d'Airaines, évalués à 8 liv. 8 sols, 336 l. ; — 20 setiers d'avoine, à 5 liv. 15 sols, 115 l. ; — 200 bottes de warats, vesce, hivernache et pamelle, à 4 sols la botte, 40 l. ; — 2 muids de cidre, 20 l. ; — et fourrages, 70 l. — Casuel, 20 l. — Obits et autres fondations, 45 l. — Total . . . . . 646 l. » »
Charges. — Frais de dîme, 130 l. — Réparat. du presbytère, 15 l. — Total. 145 » »

Reste net . . . . 501 » »

EPAUMESNIL [5] (Vocable : Saint-Martin).

Présentateur : le commandeur de St.-Maulvis.

Déclaration faite le 8 juillet 1728 par le titulaire maître Adrien Daire, approuvée.

Portion congrue payée par la commanderie de St.-Maulvis [6], 300 l. — Deux boisseaux de blé, mesure d'Airaines, à 14 sols, 1 l. 8 s. — Fondations, 36 l. — Casuel, 6 l. — Total . . . . 343 l. 8 s.
Charges. — Pain et vin pour les messes, 6 l. — Réparations du presbytère, 10 l. — Total . . . . 16 »

Reste net 327 8

---

[1] Brauecourt, au *pouillé* de 1301.

[2] Il jouissait de la totalité. (*Pouillé de l'Archid.*)

[3] Doumaisnil, au *pouillé* de 1301.

[4] Le *pouillé de l'Archidiaconé* dit (f° 111) que la dîme était inféodée. Il semble au moins que ce n'était pas la totalité.

[5] Espermaisnil, au *pouillé* de 1301.

[6] Elle possédait toute la dîme. (*Pouillé de l'Archid.*)

FRESNEVILLE [1] (Vocable : Saint-Gilles).

Présentateur : le prieur de Laleu.

Déclaration faite le 14 juillet 1728, par le titulaire maître Charles Lamory, rectifiée.

La dîme [2] produisant : 40 setiers de blé, mesure de Liomer, évalués à 8 liv. 1 sol, 322 ¹ ; — 100 mesures d'avoine, à 14 sols 4 den., 71 ¹ 13 ˢ 4 ᵈ ; — 200 bottes de warats, à 20 liv.. 40 ¹ ; — 20 bottes de lin à 15 sols, 15 ¹ ; — et fourrages, 70 ¹. — Fondations et casuel, 80 ¹. — Total, 598 ¹ 13 ˢ 4 ᵈ.

Charges.

Au prieuré de Laleu, 80 ¹. — Frais de dîme, 100 ¹. — Réparations du chœur de l'église, 20 ¹. — Réparations du presbytère, 15 ¹. — Total, 215 ¹.

Récapitulation : Montant des revenus . . . . 598 ¹ 13 ˢ 4 ᵈ
— des charges . . . . 215 » » »

Reste net. 383 13 4

Nota. — On dit que la cure doit monter beaucoup plus haut.

HORNOY [3] (Vocable : Notre-Dame).

Présentateur : le prieur d'Hornoy.

Déclaration faite, sans date, par le titulaire maître Charles Plichon, rectifiée.

Provenant de son gros : 100 setiers de blé, mesure d'Amiens, évalués 210 ¹ ; — plus 33 setiers d'avoine, 49 ¹ 10 ˢ. — Supplément [4], 12 ¹. — 12 journaux de terre de cure, très-médiocre et chargée de fondations, 40 ¹. — Dîme novale, 30 ¹. — Dîme sacramentelle, 25 ¹. — 30 verges de terre, chargées d'un obit, évaluées, le pain, le vin et le clerc payés, 6 ¹. — Obits et autres fondations, 100 ¹. — Casuel, 35 ¹. — Total, 507 ¹ 10 ˢ.

Charges

Visites de l'archidiacre et du doyen, 4 ¹ 14 ˢ. — Pain et vin, les fêtes et dimanches, 8 ¹. — Réparations du presbytère, 15 ¹. — Total, 27 ¹ 14 ˢ.

Récapitulation : Montant des revenus . . . . 507 ¹ 10 ˢ
— des charges 27 14

Reste net. 479 16

Nota. — Il n'est pas fait mention des fourrages.

---

[1] Fraisnevile, au *pouillé* de 1301.

[2] Elle appartenait tant au curé qu'au prieur de Laleu ; mais le curé jouissait du tout, à la charge de la redevance portée plus bas. (*Pouillé de l'Archid.* — Voy. ci-dess. p. 53.)

[3] Ce paraît être le lieu désigné sous le nom de *Horona* parmi ceux situés en Vimeu restitués à l'abbaye de St.-Denis, selon les diplômes de Pépin et de Charlemagne cités plus haut (p. 135, note 1). — Il y avait dans la paroisse une maladrerie, mais sans bâtiments. (*Pouillé de l'Archid.* f° 117.)

[4] Payé par le prieuré du lieu, qui avait seul droit à la dîme. (*Pouillé de l'Archid.* f° 117. — Voy. ci-dess. p. 132.)

INVAL [1] (Vocable : SAINT-MARTIN).

Présentateur : le chapitre de St.-Nicolas d'Amiens.

DÉCLARATION faite le 12 juin 1728, par le titulaire maître Jean de Vellenne, approuvée.

La dîme [2] produisant, tous frais faits : 500 gerbes de blé, évaluées 180 l; — 300 bottes de mars, 90 l; — 400 bottes de foin, 43 l; — fourrages, 60 l; — et 4 muids de cidre, 40 l. — Fondations, 20 l. — Casuel, 10 l. — Total. . . . . 443 l »»
CHARGES. — Réparations du chœur de l'église et du presbytère . . . . 30 »»

Reste net. . . . . . 413 »»

LE MAZY [3] (Vocable : NOTRE-DAME).

Présentateur : le chapitre de St.-Firmin-le-Confesseur.

DÉCLARATION faite le 18 juin 1728, par le titulaire maître Pierre de Monchy, rectifiée.

La dîme [4] produisant : 600 gerbes de blé, qui rendent 90 setiers, mesure d'Amiens, évalués 189 l; — 150 gerbes d'avoine, qui rendent 30 setiers, 45 l; — 220 gerbes d'hivernache, bisaille, vesce et pamelle, 44 l; — 800 bottes de foin à 8 liv. le cent, 64 l; — 20 fagots, 1 l; — et fourrages, 35 l. — Dîme de fruits : 3 muids de cidre, 30 l. — Dîme de laine, 5 l. — Casuel, 15 l. — Total, 428 l.

CHARGES.

A l'abbaye de Selincourt et à la commanderie de St.-Maulvis, 36 l. — Frais de dîme, 60 l. — Pain et vin pour les messes, 10 l. — Réparations du chœur de l'église, 8 l. — Réparations du presbytère, 15 l. — Total, 129 l.

RÉCAPITULATION : Montant des revenus . . . . 428 l »»
— des charges . . . . 129 »»

Reste net. . . . . . 299 »»

LE QUESNE [5] (Vocable : SAINT-REMY).

Présentateur : l'abbé de St.-Fuscien-au-Bois.

DÉCLARATION faite le 23 juin 1728, par le titulaire maître Jacques Raimbault, rectifiée.

La dîme produisant : 400 gerbes de blé, qui rendent 60 setiers de grain, mesure

---

[1] Ayenval, a. *pouillé* de 1301.

[2] La dîme appartenait tant au curé qu'aux religieux de Dommartin. L'un des chapelains de St.-Firmin-le-Confesseur avait aussi un droit de dîme. (*Pouillé de l'Archid.* — Voy. ci-dess. I, 68.)

[3] Masys, au *pouillé* de 1301.

[4] En totalité. L'abbé de Selincourt et le commandeur de St.-Maulvis, décimateurs, avaient fait abandon de leurs droits au curé, pour sa portion congrue, à la charge de la redevance indiquée plus bas. — Dès l'année 1166 l'abbaye de Selincourt possédait le tiers de la dîme ; il est repris dans la confirmation de l'archevêque de Reims. (*Pouillé de l'Archid.* — Voy. ci-dess. p. 126.)

[5] Les Caines, au *pouillé* de 1301.

d'Amiens, 126¹; — En mars moitié, 63¹; — un cent de ronds-grains, 20¹; — fourrages, 40¹; — et 300 bottes de foin, 30¹. — Dîme de fruits : 2 muids de cidre, 20¹. — Dîme de cour, 5¹. — Casuel, 6¹. — Total . . . . 310¹ »»
Charges. — Frais de dîme, 60¹. — Réparations du presbytère, 15¹. — Total. 75 »»

Reste net. . . . . . 235 »»

LIOMER [1] (Vocable : Saint-Pierre).
Présentateur : le personnat du lieu.

Déclaration faite le 22 juin 1728, par le titulaire maître Nicolas Lefèvre, rectifiée.

La dîme [2] produisant : 700 gerbes de blé qui rendent 105 setiers de grain, mesure d'Amiens, 220¹ 10ˢ; — en mars, moitié, 1¹ 0¹ 5ˢ; — et fourrages, 50¹.— Dîme novale produisant 700 bottes de foin à 12 liv., 84¹. — Dîme de fruits : 100 boisseaux de pommes à 6 sols, 30¹. — Dîme de cour, 2¹. — Dîme de laine, 10¹. — Terre de cure ; un demi quartier, 2¹. — Casuel, 25¹. — Fondations, 29¹. — Total, 562¹ 15ˢ.

Charges.

Au personnat du lieu, 40¹. — Frais de dîme, 110¹. — Réparations du chœur de l'église, 17¹. — Réparations du presbytère, 15¹. — Total, 182¹.

Récapitulation : Montant des revenus 562¹ 15ˢ
— des charges . . . . 182 »»

Reste net. 380 15

MÉRICOURT-EN-VIMEU [3] (Vocable : Saint-Pierre).
Collateur de plein droit : l'Evêque.

Déclaration faite le 28 mai 1728, par le titulaire maître Antoine Guerard, approuvée.

La dîme [4] produisant : 80 setiers de blé, mesure d'Amiens, évalués 168¹; — 30 setiers de lentille, à 40 sols, 60¹; — 30 setiers d'avoine, 45¹; — 10 setiers d'orge, à 39 sols, 19¹ 10ˢ. — 8 journaux de terre de cure, produisant : 20 setiers de blé, 42¹; — et 10 setiers de lentille, 20¹. — Menues dîmes, 3¹. — Obits et autres fondations, 35¹ 12ˢ.—

---

[1] Lyonmés, au *pouillé* de 1301.

[2] Le curé jouissait de tout, par accommodement avec le patron, auquel il rendait la redevance ci-après indiquée. Par lettres du mois de juillet 1256 Béatrix dame de Liomex avait reconnu que Bartholomé, chanoine d'Amiens, patron de la paroisse et Robert, curé (*rectorem*) avaient droit à la dîme des vignes du lieu ; elle avait aussi déclaré savoir qu'ils avaient droit à presque tout le reste des dîmes et leur en faisait abandon, quoique depuis six ans son mari et elle-même eussent perçu le tout. — Des lettres de l'official du 29 novembre 1256 adjugèrent auxdits patron et curé de Liaumés la dîme du lieu. — Une sentence dudit official du mois d'octobre 1258 condamna l'abbaye de Selincourt à restituer plusieurs gerbes d'avoine de dîme indûment perçues sur un vivier desséché à Lyomeis. (*Pouillé de l'Archid.* — Titres de l'Evêché, S, 14ᵉ.)

[3] Ermenricourt, au *pouillé* de 1301.

[4] En totalité. (*Pouillé de l'Archid.*)

Casuel, *Néant*. — Total . . . . 393¹ 2•
CHARGES. — Frais de dîme, 50¹. — Réparations du chœur de l'église et du presbytère, 30¹. — Total . . . . 80 »

Reste net¹. 313 2

SAINT-AUBIN-EN-RIVIÈRE².

Présentateur : le prieuré de Mareuil, uni au séminaire.

DÉCLARATION faite le 10 janvier 1730, par le titulaire maître Louis Lefort, approuvée.

La dîme³ produisant : 200 boisseaux de blé, mesure de Senarpont, à 20 sols l'un, 200¹ ; — 100 boisseaux d'avoine à 15 sols, 75¹ ; — 50 warats, 10¹ ; — 20 boisseaux de pamelle, 20¹ ; — 400 bottes de foin, 40¹ ; — et fourrages, 40¹. — 4 muids de cidre, 40¹. — Casuel, 30¹. — Total. . . . . 455¹ »»
CHARGES. — Frais de dîme, 60¹. — Réparations du presbytère, 15¹. — Total. 75 »»

Reste net. . . . . . 380 »»

SAINT-JEAN-LÈS-BROCOURT et GUIBERMESNIL (Vocable : NOTRE-DAME)⁴.

Présentateur : l'abbé de Selincourt.

DÉCLARATION faite le 21 juin 1728, par le titulaire frère Charles Piquet, religieux prémontré, rectifiée.

La dîme de St.-Jean⁵ produisant : 80 setiers de blé, mesure d'Amiens, évalués 168¹ ; — 30 setiers d'avoine, 45¹ ; — 7 setiers de pamelle, 14¹ 14•; — un cent de ronds-grains, 20¹. — La dîme de Guibermesnil⁶, produisant : 96 setiers de blé, 201¹ 12•; — 35 setiers d'avoine, 52¹ 10•; — 7 setiers de pamelle, 14¹ 14•; — et 13 dizeaux de ronds-grains, 26¹. — Fourrages, 86¹. — 4 muids de cidre, 40¹. — Menues dîmes, 35¹. — Fondations, 20¹.

---

¹ Une seconde déclaration fournie par le même titulaire le 30 décembre 1729, et rectifiée par le Bureau diocésain, donne un résultat (revenus nets : 342 liv.) qui ne varie que par quelques différences de détails, telles que l'addition de 10 liv. de casuel et un chiffre de menues dîmes beaucoup plus fort (25 livres).

² S^{tus}.-*Albinus*, au *pouillé* de 1301.

³ Le curé jouissait seul de la totalité. (*Pouillé de l'Archid.* f° 127.

⁴ C'était un prieuré-cure. — Guibermesnil figure aux *pouillés* de 1736 et de 1689 comme paroisse, et celui-ci ajoute : « il y a un secours, St.-Jean-lès-Brocourt, qui était autrefois le titre de la cure ; sa chapelle est couverte en chaume. » Au *pouillé* de 1682, comme en celui de 1301, St.-Jean de Brocourt a le titre de paroisse.

⁵ Le curé jouissait de moitié de la dîme de la paroisse, tant sur St.-Jean que sur Guibermesnil ; l'autre moitié était à l'abbaye de Selincourt. (*Pouillé de l'Archid.* f° 116. — Voy. ci-dess. p. 126.)

⁶ L'abbé de Selincourt avait moitié de cette dîme. — Raoul de Gislebert-Maisnil avait donné à l'abbaye, lors de sa fondation, le tiers de la dîme de la terre de Gislebert-Maisnil, en même temps que cette terre qui s'étendait du chemin conduisant à Vilers jusqu'à celui conduisant à Broëcort lui était aussi donnée avec un pré sur ce chemin, par Guillaume Bisete et ses hommes Ingerran de Belnay et Renold de Gislebert-Maisnil, ainsi qu'il est rappelé dans les chartes confirmatives des années 1131 et 1135. — Le pré est nommé courtil St.-Jean dans la confirmation de 1166. (*Gallia Christ.* X, Inst. col. 304 et 305. — *Cartul. de Selincourt,* f° 5, c° 6, et f° 13, c° 22. — Voy. ci-dess. p. 126.)

— Casuel, 28 ¹. — 12 journaux de terre à 75 verges chacun, 60 ¹. — 5 quarts de journal de bois taillis, 60 ¹. — Total, 871 ¹ 10 ˢ.

Charges.

Frais de dîme et battage de grain, 283 ¹. — Réparations des chœurs des églises, 26 ¹. — Réparations du presbytère, 15 ¹. — Total, 324 ¹.

Récapitulation : Montant des revenus . . . . 871 ¹ 10 ˢ
— des charges . . . . 324 »»
Reste net. 547 10

SAINT-MAULVIS ¹ (Vocable : Saint-Mesnelé ²).
Collateur de plein droit : le commandeur dudit lieu.

Déclaration faite le 14 juillet 1728, par le titulaire maître François Le Clercq, religieux de l'ordre de Jérusalem, rectifiée.

Payé par ledit commandeur ³ : en argent, 80 ¹ ; — plus 6 setiers de blé, mesure d'Airaines, 50 ¹ 8 ˢ ; — et 6 setiers d'avoine, 34 ¹ 10 ˢ — Les novales, 80 ¹. — Fondations, 15 ¹. — Casuel, 60 ¹. — Total . . . . 319 ¹ 18 ˢ
Charges. — Réparations du presbytère ⁴ . . . . 10 »»
Reste net. 309 18

Nota. — Cette cure ne paie pas les décimes.

SELINCOURT (Vocable : Notre-Dame).
Présentateur : le prieur de l'abbaye de St.-Martin-aux-Jumeaux ⁵.

Déclaration faite par le titulaire frère Ambroise Robart, religieux prémontré, rectifiée.

---

¹ *Stus.-Mauvilius*, au *pouillé* de 1301. — Quoique cela sorte de notre sujet, nous dirons que les vitres armoriées qui existaient autrefois aux fenêtres de cette église y avaient été mises, de l'ordre de Mme de Poutrincourt, par Jean Hocpillard, verrier à Aumale, qui reçut 9 écus, selon déclaration faite par lui devant le greffier du bailliage d'Aumale, le 16 avril 1583. (*Invent. général des titres de la Commanderie de St.-Maulvis qui se trouvent au Temple, fait en 1738*, f° 6. Arch. Départem.)

² Abbé en Auvergne. Le nom du lieu serait-il la corruption de celui du saint patron dont la fête se célèbre le jour de la Madeleine, 22 juillet. (Voy. *pouillé de l'Archid.* f° 146. — *Invent. général… de St.-Maulvis*, f° 19.)

³ Les chanoines de St.-Firmin d'Amiens, le commandeur de St.-Maulvis, celui d'Oisemont, l'abbé de St.-Pierre de Selincourt et le prieur de Laleu, avaient chacun 1 gerbe de 9 venant à dîme, et la fabrique du lieu les 2 dernières. (*Déclaration* de la cure. — *Déclarat.* du prieuré de Laleu. — *Compte… et Etat des revenus*, etc. Titres de St-Firmin. Arch. Départ. — *Pouillé de l'Archid.* f° 146. — Voy. ci-dess. I, 66 ; II, 54, 126. — *Invent… de St.-Maulvis*, f° 8. — *Livre-terrier d'Oisemont*, f° 347.)

⁴ Ce presbytère, en 1644, consistait en une tour servant de maison et un jardin contenant environ un journal. (*Invent. général des titres de la Commanderie de St.-Maulvis, qui se trouvent au Temple*, f° 12. Arch. Départem.)

⁵ Cet autel lui fut confirmé par bulle du pape Pascal II de l'année 1109, et par lettres de l'évêque Thierry de 1147. — Avant l'union de cette abbaye à l'Evêché, une difficulté s'était élevée entre l'évêque et Lécuier, curé de Selincourt, relativement au patronage de sa cure. Une enquête faite dans les années 1376 et 1378

La dîme ¹ et les novales produisant : 500 gerbes de blé, qui rendent 15 setiers par cent ou 75 setiers, mesure d'Amiens, évalués 157¹ 10ˢ ; — 200 bottes d'avoine, qui rendent 40 setiers, 60¹ ; — 6 setiers de seigle, 10¹ 10ˢ ; — 200 bottes de lentilles, 30¹ ; — 4 muids de cidre, 40¹ ; — et fourrages, 30¹. — La dîme des ronds-grains, 30¹. — Celle de laine et de sang, 30¹. — 8 journaux de terre, chargés de 2 messes par semaine, 64¹. — Fondations, 5¹. — Casuel, 20¹. — Total . . . . 477¹ »»

Charges. — Frais de dîme, 60¹. — Réparations du chœur de l'église et du presbytère, 20¹. — Total . . . . 80 »»

Reste net. . . . . . 397 »»

THIEULLOY-L'ABBAYE ² (Vocable : Notre-Dame) et FAY ³, son secours.

Présentateur : l'abbé de Selincourt.

Revenus : 500 livres ⁴.

TRONCHOY (Vocable : Saint-Pierre) et BEZENCOURT (Vocable : Sainte-Marie-Madeleine), son secours.

Présentateur : le prieur d'Hornoy.

Déclaration faite le 13 août 1728, par le titulaire maître Antoine Caron, rectifiée.

pardevant le sieur Dalbe, chancelier de la Cathédrale, fit connaître que ce droit avait toujours appartenu à l'abbé de St.-Martin. (*Invent. de l'abbaye de St.-Martin*, f° 203. Arch. Départem. — *Gallia Christ.* X, Instrum. col. 302 et 313.)

¹ Les décimateurs étaient : l'évêque, comme abbé de St.-Martin, l'abbé et le prieur de St.-Pierre de Selincourt. — L'abbaye avait été dotée de deux parts de cette dîme, plus de trois autres parts (peut-être les 5/6ᵉˢ), lors de sa fondation, selon la bulle et les chartes confirmatives citées. (*Pouillé de l'Archid.* — Voy. ci-dess. I, 6, 7 ; II, 125.)

² Le prieur de St.-Denis de Poix, Guillaume Salet, qui avait beaucoup étudié les titres de sa communauté, a pensé que Rilleux était le nom primitif de Thieulloy. (*Inventaire d'actes, titres et mémoires touchant le prieuré de St.-Denis de Poix*, p. 186.) C'est une erreur : les deux fiefs sont, dès le XIIᵉ siècle, nommés dans les mêmes chartes. (Voy. notamment ci-dess. p. 129, note 1.)

³ Ce lieu était contigu à Thieulloy. — On voit son église paraître comme secours aux *pouillés* de 1682 et 1689, mais comme paroisse en celui de 1301, parmi les quatre que l'abbaye de Selincourt faisait desservir par ses chanoines. Le *pouillé* de 1689 porte que le curé binait à Fay, qu'on y disait tout l'office, et qu'il n'y avait pas de fonts baptismaux.

⁴ Il y avait 4 décimateurs dans cette paroisse, et la dîme s'y répartissait inégalement. Dans un canton, la quotité était à 16 gerbes du cent. L'abbé de Ste.-Larme en prenait 5, l'abbé du Gard autant, le prieur de Poix 4, et M. de Louvancourt 2. — Dans un autre, elle était à 7 du cent, dont 3 à l'abbé de Selincourt, 2 au prieur de Poix et les 2 autres à M. de Louvancourt. — Dans un autre canton, elle était à 8 et a 12 du cent ; le prieur n'y prenait rien. — Jadis le prieuré de Poix possédait une demi-dîme, que lui avait donnée Gautier Tirel, par le titre de fondation de l'année 1127, énoncé ci-dessus, sur le fief et terroir de Rilleux, Plicholles, Andeville et Andevillette. Mais il la céda à l'abbaye de Selincourt, moyennant une redevance de 4 setiers de froment et autant d'avoine, comme on le voit dans les lettres déjà rappelées de Henri, archevêque de Reims, datées de l'an 1166, qui portent confirmation de tous les biens et immunités de ladite abbaye. Nous avons vu que cette redevance se payait encore en 1730. (*Inventaire d'actes, titres et mémoires touchant le prieuré de Poix*, p. 186 et 187. — Copie de pièces nᵒˢ 22 et 23. — Titres du prieuré de Poix. Arch. Départ. — *Pouillé de l'Archid.* f° 139. — Voy. ci-dess. I, p. 429 et 430 ; II, p. 129, note 1, et p. 126, note 5.)

La dîme [1] du Tronchoy produisant : 72 boisseaux de blé, mesure d'Aumale, évalués à 25 sols l'un, 90 l; — et 72 boisseaux d'avoine à 16 sols, 57 l 12 s. — La dîme de Bezencourt, produisant : 120 boisseaux de blé, 150 l; — et 50 boisseaux d'avoine, 40 l. — Le tiers de la dîme de Boulainvillers [2], abandonné suivant traité, par les fermiers du prieuré d'Hornoy, en échange de 72 boisseaux de blé et 72 boisseaux [3] d'avoine, 147 l 12 s. — La dîme des enclos, évaluée 6 l. — Fourrages, 20 l. — La dîme de fruits : 3 muids de cidre, 30 l. — La dîme de laine, 10 l. — 14 journaux et un quartier de terre, chargés de fondations, 60 l. — Fondations, 71 l 12 s. — Casuel, 30 l. — Total . . . . . 712 l 16 s

Charges. — Frais de dîme, 100 l. — Réparat. du presbytère, 15 l. — Total. 115 »»

Reste net. 597 16

VILLERS-SOUS-CAMPSART (Vocable : Notre-Dame) [4].

Présentateur : l'abbé de Sery.

Déclaration faite le 7 juin 1728, par le titulaire maître Nicolas Simon, religieux prémontré, rectifiée.

La dîme [5] produisant : 550 gerbes de blé, qui rendent 96 setiers un picquet, mesure d'Amiens, 202 l 2 s 6 d; — 200 gerbes d'avoine, rendant 40 setiers, 60 l; — 200 bottes de vesce, bisaille et autres grains, 40 l; — et fourrages, 40 l. — Menues dîmes de jardin, 15 l. — Six muids de cidre, 60 l. — Dîme de laine, 12 l. — Dîme de cour, 10 l. — Terre de cure, un journal, 6 l. — Fondations, 44 l. — Casuel, 30 l. — Total . . . . 519 l 2 s 6 d

Charges. — Frais de dîme, 90 l. — Le tiers des réparations du chœur de l'église, 10 l. — Réparations du presbytère, 15 l. — Total . . . . . . 115 » »

Reste net. 404 2 6

---

[1] Le prieuré d'Hornoy était gros décimateur sur toute la paroisse. Le prieuré de St.-Pierre d'Abbeville avait une partie de la dîme de Bezencourt. (*Pouillé de l'Archid.* — Voy. ci-dess. p. 2 et 132.)

[2] Ce village dépendait de la paroisse. — Les religieux de Selincourt y possédaient une branche de la dîme. Est-ce celle de Tenceneul-Maisnil, que leur donna Roger de Selincourt, selon les lettres de confirmation de l'évêque Guarin de l'année 1131 ? Voyez nos observations sur ce lieu (ci-dess. p. 125, note 1.) — Dans la maison du seigneur se trouvait une chapelle chargée d'une messe par semaine. (*Pouillé de l'Archid.* f° 130. — Voy. ci-dess. p. 130.)

[3] L'extrait rectifié par le Bureau diocésain porte des *setiers*, mais c'est une erreur que rend évidente l'identité d'évaluation.

[4] Vilers, au *pouillé* de 1301. — Cette cure fut donnée à l'abbaye de Sery par l'un des évêques d'Amiens. (*Extr. de l'histoire manuscrite de Sery*, p. 26.) — Le hameau de Campsart situé à un petit quart de lieue était sans église. (*Pouillé de l'Archid.* f° 133.) Cependant au XIV° siècle il y avait une chapelle fondée par Pierre de Campsart, seigneur du lieu, qui lui avait affecté une rente de 12 liv. le 5 janvier 1339, laquelle avait été amortie par le roi Philippe VI, au mois de juillet précédent (même année), l'année finissant alors la veille de Pâques. (Titres de l'Evêché, 29°.)

[5] Les décimateurs étaient : les abbés de Sery et de Selincourt, le prieur d'Hornoy et le commandeur de St.-Maulvis. — Le curé jouissait d'un tiers des dîmes aux champs et de toutes les dîmes domestiques. — (*Pouillé de l'Archid.* f° 133. — Voy. ci-dess. p. 95, 126 et 132.)

VRAIGNES [1] (Vocable : Saint-Valery).

Présentateur : l'abbé de St.-Valery-sur-Somme.

Déclaration faite le 22 juin 1728, par le titulaire maître Antoine Delisle, rectifiée.

Un tiers de la dîme des champs [2], la dîme novale, celle de cour et de fruits, plus 3 journaux de terre abandonnés par les gros décimateurs, à titre de portion congrue, évalués 300 l. — 5 journaux de terre à la sole, chargés de fondations, 60 l. — Casuel, 30 l. — Total. . . . . 390 l »»

Charges. — Au clerc-lai pour ses assistances aux obits, 3 l. — Réparat. du chœur de l'église, 10 l. — Réparat. du presbytère, 15 l. — Total. . . . . 28 »»

Reste net. . . . . 362 »»

Nota. — Réduit à 350 livres, à cause de l'exagération faite sur la terre de cure.

PERSONNAT ET CHAPELLE.

Personnat de LIOMER.

Présentateur : l'Evêque [3].

Revenus : 30 livres. — *Charges :* Néant.

Chapelle de NOTRE-DAME DE LORETTE.

Présentateur : l'Evêque.

Revenus : 60 livres.

---

[1] Verrignes, au *pouillé* de 1301 ; Verignes, en 1554, 1558, 1581 et 1619 ; Verines, en 1384. (*Invent. général des titres et pièces de la Commanderie de St.-Mauvis*, fol. 148 et 153.)

[2] Le surplus appartenait à l'abbé et aux religieux de Selincourt et au seigneur de Vraignes, qui en avait une partie à titre d'inféodation. (*Pouillé de l'Archid.* f° 135. — Voy. ci-dessus p. 130.)

[3] Par lettres du mois de février 1209 Hugue de Haudrechy renonça au profit de l'évêque au droit de personnat qu'il prétendait avoir à Arguel et à Lyomer. (*Inventaire de l'Evêché*, f° 132.)

VI. DOYENNÉ DE LABROYE [1].

ABBAYES, PRIEURÉS ET CHAPITRE.

Abbaye de DOMMARTIN [2].

Nous n'avons pas trouvé la déclaration de ses biens et revenus. Le pouillé de 1736 donne les renseignements suivants :

Collation : Les religieux elisent 3 membres dont ils présentent les noms au roi, qui nomme l'un d'eux pour abbé. L'abbé de Prémontré confirme et confère.

Revenus : 18,000 livres [3].

---

[1] Ce doyenné était autrefois plus considérable : il comprenait les paroisses qui, comme nous l'avons vu (p. 76), ont formé le doyenné d'Auxy-le-Château.

[2] Cette abbaye, de l'ordre de Prémontré, fut fondée au lieu nommé St.-Josse, en l'année 1120, par Guillaume Talvas, comte de Ponthieu. Elle eut pour premier abbé Milon, choisi par St.-Norbert lui-même et qui devint, en 1131, évêque de Terouanne. Adam, son successeur, transféra le siége de l'abbaye, en 1161, à Dommartin, sur un fonds qui, dès 1153, avait été donné aux moines par Eustache Collet, seigneur de Beaurain. La charte publiée par M. Parenty en détermine les limites. Ce lieu se nommait *Rimacus* ou *Runiacus* avant que St.-Josse y eut établi un oratoire en l'honneur de St.-Martin-le-Confesseur, au VIIe siècle. — L'enclos du monastère contenait 40 mesures. M. Sauvage (*Dommartin*, Puits Artésien, 1841) les traduit par 17 hectares. Pour donner une idée des vastes domaines qui appartenaient aux religieux, il en fait suivre les limites au lecteur par le chemin qui mène à St.-Josse, siège primitif de l'abbaye, delà par une avenue qui conduit à Lambus, puis à Bamières. Dans chacun de ces lieux ont été établies trois fermes importantes. — Le nombre des religieux à Dommartin était de 12 ou 13. L'abbé était régulier. — Il y avait dans l'abbaye un curé religieux, indépendant de l'évêque, pour les domestiques de la maison et les habitants des fermes. (*Picardia Christiana*. Ms. du chanoine Villeman. Arch. Départem. — *Mémorial historique et archéologique du Pas-de-Calais*, par M. Harbaville, tome II, p. 129. — *Notice historique sur l'abbaye de St.-Josse ou Dommartin*, par M. l'abbé Parenty. Puits Artésien, 1841, p. 120. — *Acta SS. ord. S[n]-Bened.*, sæculo II, p. 568. Vita S. Judoci. — M. Louandre, *Histoire d'Abbeville*, II, 440. — *Pouillé de l'Archid.* f° 93.)

[3] Au mois de juin 1277 « Marie de Kaieu, jadis fame monsire Ansel de Kaieu, chevalier, » et son fils Ansel, firent donation à l'abbaye de toutes leurs « terres waignaules... el terroir de Nempont devers Munstroil... » et de divers cens. — Par charte du 6 des ides de mars 1198 Thomas de St.-Valery, afin d'indemniser l'abbaye des dommages qu'il lui avait causés et pour lesquels il avait été excommunié, lui donna la dîme de Drenboltmaisni et un muid de blé sur ses moulins de Dompmart; il lui abandonna en outre la dîme de Ailincort, tenue jadis par Hugue de Blankes et maintenant par son fils Ingelran. (D. Grenier, Mss. — Louandre, *Recherches sur la topographie du Ponthieu*, Mém. Soc. d'Emulat. d'Abbeville, 1838-1840, p. 304. — Mss. n° 563 de la Biblioth. comm. d'Amiens, p. 84.)

Abbaye de SAINT-ANDRÉ-AU-BOIS [1].

Collation : Le roi nomme sur une liste de trois membres, et l'abbé de Dommartin confirme et pourvoit.

Revenus : 9,000 livres [2].

Prieuré simple de NOTRE-DAME, a Biencourt [3].

Il fut uni à l'abbaye de Dommartin le 19 août 1723.

Présentateur : l'abbé de Marmoutier-lès-Tours.

Revenus : 4,500 livres.

Prieuré de SAINT-PIERRE, a Dompierre [4].

Collateur de plein droit : l'abbé de Cluny.

Déclaration faite le 1er juin 1728, approuvée par le Bureau diocésain.

Les dîmes de Voisin, Hardicourt et Vadicourt, affermées 600 l.— Celles de Rapechy, 70 l.

---

[1] De l'ordre de Prémontré, de la filiation de Dommartin. Elle fut fondée, vers le milieu du XIIe siècle, par Ingelran de Beaurain (*de Belloramo*), non loin de son château, au village de Maresquel sur Canche, dans un lieu nommé *l'alnoi*, dont elle prit le nom. — Hugue dit Pichot, fils d'Ingelran, que gênait ce voisinage, contraignit les religieux à se transporter a Grémecourt, auprès d'un bois que son père leur avait donné onze ans auparavant. — Willelme ou Guillaume, châtelain de St.-Omer et seigneur de Beaurain, confirma ce don d'Ingelran et beaucoup d'autres, en l'année 1185, du consentement de Ide, sa femme, et de Guillaume, son fils. — On croit qu'il n'y eut d'abord qu'un prieuré, que Thierry, évêque d'Amiens, érigea en abbaye, lorsqu'il consacra l'église sous le vocable de St.-André, en l'année 1163. — Le premier abbé connu est Anscher, cité en 1154. — C'est par erreur que le *pouillé* de 1736 place cette abbaye dans le doyenné de Montreuil. Ceux de 1682 et 1689 l'avaient justement comprise dans le doyenné de Labroye. — Le hameau de St.-André n'est maintenant qu'une ferme dépendant de Gouy. (*Picardia Christiana*, Ms. f° 40. Arch. Départem. — *Gallia Christ.* X, col. 1176 et 1371 ; Instrum. col. 315 et 323. — Mss. 504 de la Biblioth. comm. d'Amiens, p. 367. — M. Desnoyers, *Topographie du diocèse d'Amiens*, p. 565. — Louandre, *Histoire d'Abbeville et du comté de Ponthieu*, II, 443. — *Notice historique sur l'abbaye de St.-André au-Bois*, par M. l'abbé Parenty, dans le Puits Artésien, 1840, page 201. — M. Harbaville, *Mémorial historique et archéolog. du Pas-de-Calais*, II, 97. — *Cartul. de St.-André*, Arch. du Départem. du Pas-de-Calais.)

[2] En l'année 1167 Gautier Tyrel et Enguerran de Morlan donnèrent à l'abbaye le bois du Fay, que les religieux défrichèrent pour former la ferme de Bignopré, d'une contenance d'environ 900 journaux. — En 1179 ledit Guillaume, seigneur de Beaurain, donna cinq charruées de bois à défricher. Ce fut l'origine de la cense de Valivon. (M. Harbaville, *Mémorial historique, etc.*, II, 91.)

[3] Ce prieuré, de l'ordre de St.-Benoît, fut fondé (*in loco qui dicitur Bodinicurtis*) par Anscher, chevalier et sa femme Liecelme, en 1096, en faveur de l'abbaye de Marmoutier. La charte de fondation constate qu'ils le dotèrent des biens ci-après : la terre en labour et en vigne que tenait le chevalier Bernard ; l'église de Labroye (*Arborea*), avec toute la dîme du lieu ; l'église de Fontaine, avec la dîme ; l'église de Tolent, avec la dîme ; la moitié de l'église de Haravesne (*de Harevesnia*) ; la moitié de l'église et de la dîme dite Buigny (*quæ Bugniacum dicitur*), avec ses dépendances ; la moitié de la dîme de Vimme (*de villa quæ dicitur Vimma*), avec ses dépendances. Cette fondation fut confirmée par l'évêque d'Amiens, St.-Geoffroy, selon charte datée du 4 des nones de juillet 1114, qui rappelle les biens appartenant au prieuré. (Voy. ces titres aux Arch. Départem., pièces détachées, carton 2°. — *Picardia Christ.* Ms.)

[4] Ce prieuré était simple et de l'ordre de St.-Benoît. Il fut sans doute fondé par St.-Josse qui séjourna pendant 7 ans dans ce lieu (*in villa Sti.-Petri*) auprès du duc Haymon, dont il fut le chapelain. — Le prieuré était desservi dans le chœur de l'église ; la nef servait de paroisse. (*Pouillé de l'Archid.* f° 73. — *Acta SS. ord. Sti.-Bened.*, sæculo II, p. 567.)

— Celles de Bailleul et Bellifontaine [1], 50 l. — Celles de Tours, affermées 225 l. — Sur la ferme de Faydoy, 66 l 13 s 4 d, pour un droit de dîme, en vertu d'une transaction faite avec Mme la duchesse de Cadrousse le 9 septembre 1700. — Sur la ferme de Wattéglise, aliénée dudit prieuré par un ancien bail emphytéotique, 170 l. — Total 1,181 l 13 s 4 d.

CHARGES.

Pour l'entretien du chœur de l'église de Dompierre qui forme le prieuré, et des chœurs des lieux où il perçoit la dîme, 200 l. — Pour cire, linges, livres et ornements du prieuré et des autres paroisses, 60 l. — Une branche des dîmes ci-dessus énoncées, pour l'honoraire du chapelain, estimée 300 l. — A l'abbaye de Cluny [2], 20 l. — Total, 580 l.

RÉCAPITULATION : Montant des revenus . . . . 1,181 l 13 s 4 d
— des charges . . . . 580 » »
Reste net. 601 13 4

PRIEURÉ DE SAINTE-MARIE-MADELEINE, A VERJOLAY [3].

Collateur de plein droit : l'abbé de Vezelay en Bourgogne [4].

DÉCLARATION faite le 4 janvier 1729 par le fondé de procuration du prieur commendataire, messire François-Jacques Hermain, approuvée.

Le clos du prieuré. — Censives : 10 setiers de froment, mesure d'Abbeville, et 46 chapons. — Six setiers de blé à prendre sur le moulin de Labroye. — 92 mesures de terre labourable. — Le tout affermé moyennant . . . . 670 l » »

CHARGES. — Acquit de deux messes par semaine, 50 l. — Entretien des bâtiments du prieuré, 40 l. — Total . . . . 90 » »

Reste net. . . . . 580 » »

CHAPITRE DE DOURIER [5].

Composé de 6 chanoines et d'un doyen.

Collateur de plein droit : le seigneur du lieu.

Revenus : 500 livres.

---

[1] Il est à croire qu'il s'agit des autels de ces lieux dans la donation faite aux religieux de Dompierre, par Bernard de Bailleul, chevalier, à la charge de payer chaque année un marc d'argent à l'abbaye de Cluny ; ce que confirma l'évêque Guarin en l'année 1138. (*Gallia Christ.* X, 1174 C.)

[2] Probablement pour le marc d'argent dont il vient d'être parlé : telle était à peu près sa valeur.

[3] Ce lieu est une dépendance de Labroye. — Le prieuré était de l'ordre de St.-Benoît. (Petit Pagès, p. 118.)

[4] Le *pouillé de l'Archidiaconé* et celui de 1736 attribuent ce patronage à l'abbé de Marmoutier.

[5] Ce chapitre était composé d'un doyen et de six autres chanoines. Il fut fondé en 1523 dans l'église paroissiale, par Charles de Créquy, seigneur de Douriers, comme héritier et exécuteur des volontés testamentaires de son frère François de Créquy, seigneur de Douriers, sénéchal et gouverneur du comté de Boulogne-sur-Mer, et de Marguerite Blondel, son épouse, dans l'église de St.-Riquier de Douriers. La fondation fut approuvée par l'évêque

CURES.

AUBIN (Vocable : Saint-Vast) et BOIN, son secours.

Présentateur : l'abbé de St.-Josse-sur-Mer [1].

Revenus : 390 livres [2].

CAPELLE-EN-ARTOIS [3] (Vocable : Saint-Vast) et BRÉVILLERS.

Présentateur : l'abbé d'Auchy-les-Moines [4].

Déclaration faite le 4 mai 1730 par le titulaire maître Louis Camus, rectifiée.

Supplément de portion congrue payé annuellement par l'abbé d'Auchy [5] et le prieur de St.-Georges, 150 l. — Une petite portion de dîme et les novales produisant : 46 setiers 1/2 de blé, mesure d'Amiens, tous frais faits, 97 l 13 s ; — 100 bottes d'avoine ou de warats, qui rendent 20 setiers, 35 l. — Terres de cure : 9 mesures, 45 l. — Dîme de laine, volaille et cochons de lait, 31 l. — Dîme de fruits, 2 l 10 s. — Fondations, 79 l 4 s. — Casuel, 35 l.
— Total . . . . 475 l 7 s
Charges. — Réparations du presbytère. . . . . 15 »

Reste net. 460 7

Nota. — Le curé paie le centième denier en Artois, tant pour la portion de dîme que pour les terres.

CAUMONT-EN-ARTOIS (Vocable : Saint-Martin) et CHIRIENNE, son secours [6].

Présentateur : le prieur de Biencourt.

Déclaration faite le 10 mai 1730 par le titulaire maître Robert Guillebout, rectifiée.

Grosse dîme et novales produisant : 640 gerbes de blé qui rendent 16 setiers, mesure d'Amiens, tous frais faits, évalués 201 l 12 s ; — Seigle, scorion, vesce, etc., 60 l ; —

François de Halewin, qui en rédigea les statuts le 24 octobre même année. Tout chanoine devait être prêtre dans l'année ; la collation aux prébendes appartenait au seigneur du lieu, lequel aussi choisissait le doyen, qui était présenté à l'évêque par l'abbé de St.-Josse. Il était, ainsi que les chanoines, tenu à résidence. (*Ex Cartul. Abbatiæ S^{ti}-Judoci supra mare*. Copie de la charte. Arch. Départ. 2e carton de pièces détachées. — *Gallia Christ*. X, 1205 C. Instr. col. 354. — *Copie du Cartul. de St.-Josse*, p. 101. Bibliot. d'Abbeville.)

[1] L'évêque Ingelran confirma l'autel d'Albin à l'abbaye le 10 des kal. de juillet 1123. — Il ne faut pas confondre, comme plusieurs l'ont fait, la paroisse d'Aubin, avec St.-Albin ou St.-Aubin, dépendance de la paroisse d'Airon-St.-Vast, au doyenné de Montreuil. La charte que nous rappelons les distingue bien. (*Copie du Cartul. de St.-Josse-sur-la-Mer*, p. 97.)

[2] Les décimateurs étaient : l'abbé de St.-Sauve de Montreuil, celui de St.-Riquier et madame de Sailly. (*Pouillé de l'Archid*. f° 68. — Voy. ci-après.)

[3] *Capella*, au pouillé de 1301.

[4] Cette cure fut donnée à l'abbaye par Ingelran, comte de Hesdin, selon la charte de l'année 1099, que nous avons rappelée. (Voy. ci-dessus, p. 79, note 4. — *Cartul. d'Auchy*, p. 1 et 62.)

[5] Celui-ci et l'abbé de Dommartin étaient gros décimateurs. (*Pouillé de l'Archid*. f° 70.)

[6] Il y avait en outre 4 hameaux : Aboval, Haudeville, Coquichart et La Fosse. (*Pouillé de l'Arch*. f° 71.)

150 gerbes d'avoine qui rendent 30 setiers, 45¹. — Dîme de sang, laine, etc., 30¹.— Supplément payé par les gros décimateurs¹, 100¹. — Fondations, 61¹. — Casuel, 35¹. — Total 532¹ 12ˢ

CHARGES. — Réparations du presbytère. . . . . 15 »»

                                                    Reste net. 517 12

CONTEVILLE (Vocable : SAINT-PIERRE)².

Présentateur : l'abbé de St.-Josse-sur-Mer³.

DÉCLARATION faite le 26 juin 1728 par le titulaire maître Pierre Ducrocq, rectifiée.

REVENUS AFFERMÉS. — Les vertes et menues dîmes, 120¹.

REVENUS NON AFFERMÉS.

La dîme⁴ produisant : 300 setiers de blé, mesure d'Amiens, 630¹ ; — 50 setiers d'avoine, 75¹ ; — 15 setiers d'orge, 29¹ 5ˢ ; — 150 bottes de vesce et bisaille, 30¹ ; — 60 bottes de lin, 45¹. — Un enclos en pâture d'environ 7 quartiers, 15¹. — Obits et autres fondations, 36¹. — Total des revenus, 980¹ 5ˢ.

NOTA. — Il n'y a point de casuel.

CHARGES.

Censives au seigneur, pour l'enclos, 3¹ 12ˢ. — Renvoi au prévôt de St.-Pierre d'Abbeville, 30¹. — Frais de dîme, 200¹. — Réparations et entretien du chœur de l'église, 20¹. — Total, 253¹ 12ˢ.

RÉCAPITULATION : Montant des revenus 980¹ 5ˢ
                  —   des charges 253 12

                                         Reste net. 726 13

---

[1] Qui étaient : la Communauté des curés d'Amiens pour 5 gerbes, la chapelle castrale du lieu pour 2, le personnat de Caumont pour une. La 9ᵉ gerbe était au curé. (*Pouillé de l'Archid.* f° 71. — Voy. ci-dess. I, 81 ; et ci-après, II, 160.)

[2] *Comitis villa*, au *pouillé* de 1301. — Sur cette paroisse était la cense d'Esmont, terre de la Commanderie de Beauvoir. Il y avait un chapelain qui servait de clerc à la paroisse. (*Pouillé de l'Arch.* f° 72.)

[3] L'autel *de Cuncta villa* fut confirmé à l'abbaye par l'évêque Ingelran le 10 des kal. de juillet 1123. (*Copie du Cartulaire de St.-Josse-sur-la-Mer,* p. 97.)

[4] Elle appartenait au prévôt du prieuré de St.-Pierre d'Abbeville ; mais le curé jouissait de tout, à la charge du renvoi ci-après, lequel n'était que de 16 liv. en 1689. — Les écritures d'une procédure suivie de 1593 a 1613 tendent à prouver que l'évêque avait droit à 1/3 de la dîme sur le terroir de la cense d'Emont et sur une partie des terroirs d'Anchy et d'Ivren. — Le prieuré de St.-Sulpice hors les murs de Doullens avait encore en 1601 des droits à la dîme, en vertu d'une donation que lui avait faite en 1203 Hugue Rage, fils de Hugue d'Alsi, de l'assentiment de Guillaume de Ponthieu. (*Pouillé de l'Archid.* f° 72. — *Invent. de l'Evêché,* f° 242. — Titres de Corbie, arm. 3, liasse 108, n° 1. — *Invent.* III, p. 641. — Voy. ci-dess. p. 5)

DOMPIERRE [1] (Vocable : Saint-Pierre).

Présentateur : le prieur du lieu.

Déclaration faite par le titulaire maître Martin Bigorne, rectifiée.

Revenus affermés. — Les dîmes de Vadicourt, 180¹. — Celles de Voisin, 180¹. — Portion de dîme sur l'Artois, 40¹.

Revenus non affermés. — Portion de dîme [2], produisant 16 setiers de blé et de menus grains, mesure d'Abbeville, évalués à 6 liv. 18 sols, 110¹ 8ˢ. — Casuel, 10¹. — Total des revenus. 520¹ 8ˢ

Charges. — Frais de dîme, 30¹. — Réparat. du presbytère [3], 15¹. — Total. 45 »

Reste net. 475 8

DOURIER-EN-ARTOIS [4] (Vocable : Saint-Riquier).

La cure et le décanat du chapitre sont unis.

Présentateur : le seigneur à l'abbé de St.-Josse-sur-Mer, lequel présente à l'évêque [5].

Revenus : 600 livres [6].

ESQUEMICOURT-EN-ARTOIS (Vocable : Saint-Denis).

Présentateur : l'abbé de Marmoutier [7].

Déclaration faite le 4 mai 1730 par le titulaire maître Denis Coupier, rectifiée.

La dîme [8] produisant : 20 setiers de blé, mesure de Labroye, évalués à 8 liv. 8 sols l'un, 168¹ ; — 12 setiers d'avoine à 4 liv. 17 sols, 58¹ 4ˢ ; — Sucrion, 12¹ 5ˢ ; — Baillard, 4¹ ; — 1 setier 1/2 de vesce à 8 liv. 2 sols, 12¹ 3ˢ ; — fourrages, 30¹ ; — 100 bottes de foin, 10¹ ; — et 6 bottes de lin et chanvre, à 15 sols, 4¹ 10ˢ. — Dîme de cour, 2¹. — 8 cottes de laine à 40 sols, 16¹. — Fondations, 14¹. — Casuel, 10¹. — Terres de cure : 6 mesures

---

[1] *Donna Petra*, au *pouillé* de 1301.

[2] Probablement sur Rapechy, dépendance de Dompierre. — Le *pouillé de l'Archidiaconé* attribue au curé le tiers des dîmes de la paroisse, et le surplus au prieur du lieu. Il devait en être ainsi des dîmes de Vadicourt et de Voisin, qui figurent tant ici que dans la *déclaration* du prieur. (Voy. ci-dess. p. 147.)

[3] Il n'y en avait pas en 1689 : le curé se logeait à ses dépens. (*Pouillé de l'Archid*. f° 73.)

[4] Dourihier, au *pouillé* de 1301. — Le *pouillé* de 1736 donnne pour vocable à cette paroisse Notre-Dame. Mais le *pouillé de l'Archid*. (f° 74), d'accord avec le titre de fondation du prieuré, porte St.-Riquier.

[5] L'autel *de Donno Rihero* fut confirmé à l'abbaye par le titre de 1123 susrappelé (p. 149, note 1). Depuis la fondation du Chapitre, le doyen devait être chargé du soin des paroissiens. (Voy. ci-dess. p. 148. — *Copie du Cartul. de St.-Josse*, p. 101.)

[6] Les décimateurs étaient : le curé du lieu pour 1/3, et le prieur de Maintenay ; celui de Beaurain avait une petite branche de dîme. (*Pouillé de l'Archid*. f° 74.)

[7] Le *pouillé de l'Archidiaconé* et le *pouillé* de 1736 portent que le patronage appartenait au prieur de Beaurain.

[8] Tout entière. Elle avait été abandonnée au curé. (*Pouillé de l'Archid*. f° 75.)

chargées de fondations, 52 ¹. — 2 mesures de pré, 30 ¹. — Total. . . . . 423 ¹ 2 ·
CHARGES. — Au prieuré de St.-Georges, 10 ¹. — Frais de dîme, 80 ¹. — Total. 90 »

Reste net. 333 2

FONTAINE-L'ETALON-EN-ARTOIS (Vocable : SAINT-FIRMIN-LE-MARTYR) [1].

Présentateur : l'abbé d'Auchy-les-Moines [2].

DÉCLARATION faite le 6 juin 1730 par le titulaire maître Jean Guillemez, rectifiée.

La dîme [3] produisant : 30 setiers de blé, mesure d'Amiens, évalués, tous frais faits, 63 ¹ ;
— 20 setiers d'avoine, 30 ¹ ; — 100 bottes de warats, 15 ¹ ; — 12 bottes de lin, 6 ¹ ; — et
fourrages, 25 ¹. — Le tiers de la dîme d'agneaux, laine et sang [4], 12 ¹. — Supplément payé
par les gros décimateurs, 210 ¹. — Casuel, 10 ¹. — Obits, 11 ¹. — Total . . 382 ¹ »»
CHARGES. — Réparations du presbytère. . . . . 15 »»

Reste net. . . . . . 367 »»

---

[1] Fontaines-les-Seekes, au *pouillé* de 1301. — Le village d'Erquières dépendait de la paroisse. Il y avait une chapelle fondée par le seigneur de Caumont, qui nommait, l'abbé d'Auchy présentait et l'évêque conférait, ainsi qu'il est reconnu en une charte de l'année 1202 et en une autre du mois de juillet 1255. (*Pouillé de l'Archid.* f° 76. — *Cartul. d'Auchy*, p. 70 et 181.)

[2] Cette cure et ses membres Moncels, Neuville et Emelinpuz (le Lambus) étaient compris dans la donation de 1099, rappelée ci-dessus (p. 79, note 4). — Le droit de patronage fut reconnu à l'abbaye par l'évêque d'Amiens au mois de juillet 1255. (*Cartul. d'Auchy*, p. 181.)

[3] Une gerbe de 9, ce semble ; l'abbé d'Auchy-les-Moines en avait 5 autres, les dames de Villancourt une gerbe et demie, et la fabrique de l'église aussi une gerbe et demie. — Au XIIIᵉ siècle la dîme était autrement répartie. Des lettres de l'official d'Amiens du mois de juin 1279 constatent que dans les dîmes de Fontaine-le-Sec (*de Fontanis siccis*) le couvent d'Auchy prenait 1/3, au lieu du couvent de St.-Georges de Hesdin, les dames de Villencourt ou l'église de St.-Firmin de Fontaine 1/3, et le curé le dernier tiers. — Les religieux de St.-Georges avaient cédé leurs droits aux dîmes de Fontaine et de Flamermont au profit du couvent d'Auchy, en échange des dîmes de Bonnières et de Flers, au mois de juillet 1218. — En l'année 1202, sous le sceau de Hugue, seigneur de Caumont, Ingelran surnommé Blaris, chevalier, fit don au couvent d'Auchy de toute sa dîme sur Herkueres et Emelinbuch, du consentement de sa femme Emma et de ses fils Robert, Simon et Ourson (*Urso*). L'évêque Thibaut confirma la donation par lettres sous la même date, où les noms sont ainsi écrits : Herkières et Emelimpuch. (*Cartulaire d'Auchy*, p. 68, 75, 77, 100 et 257. — *Pouillé de l'Archid.* f° 76. — Voy. ci-dess. p. 21.)

[4] Des contestations élevées entre les curés de Fontaines et de Quœux (*Keus*), sans doute après leur séparation, pour le partage des revenus des deux paroisses, durèrent longtemps et se terminèrent par une transaction sous le sceau de Thibaut, évêque d'Amiens, du mois de janvier 1201, qui attribua à Hugue, curé de Fontaines, la portion de dîme des anciens jardins et la dîme des vergers qu'il détenait à tort, au lieu et place de la menue dîme, de celle des anciens jardins et des oblations de Keus, qui lui appartenaient de droit antérieurement. Elle attribua ces derniers droits au curé de Keus, plus 6 setiers de blé, à la mesure de Hesding, à prendre sur l'abbaye d'Auchy. De plus, Hugue lui céda de son propre une habitation, la dîme de ses jardins et vergers de Keus et une portion de dîme qu'il détenait à Frosmortier. Cette transaction avait été précédée d'une déclaration de Hugue, seigneur de Caumont, datée du mois d'octobre 1201. Parmi les témoins figurent l'archidiacre de Ponthieu et un doyen de Labroye (*de Arborea*) désigné sous la simple initiale P. (*Cartul. d'Auchy*, p. 67 et 74.)

GENNES (Vocable : Saint-Louis [1]) et YVREGNY [2].

[3] *Présentatrice :* l'abbesse de St.-Michel de Doullens [4].

Revenus : 400 livres [5].

GOUY-EN-ARTOIS [6] (Vocable : Saint-Martin).

Présentateur : l'abbé de St.-Josse-sur-Mer [7].

Déclaration faite le 20 mai 1730 par le titulaire maître Charles De Lhomel, approuvée.

Le tiers de la dîme [8] évalué, tous frais faits, 300 l. — Fondations, 50 l. — Casuel, 20 l.
— Total . . . . 370 l » »

Charges. — Réparations du presbytère, 15 l. — Pain et vin, 10 l. — Total. 25 » »

Reste net . . . . 345 » »

GUÉCHART [9] (Vocable : Saint-Fursy).

Collateur de plein droit : l'Evêque [10].

Déclaration faite le 26 juillet 1728 par le titulaire maître Alexis Rogeau, rectifiée.

La dîme [11] produisant : 30 setiers de blé, mesure d'Abbeville, évalués à 8 liv. 1 sol,

---

[1] La *pouillé de l'Archidiaconé* donne (f° 77) St.-Martin pour vocable à la paroisse. C'est probablement le saint patron de l'eglise d'Ivregny, qui était jadis et en 1301 celle paroissiale.

[2] Yvergny, au *pouillé* de 1301.

[3] Nous avons vu ci-dessus (I, 205) que le titulaire en 1730 se nommait Etienne Minon.

[4] L'autel d'Yvrenni fut confirmé à l'abbaye par l'évêque Guarin, le 6 des ides de novembre 1138. (*Gallia Christ.* X, Instrum. col. 307.)

[5] Les décimateurs étaient : les abbesses de St.-Michel de Doullens et de Bertaucourt, et le prieur de Biencourt. — Les droits de l'abbaye de Bertaucourt sont constatés en la bulle du pape Alexandre III de l'année 1176, confirmative de ses possessions. — Pour raison de ses droits à la dîme d'Ivregny, l'abbaye de St.-Michel payait jadis une redevance de 4 setiers d'avoine à l'abbaye de St.-André-au-Bois. Cette redevance fut convertie en 20 sols de rente au mois de juin 1274. On n'en trouve plus trace dans les déclarations ci-dessus. (Titres de l'abbaye de St.-Michel, 2e carton. — Titres de l'abbaye de Bertaucourt, 2e carton. Arch. Départem. — *Pouillé de l'Archid.* f° 77. — Voy. ci-dessus, I, 204.)

[6] Goy, au *pouillé* de 1301.

[7] Cet autel lui fut confirmé par le titre de 1123 rappelé ci-dessus. (p. 149, note 1.)

[8] Les deux autres tiers appartenaient à l'abbé de St.-Josse-sur-Mer. L'une des chapelles de St.-Jean-Baptiste en la Cathédrale avait aussi une fraction de la dîme. (*Pouillé de l'Archid.* f° 77. — Voy. ci-dess I, 51.)

[9] Gayssart, au *pouillé* de 1301.

[10] Le patronage de la paroisse de Gaissart fut vendu à l'évêque d'Amiens par Thomas de Nueville, écuyer, et Liesse dite Bonement, sa femme, au mois de juillet 1276. (Titres de l'Evêché, A. 15e.)

[11] Elle se percevait à raison de 7 du cent. — Les décimateurs étaient : l'évêque pour 2 gerbes et demie de 18, le chapitre d'Amiens pour 5, l'abbé et les religieux de St.-Riquier aussi pour 5, et le curé pour 5 et demie. (*Pouillé de l'Archid.* f° 79. — Voy. ci-dess. I, 4 et 25.) L'évêque avait acquis sa part de dîme de Thomas de Nueville, en même temps que le patronage, par le titre de l'année 1276. La vente fut ratifiée le 5 janvier de la même année par Gui de Nueville, fils du vendeur, et au mois de décembre 1277 par Jean Maillot et Marguerite, sa femme, auparavant veuve dudit Gui. — Au mois d'avril 1382 Hue de Bours, écuyer, sire de la Gueritte-lès-Guessard, vendit à l'un des chanoines du Chapitre un fief tenu noblement des religieux de St.-Riquier et consistant dans le 1/3 du dîmage en la ville et terroir de Guessard, de Nouli-le-Doyen et sur les propres terres dudit écuyer. Le 24 novembre 1387 Catherine de

241 ¹ 10 ˢ ; — 15 setiers d'avoine à 5 liv. 15 sols, 86 ¹ 5 ˢ ; — fourrages, 45 ¹ ; — 100 bottes de warats, 20 ¹ ; — 30 bottes de lin à 15 sols, 22 ¹ 10 ˢ ; — et 30 bottes de chanvre à 18 sols, 27 ¹. — Dîme de pommes, 10 ¹. — Dîme de laine, 20 ¹. — Dimes novales, 55 ¹. — Fondations, 80 ¹. — Casuel, 60 ¹. — Total . . . . 667 ¹ 5 ˢ
Charges. — Frais de dîme, 100 ¹. — Réparat. du presbytère, 15 ¹. — Total. 115 »

Reste net. 552 5

HARAVESNE (Vocable : Notre-Dame) et **VAUX** ¹ (Vocable : Saint-Martin), son secours.

Présentatrice : l'abbesse de Bertaucourt ².

Déclaration faite le 8 juillet 1728 par le titulaire maître François Roger, rectifiée.

Portion congrue payée annuellement par l'abbaye de Bertaucourt et le prieuré de Biencourt ³, 300 ¹. — Casuel, 40 ¹. — Total . . . . 340 ¹ »»
Charges : Réparations du presbytère . . . . 10 »»

Reste net. . . . . . 330 »»

HIERMONT ⁴ (Vocable : Notre-Dame).

Présentateur : le Chapitre d'Amiens, en la personne des Théobaldiens, prêtre et sous-diacre du côté droit, alternativement de 6 en 6 mois.

Revenus : 800 livres.

Bullecourt veuve de Guillaume de Bours, chevalier, et épouse en secondes nôces de Jean de Cresgny, seigneur de Contes et du Riquier, chevalier, renonça a son douaire assigné sur le dimage et fief de Guessard, vendu par son premier mari. (*Invent. du Chapitre d'Amiens*, IV, 437 et 438. — Titres, liasse 69, nᵒˢ 3, 7, 9 et 11. — *Inventaire de l'Evêché*, fᵒ 45. — Titres de l'Evêché, A 15ᵉ.)

¹ Ce lieu serait-il celui cédé, sous le nom de *Vallis*, avec l'autel, à l'abbaye de Bertaucourt, par les chanoines de St.-Nicolas d'Amiens, suivant charte interprétative de l'année 1171, et faut-il, comme nous l'avons fait plus haut (I, 70, note 1), traduire le mot *navis* qui suit par Nœux ou Naours? Mais ni l'une ni l'autre de ces deux dernières églises ne paraît avoir appartenu à l'abbaye de Bertaucourt. Faut-il, comme quelques-uns, faire de *Vallis navis* un seul mot vulgaire, Havernast? Mais le prieuré de Flixecourt, qui avait le patronage de cette paroisse, l'avait-il acquis de l'abbaye de Bertaucourt? Si, ce qui semble assez naturel, on traduit les deux mots par Walnast, on trouve qu'ils font double emploi avec Gualnast, écrit immédiatement avant dans le titre de 1171, et Walnast porté une ligne plus bas et précisément à côté de Haloy dans la charte confirmative des possessions de l'abbaye en 1176. Si nous n'avions eu que le titre de 1171, nous aurions pu croire à une traduction latine immédiate et interprétative du nom vulgaire, mais la bulle de 1176 ne le permet pas. Dans des copies modernes de la charte de 1171, trouvées dans les titres du Chapitre de St.-Nicolas (liasse 17, nᵒ 1), les mots *Vallis navis* sont bien évidemment séparés, même par une virgule sur l'une d'elles du mois de juillet 1585. C'est ce qui nous avait fait admettre la première interprétation.

² La moitié de l'autel de Herravesnes fut confirmée à l'abbaye par les lettres de St.-Geoffroy de l'année 1108. Elle figure aussi, avec l'autel de Wals, dans la bulle du pape Alexandre III de l'année 1176. (Voy. ci-dess. I, 480, note 4.)

³ Ils étaient les seuls décimateurs. (*Pouillé de l'Archid.* fᵒ 80.)

⁴ Huiermont, au *pouillé* de 1301. — Il n'y avait pas de presbytère. — Il existait à Hiermont un hôpital fondé par un curé, doyen de St.-Riquier ; il possédait 36 journ. de terre et se trouvait chargé de 25 messes. Il fut uni à l'ordre de St.-Lazare d'abord, puis à l'Hôtel Dieu de Rue. (*Pouillé de l'Archid.*) — Nous

LABROYE[1] (Vocable : Notre-Dame) et **LE BOISLE** (Vocable : Saint-Vast), son secours.

Présentateur : le prieur de Biencourt.

Déclaration donnée le 4 mai 1730 par le titulaire maître François Palyart, rectifiée.

Revenus affermés.

Le tiers de la dime du lieu [2], affermé moyennant : en argent, 790¹ ; — 12 setiers de blé, mesure de Cressy, évalués à 8 liv. 8 sols, 100¹ 16ˢ ; — 9 setiers d'avoine à 4 liv. 17 sols, 43¹ 13ˢ ; — 200 gerbées, 10¹ ; — 100 bottes de warats, 20¹ ; — 100 bottes de foin, 7¹ ; — 1 setier de pamelle, 6¹ 16ˢ ; — et 10 boisseaux de chenui. 5¹.

Revenus non affermés. — Casuel évalué 35¹. — Fondations, 26¹. — Total des revenus 1,044¹ 5ˢ.

Charges.

Au vicaire de Labroye, 150¹. — Au même, pour l'étole blanche que le curé lui a abandonnée, 15¹. — Réparations des chœurs des églises de Labroye et du Boisle, 40¹. — Réparations du presbytère, 15¹. — Total 220¹.

Récapitulation : Montant des revenus 1,044¹ 5ˢ
— des charges . . . . 220 »

Total. 824 5

Nota. — Le curé paie annuellement, pour le centième denier, aux Etats d'Artois, une somme de 35 livres.

MAISON-LÈS-PONTHIEU [3] (Vocable : Notre-Dame).

Présentateur : le prieur du Pont-de-Remy et le commandeur de Fieffes, tour à tour.

Déclaration faite le 3 juillet 1728 par le titulaire maître François Witasse, rectifiée.

La dime [4] produisant : 45 setiers de blé, mesure d'Abbeville, évalués, tous frais faits, à

---

avous trouvé copie du titre de cette fondation. Au mois de septembre 1296, pardevant Jean de Ponthieu, comte d'Aumale, sire de Noielle et de Hyermont, Vincent Lierpont, prêtre de Maison-en-Rolland, doyen de St.-Riquier, reconnut avoir donné « quatre licts estoffez, un manage et un courtil... pour faire un hospital à héberger les pauvres. » (Archives comm. de Rue, II. A. I, n° 1.) — Nous ne pensons pas que la chapelle de St.-Georges soit celle de l'hôpital.

[1] Larbroie, au *pouillé* de 1301. — Verjolay, Boisle et Moismont dépendaient de la paroisse.

[2] Les décimateurs étaient : le prieur de Biencourt, celui de Ray, le prieur et les religieux de St.-Pierre d'Abbeville, l'abbé et les religieux de St.-Josse-sur-Mer, ceux de Dommartin, le Chapitre de Vinacourt, les dames de Moreaucourt et le curé, qui prenait un tiers dans le secours. — Les droits des religieuses de Moreaucourt étaient des 2/6ᵉˢ sur une partie des terroirs de Labroye, Verjolay, Boisle, Moismont et environs, et seulement d'un sixième sur une autre partie : ce qui était considéré comme revenant à 2 gerbes dans 9. — En l'année 1228 Willaume Lefers leur avait donné toute la dime qu'il avait à Beaulaincourt près Labroye. (*Pouillé de l'Archid.* f° 67. — Voy. ci-dess. I, 133 et 487. — Titres de Moreaucourt. *Baux et Invent.* f° 5 v° κ.)

[3] Maisons-en-Ponthieu, au *pouillé* de 1301.

[4] Elle appartenait sur Maison-lès-Ponthieu au curé pour 1/3, et pour le surplus à M. de St.-Laud, seigneur de la terre. L'archidiacre de Ponthieu et la fabrique du lieu en avaient une petite branche inféodée. Sur la terre de St.-Laud le curé prenait 1/3

8 liv. 1 sol, 362¹ 5ˢ ; — et 12 setiers d'avoine à 5 liv. 15 sols, 69¹. — Les menues dîmes évaluées 30¹. — Terres de cure : 10 journaux, 60¹. — Fondations, 25¹. — Casuel, 20¹. — Total 566¹ 5ˢ

Charges : — Réparations du presbytère . . . . 15 »

Reste net. 551 5

MARCONNELLE [1] (Vocable : La Sainte-Croix).

Présentateur : l'abbé de St.-Josse-sur-Mer [2].

Revenus : 450 livres [3].

MONTRELET [4] (Vocable : Saint-Mauguille).

Présentateur : l'abbé de St.-Riquier.

Déclaration donnée le 10 janvier 1730 par le titulaire maître Honoré Dobremer, rectifiée.

La dîme [5] produisant : 20 setiers de blé, mesure d'Abbeville, évalués 161¹ ; — 10 setiers d'avoine, 57¹ 10ˢ ; — 8 dizeaux de warats, 12¹ ; — 200 bottes de foin, 20¹ ; — et fourrages, 41¹ 10ˢ. — Les novales, 50¹. — Dîme de laine, 4¹. — Fondations, 15¹. — Casuel, 15¹. — Total . . . . 376¹ »»

Charges. — Réparations du chœur de l'église, 9¹. — Réparations du presbytère, 15¹. — Frais de dîme, 52¹. — Total . . . . 76 »»

Reste net . . . . . 300 »»

NEUILLY-LE-DIEN [6] (Vocable : Saint-Sulpice) et HACQUET, son secours.

Collateur de plein droit : l'Evêque.

Revenus : 700 livres [7].

---

et le chapelain 2/3. — Il semble que précédemment le quart de la dîme appartenait au commandeur de Fieffes, qui en faisait bail le 30 juillet 1664. Il avait aussi le 1/4 des menues dîmes. (M. Cocheris, *Catalog.* etc., nᵒˢ 559, cxxxviij et 564. — A. I. sect. adm., S. 5059 et 5060. — *Pouillé de l'Archid.* fᵒ 82. — Voy. ci-dess. I, 15, et ci-après, p. 162.)

[1] Marconnele, au *pouillé* de 1301.

[2] L'autel de Marconnelles lui fut confirmé par l'évêque Ingelran le 10 des kal. de juillet 1123. (*Copie du Cartul. de St.-Josse-sur-la-Mer*, p. 97.)

[3] La dîme se partageait entre l'abbé de St.-Josse et le curé. — En 1689 il y avait procès contre un curé du diocèse de Boulogne, qui prétendait à une partie de la paroisse. (*Pouillé de l'Archid.* fᵒ 83.)

[4] Monsterlet, au *pouillé* de 1301. — Il n'y avait à Monstrelet, en 1689, que l'église et le presbytère ; tous les habitants étaient à Boufflers, hameau de la paroisse éloigné d'une demi-lieue. (*Pouillé de l'Archid.* fᵒ 84.)

[5] Les décimateurs étaient : l'abbé de St.-Riquier, l'archidiacre de Ponthieu et le curé. (*Pouillé de l'Archid.* fᵒ 84.)

[6] Noelly, au *pouillé* de 1301.

[7] Les décimateurs étaient : à Neuilly, le prieuré de St.-Pierre d'Abbeville pour 4 gerbes de 7, et le curé pour le reste ; à Acquet, ledit prieuré pour 2 gerbes, celui de Biencourt aussi pour 2, et le curé pour les autres. (*Pouillé de l'Archid.* — Voy. ci-dess. p. 2.)

PLUMOISON (Vocable : Notre-Dame).
Présentateur : l'abbé de St.-Josse-sur-Mer.
Revenus : 400 livres.

PONCHEL-EN-ARTOIS (Vocable : Saint-Thomas de Cantorbéry).
Présentateur : le prieur de Biencourt.

Déclaration faite le 23 juin 1728 par le titulaire maître Baptiste Cailleu, rectifiée.

La dîme[1] produisant : 20 setiers 1/2 de blé, mesure de Hesdin, évalués à 8 liv. 8 sols, 172^l 4^s ; — 10 setiers d'avoine à 5 liv., 50^l ; — 100 bottes de warats, 20^l ; — 150 bottes de foin, 15^l ; — et fourrage, 40^l. — Dîme novale, 30^l. — Dîme de laine, 15^l. — Terres de cure : 2 journaux et demi, 20^l. — Fondations, 2^l 8^s. — Casuel, 15^l. — Total. 379^l 12^s

Charges. — Frais de dîme, 50^l. — Réparations du chœur de l'église et du presbytère, 20^l. — Total . . . . 70 »»

Reste net 309 12

QUESNOY-LÈS-HESDIN[2] (Vocable : Saint-Vast).
Présentateur : l'abbé d'Auchy-les-Moines[3].

Déclaration faite le 12 mai 1730 par le titulaire maître Noel Picquet, rectifiée.

La dîme[4] produisant : 90 setiers de blé, mesure d'Amiens, tous frais faits, évalués 189^l ; — 250 bottes d'avoine rendant 60 setiers, 90^l ; — Seigle et sucrion, 40^l. — La dîme de laine et de cour, 30^l. — Fondations, 60^l. — Casuel, 40^l. — Une portion de dîme sur le terroir de Monchaux, 25^l. — Total . . . . 474^l »»

Charges. — Réparations du presbytère . . . . 15 »»

Reste net . . . . . . 459 »»

QUŒUX-EN-ARTOIS[5] (Vocable : Saint-Jacques).
Présentateur : l'abbé d'Auchy-les-Moines[6].

Déclaration faite le 19 avril 1730 par le titulaire maître Antoine Wallart, rectifiée.

---

[1] C'est-à-dire 4 gerbes de 7 ; le prieur de Biencourt en prenait 2 et l'abbé d'Anchin une. (*Pouillé de l'Archid.* f° 87.)

[2] Caisnoy, au *pouillé* de 1301.

[3] Cette cure (*altare de Casnoit*) était comprise dans la donation de 1099. (Voy. ci-dess. p. 79, note 4.) — Le droit de patronage fut reconnu à l'abbaye par l'évêque d'Amiens au mois de juillet 1255. (*Cartul. d'Auchy*, p. 181.)

[4] C'est-à-dire le tiers ; le surplus appartenait au patron de la cure. — En 1214 Herbert de Caisnoy avait donné à l'abbaye d'Auchy toute la dîme qu'il avait à Caisnoy. — En 1689 il y avait procès entre le curé et le seigneur « qui voulait envahir le gros casuel de deux fiefs. » (*Cartul. d'Auchy*, p. 65. — *Pouillé de l'Archid.* f° 88.)

[5] Keus, au *pouillé* de 1301. — Hautmesnil, dont le vocable était St.-Thomas de Cantorbéry, semble avoir dépendu de cette paroisse, quoique M. Lambert (*Recherches historiques sur quelques communes de l'arrondissement de St.-Pol;* Puits Artésien, 1840, p. 431) en ait fait une paroisse du doyenné de Fillièvres. Heutemaisnil au *pouillé* de 1301, Hautemesnil au *pouillé* de 1682, figure au nombre des paroisses qui étaient à la présentation de l'abbé d'Anchin.

[6] Ce droit de patronage fut reconnu à l'abbaye par le titre de 1255.

— 158 —

Portion congrue payée par les gros décimateurs [1], 300 l. — Obits et autres fondations, 30 l. — Casuel, 10 l. — Total [2] . . . . 340 l »»
CHARGES. — Réparations du presbytère. . . . . 10 »»

Reste net. . . . . . 330 »»

RAY [3] (Vocable : SAINT-LIÉPHARD, S^{tus}-Limphardus). Prieuré-Cure.
Présentateur : l'abbé de Honnecourt, au diocèse de Cambray.
Revenus : 1200 livres [4].

REGNAUVILLE-EN-ARTOIS [5] (Vocable : SAINT-JACQUES).
Présentateur : le prieur de Biencourt.

DÉCLARATION faite le 16 juin 1730 par le titulaire maître Charles-Antoine Douzenel, rectifiée.

La dîme [6] produisant : 16 setiers 1/2 de blé, mesure d'Abbeville, évalués 132 l 16 s 6 d ; — 4 setiers 1/2 de scorion, 31 l 10 s ; — 12 setiers d'avoine, 69 l ; — 200 bottes de vesce et de pois, 40 l ; — et fourrages, 42 l. — Une branche de dîme sur le hameau de Monchaux, produisant : 4 setiers 1/2 de blé, 36 l 4 s 6 d ; — et 2 setiers de scorion, 14 l. — Dîme de chanvre et de lin, 10 l. — Dîme de laine, 18 l. — Dîme de cour, 1 l 17 s 6 d. — Dîme de pommes, 4 l. — Un manoir amasé contenant 2 journaux, 25 l. — 4 journaux 1/2 de terre labourable, 25 l. — Obits et autres fondations, 24 l. — Casuel, 7 l 10 s. — Total. 480 l 18 s 6 d

CHARGES. — Frais de dîme, 65 l. — Réparations du presbytère, 15 l. — Réparations du chœur de l'église, 10 l. — Total. . . . . 90 »» »

Reste net. 390 18 6

NOTA. — Le Bureau porte le chiffre net à 400 liv., attendu que le curé dépouille du houblon, dont il est parlé dans sa déclaration et non fait mention en l'extrait.

---

[1] C'est-à-dire l'abbé d'Auchy pour un quart, le prieur de St.-Georges près Hesdin pour moitié, l'abbé de Dommartin et les dames de Villencourt pour le reste. (*Pouillé de l'Archid.* f° 90.) Cependant cette dernière part ne figure pas en la *déclaration* des religieuses.

[2] Voyez, pour la séparation des revenus de cette paroisse d'avec celle de Fontaines, la note 4 de la page 152.

[3] *Rayum*, au *pouillé* de 1301. — On croit que c'est en ce lieu, désigné sous le nom de *Brahic* ou *Radic*, île sur l'Authie, que St.-Josse, en quittant Dompierre, se retira et bâtit une église et une cellule (*domunculam*) au VII° siècle. (*Acta SS. ord. S^{ti}-Bened.* sœc. II, p. 567.) — La visite de ce prieuré-cure, de l'ordre de Cluny, devait être épiscopale : il fallait un mandement pour qu'elle fût faite par un délégué. (*Pouillé de l'Archid.* f° 89.)

[4] Le prieur-curé jouissait de toute la dîme. — Un titre du mois d'avril 1257 constate que les religieux d'Auchy avaient cédé à l'abbaye d'Honnecourt (*Hunecurtensis*) la dîme qu'ils avaient à Ray, en échange de la dîme de Vailli que possédait l'abbaye d'Honnecourt. (*Cartul. d'Auchy*, p. 179. — *Pouillé de l'Arch.* f° 89.)

[5] *Renautvile*, au *pouillé* de 1301. — Monchaux dépendait de la paroisse.

[6] Pour deux tiers ; le prieur de Biencourt avait l'autre tiers. (*Pouillé de l'Archid.*)

RIQUEBOURG [1] (Vocable : SAINT-PIERRE) et **CAMPAGNE**, son secours.

Présentateur : le prieur de Beaurain [2].

Revenus : 500 livres [3].

SAINTE-AUSTREBERTE-EN-ARTOIS [4].

Présentatrice : l'abbesse de Ste-Austreberte de Montreuil.

DÉCLARATION faite le 3 mai 1730 par le titulaire maître Charles Framery, rectifiée.

Portion congrue payée par les gros décimateurs [5]. . . . . 300 [1] »»
CHARGES. — Réparations du presbytère. . . . . 10 »»

Reste net. . . . . . 290 »»

NOTA. — Cette cure ne paie pas de décimes.

TOLLENT-EN-ARTOIS [6] (Vocable : NOTRE-DAME).

Présentateur : le prieur de Biencourt.

DÉCLARATION faite le 30 mai 1730 par le titulaire maître François Leducq, rectifiée.

La dîme [7] produisant : 700 gerbes de blé qui rendent 105 setiers de blé, mesure d'Amiens, tous frais faits, 220 [1] 10 [s] ; — 250 gerbes d'avoine qui rendent 50 setiers, 75 [1] ; — 150 bottes de warats, 30 [1] ; — 60 bottes de chanvre et 20 bottes de lin, 60 [1]. — Dîme de laine et de sang, 6 [1]. — Terres de cure : 5 mesures, 25 [1]. — Fondations, 20 [1]. — Casuel, 12 [1]. — Total . . . . 448 [1] 10 [s]
CHARGES. — Réparations du presbytère. . . . . 15 »»

Reste net 433 10

TORTEFONTAINE (Vocable : SAINT-MARTIN) et **MOURIEZ**, son secours.

Présentateur : l'abbé de Dommartin [8].

Revenus : 450 livres [9].

---

[1] Rikebourc, au *pouillé* de 1301. — Maresquel, Grémecourt, St.-André-au-Bois, Aulnoy, Buignopré et Valivon dépendaient de la paroisse. (Voy. *Mém. historiq. du Pas-de-Calais*, par M. Harbaville, II, 91 et passim. — *Les Seigneurs de Maintenay*, par M. de Calonne. Mém. Soc. Antiq. Pic. XX, 275.)

[2] Ce prieuré dépendait de l'abbaye de St.-Bertin, à laquelle noble homme Rigobert avait vendu son domaine de Beaurain, du temps de l'abbé Erkembold, en 716 ou 722. (M. Harbaville, *Mémorial historique et archéologique du Pas-de-Calais*, II, 88.)

[3] En dîmes pastorales, casuel, etc. Les décimateurs étaient : le patron de la cure et le seigneur du lieu, Mme de Pierrefitte en 1689. (*Pouillé de l'Archid*.)

[4] Sta-*Ostreberta*, au *pouillé* de 1301.

[5] L'abbaye de Ste-Austreberte percevait presque toute la dîme ; l'abbé et les religieux d'Auchy-les-Moines en avaient une petite branche. (*Pouillé de l'Archid*. f° 69.)

[6] Tholent, au *pouillé* de 1301.

[7] C'est-à-dire 5 gerbes de 8 ; le prieur de Biencourt prenait les 3 autres. (*Pouillé de l'Archid*.)

[8] Cet autel fut donné à l'abbaye par l'évêque d'Amiens en 1249. (M. Harbaville, *Mémorial historiq. et archéolog. du Pas-de-Calais*, II, 136 et 137.)

[9] La dîme appartenait à l'abbé de Dommartin. — Le curé était l'un des religieux et vivait en commun dans l'abbaye. Il y avait un vicaire au secours, situé à une demi-lieue. (*Pouillé de l'Archid*. f° 93.)

VITZ-SUR-AUTHIE (Vocable : Saint-Martin) et VILLEROY, son secours [1].

Présentateur : le prieur de Ligny-sur-Canche.

Déclaration faite le 10 janvier 1730 par le titulaire maître Nicolas Champion, rectifiée.

La dîme [2] produisant : 25 setiers de blé, mesure d'Abbeville, évalués 201 l. 5 s. ; — 12 setiers d'avoine, 69 l. ; — 100 bottes de warats, 20 l. ; — 100 bottes de foin, 10 l. ; — et fourrages, 50 l. — Supplément fourni par les gros décimateurs [3], 20 l. — Dîme novale, 30 l. — Dîme de laine, 15 l. ; — dîme de cour, 5 l. — Terre de cure : 4 journ. et demi. — Fondations, 30 l. — Casuel, 25 l. — Total. . . . . 500 l. 5 s.

Charges. — Frais de dîme, 60 l. — Réparations du presbytère, 15 l. — Total. 75 »

Reste net. 425 5

PERSONNAT ET CHAPELLES.

Personnat de CAUMONT-EN-ARTOIS.

Collateur de plein droit : l'Evêque d'Amiens.

Déclaration faite le 8 avril 1730 par le titulaire maître Jean-Baptiste Dhangest, approuvée.

Un droit de dîme sur les terroirs de Caumont et de Chirienne, affermé . . 86 l. » »

Charges. — Au curé et au vicaire du lieu. . . . . 31 » »

Reste net. . . . . . 55 » »

Nota. — Ce personnat et les dîmes qui en dépendent étant situés en Artois, il n'est point sujet aux impositions du clergé de France.

Chapelle CASTRALE, a Calmont [4].

Présentateurs : le seigneur nomme et le prieur de Biencourt présente.

Collateur : l'Evêque.

Revenus : 150 livres. — *Charges :* 3 messes tous les 15 jours.

---

[1] Vileroie et Vy, au *pouillé* de 1301. — Le village de Villencourt dépendait aussi de la paroisse. C'est là qu'était autrefois le siège de l'abbaye de ce nom, transférée à Abbeville. Le fermier qui l'occupait prétendait « n'être d'aucune paroisse et faisait dire la messe une fois l'an dans la chapelle, où il mettait des porcs et autres animaux pendant le reste de l'année. » Cette chapelle fut interdite le 26 avril 1693. — Le chœur de l'église de Villeroy avait été brûlé en 1667 ou 1668. La messe se disait dans la nef. (*Pouillé de l'Archid.* et addition, f° 94.)

[2] En partie. Les décimateurs étaient : sur Vitz, où la dîme se percevait à 7 du cent, le curé pour 1/3, le prieur de Ligny pour même quotité, les religieux de Dommartin pour 1/7e, et les religieux de St.-Riquier pour le dernier septième ; sur Villeroy, où la dîme se prenait à 6 du cent : le curé pour 1/3, le prieur de Ligny pour 1/3, les religieux de Dommartin pour 1/6e, et ceux de St.-Riquier pour le dernier sixième ; sur Villencourt, où la dîme était aussi à 6 du cent : le curé pour moitié, le prieur de Bagneux pour 2/6es, et les religieux de St.-Riquier pour le dernier sixième. (*Pouillé de l'Archid.* addition, f° 94. — Voy. ci-après *Déclarat.* de la manse convent. de St.-Riquier.)

[3] C'est peut-être cette redevance que l'évêque déclara maintenir au profit de l'église *de Vi et Vilereia*, lors de la cession qu'il fit du prieuré de Ligny à St.-Martin-des-Champs. (D. Marrier, *Monasterii Sti.-Martini de Campis historia*, p. 350. — Voy. ci-dess. p. 76, note 4.)

[4] Le bâtiment était ruiné en 1689. (*Pouillé de l'Archid.* f° 71.) — Nous avons puisé les charges de cette chapelle dans ledit *pouillé.*

Chapelle de SAINT-NICOLAS, a Caumont [1].

Présentateurs : le seigneur nomme et le prieur de Biencourt présente.
Collateur : l'Evêque.
Revenus : 80 livres. — *Charges :* 5 messes tous les 15 jours.

Chapelle de SAINT-GEORGES, a Hiermont [2].

Présentateur : le seigneur du lieu.

Déclaration faite le 20 mars 1730 par le titulaire maître Louis Brunel [3], rectifiée.

Dix-sept journaux de terre à St.-Lot, paroisse de Maison-en-Ponthieu, affermés moyennant : 16 setiers de blé, mesure d'Abbeville, évalués 128ˡ 16ˢ ; — plus en argent, 24ˡ. — Total 152ˡ 16ˢ
Charges. — Une messe par semaine . . . . 26 »»

Reste net 126 16

Chapelle de SAINT-NICOLAS, a Labroye [4].

Réunie à la cure du lieu, pour l'honoraire d'un vicaire.

Déclaration faite le 4 mai 1730 par le curé de Labroye, rectifiée.

Sur le moulin du lieu 12 setiers de blé, mesure de Labroye, évalués à 8 liv. 8 sols, 100ˡ 16ˢ. — Sur le seigneur du lieu, 10ˡ. — Total 110ˡ 16ˢ
Charges. — Vingt-quatre messes par an, 12ˡ. — Pension des pauvres clercs du séminaire, 2ˡ. — Total . . . . 14 »»

Total 96 16

Chapelle de SAINT-JEAN, a Labroye [5].

Unie à la cure de la paroisse le 12 août 1702.
Revenus : 80 livres.

Chapelle CASTRALE vulgò de Fosseux, a Marconnelle.

Présentateur : le seigneur de Fosseux.
Revenus : 60 livres [6].

---

[1] Elle était dans l'église. (*Pouillé de l'Archid.* f° 71.) — Nous avons aussi puisé les charges de cette chapelle dans le même *pouillé*.

[2] Elle fut fondée par les princesses de Carignan et de Nemours. (*Pouillé de l'Archid.* f° 81.)

[3] Nous le verrons curé de la paroisse de St.-Nicolas, en la ville de St.-Riquier.

[4] Elle fut fondée dans le château par Jean de Varennes, seigneur de Vinacourt et de Labroye, et par Elisabeth de Bruyère, sa femme, qui la dotèrent de deux muids de blé, mesure de Labroye, et de 8 liv. de rente, et s'en réservèrent à eux et leurs successeurs la présentation, par charte du 1ᵉʳ mai 1343 ; ce qui fut confirmé par l'évêque Jean de Cherchemont le 27 avril 1344. — Le patronage en appartenait en 1689 au prince de Bournonville. (*Pouillé de l'Archid.* f° 67. — Titres de l'Evêché, 71°.)

[5] Le patronage de cette chapelle, comme de celle de St.-Nicolas, appartenait au prince de Bournonville. (*Pouillé de l'Archid.* f° 67.)

[6] En 1689 cette chapelle était possédée par le curé de Riquebourg et produisait 60 livres ou 20 écus. —

Chapelle CASTRALE, a Quesnoy.

Présentateur : le seigneur.

Revenus : 120 liv. sur 33 mesures de terre [1].

Chapelle de SAINT-NICOLAS de Rapoy, a Quœux [2].

Présentateur : le seigneur du lieu [3].

Revenus : 150 livres.

Chapelle de SAINTE-ANNE, a Rapchy-lès-Dompierre [4].

Présentateur : le seigneur du lieu.

Revenus : 60 livres.

CHAPELLE a Saint-Laud [5].

Présentateur : le seigneur du lieu.

Déclaration faite le 13 mai 1728 par le titulaire maître Louis Daquet, rectifiée.

Cinq journaux de terre à la sole produisant : 16 setiers de blé, mesure d'Abbeville, 128 l. 16 s. ; — et 8 setiers d'avoine, 46 l. — Sur la dîme : 10 setiers de blé, 80 l. 10 s. ; — plus 5 setiers d'avoine, 28 l. 15 s. — Fourrages, 40 l. — Dîme novale, 15 l. — Total, 339 l. 1 s.

Charges.

Trois messes par semaine, *Mémoire.* — Frais de dîme et de labours, 100 l. — Réparations de la chapelle et des autres bâtiments, 15 l. — A la fabrique de Maison-en-Ponthieu, 5 l. — Total, 120 l.

Récapitulation : Montant des revenus . . . . 339 l. 1 s.
— des charges . . . . 120 »

Reste net. 219 1

Le *pouillé* de 1301 constate que, fondée et desservie d'abord dans le diocèse d'Amiens, à la connaissance d'un grand nombre encore de paroissiens de Marconnele, elle se trouvait alors desservie dans le diocèse de Thérouanne (*Morinorum*), parce que le seigneur de Fosseux avait fait une présentation à l'évêque de Thérouanne. L'évêque d'Amiens reprit ses droits sans doute. Mais nous avons vu (p. 156, note 3) qu'une partie de la cure du lieu était contestée en 1689. (*Pouillé de l'Archid.* f° 83.)

[1] Ces documents sont pris tant dans le *pouillé* de 1736, que dans le *pouillé de l'Archid.* f° 88.

[2] C'était une chapelle castrale, qui fut fondée, en 1202, par noble homme Hugue de Caumont, du consentement de Guy, son fils. Il lui donna toute la dîme qu'il avait à Lesin, la dîme et le terrage de Fontaines, la dîme des jardins et une masure avec jardin à Keus, cinq arpents de terre, la dîme de ses viviers de Caumont et des poissons qui seront pêchés au moulin de Auconnai. La présentation se faisait par le seigneur de Caumont à l'abbaye d'Auchy, et par celle-ci à l'évêque d'Amiens, ainsi qu'il le reconnaît dans le titre du mois de juillet 1255. (*Cart. d'Auchy*, p. 70, 76, 181. — *Pouillé* de 1301.) — En 1689 il y avait 12 ans que l'on ne disait plus la messe dans cette chapelle ; un ermite y demeurait. (*Pouillé de l'Archid.* f° 90.)

[3] Le prince de Bournonville, selon le *pouillé de l'Archidiaconé*, f° 90.

[4] Ce parait-être la chapelle castrale fondée par M. de Rambures et produisant 20 écus, qu'énonce le *pouillé de l'Archid.* f° 73.

[5] Hameau de la paroisse de Maison-lès-Ponthieu.

Chapelle de NOTRE-DAME DES GREZ [1], en Saint-Nicolas de Villeroy.

Déclaration faite le 9 mai 1730 par le P. Lévesque, recteur et le P. Pitel, procureur du collége d'Eu, rectifiée.

Sur le receveur des domaines du roi [2] en Picardie . . . . 200ˡ »»

Charges. — Frais de quittance et droits du receveur, 3ˡ 10ˢ. — 3 messes par semaine, 78 ˡ. — Réparations, 10 ˡ. — Total 91 10ˢ

Reste net. 108 10

Chapelle de SAINTE-MARGUERITE, a Villeroy [3].

Revenus : 200 livres.

— Le titulaire était obligé à résidence. — Dans la maison seigneuriale de St.-Laud il y avait une chapelle castrale, par concession du 25 mai 1685. (*Pouillé de l'Archid.* fº 82 vº. — *Pouillé* de 1736.)

[1] Réunie au collège des Jésuites d'Eu, par lettres-patentes données au mois de janvier 1612, vérifiées au parlement de Paris le 17 juillet suivant, sur la démission et résignation faite en faveur dudit collège, par maître Charles Le Roy, chanoine à Amiens. (*Déclaration.*)

[2] La chapelle était de fondation royale, et le revenu se payait autrefois en nature de grains. Mais en 1631 les Trésoriers de France à Amiens, en réglèrent l'appréciation à 200 livres. (*Déclarat.*)

[3] Cette chapelle appartenait aux Jésuites du collège d'Eu. (*Pouillé de l'Archid.* fº 94.)

VII. DOYENNÉ DE MONS [1].

PRIEURÉ.

Prieuré de SAINT-CHRISTOPHE, a Mareuil [2].
Collateur de plein droit: l'abbé de Notre-Dame de Breteuil [3].
Déclaration faite le 20 mai 1730, rectifiée.

Revenus affermés [4].

Les 2/3 des grosses dîmes sur le terroir de Mareuil, 260 l. — Le tiers des grosses dîmes sur le terroir d'Huchenneville; — toutes les grosses dîmes du terroir du Minil, paroisse d'Huchenneville. — Ces deux articles affermés : en argent, 350 l; — et 2 couples de grain, c'est-à-dire 2 setiers de blé et 2 setiers d'avoine, payables à l'église et fabrique d'Huchenneville, et autant à l'église de Huppy, dont est chargé le prieuré, *Mémoire*. — Les 2/3 des grosses et menues dîmes sur le terroir d'Épagne, 85 l. — Les 2/3 des grosses dîmes, les novales et menues dîmes en entier du terroir de Bancourt, 300 l. — La 1/2 des grosses et menues dîmes sur le terroir d'Aumâtre, 300 l. — Toutes les novales et menues dîmes sur le terroir de Limercourt, 40 l. — Les grosses et menues dîmes de la cense de Commodel (Caumondel), et les menues dîmes de Caumont, 90 l. — Les menues dîmes ou novales du hameau d'Inval, paroisse d'Huchenneville, 12 l. — Les menues dîmes de Zaleux et Croisette, paroisse d'Huchenneville, 14 l.

---

[1] Ce doyenné fut formé d'un démembrement de celui d'Oisemont, au synode du 7 octobre 1693. (Voy. ci-dess. *Introduct.* § 2.)

[2] De l'ordre de St.-Benoît. — Il était desservi dans le chœur de l'église du lieu, par un prêtre qui avait la qualité de sous-prieur. Il fut fondé vers l'année 1096 par Henri d'Outeris en Ponthieu. Ce lieu ou ce fief est maintenant inconnu. Au *pouillé* de 1301 figure comme seigneur de Hupi Jean de Bouteris, chevalier. Lequel des deux noms faut-il lire? — Par décision épiscopale du 10 avril 1704 le prieuré fut uni au séminaire d'Amiens. (*Picardia Christ.* f° 106 v°. — *Hist. Ms. de Breteuil,* p. 61. — *Pouillé de l'Archid.* f° 248. — *Pouillé* de 1736.)

[3] L'église de St.-Christophe *de Marilio* fut confirmée à l'abbaye par l'évêque St.-Geoffroy le 11 des kal. de février 1105, et par l'évêque Thierry, en 1164. (*Picardia Christiana,* f° 106 v°. — *Gallia Christ.* X, Instr. col. 263.)

[4] Nous retrouvons dans la confirmation de 1164 la plupart des dîmes qui sont ici énoncées. Ainsi, celles de : *Haulcinevilla* (Huchenneville), *Hispania* (Epagne), Caumondel, Caumont, *Aienval* (Inval), *Alodia* (Zaleux), *Burencurte* (Bancourt), *Maisnil* (Minil), *Ulmastro* (Aumatre), Limercourt. En voici quelques autres citées dans la même charte, qui paraissent du voisinage : celles *de Furoma*, de Talesac, de Faiel, du champ *Teboldi*, du fief de Hugue de Cauberc (*de Cauberco*) et de toute la terre de Wermond *de Cupaincurte*.

Revenus non affermés.

Les censives sur environ 74 journaux, tant en maison qu'en prés à foin et terres labourables, consistant en : 3 chapons évalués à 16 sols, 2¹ 8ˢ ; — 4 poules à 8 sols, 1¹ 12ˢ ; — et en argent, 2¹ 18ˢ 10ᵈ. — Sur le sieur Manessier, de Guibermesnil, au lieu de 31 boisseaux de blé et 31 boisseaux d'avoine, de censives aliénées en 1578 sur 5 journaux de terre situés à Mareuil, 2ˢ. — Censives à prendre sur 2 journaux de terre situés à Mareuil, 12 boisseaux de blé, mesure d'Abbeville, évalués à 10 sols, 6¹ ; — et 12 boisseaux d'avoine, à 7 sols, 4¹ 4ˢ. — Censives sur 4 journaux de terre situés en la vallée de Somme-lès-Huchenneville : 34 boisseaux et 2 palettes de blé, même mesure, estimés 17¹ 5ˢ ; — autant d'avoine, 12¹ 2ˢ ; — et argent, 2ˢ. — Censives de 34 journaux de terre, 1¹. — — Total des revenus, 1,498¹ 13ˢ 10ᵈ.

Charges.

Pour la desserte du prieuré ; fourniture du luminaire, des vases sacrés, livres, messel, ornements et linge, 280¹. — Réparations entières du chœur de Mareuil et de la maison prieurale, 80¹. — Les 2/3 des réparations du chœur d'Huchenneville et de celui d'Épagne ; — la 1/2 de celles du chœur d'Aumâtre ; — et la totalité de celles du chœur de Bancourt, secours d'Huchenneville, 120¹. — Total 480¹.

Récapitulation : Montant des revenus 1,498¹ 13ˢ 10ᵈ
— des charges . . . . 480 »» »»

Reste net. 1,018 13 10

CURES.

BAILLEUL¹ (Vocable : Saint-Martin) et **BELLIFONTAINE** (Vocable : Notre-Dame), son secours.

Présentateur : le prieur de Dompierre.

Déclaration faite, sans date, par le titulaire maître François Leroy, approuvée.

Portion congrue² pour Bailleul, 300¹ ; — et pour Bellifontaine, 150¹. — Fondations à Bailleul, 150¹ ; — et à Bellifontaine, 20¹. — Casuel, 25¹. — Total . . . 645¹ »»
Charges. — Réparations du presbytère. . . . . 10 »»

Reste net . . . . 635 »»

Nota. — Le curé est dans l'obligation d'avoir un cheval pour aller dire la messe à Bellifontaine et y administrer les sacrements, aussi bien que dans les hameaux dépendant de sa paroisse.

---

¹ Bailluel, au *pouillé* de 1301. — Airondel ou Erondel était une dépendance de la paroisse.

² Les décimateurs étaient : le prieur de Dompierre les Minimes d'Abbeville pour une part inféodée, et le sieur Lefèvre, procureur à Abbeville, aussi pour une part inféodée. — Les droits des Minimes portaient sur Airondel. (*Pouillé de l'Archid.* f° 225. — Voy. ci-dess. p. 16 et 148.)

BÉHEN [1] (Vocable : Saint-Josse).

Présentateur : le chapitre de St.-Firmin-le-Confesseur d'Amiens.

Déclaration faite le 15 avril 1730 par le titulaire maître François Digeon, rectifiée.

La dîme [2] produisant : 20 setiers de blé, mesure d'Abbeville, évalués 161 l ; — 8 setiers d'avoine, 46 l ; — warats, lin, chanvre, et autres fruits, dîmes menues, vertes et novales, 25 l. — Un tiers de dîme sur une partie de terres appartenant à deux paroissiens demeurant aux Alleux, évalué 20 l. — Terres du presbytère : 4 journaux à la sole produisant 20 setiers de blé, 161 l ; — et les mars, 45 l. — Fourrages, 30 l. — Casuel, 15 l. — Total . . . . 503 l » »

Charges. — Frais de dîmes et de labour, 100 l. — Réparations du presbytère [3], 15 l. — Total . . . . 115 » »

Reste net. . . . . . 388 » »

BOUILLANCOURT [4] (Vocable : Saint-Sanson) et MOYENNEVILLE, son secours.

Présentateur : le chapitre de St.-Firmin-le-Confesseur.

Déclaration faite le 19 juin 1728 par le titulaire maître Nicolas Fleury, rectifiée.

La dîme [5] produisant : 50 setiers de blé, mesure d'Abbeville, évalués 402 l 10 s ; — 20 setiers d'avoine, 115 l ; — lin, chanvre, warats et autres grains de novales, 85 l ; — et fourrages, 60 l. — Dîme de cidre : 8 muids à 13 liv., tous frais faits, 104 l. — Menues

---

[1] Behem, au *pouillé* de 1301. — Il y a un hameau nommé les Alleux, où existaient deux chapelles, l'une dans la demeure de M. le vicomte de Créquy, l'autre appartenant à Mme de Pardaillan. On y disait la messe alternativement les fêtes et dimanches. (*Pouillé de l'Archid.* f° 226.) — Les énonciations de cette *déclaration* et de celle du prieur de Mareuil font voir que le hameau de Zaleux ou des Aleux dépendait tant de la paroisse de Béhen, que de la paroisse de Huchenneville.

[2] Les décimateurs étaient : le seigneur du lieu (le marquis de Bellengreville en 1689) pour 2/3, ledit chapitre et le curé pour le surplus. — Il semble que le Chapitre avait une gerbe de neuf. — Dans la charte confirmative des possessions de l'abbaye de Breteuil, de l'année 1164, on voit qu'elle possédait, à cause du prieuré de Mareuil, le tiers de la dîme champêtre aux Alleux, *apud Alodia.* (*Compte du Chapitre et Etat des revenus.* Titres de St.-Firmin. Arch. Départem. — *Pouillé de l'Archid.* f° 226. — Voy. ci-dess. I, 65.)

[3] Il n'en existait pas en 1689. (*Pouillé de l'Archid.* f° 226.)

[4] Boullaincourt, au *pouillé* de 1301. — Bienfay et Valenglart dépendaient de la paroisse. — A Bienfay il y avait une chapelle sans revenus. Le chapelain était entretenu par les habitants ; il faisait l'école. (*Pouillé de l'Archid.* f° 228 v°.)

[5] Sur Bouillancourt la dîme appartenait : au chapitre de St -Firmin-le-Confesseur pour 5 gerbes de 18 venant à dîme, 9 à l'abbaye de Sery et 4 au curé ; — sur Moyenneville, Valenglart et Bienfay, la dîme appartenait audit Chapitre, à M. de Valenglart au lieu de M. d'Epagne, au prieur de St.-Pierre d'Abbeville et au curé. (*Bail, Compte, Etat des revenus, etc.* Titres de St.-Firmin. Arch. Départem. — *Pouillé de l'Archid.* f° 228. — Voy. ci-dess. I, 65 et 66 ; II, 99.) — Deux parts de la dîme de Bouillancourt avaient été données à l'abbaye de Sery, vers l'année 1185, par Henri de Fontaines (*de Fontenis*), du consentement de son frère Hugue et d'Alelme, son neveu ; ce qu'approuvèrent Guy Camp d'Avesne et Mathilde, son épouse, du fief desquels cette dîme était tenue. — Le comte Jean de Ponthieu donna une charte de confirmation des deux parts de la dîme de Bouillancourt *juxta Mealnay,* et s'en constitua le protecteur. (*Cartul. de Sery,* p. 62 et 63.)

et vertes dîmes, 80¹. — Casuel, 35¹. — Total 881¹ 10ˢ
CHARGES. — Frais de dîme, 212. — Réparations du chœur de l'église, 10¹.
— Réparations du presbytère, 15¹. — Total. . . . . 237 »»

Reste net. 644 10

BRAY-LÈS-MAREUIL [1] (Vocable : NOTRE-DAME).
Présentateur : le chapitre de St.-Vulfran d'Abbeville.

DÉCLARATION faite le 3 juillet 1728 par le titulaire maître Nicolas Papillon, rectifiée.

La dîme [2] produisant, avec les terres du presbytère : 25 setiers de blé, évalués 201¹ 5ˢ ;
— 10 setiers d'avoine, 57¹ 10ˢ ; — 80 bottes de chanvre, 60¹ ; — 20 bottes de lin, 15¹ ;
— 100 bottes de foin, 80¹ ; — et fourrages, 40¹. — Dîme de cidre : 5 muids, 50¹. —
Dîme de laine, 15¹. — Fondations, 89¹ 4ˢ. — Casuel, 20¹. — Total . . . 627¹ 19ˢ
CHARGES. — Frais de dîme et de labour, 185¹. — Réparations du chœur de
l'église, 25¹. — Réparations du presbytère, 15¹. — Total. . . . . . . 225 »»

Reste net. 402 19

CAHON (Vocable : SAINT-PIERRE AUX LIENS).
Collateur de plein droit : l'Evêque

DÉCLARATION faite le 17 juillet 1728 par le titulaire maître Jean Convers, rectifiée.

La dîme [3] produisant : 30 setiers de blé, mesure d'Abbeville, évalués à 8 liv. 1 sol,
241¹ 10ˢ ; — avoine, warats et hivernache, 30¹ ; — lin et chanvre, 60¹. — Dîme de
pommes, 30¹. — Dîme de laine, 20¹. — Casuel, 12¹. — Fondations, 40¹. — Supplément
de portion congrue, payé par les religieux de l'abbaye de Saint-Valery et le chapitre de
Gamaches, 100¹. — Total 533¹ 10ˢ
CHARGES. — Frais de dîme, 15¹. — Réparations du presbytère, 125¹. — Total 140 »»

Reste net. 393 10

CAMBRON (Vocable : SAINT-MARTIN).
Présentateur : le chapitre de St.-Vulfran [4].

DÉCLARATION faite le 10 juillet 1728 par le titulaire maître Pierre-Joseph Lefebure, rectifiée.

---

[1] Bray *juxta Marolium*, au *pouillé* de 1301.

[2] En partie seulement ; le reste était inféodé. Une petite portion avait été léguée à la fabrique. (*Pouillé de l'Archid.* f° 229.) — Un sixième de la dîme avait appartenu à l'abbaye de Breteuil. Il figure parmi les biens confirmés par les lettres épiscopales de 1105. (*Picardia Christiana*, Ms. f° 106 v°. Arch. Départ.)

[3] Il s'agit sans doute de la totalité, abandonnée pour la portion congrue. — Le chapitre de Gamaches avait droit à 2 gerbes de 9 en deçà de la petite rivière, et à une gerbe de 3 au delà, à l'encontre du curé, et les religieux de St.-Valery au surplus. — Ledit chapitre avait été doté du personnat de Cahon par Thomas de St.-Valery, ce qui fut confirmé par l'évêque Richard, au mois de septembre 1207. (*Cartulaire du chapitre de Gamaches*, p. 158 et 162. — *Pouillé de l'Archid.* f° 232. — Voy. ci-dess. p. 104.)

[4] Ce patronage lui fut donné par la charte de 1138.

Revenus affermés.

Une portion de la dîme¹, 45 ¹. — Les novales, 90 ¹. — 2 journaux de terre, 50 ¹.

Revenus non affermés.

Le tiers des menues dîmes, affermé avec les deux autres tiers appartenant au chapitre de Saint-Vulfran, 12 ¹. — La dîme de laine, 25 ¹. — Une portion de dîme dont le curé jouit par ses mains, produisant : 24 setiers de blé, mesure d'Abbeville, évalués 193¹ 4ˢ ; — 9 setiers d'avoine, 51¹ 15ˢ ; — 2 setiers d'orge, 14¹ 18ˢ ; — 1 setier de pamelle, 8¹ 1ˢ ; — 8 boisseaux de fèves, 2¹ ; — 30 bottes de lin, 22¹ 10ˢ ; — 600 poignées de chanvre, 36¹ ; — fourrages, 27¹ 10ˢ ; — et 120 bottes de warats, bisaille et vesce, 24¹. — 12 setiers de pommes à 50 sols, 30 ¹. — Fondations, 76¹ 2ˢ. — Casuel, 36¹ 10ˢ. — Total 744¹ 10ˢ.

Charges.

Frais de dîme, 100¹. — Pain et vin pour les messes, 15¹. — Réparations du chœur de l'église, 25¹. — Réparations du presbytère, 15¹. — Au chapitre de St.-Vulfran, pour sa part des menues dîmes et pour les novales, 22¹. — Total 177¹.

Récapitulation : Montant des revenus 744¹ 10ˢ
— des charges . . . . 177 »»
Reste net. 567 10

CAUBERT² (Vocable : Saint-Sanson).

Présentateur : l'abbé de St.-Acheul³.

Déclaration faite le 5 juin 1728 par le titulaire maître Jacques Dupont, rectifiée.

La dîme⁴ produisant : 16 setiers de blé, mesure d'Abbeville, évalués, tous frais faits, 128¹ 16ˢ ; — 5 setiers d'avoine, 28¹ 15ˢ ; — 1 setier d'orge, 7¹ 9ˢ ; — 4 bottes de lin, 3¹ ; — et 50 bottes de vesce et bisaille, 10¹. — La dîme de foin, 125¹. — Celle des fruits, 15¹. — Celle des enclos, 12¹. — Celle de laine, 12¹. — Obits et autres fondations, 28¹ 10ˢ.

---

¹ Les décimateurs étaient : ledit Chapitre, l'abbé du Lieu-Dieu, celui de St.-Valery, et le curé. — Les droits de l'abbaye du Lieu-Dieu portaient sur un canton du terroir, où elle prenait 5/9ᵉˢ, à l'encontre du chapitre de St.-Vulfran pour 2, et du curé pour les 2 autres. — La part du chapitre de St.-Vulfran lui fut donnée par Jean II, comte de Ponthieu, selon la charte de l'année 1138. — La portion de l'abbaye de St.-Valery lui fut confirmée par bulle du pape Clément IV, du 3 juin 1266. (M. de Beauvillé, *Rec. de docum. inédits*, IIᵉ partie, p. 44. — *Pouillé de l'Archid.* f° 233. — Voy. ci-dessus p. 91. — Voy. les baux du Lieu-Dieu, devant Déleplanque, notaire à Gamaches.)

² Cauberc, au *pouillé* de 1301.

³ L'autel de Cauberch lui fut donné du temps de l'évêque Thierry, qui en délivra lettres de confirmation le jour des kal. de février 1163. (*Cartul. St.-Acheul*, f° 17 c² 28.)

⁴ Elle se divisait par tiers entre le curé, le prieuré de St.-Pierre d'Abbeville et le seigneur du lieu (la dame de Médain en 1689) : cette dernière part inféodée, selon le *Pouillé de l'Archidiaconé* (f° 234.) Cependant les déclarations du prieuré ne mentionnent pas cette dîme. — Dans les lettres confirmatives des possessions de l'abbaye de Breteuil, de l'année 1164, figure la dîme du fief de Hugue de Cauberc. Etait-il situé en ce lieu ?

— Casuel, 22 l. — Total . . . . 392ˡ 10 ˢ
Charges. — Réparations du presbytère. . . . . 15 » »

Reste net. 377 10

ERCOURT (Vocable : Saint-Sulpice) [1].

Présentateur : l'abbé de St.-Acheul.

Déclaration faite le 8 mars 1730 par le titulaire maître Louis De Lorier, rectifiée.

La dîme produisant : 24 setiers de blé, 193 ˡ 4 ˢ ; — en mars, orge, lentille et warats, 90 ˡ ; — et fourrages, 30 ˡ. — Supplément payé par les gros décimateurs [2], 70 ˡ. — Fondations, 5 ˡ. — Casuel, 6 ˡ. — Total . . . . 394 ˡ 4 ˢ
Charges. — Frais de dîme, 25 ˡ. — Réparations du presbytère [3], 15 ˡ. — Droits du doyen de chrétienté, 3 ˡ. — Total . . . . 43 »

Reste net. 351 4

GRÉBAUMESNIL [4] (Vocable : Saint-Grégoire) et BENAT.

Présentateur : le prieur de Canchy-lès-Pont-de-Remy.

Déclaration faite le 26 juin 1728 par le titulaire maître Adrien Buteux, rectifiée.

La dîme [5] produisant : 60 setiers de blé, mesure d'Abbeville, évalués 483 ˡ ; — 17 setiers 1/2 d'avoine, 100 ˡ 12 ˢ 6 ᵈ ; — et 250 bottes de warats et vesce, 50 ˡ. — La dîme novale produisant : 2 setiers 1/2 de blé, évalués 20 ˡ 2 ˢ 6 ᵈ ; — et autres grains, 10 ˡ. — Fourrages des dites dîmes, 72 ˡ 10 ˢ. — Dîme de laine et de sang, 8 ˡ. — 2 muids de cidre, 20 ˡ. — Terres de cure : 5 journaux, évalués sur le pied des terres voisines, 35 ˡ. — Fon-

---

[1] Le hameau de Monchel dépendait de la paroisse. — Le chœur d'Ercourt fut interdit vers 1680. (*Pouillé de l'Archid.* f° 237.)

[2] Le commandeur d'Oisemont l'etait pour moitié ; l'autre moitié se divisait entre la fabrique du petit St.-Vulfran d'Abbeville pour 2/3, et le prieur de St.-Pierre pour 1/3. (*Pouillé de l'Archid.* f° 237. — *Registre-terrier de la Commanderie d'Oisemont*, f° 349. — Voy. ci-dessus p. 2.)

[3] L'ancien presbytère ayant été usurpé, on en bâtit un autre au milieu du cimetière. (*Pouillé de l'Archid.* f° 237.)

[4] Grebertmaisnil, au *pouillé* de 1301. On nomme quelquefois ce lieu Grébaut en Vimeu. (Voy. ci-dess. p. 2.)

[5] Elle se divisait entre M. de Beaucamps, le curé d'Ergnies, le prieur de St.-Pierre d'Abbeville, le commandeur d'Oisemont et le curé du lieu. — Quel est ce M. de Beaucamps ? Serait-ce à son profit que fut fait l'arrentissement de la part de dîme de Grebesmaismil-en-Vimeu qui a appartenu à l'abbaye de St.-Josse-sur Mer et dont il est parlé ci-après en la *déclaration* de ses biens ? — Il semble qu'il s'agisse aussi de la dîme de ce lieu, sous le nom Drenboltmaisni, dans la donation faite en 1198 par Thomas de St.-Valery à l'abbaye de St.-Josse-au-Bois, énoncée ci-dessus (p. 146 note 3). Les deux abbayes du nom de St.-Josse auraient donc eu des droits à la dîme de ce lieu éloigné. Par quelle circonstance ? — Une partie de la dîme des champs à Baienast a appartenu à l'abbaye de Breteuil ou au prieuré de Mareuil, comme on le voit dans les lettres confirmatives de l'année 1164. (*Pouillé de l'Archid.* f° 240. — Voy. ci-dess. p. 2.)

dations, 24¹. — Casuel, 20¹. — La dîme des enclos, affermée 74¹. — Total . 917¹ 5 *

Charges. — Frais de dîme et battage des grains, 172¹. — Réparations du chœur de l'église, 20¹. — Réparations du presbytère, 15¹. — Total . . . 207 »

Reste net. 710 5

HUCHENNEVILLE ¹ (Vocable : Saint-Pierre) et BOANCOURT, son annexe.

Présentateur : le supérieur du séminaire d'Amiens, à cause du prieuré de Mareuil ², qui y est uni.

Déclaration faite le 28 mai 1728 par le titulaire maître Charles Nourtier, rectifiée.

Les grosses, menues et vertes dîmes ³, évaluées 650¹. — Les novales, 30¹. — Terres de cure : 2 journaux, 20¹.—Obits et autres fondations, 100¹.—Casuel, 25¹.—Total 825¹ »»

Charges. — Réparations presbytère . . . . 15 »»

Reste net. . . . . . 810 »»

HUPPY ⁴ (Vocable : Saint-Sulpice).

Présentateur : le seigneur du lieu ⁵.

Déclaration faite le 24 janvier 1730 par le titulaire maître Jean Duflos, rectifiée.

La dîme ⁶ produisant 50 setiers de blé, mesure d'Abbeville, évalués 402¹ 10 ˢ. —

---

[1] Huchaineville, au *pouillé* de 1301. — Sept hameaux dépendaient de la paroisse (*Pouillé de l'Archid.* f° 243) : Croisettes, Caumont, Caumondel, Inval, Minil, Limercourt et Zaleux.

[2] L'autel de Huchenneville (*de Helcinevilla*) avait été confirmé à l'abbaye de Breteuil, par lesdites lettres du saint évêque Geoffroy, de l'année 1105, et par celles de l'évêque Thierry de l'année 1164. (*Gallia Christ.* X, Instrum. col. 263. — *Picardia Christ.* f° 106 v°.)

[3] Les gros décimateurs étaient : le prieuré de Mareuil pour 1/3 sur Huchenneville, 2/3 sur Boancourt, la totalité sur Minil et sur Caumondel : les chartreux d'Abbeville, l'Hôtel-Dieu de la même ville, le marquis de Chepy et le curé. La Commanderie d'Oisemont avait un droit de dîme sur Caumont. — L'abbaye de Breteuil, à cause du prieuré de Mareuil, avait été confirmée dans la possession de portions de dîmes sur Huchenneville (*Haulcinevilla*) et ses dépendances : Boancourt (*Buiencurte*), Minil (Maisnil), Aienval, Caumont et Caumondel, par les lettres de l'année 1164 ; sur Limercourt par les mêmes lettres et par celles de l'évêque Geoffroy de l'année 1105. — Les droits des chartreux portaient sur Zaleux, Limercourt et environs ; ils étaient inféodés. (*Pouillé de l'Archid.* f° 243. — Voyez ci-dessus p. 12 et 164. — *Livre-Terrier de la Command. d'Oisemont,* f° 395 v°.)

[4] Hupy, au *pouillé* de 1301. — Il y avait un vicaire qui faisait l'école. (*Pouillé de l'Archid.* f° 245.) — Poultiers était une dépendance de la paroisse.

[5] L'autel et la prévôté de Huppi sont compris au nombre des biens confirmés au chapitre d'Abbeville par l'évêque Richard de Gerberoy, en 1206. Ce patronage est probablement passé aux mains du seigneur par la transaction rappelée en la note suivante. (*Invent. des titres de St.-Vulfran,* f° 7 v°. Titres du Chapitre. Arch. Départ.)

[6] C'est-à-dire 1/3, le surplus appartenait au seigneur du lieu. (*Pouillé de l'Archid.* f° 245.) — L'abbé de St.-Valery avait une portion de dîme sur Poultiers. — La charte de fondation du chapitre d'Abbeville, de l'année 1121, contient donation à son profit de la dîme de Grez et Huppy. Cette dîme portait sur un terroir dit l'*âtre de grés* d'une contenance de 1054 journaux. Elle donna lieu à de nombreuses difficultés avec le seigneur. Pour y mettre fin, le Chapitre en fit abandon à noble homme Louis de Thœuffles sieur de Huppi, à la charge d'une redevance annuelle de 40 setiers de blé muison et 40 setiers d'avoine, par transaction du 6 avril 1570. (*Inventaire des titres de*

8 setiers de blé, provenant de la dîme novale, 64¹ 8ˢ. — 16 setiers d'avoine, provenant tant de la dîme que des novales et des terres de cure, 92¹. — 2 journaux 3 quartiers de terre, produisant 12 setiers 1/2 de blé, 100¹ 12ˢ 6ᵈ. — 300 bottes de warats, 60¹. — 30 bottes de lin et 10 bottes de chanvre, 30¹. — 5 muids de cidre, 50¹. — Dîme de cour, 4¹. — Fourrages, 60¹. — Fondations, 69¹. — Casuel, 36¹. — Total 968¹ 10ˢ 6ᵈ.

Charges. — Frais de labour et semence, 35¹. — Réparations du chœur de l'église, 16¹. — Réparations du presbytère¹, 15¹. — Frais de dîme, 160¹. — Total 226¹.

Récapitulation : Montant des revenus 968¹ 10ˢ 6ᵈ
— des charges . . . . 226 »» »
Reste net. 742 10 6

LIMEUX ² (Vocable : Saint-Pierre).

Présentateur : le chapitre de St.-Firmin d'Amiens.

Déclaration faite par le titulaire maître Jean Le Roy, approuvée.

La dîme³ produisait : 25 setiers de blé, 201¹ 5ˢ ; — 5 setiers d'avoine, 28¹ 15ˢ ; — 5 setiers de pamelle, 40¹ 5ˢ ; — et 100 bottes de warats, 20¹. — Dîme de lin, chanvre et pommes, 34¹. — Dîme de laine, 6¹. — Un demi setier et un quart de setier d'avoine, provenant des dîmes novales, 5¹ 9ˢ 3ᵈ. — 2 journaux de terre à la sole produisant : 6 setiers de blé, évalués 48¹ 6ˢ ; — et 3 setiers d'avoine, 17¹ 5ˢ. — Fourrages, 40¹. — Supplément payé par le chapitre de Saint-Firmin d'Amiens et le prieuré de Saint-Pierre d'Abbeville, 31¹. — Fondations, 60¹. — Casuel, 25¹. — Total 557¹ 5ˢ 3ᵈ

Charges. — Frais de dîme, 90¹. — Frais de labour et semence, 35¹. — Censives dont sont chargées les terres de cure, 2¹. — Réparations du presbytère, 15¹. — Total . . . . 142 » »

Reste net. 415 5 3

St.-Vulfran, f° 3 v°.) — Où se trouvait Grez? M. Louandre (*Recherches sur la Topographie du Ponthieu,* dans les Mém. Soc. Emulat. d'Abbeville, 1838-40, p. 308) en fait une dépendance de la paroisse de Visme et dit que son église est citée en une charte de l'évêque Richard de Gerberoy, de l'année 1206. C'est la charte que nous venons de citer en la note précédente. Celle de 1121 et les autres titres analysés ici font comprendre que Grez était une dépendance de Huppy.

¹ Il n'en existait pas en 1689. (*Pouillé de l'Archid.* f° 245.)

² Limeu, au *pouillé* de 1301.

³ Une déclaration du fief noble de Limeu fourni le 7 décembre 1714 par l'abbé de St.-Acheul porte que : sur le terroir dudit lieu l'abbaye prenait 2/3 et le curé l'autre tiers ; sur le terroir dit de *St. Pierre,* de 9 gerbes venant à dîme l'abbaye en prenait 2, le curé une, et le prieuré de St.-Pierre d'Abbeville les 6 autres ; de la petite branche sur Blangiel, ladite abbaye prenait un tiers et le curé de Frucourt 2/3 ; enfin des menues dîmes et novales l'abbaye avait 2/3 et le curé de Limeu 1/3 ; ce qui comprenait, y est-il dit, la dîme de laine et d'agnelins. — Le *pouillé de l'Archid.* (f° 246) attribue aux religieux de Sery une portion de dîme sur la paroisse. En effet, le *Cartulaire de l'abbaye de Sery* mentionne (p. 340) une sentence arbitrale de l'année 1478, au profit de l'abbé, concernant la dîme du Mesnil-sur-Limeux. Peut-être

MAREUIL [1] (Vocable : Saint-Christophe).

Présentateur : le supérieur du séminaire, à cause du prieuré de Mareuil qui y est uni.

DÉCLARATION faite le 22 mai 1728 par le titulaire maître Nicolas Le Roy, rectifiée.

La dime [2] produisant, tous frais faits : 12 setiers de blé, évalués 96ˡ 12ˢ ; — 1/2 setier de pamelle, 4ˡ 6ᵈ ; — 3 setiers d'avoine, 17ˡ 5ˢ ; — 3 setiers d'orge, 22ˡ 7ˢ ; — 15 bottes de lin, 11ˡ 5ˢ ; — et 80 bottes de vesce et bisaille, 16ˡ. — Dime de foin, 150ˡ. — Dime de fruits, 40ˡ. — Dime de laine, 10ˡ. — Payé par le prieur de St.-Pierre d'Abbeville, pour l'administration des sacrements dans 2 maisons contiguës à Mareuil, 8ˡ. — Obits et autres fondations [3], 105ˡ 5ˢ. — Casuel, 35ˡ. — Total. 515ˡ 14ˢ 6ᵈ

CHARGES. — Réparations du presbytère. . . . . 15 » »

Reste net. 500 14 6

MARTINNEVILLE [4] (Vocable : Saint-Pierre).

Collateur de plein droit : l'Evêque.

DÉCLARATION faite le 28 mai 1728 par le titulaire maître Louis Bourlé, rectifiée.

La dime du lieu [5], produisant : 30 setiers de blé, évalués 241ˡ 10ˢ ; — 15 setiers d'avoine, 86ˡ 5ˢ ; — 300 bottes de vesce, bisaille, pamelle, hivernache et lentille, 60ˡ. — La dime d'Onicourt [6], produisant : 6 setiers de blé, 48ˡ 6ˢ ; — 5 setiers d'avoine, 28ˡ 15ˢ ; — 100 bottes de vesce, bisaille et pamelle, 20ˡ. — Fourrages, 60ˡ. — Dime de lin et de chanvre, 9ˡ. — Dime de cidre, tous frais faits : 2 muids, 20ˡ. — Dime de cour, 4ˡ. — Dime de laine, 6ˡ. — 4 journaux de terre à la sole, 96ˡ. — Fondations, 20ˡ. — Casuel,

s'agit-il d'un fief ou d'un canton du terroir désigné dans la déclaration des religieux sous le nom d'Olainville près Limeux. (Titres de St.-Acheul, arm. 5, case 10, n° 41. — Voy. ci-dess. I, 98, et II, 2 et 99.)

[1] Maruel, au *pouillé* de 1301. — La paroisse était desservie dans la nef de l'église. (*Pouillé de l'Archid.* f° 248.) — Le pèlerinage encore suivi au saint patron de l'Eglise remonte au VIIIᵉ siècle. (M. Corblet, *Notice sur une médaille de dévotion* Mém. Soc. Antiq. Pic. XX, 295.)

[2] Pour un tiers, les deux autres tiers appartenaient au prieuré du lieu. (*Pouillé de l'Archid.* f° 248. — Voy. ci-dessus p. 164.)

[3] De ce nombre était un service solennel que devait célébrer tous les ans, le 19 juin, le curé de la paroisse, assisté de son clerc et du sous-prieur, à l'intention de Ysabeau de la Haye, « chère et fidèle damoiselle de haulte et puissante dame Mᵐᵉ Françoise Mangot veuve de messire Nicolas Rouault, chevalier,

seigneur et marquis de Gamaches, de Mareuil et autres lieux... » (Epitaphe dans l'église, transcrite en 1697. De Rousseville, *Recherches sur la noblesse de Picardie.* Ms. tome 1ᵉʳ, au nom Gamaches.)

[4] Marchaigneville, au *pouillé* de 1301. — Onicourt dépendait de la paroisse.

[5] Les religieux de Sery dimaient sur une petite partie du terroir, à Onicourt ; sur le surplus, le curé prenait environ le quart et le seigneur du lieu les trois quarts, même dans les offrandes des huit principales fêtes. Il prétendait que ses droits à la dime étaient inféodés. A cause du personnat dont il était possesseur, il prenait les 2/9ᵉˢ du tiers de dime revenant à la cure. (*Pouillé de l'Archid.* f° 249. — Voy. ci-dess. p. 99.)

[6] Le chapitre de St.-Vulfran avait abandonné ses droits sur cette dime au curé de Martinneville avant le mois de février 1591, pour supplément de portion congrue. (*Extr. des registres de St.-Vulfran.*)

11 ¹. — Total . . . . 710 ¹ 16 ˢ
CHARGES. — Frais de dîme, 150 ¹. — Réparations du chœur de l'église, 40 ¹.
— Réparations du presbytère, 15 ¹. — Total. . . . . 205 »»

                                    Reste net. 505 16

MIANNAY (Vocable : SAINT-PIERRE) ¹.
Présentateur : l'abbé de St.-Valery.
Revenus : 400 livres ².

MONS ³ (Vocable : SAINT-MARTIN) et BOUBERS.
Collateur de plein droit : l'Evêque.

DÉCLARATION faite, sans date, par le titulaire maître Pierre Froissart ⁴, rectifiée.

REVENUS NON AFFERMÉS.

La dîme ⁵ produisant : 50 setiers de blé, 402 ¹ 10 ˢ ; — 15 setiers d'avoine, 86 ¹ 5 ˢ ; — 250 bottes de vesce et bisaille, 51 ¹ ; — 110 bottes d'hivernache, 22 ¹ ; — 80 bottes de lin, 40 ¹ ; — et fourrages, 80 ¹. — Dîme de foin et de fruits, 17 ¹. — Sur l'abbé de St.-Valery, 30 ¹. — Sur les RR. PP. Bénédictins, 25 ¹. — Obits et autres fondations, 150 ¹. — Casuel, 50 ¹.

REVENUS AFFERMÉS. — La dîme novale et les menues dîmes, 117 ¹. — Total des revenus . . . . 1,070 ¹ 15 ˢ
CHARGES. — Frais de dîme, 190 ¹. — Réparations du chœur de l'église, 10 ¹.
— Réparations du presbytère, 15 ¹. — Total . . . . 215 »»

                                    Reste net 855 15

SAIGNEVILLE (Vocable : SS. FUSCIEN, VICTORICE et GENTIEN).
Collateur de plein droit : l'Evêque.

DÉCLARATION faite par le titulaire maître Jean Amourette, rectifiée.

La dîme ⁶ produisant : 20 setiers de blé, 161 ¹ ; — 10 setiers de seigle, 67 ¹ ; — 35 bottes

---

¹ Lambercourt dépendait de la paroisse. (*Pouillé de l'Archid.* f° 250.)

² Les décimateurs étaient en 1689 : les religieux bénédictins de St.-Valery et M. Vignon, médecin à Paris. (*Pouillé de l'Archid.* f° 250.)

³ *Mons in Vimiaco,* au *pouillé* de 1301.

⁴ En 1689 le titulaire était Etienne Froissart, âgé de 61 ans, doyen de chrétienté. — Il y avait à la même époque un vicaire, qui faisait l'office de clerc. (*Pouillé de l'Archid.* f° 251.)

⁵ La dîme de la paroisse se percevait à 7 gerbes du cent et se partageait ainsi : de 9 gerbes le curé de Mons prenait trois et demie, l'abbaye de St.-Acheul autant, et l'abbaye de St.-Valery deux. M. de la Court-au-Bois avait une part inféodée. — L'abbaye de St.-Valery avait été dotée de cette dîme par Ricard de Auls, comme on le voit aux confirmations de ses possessions données par les papes Urbain III vers 1185 ou 1187, et Innocent III en 1215. (*Inventaire de St.-Acheul,* f° 191. Déclaration de 1714. — M. de Beauvillé, *Recueil de documents inédits,* II° partie, p. 13 et 29. — *Pouillé de l'Archid.* f° 251. — *Déclarat.* de la manse conventuelle de St.-Valery ci-après.)

⁶ Les gros décimateurs étaient : les religieux de St.-Valery et le chapitre de Gamaches. — La portion de dîme du chapitre paraît provenir de l'ancien per-

de lin, 26¹ 5ˢ; — 30 bottes de vesce et bisaille, 6¹; — 3 bottes de chanvre, 6¹; — et 500 bottes de foin, 25¹. — Dîme de laine, 35¹. — Dîme de pommes, 7¹ 10ˢ. — Dîme novale, 30¹. — 2 journaux de terre, 7¹. — Casuel et fondations, 90¹.—Total.   460¹ 15ˢ

CHARGES. — Réparations du chœur de l'église, 20¹. — Réparations du presbytère, 15¹. — Total.   35 »»

　　　　　　　　　　　　　　　　Reste net. 425 15

SAINT-MAXENT [1].

Présentateurs : l'Ecolâtre et le Pénitencier d'Amiens, *simùl.*

DÉCLARATION faite le 5 février 1730 par le titulaire maître Jean-Baptiste Crescent, rectifiée.

Cinquante-sept setiers de blé provenant de la dîme [2], 458¹17ˢ.—10 setiers de blé provenant de 2 journaux 1/2 à la sole de terre de cure, 80¹ 10ˢ. — 21 setiers d'avoine provenant desdites terres et de la dîme, 120¹ 15ˢ. — 400 bottes de warats, 80¹. — 45 bottes de lin et 5 bottes de chanvre, 37¹ 10ˢ. — 5 muids de cidre, 50¹. — Dîme de laine et de cour, 30¹. — Fourrages, 75¹. — Fondations, 32¹. — Casuel, 30¹. — Total 994¹ 12ˢ.

CHARGES.

Frais de dîme, 172¹. — Frais de labour et semence des terres de cure, 37¹ 10ˢ. — Censives, 3¹. — Réparations du chœur de l'église, 8¹. — Réparations du presbytère [3], 15¹. — Total, 235¹ 10ˢ.

RÉCAPITULATION : Montant des revenus 994¹ 12ˢ
　　　　　　— des charges 235 10

　　　　　　　　　　　　　　　Reste net. 759 2

TEUFFLE (Vocable : SAINT-VALERY) [4].

Présentateur : l'abbé de St.-Acheul.

DÉCLARATION faite le 22 mars 1730 par le titulaire maître Jean Blondel, rectifiée.

La dîme [5] produisant, tous frais faits : 18 setiers de blé, évalués 144¹ 18ˢ ; — 18 setiers

---

sonnat du lieu. Elle consistait en : 2 gerbes de 9 pour le haut terroir, et 4 gerbes de 9 pour le bas terroir. Elle avait été donnée au chapitre par Thomas de St.-Valery, vers l'année 1207. (*Cartulaire du chapitre de Gamaches,* p. 158 et 162. — Baux aux minutes de Déleplanque. — *Gamaches et ses seigneurs,* p. 64. — *Pouillé de l'Archid.* f° 257. — Voy. ci-dess. p. 104.)

[1] S*tus* Maxencius, au *pouillé* de 1301. — Il y avait un vicaire qui tenait l'école, en 1689. (*Pouillé de l'Archid.* f° 261.) — De cette paroisse dépendait le hameau d'Erveloy près de Martinneville. (*Descript. du canton de Gamaches,* p. 166.)

[2] Les décimateurs étaient : l'écolâtre et le péniten-cier, le curé et un noble qui prenait un sixième. (*Pouillé de l'Archid.* f° 261. — Voy. ci-dess. I, 17.)

[3] Il n'en existait pas en 1689. (*Pouillé de l'Archid.* f° 261.)

[4] Tueffles, au *pouillé* de 1301. — Les dépendances de la paroisse étaient : Rogeant, Chaussoy et Bellavesne. (*Pouillés.*)

[5] Elle se percevait sur les terroirs de Teuffles, Rogean et Chaussoy, à raison de 7 pour cent. L'abbaye de St.-Acheul prenait le tiers ou 3 gerbes de 9, à l'encontre du chapitre d'Amiens 2, des héritiers de Jeanne Billoré 3 (celle-ci inféodée), et du curé une. — L'abbaye avait les 2/3 de la dîme de lainage et de

d'avoine, de pamelle et de warats, 128¹ 14ˢ ; — et fourrages, 24¹. — Fondations, 10¹. — Casuel, 15¹. — La dîme novale, affermée 220¹. — Total 542¹ 12ˢ

CHARGES. — Pain et vin des messes, 15¹. — Au doyen, 3¹. — Réparations du presbytère¹, 15¹. — Total . . . . 33 »»

Reste net. 509 12

VILLERS-SUR-MAREUIL ² (Vocable : SAINT-MARTIN).
Présentateur : le prieur de Mareuil ³.

DÉCLARATION faite le 8 juin 1728 par le titulaire maître Toussaint Brailly, rectifiée.

La dîme ⁴ produisant : 33 setiers de blé, 265¹ 13ˢ ; — en avoine, 40¹ ; — pamelle, 10¹ ; — orge, 5¹ ; — vesce, hivernache et bisaille, 40¹. — Terres de cure : 7 journaux produisant : 10 setiers de blé, évalués 80¹ 10ˢ ; — et en avoine, 25¹. — Fourrages, 50¹. — Dîme de chanvre, 20¹. — Dîme de cidre, 15¹. — La dîme du hameau ⁵ dépendant de la paroisse, 60¹. — Fondations, 50¹. — Casuel, 5¹. — Total 666¹ 3ˢ.

CHARGES.

Frais de dîme, 12¹. — Frais de labour et semence, 73¹ 10ˢ. — Réparations du presbytère⁶, 15¹. — Au magister du lieu, 15¹. — Total 115¹ 10ˢ.

RÉCAPITULATION : Montant des revenus 666¹ 3ˢ
— des charges 115 10

Reste net. 550 13

charnage de la paroisse, en quoi elle fut maintenue par arrêt du grand Conseil de Paris du 27 août 1739. — Au mois de mars 1251 Jean Delatre (*de Atrio*) et Agnès, sa femme, demeurant à *Teuffles*, donnèrent à la dite abbaye le tiers de la grosse dîme (*tertiam partem decimæ annorum*) qu'ils percevaient à *Tueffles*.

Au mois d'avril 1262 Wibert de Sauchoy (*de Salcheto*) et Ade, sa femme, vendirent au chapitre d'Amiens toutes les dîmes qu'ils possédaient à Tueffles et dans le territoire. — Au mois de novembre 1257 le dit chapitre bailla à cens à l'abbaye de St-Acheul, moyennant cent sols parisis, le tiers des dîmes de Tueffles qu'il avait acquis de Wibert, et sur lequel elle avait déjà un muid de blé, probablement à cause de la donation de 1251. — Les 3 gerbes tenues par mains laïques paraissent avoir été inféodées. Elles étaient possédées : en 1528 par Antoine Thousel, en 1657 par Etienne Ternois, et en 1727 par Marc Dallier, marchand à Oisemont, comme légataire de sa femme Geneviève Leriche, contre lequel se poursuivait une action en contribution aux réparations de l'église.

Les religieux de Selincourt avaient une dîme sur la seigneurie de Bellavesne. (*Invent. de St.-Acheul*,

fol. 346ᵇⁱˢ et 347. — *Cartulaire de St.-Acheul*, fol. 22, 39, 47; cart. 37, 63 et 75. — Titres du Chapitre, arm. 5, liasse 86, nᵒˢ 1, 2, 3, 7 et 9. — *Invent.* V, 418. — *Pouillé de l'Archid.* f° 262. — Voy. ci-dess. I, 29, 98 ; II, 130.)

¹ Il n'y en avait pas en 1689. (*Pouillé de l'Archid.* f° 262.)

² Villers *supra Marolium*, au *pouillé* de 1301.

³ Au lieu de l'abbaye de Breteuil, à laquelle ce patronage avait été confirmé par l'évêque St.-Geoffroy le 11 des kal. de février 1105. (*Picardia Christ.* Ms. f° 106 v°.)

⁴ En 1689 le curé dîmait avec le commandeur d'Oisemont et M. Poultier, bourgeois d'Abbeville, dont la part était inféodée. (*Pouillé de l'Archid.* f° 263.) — L'abbaye de Breteuil avait autrefois, à cause du prieuré de Mareuil, une portion de dîme, d'après les lettres confirmatives de l'année 1164 énoncées plus haut (p. 166).

⁵ S'agirait-il des deux maisons contiguës à Mareuil dont il vient être parlé (Voy. p. 172) ?

⁶ Il n'en existait pas en 1689. (*Pouillé de l'Archid.* f° 263.)

VISME [1] (Vocable : Notre-Dame).

Présentateur : l'abbé de Forestmontier.

Déclaration faite le 1er février 1730 par le titulaire maître Jean Féjacq, rectifiée.

La dîme [2] produisant : 40 setiers de blé, mesure d'Oisemont, évalués à 8 liv. 1 sol, 322 l; — 15 setiers d'avoine, à 5 liv. 14 sols, 86 l 5 s ; — warats, vesce et bisaille, 20 l. — Un petit dimage, 8 l. — 8 journaux à la sole de terre de cure, produisant : 36 setiers de blé, 289 l 16 s ; — et 20 setiers d'avoine, 115 l. — Fourrages, 125 l. — Dîme de pommes : 20 setiers, 40 l. — Dîme de chanvre et de lin, 30 l. — Dîme de laine, 80 l. — Dîme de foin, 15 l. — Fondations, 45 l 8 s 6 d. — Casuel, 30 l. — Total . . . 1,206 l 9 s 6 d

Charges. — Frais de dîme et battage de grains, 407 l 10 s. — Réparat. du chœur de l'église et du presbytère, 35 l. — Total . . . . 442 10 »

Reste net. 763 19 6

CHAPELLES.

Chapelle de NOTRE-DAME, a Boubers [3].

Présentatrice : l'abbaye de St-Acheul.

Déclaration faite le 12 janvier 1730 par le fondé de pouvoirs du titulaire frère Louis-Claude Le Corroyer, chanoine régulier de l'abbaye de St.-Acheul.

Une portion de dîme [4] à percevoir sur le terroir de Mons et Boubers ; grosses, mixtes et

---

[1] *Vyma,* au *pouillé* de 1301. — Six hameaux dépendaient de la paroisse : Vismemont, Courcelles, Plouy, Hantecourt, Morival et quelques maisons dans Martinneville. — A Morival il y avait une chapelle. (*Pouillé de 1720.* — *Pouillé de l'Archid.* f° 266.)

[2] Les décimateurs étaient, outre le curé : l'abbé de Forest-Montier, le prieur de Biencourt, le chapitre de St.-Vulfran, les Jésuites d'Eu à cause du prieuré de St.-Martin, le chapitre de Longpré et le commandeur d'Oisemont. Ces trois derniers prenaient dîme sur Morival, les jésuites et le commandeur prenaient dîme sur Willameville. — Le prieuré de St.-Martin au Bosc avait été doté de sa part de dîme par un chevalier nommé Gautier, selon qu'il est dit en une charte de Philippe-le-Hardi, de l'année 1270. (*Cartul. Norm.* dans les Mem. Soc. Antiq. Norm. tome XVI, p. 183, n° 798. — *Pouillé de l'Archid.* f° 266. — *Registre terrier de la Commanderie d'Oisemont,* f° 403 v°. — Voy. ci-dess. p. 55.)

[3] Cette chapelle servait de secours à la paroisse. Elle fut fondée par les sires de Boubers. Deux chartes des mois de mai et juin 1239 portent abandon par Gérard d'Abbeville, chevalier, seigneur de Bouberch, du patronage de cette chapelle au profit de l'abbaye de St.-Acheul et investiture par l'évêque Arnoul. — En 1278, un autre Gérard, en renonçant aux oblations (voy. p. 177 note 1), fit don aux religieux de 2 journ. de friche (*in friesco meo*) entre le village de Boubers et le moulin à vent, pour y faire une demeure, si bon leur semblait (*pro manayio, si velint, faciendo*). — Au XVIIIe siècle la demeure du chapelain était encore sur un terrain relevant de la pairie de Boubers par 4 *verres,* de la valeur de 8 deniers chacun. — Une autre chapelle avait été fondée par Gérard d'Abbeville, seigneur de Bouberch, chevalier, dans son manage du dit lieu, avec réserve de la collation pour lui et ses héritiers, en ligne directe, selon charte du mois d'avril 1285, veille de quasimodo. (*Cartul. de St.-Acheul,* fol. 30, 130, 137 ; — *Invent. de St.-Acheul,* fol. 188 et 193. — *Pouillé de l'Archid.* f° 251. — Titres de l'Evêché, 46e)

[4] Probablement les 3 gerbes et demie que nous

menues offrandes [1] ; oblations aux jours nataux de la paroisse dudit Boubers, affermées. . . . . 240¹ »»

Charges [2]. — Partie de l'entretien des chœurs de Mons et de Boubers. . . 30 »»

Reste net. . . . . . . 210 »»

Les quatre CHAPELLES de Cambron [3].

Première Chapelle : Elle oblige à résidence.

Présentateur : le seigneur du lieu.

Déclaration faite le 16 juin 1728 par le titulaire maître Jacques Le Sueur, approuvée.

Trente-neuf journaux de terre labourable, 4 journaux de pré, 1 journal 1/2 de bois, affermés. . . . . 350¹ »»

Charges. — Cent quatre-vingt-deux messes, dont 3 dans une semaine et 4 dans l'autre . . . . 91 »»

Reste net. . . . . . . 259 »»

Deuxième Chapelle.

Présentateur : le seigneur du lieu.

Déclaration faite le 18 juin 1728 par le titulaire maître Nicolas Rouget, approuvée.

Quatorze journaux de terre à la sole, 11 journaux de bois taillis et 4 journaux de pré, affermés. . . . . 400¹ »»

Charges. — Honoraires de 3 messes par semaine, 75¹. — Gages du garde de bois, 15¹. — Total . . . . 90 »»

Reste net. . . . . . . 310 »»

---

avons vu former la part de l'abbaye de St.-Acheul (p. 173 note 5) et qui ne figurent pas dans ses déclarations ci-dessus. (I, 93 et suiv.)

[1] Anciennement un pèlerinage dans cette chapelle attirait de loin un grand concours de fidèles ; les offrandes étaient importantes. On dut pourvoir à leur répartition. Par lettres du mois de décembre 1278, Gérard d'Abbeville, seigneur de Bouberch, écuyer (*armiger*), déclara qu'il ne prétendait rien sur toutes les oblations et apports provenant des pèlerins et qu'il abandonnait le tout aux deux chanoines ou au chanoine unique qu'il plairait à l'abbaye de commettre pour desservir la chapelle. Une transaction devant l'official du 2 mai 1279 (*in crastino festi apostolorum Philippi et Jacobi*), en attribua le tiers à l'abbaye, un tiers au curé de Mons et un tiers à la *fabrique* de la paroisse, fabrique dont la composition est déterminée au titre. Les offrandes y sont désignées sous les mots : oblations, apports et obventions. Une note marginale donne cette définition : *obventio* . emolumentum ; *ad portus*, in portionem divisio : sans doute produit du tronc. (*Cartul. St.-Acheul*, f° 49 et 137 ; cart. 78 et 187.)

[2] Une sentence du prévôt et de l'official d'Amiens, du jour des âmes 1290, statua que le chapelain était tenu de dire 3 messes par semaine. Il y eut sans doute réduction dans la suite. (*Cartul. St.-Acheul*, f° 78, c² 91.)

[3] Il n'y avait pas de bâtiment. — Elles furent fondées par Jacques de Cambron, chevalier, en 1360, et confirmées par André de Rambures (comme seigneur suzerain) au mois de juin 1366. — (Prarond, *Abbeville, communes rurales*, etc., p. 126. — D. Grenier, 4° paquet, art. 4, Hist. du château de St.-Valery. — *Pouillé de l'Archid.* f° 233.)

Troisième Chapelle.

Présentateur : le seigneur de St.-Valery.

Déclaration faite le 20 juillet 1728 par Nicolas Ethéart, fondé de procuration du titulaire, maître Jean Cabanne.

Treize journaux de terre à la sole, une portion de pré sec et une portion de bois, affermés . . . . 320 l. » »
Charges. — Honoraires de 3 messes par semaine, 75 l. — Gages du garde de bois, 15 l. — Aux officiers de la maîtrise, 3 l. — Total . . . . 93 » »
Reste net . . . . . 227 » »

Quatrième Chapelle.

Présentateur : M. de Gamaches, comme seigneur de la châtellenie de St.-Valery.

Déclaration faite le 23 août 1728 par le titulaire maître Nicolas Duliège, approuvée.

Trente-neuf journaux de terre labourable, 5 journaux de prés non flottans, 90 verges de bois taillis de l'âge de 10 ans, à couper par chaque année, affermés . . . . 350 l. » »
Charges. — Honoraires de 3 messes par semaine, 75 l. — Gages du garde de bois, 15 l. — Total . . . . 90 » »
Reste net . . . . . 260 » »

Chapelle de SAINTE-MARGUERITE sous Caubert [1].

Réunie à l'Hôtel-Dieu de Rue [2].

Déclaration faite, sans date, par les administrateurs dudit Hôtel-Dieu, approuvée.

Dix journaux de terre tant en labour qu'en pré [3], affermés moyennant . . 90 l. » »
Charges [4]. — Réparations de la chapelle . . . . 10 » »
Reste net . . . . . 80 » »

---

[1] Fondée par les seigneurs de Mareuil, selon que le fait justement supposer le droit de patronage qui leur appartint, comme nous allons le voir.

[2] Elle était précédemment à la nomination du prieur de Mareuil, selon le *pouillé de l'Archidiaconé* (f° 234). — Cependant nous avons trouvé des lettres de provision en faveur de Louis Duchaussoy, sur la présentation de Nicolas Rouault, seigneur de Gamaches et de Mareuil, en 1608. — L'union fut la conséquence de celle de la maladrerie de Villers-sur-Mareuil, qui se fit par lettres-patentes de Louis XIV du mois de mai 1696. Cependant le seigneur de Mareuil, mess. Pierre de Villepaux, chevalier, intenta une revendication, vers 1740, soutenant que la chapelle de Ste.-Marguerite était un bénéfice en titre et non une dépendance de l'ancienne léproserie. Nous n'avons pas trouvé l'issue de ce procès. (Archives de l'hospice de Rue. C. 4.)

[3] Sur lesquels est assise la chapelle, au lieu dit le *Chellier*, paroisse de Caubert. (Voy. Baux et plan dans les Archives de l'hospice de Rue. B. 15 et 27.)

[4] On a omis ici la charge d'une messe par semaine. (Voy. *Pouillé de l'Archid.* f° 234.)

Chapelle de SAINT-LOUIS en l'église de Huppy.

Présentateur : le seigneur du lieu.

Déclaration faite le 20 août 1728 par le titulaire maître Louis-Antoine Duval, bachelier de Sorbonne, curé de la paroisse St.-Georges d'Abbeville, approuvée.

Un droit de censive et de champart à percevoir sur le terroir de Huppy et autres lieux circonvoisins, affermé 46 l.

Charges. — *Néant.*

Chapelle de NOTRE-DAME, a Lambercourt [1].

Présentateur : le seigneur du lieu.

Déclaration faite le 26 avril 1728 par le titulaire maître Antoine Chivot, approuvée.

Quinze journaux 65 verges de terre situés au terroir du Mesnil-lès-Franleu, produisant, tous frais faits : 15 setiers de blé, mesure d'Abbeville, évalués 120 l 15 s ; — et en mars, 5 l. — 18 journaux de terre au terroir de Vaudricourt, produisant, tous frais fraits, 18 setiers de blé, 144 l 18 s ; — et en mars, 6 l. — Total . . . . 276 l 13 s

Charges. — Ornements, linge, cire, pain et vin . . . . 76 » »

Reste net 200 13

Nota. — Le chapelain est obligé à résidence.

Chapelle de SAINTE-MARGUERITE sous Miannay [2].

Patron et collateur : le seigneur de Miannay.

Déclaration faite le 8 juillet 1728 par le titulaire maître Jacques Liébaut, approuvée.

Vingt-sept journaux de terre, affermés moyennant : en argent, 150 l ; — 6 gerbées, 6 s ; — et 2 poulets, 14 s. — Censives et surcens, 2 l 6 s 3 d. — Total . . . . 153 l 6 s 3 d

Charges. — Honoraires de 3 messes par semaine, 78 l. — Censives au seigneur de Miannay, 2 l 3 s. — Un dîner audit seigneur, tous les ans le jour de Ste-Marguerite, 10 l. — Total . . . . 90 3 »

Reste net. 63 3 3

---

[1] Fondée par mess. Claude de Vendôme, seigneur de Ligny et son épouse dame de Lambercourt, qui y affectèrent deux fiefs nobles leur appartenant, nommés, l'un le *fief des Gorges,* sis au terroir de Lenchères, et l'autre le *fief du Mesnil-lès-Franleu ;* à la charge d'une messe par jour, selon le titre du 17 février 1580.— L'évêque ratifia en cette même année. — Les immeubles désignés dans la *déclaration* sont vraisemblablement les deux fiefs donnés. — En 1689 il y avait dans cette chapelle des fonts baptismaux, mais il ne servaient plus. — (*Invent. de l'Evêché,* fol. 127 et 128. — *Pouillé de l'Archid.* f° 250 v°. — D. Grenier, paquet xiv°, art. 9.— M. Prarond, *St.-Valery et les cantons voisins,* II, 113.)

[2] Cette chapelle était située, selon M. Prarond (*St.-Valery et les cantons voisins,* II, 108), sur le versant de la côte au sortir du village, sur la route d'Abbeville, où ont été trouvées des antiquités mérovingiennes. Des renseignements locaux l'ont désignée à notre honorable collègue avec une autre aussi détruite et dédiée à St.-Denis.

Chapelle de SAINTE-BARBE en l'église de Saigneville.

Présentateur : le seigneur du lieu.

DÉCLARATION donnée le 18 avril 1730 par le titulaire maître Jean de Saint-Blimond, approuvée.

Huit journaux trois quartiers de terre, tant en labour qu'en pré, situés sur le terroir de Saigneville. — Un surcens de 4 livres, à prendre sur une maison dudit lieu. — Un droit de champart sur le terroir d'Ochencourt. — Le tout affermé . . . . . . 140[1] »»
CHARGES. — Deux messes par semaine. . . . . 52 »»

Reste net. . . . . 88 »»

Chapelle de SAINT-NICOLAS en l'église de Saint-Maxent.

Présentateurs : l'écolâtre et le pénitencier de la cathédrale.

DÉCLARATION faite par le titulaire maître Jean-Baptiste Moreau, approuvée.

Treize arpents de terre, affermés. . . . . 110[1] »»
CHARGES. — Réparations de la chapelle . . . . 12 »»

Reste net. . . . . . 98 »»

VIII. DOYENNÉ DE MONTREUIL [1].

ABBAYES, PRIEURÉ, COUVENTS ET CHAPITRE.

ABBAYE DE SAINT-SAUVE A MONTREUIL [2].

MANSE ABBATIALE.

L'abbé est à la nomination du roi.

DÉCLARATION fournie le 29 juillet 1729 par le fondé de procuration de Messire Nicolas Gédouin, abbé.

Cent-quatorze mesures de terre à labour et les pâtures y attenant, nommées les terres de St.-Crépin ; la dîme sur les dites terres sises au terroir de Campignculcs-les-Petites, avec une partie de dîme de laine et d'agneaux, et un autre petit dimeron appelé le dimeron des Granges. — 10 mesures et demie de terre labourable situées terroir et paroisse d'Ecuir, au lieu dit Marcadé, en deux pièces. — 18 mesures et demie de terre au même terroir, au lieu nommé *le Mont de la Hüe*. — Plusieurs censives foncières et seigneuriales au terroir d'Ecuir, en partie, consistant en argent, grains, poules et chapons, avec le casuel, un renvoi de 12 setiers d'avoine à aller prendre à la ferme du Val-des-Malades, appartenant aux pauvres de l'Hôtel-Dieu de Montreuil. — Une censive sur la ferme du *Temple*, appartenant au commandeur de l'Oison, consistant en un setier de baillard, de seigle et d'avoine. — Les deux tiers ou environ au total des grandes dîmes et terrages qui se perçoivent dans la banlieue de Montreuil, sur les terroirs d'Ecuir et de Baumery. — La dîme dite *des courts dizeaux*, paroisse d'Ecuir. — Le tiers ou environ de la dîme de Sorus. — Un petit dimeron au terroir d'Arry, indistinct dans la totalité, par transaction irrévocable passée il y a

---

[1] Ce doyenné est placé le premier de l'Archidiaconé dans le *pouillé* de 1301.

[2] De l'ordre de S.-Benoît, congrégation de St.-Maur. (*Déclarat.*) Fondée au VIIe siècle, sous l'invocation de la Ste.-Vierge et peut-être de St.-Valois (*Winvaloi*), par St.-Sauve, évêque d'Amiens, l'abbaye reçut le nom de ce prélat, après qu'il y eut été inhumé. — Dès l'an 1000, l'abbaye avait pris pour avoué et défenseur Arnoul, comte de Hesdin. — Il existe une confirmation de ses biens par le roi Henri Ier, de l'an 11e de son règne (1042), et une autre du pape Anastase IV du 8 des kal. de mai 1154, qui rappelle que le comte Gui de Ponthieu avait donné aux religieux le droit de comté sur toute leur terre entre la Canche et l'Autie. — L'Hôtel-de-Ville a pris la place de l'abbaye de St.-Sauve. (Piganiol, *Nouvelle descript. de la France*, t. II, Picardie, p. 43. — *Picardia Christ.* Ms. f° 30. — *Gallia Christ.* X, col. 1296 et 1297; Instr. col. 283, 284 et 314. — M. Harbaville, *Mémoire historique du Pas-de-Calais*, II, 155 et 160.) — Selon Wastelain (*Descript. de la Gaule Belgique*, 1741, in-4°), ce monastère aurait été transféré du bourg d'Ault, où il existait précédemment. (Voy. Louandre, *Hist. d'Abbeville*, I, 74.) Cependant les déclarations n'en portent aucune trace dans le détail des biens.

longtemps, entre l'abbé et le curé dudit lieu. — Un petit dimeron sur le terroir de Toutendal, paroisse d'Alette en Boullenois. — Tous les dits biens et revenus affermés en 1725 par un bail général, moyennant : 2,800 livres d'argent, plus 350 livres de décimes et autres impositions ; — Au total 3,155 livres.

CHARGES : Les deux tiers ou environ du gros du curé d'Escuir et Baumery, consistant en 38 couples 5 boisseaux un tiers, moitié blé métail et moitié avoine. Ce qui figure aux charges générales du dit bail. — *Mémoire*.

NOTA. — Ledit revenu à porter au Pouillé pour 2,500 livres seulement, année commune, attendu que le bail précédent n'était qu'à 2,200 livres.

MANSE CONVENTUELLE.

La Communauté est composée de 4 religieux et de 2 pensionnaires.

DÉCLARATION faite le 15 juillet 1729 par le prieur et les religieux, rectifiée.

REVENUS AFFERMÉS.

La terre et seigneurie en partie de Vironchaux, consistant en droit de seigneurie, censives, lods et ventes, et 140 mesures de bois, affermés moyennant : en argent 530^l et un pot de vin de $11^l\ 2^s\ 3^d$; plus 8 pots de beurre, évalués $12^l\ 16^s$. — 129 mesures de terre tant en labour qu'en pâture, situées au terroir de Baumery, affermées : en argent 281^l $2^s\ 3^d$; — 30 setiers de blé, mesure de Montreuil, évalués à 8 liv. 8 sols, 252^l ; — et 30 setiers d'avoine, à 5 liv. 15 sols, $172^l\ 10^s$. — Une partie de dîme et terrage située à Obin-en-Artois, 72^l. — La dîme d'Airon-Notre-Dame, par transaction faite avec le curé, 30^l. — Une autre en la paroisse de la Calloterie ou St.-Josse, 40^l. — Une portion de dîme et terrage [1] au terroir de Galamez-en-Artois, affermée, déduction faite d'un renvoi de 18 liv. 15 sols dû à l'abbaye d'Auchy-les-Moines, $21^l\ 5^s$. — Une branche de dîme à Wailly, 70 livres.

REVENUS NON AFFERMÉS.

Les deux tiers de dîmes de laine et d'agneaux d'Escuir et de Baumery, 100^l. — Le tiers au total des grandes dîmes, qui se perçoivent dans la banlieue de Montreuil, avec le droit de champart sur Baumery, 966^l. — Censives de la haute et de la basse ville de Montreuil, 45^l. — Censives et droits seigneuriaux sur plusieurs particuliers de la ville de Montreuil, 55^l. — Cens et rentes seigneuriales du village de Baumery [2], 125^l.

RENTES. — Sur l'Hôtel-de-Ville de Paris, 55^l. — Total des revenus $2,838^l\ 15^s\ 6^d$.

CHARGES.

Au curé d'Escuir et Baumery, pour le tiers de son gros : 11 setiers 10 boisseaux deux

---

[1] Cela paraît être l'objet de la donation faite très-anciennement *in Galamni manso* par Frameric, et rappelée dans le diplôme du roi Henri Ier, de l'année 1042 que nous venons de citer. (*Gallia Christ.* X, Instrum. col. 285 E.)

[2] Peut-être a-t-on confondu dans ce chiffre la somme de 50 liv. que devaient les habitants de Baumerie pour prix de la cession à eux faite par l'abbé, le 27 octobre 1220, de toutes redevances féodales. (M. Louandre, *Hist. d'Abbeville*, I, 415.)

tiers de blé, évalués 99 ¹ 18 ˢ 8 ᵈ ; — et autant d'avoine, 68 ¹ 7 ˢ. — Frais de dîme et terrage de Baumery, 300 ¹. — Entretien de la sacristie, 200 ¹. — Entretien de l'église et des bâtiments, 150 ¹. — Aux officiers de l'abbaye, 45 ¹. — Drogues et gages des chirurgien, médecin et apothicaire, 100 ¹. — Gages de trois domestiques, 150 ¹. — Total des charges 1,113 ¹ 5 ˢ 8 ᵈ.

RÉCAPITULATION : Montant des revenus . . . . 2,838 ¹ 15 ˢ 6 ᵈ
— des charges 1,113   5   8

Reste net. 1,725   9 10

Abbaye de SAINT-JOSSE-SUR-MER [1].

DÉCLARATION des biens et revenus de l'abbaye, baillée à la grande Chambre des amortissements par Messire Estienne Moreau, abbé et comte de St.-Josse, docteur en théologie [2], demeurant à Paris, faite pardevant les notaires et garde-notes du roi en son Châtelet de Paris le 9 mai 1640 [3], pour satisfaire aux déclarations de S. M. des 19 avril 1639 et 7 janvier 1640.

1° Le comté de St.-Josse, qui s'étend depuis la mer jusques et proche de Monthewis, et depuis la rivière de Canche jusqu'au-delà de St.-Aubin : dans l'étendue duquel l'abbaye jouit de toute justice haute, moyenne et basse ; de plusieurs droits seigneuriaux et rentes foncières engendrant reliefs, lods et ventes en argent, grains et plumes, avoines, vif et

---

[1] Cette abbaye de l'ordre de St.-Benoît, congrégation de St.-Maur, fut fondée sur l'emplacement de l'hermitage où St.-Josse mourut en 667, sur la frontière d'Artois. Ce lieu se nommait *Rumacum*. L'abbaye fut dotée en 793 par Charlemagne, et fut adressée à l'abbé Warembaud, le 2 juin 796, le pape Léon III lui reconnut le droit *d'exemption* accordé par ses prédécesseurs ; en sorte que l'abbaye releva toujours directement du St.-Siège. — Elle périt dans les invasions Normandes, aussi bien que St.-Sauve, en 844. L'abbé prenait le titre de comte de St.-Josse, parce que le comté de ce nom, qui s'étendait depuis la mer jusqu'auprès de Montewis (*Montanus*) et depuis le milieu de la Canche jusque pardela St.-Aubin, avait été donné à l'abbaye par Gui, comte de Montreuil et de Ponthieu, selon charte de l'année 1100. Les possessions et privilèges de l'abbaye furent confirmés par Guillaume comte de Montreuil et de Ponthieu, et Alayde, sa femme, fille du roi Louis-le-Pieux, en l'année 1203. (Voy. *Acta SS. ord. Sᵘ Bened.*, t. II, p. 541 : Vita sancti Judoci — *Vie de St.-Josse, avec des observations historiques sur les deux abbayes de St.-Josse-sur-Mer et de St.-Josse de Dommartin*, par L. Abelly. Paris 1666, in-12. — Louandre, *Hist. d'Abbeville*, 2ᵉ édit. I, 18, 19 et 38 ; II, 434. — *Copie du Cartulaire de St.-Josse sur la Mer*, p. 2, 4, 48, 60. — M. Harbaville, *Mém. historiq.* du Pas-de-Calais*, p. 162. — *Camaches et ses seigneurs*, p. 13. — Cappefigue, *Essai sur les invasions Normandes*, p. 188. — *Gallia Christ.* X, col. 1290.) — Les chartes et titres de l'abbaye ont péri pour la plupart « tant par les incursions des ennemis et par la violence des gens de guerre, que par le peu de soin qu'ont eu ceux qui ont possédé l'abbaye. » C'est ce qu'explique l'abbé Moreau, dans la *déclaration* que nous donnons ici. Heureusement on a sauvé le cartulaire, et une copie que ledit abbé en a faite en 1636 se trouve à la Bibliothèque communale d'Abbeville. Cette copie nous a été très-utile ici, comme on va le voir.

[2] Il fut aussi agent général du clergé de France. Le roi le nomma à l'évêché d'Arras, le 28 avril 1656, mais il ne reçut ses pouvoirs de la cour de Rome qu'en 1668. Il fut sacré à Paris le 21 octobre de la même année et mourut le 8 janvier 1670, âgé de 75 ans. (*Copie du Cartulaire de St.-Josse*, p. 330. — *Gallia Christ.* III, 353 C.)

[3] Nous donnons cette déclaration à défaut de celle produite en 1730. Les biens et la nature des revenus ont dû rester à peu de chose près les mêmes. L'abbé n'y a compris que les biens dont l'abbaye jouissait lors de la récente déclaration de guerre à l'Espagne, et pour lesquels elle a toujours payé décimes. (*Déclarat.*)

mort herbage, *lagan* [1], garenne sur le rivage de la mer, droits de dîme ; d'un moulin, de 30 à 35 arpents de terre labourable à la sole environ [2], de 488 arpents environ de bois, divisés en neuf *folies* ou coupes, et de 28 arpents de pré.

2° La terre et seigneurie de Wis et Marests, consistant en justice haute, moyenne et basse, quelque peu de rentes foncières engendrant lods et ventes, reliefs et autres droits, ensemble six vingt quatorze (134) mesures de terre labourable, appelées *le champ d'Hermeville*, et de la dîme dans l'étendue des dits deux hameaux et du village de Calloterye.

3° La seigneurie de Fruchevilliers, consistant en rentes seigneuriales engendrant lods et ventes, avec la justice, ensemble une petite dîme sur le terroir du dit lieu.

4° Les seigneuries du village de Marconnelles, Gouy en partie et Fillieuvre en Artois, bailliage d'Hesdin, avec toute justice, plusieurs rentes seigneuriales engendrant reliefs, lods et ventes, quelques dîmes sur le territoire des dits villages, ensemble le droit d'un moulin à Marconnelles et quelques prés autrefois arrentis par un abbé au profit de certains particuliers qui en jouissent encore ; ledit moulin ruiné et démoli jusqu'à la dernière pierre pendant le siége de Hesdin.

5° Quatre journaux de terre à usage de pâture [3], joignant le moulin de St.-Josse.

6° Une maison située en la ville de Montreuil, servant de retraite aux religieux pendant la guerre [4].

7° Plusieurs branches de dîmes ès villages de Ayron [5], Grosfliers, Labroye, St.-Aubin [6], St.-Vast [7], Sorrus, Verton, Villiers-sur-Authie, Waben et Wailly, situés en Ponthieu.

---

[1] C'est à dire le droit aux épaves maritimes, objets jetés à la côte et qui n'ont pas de maitre. Il est plus communément désigné sous le nom de droit de Varech. — Plus anciennement on entendait par lagan le prétendu droit pour les seigneurs et les habitants du rivage de la mer de s'emparer des navires échoués, de leur cargaison et même de l'équipage. (Voy. sur ce sujet: Pardessus, *Lois maritimes*, I, 313 et suivants; — Bouthors, *Coutumes locales du bailliage d'Amiens*, I, 358 et suiv., II, 584, 607, etc.)

[2] L'abbé Moreau avait retiré des mains de François Boutteroye, marinier au village de Cucq, le 14 août 1627, 4 mesures de terre du domaine de l'abbaye, tenant au chemin de St.-Josse à Capelle et à celui qui conduit à St.-Aubin. — Il avait aussi racheté de Jean Dardre, meunier du moulin de Verton, quatre journaux de terre, tenant à la masure du moulin et à une piedsente conduisant de St.-Josse au moulin. (*Copie du Cartul. de St.-Josse-sur-Mer*, p. 212 et 214.)

[3] Acquis par l'abbé le 12 février 1640. (*Déclarat.*)

[4] Elle se nommait *maison de la Gaiole* et avait été aliénée en l'année 1577 pour les subventions accordées au roi par le clergé. L'abbé Moreau la retira le 16 septembre 1637, au commencement de la guerre d'Espagne, en vertu d'un arrêt du parlement de Paris, rendu le 23 août 1636. (*Déclarat.* — *Copie du Cartul. de St.-Josse*, p. 296 et 335.)

[5] Il s'agit d'Airon-St.-Vast. (Voy. ci-après p. 192, note 5.)

[6] L'abbaye de St. Josse-sur-Mer avait acheté de Gautier d'Arry (*de Arrio*), de l'assentiment de sa femme Elisabeth, toute la dîme qu'il possédait à St.-Aubin, tenue de Guillaume de Wailly (*de Walliaco*), chevalier ; celui-ci garantit cette aliénation, au nom de l'héritier du vendeur, que son âge rendait incapable de s'engager (*quia œtatem creantandi vel contradicendi non habebat*). L'acte fait devant ledit Guillaume, en présence de Gui de Cantegny, Robert Tropsage, Vuillard Nosket, bourgeois de St.-Josse et autres, au mois de juillet 1240. — L'autel de ce lieu (*de Sto.-Albino*), avait été confirmé à l'abbaye par l'évêque Ingelran le 10 des kal. de juillet 1128. (*Copie du Cartul. de St.-Josse*, p. 97 et 142. Ext. de l'ancien Cart., f° 18, v°.)

[7] S'agirait-il d'Aubin-St.-Vast, au doyenné de La-

8° Plusieurs portions de dîmes ès villages de Terramesnil, Haloy, Heuleu, Ampliers ou Orville près Doullens.

9° Une partie de dîmes de quelques terrages au village de Flexenneville (Fressenneville) en Vimeu et d'un arrentissement de la dîme de Grébesmesnil au dit Vimeu [1].

10° Plusieurs petites dîmes et portions de dîmes dans le Boullenois, au village de Brimeux [2], de Butin et Attin, de Camiers [3], d'Etaples [4], de Longvilliers, de Marle [5], de Sombres [6] ou Wissens, de Toutenval ou Allette.

11° Quelques petites branches de dîmes ès villages de Biès, de Cyracourt, d'Obremets, situés au bailliage de Hesdin.

12° Six couples de grains par an sur l'abbaye de St.-André-au-Bois, à cause de la cense et ferme de Bignopré [7], sur laquelle cette redevance est assignée.

---

broye, dont l'abbaye avait le patronage? Nous ne trouvons pas qu'elle y possédât une portion de dîme; mais il a dû en être ainsi.

[1] Voy. ci-dessus p. 110 et 169.

[2] Cette dîme abandonnée au couvent par Hugue de Brimeux, par composition faite devant l'abbé de St.-Riquier, et Hugue, doyen de chrétienté de St.-Riquier, au mois de janvier 1226. (*Copie du Cartulaire de St.-Josse sur la Mer*, p. 155 et 161.)

[3] Une déclaration faite au mois d'octobre 1226 par Pierre dit Lemaître (*magister*), curé de Camiers, porte que dans le tiers de la grosse dîme de Camiers il avait une gerbe à son choix et l'abbaye 5; que dans le tiers de celle de Rumbli le curé prenait une part et l'abbaye les deux autres. — Par lettres aussi du mois d'octobre 1226, Adam, évêque de Morinie, confirma la reconnaissance donnée par Pierre de Kamiers que la paroisse de Kamiers et de Rumbli était à la collation de l'abbaye de St.-Josse. Il s'agit peut-être du curé et du même titre. — Le personnat de l'autel de Camiers et de Rumbli avait été confirmé à l'abbaye en l'année 1134. — Le tiers de la dîme de Rumbli avait été donné par Haket de Rumbli au couvent, selon lettres de Jean, évêque élu de Morinie, au mois de juillet 1208. Au mois de septembre 1235 Gautier de Camberon, seigneur de Évessem, chevalier, de qui cette dîme était tenue, ratifia et abandonna ses droits. (*Copie du Cartul. de St.-Josse*, p. 99, 109 à 112 et 168. — *Gallia Christ.* X, col. 1552 E.)

[4] Cette portion de dîme avait été donnée à l'abbaye par Arnoul d'Etaples (*de Stapulis*), chevalier, qui la tenait de l'abbesse de Ste.-Austreberte de Montreuil; ce que confirmèrent Baudouin dit Serviens, chevalier, sa femme Mathilde, fille d'Arnoul, et leur fils Eustache, au mois de janvier 1238, puis aussi dans le même mois, l'abbesse de Montreuil. (*Copie du Cartul. de St.-Josse*, p. 108 et 124.)

[5] Le 10 des kal. de décembre 1143, Milon, évêque de Morinie, constatait que Geoffroy (*Goffridus*) de Marle, chevalier, avait transmis par ses mains à l'abbaye de St.-Josse-sur-Mer l'autel de Marle qu'il détenait injustement, avec ses dîmes et dépendances. — Par transaction, sans date mais probablement de la même époque, Philippe, archidiacre de Morinie, céda à l'abbaye tous les droits qu'il avait sur cet autel, et de son côté l'évêque Milon lui abandonna la chapelle de St.-Honoré. — En l'année 1203, Lambert, évêque de Morinie, constatait la donation que Geoffroy (*Guiffridus*) de Marle, chevalier, faisait à l'abbaye par ses mains du tiers de la dîme qu'il avait à Marle. (*Copie du Cartul. de St.-Josse*, p. 119 à 121.)

[6] La dîme de cette paroisse avait été donnée en 1171, par noble homme Pharam de Tingry, avec sa femme Mathilde, sa fille Sybille et Ingerran de Fientes, son mari, à l'exception des agneaux et du lin, à la charge d'un obit solennel anniversaire. Mathieu, comte de Boulogne, et Didier, évêque de Morinie, confirmèrent cette donation, en la même année. D'autres confirmations furent faites par noble homme Willaume de Fientes et Agnès, son épouse, au mois d'octobre 1207; par Sybille dame de Tingry, qui y ajouta un manoir à Sombre, sur lequel existait la grange du couvent, de l'assentiment de son fils Thomas, au mois d'août 1219. (*Copie du Cartul. de St.-Josse*, p. 113 à 117.)

[7] M. Harbaville a pensé (*Mémorial historique et archéologique du Pas-de-Calais*, II, 91) que cette ferme avait remplacé le bois du Fay, donné en 1167 par Gautier Tyrel et Enguerran de Morlan, aux religieux de St.-André-au-Bois qui l'avaient défriché. Cepen-

13° Quatre couples et 8 boisseaux de grains sur la cense de l'Espinoy [1].

14° Un marc d'argent sur l'abbaye de Valoires, à cause de la ferme de Balances, apprécié de tout temps à 18 livres.

15° Sur les religieux et prieur de St.-Pierre d'Abbeville, 18 setiers de blé et 18 setiers d'avoine, à prendre tous les ans sur leur cense de Barly [2].

16° Sur les religieuses et l'abbesse de St. Michel de Dourlans, 18 setiers de blé et 18 setiers d'avoine [3] tous les ans.

17° Sur l'abbaye de St.-Josse-au-Bois dite de Dompmartin, 12 setiers de blé et 8 setiers de seigle tous les ans, à cause des censes de St.-Josse et de Bannières, à elle appartenant et situées en la comté d'Artois, bailliage de Hesdin.

18° Les religieux de l'abbaye d'Anchin près Douay doivent par an six setiers de blé et 6 setiers d'avoine, à prendre sur la cense et ferme de Hermes, bailliage de Hesdin.

19° Sur le domaine de Ponthieu 70 sols par an.

20° Le droit de dix milliers de harengs [4] à prendre chaque année sur le domaine de Boullenois, apprécié de temps immémorial à 50 livres par an, que paie le receveur de S. M. à Boulogne.

21° A recevoir tous les ans un droit au village et hâvre de Bercq, à raison de 22 sols 6 deniers pour chaque bâteau, au nombre de 18 à 20, allant à la mer.

Cette déclaration semble contenir les biens des deux manses. Nous puisons les chiffres suivants des revenus dans le *Pouillé* de 1736.

MANSE ABBATIALE.

Revenus : 5,500 livres.

MANSE CONVENTUELLE.

Revenus : 4000 livres.

ABBAYE DES RELIGIEUSES DE SAINTE-AUSTREBERTE [5].

La Communauté n'est pas assujettie à un nombre limité. Elle était en 1728 composée, outre l'abesse, de 36 religieuses, dont: 25 filles de chœur, une novice, une postulante et 9 sœurs converses.

DÉCLARATION faite le 8 août 1728 par l'abbesse et les religieuses, rectifiée.

dant elle est citée dès l'année 1160 dans un titre que rapporte D. Grenier (*Introd. à l'hist. de Picardie*, p. 444). Peut-être le défrichement et l'établissement de la ferme avaient-ils été commencés avant la donation régulière ?

[1] Cette redevance paraît être celle de 8 setiers 8 boiss. de grains, moitié blé et moitié avoine, due par l'abbaye de St.-André-au-Bois, pour cession à elle faite par Guillaume Martel, abbé de St.-Josse et tout le couvent, de leur droit de dîme sur le territoire, labour et domaine appartenant au monastère de St.-André, suivant titre du 15 juin 1569. (*Copie du Cartulaire de l'abbaye de St.-Josse sur la Mer*, p. 317.)

[2] Voyez ci-dessus p. 3.

[3] L'abbaye de St.-Michel n'a porté dans sa *déclaration* que 10 setiers de blé et 10 setiers d'avoine. (Voy. ci-dess. I, 205.)

[4] Ils devaient, à l'origine, être fournis en nature à Boulogne ou, s'ils y manquaient, à Calais. Cette redevance était le prix de l'abandon consenti au profit de Mathieu, comte de Boulogne, de la terre où avait été élevé le château d'Etaples, selon charte de l'année 1172, dressée en présence de ses barons et chevaliers Pharam de Tingry, Baudouin de Cayeux (*de Caio*), Clerbaud (*Clarbeldo*) de Tienbrone et autres. (*Copie du Cartul. de St.-Josse*, p. 107.)

[5] De l'ordre de St.-Benoît, réformée au Val-de-grace. Elle fut fondée au VII° siècle, par le comte

Revenus non affermés.

Un petit fief situé à Montreuil, produisant de censives : en argent 10¹, et 3 chapons évalués 2¹ 5ˢ. — 3 arpents de bois à coupe de 20 ans, 150¹. — Censives de Roussent : en argent, 50¹ ; 8 boisseaux de blé, mesure de Montreuil, à 8 liv. 8 sols le setier, 5¹ 12ˢ ; et 4 chapons, 3¹. — Un petit fief situé à Tutendal-en-Boullenois et sur les terroirs de Brexent et Novelliez, 8¹. — La terre et seigneurie du village de Marenla, avec haute et basse justice, produisant par an : en argent, 140¹ ; — 8 setiers de blé, 67¹ 4ˢ ; — 2 setiers d'avoine, 10¹ 2ˢ ; — 40 chapons, 30¹ ; — et 4 poules, 1¹ 12ˢ. — Un petit bois situé au dit Marenla, contenant 90 mesures et donnant à la coupe 8 mesures, dont on remet : 2 mesures et demie aux officiers de justice, demi-mesure aux PP. Carmes et Capucins de Montreuil, et 2 mesures à leur fermier ; il reste 3 mesures valant, année commune, 175 liv ; mais comme elles paient le centième aux Etats d'Artois, cet article n'est porté que pour *Mémoire*. — Une rente foncière au village de Humbert de : 150¹ en argent ; — 15 setiers de blé, évalués 126¹ ; — et 20 chapons, 15¹. — Censives et surcens au village d'Aixenissart donnant : en argent, 30¹ ; — 1 setier de blé, 8¹ 8ˢ ; — 2 setiers d'avoine, 10¹ 2ˢ ; — et 3 chapons, 2¹ 5ˢ. — Censives et surcens au village de Marend-en-Artois donnant : en argent, 60¹ ; — 2 setiers de blé, 16¹ 16ˢ ; — 2 setiers d'avoine, 10¹ 2ˢ ; — 6 chapons, 4¹ 10ˢ ; — et une poule, 8ˢ. — Censives et surcens au village de Boubers-en-Artois donnant : en argent, 45¹ ; — 3 setiers de blé, 25¹ 4ˢ ; — 6 chapons, 4¹ 10ˢ ; — et 4 poules, 1¹ 12ˢ. — Censives et surcens au village de Stᵉ-Austreberte-en-Artois, donnant : en argent, 40¹ ; — 2 setiers de blé, 8¹ 16ˢ ; — 2 setiers d'avoine, 10¹ 2ˢ ; — 6 chapons, 4¹ 10ˢ ; — et une poule, 8ˢ. — Un petit fief seigneurial au terroir de Beaurain et Jumel, consistant en censives et surcens donnant : en argent, les cens, 19¹ 17ˢ 1ᵈ ; — et les surcens, 10¹ ; — plus 2 chapons, 1¹ 12ˢ. — Les droits seigneuriaux, évalués 100¹. — Pension viagère d'une religieuse, 180¹. — Recensement de terrage : argent, 30¹ ; — 15 setiers de blé, mesure de Montreuil, et 40 setiers, mesure d'Ambry, 462¹ ; — 60 chapons, 45¹ ; — et 9 poules, 3¹ 12ˢ.

Badefride, parent du roi Dagobert et Framelulde, sa femme, dans un lieu nommé Marcone sur la Canche, plus tard divisé en deux paroisses : Marcone dans le diocèse de Boulogne, et Ste.-Austreberte dans celui d'Amiens. Austreberte, fille des fondateurs, « consacrée au Christ par l'évêque St-Omer, » fut conduite dans un couvent, à Port sur la Somme, auprès du tombeau de St.-Honoré. Après y avoir vécu pendant 15 ans, elle en devint abbesse et le réunit au monastère de la Canche vers 704 ; elle mourut le 10 février de ladite année. Lors des incursions normandes, Henri, comte de Hesdin, de la famille de Badefride, obtint du comte Helgaud de Montreuil que le monastère fut transféré dans son château, pour le mettre à l'abri (881). Les religieuses retournèrent à Marcone, sans doute, car elles ne paraissent s'être établies définitivement à Montreuil qu'en 1030. — La fondation de cette abbaye était attribuée à Ste.-Austreberte dans un aveu servi au roi en 1245. (*Pouillé* de 1736. — *Déclaration*.) Tous les titres et lettres-patentes du roi furent brûlés dans un incendie en 1537, par les ennemis de la couronne. Les religieuses ne possédaient plus qu'un aveu servi au roi par une abbesse et les religieuses, en 1345. (*Déclarat*.) — L'abbaye fut brûlée de nouveau le 19 octobre 1733. — Ses bâtiments, reconstruits depuis, sont affectés au collège communal et à la caserne. (Piganiol, loc. cit., p. 44. — *Picardia Christ*. Ms. f° 25. Arch. Dép. — *Gallia Christ.* X, col. 1318. — M. Louandre, *Hist. d'Abbeville*, t. II, p. 466. — M. Harbaville, *Mém. historique du Pas-de-Calais*, II, 96, 157 et 160.)

Revenus affermés.

Une petite ferme située à Roussent, avec 32 mesures de terre à la sole, y compris les manoirs et pâtures, affermées moyennant : en argent, 350 ¹; — 100 bottes de feurre, 3 ¹; et 10 voitures, 30 ¹. — Un petit fief situé à Eligecourt ¹ et Ponches, 40 ¹. — Une ferme située à Marenla, affermée : en argent, 1,300 ¹; — 50 bottes de feurre d'avoine, 5 ¹ 10 ˢ; — et autant de warrats, 10 ¹. — Plusieurs mesures de terre audit lieu, 40 ¹. — Un moulin situé audit Marenla, affermé : en argent 150 ¹; — 60 setiers de blé, 50 ¹ ; — et un porc gras, 24 ¹.

> Nota. — Ce moulin est chargé d'une censive envers les héritiers de M. le prince de Soubize, de 5 setiers 3 boisseaux de blé, 5 setiers 3 boisseaux d'avoine, un cent d'anguilles et un cent de pommes de Capendu. — Le meunier en est tenu par son bail.

Une petite dîme au village d'Aix-en-Artois, 150 ¹; — Une petite ferme située à Marend et une petite dîme, 257 ¹ 15 ˢ; — Sept quarterons de pré situés à Boubers, affermés 32 ¹.

> Nota. — Le fermier est tenu en outre de payer 20 liv. pour l'acquit des messes de la fondation de Mˡˡᵉ Varon.

Une dîme au village d'Ardois, en Flandre près Courtray, sous la domination de l'Empereur, affermée 240 ¹, plus 135 ¹ que le fermier paie chaque année au chapelain, *Mémoire*. — Une petite dîme et 6 mesures tant en terre labourable qu'en pré, situées au village de Sᵗᵉ.-Austreberte, 370 ¹. — Une petite dîme de Haimond à Renty, 12 ¹. — Le pot de vin des baux ci-dessus, évalué 80 ¹.

Rentes.

Sur une maison située en la banlieue de Montreuil, donnée le 2 septembre 1720, trois livres. — Sur le domaine de Boulogne, pour fondations, 12 ¹ 10 ˢ. — Sur le domaine de Ponthieu, 25 sols, qui ne sont pas payés depuis 24 ans, *Mémoire*. — Sur l'Hôtel de Ville de Paris, 75 ¹. — Sur les grosses fermes de Sa Majesté, 93 ¹ 15 ˢ. — Sur Madame De Vaux, une rente chargée de fondations, 20 ¹. — Sur l'héritier de feu M. le comte de la Tour, 4 liv. parisis, ou 5 ¹. — Sur la ferme de Mouflière, 19 ¹. — Sur M. le marquis de Boursin et M. et Mˡˡᵉ Disque, 300 ¹. — Sur François Magnier et Madeleine Guerlin, 50 ¹. — Sur Gabriel Pilain et Louis Lupart, 25 ¹ 10 ˢ. — Sur Valois Selecque et Jean-François Coussin, 42 ¹ 8 ˢ 6 ᵈ. — Sur Mathias Lequien, de Humbert, 45 ¹. — Total des revenus 5,952 ¹ 3 ˢ 7 ᵈ.

> Nota. — L'abbaye a perdu en ladite année 360 liv. de rente, savoir : 100 liv. pour la ferme située à Roussent, et 20 liv. qu'elle avait à recevoir sur les tailles ; laquelle rente de 20 liv. a été supprimée.

Charges.

Au confesseur de la maison, 300 ¹. — Honoraires des messes basses, les fêtes et dimanches et autres jours, 40 ¹. — Réparations des chœurs des églises de Marenla, Aix, Marand,

---

¹ C'est-à-dire Ligescourt, au doyenné de Rue.

S¹ᵉ.-Austreberte et Ardois en Flandre ; entretien et ornements de la chapelle de l'abbaye, 350 ^{1} ; — Portion congrue du curé de S¹ᵉ.-Austreberte, 300 ^{1}. — Réparations des lieux réguliers, 340 ^{1}. — Chambre des hôtes et des prédicateurs, 200 ^{1}. — Aumônes d'obligation, sans y comprendre celles journalières : 12 setiers de blé, 100^1 16^s ; — plus en argent, 30 ^{1}. — Gages et nourritures du petit clerc, 130 ^{1}. — Réparations de 3 fermes et d'un moulin, 400 ^{1}. — Gages du médecin, du chirurgien, et drogues pour les malades, 400 ^{1} ; — Gages de 2 jardiniers et de 4 servantes, 220 ^{1}. — Gages des bailli, lieutenant, procureur d'office, greffier, garde de justice, et deux gardes de bois, 130 ^{1}. — Luminaire de l'église, 100 ^{1} ; — Dû au domaine de Sa Majesté, 12 ^{1} 10 ^{s}. — Renvois à des seigneurs : en argent, 30 ^{1} ; — et 6 couples de grains, 80 ^{1} 14 ^{s}. — Total des charges, 3,164 ^{1}.

Si on en déduit le 14ᵉ (226 ^{1}) pour l'imputer sur les revenus des lieux où l'abbaye paie le 100ᵉ, montant à 415 ^{1}, qui est le 14ᵉ environ des 5,952 ^{1} 3 ^{s} 7 ^{d}, importance des revenus dans le diocèse d'Amiens, il reste 2,938 ^{1}.

RÉCAPITULATION : Montant des revenus . . . . 5,952 ^{1} 3 ^{s} 7 ^{d}
— des charges . . . . 2,938 » »
Reste net pour le diocèse d'Amiens. 3,014 3 7

NOTA. — Le montant des revenus où l'abbaye paie le centième est de . 415 ^{1} »
Et le 14ᵉ des charges à en déduire, de . . . . 226 »
Reste net. . . . . 189 »

PRIEURÉ DE MAINTENAY [1].

Collateur : l'abbé de Marmoutier.

Revenus : 1430 livres.

CHAPITRE DE SAINT-FIRMIN-LE-MARTYR, A MONTREUIL [2].

Composé de 7 prébendes, à la collation de l'Évêque, de plein droit.

DÉCLARATION faite le 10 juillet 1728 par le doyen et les chanoines, rectifiée.

---

[1] De l'ordre de St.-Benoît. Ce prieuré dépendait de l'abbaye de Marmoutiers. Il était dédié à Notre-Dame, et fut fondé vers 1180, ou mieux par Enguerran II de Montreuil, qui donna aux religieux, en 1204, l'emplacement du couvent auprès de son château. — Une déclaration faite en 1522 par le prieur commendataire porte que les biens et revenus du prieuré consistaient, outre des droits de justice et des censives, en : 365 mesures de bois dépendant de la forêt de Villers, tenant à la partie qui appartenait aux religieux de St.-Pierre d'Abbeville, et données en 1237 par Bernard de Moreuil et Agnès dame de Villers, son épouse, 30 mesures de bois à Maintenay, et 40 mesures de terre au même lieu. (*Les seigneurs de Maintenay*, par M. Albéric de Calonne, dans les Mém. Soc. Antiq. Pic. XX, 247 et 274. — Archives d'Arras, liasse du prieuré de Maintenay.)

[2] Fondé en l'année 1192 par l'abbaye de St.-Josse-sur-Mer. Une charte confirmative de l'évêque Thibaut, du 8 des kal. d'octobre de ladite année, nous fait connaître que des clercs de Montreuil, inspirés de Dieu, demandèrent à l'abbé et au couvent de leur céder l'église de St.-Firmin, pour y mener la vie canonique. Cet abandon fut consenti moyennant une redevance annuelle et à la condition que l'abbé posséderait l'une des 13 prébendes qui seraient établies

Revenus affermés.

Une partie de la dîme de Campigneules-les-Petites, affermée 330¹. — Une partie de celle de Waben, 53¹. — Une partie de celle de Maintenay, affermée moyennant : 15 setiers de blé, mesure de Montreuil, 126¹ ; — et 15 d'avoine, 75¹ 13ˢ. — Une partie de la dîme de la paroisse de Waben et de celle de Verton, 120¹. — Une mesure de pré au terroir de Val-en-Cendre, 14¹. — 8 mesures de terre à Neuville-en-Boullenois, 33¹.

Revenus non affermés.

La 21ᵉ partie de rentes foncières et surcensières à prendre sur différentes paroisses et plusieurs particuliers dénommés en la déclaration, montant à 228¹ 3ˢ 3ᵈ. — 3 autres parties de rentes surcensières sur différents biens chargés de fondations, 42¹. — A prendre sur l'abbaye de Saint-André-au-Bois chaque année : 33 setiers 6 boisseaux de blé, 280¹ ; — et 29 setiers 6 boisseaux d'avoine, 148¹ 6ˢ 6ᵈ. — Un droit de censives, 35¹ 11ˢ 4ᵈ. — Un renvoi par l'Hôtel-Dieu de Montreuil de 24 boisseaux de blé, 12¹ 4ˢ.

Rentes. — Sur les tailles, 21¹ 8ˢ. — Sur Michel Dubois, 5¹ 12ˢ. — Total des revenus 1,525¹ 10ˢ 1ᵈ.

Charges.

Sur différents particuliers, pour divers renvois, 52¹ 11ˢ 3ᵈ. — Partie du gros du curé de Waben, 67¹ 10ˢ. — Cire, pain et vin, 80¹. — Au bedeau qui sonne l'office et au serveur de messes, 30¹. — Entretien de 4 chœurs, 20¹. — Transport des grains de Blanville¹ à Montreuil, 24¹. — Au receveur des rentes, 20¹. — Total des charges 294¹ 1ˢ 8ᵈ.

Récapitulation : Montant des revenus 1,525¹ 10ˢ 1ᵈ
— des charges 294 1 8
Reste net. 1,231 8 5

---

et la ferait desservir par un vicaire. La collation des autres fut attribuée à l'évêque. (*Copie du Cartulaire de St.-Josse sur la Mer*, p. 100. Ex Chartul., fol. 11 et 12. — *Picardia Christ.* f° 130. — *Gallia Christ.* X, 1178 D ; Instrum. col. 331.) — M. Lefils a pensé (*Hist. de Montreuil-sur-Mer*, p. 72) que la collégiale de Montreuil avait été d'abord une chapelle dépendant du château et donnée par Hugue Iᵉʳ, comte de Montreuil devenu comte de Ponthieu, à l'abbaye de St.-Josse. Il attribue, par erreur, la collation des prébendes à l'abbé de St.-Josse.

¹ Voici l'origine des revenus sur ce lieu, qui sont sans doute implicitement compris dans l'article 7 ci-dessus. Guillaume Des Près (*de Pratis*), chevalier et Marguerite d'Evreux, comtesse de Boulogne et d'Alvernie, son épouse, fondèrent une chapellenie dans l'église collégiale et lui attribuèrent un revenu de 30 livres parisis. Le 11 juillet 1355 ladite comtesse, pour exécuter les volontés de son mari décédé, acheta : 1° de noble homme Ingerran de Créqui dit le Bègue, chevalier, seigneur de Waubercourt, tous les revenus avec juridiction et domaine qu'il avait à Blainville ; 2° et de Jean Ducroq, manant de Sempy (*manento apud Sempy*), tous les revenus sis à Recque, diocèse de Morinie, qu'il tenait de noble homme Jean de la Folie, chevalier. Les doyen et chapitre de St.-Firmin agréèrent cette fondation et s'engagèrent à dire, tous les jours au lever de l'aurore, une messe à la chapelle de la Ste.-Vierge. — Le 6 août de la même année l'évêque d'Amiens ratifia cette fondation. (Titres de l'Evêché, 87ᵉ. — *Invent.* f° 126.)

Couvent des CARMES-DÉCHAUSSÉS, a Montreuil [1].

La Communauté est composée de 20 religieux. Elle n'est pas assujettie à un nombre limité.

Déclaration faite le 26 avril 1730 par le prieur et les religieux, approuvée.

Maisons sises a Montreuil. — Une maison rue des Carmes, louée 24 l. — Une autre même rue, 50 l. — Une autre rue de la Licorne, 70 l.

Rentes. — Sur plusieurs particuliers, en 4 parties, 54 l 10 s. — Sur l'Hôtel de Ville de Paris, 140 l. — Total des revenus 338 l 10 s.

CHARGES.

590 messes et 3 obits. — Réparations de l'église et du couvent. — Entretien de la sacristie et des ornements. — Gages et nourritures des domestiques. — Réparations des dites maisons.

Ces diverses charges ne sont pas portées et évaluées en la déclaration. Mais le Bureau diocésain estime qu'elles excèdent les revenus.

Les Filles du TIERS-ORDRE DE SAINT-FRANÇOIS, a Montreuil. [2]

La Communauté est composée de 37 religieuses. Elle n'est pas assujettie à un nombre limité.

Déclaration faite en 1729 par la supérieure et les sœurs, rectifiée.

Une maison, terres à labour et prés, situés au village de Calloterie près Montreuil, contenant environ 90 mesures, affermés : en argent, 200 l ; — et 2 voitures de foin, 20 l. — Rentes surcensières, en 4 parties, sur plusieurs immeubles, 182 l 10 s. — Pension annuelle accordée en aumône par le roi, pour le chauffage [3], 200 l. — Rentes sur les aides et gabelles de Doullens, 347 l 6 s. — Rentes sur différents particuliers, en 6 parties, 381 l 13 s 4 d. — Total des revenus, 1,331 l 9 s 4 d.

CHARGES.

Censives en plusieurs parties, 18 l 8 s 6 d. — Nourriture et entretien d'un directeur ou visiteur de l'Ordre et gages d'un clerc-lai, 650 l. — Au procureur de la maison, 100 l. — Aux médecin, chirurgien et apothicaire, 150 l. — Gages de 2 tourières, 60 l. — Entretien de la sacristie, réparations de l'église et des bâtiments conventuels, non portés en la déclaration, mais évalués par le Bureau diocésain à 53 l. — Total des charges, 1,031 l 8 s 6 d.

Récapitulation : Montant des revenus . . . . 1,331 l 9 s 4 d
— des charges 1,031 8 6
Reste net. 300 0 10

---

[1] Etablis en vertu de lettres-patentes du roi Philippe le Bel en 1294. (*Déclarat.*)

[2] Etablies en 1459. (*Déclarat.*)

[3] Les sœurs grises de Montreuil figurent pour cette somme parmi les usagers en la forêt de Cressy, dans l'état arrêté au Conseil le 2 décembre 1673. (M. de Beauvillé, *Recueil de Docum. inédits concernant la Picardie*, IIe partie, p. 353.)

CURES.

AIRON (Vocable : Notre-Dame).

Présentateur : l'abbé de St.-Sauve de Montreuil [1].

Déclaration faite le 1er juin 1728 par le titulaire maître Claude Picard, rectifiée.

Portion congrue [2], 300 l. — Trois mesures de terre évaluées 10 l. — Casuel, 12 l. — Total . . . . 322 l »

  Nota. — Il n'y a point de fondations.

Charges. — Réparations du presbytère . . . . 10 »

                                  Reste net . . . . 312 »

AIRON (Vocable : Saint-Vast) [3].

Présentateur : l'abbé de St.-Josse-sur-Mer [4].

Déclaration faite le 5 juin 1728 par le titulaire maître Jacques Calippe, rectifiée.

La dîme [5] produisant : 40 setiers de blé, mesure de Montreuil, 336 l;—30 setiers d'avoine, 151 l 10 s; — 8 setiers de pamelle, 56 l 8 s ; — et fourrages, 100 l. — Dîme de laine et d'agneaux, 40 l. — Dîme de lin, de pommes et de foins, 20 l. — Obits et autres fondations, 11 l. — Casuel, 8 l. — Total . . . . 722 l 18 s

Charges. — Frais de dîme, 150 l. — Réparations du chœur de l'église et du presbytère [6], 25 l. — Total . . . . 175 »

                                  Reste net 547 18

---

[1] Cet autel lui fut confirmé par la bulle du pape Adrien IV, rappelée ci-dess. p. 181.

[2] La dîme était aux religieux de St.-Sauve. Le curé en prenait autrefois le tiers, puis la totalité, pour sa portion congrue, à la charge d'un renvoi de 30 livres. (Voy. ci-dess. p. 155. — *Pouillé de l'Archid.* f° 201.)

[3] St.-Aubin était secours de la paroisse. Les religieux de St.-Josse le desservaient comme une chapelle dépendant d'eux, quoiqu'il y eût des fonts baptismaux et un cimetière. (*Pouillé de l'Archid.* f° 200).

[4] Cet autel lui fut confirmé, avec celui de St.-Albin, par l'évêque Ingelran le 10 des kal. de juillet 1123. (*Copie du Cartul. de St.-Josse sur la Mer*, p. 97.)

[5] Probablement le total, par abandon. L'abbaye de St.-Josse avait reçu, par les mains de l'évêque Thierry, deux parts de la dîme d'Ayron, c'est-à-dire toute la dîme ecclésiastique ou droit curial (*totam casiam ecclesiæ*), par donation de Geoffroy (*Gauffridus*) de Marle, en souvenir de ce qu'il avait hébergé l'évêque Guarin ; ce qui fut constaté par Baudouin, archidiacre de Ponthieu, en présence de Foulque, chantre, Richer, son frère, Albéric, prévôt, etc. — Le titre n'est point daté, mais l'abbé Thibaut qui accepta la donation siégea de 1138 à 1155.— Gautier de Arry, du consentement de sa femme Elisabeth, vendit au couvent toute sa dîme au terroir de St.-Aubin, tenue de Guillaume, chevalier, seigneur de Wailly, qui y consentit et donna lettres du tout au mois de juillet 1240. (*Copie du Cartul. de St.-Josse*, p. 141 et 142. Extr. de l'ancien Cartul. fol. 12 r°. et 18 v°.)

[6] En 1689 le curé (Antoine Patté) avait procès contre les paroissiens à cause du presbytère, et contre le seigneur (M. de la Villeneuve) à cause de la dîme. (*Pouillé de l'Archid.* f° 200.)

BERCK [1] (Vocable : Saint-Jean-Baptiste).

Présentateur : l'abbé de St.-Josse-sur-Mer.

Déclaration faite le 16 août 1728 par le titulaire maître Charles Flahault, rectifiée.

Portion congrue payée par la communauté [2] du lieu, 300 l. — Casuel, 20 l. —
Total. . . . . 320 l »
Charges. — Réparations du presbytère . . . . 10 »

Reste net. . . . . 310 »

BUIRE-LE-SEC [3] (Vocable : Saint-Maurice).

Présentateur : le prieur de Maintenay.

Déclaration faite le 23 juillet 1728 par le titulaire maître Pierre Pothuy, rectifiée.

La dîme du lieu [4] produisant : 20 setiers de blé, mesure de Montreuil, évalués 168 l ; — 15 setiers d'avoine, 75 l 15 s ; — 5 setiers de warats à 8 liv. 8 sols, 42 l ; — et fourrages, 50 l. — Dîme de laine, 30 l. — Fondations, 60 l. — Casuel, 60 l. — Total . . . . 485 l 15 s
Charges. — Réparations du presbytère. . . . . 15 » »

Reste net. 470 15

CALLOTERIE [5] (Vocable : Saint-Firmin-le-Martyr).

Présentateur : l'abbé de St -Josse-sur-Mer.

Déclaration faite le 8 juin 1728 par le titulaire maître Antoine Grandsire, rectifiée.

Portion congrue [6], 300 l. — Casuel, 30 l. — Total . . . . 330 l »
  Nota. — Il n'y a ni fondations, ni obits.
Charges. — Réparations du presbytère . . . . 10 »

Reste net . . . . . 320 »

CAMPIGNOLLES [7] (Vocable : Saint-Vast).

Présentateur : l'abbé de St.-Vast d'Arras.

Déclaration faite le 3 juin 1728 par le titulaire maître Claude Le Marchand, rectifiée.

La dîme produisant : 40 setiers de blé, 336 l ; — 15 setiers d'avoine, 75 l 15 s ; — et 15 setiers de pamelle, 105 l 15 s. — Dîme de laine et d'agneaux, 25 l. — Dîme de fruits : un

---

[1] Berc, au *pouillé* de 1301.

[2] Parce que le territoire n'était composé que de sable, il ne s'y percevait pas de dîme et les habitants devaient payer le gros du curé. (*Pouillé de l'Archid.* f° 202.)

[3] Buyres, au *pouillé* de 1301.

[4] Le prieur de Maintenay était gros décimateur. (*Pouillé de l'Archid.* f° 218.)

[5] Caloterie, au *pouillé* de 1301.

[6] Les religieux de St.-Sauve de Montreuil avaient une branche de dîme en cette paroisse. (Voy. p. 182.)

[7] Campegnueles-les-grandes, au *pouillé* de 1301.

muid de cidre, 10¹. — Obits et autres fondations, 8¹ 10ˢ. — Casuel, 12¹. — Total des revenus . . . . 573¹ »

CHARGES.— Frais de dimes, 150¹.— Réparations du presbytère, 15¹.— Total. 165 »

Reste net . . . . . 408 »

COLLINES [1] (Vocable : SAINT-MARTIN).
Présentateur: le prieur de St.-Pierre d'Abbeville.

DÉCLARATION faite le 23 juillet 1728 par le titulaire maître Louis Jean Cucu, rectifiée.

La dime [2] produisant : 35 setiers de blé, 294¹ ; — 20 setiers d'avoine, 101¹ ; — 4 setiers de baillard à 6 liv., 24¹ ; — 400 bottes de lentilles et hivernache, 60¹ ; — 200 bottes de bisaille et vesce, 40¹ ; — 300 bottes de foin, 30¹ ; — et fourrages, 60¹. — Dime de laine et d'agneaux, 60¹. — Dime de lin, chanvre et pommes, 15¹. — Fondations, 13¹. — Casuel, 15¹. — Total 712 livres.

CHARGES.

Frais de dime, 70¹. — Réparations du chœur de l'église, ornements et linge, 50¹. — Réparations du presbytère, 15¹. — Au sacristain de St.-Pierre d'Abbeville, 6¹. — Total des charges 141¹.

RÉCAPITULATION : Montant des revenus . . . . 712¹ »
— des charges . . . . 141 »

Reste net . . . . . . 571 »

CONCHIL-LE-TEMPLE [3] (Vocable : NOTRE-DAME).
Présentateur : l'abbé de St.-Eloy de Noyon.

DÉCLARATION faite le 13 février 1730 par le titulaire maître Jean-Baptiste Denis, rectifiée.

La dime produisant : 6 setiers de blé, 50¹ 8ˢ ; — 9 setiers d'avoine, 45¹ 9ˢ ; — 6 setiers de seigle, 42¹ ; — 3 setiers de pamelle, 21¹ 3ˢ ; — 100 bottes d'hivernache et de lentilles, 20¹ ; — 50 bottes de warats, 10¹ ; — et 200 bottes de foin, 15¹. — Dime de laine et d'agneaux, 30¹. — Dime de lin et de chanvre, 10¹. — Supplément payé par les religieux de l'abbaye de St.-Josse et par la fabrique [4], 62¹. — 4 mesures de terre de cure, 20¹. — Fondations, 100¹. — Casuel, 20¹. — Total . . . . 446¹ »

CHARGES. — Réparations du presbytère . . . . 15 »

Reste net . . . . . . 431 »

---

[1] Colines, au *pouillé* de 1301.

[2] Elle lui était abandonnée en entier par les décimateurs. (*Pouillé de l'Archid.* f° 205.)

[3] Cette épithète vient d'un ancien établissement de templiers, qui fut remplacé par une commanderie de St.-Jean de Jérusalem, dont la chapelle n'était pas entretenue en 1689. On n'y disait plus la messe. (*Pouillé de l'Archid.* f° 204.)

[4] Ceux-ci étaient sans doute gros décimateurs. Le *pouillé de l'Archidiaconé*, qui ne le dit pas, désigne comme décimateurs : madame d'Authie et M. du Valuuon ; c'était probablement pour une part inféodée.

CUCQUES [1] (Vocable: Notre-Dame) et MERLIMONT, son secours.

Présentateur : l'abbé de St.-Josse-sur-Mer.

Déclaration faite le 15 juillet 1728 par le titulaire maître Firmin Bourgois, approuvée.

La dîme [2] de Cucques produisant : 10 setiers de blé, 84 l ; — 7 setiers d'avoine, 35 l 7 s ; — 4 setiers de baillard, 28 l ; — 120 bottes de vesce, 24 l ; — et 1,100 bottes de foin, 88 l. — Dîme de laine et d'agneaux, 30 l. — Casuel, 40 l. — La dîme de Merlimont affermée 80 l.
— Total . . . . 409 l 7 s
Charges. — Réparations du presbytère . . . . 15 »

Reste net . . . 394 7

ESCUIRE [3] (Vocable : Saint-Vast) et BEAUMERY, son secours.

Présentateur : l'abbé de St-Sauve de Montreuil [4].

Déclaration faite le 6 juillet 1728 par le titulaire maître François Baillet, rectifiée.

Gros payé par l'abbaye de St.-Sauve [5] : 50 setiers de blé, évalués 420 l ; — et 50 setiers d'avoine, 252 l 10 s. — Dîme de laine et d'agneaux, 37 l 10 s. — Dîme de volaille et de cochons de lait, 25 l. — Dîme de pommes, 5 l. — Terres de cure : 20 mesures, 40 l. — Casuel, 30 l. — Total . . . . 810 l »
Charges — Pain et vin pour les messes, 30 l. — Réparations du presbytère, 10 l. — Total . . . . 40 »

Reste net . . . . . . 770 »

ESQUINCOURT (Vocable : Saint-Martin) [6].

Présentateur : l'abbé de St.-Sauve de Montreuil.

Déclaration faite le 1er juillet 1728.

Une dîme affermée 120 l.
Charges. — *Néant.*

---

[1] Cuc, au *pouillé* de 1301. — L'hiver on disait la messe à Cucques et l'été au secours, situé à une lieue de distance. (*Pouillé de l'Archid.* f° 207.)

[2] L'abbé de St.-Josse-sur-Mer était gros décimateur de la paroisse. (*Pouillé de l'Archid.* f° 207.)

[3] Escuir, au *pouillé* de 1301. — Il existait une maladrerie dans la paroisse. (*Pouillé de l'Archid.* f° 208.)

[4] L'église *de Squira* fut donnée à l'abbaye par le comte Herluin, nous dit le diplôme du roi Henri 1er, de l'année 1042. Elle est comprise, ainsi que l'autel du St.-Winwaloei de Belmery, dans la confirmation de pape Anastase.

[5] L'abbé avait toute la grosse dîme de la paroisse, selon le *pouillé de l'Archidiaconé.* Cependant sa *déclaration* n'en porte que deux tiers, plus une dîme nommée *des courts dizeaux.* (Voy. ci-dessus p. 181.) — La bulle du pape Anastase constate la donation à l'abbaye par le comte Herluin, de toute la dîme, hôtes, terre et bois.

[6] *Sanctus Martinus* d'Escuignecourt, au *pouillé* de 1301. — Cette cure, avec la dîme, avait été confirmée à l'abbaye de St.-Sauve par la bulle du pape Anastase de l'année 1154. Elle fut unie au petit Séminaire de Montreuil le 14 mai 1703. (*Déclaration.* — *Pouillé de* 1736.)

GROFFLIERS [1] (Vocable : Notre-Dame).

Présentateur : l'abbé de St.-Josse-sur-Mer.

Déclaration faite le 8 octobre 1728 par le titulaire maître René Despréaux, approuvée.

La dîme produisant : 30 setiers de blé, 252¹ ; — 13 setiers d'avoine, 65¹ 13ˢ ; — 15 setiers de baillard, 105¹ ; — 1,200 bottes de foin, 84¹ ; — et fourrages, 50¹. — Dîme de lin et de colzacq, 100¹. — Casuel, 30¹. — Total 686¹ 13ˢ.

Charges.

A l'abbaye de St.-Josse-sur-Mer, 30¹. — A l'abbaye de Groffliers, 20¹. — Pain et vin pour les messes, 20¹. — Frais de dîme, 100¹. — Réparations du presbytère, 15¹. — Total des charges 185¹.

Récapitulation : Montant des revenus 686¹ 13ˢ
    — des charges . . . . 185 »

Reste net. . . . 501 13

LESPINE [2] (Vocable : Notre-Dame).

Présentateur : l'abbé de Longvillers.

Déclaration faite le 22 juillet 1728 par le titulaire dom François Panlou, religieux de l'Ordre de Cîteaux, approuvée.

Portion congrue [3], 300¹. — Casuel, 15¹. — Total . . . . 315¹ »
Charges : — Réparations du presbytère . . . . 10 »

Reste net. . . . . . 305 »

MAINTENAY [4] (Vocable : Saint-Nicolas).

Présentateur : le prieur de Maintenay.

Déclaration faite le 26 juillet 1726 par le titulaire maître Nicolas Carpentier, rectifiée.

La dîme [5] produisant, tous frais faits : 20 setiers de blé, évalués 168¹. — et 10 setiers d'avoine, 50¹ 10ˢ. — Dîme de lin, de chanvre, de cour, 80¹. — Le tiers du tiers de la dîme des chanoines de Montreuil, produisant : 2 setiers 1/2 de blé, 21¹ ; — et 2 setiers 1/2 d'avoine, 12¹ 12ˢ 6ᵈ. — Supplément (de portion congrue), 53¹. — Casuel, 10¹. —

---

[1] Grofflies, au *pouillé* de 1301.

[2] Delespine, en l'addit. du xviiᵉ siècle sur le *pouillé* de 1301. — Il y avait un secours à une lieue, nommé le Bois Jean, où était un vicaire. (*Pouillé de l'Archid.* f° 209.)

[3] L'abbé de Longvillers avait toute la dîme. (*Pouillé de l'Archid.* f° 209.)

[4] Mentenay, au *pouillé* de 1301.

[5] Les décimateurs étaient : l'abbaye de Valloires, le chapitre de St-Firmin de Montreuil et le prieur de Maintenay. — Celui-ci en avait été aumôné en 1217 par Hugue Kieret, seigneur de Douriez-sur-Canche. (M. de Calonne, *Les seigneurs de Maintenay.* Mém. Soc. Antiq. Pic. XX, 257, note 1. — *Pouillé de l'Archid.* f° 219. — Voy. ci-dessus p. 190.)

Total . . . . 395 ¹ 2 ⁕ 6 ᵈ

NOTA. — Il n'est fait mention dans la déclaration d'aucune fondation.

CHARGES : — Réparations du presbytère . . . . 15 »

Reste net 380 2 6

MONTREUIL ¹ : PAROISSE DE SAINT-FIRMIN-LE-MARTYR.

Présentateurs : le chapitre de St.-Firmin de Montreuil ², et Madame l'abbesse de Ste.-Austreberte, alternativement.

DÉCLARATION faite le 5 juin 1728 par le titulaire maître Denis Nayez, approuvée.

Le gros payé par la fabrique, 50 ¹. — Fondations, 35 ¹. — Casuel, 60 ¹. — Le tiers des dîmes dans l'étendue du terroir de la Magdeleine ³, banlieue de Montreuil, affermée moyennant : en argent, 230 ¹ ; — 2 boisseaux d'oignons secs, 1 ¹ ; — et deux poules d'Inde, 2 ¹. — Total . . . . 378 ¹ »

CHARGES. — Audit chapitre de St.-Firmin, 2 ¹. — Réparations du presbytère, 10 ¹. — Total . . . . 12 »

Reste net . . . . . . 366 »

PAROISSE DE NOTRE-DAME ⁴ : l'une des portions.

Présentateur : l'abbé de St.-Sauve de Montreuil.

DÉCLARATION faite le 16 juillet 1728 par le titulaire maître Jean-Baptiste Hacot, approuvée.

Le gros payé par les marguilliers, 150 ¹. — Partie de la dîme du hameau de la Magdeleine-lès-Montreuil, affermée 30 ¹. — Fondations, 178 ¹. — Casuel, 300 ¹. — Total . . . . 658 ¹ »

CHARGES : Réparations du presbytère. . . . . 10 »

Reste net . . . . . . 648 »

MÊME PAROISSE : l'autre portion.

Elle avait aussi pour patron-présentateur l'abbé de St.-Sauve, et pareille quotité de revenus ⁵.

---

¹ *Monsterolium*, au *pouillé* de 1301. — Il y avait encore autrefois à Montreuil une paroisse dédiée à St.-Jean, en l'abbaye de Ste.-Austreberte ; elle a été réunie au petit séminaire de Montreuil, le 14 mai 1703. (*Pouillé* de 1720.) C'est la même peut-être que le *pouillé* de 1301 désigne sous le vocable de Ste.-Obstreberthe.

² En la charte de fondation du chapitre de Montreuil, il fut stipulé que l'un des chanoines, élu par eux, serait présenté par l'abbé de St.-Josse à l'évêque pour exercer les fonctions curiales, et que le jour de la fête de St.-Firmin la grande messe serait célébrée par l'abbé ou par l'un de ses moines délégué.

³ Les religieux de St.-Sauve en avaient aussi un tiers, et le dernier semble réparti entre les curés des deux portions de Notre-Dame et le curé de St.-Pierre. (Voy. ci-dess. p. 182.)

⁴ Le *pouillé* de 1736 porte : Notre-Dame en Darnetal, et la bulle du pape Anastase IV confirmative des possessions de l'abbaye : Ste.-Marie de Darnestal. — Il semble que cette église soit celle désignée sous le titre de St.-Sauve dans le diplôme de 1042 que nous avons cité.

⁵ Voyez le *pouillé de l'Arch.* et le *pouillé* de 1736.

Paroisse de SAINT-PIERRE.

Présentateur : l'abbé de St.-Sauve [1].

Déclaration faite le 22 juin 1728 par le titulaire maître Louis Milois, approuvée.

Une portion de dîme au terroir de la Magdeleine, banlieue de Montreuil, affermée 60 l. — La fabrique paie annuellement, tant pour le gros que pour fondations, 184 l. — Casuel, 20 l. — Total . . . . 264 l »
Charges. — Réparations du presbytère . . . . 10 »

Reste net. . . . . . 254 »

Paroisse de SAINT-JOSSE-AU-VAL [2], en la basse-ville.

Présentateur : l'abbé de St.-Sauve.

Déclaration faite le 18 juin 1728 par le titulaire maître Nicolas Rabouille, rectifiée.

Le gros payé par les marguilliers, 200 l. — Obits et autres fondations, 122 l 10 s. — Casuel, 80 l. — Total . . . . 402 l 10 s
Charges. — Réparations du presbytère . . . . 10 »

Reste net. 392 10

Paroisse de SAINT-JACQUES, en la ville, et de SAINTS CRÉPIN et CRÉPINIEN à Campigneules-les-petites, son secours.

Présentateur : l'abbé de St.-Sauve [3].

Déclaration faite le 5 juin 1728 par le titulaire maître Etienne Marcotte, rectifiée.

Fondations payées par les marguilliers de la fabrique de St.-Jacques, 50 l 15 s. — Casuel, 10 l. — Dîme de Campigneules [4] produisant, tous frais faits : 25 setiers de blé, 210 l ; — et 15 setiers d'avoine, 75 l 15 s. — Dîme novale produisant : 2 setiers de blé, 16 l 16 s ; — un setier d'avoine, 5 l 1 s ; — et plusieurs autres grains, 40 l. — Dîme de sang, 30 l. — Fondations dudit Campigneules, 2 l 5 s. — Casuel, 10 l. — Total. 450 l 12 s
Charges : Réparations du presbytère, 15 l. — Réparations du chœur de l'église de Campigneules, 10 l. — Total . . . . 25 »

Reste net. 425 12

---

[1] Cette église lui fut donnée par le roi Robert, ainsi que l'exprime le diplôme de son fils Henri, de l'année 1042.

[2] Cette église fut bâtie dans une petite île de la Canche, où St.-Josse se retirait souvent, par le roi Hugues Capet, qui en fit don à l'abbaye de St.-Sauve ; ce qui fut confirmé par le diplôme de l'an 1042. (M. Lefils, *Hist. de Montreuil-sur-Mer*, p. 71.)

[3] L'autel de St.-Crépin de Campengnol fut confirmé à l'abbaye de St.-Sauve par la bulle du pape Anastase IV, de l'année 1154.

[4] Avec le curé de St-Jacques, qui prenait le tiers, dîmaient : le chapitre de Montreuil, le prieur de Maintenay et l'abbé de St.-Sauve, celui-ci sur les terres dites de St.-Crépin. (*Pouillé de l'Archidiaconé*, f° 197. — Voy. ci-dessus p. 181 et 190.)

Paroisse de SAINT-VALOIS [1].

Présentateur : l'abbé de St.-Sauve [2].

Revenus : 400 livres [3].

NAMPONT (Vocable : Saint-Firmin) [4].

Présentateur : l'abbé de St.-Josse-sur-Mer [5].

Déclaration faite le 28 janvier 1730 par le titulaire maître Claude Picard, approuvée.

Portion congrue payée par le prieur de Maintenay [6], 300 ¹. — Fondations, 20 ¹. — Casuel, 15 ¹. — Total . . . . 335 ¹ »

Charges. — Réparations du presbytère . . . . 10 »

Reste net. . . . . . 325 »

ROUSSENT [7] (Vocable : Saint-Riquier).

Présentatrice : l'abbaye de Ste.-Austreberte.

Déclaration faite le 24 juillet 1728 par le titulaire maître Philippe Gence, rectifiée.

La dîme [8] produisant : 30 setiers de blé, évalués 252 ¹ ; — 15 setiers d'avoine, 75 ¹ 15 ˢ ; — et fourrages, 45 ¹. — Dîme sacramentelle, lin, chanvre, laine et poulets, 30 ¹.— Fondations, 4 ¹ 10 ˢ. — Casuel, 9 ¹. — Total 416 ¹ 5 ˢ.

Charges.

Réparations du chœur de l'église, 10 ¹. — Réparations du presbytère, 15 ¹. — Pain et vin pour les messes, 10 ¹. — Droits de visites de l'archidiacre et du doyen, 5 ¹.— Frais de dîme, 36 ¹ 5 ˢ. — Total des charges, 76 ¹ 5 ˢ.

Récapitulation : Montant des revenus . . . . 416 ¹ 5 ˢ

— des charges. 76 5

Reste net. . . . . . : . . . 340 »

---

[1] *Sanctus Winwalo*, au *pouillé* de 1301. — Cette paroisse fut unie au petit séminaire de Montreuil le 14 mai 1703. — Elle avait pour second patron St.-Vulphy, la paroisse de ce nom qui n'avait plus de titulaire depuis 1596 lui ayant été unie. — L'autel de St.-Vulphy fait partie des biens confirmés par la bulle d'Anastase IV.— Dans l'étendue de la paroisse de St.-Valois existaient deux hôpitaux, savoir : l'Hôtel-Dieu servi par des religieuses de St.-Augustin, et un hôpital pour les enfants orphelins du gouvernement de Montreuil. La chapelle de l'Hôtel-Dieu était nouvellement fondée en 1301. Le mayeur et les échevins en avaient le patronage. (*Pouillé* de 1720.— *Pouillé de l'Archid.* f° 195. — *Pouillé* de 1301. — Voy. ci-après p. 204.)

[2] Cette église fut aussi donnée à l'abbaye, sous le titre de St.-Vingaulois, par le roi Robert, comme le rappelle le diplôme de 1042.

[3] « Il n'y avait point de dîme sur cette paroisse, mais des censives possédées par l'abbaye de St.-Sauve. » (*Pouillé de l'Archid.* f° 195.)

[4] Nempont-St.-Fremin, au *pouillé* de 1301.

[5] L'autel de Nempont *ultra aquam* lui fut confirmé par l'évêque Ingelran le 10 des kal. de juillet 1123. (*Copie du Cartul. de St.-Josse sur la Mer*, p. 97.)

[6] Celui-ci avait toute la dîme. (*Pouillé de l'Archid.* f° 223.)

[7] Roussem, au *pouillé* de 1301.

[8] L'abbesse de Ste.-Austreberte avait la grosse dîme. En 1689 le curé de Jean Boitel, natif de Montreuil, était en procès pour sa portion congrue qu'il ne pouvait obtenir de l'abbesse, laquelle retenait un demi droit de dîme. (*Pouillé de l'Archid.* f° 211.)

SAINT-JOSSE-SUR-MER (Vocable : Saint-Pierre)[1].

Présentateur : l'abbé de St.-Josse-sur-Mer.

Déclaration faite le 7 juin 1728 par le titulaire maître Antoine Cailleu, rectifiée.

La dîme du lieu [2], évaluée produire 200 l. — Supplément payé par les religieux de l'abbaye, 120 l. — Dîme novale, 50 l. — 10 mesures de bois, 50 l. — Casuel, 30 l. — Total . . . . 450 l »

Charges. — Réparations du presbytère . . . . 15 »

Reste net . . . . 435 »

SAUCHOY (Vocable : Saint-Martin) et SAINT-REMY-AU-BOIS, son annexe.

Présentateur : le prieur de Maintenay.

Revenus : 450 livres [3].

SORUS [4] (Vocable : Saint-Riquier).

Présentateur : l'abbé de St. Josse-sur-Mer [5].

Déclaration faite le 17 juillet 1728 par le titulaire maître François Outren, rectifiée.

La dîme [6] produisant, tous frais faits : 7 setiers et demi de blé, évalués 63 l ; — 5 setiers d'avoine et baillard, 32 l 10 s ; — et 25 bottes de warats et vesce, 5 l. — Menues et vertes dîmes, 60 l. — Dîmes novales produisant : 12 setiers de blé, évalués 106 l. 16 s ; — 7 setiers et demi d'avoine et baillard, 48 l 15 s ; — warats et bisaille, 8 l. — Fondations, 13 l. — Casuel, 15 l. — Total . . . . 346 l 1 s

Charges. — Réparations du presbytère, 15 l. — Réparations du chœur de l'église, 2 l. — Total . . . . 17 »

Reste net 329 1

---

[1] St.-Gyosse-seur-le-Mer, au *pouillé* de 1301. — Le titre de St.-Josse restait à l'abbaye et au village. — Le vocable de la paroisse érigée en la même église était St.-Pierre. Le hameau de Capelle en dépendait. — Le clocher de l'église de St.-Josse servait en temps de guerre, pour le guet. Sur une grande sablonnière voisine du rivage de la mer, les habitants de Cucq et de Trépied faisaient le guet, et lorsqu'ils apercevaient quelque navire de guerre tentant une descente, ils en avertissaient, « par un signal de feu, » les habitants de St.-Josse guettant sur la haute tour, lesquels, par un même signal, avertissaient les habitants de Montreuil. Ce mode de télégraphie s'était conservé des Gaulois. (Titres concernant la garde de la tour et ancien clocher de St.-Josse. *Copie du Cartul.* p. 216, 257 à 275.)

[2] L'abbaye de St.-Josse, à qui elle appartenait, en avait fait sans doute abandon au curé. (*Pouillé de l'Archid.* f° 210.)

[3] Le prieuré de Maintenay était gros décimateur de la paroisse. (*Pouillé de l'Archid.* f° 212.)

[4] Soirru, au *pouillé* de 1301.

[5] L'autel de Sorru fut confirmé à l'abbaye par l'évêque Ingelran le 10 des kal. de juillet 1123. (*Copie du Cartul. de St.-Josse sur la Mer*, p. 97.)

[6] Les décimateurs étaient : les religieux de St.-Josse-sur-Mer, l'abbé de St.-Sauve et celui de Longvillers. — En 1644 le curé ou vicaire perpétuel, Adrien du Blocq, ayant intenté une action au Grand Conseil pour sa portion congrue, un arrêt du parlement daté du 28 septembre 1646 maintint l'abbaye

TIGNY-NOYELLE [1] (Vocable : Notre-Dame).

Présentateur : l'abbé de Dommartin.

Déclaration faite le 11 juillet 1728 par le titulaire frère Norbert Hibon, rectifiée.

Portion congrue payée par l'abbé de Dommartin, 300 l.—Casuel, 10 l.—Total. 310 l »

Nota. — Il n'y a point de fondations.

Charges. — Réparations du presbytère . . . . 10 »

Reste net . . . . . 300 »

VERTON (Vocable : Saint-Michel) et hameau du RANG-DU-FLIER.

Présentateur : l'abbé de St.-Josse-sur-Mer [2].

Déclaration faite le 26 juin 1728 par le titulaire maître Philippe François Enlart, rectifiée.

Les trois quarts de la dîme de Verton [3], affermés 1,200 l. — La totalité de celle du Rang-du-Flier, affermée 250 l. — Le dernier quart de la dîme de Verton, dont le curé a fait réserve par le bail, évalué 300 l. — Fondations, 20 l. — Casuel, 50 l. — Total 1,820 l.

Charges.

Au prieuré de Beaurain, 100 l. — Aux chapelains de la chapelle de St.-Jacques en la Cathédrale d'Amiens, 45 l. — Aux abbés et religieux de St.-André-au-Bois, 20 l. — Au chapitre de St -Firmin de Montreuil, 10 l. — Entretien des ornements de l'église, pain et vin pour les messes, 60 l. — Réparations du chœur de l'église, 60 l. — Réparations du presbytère, 15 l. — Total des charges 310 l.

Récapitulation : Montant des revenus . . . . 1,820 l »
— des charges . . . . 310 »

Reste net . . . . . 1,510 »

---

dans la possession d'un sixième des grosses dîmes et la condamna à participer au paiement des 200 livres de portion congrue. (*Pouillé de l'Archid.* f° 213. — *Copie du Cartulaire de St.Josse sur la Mer*, p. 344.)

[1] Cette paroisse est désignée sous le titre de Noiele-sur-Auty et Tigny, au *pouillé* de 1301.

[2] L'évêque Ingelran avait confirmé cet autel à l'abbaye le 10 des kal. de juillet 1123. D'un autre côté, ayant fait ajourner devant lui Ibert et Gautier Tirel, qui contestaient à l'abbaye la possession de cet autel, il leur défendit de l'inquiéter désormais. Gautier avait fait défaut. — Au mois de mai 1219 Arnoul Delattre (*de Atrio*), clerc, du consentement de son fils Ulric,

renonça en faveur de l'abbaye à tous les droits qu'il avait sur le personnat de l'église de Verton et l'évêque Evrard lui en donna saisine, sous la même date. (*Copie du Cartul. de St.-Josse*, p. 97, 144 et 145. Extr. de l'ancien Cartul. fol. 12 r° et 13 v°. — *Gallia Christ.* X, 1182 A.)

[3] Le curé jouissait de toute la dîme, mais en rendant aux décimateurs les sommes ci-après dites. Le prieur de Beaurain prétendait à la moitié de la dîme. Les trois chapelains de St.-Jacques en la cathédrale, le chapitre de Montreuil, l'abbaye de St.-André-au-Bois avaient droit au surplus. (*Pouillé de l'Archid.* f° 215. — Voy. ci-dess. I, 55, 56, 61 ; II, 190.)

WABEN (Vocable : Saint-Martin).

Présentateur : l'abbé de St.-Josse-sur-Mer [1].

Déclaration faite le 20 juillet 1728 par le titulaire maître Charles Senneville, rectifiée.

Portion congrue payée par le chapitre de St.-Firmin de Montreuil, l'abbé de St.-Josse [2], et les religieux de l'abbaye de St.-Pierre de Selincourt [3], 300¹. — 12 journaux de terre chargés de fondations et produisant : 8 setiers de blé, 67¹ 4ˢ ; — et 5 setiers d'avoine, 25¹ 5ˢ. — Une rente surcensière de 3¹ 5ˢ. — Fondations, 93¹. — Casuel, 10¹. — Total 498¹ 14ˢ

Charges. — Frais de labour et semence des terres, 54¹. — Réparations du presbytère, 10¹. — Prédication du jour de l'Ascension, 6¹. — Total. . . 70 »

Reste net . . . 428 14

WAILLY (Vocable : Saint-Pierre).

Présentateur : l'abbé de St.-Sauve [4].

Déclaration faite le 26 janvier 1730 par le titulaire maître Jean Masson, rectifiée.

La dîme [5] produisant, tous frais faits : 28 setiers de seigle, évalués à 7 liv. 196¹ ; — 28

---

[1] Un titre sans date nous fait connaître que Guarin, archidiacre d'Amiens, avait fait don à l'église St.-Josse-sur-Mer du tiers lui appartenant de l'autel de Waben, qu'il tenait de l'archidiacre Symon, devenu moine à Auchy (*apud Aquicinctum*); que promu à l'épiscopat, il confirma ce don, en présence de l'archidiacre Bauduin, son neveu. — Puis, l'évêque Ingelran donna des lettres de confirmation le 10 des kal. de juillet 1123. — Les deux autres tiers, avec leurs dîmes et dépendances, furent donnés à St-Josse, par Manassès de Seiles, chevalier, de l'assentiment de Hugue Tirel, de qui elles étaient tenues, et en présence de Etienne, comte de Boulogne, de Clarbord de Tienbrone et autres, par-devant l'évêque Guarin, le 3 des ides de mars de l'année 1128 ; ce qui fut confirmé en synode dans la cathédrale le 6 des kal. de juillet. — Plus tard Symon Pincerna de Seiles et son gendre Gui de Alves contestèrent à l'abbaye la possession de cet autel, et le débat fut porté à la cour de Philippe, comte de Flandre et de Vermandois. Mais ils y reconnurent le droit des religieux. C'est ce que constatent deux chartes de l'année 1174, données à Arry, l'une par le comte Philippe et l'autre par Didier, évêque de Morinie, en présence des chevaliers Clarembaud de Tiembrone, de son fils Guillaume, de Willaume de Montreuil, de Gilbert et de Renaud de Arry (*de Aria*), et autres, par Didier. (*Copie du Cartul. de St.-Josse*, p. 97, 148 à 153. Extr. de l'ancien Cartul. fol. 3, 10, 12 et 13. — *Gallia Christiana*, X, 1173 C.)

[2] Des difficultés s'étant élevées relativement aux dîmes sur les terres de l'abbaye de Balances (Valloires), une transaction de l'année 1205, sous forme de cyrographe, reconnut que la moitié en resterait à ladite abbaye et l'autre 1/2 tant à l'église de St.-Josse-sur-Mer qu'à celle de St.-Pierre de Selincort, qui ne pourraient la transmettre à d'autre qu'à l'abbaye de Balances. Parmi les témoins figurent Robert, doyen de St.-Vulfran, Adam, doyen (de chrétienté) d'Abbeville, et Guillaume, comte de Ponthieu. (*Copie du Cartul. de St.-Josse*, p. 154. Extr. de l'ancien Cart. fᵒ 17 vᵒ. — Voy. ci-dess. p. 130.)

[3] Ces deux abbayes et le chapitre étaient gros décimateurs. *Le pouillé de l'Archid.* ajoute (fᵒ 217) le commandeur de Loyson. (Voy. ci-dess. p. 130, 184 et 190.)

[4] L'autel de St.-Pierre de Vally fut confirmé à l'abbaye par la bulle du pape Adrien de l'année 1154.

[5] Les décimateurs étaient : les religieux de Saint-Sauve, les abbés de St.-Josse-sur-Mer et de Dommartin. Le curé jouissait d'un tiers. — Les droits de l'abbaye de St.-Josse-sur-Mer provenaient de donation faite par Eustache de Wally. Après sa mort, son fils Robert, clerc, qui en jouissait, reconnut cette donation, et enfin Gautier de Wally, du consentement de son héritier Guillaume, la confirma par titre du mois de novembre 1224. (*Copie du Cartul. de St.-Josse-sur-la-Mer*, p. 143. Extr. de l'ancien Cartul. fᵒ 9 vᵒ. — Voy. ci-dessus p. 128 et 184.)

setiers d'avoine, 141¹ 8ˢ ; — et fourrages, 40¹. — Dime de laine et d'agneaux, 30¹. — Dime de volaille et de cochons de lait, 5¹. — Dime de pommes, 6¹. — Casuel, 12¹. —
Total . . . . , . . 430¹ 8ˢ
Charges. — Réparations du presbytère . . . . 15 »

Reste net. . . . 415 8

CHAPELLES.

Chapelle de ROMONT, a Buire.

Présentateur : l'abbé de Longvillers.

Déclaration faite le 22 juillet 1728 par le titulaire dom François Panlou, religieux de l'Ordre de Cîteaux, rectifiée.

Censives sur 12 mesures de terre, 24 ¹. — Droit de relief, 1¹ 4ˢ. — Surcens : 2 setiers 4 boisseaux de seigle, 16¹ 6ˢ 8ᵈ ; — et 2 setiers 4 boisseaux d'avoine, 11¹ 19ˢ. — Autres surcens sur 36 mesures de terre, 7¹ 4ˢ. — Total. 60¹ 13ˢ 8ᵈ
Charges. — Une messe par semaine. . . . . 26 »» »

Reste net 34 13 8

Chapelle de NOTRE-DAME, a Esquincourt.

Présentateur : l'abbé de St.-Sauve.

Déclaration faite le 24 juillet 1728 par le titulaire maître Philippe Gence, approuvée.

Sur le sieur Camus de Quiermont . . . . , . . 16¹ »
Charges. — Douze messes par an . . . . 6 »

Reste net . . . . . 10 »

Chapelle du GRAND-AUTEL, en l'église SAINT-FIRMIN [1] de Montreuil.

Le Pouillé de 1736 dit que son revenu était de 300 liv., et qu'elle a été unie au chapitre de Montreuil le 23 mars 1699.

Chapelle d'HENNEPUIN, en Saint-Pierre de Montreuil.

Présentateur : le seigneur d'Attin.

Déclaration faite le 22 juin 1728 par le titulaire maître Louis Milois, approuvée.

Surcens sur plusieurs immeubles, 20¹
Charges. — *Néant.*

---

[1] Cette chapelle paraît être celle donnée à l'abbaye de St.-Josse-sur-Mer par Hugue, comte de Montreuil et de Ponthieu ; ce que ratifièrent son fils Enguerran, et, en l'année 1100, son petit fils Gui, lequel y ajouta d'autres dons. Cela résulte d'une charte confirmative de Guillaume, comte de Montreuil et de Ponthieu, de l'année 1203. (*Copie du Cartulaire de St.-Josse-sur-la Mer*, p. 2, 48 et 106.)

Chapelle de SAINT-JEAN [1] DE LONGFORT, en Saint-Valois de Montreuil.

Collateur de plein droit : l'évêque d'Amiens.

Déclaration faite le 23 juillet 1728 par le titulaire maître Pierre Pothuy, approuvée.

Censives sur trois maisons à Montreuil, 7ˡ 10ˢ.

Charges. — *Néant.*

---

[1] Une autre chapelle aussi sous le vocable de St.-Jean, s'il faut en croire une annotation au dos du titre que nous allons citer, existait dans l'hôtel-Dieu de Montreuil. Elle était à la collation du mayeur et des échevins, qui l'avaient fondée vers l'année 1300. — Suivant lettres données a St.-Christofle-en-Halate au mois d'octobre 1347, le roi Philippe VI amortit « trente livrées parisis de rente annuelle et perpétuelle, acquises ou à acquérir... en rentes, maisons, héritages et autres choses quiexconques... » pour servir à ladite fondation. (Titres de l'Evêché, 74ᵉ. — Voy. ci-dessus p. 199, note 1ʳᵉ). — Le *pouillé* de 1682 distingue cette chapelle d'une autre aussi fondée dans l'hôtel-Dieu, dite de Notre-Dame aux pieds des Sœurs, laquelle était à la collation du prieur de St.-Sauve.

IX. DOYENNÉ D'OISEMONT [1].

PRIEURÉS.

Prieuré simple et régulier de SAINT-GERMAIN-SUR-BRESLE [2].

Collateur de plein droit : l'abbé de St.-Fuscien.

Déclaration faite le 9 février 1751 [3] par le titulaire dom Jacques-Louis Lenoir, prêtre, religieux de l'ordre de Saint-Benoît.

I. Biens situés dans le diocèse d'Amiens. — Un domaine non fieffé, de 3 journaux environ de terre, enclos en partie de murs et en partie de haies vives, où sont assis : l'église

---

[1] Ce doyenné comprenait autrefois les paroisses qui depuis ont formé le doyenné de Mons. (Voy. ci-dess. p. 164.)

[2] De l'ordre de St.-Benoît, congrégation de St.-Maur, membre dépendant de l'abbaye de St.-Fuscien-au-bois. (*Déclarat*.) — St.-Germain l'Ecossais, évêque régionnaire, fils d'un seigneur Ecossais, fut martyrisé le 2 mai 480 en ce lieu par un payen nommé Hubolt ou Hubault, qui lui trancha la tête, auprès d'une église dédiée à la Ste.-Vierge. Là son corps fut inhumé, une église fut bâtie en son honneur et le village prit son nom. Ce village dépendait des vastes domaines de Guy, châtelain d'Amiens et de Mathilde, sa femme. Auprès du Vieux-Rouen on voit encore des ruines nommées le château Hubault. (Voy. *Vie de St.-Germain*, par le P. Cauche. — Louandre, *Hist. d'Abbeville*, t. I", p. 24. — Guérard, *Hist. de l'église St.-Germain d'Amiens*, Mém. Soc. Antiq. Pic. XVII, 433, 721. — D. Grenier, *Introduct. à l'hist. de Picardie*, p. 292. — Bolland. 2° mai, p. 260 F; p. 262, n° 5; p. 268, n°s 23 et 25, et p. 269 B.)

[3] Nous n'avons pas trouvé la déclaration de 1730, mais celle-ci faite en exécution d'une déclaration du roi du 17 août 1750. Elle n'en doit guère différer. En effet, une autre *déclaration* donnée le 10 juin 1702, par le prieur, D. François Thieulin, prêtre, religieux de l'ordre de St.-Benoît, en exécution de la déclaration du roi du mois de décembre 1691 et de l'arrêt du conseil du mois de mars suivant, désigne identiquement les mêmes biens et revenus, si ce n'est qu'elle y ajoute : les 2/3 des grosses dîmes de Guémicourt. Le déclarant rappelle aussi qu'anciennement le prieur avait le droit de prendre du bois pour son chauffage sur les haies et bois de Brétizel : ce dont il ne jouissait plus depuis longtemps ; mais qu'il devait encore aux religieux de l'abbaye de St.-Fuscien 2 mines d'avoine, mesure d'Aumale, pour l'obit de Rotrou, archevêque de Rouen, bienfaiteur du prieuré et de l'abbaye. — Dans un dénombrement présenté le 1er octobre 1691 par le même D. François Thieulin, « religieux » profès de l'abbaye de St.-Martin de Seez en Normandie, de la congrégation de St.-Maur, » à Mgr Louis-Auguste de Bourbon, duc du Maine et d'Aumalle, on retrouve les mêmes énonciations. Le déclarant ajoute : que le prieur devait 60 sols au sénéchal et 30 sols au greffier, avec le dîner, lorsqu'ils tenaient les plaids au prieuré ; et que de celui-ci dépendaient les trois cures de St.-Germain, du Vieil-Rouen et de Guémicourt, dont le prieur était curé-primitif, la présentation toutefois réservée à l'abbé de St.-Fuscien. — Un autre dénombrement fourni le 23 février 1582 constate que le prieuré possédait encore alors « son franc ardoir sur la haye et bois de Brétizel. » — Ce droit paraît être provenu de la donation faite au mois de juillet 1239, au profit des religieux de l'église St.-Germain, par Geoffroy du Bos (*Jofridus de Bosco*), chevalier, de la dîme de tous les bois qu'il possédait dans le diocèse d'Amiens. (Titres de St.-Fuscien, carton 3e. — Titres du prieuré de St.-Germain. Arch. Départem.)

priorale qui sert de paroisse, le cimetière, la maison priorale avec granges, étables et autres bâtiments, cour, jardin, herbage, lieu, pourpris, où est le chef-lieu du dit prieuré. — Un domaine fieffé, consistant en divers cens, droits et rentes sur les masures et héritages de plusieurs manans de St.-Germain. — La grosse dîme dans l'étendue du bas St.-Germain, à la réserve des novales dont jouit le curé. Le tout affermé (à la réserve néanmoins du droit de treizième, le cas échéant), à M. Tillier, curé de la dite paroisse, moyennant 190 l. — Le dit droit de treizième montant, année commune, à 1 l 10 s. — La grosse dîme sur le haut terroir de St.-Germain, dont la nature consiste en grains et bois taillis, affermée moyennant 500 l. — Total . . . . 691 l 10 s.

CHARGES [1]. — Gros du curé, dû par le prieur [2] comme seul gros décimateur, suivant accord, 230 l. — Entretien et réparations des bâtiments du prieuré, aussi bien que du chœur de l'église, 66 l 15 s. — Total . . . . 296 15 s

Reste net. 394 15

II. BIENS SITUÉS DANS LE DIOCÈSE DE ROUEN. — Les deux tiers de la grosse dîme sur les terroir et paroisse du Viel-Rouen [3], affermés moyennant 250 l, — plus 60 boisseaux de blé, mesure d'Aumale et 60 boisseaux d'avoine, à payer à l'abbé de St.-Martin d'Aumale, en acquit du dit prieur, pour une rente foncière, 123 l. — Total . . . . . 373 l » »

CHARGES. — Réparations du chœur de l'église du Vieil-Rouen et d'une grange en la paroisse de St.-Germain, destinée à l'usage du fermier du Vieil-Rouen . . . . 39 2 s 7 d

Reste net. 333 17 5

PRIEURÉ DE SAINT-DENIS, A SENARPONT [4].
Collateur de plein droit : l'abbé de St.-Lucien de Beauvais [5].

---

[1] Le *pouillé de l'Archidiaconé* dit (f° 259) que ce prieuré était chargé de deux messes par semaine.

[2] Lequel devait acquitter 2 messes par semaine à la décharge du prieur. (*Déclarat.*) — En 1691 le curé recevait, pour son gros, 96 boisseaux de blé et 96 boisseaux d'avoine, mesure d'Aumale et 20 livres d'argent par an. (Voy. le *dénombrement* de ladite année, cité note 3 de la page précédente.)

[3] Le dénombrement de 1691 et la déclaration de 1702 que nous venons de rappeler nous apprennent que la dîme se percevait, selon la coutume, à raison d'une gerbe de onze. — On trouve aux Arch. du Départem. le plan de ce dîmage, dressé le 25 mars 1715. — Des lettres de Rotrou, archevêque de Rouen, de la fin du XII° siècle, constatent qu'une difficulté s'étant émue entre les religieux d'Aumale et Ernoul Bizet, *illustris vir*, a raison du patronage du Vieux-Rouen, celui-ci le transmit à l'abbaye de St.-Fuscien, par les mains du prélat, avec deux parts des dîmes des champs et moitié des autres émoluments. Parmi les témoins figurent : Robert de Neufbourg et Lamy (*Amicus*), archidiacre de l'église de Rouen. — D'un autre côté, par transaction du mois de juillet 1281, les religieux de l'abbaye de St.-Michel de Tréport (*de Ulteriori portu*) avaient fait abandon à l'abbaye de St.-Fuscien de toute la dîme en grains qu'ils avaient en la paroisse de Ste.-Marie du Vieux-Rouen, c'est-à-dire sur le fief de Bellefontaine, à la charge de leur payer 8 mines de blé et 8 mines d'avoine, mesure d'Aumale. (Titres de St.-Fuscien, carton 3. — Voy. ci-dess. p. 205, note 3.)

[4] De l'ordre de St.-Benoît.

[5] L'abbaye fut maintenue dans la haute justice de ce prieuré contre le comte de Ponthieu (alors Édouard II roi d'Angleterre), qui y prétendait, par

DÉCLARATION faite le 16 août 1728 par le titulaire dom Antoine Fourman, religieux de l'ordre de Saint-Benoît, congrégation de Cluny, approuvée.

REVENUS NON AFFERMÉS.

La maison prieurale, cour, jardin et clos, 25 ^{l}. — 12 journaux de terre et 6 journaux de pré, 120 ^{l}. — Redevance par le seigneur de Bernapré, 36 sols parisis, ou 2 ^{l} 5 ^{s}.

REVENUS AFFERMÉS.

Trente-six journaux de terre à Senarpont, affermés moyennant 198 ^{l} d'argent, et 100 bottes de chaume, évaluées 2 ^{l} 10 ^{s}. — La dîme du dit lieu, 400 ^{l}. — La dîme de Beaucamp[1] 190 ^{l}. — Branche de dîme à Bernapré et à Réderie, 300 ^{l}. — La dîme du Mesnil-Eudin, 500 ^{l}. — Celle de Hannecourt, 160 ^{l}. — Une branche de dîme en la paroisse de Nesle-l'Hôpital, 40 ^{l}. — [2] Total des revenus 1,937 ^{l} 15 ^{s}.

CHARGES.

Au curé de Senarpont, 380 ^{l}. — A celui de Mesnil-Eudin, 300 ^{l}. — Au prêtre qui dessert le prieuré, 200 ^{l}. — Logement dudit prêtre, 25 ^{l}. — Réparations grosses et menues de la maison et des bâtiments du prieuré, du chœur de l'église paroissiale de Mesnil-Eudin et des chœurs des églises de Bernapré, Hannecourt, Nesle-l'Hôpital et Beaucamp, 230 ^{l}. — Total 1,135 ^{l}.

RÉCAPITULATION : Montant des revenus . . . . 1,937 ^{l} 15 ^{s}
    —   des charges . . . . 1,135 »»
                   Reste net. 802 15

CURES.

Nous n'avons trouvé que quatre déclarations des cures et deux des chapelles de ce doyenné. Force nous est donc de nous borner, pour les autres, aux renseignements consignés dans le Pouillé de 1736.

BIENCOURT (Vocable : SAINT-MARTIN).
Collateur de plein droit l'Évêque.
Revenus : 600 livres [3].

sentence du parlement du mois de janvier 1312. (*Les Olim ou Registre des arrêts rendus par la cour du Roi*, par M. Beugnot, III, 2e partie, p. 735, XIX.)

[1] Beaucamp-le-Jeune et Beaucamp-le-Vieux étaient du diocèse de Rouen, non loin du bourg de Liomer.

[2] On a omis la redevance en grains dont il sera parlé sous la rubrique de ST.-LÉGER. (Voy. ci-après p. 212.)

[3] Le *pouillé de l'Archid.* dit (f° 227) que le curé jouissait de toute la dîme. C'était sans doute par abandon des gros décimateurs. En effet, l'abbaye de Sery avait été dotée du tiers de cette dîme par ses fondateurs, comme on le voit aux lettres confirmatives de l'évêque Thibaut de l'année 1185. — Un autre tiers avait été acheté par elle de Raoul, seigneur de Rambures, du consentement de Judith, sa femme et d'André, son fils, et sous le sceau de Guillaume de Cayeu, son seigneur, en 1204 ; ce que confirma encore l'évêque Thibaut en la même année 1204. (*Cartul. de Sery*, p. 68, 75, 76 et 242.)

CERISY-BULEUX (Vocable : NOTRE-DAME) [1].
Présentateur : le chapitre de Noyelle.
Revenus : 450 livres [2].

CITERNE [3] (Vocable : SAINT-PIERRE).
Présentateur : le personnat du lieu.
Revenus : 400 livres [4].

DODELAINVILLE [5] (Vocable : NOTRE-DAME).
Présentateurs : l'Ecolâtre et le Pénitencier d'Amiens, simultanément.
Revenus : 400 livres [6].

FRAMICOURT (Vocable : NOTRE-DAME) [7].
Présentateur : l'abbé de Sery.
Revenus : 400 livres [8].

FRUCOURT [9] (Vocable : SAINT-MARTIN).
Présentateur : le chapitre de St.-Vulfran d'Abbeville [10].

DÉCLARATION faite le 24 juin 1728 par le titulaire maître Philippe De Quevauviller, rectifiée.

---

[1] Chérisy, au *pouillé* de 1301. — La cure avait trois journ. de terre labourable. (*Pouillé de* 1720.)

[2] La dîme se partageait entre le chapitre de Noyelle pour 2/3 et le curé pour 1/3. — En 1689 il n'y avait pas de presbytère. Le curé Gabriel Foucart, mort en 1731, légua à la paroisse une maison pour cette destination. (*Pouillé de l'Archid.* f° 230. — Voy. ci-dess p. 9. — *Procès-verbal des visites de l'Archidiacre de Ponthieu en* 1733, à la date du 21 avril. Arch. départem.)

[3] Chisternes, au *pouillé* de 1301. — Il y avait un hameau nommé Ionville, où se trouvait une chapelle avec un cimetière, dans lequel on enterrait tous les morts de la paroisse. (*Pouillé de l'Archid.* f° 235.)

[4] Les décimateurs étaient : le personnat du lieu et les religieux de St.-Valery, seigneurs du lieu. (*Pouillé de l'Archid.* f° 235.)

[5] Doudelainvile, au *pouillé* de 1301.

[6] Les décimateurs étaient : les dits patrons et les dames de Bertaucourt, par moitié. Mais le curé jouissait d'une partie, en déduction de sa portion congrue, en 1689. — La moitié de la dîme ecclésiastique *de Dodelanivilla* fut confirmée à l'église de Bertaucourt par la bulle du pape Alexandre III de l'année 1176. — Un ecclésiastique tenait l'école. (*Pouillé de l'Archid.* f° 236. — Voy. ci-dess. I, 16 et 482.)

[7] De cette paroisse dépendaient Witainéglise et Wattebléry. — Framicourt n'était précédemment qu'une chapelle dépendant de l'Abbaye-au-bois. Elle fut érigée en cure vers l'an 1580. — La chapelle de Wattebléri fut unie à la paroisse de Framicourt, sur la demande de Jean Le Moine, écuyer, seigneur de Blangermont, César de Tours, écuyer, sieur des Noières, et les autres habitants du lieu, suivant décision de l'évêque d'Amiens, du 26 avril 1664. — Nous avons parlé ci-dessus (I, 51 et 352) d'une chapelle fondée à Framicourt en 1261 et transférée en 1292 en la cathédrale. Et nous avions dit ailleurs (*Descript. du conton de Gamaches*, p. 201) qu'il s'agissait de Framicourt en Vimeu. C'est une erreur que démontrent les noms des personnages désignés au titre, que nous ne connaissions pas alors. (*Hist. Ms. de Sery*, p. 114.)

[8] Les religieux de Sery étaient gros décimateurs. — Le tiers de la dîme fut donné à l'abbaye par Pierre de Montières, du consentement de ses frères, comme on le voit en une charte confirmative de l'évêque Thibaut du 5 des kal. d'avril (28 mars) 1185. — Une autre partie fut donnée le 5 octobre 1490 par l'abbé Thomas Tallet, qui l'avait acquise de Thomas Vérifroy. Elle s'étendait sur Framicourt et Petit-Conseil. (*Pouillé de l'Archid.* f° 238. — Voy. ci-dess. p. 99. — *Cartul. de Sery*, p. 68 et 119.)

[9] Freucourt, au *pouillé* de 1301.

[10] Cet autel figure parmi les possessions confirmées au chapitre par l'évêque Richard de Gerberoy, en 1206. (*Invent. des titres de St.-Vulfran*, f° 7, v°.)

Portion congrue [1], 300 l. — Obits et autres fondations, 54 l 15 s. — Casuel, 20 l. —
Total . . . . 374 l 15 s
CHARGES. — Réparations du presbytère . . . . 10 » »

Reste net 364 15

GUÉMICOURT [2] (Vocable : SAINTE-GENEVIÈVE).
Présentateur : l'abbé de St.-Fuscien.
Revenus : 300 livres [3].

HOCQUINCOURT [4] (Vocable : SAINT-FIRMIN-LE-MARTYR).
Présentateur : le Commandeur de St.-Maulvis.
Revenus : 460 livres [5].

HUITAINÉGLISE [6] (Vocable : SAINT-MARTIN).
Présentateur : l'Archidiacre de Ponthieu.
Revenus : 400 livres [7].

MOUFLIÈRES (Vocable : SAINT-NICOLAS) et LIGNIÈRES-HORS-FOUCAUCOURT (Vocable : SAINT-VALERY), son secours [8].
Présentateur : le Commandeur d'Oisemont.

DÉCLARATION faite le 10 mars 1728 par le titulaire maître Louis Desprez, approuvée.

A recevoir de la dite commanderie [9], 100 l. — Les novales, 66 l. — 1 journal de terre et 1 journal de pâture, 20 l. — Fondations de Mouflières, 6 l. — Celles de Lignières, 31 l. — Casuel, 20 l. — Total . . . . 243 l »
CHARGES. — Réparations du presbytère [10] . . . . 10 »

Reste net . . . . 233 »

NOTA. — Cette cure n'est pas imposée aux décimes.

---

[1] Les décimateurs étaient : le chapitre de St.-Vulfran, le commandeur d'Oisemont, l'abbé de St.-Acheul et le seigneur d'Hancourt-Haverna, pour une part inféodée. (*Pouillé de l'Archid.* f° 239. — *Livre-terrier de la commanderie d'Oisemont*, dressé en 1741, f° 352. Arch. départ. — Voy. ci-dess. I, 99.)

[2] Genicourt, au *pouillé* de 1301.

[3] En 1689 le curé jouissait seul de la dîme. (*Pouillé de l'Archid.* f° 241.)

[4] Hokencourt, au *pouillé* de 1301.

[5] Les décimateurs étaient : le commandeur (seigneur en partie), le prieur de St.-Pierre d'Abbeville, le curé, M. de Vironchaux et M. Desdimes, bourgeois d'Abbeville. Est-il permis de voir dans ce dernier nom une relation avec la possession de droits de dîmes ? (*Pouillé de l'Archid.* f° 242.)

[6] *Octava Ecclesia*, au *pouillé* de 1301.

[7] Les religieux de Sery étaient décimateurs. — Le tiers de la dîme de la paroisse leur avait été donné en même temps que la dîme de Framicourt (Voyez note 8 de la page précédente) par Pierre de Montières, et une autre fraction par l'abbé Thomas Tallet. (*Pouillé de l'Archid.* f° 244. — Voy. ci-dess. p. 99.)

[8] Cette paroisse n'existait pas en 1301.

[9] Celle-ci avait la totalité de la dîme sur le terroir de Lignières, et sur celui de Mouflières la commanderie avait 2/3 de la dîme, et les chapelains de St.-Pierre en St.-Vulfran l'autre tiers. (*Livre-terrier de la Commanderie d'Oisemont*, f° 354. — *Pouillé de l'Archid.* f° 267.)

[10] Le presbytère, l'église et le cimetière contenaient un journ. et 1/2. Ils dépendaient du domaine de la Commanderie d'Oisemont. (*Livre-terrier de la*

MESNIL-EUDIN [1] (Vocable : Saint-Barthélemy).

Présentateur : le prieur de Senarpont.

Revenus : 450 livres [2].

NESLE-L'HOPITAL [3] (Vocable : Saint-Martin) et FOUCAUCOURT (Vocable : Notre-Dame), son annexe.

Présentateur : l'Archidiacre de Ponthieu.

Déclaration faite le 15 mai 1728 par le titulaire maître André Du Cauroy, rectifiée.

La dîme [4], tant dans les champs que novales, produisant : 900 gerbes de blé, qui rendent 135 setiers, mesure d'Amiens, à 42 sols, 283¹ 10ˢ ; — 250 bottes d'avoine, qui rendent 50 setiers à 30 sols, 75¹ ; — 200 bottes de warats, 40¹ ; — et fourrages, 70¹. — Les vertes dîmes, 20¹. — 2 muids de cidre, 20¹. — 5 journaux de terre, 35¹. — Fondations de Nesle, 17¹. — Fondations de Foucaucourt, 4¹. — Casuel, 20¹. — Total . . 584¹ 10ˢ

Charges. — Réparations du presbytère, 10¹. — Réparations du chœur de l'église, 10¹. — Frais de dîme, 55¹. — Total. . . . . 75 »»

Reste net. 509 10

NESLETTE (Vocable : Saint-Martin) [5].

Présentateur : l'abbé de Sery.

Revenus : 300 livres [6].

NEUVILLE-COPPEGUEULE (Vocable : Saint-Pierre) [7].

Présentateur : l'abbé de St.-Fuscien-au-Bois.

Revenus : 680 livres [8].

Commanderie d'Oisemont, dressé en 1741, f° 339. Archiv. départem.)

[1] Maisnil-Odain, au *pouillé* de 1301.

[2] Les décimateurs étaient : le prieur de Senarpont et le Commandeur d'Oisemont. (*Pouillé de l'Archid.* f° 247. — *Livre-terrier de la Commanderie d'Oisemont*, f° 304. — Voy. ci-dessus p. 207.)

[3] *Nigella hospitalis*, au *pouillé* de 1301.

[4] Les décimateurs étaient : l'archidiacre de Ponthieu, le commandeur de St.-Maulvis, le prieur de Senarpont et le curé. (*Pouillé de l'Archid.* f° 252. — Voy. ci-dess. I, 15 ; II, 207.)

[5] Noielete, au *pouillé* de 1301. — Cette cure (*apud villam quæ Nigellula vocatur*) fut donnée à l'abbaye de Sery par l'abbé et le couvent de St.-Lucien de Beauvais, vers 1150. (*Hist. Ms. de Sery*, p. 26. — *Cartulaire de l'abbaye de Sery*, p. 35.) — Sur cette paroisse se trouve la chapelle de St.-Lambert, but d'un pèlerinage. Elle n'avait pas de revenus, sinon les offrandes du jour de l'octave de St.-Lambert, que le curé recevait. (*Pouillé de l'Archid.* f° 254.)

[6] En 1689 la dîme se partageait entre les religieux de Sery et le curé. Celui-ci se plaignait que les religieux de Sery prenaient avec violence des dîmes qui ne leur appartenaient pas. Il leur avait demandé portion congrue. — Le curé qui avait 45 ans, avait été perclus de tous ses membres pendant neuf mois. — Le presbytère était dans un fonds éloigné de l'église. (*Pouillé de l'Archid.* f° 254.)

[7] Nuevile, au *pouillé* de 1301. — Neuville-sous-Bresle, au *Pouillé* de 1682.

[8] En 1689 le curé jouissait de toute la dîme. (*Pouillé de l'Archid.*)

OISEMONT (Vocable : Saint-Martin) [1].
Présentateur : le commandeur du lieu [2].
Revenus : 1,200 livres [3].

RAMBURES (Vocable : Notre-Dame) [4].
Présentateur : le chapitre de Saint-Firmin-le-Confesseur d'Amiens.
Revenus : 500 livres [5].

RAMBURELLES [6] (Vocable : Notre-Dame).
Présentateurs : l'Ecolâtre et le Pénitencier d'Amiens, simultanément [7].
Revenus : 700 livres [8].

SAINT-GERMAIN-SUR-BRESLE [9].
Présentateur : l'abbé de St.-Fuscien.
Revenus : 400 livres.

---

[1] Oysemont (*Ausomons*), au *pouillé* de 1301. — Il y avait six secours ou vicariats : Cannessières, Fontaine-le-Sec, Forceville, Fresnes-Tilloloy, La Neuville-au-Bois, et Villeroy. (*Pouillés*.) — Le fief d'Arleux situé à l'extrémité du village de Cérisy dépendait aussi de la paroisse d'Oisemont. — Le 27 avril 1620, le seigneur de Forceville, Hugue, écuyer, avait obtenu de l'évêque François Lefebvre de Caumartin l'autorisation d'édifier en sa maison un oratoire ou chapelle, pour son usage. Quelques années après surgit une difficulté entre le commandeur d'Oisemont et damoiselle Hippolyte de Monthomer, veuve dudit Hugue de Forceville, parce qu'elle avait fait élever cette chapelle en forme d'église, avec clocher et porte sur rue, vis-à-vis de l'ancienne chapelle. Mais, par transaction du 23 décembre 1630, la nouvelle chapelle fut substituée à l'ancienne, et une portion de celle-ci fut accommodée pour le logement du chapelain. (Titres du Chartrier de M. le comte de F***, n° 52. — *Descript. du canton de Gamaches*, p. 170.)

[2] Les chevaliers du Temple avaient en 1301 le patronage de cette paroisse et de celle de Vaux. — La Commanderie de St.-Jean de Jérusalem avait succédé aux Templiers, dont l'habitation ou le palais (*palatium*), comme dit le chroniqueur, fut détruit par Edouard d'Angleterre, au mois d'août 1346. (*Chronique abrégée de St.-Riquier*, par Jean de la Chapelle, p. 232.)

[3] Les décimateurs étaient : ledit commandeur pour la plus grande partie, le prieur de St.-Pierre d'Abbeville, le chapitre de Longpré et l'Hôtel-Dieu d'Abbeville. — La dîme de laine appartenait à la Commanderie, à raison de 2 sols par dépouille de mouton. (*Pouillé de l'Archid.* f° 224. — *Livre-terrier de la Commanderie d'Oisemont*, fait en 1713, p. 193. — *Livre-terrier de la Commanderie*, de 1741, fol. 362 v°, 371 v°, 389 v°, 396 et 409. — Voy. ci-dess. I, 6 ; II, 2, 53 et 58.)

[4] Le chœur de l'église avait été rebâti par les décimateurs peu de temps avant 1689. — Un vicaire tenait l'école. (*Pouillé de l'Archid.* f° 255.)

[5] Les chanoines de St.-Firmin avaient toute la grosse dîme. Ils furent maintenus, par sentence du lieutenant au bailliage d'Amiens, du 24 Mai 1656, dans les dîmes grosses et prédiales, dans 2 gerbes de 9 des dîmes mixtes qui se recueillaient sur les enclos et jardins de la paroisse, et dans les deux tiers des menues dîmes et oblations, à l'encontre de l'autre tiers au curé. (*Extrait des Registres aux* Dictums *du bailliage d'Amiens.* — *Compte et Etat des revenus, etc. Titres de St.-Firmin. Arch. départ.* — *Pouillé de l'Archid.* f° 255.)

[6] Rambureles, au *pouillé* de 1301.

[7] Le *pouillé de l'Archid.* dit (f° 256) que la présentation se faisait tour à tour. — Cette cure avait été confirmée en 1138 par l'évêque Guarin au prieuré de Dompierre ; mais en 1218 l'évêque Evrard en attacha les revenus à la dignité du pénitencier. (D. Grenier, Mss. paq. 24°, lettre R, f° 28. — d'Achery, *Spicilegium*, XII, 165.)

[8] La dîme se partageait par tiers entre l'abbé de St.-Valery, les patrons-présentateurs et le curé. (*Pouillé de l'Archid.* f° 256. — Voy. ci-dess. I, 17 et 18.)

[9] La paroisse était desservie dans l'église du prieuré. (*Pouillé de l'Archid.* f° 259.) — En 1691 le presbytère consistait en une maison, avec cour, jardin et bâtiments tenant à la rue d'Aumale à Senarpont. Il dépendait du domaine fieffé du prieuré, auquel il

SAINT-LÉGER-LE-PAUVRE [1].

Présentateur : l'abbé de Saint-Pierre de Selincourt.

DÉCLARATION faite le 13 mai 1728 par le titulaire frère Jean-Norbert Magnier, rectifiée.

Vingt-neuf journaux de terre produisant : 90 setiers de blé, mesure d'Amiens, 189 l, — et en grains de mars, évalués à moitié, 94 l 10 s. — 30 journaux de pré produisant 6,000 bottes de foin, du poids de 18 livres, à 6 liv. le cent, 360 l. — 3 journaux de bois à coupe, 70 l. — Une petite dîme [2] évaluée, tous frais faits, 90 l. — 3 muids de cidre, 30 l. — Une pâture, 10 l. — Total 843 l 10 s.

CHARGES.

Frais de labour et semence des terres, 143 l. — Au prieur de St.-Denis de Senarpont [3], 24 setiers de blé, évalués 50 l 8 s, et 24 setiers d'avoine, 36 l. — Grosses et menues réparations tant du chœur que de la nef de l'église et du presbytère ; droits de l'archidiacre et du doyen de chrétienté, 80 l. — Garde des bois, 10 l. — Total des charges 319 l 8 s.

RÉCAPITULATION : — Montant des revenus . . . . 843 l 10 s
— des charges 319   8
Reste net. 524   2

SENARPONT (Vocable : SAINT-DENIS) [4].

Présentateur : le prieur du lieu.

Revenus : 500 livres [5].

TRANSLAY [6] (Vocable : SAINT-JEAN-BAPTISTE).

Présentateur : le chapitre de St.-Vulfran d'Abbeville [7].

Revenus : 400 livres [8].

devait 7 sols 6 deniers et 4 chapons de cens annuel, selon le dénombrement de ladite année sus rappelé (p. 205, note 3).

[1] On n'y comptait, en 1689, que 25 communiants, dans huit maisons ; l'église était petite et bâtie de bois. (*Pouillé de l'Archid.* f° 260.)

[2] Ce doit-être là cependant toute la dîme de la paroisse, puisque le curé en jouissait seul, selon le *pouillé de l'Archidiaconé*. Et, en effet, on n'en voit rien figurer ci-dessus (p. 124 et 127) dans les *déclarations* de l'abbaye de Selincourt, à laquelle elle devait appartenir, comme nous allons le voir.

[3] Cette redevance ne figure pas en sa *déclaration* ci-dessus. — Elle avait pour cause l'abandon fait, suivant composition de l'année 1152, au profit de l'abbaye de Selincourt, par celle de St.-Lucien de Beauvais, de toute la dîme de St.-Léger, laquelle appartenait à St.-Lucien et au prieuré de Senarpont, à la charge de payer à celui-ci 8 setiers de blé et 8 setiers d'avoine, à la mesure de Senarpont : ce qui représentait environ les mesures ici données. (*Cartul. de Selincourt*, f° 17, c^a. 30.)

[4] La paroisse était dans l'église du prieuré. (*Pouillé de l'Archid.* f° 258.)

[5] La dîme appartenait au prieur de Senarpont. (*Pouillé de l'Archid.* — Voy. ci-dess. p. 207.)

[6] Traniel, au *pouillé* de 1301.

[7] Le patronage de Translel lui fut donné par Jean II, comte de Ponthieu, selon charte de l'année 1138, énoncée ci-dessus p. 8, note 1.

[8] Le curé jouissait de la dîme, en payant un renvoi en grains au chapitre de St.-Vulfran. L'abbaye de Sery paraît avoir eu aussi des droits à la dîme. Le

VAUX [1] (Vocable : Notre-Dame).
Présentateur : le commandeur d'Oisemont.
Revenus : 400 livres [2].

PERSONNAT & CHAPELLES.

Personnat de CITERNE.
Collateur de plein droit : l'Evêque.
Revenus : 120 livres.

Chapelle de SAINT-MAUR, a Dodelainville [3].
Présentateur : le seigneur du lieu.

Déclaration faite le 15 juin 1728 par le titulaire maître Alexandre François de Forcheville, approuvée.

Une maison dépendant de la chapelle . . . . *Mémoire*.
Dix-huit journaux de terre, affermés . . . . 150¹ »
Charges. — Réparations de la chapelle et de la maison, 30¹. — Honoraires de 2 messes par semaine, 8¹, indépendamment de la jouissance de ladite maison.
— Total . . . . 38 »
Reste net. . . . . . 112 »

Chapelle de la MALADRERIE, a Oisemont [4] (Vocable : Sainte-Marie-Madeleine).
Revenus : 75 livres.

Chapelle castrale de SAINT-NICOLAS, a Rambures [5].
Présentateur : le marquis de Rambures.

Déclaration faite le 10 juin 1728 par le titulaire maître Pierre Le Mesnager, approuvée.

quart de la dîme du Translay avait été donné aux religieux de Sery par les sires de Cayeu avant 1185, et une autre fraction par Richard de Plois (*de Pleiis*) ; ce qui fut confirmé par Gautier de Camberon, en 1199, et par Jean de Camberon, chevalier, en 1220. (*Cartul. de Sery*, p. 73 et 237. — Voy. ci-dess. p. 97.)

[1] Vaus, au *pouillé* de 1301.

[2] Le commandeur avait les dîmes de Vaux, et l'abbé de St.-Valery celles de Marquenneville, hameau de la paroisse. — Il n'y avait pas de presbytère en 1689. (*Pouillé de l'Archid.* f° 234.)

[3] Elle était bâtie dans les champs. (*Pouillé de l'Archid.* f° 236.)

[4] Nous trouvons dans un bail des biens de l'ancienne maladrerie d'Oisemont, daté du 30 juillet 1630, une observation qui concerne notre chapelle. Elle porte que « le chapelain jouissait de 26 journaux de terre, en plusieurs pièces, à la charge de célébrer dans la chapelle 3 messes basses par semaine pour les fondateurs, les dimanche, mercredi et vendredi, d'entretenir le luminaire, de fournir le pain bénit, de chanter le jour de la *dédicasse* et le jour du patron de la chapelle, matines, haute messe et vêpres. » Le chapelain alors était maître Martin du Buisson. — Des observations mises par les administrateurs de l'hospice d'Oisemont sur une déclaration de ses biens datée du 27 février 1790, fait connaître que le titulaire devait être originaire de la paroisse et choisi par les habitants du lieu, qui en avaient été les fondateurs fort anciennement. (*Invent. de l'hospice d'Oisemont*, dressé par nous en 1858, série B, 1. Arch. municip.)

[5] Elle est nommée chapelle *du Frien* dite de St.-Nicolas, en *l'Inventaire des titres de Rambures*, f° 7 v°. (Papiers particuliers de M. Adalbert de Rambures.)

Dix-huit journaux de terre, évalués produire	150¹ »
Charges. — Deux messes par semaine, 52¹. — Messes que le chapelain est obligé de faire dire les fêtes et dimanches, lorsque le seigneur ou sa famille réside au château, 20¹. — Total	72 »
Reste net	78 »

Chapelle de Notre-Dame, au TRANSLAY [1].

Elle fut unie au chapitre d'Abbeville le 2 novembre 1711 [2].

Revenus : 180 livres.

---

[1] Fondée par Philippe, comtesse de Gueldre, dans son manoir de Transliaux, au mois d'août 1277. Elle l'aumôna de 8 liv. parisis sur la vicomté d'Abbeville et de 2 muids de blé pris à Martaigneville, en attribua la collation au chapitre d'Abbeville et chargea le titulaire de trois messes de *requiem* par semaine. — Renaut de Gueldre, fils de la fondatrice, donna des lettres de confirmation en 1304. (*Inventaire des titres de St.-Vulfran*, f° 9 r°. — Mss. D. Grenier, paq. 24°. Extr. du *Cartul. noir de St.-Vulfran*, p. 130.)

[2] Ce qui fut confirmé par lettres-patentes du roi, du mois de septembre 1714. (*Déclarat.* Arch. départ.)

X. DOYENNÉ DE RUE[1].

ABBAYE DE NOTRE-DAME, A FORESTMONTIER[2].

MANSE ABBATIALE.

L'abbé était à la nomination du roi.

DÉCLARATION faite le 15 mai 1730 par le chargé de procuration[3] de Mgr Paul-Robert de Beaufort, évêque de Lectoure, abbé commendataire, approuvée.

Cinquante-quatre journaux de terre à la sole, situés à Forestmontier ; — 37 autres de bois[4] à coupe, de l'âge de 15 ans ; — 12 autres de pré, situés à Bernay ; — un moulin situé audit lieu ; — la dîme entière de Frestmontier ; — celle de Cressy ; — celle d'Estrée ; — celle de Froyelle ; — celle de Machiel ; — celle de Machy ; — celle de Neuilly-l'Hôpital, en partie ; — celle de Visme en Vimeu, en partie ; — celle d'Arrest, en partie ; — les

---

[1] De ce doyenné dépendait un pays connu sous le nom de Marquenterre (Mareskiene terre, Mareskienterre, Mareskigne terre, Maresquieneterre : terre marécageuse), lequel était borné par la rivière d'Authie, le fief de Viliers, la banlieue de Rue, la rivière de Maye et la mer. Ces limites sont fixées par la charte de commune que Willaume, comte de Ponthieu, accorda aux habitants en 1199, et par une charte interprétative donnée par Jean de Neele, comte de Ponthieu et Jeanne de Castille, en 1266. Ainsi les villages et hameaux compris dans cette circonscription étaient : Quend, chef-lieu de la commune, Routeauville, Monchaux, St.-Quentin-en-Tourmont et Froize, plus 14 fermes. Tel était le Marquenterre proprement dit, et telle est aussi la circonscription que lui donne la carte de Cassini. C'est donc par abus que l'on considère quelquefois comme en faisant partie la ville et la banlieue de Rue, avec les villages environnants. (Archives municip. de Quend, AA. 1 ; FF. 1 et 6, pièces 5e et 6e. Invent. dressé par nous en 1860. — Arch. de l'hospice de Rue, B. 31. — *Topographie ecclésiastique de la France*, par M. Desnoyers, p. 553.)

[2] De l'ordre de St.-Benoît. Ce fut d'abord un simple hermitage établi, à l'entrée de la forêt de Crécy, par saint Riquier, qui s'y retira vers l'année 640. Ce fut ensuite un prieuré de la dépendance de l'abbaye de St.-Riquier ; et enfin, sous Hugues-Capet, vers la fin du xe siècle, aux clercs furent substitués des moines, qui eurent pour premier abbé Gui, religieux de l'abbaye de St.-Riquier. — Le prieuré (*cella*), qui avait été usurpé, fut restitué à cette abbaye par un diplôme de Charlemagne, de l'année 797. — En 845 on y comptait douze chanoines, comme on le voit dans les lettres-patentes du roi Charles-le-Chauve confirmatives de ses biens, datées du 5 des kal. d'octobre. (*Picardia christiana*, ms. f° 18. — D. Bouquet, *Rer. Gallic. et Franc. scriptores*, V, 759. — Hariulfe, *Chronic. centulens eccl.* lib. 1, n° 19 ; lib. 3, n. 7 ; apud d'Achery. — Piganiol de la Force, *Nouv. Desception de la France*, t. II, Picardie, p. 43. — Jean de la Chapelle, *Cronica abbreviata*, ch. v et xxvii. Mém. Soc. d'Emulation d'Abbeville. 1852-1857, p. 127 et 177.)

[3] Sur cette procuration se trouve un sceau en cire rouge portant trois fleurs de lis, 2 et 1, et en exergue : Sénéchal de Lectoure.

[4] S'agit-il de partie de ce bois dans les notes manuscrites de D. Grenier, portant que 121 journaux 38 verges et demie de bois, en la laie de Bonnelle, furent acquis en échange de la terre de Tourmont, en l'anné 1251 ? (Paquet 24e, liasse 30e. — M. Prarond, *Le Canton de Rue*, p. 222.)

consives de Forestmontier, Bernay, Machiel, Cressy et Arrest ; — les droits seigneuriaux. — Le tout affermé 9,700 ¹.

>   Nota. — L'abbé s'est réservé¹ la portion de dîme de Vironchaux, qu'on peut estimer 40 livres, mais pour laquelle il y a procès. Depuis dix ans on n'a rien touché de cette dîme, non plus que d'une petite redevance à Tirencourt. Pourquoi il n'en est parlé que pour *Mémoire*.

Charges.

Portion des religieux de l'abbaye, suivant le concordat, 2,060 ¹. — Portion congrue du curé de Cressy et 150 liv. pour son vicaire, 450 ¹. — Portion congrue du curé de Machy, 300 ¹. — Celle du curé de Machiel, 300 ¹. — Partie de la portion congrue du curé de Fontaine, 80 ¹. — Portion congrue du curé de Forestmontier, et 60 liv. pour son vicaire, 360 ¹. — Réparations de l'abbaye et des biens qui en dépendent, du moulin de Bernay, des chœurs des églises de Forestmontier, Machy, Machiel, Cressy, Estrée, Froyelle, Neuilly-l'Hôpital, en partie, Visme, en partie, et Arrest, aussi en partie, 2,000 ¹. — ² Total 5,550 ¹.

Récapitulation : Montant des revenus . . . . 9,700 ¹ »»
— des charges . . . . 5,550 »»

Reste net. . . . . . 4,150 »»

Manse conventuelle.

La Communauté était alors composée de 5 religieux ³.

Déclaration faite le 15 octobre 1728 par les religieux, rectifiée.

Le Couvent a : en argent, à recevoir de l'abbé, suivant concordat du 5 août 1691, la somme de 2,060 ¹ ; — 5 setiers de seigle, évalués à 6 liv. 14 sols l'un, 30 ¹ 10 ˢ ; — plus 2 journaux de bois, 80 ¹. — Partie de la dîme de Forestmontier ⁴, et la petite dîme de Neuville, produisant : 36 setiers de seigle, évalués 241 ¹ 4 ˢ ; — 6 setiers de blé, 48 ¹ 6 ˢ ; — 8 setiers de pamelle, 64 ¹ 8 ˢ ; — 12 setiers d'avoine, 69 ¹. — A recevoir des religieuses de St.-François de Rue : 9 setiers de seigle, 60 ¹ 6 ˢ ; — et 9 setiers d'avoine, 51 ¹ 15 ˢ. — Censives et légats du petit couvent, 49 ¹. — 27 journaux ⁵ de terre à Forestmontier, affermés : en argent, 24 ¹ ; — et 12 setiers de seigle, évalués 80 ¹ 8 ˢ. — Les prés de Bernay, affermés 65 ¹ 10 ˢ.

---

¹ Il s'était réservé en outre la maison abbatiale, pour y loger, quand il viendrait sur les lieux. (*Décl.*)

² La déclaration ajoutait une somme de 220 liv. pour les officiers de l'abbaye et trois gardes de bois. Le Bureau l'a omise, par oubli sans doute. — M. Le Sellier de Riencourt, doyen de la cathédrale, qui avait été longtemps titulaire de cette abbaye, avait racheté la capitation et le dixième, moyennant la création d'une rente de 120 livres, dont le fonds fut remboursé par ledit évêque de Lectoure. (*Déclarat.*)

³ Qui étaient : le prieur, le prévôt, le vicomte, le chantre et le dernier sans emploi. Il y avait aussi trois domestiques. (*Déclarat.*) — La réforme n'avait point été introduite dans cette abbaye. (*Pouillé de l'Archid.*, fº 276 vº).

⁴ Cette dîme est fort petite, parce que les terres qui y étaient sujettes enfermaient les terres de l'abbaye, qui sont exemptes de dîmes. (*Déclarat.*)

⁵ L'extrait porte, contrairement à la *déclaration* : 25 journaux. C'est une erreur.

Offices claustraux.

Le Prieur a : les menues dîmes de la paroisse, non évaluées, *Mémoire* ; — et 3 journaux de terre, affermés moyennant 2 liv. en argent ; — plus 1 setier de seigle, mesure d'Abbeville, estimé 6¹ 14ˢ. — Le Prévôt a : les amendes et les *recarts*, que lui conteste la maîtrise d'Abbeville, *Mémoire*. — Le Vicomte a : le droit d'afforage, affermé 15¹. — Le Chantre a : la dîme du Titre, affermée 36¹. — Total 3,255¹ 1ˢ.

Charges.

Luminaire de l'église, 200¹. — Pain et vin des messes, 35¹. — Blanchissage du linge de l'église, 33¹. — Entretien des cloches et de l'horloge, 20¹. — Aumône du jeudi-saint, 20¹. — Gages de trois domestiques, 200¹. — Total 508¹.

Récapitulation : Montant des revenus 3,255¹ 1ˢ
— des charges . . . . 508 »

Reste net. 2,747 1

Abbaye de NOTRE-DAME de Valloire [1]
Manse abbatiale.

Déclaration faite le 7 mai 1730 par le fondé de procuration de messire Hyacinthe de Broglio, abbé commendataire, rectifiée.

Une vieille maison qui sert de logis abbatial, basse-cour, vieilles granges et étables. —

---

[1] De l'ordre de Cîteaux. Elle fut fondée d'abord à Bonance (*Bonantiæ*) vers l'année 1137, transférée à Balance (*Balantiis*) après 1140, et définitivement fixée à Valloire (*Vallolius*) vers 1226. M. Bouthors (*Rapport descriptif et analytique sur le cartulaire de Valoires*) n'ose pas affirmer que Bonance ait été primitivement le siège de l'abbaye. Le doute naît pour lui de ce que, par charte du 15 des kal. de janvier 1137, Gui, comte de Ponthieu, faisant aux religieux, occupés à construire un monastère, donation d'une portion de terre sise à Bonance, se contenta de dire : *in loco qui dicitur Bonantia*, ce qui « exclue l'identité du lieu de Bonance, avec celui où les Cisterciens construisaient leur abbaye. » Cela est vrai : cette identité n'existe pas, on ne peut même pas se supposer. En effet, le comte Gui donne d'abord un terrain pour édifier le nouveau monastère (c'est-à-dire Balance) et de plus une portion de terre à Bonance. Etait-il donc nécessaire de rappeler qu'en ce lieu était le siège actuel et probablement provisoire de l'abbaye, encore peu considérable d'ailleurs ? Mais le doute doit cesser en présence d'affirmations sérieuses. Les Bénédictins de St.-Maur ont pensé qu'à Bonance avait été le siège primitif ; Piganiol dit que Valloire « tut d'abord fondée à une lieue d'Abbeville. » Mais, ce qui est plus précis ce sont les termes mêmes d'une charte de 1140, par laquelle l'abbé de St. Josse céda à Hugue, alors abbé de Bonance, la dîme de Mesoutre. Enfin une charte de Pierre, abbé de St-Riquier, de l'année 1150, en parlant évidemment de Balance, dit : « *ad novam abbatiam.* »

Par charte du 3 des ides de septembre 1138, Raoul de Beauram, seigneur d'Argoules pour la quatrième partie, donna aux Cisterciens tous ses droits sur le terroir d'Argoules, au milieu duquel est situé Balance. Il y avait alors et depuis peu de temps des chanoines réguliers de Prémontré, qui se retirèrent apparemment à Dommartin. Raoul avait réservé son quart des bois, que ses fils Aléaume et Guillaume donnèrent plus tard.

Les religieux de Balance obtinrent en 1143 de Gui, comte de Ponthieu, tout ce qu'il possédait *apud Valolias*, c'est-à-dire un vallon s'ouvrant dans la vallée d'Authie et que tenait Segon, son pêcheur. Il déchargea celui-ci de la servitude de pêcher et lui ordonna d'être désormais le serviteur des pauvres religieux. Plus tard, Benoît, clerc de Maintenay, fils de Segon, ayant pris l'habit de religieux, fit remise à l'abbaye

Les terres de la ferme de la basse-cour, et autres terres situées près de l'abbaye, Argoules et Petit-Chemin, consistant en 145 mesures à la sole, assises en enclave d'Artois, bois taillis contenant 16 mesures à coupe, de l'âge de 16 ans [1]. — La ferme de Balance, consistant en une maison, écuries, granges, étables, avec 160 mesures de terre à la sole, 20 mesures de pâture, 2 mesures de bois taillis à coupe tous les ans, de l'âge de 12 feuilles. — La ferme de Bonnance [2], consistant en une maison, granges, écuries, étables et autres bâtiments, avec 115 mesures de terre à la sole, et 20 mesures de bois taillis à coupe tous les ans, de l'âge de 10 feuilles. — Le moulin d'Argoules [3] situé en Artois, sur la rivière d'Authie. — 70 journaux de terre labourable à la sole, situés sur le terroir de Roche près d'Ivren. — 60 mesures de terre labourable à la sole, au terroir de Mezoutre. — 4 mesures de bois taillis à coupe tous les ans, de l'âge de 16 feuilles. — Le bois de Tilloy [4], consistant en 3 mesures 1/2 tous les ans, de l'âge de 12 feuilles. — Les 2/3 de la grosse dîme d'Ar-

de ce qu'elle lui rendait, à savoir : trois setiers de blé, un habit, des chausses et deux paires de souliers, chaque année, une robe, de deux ans en deux ans, et un manteau fait avec des peaux, de trois ans en trois ans. Hubert, frère de Benoît, confirma cette donation. — Cependant, selon le *Gallia Christiana* et la chronique manuscrite du monastère, les religieux n'auraient quitté Balance qu'en 1226. — Nous croyons cette date exacte, car jusqu'à ladite époque toutes les chartes ou à peu près ne parlent que de l'abbaye de Balance. L'une d'elles semblerait le démentir: c'est la copie d'une charte du comte Jean, du 1er janvier 1163, qui dit, en citant Balance : *ubi vetus abbatia fuit*. Mais nous pensons qu'il faut lire ici Bonance, parce qu'en effet Balance y est déjà nommé précédemment. — Ce ne fut pas à Valloire proprement dit qu'on transféra l'abbaye, mais un peu plus près d'Argoules.

La fondation de l'abbaye et la possession de ses biens furent confirmées par bulles des papes Eugène III, du 11 des kal. de juin 1147 et du 2 des ides de mars 1152, Alexandre III du 7 des kal. de mars 1174, et beaucoup d'autres.

Un bien petit nombre des titres de l'abbaye de Valloire a échappé à la destruction, entre lesquels un magnifique cartulaire du XIIIe siècle. Le tout est conservé dans les archives du département. (*Gall. Christ.* Instrum. col. 306, 307, 308 et 316. — Manrique, *Annales Cisterc.* — *Mém. Soc. Antiq. Pic.*, II, 186 et suiv. — *Cartulaire de Valloire*, nos 7, 22, 23, 83, 150, 316, 320. — *Discours sur l'abbaye de Balances ou de Valloiles*. Titres de Valloire. Archiv. Départ. — Piganiol de la Force, *Nouv. descript. de la France*, II, 45.)

[1] Nous venons de dire que le quart de la seigneurie d'Argoules provenait de Raoul de Beaurain et de ses fils. Raoul avait pris part, avec les Vallelois, ses parents, à la guerre contre Hue Camp-d'Avesnes, et par conséquent à la ruine de St.-Riquier. Sa donation fut sans doute aussi une expiation. Par titre de l'année 1162, Wautier Tirel confirmait aux religieux de Balance tout ce qu'ils possédaient à Argoule, plus le quart qu'ils tenaient de droit audit lieu, provenant de Raoul de Hupy. S'agit-il d'une autre portion de ladite terre, du même Raoul de Beaurain, ou de l'un de ses fils? — La terre d'Argoule est désignée dans ce dernier titre, comme dans d'autres, sous le nom de *Argovia*, et dans les bulles confirmatives de 1152 et 1174 sous celui de *Arguvia*. — Ses limites furent fixées entre le seigneur et l'abbaye par une transaction de l'année 1357. (*Discours sur l'abbaye de Balences ou de Valloiles*. — *Gallia Christ.*, X, Instrum. col. 316.)

[2] Il est à croire que les comtes de Ponthieu avaient donné Bonnance aux Cisterciens pour leur primitif établissement. Après le départ des religieux, ils ajoutèrent encore à leur ferme. Ainsi Gui, 1er du nom, par le titre de 1157 que nous venons de citer; Gui IIe, en 1162; et son fils Jean, en 1176. (*Cartul. de Valloire*, nos 319 et 320.)

[3] Il est cité aux bulles confirmatives de 1174 et 1244. (*Cartul. de Valloire*, nos 1 et 7.)

[4] Une partie de ce bois fut donnée à l'abbaye par Symon de Machi, de l'agrément de ses cinq fils et de Clémence, sa femme, en l'année 1177. Une autre partie (*sequelam*), si ce n'est pas la même, qui avait été transmise par ses mains, selon la forme féodale, provenait de Jean, comte de Ponthieu, comme il est dit en une charte confirmative souscrite par Mathieu de Montmorency et Marie, sa femme, comtesse de Pon-

goules. — Les 2/3 de la dime de Maintenay [1]. — Les cens et surcens sur la ferme de Bonneval, sur plusieurs maisons à Abbeville [2], quelques terres près de Petit-Chemin et près de Rue [3]. — Le tout affermé, y compris les droits de lods et ventes, épaves, amendes et généralement tout ce qui peut appartenir à la dite manse, moyennant 10,650 l.

Charges.

Supplément de portion congrue au curé de Maintenay, 53 l. — A l'abbaye de Forestmontier : 13 setiers d'avoine [4], mesure de Montreuil à 5 liv. 1 sol l'un, 65 l 13 s. — A l'abbaye de St.-Josse-sur-mer, un marc d'argent [5], évalué 18 l. — A l'abbaye de St.-Ricquier, 25 l. — Au couvent des Chartreux d'Abbeville, 4 l 10 s. — Au chapitre de Dourier, 6 setiers 4 boisseaux de blé, mesure de Montreuil, à 8 liv. 8 sols le setier, 52 l 10 s. — Au sieur de Nourriverville de Revelois, 12 setiers de blé, même mesure, 100 l 16 s ; — 12 setiers de seigle, 84 l ; — 24 setiers d'avoine, 121 l 4 s. — Au seigneur de Dompierre : 9 setiers de blé, évalués 75 l 12 s ; — et 9 setiers de seigle, 63 l. — Au seigneur d'Arponville : 6 setiers 4 boisseaux de blé, évalués 52 l 10 s ; — et 6 setiers 4 boisseaux d'avoine, 31 l 11 s 3 d. — Au curé de Montigny, pour l'administration des sacrements aux habitants de Préaux [6],

---

thieu et de Montreuil, au mois de juillet 1248. — La bulle de 1244 fait mention de ce bois. (*Cartul. de Valloire*, nos 97 et 364.)

[1] Cette dime est mentionnée en la bulle confirmative de l'année 1244, que nous allons rappeler.

[2] La bulle confirmative de 1244 énonce des cens à Abbeville. — Renier, fils de Hawid de Cambron, donna en 1233 à l'abbaye 9 sols parisis et deux chapons de cens sur une maison située dans le quartier de Vimeu. (*Cartulaire de Valloire*, n° 522.)

[3] Ne faut-il pas ajouter quelques cens à Montreuil, pour aliénation par les religieux, à une époque non connue, d'un manage qu'ils y avaient autrefois, situé rue dite le Pan, auprès de l'abbaye de St.-Sauve ? Ils l'avaient acheté de Jacques de Boetin, bourgeois de Montreuil ; et les maire et échevins les avaient affranchis de la taille, par titre du mois de février 1259 ; ce que confirma le roi Louis IX, par lettres du même mois. (Titres de Valloire.)

[4] Cette redevance avait évidemment pour cause l'acquisition des droits de l'abbaye dans le territoire de Cressy-Grange. Elle figure, au titre pour 12 setiers à la mesure de Cressy, et ici pour 13 setiers à la mesure de Montreuil, qui était plus faible. (Voy. ci-après p. 221, note 1.)

[5] La déclaration des biens de l'abbaye de St.-Josse ci-devant transcrite porte que c'est à cause de la ferme de Balance. Cependant il est probable que c'est pour l'abandon fait à ce prix à Hugue, abbé de Bonance, par Thibaut, abbé de St.-Josse, de la dime de toutes les terres de Mesoutre, que les religieux défricheraient de leurs mains et à leurs frais, selon titre du 1er janvier 1140. Par transaction de l'année 1145 l'abbaye de St.-Josse céda encore à celle de Valloire tous ses droits en terres, bois et dimes sur Mesoutre, moyennant deux marcs d'argent. Cette nouvelle redevance ne figure ni en la déclaration de St.-Josse, ni ici. (*Copie du Cartul. de St.-Josse*, p. 134. — Voy. ci-dessus p. 186.)

[6] Un dénombrement ancien, mais sans date, tiré de la Chambre des comptes, porte que l'abbaye de Valloiles possédait deux villettes, l'une nommée Prayaux et l'autre Ratieuville, contenant 29 mesures tant de terre comme de pré, » et qu'il en dépendait 62 mesures de terre. — Les hôtes et tenants de ces villettes passèrent aveu devant les hommes-liges tenant la cour à Valloiles, au mois de janvier 1329. — Les terres de Prael furent données à l'abbaye par Willelme de Montreuil, du consentement de son épouse Ymberge, le 2 des nones de février 1144. — La terre de Préals est comprise dans la bulle confirmative du pape Eugène III, de l'année 1152. — En 1171 Gérard de Préaux vendit au couvent la terre de Mouflières qu'il tenait à cens de l'abbaye de St.-Ricquier, et lui donna le moulin de Préaux, des terres à labour, etc. (*Cartul. de Valloire*, nos 23 et 367. — *Note énonciative de divers titres*. Extrait délivré en 1710 d'un ancien registre intitulé : *Dénombrement des bailliages d'Amiens et de Doullens*, côté M, f° 61 1/2 61, en dépôt en la chambre d'Anjou. Titres de Valloire.)

paroisse de Valloire, 2 setiers de blé, 16¹ 16ˢ ; — et 2 setiers de baillart, 12¹ 2ˢ — Au seigneur d'Argoules, 8¹. — Gages des officiers de justice et de 6 gardes de bois, 400¹. — Réparations du logis abbatial, de la basse-cour, des fermes de Balance et de Bonnance, et du moulin sur la rivière d'Authie, 600¹. — Aux religieux de l'abbaye, pour l'acquit des charges claustrales et des réparations ¹, 555¹. — Total 2,336¹ 4ˢ 3ᵈ.

RÉCAPITULATION : Montant des revenus . . . . 10,650¹ » »
   — des charges 2,336 4ˢ 3ᵈ

      Reste net. 8,313 15 9

MANSE CONVENTUELLE ².

La Communauté était alors composée d'un prieur et de 14 religieux profès.

DÉCLARATION faite le 4 mai 1730 par le prieur et les religieux, rectifiée.

REVENUS AFFERMÉS.

La ferme de Mezoutre ³, avec 100 mesures de terre labourable à la sole, 20 mesures de

---

¹ Après bien des difficultés, une transaction de l'année 1690 avait fixé cette charge a 900 livres, que s'obligea de payer annuellement messire Louis Léger d'Escorailles de Roussille de Fontange, abbé commendataire, demeurant à Paris. De nouvelles conventions sans doute ou un nouveau procès modifièrent le chiffre. (Titres de Valloire.)

² Le dénombrement tiré de la Chambre des comptes, que nous venons de citer, fait voir que l'abbaye était ceinte de murs d'un côté et de la rivière d'Authie de l'autre : ce qui donnait une contenance de 60 mesures.

³ Il paraît que le domaine de Mezoutre appartint aux seigneurs de Dourier avant de passer aux religieux de Valloire. — En l'année 1137 Robert de Alli, noble homme, en expiation de la part qu'il avait prise à l'incendie de Saint-Riquier, fit donation aux religieux de Citeaux, demeurant en Ponthieu, de toutes ses possessions au terroir de Mezoutre. En 1147 son fils Hugue confirma cette donation. — En l'année 1145 l'abbaye de St.-Josse-sur-Mer abandonna à l'abbaye de Balance tous ses droits en terres, bois et dîmes à Mezoutre, à la charge d'un cens de deux marcs d'argent. — En 1147 l'abbaye de St.-Riquier lui abandonna, à son tour, la ferme ou cense de Mezoutre. Le domaine s'accrut depuis des dons faits par Adam Chereth, seigneur de Dourich, du consentement de sa femme Misellende, de la terre de Mesoultrel, vers l'année 1192 ; par Erembald, gendre d'Adam, de la quatrieme partie de la terre de Mesoultrel, en 1193 ; par Gérold, d'une même quotité ; par Robert, cheva-

lier, seigneur de Dourier, du terrage de l'autre moitié de tout le terroir de Mosultrel, et par Hugue Escapet de tout ce qu'il tenait en fief des dits Gérold et Erembald, par un même titre de l'année 1195 ; par Herbert de Proevile, du consentement de Marie, sa femme, de 2 journaux de terre dans le champ situé devant la porte de Mezoutre, en 1227 ; par Thomas dit Bonnart, de 6 journaux de terre sur le terroir de Douniois, tenant aux terres de Mezoutre ; ce que ratifièrent sa veuve Lienarde et ses trois filles devant l'official d'Amiens, au mois de juillet 1290.

Les religieux achetèrent aussi : de Thomas Bonnart, homme lige et parent de Hugue Chéret, seigneur de Dourher, tout son terrage à Mezoutre et Hastinaugle, en 1245 ; de Pierre Lerats, du consentement de Hugue Lerats, son héritier et de Jean Marcadé, son seigneur, deux pièces de terre entourées par celles de Mezoutre, en 1248 ; de Pierre de Creseke, 2 journaux de terre mouvant du seigneur de Dominois, situés à l'épine de Mordancamp, au côté des terres de Mezoutre, en 1277.

Les religieux de Valloire ayant détaché de Mezoutre 120 mesures de terre contigues au terroir de Dominois, pour les bailler a cens, les nouveaux propriétaires donnèrent à leur ferme le nom de *petit Mezoutre*. (Cartul. de Valloire, nᵒˢ 84, 85, 86, 102, 412 et 113. — *Copie du Cartul. de St.-Josse-sur-la-Mer*, p. 123. — *Mémoire à consulter*, 1369, p. 9 et 10. — *Dénombrement* de 1346. Titres de Valloire. — J. de la Chapelle, *Cronica abbreviata*. Mém. Soc. Émulat. d'Abbeville, 1832-1837, p. 213.)

pâture, 2 mesures de bois à coupe de l'âge de 12 ans, affermée moyennant : en argent, 500 ¹ ; — 96 setiers de blé, mesure de Montreuil, 806 ¹ 8 ˢ ; — 90 setiers de seigle à 7 liv., 630 ¹ ; — 50 setiers de scorion et baillart, à 6 liv. 1 sol l'un, 327 ¹ 10 ˢ ; — et 30 setiers d'avoine, à 5liv. 1 sol le setier, 151 ¹ 10 ˢ. — La ferme de Cressy. — Grange ¹ et divers bâtiments, avec 180 mesures de terre labourable à la sole, 15 mesures de pâtures, et 5 mesures de bois taillis de l'âge de 12 ans, affermés : en argent, 700 ¹ ; — 106 setiers de blé, 890 ¹ 8 ˢ ; — 120 setiers de seigle, 840 ¹ ; — 50 setiers de scorion et baillart, 327 ¹ 10 ˢ ; — et 60 setiers d'avoine, 303 ¹. — Les terres et bois de Roche ², situés entre Yvren et Maison-Ponthieu, consistant en : 5 mesures de bois taillis à coupe et 70 mesures de terre à la sole, affermés : en argent, 1,500 ¹ ; — plus 15 setiers d'avoine, 75 ¹ 15 ˢ. — 50 mesures de terre à la sole, situées au terroir de Roche, affermées : en argent, 890 ¹ ; — 15 setiers de blé, 126 ¹ ; — et 8 setiers d'avoine, 40 ¹ 8 ˢ. — 25 mesures de terre labourable à la sole, situées au terroir de Roche, affermées : en argent, 120 ¹ ; — 29 setiers de blé, 243 ¹ 12 ˢ ; — 18 setiers de seigle, 126 ¹ ; — et 13 setiers d'avoine, 25 ¹ 13 ˢ. — 20 mesures de terre à la sole, audit terroir de Roche, affermés : en argent, 75 ¹ ; — et 25 setiers de seigle, 175 ¹. — 13 mesures de terre situées au terroir de Tilloy ³, 90 ¹. — 20 mesures de terre à la sole, qui faisaient autrefois partie du domaine de Mezoutre, affermés moyennant : en argent, 40 ¹ ; — 39 setiers de blé, 327 ¹ 12 ˢ ; — et 16 setiers d'avoine, 80 ¹ 16 ˢ. — 7 mesures de terre à la sole, au terroir de Mezoutre, affermés moyennant : en argent, 16 ¹ ; — 16 setiers de blé, 134 ¹ 8 ˢ ; — et 8 setiers d'avoine, 40 ¹ 8 ¹. — Une branche de dîme sur le terroir de Noyelle-en-Chaussée, 20 ¹.

---

¹ Elle faisait partie des biens abandonnés aux Cisterciens par les Prémontrés, lorsque ceux-ci leur cédèrent la place à Balance. — En l'année 1154 Jean, abbé de Forestmontier, céda à Rogon, abbé de Balance, tout ce que son couvent possédait dans le territoire de Cressy-Grange, moyennant 12 setiers d'avoine à la mesure de Cressy, à prendre dans la dite ferme. — Celle-ci est mentionnée dans les confirmations de 1174 et de 1244. — Le dénombrement que nous avons cité porte sa contenance à 784 mesures en terres, pâtis et bois. (*Cartul. de Valloire*, n°ˢ 1, 7 et 208. — *Discours sur l'abbaye*, etc. Titres de Valloire. — Voy. ci-dess. p. 217, note 1 et p. 219, note 4.)

² L'ancien dénombrement cité s'exprime ainsi : « une maison nommé Roches, avec plusieurs terres arables, à laquelle appendent 76 mesures de bois. » — Des lettres de l'évêque Thierry de l'année 1156 constatent que Ibert de Dorlens, fils de Robert, donna en aumône à l'église de Balance toute la terre et le bois de Roches, qui dépendaient de son fief, en présence de J. comte de Ponthieu et de Yde, sa mère. — En 1174 Ive de Maisons et Arnulphe, son frère, renouvelèrent la donation qu'ils avaient faite précédemment à l'église de Balance de 20 arpents de terre auprès de Roches, qui relevaient d'elle. — Alelme, prévôt de Noyelles (*de Noierus*), fils d'Adam, donna au couvent, du consentement de sa femme Aélis, 16 arpents de bois au terroir de Roches, en l'année 1193, et la quatrième partie du terroir de Roches, en 1194. — Le 3 des nones de mars 1196 Robert, chevalier de Noyelles, et Hugue, son frère, ratifièrent l'aumône que leur père Oylard, défunt, avait faite à l'abbaye, de la 4ᵉ partie de la terre et du bois de Roches, du consentement du dit Ibert de Dorlens. (*Cartul. de Valloire*, n°ˢ 89, 92 à 95.)

³ Nous avons donné l'origine du bois de Tilloy, dont jouissait l'abbé. — Le dénombrement tiré de la Chambre des comptes porte que l'abbaye avait aussi une maison nommée Tilloy, avec plusieurs terres. Elle est désignée sous le nom de grange ou ferme (*grangia*), alors habitée par un moine, dans une donation de cens de l'année 1219, et dans la charte confirmative du mois de juillet 1248. (Voy. ci-dessus p. 218, note 4. — *Cartulaire de Valloire*, n°ˢ 364 et 499.)

Revenus non affermés.

Vingt-cinq mesures de bois taillis à coupe, nommé *le bois Tronquoy* [1], 750¹. — Le fief de Roche situé près d'Yvren et de Maison-Ponthieu, dont relèvent plusieurs terres, 40¹. — A recevoir de l'abbé de Valloire, pour toutes charges et réparations, comme il est porté au partage, 555¹. — Total des revenus, 11,007¹ 18ˢ.

Charges.

Au seigneur de Dominois [2] : 24 setiers de blé, évalués 201¹ 12ˢ ; — et 24 setiers d'avoine, 121¹ 4ˢ. — Au domaine de Ponthieu, 6 setiers d'avoine, mesure d'Abbeville, 34¹ 10ˢ. — 400 liv. de rente, dus par contrat de 1728. — Entretien de l'église, des lieux réguliers, de la maison et des fermes de Mezoutre et de Cressy, 905¹. — Entretien de la sacristie, compris le blanchissage des linges de l'église, 250¹. — Gages et nourritures de 6 domestiques et 2 enfants de chœur, 1,000¹. — Gages du jardinier : en argent, 170¹ ; — 9 setiers de blé, 75¹ 12ˢ ; — 4 cordes de bois à 5 liv. l'une, 20¹ ; — 200 fagots à 5 liv. le cent, 10¹ ; — 4 barils de bière à 4 liv. 10 sols le baril, 18¹. — Gages de 6 gardes de bois, 540¹. — Hôtes et leurs chevaux que l'abbaye est tenue de recevoir, 800¹. — Charges de l'ordre, tant pour les droits du visiteur que pour le chapitre général, 54¹. — Total 4,599¹ 18ˢ.

Récapitulation : Montant des revenus 11,007¹ 18ˢ
     — des charges 4,599 18
         Reste net. . . . . . 6,408 »»

Couvent des FILLES DE SAINT-FRANÇOIS (sœurs grises), a Rue.

La Communauté n'était point assujettie à un nombre limité. Elle était composée alors de : 13 sœurs de chœur, 3 novices et 2 converses [3].

Déclaration faite le 26 août 1730 par la supérieure, Marie-Anne Tillette de Sᵗᵉ-Barbe, et les religieuses, rectifiée.

Revenus affermés.

La ferme de la Pâture, située à 1/2 lieue de la mer, consistant en maison et plusieurs bâtiments, terres à labour [4], prés et pâtures, affermée : en argent, 300¹ ; — et 30 setiers de blé, mesure d'Abbeville, 241¹ 10ˢ. — La ferme des Turelles-lès-Rue, avec plusieurs bâtiments, affermés : en argent, 165¹ ; — et 30 setiers de blé, 241¹ 10ˢ. — Une petite

---

[1] Il figure dans la bulle confirmative de 1174 sous le nom de Triunchei, et sous celui de Trunkoi dans celle de 1244.

[2] Cette rente était à prendre sur la grange de Mezoutre. Elle avait pour cause la donation du terrage du lieu par Ansiaus de Caieu, sire de Dominois, du consentement de Maroie, sa femme, en l'année 1283.

Un arrêt du Parlement de Paris du 3 mars 1731 reconnut que la rente était seigneuriale. (*Mémoire à consulter*, XVIIIᵉ siècle. Titres de Valloire.)

[3] Il y avait en outre trois domestiques. (*Déclarat.*)

[4] La *déclaration* porte que depuis le bail, plus de 40 journaux de ces terres avaient été couverts de sable.

cense dans la banlieue de Rue, affermée : en argent, 300¹ ; — 17 setiers de blé, 136¹ 17ˢ ; — et 6 setiers de baillart, 36¹. — La ferme de Becquerel, 120¹. — 10 mesures de terre dans la paroisse de St.-Jean, 100¹. — 30 mesures de terre au terroir de Bélinval, affermées moyennant 30 setiers de blé, 241¹ 10ˢ. — 50 journaux de terre au terroir de Comploton, paroisse de Rue, 360¹. — 4 mesures de terre au terroir de Quend, 21¹. — 4 autres au terroir de St.-Firmin, 16¹. — 2 autres au terroir de Buigny-lès-Gamaches, 15¹.

Revenus non affermés.

Treize mesures de pré situées aux terroirs de Hère, Halbourdin et Vercourt, évaluées 26¹. — 31 parties de surcens, faisant ensemble 204¹. — La maladrerie de Lannoy¹, consistant en terres labourables, prés, pâtures et redevances tant en argent qu'en grains dues par divers particuliers, savoir : en argent, 59¹ 19ˢ 1ᵈ ; — en baillart, 7 setiers, 42¹ ; — en seigle, 64 setiers 12 boisseaux, 433¹ 16ˢ 6ᵈ ; — en avoine, 56 setiers 8 boisseaux, 324¹ 17ˢ 6ᵈ ; — en blé, 20 setiers, 161¹ ; — en bois, une valeur de 175¹ ; — et en censives, 21¹ 18ˢ.

Rentes.

Vingt-deux parties de rentes, dont quelques-unes sont en non valeur, formant ensemble, 172¹. — Deux parties de rentes viagères, 100¹. — Sur l'hôtel-de-ville de Paris, 229¹ 12ˢ. — Total des revenus, 4,234¹ 10ˢ 1ᵈ.

Charges.

Réparations de la ferme de la Pâture, fossoyage et nocage, 150¹. — Plusieurs parties de censives, 48¹ 6ˢ. — Réparations de la ferme des Turelles, 100¹. — Celles de la petite cense, fossoyage et nocage, 80¹. — Réparations de la ferme de Becquerelle, nocage et fossoyage, 40¹. — Réparations de l'église et des lieux réguliers, 150¹. — Plusieurs parties de censives dues à cause des lieux réguliers, des fermes et terres, 99¹ 9ˢ 6ᵈ. — Au chapelain ² de Lannoy, 30 setiers de seigle, mesure d'Abbeville, évalués 201¹. — A l'abbaye de Forestmontier : 13 setiers 1/2 de seigle, évalués 90¹ 9ˢ ; — et autant d'avoine, 77¹ 12ˢ 6ᵈ. — A la dame de Saucourt ³ et au sieur de la Retz : 4 setiers de seigle, 26¹ 16ˢ ; — 3 setiers d'avoine, 17¹ 5ˢ ; — et en argent, 5¹ 17ˢ 6ᵈ. — A l'hôpital de Rue, pour le quart ⁴ de la maladrerie de Lannoy, 170¹. — Nourriture et entretien du confesseur, 500¹.

---

¹ Elle fut unie au couvent des religieuses du tiers ordre de saint François, par lettres du roi Henri IV, datées des 6 décembre 1598 et 20 décembre 1603 ; puis remise à l'ordre du Mont-Carmel le 29 novembre 1674, et enfin réunie de nouveau au couvent de saint François, par arrêt du Conseil du mois de juillet 1701. En 1709, comme en 1730 probablement, les biens de cette maladrerie consistaient en 48 mesures de terre à la sole, des censives en grains et une redevance sur le comté de Ponthieu de 18 setiers de froment et 6 setiers d'avoine, laquelle redevance se payait en argent. (*Déclarat.— Acte de remise*, et *États des revenus. Invent.* dressé par nous en 1860. Archives de l'hospice de Rue. III. A, 1 ; I. B, 25.)

² « Les charges comprises en cet article et les deux suivants sont imposées à cause de la maladrerie de Lannoy. » (*Déclarat.*)

³ La *déclaration* porte Saucourt et l'extrait Iaucourt. Nous n'avons trouvé ni l'un ni l'autre soit dans la carte de Cassini, soit ailleurs.

⁴ Le chiffre de 170 livres avait été fixé par tran-

— Entretien de la sacristie, 150¹. — Nourriture et gages de trois domestiques, 500¹. — Total 2,406¹ 15ˢ 6ᵈ.

Récapitulation : Montant des revenus 4,234¹ 10ˢ 1ᵈ
      — des charges 2,406 15 6

                    Reste net 1,827 14 7

CURES.

ARRY (Vocable : Saint-Quentin) ¹.

Présentateur : l'abbé de St.-Josse-sur-Mer ².

Déclaration faite le 6 août 1728 par le titulaire maître Firmin Lefebvre, rectifiée.

La dîme³ produisant : 12 setiers de blé, mesure d'Abbeville, évalués 96¹ 12ˢ ; — 34 setiers de seigle, 227¹ 16ˢ ; — 200 bottes de lentilles et d'hivernache, 40¹ ; — 8 setiers de pamelle, 64¹ 8ˢ ; — et 20 setiers d'avoine, 115¹. — Dîme de laine, d'agneaux et autres menues dîmes, 70¹. — Fondations⁴, 19¹ 15ˢ. — Casuel, 6¹. — Total 639¹ 11ˢ.

Charges.

Aux religieux de l'abbaye de St.-Saulve de Montreuil, pour une portion de dîme sur la paroisse, 40¹. — Au chapitre de Noyelle, pour même cause, 10¹. — A l'hôpital de Rue ⁵, 2 setiers 1/2 de seigle, 16¹ 15ˢ. — Frais de dîme, 40¹ seulement, attendu qu'il n'est point parlé de fourrages. — Réparations du presbytère, 15¹. — Réparations du chœur de l'église, desquelles le curé doit être chargé en partie. Il n'en est pas fait mention en la déclaration, *Mémoire.* — Total 121¹ 15ˢ.

Récapitulation : Montant des revenus 639¹ 11ˢ
      — des charges 121 15

                    Reste net 517 16

saction de 30 décembre 1709, comme représentatif du quart qui, d'après le susdit arrêt, devait revenir à l'Hôtel-Dieu de Rue, dans les biens de cette maladrerie. Mais on voit qu'il était bien inférieur, et un *Etat des revenus* de l'Hôtel Dieu, de l'année 1731, rappelle cette inégalité imposée par la transaction. (Archives de l'hospice de Rue, I. B. 25.)

¹ Le curé accuse 32 feux ou maisons. (*Declarat*).

² Cet autel lui fut confirmé par l'évêque Ingelran le 10 des kalendes de juillet 1123. (*Copie du Cartul. de St.-Josse-sur-la-Mer*, p. 97.)

³ A l'exception des droits du chapitre de la cathédrale, qui consistaient dans le tiers des dîmes grosses et prédiales sur le champ dit St.-Jean-des-Marets et sur Lauyers. Il avait acquis des prévôt et procureur de l'hôpital St.-Nicolas de Rue, la tierce gerbe sur le fief de Raoul de Moroel (*alias Moreul*), en échange de 9 setiers de grain, dont « le tierch soile, le tierch bailliart et le tierch avaine, » par titre du 9 février 1348. — Le prieur de Noyelles avait aussi une petite dîme sur le lieu dit les Essarts, et l'abbaye de St.-Sauve de Montreuil avait un petit dîmeron. (Titres du chapitre d'Amiens, arm. 5, liasse 61, nᵒˢ 1 et 3.—Voy. ci-dess. p. 181.)

⁴ C'est-à-dire 33 obits, dont 9 à haute voix, et le *Languentibus* tous les mois. (*Lettre* annexée à la *déclaration.*)

⁵ Cette redevance avait pour cause l'abandon par

AVESNES (Vocable : Saint-Riquier) [1].

Présentateur : le préchantre de la cathédrale.

Déclaration faite le 24 janvier 1730 par le titulaire maître Augustin Nourtier, rectifiée.

La dîme [2] produisant : 22 setiers de blé, mesure d'Abbeville, évalués 177 ¹ 2 ˢ ; — 10 setiers de seigle, 67 ¹ ; — 28 setiers d'avoine, 161 ¹ ; — 5 setiers de pamelle, 40 ¹ 5 ˢ ; — 550 bottes de lentilles et hivernache, 99 ¹ ; — 100 bottes de warats et bisaille, 20 ¹ ; — et 300 bottes de foin, 24 ¹. — Dîme de laine, 30 ¹. — 32 obits bas, 16 ¹. — Casuel, 3 ¹. — Total . . . . 637 ¹ 7 ˢ

Charges. — Réparations du chœur de l'église, 10 ¹. — Réparations du presbytère, 15 ¹. — Frais de dîme, 120 ¹. — Total . . . . 145 »

³ Reste net. 492 7

BÉTAUCOURT (Vocable : Saint-Firmin) [4].

Présentateur : le chapitre d'Amiens [5].

Déclaration faite le 22 août 1728 par le titulaire maître François-Joseph Colpart, approuvée et complétée.

Un tiers de la dîme [6] produisant : 100 setiers de blé, mesure d'Amiens, évalués 210 ¹ ; — 35 setiers de seigle, 61 ¹ 5 ˢ ; — 15 setiers d'orge, 29 ¹ 5 ˢ ; — 15 setiers de pamelle,

---

l'hôpital de sa branche de dîme sur le terroir d'Arry, moins le fief de Wadricourt où le curé dîmait seul. Cette dîme avait été donnée à l'hôpital par les religieux de Forestmontier. (Titres du chapitre d'Amiens, arm. 5, liasse 61, n° 6.)

¹ Fresne était secours de la paroisse. (*Pouillé de l'Archid.* f° 269.) — Avesnes est aujourd'hui annexe de Vron.

² Il en appartenait 2/3 aux religieux de Valloire, mais le curé jouissait seul du tout. (*Pouillé de l'Archid.*) — Le tiers des dîmes grosses et menues du terroir d'Avesnes, de Maisnil et de Fraisnes provenait de la donation faite par Robert Potente, prêtre (curé) de Montegni, qui l'avait retiré des mains de Willaume de Ponches, surnommé le Clerc, et qui en avait joui pendant 20 ans, suivant lettres de l'évêque d'Amiens, du mois d'avril 1242. — Un cinquième de toute la dîme des mêmes lieux avait été donné à l'abbaye par Ricalde dite le Sauvage de Ponches, en 1250. (*Cartul. de Valloire*, n°ˢ 1, 125 et 148.)

³ Une déclaration avait été déjà produite par le même titulaire le 11 août 1728. Elle différait peu de celle-ci, et le revenu net de la cure y était porté à 443 livres. (Archiv. départ.) Le Bureau diocésain a visé les deux par inadvertance.

⁴ Bertaucourt, au *pouillé* de 1301. — En 1728, il y avait 50 maisons, la plupart occupées par de pauvres gens. (*Déclarat*.)

⁵ Le personnat et l'imposition des prêtres dans l'église de Bertoucort près Rue fut confirmé au chapitre par l'évêque Thibaut en l'année 1197. (*Cartul. du chapitre d'Amiens*, I, f° 105.)

⁶ Le surplus de la dîme restait appartenir au chapitre d'Amiens, lequel avait acquis de Willerme de Daminois, chevalier, du consentement d'Emme, son épouse, dame de Cokerel, au mois d'avril 1286, tout le grain et les ablais qu'il percevait dans la grange du chapitre à Bertaucourt en Marquenterre (*in Mareskina terra*) et dans les dîmes. Au mois d'août 1287, leur fils Jean de Daminois, écuyer, ratifia la vente. — Un bail de la dîme fait par le chapitre au profit de Raoul Delille (*de Insula*), l'un des curés (*alter curatus*) de Rue et de Pierre Blond, vicaire (*rector*) de la paroisse de Bertaucourt, le 12 mai 1430, constate que ce dernier avait droit alors à la neuvième portion seulement sur le fief de Jean du Prier. — La limite des dîmes de Béthaucourt d'avec celle de St.-Jean-des-Marès, fut fixée par une transaction du 17 mars 1487 entre les députés du chapitre et sire Jehan Brocquet, curé de St.-Fremin de Béthaucourt, d'une part, et d'autre part les quatre curés de Rue : maître Jehan Delamers (*aliàs* Delavier), pour l'une des portions de St.-Vulfy, sire Nicole Langlet pour l'autre, maître

31¹ 10ˢ ; — 50 setiers d'avoine, 75¹ ; — 150 bottes de warats, 30¹ ; — et fourrages, 50¹. — Supplément de portion congrue⁴, 40¹. — Casuel, 20ᵇ. — Total. . . 547¹ »»
CHARGES. — Frais de dîmes, 80¹. — Réparat. du² presbytère, 15¹. — Total. 95 »»

Reste net. . . . . . 452 »»

CRESSY³ (Vocable : SAINT-SÉVERIN) et ESTRÉE-EN-CHAUSSÉE (Vocable : NOTRE-DAME), son annéxe.
Présentateur : l'abbé de Forestmontier.

DÉCLARATION faite le 29 juillet 1728 par le titulaire maître Gabriel Leblond, rectifiée.

Portion congrue⁴, 300ᶠ. — Dîme novale des terres défoncées, 60¹. — Obits et autres⁵ fondations, 201¹. — Casuel, 40¹. — Total. . . . . 601¹ »»
CHARGES. — Réparations du presbytère . . . . 10 »»

Reste net. . . . . . 591 »»

CROTOY (Vocable : SAINT-PIERRE⁶).
Présentateur : le canonicat théologal de la cathédrale d'Amiens⁷.

DÉCLARATION faite le 9 août 1728 par le titulaire maître Gabriel Duquesnel, rectifiée.

Jehan Doubte, pour la portion de St.-Jehan-des-Marés, et sire Vincent Wataire (*alias* Wature), pour la portion de Notre-Dame de Beauvoir. — Une autre transaction du 2 décembre 1489, sous le sceal du maire de Rue, constate que l'abbaye de St.-Valery avait droit à la moitié de la dîme champêtre, à l'encontre du chapitre d'Amiens, dans le *Camp le Comte*. — Les principaux cantons où le chapitre percevait la dîme se nommaient : les Herdronnières, les Plannières, les Campeaulx, le champ Pernet, le pré l'Abbé, le mont Bruyant, les Froises, les Hauts Prés, le Margue, et la Foraine St.-Firmin. — La dîme sur la paroisse de Bétaucourt se prenait à huit au cent, ainsi qu'il est porté en une *déclaration* du 14 novembre 1623. — Le plan de ce dîmage, se trouve parmi les titres du chapitre d'Amiens. — Il existe un autre plan du dîmage de St.-Firmin-Bétaucour, dans les Arch. départ., section des plans. (Titres du chapitre d'Amiens, arm. 3, liasse 23, nᵒˢ 1, 2, 3, 4, 9 et 11 ; liasse 27, nᵒ 1. — *Cartul.* I, p. 69. — *Invent.* III, p. 184. — *Pouillé de l'Archid.* fᵒ 270. — Voy. ci-dess. I, 21.)

¹ Ce chiffre avait été fixé par plusieurs transactions, dont l'une du 17 juillet 1666 et une autre du 9 juillet 1700. Mais, depuis l'époque de la *déclaration* ci-dessus, une sentence contradictoire des requêtes du palais, du 31 mars 1729, condamna le chapitre à payer au curé Colpart 300 livres de portion congrue, en obligeant celui-ci à abandonner sa part des dîmes et les autres revenus. (*Inventaire du Chapitre d'Amiens,* III, 175 à 180.)

² « Le presbytère est à une portée de fusil de la mer et exposé aux vents. — Les réparations du chœur de l'église sont à la charge du chapitre d'Amiens, qui jouit de la dîme de laine, d'agneaux et de volaille, dite *sacramentelle*, sauf sur 3 maisons dont jouit le curé. » (*Déclarat.*)

³ Cresci, au *pouillé* de 1301. — Outre le secours, deux hameaux dépendaient de cette paroisse : Caumartin et le Chaufour. (*Pouillé de l'Archid.* fᵒ 271.)

⁴ L'abbé de Forestmontier avait toutes les dîmes de Cressy et d'Estrée. (Voy. ci-dess. p. 215.)

⁵ C'est-à-dire 138 obits à voix haute, et 4 solennels avec vigiles et commendaces, 30 messes du Saint Sacrement à voix haute, 2 services solennels pour deux fondateurs, un salut tous les dimanches du Carême et 12 vêpres du Saint Sacrement le 3ᵉ dimanche de chaque mois. (*Déclarat.*)

⁶ Le *pouillé de l'Archid.* dit (fᵒ 272) que ce vocable était celui de l'ancienne église, et que la nouvelle était sous le vocable de Notre-Dame. — Deux hameaux dépendaient de la paroisse : Maioc et La Bassée. — On a prétendu qu'une abbaye avait existé à Maioc dès le Vᵉ siècle. Mais cela n'est guères probable. (*Mém. Soc. d'émulat. d'Abbeville*, 1838-40, p. 373. — M. Prarond, *Le canton de Rue*, p. 212.)

⁷ L'original de la déclaration portait l'évêque

Le tiers de la dîme [1] produisant : 24 setiers de blé, mesure d'Abbeville, évalués 193¹ 4ˢ; — 7 setiers de seigle, 46¹ 18ˢ; — 5 setiers d'avoine, 28¹ 15ˢ; — 10 setiers de pamelle, 80¹ 10ˢ; — 7 setiers de ronds-grains, 66¹ 17ˢ; — et fourrages, 20¹. — Dîme de laine et d'agneaux, et dîme de volailles, 100¹. — A recevoir des deux autres décimateurs [2], pour tenir lieu des dîmes novales, 40¹. — Casuel, 50¹. — Total 626¹ 4ˢ

Charges. — Frais de dîme, 100¹. — Au titulaire dudit canonicat, pour droit de patronage, 1¹. — Réparations du chœur [3] de l'église, 40¹. — Réparat. du presbytère, 15¹. — Total . . . . 156 »

Reste net. 470 4

Nota. — Il n'est point parlé de fondations dans la déclaration.

DOMINOIS (Vocable : Saint-Denis), ARGOULES [4] (Vocable : Saint-Germain) et PETIT-CHEMIN, ses annexes.

Présentateur : l'abbé de St.-Josse-sur-mer [5].

Déclaration faite le 6 février 1730 par le titulaire maître Antoine Trunet, rectifiée.

Les 2/3 de la dîme [6] de Dominois, produisant : 35 setiers de blé, mesure de Cressy, évalués à 8 liv. 1 sol, 281¹ 15ˢ; — 15 setiers d'avoine à 5 liv. 15 sols, 86¹ 5ˢ; — et fourrages, 50¹. — Dîmes novales produisant : 200 bottes d'hivernache à 4 sols, 40¹; — et 6 mille livres pesant de houblon, à 10 liv. le cent, 600¹. — Dîme de laine et de sang, 30¹. — 100 obits à haute voix tant à Dominois qu'à Argoules, 100¹. — Casuel, 200¹. — Le tiers [7]

comme collateur sur la dite présentation, et l'extrait a mis le chapitre de la cathédrale. Nous maintenons le premier. — Le personnat de l'église de Maiocb fut confirmé au chapitre d'Amiens par l'évêque Thibaut en 1197. (*Cartul. du chapitre*, I, fº 105.)

[1] Un autre tiers appartenait au chapitre de St.-Vulfran d'Abbeville, et le dernier tiers au sieur de Montguiot, gentilhomme, demeurant au Crotoy : cette portion était inféodée. (*Déclarat.*) — Le dit chapitre avait été doté de la dîme de Maiocq et de Crotoy par Jean de Ponthieu, selon le titre de fondation de 1121.

[2] Par moitié, en conséquence d'un accord fait entre ceux-ci et le curé le 5 novembre 1642. (*Extrait des registres de l'église collégiale de St.-Vulfran*. Bibliothèque comm. d'Abbeville.)

[3] Elles étaient à la charge du titulaire pour moitié, parce que la portion de dîme inféodée n'en supportait rien. (*Déclarat.*)

[4] Daminois et Argouves, au *pouillé de* 1301.

[5] L'autel *de Argovia* et de Dominois fut confirmé à l'abbaye par le titre de 1123 susrappelé (p. 224, note 2.)

[6] Le dernier tiers était au seigneur du lieu. (*Décl.*)

[7] Les deux autres tiers étaient à l'abbé de Valloire. L'abbaye fut dotée du tiers de la dîme de tout le fief d'Argoves par Gérard Cardon, comme il est dit en une charte de Hue de Castellons, avoué de St.-Pol, du mois d'avril 1247, et d'un autre tiers de la grosse dîme *de Argovia*, au mois de mai 1234, par Bernard, archidiacre de Ponthieu, qui l'avait acheté de Gauthier de Vertoul, au mois de mars 1229. (*Cartul. de Valloire*, nºˢ 117, 179 et 314. — *Déclarat.* — Voy. cidess. p. 218.) — L'abbaye, pour garantie d'une dette de 27 *gaux* et demi de laine, fit saisir les droits du curé sur les dîmes d'Argouves, du Petit Quemin et de Daminois, en vertu d'une sentence du bailliage d'Amiens du 21 janvier 1393. (Titres de Valloire.)

de la dîme d'Argoules et de Petit-Chemin, affermé 150¹. — Total . . . 1,538¹ »»

CHARGES. — Frais de dîmes, 40¹.— A l'église de ¹ Dourier, 30¹. — Réparations² des chœurs des églises, 10¹. — Réparations du presbytère, 15¹.
— Total . . . . 95 »»

Reste net. . . . . . 1,443 »»

FAVIÈRE (Vocable : SAINT-JEAN BAPTISTE).

Présentateur : le chantre et le trésorier ³ du chapitre d'Abbeville, *vicissim.*

DÉCLARATION faite le 30 août 1728 par le titulaire maître Claude Obré, approuvée.

Deux neuvièmes de la dîme ⁴ de toutes sortes de grains, produisant : 750 gerbes ou bottes évaluées, tous frais faits, 225¹ ; — et fourrages, 25¹. — Un petit démembrement de dîme⁵ autour du marais, loué 30¹. — Le tiers des menues dîmes, 50¹. — 180 obits, 150¹. — Casuel, 35¹. — ⁶ Total . . . . 515¹ »»

CHARGES. Réparat. du chœur de l'église, 12¹. — Réparat. du presbytère, 15¹. — Total . . . . 27 »»

Reste net. . . . . 488 »»

FONTAINE-SUR-MAYE ⁷ (Vocable : SAINT-MARTIN), et FROYELLE, son secours.

Présentateur : le chapitre d'Abbeville ⁸.

DÉCLARATION faite le 21 janvier 1730 par le titulaire maître Adrien Caron, rectifiée.

REVENUS NON AFFERMÉS.

Un tiers de la dîme⁹, produisant : 30 setiers de blé, mesure d'Abbeville, évalués à

---

¹ Pour la 6ᵉ gerbe des 2/3 des dîmes de Dominois dont jouissait le curé. (*Déclarat.* — *Pouillé de l'Archid.* f° 273.)

² Ces réparations étaient à sa charge seul. (*Déclar.*)

³ En 1203 le comte de Ponthieu confirma la donation faite au trésorier par Simon de Nolette (*de Nigellula*) du personnat et du dîmage de Favières. (*Invent. des titres de St.-Vulfran,* f° 14, r°.)

⁴ Le chantre et le trésorier du chapitre d'Abbeville avaient 3 gerbes de 9, et l'abbé de St.-Valery les 4 autres gerbes. (*Déclar.*) — Le dit chapitre avait été doté de partie de cette dîme par Jean II, de Ponthieu, selon le titre de fondation de 1138. (Voy. n. 3.)

⁵ Partie de ce démembrement était au chapitre de St.-Vulfran. (*Déclarat.*)

⁶ Le Bureau diocésain a omis, par oubli, les novales produisant 120 bottes de grains, lesquelles figuraient en la *déclaration.*

⁷ Fontaine *supra* Maie, au *pouillé* de 1301.

⁸ Ce patronage lui fut donné par Jean II, comte de Ponthieu, selon la charte de 1138.

⁹ La *déclaration* du curé attribue moitié de cette dîme au chapitre d'Abbeville, 1/6ᵉ au sieur Gaillard, marchand bourgeois d'Abbeville, une portion au sieur Bernard d'Avernes, commandeur de Beauvoir, et 1/3 sur 80 journaux aux héritiers de Lefévre, greffier de l'élection d'Abbeville. — Le curé ajoute : « sur le terroir de Fontaine il n'y a aucunes terres réputées *novales,* ni aucune couture où le curé dîme seul. » — Le *pouillé de l'Archid.* nomme (f° 275) pour décimateurs, indépendamment du dit chapitre et du commandeur de Beauvoir, l'abbaye de Dommartin et la fabrique de Fontaine ; et il attribue à l'abbé de Forestmontier la dîme de Froyelle. — Le chapitre de St.-Vulfran avait été doté de cette dîme par André de Branlincourt, chevalier, et sa sœur Matilde, du consentement de Béatrix, femme d'André, en 1214.

raison de 8 liv. un sol, 241¹ 10ˢ ; — 10 setiers de seigle, 67¹ ; — 60 bottes de lentilles et d'hivernache, 15¹ ; — 20 setiers d'avoine, 115¹ ; — 200 bottes de warats, 40¹ ; — 12 bottes de pamelle, 4¹ 10ˢ ; — 12 bottes de chanvre, 7¹ 4ˢ ; — et 11 autres de lin, 7¹ 3ˢ. — Moitié de la dîme de laine¹, à raison de 2 sols par tête, pour 200 brebis, 10¹. — Moitié de la dîme de cour ou charnage : poulets, cochons de lait, 10¹. — 32 boisseaux de pommes, 8¹. — Un jardin et enclos² contenant 200 verges, partie en herbe et partie en labour, 15¹. — Obits et autres³ fondations, 45¹. — Casuel, 12¹ 10ˢ.

Revenus affermés.

Un sixième de dîme sur 50 journaux de terre au terroir de Branlicourt, 4¹. — Les dîmes grosses et menues de Marcheville, 45¹. — Total 646¹ 17ˢ

Charges. — Frais de dîme, 105¹. — Réparations du chœur de l'église, 10¹. — Réparations du presbytère, 15¹. — Total. . . . . 130 »»

Reste net. 516 17

FORESTMONTIER (Vocable : Saint-Martin)⁴.
Présentateur : l'abbé de Forestmontier.

Déclaration faite le 8 juillet 1728 par le titulaire maître Pierre Béthouart, approuvée.

Portion congrue⁵, 300¹. — Dîme novale, 15¹. — 70 obits à haute voix et 62 à basse voix, 120¹. — Casuel : il n'en est pas fait mention en la déclaration, *Mémoire*. — Total. 435¹ »»

Charges. — Pain et vin pour les messes, 15¹. — Réparations du presbytère, 10¹. — Total . . . . 25 »»

Reste net. . . . . 410 »»

LIGESCOURT (Vocable : Notre-Dame)⁶.
Présentateur : le chapitre de Noyelle-sur-mer.

Déclaration faite le 4 août 1728 par le titulaire maître Louis-Charles Ringard, rectifiée.

L'année suivante cette donation fut confirmée devant l'évêque. Cependant Dreux de Nouvion, chevalier, ayant expulsé violemment le chapitre, André de Braulincourt renouvela sa donation et Dreux de Nouvion renonça à toute prétention, comme le constatent des lettres de Foulque Sanier, doyen de Montreuil et de Rue, de l'année 1232. — L'inventaire qui analyse ces lettres donne à Sanier le titre de doyen *rural*. Nous soupçonnons là une erreur de copiste, et nous supposons qu'il s'y agit d'un de ces doyens dont nous avons parlé en *l'Introduction*, page xxx, c'est-à-dire d'un successeur de Jean Sains. (*Invent. des titres de St.-Vulfran*, f° 14, r°. Arch. départ.)

¹ L'autre moitié appartenait au chapitre d'Abbeville. Il en était de même de l'article suivant. (*Déclar.*)

² Il avait été très-anciennement uni à la cure, amorti et chargé de 12 obits par an pour demoiselle Catherine des Groseliers. (*Déclarat.*)

³ C'est-à-dire 9 obits solennels, 42 hauts, 9 bas, et vêpres du Saint Sacrement le premier dimanche de chaque mois. (*Déclarat.*)

⁴ « Cette paroisse a 10 ou 11 secours ou hameaux, la plupart éloignés d'une lieue. » (*Déclarat.*) Notons : Rets-à-Coulon, Bernay, Jenville, Neufville, Romaine, Pontoile, Bonnel et Hamel. (*Pouillé de l'Archidiaconé*, f° 276.)

⁵ La dîme appartenait à l'abbé de Forestmontier, sauf une fraction dont il est parlé ci-dessus. (Voy. p. 215 et 216.)

⁶ Le curé accuse 150 communiants. (*Déclarat.*)

La dîme du lieu [1], évaluée 300¹. — Dîme novale, 50¹. — Fondations, 30¹. — Casuel, 30¹. — Total . . . . 410¹ »»

CHARGES. — Réparations du chœur de l'église et du presbytère. . . . . 30 »»

Reste net . . . . . . 380 »»

MACHIEL (Vocable : SAINT-PIERRE).

Présentateur : l'abbé de Forestmontier.

DÉCLARATION faite le 30 juin 1728 par le titulaire maître Simon Faucon, approuvée.

Portion congrue payée par l'abbé [2], 300¹. — Dîme novale (terres défrichées depuis 1686), 10¹. — 11 obits à haute voix et un autre solennel, 9¹. — Casuel, 12¹. — [3] Total . . . . 331¹ »»

CHARGES. — Réparations du presbytère. . . . . 10 »»

Reste net. . . . . . 321 »»

MACHY (Vocable : SAINT-FLOUR) [4].

Présentateur : le prieur de Dompierre.

DÉCLARATION fournie le 11 juin 1728 par le titulaire maître Pierre Tillette [5], approuvée.

Portion congrue payée par l'abbé [6] de Forestmontier, 300¹. — 30 obits, 18¹. — Casuel, 13¹. — Total. . . . . 331¹ »»

CHARGES. — Réparations du presbytère. . . . . 10 »»

Reste net . . . . . 321 »»

MONTIGNY-SUR-AUTHIE [7] (Vocable : NOTRE-DAME) et NAMPONT (Vocable : SAINT-MARTIN) [8], son secours.

Présentateur : l'archidiacre de Ponthieu.

DÉCLARATION faite le 30 juillet 1728 par le titulaire maître Claude-François Delacroix, rectifiée.

Les deux tiers de la dîme [9] produisant : 70 setiers de blé, mesure de Montreuil, évalués

---

[1] Elle avait été abandonnée par le dit chapitre, pour tenir lieu de la portion congrue, suivant sentence du présidial d'Abbeville. (*Déclarat.*)

[2] Il était gros décimateur. (*Pouillé de l'Archid.* f° 279. — Voy. ci-dess. p. 214.)

[3] L'original de la déclaration explique qu'il n'y avait de terre de cure qu'un quartier, sur lequel était bâti anciennement le presbytère ; mais qu'il se trouvait alors en friche, parce qu'il ne valait pas le labour.

[4] Machi, au *pouillé* de 1301. — Le curé accuse 150 communiants, en partie pauvres charbonniers et mendiants. (*Déclarat.*)

[5] Il était en exercice depuis 9 mois. (*Déclarat.*)

[6] La dîme lui appartenait. (*Pouillé de l'Archid.* — Voy. ci-dess. p. 214.)

[7] Montegny, au *pouillé* de 1301.

[8] Nampont, contigu à la paroisse, fut-il très-anciennement une paroisse distincte ? Nous trouvons qu'en l'année 1197 l'évêque Thibaut en confirma le personnat et l'imposition des prêtres au chapitre d'Amiens. (*Cartul. du chapitre*, 1, fol. 105. — *Pouillé de l'Archid.*, f° 280.)

[9] L'autre tiers appartenait à l'abbé de Dommartin. Peut-être lui fut-il cédé par l'abbaye de Valloire, qui le possédait anciennement, ainsi que le reconnut

à 8 liv. 8 sols, 588¹; — 7 setiers de seigle, à 7 liv., 49¹; — 50 setiers d'avoine, à 5 liv. 1 sol, 252¹ 10ˢ; — 6 setiers de baillarge, à 5 liv., 30¹; — 7 setiers de bisaille, à 8 liv., 56¹; — et fourrages, 100ˡ. — Dîme de laine et d'agneaux, 100ˡ. — Fondations et casuel, 60¹. — Total, 1,235¹ 10ˢ.

Charges.

A l'archidiacre de Ponthieu, 12 setiers de blé¹, évalués 100¹ 16ˢ. — Au chancelier² de l'église d'Amiens : 2 setiers de blé, 16¹ 16ˢ; — et 2 setiers d'avoine, 10¹ 2ˢ. — Frais de dîme, 290¹. — Réparations du presbytère, 15¹. — Total, 432ˡ 14ˢ.

Récapitulation : Montant des revenus 1,235¹ 10ˢ
       — des charges 432 14

Reste net. 802 16

PONCHES (Vocable : Saint-Léger)³.

Présentateur : le chapitre de Noyelle-sur-Mer.

Déclaration faite le 25 juillet 1728 par le titulaire maître Jean Parmentier, rectifiée.

La dîme du lieu, évaluée 300¹. — Dîme novale, 30¹. — 6 obits hauts et une messe basse, 6¹. — Casuel, 20¹. — Total. . . . . 356¹ »»
Charges. — Réparations du chœur de ⁴ l'église et du presbytère . . . . 20 »»

Reste net. . . . . . 336 »»

QUEND-EN-MARQUENTERRE (Vocable : Saint-Vast)⁵.

Présentateur : l'archidiacre de Ponthieu.

Déclaration faite le 29 mars 1730 par le titulaire maître Jean-Baptiste Deflesselles⁶, rectifiée.

La dîme ⁷ de grains seulement (celle d'herbages et de foins étant insolite de temps immé-

---

le curé de Montigny, par accord du mois de novembre 1253. (*Pouillé de l'Archid.*, f° 280. — Voy. ci-dess. p. 146 et 219. — *Note énonciative des titres*, etc. Titres de Valloire.)

¹ Voy. ci-dessus I, 15.

² C'est assurément pour les droits de sceau spécifiés ci-dessus (I, 14). La *déclaration* du chancelier porte à tort *Métigny*, au lieu de Montigny.

³ Le curé accuse 30 maisons, presque toutes de pauvres gens. Cette paroisse, située à la séparation du pays d'Artois d'avec le Ponthieu, sert de refuge, dit-il, aux habitants de l'Artois pendant la guerre. (*Déclarat.*)

⁴ « L'église a été détruite par les troupes pendant les guerres et ses titres furent brûlés. » (*Déclarat.*)

⁵ Les maisons de la paroisse étaient « dispersées ès-marets. » (*Pouillé* de 1720.)

⁶ Il exerça le saint ministère de 1705 à 1733. Son prédécesseur Deherte figure de 1685 à 1704. Après lui viennent : Devauchelle (Antoine-Louis), de 1733 à 1739, mort le 30 janvier, âgé de 33 ans; Fuzelier (Cyr-Charles), de 1739 à 1740; Cozette (Charles), docteur en théologie, doyen de Rue, de 1740 à 1753, mort le 17 mars 1753 et inhumé dans la tour du clocher; Lerminier (F. A.), doyen de Rue, de 1753 à 1766; De Bray (Adrien), de 1766 à 1776, mort le 10 juin, âgé de 57 ans; et Dohen (Nicolas), de 1776 au mois de septembre 1792. Il fut déporté, mais il reprit possession de sa cure, après avoir prêté serment a la Constitution, le 12 nivôse an IX. (*Registres aux baptêmes, mariages et sépultures*, série GG. Archives municip. de Quend.)

⁷ Tout entière, sauf à payer le renvoi ci-après, pour la part de l'archidiacre. — L'abbaye de St.-Va-

morial), divisée en 9 portions, dont l'une autour de Quend, évaluée 400¹; — une autre, celle de Hère, 233¹ 6ˢ 8ᵈ; — celle de Lignereux, 165¹; — celle de Bergerette, 130¹; — celle de la petite Retz, 175¹; — celle de la grande Retz, 220¹; — celle de la molière de Routiauville, 240¹; — celle des bas champs de Monchaux, 200¹; — enfin celle de la Motte, 190¹. — La dîme de colsacq¹, qui se perçoit en grains battus, évaluée 400¹. — La dîme de laines², 300¹. — Casuel et fondations, 300¹. — Total 2,953¹ 6ˢ 8ᵈ

• CHARGES. — A l'archidiacre de Ponthieu, pour un sixième dans les grosses dîmes, 300¹. — Au vicaire du lieu, 100¹. — Réparations du presbytère, où sont plusieurs granges, à cause du grand nombre de dîmes, 50¹. — Total.   450   »   »

³ Reste net.   2,503   6   8

NOTA. — A cause de ses infirmités, le curé est obligé d'avoir un second vicaire, dont les honoraires ne figurent que pour *mémoire*.

RENIERÉCLUSE (Vocable : SAINT-MARTIN) ⁴.

Collateur de plein droit : l'Evêque ⁵.

DÉCLARATION faite le 26 juillet 1728 par le titulaire maître Nicolas Sanson, approuvée.

Le tiers des dîmes de la paroisse, abandonné ⁶ au lieu de la portion congrue. — Les fondations : 7 à 8 obits. — Le casuel. — Evalués ensemble, tous frais faits et charges déduites, 350¹.

lery avait possédé anciennement la dîme de Quend (*de Quent eccclesiarum parrochiis*), qui lui fut confirmée par bulle du pape Clément IV, donnée à Viterbe le 3 juin 1266. (M. de Beauvillé, *Rec. de documents inédits*, IIᵉ partie, p. 44. — *Pouillé de l'Archid.* f° 282. — Voy. ci-dess. I, 15.)

¹ On remarquera que cette forme orthographique du mot colza se reproduit souvent.

² L'importance exceptionnelle de ce produit tient à la grande quantité de moutons que nourrissaient alors les habitants sur leurs immenses pâturages formés par le limon de la mer, vulgairement nommés *mollières*, ou mouillères, ou renclôtures, à cause des digues qui les garantissaient contre le flux et le reflux. En 1595 on comptait dans la paroisse 8,000 moutons ; en 1610 les habitants possédaient 1,100 journaux de terre et 4,000 journaux de pâtis. (Procédure contre le sieur Marie Félix Le Guerrier de Lormoy, ancien écuyer du roi. *Avertissement... par le Maire, etc. à Messeigneurs du Parlement.* Arch. comm. de Quend, FF. 6, pièce 5ᵉ.)

³ Comme le disent les notes Mss. de D. Grenier (24ᵉ paq., liasse 25ᵉ. M. Praroud, *Le canton de Rue*, p. 229.) Quend était la plus forte cure du diocèse.

⁴ Renieresclùse, au *pouillé* de 1301. — Le curé accuse 35 feux. (*Déclarat.*) — Les hameaux de Favielle et de Campignolles dépendaient de la paroisse. (*Invent. du chap. d'Amiens*, V, 340.)

⁵ Au XIIIᵉ siècle il existait un personnant de la dite cure, dont la collation appartenait aussi à l'évêque. Sa valeur était de 7 setiers 1/2 d'orge, autant d'avoine et 10 sols, que le curé du lieu devait remettre au titulaire. Ce personnant n'est plus mentionné ici. Aurait-il été uni à l'Archidiaconat de Ponthieu, que nous avons vu (I, 15) prendre une redevance en grains sur la cure de Renier-Ecluse, plus 5 sols pour droit de patronage ? Le curé n'a pas exprimé cette dernière redevance qui pourrait bien être comprise dans les charges déduites ci-après. (*Pouillé de 1301*.)

⁶ Probablement par la *personne* du lieu, ou par le chapitre d'Amiens, très-anciennement. — Les deux autres tiers appartenaient à ce chapitre, excepté sur les terres du fief *Waucogne*, où dîmaient seuls l'abbaye de St.-Riquier et le prieur de Ray. — Le dîmage

RUE [1], première portion de la cure (Vocable : Saint-Wulphy [2]).

Présentateur : le prieur de St.-Pierre d'Abbeville.

Déclaration fournie le 1er avril 1730 par le titulaire maître François Duval [3], rectifiée.

Une part des grosses dîmes [4], affermée 200 l. — La dîme de colsacq, laine et volaille, évaluée 100 l. — Fondations, 175 l. — Casuel, 50 l. — Total . . . . 525 l » »

Charges. — Au vicaire du lieu, 100 l. — Réparations du chœur de l'église, 15 l. — Réparations du [5] presbytère, 15 l. — Total . . . . 130 » »

Reste net. . . . . . 395 » »

Deuxième portion de la cure (Vocable : le Saint-Esprit) [6].

Présentateur : l'archidiacre de Ponthieu.

Les revenus, suivant la déclaration donnée le 1er avril 1730 par le titulaire maître François Duval, susnommé, rectifiée, sont semblables à ceux rappelés en la déclaration de la première portion. Il en est de même des charges.

SAINT-JEAN-AU-MARAIS, ou des Prés [7]; 3e portion de la cure de Rue.

Présentateur : l'archidiacre de Ponthieu.

Déclaration faite le 2 avril 1730 par le titulaire maître Jean Heudre, rectifiée.

de la paroisse tenait d'un côté aux bois de *Longue-Borne* et de *Périot* et au lieu où étaient anciennement la ferme de *Talotte*, d'autre côté aux pâtures de la maison des *Cangues* et à Mesnil Favielle, d'un bout au dimage et terroir de Machy, et d'autre bout au chemin qui mène à la Villette. — Une sentence de l'official d'Amiens du 19 mars 1565 avait homologué une transaction faite entre le chapitre et le curé, reconnaissant la possession immémoriale par le chapitre des 2/3 pour toutes les dîmes grosses et prédiales du terroir de la paroisse et des hameaux, à l'encontre du tiers du curé. (*Déclarat.* — Titres du chapitre d'Amiens, arm. 5, liasse 59, nos 2, 3 et 5. — *Invent.* V, 340 et 343. — Voy. ci-dess. I, 28.)

[1] Le curé accuse 300 communiants. (*Déclarat.*)

[2] St.-Ouffly, *parochia Sti Wlflagii*, au *pouillé* de 1301. — St.-Wulphy était natif de Rue. Il mourut à Renier-Écluse (*Rognacharii Sclusa*) le 7 juin 680. — L'évêque François de Caumartin donna une partie des reliques du saint aux habitants de Rue en 1634. (M. Louandre, *Hist. d'Abbeville*, I, 37. — Malbrancq, *de Morinis*, II, 31-37. — *Gallia Christ.* X, col. 1210, A.)

[3] Il avait été installé à la fin du mois de février 1702. Il mourut le 3 novembre 1744 et fut inhumé dans l'église de l'hôpital, dont il était le directeur. Son acte de décès le dit neveu de Blaise Duval, sei-

gneur de Bomy, conseiller du roi en l'élection de Ponthieu, ancien mayeur d'Abbeville. (*Registre aux sépultures à l'hôpital*, C. 2. — Archives communales de Rue.)

[4] La dîme consistant en blé, froment, seigle, avoine et warats, perçue sur les terroirs de Rue, St.-Jean et Lannoy, se partageait également entre les quatre portions de cure. — Un plan du dimage de Rue existe aux Archives départementales, section des plans. (*Déclarat.* — *Pouillé de l'Archid.* f° 286.)

[5] Le presbytère fut établi en 1691, dans la maison qui avait servi de demeure aux gouverneurs de Rue avant la démolition des fortifications de cette ville, laquelle eut lieu en 1670. (Arch. de l'hospice de Rue, *Projet de délibération*, série GG.)

[6] Il n'existait très-anciennement que deux curés pour la ville de Rue et sa banlieue. Mais, à cause de l'accroissement de la population, l'évêque Richard en créa deux autres, au mois de mai 1207. — La portion de cure du St.-Esprit fut unie à celle de St.-Vulphy, par décret de l'évêque d'Amiens en l'année 1735, après une procédure commencée en 1729. (Archives comm. de Rue, GG. — *Pouillé* de 1750. — D. Grenier, *Mss.* paq. 4, art. 5. — M. Prarond, *Le Canton de Rue.* p. 42.)

[7] St.-Jean *in mariscis*, au *pouillé* de 1301.—Le curé

— 234 —

Une portion de la dime [1], évaluée 200 l. — Dime de colsacq, de laine et de sang, 100 l. — Casuel, 20 l. — Total 320 l.

CHARGES. — *Néant.*

BEAUVOIR-LANNOY-LÈS-RUE [2] (Vocable : NOTRE DAME) ; 4e portion de la cure de Rue.

Présentateur : le prieur de Saint-Pierre d'Abbeville.

DÉCLARATION faite le 2 avril 1730 par le titulaire maître Michel Tiercelain [3], approuvée.

La dime du lieu, à prendre à l'encontre des 3 autres curés de la ville de Rue, évaluée, toutes charges déduites, 200 l. — Dime de laine, de colsacq et de sang, 100 l. — Casuel, 20 l. — Total 320 l.

CHARGES. — *Néant.* Elles sont déduites ci-dessus.

TORMONT (Vocable : SAINT-QUENTIN) [4].

Présentateur : le chapitre de la cathédrale [5].

DÉCLARATION faite le 7 juillet 1728 par le titulaire maître François Lesage [6], rectifiée.

La dîme produisant [7] : trois setiers de seigle, mesure d'Abbeville, évalués 20 l 2 s ; — 24 setiers de blé, 193 l 4 s ; — 12 setiers d'avoine, 69 l ; — 4 setiers de pamelle, 32 l 4 s ; 2 setiers de colsacq, 30 l ; — 500 bottes de warats, pois, fèves, bisailles, vesces, lentilles, 100 l ; — et fourrages, 60 l. — Vingt petites cottes de laine, 30 l. — Dîme de lin, 20 l. — 2 setiers 1/2 de pommes à cidre, 5 l. — 22 obits bas, 18 l. — Casuel, 35 l. — Total 612 l 10 s

CHARGES. — Frais de dîme, 120 l. — Réparat. du presbytère, 15 l. — Total. 135 » »

Reste net. 477 10

VERCOURT (Vocable : SAINT-SATURNIN) [8].

Présentateur : le personnat de Villers.

DÉCLARATION faite le 6 août 1728 par le titulaire maître Jacques Le Gris, rectifiée.

La dîme, y compris une petite dîme nommée *les Livranches*, plus 8 mesures de terre, produisant : 40 setiers de seigle, évalués 268 l ; — 10 setiers de blé, 80 l 10 s ; — 20 setiers

---

accuse 32 feux. (*Déclarat.*) — Le hameau de Larronville dépendait de la paroisse. (*Pouillé de l'Archid.* f° 286.)

[1] Voyez, pour les limites de cette dîme d'avec celle de Bétaucourt, la note 6 de la page 225 ci-dess.

[2] *De Bello visu*, au *pouillé* de 1301. — Le curé accuse 33 feux dans la paroisse. (*Déclarat.*) — Le *pouillé de l'Archidiaconé* y met six-vingt (120) communiants.

[3] Son prédécesseur en 1702 se nommait Thuillier. (*Déclarat.* du curé de Rue.)

[4] Le curé accuse 130 à 140 communiants. (*Déclar.*)

[5] Il fut confirmé dans ce droit par l'évêque Thibaut, en l'année 1197. (*Cartul. du chapitre d'Amiens*, I, f° 105.)

[6] Il était nommé depuis quatre ans. (*Déclarat.*)

[7] Le curé jouissait de la totalité. (*Pouillé de l'Archid.*) — « La dîme est perdue d'un tiers par les sables qui entourent l'église, » dit la *déclaration*. — Cette situation ne fit que s'aggraver dans la suite : les sables avaient presque englouti l'église ; le curé et les paroissiens étaient obligés d'y entrer par la fenêtre, lorsqu'en 1778 on dut la démolir et la transporter ailleurs. (Archiv. comm. de Quend, liasse FF. 6, pièce 6e : *Idée générale, etc.*)

[8] Vercoul, au *pouillé* de 1301. — Le curé accuse 26 feux en 1728. (*Déclarat.*)

d'avoine, 115 ¹ ; — et 10 setiers de pamelle, 80 ¹ 10 ˢ. — Fourrages, laines et autres menues dîmes, 50 ¹. — Casuel, 5 ¹. — Total . . . . 599 ¹ »»

CHARGES. — Au personnat de Villers, 18 ¹. — A la cûre du même lieu, 7 ¹. — Réparations du presbytère, 15 ¹. — Frais de dîme, 100 ¹. — Total . . . 140 »»

Reste net. . . . . . 459 »»

NOTA. — Il n'est point parlé des fondations dans la déclaration.

VERON (Vocable : SAINT-ANDRÉ) et EMACOURT (Vocable : SAINT-SATURNIN), son secours.

Présentateur : le prieur de St-Pierre d'Abbeville [1].

DÉCLARATION faite le 6 août 1728 par le titulaire maître Nicolas Piles, rectifiée.

La dîme [2] produisant : 1200 bottes tant en blé, qu'en lentilles et hivernache, qui rendent 15 setiers de blé par cent, mesure d'Amiens, ou au total 180, à 42 sols, 378 ¹ ; — 30 setiers d'avoine, à 5 liv. 1 sol, 151 ¹ 10 ˢ ; — et fourrages, 85 ¹. — Dîme en vert, 20 ¹. — Dîme de sang, 40 ¹. — 70 obits, 51 ¹. — Casuel, 64 ¹. — Total . . . . 789 ¹ 10 ˢ

CHARGES. — Au prieuré de St.-Pierre d'Abbeville, 75 ¹. — A l'archidiacre de Ponthieu, 50 ¹. — Frais de dîme, 129 ¹ 10 ˢ. — Réparations du presbytère, 15 ¹. — Total 269 10

Reste net. . . . . . 520 »»

VILLERS-SUR-AUTHIE (Vocable : NOTRE-DAME) [3].

Présentateur : le personnat du lieu.

DÉCLARATION faite le 7 août 1728 par le titulaire maître Nicolas Ducastel, rectifiée.

La dîme [4] produisant : 50 setiers de blé, 402 ¹ 10 ˢ ; — 20 setiers de seigle, 134 ¹ ; — 20 setiers de pamelle, 161 ¹ ; — 33 setiers d'avoine, 189 ¹ 15 ˢ ; — 100 bottes de lentilles, 15 ¹ ; — 100 bottes de vesce, 20 ¹ ; — et fourrages, 100 ¹. — Deux petites portions de dîme, 25 ¹. — Un renvoi sur la dîme de Vercourt, de 7 ¹. — Menue et verte dîmes, 10 ¹. — Dîme de laine, 35 ¹. — Dîme de navette et de colsacq, 3 ¹. — Dîmes novales, 50 ¹. — Obits et autres fondations, 60 ¹ 5 ˢ. — Casuel, 50 ¹. — Total 1,262 ¹ 10 ˢ.

CHARGES.

Renvois pour leurs parts de dîmes : au sieur Louis-Alexandre Paul, chanoine d'Airon,

---

[1] L'autel de Veron lui fut donné, avec un hôte, par Godart Pincerna, homme-lige du comte Gui de Ponthieu, comme on le voit en la charte de celui-ci datée de l'année 1100. (*Gallia Christ.* X, Instrum. col. 296.)

[2] Le curé en jouit tout entière. (*Déclarat.*)

[3] Vilers, au *pouillé* de 1301.

[4] Les autres décimateurs étaient : le personnat du lieu, la fabrique de l'église de Villers, le prieuré de Maintenay, celui de St-Pierre-d'Abbeville, et l'abbaye de St.-Josse-sur-Mer. (*Déclarat.*) — On voit, par l'importance des sommes que le curé devait leur remettre, qu'il avait droit personnellement à la jouissance du cinquième environ. — La portion de l'abbaye lui provenait de la donation faite par Landry, fils de Robert du Maisnil, de l'assentiment de ses frères et de sa sœur, aussi bien que de Bernard, seigneur de Moreuil (*de Morolio*) et de Villiers-sur-Authie, au mois de juillet 1237. (*Cartul. de St.-Josse*, p. 165. Extr. de l'ancien Cartul. f° 9, r°.— Voy. ci-dess. p. 2 et 184.)

tenant le personnat de Villers, 50¹; — au prieuré de Maintenay, 55¹; — à l'abbaye de St.-Josse-sur-Mer, 45¹; — au prieuré de St-Pierre d'Abbeville, 30¹; — et à la fabrique de Villers, 20¹. — Frais de dîme, 140¹. — Réparations du chœur de¹ l'église, 8¹ 6ˢ 8ᵈ. — Réparations du presbytère, 15¹. — Total 363¹ 6ˢ 8ᵈ.

RÉCAPITULATION : Montant des revenus . . . . 1,262¹ 10ˢ »
   — des charges 363 6 8ᵈ

Reste net. 899 3 4

VIRONCHAUX ² (Vocable : SAINT-MAURICE).

Présentateur : l'abbé de St.-Josse-sur-Mer.

DÉCLARATION faite le 4 août 1728 par le titulaire maître Jean-Baptiste Poultier, rectifiée.

La dîme³ produisant, tous frais faits : 30 setiers de blé, 241¹ 10ˢ; — et 20 setiers d'avoine, 115¹. — Menues et vertes dîmes, 100¹. — 2 muids de cidre, 20¹. — Obits et autres fondations, 31¹. — Total. 507¹ 10ˢ

CHARGES. — Réparat. du chœur de l'église, 30¹. — Réparat. du presbytère, 15¹. — Total . . . . 45 » »

Reste net. 462 10

CHAPELLES.

PERSONNAT DE VILLERS-SUR-AUTHIE ⁴.

Collateur de plein droit : l'Evèque.

Revenus : 60 livres.

CHAPELLE DE LA MALADRERIE ⁵ DE CRESSY, unie à l'HÔTEL-DIEU DE RUE.

DÉCLARATION faite par la sœur Madeleine Lallemant, supérieure et par la sœur dépositaire de l'hôtel-Dieu de Rue le 1ᵉʳ avril 1730, rectifiée.

---

¹ « Ce chœur est très-élevé et couvert d'ardoises, les fenêtres sont fort grandes. » (*Déclarat.*)

² Vironchiaus, au *pouillé* de 1301.

³ « Elle est fort petite, parce que la plupart des terres appartiennent à l'abbaye de Valloire, ou en relèvent, et qu'on n'y dîme pas, non plus que sur quantité d'autres terres qui relèvent de diverses abbayes. » (*Déclarat.*) — Le curé jouissait de toute la dîme, par l'abandon que l'abbé de Forestmontier et les religieux de Valloire lui avaient fait pour sa portion congrue. (*Pouillé de l'Archid.* f° 291.) Nous avons vu (p. 216) que la part de l'abbé de Forestmontier était en litige.

⁴ Voy. le nom du titulaire en 1728 ci-dess. p. 235.

⁵ Cette chapelle était dédiée à St.-Nicolas. Elle renfermait les restes d'un grand nombre de seigneurs tués à Crécy, dans la fatale journée du 26 août 1346. (*Mém. Soc. Emulat. d'Abbeville*, 1836-37, p. 168. — *Pouillé de l'Archid.* f° 271.) — La maladrerie de Crécy avait été fondée par les bourgeois du lieu, selon notoriété dressée le 17 juillet 1673. Au mois de janvier 1209 le comte Guillaume de Ponthieu l'avait dotée de biens importants, et y avait fondé la dite chapelle. (Archiv. municip. de Crécy. Titres concernant l'hospice, A. 1, B. 1. — Bibl oth. de l'Arsenal, Mss. français, 332. Titres de Picardie, 127.)

Trente mesures de terre à la sole et 10 mesures tant en pré qu'en pâture, affermées . . . . 250¹ »»

CHARGES. — Deux messes par semaine que les religieuses font acquitter par le vicaire de Cressy, 52¹. — Renvoi aux religieux de St.-Riquier, pour *requint*¹ de 30 mesures de terre à Estrées, 15¹. — Cens et renvoi à différents particuliers, 5¹. — Total. 72 »»

Reste net. . . . 178 »»

CHAPELLE CASTRALE DU CROTOY ².

A la nomination du roi ³.

DÉCLARATION faite le 10 mars 1730 par le titulaire maître Joseph de Verton, approuvée.

A prendre sur le domaine de Ponthieu : en argent, 7¹ 10ˢ ; — plus 24 setiers de blé, mesure d'Abbeville, 193¹ 4ˢ. — Total. . . . . 200¹ 14 ˢ
CHARGES. — Deux messes par semaine . . . . 52 »»

Reste net. 148 14

CHAPELLE DE SAINT-NICOLAS, A ESTRÉE-LÈS-CRESSY ⁴.

Collateur de plein droit : le seigneur du lieu.

DÉCLARATION faite le 8 août 1728 par le titulaire maître Adrien Caron, approuvée.

Redevance de 6 setiers de blé. . . . . 48¹ 6 ˢ
CHARGES. — Une messe par semaine . . . . 26 »

Reste net. 22 6

CHAPELLE DE SAINT-LOUIS, A FORESTMONTIER.

Présentateur : l'abbé du lieu.

Revenus : 127 livres ⁵.

---

¹ Telle est la leçon admise par le Bureau diocésain. La *déclaration* portait *requart*, et c'est probablement l'expression exacte. On entendait par là un droit féodal, analogue au *requint*. Celui-ci était le quint du droit de 5ᵉ denier perçu par le seigneur sur certaines aliénations. Nous avons déjà vu le droit de *recart*, plus haut p. 217.

² En 1689 le château de Crotoy était démoli. (*Pouillé de l'Archid.* f° 272.)

³ En qualité de comte de Ponthieu. (*Pouillé de l'Archid.* f° 272.)

⁴ C'est vraisemblablement cette chapelle que fondèrent Théobald d'Amiens et Marie, dame d'Estrées, sa femme, en exécution du testament de Bernard d'Amiens, chevalier, seigneur d Estrées, lesquels donnèrent, au mois de juillet 1251, une rente en argent et en blé, plus une mesure au dit lieu, avec pouvoir d'y bâtir une maison pour l'œuvre de la dite chapelle. Le seigneur devait faire la collation dans les 40 jours de la vacance, sinon l'évêque la faisait. (Titres de l'Evêché, 31ᵉ.)

⁵ Les revenus provenaient de terres situées à Drucat, sur lesquelles était fondée principalement la messe tous les dimanches. (*Pouillé de l'Archid.* f° 276 v°.)

CHAPELLE DU GARD-LÈS-RUE[1], unie au CHAPITRE DE NOYELLE.

Présentateur : le chapitre de Noyelle.

DÉCLARATION faite le 20 décembre 1729 par le titulaire maître Henri-Louis Colonne du Lac, approuvée.

A prendre sur le domaine d'Abbeville : en argent, 17ˡ 10ˢ ; — et 8 setiers de blé, 64ˡ 8ˢ. — Total 81ˡ 18ˢ.

CHARGES. — *Néant.*

CHAPELLE DE SAINTE-MADELEINE, A LANNOY[2].

Présentateur : l'archidiacre de Ponthieu.

DÉCLARATION faite le 3 septembre 1728 par le titulaire maître Philippe-Honoré Du Bos, seigneur de Drancourt, approuvée.

A prendre[3] sur la maladrerie de Lannoy, 30 setiers de blé 241ˡ 10ˢ
CHARGES. — Deux messes par semaine . . . . 52 »»

Reste net 189 10

CHAPELLE DE NOTRE-DAME, A MACHIEL[4].

Présentateur : l'archidiacre de Ponthieu.

Revenus : 120 livres.

CHAPELLE DE SAINTE-MARGUERITE, A MONTIGNY.

Présentateur : l'archidiacre de Ponthieu.

Revenus : 40 livres.

CHAPELLE DE PORTUGAL, EN L'ÉGLISE DU SAINT-ESPRIT A RUE[5].

A la nomination des maire et échevins de la ville.

DÉCLARATION faite le 1ᵉʳ avril 1730 par le titulaire maître Pierre Tillocq, rectifiée.

A prendre sur le domaine de Ponthieu : en argent, la somme de 47ˡ 10ˢ ; — et 24 setiers d'avoine, 138ˡ. — Total 185ˡ 10ˢ
CHARGES. — Trois grandes messes par semaine, pour le roi, évaluées. . . 156 »»

Reste net. 29 10

---

[1] Elle était autrefois desservie dans le château du bois du Gard, lequel était ruiné en 1689. (*Pouillé de l'Archid.* fᵒ 286.)

[2] C'était celle de la maladrerie « toute démolie » en 1689, dit le *pouillé de l'Archid.* (fᵒ 284 vᵒ.) Cette chapelle, en effet, avait été détruite et ruinée par les gens de guerre, peu de temps après que la jouissance en eut été donnée par Henri IV aux religieuses de St.-François. (Voy. ci-dess. p. 223 note 1. — *Acte de remise.* Arch. de l'hospice de Rue, III A. 1.)

[3] « Comme il est porté en un extrait des registres du Conseil privé du roi, du 11 janvier 1695. » (*Décl.*)

[4] Le *pouillé de l'Archid.* parle (fᵒ 279) d'une chapelle tenant à l'église et ayant pour patron l'abbé de Forestmontier, dont les revenus étaient chargés d'une messe par semaine.

[5] Ce bénéfice paraît avoir été fondé par Elisabeth ou Isabeau de Portugal, épouse en troisièmes noces de Philippe, duc de Bourgogne et comte de Ponthieu, lors de son pèlerinage à St.-Esprit de Rue au

CHAPELLE DU SAINT-ESPRIT [1], dite du PERSONNAT DE RUE.

Présentateur : l'archidiacre de Ponthieu.

Revenus : 80 livres.

TRÉSORERIE DE RUE [2].

Le titulaire, maître Nicolas Devillier, prêtre et sacristain de l'église de Rue, déclara le 1er avril 1730 que la trésorerie n'était pas un bénéfice, mais une simple condition, à la nomination du curé et des marguilliers [3] de la paroisse, laquelle n'avait aucuns revenus fixes, mais seulement les honoraires des pèlerins.

Le bureau diocésain a mis au bas : *Bénéfice ou non, sans revenus.*

---

mois de juillet 1440. (Voy. M. Prarond, *Le canton de Rue*, p. 100.)

[1] Cette chapelle est célèbre par son pèlerinage au *crucifix miraculeux*, à la fête de la Pentecôte. Louis XIII et d'autres grands personnages honorèrent cette chapelle de leur présence. — Le roi Louis XI avait donné à la chapelle du St.-Esprit 4000 écus d'or et 400 liv. tournois, qui furent employés à acheter la terre de Laviers, tenue en fief et pairie du comté de Ponthieu ; 45 journaux de terre, nommés les *Bois Cathon*, tenus de l'abbaye de St.-Saulve de Montreuil ; une rente de 100 liv. sur la terre et seigneurie de Heuchin, tenue du châtel de Montreuil ; et plusieurs autres rentes. Le tout fut amorti par lettres du roi données à Belesbast-lès-Boutigny, au mois de mai 1480. — La terre de Laviers fut acquise le 20 février 1479, de Isabeau d'Auvy, dame et héritière d'Auxy et de Laviers en Ponthieu, épouse de Mgr Philippe de Crèvecœur, conseiller chambellan du roi, chevalier de son ordre, moyennant 2,816 liv. tournois. (Arch. de Rue, Titres de l'église : *Vidimus* des lettres d'amortissement.) Il y a quelques titres relatifs à cette seigneurie aux Archiv. départementales.

[2] Au *pouillé* de 1301 elle est désignée sous le titre de *personnat* : « *personatus qui vocatur thesauraria in ecclesia Sancti Wlflagii.* »

[3] Il semble résulter d'une délibération du 15 janvier 1689 que cette nomination n'appartenait pas seulement au curé et aux marguilliers, mais aussi à l'assemblée générale des habitants et paroissiens. Il y est dit que le trésorier choisi, Louis Godde, prêtre, natif du lieu, y demeurant, serait tenu de dire tous les jours la première messe en la chapelle du Saint Esprit ; de conduire les pèlerins dans la trésorerie et de recevoir leurs offrandes et oblations, pour les remettre au receveur de l'église ; de psalmodier aux vêpres et saluts la veille des fêtes, et tout l'office accoutumé aux dimanches et fêtes ; de sonner tous les jours à 11 heures précises, afin de faire ressouvenir le peuple de prier pour la prospérité et santé du roi ; de sonner aussi l'une des cloches de l'église lorsqu'il fera de l'orage et tant qu'il sera passé ; et en outre de porter la croix d'argent et le livre des évangiles à la chapelle du Saint Esprit le jour de la « *renouvélation* de la loy, » à la prestation de serment des mayeurs et échevins. (Arch. de Rue, Titres de l'église. Copie tirée du *Livre blanc* de la ville.)

XI. DOYENNÉ DE SAINT-RIQUIER.

ABBAYE DE NOTRE-DAME, A SAINT-RIQUIER [1].

MANSE ABBATIALE [2].

L'abbé était à la nomination du roi.

DÉCLARATION faite le 13 avril 1730 par le fondé de procuration de l'abbé, Mgr Charles-François de Châteauneuf de Rochebonne, évêque comte de Noyon, pair de France.

La terre et seigneurie de Buigny-l'Abbé [3], avec 180 journaux de terre à la sole, et une

---

[1] De l'ordre de St.-Benoît. La réforme de St.-Maur fut introduite dans l'abbaye en 1659. L'acte d'union et d'aggrégation à la congrégation de St.-Maur fut passé devant Buteux, notaire à St.-Riquier le 30 septembre de ladite année. — Cette abbaye avait été fondée, vers l'année 625, par St.-Riquier, dans son domaine paternel, à Centule. En 800 le pape Léon III l'avait exemptée de la juridiction épiscopale ; ce qui fut confirmé par ses successeurs. — L'abbaye fut pillée et brûlée par les Normands au IXe siècle ; et, depuis cette époque, elle fut encore brûlée plusieurs fois.

On lit ce qui suit dans la *déclaration* faite en 1729, par le prieur et les religieux : « cette abbaye est de très ancienne fondation, en sorte que, quoique l'on en trouve des preuves dans les plus anciens monuments de la monarchie, sous le nom de *Centula* et de *Centulense monasterium*, il ne serait pas aisé de fixer sûrement l'époque de sa fondation. Elle a souffert tant d'incendies par les malheurs des guerres, où elle a été toujours très-exposée par sa situation, et en dernier lieu elle en a souffert un si grand et si terrible en 1719, qu'elle a perdu ses plus anciens titres, de manière qu'il n'y a presque que les monuments publics où l'on puisse trouver ce qu'elle a été. Il reste pourtant encore quelques titres qui font voir qu'elle a été honorée de la protection de nos rois, et qu'ils lui ont accordé ou confirmé des privilèges considérables, dont elle a toujours joui jusqu'à ce jour ; en sorte que ses biens temporels seulement ont souffert par les incendies et les révolutions auxquels elle a été exposée. » — L'incendie dont il vient d'être parlé fut allumé par le feu du ciel un mercredi 29 mars, à 9 heures et demi du soir. Le procès-verbal que l'abbé fit dresser constate que toutes les chartes, bulles et titres qui se trouvaient dans la salle des archives furent réduites en cendres, et qu'il n'échappa que ceux qui se trouvaient dans les bureaux du procureur et du cellerier, pour les affaires courantes. Ce sont sans doute les pièces qui ont été reprises et analysées en un *Inventaire* dressé en 4 volumes in-folio, vers 1785. Cet inventaire se trouve aux Archives du département, avec une partie seulement des pièces y relatées, lesquelles sont renfermées dans deux cartons. — On peut voir dans Mabillon. (*Annal. ord. S.-Bened.* II, 333) des fragments du dénombrement des biens de l'abbaye de Saint-Riquier, fournis en 831 au roi Louis-le-Débonnaire par les soins de l'abbé Héric. (*Hist. d'Abbev.*, Louandre, I, 57 ; II, 141 et 424. — *Déclaration.* — *Rapport sur les églises monumentales*, Mém. Soc. d'Emul. d'Abbev. 1834-1835, p. 57. — *Gallia Christ.* X, 1241 et 1242. — *Chronicon Hariulfi*, in Spicilegio d'Achery. — *Invent. des titres et papiers de l'abbaye royale de Saint-Riquier-en-Ponthieu*, 1785 ; I, 144 et 146. — Titres de St Riquier, CJ. — *Copie du Cartul.*, f° 1 r°. Arch. départem.)

[2] Elle se composait, indépendamment des biens ci-après désignés, du logis abbatial, avec deux cours et un jardin. — Les biens et revenus de l'abbaye avaient été partagés entre l'abbé et les religieux, suivant deux traités des 26 mars 1657 et 15 décembre 1661. (*Invent. des titres et papiers de l'abbaye royale de St.-Riquier en-Ponthieu*, I, 99 et 105.)

[3] C'était l'un des 13 fiefs du corps de l'abbaye, c'est-à-dire de la primitive fondation ; lesquels, par conséquent, devaient relief et quint denier de l'esti-

maison seigneuriale ¹. — La terre et seigneurie de Feuquières-en-Vimeu, en partie ², les dîmes ³, champart et terres. — La terre et seigneurie de Noyelles-en-Chaussée ⁴, maison seigneuriale, les pâtures, les dîmes et champart, petit bosquet et 120 journaux de terre ⁵ à

mation des immeubles, à toute mutation. — Tels sont, en effet, les droits seigneuriaux qui étaient dus en pareil cas pour les héritages féodaux, aux termes de l'article 35 de la coutume d'Amiens, et de l'article 2 de la coutume particulière de l'abbaye de St.-Riquier. — Les treize fiefs donnés lors de la fondation sont : la ville de St.-Riquier, les villages d'Auvillers, Buigny l'Abbé, Bussu, Drugy, Gapennes, Huppy, Maison-Rolland, Neufmoulin, Noyelle-en-Chaussée, Omatre, Oneux et Vitz-sur-Authie. La terre d'Omatre fut aliénée, pour acquitter la subvention au roi en 1598. Elle fut acquise par l'Iorimond de Mailly. (*Invent. de St.-Riquier*, IV, 1723. — M. Bouthors, *Coutumes locales du Baill. d'Amiens*, I, 511. — *Mémoire* de 1779 ci-après.)

¹ Au mois d'octobre 1239 Renier de Yeucourt engagea (*impignora*) à l'abbaye un fief qu'il tenait d'elle, sis à Buigny-l'Abbé, contenant 40 journaux en une seule pièce et nommé le *champ Anguier*. Il en donna au mois de mars 1240 des lettres de ratification, scellées de ses armes, *de trois aigles*. — Au mois de mars 1241 il engagea encore 16 journaux 40 verges de terre à Yeucourt, joignant au *champ Anguier*. — En 1259 l'abbaye acheta de Adam de Dessus-le-Moustier et Marie, sa femme, 6 journaux de terre nommés *le Val Sénéchal*. (*Copie du Cartul. de St.-Riquier*, fol. 80 et 184 r°.)

² Ce domaine avait été aliéné. L'abbaye le recouvra en l'année 1063. — Un arrêt du Parlement, de l'année 1208 reconnut la justice de Feuquières à l'abbaye, contre le comte de Ponthieu. — Au mois de décembre 1253 le seigneur de Feuquières céda aux religieux de St.-Riquier la seigneurie de Feuquières et Feuquerolles, en se réservant la 3ᵉ partie des reliefs et des ventes. Le 3 du même mois Raoul de Feuquières dit le vicomte, renonça en faveur de l'abbaye, aux droits qu'il pouvait prétendre en la vicomté et affouage de Feuquières et Feuquerolles. Le 31 mars 1391 le seigneur de Feuquières et Feuquerolles céda à l'abbaye ses droits de vicomté ès-dits lieux. (*Invent. de St.-Riquier*, IV, 186) et suiv. — *Gallia Christ.*, X, 1251. — *Copie du Cartulaire*, fol. 148 et 149. — *Mémoire sur le relief à mercy*, 1779, dans le Recueil de pièces pour l'histoire de l'église d'Amiens. Biblioth. comm. d'Amiens, Hist. n° 3814.)

³ Elles se percevaient à 8 cent sur tout le terroir. Une transaction faite entre l'abbaye et Pierre Hurtel,

curé du lieu, le 26 juillet 1565, porte que sur les droits de l'abbaye, qui étaient des 2/8 sur Feuquières et d'un huitième sur Osteleux, il en était accordé le tiers au curé. (*Invent. de St.-Riquier*, IV, 1901 et 1902. — Voy. ci-dessus p. 109.)

⁴ C'était l'un des 13 fiefs de la fondation. (*Invent. de St.-Riquier*, IV, 1801.) Il figure sous le nom de *Niviella* en la charte confirmative de l'an 817, et sous celui de *Nialla* dans une autre confirmation donnée par le roi Charles-le-Chauve le 2 des kal. de mars, an 16 de son règne (855). — L'abbaye en ayant été violemment dépossédée par le comte Hugue de Ponthieu, y fut restituée, le jour même de la mort de celui-ci, par son fils Ingerran Bientôt Gautier Tirel s'empara du même lieu (*Noguerias*), mais il le restitua, suivant charte du 7 des ides d'octobre 1058. — Plus tard l'abbaye avait accensé plusieurs fiefs, notamment ceux de Portes et de Pollehoye, dont elle fit le retrait des mains d'Antoine Wisoc, chevalier, seigneur de Thaunay, le 15 novembre 1448. Celui-ci les avait achetés le 21 septembre 1441 de Robinet de Lacques, chevalier, et Marie Delahaye, dame de Pontoiles, son épouse — Le 15 mai 1376 Willaume de Pollehoye, écuyer, donnait dénombrement du même fief de Pollehoye, dont le manoir contenait 2 journaux 1/2 et tenait au bois de Noyelles. — En 1407 Aléaume d'Agenvillers donnait dénombrement du même fief et de la prévôté de Portes. — Le fief de Portes fut donné à l'abbaye, sous le nom de *villa quæ dicitur* PORTAS, par Hugue de Ponthieu, un peu avant sa mort, et du consentement de son fils Angelran, le 12 des kal. de décembre 1052.— Il ne faut pas confondre ce fief avec Port sur la Somme. — La justice de l'abbaye s'étendait sur le terroir de Roche ou de Trochencourt, comme le reconnut l'abbaye de Valloire au mois de juin 1328. Elle y avait construit une ferme qui fut détruite. (*Gallia Christ.*, X, 1249 — *Chronic. Hariulfi*, lib. III, cap. 2, 3 et 4. — *Acta SS. ord. S. Bened.*, IX, sæculo, 6, p. 323 et 324, *Vita Sti-Gervasii*. — J. de la Chapelle, *Cronica*, cap. 31, 59 et 61. — *Invent. de St.-Riquier*, IV, 1801, 1803 et 1840. — *Copie du Cartulaire de St.-Riquier*, fol. 177 à 180.)

⁵ Au mois de janvier 1253 l'abbaye, en échange de son bois sis entre Brailly et Bellinval, avait reçu des frères de la milice du Temple une pièce de terre appelée Biaucamp, qui appartenait à la maison de

la sole. — La terre et seigneurie d'Oneux, consistant en 150 journaux de terre à la sole [1], avec un droit de champart et un petit bois-broussaille d'un arpent à coupé. — 20 journaux de terre ou environ situés au terroir de Millencourt. — Un droit de dîme et champart à prendre sur le terroir de Millencourt et ès-environs. — Un droit de dîme sur le terroir d'Ailly-le-Haut-Clocher, Famechon et Ailliel. — Un autre sur le terroir d'Aubin-en-Artois. — Un droit de dîme et champart, avec 4 journaux de terre à la sole, sur le terroir d'Auviller [2]. — La dîme de Bellancourt [3]. — Les dîmes et champart au village de Buigny-l'Abbé [4]. — Une dîme et champart, avec 5 journaux de terre labourable à Gapenne. — Les dîmes [5] et champart de Gueschart. — Un droit de dîme et champart sur le terroir de Maison-Rolland [6] et ès-environs. — Un droit de dîme et champart, censives et droits seigneuriaux à Monchy-Breton [7]. — Un droit de dîme sur le terroir de Saint-Riquier. — Un autre sur le terroir de Villers-sous-Ailly. — Un renvoi de 42 setiers de blé et 48 setiers

Bellinval ; et au mois de février 1270 l'abbaye avait acheté de Laurent Haymars deux pièces de terre sises à Noières, l'une de 12 journaux et l'autre de 6. (*Copie du Cartul. de St.-Riquier*, fol. 141 et 176 v°.)

[1] Cette seigneurie était l'un des 13 fiefs de la primitive fondation. — Les baux faits aux sieurs Protais Levoir et autres, en 1693 et en 1702, ne portaient que 299 journaux. — Au mois d'août 1240, Aléaume, maire d'Onneu et Jeanne, sa femme, engagèrent au couvent une pièce de terre tenue de lui en fief, nommée *la couture du Festel* et contenant 28 journaux. — L'abbaye acquit : 24 journaux de terre, au-dessus des *Allumières*, du même Aléaume ou Alerme d'Onneu (*de Onodio*), au mois d'octobre 1250 ; 5 journaux de terre tenant à celles de l'église d'Onneu, de Renier Lemansiaulx, du consentement de Jacques, son fils, au mois de novembre 1265 ; de Aléaume d'Onneu, écuyer, et de Hue, son fils, leur maison d'Onneu, avec 16 journaux de terre, en quatre pièces, censives, etc., au mois de novembre 1274. (*Invent. de St.-Riquier*, III, 1137 à 1139. — *Copie du Cartul.*, f° 140.)

[2] La terre et seigneurie d'Auvillers (Ouvillers) était l'un des 13 fiefs du corps de l'abbaye. — La dîme s'y prenait à 7 du cent. Une transaction faite avec le curé Jean De Gouy, porte que les droits de l'abbaye étaient des 4/6, dont elle remettait un au curé. (*Invent. de St.-Riquier*, IV, 1956 et 1972. — Voy. ci-dessus p. 35, note 5.)

[3] Elle se percevait à 7 du cent, tant sur Bellencourt que sur Monflières. L'abbaye prenait 5 gerbes de 9, en conséquence d'une transaction faite entre elle et Antoine Matiffas, curé du lieu, le 3 juillet 1565. — Un plan figuratif des limites des dîmages de Bellencourt et de Vauchelles-le-Quesnoy est annexé à une transaction passée devant Buteux, notaire à St.-Riquier, le 27 août 1749. (Voy. aux minutes de l'étude. — *Inventaire de St.-Riquier*, IV, 1570 et 1571. — Voy. ci-dessus p. 36)

[4] Elle se percevait aussi à 7 du cent. De 9 gerbes venant à dîme l'abbaye prenait 4, le curé 2, les religieuses de Bertancourt 2, et le prieur de Biencourt une. — Ceci rectifie la note 3 de la page 36 ci-dessus, qui ne semble s'appliquer qu'à l'autre partie de la paroisse : Bellencourt et Monflières. (Voy. *Invent. St.-Riquier*, IV, 1569.)

[5] Nous avons donné la répartition de cette dîme. Ajoutons que l'abbaye ne prenait rien sur les terres où dîmait l'église de St.-Fursy. — Sur les fiefs de Sârton et de St.-Riquier sis à Guéchart, l'abbaye de St.-Riquier prenait 2/3 de la dîme, dont elle remettait une gerbe de 6 au curé, et la chapelle de Gozicourt prenait les deux autres tiers. Nous ne savons point où ce dernier lieu était situé. (*Invent. de St.-Riquier*, IV, 1945 et 1946. — Voy. ci-dessus p. 153, note 11.)

[6] La seigneurie de Maison-Rollaud était l'un des 13 fiefs du corps de l'abbaye. — Au mois de mai 1259 l'abbaye avait acquis de Urso, mayeur de Maisons-en-Rollant, et Marie, sa femme, le droit de vicomté et de tonlieu, qui avaient été disjoints de la mairie et furent réunis au domaine de l'abbaye. (*Invent. de St.-Riquier*, IV, 1764. — *Copie du Cartulaire*, f° 82 v°.)

[7] Ce lieu est situé en Artois. Il se nommait autrefois Monchy-St.-Riquier. — La seigneurie fut contestée au couvent par la comtesse de St.-Pol ; mais il y fut maintenu par sentence arbitrale contenue en des lettres de R., doyen d'Arras, du mois de janvier 1231. (*Copie du Cartul. de St.-Riquier*, f° 100 v°.)

d'avoine, mesure d'Abbeville, dû par l'abbaye de Dommartin [1]. — Les bois taillis dépendant de la dite abbaye, consistant en 30 ou 34 journaux à coupe, dont 4 sont donnés aux religieux à cause de leur petit couvent, et le reste appartient à l'abbé pour 2/3 et aux religieux pour l'autre tiers [2]. — Les censives en grains et en argent, pour la perception desquelles on n'a pas encore fait de cœuilloirs. — L'hôtel de Saint-Riquier, situé à Abbeville [3]. — La terre et seigneurie de Chevincourt [4] près Compiègne, qui consiste en deux fermes, un moulin, dîme et champart. — Tous les dits biens de la manse abbatiale affermés moyennant 22,000 livres.

Charges.

Aux officiers de l'abbaye pour leur gages, 335 l. — Aux gardes de chasse et de bois,

---

[1] Cette redevance grevait la maison et les terres du Quesnoy appartenant aux religieux de Dommartin, au profit de l'abbaye de St.-Riquier, à cause de son hôtel de Noières. Une sentence du bailli d'Amiens, datée du 22 avril 1396, condamnait lesdits religieux au paiement de 4 muids de blé, mesure *abengue*, et 4 muids d'avoine, mesure de St.-Riquier. — La mesure de St.-Riquier était la même que celle d'Abbeville. Mais qu'était la mesure abengue ? Nous citerons tout à l'heure (note 4 de la p. 245) une rue abengue. Cette expression ne figure pas dans le *Glossaire* de Du Cange. Son continuateur Carpentier, et Roquefort (*Dictionn. de la langue romane* et *Supplement*) donnent le mot *abengue*, *abenga*, comme le nom d'une monnaie de compte, moindre que la maille, ou valant le quart du denier parisis. Nous croyons qu'il faut en faire un adjectif dans les exemples que nous citons et les comprendre ainsi : petite mesure, petite rue. (*Copie du Cartul. de St.-Riquier*, fo 157.)

[2] C'était le grand bois l'abbé. Le taillis contenait 367 arpents 98 perches, et la réserve 122 arpents 66 perches. (*Invent. de St.-Riquier*, III, 998.)

[3] Il fut acheté de Jean Lehure, natif du Pont de Remy, et Jeanne Cambier ou Cambure, sa femme, en l'année 1424, « pour 87 florins d'or nommés *couronnes d'or.* » — Jean de la Chapelle donne à entendre que cet hôtel aurait été aliéné antérieurement par l'abbaye. Quoiqu'il en soit, Lehure l'avait acquis, en 1421, de Willaume Leduin ; celui-ci, en 1408, de Jean Duwes dit Percheval, écuyer, seigneur de Offegnicourt ; enfin ce dernier l'avait pris à cens de Gui Barbe ou Garbe, prieur du prieuré du St.-Esprit « en Abbeville, » le 14 juin 1406 ; ce que ratifia le 30 juin suivant le sieur Robert de Moncourt, bachelier en théologie, prieur de St.-Pierre « en Abbeville. » — L'hôtel de St.-Riquier était situé « assez près du moustier et cimetière de St.-Sépulcre, » autrement dit « au devant de l'église St.-Sépulcre. » Il était composé de tènement, jardin et maison, portant sur froc 225 pieds 1/2 et tenant au mur de la grande salle du prieuré. (*Invent. de St.-Riquier*, II, 844 et 846. — *Cartul.*, fol. 162 et 163. — *Cronica abbreviata*, LVIII.)

[4] Cette terre est citée dans la confirmation des biens de l'abbaye, donnée par l'empereur Louis-le-Débonnaire le 3 des nones d'avril 817, sous le nom de *Civinicurtem cum Bronoilo*. — Elle fut, dans la suite, accensée en tout ou en partie. Au mois de novembre 1266 l'abbaye racheta de Jean, seigneur de Coudun, chevalier, du consentement de sa femme Eustache, le manoir de Chevincourt, avec quatre hôtes audit lieu, vignes, terres, bois, etc. Le roi Louis IX en donna des lettres de confirmation et d'amortissement au mois de février de la même année. — Des difficultés s'élevèrent plusieurs fois entre l'abbaye de St.-Riquier et le prieuré de St.-Amand-lès-Thourotte, qui appartenait aux religieux de St.-Martin de Tournay, pour raison de leurs droits respectifs à Chevincourt, notamment en 1180 et en 1484. En cette dernière année, le 24 août, une sentence arbitrale fixa et modifia les limites de leurs propriétés et dîmages. — Les vignobles de l'abbaye étaient accensés à la charge par les habitants de lui délivrer *l'âme* de leurs raisins, après les avoir foulés une nuit seulement, sans les charger pour écouler plus fort que de raison, « sans cavilation ni tricherie ; » ce qui est établi en des lettres de Jean de Bouberch, bailli du temporel de l'abbaye, de l'année 1401. On récoltait ainsi assez de vin pour la consommation du couvent pendant toute l'année. (*Chronicon Hariulfi*, lib III, cap. 2. — *Chronique* de P. Leprêtre. — Louandre, loc. cit., II, 430. — *Copie du Cartulaire de St.-Riquier*, fol. 123, 125, 131 et 137.)

350 l. — Au curé de Saint-Riquier, pour supplément, 30 l. — Au curé de Maison-Rolland, pour même cause, 30 l. — Au curé d'Oneux, 36 l. — Au curé d'Aubin-en-Artois, 100 l. — Au prieuré de Saint-Sulpice d'Abbeville, 16 l. — Au bureau des pauvres dudit lieu, 32 l. — A M. le chancelier d'Amiens, 12 l — A M. l'archidiacre, 1 l 10 s. — Au curé de Chevincourt, pour son gros, 400 l. — Au garde de chasse dudit lieu, 80 l. — Au bailli dudit lieu, 30 l. — Au procureur fiscal, 12 l. — Au greffier, 10 l. — Frais de reconstruction des nefs et presbytères des lieux où sont situés les biens de l'abbaye, et grosses réparations des fermes et moulins, 2000 l. — Total, 3474 l. 10 s.

> Nota. — La déclaration porte une somme de 3,500 l pour réparations des fermes aux environs de St.-Riquier, celle de Chevincourt, moulins, reconstructions de presbytères ; mais comme le receveur en est chargé par le bail général, cet article n'est ici que pour *mémoire*.
>
> L'abbé est chargé de payer sur les revenus de cette abbaye 2,500 liv. de pension, savoir: à M. de Castellanne 1,300 liv., et à M. le chevalier de Marcilliac 1,200 liv. *Mémoire*.

Récapitulation : Montant des revenus . . . . 22,000 l »
— des charges . . . . 3,474 10 s
Reste net 18,525 10

MANSE CONVENTUELLE [1].

La Communauté n'était point assujettie à un nombre limité. Elle était composée alors de 20 religieux.

Déclaration faite le 4 décembre 1729 par le prieur (René-Hyacinthe Fossart) et les religieux, rectifiée.

REVENUS AFFERMÉS.

La terre et seigneurie de Drugy [2], avec haute, moyenne et basse justice ; maison, autrefois château, grange, étables, écuries, enclos [3], fermés de haies, 279 journaux de terre, partie de la dîme de Saint-Mauguille, un droit de champart, de past et don, affermés à Gervais Levoir, moyennant : en argent, 1235 l ; — et 377 setiers de blé, mesure de St.-Riquier, évalués à 8 livres 1 sol, 2,978 l 10 s. — La ferme de Bussu [4], consistant en une

---

[1] L'enceinte du couvent avait été agrandie au milieu du xiiie siècle, par des acquisitions de tènements contigus. (*Copie du Cartul*, fol 29 à 34.)

[2] Cette terre (*Drusciacum*) faisait partie des biens de la primitive fondation. Elle est citée en la confirmation de l'an 817. — Gille de Machemont, 34e abbé de St.-Riquier, bâtit le château de Drugy avant 1290. Jeanne d'Arc y logea prisonnière. — La justice de cette seigneurie s'exerçait par le bailli et autres officiers à la nomination de l'abbé (*Déclarat. — Invent. de St.-Riquier*, II, 901. — J. de la Chapelle, *Cronica*, cap. 48 et 57.)

[3] Pour l'augmentation du château de Drugy le couvent acquit, par échange, au mois d'avril 1218, de Riquier Choquars, une partie de son manage voisin ; et, par vente, de Gersende Le Selier, du consentement de Mahieu Le Thieulier, son mari, un manage à Drugy, au mois de juillet 1250 ; de Jean Lemeulu et Marie, sa femme, leur manage à Drugy, entre le Pont-Hulin et le château, au mois de février 1260 ; de Hamon Le Flameng et Jeanne, sa mère, veuve, leur tènement, aussi entre le Pont-Hulin et le château de Drugy, en l'année 1261 ; et en 1272 de Raoul de Drugy deux jardins qui servirent d'emplacement au grand vivier. (*Invent. de St.-Riquier*, II, 905 et 906. — *Copie du Cartul.*, fol. 67 et 68.)

[4] La terre de Bussu était de l'ancienne fondation. — Gobert, 17e abbé de St.-Riquier, fut déposé par les religieux, parce qu'il ne voulut pas prendre l'habit religieux ; et, pour qu'il vécut en laïc (*ut viveret in hu-*

maison et bâtiments en ruines, 7 journaux 1/2 d'enclos ¹, 389 journaux de terre labourable ², partie d'un droit de dîme sur la paroisse du lieu, plus un droit de champart, affermés moyennant : 1700 livres en argent ; — 250 setiers de blé, 2,012¹ 10ˢ ; — et 20 setiers d'orge, 149¹. — 22 journaux de terre labourable au terroir de Bussu, nommés *les terres de l'aumône*, 150¹. — Une ferme à Boisbergue³, maison, grange et enclos de la contenance de 6 journaux, 121 journaux de terre labourable, les grosses et menues dîmes sur la paroisse, avec le droit de champart, affermés : 4 setiers de blé, 32¹ 4ˢ ; — 8 boisseaux de pois, 8¹ ; — et en argent, 800¹. — 69 journaux de terre faisant partie de la ferme de Bersaques⁴ détruite, avec 4 à 5 journaux de bois, affermés moyennant : 27 setiers de blé,

manis), il lui fut concédé par les religieux et les habitants de Centule (*à religiosis et à populo Centulensi*) le village de Bussu et ses dépendances. (J. de la Chapelle, *Cronica abbreviata*, cap. XIX.) Il mourut à Bussu, selon Hariulfe. (*Chronic.*, lib. III, cap. 3. — *Invent. de St.-Riquier*, II, 855 et 858.)

¹ Il semble qu'il s'agit de cet enclos dans la vente suivante. Au mois de janvier 1245 Thiebaut Le Roy et Eve, sa femme, du consentement de leur fils Hugue, vendirent au couvent 7 journaux de terre et un manage joignant à la cense de Bussu. (*Copie du Cartul. de St.-Riquier*, f° 82.)

² Le couvent acheta : au mois de décembre 1243, de Gautier Carlef et Gille Lefèvre, 16 journaux de terre au terroir de Bussu, en deux pièces, l'une sise *aux Eschartiaulx* et l'autre au *Camp liard* ; au mois d'avril 1244, des dits Le Roy et sa femme, 10 journaux 1/2 de terre nommés *le Camp de le Croix* ; et au mois de mai 1239, de Bernard Du Gardin et Anchelma, sa femme, une metairie sur 9 journaux de terre, au champ des Hosteulx, sur le terroir d'Arly près de Bussu. Les lettres qui constatent cette dernière vente sont de l'évêque Arnulfe et sous le sceau de la cour d'Amiens, « en chire verte : ce que on n'a point accoutumé, et en las de soie vermeille. » — D'un autre côté, au mois d'août 1293, maître Jean Creuet, clerc, légua au couvent une pièce de terre contenant 14 journaux, qu'il avait acquise de Robert Tabarie. (*Copie du Cartul. de St.-Riquier*, fol. 81 et 82.)

³ Ce domaine appartenait dès les premiers temps à l'abbaye. Jean de la Chapelle le nomme dans le dénombrement de 831. La chronique d'Hariulfe le désigne sous le nom de *Bagarlas*, dans la confirmation des possessions de l'abbaye, donnée par l'empereur Louis-le-Débonnaire le 3 des nones d'avril 817, et aussi dans le dénombrement de 831. — Au mois de décembre 1318 un accord fut fait entre l'abbaye et ses hôtes, hommes et sujets de Boisbergues, à cause des reliefs et plaids. — De ladite ferme dépendaient les larris de *Cocriamont* et des *Hallots*. (*Cronica abbreviata*, cap. XIV. — *Chronicon Hariulfi*, lib. III, cap. 2 et 3. — *Invent. de St.-Riquier*, III, 1276 à 1280. — *Copie du Cartul.*, f° 72 v°.)

⁴ Elle était située en partie sur le terroir de St.-Riquier et en partie sur celui de Millencourt. — Le P. Daire (*Hist. de la ville et du doyenné d'Albert*, p. 33) se trompe lorsqu'il place cette ferme dans le doyenné d'Albert, auprès du village de Millancourt. — Ce lieu (*Bersaccas* ou *Bersiaccas*) fut donné à l'abbaye par le roi Charles-le-Chauve le 4 des kal. de juin 867, avec son église, bois, prés, pâturages et moulins, pour fournir au luminaire. C'etait alors un village. — Plus tard l'abbaye le donna en fief à une famille qui en prit le nom Mais, au mois de novembre 1264, Adam, seigneur de Bersacles, par charte sous son sceau, « d'une meulette de paon à six branches, » vendit à l'abbaye de St.-Riquier le village (*villam suam*) de Bersacles, avec son manage et tout le fief qu'il tenait d'elle par hommage lige, consistant en terres arables, bois, terrage, mauses, hôtes, fours, moulins, eaux, etc. Sa femme Isabelle donna son consentement, devant le doyen de St.-Riquier. Au mois de janvier de la même année, cette vente fut confirmée par ledit Adam devant l'official d'Amiens. — Au mois de mai 1265, Simon, Jean et Hue, frères d'Adam, donnèrent aussi leur consentement à la vente, en ce qu'elle comprenait 24 journaux de terre, sur lesquels ils avaient un droit de viage (jouissance à vie) et qui étaient réservés, dit la charte, *ad victum suum*. — Au mois de mars 1268, Ade de Bersacles veuve de Wautier de Bersacles, chevalier, fit abandon au couvent de tous ses droits dotaux sur le fief et village (*in feodo et villa*) de Bersacles. — Déjà, en l'année 1255 Alerme dit Perke-à-Pie avait, du consentement de sa femme Eve, vendu au couvent deux pièces de terre, dont l'une auprès du chemin de St.-Riquier à Miranduel, et

161 ¹; — et en argent, 210¹. — 36 journaux de terre faisant partie de la ferme de Bersaques détruite, affermés moyennant : 20 setiers de blé, 161¹; — et en argent, 40¹. — 8 journaux de terre faisant partie de la même ferme, affermés moyennant : 6 setiers de blé, 48¹ 6ˢ; — et en argent, 24¹. — 18 journaux de jardin et pâtures, où étaient autrefois les bâtiments de la ferme de Senermont¹, avec le bois y attenant, 168 journaux de terre labourable et le droit de dîme et champart sur quelques cantons, affermés : 90 setiers de blé, 724¹ 10ˢ; — et en argent, 300¹. — Les fermiers de Senermont sont tenus, en outre, de payer, en acquit des religieux, au curé d'Oneux, 7 setiers de blé et 7 setiers d'avoine. *Mémoire.* — 66 journaux de terre, faisant le reste de la ferme de Senermont détruite, affermés : 55 setiers de blé, 442¹ 15ˢ; — 15 setiers d'avoine, 86¹ 5ˢ; — et en argent 100¹. — 42 journaux de terre, avec un droit de champart sur le terroir de Chuignolle, 200¹. — 13 journaux 1/2 de terre situés au terroir d'Herleville, 56¹ 15ˢ. — Une portion (2/9ᵉˢ) de dîme dans la paroisse de Bray², affermée 80¹. — Le fermier est tenu, en outre, de payer, en acquit des religieux, au chapitre d'Amiens 18 setiers de blé et 12 setiers d'avoine³. *Mémoire.* — Une portion (4/9ᵉˢ) de dîme sur le terroir de Coulonvillers et un droit de champart (à 8 p. 100) sur 2 journaux, affermés au sieur Delattre, curé du dit lieu, moyennant : 31 setiers de blé, 249¹ 11ˢ; — 15 setiers 8 boisseaux d'avoine, 89¹ 2ˢ 4ᵈ; — et en argent, 46¹ 10ˢ 6ᵈ. — Un droit de dîme⁴ que les religieux pouvaient prendre sur Framerville et Renecourt, pour lequel les quatre chapelains d'Amiens sont condamnés⁵ à rendre 120¹. —

l'autre dans le val de Bersakes, auprès de la terre de Raoul de Bersakes; et au mois d'octobre 1266 Emeline Lepautre, du consentement de Riquier Hede, son mari, avait vendu au couvent son fief de 40 journaux de terre situé entre les chemins de Millencourt et de Rue ou Neuilly, avec le quart du moulin de Vassery, en la rue *abengue*, ès-faubourg de St.-Riquier. (*Gallia Christ.*, X, col. 1247. — Titres de St.-Riquier, Kc. — *Chronicon Hariulfi*, lib. III, cap. 3, in Spicilegio. — *Inv. de St.-Riquier*, III, 1017. — *Copie du Cart.*, fol. 68 à 70.)

¹ Au mois de novembre 1321 Selle de Beauvoir (*Sello de Bellovisu*) vendit à l'abbaye le fief de Senarmont, qu'il avait acquis de demoiselle Coline de Senarmont et de Witasse de Fossemanaut, son mari; lequel fief était tenu de l'abbaye en plein hommage. — Ce fief situé sur le terroir de Coulonvillers avait été autrefois aliéné par l'abbaye. — Jean de la Chapelle met la date d'achat en 1326. Mais ce peut être une erreur du copiste ou de l'éditeur, car le *Cartulaire* et l'*Inventaire* sont d'accord pour la première date. (*Cronica abbreviata*, cap. 49. — *Invent. de St.-Riquier*, III, 1196.)

² Il s'agit de Bray-sur-Somme, dont le patronage appartenait à l'abbaye, ce qui fut reconnu par sentence de juges commissaires en l'année 1230. — La dîme qui se percevait autrefois, avons-nous vu (tome I, page 150, note 3), à raison de 8 du cent, ne se prenait plus, dans les derniers temps, qu'à 5 du cent. Sur quelques pièces de terre l'abbaye de St.-Riquier prenait la totalité de la dîme à raison de 6 du cent, à la charge de la redevance dont il va être parlé. (*Invent. de St.-Riquier*, III, 1492. — *Copie du Cartul.*, f° 106 v°.)

³ Le Chapitre d'Amiens a déclaré cette redevance pour 18 setiers de blé et 9 setiers d'avoine; la reconnaissance qui en fut donnée en 1449 porte 2 muids de grains, moitié blé et moitié avoine. (Voy. ci-dessus I, 31 et 150 — *Copie du Cartul. de St.-Riquier*, f° 107 v°.)

⁴ Les terres qui y étaient sujettes sont désignées en une déclaration du 23 mai 1697. (Titres de St.-Riquier, YID.)

⁵ Il y avait procès aux requêtes du palais entre l'abbaye et les quatre chapelains de St.-Quentin des meurtris en la cathédrale, pour raison de la quotité de cette dîme et de sa participation aux charges rappelées ci-dessus (I, 53). L'abbaye restreignit ses prétentions au cinquième, ses offres furent acceptées, et une sentence interlocutoire condamna les chape-

Une portion de dîme (4/9ᵐᵉˢ) sur le terroir de Genvillers, affermée : en argent, 150 l ; — et 30 setiers de blé, 211 l 10 s. — Une portion de dîme (1/6ᵉ) sur la paroisse de Zézaincourt¹, affermée au sieur Louette, curé du lieu, déduction faite de 40 livres pour supplément de sa portion congrue, 30 l. — Une portion de dîme (6/9ᵐᵉˢ) sur le terroir de l'Etoile, 250 l. — Le fermier est encore tenu de payer un muid d'avoine au seigneur du lieu ². *Mémoire*. — Un droit de dîme (4/30ᵐᵉˢ) dans l'étendue de Longvillers ³, affermé, déduction faite de 1 setier 8 boisseaux de blé et de 1 setier 8 boisseaux d'avoine, que le fermier doit remettre au curé du lieu, moyennant 16 l. — Une portion de dîme (1/9ᵉ) sur le terroir du Mesnil, le reste appartenant à l'évêque d'Amiens, 50 l. — Une autre (2/6ᵐᵉˢ) sur le terroir de Méricourt, paroisse d'Auxy-le-Château, le reste appartenant à l'Hôtel-Dieu du dit lieu, 75 l. — 37 journaux de terre labourable, en bruyère et en bois, 169 l 1 s. — Une portion de dîme (4/9ᵐᵉˢ) sur les terroirs de Neufmoulin et de Caours ⁴, et un droit de champart ⁵ de huit du cent sur 45 ou 46 journaux de terre, affermés moyennant : 30 setiers de blé, 250 l ; — et en argent, 241 l 10 s. — Une portion de dîme sur le terroir de Neuville (3/9ᵐᵉˢ), et un droit de champart (à 8 du cent) sur le même terroir, avec 82 journaux de terre labourable ⁶, affermés moyennant : 132 setiers de blé, 1,062 l 12 s ; — 5 setiers d'orge 37 l 5 s ; — 30 setiers d'avoine 172 l 10 s ; — et en argent, 146 l. — Deux moulins à eau, 6 journaux de pré et quelques journaux de terre labourable, affermés moyennant : 170 setiers de blé, 1,368 l 15 s ; — et en argent,

lains à lui payer provisionnellement 120 liv. par an. (*Invent. de St.-Riquier*, IV, 1545 et 1546. — Voy. ci-dessus, I, 308.)

¹ Cette orthographe du nom de Gézaincourt est la même que celle qu'on retrouve dans l'*Inventaire des titres de l'abbaye*, IV, 1564. — On y lit aussi que le prieur de Bagneux dîmait seul sur un canton. Il s'agit sans doute de la petite dîme affermée avec un petit marché de terre sur le terroir de Longuevillette, dont il a été question précédemment. (Voy. 1, 207 et 219.)

² Le fief de l'Etoile, dit *de l'anneau d'or*, était tenu de l'église de St.-Riquier. Le seigneur devait défendre le couvent contre tous, excepté contre le roi, le comte de Ponthieu et le vidame de Picquigny. Il lui devait l'hommage à chaque mutation d'abbé, et recevait alors de celui-ci un anneau d'or. On trouve une reconnaissance donnée par Jean d'Amiens, chevalier, seigneur de Vinarcourt, en l'année 1248. — Ce fief fut cédé par Dreux d'Amiens, à son frère Bernard, en échange du fief d'Orreville, que celui-ci avait eu par donation de son père Jean d'Amiens, et l'abbé de St.-Rikier, comme seigneur, en saisit Bernard et le reçut « en homme ; » ainsi qu'il est dit en une charte qui se termine en ces termes : « Che fu fait en l'an de l'in- « carnation Notre Seigneur Jésus-Christ mil. deus. « chens. et sessante. et quatorze. el mois de jenvier, « lendemain du premier jour de l'an. » (Titres de St.-Riquier, xl. — Registre DAB.)

³ Cette part de dîme était échue aux religieux par le partage du 24 mars 1657. Elle se percevait sur la partie du territoire nommée Neuville, à raison de 7 du cent. Les co-décimateurs étaient : les religieuses de Bertancourt pour 2 trentièmes, celles de Villencourt pour 1, le prieur de Domart pour 2, les chapelains de St.-Nicolas d'Amiens pour 5, et le curé pour 10. (*Invent. de St.-Riquier*, IV, 1561.)

⁴ Cette dîme se prenait à 7 du cent. (*Invent. de St.-Riquier*, III, 977. — Voyez ci-dess. p. 37.)

⁵ La seigneurie de Neufmoulin et de Caours a appartenu à l'abbaye ; elle faisait partie des biens de la primitive fondation. (*Invent. de St.-Riquier*, III, 977.)

⁶ En trois pièces, nommées *les grandes et les petites bonnances*. Elles avaient été aliénées le 21 avril 1570 au profit de Louis Dault, écuyer, sieur de Neuville, qui les revendit à Hugue Le Fournier, écuyer, sieur de St.-Jean et de la Court-au-Bois, en 1598. L'abbaye rentra dans ce bien en vertu d'un arrêt du 17 décemb. 1663. (*Invent. de St.-Riquier*, III, 1167, 1183 et 1184.)

420 l. — Un droit de dîme inféodé, faisant partie de la seigneurie de Maïoc [1], à prendre sur 29 journaux de terre au terroir de Renier-Ecluse, 25 l. — Une portion de dîme sur le terroir de Vauchelle et de Surcamp (à 7 du cent), affermée 70 l. — Une portion de dîme sur 60 journaux au terroir de Vauviller [2], 27 l. — Une portion de dîme (à 7 du cent), avec un droit de champart (à 8 du cent pour le plein et 4 pour le demi, suivant l'usage) sur plusieurs pièces, le tout au terroir de Vaux-Yaucourt, affermés : 45 setiers de blé, 362 l 5 s ; — 4 boisseaux de pois, 4 l ; — et en argent, 200 l. — Une portion (1/6e) de dîme sur le terroir de Vis et Villeroy, et sur le terroir de Villencourt, avec un droit de champart sur quelques pièces de terre et 3 quartiers de pré [3], affermés au sieur Champion, curé du lieu, déduction faite de 20 livres de supplément pour le curé, 67 l. — Une portion (4/9es) de dîme sur le terroir d'Yvren [4] et d'Yvrencheux, avec un petit champart sur deux pièces de terre seulement, affermés moyennant : 82 setiers de blé, 644 l ; — 40 setiers d'avoine, 230 l ; — et en argent, 120 l. — 8 journaux de pré mis en labour, 120 l. — 3 journaux de jardin, 40 l. — Un droit de champart à Huppy [5] sur quelques terres, et une gerbe de *don* [6] sur chaque journal de terre qui y est sujet, affermés moyennant : en argent, 40 l ; — et 12 setiers de blé, 96 l 12 s. — Un droit de champart sur 41 journaux et un quartier de terre au terroir de Proyart, 42 l. — Une rente de 600 livres à prendre sur la terre et seigneurie d'Arviller, pour et au lieu d'un droit de champart dont jouissaient les religieux sur la

---

[1] Celle-ci appartenait à l'abbaye dès les premiers temps de sa fondation. — Majoch figure parmi les oppides qui dépendaient du domaine du fondateur de l'abbaye : *in dominicatura sancti ejusdem*. — Le chef-lieu de la seigneurie consistait en une place contenant 3 à 4 journaux, enclose en partie de murailles, sur laquelle était une maison nommée l'hôtel de Mayoc, où logeait un religieux, avec ses gens. Les guerres l'ayant ruinée, l'emplacement fut baillé à cens à Nicolas De la porte, maïeur du Crotoy, le 19 novembre 1550. (*Invent. de St.-Riquier*, III, 1380 et 1406. — *Chronicon Hariulfi*, lib. III, cap. 3.)

[2] L'*Inventaire de St.-Riquier* dit (IV, 1543) que cette dîme se prenait à raison de 7 gerbes du cent, et qu'elle se partageait par moitié entre l'abbaye et le prieur de Cappy.

[3] Ce pré à labour situé à Willencourt se nommait *les trois cornets*. En 1668 il était tenu de l'abbaye par Jean Daboval, acquéreur de mess. Nicolas de Blottefière, chevalier, seigneur de Willencourt. L'abbaye y rentra peu de temps après, car elle le baillait à loyer dès l'année 1699. (*Invent. de St.-Riquier*, III, 1253.)

[4] Le dénombrement du fief, terre, seigneurie et pairie d'Yvrench fut servi au roi et à l'abbaye de St.-Riquier par mess. Paul-François de Buissy, chevalier, seigneur d'Yvrench, Acquet, le Maisnil et autres lieux le 7 juin 1775. Il forme un cahier de 88 feuillets in-folio. (Titres de St.-Riquier, DW³A. 1er carton.)

[5] La seigneurie de Huppy était l'un des 13 fiefs de la primitive fondation et avait dans sa dépendance quatre fiefs qui relevaient anciennement de l'abbaye. Celle-ci perdit la mouvance des fiefs de Belleval, de Tilly et de Laleu, par négligence à faire servir des aveux. Une transaction du 22 janvier 1751 entre l'abbaye et mess. Nicolas-Antoine de Grouches, chevalier, marquis de Grébauval-Chepy, seigneur et patron de Huppy, rappelle que les religieux étaient restreints au fief Marigny, autrement nommé marquis. — Une transaction faite au mois d'août 1266 avec Jean de Brimeu, chevalier, homme lige de l'abbaye, et Eustache, son fils et héritier, seigneur de Huppy, avait determiné les droits de terrage de l'abbaye. — Le fief de Belleval avait été possédé par Jean de Belleval qui, soupçonné d'un meurtre à Abbeville, fut banni d'abord de cette ville, à son de cloche, par les mayeur et échevins, et ensuite du royaume de France, en pleine Assise en Ponthieu, l'an 1383. (*Invent. de St.-Riquier*, III, 1325 et 1337. — *Copie du Cartulaire*, fol. 152 et 154.)

[6] C'était une sorte de prestation réputée volontaire, parce que sans doute elle avait été à l'origine, mais qui était devenue bel et bien obligatoire. (Voy. Du Cange, *Glossar.*, v° Donum.)

dite terre [1], 600 [1]. — Le tiers de la grande dîme de Brednai-en-Flandre [2], auprès d'Ostende, affermé 540 [1]. *Mémoire.*

Petit Couvent [3].

Le fief du *Potage*, acquis par les religieux et consistant en 10 setiers 8 boisseaux de blé payés par l'abbé de Saint-Riquier, 84 [1] 10 [s]. — Le fief de *Valobin* situé au Festel, consistant en 50 journaux de terre [4], un droit de champart seigneurial à prendre sur 7 quartiers de terre, et 12 sols de cens sur 2 journaux de terre, à charge de 2 obits et de 2 messes chaque semaine, affermés 15 setiers de blé, 120 [1] 15 [s]; — et en argent, 100 [1]. — 2 journaux 1/2, près du bois du Foyel, dont ils faisaient partie, 12 [1]. — 13 journaux de terre au terroir de Gapenne, affermés 10 setiers de blé, 80 [1] 10 [s], — et en argent, 20 [1]. — 16 journaux de terre au même terroir, nommés les *Haies de Villers*, affermés 16 setiers de blé, 128 [1] 16 [s]; — et en argent, 30 [1]. — 18 journaux à Genvillers et Gapennes, affermés 20 setiers de blé, 161 [1]; — et en argent, 45 [1]. — 63 journaux de terre labourable au terroir de Genvillers, affermés 66 setiers de blé, 531 [1] 6 [s]; et en argent, 100 [1]. — 9 journaux de terre au terroir de Millencourt, affermés 10 setiers de blé, 80 [1] 10 [s]; — et en argent, 20 [1]. — 19 journaux de terre labourable au terroir de Millencourt, affermés 19 setiers de blé, 152 [1] 19 [s]; — et en argent, 25 [1]. — 24 à 25 journaux de terre [5] au terroir de Noyelles-en-Chaussée, 220 [1]. —

---

[1] Ce droit avait été baillé à fief ferme et héréditable, en 1219, par l'abbaye au profit de Raoul, chevalier, seigneur d'Arviller, moyennant 10 muids de froment et 2 muids d'avoine, mesure de Montdidier. — Une sentence du prévôt forain de Compiègne, en garde pour le roi, du 25 mai 1527, condamna mess. Jean de Sains, chevalier, seigneur de Marigny et d'Arvillers, au service de ladite rente en grains. — Par transaction du 23 février 1677, mess. François Du Prat de Barbançon, chevalier, seigneur de Nantouillet, Arviller et autres lieux, s'obligea au service de ladite rente, en argent, au lieu et place de celle en grains; ce qui fut homologué par arrêt du 17 mars suivant. (*Invent. de St.-Riquier*, IV, 1530. — *Copie du Cartul.*, fol. 102 v° et 194.)

[2] Au diocèse de Bruges. — L'abbaye de Vicoigne en Hainaut, de l'ordre de Prémontré, avait les deux autres tiers de la dîme, dit la *déclaration*. D'un autre côté, un bail passé devant Hourdel, notaire à St.-Riquier le 11 janvier 1745, comprend comme appartenant à la mense conventuelle : le tiers de 17 coins de dîme au village et terroir de Brédené et le tiers de la dîme au village de Mariakerke, les deux autres tiers appartenant à l'abbaye de Vicogne, le tiers de la dîme nommée d'Engryshoux, les deux autres tiers appartenant au seigneur de Nozarette, le tiers de la dîme de Sainte-Catherine, alors *inondée*, et une partie de la dîme de Brédené, nommée Schoverlander. — En 1270 et 1271 compromis et accord furent faits avec le couvent de Vicogne, au sujet de la troisième gerbe revenant à l'abbaye de St-Riquier dans la totalité de la dîme de Sainte-Catherine-Ouest et de Brédené, les deux autres tiers appartenant au couvent de Vicogne. — L'abbaye de St-Riquier avait été dotée du personnat perpétuel de l'église de Brédené par Babold, évêque de Tournay, en 1087, et des biens de l'une des deux cures du lieu, par Simon, aussi évêque de Tournay, sur l'ordre du concile de Reims, auquel assistait le pape Innocent II, en 1131. (Voy. minutes du notaire. — *Invent. de St.-Riquier*, IV, 1681 et 1701. — *Copie du Cartulaire*, fol. 14 et 17.)

[3] Voyez ce qu'on entend par là, tome Ier, p. 243.

[4] En deux pièces. — Ce fief avait été donné aux religieux par honorable homme Pierre Lefebvre, ancien échevin, demeurant à Amiens et Marie de Ribeaucourt, sa femme, à la charge ici exprimée, le 2 décembre 1699. Il appartenait avant 1581 à Robert de Ribeaucourt. (*Invent. de St.-Riquier*, III, 1158, 1159 et 1160. — *Declaration.*)

[5] Ils avaient été aliénés pour acquitter la subvention; mais ils furent retraits, savoir : 15 journaux et

23 journaux 1/2 de terre labourable à Vaux-Yaucourt, affermés 7 setiers de blé, 56 l 7 s ; — et en argent, 114 l. — 26 journaux de terre au terroir d'Yvren [1], affermés 15 setiers de blé, 120 l 15 s ; — et en argent, 100 l. — Le pâturage d'un pré, nommé pré du *Pont Hulin*, affermé avec les tontures des arbres, 15 l. — Un journal 1/2 de jardin [2], 25 l.

Offices claustraux [3].

Le bois Guillart [4], contenant 15 journaux, 80 l. — La prévôté d'Ecamonville [5], consistant en 49 journaux de terre situés au terroir de Maison-Rolland, affermés 40 setiers de blé, 322 l ; — et en argent, 100 l. — Un droit de dîme [6] sur le terroir appelé *Nicamp*, auprès de Saint-Riquier, 30 livres.

demi le 16 août 1624 de Martin Vasseur, qui était aux droits de Jacques Peauderat, adjudicataire, et le surplus postérieurement. (*Invent. de St.-Riquier*, IV, 1830 et 1831.)

[1] Ils étaient situés au lieu dit le Camp Boyard et avaient été aliénés en 1586, au profit de Jacques Peauderat, pour acquitter la subvention. Mais les religieux en firent le retrait en 1624 et 1625. — Ces 26 journaux font sans doute partie des terres que l'abbaye avait achetées, savoir : 14 journaux en une pièce nommée le champ Ahame, entre le bois de Grambus et Wivrencheul, de Gilles de Champenulles (*alias* Champeneulles) et Marguerite, sa femme, à laquelle ils appartenaient, au mois de mars 1239 ; une pièce de 15 journaux de Guillaume de Grambus, en présence de Mabille, sa femme, au mois de janvier 1262, pour l'augmentation de la trésorerie ; enfin 11 journ. et demi de Jean de Capeneulles (probablement pour Campeneulles ou Champeneulles) ; ce que ratifia Erma, sa veuve, en 1298 (*Invent. de St.-Riquier*, III, 1123, 1124 et 1131. — *Cartul*, fol. 74 et 75.)

[2] Est-ce le jardin situé dans le faubourg et traversé par la nouvelle chaussée, que les religieux avaient acheté de Louis Lefer ? Ou bien le jardin Bailleul, sis auprès du *fief de l'aumône*, qu'ils avaient acheté de Marie Dequehen, veuve d'Adrien Delamotte le 11 juin 1684 ? (*Inventaire*, p 768 et 796.)

[3] Ces offices, qui avaient été réunis à la manse conventuelle, étaient : le prieuré, la prévôté d'Ecamonville, la trésorerie, l'aumônerie et la chantrerie. (*Déclarat.*) L'*Inventaire* distingue (p. 171) le chantre et le sous-chantre, et il ajoute le sous-prieur.

[4] Ce bois était affecté spécialement à l'office de prieur. (*Baux* de 1695, de 1708, etc. Titres de St.-Riquier.)

[5] Par charte du 2 des ides de mars de l'année 1035, Richard, duc de Normandie, avait fait donation à l'abbaye de la dîme ecclésiastique d'Equemanville (Scamenville, *Scabellivilla*), auprès de Honfleur. Cette dîme lui fut contestée par l'abbesse de Montivilliers ; mais l'abbaye de St.-Riquier y fut maintenue par le duc Willaume, selon titre du 3 des kal. de novembre 1048. — Les produits de cette dîme entraient dans la prébende du prévôt de l'abbaye. — En 1570, un nouveau procès s'engagea entre l'abbaye et le curé d'Ecameanville, qui lui contestait ses droits de dîme, lesquels étaient des deux tiers sur les héritages appelés *la prévôté*, assis en la paroisse. Portée devant le Parlement à Rouen, l'action durait depuis 35 ans, lorsque, par transaction passée devant les notaires royaux de St.-Riquier le 8 juillet 1605, le prieur et tous les religieux de St-Riquier, au nombre de douze, cédèrent leurs droits au curé, qui leur paya 600 liv. Cette somme fut employée au rachat de 49 journ. de terre sis à Maison-Rolland, qui avaient été aliénés, avec d'autres immeubles situés à St.-Riquier, le 24 octobre 1564, pour acquitter la subvention. Mais elle était insuffisante, et D Adrien Levasseur, religieux pourvu de ladite prévôté d'Escameanville, fournit encore 400 liv. qu'il abandonna, à la charge de prières par le couvent, suivant conventions du 20 septembre 1625. — La pièce de terre ici désignée ne devait que deux gerbes de dîme au curé de Maison-Rolland. (*Chronicon Hariulfi*, lib. III, cap. 4 ; apud *Spicileg.* d'Achery. — J. de la Chapelle, *Cronica abbreviata*, cap. 26, 29, 30 et 62. — *Gallia Christ*, X, col. 1249 et 1250. — *Invent. de St-Riquier*, IV, 1781 et 1782. — *Copie du Cartulaire*, fol. 191 à 193)

[6] Il se percevait sur 12 à 13 journaux dans les jardins de Nicamp, à raison de 7 gerbes du cent. (*Invent*, II, 822.)

Revenus non affirmés.

24 journaux 1/2 de bois à coupe situés à Saint-Riquier et Foyelle [1], évalués 1500 l. — Les censives et droits seigneuriaux [2], 200 l.

Rentes.

Une rente sur les tailles de Doullens, pour la suppression de la mairie de St-Riquier [3], acquise par les religieux, au denier 50 de la finance, 38 l 8 s 11 d. — Une rente sur le domaine d'Amiens, de 12 setiers (ou un muid) d'avoine [4], évalués 69 l; — et en argent [5] de 6 l 5 s. — Total des revenus, 25,791 l 15 s 9 d.

Charges.

Redevance foncière envers l'Hôtel-Dieu de Saint-Riquier, à cause de la maladrerie du Val, 45 setiers 8 boisseaux de blé, 366 l 5 s 6 d. — Intérêts d'une somme de 3,000 liv. due audit Hôtel-Dieu, 150 l. — Au curé de Bois-Lergue, pour sa portion congrue, 300 l. — Au curé de l'Etoile, pour supplément, 29 l 10 s. — Au sieur Buteux, propriétaire du fief de *la Couture* [6], 17 setiers et 1/2 de blé, 84 l 10 s 6 d; — et 12 setiers d'avoine, 69 l. — A la seigneurie de la Ferté, 17 setiers d'avoine [7], 97 l 15 s. — Réparations des couvertures de l'église et des lieux réguliers de la maison, 600 l. — Réparations de presbytères dans plus de 30 paroisses, où les religieux ont du lien, 600 l. — Réparations des églises de 21 paroisses, où les religieux sont gros décimateurs en tout ou en partie, 800 l. — Réparations des fermes, 400 l. — Réparations de 2 moulins à l'eau, 340 l. — Gages des médecin, chirurgien, apothicaire,

---

[1] Le bois de Foyelle était affecté spécialement à l'office de prieur. Il contenait 20 arpents 92 perches, suivant un procès-verbal de mesurage fait en 1752. (*Baux* de 1695, de 1708, etc. Titres de St.-Riquier. — *Inventaire*, II, 1006.)

[2] Principalement ceux du domaine de St.-Riquier, qui était l'un des treize fiefs de l'ancienne foundation. Ce fief était dispersé dans plusieurs seigneuries, sur Oneux, Noyelle-en-Chaussée, etc. (*Invent. de St.-Riquier*, p. 687.)

[3] Le mayeur ne pouvait être nommé que de l'agrément des religieux. Des lettres du roi Philippe-le-Bel du mois de mai 1304 le constatent. Mais ce droit ayant été contesté dans la suite par les bourgeois, les religieux obtinrent le 30 avril 1697 un arrêt du Conseil d'Etat qui unit et incorpora à leur couvent l'office de maire perpétuel, dont le roi s'attribua depuis la propriété et pour laquelle il avait constitué cette rente. (*Invent. de St.-Riquier*, II, 743 et 744. — *Copie du Cartul.*, f° 37 v°.)

[4] « Cette portion de rente fut créée en échange des prés et terres situés auprès de l'enclos du bois du Gard, qui avaient été cédés au comté de Ponthieu. » (*Déclarat.*) — Par charte du mois de février 1216, l'abbaye céda à Guillaume, comte de Ponthieu, ses droits sur le bois du Titre et dans le Gard, auprès du Crotoy, à la charge d'un muid d'avoine et de 40 sols parisis de rente. (*Invent. de St.-Riquier*, III, 1381 et 1449.)

[5] Cette fraction de rente avait deux origines: 50 sols sur la vicomté d'Abbeville faisaient partie du prix de la cession faite à Guillaume de Ponthieu, du bois du Titre provenant des religieux; et 3 liv. 15 sols avaient pour cause 2 obits fondés par les anciens comtes de Ponthieu. (*Déclarat.* — Voy. la note précédente.)

[6] C'est sur ce fief qu'en l'année 1257, pour faire acte de juridiction, l'abbé fit arracher publiquement l'oreille d'un voleur pris en flagrant délit dans la maison d'Otremencourt, nommant Neufmoulin, de la dépendance de l'abbaye. (J. de la Chapelle, *Cronica abbreviata*, cap. 47.)

[7] Cette rente est reprise dans une transaction souscrite le 17 décembre 1681 entre l'abbaye et Claude de Roncherolles, chevalier, seigneur marquis de Pont-St.-Pierre, premier baron de Normandie, châtelain et seigneur de la Ferté, gouverneur et sénéchal de Ponthieu. (*Invent. de St.-Riquier*, II, 715.)

barbier, et médicaments, 495 l. — Gages de 6 domestiques [1], 520 l.— Gages d'un garçon d'écurie, du bedeau, du frotteur de l'église et du pourvoyeur de la maison, 298 l. — Gages d'un garde de bois et d'un garde de plaine, 200 l. — Réparations des vitres, 120 l. — Entretien de la sacristie, 630 l. — 3 rentes à payer aux héritiers de M. de Masclef, 350 l. — Rente aux sieurs Olivier et Daniel Machart, de Saint-Valery, 830 l. — Total 7,270 l 1 s.

> NOTA.— Outre les dites rentes, la communauté doit encore une somme de 3,000 livres, qu'elle a été obligée d'emprunter.
>
> D'un autre côté, elle est obligée de reconstruire une ferme, dont un tiers environ est déjà fait et a coûté plus de 3,000 livres [2].

RÉCAPITULATION : Montant des revenus des biens situés dans le diocèse. 25,791 l 15 s 9 d
Montant des charges 7,270 l 1 s, dont il faut déduire le 48ᵉ, pour l'imputer sur le revenu de Flandre, qui équivaut au 48ᵉ de celui du diocèse d'Amiens, 151 l 9 s 2 d ; — ce qui le met à 7,118 11 10

                              Reste net 18,673 3 11

Le revenu de Flandre étant de . . . . 540 l » »
Si on en retranche le 48ᵉ des charges totales, ou. . . . . . . 151 9 s 2 d

                              Il reste net 388 10 10

PRIEURÉ DE NOTRE-DAME, A CONTAINVILLERS [3].
Collateur de plein droit : l'abbé de St.-Germer.

DÉCLARATION faite le 30 avril 1729 par le titulaire maître Jean-Pierre Jacquin, bachelier en théologie de la Faculté de Paris, rectifiée.

Dix-huit journaux de terre situés autour de la chapelle dudit prieuré ; un droit de dîme sur 80 journaux de terre au terroir de Bernaville ; — et un autre droit de dîme sur 60 journaux de terre au même terroir, à l'encontre du prieur d'Épécamps. — Le tout affermé . . . . 450 l »

CHARGES : Au curé de Bernaville, pour portion congrue, 31 l. — Une messe par semaine [4] et cinq prédications dont est tenu le prieuré, 51 l.— Entretien du bâtiment de la chapelle, des ornements et du linge, 20 l.— Part des réparations du chœur de l'église de Bernaville, dont le prieur est gros décimateur, 20 l. — Total des charges. 122 »

                            Reste net. . . . . . 328 »

---

[1] Ces domestiques étaient : un cuisinier en chef, qui recevait 200 liv., un aide de cuisine, un cuisinier à l'infirmerie, un jardinier, et un portier. (*Déclarat.*)

[2] La *déclaration* des religieux ajoute que la bibliothèque entière ayant été incendiée, 2 menuisiers travaillaient alors, à raison de 15 sols par jour, à réparer les lambris, qui devaient coûter plus de 6,000 livres.

[3] Il était de l'ordre de St.-Benoît. (P. Ignace, *Hist. Ecclés. d'Abbeville*, p. 50). — Ce lieu, qui était situé entre Bernaville et Beaumetz, est figuré dans la carte de Cassini. Il n'existe plus.

[4] Le *pouillé de l'Archid.* ajoute (f° 295) : « et aux fêtes de la Sᵗ -Vierge. » Mais, par erreur, il nomme ce lieu Conteville, pour Containvillers.

Prieuré de SAINT - MÉDARD, a Domart [1].

Collateur : l'abbé de St.-Germer de Flix [2].

Déclaration faite le 9 novembre 1729 par le titulaire m^{gr} François-Firmin Trudaine, évêque de Senlis, prieur commendataire, rectifiée.

Revenus affermés.

Trois fiefs nobles, avec haute, moyenne et basse justice, situés à Domart, consistant en : une ferme, soixante journaux de terre a la sole, censive, champart et dimes [3], 1,800 l. — Une branche de dime au terroir de Bernaville, 780 l. — Une petite dime, champart et quelques censives, au terroir de Berneuil et Gorges, affermés : en argent 300 l ; — et 30 couples de grain, mesure de Domart, évalués à 12 l 8 s l'un, 372 l. — Une autre au terroir de Domart, au canton du Rouvroy, 300 l. — La dime des enclos de Domart, 300 l. — Une branche de dime et quelques champarts à percevoir ès environs du terroir de Domart [4], 500 l. — Une branche de dime au terroir de Fienvillers, 200 l. — Une branche de dime et un petit champart sur le terroir de Gorenflos, 250 l. — Une dime sur le terroir de Haudencourt [5] et Fransu, 360 l. — Quelques censives, champart et dime au village de Longvillers, 135 l. — Une branche de dime au terroir de Mesnil [6], 80 l. — Une autre au terroir de Ribeaucourt, 245 l. — La dime des laines, tant à Domart qu'à Franqueville, Saint-Hilaire, Haudencourt, et Fransu, 50 l.

Revenus non affermés.

Renvoi à percevoir sur la terre de Saint-Hilaire, appartenant à l'abbaye de Bertaucourt, 6 couples 1/2 de grain [7], évalués 74 l 8 s. — Autre renvoi d'un couple et demi à percevoir sur la cure de Franqueville, 18 l 12 s. — Total des revenus, 5,765 l.

---

[1] De l'ordre de St.-Benoît. — Il fut fondé et doté par Gautier et Bernard, châtelains de Domart; ce que confirma l'évêque Ingelran par lettres du 8 des kal. d'avril 1118. Par bulle du 12 des kal. de juillet 1178, le pape Alexandre III confirma les possessions du prieuré. (*Picardia Christ.*, Ms. f° 103. — *Annales ord. S^{ti}-Bened.*, VI, 24.)

[2] Cette église lui fut donnée par l'évêque St. Geoffroy, et confirmée par l'évêque Ingelran le 8 des kal. d'avril 1118. (*Gallia Christ.*, X, 1172 d.)

[3] La 3e partie de la dîme de Domart, la 3e partie de celle de Brucamp, le domaine de l'autel dudit lieu (*de Burcampo*), sept hôtes, la 6e partie du fief de Gorenflos, et 2 parts de la dîme du bois Ircon (*de bosco Udonis*), avaient été donnés au prieuré par les ancêtres de Guillaume de Wesbery (*de Wesberiis*), vicomte de Domart, selon qu'il résulte d'une charte confirmative de ces dons, accordée par Thomas de St.-Valery, sans date. (Voy. *Catalogue des Mss. sur la Picardie*, par M. Cocheris, n° 446 — III. — B. I. Cartul. n° 1792.)

[4] Ne s'agit-il pas de la terre des Essarts, dont il sera parlé plus loin, sous la rubrique Fransu ?

[5] Au mois de novembre 1238 Bernard de Belestre vendit au prieuré de Domart la dîme qu'il percevait sur les terroirs de Houdencourt et du Ploiez (*in territoriis de Hadencort et del Ploiez*) Voy. *Catalogue des Mss. sur la Picardie*, par M. Cocheris, n° 446 — II.

[6] En l'année 1242 Jean de Surcamp vendit au prieuré de Domart la dîme qu'il possédait au Mesnil, près du bois Ircon (*in terram de Maisnilio, juxta boscum Idonis*), vers Brucamp — Déjà le prieuré possédait 2/3 de cette dîme, puisqu'on voit Thomas de St.-Valery, qui mourut vers 1115, en donner confirmation, sous la dénomination de *Bosco Udonis*, en même temps que d'autres dons, par la charte qui vient d'être énoncée, note 3.

[7] Voyez ci-dessus I, 483. L'évaluation y est un peu plus élevée.

Charges.

Portion congrue de Jean Lefeburp, curé de Domart, 300¹. — Moitié du loyer¹ de son presbytère, 20¹. — Au sous-prieur, 350¹. — Au vicaire du lieu, 6 setiers de blé, 50¹ 8ˢ. — Moitié de l'honoraire du vicaire de Bernaville, 75¹. — Un setier de blé au servitéur de l'église, 8¹ 8ˢ. — Aux pairies² de la baronnie de Domart, à cause des fiefs du prieuré, 18¹. — Au fief de Maisnières, 18 couples de grain, 223¹ 4ˢ. — Supplément au curé de Berneuil, 130¹. — Au curé de Fienvillers, 40¹. — A l'abbaye de Saint-Germer, 95¹. — Entretien de la maison prieurale et de l'église³ de Domart, duquel lieu le prieur est seul décimateur, 250¹. — Entretien de la ferme de *Lapre*, qui est très-ancienne, 300¹. — Entretien des chœurs des églises des lieux où le prieur est gros décimateur, savoir : Bernaville, Berneuil, Fienvillers, Franqueville, Gorenflos, le Mesnil, Longvillers, Ribeaucourt, Fransu et Haudencourt, cette dernière reconstruite à neuf depuis quelques années aux dépens du prieur, en qualité de seul décimateur en cette paroisse, 500¹. — Honoraire d'un receveur comptable pour la régie des dits revenus, 300¹. — Total, 2,660¹.

Récapitulation : Montant des revenus . . . . 5,765¹ »
— des charges . . . . 2,660 »

Reste net. . . . . . 3,105 »

Prieuré de SAINTE-MARIE-MADELEINE, a Domvast⁴.

Collateur : l'abbé de St.-Acheul⁵.

Déclaration faite le 2 juillet 1728 par le titulaire maître Jean Grauville, rectifiée.

Dimages⁶, censives, 50 journaux de bois, et 15 journaux de terre à la sole, affermés

---

¹ L'autre moitié était due par la communauté de Domart (*Déclarat.*)

² Il faut entendre par là les fiefs dont les possesseurs étaient hommes-liges du seigneur de Domart. Ces feudataires l'assistaient lorsqu'il rendait la justice : *dicuntur pares curiæ dominicæ, quia domino judicanti consilium debent*, dit Du Fresne, sur l'article 7 de la *Coutume d'Amiens*. — On trouvait en Ponthieu un certain nombre de terres tenues aussi en pairie du roi. (Voy. les annotations de Delegorgue sur l'art. 4 de la *Coutume de Ponthieu*.)

³ La *déclaration* porte qu'il y avait trois grosses cloches.

⁴ De l'ordre de St.-Augustin. — Il fut d'abord séculier et il devint régulier au commencement du XIIIᵉ siècle. — Roricon, que la charte qualifie ainsi : *vir venerabilis*, fils de Simon, tenait en fief ce bénéfice (*personatum et altare ecclesiæ de Domno vedasto*). Il s'en dessaisit aux mains de l'évêque Guarin, qui le conféra à l'abbaye de St.-Acheul, en l'année 1143. Celle-ci y établit quatre chanoines. Plus tard, probablement en 1645, ce prieuré fut simplifié. (*Cartul. de St.-Acheul*, f° 11, c° 20. — *Pouillé* de 1682.)

⁵ Cette église avait été donnée à l'abbaye par l'évêque Gervin ; ce que confirma son successeur Thierry, par lettres de l'année 1147. (*Cartul. de St.-Acheul*, f° 12, c° 21. — *Gallia Christ.*, X, Instrum. col. 310. — Du Cange, *Hist. des Comtes d'Amiens*, p. 293.)

⁶ En l'année 1147 l'évêque Thierry fit don à l'abbaye de St.-Acheul d'une gerbe de la dîme ecclésiastique de Domvast (*unum manipulum decime case ecclesie de Domno Vedasto*) et de celle de Canci. — Une transaction faite sous le sceau de l'évêque Thibaut, en 1173, attribua aux chanoines de St.-Acheul les deux tiers de la dîme, autorisa l'abbaye de St.-Josse (Dommartin) à accepter l'autre tiers de la dîme des champs, et lui attribua un tiers de la dîme des fruits dans les jardins,

800 l. — Pot de vin de 60ᵇ pour le bail, où par an, 6ᵇ 13ˢ 4ᵈ. — Droits seigneuriaux, 10 ˢ. — Total. . . . . 807 l 3 ˢ 4 ᵈ.
CHARGES : Portion congrue du curé de Domvast, 300 l. — Réparations du chœur de l'église, 50 l. — Ornements, 15 l. — A l'abbaye de Saint-Acheul ¹, 10 l. — Total . . . . 375 l » »

       Reste net . . . . . 432 l 3 ˢ 4 ᵈ

PRIEURÉ DE NOTRE-DAME, A EPÉCAMPS ².
(Transformé en prieuré-curial, il est porté ci-après.)

CURES.

AGENVILLERS (Vocable : NOTRE-DAME) ³.

Collateur de plein droit : l'évêque d'Amiens ⁴.

DÉCLARATION faite le 9 octobre 1728 par le titulaire maître Pierre Houbert, rectifiée.

La dîme novale, affermée 190 l. — La dîme du lieu ⁵ produisant : 45 setiers de blé, mesure d'Abbeville, évalués à 8 liv. 1 sol l'un, 362 l 5 ˢ. — 15 setiers d'avoine à 5 liv. 15 sols, 86 l 5 ˢ. — Fourrages, 45 l. — 12 dizeaux de warats, 17 l 10 ˢ. — 30 bottes de lin et de chanvre, 15 l. — Dîme sacramentelle, 20 l. — 2 journaux de terre, évalués 7 l. — Casuel, 12 l. — Obits et autres fondations, 70 l. — Total . . . . 825 l »
CHARGES : Frais de dîme, 200 l. — Réparations du presbytère, 15 l. — Total. 215 »

       Reste net . . . . . 610 »

tant anciens que nouveaux, hormis sur quatre vavasseurs et sur 27 arpents de terre, qui appartenaient depuis longtemps (*ab antiquo*) au prieuré. — En 1203 Guillaume d'Abbeville donna aux chanoines réguliers de Domvast la manse et les biens des chanoines séculiers sur Canchi, Noelli, Maisnil, Waben, Mannai (Viannay ?) et Maismes-en-Ponthieu, avec deux tiers de dîme lui appartenant sur le territoire, plus la dîme que tenaient quatre vavasseurs, et l'usage dans son bois dit *forest*. — En 1239 ce droit d'usage fut échangé avec Gerard d'Abbeville, contre une portion de bois contenant 60 journaux, à prendre dans son bois dit *le Croc*. C'est peut-être celui qui figure en la *déclarat*. (*Cartul. de St.-Acheul*, fol. 12 et suiv., 30, 126 et 130. — *Gallia Christ*., X, Instrum. col. 310. —*Histoire des comtes d'Amiens*, par Du Cange, p. 293, note.)

¹ A titre de rente, qui fut reconnue par le prieur Mᵉ Guillaume de Lestocq, prêtre, docteur de la maison et société de Sorbonne, au mois de mars 1634. (*Invent. St.-Acheul*, f° 251.) — Cette redevance est sans doute comprise dans les 108 liv. de cens et surcens déclarés par les religieux de St.-Acheul. (Voy. ci-dess. I, 98.)

² De l'ordre de St.-Augustin. — C'était très-anciennement un prieuré conventuel. — En l'année 1137 une bulle du pape Innocent II et des lettres de l'évêque Guarin confirmèrent ses possessions. — En 1178 il fut donné à l'abbaye de St.-Martin-aux-Jumeaux. (*Pouillé* de 1682. — *Invent. de l'abbaye de St.-Martin*, fol. 80 et 161. — Voy. ci-dessus I, 5, note 5)

³ Aysenviler, au *pouillé* de 1301. — Ce lieu est nommé Genvillers dans les déclarations et dans l'*Inventaire* des titres de St.-R quier. — En 1689, il y avait une église de nouvelle construction, dont le chœur n'était point pavé. Dans l'ancienne s'était installé un ermite, sans permission ; un procès lui était intenté devant l'officialité. (*Pouillé de l'Archid.*, f° 292 v°.)

⁴ Le prieur de Biencourt contestait le patronage en 1689. (*Pouillé de l'Archid.*, f° 292.)

⁵ Elle se percevait à 7 du cent. Les décimateurs étaient : le curé, les religieux de St.-Riquier et le prieur de Biencourt. (*Pouillé de l'Archid*, f° 292. — Voy. ci-dess. p. 247. — *Invent. de St.-Riquier*, III, 1097.)

AILLY-HAUT-CLOCHER (Vocable : Notre-Dame)[1].

Présentateur : l'abbé de St.-Riquier.

Déclaration faite le 1er juin 1728 par le titulaire maître Louis Brandicourt, rectifiée.

Le 9e de la dîme sur les terroirs d'Ailly[2], Ailliel[3] et Famechon, estimé 160 l. — A recevoir des gros décimateurs[4] : 12 setiers de blé, évalués 96 l 12 s ; — et 12 setiers d'avoine, 69 l. — 2 muids de cidre, 20 l. — Fondations, 180 l. — Casuel, 100 l. — Les novales, affermées 200 l. — Total . . . . 825 l 12 s.

Charges. — Réparations du presbytère . . . . 15 »

Reste net 810 12

Nota. — On ne passe pas de frais de dîme, parce qu'elle est estimée sur le prix du fermage.

BEAUMETZ[5] (Vocable : Saint-Nicolas) et RIBEAUCOURT (Vocable : Saint-Sulpice), son secours.

Présentatrice : l'abbesse de Bertaucourt.

Déclaration faite le 10 juin 1728 par le titulaire maître Nicolas Anguier, rectifiée.

Le tiers de la dîme[6], tant sur Beaumetz, que sur Ribeaucourt, à la réserve de 22 journaux de terre sur le terroir de Ribeaucourt, où le curé ne reçoit qu'un sixième, 580 l. — 11 journaux de terre de presbytère, 100 l. — Casuel, 18 l. — Total . . . . 698 l »

Charges. — Au vicaire de Ribeaucourt 150 l. — Réparations du presbytère 15 l. — Total . . . . 165 »

Reste net . . . . . . 533 »

Nota. — Il n'est point parlé de fondations dans la déclaration. *Mémoire.*

---

[1] Asly, au *pouillé* de 1301. Puis Ailly-en-Ponthieu, et enfin Ailly-le-haut-Clocher depuis la reconstruction de celui-ci en 1557. (*Mém. Soc. Antiq. Pic.*, IX, 33. — *Bulletin de la Soc. Antiq. Pic.*, 1845, n° 4, tome II, p. 251.) — Les hameaux de Famechon et Alliel dépendaient de la paroisse. (*Pouillé de l'Archid.*)

[2] La dîme sur les terroirs d'Ailly et de Famechon se percevait à 7 du cent. L'Hôtel-Dieu de St.-Riquier en prenait les 2/3 ; de l'autre tiers l'abbaye de St.-Riquier prenait 2 gerbes et le curé une. (*Invent. de St.-Riquier*, IV, 1759 et 1760.)

[3] La dîme sur ce hameau appartenait au chapitre de St.-Vulfran d'Abbeville et au chapelain de l'hôpital de Long. Le *pouillé de l'Archid.* nomme (f° 293) comme ayant droit à la dîme sur la paroisse, la fabrique du lieu. N'est-ce pas une confusion avec led. chapelain ? — Le chapitre de St.-Vulfran avait été doté de la dîme d'Alliel par Jean II, comte de Ponthieu, en l'année 1138.— Selon lettres de l'année 1222, données par Alerme d'Amiens, seigneur de l'Etoile, Gui de Moufflières, son homme-lige, et son frère Renaut reconnurent que la dîme d'Allier appartenait au chapitre de St.-Vulfran et qu'ils n'avaient rien à y prétendre. (*Invent. des titres de St.-Vulfran*, f° 14 v°. — *Picardia Christ.*, Archiv. départ. — Voy. ci-dess. p. 50.)

[4] C'est-à-dire un tiers de l'abbé de St.-Riquier et deux tiers de l'hôtel-Dieu. (*Invent. de St.-Riquier*, IV, 1760.) Cette charge ne paraît pas dans la *déclaration* de la manse abbatiale, parce qu'elle était supportée par le fermier en sus du prix principal de son bail.

[5] Biaumes, au *pouillé* de 1301.

[6] Les autres décimateurs étaient, sur Beaumetz : l'abbesse de Bertaucourt et le personnat de Maison-Rolland ; et sur Ribeaucourt : ladite abbesse et le prieur de Domart. (*Pouillé de l'Archid.*, f° 294. — Voy. ci-dess. I, 482 et II, 253.)

BERNAVILLE (Vocable : la Sainte-Trinité)[1].

Collateur de plein droit : l'évêque d'Amiens, à cause de son abbaye de St.-Martin-aux-Jumeaux, unie à l'évêché.

Déclaration faite le 10 juin 1728 par le titulaire maître Antoine Le Caron du Petit Mailly, rectifiée.

Trente journaux de terre, évalués 200 l. — 1 journal et demi de pré, en 3 pièces, 30 l. — Dîme novale dans les enclos, 200 l. — Dîme de laine, de jardin et de cour, 100 l. — Fondations, 60 l. — Casuel, 60 l. — [2] Total . . . . 640 l »

Charges. — Au prieur d'Epécamps[3], 10 l. — Réparations du presbytère, 15 l.
— Total . . . . 25 »

Reste net. . . . . . 615 »

BERNEUIL[4] (Vocable : Saint-Pierre) et GORGES, son secours.

Présentateur : le prieur de Domart-en-Ponthieu.

Déclaration faite le 14 mai 1728 par le titulaire maître François Mabille, rectifiée.

A recevoir des gros décimateurs[5], pour portion congrue, 75 l. — Du prieuré de Domart et de l'abbesse de Bertaucourt : 16 setiers de blé, mesure de Domart, 134 l 8 s ; — et 16 setiers d'avoine, 64 l. — La dîme des enclos (13 journaux), 6 l. — 2 journaux et demi de mauvaise terre, et 75 verges d'enclos produisant, tous les trois ans, 5 setiers de blé, évalués par an 14 l. — 140 obits à basse voix, 15 à haute voix, avec vigiles et commen-

---

[1] *Bernardi villa,* au *pouillé* de 1301. — Le curé accuse 200 feux, habités par de pauvres mercenaires et manouvriers. (*Déclarat.*)

[2] Les gros décimateurs sur Bernaville étaient : le prieur de Domart, l'abbé de Cercamps, les prieurs d'Epécamps et de Containvillers. — Les religieuses de Bertaucourt avaient cédé au prieuré de Domart 1/6 des dîmes qu'elles avaient à Bernardville, dans le terroir et fief de Cuvières, par échange du mois de mai 1308. (*Pouillé de l'Archid.,* f° 295. — Voy. ci-dess. p. 252, 253 et ci-après p. 262. — Titres de Bertaucourt, 3e carton. Arch. Départem.)

[3] « Pour un droit dans la menue et mixte dîme et dans les oblations, prétendu par ledit prieur se disant curé primitif de Bernaville. Ce droit a toujours été une source de procès, terminés par une transaction notariée en 1723. » (*Déclarat.*)

[4] Bernues, au *pouillé* de 1301.

[5] Savoir : du prieur de Domart 25 liv., de l'abbé de St.-Acheul 15 liv., de l'abbesse de Bertaucourt 20 liv., et de l'évêque 15 liv. (*Déclarat.*) — Le *pouillé de l'Archid.* porte que les décimateurs étaient, sur la paroisse : le prieur de Domart et l'abbesse de Bertaucourt, et sur le secours : ledit prieur, l'évêque, l'abbé de St.-Acheul et le chapelain de la grande école. Nous avons vu (I, 89) qu'il s'agissait du chapelain de St.-Nicolas en l'église St.-Remy d'Amiens. — Une déclaration faite le 20 novembre 1633 par le curé Augustin Hault, des terres sujettes à la dîme, faisait connaître qu'elles comportaient 523 journaux, et que le curé prenait alors une gerbe de 6 venant à dîme, le chapitre d'Amiens (ou plutôt le chapelain de St.-Nicolas) une, l'abbaye de St.-Acheul une, et le prieur de Domart trois. — La 6e partie de la dîme du territoire de Gorges avait été abandonnée par Pierre Gormer, moyennant 70 liv. payées en monnaie de Ponthieu, et concédée à l'abbaye de St.-Acheul par Bernard de St.-Valery, du consentement de Gautier d'Abbeville, du fief duquel elle dépendait, en 1185. Dans l'acte figurent comme témoins : le prieur de Dommart, Aanor, épouse de Bernard, leur fils Bernard, Gérard, vidame de Picquigny, Robert d'Asli, Hugue de Maismières, Hubert, vicomte de St.-Riquier, etc. — La partie de dîme revenant à l'évêque provenait du prieuré d'Epécamps et se trouve nommément comprise dans la donation de ce prieuré à l'abbaye de St.-Martin aux-Jumeaux, par l'évêque Thibaut, suivant lettres de l'année 1179. (*Invent. de St.-Martin,* fol. 161 et 165. — *Invent. de St.-Acheul,* f° 311. — *Cartul.,* f° 149, c¹ 211. — Voy. ci-dess. I, 6, 89, 94, 95 ; II, 253.)

daces [1], 70 l. — Casuel, 30 l. — Total . . . . 493 l 8
CHARGES. — Pain et vin pour les fêtes et dimanches, et pour les jours où il y a des messes de fondation, 15 l. — Réparations du presbytère, 10 l. — Total . . . . 25 »

Reste net 468 8

BRAILLY [2] (Vocable : SAINT-MARTIN).

Collateur de plein droit : le commandeur de Beauvoir [3]

DÉCLARATION faite le 31 mai 1728 par le titulaire maître Jean-Baptiste Grilly, rectifiée.

La dîme [4] produisant : 40 setiers de blé, mesure d'Abbeville, évalués 322 l; — 20 setiers d'avoine, 115 l; — 25 bottes de warats, vesce et bisaille, 6 l 5 s; — et 50 bottes de lin et chanvre, 37 l 10 s. — Menues dîmes de laine et pommes, 13 l. — 6 journaux de terre produisant annuellement : 4 setiers de blé, 34 4 s; — et 2 setiers d'avoine, 11 l 10 s. — A recevoir de la Commanderie, pour dire les messes, fêtes et dimanches, à la ferme de Bellinval, 50 l. — Fondations, 67 l 10 s. — Casuel, 12 l. — Total . . . 668 l 19 s
CHARGES. — Entretien du presbytère, 15 l; — Frais de dîme, 130 l 10 s. — Total 145 10

Reste net 523 9

BRUCAMPS [5] (Vocable : SAINT-MARTIN).

Présentateur : le personnat de Brucamps.

DÉCLARATION faite le 3 juin 1728 par le titulaire maître François Carpentier, rectifiée.

La dîme [6] produisant : 30 setiers de blé, mesure de Domart, évalués 252 l; — 1 setier

---

[1] « Pour le repos des âmes des bienfaiteurs de cette église, suivant l'usage et les obituaires anciens que j'ai trouvés dans ladite paroisse, » dit le curé. (*Déclarat.*)

[2] Brasly, au *pouillé* de 1301.

[3] Cette commanderie était à Beauvoir-lès-Abbeville. On la nommait parfois commanderie d'Abbeville, ou de Beauvoir-en-Abbeville. Elle avait jadis son siège à Belinval. Aussi le *pouillé* de 1301 porte-t-il pour collateurs de cette cure les templiers de Bellenval, et celui de 1682 le commandeur de Bellanval. (Voy. M. Prarond, *St.-Riquier et les cantons voisins*, II, 452 et 567). — Dans les cures de commanderie l'évêque ne donnait que l'approbat pour les desservir. (*Pouillé* de 1720, passim.)

[4] La dîme se divisait entre le curé et le chapitre de St.-Vulfran. (*Pouillé de l'Archid.*, f° 297.)

[5] Burcamp, au *pouillé* de 1301.

[6] Les autres décimateurs étaient : le personnat du lieu, les dames de Moreaucourt, le chapitre de Vinacourt, celui de Longpré-les-Corps-Saints et l'abbé de St.-Germer, ou plutôt le prieur de Domart. — La dîme se prenait à 7 du cent. — Les droits des religieuses de Moreaucourt étaient du tiers et portaient sur un canton du terroir contenant environ 200 journaux de terre qui tenaient au terroir de Villers ; l'abbé de St.-Germer y prenait aussi 1/3 et le curé du lieu le dernier tiers. Cela résulte des baux et notamment de celui fait par devant les auditeurs du roi en la prévôté de Beauquesne, le 16 février 1572, par frère Ferrand Darsy, prêtre, religieux de l'ordre de Fontevrault, prieur de la religion réformée Notre-Dame de Moreaucourt. — Le canton dont il s'agit serait-il celui nommé Bahos, dont la dîme fut vendue par Jehan Blotelière à Marguerite Lebrune, religieuse, en 1237 ; ce que confirma Jehan d'Amiens, en la même année ? (Titres de Moreaucourt, *Invent.*, f° 5 v° F, et f° 10. — *Pouillé de l'Arch.*, f° 298. — Voy. ci-dess. I, 134 et 487 ; II, 253.)

et demi de seigle, 10¹ 10ˢ; — 100 bottes de lentilles, 15¹; — 3 dizeaux d'orge, 6¹; — 20 setiers d'avoine, 80¹; — 1 setier et demi de pamelle, 8¹ 14ˢ; — 200 bottes de warats à lentilles, 30¹; — 5 dizeaux de lin, 37¹ 10ˢ; — et fourrages, 30¹. — Dîme de chanvre, 6¹. — Dîme de laine, 18¹. — Dîme de cour, 5¹. — Dîme de pommes, 4¹. — Obits et autres fondations¹, 90¹. — Casuel, 12¹. — 6 journaux de terre à la sole, 75¹. — Total, 679¹ 14ˢ.

CHARGES. — Renvoi aux dames religieuses de Moreaucourt d'Amiens, 50¹. — Au personnat de Brucamps, 30¹. — Au chapitre de Longpré, 7¹. — Frais de dîme, 118¹. — Part des réparations du chœur de l'église, 1¹. — Réparations du presbytère, 15¹. — Total des charges 224¹.

RÉCAPITULATION : Montant des revenus 679¹ 14ˢ
— des charges. . . . . 224 »»

Reste net. 455 14

BUSSU² (Vocable : SAINT-MICHEL) et YAUCOURT³, son secours
Présentateur : le seigneur du lieu.
Revenus : 660 livres⁴.

CANCHY (Vocable : SAINT-PIERRE)⁵ et NEUILLY-L'HOPITAL (même vocable), son secours.
Présentateur : l'abbé de St.-Acheul⁶.
Revenus : 850 livres⁷.

---

¹ C'est-à-dire quatre messes par semaine, 7 obits solennels et l'office du Saint-Sacrement pendant l'octave. (*Déclar.*)

² Buyssu, au *pouillé* de 1301. — Le *pouillé de l'Archid.* mentionne (f° 299) une chapelle à Esmimont et une autre à Bussu chez le sieur Carette, dans laquelle on disait deux messes par semaine. Mais elles ne paraissent pas avoir été érigées en titre.

³ On disait aussi Vaux-Yaucourt. (*Invent de St.-Riquier*, II, 855). Vaux est un lieu détruit ou confondu avec Yaucourt. — La terre d'Yaucourt appartenait très-anciennement au seigneur de Châtillon, qui la vendit vers 1381 à Colart de Tangues, premier écuyer du corps du roi et maître de son écurie. (*Invent. du chapitre d'Amiens*, III, 136; — Titres, liasse 21, n° 1.)

⁴ La dîme se prélevait à 7 du cent dans toute la paroisse. — A Bussus, sur les terres dites *du grand compte*, l'évêque prenait une gerbe de 9, les religieux de St.-Riquier 4, le personnat du lieu 2, et le curé 2. Sur les terres *du petit compte* l'évêque prenait une gerbe de 8, les religieux une, le personnat 2, le curé 2, et le Val de St.-Pierre 2. Dans le dîmage de Vaux-Yaucourt le tiers était perçu par l'évêque et les 2/3 par les religieux. — La dîme de tous les enclos de Bussus appartenait à M. Vaillant d'Yaucourt, relevait

de l'évêque et se nommait fief du patronage. (*Déclar. desd. relig.* — *Pouillé de l'Archid.*, f° 299. — Voy. cidess. I, 4; II, 245. — *Invent. de St.-Riquier*, II, 855.)

⁵ Canchis, au *pouillé* de 1301. — Il y avait dans la paroisse, sur le bord du bois du Rondel, une chapelle de dévotion, sous le titre de Notre-Dame de Foye. Le seigneur de Canchy administrait les offrandes et les aumônes. Les pèlerins y étaient nombreux. (*Pouillé de l'Archid.*, f° 300 v°.) Cette chapelle et le pèlerinage subsistent encore.

⁶ Cet autel avait été donné à l'abbaye par l'évêque Gervin ; ce que confirma Thierry, son successeur, par lettres de l'année 1147. — La cure de Canchy fut, pendant plus d'un siècle, desservie seulement par trois prêtres, tous du même nom et probablement de la même famille, c'est-à-dire : de 1680 à 1727 par Nicolas Barbier, de 1728 à 1750 par Charles Barbier, qui mourut le 17 juillet de ladite année, et de 1750 à 1792 par Pierre Barbier. (Voy. les *Registres aux baptêmes, mariages et enterrements de Canchy.* — *Cartulaire de St.-Acheul*, f° 12, c° 21. — *Gallia Christ.*, X, Instrum. col. 310. — *Du Cange, Hist. des comtes d'Amiens*, p. 293.)

⁷ La dîme se percevait à 10 du cent. — Le curé dîmait seul à Canchy. A Neuilly il n'avait qu'un tiers

COULONVILLERS [1] (Vocable : Saint-Gervais et Saint-Protais) et HANCHY [2], son secours.

Présentateur : le seigneur.

Revenus : 440 livres [3].

CRAMONT [4] (Vocable : Saint-Martin).

Présentateur : le commandeur de Beauvoir.

Déclaration faite le 3 juin 1728 par le titulaire maître Pierre Dumeige, rectifiée.

La dîme [5] produisant : 33 setiers de blé, mesure d'Abbeville, évalués 265 ̷ 13 ˢ ; — 15 setiers d'avoine, 86 ̷ 3 ˢ ; — 80 bottes de lin, 60 ̷ ; — Et fourrages, 70 ̷. — Dîme de pommes et de laine, 17 ̷. — Dîme novale, 10 ̷. — 13 journaux de terre de cure, chargés de fondations, produisant : 13 setiers blé, évalués 104 ̷ 13 ˢ ; — Et 8 setiers d'avoine, 46 ̷. — Fondations, 66 ̷. — Casuel, 20 ̷. — Total. . . . . 745 ̷ 11 ˢ

Charges. — Frais de labours et semences, 77 ̷ 17 ˢ. — Censives dues par les terres, 8 ̷. — Frais de dîme, 120 ̷. — Réparations du presbytère [6], 15 ̷. — Total. 220   17

Reste net 524   14

DOMART-EN-PONTHIEU [7] (Vocable : Saint-Médard).

Présentateur : le prieur du lieu.

Titulaire : Jean Lefebure.

Revenus : 600 livres [8].

et l'abbé de Forestmontier 2/3 de la dîme. — En 1529 les grosses dîmes de Canchy, de Neuilly et du fief de Halloy appartenaient au prieuré de Dompvast. (*Invent. de St.-Acheul*, f° 206. — *Pouillé de l'Archid.*, f° 300. — Voy. ci-dess. I, 97 ; II, 215 et 254, note 6.)

[1] Coulonviler, au *pouillé* de 1301. — En 1689 on voyait encore « des restes de l'ancienne église, qui servait pour les deux villages. » (*Pouillé de l'Archid.*, f° 301 v°.)

[2] Dans ce village se trouvait une chapelle particulière à M. de Cumont, seigneur en partie de Hanchy, dans laquelle, pendant 30 ans et jusqu'au rétablissement de l'église du secours, fut fait le service divin. (*Pouillé de l'Archid.*, f° 301 v°.)

[3] La dîme de Coulonvillers se prenait à 7 du cent. Elle appartenait au curé pour 3/9, aux religieux de St.-Riquier pour 4, et au seigneur de Neuville pour 2. Celle de Hanchy était au curé, aux religieux de St.-Riquier, à l'évêque et au curé d'Yvren. — Les droits de l'évêque, de 3 gerbes sur 9, avaient donné lieu à une procédure suivie de 1593 à 1613. (*Invent. de l'Evêché*, f° 242.) — Sur le fief de Senarmont le seigneur de Neuville prenait 2/3 et l'abbaye 1/3, à la charge par celle-ci de remettre au curé de Neuville 7 couples de grains, mesure d'Abbeville. (*Pouillé de l'Archid.*, f° 301. — *Déclarat. des religieux de St.-Riquier.* Arch. Départ. — *Invent. de St.-Riquier*, III, 1170 et 1203. — Voy. ci-dess. p. 246.)

[4] Cromont, au *pouillé* de 1301, et encore en celui de l'*Archidiaconé de Ponthieu*. — Dans la partie du village nommée le Ménage, vers *le bois brûlé*, on remarque les ruines d'une enceinte féodale.

[5] Pour un tiers ; un autre tiers appartenait au commandeur, et le dernier aux chapelains de l'Extrême-Onction d'Abbeville. — Cette dernière part est sans doute celle figurant parmi les possessions du chapitre d'Abbeville confirmées par l'évêque Ricard en 1206. (*Pouillé de l'Archid.*, f° 302. — *Invent. des titres de St.-Vulfran*, f° 7 v°.)

[6] Il n'y en avait pas en 1689 : le curé se logeait à ses dépens. (*Pouillé de l'Archid.*, f° 302.)

[7] Dommart, et *Domnus Medardus*, au *pouillé* de 1301.

[8] Ce chiffre était composé tant de la portion congrue, portée ci-dessus (p. 254), que du casuel, etc. — La

DOMÉMONT [1] (Vocable : Saint-Nicolas) et VACQUERIE [2] (Notre-Dame), son secours.

Collateur de plein droit : l'évêque d'Amiens [3].

Déclaration faite le 10 juin 1728 par le titulaire maître Nicolas de Forceville, rectifiée.

La dîme [4] produisant : 30 setiers de blé, mesure de Domart, évalués 252 l. ; — Les mars, moitié des blés, 126 l. ; — Et fourrages, 60 l. — Une portion de dîme des enclos et jardins de Domémont et Vacquerie, des laines et poulets, 110 l. — 2 journaux de pré tant en labour qu'en pâture, 20 l. — Fondations, 50 l. — Casuel, 10 l. — Une portion de dîme sur le terroir d'Augicourt [5], 415 l. — Total. . . . . 1043 l. »

Charges. — A Mgr l'évêque, comme gros décimateur, 300 l. — Aux PP. Jésuites d'Amiens, 90 l. — A l'abbé et aux religieux de Dommartin, 55 l. — Réparations du chœur de l'église, 10 l. — Réparations du presbytère, 15 l. — Frais de dîme, 100 l. — Total. . . . . 570 »

Reste net. . . . . . 473 »

DOMQUEUR (Vocable : Saint-Saturnin) [6].

Présentateur : le seigneur [7].

Revenus : 540 livres [8].

presque totalité de la dîme appartenait au prieuré de Domart. L'Université des chapelains d'Amiens en avait une branche. (*Pouillé de l'Archid.*, f° 303. — Voy. ci-dess. I, 82 ; II, 253.)

[1] Dommainmont, au *pouillé* de 1301.

[2] Vakerie, au *pouillé* de 1301. — L'union de cette ancienne paroisse à celle de Domémont fut faite par décision de l'évêque du 12 octobre 1723. (Voy. *Invent. de l'Evêché*, f° 228, v°.) — Au *pouillé de l'Archid.* une addition de 1693 porte que l'église de Vacquerie venait d'être rebâtie à neuf.

[3] Au mois de janvier 1245 l'évêque Arnoul et l'abbé de St.-Martin convinrent de conférer alternativement la cure de Dommainmont et Augiercort, sise en Ponthieu, doyenné de St. Riquier. Mais, depuis l'union de l'abbaye à l'évêché, le droit de l'évêque avait une double origine. (Titres de l'Evêché, F 26° ; G 26°.)

[4] C'est-à-dire un tiers. Sur les terroirs de Domesmont et d'Augecourt-lès-Prouville, le prieuré de Flixecourt prenait 2 gerbes de 9 venant à dîme, à l'encontre de l'abbé et des religieux de Cercamps aussi pour 2 gerbes, du curé de Prouville à cause de l'abbaye de Dommartin pour 2, et du curé de Domesmont, à cause de ce bénéfice, pour les 3 autres. — Sur le terroir de Vacquerie l'évêque avait 2/3 de la dîme, à l'encontre du curé pour son tiers. — Les lettres d'union du prieuré d'Epécamps à l'abbaye de St.-Martin-aux-Jumeaux, datées de l'année 1178, comprennent nommément les dîmes de Domémont, Vacquerie et Argicourt. (Titres du prieuré de Flixecourt. Bail de 1723. — *Cartul. du prieuré de Fliscourt*, f° 25. Arch. Départ. — *Pouillé de l'Archid.*, fol. 306 et 328. — Voy. tome 1er, p. 479.) — L'abbé et les religieux de St.-Martin-aux-Jumeaux avaient acheté de Guillaume de la Vacquerie, seigneur dudit lieu, deux parts de la dîme sur le terroir de la Vacquerie. (*Invent. de l'Evêché*, f° 43. Extr. du Cartul. de St.-Martin. — Voy. ci-dessus, I, 6 et 479. — *Invent. de St.-Martin*, f° 161.)

[5] Ce lieu, qui est nommé ailleurs Augecourt (*Cartul. du prieuré de Fliscourt*, f° 25) et Argicourt (*Invent. St.-Martin*, f° 161), était voisin de Prouville vers Beaumetz. Il est figuré en la carte de Cassini, mais le nom est omis.

[6] Donquerre, au *pouillé* de 1301. — Trois hameaux dépendaient de la paroisse : Plouy, le Mesnil et Donquerel. (*Pouillé de l'Archid.*)

[7] Le *pouillé de l'Archid.* attribue (f° 304) en 1689 le patronage soit au personnat du lieu, soit au seigneur de Donqueurre (le marquis de Coulaincourt).

[8] Le curé jouissait de 2 journaux de terre à la sole. — Les décimateurs de la paroisse étaient : l'abbaye de Bertaucourt pour 1/3, les dames de Moreaucourt pour un tiers, la cense du Val de St.-Riquier pour

DOMVAST[1] (Vocable : SAINTE-MARIE-MADELEINE)[2].

Présentateur : le prieur de Domvast.

Revenus : 400 livres[3].

ÉPÉCAMPS (Vocable : NOTRE-DAME), prieuré-cure[4].

Présentateur : le prieur de l'abbaye de St.-Martin-aux-Jumeaux[5].
Collateur : l'Evêque.

DÉCLARATION faite le 12 juin 1728 par le titulaire maître Nicolas Frémin, chanoine régulier, approuvée.

La terre d'Epécamps faisant environ 60 journaux de terre à la sole, avec hayure des bois ci-après, et une fraction de dîme[6], affermés moyennant : en argent, 750¹ ; — 20 setiers de blé, mesure de Domart, 168¹ ; — 20 setiers d'avoine, 80¹ ; — et deux bottes de lin, 2¹. — Un droit de champart et de dîme sur une partie du terroir de Bernaville, 280¹. — 15 journaux de terre à la sole situés à Gorges, affermés : en argent, 130¹ ; — 2 setiers de blé, 16¹ 16ˢ ; — 2 setiers d'avoine, 8¹ ; — et 2 paires de poulets, 1¹. — Une partie des mixtes et menues dîmes, offrandes et oblations des nataux de Bernaville[7], affermée 10¹. — Deux bois taillis[8], contenant : l'un 75 arpents 24 perches, et l'autre 18 arpents 64 perches, évalués 560¹ 4ˢ 11ᵈ. — Les censives, 50¹. — Total . . . . . 2,056¹ »»ˢ 11ᵈ

CHARGES : Entretien de l'église d'Epécamps, de la maison prieurale et de la ferme, 300¹. — Entretien du chœur de l'église de Bernaville, 10¹. — Au vicaire dudit lieu, 11¹. — Gages d'un garde de bois, 120¹. — Total . . . . 441 »» »»

Reste net. . . . . 1,615 »» 11

une gerbe de 9, le seigneur pour les deux autres gerbes inféodées. — Des lettres, sans date, d'Enguerran de Villers constatent que Enguerran de Hupi avait transigé avec les religieuses de Bertaucourt pour raison d'une partie de la dîme de Dulquerel (Donquerel), de Ursimaisnil et de Sobermaisnil qu'il réclamait. — Nous avons vu que la dîme de Plouy appartenait pour 3 gerbes de 9 au chapelain de Sᵗᵉ Marguerite d'Eaucourt. (Voy. ci-dessus, I, 134, 482 ; II, 50. — Titres de Moreaucourt. *Baux* de 1433, 1728, etc. *Invent.*, fᵒ x, F. — *Pouillé de l'Archid.*, fᵒ 304. — Titres de Bertaucourt, carton 1ᵉʳ.)

[1] Donvast, au *pouillé* de 1301. — Cornehotte, distant d'un quart de lieue, dépendant de la paroisse. (*Pouillé de l'Archid.*, fᵒ 305.)

[2] Cette cure resta longtemps unie au prieuré (voy. ci-dess. p. 254). Les habitants en demandèrent la désunion le 8 avril 1645. Information faite, cette désunion fut prononcée par sentence épiscopale du 27 mai suivant, laquelle créa un vicaire-perpétuel ; ce qui fut homologué par la cour du Parlement le 30 août de la même année. (*Invent. St.-Acheul*, fᵒ 250.)

[3] Ce qui comprenait 300 livres de portion congrue. — Les décimateurs étaient : le prieur du lieu et l'abbé de Dommartin. (*Pouillé de l'Archid.*, fᵒ 305. — Voy. ci-dess. p. 254.)

[4] Le titulaire a déclaré ce bénéfice comme prieuré-cure, et le Bureau diocésain l'a rangé parmi les prieurés.

[5] Le prieuré d'Epécamps ayant été ruiné par les guerres, fut donné, avec ses nombreuses dépendances, à l'abbaye de St.-Martin par l'évêque Thibaut, en l'année 1178. (Voy. ci-dess. I, 5.)

[6] Le prieur avait aussi la justice haute, moyenne et basse sur lesdits biens, tant terres que bois dépendant de ladite terre. (*Déclarat.*)

[7] Voy. ci-dessus p. 257, note 3.

[8] L'abbaye de St.-Martin d'Amiens prétendait avoir sur lesdits bois une rente perpétuelle de 140 liv., ce qui n'était pas encore décidé, dit le curé. (*Déclarat.*)

ERGNIES [1] (Vocable : Saint-Vulfran).

Collateur de plein droit : l'evêque d'Amiens.

Déclaration faite le 8 mai 1728 par le titulaire maître Nicolas Dubois, rectifiée.

Portion congrue payée par les RR. PP. Célestins [2] d'Amiens, 300 l. — 2 journaux un quart de terre à la sole, produisant, déduction faite de 20 boisseaux d'avoine dont ils sont chargés envers le seigneur de Gorenflos, et de 3 sols de censives [3], 41 l 7 s. — Trois petits jardins enclos [4], situés dans le village, produisant, déduction faite de 55 sols 6 den. de censives dus aux Célestins, 9 l 4 s 6 d. — Obits et autres fondations, 61 l 14 s. — Casuel, 15 l.
— Total . . . . 427 l 5 s 6 d

Charges. — Au doyen de chrétienté, pour les saintes-huiles, 2 l 10 s.
— Réparations du presbytère, 10 l. — Total. . . . . 12 10 »

Reste net 414 15 6

FRANQUEVILLE [5] (Vocable : Saint-Pierre)

Présentateur : le prieur de Domart.

Revenus : 450 livres [6].

FRANSU [7] (Vocable : Saint-Féréol) et **HOUDENCOURT** (Vocable : Saint-Jean-Baptiste), son annexe.

Présentateur : le prieur de Domart-en-Ponthieu.

Déclaration faite le 2 juin 1728 par le titulaire maître François Sauvage, rectifiée.

La dîme [8] produisant : 20 setiers de blé, mesure de Domart, évalués 168 l ; — Et les mars

---

[1] Eregnies, au *pouillé* de 1301.

[2] Comme seuls gros décimateurs, au moyen de l'annexion du personnat du lieu, faite à leur couvent en l'année 1447. — Avant que le curé eût opté pour la portion congrue, il avait 1/3 des menues dîmes et des oblations, et une gerbe sur 9 de la grosse dîme sur le terroir de la paroisse, comme on le voit en un bail de 1528, et en une déclaration du curé Jacques de Roussen du 22 juin 1551. (Titres des Célestins, cartons 6 et 7. Archiv. départ. — Voy. ci-dessus I, 106, note 5.)

[3] Ils sont encore chargés d'un obit tous les mois, depuis un temps immémorial, pour Mlle de Neuville, qui les a donnés à la cure. » *(Déclarat.)*

[4] « Ils sont chargés d'un obit tous les mois, pour Mre Jean Plichon, ancien curé du lieu. » *(Déclaration.)* Peut-être en fût-il le donateur.

[5] Frankevile, au *pouillé* de 1301.

[6] Les décimateurs étaient : le prieur de Domart, les Jésuites d'Amiens, à cause du prieuré de St.-Denis, et l'abbaye de Bertaucourt. Sur les terroir et village de Barlette près de Franqueville la dîme se prenait à 7 du cent, au profit des Jésuites pour 2/3 et du prieur de Domart pour l'autre tiers. — L'abbaye de Bertaucourt avait acheté sa portion de dîme au mois de mars 1260, de Jean Leclerc, de Domart, du consentement de sa femme Aelis et de son fils aîné Nicolas. Elle en fut investie par Gui de Auguercourt, chevalier, du fief duquel cette dîme dépendait. Hugue de Rosiere *(de Roseria)*, chevalier, dont Gui était homme lige et le comte Robert de Dreux, seigneur de St.-Valery, seigneur dominant, y donnèrent leur consentement à la même date. — Une sentence du bailliage d'Amiens du 18 mai 1538 maintint les religieuses de Bertaucourt dans leur possession de la dîme. (Titres de l'Evêché, 6-2°. — Voy. ci-dess. I, 483 ; II, 253. — *Pouillé de l'Archid.*, f° 308. — Titres de Bertaucourt, détachés. — *Invent. du Collège d'Amiens*, p. 70.)

[7] Franssu, au *pouillé* de 1301. — Le curé résidait dès 1689 à Houdencourt. (*Pouillé de l'Archid.*, f° 309.)

[8] C'est-à-dire une neuvième gerbe. — Les autres décimateurs étaient : le prieur de Domart et l'abbesse de Bertaucourt. Le chapitre d'Amiens avait aussi les

évalués à la moitié, 84 l. — Les menues et vertes dîmes, 24 l. — Dîme de cour, 20 l. — A recevoir de l'abbaye de Bertaucourt, pour supplément : 6 setiers de blé, évalués 50 l 8 s ; — et 6 setiers d'avoine, 24 l.—Fourrages, 50 l.— 2 journaux de terre labourable [1] situés au terroir de Fransu, chargés de 6 obits, produisant 9 setiers de blé, 75 l 12 s. — Fondations [2], 25 l. — Casuel, 20 l. — Total . . . . 541 l »

CHARGES. — Frais de dîme et de labour, 90 l ; — Réparations du presbytère, 15 l. — Total. . . . . 105 »

Reste net. . . . . 436 »

GAPENNES [3] (Vocable : L'ASSOMPTION DE NOTRE-DAME).

Présentateur : le chapitre de St.-Nicolas d'Amiens.

DÉCLARATION faite le 5 juin 1728 par le titulaire maître Pierre Brecquevielle.

La dîme produisant [4] : 46 setiers de blé, mesure d'Abbeville, 370 l 6 s ; — 24 setiers d'avoine, 86 l 1 s ; — 70 warats, 10 l 10 s ; — 14 bottes de lin, 1 l 8 s ; — Et fourrages, 90 l. — Dîme des novales [5], affermée 220 l. — Dîme de pommes, poulets, cochons de lait, 26 l 15 s.— Fondations et [6] obits, 70 l.— Casuel, 25 l. — Total . . . . . . 900 l »

CHARGES. — Frais de dîme et labour, 210 l 10 s. — Entretien du chœur de l'église, 15 l. — Pain et vin pour les obits, 15 l. — Total . . . , . . 240 10

[7] Reste net. 659 10

2/3 de la dîme, à l'encontre de l'autre tiers appartenant audit prieuré, sur la terre nommée les Essarts, située entre le bois de Goyenval et celui du vicomte, dont 88 journ. s'étendaient sur le terroir de Dompmart, comme on le voit en un bail du 20 septembre 1517, dans une reconnaissance du 9 juin 1600, etc. — La dîme de l'abbaye de Bertaucourt est mentionnée dans la bulle confirmative du pape Alexandre III de l'année 1176. (*Pouillé de l'Archid.*, f° 309. — Titres du chapitre d'Amiens, arm. 4, liasse 65, n° 1.— *Invent.* IV, 421. — Voy. ci-dess. I, 25 et 483 ; II, 253.)

[1] A la sole. La *déclaration* a omis de l'ajouter, mais cela est dit au *pouillé* de 1689 et se justifie par l'importance du revenu.

[2] C'est-à-dire : 28 messes, un service solennel, la prédication de la passion, et tous les dimanches, à l'issue des vêpres, le *Languentibus*. (*Déclarat.*)

[3] Gaspanes, au *pouillé* de 1301.

[4] Les gros décimateurs étaient : l'abbé de St.-Riquier pour 1/2, le chapitre de St.-Nicolas, le prieur de Biencourt et le sieur Carequy, ensemble pour l'autre 1/2 (*Déclaration*), c'est-à-dire pour chacun une gerbe de 6 venant à dîme, d'après les baux du XVIII° siècle. (*Invent. St.-Nicolas*, p. 139, 204. — *Pouillé de l'Archid.* — Voy. ci-dess. I, 70 ; II, 242.)

[5] Celle-ci et les menues dîmes appartenaient par 1/2 au curé et au chapitre de St.-Nicolas, pour ce qui était situé dans l'étendue de la sénéchaussée de Ponthieu ; et pour ce qui était dans l'étendue du bailliage d'Amiens, 1/6° au chapitre et le reste au curé. — Les oblations et les nataux se divisaient entre eux par moitié, d'après les baux du XVII° siècle. (*Invent. St.-Nicolas*, p. 135 et 137.)

[6] C'est-à-dire 64 obits, les litanies de la Sainte-Vierge tous les dimanches, les vêpres des morts tous les jours pendant le carême. (*Déclarat.*)

[7] A défaut de l'extrait approuvé, nous avons établi les chiffres d'après ceux adoptés par le Bureau diocésain.

GENVILLE [1] (Vocable : SAINT-SAUVEUR).

Présentateur : le prieur de St.-Pierre d'Abbeville.

Revenus : **450** livres [2].

GORENFLOS (Vocable : SAINT-MARTIN).

Collateur de plein droit : l'Évêque d'Amiens.

DÉCLARATION faite le 7 décembre 1729 par le titulaire maître Charles Toulet, rectifiée.

La dîme [3] de la paroisse, produisant : 48 setiers de blé, mesure de Domart, 403¹ 4ˢ ; — 10 setiers d'avoine, 40¹ ; — 300 bottes de warats, 60¹ ; — 50 bottes de lin, 37¹ 10ˢ ; — et fourrages, 120¹. — Dîme novale produisant 100 bottes d'hivernache et autres récoltes, 50¹. — Terres de cure, 20 journaux [4], produisant 24 setiers de blé, 201¹ 12ˢ ; — et 10 setiers d'avoine, 40¹. — Fondations, 49¹ 12ˢ. — Casuel, 10¹. — Total 1011¹ 18ˢ

CHARGES. — Frais de dîme, 100¹. — Réparations du presbytère, 15 ¹. — A l'abbé de Saint-Acheul et aux chapelains de Notre-Dame [5]. 32 ¹. — Total. 147 »

Reste net. 864 18

---

[1] Aisenvile, au *pouillé* de 1301.

[2] Le curé jouissait de toute la dîme. Cinquante journaux de terre appartenant au prieuré de Saint-Pierre ne payaient pas la dîme. (*Pouillé de l'Archid.*, f° 311.)

[3] Elle consistait en 7 gerbes du cent. Le curé prenait 2/3 sur 250 journ. de terre à la sole, à l'encontre du prieur de Domart pour un 1/3, et sur 40 autres journ., à l'encontre des chapelains de Notre-Dame d'Amiens. Il prenait aussi la totalité de la dîme sur 60 autres journaux. — Les chapelains avaient acheté en décembre 1289 de Jean Meignoire de Bruncamp, écuyer, toute la partie de dîme qu'il avait « ou terroir de Raastel, assis entre Eregnies et Gorenflos et de costé le terroir ke on apèle Hapiencourt et du long le cauchie...; » et toute la dîme qu'il tenait de « noble homme Mᵍʳ Gillon de Mailly le joule, chevalier, seigneur de Bruncamp, excepté le dixme.. en 10 journeux de terre ki sont Renart de Surcamp, escuyer... » Le vendeur tenait ces dîmes de Gillon de Mailly, qui les tenait de Mᵍʳ de Varesne, chevalier, seigneur de Forcheville, lequel les tenait de Mᵍʳ Jean, comte de Dreux, seigneur de Saint-Valery.

Les droits du curé provenaient en partie de l'abandon que l'abbaye de St.-Acheul lui avait fait de sa portion de dîme sur Hapiencourt et Rastel, aux termes d'un concordat du 2 mai 1571, suivi d'une sentence du bailliage d'Amiens, en date du 16 avril 1605, qui condamna le curé à payer à l'abbaye 12 liv. annuellement. L'abbaye avait reçu de l'évêque Gervin toute la dîme ecclésiastique (*casæ ecclesiæ*) de Hapencourt, que tenait Herbert, fils de Malgeri, et qui dépendait du fief de Robert de Cahurs, du consentement dudit Herbert ; ce qu'approuvèrent Gautier, seigneur de Dommart, seigneur suzerain, et son fils Bernard, en l'année de 1093. — La sixième partie de la dîme sur Rastel avait été abandonnée à l'abbaye par Alelme, surnommé Grenier (*Granarius*), chevalier, comme on le voit en une charte confirmative de l'évêque Thierry, de l'année 1147. — Le canton de Rastel contenait 225 journ. de terre. (Titres des chapelains, arm. 1ʳᵉ, liasse 54. — *Inventaire,* p. 353 et suiv. — *Cartul. de St.-Acheul,* fol. 9 et 12. — *Invent. de St.-Acheul,* f° 311. — *Gallia Christ.* X, Instr. col. 310. — *Pouillé de l'Archid.* f° 312. — Voy. ci-dess. I, 38, 94 ; II, 253.)

[4] Leur situation n'est pas exprimée, mais nous trouvons que, par lettres datées du jour des cendres 1252, l'évêque d'Amiens avait constaté la donation faite par Richard, chapelain (d'Amiens ?), de 5 journ. de terre au terroir de Franqueville, pour l'augmentation de la cure de Gorenflos. (*Inventaire de l'Evêché,* f° 137, r°.)

[5] Pour leurs portions de dîme, dont jouissait le curé. (Voy. ci-dessus I, 38 et 94, et la note 3 de la précédente page.)

LONGVILLERS [1] (Vocable : Saint-Lô).

Présentateur : le seigneur du lieu [2].

Déclaration faite le 15 décembre 1729 par le titulaire maître Guislain Contart, rectifiée.

La dîme [3], avec 11 journaux de terre, évalués 350 l. — 4 journaux de terre chargés de fondations, 40 l. — Fondations, 15 l. — Casuel, 30 l. — Total . . . . . 435 l »
Charges. — Réparations du presbytère . . . . 15 »

Reste net. . . . . 420 »

MAISON-ROLLAND [4] (Vocable : Saint-Maurice).

Présentateur : le personnat du lieu.

Déclaration faite le 20 décembre 1729 par le titulaire maître Louis Cantrel [5], rectifiée.

La dîme [6] produisant : 36 setiers de blé, mesure d'Abbeville, évalués 289 l 16 s ; — 10 setiers d'avoine, 57 l 10 s ; — Un cent de warats, 15 l ; — et fourrages, 30 l. — Dîme de lin et de chanvre, 15 l. — Dîme de laine, 7 l 10 s. — Une petite portion de dîme, 10 l. — Supplément payé par l'abbaye de Saint-Riquier : 2 setiers de blé, 16 l 2 s ; — et en argent, 30 l.

---

[1] Lonevilers, au *pouillé* de 1301. — Il y avait « un hermitage dans la forêt de Goyauval, avec une chapelle qui était en litige entre les curés de Beaumets et de Longvillers, » en 1689. (*Pouillé de l'Archid.* f° 313 v°.)

[2] Un aveu et dénombrement servi au roi par Jean de Clari, écuyer, sire de Gésaincourt, de son fief de Gésainecourt le 12 mars 1377, fait connaître que le sieur de Fransu tenait de lui en arrière-fief, « un fief scitué a Lonéviller », qui comprenait le droit de présentation a la cure dudit lieu. (M Cocheris, loc. cit., n° 458, note. — A. I. sect. adm , P. 137.)

[3] Elle était perçue tant par le curé que par les abbesses de Bertaucourt et de Villencourt, les religieux de St.-Riquier, le prieur de Domart, la communauté des curés d'Amiens et celle des chapelains de St.-Nicolas d'Amiens. Le *pouillé de l'Archidiaconé* dit, par erreur sans doute, le chapitre d'Amiens. Dans l'*Inventaire de St.-Riquier* (voy. ci-dess. p. 247, note 3) les proportions sont déterminées. On n'y voit pas figurer la communauté des curés. Peut être y a-t-on confondu les droits de celle-ci dans ceux appliqués au curé. — Les chapelains de St.-Nicolas avaient acheté, en l'année 1289, à titre de fief et d'arrière-fief, de Bauduin dit *la persunne* de Donquerre et de Longvillers en Ponthieu (*de Longovillari in Pontino*), écuyer, toute la grosse dîme lui appartenant (*in bladiis, hybernalibus, avenis et aliis bladis, in lanis, agniculis, linis, canabus et aliis decimabilibus... spectantibus-ad grossam decimam*), c'est-à-dire 1/2 de toute la dîme sur ledit village et son territoire, et le 1/4 de la dîme sur le territoire d'Ergnies (*de Eneriis*), qu'il tenait en fief de Jean, chevalier, seigneur de Croisilles et de Gizencourt (*domino de Croisilliis et de Gysenecuria*). Des lettres d'amortissement furent accordées par le roi au mois de juillet de la même année. Les droits de l'abbaye de Bertaucourt tant à la dîme qu'au champart de Longvillers (*de Longo Villario*) sont rappelés en la bulle confirmative du pape Alexandre III, de l'année 1176. (Titres de St. Nicolas. liasse 25, n°s 5 et 6. — Voy. ci-dess. I, 72, 82, 480 et 483 ; II, 247 et 253)

[4] *Domus Rollandi*, au *pouillé* de 1301.

[5] Il était entré en exercice en 1696 ; il mourut le 15 mai 1730, âgé de 60 ans. Son prédécesseur immédiat fut Jean Delandre, qui paraît dès 1668 et mourut le 7 novembre 1696. François le Tellier, qui probablement avait été nommé dès avant la mort de Cantrel, lui succéda et mourut le 18 septembre 1772, âgé de 85 ans. Puis vint Charles-François-Joseph Gorin, de 1772 au 7 juin 1791. (Arch. municip. de Maison-Rolland, *Registres aux baptêmes, mariages et décès*.)

[6] C'est-à-dire 3 gerbes, à l'encontre du personnat du lieu pour 2, et de l'abbé de St.-Riquier aussi pour 2. La dîme se prenait à 7 du cent. (*Pouillé de l'Archid.* — Voy. ci-dessus, p. 242. — *Invent. de St.-Riquier,* IV, 1777.)

— 5 journaux de terres de presbytère, 30¹. — Fondations, 16¹. — Casuel, 25¹. — Total 541¹ 18ˢ
CHARGES. — Frais de dîme, 60¹. — Pain et vin pour les messes, 18¹. — Droits de visite de l'archidiacre et du doyen, 5¹. — Réparations du presbytère, 15¹. — Total. . . . . 98 »

Reste net. 443   18

MESNIL¹ (Vocable : SAINT-SULPICE) et DOMLEGER (Vocable : SAINT-LÉGER), son secours.

Présentatrice : l'abbesse de Bertaucourt ².

DÉCLARATION faite le 22 avril 1730 par le titulaire maître Claude Goret, rectifiée.

Deux neuvièmes de la dîme de Mesnil³, évalués sur le pied de celle de Madame l'abbesse de Bertaucourt, 12 couples de grains, mesure d'Abbeville, à 13¹ 16ˢ l'un ⁴, 165¹ 12ˢ. — 8 journaux de terre chargés de fondations, 80¹.— Fondations, 18¹.— La dîme de Domleger, affermée moyennant : 15 setiers de blé, 120¹ 15ˢ; — 12 setiers d'avoine, 69¹; — et en argent, 110¹. — Casuel, 30¹. — Total 593¹ 7ˢ
CHARGES : Réparations du presbytère ⁵, 15¹. — Réparations en partie des chœurs des deux églises, 40¹. — Total . . . . 55 »

Reste net 538   7

NOTA. — Pour desservir le secours de Domleger, qui est éloigné de près d'une lieue, le curé est dans l'obligation indispensable d'avoir un cheval pendant toute l'année.

MILLENCOURT (Vocable : SAINT-MARTIN) ⁶.

Présentateur : le prieur de Biencourt.

Titulaire : F. Sagot, bachelier de Sorbonne ⁷.

Revenus : 550 livres.

---

¹ Maisnil, au *pouillé* de 1301.

² L'autel de Domleger, avec moitié de la dîme ecclésiastique, le jardin de Milesende et la seigneurie du village, faisaient partie des biens appartenant déjà à l'abbaye et dont la possession lui fut confirmée par la bulle du pape Alexandre III de l'année 1176. (Titres de l'abbaye de Bertaucourt, 2ᵉ carton. Arch. Départem. — Voy. ci-dessus I, 481 et 483.)

³ Les autres décimateurs étaient : l'évêque et la fabrique du lieu, le prieur de Domart, les religieux de St.-Riquier, l'abbaye de Villencourt et celle de Bertaucourt. (*Pouillé de l'Archid.* — Voy. ci-dessus I, 482 et 483 ; II, 21, 247 et 253.) — La dîme se percevait à 7 du cent. — Il n'est pas question des droits de l'évêque dans sa déclaration (l. 4). Etaient-ils d'un neuvième abandonné au curé ? Celui-ci avait droit à l'autre neuvième par suite de l'abandon que lui en avait fait l'abbaye, selon transaction du 5 juillet 1565. (*Invent. de St.-Riquier*, IV, 1680.)

⁴ L'abbesse de Bertaucourt a compté les grains à la mesure de Domart, et ils sont ici comptés à la mesure d'Abbeville : ce qui produit une différence entre les deux évaluations de cette même redevance. (Voy. I, 483.)

⁵ En 1689 il n'y avait pas de presbytère. (*Pouillé de l'Archid.*, f° 314.)

⁶ En 1689 l'église était nouvellement bâtie. L'ancienne existait encore, mais ne servait plus. (*Pouillé de l'Archid.*, f° 316.)

⁷ Ce nom nous est donné par les anciens *Registres aux actes de baptême, mariages et décès*, de la paroisse. Nous y avons puisé la liste suivante des curés :

MOUFLERS (Vocable: Saint-Vast).

Collateur de plein droit : l'évêque d'Amiens.

Déclaration faite le 10 juin 1728 par le titulaire maître Jean Thiébault, rectifiée.

La dime de la paroisse, abandonnée [1] pour la portion congrue, 300 l. — 2 journaux de petites terres, 5 l. — Novales et droits de casuel, 15 l. — Fondations, 9 l. —
Total . . . . 329 l »
Charges : Réparations du presbytère . . . . 10 »
Reste net . . . . 319 »

NEUVILLE [2] et **ONEUX** [3] (Vocable : Saint-Martin).

Présentateur : le seigneur du lieu [4].

Revenus : 560 livres [5].

1671. Gaillard. — 1674 à 1676. Jacques Dacheu. — 1677 à 1727. Georges Cocu, mort le 19 janvier 1727, à l'âge de 77 ans. — 1727 à 1745. Sagot, bachelier de Sorbonne. Cependant, du mois de mars 1727 au mois de juin 1728, les actes sont signés par J. Thélu. — 1746 à 1765. Antoine Piédecoq, mort le 25 avril. — F. Bouillant de Montaigu, religieux cordelier, desservait la paroisse pendant la vacance et en l'absence du suivant. — 1766 à 1769. Nicolas Isidore Deschamps, mort le 4 juillet. — 1769 à 1774. Caumartin. — 1774 à juin 1791. Deschamps. — Juillet 1791 à 1792. Dequeux, desservant. (Archiv. municip. de Millencourt.)

[1] Ni la *declaration*, ni le *pouillé de l'Archidiaconé*, en énonçant cet abandonnement, ne disent qui le fit.

[2] Nueville, au *pouillé* de 1301. — Le 24 juillet 1597 la cure de Neuville fut unie à l'église d'Oneux. Le 24 septembre 1684 la désunion avait été prononcée, mais elle n'eut pas de suite. (*Pouillé* de 1720.)

[3] Onneu, au *pouillé* de 1301. — Le village de Festel était secours d'Oneux. — En 1689 les deux églises étaient en mauvais état : celle d'Oneux prête à tomber. — C'est pour nous un devoir de rappeler ici qu'a l'un des humbles curés d'Oneux, Jean de la Chapelle, maître ès arts, chapelain de St.-Benoît, notaire apostolique, natif dudit lieu, est due la *Chronique abrégée de l'abbaye de St.-Riquier* (*Chronica abbreviata*), qu'il a composée en l'année 1492, et qu'a publiée la Société d'Emulation d'Abbeville dans ses *Mémoires* (1852-1857). Il a aussi aidé l'abbé Eustache Leqieux dans la rédaction du *Cartulaire* de l'abbaye en 1489, comme il est dit en tête de la copie que possèdent les Archives du Département de la Somme. (*Pouillé de l'Archid.*, f° 320.)

[4] Ce patronage était passé des mains de l'évêque en celles du seigneur de Neuville, à la charge d'un cens sur la terre de Neuville. (Voy. ci-dess. I. 4.)

[5] La dîme de Neuville se prenait à 7 du cent. Elle appartenait aux religieux de St.-Riquier pour 3 gerbes de 9, et pour les 6 autres au seigneur de Neuville. — Celui-ci servait à l'évêque une redevance de 6 muids de grains sur la dîme de Neuville, pour raison de l'engagement que son frère Théobald de Neuville, chevalier, avait fait au profit de Bernard, archidiacre de Ponthieu, et de Jean Lemonnier (*Monetario*), clerc, pour garantie d'un prêt de 40 lv. parisis ; ce qu'avait consenti son frère Gui de Neuville, chevalier, selon lettres datées de la 6ᵉ férie après la Toussaint de l'année 1244. — La dîme d'Oneux appartenait à l'évêque, à l'abbaye de St.-Riquier, à celle de Forestmontier, au prieuré de Biencourt et au curé. En 1688 celui-ci signifia à l'économe de l'évêché son abandonnement de la dîme d'Oneux, pour s'en tenir à la portion congrue. — Une sentence du bailliage d'Amiens du 7 novembre 1387, avait maintenu l'évêque et l'abbaye de St.-Riquier contre le seigneur de Neuville dans leur droit de dîme sur des terres situées au terroir d'Onneu et au terroir de Vaux entre St.-Riquier et la maison du Val. (*Inventaire de l'Evêché*, f° 44 r°. — Titres de l'Evêché, L 13ᵉ, X 14ᵉ. — *Pouillé de l'Archid.*, f° 318. — Voy. ci-dess. I, 4 ; II, 247.)

NOYELLE-EN-CHAUSSÉE [1] (Vocable : Saint-Pierre).

Présentateur : le chapitre de St.-Vulfran d'Abbeville.
Revenus : 800 livres [2].

PROUVILLE (Vocable . Notre-Dame) [3].

Présentateur : l'abbé de St.-Josse-au-Bois ou Dommartin.

Déclaration faite le 10 mars 1730 par le titulaire frère André Royon, religieux de l'ordre de Prémontré, rectifiée.

La dîme [4] produisant, tous frais faits : 45 setiers de blé, mesure de Domart, 378 ¹ ; — 30 setiers d'avoine, 120 ¹ ; — Autres menus grains dans quelques jardins, 45 ¹ ; — et fourrages, 50 ¹. — Dîme de laine [5] et de cour, 30 ¹. — Terres de cure, 2 journaux, 10 ¹. — Fondations [6], 1 ¹ 19 ˢ. — Casuel, 30 ¹. — Total . . . . 664 ¹ 19 ˢ

Charges : Cires de l'église, pain, vin, blanchissage de linge [7], droits d'archidiacre et de doyen, 35 ¹. — Réparations du chœur de l'église, 20 ¹. — Réparations du [8] presbytère, 15 ¹. — Total . . . . 70 »

Reste net. 594 19

SAINT-HILAIRE [9] (Même vocable) et LANCHE (Vocable : Saint-Jacques et Saint-Christophe), son annexe.

Présentateur : le prieur de Domart-en-Ponthieu.

Déclaration faite le 14 mars 1728 par le titulaire maître Charles Leclercq, rectifiée.

Portion congrue [10], 300 ¹. — 12 verges de terre à usage de pâture, 1 ¹ 10 ˢ. — Obits et

---

[1] Noières, au *pouillé* de 1301.

[2] Les décimateurs étaient : les chapelains de St.-Vulfran, le prieur de St.-Pierre d'Abbeville, l'abbé de St.-Riquier, celui de Valloire et le curé. — La dîme de Noyelle-en-Chaussée faisait partie des biens donnés au chapitre de St.-Vulfran par sa charte de fondation de 1121. Cependant des lettres de l'évêque Ricard de l'année 1208 constatent que Willaume, comte de Ponthieu, lui a déclaré avoir investi le chapitre de la dîme de Nielles, du tiers de celle de Cancy et de deux parts de celle de Cocquerel, que lui avait abandonnés Jean Lecoq (*Gallus*) qui les tenait de lui en fief local (*in feodum locale*). (*Pouillé de l'Archid.*, f° 319. — Voy. ci-dess. p. 2, 221, 241. — *Invent. des titres de St.-Vulfran*, f° 7 v°.)

[3] Le *pouillé* de 1736 désigne ce bénéfice sous le titre de prieuré-cure : ce qui est exact.

[4] « Elle ne porte que sur environ un tiers du terroir, les deux autres tiers se disant exempts, parce qu'ils relèvent de St.-Josse-au-bois. » (*Déclarat.*)

[5] A raison de deux sols par bête. Mais ce droit était contesté et mal payé, « de sorte, dit le curé, que je n'en ai encore pu toucher que 15 sols depuis trois ans que je suis pourvu du bénéfice. » (*Déclarat.*)

[6] C'est-à-dire un « obit de 15 sols et trois messes basses à 8 sols. » (*Déclarat.*)

[7] « Parceque la fabrique n'a aucuns revenus. » (*Déclaration.*)

[8] « C'est une maison appartenant à l'abbaye de St.-Josse. » (*Déclaration.*)

[9] St.-Hylayre, au *pouillé* de 1301.

[10] L'abbaye de Bertaucourt avait la grosse dîme. Mais celle-ci ne portait pas sur la terre de St.-Hilaire, qui appartenait à l'évêque comme abbé de St.-Martin. — En l'année 1140 l'évêque Guarin constata que l'abbaye de Bertaucourt possédait toute la dîme de Lanche et moitié de la dîme de St.-Hilaire, à l'exception d'une 12ᵉ gerbe au total de celle-ci, probablement sur un fief dit Cuvières.— Les droits de l'abbaye de Bertaucourt à la dîme de St.-Hilaire et à celle de Lanches (*de Lanceriis curtis*) sont confirmés en la bulle du pape de l'année 1176, souvent citée. (*Pouillé*

autres fondations, 48 ¹. — Casuel, 10 ¹. — Total . . . . 359 ¹ 10 ˢ

Charges : Pain et vin, 15 ¹. — Réparations du presbytère. 10 ¹. — Total. 25 »

Reste net 334 10

SAINT-LÉGER-LÈS-DOMART ¹.

Présentateur : le prieur de Domart.

Déclaration faite le 1ᵉʳ décembre 1728 par le titulaire maître Pierre Masse, rectifiée.

A recevoir de l'abbaye de Bertaucourt ², pour partie du gros de la cure : 14 setiers 1/2 de blé, mesure de Domart, évalués 121 ¹ 16 ˢ ; — et 14 setiers 1/2 d'avoine, 58 ¹. — Dîme novale produisant : un setier 12 boisseaux de blé, 14 ¹ 14 ˢ ; — et un setier de grains de mars, 4 ¹. — Chanvre, 80 ¹. — 150 bottes de foin, 7 ¹ 10 ˢ. — Menues et vertes dîmes : le curé est en instance au parlement. *Mémoire.* — Dîme de laine et de fruits, 15 ¹. — A recevoir de la communauté des chapelains d'Amiens ³, 7 ¹. — Terres de cure : 4 journaux produisant, déduction faite des frais de labour, 16 ¹. — Obits et autres fondations, 104 ¹. — Casuel, 10 ¹. Total . . . . 438 ¹ »»

Charges : Frais de dîme, 75 ¹. — Réparations du presbytère ⁴, 15 ¹. — Saintes-Huiles, 2 ¹ 10 ˢ. — Total . . . . 92 ¹ 10 ˢ

Reste net 345 10

SAINT-MAUGUILLE ⁵.

Collateur de plein droit : l'évêque d'Amiens ⁶.

Déclaration faite le 5 mai 1728 par le titulaire maître Adrien Michaut, rectifiée.

---

de *l'Archid.*) — Simon d'Abbeville avait fait don à l'abbaye de la 6ᵉ gerbe complétant la moitié. Au mois de janvier 1226 l'abbé de St.-Germer de Fly et le prieur de Domart lui reconnurent la possession du trait de dîme à Cuvières. Au mois de juin 1267 l'abbé de St.-Germer céda aux religieuses toutes les grosses et menues dîmes que sa maison de Domart avait ou pouvait avoir à St-Hilaire, à Lances et en Esquires, en échange de toutes les dîmes qu'elles avaient à Domart, à Peronnière et dépendances. — Les droits de l'évêque provenaient du prieuré d'Epécamps. Cette dîme est nommément comprise dans les lettres d'union de ce prieuré à l'abbaye de St.-Martin-aux-Jumeaux données en 1179 par l'évêque Thibaut. (Titres de l'abbaye de Bertaucourt, 3ᵉ carton ; *Extrait des Cartulaires de Bertaucourt,* fol. 40, 50 et 56. Arch. départem. — *Pouillé de l'Archid.* f° 324. — Voy. ci-dess. I, 6 et 482. — *Invent. de St.-Martin,* f° 161.)

¹ St.-Ligier, au *pouillé* de 1301. — Cette paroisse porte le nom du saint patron de l'église.

² Le *pouillé de l'Archid.* lui attribue (f° 325) la grosse dîme : cependant nous ne l'avons point vue figurer en sa *déclaration.* (Voy. ci-dess. I, 480 et suiv.)

³ Les chapelains avaient-ils quelque droit de dîme sur la paroisse de St.-Léger-lès-Domart, comme sur celle de St.-Léger-lès-Authie ? (Voy. ci-dess. I, 39.)

⁴ A cause de son presbytère, le curé de St.-Léger devait, à titre de cens annuel, *une flèche d'osier, ornée des deux bouts,* pour tirer le jour du gai de St.-Léger, sous peine d'amende. (Bouthors, *Coutumes locales du bailliage d'Amiens,* I, 460.)

⁵ St.-Mauguile, au *pouillé* de 1301. — Le hameau de Drugy dépendait de la paroisse ; on y comptait 9 à 10 maisons en 1689, et seulement 4 à St-Mauguille. L'église fut bâtie par Ingelard, abbé de St.-Riquier, à la fin du Xᵉ siècle. (J. de la Chapelle, *Cronica abbreviata,* cap. 23. — *Pouillé de l'Archid.* f° 326.)

⁶ M. Prarond (*St.-Riquier et les cantons voisins,* I, 376) dit, d'après D. Grenier, qu'autrefois l'abbaye de

La dîme de la paroisse [1] produisant : 20 setiers de blé, mesure d'Abbeville, 161 ¹ ; — 8 setiers d'avoine, 46¹ ; — 8 dizeaux de warats, 16¹ ; — et fourrages, 30¹. — Dîme novale, 70¹. — Renvoi de 7 setiers de blé, 56¹ 7ˢ ; — et de 7 setiers d'avoine, 40¹ 5ˢ. — 4 journaux un quartier de terre rapportant, tous les trois ans, 25 livres d'argent et 3 setiers de blé, dont : pour le tiers en blé, 13¹ 8ˢ 4ᵈ ; — et pour celui en argent, 8¹ 6ˢ 8ᵈ. — Deux parties de rentes, chargées de 36 messes, 18¹. — Casuel, 15¹. — Total . . 474¹ 7ˢ

CHARGES. — Frais de dîme, 70¹. — Réparations du presbytère [2], 15¹. —
Total . . . . 85 »

Reste net. 389 7

VILLE DE SAINT-RIQUIER [3] (Vocable : NOTRE-DAME) [4].

Présentateur : l'abbé de St-Riquier.

DÉCLARATION faite le 20 mars 1730 par le titulaire maître Louis Brunel, approuvée.

REVENUS AFFERMÉS.

Les dîmes novales, laissées pour portion congrue, 370¹. — 5 journaux de terre à la sole, affermés moyennant : 13 setiers de blé, mesure de Saint-Riquier, à 8¹ 1ˢ l'un, 104¹ 13ˢ ; — et pour les mars, 20¹.

REVENUS NON AFFERMÉS.

Supplément payé [5] par l'abbé de Saint-Riquier : 4 setiers de blé, 32¹ 4ˢ ; — Et argent 30¹. — Fondations payées par le seigneur de La Ferté : 6 setiers d'avoine, à 5 livres 15 sols, 34¹ 10ˢ. — Casuel, 50¹. — Total des revenus 641¹ 7ˢ

CHARGES. — Réparations du presbytère . . . . 15 »

Reste net. 626 7

Marmoutier nommait à la cure. Cela vient de ce que l'autel de St.-Mauguille appartenait au prieuré de Biencourt, selon sa charte de fondation de l'année 1096, et que celui-ci dépendait de Marmoutier. Mais comment l'évêque a-t-il été substitué au prieuré dans le patronage ? (Voy. ci-dess. p. 147, note 3.)

[1] Elle se prenait à 9 du cent — Les religieux de St Riquier, gros décimateurs, avaient attribué une gerbe de 6 au curé, suivant transaction faite le 2 juillet 1565. — Une branche de la dîme était inféodée à M. de l'Espine de Bugny. (*Pouillé de l'Archid.*, f° 326. — Voy. ci-dess. p. 244. — *Invent. de St.-Riquier*, II, 912.)

[2] Celui-ci n'existait pas en 1689 : le curé demeurait à St.-Riquier. (*Pouillé de l'Archid.*, f° 326.)

[3] St.-Rikier, au *pouillé* de 1301.

[4] Le Bureau diocésain, par erreur sans doute, a mis pour vocable St.-Nicolas. La déclaration du curé dit simplement : paroisse de St.-Riquier. — Le *pouillé de l'Archidiaconé de Ponthieu* ne parle aussi (f° 322) que de la cure de Notre-Dame. — Il y avait bien en 1301 trois cures : de Notre-Dame, de St. Nicolas et de St.-Benoît ; mais en 1689 ces deux dernières avaient cessé d'exister. La cure de St.-Nicolas figure encore au *pouillé* de 1682.

[5] Cette charge fut imposée à l'abbé par le partage avec les religieux, parce qu'il était gros décimateur pour 2/3. Le chapelain de St.-Benoît avait l'autre tiers. — La dîme se percevait à raison de 7 gerbes du cent. (*Invent. de St.-Riquier*, II, 747. — *Pouillé de l'Archid.* f° 322. — Voy. ci-dess. p. 244.)

SURCAMPS[1] (Vocable : NOTRE DAME), et **VAUCHELLE** (Vocable : SAINT-NICOLAS), son secours.
Présentatrice : l'abbesse de Bertaucourt.

DÉCLARATION faite le 12 juin 1728 par le titulaire maître Charles Joseph Auty, approuvée.

Portion congrue à recevoir annuellement[2] de l'abbaye de Bertaucourt et des religieux de l'abbaye de Saint-Riquier, 300 l. — Obits et fondations, savoir : 13 livres pour 26 obits à Vauchelle, et 3 livres pour obits et fondations à Surcamps, 16 l. — 2 journaux de terre à la sole, au terroir de Gorenflos, chargés de fondations (2 messes d'obits), affermées 43 l. — Terres de presbytère, 3 quartiers situés à Surcamps, et dont font partie le cimetière et l'église, affermés 10 l. — Total . . . . 369 l. »

CHARGES. — Réparations du presbytère[3] . . . . 10 »

Reste net. . . . . . 359 »

VILLE-SOUS-FLIXECOURT (Vocable : SAINT-NICOLAS)[4].
Présentateur : le chapitre d'Abbeville.

DÉCLARATION faite le 4 juin 1728 par le titulaire maître François Le Tellier, rectifiée.

Portion congrue[5], 300 l. — Une petite dîme sur trois quartiers de terre, 2 l. — Obits et autres fondations, 13 l. — Casuel, 10 l. — Total . . . . 325 l. »
CHARGES. — Réparations du presbytère . . . . 10 »

Reste net . . . . . 315 »

VILLERS-SOUS-AILLY[6] (Vocable : SAINT-AUBIN).
Présentateur : l'abbé de Saint-Riquier.

DÉCLARATION faite le 15 mars 1730 par le titulaire maître Joseph Boulenger, rectifiée.

La dîme[7] produisant : 35 setiers de blé, mesure d'Abbeville, évalués 281 l. 15 s. ; — 15 setiers d'avoine, 86 l. 5 s. — 50 bottes de lin, 25 l. — 150 bottes de warats, 30 l. — 200

---

[1] Une partie du territoire se nommait Lamotte-Pronière. (Voy. ci-dessus I, 107 note 5, et le plan aux Arch. départ., sect. des plans.)

[2] La dîme se percevait à 7 du cent, dont le tiers par l'abbaye de Bertaucourt, et les 2/3 par les religieux de St.-Riquier. (*Invent. de St.-Riquier*, II, 1558. — Voy. ci-dessus I, 483 ; II, 248.)

[3] Le curé demeurait à Vauchelle. (*Pouillé* de 1753.)

[4] Viles, au *pouillé* de 1301.

[5] La grosse dîme appartenait aux dames de Bertaucourt et de Moreaucourt. — (*Pouillé de l'Archid.* — Voy. ci-dess. I, 482.) — La portion de dîme appartenant aux dames de Moreaucourt ne figure pas nommément en leur *déclaration* ; mais ce doit être par oubli, si elle n'y est pas confondue avec les dîmes de l'Etoile, car on voit figurer aux charges la portion congrue du curé de Ville. (Voy. ci-dess. I, p. 132 à 136.)

[6] Vilers-sous-Asly, au *pouillé* de 1301.

[7] C'est-à-dire 1/3 ou 3 gerbes de 9. Le prieur de St.-Pierre d'Abbeville avait 4 gerbes et demie et l'abbé de St.-Riquier une gerbe et demie. — La dîme se percevait à 7 du cent. (*Pouillé de l'Archid.*, f° 330. — Voy. ci-dessus p. 2 et 242. — *Invent. de St.-Riquier*, IV, 1573.)

bottes de menus grains, 50¹ ; — et fourrages, 45¹. — Dime novale, 60¹. — Dime de cour, 10¹. — Terres de cure, 14 journaux, affermés 135¹. — Obits et autres fondations, 142¹. — Casuel, 25¹. — Total. . . . . 890¹ »»

CHARGES : Réparations du presbytère, 15¹. — Réparations du chœur de l'église, 12¹. — Frais de dîme, 150¹. — Pour les saintes-huiles, 2¹ 10ˢ.
— Total. 179¹ 10ˢ

Reste net . . . 710 10

YVREN ¹ (Vocable : SAINT-MARTIN) et YVRENCHEUX, son secours.
Présentateur : le chapitre de Saint-Nicolas d'Amiens.
Revenus : 680 livres ².

PERSONNATS ET CHAPELLES.

PERSONNAT DE BRUCAMPS.
Collateur de plein droit : l'évêque d'Amiens.
Revenus : 30 livres.

PERSONNAT DE BUSSU.
Collateur de plein droit : l'évêque d'Amiens.
Revenus : 330 livres.

¹ Wivrench, au *pouillé* de 1301. — Le greffier de l'Election de Doullens écrivait encore Vuivrench en 1692 et en 1699. (*Registre aux baptêmes*, etc. Arch. municip. d'Yvrench.) — « La grandeur et hauteur de l'église la rendent sujette à de grandes réparations. » (*Pouillé de l'Archid.*, f° 331) Nous avons vu (I, 71) que le chœur avait été renversé en 1728. — De cette paroisse dépendait le fief de Grambus. Dans le bois de ce nom on remarque des ruines et des fossés circulaires. — M. Cocheris (*Catalogue des Manuscrits sur la Picardie*, XLIX, note) a confondu ce lieu avec Bussu.

² La dîme de la paroisse se percevait à raison de 7 du cent. Sur le terroir d'Yvren, le chapitre de St.-Nicolas prenait 2 neuvièmes, les religieux de St.-Riquier 4, et le curé 3 neuvièmes. Cela résulte tant des baux, que d'une déclaration fournie en 1767 par la fermière de la dîme, et dans laquelle tous les biens sujets à la dîme sont désignés par contenance et abornements. — Sur le canton de Belleval, qui était situé auprès du village d'Yvrencheux, de 7 gerbes les religieux de Livry prenaient 2 et un tiers, M. de Buissy autant, le prieur de Biencourt une gerbe et un sixième, et l'abbaye de St.-Riquier autant. — Sur les terres auprès des haies d'Yvren, de 9 gerbes l'évêque d'Amiens prenait 3, le curé d'Oneux 2, et l'abbaye de St.-Riquier 4. Une procédure fut suivie de 1593 à 1613 pour justifier des droits de l'évêque à cette dîme ; et un arrêt du Parlement du 25 février 1681 le maintint en possession de 3 gerbes de 9. — Suivant une charte confirmative donnée par l'évêque Théodoric en l'année 1146, le chapitre de St.-Nicolas avait transporté aux frères de l'hôpital de St.-Jean de Jérusalem la cure d'Yvren (*altare de Wivrens*) lui appartenant de droit, avec sa portion des offrandes de cierges à la Purification de Notre-Dame et celle des menues dîmes, c'est-à-dire de laine, agneaux, volaille, ruches à miel, etc., et il avait permis aux dits frères de choisir un de leurs membres pour, du consentement des chanoines, desservir la cure ; mais il s'était réservé la dîme des gros fruits (*exceptis hiis que de terra nascuntur et in terra crescunt*). (*Inventaire de St.-Nicolas*, p. 119 et 204. — *Invent. de l'Evêché*, fol. 47 et 242 — Voy. ci-dess. I, 4 et 70 ; II, 248. — *Invent. de St.-Riquier*, III, 1116 et 1117.)

Personnat d'Ergnies [1].

Collateur de plein droit : l'évêque d'Amiens.

Revenus : 90 livres.

Personnat de MAISON-ROLLAND.

Collateur de plein droit : l'évêque d'Amiens.

Revenus : 100 livres.

Chapelle de NOTRE-DAME, a Alliel [2], paroisse d'Ailly-haut-Clocher.

Présentateur : le seigneur du lieu.

Déclaration faite le 18 avril 1730 par le titulaire maître Antoine Manessier, approuvée.

Cinquante livres que le seigneur du lieu doit payer pour l'acquit d'une messe, fêtes et dimanches. Mais comme cette somme n'est pas suffisante, le chapelain déclare n'en rien recevoir. De plus, le seigneur actuel ne veut pas payer, parce qu'il a acheté la terre sans charge. — *Mémoire.*

Chapelle de SAINT-NICOLAS, a Bernaville [3].

Collateur de plein droit : l'évêque d'Amiens.

Déclaration faite le 5 janvier 1729 par le fondé de pouvoir de messire Joseph de Sabatier, titulaire de ladite chapelle, approuvée.

Quarante journaux de terre labourable situés au terroir de Bernaville, affermés. 165 l

Charges : 12 messes par an, 6 l. — Pain, vin et ornements, 5 l. — Réparations de la nef et du clocher de l'église, et du presbytère, 9 l. — Total. 20

Reste net 145

Chapelle de SAINT-VALERY, a Bernaville [4].

Présentateur : le seigneur du lieu.

Revenus : 170 livres [5].

Chapelle de SAINT-NICOLAS, a Domart [6].

Revenus: 40 livres.

---

[1] Il était uni au couvent des Célestins d'Amiens, comme nous l'avons vu ci-dessus (I, 106) et ses revenus sont confondus dans la *déclaration* des religieux.

[2] Elle avait été fondée vers l'année 1600. (*Pouillé de l'Archid.*, f° 293.)

[3] Fondée par les dispositions testamentaires de Colard le Gondelier, qui légua les 40 journaux de terre ci-après dits, estimés alors à 16 livres de revenu ; ce que ratifia Eve la Gondelière, de Bernaville, sa veuve, le 13 septembre 1322, à la charge de 12 messes par an. (Titres de l'Evêché, 56°.)

[4] Elle était autrefois castrale et fut transférée dans l'église paroissiale. — Son nom paraît être un souvenir de famille. En effet, les sires de St.-Valery étaient seigneurs de Bernaville dès le xii° siècle. (Voy. *Gamaches et ses seigneurs*, p. 36. — M. Louandre, *Histoire d'Abbeville*, I, 137.—*Pouillé de l'Archid.*, f° 295.)

[5] Ce revenu consistait, en 1689, en 15 setiers de blé et 30 setiers d'avoine, mesure de Domart, chargés de 3 messes par semaine. (*Pouillé de l'Archid.*)

[6] Elle était fondée en l'hôpital du lieu et y fut unie. Le *pouillé* de 1736 n'indique pas de patron-présen-

Les SIX CHAPELLES, a Domart [1].

Présentateurs : le Chancelier d'Amiens, le Maire et les Echevins d'Amiens, et autres [2].

DÉCLARATION faite par deux des titulaires, Jean Lefeuvre et François Lefeuvre, seuls résidants [3] alors au bourg de Domart, le 15 juin 1728.

Sur les tailles d'Amiens, 163 l. — Sur les religieuses du Paraclet d'Amiens, une rente constituée au capital de 1,600 livres [4], 32 l. — Sur les pères Mathurins de Paris, 70 l. — Total, 265 l.

CHARGES. — *Néant.*

CHAPELLE DE LA TRINITÉ, EN LA FERTÉ DE SAINT-RIQUIER [5].

Présentateur : le seigneur dudit lieu.

Revenus : 220 livres.

tateur. Le *pouillé de l'Archid.* attribue (f° 303 v°) le patronage au prieur de Domart. Cependant un nouveau titulaire (le sieur Leclercq, curé d'Oissy) en ayant été pourvu, sur la présentation du prieur du lieu, le curé de Domart et les administrateurs de l'hôpital obtinrent arrêt contre lui. (*Pouillé de* 1750.) — Selon le *pouillé* de 1682, c'était le seigneur du lieu qui avait le patronage.

[1] Ces chapelles furent fondées par messire Guillaume Bellin, prêtre natif de la paroisse de St.-Sulpice au doyenné d'Eu, jadis curé dudit lieu, naguères prieur de Dompmart et enfin chapelain de Notre-Dame d'Amiens, sous l'invocation de la Passion de Notre Seigneur et de Notre-Dame de Pitié, au chœur et maître-autel de l'église du prieuré de St. Médard, pour être desservies par six c apelains obligés aux heures canoniales, dont trois du côté droit du chœur et trois du côté gauche, suivant son testament du 10 février 1632. Le fondateur leur appliqua 1200 liv. tournois de rentes, qui furent remboursées en billets de banque en l'année 1720, ce qui réduisit le revenu au chiffre que nous voyons. (*Déclarat.* — Titres de l'Evêché, 89e.)

[2] Le titre de fondation attribuait la présentation du premier chapelain à gauche, par indivis, au chapelain de St.-Antoine et de St.-Adrien en l'église de St.-Sulpice, et aux héritiers d'Antoine de Dampierre, écuyer, sieur de St.-Sulpice en partie ; la présentation du second au même chapelain, du 3e au prieur de Domart, du 4e au chancelier de Notre-Dame d'Amiens, du 5e au chapitre de la cathédrale, et du 6e au maire et aux échevins d'Amiens.— Le 29 avril 1663 François Faure, en donnant son approbation à la fondation, se réserva la présentation du 5e chapelain. (Titres de l'Evêché, 89e.)— La seigneurie et l'église de St.-Sulpice, dont il vient d'être parlé, étaient situés en Normandie, entre la rivière d'Eaulne et la forêt d'Arques, c'est-à-dire non loin du château de Dampierre, où l'abbaye de Corbie posséda des biens. (Voyez ci-dessus I, 244, note 4.)

[3] Le *pouillé de l'Archidiaconé* explique (f° 303 v°) que deux chapelles étaient pour des Normands, les quatre autres pour des Picards, et que les premiers étaient tenus à résidence.

[4] Cette somme provenait du remboursement fait aux chapelains par M de Ramburelles, en 1722. (*Déclarat.*) Avait-il emprunté ?

[5] Cette chapelle avait été fondée dans le château de la Ferté, par Marguerite de Pinquegny veuve de Mahieu de Roye, qui, pour ce, avait acheté 12 livrées de rente du fief de la Ferté, qu'elle échangea contre 40 journaux de terre sis à Cromont, en une pièce appelée les haies de dame Aalis, provenant de son fils, selon lettres du 4 novembre 1342. — Marguerite, pour exécuter les dernières volontés de son mari, avait acquis 40 livrées de rente à prendre sur les fiefs de sa fille, pour fondation et dotation de cl apelles, comme il est dit en des lettres datées de l'année 1316, pour quoi le roi avait, dès le mois d'avril 1312, donné des lettres d'amortissement. Jehan de Chasteillon, chevalier, sire de Gandelus et de la Ferté, et Lyenor de Roye, sa femme, ratifièrent cette acquisition et l'amortissement, le 22 mai 1314 ; et l'abbe Baudin de Gaissart en 1316 Gauchier de Chasteillon confirma le 16 mai 1342 l'acquisition de plusieurs pièces de terre sises à Vauchelles, acquisition qui est constatée en des lettres du doyen de St.-Riquier du 3 novembre même année. — Après la ruine du château de la

Chapelle de SAINT-JACQUES, dite de la Ferté [1], en l'église paroissiale de Saint-Riquier.

Présentateur : le seigneur de la Ferté-lès-Saint-Riquier.

Déclaration faite le 1er décembre 1729, par le titulaire [2] maître Denis Baudet Lapierre, prêtre du diocèse d'Autun, résidant à Amiens [3], approuvée.

Un fief restreint situé à Vauchelle-lès-Abbeville, contenant 24 journaux de terre labourable, en 3 pièces, affermés moyennant 72 setiers de blé, mesure d'Amiens, évalués à 42 sols l'un . . . . 151^l 4^l

Charges : Cens annuel, 1^s. — Une messe par semaine, 26^l. — Total . . 26 1

Reste net 125 3

Nota. — Ledit fief, à chaque mutation de titulaire, doit 60 sols de relief et 20 sols de chambellage, plus 100 sols aux officiers qui reçoivent le relief.

Le titulaire devait entretenir une chapelle collatérale dans l'église paroissiale. Mais le titulaire l'a cédée aux marguilliers, à la charge de l'entretenir.

Chapelle de SAINT-BENOIT [4], en l'abbaye de Saint-Riquier.

Présentateur : l'abbé de Saint-Riquier.

Revenus : 80 livres.

Chapelle de SAINTE-MARGUERITE, au Val de Saint-Riquier [5].

Collateur de plein droit : l'évêque d'Amiens.

Déclaration faite le 8 novembre 1729 par le titulaire maître Jean-Baptiste de Ribaucourt, approuvée.

Ferté, cette chapelle fut transportée dans l'église paroissiale de St.-Riquier. — Le titre de fondation chargeait le chapelain de 3 messes par semaine ; elles furent réduites à une seule dans la suite. (Titres de l'Evêché, 69°. — *Copie du Cartulaire de St.-Riquier*, f° 66. — *Pouillé de l'Archid.*, f° 322.)

[1] Ce nom lui venait de ce qu'elle avait été fondée par les seigneurs de la Ferté-lès-St.-Riquier. — Cette fondation, comme la précédente, avait été faite au moyen de l'amortissement des 40 livrées de rente dont il vient d'être question. Mais fut-ce bien en 1316, comme on le lit en l'analyse d'un acte de serment de fidélité donné par le chapelain le 4 août 1592, et dans le château de la Ferté, comme il est dit au f° 322 du *pouillé de l'Archidiaconé* ? Ladite chapelle n'avait elle pas eu son origine à Vauchelles près Abbeville ? Des lettres du mois d'août 1342 constatent que Marguerite de Pinquegny, veuve de Mahieu de Roye, employa 10 livrées de rente à prendre sur les 40 livrées amorties pour la fondation au village de Vauchelles d'une chapelle sous le titre de St-Jacques-le-Grand, et y appliqua spécialement des terres désignées, situées à Vauchelles. Le titulaire était tenu à résidence et chargé de trois messes par semaine. (*Copie du Cartul. de St.-Riquier*, f° 195 r°. — Titres de l'Evêché, 70°.)

[2] Celui-ci n'était pas tenu à résidence. (*Déclarat.*)

[3] C'est lui qui a signé, en qualité de greffier de la chambre diocésaine, tous les extraits des déclarations délivrés par le bureau diocésain de 1727 à 1730. (Voy. I, lxj et 11.)

[4] Cette chapelle avait été cure autrefois (Voy. ce que nous avons dit ci-dess. p. 271. — *Pouillé* de 1682.)

[5] Elle dépendait de la maladrerie ou léproserie du Val, et fut fondée par Richarde, veuve d'Enguerrand Pérache, au mois de juin 1238. — Les mayeur, échevins et communauté de la ville de St.-Riquier jouissaient de la maladrerie du Val depuis un temps immémorial, comme on le voit en un accord relatif à la présentation d'un *homme vivant et mourant*, du 30 novembre 1387. — Ses biens et revenus furent unis d'abord à l'ordre de Notre-Dame du Mont-Carmel et de St.-Lazare de Jérusalem, par arrêt de la chambre royale séant à l'Arsenal à Paris du 6 mars 1674, et ensuite à l'Hôtel-Dieu de St.-Riquier par arrêt du conseil privé du roi du 13 juillet 1695. (*Invent. de*

Vingt-huit à trente journaux de terre labourable [1], situés aux villages de Maison-Rolland, Mesnil et Bussu, affermés 130 l. — 24 journaux de terre labourable au village de Noyelle-en-Chaussée [2], affermés 125 l. — Total . . . . 255 l »

CHARGES : Honoraires d'une messe par semaine, 26 l. — Constructions ou réparations de 4 nefs et presbytères, 40 l. — Total . . . . 66 »

Reste net . . . . 189 »

CHAPELLE DE SAINT-NICOLAS, A YAUCOURT [3].

Collateur de plein droit : l'évêque d'Amiens.

DÉCLARATION faite le 28 janvier 1730 par le titulaire maître Antoine Forcedebras, approuvée.

Seize journaux [4] de terre situés au terroir de Gapennes, affermés . . . 130 l »
CHARGES : Honoraires de 52 messes, 26 l. — Construction et réparation des nef et presbytère de Gapenne, 15 l. — Total . . . . 41 »

Reste net. . . . . . 89 »

St.-Riquier, II, 725, 789, 791. — Titres de l'abbaye de St.-Riquier, EK. 1er carton. — *Gallia christ.* X, col. 1256 c.).

[1] Suivant lettres sous le sceau de la cour spirituelle d'Amiens, du mois de juin 1238, ladite Richarde Pérache acheta de Hugue Lychos 23 journaux de terre au terroir de *Leloche*, tenus en fief de Regnier de Yeucourt, lequel tenait de l'abbaye de St.-Riquier, qui donna son consentement. — Duquel des trois villages nommés en la *déclaration* dépendait le canton de Leloche? (*Copie du Cartul. de St.-Riquier*, f° 57 v°.)

[2] Ils furent achetés, pour fonder la chapelle, par ladite Richarde, savoir : de Manessier de Noully, 5 journaux au terroir de Noyères, joignant à la terre de Notre-Dame de Béthencourt ; de Bernard Levasseur, 8 journaux au terroir de Trochencourt ; de Rue Baim et sa femme, 11 journaux au terroir de Noyères. Les deux premiers articles étaient tenus directement de l'abbaye, et le dernier de Robert de Noyères, qui tenait d'elle. Le chapelain fut obligé à faire relief des dites terres, en portant en personne devant le corps de St.-Riquier, le jour de sa fête, un

« chierge de neuve cire pesant deux livres ; » ce que fit le 26 avril 1465 maître Fremin Briet, bachelier en décret, curé de Donqueur, et nouvellement nommé chapelain de Ste-Marguerite. (*Invent. de St.-Riquier*, II, 732. — *Copie du Cartul.*, fol. 57 et 58.)

[3] Cette chapelle fut fondée en l'honneur de Dieu « et spécialement de monsieur St.-Nicolas, » dans le manoir d'Yeucourt, par Jeanne Le Puloise, jadis femme de Nicole Leschopier, tante (ante) de Jean d'Yeucourt, écuyer, sieur de ce lieu, en 1319, du consentement de l'évêque Bauduin de Gaissart. A la demande de cette dame, Enguerran d'Yeucourt, père de Jean, lui céda certaine pièce de terre, entre la porte du manoir et la grange à l'avoine, sur laquelle la chapelle fut assise et édifiée ; ce que ratifia l'abbé de St.-Riquier, comme seigneur souverain, suivant lettres dudit Jean, datées du mois de septembre 1329. (*Gallia Christ.*, X, col. 1257 E. — *Copie du Cartulaire de St.-Riquier*, f° 186.)

[4] « Originairement il se trouvait 32 journaux, mais 16 sont éclipsés depuis longtems ; on n'en connaît pas le détenteur, » dit le curé. (*Déclarat.*)

XII. DOYENNÉ DE SAINT-VALERY [1].

ABBAYE ET PRIEURÉ.

Abbaye de SAINT-VALERY [2].

MANSE ABBATIALE.

L'abbé était à la nomination du roi.

Déclaration faite le 15 décembre 1729 par le fondé de procuration du titulaire Mgr Jacques Fourbin de Janson [3], abbé commendataire, archevêque d'Arles, rectifiée.

Les terres et seigneuries de Woignarue et de Hautebus, avec haute, moyenne et basse

---

[1] Ce doyenné fut formé d'un démembrement de celui de Gamaches, comme nous l'avons dit. (Voy. ci dess. p. 90.)

[2] De l'ordre de St.-Benoît, congrégation de St.-Maur. — La *déclaration* faite par les religieux donne de nombreux et curieux détails sur l'origine de l'abbaye, l'étendue, la diminution et le sort de ses biens et revenus. Les notes suivantes en sont en grande partie la reproduction. Voici ce qu'on y lit sur l'origine et les malheurs de l'abbaye :

« L'abbaye royale de St.-Vallery-sur-Somme est la
» plus ancienne de toute la Picardie. Les autheurs
» modernes prétendent sa fondation au commence-
» ment du VIIe siècle, en 610, 611 ou 613. Clotaire II
» en est le premier fondateur. Dagobert Ier et le roy
» Hugues Capet augmentèrent ses revenus. Les com-
» tes de Ponthieu, à l'imitation des royx de France,
» la dotèrent de grands biens, dont ses abbez et reli-
» gieux ne peuvent produire les originaux, cette ab-
» baye étant contigue à la mer Océanne, ayant été
» tant de fois ravagée, pillée, réduite en cendres de
» telle sorte par les Normands, les Anglois et les an-
» ciennes guerres intestines du royaume, que les re-
» ligieux furent obligés de l'abandonner pendant des
» temps très-considérables et à diverses reprises,
» cherchant leur sureté dans la fuite et des aziles
» ailleurs. » — Piganiol de la Force (*Nouv. Descript.
de la France*, II, 42) donne pour date à la fondation l'année 613 ; M. Desnoyers (*Topographie ecclés. de la France*) les années 614 à 627, ajoutant qu'elle fut rétablie à la fin du Xe siècle.

Disons, pour être plus précis, que le monastère fondé par St.-Valery, en un lieu du Vimeu nommé *Leuconaus*, que lui donna en 613 le roi Clotaire II, ayant été ruiné par des pirates scandinaves en 623, fut rétabli vers l'année 628 par le même roi, à la sollicitation de St.-Blimont. Ruiné de nouveau au Xe siècle par les incursions normandes, le monastère fut rebâti par Hugues Capet. — Par bulle de l'année 981, le pape Benoît VII accorda au couvent l'exemption de la juridiction épiscopale. Ce privilège donna lieu à de grandes contestations avec les évêques d'Amiens. Des bulles du pape Pascal II du mois de mars 1106 et du pape Innocent III, du 8 juin 1217, confirmèrent les possessions de l'abbaye.— La réforme de St.-Maur y fut introduite le 1er octobre 1644, après avoir été tentée dès 1629. (M. de Beauvillé, *Recueil de documents inédits concernant la Picardie*, IIe partie, p. 29. — M. Corblet, *Hagiographie du diocèse d'Amiens*, I, 310 et 311. — *Gallia Christ.*, X, col 1231, 1232, 1234, 1241. Instrum col. 317. — *Annales ord. Sti Benedicti*, I, 295 et 335 ; V, 648 et 679, Appendix.) — Il ne subsiste aux Archives du département qu'une bien mince épave des titres de l'abbaye : deux registres aux actes capitulaires, l'un de 1644 à 1684, l'autre de 1698 à 1724. Dans le premier on trouve, au folio 208, une lettre autographe de l'abbé Bentivoglio, datée du 5 mai 1713.

[3] Il était le cinquième fils de Laurent de Forbin ou Fourbin, marquis de Janson, et de Geneviève de Briançon de la Saludie, son épouse. Il avait obtenu la commande de l'abbaye de St.-Riquier par lettres du

justice dans toute l'étendue des dits villages et terroirs. — Une ferme située à Woignarue, avec 6 journaux de jardin à usage de pâture, cens, rentes, droits seigneuriaux, un droit de dîme et champart, 44 journaux de terre à la sole et 8 journaux de pâture. — Un moulin à vent situé au même lieu, avec 5 journaux de petit bois taillis, à coupe tous les ans. — La moitié de la seigneurie du village de Bourseville, avec haute, moyenne et basse justice, une ferme, 3 journaux de terre à usage de pâture, cens, rentes, droits seigneuriaux, 44 journaux de terre à la sole, avec dîme et champart. — Un droit de dîme, sur le haut terroir d'Onival. — La terre et seigneurie de Nibas, consistant en cens, rentes, droits seigneuriaux, dîme, champart, et 80 journaux de terre à la sole ; 26 journaux de terre à la sole situés à Saucourt, avec un petit droit de dîme et champart. — Plusieurs cens et rentes, avec un petit droit de dîme et champart à Feuquières, dans l'endroit seulement appelé *Autelus* [1]. — Une dîme et champart à Fressenneville [2]. — Une petite branche de dîme sur le terroir de Saint-Blimont. — Une autre petite, sur le terroir seulement du Mesnil-lès-Ossencourt. — Une autre, au terroir de Pendé, Sallenel et Tilloy. — Une autre au terroir de Martaineville-sur-Mer. — Une petite branche de dîme au terroir du Quesnoy [3]. — Un petit champart au terroir d'Estrebeuf. — Une dîme au terroir de Cambron. — Une dîme et champart au terroir de Poultiers, paroisse d'Huppy. — Une petite branche de dîme à Nolette. — Une dîme à Favières, avec 12 journaux de terre à la sole, cens, rentes et droits seigneuriaux dans une partie de l'étendue du village et terroir. — La terre et seigneurie de Marquainville, consistant en une grande ferme, cens, rentes, droits seigneuriaux, 55 journaux de terre à la sole, avec la dîme et champart dans l'étendue du dit terroir. — Tous lesquels biens et revenus sont affermés [4] à Antoine Rolland, trésorier général des Invalides au département de Saint-Valery, où il demeure, moyennant la somme de 12,500 livres.

Charges.

Un renvoi de 14 setiers de blé [5], mesure d'Abbeville, envers les religieuses de l'abbaye d'Epagne, évalués 112¹ 14ˢ. — Au curé de Fressenneville, 6 setiers de blé, mesure de St-Valery, évalués à 9 liv. 9 sols l'un, 56¹ 14ˢ ; — et 6 setiers d'avoine, à 5 liv. 5 sols l'un,

---

jour de Pâques, 26 mars 1701 ; il en prit possession le 26 juin suivant et mourut le 13 janvier 1741, à l'âge de 69 ans. (*Gallia Christ.*, X, col. 1241 B.)

[1] *Alias* Osteleux.

[2] L'abbé avait ajouté ici : « plusieurs cens et rentes, avec un pareil petit droit de dîme et champart à Wailly paroisse de Nibas. » (*Déclarat.*) Le bureau a oublié de le reproduire.

[3] Il s'agit de Quesnoy-le-Montant.

[4] Dans ce bail n'étaient pas comprises les mollières abandonnées au sieur de La Mothe ; pour quoi l'abbé était en procès. (*Bail* joint à la *déclarat.*)

[5] Nous avons dit plus haut (p. 19, note 6) l'origine probable de cette redevance. Ajoutons que l'abbaye de St.-Valery avait non seulement toute justice et seigneurie sur les moulins de Ponts, mais aussi tout le droit de pêche sur la rivière d'Eu, depuis lesdits moulins jusques « et autant que la singnorie d'Eu s'estendoit, » droit que lui avait donné Raoul, comte d'Eu. — Par titre du mois de novembre 1234 Xavier d'Estrée (*Waverus de Stratia*), chevalier, seigneur d'Epagne, ratifiait la vente faite par Auster de Mautor, chevalier, et Michel, son fils aîné, au profit de l'abbaye de St.-Valery, de ses droits aux dits moulins. (Documents particuliers. Copies de chartes.)

31¹ 10ˢ. — Au curé et à l'Hôtel-Dieu de Rue : 4 setiers de seigle, mesure d'Abbeville, à 6 liv. 14 sols l'un, 26¹ 16ˢ; — 4 setiers d'orge à 7 liv. 9 sols l'un, 29¹ 16ˢ; — et 4 setiers d'avoine à 5 liv. 15 sols l'un, 23¹. — Au curé du Quesnoy, 59¹. — A celui de Vaux, 100¹. — A celui de Huppy, 36¹. — A celui de Nolette, 50¹. — A celui de Favières, 25¹. — A celui de Mons, 30¹. — A celui de Franleu, 5¹. — A celui de Woignarue, 12¹. — A celui de Saint-Blimont, 12¹. — Au vicaire du même lieu, 40¹ 10ˢ. — Au chancelier de la Cathédrale d'Amiens, 4¹. — A l'archidiacre de Ponthieu, 2¹. — A l'Hôtel-Dieu de St.-Valery, tous les ans le jour de la Fête-Dieu, 12 livres de cire, évaluées à 30 sols l'une, 18¹. — Aux maîtresses d'école des pauvres de la Ferté de Saint-Valery, 60¹. — Entretien et nourriture d'un enfant trouvé, 100¹. — Appointements du procureur fiscal, 25¹. — A deux sergents de la dite abbaye, 40¹. — Gages du garde de bois de Woignarue, 60¹. — Réparations de la ferme de Woignarue, 220¹. — Réparations du moulin du dit lieu, 100¹. — Réparations des granges de Bourseville, 75¹. — Réparations de la ferme de Marquenville, 240¹. — Réparations de la maison abbatiale, 40¹. — Les 2/3 des réparations du moulin de Molnelle, 400¹. — Réparations des chœurs des églises de Woignarue, Onival, Bourseville, Nibas, Fressenneville, Feuquières, Pendé, Cambron, Saint-Blimont, Quesnoy, Franleu, Huppy, Martaineville, Nolette, et Favières, 1200¹. — Total des charges, 3,244 livres.

RÉCAPITULATION : Montant des revenus . . . . 12,500¹ »
— des charges . . . . 3,244 »
Reste net . . . . 9,256 «

MANSE CONVENTUELLE.

La Communauté n'était point assujettie à un nombre limité de religieux. Il s'en trouvait alors 15.

DÉCLARATION faite le 22 septembre 1729 par le prieur, Jean-François Hachette, et les religieux, rectifiée².

REVENUS NON AFFERMÉS.

La seigneurie de Saint-Valery, avec haute, moyenne et basse justice[3], le domaine con-

---

[1] La *déclaration* portait aussi 60 liv. pour « l'entretien de deux orphelins tombés en démence et attaqués du mal caduc. » Le bureau l'a omis, peut-être parce que c'était un fait accidentel et passager.

[2] « Les biens qui vont être désignés proviennent en partie du lot attribué à la communauté dans le partage fait entre elle et l'abbé messire Jean Bentivoglio, conseiller aumônier du roi au grand conseil le 12 juillet 1674, confirmé le 5 septembre 1696 par Mgr Louis de Clermont, évêque de Laon, et le 3 juillet 1703 par l'abbé actuel Mgr Fourbin de Janson. Le surplus vient du démembrement fait des deux lots de l'abbé, pour pourvoir aux charges de l'eglise, aux ré- parations, aumônes, etc., suivant les traités passés avec ledit abbé de Bentivoglio par devant notaires le 1er octobre 1675 et le 14 mars 1676, confirmés par ses deux successeurs. » (*Déclarat.*)

[3] La *déclaration* porte les observations que voici : « Monsieur de Gamaches est le successeur des anciens avoués. Ceux-ci étaient princes du sang royal, et les abbés et religieux leur avaient abandonné la haute justice et l'avouerie de la ville de St-Valery et de sa banlieue, pour se procurer leur protection contre les ennemis de l'abbaye, à cause des biens qu'elle possédait. Dans la suite des temps, leurs successeurs, qui n'étaient pas de ce rang, ont toujours fait des entre-

— 281 —

sistant en censives et droits seigneuriaux [1], évalués 170 l. — Un droit de poisson sur les ravoieurs [2] et petits bateaux qui huent [3] les flets dans le port, 18 l. — La terre et seigneurie de Citerne [4], avec haute, moyenne et basse justice, les fiefs d'Archimont et de Ionville, censives et droits seigneuriaux, 300 l. — Sept journaux de bois à coupe situés à Citerne [5], évalués à 45 liv. le journal, 315 l. — Une partie de la seigneurie de Cahon, avec haute, moyenne et basse justice, consistant en censives, droits, lods et ventes, évalués 20 l. — La seigneurie de Tilloy [6], avec haute, moyenne et basse justice, les censives tant en argent et chapons qu'en avoine, les droits de lods et ventes, évalués 70 l. — 45 journaux de bois au terroir de Tilloy, faisant 5 journaux à coupe, évalués 250 l. — La seigneurie en partie de la Croix-au-Bailly [7], avec haute, moyenne et basse justice, consistant en censives évaluées 100 l. — Les censives de Neuville et Saint-Valery, évaluées 50 l. — Celles de Pin-

prises sur l'abbaye, de sorte qu'ils ont, dans St-Valery et ses dépendances, des droits qu'ils ne devraient pas posséder. — L'abbaye ne s'est réservé la haute, moyenne et basse justice que sur les 24 journaux qui composaient alors l'abbaye et qui sont aujourd'hui réduits à 12, et dans la banlieue : Rothiauville, Roussigny et Mollenel, qui autrefois étaient des hameaux de très-petite étendue, enfin la justice foncière dans St.-Valery, le Romerel, la Ferté et le terroir. » — « Il n'existe aujourd'hui que 4 maisons à Rothiauville. » ajoute la *déclaration*.

[1] « Les droits seigneuriaux sont, en cas de vente, au quint denier, dont l'abbé partage la moitié avec les religieux, qui ne déclarent ici par conséquent que cette moitié. L'abbaye n'a pas toutes les mouvances de St-Valery et de ses dépendances ; M. de Gamaches en perçoit une partie, ce qui fait naître un grand nombre de procès entre ses officiers et l'abbaye, parcequ'ils veulent sans cesse faire des entreprises sur l'abbaye.» (*Déclaration*.)

[2] La *déclaration* dit, qu'ils étaient au nombre de 12 et rendaient chacun 3 livres, dont moitié à l'abbé. Elle ajoute, comme observation, que l'abbé et les religieux avaient aussi un droit de poisson sur les *drageurs*, pour aller à la pêche en pleine mer, lequel rendait à l'abbaye 30 liv. par chaque *drage*, mais que ce droit ne subsiste plus, les drageurs ayant été révoqués et interdits depuis 3 ans par le roi. Cette observation et le droit de poisson figurent sous la rubrique de Rothiauville, ce qui fait supposer que le tout s'applique à ce hameau.

[3] C'était une pêche particulière à Saint-Valery. Elle se faisait ainsi : les pêcheurs, montés sur leurs barques, battaient les flots en *huant*, c'est-à-dire criant à tue-tête, pour effrayer le poisson et le faire jeter dans les filets tendus sur la côte, à l'embouchure de la rivière de Somme. — Le roi Louis XIII se donna le plaisir d'assister à l'une de ces pêches, en 1638. (M. Prarond, *St-Valery et les cantons voisins*, I, 108.)

[4] « Le village de Citerne est de l'ancienne fondation de l'abbaye, qui y a haute, moyenne et basse justice. Il y a 3 fiefs dans l'enclave du terroir, le fief des Marets, lequel a pour tout domaine 12 journaux de terre, le fief d'Archimont, sans aucun domaine que 25 ou 30 liv. de censives environ, et le fief d'Ionville, qui a quelque domaine et quelques petites censives. — Les censives de Citerne sont depuis longtemps contestées par les habitants, avec lesquels l'abbaye est sans cesse en procès ; ils sont persuadés que l'abbaye n'est pas bien fondée et qu'elle ne possède pas les titres suffisants. C'est pourquoi on ne reçoit que peu de chose. » (*Déclarat.*)

[5] « Les bois du domaine de Citerne sont de 130 journaux, non compris les chemins et flaques. MM. des eaux et forêts d'Amiens en ayant mis un quart en réserve, il ne reste plus en coupe que 80 journ. qui furent affermés à diverses reprises, mais bientôt abandonnés par les fermiers, parceque ces bois étant contigus aux haies du village et aux vergers des particuliers, il s'y commet beaucoup de dégâts. L'abbaye est donc obligée de les faire valoir elle-même, à sa grande perte, surtout à cause de son éloignement, qui est de 7 lieues. (*Déclaration*.)

[6] « C'est un hameau d'environ 20 feux, de la paroisse de Pandé. Les droits de lods et ventes y sont au quint denier. » (*Déclaration*.)

[7] « Elle ne comprend aucun domaine. Le surplus de cette seigneurie appartient à M. de Lannoy. » (*Déclaration*.)

chephalise, 20 l. — Celles de Neuville-au-Marché-lès-Oisemont, 15 l. — Celles de Haimeville, 4 l. — Celles d'Omâtre, 6 l. — Les censives du fief du Jardinet, 16 l. — Droits seigneuriaux et droits de lods et ventes, 400 l.

Revenus affermés.

Trente-cinq journaux de mauvaise terre, faisant partie du domaine de Saint-Valery [1], 70 l. — 10 journaux aussi de mauvaise terre, faisant partie du même domaine, 18 l. — 5 journaux du dit domaine, derrière l'enclos, mis en jardin, 35 l. — 3 autres, *à la Croix des Anglais*, 7 l 10 s. — 10 journaux de terre de la chapelle, 5 l. — 2 autres au bas de la montagne de Saint-Valery, avec un jardin près du cimetière de Saint-Nicolas, 20 l. — Sept quartiers situés derrière l'enclos de l'église, avec 13 journaux de mauvaise terre, 26 l. — Quelques pâtures salées situées à Rothiauville [2], 40 l. — A Mollenelle, haute, moyenne et basse justice, droit de vicomté, et comme domaine un moulin à eau [3], 800 l. — Droit de champart sur le terroir de Salnelle, affermé moyennant 10 l ; — plus une poule, évaluée 8 s. — La ferme de Gillomer [4], banlieue de Saint-Valery, avec 17 journaux de terre à la sole et 68 journaux de pâture, 350 l. — 22 journaux de pré situés à Catigny, terroir d'Estrebeuf, dont 2 sont repris dans la dîme de Saint-Valery, 200 l. — Le domaine de la seigneurie de Citerne, consistant en une maison seigneuriale, avec cour, jardin, verger, divers bâtiments et 144 journaux de terre à la sole, affermé moyennant : 358 setiers de blé, mesure de Saint-Valery [5], évalués à 9 liv. 9 sols l'un, 3,383 l 2 s ; – plus en argent, 864 l. — Le champart de Citerne [6], 155 l. — Le moulin de Citerne, la maison et deux journaux de terre à la sole, 220 l. — Une portion de dîme sur le terroir de Citerne [7], 300 l. — Une maison,

---

[1] « Le domaine de St.-Valery consiste en 85 journaux de terre situés partie à la chapelle de St.-Valery, partie en différents endroits du terroir, dans un très-mauvais terrain de sable et de cailloux. Elles ont été en friche pendant un temps assez considérable ; quelques pièces furent de temps en temps données à bail, à très vil prix et sans que l'abbaye en pût être payée. Elle se résolut à les faire valoir, mais en souffrit un tel dommage qu'elle prit le parti de les donner à bail à tel prix que ce fut. » (*Déclarat.*)

[2] Elles provenaient sans doute tant de la donation du lieu nommé *Ratherii-Villa*, faite en 836 par le roi Dagobert à St-Blimond, que de celle faite aux religieux par Willaume, comte de Ponthieu, au mois de mars 1215, en ces termes : « *Territorium quoddam quod vocatur Rostiauville ultra Macam de Manchiau, usque ad dunas, usque ad Alteam......* » (Archives commun. de Quend, liasse DD. 1, pièce 1e. *Idée générale.*)

[3] « Ce moulin ne peut moudre qu'en ouvrant les vannes pour recevoir les eaux de la mer. Dans les grandes et fortes marées il est exposé à des réparations continuelles, qui absorbent le revenu ; et les religieux pourraient justifier que depuis 20 ans il a coûté plus de 20 mille livres. » (*Déclaration.*) — Piganiol explique (*Nouv. Description de la France*, Picardie, tome II, p. 410) comment on aurait pu utiliser la retenue des eaux pour dégager le port des sables que la mer y portait sans cesse.

[4] « Cette ferme est située au milieu des prairies, entre St.-Valery et la Neuville. » (*Déclarat.*)

[5] La *déclaration* ajoute que cette mesure est la même que celle de Paris, dont le setier est composé de 12 boisseaux.

[6] Ce champart portait sur environ 100 journaux de terre à la sole. « Depuis notre partage, dit la *déclaration*, ce droit a toujours été contesté par les habitants. Il a fallu soutenir plus de cent procès, en différentes juridictions, pour se mettre en possession d'une partie, qui tous les ans éprouve encore des contestations. » Pendant les procès le sieur Lequibin en jouit gratis, parcequ'il renseignait sur les droits de l'abbaye, dont il avait connaissance.

[7] « Il y a dans le terroir de Citerne 3 décimateurs : l'abbaye, le personnat et le curé. Le personnat lève 1/5, les 4 autres cinquièmes de la dîme tant grosse

grange, étable, écurie, cour et jardin, 10 journaux de pré, et 30 journaux de terre à la sole, situés à Cahon, avec une portion de dîme [1] sur ledit terroir, 600 l. — La ferme de Miannay, avec haute, moyenne et basse justice, 30 journaux de terre à la sole, et une portion de dîme sur le dit terroir, champart et rentage [2], affermés moyennant : 75 setiers de blé, 708 l 15 s ; — et en argent, 800 l. — La ferme de Tilloy [3], terres, champart [4] et dîme [5], 710 l. — Une portion de dîme sur le terroir de La Croix-au-Bailly [6], 340 l. — La ferme de Canvrière, avec haute, moyenne et basse justice, de la contenance d'environ 3 journaux, deux petits bosquets, et six vingt (120) journaux de terre en total [7], affermés moyennant : 50 setiers de blé, 472 l 10 s ; — et en argent, 120 l. — Une portion de dîme sur le terroir du bourg d'Ault [8], 500 l. — Une portion de dîme sur les terroirs de Tully et Béthencourt, 430 l. — Une portion de dîme sur le terroir de Mons et Boubers, 300 l. — Une autre sur le terroir de Bretel, 300 l. — Une autre sur le terroir de Boismont, 300 l. — Une autre sur le terroir de Saigneville [9], affermée moyennant : 22 setiers de blé, 207 l 18 s ;

que menue se partagent par moitié entre l'abbaye et le curé. » (Déclarat.)

[1] « Cahon est un très petit village de 15 feux, où les religieux ont une partie de la seigneurie, avec haute, moyenne et basse justice ; l'autre partie appartient à M. de Saint-Blimond. Les religieux ont 7 à 8 maisons et environ 30 journaux de terre de la mouvance dudit fief, qui peut produire 12 liv., quelques chapons et poules. Les droits de lods et ventes sont au quint denier, double censive en relief. — La dîme sur le terroir appartient à l'abbaye, au curé (du lieu) et aux chanoines de Gamaches. Elle est de 7 du cent et se partage de la manière suivante : dans le terroir au-delà de l'eau du côté d'Abbeville, on partage également ; en deçà du côté de Mons, sur 9 gerbes l'abbaye en a 5, les chanoines 2 et le curé 2. » (Déclarat. — Voy. ci dess. p. 104.)

[2] « La ferme de Miannay a été cédée par l'abbé, pour les charges. L'abbaye ayant été obligée de vendre une partie du domaine, pour subvenir aux besoins d'un fief qu'elle possédait audit lieu, s'est réservé la justice. — Le terroir sur lequel se perçoit la dîme est partie en Ponthieu et partie en bailliage. En Ponthieu l'abbaye a 5 gerbes de 18 de dîme, le reste se partage entre le curé et le sieur de Bernapré, trésorier de France. En bailliage l'abbaye à 8 gerbes de 9 et le curé une. (Déclarat.—Voy. ci-dess. p. 173.)

[3] « Ce domaine consiste en une grande grange, un grand verger et 30 journaux de terre à la sole. » (Déclarat.)

[4] « Ce droit se perçoit sur 150 journaux de terre, à raison de 8 gerbes du cent. » (Declarat.)

[5] « Celle-ci se prend à 7 gerbes du cent. Elle se partage entre l'abbé de St.-Valery qui a 2 gerbes de neuf, les religieux 2, le curé de Pendé 3, et les religieux du Lieu-Dieu 2. » (Déclarat.)

[6] « Les dîmes de cette paroisse se partagent entre 4 décimateurs. Le terroir se divise en 3 cantons. — Dans le plus grand, appelé le canton de la Croix-au-Bailly, l'abbaye dîme seule. Dans le second, dit de Faulny, entre Bétancourt et la Croix, de 6 gerbes, l'abbaye en a 4, les 2 autres sont aux chanoines de Noyelle et au curé du bourg d'Ault. Dans le troisième appelé du petit Faulny, de 6 gerbes l'abbaye en a une, les cinq autres se partagent entre les susdits chanoines et le curé de la Croix-au-Bailly, qui perçoit dans les pâtis et masures. — Cet article est repris au 3e traité fait entre les religieux et l'abbé pour les charges. » (Déclaration.)

[7] « Cette ferme est isolée dans une vallée et entourée de deux petits bois, dont l'un est au devant et à côté du pourpris, et l'autre est auprès de la ferme et sert au chauffage du fermier ; les terres sont très-mauvaises, rouges et remplies de cailloux. » (Déclaration.)

[8] La dîme se prenait à 8 du cent. Nous avons dit comment elle se partageait. — (Déclarat. — Voy. ci-dess. p. 106, note 1re.)

[9] Dans le canton appelé le bas terroir ou les bas champs, l'abbaye levait de 9 gerbes 3, les chanoines de Gamaches 4, et le curé 2. Dans l'autre nommé le haut terroir ou les hauts champs, de 9 gerbes, l'abbaye levait 5, les chanoines de Gamaches 2, et le curé 2. (Déclaration. — Voy. ci-dess. p 173, note 6.)

— plus en argent, 200 l. — Une portion de dîme sur le terroir de Wiry [1], 150 l. — Total des revenus, 14,487 l 3 s.

> NOTA [2]. — Les religieux avaient ci-devant à Rothiauville une dîme sur 60 journaux de terre affermés 90 livres, et 20 journaux affermés 280 livres. Mais, comme depuis 3 ans l'abbaye a été attaquée par le curé de Pendé, qui revendiquait cette dîme et par M. de St.-Blimont pour revendiquer la mouvance de ce canton, dont l'un et l'autre n'étaient que des recousses de la mer, en vertu d'une digue faite en 1711, les religieux perdirent ce procès, avec dépens, aux requêtes du palais. Pourquoi il n'en est fait mention que pour *mémoire*.
>
> D'un autre côté, la mer s'étant retirée du côté de Rothiauville avait laissé du terrain que les religieux affermèrent 20 livres. Mais, comme la mer va alternativement d'un côté et de l'autre, ce que l'abbaye possède aujourd'hui, elle le perdra demain. C'est pourquoi ledit article n'est aussi porté que pour *mémoire*.

CHARGES.

Au curé de Saint-Nicolas de Saint-Valery, pour sa portion congrue, 300 l. — Au curé de Saint-Martin du même lieu, 250 l. — Suppléments : au curé de Miannay, 180 l ; — à celui de Tully, 100 l ; — à celui de Cahon, 70 l ; — à celui du bourg d'Ault, 60 l; — à celui de Wiry, 50 l ; — et à celui de Mons, 40 l. — Réparations des églises des lieux où les religieux sont décimateurs ; contributions aux linges et ornements, réparations de l'église de l'abbaye, de la grande chapelle de Saint-Valery et des lieux réguliers, qui, bâtis sur une haute montagne, où ils sont battus des vents, tombent de vétusté, enfin réparations de quatre grosses fermes et d'un moulin à vent, 2000 l. — Réparations du tiers du moulin de Molnelle, l'abbé payant 400 liv. pour les deux autres tiers, 200 l. — Pour recevoir les religieux mendiants, en vertu du traité des charges fait avec leur abbé, 60 l. — Pour quatre repas que l'on donne au curé de Saint-Nicolas et aux officiers de la justice aux quatre fêtes de Saint-Valery, 40 l. — Entretien de la sacristie, cure, linge, etc. 650 l. — Pour les enfants de la sacristie, 20 l. — Pour le garde du bois de Tilloy, 180 l. — Pour les gages de huit domestiques, 510 l. — Total des charges, 4710 l.

RÉCAPITULATION : Montant des revenus . . . . 14,487 l 3 s
— des charges . . . . 4,710 »

Reste net. . . . . . . 9,777 l 3 s

---

[1] La dîme était de 7 du cent. Selon la *déclaration*, de 9 gerbes les religieux prenaient 5, le curé 2, et le prieur du Pont-de-Remy 2. Cette proportion diffère de celle que nous avons donnée ci-dessus, d'après le *pouillé de l'Archidiaconé*. (Voy. p. 73, note 1re.)

[2] L'abbaye possédait anciennement des bénéfices et des biens situés en Angleterre, notamment les églises de Stelehord (Isleworth sur la Tamise, en face de Richemond), Hanton (Hamptoncourt), Twikeham (Twickenham) entre Hamptoncourt et Isleworth, et Heston, à 5 milles environ de Hamptoncourt ; desquels la possession fut confirmée par bulle du pape Urbain III, vers 1185-1187, et par le pape Innocent III le 8 juin 1217. Dans ce dernier titre les lieux sont nommés : Histelorde, Hanton, Tucheam et Heston. (M. de Beauvillé, *Rec. de documents inédits*, IIe partie, p. 13 et 29.)

Prieuré simple de SAINT-PIERRE, a Cayeux-sur-Mer [1].

Collateur : l'abbé de St.-Germer de Flay [2].

Déclaration faite le 17 avril 1730 par le titulaire maître Louis Lemaître, approuvée.

Plusieurs dimages, four banal, censives et droits de vicomté de la mer, le tout affermé . . . . 3,170 l »

Charges : — Réparations de l'église, de la grande et de la petite maisons du prieuré, 400 l. — Réparations de l'église d'Onival, 20 l. — Réparations des digues [3], 50 l. — Total . . . . 470 »

Reste net . . . . . . 2,700 l »

Nota [4]. — Il existait autrefois un fief dont la mer s'est emparée depuis un temps immémorial.

Il existe encore d'autres charges, qui sont acquittées par l'occupeur, en sus du prix du bail, savoir : Au curé ou vicaire perpétuel 30 liv. tournois, un muid de blé et un muid d'avoine, mesure du lieu ; — à l'abbaye de St.-Germer, 20 liv. ; — au chapelain qui dessert le prieuré, 250 liv. ; — au curé de Woignarue, 15 liv. ; — aux officiers du prieuré, pour leurs gages, 20 liv. *Mémoire.*

CURES.

ACHEUX (Vocable : Sainte-Marie-Madeleine) [5].

Présentateur : le chapitre de St.-Firmin-le-Confesseur d'Amiens.

Déclaration faite par le titulaire maître François Manier, rectifiée.

Le quart de la grosse dime [6], évalué, toutes charges acquittées, 300 l. — Dime novale : en

---

[1] De l'ordre de St-Benoit. — Ce prieuré, d'après une note de D. Grenier, citée par M. Praroud (*Saint-Valery et les cantons voisins*, I, 357), aurait appartenu autrefois à l'abbaye de St.-Valery, qui l'aurait echangé avec l'abbaye de St.-Germer, contre des vignobles dans le Beauvoisis.

[2] Le prieuré fut confirmé à l'abbaye par bulle du pape Alexandre III, du 12 des kal. de juillet 1178. (*Picardia Christ.* ms. f° 105.)

[3] « Ces digues sont établies pour la conservation du pays. Malgré le soin qu'on y apporte, on a la douleur de voir que la mer empiette tous les jours sur les terres et entraîne des maisons entières. Requête a été présentée au Conseil, pour exposer la triste situation du pays, pour fournir aux dépenses excessives qu'il faudrait faire. Ce qui occasionne la ruine des digues est un *hable* appelé le hable du bourg d'Ault, situé environ a une lieue de Cayeux. On représente dans cette requête que ce hable étant inutile, il faudrait le combler. Si la Cour n'a égard a cette demande et n'accorde une somme pour ces ouvrages, le pays court risque d'être totalement inondé, même les villages environnants. Des procès-verbaux constatant cette triste situation ont été envoyés à Mgr l'Intendant et en Cour. Les habitants ont encore eu le malheur d'être inondés au mois de septembre 1728, après la récolte faite, ce qui a causé au pays une perte de plus de 50 mille écus ; pourquoi l' prieur a été obligé de faire une remise de plus de cent pistoles. » (*Déclaration.*)

[4] On lit dans la *Picardia Christiana* (f° 105) que des biens avaient été donnés à l'église de St-Walery de Caieux, par Guillaume de Caieux, en 1192. Ni le prieuré, ni la paroisse n'étaient sous ce vocable. A quel bénéfice s'applique cette donation ?

[5] Aysseu, au *pouillé* de 1301. Les dépendances de la paroisse étaient : Frières, Frireules et Zoteux. — Achery était un fief voisin d'Acheu.

[6] Un autre quart appartenait aux chanoines de St.-Firmin, et moitié au prieur de St.-Pierre d'Abbeville. (*Déclarat.*) — Le *pouillé de l'Archid.* ajoute aux déci-

bled, 30¹; — en mars, 15¹; — en lin et chanvre, 50¹. — Dîme de pommes et de laine, 100¹. — Terre de cure : quatre quartiers ¹, 15¹. — Fondations, 78¹. — Casuel, 40¹. — Total, 628¹.

CHARGES. — *Néant.*

ALLENAY ² (Vocable : SAINT-PIERRE et SAINT-PAUL).

Présentateur : l'abbé d'Eu.

DÉCLARATION faite le 5 juillet 1728 par le titulaire maître Claude de Flocques ³, rectifiée.

La dîme ⁴ produisant : 245 setiers ⁵ de blé, mesure d'Amiens, évalués à 42 sols, 514¹ 10¹ ; — 80 setiers ⁶ d'avoine, évalués à 30 sols, 120¹ ; — 300 bottes de warats, 60¹ ; — et fourrages, 90¹. — Dîme de lin, 30¹. — Menue dîme ⁷, 51¹. — Obits et autres fondations, déduction faite de 10 liv. pour le pain et le vin que le curé doit fournir, 29¹. — Casuel, 12¹. — Total . . . . 906¹ 10ˢ.

CHARGES. — Renvoi à l'abbaye d'Eu, de 6 mines d'avoine, mesure d'Eu, évaluées à 6 liv., 36¹. — Frais de dîme, 130¹. — Réparations du chœur de l'église, 20¹. — Réparations du presbytère, 15¹. — Total . . . . . 201 »»

Reste net . . . . . 705¹ 10ˢ.

ARREST ⁸ (Vocable : SAINT-MARTIN).

Présentateur : l'abbé de Forestmontier.

DÉCLARATION faite le 15 juillet 1728 par le titulaire maître Nicolas Pénel ⁹, rectifiée.

mateurs : l'Hôtel-Dieu d'Abbeville, l'église Saint-Martin de Mons, le seigneur d'Acheu (Louis Tillette sieur d'Achery), le commandeur d'Oisemont, plus deux portions inféodées. — Les droits du commandeur portaient sur le terroir de Frireulles. Ils étaient des deux tiers. — Une sentence du bailli d'Amiens du 10 juillet 1580 maintint le chapitre dans le quart des grosses dîmes, c'est-à-dire 3 gerbes de 12 sur les villages, terroirs et paroisse d'Acheu, Frières, Frireulles et Zoteux, et dans les trois quarts des mixtes et menues dîmes. (*Titres du chap. de St.-Firmin. Livre-terrier d'Oisemont,* f° 349. Arch. Départem. — Voy. ci-dess. I, 65, II, 2.)

¹ C'est-à-dire un journal et un quart. — On se rappelle que dans le Vimeu trois quartiers formaient le journal. (Voy. ci-dessus, p. 109.)

² Alnay, au *pouillé* de 1301. — Le curé accusait 25 feux en 1728. (*Déclaration.*)

³ Il eut pour prédécesseur, en 1689, Richard Bourdon, natif de la ville d'Eu, lequel était pourvu d'un prieuré dans le diocèse de Bourges Ce curé se disait persécuté par le seigneur du lieu, qui administrait les deniers de la fabrique de manière à en faire profiter son chapelain. (*Pouillé de l'Archid.* f° 148.)

⁴ « La dîme, tant grosse que novale, a été abandonnée par l'abbé d'Eu au curé, pour tenir lieu de la portion congrue. Elle se perçoit sur 135 journaux de terre à la sole (le journal étant de 75 verges), qui constituent tout le terroir dudit lieu. Le curé se trouve ainsi seul gros décimateur. » (*Déclarat.*) — L'abbaye de Sery avait autrefois été gratifiée de partie de la dîme d'Allenay, par les sires de Cayeu. (*Notice sur Sery,* p. 43.) On a vu ci-dessus (p. 95) que cette dîme était remplacée par 42 sols de cens.

⁵ La *déclaration* porte 500 boisseaux, mesure d'Ault.

⁶ La *déclaration* porte 200 boisseaux, mesure d'Ault.

⁷ « Elle consiste en 2 sols par bête sur un troupeau d'environ 120 bêtes à laine, 3 muids de cidre, 5 à 6 paires de poulets. Il n'y a aucune autre dîme sacramentelle, parcequ'il n'y a eu jusqu'à présent aucun fermier dans la paroisse. » (*Déclarat.*)

⁸ Arrech, au *pouillé* de 1301.

⁹ En 1689 le curé se nommait aussi Nicolas Pénel ; il était natif du lieu et âgé de 69 ans. Il paraît donc certain que ce n'était pas le même. (*Pouillé de l'Archidiaconé,* f° 149.)

La dîme [1] produisant : 18 setiers de blé, mesure de Paris, évalués à 8 liv. 10 sols [2] l'un, 153 l; — et 12 setiers d'avoine, 72 l. — Supplément à recevoir du chapitre de St.-Vulfran d'Abbeville : 10 setiers de blé, mesure d'Abbeville, 80 l 10 s ; — et 10 setiers d'avoine, 57 l 10 s. — Dîme novale, évaluée 55 l. — Dîme de laine et de pommes, 50 l. — Casuel, 30 l. — Total . . . . 498 l »»
Charges. — Réparations du presbytère . . . . 15 »»

Reste net . . . . 483 »»

Nota. — Il n'est point parlé de fondations dans la déclaration. *Mémoire.*

BÉTHENCOURT-SUR-MER (Vocable : Saint-Étienne) [3].

Présentateur : le seigneur du lieu.

Déclaration faite le 1er octobre 1728 par le titulaire maître François Pollehoy, rectifiée.

La dîme [4] produisant : 15 setiers de blé, mesure de Saint-Valery, évalués, tous frais faits, 141 l 15 s. — 100 bottes d'avoine rendant 20 setiers, mesure d'Amiens, 30 l. — 100 bottes de warats, 20 l. — Verte dîme, 10 l. — Dîme novale, produisant 50 gerbes de blé, qui rendent 7 setiers 1/2 d'Amiens, 15 l. 15 s. — Terres de cure : 10 journaux chargés de fondations [5], produisant 60 setiers de blé, mesure d'Amiens, 126 l. — Casuel, évalué 10 l. — Total. . . . . 353 l 10 s
Charges. — Réparations du presbytère. . . . . 15 »»

Reste net. 338 10

Nota. — Il n'est point parlé dans la déclaration des fondations en l'église. *Mémoire.*

BOISMONT (Vocable : Saint-Martin) [6].

Présentateur : l'archidiacre de Ponthieu.

Déclaration faite le 18 décembre 1729 par le titulaire maître François Ducauray [7], rectifiée.

La grosse dîme [8], évaluée 248 l. — Les novales, menues dîmes, dîmes de foin et de cour,

---

[1] C'est-à-dire une neuvième gerbe. Les autres décimateurs étaient : l'abbé de Forestmoutier, celui de St.-Victor-en-Caux, le chapitre de St.-Vulfran d'Abbeville et le chapelain de St.-Nicolas d'Arrest. (*Pouillé de l'Archid.* — Voy. ci-dess. p. 215 et ci-après p. 298.)

[2] Plus loin, sous la rubrique Cayeux, le prix du blé est porté à 8 liv. 8 sols le setier.

[3] On lit dans le *pouillé de l'Archidiaconé* de 1689 : « Il n'y a pas longtemps que cette église est paroisse ; c'était le secours de Tully. Il y a procès entre l'abbé de St.-Valery et le seigneur de Béthencourt pour le patronage. ». — En effet, cette paroisse ne figurait pas encore au *pouillé* de 1682.

[4] Elle se percevait à 8 du cent. Les religieux de St.-Valery avaient 6 gerbes de 9 et le curé 3. (*Déclarat.— Pouillé de l'Archid.* f° 153. — Voy. ci-dess. p. 283.)

[5] « Ces terres ont été données à la cure par les seigneurs du lieu, ducs de Nevers, en 1500. Elles sont chargées de 4 saluts aux jours nataux de l'année : Pâques, Pentecôte, Toussaint et Noel. » (*Déclarat.*)

[6] Bayemont, au *pouillé* de 1301. — Les hameaux de Bretel et Pinchefalise étaient unis à la paroisse, qui se composait de 62 maisons en 1729. (*Déclarat.*)

[7] Il était, dit-il, pourvu depuis le 9 novemb. 1719. (*Déclarat.*)

[8] C'est-à-dire 2 gerbes sur 9 venant à dîme ; 5 autres appartenaient aux religieux de St.-Valery, et les 2 dernières à l'abbaye du Lieu-Dieu, mais sur les ter-

250 l. — Obits et autres fondations ¹, 68 l. — Casuel, 15 l. — ² Total . . . 581 l »»
Charges. — Réparations du chœur de l'église, 14 l. — Réparations ³ du presbytère, 15 l. — Total . . . . 29 »»

Reste net. . . . . . 552 »»

Nota. — Il n'est point parlé des frais des dîmes, parce que celles-ci sont estimées sur le pied des fermages. *Mémoire.*

BOURSEVILLE (Vocable : Notre-Dame) ⁴.

Présentateur : le préchantre d'Amiens.

Revenus : 1,000 livres ⁵.

BROUTELLE ⁶ (Vocable : Notre-Dame).

Présentateur : le chapitre de Noyelle.

Déclaration faite le 2 novembre 1728 par le titulaire maître Jacques Anger, rectifiée.

La dîme du lieu, avec un supplément de 60 liv. payé par l'abbaye de Sery ⁷, évalués 300 l. — Dîme novale ⁸ produisant : 25 boisseaux de blé, mesure de Paris ⁹, évalués à 21 sols, 26 l 5 '. — 20 boisseaux d'avoine à 15 sols, 15 l. — 40 bottes de lin à 15 sols, 30 l. — 10 boisseaux de linuis (chènevis), mesure d'Ault, à 40 sols, 20 l. — 100 bottes de pois, 20 l. — 1000 bottes de foin (pesant 6 à 7 livres), 50 l. — Un muid de cidre, 10 l. — Fon-

roirs de Boismont et de Bretel seulement, et aux héritiers du sieur Ribaucourt sur le terroir de Pinchefalise. — La dîme d'ailleurs se percevait à 7 du cent sur toute la paroisse.(*Déclaration* du curé.—*Déclarat.* des relig. de St.-Valery.— Voy. ci-dess. p. 91 et 283.)

¹ Elles consistaient en 64 ou 65 obits hauts, l'octave du St.-Sacrement, 13 saluts pour le repos des âmes de M. du Gardin et sa femme. (*Déclarat.*)

² « La cure n'avait aucune terre. » (*Déclarat.*)

³ « Le presbytère et l'église étant situés sur une montagne, près du flux et du reflux de la mer, sans aucun abri, la violence des vents rompt quelquefois des ventrières, montants et sous-chevrons et fait aussi de grands dégâts aux couvertures. » (*Déclarat.*)

⁴ Bousseville, au *pouillé* de 1301. — Le hameau de Martinneville-sur-Mer dépendait de la paroisse. Il y avait une chapelle castrale, dotée de 150 livres. (*Pouillé de l'Archid.*, f° 155.)

⁵ Les décimateurs étaient : le préchantre, l'abbé de St.-Valery et le curé. (*Pouillé de l'Archid.*, f° 155. — Voy. ci-dess. I, 16, et II, 279.) — La portion de l'abbé portait sur le lieu dit Lestrade. (Affiche pour le renouvellement du bail en 1782. Ms. de M. C.-P., p. 198.)

⁶ Broustelle, au *pouillé* de 1301.

⁷ La dîme appartenait au chapitre de Noyelle pour 2 gerbes de 9, et à l'abbé de Sery pour le surplus. Celui-ci n'ayant pu louer sa part, en fit abandon au curé, avec ledit supplément, par accord de l'année 1698. (*Déclarat.*) — Nous avons vu que le chapitre de Noyelle avait aussi abandonné ses droits en 1693. — Deux parties de la dîme avaient été données à l'abbaye de Sery par le chevalier Raoul dit Tirel ; ce qui fut confirmé par André sire de Rambures, sur l'autel de St.-Severin et sur celui de Notre-Dame de Sery, en 1217, et par Hubert de Cayeu au mois d'août 1231. (*Cartul. de Sery*, p. 83, 84 et 244. —Voy. ci-dess. p. 9 et 95.)

⁸ Une partie des novales fut laissée par M. du Hamel, à la charge d'un *De profundis* tous les dimanches et fêtes, au retour de la procession. (*Déclaration.*)

⁹ Le curé ajoute : « Neuf boisseaux de chez nous font 12 boisseaux de Paris. » (*Déclaration.*)

dations¹ (42 obits), 30 ¹. — Casuel, 15 ¹. — Total 516¹ 5ˢ
Charges. — Frais de dîme, 50 ¹. — Réparations du presbytère, 10 ¹. — Total. 60 »

Reste net. . . . 456 5

CAYEUX² (Vocable : Saint-Pierre).

Présentateur : le prieur du lieu.

Déclaration faite le 25 juin 1728 par le titulaire maître Jean-Charles-Antoine Chesnel, rectifiée.

A recevoir du dit prieur³ : 15 setiers de blé⁴, mesure de Paris, évalués à 8 liv. 8 sols l'un, 126 ¹ ; — 15 setiers d'avoine à 6 liv., 90 ¹ ; — plus pour supplément, 30 ¹. — Une petite portion de dîme à Cayeux, nommée *la dîme du Paradis*, évaluée 30 ¹. — 1/4 de la dîme de laine⁵ affermé 56 ¹. — Terres de cure au terroir de Cayeux : 3 journaux évalués 20 ¹ ; — et 4 journaux affermés 44 ¹. — Casuel⁶, 120 ¹. — Total . . . . 516 ¹ »»
Charges. — Au vicaire de Cayeux, 150 ¹. — Réparations du presbytère, 15 ¹.
— Total. . . . . 165 »»

Reste net. . . . . 351 »»

Nota. — Il n'est point parlé de fondations dans la déclaration. *Mémoire.*

ESTREBEUF⁷ (Vocable : Saint-Jean-Baptiste).

Collateur de plein droit : l'Evêque d'Amiens.

Déclaration faite le 18 avril 1730 par le titulaire maître Mathieu Quennessent, rectifiée.

La dîme⁸ produisant : 330 boisseaux de seigle, mesure de Saint-Valery, évalués à 13 sols, 214 ¹ 10 ˢ ; — 240 boisseaux d'avoine à 11 sols 3 deniers, 135 ¹ ; — 30 bottes de lin, 22 ¹ 10 ˢ ; — 100 bottes d'hivernache, 20 ¹ ; — 50 bottes de ronds grains, 12 ¹ 10 ˢ ; — 600 bottes de foin, 30 ¹ ; — et fourrages, 25 ¹. — Dîme de laine, 25 ¹. — Dîme de cour (10 poulets environ et un cochon de lait), 3 ¹ 15 ˢ. — 10 boisseaux de pommes, 2 ¹ 10 ˢ. —

---

¹ La fabrique devait en outre, pour 45 obits, une rente de 90 liv., qu'elle ne pouvait payer ; les annuités arriérées s'élevaient à 2,000 livres. (*Déclarat.*)

² Kayeu, au *pouillé* de 1301.

³ Il était seul décimateur. (*Pouillé de l'Archid.* f° 160. — Voy. ci-dess. p. 285.)

⁴ La *déclaration* porte : 12 setiers, mesure de Cayeux, équivalant à 15 setiers, mesure de Paris.

⁵ « Le curé a droit au quart des menues dîmes, pourquoi il reçoit celles-ci tous les 4 ans ; mais c'est fort peu de chose, car il n'y a pas d'arbres fruitiers, à cause de la proximité de la mer, sauf dans un petit hameau qui dépendait de Cayeux — Les 3 autres quarts des menues dîmes et la totalité des vertes dîmes appartenaient au prieur. » (*Déclarat.*)

⁶ La *déclaration* porte que le casuel a toujours été assez mal payé, à cause de la pauvreté des habitants, laquelle s'est accrue encore depuis l'incendie arrivé à Cayeux le 25 septembr. 1727, qui a ruiné la meilleure partie des paroissiens.

⁷ Destrebues, au *pouillé* de 1301.

⁸ Le curé, par la cession que lui a faite l'abbé de St.-Valery, est seul décimateur sur Etrebeuf, où il prend 7 gerbes du cent. Sur le terroir de Catigny, contigu à celui d'Etrebeuf, il a 3 du cent, conjointement avec les dîmeurs d'Arrêt. (*Déclarat. — Pouillé de l'Archid.*)

Total. des revenus 490¹ 15ᵈ
CHARGES. — Frais de dîme, 100¹. — Réparations du presbytère, 15¹. —
Total. . . . . 115 »»

Reste net. 375 15

FRANLEU¹ (Vocable : SAINT-MARTIN) et **VALINE** (Vocable : NOTRE-DAME), son secours.

Présentateur: l'abbé de St.-Acheul ².

DÉCLARATION faite le 29 juillet 1728 par le titulaire maître Nicolas De Monchy, rectifiée.

La dîme de Franleu ³ produisant : 900 gerbes de blé, qui rendent 140 setiers de grain, mesure d'Amiens, évalués 294 ¹; — 200 bottes d'avoine, qui rendent 40 setiers, 60 ¹; — 250 bottes de warats, 50 ¹; — 1 setier d'orge, 1 ¹ 19ˢ; — et 25 bottes de lin, 18 ¹ 15ˢ. — Dîme novale ⁴ de Franleu, 50 ¹. — A recevoir des abbés et religieux de Saint-Acheul et de Saint-Valery, par moitié, 30 ¹. — 7 quartiers ⁵ de terre au terroir de Mesnil-lès-Ochencourt ⁶, évalués à 8 liv. le journal, 14 ¹. — Dîme de Valine ⁷ produisant : 600 gerbes, qui rendent 100 setiers de blé, 210 ¹; — 100 bottes d'avoine, qui rendent 20 setiers de grain, 30 ¹; — 150 bottes de warats, 30 ¹; — 3/4 de setier d'orge, 1 ¹ 9ˢ 3ᵈ; — et 10 bottes de lin, 7 ¹ 10ˢ. —

---

¹ Franlues, au *pouillé* de 1301.

² En 1175 l'évêque Thibaut approuva la donation faite par Hammeraume, clerc, au profit de l'abbaye, de l'autel de Franslues et de Valigues, qu'il tenait de l'évêque, plus de la dîme de Guischengni. — Ce lieu ne serait-il pas celui connu sous le nom du Mesnil, dépendant de la paroisse? (*Cartulaire de St.-Acheul*, fᵒ 19, cᵃ 30)

³ C'est-à-dire le 1/4. Un autre quart était à l'abbaye de St. Acheul et la moitié au prieur de St.-Pierre d'Abbeville. (*Déclarat*) — Cette division s'appliquait aussi au terroir du Mesnil. — Les menues et vertes dîmes se partageaient par 1/2 entre l'abbaye de St.-Acheul et le curé. La dîme sur les bêtes à laine et les cochons se payait en argent : 1/3 à l'abbaye et 2/3 au curé.

La fraction de grosse dîme sur Franleu était dite autrefois *personnage laïque*, parce qu'elle était tenue par un laïque. En 1384 l'abbé de St -Acheul avait approuvé le bail à vie de cette dîme inféodée. En 1385 ce fief fut acheté par Pierre Demeaux, curé de Boyemont, qui, 2 jours après, revendit à Jehan Cacheleux. Celui-ci le vendit en 1392 à Mathieu de Linières, tré-

sorier de France, qui le légua aux chartreux d'Abbeville le 25 juin 1403. Ces religieux le vendirent enfin à l'abbaye de St.-Acheul, moyennant 400 florins d'or, le 8 mars 1418 — Une reconnaissance du 2 juillet 1455 détermine les droits de chacun des décimateurs. (*Invent. de St.-Acheul*, fol 285, 286 et 287. — Voy. ci-dessus I, 98, et II, 2. — M. de Beauvillé, *Rec de docum. inédits concernant la Picardie*, 1ʳᵉ partie, p. 407.)

⁴ C'est-à-dire la moitié ; l'autre 1/2 était à l'abbaye de St.-Acheul. (*Déclarat*.)

⁵ Ici cette expression signifie évidemment le quart d'un journal. Il est à remarquer qu'à Franleu la mesure agraire était plus petite que celle ordinaire du Vimeu.

⁶ Trente maisons de ce village étaient de la paroisse de Franleu. (*Déclarat*) C'étaient celles situées vers Boubers. (*Invent. de St.-Acheul*, fᵒ 287.)

⁷ C'est-à-dire 1/3 ; les 2 autres tiers étaient à l'abbaye de Sery. (*Declarat*.) — La totalité avait été donnée à l'abbaye par les sires de Cayeux, comme on le voit en des lettres confirmatives de l'évêque Thibaut, de l'an 1185. (*Cartul. de Sery*, p. 68. — *Notice sur Sery*, p. 44. — Voy. ci-dessus p. 95.)

Fourrages, 100 l.—Dîme novale [1] de Valine, 60 l.—Casuel, 100 l.—Total. 1,057 l 13 s 3 d
Charges. — Frais de dîme, 140 l. — Réparations du presbytère, 15 l.
— Total . . . . 155 » »

Reste net. 902 13 3

Nota. — Il n'est pas porté de fondations dans la déclaration. *Mémoire*.

HIMMEVILLE [2] (Vocable : Saint-Martin), et CAMPAGNE.

Présentateur : le prieur de St.-Pierre d'Abbeville.

Déclaration faite le 7 août 1729 par le titulaire maître Adrien Le Moyne, rectifiée.

La dîme [3] produisant 30 setiers de blé, mesure d'Abbeville, évalués 241 l 10 s. — Au lieu de la dîme d'une ferme du prieuré d'Ableville, 4 setiers de blé, évalués 32 l 4 s ; — et 9 setiers d'avoine, 51 l 15 s. — Dîme de fruits, 32 l. — Dîme de laine, 6 l. — Fondations, 60 l. — Casuel, 7 l. — Total . . . . 430 l 9 s
Charges. — Réparations du presbytère . . . . 15 »

Reste net. . . . . . 415 9 s

LANCHÈRES [4] (Vocable : Notre-Dame), prieuré-cure.

Présentateur : l'abbé d'En.
Titulaire : Me Jean Obry [5].
Revenus : 550 livres [6].

NEUVILLE-LÈS-SAINT-VALERY (Vocable : Saint-Etienne) [7].

Présentateur : l'archidiacre de Ponthieu.

Déclaration fournie le 16 juin 1728 par le titulaire maître Jean Rocque, approuvée.

La dîme abandonnée, au lieu de la portion congrue, par les religieux de Saint-Valery, gros décimateurs ; les fondations et le casuel ; le tout évalué, sans charges, 300 livres.

---

[1] C'est-à-dire la moitié, plus la totalité sur 2 ou 3 journaux nouvellement défrichés. L'autre 1/2 était à l'abbaye de Sery. (*Déclarat*)

[2] Haineville, au *pouillé* de 1301.

[3] En partie ; le surplus appartenait audit prieur. (*Pouillé de l'Archi l.*, f° 172.)

[4] Lanchières, au *pouillé* de 1301. — Le hameau de Watiéhurt dépendait de la paroisse.

[5] Il avait pris possession de la cure avant le mois de février 1695, et il mourut le 15 décembre 1737, âgé de 85 ans. Son successeur, Louis-Mathieu Ravin, fut installé le jour même de son inhumation.— Les autres curés connus sont : Charles Campagne (1615-1630), François-Nicolas Berger (1650-1658), Adrien Daiz, chanoine régulier de St.-Augustin, congrégation d'Ardre-France (1658-1668), de Fransières (1692-1695), Barthelemy Hurtrel (juin 1738-1775), mort le 14 janvier de ladite année, âgé de 71 ans ; et Béguin (1775-1792). Nous n'avons pu trouver son prénom (Arch. municip. de Lanchères. Registres aux *baptêmes, mariages et sépultures*. Liasses GG. 1 à 14.)

[6] Les décimateurs étaient en 1689 : l'abbé et les religieux d'En, les religieux de St.-Germer et le curé. Les droits des religieux de St.-Germer étaient de 2/3 sur le hameau de Watiéhurt. Ils furent abandonnés au curé le 30 juin 1696. (*Pouillé de l'Archid.* f° 174.— Archives municipales de Lanchères, GG. 2 et 6. — Voy. ci-après, iv° partie, la *déclaration* des religieux de St.-Germer.)

[7] *Novavilla*, au *pouillé* de 1301. — Drancourt dépendait de la paroisse. (*Pouillé* de 1753.)

NIBAS (Vocable : Saint-Valery) [1].

Présentatrice : la communauté des chapelains d'Amiens, à cause du personnat de Nibas [2].

Déclaration faite le 12 juillet 1728 par le titulaire maître Pierre Dufossé [3], rectifiée.

La dîme [4] produisant : 1100 boisseaux de blé, mesure de Saint-Valery, pesant 20 liv., évalués à raison de 15 sols 9 deniers l'un, 866 l. 5 s. ; — les mars évalués au tiers, ou 288 l. 15 s. ; — et fourrages, 100 l. — 5 muids de cidre, 50 l. — Dîme de cour, 10 l. — Fondations, 130 l. — Casuel, 30 l. — Total. . . . . 1,475 l. »

Charges. — Frais de dîme et battage des grains, 300 l. — 2/9es des réparations du chœur de l'église, 10 l. — Celles du presbytère, 15 l. — Total. . 325 »

Reste net . . . . . . 1,150 »

---

[1] Nibat, au *pouillé* de 1301. — De cette paroisse dépendaient Rimbehen, Saucourt et Wailly, qui ne faisaient qu'un seul territoire. (*Invent. des chapel. d'Amiens*, p. 449.) — Saucourt est célèbre par la victoire de Louis III sur les Normands en l'année 881. — Du Cange (*Hist. des comtes d'Amiens*, p. 51) a traduit à tort le mot *Sathulcurtis* par Selincourt.

[2] Ce personnat avait été uni à la communauté ou université des chapelains, par lettres données à Avignon par le pape Clément VII, le 8 des ides de mai 1382, an 14 de son pontificat. (*Invent. des chapelains*, p. 449. — *Cartulaire*, f° 31 v°. — Voy. ci-dess. I, 39.)

[3] Le curé, dans sa déclaration, explique qu'il est pourvu depuis 1715, et ajoute : « je suis fort ennuyé des détails qu'on me demande, lesquels ne sont pas de mon goût et que je ne connais guère, m'étant contenté depuis 13 ans de ce que la Providence m'a donné, sans me jeter dans aucun calcul. »

[4] « La dîme se partage en 3 lots. Quand on a recueilli 9 gerbes, 4 appartiennent à l'abbé de St.-Valery, 3 aux chapelains d'Amiens, et les 2 autres au curé. Mais la portion de ce dernier est fortifiée par quelques novales, où il prend seul ; par quelques terres qu'on nomme *franches*, où il prend avec ledit abbé, à l'exclusion des chapelains ; et par quelques petits cantons appartenant au prieuré de St.-Pierre d'Abbeville, où il prend avec lesdits chapelains, à l'exclusion de l'abbé. » (*Déclaration.*) — Le droit des chapelains provenant de la réunion du personnat de Nibat. Il consistait en 3 bottes, gerbes ou warats de 9 venant à dîme, plus la dîme de laine et d'agneaux dans les maisons de Saucourt et de Wailly, enfin les oblations des jours nataux (Noel, Purification et Pâques). Il se percevait sur Nibat, Rimbehen, Estrebeuf, Saucourt et Wailly. (Titres des chapelains, arm. 2e, liasse 4, nos 3, 4, 6, 12 et 13. — *Invent.* p. 449 et suiv. — Voy. ci-dess. I, 39 ; II, 279.) — « On ne recueille dans le terroir de Nibat que du blé fort mêlé de seigle. C'est qu'étant de cette qualité il se défend mieux, comme on a l'expérience, contre les brouillards épais et une espèce de *nielle* ou de crasse, que le voisinage de la mer envoie fréquemment. » (*Déclarat.*)

Il paraît que, malgré tout le désir de bien faire et le soin qu'il avait mis à sa déclaration, ainsi qu'on peut vraiment le constater encore aujourd'hui, pièces en mains, le bon curé avait fait des oublis, et que d'un autre côté MM. les Commissaires n'acceptaient pas toutes ses appréciations. Il en fut vivement blessé, comme on le voit en sa lettre adressée à M. Micquignon, syndic de la communauté des chapelains, pour être communiquée à la commission. Nous avons cru pouvoir en citer ce passage, empreint d'une certaine aigreur : « ... Vous dites que MM. les Commissaires ont rejeté ma déclaration sur le revenu de la cure de Nibat. Quelque respectable que soit leur décision, ils me permettront bien quelque éclaircissement..... D'abord je n'ai point déclaré assez de gerbes ! MM. les commissaires en sont-ils assurés ? Je souhaiterois connoistre leurs preuves. Peut estre me découvriroient-ils quelques droits que j'ignore... Je ne me suis point arrêté à compter les gerbes qui entrent dans ma grange : *de minimis non curat prætor*. Cette règle de droit est fort de mon goust, principalement en de pareilles *menuailles*... J'ai consulté un dixmeur qui fait le métier depuis plus de 20 ans... Si MM. les commissaires ont plus de connaissance que lui... ils m'obligeront de me les communiquer... etc. »

OCHENCOURT [1] (Vocable : Saint-Ouen).

Présentateur : le prieur de Cauchy-lès-Pont-de-Remy.

Déclaration faite le 12 juillet 1728 par le titulaire maître Nicolas Barbier, rectifiée.

Une portion de la dîme [2] produisant : 300 boisseaux de blé, mesure de Saint-Valery, évalués à 15 sols 9 den., 236 l 5 s ; — les mars, évalués 120 l ; — et fourrages, 50 l. — Supplément payé par les gros décimateurs, 22 l. — 3 muids de cidre, 30 l. — Menues dîmes (poulets, cochon de lait, laine), 7 l 10 s. — Casuel, 6 l. — Total . . . . . 471 l 15 s

Charges.—Frais de dîme, 55 l.—Réparations du presbytère, 15 l.—Total . 70 » »

Reste net. 401 15

ONIVAL [3] (Vocable : Saint-Valery) et WOIGNARUE [4] (Vocable : Sainte-Marie-Madeleine),
son annexe.

Présentateur des deux cures : l'abbé de St.-Valery-sur-Mer.

Déclaration faite le 15 octobre 1729 par le titulaire maître Nicolas Crignon [5], rectifiée.

Revenus de la cure d'Onival.

La dîme d'une gerbe de 9 dans le haut terroir d'Onival [6], les 2/3 dans le bas terroir [7], les 2/3 des novales du village, et les 2/3 des dîmes de laine et d'agneaux, affermés moyennant la somme de 272 l ; — plus 2 voitures de bois de la forêt d'Eu, 10 l. — Les dîmes dites anciennes novales des hameaux de Broutelette, Beaumer et Broniocourt ou Bromancourt, affermées 135 l. — Dîme de sang, évaluée 10 l. — Dîme de laine et [8] d'agneaux 25 l. — Fondations (35 obits), 31 l 10 s. — Casuel, 20 l. — Supplément payé par le chapitre de Longpré et le prieuré de Cayeux [9], 27 l. — Total, 530 l 10 s.

---

[1] Ayssencourt, au *pouillé* de 1301 ; Ossencourt, au *pouillé de l'Archidiaconé*. — Le curé, en 1728, dit que le village se composait de 18 maisons. (*Déclarat.*)

[2] « La dîme se partage en 3 parties : quand on a recueilli 8 gerbes, l'abbé d'Eu en prend 3, l'hôtel-Dieu d'Abbeville une, et le curé 4. » (*Déclarat.*— M. Louandre, *l'Hôtel-Dieu d'Abbeville*, dans les Mém. de la Soc. d'Emulation d'Abbeville, 1852-1857, p. 85.)

[3] Ce village ne contenait que 12 maisons en 1729. (*Déclarat.*)

[4] Warnierrue, au *pouillé* de 1301. — Le curé accuse 100 feux et 500 communiants au moins. (*Déclarat.*)

[5] Il était doyen de chrétienté de St.-Valery en 1719. (*Bail* joint à la *déclaration*.) — On remarquera cette circonstance de deux cures réunies dans les mains d'un titulaire unique ; car Woiguarue n'est pas un véritable secours, malgré les termes de la rubrique en la *déclaration* : le contenu de celle-ci le dément. Au *pouillé* de 1682 Onival ne figurait pas encore.

[6] Une autre gerbe était au prieur de Cayeux, et 7 de neuf à l'abbé de St.-Valery. (*Déclarat.* de l'abbé et du curé. — Voy. ci-dess. p. 279 et 285. — *Pouillé de l'Archid.* f° 188.)

[7] Le dernier tiers, et celui des novales et menues dîmes suivantes étaient au prieur de Cayeux. (*Déclaration.*)

[8] Le curé avait les 2/3 des dîmes sacramentelles de sang, de laine et d'agneaux. (*Déclarat.*)

[9] Ce supplément tenait lieu de la part du curé dans la grosse dîme sur les hauts terroirs de Broutelette, Beaumer et Bromocourt, qui formaient ensemble plus de mille journaux ; laquelle dîme appartenait pour 2/3 au chapitre de Longpré, et pour l'autre tiers au prieur de Cayeux. Le curé, dans sa *déclaration*, proteste contre cette disproportion entre ce qu'il touche et ce qu'il devrait avoir ici et fait des réserves. (Voy. ci-dess. p. 55 et 285.)

Revenus de la cure de Woignarue.

La dîme novale du bas terroir, évaluée 250¹. — Celle du bas terroir de Hautebus, appelé marais ou mollières ¹, 250¹. — Dîme novale sur environ 40 journaux de terre aux hauts champs nommés les bois échartés, et sur les jardins du village mis en labour, 40¹. — 1/3 de celle de laine, 35¹. — 1/3 de celle de ² fruits, 15¹. — Toute la dîme de sang, 15¹. — Fondations, 60¹. — Casuel, 50¹. — Supplément ³ payé par l'abbaye de Saint-Valery, 12¹. — Total, 727 livres.

Charges d'Onival.

Au vicaire du lieu, 150¹. — Réparations du presbytère ⁴, un tiers, 15 ¹. — Total, 165 liv.

Charges de Woignarue.

Frais de deux bâtonniers ⁵, de dîme et de batteur, 220 ¹. — Au vicaire de Woignarue, 40¹. — Entretien des chaussées des marais de Woignarue et de Hautebus, ainsi que des nocqs d'écoulement, 15 ¹. — Total, 275 livres.

Récapitulation. — Montant des revenus d'Onival 530¹ 10ˢ
— — de Woignarue . . . . . . 727 »»
Total 1,257 10
Montant des charges d'Onival, 165¹. — Montant des charges de Woignarue, 275¹. — Total . . . . 440 »»
Reste net. 817 10

PENDÉ.⁶ (Vocable : Saint-Martin), SALLENELLE et TILLOY, ses dépendances.
Présentateur : l'abbé de St.-Valery, à cause du personnat de Pendé ⁷.
Déclaration faite le 26 janvier 1730 par le titulaire maître Pierre Damiens, rectifiée.

⁸ Une portion de dîme à Sallenelle, affermée 240¹. — Le grand dîmage du même lieu,

---

¹ Le bas terroir de Woignarue comprenait 180 journaux de terre labourable. Les mollières de Hautebus ont été regagnées sur la mer. Ces deux bas terroirs étaient sujets au flux et reflux de la mer et exposés souvent à être submergés. On ne pouvait les garantir que par de fortes digues ou chaussées. (*Declarat.*)

² Les deux autres tiers de la dîme de fruits et de celle de laine étaient à l'abbé de St.-Valery. (*Déclaration.*)

³ Le curé ne prenait point part à la grosse dîme de Woignarue ; elle appartenait à l'abbé de St.-Valery, au prieur de Cayeux et au chapitre de Longpré. (*Déclarat.* — Voy. ci-dess. p. 55 et 279.)

⁴ Le curé dit qu'il ne porte rien pour réparations des chœurs des deux églises, parce qu'il perçoit peu dans la grosse dîme d'Onival et rien dans celle de Woignarue, dont les deux terroirs contiennent plus de 2,000 journaux. — Il ajoute que les 2/3 des réparations du presbytère sont à déduire sur les revenus de Woignarue. (*Declarat.*) Mais on a oublié de le faire.

⁵ Leur fonction consistait à veiller à la conservation des dîmes et à compter le nombre des grains dépouillés ; ce qui les occupait pendant environ 2 mois. (*Declarat.*)

⁶ Pendee, au *pouillé* de 1301.

⁷ Ce personnat avait été uni à l'abbaye, en conséquence d'une permission de l'évêque Jean Avantage, en l'année 1454. (*Gallia Christ.*, X, 1200 D.)

⁸ Les autres décimateurs de la paroisse étaient, dit le curé : l'abbé et les religieux de St-Valery, l'abbé du Lieu-Dieu, les religieux du Tréport et les religieux

affermé 210 ¹. — Le dimage de Pendé, 90 ¹. — Celui du hameau de ¹ Tilloy, 210 ¹. — Fondations, 110 ¹ 14 ⁰. — Casuel, 40 ¹. — Total . . . . 900 ¹ 14 ⁰

Charges. — Réparations du chœur de l'église, 40 ¹. — Réparations du presbytère, 15 ¹. — Remises aux fermiers, à cause des inondations fréquentes de la mer ², 45 ¹. — Total . . . . 100 »»

Reste net 800 14

Nota. — Outre ces fondations, le curé devait 123 obits affectés sur des rentes constituées à prix d'argent, qui ont été remboursées en partie par des billets de banque. *Mémoire.*

QUESNOY (Vocable : Saint-Sulpice) ³.
Collateur de plein droit : l'Evêque d'Amiens.

Déclaration fournie le 10 février 1730 par le titulaire maitre Pierre Lombart, rectifiée.

Les dimes ⁴ produisant : 25 setiers de blé, mesure d'Abbeville, évalués 201 ¹ 5 ⁰ ; — 9 setiers d'avoine, 51 ¹ 15 ⁰ ; — warats, lin et autres bas grains, 33 ¹. — Supplément payé par l'abbé de Saint-Valery et le prieur de Saint-Pierre d'Abbeville, par moitié, 118 ¹. — Dime de laine, 4 ¹. — Dime de fruits, 10 ¹. — Fondations, 74 ¹. — Casuel, 10 ¹. — Total . 502 ¹ »»

Charges. — Frais de dime et réparations du presbytère . . . . . . 80 »»

Reste net . . . . . 422 »»

---

de Ste-Geneviève de la ville d'Aut. (*Déclarat.*) Le *pouillé de l'Archid.* substitue (f° 182) à ces derniers, que nous ne connaissons pas, l'abbaye de Notre-Dame de la ville d'Eu. (Voy. ci-dessus p. 279 et 283.)

¹ L'abbé du Lieu-Dieu avait 2 gerbes de 9 sur la dime. (*Gamaches et ses seigneurs*, p. 50. — Voy. ci-dessus p. 91, 283 et les baux aux minutes de Deleplanque, notaire à Gamaches.)

² Le voisinage de la mer, qui n'est éloignée en certains endroits que d'une portée de pistolet, fait que le dimage ne subsiste que par des renclôtures et barrières que l'on oppose au flux et reflux de la mer. — En 1713 a été faite une renclôture de 36 journaux de terre, laquelle fut engloutie 8 mois après ; deux ans ensuite elle fut reprise, et à 5 ans de là elle fut renversée par la mer qui y établit son lit pendant 6 ans. S'étant retirée quelque peu, l'enclos fut réparé en octobre 1729, mais il fut rompu presqu'aussitôt et la mer s'y est établie. — Une autre renclôture de 100 journaux dans le même terroir de Saltenelle entreprise en 1520 fut inondée en 1525, reprise en 1531 et de nouveau abimée en 1553 par la mer, qui y établit son lit jusqu'en 1711. Elle ne subsista depuis qu'avec de grosses dépenses, la mer y pénétrant par les ca-

naux d'écoulement, en inonda encore une partie au mois d'octobre 1729. — Une autre renclôture nommée *du bois,* entreprise en 1520 et abimée en 1531, fut reprise en 1664 ; elle subsistait encore en 1730, lors de la déclaration dans laquelle nous puisons ces curieux documents.

³ Caisnoy, au *pouillé* de 1301. — On lit dans le *pouillé de l'Archid.*, f° 159 : « Un prêtre non approuvé fait l'école. »

⁴ Comprenant un tiers des grosses dimes, avec les novales. (*Déclarat.*) — Les autres décimateurs étaient : le prieur de St.-Pierre d'Abbeville et l'abbé de St-Valery. (*Pouillé de l'Archid.*, f° 159.) — Sur le terroir du Montan, le chapitre de St.-Firmin d'Amiens prenait 5 gerbes de 18 venant à dime, et l'hôtel-Dieu d'Abbeville six sur 346 journaux de terre. (*Compte du chapitre ; Etat des revenus.* Titres de St.-Firmin-le-Confesseur. Arch. départem. — M. Louandre, *L'hôtel-Dieu d'Abbeville,* loc. cit. p. 85. — Voy. ci-dess. I, 66 ; II, 2 et 279) — Le *pouillé de l'Archidiaconé* porte (f° 228) que le hameau du Montan était de la paroisse de Bouillancourt. C'est une erreur que démontre sa situation même. D'ailleurs, dans l'*Etat des villes, bourgs, villages, hameaux et fermes situés dans l'éten-*

SAINT-BLIMONT [1].

Présentateur : le seigneur du lieu [2].

DÉCLARATION faite le 8 juillet 1728 par le titulaire maître Antoine Le Prévost de Rommerel, rectifiée.

La dîme [3] produisant : 210 boisseaux de blé, mesure de Saint-Valery, 141¹ 15ˢ ; — 50 boisseaux d'avoine, 25¹ ; — 100 bottes de warats, 20¹ ; — 40 bottes de lin, 30¹ ; — et fourrages, 30¹. — Le tiers des menues et vertes dîmes, 20¹. — Supplément payé par les gros décimateurs, savoir : 16¹ par le chapitre de Noyelle ; 12¹ par l'abbé de Saint-Valery ; 31¹ par les religieux de Sery ; et même somme par l'abbesse de Bertaucourt. — Terres de cure : 4 journaux, 40¹. — Fondations [4], 170¹ 17ˢ. — Casuel, 115¹ 3ˢ. — Total 682¹ 15ˢ

CHARGES. — Frais de dîme, 70¹. — Réparations du presbytère, 15¹. — Total . . . . 85 »»

Reste net 597 15

SAINT-VALERY (Vocable : SAINT-MARTIN).

Présentateur : l'abbé de St.-Valery.

DÉCLARATION faite le 2 juin 1728 par le titulaire [5] maître François Lallemant, approuvée.

Une dîme novale et menues dîmes, affermées 120¹. — A recevoir des gros décimateurs [6], 250¹. — Dîme des fruits d'un jardin, 2¹. — Fondations et casuel, 590¹. — Total. 962¹ »»

CHARGES. — Réparations du presbytère . . . . 15 »»

Reste net. . . . . 947 »»

---

due et ressort du bailliage présidial d'Amiens (prévôté de Vimeu), donné par Ricard, en tête de son commentaire sur les *Coutumes du bailliage d'Amiens*, il est dit positivement : Montan, paroisse de Quénoy.

[1] Cinq hameaux dépendaient de cette paroisse : Ebalet, Offeu, Offoel, Eslincourt et Tacerville. (*Pouillé de l'Archid.*)

[2] Par concordat avec le chapitre de Noyelle. (*Pouillé de l'Archid.*, f° 151. — *Pouillé* de 1682.)

[3] C'est-à-dire 1/9 de la grosse dîme et toutes les novales. — Les autres décimateurs étaient : l'abbé de St.-Valery, les religieux de Sery, l'abbesse de Bertaucourt et le chapitre de Noyelle qui avait 2/9. — Les droits de l'abbaye de Bertaucourt sont rappelés en la bulle confirmative de l'année 1176. — Le tiers des grosses dîmes d'Offeu, Offoel et Eslincourt appartenait aux religieux de Sery, en vertu de la donation faite par Willaume de Cayeu, petit-fils du fondateur en 1185, dans laquelle on lit : *partem decimæ de Aufeu et de Aufuel et de Werlaincourt*. Ce fut ratifié en la même année par Bernard de St.-Valery, comme seigneur suzerain, son épouse Aénor et leurs fils Renault et Bernard, et par l'évêque Thibaut. (*Cartul. de Sery*, p. 62, 65 et 68. — *Notice historique sur l'abbaye de Sery*, p. 41. — *Déclarat.* — Voy. ci-dessus I, 483 ; II, 9, 99 et 279.)

[4] En 1689 la fabrique était en difficulté avec le curé pour la taxe des obits. Le *pouillé de l'Archid.* en rend compte ainsi : « L'évêque Faure a taxé les obits à 20 sols pour le curé, et 5 sols pour le vicaire. Les marguilliers n'ont pas voulu suivre cette taxe, et les ont fait taxer par le présidial d'Amiens. Le curé en a appelé à la cour. »

[5] En 1689 le curé se nommait Joseph Boulesteyer ; il était « limosin, docteur en droit canon, âgé de 74 ans. » (*Pouillé de l'Archid.*, f° 185.)

[6] C'est-à-dire les religieux de St.-Valery. (*Pouillé de l'Archid.*, f° 185. — Voy. ci-dess. p. 284.)

SAINT-VALERY (Vocable : Saint-Nicolas, en l'abbaye).
Présentateur : l'abbé du lieu.
Revenus : 350 livres.

TULLY [1] (Vocable : Saint-Firmin, martyr).
Présentateur : l'abbé de St.-Valery.

Déclaration faite le 12 juillet 1728 par le titulaire maître Nicolas Yvart, approuvée.

Portion congrue payée par l'abbé du Lieu-Dieu et les religieux de l'abbaye de Saint-Valery [2], 300 l. — Fondations (34 obits hauts), 48 l. — Casuel, 15 l. — Total. 363 l. » »
Charges. — Vin pour les messes, 12 l. — Entretien du presbytère, 10 l. —
Total . . . . 22 » »
Reste net . . . . 341 » »

VAUDRICOURT (Vocable : Saint-Martin) [3].
Présentateur : l'abbé de Sery [4].

Déclaration faite le 7 juillet 1728 par le titulaire [5] frère Louis Alexandre, religieux prémontré, rectifiée.

Le tiers de la grosse dîme [6], produisant : 200 boisseaux de blé, mesure du bourg d'Ault, à 20 sols l'un, 200 l. ; — 100 boisseaux d'avoine à 15 sols, 75 l. ; — 40 bottes de lin, 30 l. ; — 100 bottes de warats, 20 l. ; — et fourrages, 30 l. — Dîme novale produisant : 5 bottes de lin, 5 gerbes de blé, et autant d'avoine, 53 l. ; — plus 3 muids de cidre, 45 l. — Menues et vertes dîmes, 20 l. — Un demi-journal de terre contigu au cimetière, 5 l. — Fondations : 74 messes hautes et 100 basses, 150 l. — Casuel, 15 l. — Total . . . . . 643 l. » »
Charges. — Frais de dîme, 70 l. — Réparat. du presbytère, 15 l. — Total . 85 » »
Reste net. . . . . 558 » »

---

[1] Tuly, au *pouillé* de 1301.

[2] L'abbé du Lieu-Dieu percevait le tiers de la grosse dîme et les religieux de St-Valery les 2 tiers. Ces religieux ne prenaient rien en bailliage, mais seulement en Ponthieu. (*Gamaches et ses seigneurs*, p. 50. — *Déclarat. des religieux de St.-Valery.* — Voy. ci-dessus p. 91 et 383. — *Pouillé de l'Archid.*, f° 153.)

[3] *Vaudricuria*, au *pouillé* de 1301. — L'église était, avant la révolution, située hors du village.

[4] Cet autel lui fut donné, avec le cimetière (*atrium*), par Willaume de Cayeu, fils d'Anselme, fondateur du couvent ; ce que confirma R. (Renaut) de St.-Valery, comme l'expriment deux chartes non datées, mais vraisemblablement antérieures à l'année 1164. Il en est fait mention dans les lettres de l'évêque Thibaut de l'année 1185, confirmatives des possessions de l'ab-

haye. (*Cartul. de Sery*, p. 59, 60 et 68. Biblioth. Ste-Geneviève, Ms. n° 962.)

[5] En 1689 le curé se nommait Louis de Beaurains, il était du pays de Vimeu et âgé de 50 ans. « Les paroissiens l'ont voulu tuer et empoisonner ; ils ont fait mourir ses bestiaux. » (*Pouillé de l'Archid.*, f° 186.) — Cette cure était, à ladite époque, possédée par des séculiers, après l'avoir été anciennement par des réguliers. Elle rentra en règle en 1721. (*Extr. de l'Histoire ms. de Sery*, p. 10. Bibl. Ste-Geneviève, n° 962.)

[6] Quotité déterminée par sentence de l'année 1473. Le surplus appartenait à l'abbé de Sery. Le couvent avait été doté de toute la dîme par ses fondateurs, car elle est mentionnée dans les lettres de l'évêque Thibaut, de l'année 1185. (*Cartul. de Sery*, p. 68 et 144. — Voy. ci-dess. p. 95.)

CHAPELLES[1].

Chapelle de SAINTE-MARGUERITE, a Acheux.

Présentateur : le seigneur d'Acheux.

Déclaration faite le 5 juillet 1728 par le titulaire frère Louis-Victoire de Rincheval, religieux novice de l'ordre de Cluny, au prieuré de St.-Pierre d'Abbeville, rectifiée.

Vingt journaux de terre, en 2 pièces, situés au terroir de Berville, provenant de l'ancien domaine d'Acheux, affermés moyennant : en argent, 50 l; — et 20 setiers de blé, mesure d'Abbeville, 161 l. — Total . . . . 214 l »»

Charges. — Honoraires d'une messe par semaine . . . . 26 »»

Reste net. . . . . . 185 »»

Chapelle de SAINT-NICOLAS, au château d'Arrest.

Présentateur : le seigneur du lieu.

Déclaration faite le 15 juillet 1728 par le titulaire maître Nicolas Pénel, curé d'Arrest, approuvée.

Une petite dîme, affermée. . . . . 55 l »»

Charges. — Une messe par semaine [2], 26 l. — Ornements, pain et vin pour les messes, 10 l. — Total . . . . 36 »»

Reste net. . . . . . 19 »»

Chapelle de SAINT-ESPRIT[3], a Frireules, paroisse d'Acheux.

Présentateur : le seigneur de Frireules.

Déclaration faite le 25 juillet 1728 par le titulaire maître Charles Daboval, rectifiée.

Douze journaux de terre situés au terroir de Maisnières, affermés 74 l. — A recevoir du

---

[1] Plusieurs chapelles, dont nous n'avons pas trouvé les déclarations, existaient néanmoins. Piganiol de la Force parle (*Nouv. descript. de la France*, Picardie, tome II, p. 393 et 398) d'une chapelle dédiée à St.-Valery, bâtie sur la petite montagne, un peu au-dessus de l'abbaye, vers le couchant, au lieu où le saint fut enterré. Nous l'avons citée plus haut (p. 282 note 1, et encore p. 284.) Elle était le but d'un pèlerinage très-suivi. On invoquait saint Valery principalement contre la folie. Serait-ce la chapelle qui fut fondée en 1319 par l'abbé Jean II°, et que desservait un prêtre séculier ? (*Gallia Christ.*, X, col. 1238 D.) — M. Louandre (*L'Hôtel-Dieu d'Abbeville*, loc. cit., p. 89 et 90) nomme celle de Valines dédiée à St.-Denis, celle de Zoteux dédiée à St.-Fiacre, et celle de Saucourt dédiée à St. Louis, toutes trois afférentes à l'Hôtel-Dieu d'Abbeville, sans doute à cause des fermes de St.-Nicolas-des-Essarts et de Monchaux.— La chapelle de Valines figure au *pouillé* de 1301, et en celui de 1682. — A Quesnoy il y a une chapelle au milieu des champs, auprès du bois de *la Ransonnière*. Elle était le but d'un pèlerinage ancien, qui est encore fréquenté aujourd'hui. Le *pouillé de l'Archidiaconé* dit (f° 159) que c'était l'ancienne église paroissiale. Ce qui semble le justifier, c'est que la chapelle et l'église actuelle ont un même vocable.

[2] Le titre de fondation obligeait à dire 3 messes. En 1689 on les acquittait encore. Mais, à cause de la modicité du revenu, le seigneur a consenti à les réduire à une seule, qu'acquitte le vicaire d'Arrest. (*Declarat. — Pouillé de l'Archid.* f° 149.)

[3] Fondée le 19 avril 1630, dotée en 1634, augmentée par testament du sieur de Frireules du 14 (ou 24) octobre 1648, et encore le 7 avril 1650. (*Pouillés de 1736 et de 1750.*)

seigneur de Frireules : en argent, 83 ^{1} 10 ^{s} ; — et 24 boisseaux de blé, mesure de Gamaches, évalués 12 ^{1} 12 ^{s}. — A recevoir des héritiers de maître Cardon, Adrien-Antoine, avocat en Parlement, 110 ^{1}. — Total . . . . 280 ^{1} 2 ^{s}

CHARGES [1]. — Pain des messes, 1 ^{1} 5 ^{s}. — Réparat. du presbytère, 10 ^{1}. — Total 11 5

Reste net. 268 17

NOTA. — Tous les revenus de ladite chapelle sont chargés de fondations. Elle oblige à résidence.

CHAPELLE DE SAINT-NICOLAS, A BOURSEVILLE.

Présentateur : le seigneur du lieu.

Revenus : Six livres.

Charges : 12 messes par an [2].

---

[1] Le chapelain, outre lesdites charges, était tenu, en vertu des titres de fondation, à dire 6 messes basses par semaine, avec un *De profundis* à la fin ; 2 messes par an pour le repos de l'âme de maître Cardon, avec le *Veni creator* à la fin ; de tenir école pour les pauvres enfants mendiants de Frireules et de chanter le salut après l'école, de chanter les vêpres tous les dimanches et fêtes ; faire le catéchisme dans la chapelle les jours de dimanche et fête, pendant l'Avent et le Carême ; de bénir et distribuer des cendres le premier jour de Carême, de faire l'office et l'adoration de la croix le vendredi saint, de chanter les vêpres des morts le jour de la Toussaint, et mâtines le jour de Noël. (*Déclarat.*)

[2] Ces documents sont tirés du *pouillé de l'Archidiaconé* (f° 155). Le *pouillé* de 1736 donne pour patron-présentateur l'évêque d'Amiens.

QUATRIÈME PARTIE.

BÉNÉFICES ÉTRANGERS.

BIENS POSSÉDÉS PAR EUX DANS LE DIOCÈSE D'AMIENS.[1]

ABBAYE ROYALE ET ARCHIMONASTÈRE DE SAINT-REMY, A REIMS[2].

MANSE CONVENTUELLE.

DÉCLARATION faite par dom Nicolas Vignolle, grand prieur, et les religieux le 15 mai 1728, rectifiée.

Les 2/3 de la grosse dîme de la paroisse de Montauban ; — et 1/3 de celle de l'église succursale de Carnoy ; affermés 220¹. — 96 journaux de terre labourable, faisant 32 journaux à la sole[3], situés au terroir et village de Senlis, affermés 200¹. — 160 journaux de terre labourable, faisant 53 journaux 1/3 à la sole, situés au terroir du village de Warloy, affermés 213¹ 6ˢ 8ᵈ. — Une petite portion de la grosse dîme de la paroisse de Bertrancourt[4], affermée 24¹. — [5] Total 637¹ 6ˢ 8ᵈ

CHARGES. — Entretien des chœurs des églises[6] de Montauban, Carnoy et Bertrancourt . . . . 71 » »

Reste net 586 6 8

---

[1] La délibération de l'assemblée générale du clergé, du 26 décembre 1726, avait décidé que tout bénéficier ferait la déclaration de ses revenus et charges dans chaque diocèse où il posséderait, encore bien que le chef-lieu de son bénéfice fût situé dans un autre diocèse. C'est en exécution de cette décision que furent faites les déclarations ici rappelées et bien d'autres, sans doute, que nous n'avons pu découvrir. (Voy. ci-dess. I, lv.)

[2] De l'ordre de St.-Benoît, congrégation de St.-Maur. — Cette abbaye fut fondée vers l'année 770, au lieu où était une chapelle en l'honneur de St.-Remy, richement dotée par le roi Clovis et la reine Clotilde. (*Déclaration.* — *Gallia Christ.*, IX, 219 et suiv. — *Annal. Bened.*, III, 595.)

[3] La *déclaration* porte : *à la roie*. C'est sans doute l'expression synonyme admise dans le pays.

[4] Cette *déclaration* porte deux neuvièmes, parce que telle était la prétention de l'archimonastère de Reims. Mais nous avons cité plus haut (I, 215, note 3) un arrêt du parlement, daté du 21 août 1737, qui réduit la prétention à une gerbe de neuf.

[5] Parmi les biens vendus par la nation en 1792, on trouve 13 journaux 50 verges de terre sis à Mametz, appartenant à l'abbaye de St.-Remi de Reims. Auraient-ils été oubliés dans cette *déclaration*, ou dépendaient-ils de la manse abbatiale ?

[6] La *déclaration* ajoutait que la communauté devait encore contribuer aux réparations des pres-

Abbaye de SAINT-LUCIEN, a Beauvais [1].

MANSE ABBATIALE.

L'abbé était à la nomination du roi.

Déclaration fournie par le chargé de procuration de Mgr Jacques-Bénigne Bossuet, évêque de Troyes et abbé commendataire de ladite abbaye, le 10 mai 1730, rectifiée.

La seigneurie de Grandvillers [2], avec haute, moyenne et basse justice, qui s'exerce séparément de la justice royale établie dans le même lieu ; de laquelle dépendent des droits de minage [3], étalage, poids et balances, de pied fourché [4] et de languaiage [5], qui sont affermés 650 l. — Les dîmes et champart, affermés 60 muids de blé, mesure de Grandvillers, évalués à 40 liv. 16 sols l'un 2,448 l. — Deux moulins à vent, avec banalité, affermés 1,500 l. — Censives et droits seigneuriaux, 500 l. — La dîme de Bozodemer, hameau de la paroisse de Bonneuil, estimée 120 l. — Les dîmes de Cempuis, estimées 500 l. — Total 5,718 l.

> Nota. — Tous ces biens sont compris dans un bail général dont le prix s'élève annuellement à 20,500 livres, plus des charges évaluées à 1500 liv., dont il a été fourni copie à la chambre diocésaine de Beauvais, où est le chef-lieu de ladite abbaye.

Charges.

Diverses redevances en grains, dont la déclaration ne porte pas le détail [6], mais qu'elle évalue à 1,320 liv. — Au vicaire de Grandvillers, 150 l. — Entretien de l'église de Grandvillers, de deux halles, d'un auditoire pour la justice, d'une prison et de deux moulins à vent, le tout évalué 1200 l. — Au curé de Bonneuil, 23 l 15 s. — A la fabrique de Cempuis,

bytères, au prorata des biens qu'elle possédait dans chaque village, selon arrêt du conseil. Mais le Bureau diocésain n'a point tenu compte de cette observation.

[1] De l'ordre de St.-Benoît. Elle fut fondée vers l'an 582 sur le lieu même où fut martyrisé St.-Lucien, apôtre du Beauvaisis. Le roi Chilpéric Ier, lui donna des revenus considérables, aussi bien que ses successeurs Childebert III, Charles-le-Chauve et autres. (*Mém. Soc. Antiq. Pic.*, V, 222 ; VIII, 126. — D. Grenier, *Introduct. à l'Hist. de Picardie*, p. 264, 270. — Piganiol de la Force, *Nouv. descript. de la France*, I, 101. — Bolland., *Acta Sanct.*, 8° januar. p. 465.)

[2] La moitié de l'*aleu* de Granviler fut donnée, vers l'année 1090, par Roricon, évêque d'Amiens, qui le tenait avec la mère de Hugue, moine de Cluny. Celle-ci donna plus tard le reste. (*Gallia Christ*, IX, 781 B ; X, 1166 E.)

[3] Les divers droits ici mentionnés n'appartenaient qu'aux seigneurs haut-justiciers. — Le minage était un droit qui se percevait en nature pour le mesurage des grains. En Ponthieu il était d'un tiers de boisseau sur chaque mine : ce qu'on nommait *palette*. (Voy. Delegorgue, sur l'art. 107 de la *Coutume de Ponthieu*.)

[4] On entendait par là les porcs, moutons et vaches. — En certains lieux on nommait *acoursaige* le droit dû au seigneur pour ces animaux. (Voy. M. Bouthors, *Coutumes locales du bailliage d'Amiens*, II, 413.)

[5] *Aliàs*, langaiage, langueyage, languyage. C'était un droit seigneurial qui se percevait sur les porcs exposés en vente dans les marchés. Les experts ou esgards s'assuraient, par l'inspection de la langue de ces animaux, s'ils étaient sains ou ladres.

[6] Elle en porte le total à 66 muids et ajoute que les dîmes et champart n'y pouvaient suffire. — Le Bureau diocésain, oubliant l'évaluation qu'il venait de donner au blé, admet ici celle de la *déclaration*, c'est-à-dire à raison de 20 liv. du muid ; ce qui forme une différence importante dans le résultat.

25 ¹. — Entretien du chœur et du clocher de l'église de Cempuis, 100 ¹. — Total, 2,818 ¹ 15 ˢ.

RÉCAPITULATION : Montant des revenus . . . . 5,718 »
      —   des charges 2,818 15

                                  Reste net. . . . 2,899 5

ABBAYE DE SAINT-QUENTIN, A BEAUVAIS ¹.
MANSE CONVENTUELLE.

DÉCLARATION fournie par le prieur et les chanoines réguliers le 20 octobre 1729, approuvée.

La terre et seigneurie du Petit-Crévecœur ², consistant en maison, bâtiments, cour, jardin et enclos, domaines, censives, champart et droits seigneuriaux ; plus : 4 muids de blé, mesure de Montdidier, à prendre sur le fermier des dimes et champart d'Abbemont et de Royaucourt, et un muid de blé à prendre sur l'abbaye de Breteuil ; le tout affermé 1,300 ¹. — Deux fiefs situés à Abbemont et Royaucourt, consistant en champarts, dimes, censives, lods et ventes, affermés 450 ¹. — Une dime à Ferrières, affermée 340 ¹. — Deux fiefs nommés Pisampuis et Frianville, situés à Plessier-sur-Poix, consistant en droits de champart, censives et autres, affermés 132 ¹ 10 ˢ. — ³ Total, 2,222 ¹ 10 ˢ.

CHARGES.

Entretien de l'église de l'abbaye et des lieux réguliers, auquel doit être appliquée la dime de Ferrières, qui a été cédée aux religieux par l'abbé, selon transaction du 25 août 1678, évalué 340 ¹. — Entretien d'une église, d'une ferme, bâtiment et enclos, 300 ¹. — Total, 640 ¹.

RÉCAPITULATION : Montant des revenus . . . . 2,222 10 ˢ
      —   des charges . . . . 640 »

                                  Reste net . . . . 1,582 10 ˢ

ABBAYE ROYALE DE SAINT-GERMER DE FLY ⁴.
MANSE ABBATIALE.

L'abbé était à la nomination du roi.

DÉCLARATION fournie le 14 mai 1729 par le fondé de pouvoirs de Mᵍʳ Scipion-Jérôme Begon, évêque-comte de Toul, abbé de ladite abbaye ; cette déclaration approuvée.

---

¹ De l'ordre de St.-Benoît. Fondée en 1067 par Gui de St.-Quentin, doyen de l'église, puis évêque de Beauvais. (Hist. particul. de l'église de St.-Quentin, par Quentin La Fons, I, 446. Edit. de M. Gomart.) — Cette abbaye ne payait pas de décimes dans le diocèse d'Amiens. (Déclarat.)

² Cette terre et une autre à Bacouel avaient été données à l'abbaye par le chapitre de St.-Quentin, en l'année 1094. (Hist. de St.-Quentin, page 447.)

³ Aux ventes des biens nationaux en 1791, on trouve 80 journaux 36 verges de terre, sis à Rozières, appartenant à l'abbaye de St.-Quentin de Beauvais. Auraient-ils été oubliés dans cette déclaration, ou dépendaient-ils de la manse abbatiale ?

⁴ Au diocèse de Beauvais. Cette abbaye était de l'ordre de St.-Benoît, congrégation de St.-Maur. Elle fut fondée vers le milieu du VIIᵉ siècle, quelques-uns disent en 654, par St.-Germer, sous la quadruple

La moitié de la dîme d'Offigny, affermée 320 l. — Un droit de dîme sur les terroirs de Marlers et Meigneux, avec un droit de censives, le tout affermé 540 l. — Un droit de dîme sur le terroir de Domécan, affermé 160 l. — Une portion de dîme à prendre sur le terroir de Brucamps, affermée 101 l. — La moitié des dîmes de Lincheux et Hallivillers, avec les novales, 350 l. — Une portion de dîme sur le terroir de Bettembos, 60 l. — Une autre sur le terroir de Sarcus, 25 l. — Une portion de dîme sur les terroirs de Fresnoy et Lalonde, 83 l. — Une redevance par le prieuré de Domart-en-Ponthieu, de 65 l. — Une redevance par un petit fief situé proche le moulin de Fresmontier, de 9 l. — Par le même fief, une demi-mine de blé et une demi-mine d'avoine, mesure de Conty, le blé évalué à 48 sols et l'avoine à 31 sols, 1 l 19 s 6 d. — Total 1,744 l 19 s 6 d.

CHARGES.

Au vicaire de Lincheux et Hallivillers, 200 l. — A celui de Lignière, pour son entretien, 200 l. — Au curé d'Offigny, pour supplément de portion congrue, 27 l. — Entretien et réparations des églises dans les paroisses desquelles le dit abbé est décimateur, 304 l 18 s. — Total des charges 731 l 18 s.

RÉCAPITULATION : Montant des revenus . . . . 1,744 19 6 d
       — des charges . . . . 731 18 »

                                Reste net. 1,013 1 6

MANSE CONVENTUELLE.

DÉCLARATION faite le 4 février 1730 par le prieur et les religieux de l'abbaye, approuvée.

Une redevance annuelle par la cure de Lanchère, à cause de l'abandon qui lui fut fait le 30 juin 1696 de deux tiers de dîme au hameau de Watiéhurt, paroisse de Lanchère, 75 l. — Sur le prieuré de Cayeux, comme étant membre de la dite abbaye, une rente foncière de 20 l. — Sur le prieuré de Saint-Pierre-à-Gouy, pour même cause, une rente de 6 l 10 s. — Total, 101 l 10 s.

CHARGES. — *Néant.*

PRIEURÉ SIMPLE DE SAINT-MÉDARD, A CAPPY [1].

Collateur de plein droit : le prieur de St.-Martin-des-Champs de Paris, ordre de Cluny.

DÉCLARATION fournie par le fondé de procuration de maître Henri Dufour, supérieur du collège de Cluny, religieux profès de l'ordre de Cluny, prieur titulaire, le 26 juillet 1729, approuvée.

invocation de la Trinité, de Marie, de St.-Pierre et de St.-Jean. — La réforme y fut introduite en 1644, non sans de grandes difficultés. (*Vie anonyme de St.-Germer,* chap. V; dans les *Mém. Soc. Antiq. Pic.*, V, 177. — M. de Beauvillé, *Rec. de docum. inédits concernant la Picardie,* II° partie, p. 442 et suiv.)

[1] De l'ordre de St.-Benoît; au diocèse de Noyon. — Il ne payait aucuns décimes dans le diocèse d'Amiens. (*Déclarat.*) Ce prieuré devait avoir six moines, le prieur compris. — En l'année 1086 Robert de Péronne, qui possédait l'autel en bénéfice, le remit à l'évêque de Noyon. Ce prélat le céda à l'abbaye de St.-Pierre de Cluny, à charge d'âmes pour le curé. La charte fait comprendre qu'il s'agit d'y fonder le prieuré, qui n'existe pas encore. — Le pape Luce III confirma les possessions du prieuré en 1184, et notamment les autels de Framerville et de Vrauviller, avec le tiers des dîmes, l'autel de Mamès,

La moitié des dîmes de Vauvillers ; — Le tiers des dîmes de Mametz ; — Le tiers des dîmes de Carnoy ; — Terres à Vauvillers [1], sous-fermées en blé ; — Terres à Rennecourt [2], sous-fermées en argent ; — Terres à Framerville, sous-fermées en argent ; — Terres à Faucocourt [3], sous-fermées en argent ; — Terres à Chuignolles [4] ; — Prestation à prendre sur les dîmes de Framerville et de Rennecourt, tant en blé qu'en avoine ; — Autre prestation sur les dîmes de Faucocourt ; — Quelques censives qui, par les malheurs des temps ou par l'usurpation des seigneurs voisins, ne produisent pas aujourd'hui 20 liv. par an ; — Droits seigneuriaux réduits aussi presque à rien. Tous lesquels biens et revenus sont affermés, avec les autres biens du prieuré situés dans le diocèse de Noyon, moyennant une redevance, toutes charges déduites, de 2,700 livres. Partant, suivant l'évaluation qui en a été faite, le revenu des dits biens dans le diocèse d'Amiens équivaut au tiers, ou à la somme de 900 livres.

CHARGES. — Le fermier en étant tenu par son bail, il n'en est fait mention que pour *Mémoire*. — Elles consistent, pour le total en : une redevance de 40 ^{l} 10 ^{s} à Saint-Martin-des-Champs, pour droits de patronage, etc.; — 300 ^{l}. pour l'entretien à Cappy d'un chapelain qui y dit la messe tous les jours, plus son logement ; — 67 ^{l} dus au séminaire de Noyon ; — 10 ^{l} 18 ^{s} pour la visite de Monseigneur l'Evêque ; — Les portions congrues, ou les suppléments [5] ; — Enfin les aumônes publiques qui se font dans la semaine sainte [6].

PRIEURÉ SIMPLE DE SAINT-MARTIN [7].
Uni au collège d'Eu.

REVENUS des biens situés dans l'Archidiaconé de Ponthieu, suivant la déclaration faite le 9 mai 1730 par les PP. Lévesque, recteur du collège d'Eu, et Pitel, procureur dudit collège, rectifiée.

Un trait de dîme dans la paroisse de Bouvincourt, évalué 165 ^{l}. — Un autre trait de

---

avec une portion de la dîme, et une part de la dîme de Carnoi. (D. Marrier, *Sti Martini de Campis historia*, p. 340 342. — *Bibliotheca Cluniacensis*, p. 1720 c. — *Gallia Christ.*, IX, 997 et 1105. — Voy. ci-dess. I, 156, 158, 308, 314 et 315.)

[1] Parmi les ventes faites par la nation en 1791 et en 1792, on trouve 102 journ. 70 verges, en sept articles, situés à Vauvillers. — Il faut sans doute y comprendre le courtil cité dans la bulle de confirmation du pape Luce III.

[2] Il en fut vendu par la nation en 1792, sur ce terroir, 103 journaux 58 verges, en sept articles.

[3] Il en fut vendu par la nation en 1792, vingt journaux 70 verges et demie.

[4] Parmi les ventes faites par la nation en 1791, on trouve 11 journaux 56 verges de terre à Chuignolles, et en 1792, 47 journaux 9 verges à Chuignes.

[5] Le prieur payait pour supplément : au curé de Cléry, 36 livres ; au curé de Mametz, 20 liv., et à celui de Longueval, 15 livres. (*Déclarat.*)

[6] Le jeudi-saint on distribuait aux pauvres de Cappy huit setiers de blé, mesure de Péronne, convertis en pain. (*Déclarat.*)

[7] Le prieuré de St-Martin-au-Bois était situé en Normandie (*in ingressu Neustriæ*), sur les confins du diocèse et non loin du village de Bouvincourt. Ce fut d'abord un oratoire dont on attribue la fondation à St.-Gervin, abbé de St.-Riquier, vers l'année 1068. Le comte d'Eu, Henri Ier, y fonda un prieuré en 1106, en faveur de l'abbaye du Bec. Il fut uni au collège d'Eu par bulle du pape, que confirmèrent les lettres patentes du roi datées du 22 septembre 1608. — On voit encore les ruines de la chapelle. — « C'est de ce prieuré que proviennent la plupart des biens ecclésiastiques du collège des Jésuites de la ville d'Eu. » (*Déclarat.* — M. Désiré Le Beuf, *La ville d'Eu*, p. 41 et 46. — *Chronicon Hariulfi*, lib. III, cap. 4, apud Spici-

dîme dans les hameaux de Morival, Villemville et Maigneville, et dans la paroisse de Frettemeule [1], affermé 475 [1]. — Total . . . . 640 [1] »

CHARGES. — Contribution à l'entretien du chœur de l'église de Bouvincourt.   10   »

Reste net . . . . . 630 »

CHAPITRE DE L'ÉGLISE ROYALE DE SAINT-QUENTIN [2].

DÉCLARATION fournie par les doyen, chanoines et chapitre le 27 février 1730.

Censives de sa terre et seigneurie d'Hangest, 400 [1]. — Censives de sa terre et seigneurie de Bayonvillers, 90 [1]. — Rentes foncières ou surcens sur l'abbaye de Corbie : 104 setiers de blé, mesure de Corbie [3], évalués à 52 sols, 270 [1] 8 [s].

REVENUS AFFERMÉS.

Partie des grosses dîmes du village de Bayonvillers, affermée moyennant 60 setiers de blé, 156 [1]. — 339 journaux 1/4er de terre labourable, au terroir d'Hangest, et les dîmes du dit lieu ; affermés moyennant 1,360 setiers 9 boisseaux et demi et 6 pintes de blé [4], mesure de Corbie, 3,538 [1] 2 [s] 3 [d]. — Les grosses dîmes de Bayonvillers, 300 [1]. — Terres labourables à toutes soles, situées en différents morceaux ès-villages et terroirs de Bayonvillers et Wiencourt, savoir : 1,077 journaux et demi, 445 verges 3/4, et 4 journaux d'autres terres en héritages, le tout affermé par un même bail, 4,986 [1] 17 [s] 8 [d]. — Le moulin [5] de Bayonvillers, 525 [1]. — Quatre quartiers de terre à toutes soles, au terroir de Flesselles ; — Quatre journaux de terre à la sole au dit terroir ; — 60 verges de pré à Harencourt ; ces trois derniers articles affermés 147 [1]. — Les dîmes de Warvillers et Beaufort ; — Quelque peu de terre de cure ; ces deux articles affermés 30 [1]. — [6] Total, 10,243 [1] 7 [s] 11 [d].

legium Dacherii. — *Acta SS. ord. S. Benedicti*, tome IX, p. 331, vita S. Gervasii.)

[1] En ce dernier lieu il se percevait à l'encontre des chanoines de Longpré, du commandeur d'Oisemont et du prieur de St.-Pierre d'Abbeville. (*Déclarat.*)

[2] Au diocèse de Noyon. Il fut fondé au IV[e] siècle. — Autrefois les chanoines administraient les sacrements dans la ville ; la collégiale était la seule paroisse. Plus tard on créa neuf paroisses, qui restèrent sous la juridiction du chapitre. — Le doyen du chapitre avait le titre d'abbé et de comte avant le XIe siècle. (*Histoire de l'église de St.-Quentin*, par Quentin Lafons, I, 423 et 425. — M. Desnoyers, *Topog. ecclés. de la France*, p. 276.) — Ce chapitre ne payait ni décimes ni impositions dans le diocèse d'Amiens. (*Déclarat.*)

[3] Du poids de 55 livres par setier. (*Déclarat.*)

[4] Lesquels équivalaient à 1198 setiers de St.-Quentin. Le setier de cette ville pesait 60 livres et se trouvait par conséquent plus fort que celui de Corbie. (*Déclarat.*)

[5] C'était un moulin à vent, bien entendu. L'occupeur en 1505 s'était engagé à construire une maison à côté du moulin, pour y demeurer. (Titres et papiers du chapitre de St.-Quentin, arm. 4, liasse 22, n° 2.)

[6] Parmi les biens vendus par la nation en 1791, en 1793 et en l'an IV, on trouve des terres sises à Harbonnières, Maucourt, Morcourt, Plessier - Rozainvillers, Quesnel et Warvillers, appartenant au chapitre de St.-Quentin. Peut-être ont-elles été oubliées dans cette *déclaration*, ou font-elles partie, par extension, des marchés désignés

On trouve des baux, des déclarations des biens par les fermiers et des procès-verbaux d'arpentage des terres du grand marché de Bayonvillers, en la liasse intitulée : *Titres et papiers provenant du chapitre royal de St.-Quentin*, aux Archives du département de la Somme.

Charges.

Au curé de Bayonvillers, pour son gros, 60 setiers de blé, mesure de Corbie, 156¹. — Au sergent du chapitre au village d'Hangest, pour ses gages, 4 setiers de blé, 10¹ 8ˢ. — A la communauté des chapelains de l'église de Saint-Quentin, 4 setiers de blé, à prendre sur les terres du chapitre sises à Bayonvillers, évalués 10¹ 8ˢ. — Au lieutenant du chapitre en sa seigneurie de Bayonvillers, pour ses gages, 24¹. — A son sergent, en la même justice et seigneurie¹, 24¹. — Part du chapitre dans les réparations du chœur et cancel² de Bayonvillers, 50¹. — Total, 274¹ 16ˢ.

Récapitulation : Montant des revenus 10,243 7 11
— des charges. . . . .   274 16 »
³ Reste net. 9,968 11 11

Abbaye de SAINTE-ALDEGONDE, a Maubeuge⁴.

Déclaration fournie par le fondé de procuration des dame abbesse et demoiselles chanoinesses du noble et illustre chapitre de Sᵗᵉ-Aldegonde le 3 août 1730, approuvée.

La terre et seigneurie de Hallu, avec haute, moyenne et basse justice, consistant en : une ferme ; — 70 journaux de terre labourable, à la sole, mesure de Péronne ; — 4 journaux de pré ; — les censives de 8 journaux de terre, sur lesquelles plusieurs maisons sont bâties ; — et les 2/3 de la dîme de Hallu. Le tout affermé 1,200 liv., monnaie de Hainaut,

---

¹ Cet article, qui se trouve dans la *déclaration*, a été oublié par le Bureau diocésain, ce qui fait que le chiffre total trouvé par lui diffère de celui que nous donnons.

² C'est-à-dire son enceinte grillée.

³ « Ce chiffre, dit la *déclaration*, est totalement absorbé par les autres charges qu'a le chapitre dans le diocèse de Noyon, selon que le fera voir l'observation suivante.

» Il résulte de la déclaration générale que le chapitre a fournie au Bureau diocésain de Noyon : que les charges en nature de blé, avoine ou autrement étant déduites des biens et revenus qu'il a dans sept différents diocèses, le reste des dits revenus annuels se réduit à la somme de . . . . 23,414¹ 14ˢ 8 ᵈ· ᵒᵇ·

» Que les autres charges annuelles, en argent, du chapitre dans le seul diocèse de Noyon sont évaluées à . . . .   33 568 12 »

» D'où il suit que la totalité des revenus des biens situés dans les 7 diocèses extérieurs est inférieure aux dites charges, de . . 10,153 17 3 ᵈ· ᵒᵇ·

Le doyen, qu'on ne nomme pas, étant absent, la présidence du chapitre est donnée à l'écolâtre C. Lescot.

⁴ Au diocèse de Cambray. Elle fut fondée par Sᵗᵉ-Aldegonde, au milieu du VIIᵉ siècle : des auteurs disent vers l'année 661. Les religieuses suivirent d'abord la règle de St.-Benoît. Mais dans la suite elles secouèrent le joug monastique, ou plutôt l'abbaye, qu'avaient ruinée les Normands, fut rétablie sous la forme de chapitre, pour servir de retraite à des filles de condition. Elle resta gouvernée par une abbesse choisie par le roi, qui conférait aussi les prébendes. On n'admettait parmi les chanoinesses que les demoiselles qui justifiaient de seize quartiers de noblesse du côté paternel et autant du côté maternel. (Piganiol de la Force, *Nouv. descript. de la France*, Flandre française, XII, 243 et suiv. — M. Desnoyers, *Topographie ecclésiastique de la France*, p. 369, dans l'Annuaire historique de 1861.) — La dernière chanoinesse survivante, Mᵐᵉ la baronne Aldegonde de Lépine, née de Nédonchel, est morte tout récemment (septembre 1869) au Quesnoy, département du Nord.

faisant en monnaie de France 780 ¹. — Les droits seigneuriaux sur 8 journaux de terre, évalués 1 ¹ 5 ˢ. — ¹ Total, 781 ¹ 5 ˢ.

CHARGES.—Le fermier en étant tenu par son bail, il n'en est fait mention que pour *Mémoire*. —Elles s'élèvent à 657 ¹ et consistent en : 200 ¹ au curé de Hallu, pour sa portion congrue ; — 300 ¹ pour les réparations de la ferme et des bâtiments ; — 30 ¹ pour les gages du bailli ; — 7 ¹ au marquis de Nesle, pour un droit qu'il a sur la ferme ; — et 120 ¹ pour les gages et l'habillement du garde.

CHAPELLE DE SAINT-NICOLAS, EN SAINT-QUENTIN, A PÉRONNE.

Collateur de plein droit : le chapitre de St.-Fursy de Péronne.

DÉCLARATION faite par le fondé de procuration du titulaire, maître Jean-Charles Le Mannier, le 29 janvier 1729, rectifiée.

Vingt-cinq journaux 2 verges de terre labourable, situés au terroir de Proyart, affermés moyennant : 42 setiers de blé, mesure de Péronne, 153 ¹ 6 ˢ. — 4 chapons, 3 ¹ ; — et 25 bottes de paille, 1 ¹. — Total . . . . 157 ¹ 6 ˢ

CHARGES. — Au vicaire de Saint-Quentin, pour l'acquit de 26 messes par an.   13   »

Reste net   144   6

A ce petit nombre de déclarations retrouvées, nous ajoutons une liste à peu près complète des autres bénéfices étrangers qui possédaient des biens-fonds dans le diocèse d'Amiens. Nous l'avons dressée d'après les états des ventes nationales faites en 1790, 1791, et en vertu des lois du 28 ventose an IV, du 16 brumaire an V et autres de la République, et aussi à l'aide des plans conservés au dépôt des archives du département de la Somme.

I. COMMUNAUTÉS D'HOMMES.

ABBAYE DE SAINT-VAST, A ARRAS ².

Elle possédait : à Bouchoire, 41 journaux 25 verges de terre ; — à Lachavatte, 8 journaux 7 verges 1/2 ; — à Pont-Noyelle, la ferme et terres de Saint-Vast ; — à Royc, deux journaux de terre ; — à Saint-Gratien, le bois Cornilloy ; — à Saint-Vast-en-Chaussée, le bois de Saint-Vast, de la contenance de 113 journaux.

Le *pouillé* de 1736 mentionne cette abbaye, en disant qu'elle possédait dans le diocèse des biens considérables, dont il porte le revenu à 2400 livres.

---

¹ Au nombre des biens vendus par la nation en 1793, on trouve 100 verges de terre, en deux articles, sises à Hattencourt, appartenant aux religieuses de Maubeuge. Elles semblent avoir été oubliées dans cette *déclaration*.

² De l'ordre de St.-Benoît. Cette abbaye fut fondée vers la fin du VII⁰ siècle, par St.-Aubert, évêque d'Arras, sur l'emplacement d'un ancien oratoire bâti par St.-Vast, dans un faubourg d'Arras (*Castrum Nobiliacum*). M. Desnoyers (*Topographie ecclésiastique de la France*, p. 317) fixe la fondation à l'année 673, et Piganiol de la Force (*Nouvelle description de la France*, II, 75), d'accord avec les auteurs du *Gallia Christiana* (tom. III, col. 373 et 374), à l'année 685.

Abbaye de BRETEUIL [1].

Elle possédait : à Hallivillers, une ferme, des terres, le bois d'Hallivillers, contenant 91 arpens 8 perches 1/2 et le bois de Saint-Michel contenant 16 arpens 35 perches 1/4.

Le plan des bois se trouve aux Archives du département, section des plans.

Abbaye de SAINT-CORNEILLE, a Compiègne [2].

Elle possédait : à Rollot, la ferme de la Villette.

Le plan se trouve aux Archives du département de la Somme, section des plans.

Abbaye de NOTRE-DAME, a Eu [3].

Elle possédait : à Mers, un bois.

Abbaye de LIVRY [4].

Elle possédait : à Abbeville, un jardin et deux maisons ; — à Gorenflos, 9 journaux de terre ; — à Oneux, des terres ; — à Yvrencheux, 20 journaux de terre [5].

Abbaye de LONG-PONT [6].

Elle possédait : à Andechy, 2 journaux 75 verges de terre ; — à Damery, des terres en deux articles ; — à Fransart, la moitié de 100 verges de terre, avec l'abbaye de Royaulieu ; — à Lachavatte, la moitié de 100 verges de terre, aussi avec l'abbaye de Royaulieu.

Abbaye du MONT-SAINT-QUENTIN [7].

Elle possédait : à Chuignes, 19 journaux 81 verges de terre.

---

[1] De l'ordre de St.-Benoît. Ce monastère était situé dans le diocèse de Beauvais, sur les confins du diocèse d'Amiens. Il était fort ancien, fut ruiné par les Normands et rétabli en 1029, par Gilduin, comte de Breteuil, qui s'y fit religieux et y mourut. (Piganiol, loc. cit. I, 102.— *Gallia Christ.* IX, 800.)

[2] De l'ordre de St.-Benoît. Ce monastère était du diocèse de Soissons. Il fut fondé par Charles le Chauve, pour cent chanoines, suivant diplôme du 3 des kal. de mai 877. Son premier abbé, Hincmar, fut archevêque de Reims. Le roi Louis VII y mit des religieux bénédictins en 1150.— En 1656 il fut uni à l'abbaye des dames du Val de Grâce. (Piganiol, loc. cit. I, 30. — *Gallia Christ.* IX, 435 et 442. — Mabillon, *Annales ord. S. Bened.* III, 681 et 682.)

[3] De l'ordre de St.-Augustin. Cette abbaye, du diocèse de Rouen, fut fondée en l'année 1002 par Guillaume Ier, comte d'Eu. Il y eut d'abord des chanoines séculiers, qui devinrent réguliers en 1119, du consentement de Henri Ier, comte d'Eu, et de l'archevêque Godefroy. (Piganiol, loc. cit. IX, 48 et 233. — *Gallia Christ.* XI, 293 E, 294 C; Instrum. col. 21. — *Neustria pia*, p. 694.)

[4] Dans le diocèse de Paris. — Cette abbaye était aussi de l'ordre de St-Augustin. Elle fut fondée par Philippe Auguste en 1197, au lieu et place d'une chapelle qu'avait élevée et dotée Guillaume *de Garlanda*, seigneur de Livry, en 1186. (*Gallia Christ.* VII, 828 ; VIII, 1756.)

[5] Tout ou partie de ces biens paraît provenir de Martin Gervin, prêtre d'Abbeville, qui, devenu prieur de l'abbaye, lui légua, par son testament de l'année 1501, des biens mobiliers et immobiliers, pour la restauration de son église. On l'y avait représenté à genoux devant l'image de St-Martin, avec ce distique qui rappelait sa générosité :

Hic tibi, diva parens, Picardus templa paravit,
  Contulit et famulis arva, domosque tuis.

Il mourut en l'année 1515. (*Gallia Christ.* VII, 842 E.)

[6] Dans le diocèse de Soissons Cette abbaye de l'ordre de Cîteaux, filiation de Clairvaux, fut fondée en 1131 par Joslein (*Joslenus*), évêque de Soissons. (Piganiol, loc. cit. I, 36. — *Gallia Christ.* IX, 437.)

[7] De l'ordre de St.-Benoît, congrégation de St.-Maur. Cette abbaye du diocèse de Noyon était sous le vocable de la Ste.-Trinité. Elle fut fondée, au milieu

L'abbaye possédait encore, à Bus-en-Artois et à Montauban, des biens dont les plans sont aux Archives du département.

Abbaye de SAINT-ELOI, a Noyon [1].

Elle possédait : à Bouchoire, 7 journaux 47 verges de terre ; — à Framerville, 3 journaux 25 verges ; — à Herleville, des terres en trois articles ; — à Lachavatte, des terres en deux articles, dont 10 journaux 20 verges par moitié avec les Célestins d'Offémont ; — à Maucourt, 1 journal 50 verges de terre ; — à Méharicourt, des terres en 12 articles ; — à Rouvroy-en-Santerre, 3 journaux 4 verges de terres ; — à Rozières, 10 journaux 25 verges ; — à Vrély, des terres en 5 articles ; — à Warvillers, partie de 311 journaux 82 verges de terre.

L'abbaye possédait encore des biens à Rainecourt, dont on trouve le plan, avec ceux des terres de Framerville et de Herleville, aux Archives du département.

Abbaye (religieux de l') d'OURSCAMP [2].

Ils possédaient : à Fransart, 13 journaux 47 verges de terre en 2 articles ; — à Fransures, 8 journaux 41 verges ; — à Fresnoy-lès-Roye, des biens en 25 articles ; — à Goyencourt, des biens en 4 articles ; — à Montdidier, un moulin et des prés.

Abbaye de SAINT-VANDRILLE [3].

Elle possédait : à Woincourt, 8 journaux 3/4 de terres.

Chapitre de BEAUVAIS.

Il possédait : à Ayencourt, 14 journaux 22 verges 1/4 de terre ; — à Montdidier, des terres, en 16 articles.

Chapitre de BOULOGNE-SUR-MER.

Il possédait : à Montdidier, 10 journaux 14 verges de terre.

---

du VIIe siècle, à une demi lieue de Péronne. Ruinée par les invasions barbares, elle fut rétablie au milieu du Xe siècle par Adalbert, comte de Vermandois. (Piganiol, loc. cit. I, 120.— M. De Cagny, *Histoire de l'arrondissement de Péronne*, I, 143.— *Gallia Christ.* IX, 1102, 1097, 1098.) — On trouve aux Archives du département de la Somme quelques papiers relatifs à cette abbaye, et un livre manuscrit , pet t in-f°, intitulé : *Histoire de l'abbaye du Mont St.-Quentin.*

[1] De l'ordre de St.-Benoît, congrégation de St.-Maur. C'était une ancienne abbaye qui fut ruinée par les Normands et restaurée par St.-Eloi, évêque de Noyon. (Piganiol, loc. cit. I, 120.— *Gallia Christ.* IX, 1055 et suiv.)

[2] De l'ordre de Cîteaux, filiation de Clairvaux. Elle fut fondée en 1129, dans la forêt de l'Aigue ou de l'Esgue (*in Esga Silva*), sur l'Oise, dans le diocèse de Noyon, assez près de cette ville, par l'évêque de Noyon, Simon, fils de Hugue-le-grand, comte de Vermandois. En ce lieu il existait un ancien oratoire dédié à St.-Eloi. — Le pape Innocent II confirma ladite fondation en l'année 1131. — Le cartulaire de l'abbaye a été édité par M. Peigné-Delacourt. Il forme le tome VI des *Documents inédits concernant la Picardie*, que publie la Société des Antiquaires de Picardie. — (Piganiol, loc. cit. I, 121.— *Gallia Christ.* IX, 1129 ; et X, Instrum. col. 375. — *Cartulaire d'Ourscamp*, p. 86.)

[3] De l'ordre de St.-Benoît, congrégation de St.-Maur. Elle fut fondée dans le pays de Caux, au diocèse de Rouen, à une lieue de Caudebec, vers l'année 645 ou 648, par St.-Vandrille, qui en fut le premier abbé.

Chapitre de NOTRE-DAME, a Nesle [1].

Il possédait : à Andechy, 13 journaux 85 verges de terre, en 2 pièces ; — à Arvillers, 7 journaux ; — à Bouchoire, des terres en 8 articles ; — à Fouquescourt, 12 journaux 14 verges de terre ; — à Fransart, 4 journaux 10 verges ; — à Hallu, des terres en 9 articles ; — à Herleville, 2 journaux de terre ; — à Hattencourt, des terres en 3 articles ; — à Lihons, 12 journaux 51 verges de terre ; — à Maucourt, 20 journaux 36 verges ; — à Méharicourt, des terres en 2 articles ; — à Morlancourt, des terres en 3 articles ; — à Rouvroy-en-Santerre, 12 journaux 14 verges de terre ; — à Rozières, 15 journaux 18 verges, et moitié de 3 journaux 92 verges.

On trouve aux Archives départementales les plans des biens sis à Andechy, Bouchoire, Hallu, Hattencourt, Lihons, Méharicourt et Rozières.

Chapitre de NOYON.

Il possédait : à Damery, la ferme des Murs, et des terres ; — à Dancourt, 11 journaux de terre ; — à Fresnoy-lès-Roye, des terres en 6 articles ; — à Hattencourt, des terres en 10 articles ; — à Maucourt, 2 journaux 66 verges de terre ; — à Quesnoy-en-Santerre, 70 journaux 4 verges ; — à Roye, 17 journaux 80 verges ; — à Saint-Aurin (l'Echelle), 8 journaux de terre.

Chapitre de NOTRE-DAME, a Paris.

Il possédait : à Outrebois, 24 journaux de terre en 2 pièces, un moulin et 4 journaux et demi de pré ; 109 arpents 8 perches de bois, en 4 parties, appelées l'une : *la Versée-l'Eperon, le dessus des Fosses et le bois de Vis* ; la deuxième, *le Fougreux* ; la troisième, *la petite réserve* ; et la quatrième, *la grande réserve*.

Le plan des terres d'Outrebois existe aux Archives départementales, section des plans.

Chapitre de SAINT-FURSY, a Péronne [2].

Il possédait : à Faucocourt, des terres en 6 articles ; — à Lihons, 5 journaux 55 verges 3/4 ; — à Proyart, des terres et 6 journaux de bois.

Chapitre de SAINT-GERVAIS et de SAINT-PROTAIS, a Soissons.

Il possédait : la terre et seigneurie de Saint-Georges-lès-Roye, consistant en droits de mairie, rouage, afforage, amendes, redevance seigneuriale sur le vivier de Coursebonne, mis en nature de pré, et des terres labourables d'une contenance de 231 journaux 86 verges, sises au terroir de Saint-Georges et environs [3].

Cette abbaye porta d'abord le nom de Fontenelle, puis celui de son saint fondateur. (Piganiol, loc. cit. IX, 43. — *Gallia Christ.* XI. 155 E.)

[1] Il fut érigé par Harduin de Croy, évêque de Noyon, en 1021. (*Gallia Christ.* IX, 944 B ; et X, Instrum. col. 361.)

[2] Il fut fondé, vers l'année 650, par Archambault ou Erchinoald, maire du palais, châtelain de Péronne. (*Gallia Christ.* IX, col. 1035 A. — M. Decagny, loc. cit. I, 19.)

[3] Ces terres sont désignées en un bail notarié du 11 septembre 1724, et figurées sur un plan de l'année

Chapelains de la COLLÉGIALE de Nesle [1].

Ils possédaient : à Andechy, 100 verges de terre ; — à Harbonnières, 12 journaux de terre ; — à Morlancourt, des terres en 2 articles.

Chapelains de la collégiale de Noyon.

Ils possédaient : à Roye, 45 journaux de terre en 2 articles.

Célestins de SAINTE-CROIX, a Offémont [2].

Ils possédaient : à Bouchoire, 10 journaux 85 verges de terre en 2 articles ; — à Chilly, des terres en 4 articles ; — à Fransart, 8 journaux de terre en 2 articles ; — à Fresnoy-lès-Roye, des terres en 5 articles ; — à Lachavatte, moitié de 10 journaux 20 verges, avec l'abbaye de Saint-Eloi de Noyon ; — à Lihons, 8 journaux de terre ; — à Méaulte, 18 journaux ; — à Méharicourt, des terres en 18 articles ; — à Morlancourt, 75 journaux 70 verges de terre ; — à Parvillers, des terres en 3 articles ; — à Quesnoy-en-Santerre, des terres en 5 articles ; — à Rouvroy-en-Santerre, des terres en 3 articles ; — à Warvillers, des terres en 2 articles.

Célestins de SAINTE-CROIX, a Soissons [3].

Ils possédaient : à Aubigny, 18 journaux 31 verges 1/4 de terre ; — à Lihons, des biens en 3 articles ; — à Méharicourt, des terres en 3 articles ; — à Quesnoy-en-Santerre, une ferme et 99 journaux 53 verges 1/2 de terre ; — à Rouvroy-en-Santerre, 18 journaux 31 verges 1/2 de terre.

Couvent des MINIMES, a Péronne [4].

Ils possédaient : à Framerville, 23 journaux 81 verges de terre ; — à Proyart, 129 verges de terre en plusieurs pièces ; — à Rainecourt, 8 journaux de terre.

II. COMMUNAUTÉS DE FEMMES.

Abbaye du PARC-AUX-DAMES [5].

Elle possédait : à Fouquescourt, 12 journaux de terre ; — à Fransart, 12 autres journaux ; — à Lachavatte, encore 12 journaux de terre.

1749 dressé en un cahier. (Titres du chapitre de St.-Florent de Roye, 2⁰ carton. Arch. du départem. de la Somme.)

[1] Les états de ventes nationales portent tantôt chapelles de St.-Michel, tantôt chapelains, seulement. Il n'est pas douteux qu'il s'agit des biens des chapellenies de la collégiale, c'est pourquoi nous les avons réunis sous la même rubrique. — M. De Cagny (*Hist. de l'arrondissem. de Péronne*, II, 517) a désigné les 27 chapellenies.

[2] Ce couvent était du diocèse de Noyon, non loin de cette ville, dans la forêt de l'Angle. (Voy. ci-dess. I, 108.)

[3] Ce couvent fut fondé par Enguerrand de Coucy, comte de Soissons, en 1390. Les Célestins n'y furent établis définitivement qu'en 1404. (Piganiol, *Nouvelle descript. de la France*, I, 411.)

[4] Ce couvent fut fondé vers l'année 1610 et reçut les libéralités des seigneurs de Bernieules et de Charles de Créqui, prince de Poix, gouverneur de Péronne, qui y prit l'habit religieux. Une demoiselle Suzanne Aubé, veuve du sieur Roussel, lieutenant particulier, augmenta les possessions des religieux et leurs bâtiments. (Piganiol, loc. cit II, 200. — M. De Cagny, loc. cit. I, 44. — *Gallia Christ.*, IX, col. 1028.)

[5] Cette abbaye de femmes était de l'ordre de Cî-

Abbaye aux Bois, a Paris [1].

Elle possédait : à Armancourt, 12 journaux de terre ; — à Hangest-en-Santerre, des terres en 19 articles ; — à Laboissière, 24 journaux 10 verges de terre ; — à Lachavatte, 24 journaux et demi ; — à Parvillers, des terres en 2 articles ; — à Rémaugies, trois quartiers de terre ; — à Roye, 36 journaux de terre.

Abbaye du VAL-DE-GRACE, a Paris.

Elle possédait : à Andechy, 148 journaux de terre ; — à Arvillers, 148 journaux et demi de terre ; — à Erches, des fermes et terres ; — à Villers-lès-Roye, des biens en 7 articles.

Abbaye de SAINT-LOUIS, a Royal-Lieu [2].

Elle possédait : à Fransart, la moitié de 100 verges de terre, avec l'abbaye de Longpont ; — à Hattencourt, 130 journaux de terre ; — à Lachavatte, la moitié de 100 verges de terre, avec l'abbaye de Longpont ; — à Parvillers, une maison et des terres.

Couvent des URSULINES, a Arras.

Ces religieuses possédaient : à Feuquières-en-Vimeu, 11 journaux de terre.

Religieuses de SAINT-DOMINIQUE et de SAINTE-CATHERINE DE SIENNE, a Aumale [3].

Elles possédaient : à Fouencamps, deux fermes.

Couvent des URSULINES, a Eu.

Ces religieuses possédaient : à la Croix-au-Bailly, 4 journaux de terre.

Religieuses de MONCHY-HUMIÈRES [4].

Elles possédaient : à Andechy, 19 journaux 18 verges de terre en 4 pièces ; — à Arvil-

---

teaux. Elle fut fondée auprès de Crespy, au diocèse de Soissons, par Aliénor, comtesse de St.-Quentin, dame de Valois, en l'année 1205, en un lieu dit *le parc de Thruilla* ou *de Bovilla*, que le roi Philippe-Auguste donna aux religieuses, par lettres de la même année. Le pape Innocent III confirma cet établissement en 1210. (*Gallia Christ.*, X, 1515 ; Instrum., col. 206 et 227.)

[1] Cette abbaye fut fondée d'abord dans le diocèse de Noyon, par Jean de Nesle et Eustache de Saint-Paul, sa femme, par lettres du 20 avril 1202, puis transférée à Paris, dans le faubourg St.-Germain. Elle était de l'ordre de Citeaux, filiation de Clairvaux. (Piganiol, loc. cit. I, 123.— *Gallia Christ.* VII, 906 ; VIII, Instrum. col. 81.)

[2] De l'ordre de St.-Benoît. Cette abbaye avait été fondée dans la forêt de Compiègne (*in silva Cotia*), au diocèse de Soissons, par la reine-mère Adélaide, veuve du roi Louis VI, vers l'année 1150. Elle fut transférée à Royaulieu, non loin de Compiègne, en 1636. (Piganiol, loc. cit. I, 36. — *Gallia Christ.*, IX, 454 et 456. — Mabillon, *Annal. Bened.*, VI, 720.)

[3] Dans le diocèse de Rouen. — Des religieuses du tiers-ordre, chassées d'Etaples par la guerre, s'établirent à Aumale, en 1549. Elles se soumirent à la clôture en 1606 ; ce qu'approuva le pape Paul V, par bulle du 13 octobre 1612. La rivière qui faisait mouvoir le moulin de ces religieuses a conservé le nom de canal St.-Dominique.(M. Semichon, *Histoire de la ville d'Aumale*, I, 248 ; II, 202.)

[4] Ou Monchy-le-Perreux, à trois lieues de Compiègne, diocèse de Beauvais. D'après Piganiol, ce couvent aurait été fondé en 1138 par les seigneurs de la maison d'Humières. Mais les auteurs du *Gallia Christiana* nous disent que Philippe de Dreux, évêque de Beauvais, par son testament du 2 novembre 1217,

lers, 23 journaux de terre ; — à Bouchoire, des terres en 3 articles ; — à Damery, des terres en 2 articles ; — à Laucourt, 36 journaux de terre ; — à Onvillers, 6 journaux ; — à Parvillers, des terres en 4 articles ; — à Quesnoy-en-Santerre, 10 journaux et demi de terre ; — à Villers-lès-Roye, des terres en 5 articles.

Couvent des URSULINES, a Péronne [1].

Elles possédaient : à Chuignolles, des biens en 3 articles.

Sœurs de SAINTE-AGNÈS, a Péronne [2].

Elles possédaient : à Etinehem, 12 journaux 25 verges de terre en 2 articles.

Il était d'usage d'appeler aux synodes diocésains les abbés et abbesses étrangers au diocèse, qui possédaient des terres, maisons et bénéfices dans sa circonscription. La convocation faite pour le synode de l'année 1411 désignait spécialement les abbés des monastères de Breteuil, de Saint-Lucien, de Saint-Germer, de Saint-Quentin de Beauvais et de Saint-Eloi de Noyon, que nous venons de citer ; celui d'Anchin, dont nous avons vu (I, 208) que les biens sont passés à l'abbaye de Corbie en 1562 ; celui d'Eaucourt *(Yocuria),* auquel fut substitué l'archimonastère de Reims (voy. ci-dess. I, 215, note 3, II, 301) ; ceux de Hem, au diocèse de Noyon, d'Auchy-lès-Moines, de Honnecourt, de Morienval et l'abbesse d'Avesnes, dont les biens sont peut-être aussi passés en d'autres mains [3].

On pourra remarquer que nous venons de nommer un certain nombre d'abbayes qui n'étaient pas comprises dans l'appel au synode de 1411, soit qu'elles ne possédassent point encore alors dans le diocèse, soit qu'on n'eût pas voulu les nommer toutes.

---

légua aux religieuses de Cîteaux un lieu pour s'établir a Monchy (*Monchiacum*) ; et que Mathieu de Roye, seigneur de Guermigny (*de Garmeniaco*) fonda ladite abbaye en 1239. (Piganiol. loc. cit. I, 110. — *Gallia Christ.*, IX, 847 ; X, Instr. col. 267.)

[1] Il fut fondé en 1680, et doté en 1689 par Mme Marie Lefebvre, veuve de Antoine Louvel de Fontaine, plusieurs fois mayeur de la ville de Péronne. (M. De Cagny, loc. cit. I, 45.)

[2] Elles s'établirent à Péronne en 1678, et reçurent des dons de Mme Louvel de Fontaine et d'autres bienfaiteurs. L'évêque de Noyon approuva leur établissement en 1684, et le roi en 1685. Ces religieuses suivaient la règle de St.-Augustin, mais sans la clôture. Elles s'adonnèrent dans la suite à l'instruction des jeunes orphelines. (M. De Cagny, loc. cit. I, 40.)

[3] Voy. *Actes de l'Eglise d'Amiens*, publiés par Mgr Mioland, I, 23.

SUPPLÉMENT.

Un certain nombre de déclarations de biens et revenus se sont soustraites à nos premières recherches. Quelques-unes ont été retrouvées depuis. Nous allons les donner.

D'un autre côté, parmi les nombreuses annotations que nous avions préparées, plusieurs ont échappé au typographe, d'autres n'ont pu, malgré tous nos efforts, entrer dans la composition, à cause de leur multiplicité et de leur étendue. Enfin, beaucoup de documents nouveaux nous sont tombés sous la main depuis que l'impression de notre ouvrage se poursuit, et nous n'avons pas voulu en priver les lecteurs. Ils seront analysés dans les annotations composant deux autres paragraphes.

§ Ier

DÉCLARATIONS OMISES.

(Tome 1er, page 100.)

Abbaye de SAINT-JEAN, a Amiens [1].

En l'absence de la déclaration produite vers 1730, laquelle continue à nous faire défaut, nous allons donner un document qui, tout incomplet qu'il se trouve, est plein d'intérêt, et

---

[1] Nous avons dit que St.-Jean fut d'abord un prieuré fondé en 1115 sous le nom de St.-Firmin-au-Val et que l'évêque Guarin l'érigea en abbaye en 1135. Nous avons rappelé les titres des donations et confirmations primitives en 1131, 1146, 1151, 1160, 1163, etc. On lit dans l'*Histoire des comtes d'Amiens*, par Du Cange, p. 316, note, la copie d'une charte donnée en l'année 1161 par Philippe, comte de Flandre, se qualifiant seigneur et comte d'Amiens, qui confirme toutes les possessions de l'abbaye et spécialement : Val-Vion, Val-des-Maisons, Septenville, Savières, Ollaincourt, Bertricourt, Marchel, un moulin sur la rivière de Selle (*Seila*) et le courtil en dépendant, le libre cours de ladite rivière à travers l'abbaye, avec l'aqueduc pour les besoins des religieux. On verra plus loin comment une partie de ces biens est venue à l'abbaye.

L'abbaye de St.-Jean était exempte de la juridiction de l'évêque. Ce privilège lui fut confirmé par lettres du synode général de Bâle du 2 des nones de juillet 1437. (Titres de l'abbaye de St.-Jean, cote xxx. o. carton 4.)

Une circonstance qui n'est pas sans intérêt est celle-ci : le 10 janvier 1594, le roi Henri IV, pour reconnaître les services du sieur de Wailly, lui avait fait don des deux tiers des fruits et revenus de l'abbaye de St.-Jean d'Amiens, acquis à S. M. par la rébellion des abbé, religieux et couvent. — Déjà le 23 novembre 1592, le même roi l'avait gratifié d'une pension viagère de 1200 écus. — Les brevets s'en trouvent aux Archives du département de la Somme, carton des seigneuries.

suppléera jusqu'à un certain point à la pièce absente. C'est la déclaration fournie au Bureau diocésain, pour satisfaire à la Déclaration du roi du 17 août 1750. Voici ce que nous y lisons :

« Les biens de cette abbaye ont été partagés entre l'abbé et les prieur et chanoines réguliers, en conséquence d'une sentence arbitrale du 25 septembre 1679, homologuée en Parlement le 22 février 1680, laquelle ordonna que tous les biens, même ceux qu'on appelait du *Petit Couvent*, chargés de fondations, fussent divisés en trois lots égaux, dont l'un appartiendrait aux prieur et chanoines réguliers, un autre à l'abbé, et dont le troisième destiné à l'acquit des charges resterait entre les mains de l'abbé. Les dites charges ne comprenaient point celles foncieres, ni les réparations que chaque lot devait acquitter selon l'occurence ; et de plus la sentence arbitrale avait déchargé ce lot des frais d'hospitalité, de sacristie, cloches, cordes, pain et vin pour les messes, huile, cire, encens, lessives, gages des médecins et chirurgiens ; tous lesquels elle fixa à la somme de 400 liv. par an, que l'abbé serait tenu de payer aux chanoines réguliers ; de sorte que ce tiers lot n'était presque chargé que des réparations de l'église et des lieux réguliers. »

MANSE CONVENTUELLE.

Les biens et revenus de la dite manse sont ceux qui suivent :

I. La terre et seigneurie du village du Petit-St.-Jean, située en la banlieue d'Amiens, conjointement avec l'abbé, comprenant la justice haute, moyenne et basse, laquelle ne donne aucun revenu. Quant à la terre, elle consiste dans les articles ci-après :

L'enclos de l'ancienne abbaye, vulgairement appelée Saint-Roch [1], d'une contenance de 21 journaux environ, consistant en maisons, granges, étables, cour, jardin, prés et terres en labour ; — plus 6 journaux de terre en dehors de l'enclos. — 12 journaux de terre en labour sur le même terroir. — 6 journaux 25 verges de même terre au dit terroir. — 6 journaux 75 verges de même terre au dit terroir. — 1 journal 75 verges de même terre au même terroir. — 54 journaux au dit terroir. — 6 journaux 1/2 de même terre au dit terroir du Petit-Saint-Jean. — 2 journaux de terre labourable situés au faubourg de Beauvais d'Amiens. — 2 journaux de pareille terre au terroir du Petit-St.-Jean. — 13 journaux au dit terroir. — 12 journaux 25 verges au dit terroir. — 4 journaux au dit terroir. — 4 autres journaux au dit terroir. — 2 journaux 43 verges de terre et 65 verges 1/2 de pré au dit terroir. — 11 journaux 18 verges 1/2 de terre au dit terroir. — 7 journaux de terre au dit terroir. — 21 journaux de terre au même terroir. — Le tiers des censives sur la plus grande partie des maisons, moulins, terres et prés du dit village et terroir du Petit-Saint-Jean, dont la contenance totale est de 140 journaux environ, tenus en roture de la dite

---

[1] Ce nom vient du logement en ce lieu des pestiférés, en 1631. On sait que St.-Roch est invoqué pour la guérison de la peste.—Les religieux, installés dans l'intérieur de la ville, avaient vendu l'enclos de l'ancienne abbaye au profit de l'échevinage, en 1627. Ils en rentrèrent en possession en 1675. (Pagès, *Manuscrits*, I, 198 et 206.)

abbaye [1]. — Le tiers des droits casuels qui consistent en reliefs, lods et ventes, ce tiers produisant 12 livres.

II. La terre et seigneurie de Septemville, située entre les villages de Rubempré et Talmas, avec justice haute, moyenne et basse, consistant en sept grandes fermes [2] et habitations de fermiers, 372 journaux de terre à la sole environ, prés, pâturages, 2 journaux de bois à coupe, de l'âge de 9 ans, à prendre dans le bois de Val-des-Maisons appartenant à la manse abbatiale ; le tout ainsi divisé :

L'une des fermes et habitations, avec le sixième des prés, pâturages et bois à coupe, plus 60 journaux de terre à la sole. — La seconde ferme avec le sixième des prés, pâturages et bois à coupe, plus 40 journaux de terre à la sole. — La troisième ferme, avec le douzième des prés, pâturages et bois à coupe, et le douzième de 372 journaux de terre à la sole, c'est-à-dire 31 journaux. — La quatrième ferme, avec le sixième des prés, pâturages et bois à coupe et 60 journaux de terre à la sole. — La cinquième ferme, avec le sixième des prés, pâturages et bois à coupe, et 59 journaux de terre à la sole. — La sixième ferme, avec le sixième des prés, pâturages et bois à coupe, et 60 journaux de terre à la sole. — La septième et dernière desdites fermes et habitations, avec le sixième des prés, pâturages et bois à coupe, et 60 journaux de terre à la sole. — 33 journaux ou environ de terre au terroir de Septemville, au canton appelé le Montjoie.

III. Le fief de Bertricourt-lès-Longpré [3], avec justice, haute, moyenne et basse qui n'est d'aucun produit, le dit fief consistant en :

41 journaux environ de pré. — 126 journaux 21 verges 1/2 de terre labourable, avec 3 journaux 52 verges 1/4 de pré dans l'enclos de l'ancienne ferme et 1/2 journal de bois taillis à coupe de l'âge de 9 ans, à prendre dans le bois d'Ollincourt appartenant à la manse abbatiale. — Censives à prendre sur 28 journaux de terre tenus en roture du dit fief, produisant 28 setiers d'avoine. — Le tiers des censives que l'abbaye a droit de prendre, à cause du dit fief, sur plusieurs maisons situées au village de Longpré et sur plusieurs pièces

---

[1] Parmi les titres de l'abbaye se trouve le plan de St.-Roch, des terres voisines appartenant à l'abbaye, et de la Hautoye. Il indique les limites de la seigneurie du petit St.-Jean entre le fief des Marconnelles, les marais de la Ville et la seigneurie d'Ernincourt, etc. Ce plan est du XVIII° siècle. (Titres de l'abbaye de St.-Jean, 4° carton. Archives départementales.)

[2] Les sept fermes de Septemville (d'où le nom de ce domaine a été formé) étaient établies sur un vaste territoire qui avait été concédé en 1160 par l'abbaye de Corbie, avec droit de pâturage, usage dans les bois et dîme, au profit tant de l'abbaye de St.-Jean, que du prieuré de St.-Denis, par moitié, à la charge pour chacun d'eux d'une redevance en grains de 15 muids, mesure de Corbie. — Le prieuré de St.-Denis céda ses droits à l'abbaye de St.-Jean en l'année 1161.

C'est pourquoi celle-ci était toujours tenue de la dite redevance (ci-dess. I, 92, et 235). En 1209, l'abbaye céda cette redevance à Anselme de Waregnies, chevalier, en échange de la mairie de Naours. Et au mois de juillet 1232, le même Anselme de Waregnies et son fils Ingelran la restituèrent à l'abbaye par une transaction. (Titres de Corbie, arm. 3, liasse 93, n° 1. — Invent. de Corbie, III, 562. Arch. département. — Cartulaire noir de Corbie, fol. 84 et 85. Bibl. imp. — M. Cocheris, Catalogue des Manuscrits sur la Picardie, N° 344.)

[3] On nommait ainsi les quatre premières maisons vers Amiens du village de Longpré-lès-Amiens, auprès desquels il y a une fontaine. (Pagès, Manuscrits, I, 116.) — Le plan de ce domaine existe aux Archives départem., section des plans.

de terre, les deux autres tiers appartenant à la manse abbatiale, produisant 2 liv. 5 sols. — Le tiers à l'encontre de la manse abbatiale d'un droit de relief et de lods et ventes, produisant une livre.

IV. Deux journaux 1/2 de bois taillis à coupe, de l'âge de 25 ans, à prendre chaque année dans les bois de Grislieu-lès-Flesselles [1], à l'encontre du surplus appartenant à la manse abbatiale, lesquels bois sont exploités par les religieux pour leur usage.

V. Le tiers de 141 arpents environ de bois mis en réserve pour laisser croître en futaie, situés entre Flesselles et Ollincourt [2], laquelle futaie est âgée de 35 à 36 ans. *Renseignement.*

VI. Le tiers des censives à prendre sur 240 journaux de terre au terroir de Savières [3], les deux autres tiers appartenant à la manse abbatiale, produisant 20 liv. — Le tiers des droits de lods et ventes et de relief à chaque mutation, produisant 5 livres.

VII. Le tiers des censives à prendre sur 260 journaux de terre au terroir d'Ollincourt, à l'encontre de la manse abbatiale produisant, année commune, 18 liv. — et le tiers des droits de lods et vente et de relief, 6 livres.

VIII. Dû par l'abbaye de Saint-Acheul, à cause de l'abandon que lui ont fait, par bail emphytéotique de l'an 1303, les abbés et religieux de Saint-Jean d'une portion de dime sur les terroirs d'Argœuve et d'Hédicourt, 22 setiers 1/2 de blé médiocre du terroir d'Argœuves, et 22 setiers 1/2 d'avoine [4], mesure d'Amiens.......

(Ici s'arrête la Déclaration, dont nous n'avons pas cru devoir reproduire les évaluations incomplètes.)

[1] On trouve le plan du bois de Grislieu, ou Grilleux, aux Archives départem., section des plans.

[2] Il se trouve aux Archives départementales plusieurs plans du domaine d'Ollincourt.

[3] Voici une redevance singulière affectée sur la terre de Savières et dont reconnaissance fut signée par les représentants de St.-Jean et par Adrien de Clabaut, écuyer, seigneur de Limerœux et de Vaux en Amiénois, par devant les gens tenant le siège présidial d'Amiens, le 15 octobre 1514. Tous les ans, aux fêtes de Pâques, l'abbé, les religieux ou leurs commis étaient tenus de donner à dîner audit sieur Clabaut comme étant possesseur d'un fief mouvant de la seigneurie de Vaux. Après le repas, les occupeurs de la ferme de Savières devaient « amasser tout les poullaile et » quelque fort que ce soit avec grains par trois fois » et apporter audit Clabaut ung baston de pesanteur » d'une livre et demie et de deux piez et demy de » longueur, pour par ledit Clabaut ou son commis » rouer trois fois à travers des dites poullaile amas- » sées par trois fois avec grains ; et ce que ledit Cla- » baut ou son commis en tuera et en blessera seront » à lui... » (*Bulletin de la Soc. des Antiq. de Picardie*, tom. 1er, p. 147 et suiv.)

[4] En disant plus haut (I, 99) que la cure de St.-Sauveur d'Hédicourt était chargée de cette redevance, nous faisions erreur : il fallait dire la cure d'Argœuves (voy. I, 488). Il s'agit bien d'ailleurs de la même redevance, que le curé payait en l'acquit des religieux de St.-Acheul.

(Tome II, page 8.)

Chapitre de SAINT-VULFRAN, a Abbeville [1].

Il est composé de 22 prébendes et une perceptoriale.

Déclaration faite par les doyen, chanoines et chapitre le 18 avril 1730, rectifiée.

Revenus affermés.

Un fief seigneurial, avec une ferme [2] et 50 journaux de terre à la sole, situés au hameau d'Onicourt, affermés moyennant : 132 setiers de blé, 132 setiers d'avoine, deux sols par *couple* pour vin et cire, cent sols pour la maison, et en outre 24 setiers 14 boisseaux de blé et 25 liv. d'argent pour censives. Les dits grains, à la mesure d'Abbeville, évalués, savoir : le blé à 8 liv. 1 sol, 1262^l 16^s 10^d ; — et l'avoine à 5 liv. 15 sols, 759^l. — Les 2 sols par couple donnant 13^l 1^s ; — et le pot de vin du bail évalué 16^l 13^s 4^d. — 25 journaux de terre situés à Rainvillers [3], affermés 25 setiers de blé, 201^l 5^s ; — et 2 sols par setier, pour vin et cire, 2^l 10^s ; —le pot de vin du bail évalué 1^l 13^s 4^d. — 22 journaux de terre situés à Noyelles-en-Chaussée, affermés par bail emphytéotique du 31 janvier 1661, moyennant 2 setiers et demi de blé, évalués 20^l 2^s 6^d ; — et en argent, 27^l — Une branche de dîme sur le terroir d'Allery, affermée 10 couples de grain à 13 liv. 16 sols l'un, 138^l. — Une autre sur le terroir d'Alliel, affermée 29 couples de grain, 400^l 4^s ; — Deux sols par couple, pour vin et cire, 2^l 18 sols ; — le pot de vin du bail évalué 6 liv. 13 sols 4 den.—Une branche de dîme sur le terroir d'Arrest, affermée moyennant 10 couples de grain, payables au curé du lieu, et 44 couples payables au chapitre, 607^l 4^s. — Une autre sur le terroir de Cambron, affermée 26 couples de grain, année commune, 358 liv. 16 sols ; — pour vin et cire, 2 liv. 12 sols ; — le pot de vin du bail, 1 liv.—Une autre sur le terroir de Caux, affermée 16 couples et demi de grain, 227^l 14^s. — Une autre sur le terroir de Cocquerel, affermée 25 couples de grain, 345 liv. ; — pour vin et cire, 2 liv. 10 sols ; — le pot de vin du bail, 4 liv. — Une autre sur le terroir du Crotoy, 215^l. — Une portion de dîme sur le terroir de Dreuil, affermée, année commune, 46 couples de grain, dont 4 au curé du lieu, en sorte qu'il n'en reste que 42 au cha-

---

[1] Les possessions du Chapitre furent confirmées par Willaume de Ponthieu en 1205. — Les chanoines étaient régis par des statuts très-rigoureux dressés en 1208, lesquels furent adoucis en 1248. — Par lettres patentes du roi Charles V, données en 1369, les bourgeois du chapitre furent exemptés du *palletage* des grains, de même que l'étaient déjà ceux du prieuré de St.-Pierre. — Le palletage ou droit de palette, consistait dans la perception d'un tiers de boisseau sur chaque mine, qui était de huit boisseaux. (P. Ignace, *Hist. ecclésiastiq. d'Abbeville*, p. 89. — *Invent. des titres de St.-Vulfran*, f° 13 v°.—Duchesne, sur l'art. 107 de la *Coutume de Ponthieu*.)

[2] La cense d'Onicourt fut léguée au Chapitre par honorable homme sire Nicolas Journe, vivant bourgeois d'Abbeville, l'an 1459, lorsqu'il mourut mayeur de la ville. Elle contenait 162 journaux, dont 80 étaient sis dans le bailliage d'Amiens. (*Invent. de St.-Vulfran*, f° 13 v°.)

[3] En l'année 1271, Enguerran de Rainvillers, par pauvreté suffisamment prouvée à la Cour de Ponthieu, vendit au profit du chapitre de St.-Vulfran, un manage et des terres arables sis à Rainvillers, du consentement de sa femme Isabelle ; ce qui fut confirmé devant le sénéchal de Ponthieu et devant l'official en la même année. (*Invent. de St.-Vulfran*, f° 9.)

pitre, évalués 579 liv. 12 sols ; — pour vin et cire, 4 liv. 12 sols ; — le pot de vin évalué 4 liv. 11 sols. — Une branche de dîme sur le terroir de Fontaine-sur-Maye, affermée 16 couples de grain, 220 liv. 16 sols ; — 2 sols par couple, pour vin et cire, 1 liv. 12 sols ; — le pot de vin évalué 2 liv. 8 sols ; — et les menues dîmes, année commune, 11 liv. 10 sols. — Une autre sur le terroir de Fontaine-sur-Somme, 151 l 13 s. — Une autre sur le terroir de Frucourt, affermée 2 couples et demi de grain, 34 l 10 s. — Une autre sur le terroir de Hallencourt [1], affermée 110 couples de grain, 1518 liv. ; — 2 sols par couple, pour vin et cire, 11 liv. ; — le pot de vin évalué 6 liv. 13 sols 4 den. — Une autre sur le terroir de Heuzecourt [2], affermée 10 liv. ; — le pot de vin évalué 11 sols. — Une autre sur le terroir de Lheure, affermée 9 couples de grain, 124 l 4 s ; — et 2 s par couple, 18 s. — Une autre sur le terroir de Liermont, affermée, année commune, 23 l 10 s, sur quoi le curé retient en ses mains 8 l 5 s, en sorte qu'il reste seulement 14 l 5 s ; — le pot de vin évalué 13 l 4 s. — Une autre sur le terroir de Long, affermée 18 couples de grain, 248 l 8 s ; — en argent, 60 l ; — les 2 s par couple, 1 l 16 s 1 ; — le pot de vin évalué 3 l 12 s 9 d. — Une branche de dîme sur le terroir de Longpré, affermée 14 couples de grain, dont 7 sont rachetables à 12 liv., 73 l 10 s, et les 7 autres évalués 96 liv. 12 sols ; — les 2 sols par couple, 1 liv. 8 sols ; — le pot de vin évalué 1 liv. 13 sols 4 den. — Une autre sur le terroir de Nœux, 40 l 10 s : — le vin du bail évalué 1 l 2 s 2 d. — Une portion de dîme sur le terroir de Nouvion, affermée 9 setiers de seigle, à 6 liv. 14 sols l'un, 60 l 6 s ; — 9 setiers d'avoine à 5 liv. 15 sols, 51 l 15 s ; les 2 sols par couple, 18 s ; — pour les menues dîmes, en argent, 5 l ; — et le pot du vin du bail, 3 l 6 s 8 d. — Une autre sur le terroir de Noyelles-en-Chaussée, affermée 47 couples deux tiers, 657 liv. 16 s ; — les 2 sols par couple, 4 liv. 15 sols 4 den ; — le pot de vin du bail évalué 7 liv. 15 sols 6 den. — Une branche de dîme sur le terroir de Pont-de-Remy, affermée au curé *ad vitam*, 35 l. — Une autre sur le terroir de Sorel-Wanel [3], affermée, année commune, 65 liv., sur quoi le curé retenant pour supplément de portion congrue 46 liv. 10 sols 3 den., il reste 18 l 9 s 9 d ; — le pot de vin évalué 3 l 6 s 8 d. — Une autre sur le terroir du Titre, affermée au curé 3 setiers 8 boisseaux de seigle, 23 l 9 s. — Une autre sur le terroir de Tranlé, affermée,

---

[1] La dîme sur Hallencourt se prenait à sept pour cent, selon qu'il résulte d'un arrêt de l'année 1616. — Elle provenait de noble homme Gautier de Hallencourt. Ce seigneur détenait un tiers de la dîme de Hallencourt et deux tiers de celle de Dreul. Il en fit abandon au chapitre, du consentement de sa mère Mathilde et de sa femme *Sancta*, par lettres sous le sceau de l'évêque Thibaut, de l'année 1199, en présence de Adam, doyen de chrétienté d'Abbeville, de Bartholomé de Vime, chevalier, et autres. Cette dîme est rappelée en la charte confirmative de Willaume III, comte de Ponthieu, de l'année 1205. (*Invent. de St.-Vulfran*, fol. 7 v°, et 8 r° et v°. — P. Ignace, *Histoire ecclésiastique d'Abbeville*, p. 89.)

[2] La dîme se percevait à huit pour cent sur ce terroir, qui contenait 566 journaux environ. Le chapitre de St.-Vulfran et le curé du lieu prenaient deux sixièmes, chacun par moitié ; les quatre autres sixièmes appartenaient au couvent d'Epagne, à celui de Bertaucourt et à M. de Beauvoir (le commandeur de Fieffe ?) par tiers. (*Invent. des titres de St.-Vulfran*, f° 5 v°.)

[3] En 1292 Bernard, sire de Sorel, chevalier, vendit au Chapitre son dimage sur le terroir de Sorel, qu'il tenait de demoiselle de Fontaine. (*Invent. de St.-Vulfran*, f° 10 r°.)

année commune, 16 setiers 1/4 de blé à 8 liv. 1 sol, 130¹ 16ˢ 3ᵈ ; — et 16 setiers 1/4 d'avoine rachetable sur le pied de 3 livres, 48¹ 15ˢ ; — le pot de vin évalué 3 liv. 6 sols 8 den. — La dîme de Visme-Plouy, affermée 40 couples de grains, 552 liv. ; — et 2 sols par couple, pour vin et cire, 4 liv. ; — le pot de vin évalué 3 liv. 6 sols 8 den. — Une branche de dîme sur le terroir de Wavant, affermée, année commune, 145 liv. ; — et la menue dîme, 15 liv. ; — le pot de vin évalué 10 sols. — La grande maison du chapitre à Abbeville, appelée vulgairement *la Grange*, avec ses dépendances des dîmes de Saint-Gilles, d'Epagnette et de Vauchelles, affermée, année commune : en argent, 625 liv. ; — 200 couples de grains, 2760 liv. ; — les 2 sols par couple, 20 liv. ; — et le pot de vin du bail évalué 61 liv. 2 sols 2 den. — Plus un petit dimage, 25¹. — Une branche de dîme sur le terroir de Saint-Jean-des-Prés, affermée, année commune, 74¹ 6ˢ 8ᵈ, sur quoi on doit au curé 60¹ ; reste net, 14¹ 6ᵈ ; — le pot de vin du bail évalué 1¹ 13ˢ. — Nouvelle acquisition : au hameau de Bienfay, une masure contenant 2 journaux 1/2 de terre, achetée en 1729 moyennant 853 liv. 6 sols, affermée 34 livres.

Revenus non affermés.

Plusieurs petits fiefs situés dans la banlieue d'Abbeville et dans différents villages. Celui de *Fleuron* ¹ produit 9 setiers de blé et 9 setiers d'avoine ; celui de *Baillon* 2 setiers d'avoine ; et ceux des villages de Himmeville ², Epagnette, Allery, Lheure, etc., produisent 8 setiers de blé et 3 setiers 14 boisseaux d'avoine ; le total du blé évalué 136¹ 17ˢ, et celui de l'avoine, 85¹ 10ˢ 6ᵈ. — Droits seigneuriaux des dits fiefs, 202¹ 10ˢ. — Cent journaux de bois⁵, sur lesquels le roi a fait mettre un quart en réserve, le reste à coupe tous les 12 ans, par 5 journaux, les gages du sergent déduits, 240¹. — Surcens qui ne produisent pas de droits seigneuriaux : dans la ville et banlieue d'Abbeville, menus cens, 109¹ 10ˢ ; — et à raison des chapelles *des cinq plaies* et des vicariaux ³, renvoi déduit, 427¹. — Renvoi par le marquis de Chepy, à cause de la dîme du lieu, par transaction de 1728, 52 setiers de blé, 418¹ 12ˢ ; — et 52 setiers d'avoine, 299¹. — La maladrerie d'Airaines doit, par con-

---

¹ Ce fief consistait en un droit de champart et terrage, à raison de 8 gerbes du cent, qui portait sur 200 journaux de terre, sis à Menchecourt, faubourg de la ville. Il figure parmi les biens donnés par la charte de 1138. (*Extr. des Registres de l'église Saint-Vulfran.* Biblioth. comm. d'Abbeville.—Voy. ci-dess. II, 8.)

² Des lettres sous le sceau de Thomas, doyen du chapitre, de l'année 1218, constatent que Hugue Postiaus, prévôt de Haimeville (*Haimwilla*), sa femme Hersende, et Pierre, son fils, vendirent au chapitre tout ce qu'ils possédaient de domaine et de services sur Raoul, fils de Marc de Haimeville, tenant à titre de fief dudit Postiaus, savoir : la prévôté avec ses dépendances, etc. — En 1262 Marie veuve de Wautier de Rogehen, vendit au chapitre des cens sur ses hôtes (dénommés) à Haimeville et ses droits dans leurs herbages. (*Invent. de St. Vulfran*, fº 15.)

³ Les revenus de la chapelle *des cinq plaies* avaient été unis à ceux des chapelains vicariaux desservant au chœur, vers 1625. Mais ces revenus diminuaient sans cesse : A la dite époque ils étaient de 141 livres, et en 1702 de 120 livres à peine. C'est pourquoi l'évêque, par décision du 29 août 1702, réduisit les fondations à 176 messes basses par an, outre un salut tous les jours. Précédemment le chapelain était tenu de faire acquitter 63 messes hautes et 438 messes basses, tous les ans un *Gaude Maria*, aux fêtes de la vierge, et un salut chaque jour. (*Extrait des registres de l'église St.-Vulfran.* Biblioth. comm. d'Abbeville.)

cordat de 1725, 5 setiers 1/2 de blé, 44 ¹ 5 ˢ 6 ᵈ ; — et 5 setiers 1/2 d'avoine, 28 ¹ 15 ˢ. — Le moulin Talance à Abbeville, 10 setiers, et le moulin le Comte, 48 setiers de blé, 466 ¹ 18 ˢ. — L'Hôtel-Dieu d'Abbeville, à cause d'un moulin vendu, lequel était chargé envers le chapitre de 17 setiers 1/2 de blé, 52 ¹ 6 ˢ 6 ᵈ ; — et 17 setiers 1/2 d'avoine 37 ¹ 7 ˢ 6 ᵈ. — Le même Hôtel-Dieu, au lieu du chapitre de Longpré, par la compensation faite avec lui, 4 setiers d'avoine, 23 ¹.

FONDATIONS.

Au hameau de Bienfay, paroisse de Bouillancourt, une ferme et 40 à 42 journaux de terre à la sole, affermés : 81 setiers 6 boisseaux de blé, sur lesquels il faut diminuer, selon l'usage, quatre pour cent ; reste 78 setiers 6 boisseaux, 630 ¹ 18 ˢ 1 ᵈ ; — plus en argent, y compris les censives, 485 ¹. — Droits seigneuriaux, année commune, 8 ¹ 2 ˢ 6 ᵈ. — Une maison à Abbeville, chaussée d'Hocquet, louée avec un petit pré, 106 ¹. — Menus cens et surcens en la ville et banlieue d'Abbeville, lesquels ne produisent aucun droit seigneurial, ni lods et vente, et déduction faite de 177 liv. 2 sols de renvoi et remises, 560 ¹ 14 ˢ. — Menus cens aussi en la ville et banlieue, pour fondations de messes basses, 413 ¹ 13 ˢ. — Un jardin à Sur-Somme, affermé 15 ¹.

RENTES.

Sur l'Hôtel-de-Ville de Paris, par deux contrats, 133 ¹ 16 ˢ. — Rentes assignées par les fondateurs sur les biens de leurs successions, 95 ¹. — Plusieurs parties de rente au denier 50, et l'une au denier 20, ensemble, 181 ¹. — Deux rentes foncières, 120 ¹. — ¹ Total des revenus, 18,508 ¹ 8 ˢ 1 ᵈ.

CHARGES.

Gages des chantres, et des musiciens au nombre de six, appointements du maître de musique, gages d'un maître de latin, nourriture des enfants de chœur, gages d'un chirurgien pour les raser, médicaments, achats des instruments de musique, livres de chant, logement et réparations de la maison de la maîtrise, 2,380 ¹. — Aux officiers de l'église, pour l'office divin, aux quatre chapelains qui servent au grand autel, tant comme célébrants pour les prébendes amorties, que pour leur revestiaire de diacre et de sous-diacre, au sacristain, au pointeur, à trois sergents : le chambellan, le sergent à verge et le sergent royal ; aux sonneur, organiste et souffleur, 600 ¹. — Appointements des officiers de justice, du secrétaire du chapitre et de deux receveurs du temporel, 1150 ¹. — Portion congrue du curé de Saint-Gilles d'Abbeville et pour son vicaire, 450 ¹. — Réparations des nefs et presbytères dans les paroisses où le chapitre a des domaines, réparations des chœurs des églises des lieux où le chapitre est gros décimateur, au nombre de 22, contribution aux ornements pour les églises du lieu capitulaire et de la sacristie de Saint-Vulfran, 750 ¹.

---

[1] Au XVIᵉ siècle le chapitre avait permis de bâtir des petites loges entre les piliers de l'église collégiale, à la charge de redevances par les occupeurs. On peut constater, aujourd'hui qu'elles ont disparu, le mal que ces constructions ont fait. (*Invent. de St-Vulfran*, fᵒ 10 vᵒ.)

— Réparations de la maison, de la grange à Abbeville, de la ferme seigneuriale d'Onicourt, de celle de Bienfay, et des autres maisons du chapitre, année commune, 514¹ 5ˢ. — Dépense de la Cène le Jeudi-Saint, vins de présents aux grands seigneurs qui passent par Abbeville, aux prédicateurs, gratifications aux chantres externes, aux deux fêtes du patron, aux *Te Deum* et aux autres cérémonies extraordinaires et publiques, aumônes, taxes pour les hôpitaux et pour les pauvres, 350 ¹. — Les pots de vin des baux et les deux sols par couple de grains, pour vin et cire, portés dans les baux, lesquels sont employés au luminaire du chœur s'élevant à 207 livres.

Charges particulières des fondations.

Distributions aux chapelains et officiers du chapitre qui assistent aux obits et autres fondations, 606 ¹. — Loyer du grenier pour les grains provenant des fondations, pour le transport des blés que l'on est obligé de vendre au marché, mesurage, courtage et passage des dits grains, 59¹ 5ˢ. — Le chapitre est obligé d'acquitter dans le chœur de l'église 23 obits avec messes hautes et vigiles, 53 messes hautes, 6 offices solennels fondés, et 8 saluts, *Mémoire*. — Il est aussi chargé d'acquitter 2,253 messes, fondées pour plusieurs chanoines et des particuliers, *Mémoire*. — Total des charges, 7,066 ¹ 10ˢ.

Récapitulation : Montant des revenus 18,508¹ 8ˢ 1ᵈ
— des charges . . . . 7,066 10 »
Reste net 11,441 18 1

DOYENNÉ.

A la nomination du roi.

Déclaration faite le 2 juillet 1728 par le titulaire maître François-Olivier de Silly de Louvigny, prêtre, bachelier en théologie de la Faculté de Paris.

Revenus non affermés.

Une partie de la pairie, terre et seigneurie de Laviers, près Abbeville, tenue noblement et relevant du roi à cause de son comté de Ponthieu ; pourquoi le doyen doit foi, hommage et dénombrement, et 10 ¹ de relief et chambellage. — Elle consiste en censives, savoir : en argent, 11 ¹ ; en volailles, 10 chapons à 15 sols, et 4 poules à 12 sols, ou 9¹ 18ˢ ; en grains : 4 setiers d'avoine, mesure d'Abbeville à 5 liv. 15 sols, 23¹ ; droits seigneuriaux du quint denier, en cas de vente, selon la coutume de Ponthieu, 1 ¹. — Un journal de bois donné annuellement par le roi, estimé, déduction faite des frais, 37¹ 15ˢ. — Casuel, qui consiste, selon concordat avec le chapitre, dans : le tiers des cires aux enterrements des chanoines et bénéficiers, les cires de second service, vigiles et grand'messe, plus 3¹ pour ses droits à chaque service ; ensemble 30¹.

Revenus affermés.

Le champart de Laviers, à la redevance de 24 boisseaux de seigle, 10¹ 1ˢ. — La 6ᵉ partie de la dîme d'Auviller et Buigny, affermée au curé 6 setiers de blé, 48ˡ 6ˢ et 6 setiers d'avoine, 34ˡ 10ˢ à la charge de la douzième partie des réparations des deux églises, en tant qu'elles n'excèdent pas 40 liv. — La 3ᵉ gerbe de la dîme des terroirs de Port, de Petit-Port et de Flibeaucourt [1] en partie, évaluée 160ˡ. — Total des revenus. 365ˡ 10ˢ

CHARGES : — Au curé, part de portion congrue, 100ˡ. — Renvoi au chapitre de Saint-Vulfran, 2ˡ. — Au chapelain ou porte-livre du décanat, 12ˡ. — Total. . . . . 114 »

Reste net. 251 10

CHANTRERIE.

A la nomination du roi.

DÉCLARATION faite le 20 juin 1728 par le titulaire maître Charles Lannel, prêtre, rectifiée.

Deux setiers de blé muison à 8 liv. 8 sols l'un, 16ˡ 16ˢ ; 2 setiers d'orge, 10ˡ 4ˢ ; et 2 setiers d'avoine, 8ˡ ; le tout à la mesure de Domart et payé annuellement par les dames de Moreaucourt, à prendre au village de Ville près de Flichecourt, suivant transaction du 6 octobre 1592. — Une portion de dîme sur le terroir de Favière [2], affermée *ad vitam* au curé Claude Obré, en 1710, à la charge des grosses réparations du clocher, 37ˡ 10ˢ. — Total 72ˡ 10ˢ

CHARGES : — Voiturage du grain dans la ville d'Abbeville . . . . . . 6 »

Reste net 66 10

TRÉSORERIE.

A la nomination du roi.

DÉCLARATION faite le 23 juin 1728 par le titulaire maître Jean Demiannay, prêtre, rectifiée.

Deux setiers de blé muison, 2 setiers d'orge et 2 setiers d'avoine, estimés 35ˡ, comme dessus, et dus en conséquence de la dite transaction par les dames de Moreaucourt. — Un renvoi de 9 setiers de blé muison, à prendre sur le prieuré de Saint-Pierre d'Abbeville, suivant d'anciens concordats, à la mesure d'Abbeville, évalués à 8 liv. 1 sol, 72ˡ 9ˢ. — 10 setiers 1/2 de blé muison, estimés 84ˡ 10ˢ 6ᵈ, assignés par le chapitre de Saint-Vufran au trésorier, qui les reçoit au village de Noyelles-en-Chaussée du fermier de l'abbaye de Saint-Riquier, laquelle les doit au chapitre. — Un setier 1/2 de seigle évalué à 6 liv. 14 sols l'un, 10ˡ 1ˢ, aussi assignés par le chapitre au trésorier, qui les reçoit de la maison du Val-aux-

---

[1] Cette dîme qui provenait de la fondation primitive, paraît avoir été aliénée ou usurpée. Eustache de Nouvion, chevalier, la vendit au doyen Thomas, sous le sceau de l'Archidiacre de Ponthieu, le siège vacant, en l'année 1211. (*Invent. de St.-Vulfran*, f° 14 r°. —

Voy. ci-dess. II, 46, note 7.)

[2] Cette portion de dîme paraît être celle donnée par le comte Jean de Ponthieu, en 1138. (Voy. ci-dess. p. 228, note 4.)

lépreux-lès-Abbeville, lequel en est débiteur envers le chapitre. — A recevoir de celui-ci en argent 6 l. — Surcens sur gens de main-morte, 1 l 3 s 8 d. — Portion de dîme sur le terroir de Favière [1], affermée *ad vitam* au curé, à la charge des grosses réparations du chœur de l'église, 37 l 10 s. — Total . . . . 246 l 14 s 2 d

CHARGES : — Voiturage à Abbeville des grains payés par l'abbaye de Moreaucourt, 6 l. — Renvoi dû au chapitre de Saint-Vulfran, 2 l 10 s. — Total .   8   10   »

Reste net. 238   4   2

(Tome II, page 33.)

CURE DE SAINT-NICOLAS, EN SAINT-VULFRAN [2].

Présentateur : le chapitre de St.-Vulfran.

DÉCLARATION faite le 24 juillet 1728 par le titulaire maître Jean Delabye, prêtre, chanoine de St.-Vulfran, rectifiée.

Cens et surcens [3], 18 l 3 s, dont le curé renvoie 7 l 2 s 6 d ; il reste 11 l 6 d. — Obits et autres fondations, 112 l. — Casuel [4], 200 l. — Total. . . . . 323 l 6 d

CHARGES : — Réparations du presbytère. 10   »

Reste net. 213   6

CURE DE SAINT-VULFRAN-EN-CHAUSSÉE [5].

Présentateur : le chapitre de St.-Vulfran.

DÉCLARATION faite le 12 mai 1730 par le titulaire maître François-Marie Mauchembert, approuvée.

Une petite dîme sur des jardins et prés, hors de l'enceinte de la ville, dans l'étendue de la paroisse, 30 l. — Pour anciens honoraires, d'après les comptes de l'église, 5 l. — Pour assistance aux fondations de l'église, d'après réduction faite par l'évêque le 6 juillet 1729, 134 l 6 s 4 d. — Recette de confréries qui font l'office dans l'église paroissiale, 15 l. — Casuel [6],

---

[1] Cette portion de dîme paraît être celle provenant de Simon de Nolette, comme nous l'avons dit ci-dessus (p. 228, note 3.)

[2] Ce n'est qu'en l'année 1414 qu'un curé fut établi dans cette paroisse. Précédemment le second chanoine en faisait les fonctions.(P. Ignace, loc. c. p. 105.)

[3] « Comme ces cens et surcens sont affectés sur des biens appartenant à des gens de main morte, il n'y a aucun droits seigneuriaux à prétendre.» (*Déclarat.*)

[4] « Il est produit, savoir : par une messe du St.-Sacrement, le jeudi de chaque semaine, payée par la fabrique ; douze obits, 10 liv. 10 ; douze obits avec vigiles, 18 livres ; et une messe basse par semaine, 26 livres. » (*Déclarat.*)

[5] La paroisse était composée de pauvres et d'artisans mercenaires. (*Déclarat.*)

[6] « Quatorze mariages, année commune, produisent 70 livres ; 70 baptêmes, 28 liv. ; les relevées de femmes après couches, 10 livres ; 30 enterrements d'enfants, dont 8 au moins par charité, 13 livres ; 10 enterrements simples d'adultes, dont environ 4 par charité, 15 livres ; 5 autres, avec vigiles et deux services, à raison de 7 liv. chacun, selon la taxe du diocèse, 35 livres ; 3 enterrements solennels de personnes riches, à raison de 10 liv. chacun, selon la taxe, 30 livres ; part des cires d'enterrement, qui se partagent entre le curé, la fabrique de la paroisse et le Chapitre de St.-Vulfran, 25 livres. » (*Déclaration.*)

226 ¹. — Total 410¹ 6ˢ 4ᵈ
CHARGES : — Réparations du presbytère. . . . . 15 » »

Reste net. 395 6 4

NOTA. — La cure reçoit environ trois livres de censives, mais elle paie davantage à divers, tant en censives qu'en renvoi.

(Tome II, page 47.)

GRANDE COMMUNAUTÉ DES CHAPELAINS DE L'ÉGLISE COLLÉGIALE DE SAINT-VULFRAN ¹.

Elle est composée de 28 chapelains, à la nomination et collation, de plein droit, du chapitre de la dite église.

DÉCLARATION faite le 30 juin 1728 par quatre chapelains délégués suivant acte capitulaire du 22 du même mois, rectifiée.

Menues censives et surcens qui se perçoivent dans la ville et banlieue d'Abbeville sur des maisons, jardins et tennements, dont on ne reçoit, en cas de vente, que 5 sols 4 deniers pour droit seigneurial, suivant la coutume du Ponthieu, et divisés en trois recettes par paroisses, savoir : — Recette des obits, 59¹ 4ˢ 6ᵈ ; — Recette de la quotidienne, 90¹ 9ˢ 4ᵈ. — Recette des messes, 492¹ 2ˢ 1ᵈ. — Dix autres chapitres de recettes divisés des

---

[1] On trouve aux Archives municipales d'Abbeville l'*obituaire* des chapelains de St.-Vulfran (cote GG, 150). Nous y avons remarqué un obit pour noble seigneur André de Camberon, chevalier, et Marguerite des Quesnes, son épouse, bienfaiteurs, sans doute, de la communauté des chapelains et du chapitre. — Voici l'origine de plusieurs fondations :

Robert Boucher avait abandonné au chapelain de St.-Pierre, en Saint-Vulfran, pour l'âme de Guillaume Dufour (*de Furno*), le tiers de la dîme de Moufflières. Des lettres de l'année 1210, sous le sceau de l'évêque d'Amiens, constatent que Raoul, chevalier, seigneur de Rambures, renonça à toute prétention sur cette dîme, qu'il disait être tenue de son fief. — Par son testament en date du 10 septembre 1394, Jehanne de Meleun, veuve de Jehan, chevalier, seigneur de Beauval et de Havesquerque, exprima la volonté d'être enterrée dans la chapelle en St.-Vulfran où était son mari, et, pour cela, donna au chapitre 300 francs d'or sur les revenus de la terre de Louvencourt. — Le 29 avril 1413, sire Pierre Lengaveur, seigneur de Caours et de Thofflet, et sa sœur Marie Lengaveresse, veuve de sire Jehan de Broustelles, et auparavant femme de Jehan Journe, convinrent avec le chapitre que ladite dame ferait édifier, sous le vocable de St.-Antoine, une chapelle de pierres ou de briques, de 32 à 33 pieds de longueur, dans le cimetière de l'église St.-Vulfran, et qu'elle y affecterait 24 livres de rente sur ses héritages ; à la charge par les chanoines d'y faire dire trois messes par semaine. — Le 15 décembre 1574, une chapelle presbytérale fut fondée à droite du chœur, à l'autel et en la chapelle de « monsieur saint cœur », à la charge d'une messe quotidienne, par Jehan Savary, prêtre, docteur en théologie, doyen de la collégiale de St.-Vulfran, à l'intention de Nicolas Savary, bourgeois d'Abbeville, et de son épouse Péronne Duchesne, ses père et mère, là inhumés. Il lui assigna 100 liv. de rente, à prendre sur les biens du sieur Du Bos le borgne, et notamment sur sa terre de Miannay. Mais cette somme n'étant point payée, Antoine de Joigny, écuyer, sieur de Ploichs, de Nouvillier et de la Cave, demeurant à la Cave, paroisse de Gonnieu, comme mari et bail de Marie Savary, nièce et héritière dudit Jehan, et fille et héritière de feu noble homme Jehan Savary, en son vivant conseiller et magistrat au siège présidial de Ponthieu, s'obligea au paiement des dits 33 écus un tiers, et les messes furent réduites à quatre par semaine, les jours de dimanche, mardi, jeudi et samedi. (Titres du chapitre de St.-Vulfran.—*Inventaire*, fol. 7 v°. — *Extrait des registres de l'église St.-Vulfran*.)

paroisses, y compris le quint légué en 1713 par M⁰ Antoine Dequennehem, à la charge de deux obits hauts par an, et consistant en un setier et demi de blé muison, mesure d'Abbeville, et en trois petites maisons situées dans Abbeville, rue de la Pescherie, 213¹ 15ˢ 5ᵈ. — Total, 855¹ 11ˢ 4ᵈ.

Charges.

Frais pour la recette des obits, 17¹ 7ˢ 1ᵈ ; — pour celle de la quotidianne, 18¹ 18ˢ 6ᵈ ; — pour celle des messes, 115¹ 17ˢ 2ᵈ. —Autres frais, 3¹ 2ᵈ. — Au chapitre de Saint-Vulfran, 46¹ 14ˢ 8ᵈ. — Au bureau des pauvres, 8¹. — Au pointeur, 4¹. — Au syndic, 6¹.— Au receveur, 60¹. — Pour les cires, 10¹. — Pour les ornements, 14¹. —Pour les remises ordinaires des deniers comptés non reçus, 12¹ 2ˢ. —Pour papier timbré, reddition et façon des comptes, 20¹. — Total, 336¹ 1ˢ 5ᵈ.

Récapitulation : Montant des revenus 855¹ 11ˢ 4ᵈ
— des charges 336   1   5
Reste net. 519   9 11

Nota. — La communauté est chargée d'acquitter 80 messes hautes tous les ans, à chacune desquelles il se distribue 5 liv. 4 sols, suivant sentence de réduction de l'officialité d'Amiens du 24 septembre 1649, pour 28 chapelains qui ont le droit d'y assister : ce qui fait 416 liv., plus 2 liv. aux chapelains présents à la procession du Saint-Sacrement, et 60 liv. à ceux présents aux offices du chœur de l'église.

Le Bureau a ajouté : « Bon pour 500 livres à employer sur le pouillé du diocèse. »

§ II.

ANNOTATIONS ET CORRECTIONS DU TOME PREMIER.

Page xviii. — Observations. — Ligne 31.

Au lieu de: Mouceaux, *lisez* : Monceaux.

Ibid. — Ligne 65.

Au lieu de : Notre-Dame, *lisez*: St.-Nicolas. — C'était la seule paroisse qui subsistât encore.

Page xxii. — Ligne 3.

Armes de l'Evêque. — Rectifier ainsi : *d'argent, à la croix de gueules, à la bordure de même*. Cette addition est importante. Elle contredit, il est vrai, le P. Daire (*Histoire d'Amiens*, I 479) et d'autres historiens locaux, mais elle est justifiée par les nombreux sceaux qui pendent encore au bas des chartes conservées aux Archives départementales. (Voy. notamment : Bail à cens de deux places, dont l'une au *pont d'Amour*, et l'autre tenant à la rue de Corbie, du 1er septembre 1395 ; et bail à cens d'une place au coin de la rue des bornes, du 8 juillet 1424 ; dans le fonds de l'Evêché. Titres J. 17e, n° 2, et M. 17°)

Il y a quelques années M. Boca, conservateur de ces archives, a signalé cette circonstance à la Société des Antiquaires de Picardie, dans une note fort curieuse, que nous avons le regret de ne point trouver transcrite dans les *Bulletins*. Il est à remarquer que cette bande existait autrefois autour du blason qui décore la porte d'entrée du palais épiscopal. Elle a été retranchée, à tort, lors des récentes restaurations.

Page xxxiii. — Ligne 6.

MONNAIE DE CORBIE. — Vers l'année 912 l'abbé Evrard fit un reglement qui détermina le titre et le poids de la monnaie de Corbie.

(*Inventaire de Corbie*, I, 352. Arch. départem. — Mabillon, *Annales ordin. St.-Bened.* III, 337. — *Cartul., noir de Corbie*, fol. 48 r° et 53. Biblioth. impér. Manuscrits. Fonds de Corbie. N. 19. — M. Cocheris *Catalogue de mss. sur la Picardie*. N° 314. — M. Bouthors, *Notice historiq. sur la commune de Corbie*. Mém. Soc. Antiq. Pic. II, 309.)

Page xlvii. — Ligne 10.

Voici le texte du réglement des adéquations dont nous avons parlé :

Règles des Adéquations, renouvelées le 15 mai 1706.

1. Les fermes des *prévostés* seront baillées, comme de coutume, en chapitre et non ailleurs, sans que les *prévost* et *adéquez* y puissent prétendre autre chose sinon chacun six livres pour les *cornettes*, de trois ans en trois ans. Et la recepte des dittes fermes sera faite, comme il est accoutumé, par les officiers du chapitre. Et au regard de celles sur lesquelles les dits prévost et adéquez auront à prendre quelque somme pour supplément ou décoration de leur gros, le célerier en fera recepte et leur payera, dans le jour de Noël, sans diminution, ce qu'ils auront à prendre et recevoir sur icelles.

2. Les amendes et les droits seigneuriaux de toutes les terres des dittes prévostés appartiendront aux prévost et adéquez de chacun lieu, à la réserve de tous les fiefs tant nobles que restraints ou abrégés de tous héritages, terres et masures telles qu'elles puissent estre et en quelque lieu qu'elles soient situées, dont le chapitre s'est réservé les censives, pour estre reçues par ses officiers au profit du corps, dont les droits seigneuriaux appartiendront à la Compagnie, pour estre comme de coutume distribuées aux présens en chapitre lors de la présentation des contracts à concession de saisines, sans que les prévôts et adéquez, non plus que les officiers les puissent toucher et convertir à leur profit particulier, à peine de restitution et d'amende arbitraire. Pareillement les amendes pour raison des dits fiefs et autres héritages et terres réservées, comme semblablement des bois et forêts et des marais de Camon, seront à la disposition du corps du chapitre, pour en user ainsi qu'il lui plaira.

3. Les prévosts faisant l'exercice des prévostés ne pourront faire diminution des droits seigneuriaux à eux compétans et à leurs adéquez que d'un quart ès lieux où les dits droits seigneuriaux se prennent au denier 12 ou 13, et d'un tiers où ils se prennent au denier 6, sans le consentement exprès des adéquez.

4. Les prévosts ne pourront bailler saisine des fiefs et terres ou héritages dont le chapitre s'est réservé les censives. Au regard des terres de leur prévosté ils s'éclairciront des charges et redevances qu'elles doivent, consulteront les registres, ceuilloirs et anciennes saisines, conféreront avec les fermiers des champarts, pour bien exprimer les dittes charges aux saisines qu'ils feront délivrer, à peine d'en estre responsables en leur propre et privé nom.

5. Auparavant que de bailler quittance des droits seigneuriaux des acquisitions qui se feront en leur prévosté, ou de consentir aux saisines qu'ils feront délivrer, ils donneront communication au Chapitre des contracts, en les mettant sur le bureau, pour par icelui aviser et délibérer si, pour le bien commun de la compagnie, les héritages vendus ne devront pas être retirez par puissance de fief ; et sera tenu le Chapitre en déclarer son intention dans quinzaine du jour que les contracts auront esté présentez sur le bureau ; lequel temps expiré, sans garder autre forme, les prévost et adéquez recevront les dits droits et bailleront quittance et consentement de saisine. Et le seul silence du chapitre suffira pour les laisser en ce pouvoir. Et ledit chapitre acquérant ou retenant et retirant par puissance de fief et réunissant à sa manse quelques terres ou héritages en l'étendue des dittes prévostez et dépendances d'icelles, les prévosts et adéquez n'en pourront prétendre aucuns droits seigneuriaux, que la moitié des dits droits. Toutefois ledit chapitre retirant les dittes terres ou héritages et cédant son droit à quelque particulier, lequel en ce cas payerait les dits droits en entier aux dits prévosts et adéquez.

6. Ne pourront les dits prévosts et adéquez prétendre aucune chose pour la non-valeur des censives, qui seront à leur pure perte ; mais, en cas de dénégation par les tenanciers, le chapitre en fera faire la poursuite à ses dépens.

7. Les prévosts payeront et acquitteront les redevances et prestations dont les prévostez se trouveront chargées envers le prévost de l'église et en déchargeront le chapitre, à peine de tous intérests et dépens. Et néanmoins, en cas d'entreprise ou demandes de charges indeubes, ils en avertiront le chapitre, pour y aviser et prendre leur fait et cause, comme y aiant le principal intérest.

8. Tous les chanoines qui auront fait leur stage rigoureux seront capables des droits seigneuriaux, à commencer du jour qu'ils seront absous dudit stage et non plutost, lesquels droits seigneuriaux seront acquis aux prévosts et adéquez du jour de la datte du contract, et les cornettes du jour de l'adjudication des dittes fermes.

9. Les seuls stagiens seront capables d'exercer les prévostez, et arrivant qu'aucun de tous les adéquez en une prévosté n'ait fait son stage, le célerier administrera la prévosté et payera la somme de cent livres par chacun des dits adéquez et aura à son profit pendant le temps de l'administration les droits seigneuriaux et les amendes qui auraient appartenu aux prévosts.

10. Si quelqu'un des adéquez n'est pas résidant ni tenu présent, les droits seigneuriaux et cornettes acroitront aux prévosts et adéquez présents promus aux ordres sacrés et stagiens et les prévosts faisant l'exercice des dites prévostez payeront au célerier du chapitre la somme de cent livres pour chacun des dits absens, pour estre la ditte somme convertie au profit du corps dudit chapitre et en estre disposé selon ses ordres.

11. Arrivant changement par mort ou autrement, en quelque prévosté, on ne pourra opter en icelle qu'en plein chapitre, dans quinzaine après ce changement. Et en cas de concurrence de plusieurs qui opteraient, le plus ancien chanoine en réception sera préféré, quand même d'autres se seroient déclarez devant lui, pourveu qu'il fasse son option en personne ou par procureur dans ledit temps de quinzaine. Celui qui optera après la saint Honeste, c'est-à-dire après avoir gagné son gros, il le prendra encore pour cette fois sur la prévosté où il estoit adéqué lorsqu'il l'a gagné. Et si l'option se fait entre ledit jour de saint Honeste et celui de l'Ascension, il n'entrera en jouissance des droits de la dite prévosté à laquelle il aura opté que le lendemain de l'Ascension. Et ne pourra aucun chanoine opter aux dites prévostez vacantes qu'il n'ait fait et accompli son stage.

12. Si un chanoine optant sur quelque prévosté ou y entrant de nouveau, par un changement volontaire, bien qu'il soit plus ancien en réception que ses autres adéquez en icelle, passe pour dernier en tout ce qui regardera laditte prévosté. Il se contentera, durant la recepte de trois ans de prévosté commencee par l'un des autres, de pareille somme dont les dits adéquez estoient convenus ensemble auparavant son option, et les dits trois ans achevez, si l'autre adéqué n'a point encore exercé la prévosté, celui qui y sera entré de nouveau ne la pourra faire à son exclusion qu'en faisant la condition de ses associez meilleure, même s'il entre en la

place de celui qui avant tel changement exerçoit la prévosté, il ne lui succèdera pas en tel exercice, si les autres ou l'un d'eux ne l'aiant pas encore faite le veuille entreprendre, sinon en offrant quelque chose de plus avantageux pour ceux qui seront en tour.

13. Les adéquez en une prévosté l'exerceront chacun trois ans durant, selon leur rang de réception, en sorte toutefois qu'un plus jeune sera préféré en faisant la condit'on de ses associez meilleure. Ils pourront néanmoins convenir ensemble et, d'un commun accord, en laisser faire l'administration par l'un d'eux aussi longtemps qu'ils aviseront bien estre, mais ils ne la pourront bailler à exercer à autre qu'à un chanoine, et le prévost en exercice de trois ans en trois ans sera tenu de mettre au thrésor littéral un ceuilloir où seront repris les noms et surnoms des nouveaux tenanciers.

14. Le prévost faisant l'exercice de la prévosté payera à ses co-adéquez entièrement la somme dont ils seront convenus dans le jour de l'Ascension, et à faute d'y avoir satisfait, il y sera contraint par toutes voies de justice, et outre il sera loisible au prévost adéqué suivant d'entrer, si bon lui semble, en exercice en sa place.

15. Il se fera annuellement un registre pour y transcrire les saisines, lequel registre sera mis au thrésor littéral.

(*Recueil de décisions capitulaires des chanoines de Notre-Dame d'Amiens et de notes diverses*, Ms. in 4°, page 55.)

Page XLVIII. — Ligne 1re.

Nous allons montrer comment étaient constituées les prévôtés. Nous avons dit qu'elles étaient au nombre de quatorze. Mais il suffira que nous donnions la consistance de deux d'entr'elles, pour nous faire comprendre. Nous nous contenterons de nommer les autres.

Tableau des Prévôtés du chapitre d'Amiens.

1re. DOMMELIER ET SAULCHOY.

A Dommelier: argent, 5 l. 19 s. 5 d. ; — avoine, 147 mines ; — chapons, 123.3/4 ; — poules, 61.3/4 ; un denier sur chaque poule ; — censives du célerier, 22 l. 2 s. 6 d. ; — sur la ferme des dîmes et champart, 178 l. 16 s.

A Saulchoy: Censives en avoine, 12 mines, mesure de Catheux : — chapons, 123 ; — poules, 4.1/2.

Complement: Sur le moulin Bayard, 3 muids de blé ; — sur le marché des terres de Folies, 3 muids ; — sur Favières, 3 muids ; — sur la grange St.-Laurent, 9 muids d'avoine.

Charges: Au prévost de l'église (art. 7 du réglem.), 32 mines d'avoine, 32 poules et en argent 2 sols 8 deniers ; — gages du prévost adéqué, 12 liv. ; — à 4 auditeurs, 20 sols ; — au notaire du chapitre, 4 sols ; — au receveur des petits cens, 45 sols ; — dépense faite à la recette des censives, 10 livres.

2°. VACQUERIE.

Argent, 3 l. 6 s. ; — avoine, 137 mines 1/4 ; — chapons, 112 ; — poules, 38 ; — pains, 76 ; — sur la ferme des dîmes du lieu, 34 l. 15 s. 6 d.

Complément: Sur le moulin Bayard, 3 muids de blé ; — sur le marché des terres de Folies, 3 muids ; — sur Warvillers, 2 muids ; — sur le grand marché de Revelles, 3 muids ; — sur la grange St.-Laurent, 9 muids d'avoine.

Charges: Au prévost de l'église, 4 l. ; — pour la quotidiane, 10 l. ; — gages du prévost adéqué, 5 l. ; — aux 4 auditeurs, 20 s. ; — au notaire du chapitre, 4 s. ; — façon du compte, 24 s. ; — dépense pour la recette des censives, 6 l.

3e. Fontaine. — 4e. Croissy. — 5e. Plachy et Neuville. — 6e. Ver et Hébecourt. — 7e. Saleux. — 8e. Metz et Creuse. — 9e. Dury et le Buyon. — 10e. Cottenchy. — 11e. Mesge. — 12e. Vaux et Renencourt. — 13e. Camon. — 14e et dernière. Longueau.

Recueil de décisions capitul., p. 64 à 77.)

Page LXII. — Ligne 26.

Ajoutez : La fixation du commencement de l'année à la fête de Pâques ne fut pas absolument général. C'est au xiie siècle que l'usage en devint très-commun. Si ce mode de compter n'est pas douteux pour le plus grand nombre des titres que nous avons analysés, il faut dire aussi qu'il y a exception pour d'autres. Nous avons même rapporté, à la page 247, note 2 du second volume, la date textuelle d'une charte qui précise le commencement de l'année au premier janvier. (Voy. *Table chronolog. des diplômes, chartes, titres et actes imprimés, concernant l'hist. de France*, par Bréquigny, II, 335.)

Page 3. — Ligne 11.

Terres du domaine de Renancourt. — On en trouve des plans figuratifs aux Archives départementales, section des plans.

Page 3. — Note 1re.

Bouvresse. — Guillaume de Mâcon avait acheté cette cense en 1300, selon le P. Daire (*Hist. du doyenné de Poix*, paroisse de La Maronde p. 13) et l'avait cédée à son Chapitre, en échange du village de Port, dont il avait fait donation à la Chartreuse d'Abbeville. Plus tard il réunit la dite maison et ses revenus à l'Evêché. — Nous avons vu ci-dessus (I, 290, note 6.) une date plus précise de l'acquisition.

Ibid. — Note 7. — Ligne 4.

Après la date de 1193, *corrigez ainsi :* Les évêques affectionnaient beaucoup celui de Montières et....

Page 4. — Note 2. — Ligne 8.

Au lieu de : 3 l. 16e. pour la grosse dîme, *lisez :* 3 l. pour la grosse dîme, y compris les 16 sols dus antérieurement.

Ibid. — note 2. — Ligne 11.

Au lieu de : Raoul, son prédécesseur, *lisez :* Robert, son prédécesseur.

Ibid. — Note 2, *in fine.*

Ajoutez : La maison de Pernois était provenue à l'évêque Robert (1165-1169) des mains de son fondateur.— Au mois de mars 1224 l'évêque Geoffroy acheta de Willard, fils de Durand, 10 journ. de terre au terroir de Pernois, appelés *la couture Martin*. (Titres de l'Evêché, D 5e., G 5e.)

Ibid. — Note 5.

Ajoutez : Au mois de juillet 1294, Jean de Caumenchon, chanoine de Noyon, vendit à l'évêque d'Amiens, le fief de Rouvroy (*Roboretum*), qu'il tenait de lui et consistant en un manage, prés, terres, cens, etc. (Titres de l'église d'Amiens, arm. 5, liasse 62, no 2.)

Page 5. — Note 6. — Ligne 6.

Au lieu de : l'amitié que s'était vouée, *lisez :* l'amitié que s'étaient vouée...

Page 5. — Note 6. — Ligne 14.

ABBAYE DE ST.-MARTIN-AUX-JUMEAUX. — Selon Grégoire de Tours (*Historiæ Francorum*, lib. I, cap. xvii), qui vivait en 590, peu de temps après la mort de St.-Martin, les fidèles avaient bâti un oratoire sur le lieu même où s'était opéré le miracle de St.-Martin, et il s'y était établi un couvent de religieuses.— Au xie siècle l'évêque Gui remplaça celui-ci par une communauté de clercs et leur donna les biens des religieuses. (*Description des rues et bâtiments de la ville d'Amiens*, dans les *Docum. inédits* publiés par M. de Beauvillé, 1re partie, p. 312.)

Page 6. — Note de la page précédente. — Ligne 15.

La bulle du pape Pascal II est du 5 des ides de mai 1109. (*Gallia Christ.* X, col. 1170. Instrum. col. 302.)

Page 6. — Ligne 3.

FERME DU RIN.—Elle était située auprès de Canaples et consistait en 160 journ. de terre à la sole. (*Invent. de l'Evêché*, f° 55 r°.)

Ibid. — Ligne 3.

La terre, fief et seigneurie de St.-Hilaire avait été donnée à l'abbaye de St.-Martin-aux-jumeaux par Robert de Tronville, le 16 mars 1324.

La demoiselle de Tronville avait acheté ce fief, au mois d'août 1320, de Raoul de Monchaux. Sa mère, la dame de Monchaux, en avait fait l'acquisition de Gautier Mulette, seigneur de St.-Hilaire, au mois d'octobre 1287 (*Invent. de St.-Martin*, fol. 78 et 179). On trouve le plan de cette terre, en forme d'atlas, aux Archives du département, section des plans.

Page 7. — Ligne 1re.

RENTE SUR LA SEIGNEURIE DE VILLERS-BOCAGE. — Au mois de mars 1266, Robert, seigneur de Villers-Bocage, se reconnaissait débiteur envers l'abbaye de St.-Martin d'un renvoi d'un muid de blé, mesure d'Amiens. (*Inventaire de St.-Martin*, f° 74 v°. — *Cartulaire*, f° 59.)

Page 7. — Note 3.

Nous avons trouvé les titres rappelés en ladite note et formant la layette 16 de la cote R. Nous en prenons les termes mêmes, afin de bien préciser l'étendue des droits cédés à la ville de Doullens. « L'an del incarnation N.-S. mil deus chens quatre vins et dis et noef, el mois de march, le joesdi après les brandons, » Willaume Bridoux de Huyermont, chevalier, vendit à l'abbaye de St.-Martin-aux-Jumeaux, sa rente sur la ville de Doullens, du consentement de sa femme Ysabelle. Cette rente avait pour cause l'aliénation faite au profit de la ville, par Jean Bridoux de « toute la terre de Ham de lès-Doullens, ainsi comme il li a entièrement toute le droiture, toutes seigneries et toutes justiches..., sans rien retenir en le vile de Ham et ou fief de Ham et de Douriecourt... » (Carton de pièces détachées. Arch. Départ.)

Page 8. — Note 1re. — Ligne 3.

Après les mots: le 4 des calendes de janvier, *ajoutez*: 1155.

Ibid. — Même Note. — Ligne 6.

Au lieu de: 1150, *lisez*: 1176, *et ajoutez*: (Daire, *Histoire d'Amiens*, II, 151.)

Page 9. — Note 1.

La chasse aux cygnes était seigneuriale; le Vidame d'Amiens y prenait part à cause de la baronnie de

Dours. Elle consistait à faire amasser tous les cygnes, par gens experts, au point de réunion, à La Motte-Rivery, ou la Motte-Creuse.

Là les couvées étaient partagées entre les seigneurs propriétaires du mâle et de la femelle. Puis ils étaient marqués sur le bec du chiffre de chacun, c'est-à-dire d'une *crosse* pour l'évêque, du côté droit du bec, d'une *croix* dans la longueur du bec pour le Chapitre, d'une *clé* pour l'abbé de Corbie, d'un *écusson* appliqué de chaque côté pour le vidame, d'une *barre* en travers pour le seigneur de Rivery, et d'un *écusson* du côté gauche pour le seigneur de Blangy. (*Manuscrit concernant la Picardie*, p. 51. Biblioth. de M. C.-P.)

Page 9. — Note 2, *in fine*.

Ajoutez: « Cette aumône se nommait la *chair-Dieu*. Elle fut fondée par l'évêque Pierre Versé, mort en 1500. » (*Recueil de décis. capitul.*. Ms. p. 173.)

Page 10. — Ligne 2.

PRÉDICATEUR DU CARÊME. — Cette prédication fut fondée par l'évêque Antoine de Créquy, suivant son testament daté du 15 juin 1574, insinué au greffe des insinuations du bailliage d'Amiens le 27 septembre même année. La dite somme était à prendre, savoir : 106 ^{l}. 13 ^{s}. 4 ^{d}. sur la maison du vidame d'Amiens, à cause de pareille rente, et le reste sur la terre de Moreuil, qui provenait dudit évêque. (*Recueil de décisions capitulaires*, Ms. p. 151. — *Mémoires du clergé*, III, 927. — Voy. ci-dess. I, 32, note 2.)

Page 12. — Ligne 13.

Notez : Les trois journaux de pré situés au Pont-de-Metz, provenaient du legs fait par Adrien de Hénencourt, doyen du chapitre, selon son testament de l'année 1527, rappelé ci-dessus. (I, 63, note 2.)

Page 13. — Ligne 2.

MAISON DE BEAUREPAIRE. — *Notez* : On lit dans le testament d'Adrien de Hénencourt, que nous venons d'énoncer, une disposition par laquelle il lègue au doyen du chapitre sa vigne, avec jardin et maison, contenant un journal et demi environ, nommée *le Beaurepaire*, « afin que les doiens aient un lieu *auprès d'Amiens*, pour leur aller récréer.... » — La maison de Beaurepaire était la dernière de celles construites alors dans le faubourg Noyon d'Amiens, du côté du midi. Elle fut détruite, et le terrain mis en labour. (*Manuscrits de Pagès*, V, 419.) — C'est vraisemblablement ce qui est ci-dessus (p. 12) désigné ainsi : « un bien situé au faubourg Noyon d'Amiens... »

Ibid. — Ligne 22.

Quelques terres sises à Longueau furent données au chapitre d'Amiens par un curé du lieu, nommé *Gula asini*, en l'année 1279.

(Daire, *Histoire du doyenné de Fouilloy*, Ms. p. 35.)

Page 15. — Ligne 2.

TERRES A OINCOURT ET A IZENGREMEL. — *Notez* : Ces terres étaient divisées en deux pièces : l'une de 7 journ. tenant au chemin des chasse-marées, et l'autre de 3 journ. tenant aux terres de la Commanderie. Elles avaient été vendues en l'année 1564 ou 1565, « pour subvenir au paiement des deniers que le Roy avait ordonné estre levés sur le clergé. » Mais le chapitre les reprit des détenteurs : Henri de Monthuis, écuyer, seigneur de Frucourt, Doudelainville et Varceville (Warcheville) et Marie Abraham damoiselle d'Izengremers et autres lieux, son épouse, demeurant au village de Frucourt paroisse de St.-Martin, selon transaction du 17 mai 1625. (Titres de l'Archidiaconat de Ponthieu. Arch. départem.)

Page 15. — Lignes 15 et 16.

Effacez les nos 4° et 15°, qui sont là intercalés sans motif.

Page 16. — Ligne 17.

Au lieu de : Baudet la Picore, *lisez* : Baudet Lapierre.

Page 18. — Note 3. — Ligne pénultième.

Au lieu de : sa femme. Selon la charte.... *lisez* : sa femme, selon.....

Page 19. — Note 1re.

Après Pont Auger, *Ajoutez* : M. Goze (*Rues d'Amiens*, I, 62) l'appelle pont Heugier ou à glaines.

Ibid. — Note 4. — Ligne 6.

Au lieu de : Moulin à brasser, *lisez :* à brai ou des brasseurs, ce qui est plus correct. (Voy. la note 5 de la p. 18.)

Page 21. — Ligne 3.

MAISON PRÈS DU MOULIN BOUCARD. — *Notez* : En voici l'origine. La maison Boucard ou de Table de plomb (*aliàs* maison du Busquoy) étant demeurée au chapitre, *faute d'homme*, fut baillée à fief en 1364, puis vendue en 1428 par le chapitre, auquel elle était rentrée par un legs, puis enfin reprise définitivement *par pouvoir féodal* en 1572. — Expliquons deux expressions précédentes. On disait du fief qu'il était ouvert, faute d'homme, quand l'ancien vassal étant mort ou ayant aliéné le fief, celui-ci n'était pas *relevé* par la foi et hommage dans les quarante jours. Le seigneur pouvait alors saisir féodalement le fief.— C'était une règle de droit féodal que le seigneur immédiat, en la main duquel se faisait la dessaisine d'un fief vendu, pouvait le retenir par puissance de fief, en rendant le prix d'acquisition et les loyaux coûts. (Voy. *Coutume d'Amiens*, art. 38 ; *Coutume de Ponthieu*, art. 68 ; *Coutume de Paris*, art. 177.— de Ferrière, sur l'art. 1er de la coutume Paris, et *La Science parfaite des notaires*, II, 453. — Titres du chapitre d'Amiens, arm. 2e, liasse 45.)

Page 22. — Ligne 16.

TERRES A CHILLY. —*Notez* : Nous avons vu ci-dessus (p. 463, note 2) l'origine de ces terres.—Il en existe un plan et deux procès-verbaux d'arpentage de 1720, 1771 et 1773, aux titres du chapitre d'Amiens (arm. 3, lias. 61, n° 20.)

Ibid. — Note 4. — Ligne 4.

Ajoutez : Une famille Aucosté, d'Abbeville, est citée par M. Guerard, *Histoire de l'église St.-Germain d'Amiens*, § 3 ; dans les Mém. de la Soc. des Antiq. de Picardie, XVII, 456.

Page 23. — Note 3.

Il n'existe pas de lieux appelés Gaudry et Rivar, comme il est écrit en l'Inventaire. *Gaudiaco et Rivaria* doivent être traduits par Gouy et Rogy. Ce sont deux lieux situés dans le doyenné de Conty et voisins de Croissy. (Voy. ci-dessus I, 177 et 180.)

Page. 24. — Note 1re, *in fine*.

Ajoutez: La vente fut faite par Engerens Heudebières, écuyer, de son droit de terrage et seigneurie au terroir de Dury, tenu en fief de Huon de Riencourt. (*Inventaire du chapitre d'Amiens*, IV, 225.)

Page 25. — Note, 1ʳᵉ col. — Ligne 15.

Ici les mots ont été tellement défigurés qu'ils sont incompréhensibles. *Lisez* : ...et que ychiaux (iceux) ils puissent faire pendre...

Page 26. — Note 7.

Ajoutez : Le chapitre acheta aussi, en 1279, de Hugue de Sapegnies, seigneur en partie de Méhaulte, ce qu'il possédait audit lieu en terre et dîme. — (P. Daire. *Histoire du doyenné d'Albert*, Ms. p. 32.)

Page 27. — Ligne 9.

TERRE A NOYELLE.—*Notez* : Il s'agit de Pont-Noyelle. Ce bien fut vendu au chapitre d'Amiens, au mois de février 1268, par Bernard de Kierrieu, chevalier et Béatrix, sa femme. (Titres du chapitre, arm. 5, liasse 39. n° 1.)

Ibid. — Ligne 12.

Notez : Le fief de Poulainville relevait anciennement de l'Evêché. Dans le dénombrement de 1301 Gilles de Polainville est dit tenir de l'évêque cent journaux de terre en plusieurs pièces nommées *les alues*, et divers droits.

Le « 24 octobre 1384 » Bauduin de Glisi, chevalier, seigneur de Méricourt et de Poullainville, avouait tenir tout en un fief à plein hommage de l'évêque d'Amiens, à cause de son domaine et évêché, son manoir de Poullainville, tenant au moustier et à la rue des Naves, plus le domaine fieffé, sur lequel les chapelains d'Amiens prenaient rente et don. — Le 6 mai 1440 Ernoul Frérot, citoyen d'Amiens, donnait à l'évêque aveu et dénombrement dudit fief, consistant dans le manoir chef-lieu, qui contenait 15 journaux de terrain tenant à l'église et à la rue des naves, deux champs de terre *ahanable*, contenant 600 journaux, l'un situé *en Aubinal* et l'autre tenant aux terres de l'abbé d'Anchin, enfin toutes les terres mouvant dudit fief. (Titres de l'Evêché, F. 13º. — *Mém. de la Société des Antiquaires de Picardie*, XVII, 263.— Voy. ci-dess. I, xlv.)

Ibid. — Note 4, ad initium.

Ajoutez : Au mois d'octobre 1280 Jean de Poulainville, chevalier, vendit au chapelain de la chapelle Piéron de l'œuvre tout le terrage sur certaines terres à Poulainville, et Dreux d'Amiens, chevalier, seigneur de Vinacourt, en consentit saisine et amortissement. (*Inventaire du chapitre d'Amiens*, I, 276.)

Page 28. — Ligne 17.

Après le chiffre 474 ¹. 15 ˢ. *ajoutez* : une portion de dîme à Rumigny, affermée 117 setiers de blé, évalués 263 ¹. 5 ˢ.

Page 30. — Note 2.

Ajoutez : La maison et cens de Vers, avec terres et prés, avaient été légués au chapitre d'Amiens par sire Mathieu Walquin, l'un des chanoines. (*Invent. du chapitre*, VI, 253.)

Ibid. — Note 3.

Ajoutez : La terre de Vauvillers fut achetée par le chapitre, de Robert de Longueval, chevalier, seigneur de Busquoi, du consentement de Jehan, son fils aîné, selon lettres de saisine délivrées par Charles de Sᵗᵉ-Maure, comte de Neelle, baron de Cappy, à la charge d'un obit solennel dans la cathédrale à la mort de chacun des comtes de Neelle, le 14 février 1498. — D'autres lettres de saisine furent délivrées le même jour par Adrien de Sᵗᵉ-Maure, chevalier, comte de Joigny et seigneur de Beaulieu, fils du seigneur Charles.

(*Invent. du chapitre*, VI, 27. — P. Daire. *Histoire du doyenné de Lihons, p.* 15) — Les plans des biens du chapitre et des terres tenues à cens se trouvent aux Arch. du départem. sect. des plans.

Page 31. — Note 5.

Ajoutez : Cette redevance avait pour cause des droits à la dîme de Revelles, que le chapitre avait cédés au chapelain de Fluy, ainsi qu'il est dit en la transaction de 1314, et en la reconnaissance de cette rente datée du 30 juin 1739. (*Invent. du chapitre*, IV, 417. — Titres, arm. 4, liasse 64, n° 4.)

Page 33. — Ligne 4.

Au lieu de : Favières, *lisez :* Savières. — Et *notez :* La redevance dont il est ici question paraît représenter le tiers de la dîme, auquel le chapitre avait droit sur la ferme de Savières, en conséquence de la donation que lui en avait faite Dreux d'Amiens, suivant lettres de l'évêque Thibaut de l'année 1183. (Titres du chapitre d'Amiens, arm. 5, liasse 83, n°ˢ 1 et 2.)

Page 35. — Note 1, *in fine*.

Ajoutez : Dans le nombre des dites messes se trouvait sans doute comprise la messe quotidienne, en l'honneur de St.-Jean-Baptiste, qu'avait fondée le roi Louis XI au mois de février 1470, en reconnaissance de ce que la ville d'Amiens était rentrée sous son obéissance (*Invent. du chapitre*, I, 328). — Le chapitre était aussi tenu de célébrer un anniversaire que le Nécrologe fixait au 8 septembre (6 des ides), pour le vidame Enguerran de Picquigny et sa femme Marguerite de Ponthieu ; pour quoi Enguerran lui avait fait don de 20 sols de rente, à prendre sur le pesage des laines à Amiens, au mois d'avril 1209. (*Picquigny et ses seigneurs*, p. 33.)

Page 36. — Note 2, *in fine*.

Ajoutez : Le *Cartulaire de l'Université des Chapelains* se trouve à la Bibliothèque communale d'Amiens, sous le numéro 519 des manuscrits. C'est un petit in-4° en parchemin, de 154 pages, écriture du xv° siècle. — Dans ce cartulaire on lit, au folio 3, les statuts et constitutions de l'université. Elle se composait de 27 membres, tous prêtres, le jeudi 13 février 1420 (f° 4). Elle avait un scel dont l'original a péri dans la ruine des faubourgs d'Amiens en 1358 (fol. 7 et 8.)

Page 37. — Note 3.

Ajoutez : Selon le P. Daire (*Hist. du doyenné de Mailly*, p. 7), l'université des chapelains avait aussi à Camon une maison assise sur un terrain contenant 30 verges, nommé le fief de Viéville, et elle l'avait acquise avant 1364. Mais il veut parler sans doute du manoir qui était compris avec les terres et les prés dans l'acquisition faite de Guy Quiéret ; et il aura fait erreur de date.

Page 38. — Note 2.

Ajoutez : L'auteur des *Etymologies de quelques communes de l'ancien comté de Ponthieu* (Mss. Bibl. de M. le comte de Boubers) prétend que cette seigneurie avait été donnée à l'université des chapelains en 1375 par Jean Rolland, évêque d'Amiens, dont ce lieu avait conservé le nom. S'il en était ainsi, les chapelains auraient aliéné, puis racheté. Mais il faut remarquer que le nom du lieu est beaucoup plus ancien. Il suffira que nous rappelions qu'on lit *Domus Rollandi* au *pouillé* de 1301.

Page 39. — Note 1ʳᵉ.

MÉRICOURT-L'ABBÉ. — *Ajoutez* : Cette acquisition fut réellement faite le 10 mars 1419 (vieux style) et la saisine fut consentie par l'abbé Jean le 11 avril suivant (c'est-à-dire 1420, pâques étant passé). On trouve des reliefs dudit fief servis par Gilles, fille de Gillon d'Alainville, épouse de Jean de Glisy, chevalier, le 30 juin 1334; par Bauduin de Glisy, fils de Bauduin le 21 octobre 1387; par les chapelains de la cathédrale le 17 octobre 1665. (*Invent. de Corbie*, V, 58 et 59. — Titres, arm. 5, lias. 6. n° 6. — *Registre Stix* f° 3. Archiv. Départem.)

Page 43. — Note 4. — Ligne 1re.

Effacez : entre les habitants de St.-Léger.

Page 45. — Note de la 1re colonne. — Ligne 18.

Au lieu de : Voy. p. 3, *lisez* : Voy. p. 38.

Page 46. — Note 3.

Ajoutez : Le P. Daire dit (*Hist. d'Amiens*, II, 189) que six chapelles sous le vocable de St.-Jean-Baptiste furent fondées par un chanoine en 1506. Cependant nous n'en trouvons que cinq, en dehors des quatre qui dépendaient de l'ancienne communauté et que nous avons portées comme telles : 1re et 4e du côté droit du chœur, 1re et 5e du côté gauche, (tome I, pages 46, 47, 50 et 51). N'aurait-il pas pris pour une fondation l'augmentation de l'une des chapelles déjà existantes ?

Page 51. — Ligne 1re.

Au lieu de : Colincourt, *lisez* : Colincamp. Ce lieu dépendait de la paroisse de Mailly. (Voy. I, 233, 331 et 339.)

Page 52. — Ligne 16.

Après les chiffres 121 1 6 °, *Effacez:* de revenu.

Page 53. — Note 2.

Ajoutez : La charte de fondation affecta d'abord à cette chapelle des biens que l'évêque avait achetés à Haloy. Ceux-ci consistaient en un manoir contenant deux journaux, destiné à la résidence du chapelain, six journ. de terre y attenant, plus 35 journ. 85 verges, en six pièces, et divers cens. Par lettres du 23 septembre 1346 le même évêque, Jean de Cherchemont, fixa le siège de cette chapelle en la cathédrale, à l'autel de St.-Firmin, St.-Sébastien et St.-Yvon, qu'il venait de bâtir, et y ajouta le revenu d'autres biens achetés depuis, situés à Mirovaut. (Titres de l'Evêché, H 5e.)

Page 54. — Note 1re. — Ligne 2.

Ajoutez : Ailleurs le P. Daire (*Hist. du doyenné de Poix*, p. 12.) dit que les dîmes de Guizancourt furent achetées par l'évêque Bernard d'Abbeville.

Même note, *in fine*.

Rectifiez ainsi : Voyez les deux autres, p. 55 et 58.

Page 63. — Lignes 7 et 14.

CHAPELLES DE SAINTE-BRIGITTE. — *Notez* : Les 4 journaux de bois dont il est parlé sont le chiffre de la coupe annuelle d'un petit bois appelé *le bois Mareau*. Il était au terroir de Méricourt et contenait 33 arpents, selon le certificat délivré par le P. Philippe Lemercier, procureur du collège des Jésuites, le 10 juin 1693, en exécution de la déclaration du roi du mois de février précédent. On y lit aussi que ce bois appartenait pour 1/4 à la chapelle de Ste.-Brigitte, à l'encontre des chapelains de Notre-Dame pour 1/4, et du chancelier de Notre-Dame pour moitié. (Titres du prieuré de Flixecourt.) —Notons encore que le chiffre de 100 [1] donné au revenu de la 1re chapelle de Ste.-Brigitte paraît, d'après ces données, s'appliquer au deux chapelles par moitié.

Page 69. — Ligne 7.

RENVOI DE BLÉ ET D'AVOINE — *Notez* : Ce renvoi tenait lieu de la portion des grosses et menues dîmes, que pouvait percevoir le chapitre de St.-Nicolas, au faubourg dit de Beauvais d'Amiens. Il se prenait dans les greniers du chapitre de Notre-Dame, situés audit faubourg, près de St.-Laurent. Le tout résulte d'une transaction du mois de décembre 1233. (*Invent. de St.-Nicolas*, p. 69. — Titres, liasse 10, n° 5. — *Cartul. de l'Eglise d'Amiens*, II, dit cartulaire blanc, f° 223.)

Ibid. — Note 5, *in fine*.

Rectifiez ainsi : Il fut démoli en 1595, et le nouvel hôtel de ville fut rebâti, vers 1600, au lieu où il est encore actuellement. — Voy. sur ce point M. Dusevel, *Hôtel-de-Ville d'Amiens*, p. 4 ; et *Hist. d'Amiens*, p. 329.

Page 71. — Ligne 1re.

PARTIE DE PORTION CONGRUE AU CURÉ DE VILLERS-LÈS-ROYE.—*Notez* : Elle était due à raison des deux tiers de la grosse dîme que prenait le chapitre sur 12 journaux de terre au terroir du lieu, à l'encontre de la fabrique. Cette fraction de dîme a été omise à son lieu. (Voy. I, 473, note 4.)

Page 72. — Ligne 9.

Après ces mots : Une autre, *ajoutez* : portion de dîme.

Page 73. — Ligne 12.

Notez : L'union de ces chapelles ne se fit pas sans opposition. Les lettres patentes du roi, qui l'avaient autorisée, étaient datées du mois de janvier 1711, elles furent enregistrées au parlement le 17 août 1713. (*Invent. de St.-Nicolas*, p. 42 et 43.)

Page 75.

CURE DE ST.-FIRMIN-LE-CONFESSEUR.—*Notez* : Cette cure, comme les suivantes, n'avait point de portion congrue. En 1688 les deux curés de la paroisse de St.-Firmin-le-Confesseur avaient formé contre le chapitre de la cathédrale, en qualité de gros décimateurs, une demande à l'effet de l'obtenir. Mais ils en furent déboutés par arrêt du parlement daté du 6 septembre 1698. (*Invent. du Chapitre de Notre-Dame d'Amiens*, I, 100 et 105. — Titres, arm. 1re, liasse 10, n° 6, et liasse 12, n° 11.)

Page 76. — Note 6.

Ajoutez : Le 9 février 1476, Mgr Jehan Boucart, évêque d'Avrenches au pays de Normandie, confesseur du roi, par la permission du chapitre, le siège épiscopal d'Amiens étant vacant par la mort de Mgr de Gaucourt, fit la consécration et dédicace de l'église St.-Firmin-au-val ou à la porte, du grand-autel, des chapelles Notre-Dame, St.-Mathieu et St.-Firmin ; il consacra en même temps 16 verges de terrain provenant des anciens fossés de la ville et contiguës à la dite église, à laquelle elles avaient été données par le mayeur et les échevins. (Charte sur parchemin, préparé mais non signée ni scellée. Titres de l'abbaye de St.-Jean-lès-Amiens. Archives du département.)

Page 77. — Note 1re.

Ajoutez : La donation de l'autel de St.-Germain au profit de l'église St.-Jean d'Amiens fut reconnue par Alelme de Flessicourt, seigneur d'Amiens, et ses sœurs, suivant charte de l'année 1151. (*Cartul. de St.-Jean d'Amiens*, fol. 29 et 30. — M. Hardoüin. *Hist. des comtes d'Amiens*, par Du Cange, p. 299, note.)

Page 80. — Ligne 2.

Au lieu de : gerbes, *lisez* : gerbées. — On sait que la *gerbe* contient le grain, et que la *gerbée* s'entend de la paille, après le battage.

Ibid. — Note 2.

Ajoutez : D'après le P. Daire, l'église du Petit St.-Jean ne fut d'abord qu'une chapelle, dont Catherine Lecaron jeta les fondements en 1638, en l'honneur de Jésus-Christ, de la Sainte-Vierge et de Sainte-Catherine. Il a mis cette paroisse au doyenné de Conty. (*Histoire du doyenné de Conty*, p. 12.)

Page 81. — Note 4.

Ajoutez : La communauté des curés ne fut d'abord qu'une simple association spirituelle. Plus tard, ayant reçu des dons, elle acheta des biens. Un prévôt tenait la comptabilité. (De Court, *Histoire civile et ecclésiastique d'Amiens*, II, 130. Ms. de la Bibl. comm. d'Amiens. — Daire, *Histoire d'Amiens*, II, 199.)

Page 82. — Ligne 18.

Notez : On a omis ici la charge imposée à la communauté des curés de payer à l'évêché, à cause de la trésorerie unie, 400 livres pesant de cire jaune non façonnée, ou 400 livres d'argent, au lieu et place de son droit au luminaire, que Henri Feydeau de Brou, évêque nommé, avait abandonné au profit des curés de l'ancienne enceinte de la ville, c'est-à-dire ceux de St.-Germain, St.-Martin, St.-Remy, St.-Firmin-à-la-Porte, St.-Firmin-en-Castillon, St.-Leu, et St-Sulpice pour partie, selon transaction de 1688. (Voy. ci-dess. I, 8, note 2. — De Court, II, 136.)

Ibid. — Note 2. — Ligne 3.

Au lieu de : Bernard de Trouville, *Lisez* : Bernard de Tronville.

Page 85. — Ligne 19.

Chapelle du Cantuaire, en St.-Martin. — *Notez* : Cette chapelle ne serait-elle qu'une division de la précédente, ou ne représenterait-elle pas la chapelle fondée au lieu dit *Vauta Sancti-Quintini*, voûte de St.-Quentin (ce fut la prison du saint), auprès de l'église paroissiale de St.-Martin-aux-Waides, par Léonard Le Sec ? Des difficultés élevées à raison de la présentation à ladite chapelle, entre l'évêque d'Amiens, et Matthieu Boivin et Jeanne Leseque, sa femme, celle-ci héritière du fondateur, furent réglées par transaction du lundi avant la fête du St.-Sacrement 1334. (*Invent. de l'Evêché*, f° 120. — Titres de l'Évêché, cote 65e.) — On remarquera ici et ailleurs (voy. page 274, note 3) comment la forme du nom propre pouvait varier autrefois selon le sexe de la personne à laquelle il s'appliquait.

Ibid. — Note 3. — Ligne anté-pénultième.

Au lieu de : La déclaration, *lisez* : Le *pouillé* de 1736.

Page 91. — Lignes 6 et 9.

Notez : On trouve le plan du fief dit le Mont St.-Denis et aussi celui des terres sises au faubourg Noyon, aux Arch. Départ., section des plans.

Page 91. — Ligne 18.

DOMAINE DE ST.-GRATIEN. — *Notez* : On trouve le plan de cette terre aux Arch. Départ., section des plans.

Ibid. — Note 1re.

Ajoutez : En l'année 1113 l'évêque St.-Geoffroy avait confirmé la possession du prieuré de St.-Denis à l'abbaye de Marmoutier. Parmi les biens énoncés en la charte, nous avons remarqué : toute la dîme de Septemville, la moitié de la dîme ecclésiastique de Rouvroy (*Roboredi*) et toute celle d'Aumâtre (*Ulinastri* ou mieux *Ulmastri*), les autels de Dours (*Durtii*), de Sarton, de St.-Gratien, de Courcelles, de Toutencourt, (*de Cassaincurte*), de Septemville, de Cuntai, de Placi et de Douxville (Hédauville). — Nous avons vu (I, 92, note 3) comment la dîme de Septemville avait cessé d'appartenir au prieuré. La dîme ecclésiastique de Rouvroy figure encore dans la *déclaration* du prieuré (Voy. aussi I, 470, note 8). Le patronage de l'autel de Dours est resté au prieuré (I, 328). Celui de Toutencourt est passé au prieuré d'Authie, mais le prieuré de St-Denis a conservé la possession du tiers des dîmes, c'est à-dire de la portion ecclésiastique (I, 224, note 1re). Les autres patronages et dîmes passèrent en d'autres mains, peut-être au commencement du XIVe siècle, pendant que le prieuré de St.-Denis était possédé par des laïques. (Voy. P. Daire, *Histoire d'Amiens*, II, 303. — *Annales ord. Sti.-Bened.* V, p. 692, appendix.)

Page 92. — Ligne 4.

Après ces mots : la moitié des mixtes et menues dîmes, *ajoutez* : sur le terroir de Molliens-au-bois.

Page 93. — Note 3. — Ligne 9.

Après la date de 1215, *ajoutez* : Le village de La Neuville-sous-St.-Acheul s'est formé, vers cette époque, de la seigneurie et du domaine de Huy. (Daire, *Hist. d'Amiens*, t. I, p. 34.)

Page 93. — Ligne 5.

MANSE. — L'orthographe que nous avons adoptée pour ce mot étant différente de celle suivie par la plupart des écrivains modernes, nous devons justifier notre préférence aux yeux du lecteur.

La véritable étymologie de manse n'est pas *mensa*, mais *mansus*, manoir. On entendait par là, dans les temps féodaux primitifs, une habitation que le seigneur donnait à une personne libre, avec une quantité de terre suffisante pour faire vivre lui et sa famille. (Voy. Hincmar, Ep. VII, cap. 34. — Sirmond, tome II. D. Bouquet, *Rerum Gallic. Script.*, VII, 614, note.—Du Cange, *Glossar. mediæ et infimæ latinitatis*, vo Mansus. — Basnage, sur l'art. 356 de la *Coutume de Normandie*.)

Les bénéfices religieux avaient été établis à l'imitation des bénéfices féodaux ; et tout naturellement le même mot, *mansus*, servit à exprimer la portion de bien affectée aux besoins du service religieux ou attribuée au prêtre chargé de ce service. (Voy. Capitul. de Louis le pieux de l'année 824, chap. 1, cité par Du Cange, au mot *Mansus ecclesiasticus*.)

Cependant le mot *mensa* qui signifie proprement *table* et qui exprimait plus clairement la destination des revenus aux besoins matériels de la vie, à ceux de la bouche, se substitua assez facilement au mot *mansus*, qui peut-être aussi cessait d'être en usage dans la langue féodale. Citons seulement comme exemple un titre de l'année 1093, que nous avons déjà analysé ci-dessus (II, 265, note 3), et par lequel l'évêque Gervin donne à l'abbaye de St.-Acheul une prébende en la cathédrale, *cum quidquid ad mensam refectorii pertinet*.

Depuis que l'étude des monuments écrits s'est répandue, la forme orthographique de ce mot et son étymologie ont été mieux appréciées. Les anciens dictionnaires écrivaient invariablement *Mense* (Voy. les *Dictionnaires* de Furetière, de Richelet, de Trévoux, et les cinq premières éditions du dictionnaire de l'Académie) ; dans sa sixième édition, l'Académie commença timidement la réaction, en mentionnant la forme *manse*, et renvoyant à *mense* ; enfin Beschcrelle, Napoléon Landais et Littré ont consigné nettement les deux formes, dans leurs dictionnaires.

On avouera qu'en adoptant la forme *manse*, nous donnons à l'expression une étymologie à la fois plus exacte et plus digne.

Page 97. — Note 5.

Ajoutez : Il existe un plan de ce fief aux Arch. départem., sect. des plans, sous la rubrique Esclainvillers.

Page 99. — Note 2.

Ajoutez : On nommait Bertricourt les quatre premières maisons, du côté d'Amiens, du village de Longpré-lès-Amiens, lesquelles étaient assises auprès d'une fontaine. — La chapelle de la ferme de Bertricourt était dédiée à St.-Etienne. (Pagès, *Manuscrits*, I, 116, 190.)

Page 105. — Note 9.

Ajoutez : Gilles de Sarcus était aussi seigneur de St.-Gratien. C'est en 1479 qu'il donna aux Célestins, le fief d'Andechy. Celui-ci passa en 1782 à l'hôpital d'Amiens. (De la Morlière, *Maisons illustres de Picardie*, p. 163. — Daire, *Histoire du doyenné de Rouvroy*, Ms. p. 24.)

Page 107. — Note 2.

Ajoutez : La donation de la terre de Goyencourt fut faite le 23 juillet 1432. (M. de Beauvillé, *Docum. inédits*, 1re partie, p. 158, note 2.)

Ibid. — Note 8, ligne 10.

Nous avions cru devoir traduire le mot *Cordigerii* par Cœur-de-roi, nom d'homme que nous avions vu ailleurs, comme s'il était écrit *Cordiregii*. Mais il faut, pour être exact, traduire par Le Cordelier : le mot latin signifiant porte-corde, Franciscain. (Voy. Du Cange, *Glossar.*)

Ibid. — Note 8, *in fine*.

Au lieu de : Titres des Cordeliers, *lisez :* Titres des Célestins.

Ajoutez : Marie Sénescal, élue (*electa*) de Doullens, avait donné aux Célestins, pour la fondation d'une chapelle, 36 journaux de terre, dont 25 au terroir de Montagne, et 11 autres dans le bourg (*in oppido*) de Flers, nommés le camp de Gornay. De plus, elle donna, pour autres fondations, 50 livres, qui servirent à racheter la terre de Bozodemer. — Son obit est marqué au 16 novembre en l'*obituaire* des Célestins. (M. de Beauvillé, *Docum. inédits*, 1re partie, p. 164.)

Page 109. — Ligne 5.

Surcamps. — *Notez :* Cette terre fut payée avec 2600 livres données, pour la fondation de trois messes, par Jean Rimache, citoyen et bourgeois d'Amiens, et sa femme Jeanne Sénescal. Leur obit figure au 14 mars. (*Obituaire des Célestins*, Ms. p. 105. — M. de Beauvillé, *Docum. inédits*, 1re partie, p. 159.)

Ibid. — Ligne 9.

Visigneux. — *Notez :* De Paillart dépendaient plusieurs écarts : Rome, la Ferme et Visigneux. Ce dernier lieu n'était plus au XVIIIe siècle qu'une ferme située à l'est de Paillart, dans le vallon de Rouvroy. C'est là qu'exista jadis l'abbaye de ce nom, de l'ordre de St.-Augustin. Elle avait été fondée en 1148, sous l'invocation de la Ste-Vierge, de St.-Jean-Baptiste et de St.-Laurent, par Valeran de Breteuil, fils d'Evrard, Hidelburge, sa femme, et Hugue, son frère. Valeran donna aux religieux l'emplacement de l'abbaye et ses dépendances, la terre de Collemelles, le bois de la Warde, nommé bois Mauger, de l'agrément de l'évêque Thierry. — L'abbaye ayant été détruite par un incendie, ses biens furent donnés aux Célestins d'Offémont, en l'année 1395. — Les Célestins d'Amiens en étaient en possession depuis l'année 1435. — Le curé de Paillard administrait les sacrements dans la ferme, où existait une chapelle. (*Cartulaire de St.-Martin-des-Champs.* — M. Graves, *Notice historique sur le canton de Breteuil*, p. 78.)

Page 109. — Note 2.

Fief grisel a Sains. — *Ajoutez* : Un arrêt du parlement du 19 janvier 1752 fixa la contenance de ce fief et en ordonna le bornage. (Titres de St.-Fuscien, carton 1er. Arch. départem.)

Page 111. — Note 2.

Ajoutez : Les 48 journaux consistaient en : 22 journaux dits *le grand champert*, tenant au chemin de Corbie : onze quartiers ; un journal le long des prés de Brédicourt ; 2 journaux de pré à Contoire ; trois quartiers le long du grand marais ; 18 journaux sous le bois du tilleul, dont 9 relevaient de la seigneurie de Favière ou Bouchicourt ; trois quartiers ; et un quartier de bocquet, nommé *le Mont plaisir*. — Le 23 avril 1655 les cordeliers vendirent ces immeubles à Charles de Clermont, chevalier, comte de Thoury, seigneur des grandes et petites collines, de Bertangles, Rivery, Val des Maisons, etc. — Le 29 mars 1703 les Cordeliers exercèrent le retrait des dites terres, prés et bois, des mains de Louis de Clermont, chevalier, comte de Thoury, etc. en vertu de la déclaration du roi du 22 juillet précédent. (Titres des Cordeliers.)

Page 116. — Note 2.

Ajoutez : Ce fief paraît avoir été acquis en 1518, en échange d'une maison sise à Amiens rue St.-Denis. (P. Daire, *Histoire du doyenné de Poix*, Ms. p. 6.)

Page 117. — Ligne 2.

Terre au Bocquet. — *Notez* : Il s'agit probablement du Bosquel, au doyenné de Conty, que les PP. Jésuites nomment le Bocquet ou le Bosquet dans plusieurs titres, notamment dans le certificat que nous allons citer à la note qui suit.

Ibid. — Ligne 4.

Bois a Rogy.—*Notez* : Ce bois était nommé des Guénetaux ou des Quennetaux. Il relevait de la seigneurie de Bonvillers, au diocèse de Beauvais. Un certificat donné par le P. Philippe Lemercier, de la compagnie de Jésus, procureur du collège, en exécution de la déclaration du roi du 24 février 1693 et de l'arrêt du conseil d'Etat, du 31 mars suivant, n'accusait que 50 arpents. (Titres du prieuré de Flixecourt. — *Invent. du Collège d'Amiens*, p. 50.)

Page 119. — Note 3. — Ligne 2.

Au lieu de : Ils paraissent être venus... *lisez* : Donation en fut consentie devant notaires à Amiens au profit des religieux Minimes, par le chanoine Jehan Lenglacié, le 14 novembre 1539. Cette donation comprenait : un fief et noble tènement, tenu de la châtellenie de Lully ; un fief abrégé, tenu de Thomas du Souich, écuyer, seigneur de la Ferrières ; et enfin des héritages cottiers. Les donataires étaient chargés d'une messe basse quotidienne, et d'un obit solennel chaque année, pour le salut de l'âme de leur bienfaiteur. (Arch. de la seigneurie de Ferrières.)

Page 120. — Ligne 17.

Prêtres de l'Oratoire. — *Notez* : La dite déclaration fut faite par Gilbert Romanet, supérieur, David

Dufossé, et Louis Caron de Blangy, composant la dite maison. — Ils étaient aidés chaque année, pendant le temps de la mission, par deux prêtres de la maison de Paris. (Original de la *déclarat.* Voy. M. de Beauvillé, *Rec. de docum. inédits,* II⁰ partie, p. 379.)

Page 120. — Ligne 23.

Notez : La fondation sur l'Hôtel-Dieu fut faite par l'évêque Lefebvre de Caumartin, selon son testament du 3 octobre 1646. (M. de Beauvillé, loc. cit.)

Ibid. — Ligne 26.

Notez : La veuve Hémard devait, comme caution de M. de Pas de Feuquières de Mazancourt, la communauté ayant été évincée par décret. (M. de Beauvillé, loc. cit.)

Page 121. — Note 2.

Ajoutez : M. de Beauvillé a publié, d'après l'original, le procès-verbal de la pose de la première pierre de l'église du couvent du Paraclet à Amiens, dressé le 9 mai 1664 par le bailli de mess. Charles de Moy, chevalier, marquis de Riberpré, baron et châtelain de Boves, seigneur de Sains, Cottenchy, Grattepanche et autres lieux, gouverneur des villes et château de Ham. (*Rec. de docum. inédits,* II⁰ partie, p. 346.)

Page 122. — Note 1ʳᵉ.

Ajoutez : Des contestations soulevées et longtemps suivies entre les religieuses du Paraclet et les seigneurs de Boves, concernant les droits de seigneurie et l'entretien des bâtiments de l'ancien couvent, se terminèrent par une transaction avec mess. Jean de Turmenyes de Nointel, seigneur baron de Boves, datée du 28 juillet 1714, ratifiée par le supérieur général de l'ordre de Cîteaux, le 23 novembre suivant. Par cette transaction les religieuses reconnurent les seigneurs de Boves à toujours fondateur « et ledit seigneur consentit que le couvent fut fixé » pour toujours en la ville d'Amiens, où les religieuses ne s'étaient retirées d'abord « que comme dans un lieu de refuge » ; mais à la charge de conserver, au lieu de l'ancienne abbaye, une chapelle qui serait appelée chapelle du Paraclet des champs, dans laquelle elles feraient dire, tous les jours de fêtes et dimanches, une messe basse à l'intention des fondateurs, etc. De nouvelles difficultés s'élevèrent bientôt et ne se terminèrent qu'en 1779. (M. de Beauvillé, *Rec. de docum. inédits,* II⁰ partie, p. 417 à 442.)

Ibid. — Note 4.

Ajoutez : Le 2 janvier 1629 les religieuses baillèrent à Madame la baronne de Boves aveu du moulin de Boves, tenu d'elle à cens. — Cette dame, nous dit M. de Beauvillé, était Anne Courtin, veuve de Bénigne Bernard, baron de Boves, et sa légataire selon son testament du 28 juin 1626. (*Rec. de docum. inédits,* II⁰ partie, p. 298.)

Page 125. — Note 2. — Ligne 10.

Au lieu de : Ils s'établirent... *lisez* : Les religieuses s'établirent.

Page 133. — Note 8. — Ligne 1ʳᵉ.

Ajoutez : Il existe un plan de ces terres aux Arch. départ., sect. des plans, dans l'Atlas classé sous la rubrique de l'Etoile.

Page 134. — Ligne 5.

Dîme de Neuville et Auxy-Château. — *Notez* : Il faut y comprendre les deux septièmes de la dîme des terroirs de Tuncq et Guigne, qui dépendaient de la paroisse d'Auxy-le-Château. Celle de Guigne est rappelée en la bulle confirmative des possessions de l'abbaye de l'année 1177. Celle de Tunc lui avait été donnée au mois de février 1238, par Willaume Lifers, du consentement de Marie, sa femme, et d'Eustache dit Li Vallois, chevalier, du fief duquel cette dîme dépendait. (Titres de Moreaucourt. Arch. départem. — Voy. ci-dess. II, 78.)

Page 134. — Ligne 14.

REDEVANCE SUR FLIXECOURT. — *Notez* : En voici l'origine.

Au mois de juin 1248 Nicolas de Bourdon et Milessende, sa femme, vendirent au couvent un muid de blé et un muid d'avoine sur la grange dudit Nicolas à Fleschicourt.

Au mois d'août de la même année Jean, chevalier, seigneur de Viles, de l'assentiment de sa femme, de tous ses héritiers et de son seigneur Jean d'Amiens, seigneur de Vinarcourt, vendit à l'église Ste-Marie de Moreaucourt (*de Morellicurte*) un muid d'avoine, à la mesure du Ponthieu, à prendre sur le moulin de Fleschicourt, appartenant au seigneur de Vinarcourt. — Le consentement de la femme du sieur de Viles fut renouvelé au mois de février suivant, et celui de Jean d'Amiens au mois de mai 1249. Ladite dame est nommée Agnès dans la vente et Anne dans la ratification. — Aussi au mois d'août 1248 Robert de Ville, frère de Jean, vendit au couvent un muid de blé sur le moulin de Flessicourt. — En l'année 1213 Renault d'Amiens, de l'assentissement de sa femme Mathilde et de Dreux son fils, fit don au couvent de 3 muids d'avoine sur Flessicourt. (Titres de Moreaucourt, cote BBBB, nos 3, 5, 7, 9, 10, 11, 13, 14 et 2d. Arch. Départem.)

Page 137. — Note 5.

Ajoutez : Les demoiselles Marguerite et Françoise Mouquet donnèrent encore devant de St.-Fuscien, notaire à Amiens le 16 février 1616, des terres, rentes, etc. (*Inventaire*, cote B. Titres des Ursulines. Arch. départem.)

Page 143. — Note 2.

Ajoutez : Il y a lieu de croire que la remise du prieuré ou plutôt de l'église d'Encre à l'abbaye de St.-Martin-des-Champs remonte plus haut qu'il n'est dit, puisque D. Marrier cite une bulle du pape Innocent II du 6 des kal. de décembre (26 novembre) 1130, qui en confirme la possession à l'abbaye. — La charte de l'évêque Thierry est datée du 11 des kal. de janvier (22 décemb.) 1154. Elle nomme le donateur Hugue Candavène, et constate la ratification par ses fils Anselme, Ingelran et Gui. Elle défend de créer de nouveaux chanoines après la mort des possesseurs actuels des prébendes. (*Sti.-Martini de Campis historia*, p. 298 à 302.)

Page 146. — Note 3, ligne 4.

Au lieu de : Ingerran de Tribut, *lisez* : I. de Treus. — Telle doit être la traduction du mot *Tributo*. En effet, dans la langue romane, le tribut (*tributum*) se disait treu, treud. (Voy. Roquefort, *Glossaire de la langue romane.*)

Page 151. — Note 4.

Ajoutez : Les droits du chapitre de Fouilloy consistaient en 4 muids de grains, à prendre sur la dîme, et abandonnés, au mois de décemb. 1243, par l'évêque Arnoul, tant pour l'augmentation des revenus du doyenné, que pour la célébration par le chapitre de la fête de l'invocation du corps de St.-Firmin-le-Martyr, etc. (*Cartul. de Fouilloy*, fo 67.)

Page 156. — Note 6.

Ajoutez : La sentence arbitrale de 1330 est analysée dans le *Cartulaire de St.-Riquier* (fo 106 vo). Le terroir appelé Hoche Koterie est dit appartenir au chevalier Hochecot, au lieu de Hochetoc. — Le notaire se dit apostolique et *impérial* en ces termes : *Ego Petrus de Villa regia, clericus Ambianensis diocesis, sacro sancte Romane ecclesie ac imperiali auctoritate notarius publicus... hiis me suscripsi, etc.* (Titres du Chapitre d'Amiens, arm. 5, liasse 8, n° 2.)

Page 158. — Note 2.

Ajoutez : Nous n'avons pas vu figurer cette dîme dans les *déclarations* de l'abbaye. Cependant, au mois d'octob. 1229 Hélin de Floribas (*Helinus de Floribasio*) avait fait don à l'abbaye de Corbie, pour son anniversaire, du tiers des dîmes de Buhiercourt (dépendance de Millencourt ?) qu'il avait acquises de Jean de Bourgarcourt, lequel les tenait en fief de l'abbaye. — Le même jour Jean de Bourgarcourt avait remis à l'abbaye le tiers des dîmes dudit lieu. — Enfin au mois de mars 1235 Jean de Bourgarcourt avait vendu à l'abbaye tout le domaine en dîmes, terrage et cens qu'il avait à Millencourt et à Buhiercourt, mais en se réservant sa ferme qu'il tiendrait de l'abbaye en fief. — Nous avons vu Robert de Buhiercourt vendre des terres en 1248. (*Invent. de Corbie*, V, 84 et 85. — Voy. ci-dessus, I, 239, note 3.)

Page 160. — Note 3.

Ajoutez : Une déclaration de l'année 1331 nous montre l'abbaye percevant seule la dîme, à 8 du cent, sur 260 journ. d'une part et 89 de l'autre, et la prenant sur le reste du territoire par tiers avec le chapitre de Fouilloy et le prévôt de la cathédrale. A celui-ci était déjà substitué en 1535 le chapitre de St.-Nicolas ; nous n'en avons point trouvé la cause. (*Invent. de Corbie*, V, 307, 309. — *Reg. Mathœus*, f° 116.)

Page 161. — Note 1re, *in fine*.

Ajoutez : Voy. *Inventaire de Corbie*, III, 679 à 683.

Ibid. — Note 3, *in fine*.

Ajoutez : Voy. *Inventaire de Corbie*, III, 695, 696 et 716.

Page 162. — Ligne 17. — Et note 1re. — Ligne 4.

Au lieu de : Hédouville, *lisez* : Hédauville. Cependant on peut croire qu'anciennement on disait Hédouville. En effet, on lit Douxville, dans la confirmation donnée en 1113 par l'évêque Saint-Geoffroy à l'abbaye de Marmoutiers des biens du prieuré de St.-Denis d'Amiens (*Annal. ord. S. Bened.* V. 692, appendix). On trouve un sieur Louis d'Hédouville, seigneur de Sandricourt, dans un titre de l'année 1500, rappelé ci-dess. (I, 118, note de la page précédente.)

Ibid. — Note 1re.

Dîme de Senlis. — *Ajoutez* : L'abbaye de Corbie possédait sa portion de dîme avant 1331. — Une enquête faite dans la paroisse le 29 janvier 1702 par les décimateurs, à l'effet de savoir si les 18 journ. de terre de cure, abandonnés par le curé pour sa portion congrue, provenaient d'acquisition ou de donation, resta sans résultat. On répondit que le village ayant été pillé par les Espagnols en 1635, les titres avaient été perdus. (*Invent. de Corbie*, V, 273 et 276. — Voy. ci-dessus p. 162 et 240.)

Ibid. — Note 1re.

Dîme de Hédauville. — *Ajoutez* : Nous avons donné l'origine de cette dîme, d'après le P. Daire. Mais un titre que nous avons retrouvé aux archives départementales donne ce renseignement: Jakemer de Beauweoir, chevalier, sire d'Aveluis, ratifia, au mois de juin 1249, la vente faite par Adam del Atre à Jehan Auwilete,

» le clerc mon signor l'abé Raoul de Corbie..., de teil partie de dîme com il avoit eu terroir de Hédauville. »
Ce titre est, on le voit, en français. (Titres de Corbie, arm. III, liasse 17, n° 1.)

Page 163. — Note 2.

Ajoutez : Le 27 mai 1517 l'abbaye de Corbie permit aux habitants de Méricourt-l'Abbé « de assir leur église sur le voierie dudit village lui appartenant, moyennant et en payant chacun an ung chapeau de boutons, à la prime, au jour St.-Pierre, en juing... » (*Invent. de Corbie*, V, 49. — *Reg. Habacuc*, f° 306 v°.)

Page 164. — Note 2, *in fine*.

Ajoutez : Voy. *Inventaire de Corbie*, III, 795 et 799.

Page 165. — Ligne 5.

DÎME DE VILLERS-LE-VERT. — *Notez* : Voy. la répartition de la dîme, sous la rubrique du personnat de Villers, p. 166. — L'abbaye de Corbie percevait la dîme sur environ 90 journ. de terre nommés *la Cousture de Bannas*, faisant partie du domaine de Morlancourt, quand ils portaient blé. Dans ce cas elle devait au seigneur de Morlancourt 40 sols, pour droit de hanap (tasse ou gobelet). On désignait aussi cette terre sous le nom de fief de la Tasse. *Cousture de bannas* n'est-il pas la corruption de *cousture de hanap* ? (*Invent. Corbie*, V, 371, 375. — *Reg. Lucas*, f° 111.)

Page 167. — Ligne 13.

CHAPELLE DE NOTRE-DAME DE L'ATRE. — *Notez* : M. Decagny (*Hist. de l'arrondissement de Péronne*, I, 462, 464 et 465) parle d'une chapelle de St.-Ladre, ou de Notre-Dame au cimetière de Bray, qui aurait été la chapelle de l'ancienne maladrerie. Ne serait-ce pas notre chapelle de l'Atre ? Les biens que l'auteur cite comme y étant attachés consistaient précisément en 77 journ. de terre et sept quartiers de bois nommé de Beaucroix, au terroir de Cappy.

Page 170. — Ligne 6.

PRIEURÉ DE CONTY. — *Notez* : Le titulaire était en 1730 mess. Philibert Bernard Bauldry, que nous verrons abbé commendataire de St.-Fuscien. C'est ce que nous apprend un arrêt rendu au parlement de Paris le 3 août de la dite année, qui déclare ce bénéfice vacant pour cause de simonie. (*Rapports de l'Agence du clergé*, 1735, p. 13).

Page 171. — Notre 1re.

Ajoutez : Une déclaration des biens de l'abbaye de St.-Fuscien, donnée à la Chambre des comptes à Paris le 1er septembre 1384, nous fait connaître que la maison de St-Remy-au-bois était, à cette époque, démolie et abattue par le fait des guerres, et qu'il en dépendait 7 journ. de bois, terres et vignes. (Titres de St.-Fuscien ; 2e carton. Arch. départ.)

Page 176. — Ligne 6.

Notez : Ce presbytère, situé sur la place, avait une contenance de 20 verges environ. (*Terrier de la seigneurie de la Ferrières*, art. 128. Papiers de M. de H***.)

Ibid. — Ligne 9.

Notez : Les 5 quartiers de terre de la cure étaient situés au-dessous du cimetière, auprès du chemin de Bovelles. (Même terrier, art. 129.)

Page 177. — Note 4.

Ajoutez : Il nous semble que M. Graves s'est trompé en disant, dans son *Précis statistique*, que le patronage de cette cure aurait été compris dans la donation de la seigneurie au chapitre. Car, d'après le P. Daire, vers l'année 1127, l'évêque Enguerran légua, audit chapitre, pour fondation de son obit, la présentation de cette cure et les dîmes, qu'il avait reçues du chevalier Robert de Croy. — En 1151 Raoul de Cléry fit abandon de ses prétentions sur cet autel. (Daire, *Hist. du doyenné de Conty*, p. 8. — Mss. de Du Cange.)

Ibid. — Note 7.

Ajoutez : Le 12 des kal. d'octob. 1196, en présence des archidiacres Thibaut et Raoul, l'évêque Thibaut constata que depuis plus de 30 ans Jean de Picquigny, prévôt de l'église d'Amiens, jouissait de toute la dîme des trois parties du terroir de Gamegnicurt, qu'il avait retirée à grands frais de mains laïques, lorsqu'il en fit don au chapitre d'Amiens, pour fondation de son anniversaire ; ce que ratifièrent son neveu, le vidame Ingelran, Philippe de Blancfossé et Raoul, son fils, qui détenaient injustement cette dîme, suivant autres lettres de l'année 1197. (*Cartulaire du chapitre*, II, fol. 93, 119 et 120.)

Page 181. — Ligne 2.

Notez : L'autel de Rumigny (*de Rumineto*) fut donné au chapitre de Picquigny par le titre de sa fondation. (Voy. ci-dess. I, 107, note 2.)

Page 182. — Ligne 6.

Notez : Au mois d'octobre 1253 Willerme, seigneur en partie (*domicellus*) de Taisny, écuyer, résigna aux mains de l'évêque tous les droits qu'il avait à la collation de la paroisse de Taisny. (Titres de l'Evêché, R. 14e.)

Page 191. — Note 3.

Ajoutez : L'autel et la dîme de Contoire furent confirmés au prieuré de Montdidier par la bulle du pape Urbain III, de l'année 1185. (P. Daire, *Hist. du doyenné de Montdidier*, Ms. pièces justif. p. 323.)

Page 192. — Note 1re. — Ligne 3.

Au lieu de : l'abbesse de St.-Corneille, *lisez* : l'abbé de St.-Corneille.

Ibid. — Ligne 6.

Au lieu de : Les religieuses de Compiègne, *lisez* : Les religieux de Compiègne.

Page 194. — Note 1re, *in fine*.

Ajoutez : La moitié de l'autel *de Angesto* avait été confirmée, avec les menues dîmes et le personnat, au prieuré de Montdidier, par la bulle du pape Urbain III, de l'année 1185. (Voy. ci-dess. I, 340. — P. Daire, *Hist. du doyenné de Montdidier*, pièces justif. p. 323.)

Ibid. — Note 3.

Ajoutez : La charte de l'année 1229 qui porte approbation par Gautier *de Hamello* de l'abandon fait au chapitre de Fouilloy de la dîme d'Hangest, se lit au *Cartulaire de Fouilloy*, fo 2.

Page 195. — Note 1re.

Ajoutez : La bulle de 1109 est celle rapportée au *Gallia Christ.*, X, Instrum. Eccles. Ambian. col. 302.

Page 196. — Note 4.

Ajoutez : La dîme de Lignières se prenait à 6 du cent. La moitié dont jouissait l'abbaye de Corbie lui provenait de l'échange fait en 1569 avec l'abbaye d'Arrouaise. — Celle-ci avait été dotée d'un 20ᵉ de la dîme de Linières par Mathilde, dame de Roie; ce que ratifia son fils Rorige de Roie (*Rorigo de Roia*), seigneur de Garmegny, du consentement de son fils Raoul, le 2 mars 1194. Dans ce titre l'abbaye d'Arrouaise (ou le prieuré de Margelles ?) est désigné sous le nom de Sta *Maria de Donnio*. (Titres de Corbie, arm. 4, liasse 70, nᵒˢ 1 et 14. — *Invent.* IV, p. 419.)

Page 200. — Ligne 1ʳᵉ.

Notez : Il existait autrefois dans le château de la Boissière, dépendance de Boiteau, une chapelle sous le titre de Ste-Catherine, vierge et martyre, à la collation de l'évêque. Elle avait été fondée par Florent, seigneur du lieu, qui lui avait assigné 20 livrées de rente, à prendre sur 9 bouviers 1/2 (*buverias*) de terre sis à La Boissière, et avait choisi pour premier titulaire son cousin Jehan de La Boissière, chapelain de Neelles, selon titre du 21 février 1327. Ledit Florent avait eu l'intention d'abord de fonder cette chapelle en la paroisse de St.-Taurin et avait obtenu pour cela des lettres d'amortissement du roi Philippe-le-Bel, données à Compiègne au mois de novembre 1311. — Le 9 février 1371 Thiebault, seigneur de La Boissière, chevalier, demeurant à Espagny, en la comté de Soissons, fit donation de 38 journaux de terre, en une pièce, dans la paroisse de l'Echiéle, du côté de Lamotte, au dîmage de Garmigny, pour l'augmentation de cette chapelle. (Titres de l'Evêché, 80ᵉ.)

Page 201. — Ligne 17.

Le Plessier-Rauleval. — On lit ailleurs Raulevel, et au *Gallia Christiana* (X, Instr. col. 303) : le Plessy *Radulphi vetuli*.

Page 205. — Ligne 22.

Prieuré d'Althie. — *Notez* : Ce prieuré fut donné à l'abbaye de Ste-Marie-de-Molesme, du temps de Robert, son premier abbé, par l'évêque d'Amiens, Gervin, qui l'avait retiré des mains du seigneur Hugue, du consentement d'Agnès, sa femme, et de Hugue, son fils, en l'année 1087. La charte qui en fut dressée porte donation par Hugue et sa femme d'une *cambe* (brasserie), d'une portion de terre pour le travail d'une charrue, d'une manse où serait construit un grenier (*horreum*), de l'usage de la forêt, de l'eau et de l'herbe, de moitié de la dîme du corps de l'église, etc.; le tout approuvé par Foulque, archidiacre d'Amiens. Les biens désignés en la donation paraissent se retrouver dans les premiers articles de la *déclaration*. (*Cartul. de Molesme*, p. 73. — D. Grenier, Mss., vol. CCLV, fᵒ 87.)

Page 208. — Note 1ʳᵉ.

Ajoutez : St.-Sulpice, St.-Sauveur, sont deux vocables souvent mis l'un pour l'autre dans les titres ici rappelés et qui paraissent avoir un sens commun : le sauveur supplicié. Il est à remarquer que l'on prononce vulgairement St.-Supplis.

Page 214. — Note 17.

Ajoutez : Par un cyrographe du mois de décembre 1208 l'évêque Richard confirmait la vente faite par Gui de Wadencourt, chevalier, et Martin de Beleval, au profit d'Anscher, prêtre, chapelain de St.-Jean-Baptiste de Corbie, de tous leurs droits à la dîme de Beleval, c'est-à-dire moitié de celle du territoire et la totalité de celle des jardins. (Titres de l'Evêché, F. 14ᵉ.) — Il est remarquable que le nom du lieu est écrit Beleval, quoique la charte soit en latin et qu'il s'agisse de Beauval.

Page 221. — Note 2.

Ajoutez : On lit Pucheuviller, au *pouillé* de 1301.

Page 223. — Note 2.

Ajoutez : Suivant l'ancienne coutume du lieu, il ne s'exerçait aucun droit de rapport sur les terres du terroir de Rubempré (*de Reimberti prato*) que cultivaient les laboureurs des environs ; il en était de même à l'égard des terres cultivées par ceux de Rubempré sur les terroirs voisins. Cela est dit en une charte de l'évêque Thierry de l'année 1163, énoncée en la note que nous complétons.

Page 224. — Ligne 15.

Notez : L'autel de Vauchelles (*de Valcellis*) fut donné au prieuré d'Authie par Hugue, seigneur du lieu, et Agnès, sa femme, suivant la charte sus rappelée de l'année 1087. (Voy. ci-dess. note suppl. de la page 205.)

Page 226. — Note 1re.

MALADRERIE DE BEAUVAL. — En l'année 1213, noble homme Hugue Campdavaine, seigneur de Belleval ou Beauval (DOMINUS BELLEVALLIS), du consentement de sa femme Mabille (*Mabilie*) et de son fils Bauduin (*Balduini*), avait fondé dans la léproserie dudit lieu une chapelle qu'il dota de tout le terrage et autres droits qu'il avait à Beauval, dans le sart de Caisnoi, dans celui de Seri, etc. Les frères de la léproserie y ajoutèrent d'autres biens. L'évêque Evrard (*Everardus*) confirma ces fondation et donation par lettres de la même année, dans lesquelles il qualifie ainsi le donateur : *bonæ indolis adolescens*. (Titres de l'Evêché, 23e. — Voy. pour Beauval ou Belleval la note supplém. de la page 214.)

Ibid. — Note 2.

Ajoutez : La chapelle de St.-Jacques n'est-elle pas celle fondée en l'église de Notre-Dame de Doullens, par Jean Taupin, prêtre (curé) de la dite paroisse, qui y affecta : toute la dîme qu'il avait sur le fief de Engreviler, situé entre Doullens et Beauval ; des censives, etc. (Titres de Corbie, arm. 3, liasse 102, n° 1.)

Page 228. — Note 1re.

Ajoutez : M. Pardessus, dans sa nouvelle édition de Bréquigny (*Diplomata, chartæ*, etc. t. II, page 114 et 126), donne au diplôme du roi Clotaire III la date de 659 ; et celle de 662 à la charte d'exemption de l'évêque Bertefride.

Page 229. — Ligne 1re.

Rectifiez ainsi : La dîme de St.-Thomas se prenait...

Page 230. — Note 4.

Ajoutez : Le plan de la terre de Chipilly se trouve aux Arch. départem., section des plans.

Page 231. — Note 4.

Ajoutez : Le seigneur du fief de Roquerolles sis à Hamelet, était tenu de venir tous les ans, en armes, garder le trésor de l'église de Corbie, la veille et le jour de St.-Pierre, et le dimanche des corps saints, c'est-à-dire à la fête des reliques, le premier dimanche de juillet. — A l'occasion de ce service, ledit feudataire reçut de l'abbaye, en 1512, quarante pots de vin, et en 1513 un muid de blé. (*Inventaire de Corbie*, VI, 65. — *Histoire abrégée du trésor de St.-Pierre de Corbie*, chap. VI, page 88 de l'édition de M. Dusevel.)

Page 231. — Note 9.

Ajoutez : La terre de Lamotte-Brebières. Ne viendrait-elle pas du chapitre d'Amiens, auquel Beauduin de Dury, et Beatrix, sa femme, pour racheter les maux qu'ils avaient faits à l'église d'Amiens et aux habitants de Camon, avaient donné la vicomté et avouerie *de Breberiis*, avec la terre qu'ils y possédaient, le fief et les dîmes du même terroir, suivant une transaction que notifia l'évêque Thierry en l'année 1153? (Titres du chapitre d'Amiens, arm. 3, liasse 72,[1] n° 1. — *Cartul.* I, f° 20.)

Page 232. — Note 9, *in fine*.

Ajoutez : On trouve le plan, en forme d'atlas, de la terre de Thennes aux Archives départementales, section des plans.

Page 236. — Note de la page précédente. — Ligne 3.

Au lieu de : 1106, *lisez* : 1146.

Ibid. — Ligne 3.

FIEF DE LAMOTTE. — *Notez* : Il était situé entre Treu et Villecourt, et consistait en 18 journaux de pré, avec un manoir. Le 6 juillet 1334 Ottes de Bourgacourt, écuyer, en renouvela l'hommage à l'abbaye de Corbie. (*Registre Stix*, f° 4 r°.)

Page 238. — Lignes 4 et 5.

Notez : Castillon et Famechon étaient situés dans le diocèse de Beauvais. — La dîme de Castillon ayant été usurpée sur l'abbaye par le père de Gérard de Bulles, dit Haspeal, clerc, il avait été excommunié. — Pour obtenir son absolution, Gérard fit don à Corbie d'un muid de blé à prendre annuellement sur sa terre de Nourast, vers l'année 1200 ; puis il reconnut que cette dîme appartenait au couvent, auquel une sentence arbitrale de l'année 1200 l'adjugea, contre le curé du lieu. En 1331 elle se prenait à 8 du cent.

Le *fief Jean Dijon* avait été ainsi parfois nommé à tort et par erreur, au lieu de *fief Jean Lequeux*, d'après les baux du XVIII° siècle. Il était assis au terroir de Castillon et relevait en 1715 du seigneur de Rougemont. En l'année 1331 il était relevé par Jean Le Queux : d'où son nom. La dîme se prenait par l'abbaye à 6 pour cent. (*Invent. de Corbie*, IV, 173 à 175. — *Reg. Lucas*, f° 87. — *Cartul. blanc*, f° 156.)

Ibid. — Ligne 10.

Notez : En 1524 il y avait maison, lieu et tènement du *Bois Randon* devant l'hôpital St.-Thibaut, tenant à la chaussée et d'un bout aux marais communaux de Fouilloy. — En voici, ce semble, l'origine : Willaume des Rabuissons, bourgeois d'Amiens, ayant fait vendre, par décret, son fief, terre et seigneurie de Werneul, tenu du comté de Corbie et consistant en plusieurs terres à labour entre Foulloy et Hamelet, terrage, cens et rentes, l'abbé retint ledit fief comme seigneur, et saisine en fut donnée par le bailli de Corbie à l'un des religieux, officier de l'abbaye, au nom de celle-ci, le 27 septembre 1362. (Titres de Corbie, arm. 4, liasse 57, n° 1. — *Invent*. IV, 326.)

Page 239. — Note 4, *in fine*.

Ajoutez : On trouve des plans du dîmage de Monchy-Lagache aux Archives du département, section des plans.

Ibid. — Note 6.

Ajoutez : La terre de Naours avait pour dépendances : Castenith (*Castenoy*), Pincencurt et la moitié de

Wargnies (*de Warennis*), comme on le voit en un abandon fait par l'abbé Foulque au profit de Guy, évêque d'Amiens, de l'usufruit pendant sa vie du domaine de St.-Pierre, qui est appelé Nawrs, par un chirographe du 6 des kal. de septemb. (27 août) 1064. Anselme de Waregnies, chevalier, maire de Naors, avait cédé à l'abbaye tout ce qu'il possédait audit lieu, comme on le voit en des lettres-patentes du roi Philippe-Auguste datées de Corbie en l'année 1209. (Titres de Corbie, arm. V, liasse 16, nos 1 et 2 bis.)

Page 240. — Ligne 6.

CHAMPART DE ROQUENCOURT. — *Notez* : Nous avons dit ci-dessus (p. 396, note 1re) l'origine de la dîme et d'un domaine qui composait deux fiefs : l'un au terroir de Roquencourt, et l'autre dit de *Bouteillerie*, au terroir de Villers-lès-Tournelles. — Le bois de Rokencort provenait de l'abbaye. Au mois de janvier 1224 Raoul de Sains, chevalier, homme-lige de l'église de Corbie et *son* maieur de Rokencort, reconnut qu'elle avait donné ce bois à ses prédécesseurs, pour l'essarter et le cultiver, à la charge de payer terrage et don. Cette charte est encore munie du sceau de Raoul, très-bien conservé. — L'abbaye avait aussi possédé d'autres biens qu'elle aliéna en 1469. Ainsi, elle avait acheté, au mois de novemb. 1253, de Robert, maire de Rokencourt de le Cousterie et dame Méhaus, son épouse, leur maison de Rokencourt, avec le courtil dehors et dedans, des cens en fourrages, chapons, pains, blé, avoine, etc. Elle avait encore acheté de Jean de Flaissières, écuyer, et de Marie du Plaissié, son épouse, demeurant à Méharicourt, un fief consistant en 3 journ. de terre sis à Roquencourt, tenu à cens de l'abbaye par Gobert du Plaissié, écuyer, père de ladite dame, suivant lettres datées de « l'an de grâce mil ccc. quarante et trois, le sizime jour du moys de jule. » Deux sceaux y sont appendus : celui de Jean de Flaissières et celui de Aléaume Dupont, écuyer. (Titres de Corbie, arm. V, liasse 29, nos 1 et 2 : liasse 31, n° 1. — *Invent.* V, 230 et 249.)

Ibid. — Ligne 12.

DIME A SANCOURT. — *Notez* : Ce lieu était situé dans le diocèse de Noyon. — D'après les baux l'abbaye de Corbie jouissait d'un quart de la dîme sur Sancourt et Auroy (Auroir), et l'abbaye de St.-Eloi de Noyon d'un autre quart. (*Invent. de Corbie*, V, 278, 279.)

Page 241. — Note 4. — Ligne 12.

Au lieu de : Cérziy, *lisez* : Cérizy.

Page 245. — Note 2.

Ajoutez : Les fonctions et droits du prévôt pendant la foire de St.-Mathieu, c'est-à-dire depuis la nuit de St.-Mathieu jusqu'à celle de St.-Firmin, sont déterminés en une ordonnance connue, aussi bien que le privilège dont il s'agit, sous le nom de *coutume-le-comte*. Elle a été publiée par M. Bouthors, dans les *Coutumes locales du bailliage d'Amiens*, I, 288.

Page 259. — Ligne 2.

Notez : Une charte de l'évêque Thibaut, de l'année 1178, porte confirmation à l'abbaye de Moreuil de l'autel de Beaucourt et de la moitié de la dîme. (Titres de Moreuil, cote A, pièce 4e. Arch. Départem.)

Page 260. — Note 3. — Ligne 5.

Au lieu de : St.-Ansbert, *lisez* : St.-Ausbert.

Page 261. — Ligne 3.

Au lieu de : St.-Ansbert, *lisez :* St.-Ausbert.

Page 262. — Ligne 8.

Notez : L'autel de Caix est probablement compris dans la donation faite aux religieux de Lihons, par Enguerran de Boves (*Ingelranus de Fara*, ainsi désigné parce qu'il tint aussi la seigneurie de La Fère-sur-Oise) et ses Frères Anselme, clerc, et Robert; laquelle donation est rappelée en deux chartes, l'une de Guarin, évêque d'Amiens. du 18 des kal. de décembre 1131, et l'autre de Barthélemy, évêque de Laon, du 4 des mêmes kalendes. (*Cartul. de Lihons*, p. 7 et 58. — *Histoire des comtes d'Amiens* par Du Cange, p. 239, 244 et 252. — P. Daire, *Hist. du doyenné de Lihons*, Ms. p. 30. — Voy. ci-dess. I, p. 233, note 3, et 236, note 4.)

Page 263. — Note 1re.

CAYEUX. DÎME. — C'est probablement de ce lieu qu'il s'agit en la charte de l'évêque Thierry de l'année 1146, qui confirme l'autel et deux parts des grosse et menue dîme de *Cais*. Le nom, en effet, est ordinairement écrit *Caiex* aux titres. (*Gallia Christ.* X. Instrum. col. 309.)

Page 265. — Note 2.

Ajoutez : La paroisse de St.-Thomas se composait de 60 feux, dont plus de la moitié ne subsistait que des aumônes de l'abbaye. — Les fondations consistaient en 41 obits, avec vigiles, commendaces et messes chantées à haute voix, 95 messes hautes, 8 messes basses, 24 vêpres et l'octave du St.-Sacrement. — Les paroissiens étant hors d'état de construire un presbytère, le curé se logeait à ses dépens, ce qui lui coûtait 50 liv. par an. (*Déclaration.*)

Page 266. — Note 6.

Ajoutez : Il n'y avait en 1730 dans cette paroisse que cinq pauvres manouvriers. (*Déclaration.*)

Page 268. — Ligne 12.

TERRE DE CURE. — *Notez* : L'autel de Fresnoy fut confirmé (à St.-Fuscien) sous le nom de Fraisnet-en-Santers, avec 11 mesures de terre à blé (*frumentalis terre*) appartenant à la dotation de l'église, par les lettres de l'évêque Geoffroy de l'année 1105. Il s'agit sans doute des terres ici désignées. (Titres de St.-Fuscien. Arch. départem.)

Page 269. — Ligne 16.

Notez : L'autel de Glisy fut confirmé à l'abbaye de St.-Fuscien par les lettres de l'évêque St.-Geoffroy de l'année 1105. (Titres de St.-Fuscien.)

Page 271. — Note 2. — Ligne 1re.

Au lieu de : Le cha-, *lisez* : Le chapitre...

Page 273. — Note 3, *ad initium*.

Ajoutez : Le chapitre était...

Ibid. — Note 3, *in fine*.

Ajoutez : Le curé, avant l'abandon, jouissait d'un tiers de la grosse dîme de Longueau, et le chapitre des deux tiers. (Daire, *Hist. du doyenné de Fouilloy*, Ms. p. 35.)

Pages 273 et 274.

DÎMES DE LA MOTTE ET DE MARCELCAVE. — *Notez* : Sur ces deux territoires le prieur châtelain de Bouzancourt percevait la dîme par *droit de suite et de rapport*, en vertu d'une transaction du 5 février 1531. Il y fut maintenu par arrêt du parlement du 31 juillet 1711. (*Invent. de Corbie*, VI, 606.) — A La Motte la grosse dîme se prenait à raison de 6 du cent, ainsi que l'ont reconnu les habitants devant Roger, notaire à Amiens, le 13 juillet 1728. (Voy. Ms. n° 532 de la Bibl. d'Amiens intitulé : *Mélanges*, tome VI, f° 143 v°.)

Page 274. — Ligne 8.

LOYER DE MAISON. — *Notez* : Un arrêt du grand conseil, daté du 28 mai 1736, condamna les habitants de Marcelcave à rétablir l'ancien presbytère vis-à-vis de l'église et à rembourser au prieur-curé les loyers d'une maison qu'il avait louée depuis 1719, arbitrés à 25 liv. par an. (*Rapports de l'Agence du clergé*, 1740, p. 261. — *Abrégé des Mémoires du clergé de France*, 2ᵉ édit. col. 1248.)

Page 276. — Note 1ʳᵉ.

Notez : Il semble que ce soit la dîme de Quesnel qu'ont eue en vue les lettres de l'évêque Thierry, datées de l'année 1178, confirmatives des dons de l'abbaye de Moreuil. (Titres de Moreuil, A, 4°. Arch. départem.)

Page 278. — Ligne 8.

Notez : On lit Vilers le Bretonneus, au *pouillé* de 1301.

Page 284. — Note 4.

Ajoutez : Par accord du mois d'octobre 1256 entre l'évêque et le chapitre, la collation de la chapelle fondée en l'église de Fouilloy par le seigneur de Gentelles, fut dévolue au chapitre du lieu. (Titres de l'Évêché, 13-2ᵉ.)

Page 289. — Ligne 15.

Notez : La dîme de St.-Martin-le-pauvre, dépendance d'Agnière, se prenait à raison de 6 gerbes du cent, et se divisait par tiers entre le prieuré de Fleusi près Aumale, le prieuré de St.-Denis de Poix et le curé d'Agnière. De plus, celui-ci prenait seul la dîme des fruits dans les enclos, et celle de 6 ou 7 journ. de pré, qui étaient considérés comme novales. L'étendue de ce dîmage est donnée dans l'inventaire ici énoncé. (*Invent. d'actes, titres et mémoires touchant le prieuré de St.-Denis de Poix*, p. 188.)

Page 290. — Note 4.

Au lieu de Bauvrèches, *lisez* : Bouvreches.

Page 291. — Note 4.

Ajoutez : Ne s'agit-il pas ici de portions de dîme (deux cinquièmes) sur Courcelles et Fayelle, engagées par Walleran de Dargies au profit de Œuillart ? (*Inventaire de l'Évêché*, f° 39 r°.)

Page 292. — Ligne 16.

Au lieu de : l'évêque de Lodéac, *lisez* : l'évêque de Lodève.

Page 293. — Note 3.

LES AUTIEUX. — *Ajoutez* : Peut être est-ce de ce lieu qu'il s'agit dans une charte de 1206, par laquelle Bauduin de Cocerel, chevalier, du consentement de ses fils Geoffroy, Willaume et Pierre, amortit au profit des moines de Stᵉ-Marie de Moiliens, toute la dîme du territoire *des Autels*, mouvant de son fief de Romescans, qu'avait donnée au prieuré Landri de Moiliens, chevalier, du consentement de sa femme Helvis et de son fils Hugue de St.-Pierre ? (Titres de St.-Fuscien, 2ᵉ carton. Arch. Départem.)

Page 296. — Note 1re, ligne 3.

Au lieu de : p. 293, *lisez* : p. 288.

Page 297. — Note 3.

Ajoutez : Le prieuré de St.-Denis de Poix avait été doté du tiers de cette dîme et de celle de Dargies, par Gautier Tirel et sa femme, en 1127. (Voy. ci-dess. I, 429. — *Invent. d'actes, etc. touchant le prieuré de St.-Denis de Poix*, p. 25.)

Page 299. — Note 4.

Ajoutez : D'après le titre de fondation il devait y avoir à Lihons 25 moines, s'y célébrer chaque jour cinq messes, et l'aumône être faite tous les jours. (*Biblioth. Cluniasensis*, p. 1712 c.)

Page 310. — Note 1re.

Ajoutez : En l'année 1200 Enguerran de Boves vendit à l'abbaye de St.-Fuscien le tiers de la dîme d'Harbonnières, qu'il avait acquise de Jean de Békincort, et dont les deux autres tiers appartenaient aux religieux de Lihons et à Théophanie de Mérincort ; ce que confirma l'évêque en 1201. — Au mois de mars 1236 Mathieu de Mérincort, chevalier, du consentement de son épouse Aélis, de Pierre, son fils aîné, et autres, vendit à l'abbaye de St.-Fuscien 1/3 de la grande dîme d'Harbonnières, tenu en fief de Gotbert, seigneur de Mérincort. Par charte de la même date Jean de Cartegnies, chevalier, et Clémence, sa femme, en qualité de tuteurs dudit Gotbert, fils de Clémence, ratifièrent la vente, devant le doyen de Lihons, à ce commis par l'évêque ; cette dame et Aélis femme de Mathieu jurèrent qu'elles approuvaient sans contrainte. (Titres de St.-Fuscien, cartons 2e et 4e. Arch. départ.)

Ibid. — Note 4.

Ajoutez : Le tiers de la dîme de Herleville, qui appartenait au prieuré de Lihons, lui avait été cédé par l'évêque Geoffroy, selon titre de l'année 1111, huitième de son épiscopat. (*Cartul. de Lihons*, p. 27.)

Page 311. — Ligne 11.

Notez : La présentation du titulaire se faisait par l'abbesse de Chelles, alors madame Adélaïde d'Orléans, à cause de la réunion de l'abbaye de St.-Eloi à celle de Chelles. (*Déclaration.*) — Nous avons vu (ci-dess. p. 309) un autre exemple d'union des revenus d'une abbaye d'hommes à une abbaye de femmes.

Page 313. — Note 6, *ad initium*.

Ajoutez : Ici, comme à Poix (voy. ci-dessus I, 444), le *Dictionnaire des postes* a ajouté une épithète au moins singulière : Rosières *de* Picardie. Il eut été plus français et plus simple de maintenir l'ancienne forme : Rosières *en* Santerre.

Ibid. — Note 6, *in fine*.

Ajoutez : La donation dont il s'agit ici est encore rappelée dans le *Thesaurus Anecdotorum*, autorib. DD. Martenne et Durand, tom. III, Chronicon sancti Bertini, cap. xix, pars 1a, p. 530, en ces termes : « in pago Ambianensi, in Sana terra quæ hodiè dicitur Sanguis tersus, vulgariter *Saincters*, in loco vocato Referias (Roserias). » Le titre est daté du 6 des ides de septembre, l'an 1er du règne de l'Empereur Charles le Gros, c'est-à-dire en 881.

Page 321. — Note 1re, *ad initium.*

Ajoutez : Ce prieuré fut précédemment une chapelle fondée par Regnier de Méricourt et Baudouin, chanoine d'Amiens. En l'année 1088 Otbert, aussi chanoine d'Amiens, donna le patronage de la chapelle à l'église *Augeriaci*, à la charge d'en faire une retraite de moines. (P. Daire, *Hist. du doyenné de Lihons*, p. 12.) — On lit dans Mabillon la charte de ladite donation, sous le sceau de Gui, doyen, Foulque et Anselme, archidiacres de l'église d'Amiens. Elle est faite au profit de St.-Jean-Baptiste, de l'abbé et des frères dudit lieu. Il y est dit aussi que Tetbaud, frère d'Otbert, leur donna le bois voisin, le chauffage journalier, et de la terre pour occuper une charrue par an. (*Annales ord. S. Bened.* V. 648, Appendix.) — *Augeriacus* était-il un fief sis près d'Heilly, où se trouvait la chapelle, qui sans doute était dédiée à St.Jean-Baptiste ?

Page 322. — Note 2.

Ajoutez : Le couvent des Cordeliers était situé à l'extrémité de Mailly, vers le sud. Les Espagnols le détruisirent en 1554, et les Huguenots en 1562. Les seigneurs de Mailly le rétablirent. —'Par testament du 7 juin 1640 Pierre Regnault, procureur fiscal de la baronnie de Mailly, avait légué aux Cordeliers un journal et demi de terre, en trois pièces, au terroir de Mailly ; ils en furent ensaisinés par le bailly le 3 novembre 1648. (Titres des Cordeliers de Mailly. Arch. départem. — M. Decagny, *Hist. de l'arrondissement de Péronne*, I, 444.)

Page 324. — Note 1re.

Ajoutez : On trouve aussi une charte en français du « lundy d'après pasques closes » l'an 1190, par laquelle Philippe d'Agnicourt, écuyer, et Marguerite, sa femme, donnent au chapitre de St.-Firmin d'Amiens, « concgz muids et une carte de bled, » à la mesure de Contay, à prendre sur le moulin d'Agnicourt, pour le cantuaire en la chapelle d'Agnicourt ; à la charge par le titulaire du cantuaire de dire 3 messes par semaine, pour les parents desdits bienfaiteurs. — Un vidimus de l'official, daté du mercredi après la Pentecôte, le lendemain de la Magdeleine (23 juillet) de l'année 1190, relate ce titre. (Titres du Paraclet. Arch. départ.)

Page 341. — Note 2. — Ligne 3.

Retranchez les mots : de l'abandon à eux fait. Et, *au lieu des mots* : qu'il lui abandonnait, *mettez* : qu'il leur...

Page 342. — Ligne 18.

Notez : Quoiqu'il ne paraisse ici que cinq mines de terre, l'acte de fondation portait don de 16 mines autour de l'église. (M. de Beauvillé, *Hist. de Montdidier*, III, 298.)

Page 344. — Note 5.

Ajoutez : L'évêque François de Hallewin confirma l'établissement des religieuses du tiers ordre de St.-François à Montdidier, et leur permit de bâtir une chapelle, par lettres du 7 février 1505. (Titres des Cordelières de Montdidier. Arch. départem.)

Page 355. — Note 2. — Ligne 3.

Ajoutez : L'arrêt de 1691 est du 16 mars. Il maintenait le prieur et les religieux de Montdidier en possession de la qualité de curés primitifs de St.-Martin de Montdidier ; « sans préjudice au curé de pouvoir prendre la qualité de curé de la dite paroisse. » (*Mém. du Clergé de France.* III, 781. — *Abrégé des Mémoires du Clergé*, 2e partie, Table des noms, p. 134.)

Page 362. — Ligne 10.

Au lieu de : Joseph Bertin, *lisez* : Joseph de Bertin.

Page 366. — Ligne 8.

Terre de Fresnoy-au-Val. — *Notez* : Il est présumable qu'il s'agit de cette terre dans la donation faite à l'église de St.-Fuscien, *in advocatura* de Fraisnoy, par Gautier de Halencurt, et ratifiée par Gautier Tirel de Poiz, au mois de juillet 1206. (Ms. 563 de la Biblioth. comm. d'Amiens, f°. 305.)

Page 390. — Note 4.

Ajoutez : Une sentence définitive aux requêtes du Palais, du 8 août 1729, donna au curé acte de son abandonnement des biens patrimoniaux de sa cure, et condamna le Chapitre et le préchantre d'Amiens à lui payer la portion congrue. — Autrefois le curé avait une gerbe de 9 venant à dîme ; elle fut unie aux 2 gerbes 1/2 de dîme ecclésiastique du préchantre. Le chapitre avait 4 gerbes 1/2 inféodées, et la fabrique du lieu la neuvième. (*Invent. du Chapitre*, IV, 560 et 561. — Titres du Chapitre, arm. 4, liasse 83, n°° 10 et 17.)

Page 392. — Note 1re. — Ligne 1re.

Après ces mots : au Chapitre, *ajoutez* : d'Amiens.

Page 394. — Note 2. — Ligne anté-pénultième.

Après ces mots : Godefroy Le Vallet, chanoine d'Amiens, *Ajoutez* : Il devint évêque d'Amiens en 1222.

Page 400. — Ligne 2.

Charges de la chapelle St.-Domice. — *Notez* : Le chapelain était tenu de dire une messe chaque mardi. La *déclaration* n'en fait pas mention, parceque cela n'avait plus lieu depuis longtemps, ainsi que le constate le *pouillé de l'Archidiaconé*. Mais M. Janvier le rappelle (*La légende de Ste.-Ulphe*, p. 47, note 1re), en s'appuyant sur la *Chronique* de Pierre Bernard, sur les *Excursions dans les environs d'Amiens* de M. Goze, et sur une *Visite pastorale* faite en 1734. — M. Goze dit (loc cit.) que cette chapelle fut rétablie en 1735 par une famille pieuse de Fouencamps.

Ibid. — Ligne 16.

Chapelle castrale de Raineval. — *Notez* : Elle fut fondée en 1275, d'après la *Déclaration*. — N'y aurait-il pas confusion entre la fondation de cette chapelle et celle de la chapelle de la Ste.-Vierge citée à la p. 394, note 3 ?
Le seigneur du lieu n'avait que 40 jours pour faire la présentation, après lesquels le bénéfice était donné *jure devoluto*. (Pouillé de 1730. — P. Daire, *Hist. du doyenné de Moreuil*, Ms. p. 26.)

Ibid. — Note 1re.

Ajoutez : Le curé de Jumelles a expliqué dans sa *déclaration*, que le titre de la chapelle des Coquelets, située dans l'étendue de sa paroisse sur la chaussée Brunehault, avait été usurpé vers l'année 1692, après la cession faite par M. le Commandeur de Sommereux qui, avant lui, était gros décimateur ; et que lui, curé, n'ayant pas la faculté de soutenir un procès contre le prétendu chapelain, avait été contraint de céder à la force, sans préjudice aux droits de ses successeurs.

Page 401. — Ligne 10.

Abbaye du Gard. — *Notez* : Il résulte d'une déclaration fournie par madame la duchesse de Chaulnes aux deux receveurs du revenu de l'abbaye, au mois de décembre 1641, pour être annexée au bail des revenus de l'abbaye reçu le 10 du même mois par Pezé, notaire à Amiens, que l'abbé possédait, entre autres biens, les suivants :

En deçà de la rivière de Somme, du côté de France.

1° La cense et ferme de Méneviller, contenant 212 journaux de terre à la sole. — Elle provenait de donation faite à l'abbaye par Girold de Conti, en 1170, par Hugue, seigneur de Molsures, au mois de décembre 1208, du consentement de sa femme Eremburge, et de Thibault de Conti, seigneur de Tilloy (*de Teillolio*). Au mois de juin 1223 Ingerran, seigneur de Mossures, ratifia la donation faite par son père Hugue. (*Cartul. du Gard*, II, 248 à 281.)

2° Le bois de Méneviller contenant 10 journaux à coupe. — Son origine est la même que celle de la ferme.

3° La ferme de Vacqueresse contenant 100 journaux à la sole. — L'abbaye avait acheté en l'année 1144 de Gui de Cempuz (Cempuis) tout ce qu'il possédait en terres et bois à Vaqueresse (*apud Vachereceiam*), de l'assentiment de son père Hugue de Cempuz, de sa femme Mathilde, de ses fils Eustache et Hugue, et de son seigneur Manassès de Conti. — Des lettres de l'évêque Thierry, de l'année 1160 environ, constatent : que l'abbaye fut dotée par Bérenger de Neuville et Hadvide, sa femme, de tout ce qui leur appartenait en terres, bois et dîme au terroir de Vaqueresse (*Vaccarie*), du consentement de leur fils Sargualon, de Robert Cavesos et Rentiane, sa femme ; et que Robert Strabon lui donna à cens tout ce qu'il avait au même terroir, avec la quatrième partie de la dîme, du consentement de son seigneur Godefroi de La Chapelle (*de Capella*) et de son fils Foulque, du fief desquels le tout dépendait. (*Cartulaire du Gard*, II, 203 et 205.)

4° Le petit marché de La Maronde, qui est de 12 journaux à la sole.

5° Les terres nommées *la Cordière*, proche de l'abbaye du Gard.

6° Celles nommées *la Vieille forge*.

7° Les prés de Crouy, appelés *les prés Monsieur d'Amiens*, contenant environ 8 journaux.

8° Le bois d'Hermilly, qui porte 10 journaux à coupe. — Il tenait à la ferme d'Hermilly. (Voy. I, 403.)

9° Les bois du Gard-Hamery, de 9 journaux à coupe.

10° Les hayures dudit bois de Hamery, qui ne se coupent que tous les neuf ans.

11° Le bois des chanoines, de 3 journaux et demi à coupe.

12° Les censives d'Amiens, montant à 6 livres.

13° Celles de Guinemicourt, montant à 8 livres.

14° Renvoi d'un muid de 18 setiers de blé, dû à l'abbaye par le sieur de Ribauville, pour la dîme de Saleu.

15° Les droits de dîme de St.-Aubin, Montenoy, Bricquemaisnil et Bray.

16° Les dîmes d'Oflignies, Plachy-Buyon, St.-Sauflieu et Sallouel.

17° Les menues et mixtes dîmes de Guinemicourt.

Au delà de la rivière, du côté d'Artois.

18° La cense et ferme du Valheureux, contenant 400 journaux de terre à la sole, y compris petits bois, pâtis, prés et chanvrières, le tout fermé et clos de haies vives.

19° La ferme de Longueville près Fienvillers, contenant 300 journaux à la sole. — Cette cense est dite en la déclaration de 1547 consister en bâtiments, cour, jardin, pâtis et pourpris, d'une contenance de 18 journ., et en 941 journ. de terre labourable y appendant, dont une grande partie en riez. (*Cartul. du Gard*, I, 183.) — Elle appartenait au couvent depuis le commencement du XIII° siècle. Robert, seigneur des Auteux (*de Altaribus*), de l'assentiment de Pavie, sa femme, lui avait fait don de 550 journaux de terre audit terroir, de Longueville, de 32 autres au terroir de Burbures, et de 60 au terroir des Auteux, à la mesure de 22 pieds par verge et de 100 verges au journal ; à la charge d'un cens en blé ; ce qu'approuva Willaume, comte de Ponthieu, en l'année 1206. Le titre nomme les occupeurs. — Aux kal. d'avril 1208 Robert des Auteux renouvela sa donation parceque, en 1206, il n'avait pas encore de sceau entre les mains. — Au mois de juin 1207, Gaudefroy de Dorlens, seigneur de Burbures, du consentement de son fils Ingerran et de ses filles, donna à cens au couvent 80 journ. de terre à Longueville ; ce qui fut confirmé par Thomas de St.-Valery, en l'année 1208. — Au mois de décembre 1209 Eustache de Haloy et Marguerite, son épouse, du consentement de Béatrix, mère de celle-ci, donnèrent au couvent 25 journ. de terre au terroir de Burbures, avec deux gerbes de dîme, que Marguerite avait sur la dite terre par droit héréditaire ; ce que confirmèrent l'évêque Richard, au mois de novembre 1209, et Robert des Auteux au mois de décembre suivant. (Titres du Gard, Nos 582, 585, 588, 589, 591, 597 q, 598.— *Cartul. du Gard*, I, 183.)

20° La ferme d'Yseux. — Ne serait-elle pas la terre *de Genevroia* au terroir d'Yseu, donnée à l'abbaye par Robert, vicomte de Domart, selon charte confirmative de l'évêque Thierry vers l'année 1160 ? — Au mois de juillet 1244 Pierre de Yseu, Hugue et Gilebert de l'Etoille *(de Stella)*, ses neveux, cédèrent à l'abbaye tous leurs droits sur une pièce de terre appelée Genevroie, contenant six vingts journaux au terroir de Yseu, devant la porte. — Cette ferme ou cense est désignée en la déclaration de 1547 comme consistant en maison, grange, étables et pourpris, contenant 4 journ. avec 331 journ. de terre, dont la plupart en riez et avec 35 journ. de prés et pâtures. (Titres du Gard, N° 318. — *Cartulaire*, II, 125 et 181.)

21° Le bois d'Yseux, de 10 journaux à coupe. — Il fut donné à l'abbaye par Henri de Yseu, du consentement de Robert, vicomte de Domart, du fief duquel il dépendait, selon charte confirmative de l'évêque Thierry, sans date. Cette charte est scellée de Raoul, doyen de l'église d'Amiens, de Guarin, prévôt, et de Bauduin, archidiacre : ce qui en détermine la date à 1160 environ. (*Cartul. du Gard*, p. 125.)

22° Les pâtures d'Yseu, baillées pour un an aux habitants du lieu.

23° Le bois de Longueville, de 10 journaux à coupe. — Le *Cartulaire du Gard*, (I, 183) l'appelle *bois de Longuevillette*. Il était voisin de la cense de Longueville et contenait 100 journaux, selon la déclaration de 1547. — Le plan de ce bois existe aux Archives du département, section des plans.

24° Les prés de Longuequolle, au terroir d'Yseux.

25° Les prés de Belloy, contenant 2 journ 70 verges.

26° Les prés Ségain, contenant 17 journaux 17 verges.

27° Les prés du haut bourne, contenant 17 journaux.

28° Les prés aux oysons, contenant 14 journaux.

29° Les censives de Doullens, montant à 18 livres. — Elles furent données au couvent par maître Selle de Beauvoir (*de Bellovidere*), avocat du roi, conseiller, pour fondation dans l'église du Gard d'une chapellerie perpétuelle pour l'âme du fondateur et celle de Agnès de Hangest, sa défunte épouse ; c'est-à-dire d'une messe chaque jour par un des moines, « à l'autel de la chapelle où gît ladite Agnès et où ledit Selle sera enterré, » suivant chartes des mois de septembre et d'octobre 1321. — Une note mise en marge de cette dernière charte porte que leur tombeau se voyait encore en 1710, dans la chapelle de St.-Bernard, à gauche du sanctuaire. — Selle de Beauvoir avait acheté ces censives de Renald de Pinkeigny, écuyer, sire de Mallers, et de demoiselle Jehanne de Huelieu, sa femme, qui en était héritière ; et ceux-ci s'en étaient dessaisis entre les mains de Jaquemon Piguerre, mayeur de Doullens, comme seigneur, lequel en avait investi ledit Selle, en présence de trois échevins, au mois de septembre 1318.

30° Les censives d'Yseux, montant à 15 livres.

31° Deux douzaines de lapins pour les garennes d'Yseux.

32° Huit mille harengs. — La moitié de cette redevance, c'est-à-dire 4000 harengs blancs, avait été achetée de M. de Cherlier, avec des rentes sur le pont de Picquigny, suivant la déclaration de 1547. (*Cartulaire du Gard*. I, 185.

33° Les dîmes de Vinacourt, La Vicogne et Longuevillette.

Cette déclaration énonce un concordat passé en 1587 entre l'abbé et les religieux. (Voy. Liasse aux déclarations faites en 1730. Archives départementales.)

Page 401. — Note 1re, ligne 6.

SEIGNEURIE DE CROY. — *Ajoutez* : Celle-ci n'est pas désignée nominativement dans le titre de fondation (Titres du Gard, n° 30), mais seulement ainsi : toute la terre, champs, jardins, bois, prés et marais que

Gérard de Picquigny tenait à cens des chanoines de St.-Martin. Et le rédacteur du *Cartulaire* a écrit (p. 54) à la marge : « Seigneurie de Croy. » Cela ne signifie point que l'abbaye du Gard fut dotée de toute la seigneurie, mais d'une partie de celle-ci. C'est, du reste, ce qui résulte de la déclaration de 1547, dont nous avons rappelé les termes ci-dessus (I, 402, note 7.)

Page 402. — Ligne 4.

Bois. — Sous le sceau de l'évêque Guarin, vers l'année 1144, le vidame Gérard, après la mort de sa femme, de l'assentiment de son fils Guermond, donna à l'abbaye ses droits aux bois du Gard, avec une charrue de terre à la Vicogne. (Titres du Gard, nos 30 et 59.)

Ibid. — Note 2, *in fine*.

Ajoutez : La déclaration de 1641 porte la contenance du pré de Dreuil à 42 journaux trois quartiers.

Page 403. — Ligne 3.

Ferme d'Hermilly. — *Notez :* La déclaration produite en 1641, que nous venons d'analyser, donne à cette ferme une contenance de 192 journaux à la sole.

Ibid. — Ligne 4.

Notez : D'après la déclaration de 1641 la ferme de La Maronde contenait 24 journaux de terre à la sole.

Page 408. — Ligne 2.

Droits seigneuriaux de Tirencourt. — *Notez :* Toute cette terre avait été donnée au chapitre lors de sa fondation, en 1066. Il est à croire qu'elle fut aliénée et qu'elle rentra ensuite en partie aux mains du chapitre, comme nous l'avons dit p. 409, note 1re. (*Gallia Christ.*, X, Instr. col. 290.)

Page 411. — Note 4. — Ligne 3.

Lisez : Orthographe.

Page 414. — Note 7.

Ajoutez : Le terroir de Cavillon se divisait en deux parties : le haut qui s'étendait du côté de Fourdrinoy et de Saisseval, et le bas qui s'étendait du côté de Riencourt, d'Oissy et du Mesge. Et la dîme se partageait diversement. — Avant son option, le curé prenait, dans le haut terroir, 3 gerbes de 9, plus moitié de la dîme de fruits et de sang ; le prieur de Saint-Pierre-à-Gouy aussi 3 gerbes, avec l'autre moitié de la dîme de fruits et de sang ; les deux chapelains de Saint-Pierre en la cathédrale 2 gerbes ; et les dames de Moreaucourt la dernière. Dans le bas terroir, le curé prenait 1/3 de la grosse dîme, les deux chapelains de la cathédrale autant, et les dames de Moreaucourt le dernier tiers. Celles-ci eurent ensuite la portion de dîme curiale abandonnée par les curés pour la portion congrue. — Des lettres de l'archidiacre Thibaut (le siège vacant) du mois de novembre 1211 constatent que Gautier de Riencourt, vavasseur, vendit la 6e partie de la dîme de Caveillon, à Henri, fils d'Oilard le Sec, qui la remit par les mains de l'évêque au couvent ; ce que confirmèrent Rolland de la Chaussée, chevalier, et Idorea, sa femme, du fief de laquelle elle dépendait. — Par charte du mois de mars 1212 Laurent de Riencourt, Raoul Chevalier (*cognomento Miles*) et Hugue de Caveillon, vavasseurs, avaient vendu à Oilard dit le Sec, clerc, toute la dîme qu'ils possédaient dans le terroir des avennes (*avennarum*) de Caveillon, qui s'étendait jusqu'à la rive de l'eau de Riencort, c'est-à-dire : Laurent une gerbe de 9, Raoul et Hugue aussi une gerbe de 9 ensemble ; et dans la partie du terroir dite terre cultivée (*terra cultiva*), une gerbe de 9, appartenant pour moitié à Laurent et pour l'autre moitié à Raoul et Hugue. Oilard déclara faire abandon du tout après sa mort au couvent de Moreaucourt. — On retrouve bien en ce titre le haut et le bas terroir. — Une autre copie porte : Laurent de Caveillon. — Jean de Riencort, seigneur du fief, avait donné son consentement dès le mois de février de ladite année. — Une sentence arbitrale du dimanche avant la fête de St.-Luc, évangéliste, de l'an 1357 adjugea aux religieuses de Moreaucourt « la tierche partie de la dîme... au terroir de Cavillon que on dit les avennes et aires... et encore le neuvième gerbe de tout ce qui croit au haut terroir... » (Titres de Moreaucourt, Bail, vente, etc. Invent. de 1529, f° 19. B, C, E, n°s 4, 7. Arch. Départem.)

Page 415. — Ligne 5.

Notez : La moitié de l'autel et du casuel (*altaris et atrii*) de Saint-Firmin de Croy faisait partie des biens donnés au chapitre de Picquigny, par le titre de fondation de l'année 1066. Quand et comment fut-elle aliénée ?

Ibid. — Ligne 15.

Notez : L'évêque avait le patronage de la cure de Dreuil, tant comme évêque que comme abbé de Saint-Martin-aux-Jumeaux. (*Pouillé* de 1301. — *Pouillé de l'Archidiaconé*.)

Ibid. — Note 7.

Ajoutez : Le jour de Saint-Benoît (21 mars) 1243, Pierre de Rouvroy abandonna à l'abbaye du Gard toute la dîme qui lui appartenait sur le nouveau défriché (*in rupticio*) de Robert de Picquigny et sur celui de Jean, châtelain d'Hangest-sur-Somme ; ce que ratifia ce dernier, comme seigneur, sans rien retenir de la dîme de Rouvroy, qu'il garantit au couvent. (Titres du Gard, n° 286.) — Le fief de Rouvroy consistant en cens, terres arables, prés, hommages, etc., avait été vendu à l'abbé et au couvent du Gard, pour l'œuvre de la porte (*ad opus porte dicti loci*), c'est-à-dire pour les aumônes, par Pierre de Rouvroy et Jeanne, son épouse, au mois de juillet 1289. (M. de Beauvillé, *Rec. de docum. inédits*, IIe partie, p. 54.) — Ce fief ne se voit pas nominativement rappelé dans les *déclarations* précédentes (I, 401, 402 et suiv.); peut-être est-il confondu dans l'une des fermes désignées, voisines de Croy.

Page 416. — Ligne 10.

Saint-Léger. — *Notez* : Le village se nommait sans doute Goudincourt, car on lit dans les lettres de l'évêque Thibaut, de l'année 1183, qu'il abandonna à l'abbaye de Selincourt le personnat de l'autel de Saint-Léger de Goudincourt, avec la sixième partie de la dîme ecclésiastique du lieu, et moitié de l'autel de Drueul près Moiliens, avec un tiers de la dîme ecclésiastique, que lui avait remis Raoul, curé du lieu. (*Cartulaire de Selincourt*, Ms. n° 528 de la Biblioth. d'Amiens, f° 11, c² 17.)

Page 417. — Ligne 14.

Notez : Par son titre de fondation de l'année 1066 le chapitre de Picquigny avait été doté de la moitié de l'autel *de Gaudiaco*, en même temps que de la moitié de l'église de St.-Pierre-à-Gouy. Le premier nous semble être Gouy-l'hôpital. Mais dans quelle circonstance le chapitre aliéna-t-il sa moitié ? (*Gallia Christ.* X, Instr. col. 290.)

Ibid. — Note 1.

Ajoutez : La moitié de toute la dîme de Fourdrinoy (*de Fordineto*) est comprise dans le titre de fondation du chapitre de Picquigny, de l'année 1066 (*Gallia Christ.* X, Instr. col. 290). — Le *pouillé* de 1301 écrit Fourdinoy.

Page 418. — Note 5. — Ligne 1re.

Lisez : l'église d'Hallivillers.

Page 419. — Note 4, *in fine*.

Ajoutez : Une *déclaration* du 14 avril 1724 porte que, dans l'étendue du fief de Moreaucourt, situé au terroir de Molliens-le-Vidame et contenant 203 journ., les religieuses de Moreaucourt prenaient un tiers de la dîme, à l'encontre du prieur du lieu pour le surplus. Au verso de la déclaration se voit le plan de ce fief. (Titres de Moreaucourt. Arch. départ.)

Page 420. — Ligne 2.

Notez : La moitié de l'autel *de Osci* fut donnée au chapitre de Picquigny par le titre de sa fondation.

Page 422. — Ligne 13.

Notez : La moitié de l'église de St.-Pierre-à-Gouy faisait partie des biens donnés au chapitre de Picquigny par le titre de fondation de l'année 1066. Comment et quand fut-elle aliénée ?

Page 423. — Note 6.

Ajoutez : Un bail fait par les religieuses de Moreaucourt le 6 juin 1705 porte qu'elles avaient 1/3 de la dîme, le curé autant, les Jésuites du collège, l'abbaye de St.-Fuscien, les chanoines de St.-Nicolas et l'ancienne communauté des chapelains de Notre-Dame ensemble le dernier tiers. (Titres de Moreaucourt, 4e carton. Arch. départem.)

Page 427. — Note 2.

Ajoutez : Le *pouillé* de 1736 fait figurer cette chapelle au doyenné de Vinacourt, comme si elle était dans l'église de La Chaussée, et sous le vocable de St.-Martin. C'est une erreur. Il fixe l'union au 22 mars 1715.

Ibid. — Note 6.

Chapelle de Gouy. — *Ajoutez* : Le titre que nous allons citer dit que la fondation fut faite par le vidame Renault et par sa sœur Mahaut de Pinkegny, « prévoste de Douay », femme du seigneur d'Antoing. Celle-ci possédait la terre de Goy, et Renault n'a dû intervenir que comme seigneur dominant. Le revenu affecté à la chapelle consistait en « 25 livrées de terre, à prendre au parezi sur la terre de Goy dessoubs Harmellies », et cent soldées de renté sur une maison « assise u bourc de notre dicte ville, tenant au rieu qui soloit descendre des grans molins. » Mais le chapelain n'était pas payé, et des poursuites étaient imminentes lorsque, par transaction du mois de janvier 1367, Raoul de Rayneval, chevalier, seigneur de Pierrepont, pannetier de France, et sa femme Marguerite dame et héritière de Pinkegny, vidamesse d'Amiens, abandonnèrent au chapitre de St.-Martin « toute le terre de Goy et appartenances d'icelle », pour tenir lieu des revenus stipulés par l'acte de fondation. (Titres du chapitre de St.-Martin de Picquigny, carton 2. Arch. départem.)

Page 428. — Lignes 10 et 11.

Notez : Le pré, la grange et le droit sur les bâteaux sont rappelés en la *déclaration* du Chapitre (I, 409). Serait-ce parce qu'ils auraient été remplacés vis-à-vis du titulaire de la chapelle par d'autres revenus, ou parce que la chapelle aurait été supprimée alors ?

Ibid. — Note 1re.

Ajoutez : On entendait par *livrée* une portion de terre rapportant une livre de revenu annuel. (Du Cange et Roquefort. *Glossaires.*) Les 40 livrées sont représentées par les 100 journaux portés en la *déclaration*, lesquels sans doute sont ceux du titre, quoiqu'on ne compte en celui-ci que 92 journaux 25 verges. Un dénombrement et aveu servi en 1699 portait 99 journaux, et un autre de 1717 portait 104 journaux 25 verges ; le manoir n'y paraît plus. (Titres du chapitre de Picquigny, 2e carton. Arch. départem.)

Page 428. — Note 2.

Ajoutez : « J'ai, dit le curé, perdu l'usage de la vue, il y a 11 à 12 ans, et je suis privé de célébrer le saint sacrifice de la messe, par ordre de Mgr l'évêque, et je suis obligé de payer 75 livres. » (*Déclaration.*)

Ibid. — Note 6.

Ajoutez : En 1215 Enguerran de Picquigny abandonna aux chanoines de St.-Martin les droits de patronage et de présentation, ordonna que si l'hôpital venait à être ruiné ou anéanti, la chapelle serait transférée et desservie dans l'église de St.-Martin jusqu'à son rétablissement. (*Invent. raisonné... de St.-Martin,* p. 19.)

Page 447. — Ligne 23.

Notez : Le *pouillé de l'Archid.* dit qu'il n'existait pas de presbytère à Saulchoy en 1689.

Ibid. — Note 6.

Ajoutez : Le prieur de St.-Denis de Poix était curé primitif et seul décimateur. Il céda les dîmes au curé, moyennant une redevance de 10 mines ou 40 quartiers de blé par an, le 24 juillet 1628. (*Invent. d'actes, titres et mémoires,* etc. p. 200.)

Page 451. — Note 1re.

Ajoutez : Le prieuré de St.-Thaurin fut fondé au xiie siècle sur un terrain donné par Rigor de Roie et sa femme Elisabeth. Le pape Alexandre III approuva cette fondation par bulle du 6 des ides d'avril 1179.

Ibid. — Note 4. — Ligne 4.

Au lieu de : 1084, *lisez :* 1184. — L'erreur vient du P. Daire, qui n'a pas fait attention à l'époque où siégeait le pape Luce III. (Voy. *Hist. du doyenné de Rouvroy,* Ms. p. 17.)

Page 452. — Ligne 8.

Au lieu de : Auricourt, *lisez :* Avricourt. — Ce lieu est situé près de la source de la rivière d'Avre.

Page 453. — Note de la page précédente. — Lignes 10 et 13.

Au lieu de : comte de Boullogne et d'Avigné, *lisez :* comte de Boullogne et d'Auvergne.

Ibid. — Note 1re.

Ajoutez : En 1231 le chapitre acheta de Jehan de Andecy et Marguerite, sa femme, cinq buviers et demi-journal 34 verges de terre, au terroir de Andecy, plus 3 journaux 10 verges et demie. (*Inventaire du chapitre de Roye.* — Titres de St.-Florent, 1er carton.)

Ibid. — Note 3. — Ligne 4.

Au lieu de : le 1er janvier 1200, *lisez :* au mois de janvier 1251.

Ibid. — Note 3. — Ligne 7.

Au lieu de : un bovier 9 gerbes et demie, *lisez :* un bovier moins 9 gerbes et demie.

Page 453. — Note 3. — Ligne 10.

Au lieu de : février 1200, *lisez* : février 1246.

Page 458. — Ligne 2.

Au lieu de : Vricourt, *lisez* : Avricourt.

Page 461. — Note 1re. — Ligne 19.

Corrigez ainsi : les religieux de Saint-Corneille, ou les dames du Val-de-Grâce, le chapitre.....

Page 471. — Note 2.

Ajoutez : Ce qui prouve que la ville de Roye et ses établissements religieux faisaient bien partie du doyenné de Rouvroy, c'est qu'au tableau des droits de gîte de l'évêque, le chapitre de Roye, qui était curé primitif des paroisses de la ville, est bien considéré comme étant dudit doyenné. (Voy. à la suite du pouillé de 1301 *Procurationes domini Episcopi in dyocesi Ambianensi*.)

Page 473. — Ligne 20.

Au lieu de : Trois chantres, *lisez* . trois chanoines théobaldiens.

Ibid. — Note 4, *in fine*.

Ajoutez : Voy. ci-dessus I, 466 et 472 ; II, 338.

Page 485. — Ligne 32.

Notez : L'abbaye étant située dans une campagne, se trouvait obligée de recevoir nombre de visites des parents des religieuses, et des religieux mendiants : ce qui occasionnait une grande dépense. (*Déclarat*.)

Page 486. — Ligne 18.

CHAMPART DE FLIXECOURT. — *Notez* : Le chapitre prenait autrefois sur ce terrage ou champart trois muids de grain. Par transaction du mois de mars 1297, Marguerite d'Amiens dame de Fiefes consentit à convertir cette redevance en six livres parisis, qui représentent les 7 liv. 10 sols portés en la *déclaration*. (*Cartul. de Vinacourt*, p. 29.)

Ibid. — Noté 1re. — Ligne 3.

Au lieu de : Mabille, *lisez* : Matilde.

Ibid. — Note 1re, *in fine*.

Ajoutez : En l'année 1281 l'évêque Guillaume (*Guillermus*) donna de nouveaux statuts au chapitre de Vinacourt. (*Cartulaire de la Collégiale de Vinacourt*, p. 43.) — Il ne paraît pas exister de titres dudit chapitre, sinon le *Cartulaire* que nous venons de citer, lequel est conservé aux Arch. du départem. C'est un petit in-4° en vélin, de 47 pages.

Page 487. — Ligne 1re.

Au lieu de : Favière, *lisez* : Savières. Ce lieu est une annexe de Villers-Bocage. — Le renvoi dont il s'agit avait pour cause les droits du chapitre de Vinacourt à deux parts de la dîme de Renoval (*Renaudi valle*), et fut fixé à 5 muids de blé et 5 muids d'avoine, dont moitié à prendre sur le terroir de Savières, et le reste à Vinacourt ou à Amiens, suivant transaction du mois de juillet 1281. (*Cartul. de Vinacourt*, p. 35. — Titres de l'abbaye de Saint-Jean, cote XXIII. L. carton 3e. Arch. Départem.)

Page 487. — Ligne 5.

Notez : S'agit-il d'une partie de la redevance de 16 setiers de grains, qui fut imposée à l'abbaye de Nouveaulieu (*Domni Martini in Pontivo, qui dicitur Novus locus*) par Renaut d'Amiens, au mois de janvier 1225 ; ce qui fut reconnu devant l'official d'Amiens au mois de mai 1226 ? (*Cartulaire de la Collégiale de Vinacourt*, p. 2 et 36.)

Page 489. — Note 2, *in fine*.

Ajoutez : Le don fait par Mathieu de Yseu portait sur le fief du vidame de Picquigny et sur celui de Renaut d'Amiens. Sa femme Béatrix et ses fils Mathieu et Jean y donnèrent leur consentement. — Au mois de mai 1219 Guarin de Beeloy, chevalier, comme suzerain, confirma ce don. — Au mois de mai 1222 ledit Guarin confirma aussi la donation faite par son homme Firmin de Berchicort, du tiers lui appartenant de la dîme des terroirs de Bethenoie, de Beeloie, de Caisnel, de Ardenne et de toute la campagne (*tota campania*), plus de toute la dîme de Boillonpré. Elle fut aussi confirmée au mois de juin suivant par Eustache de Novion, chevalier, seigneur de Bétencort, et Marie, sa femme, comme descendant de leur fief. (Titres du Gard, nos 530 et 531. — *Cartul. du Gard*, II, 385.)

Page 494. — Note 1re. — Ligne 4.

La chapelle dite de Fieffes en la cathédrale n'est-elle pas celle de Saint-Maur ? (Voy. ci-dess. I, 61.)

Page 496. — Note 4. — Ligne 3.

Ajoutez : La part des dames de Moreaucourt était des deux tiers de cette dîme d'abord, et ensuite du tout, par l'abandon que le curé fit de son tiers. — Au mois de novembre 1300 Antiaume de Wargnies reconnut que les religieuses avaient deux parts des grosses et menues dîmes et des offrandes. — Le jeudi après l'Ascension 1351 il fut fait bail de la dîme de Wargnies à Jean, chevalier, sire de Wargnies. (Titres de Moreaucourt. No 7. Arch. départem.)

Page 501. — Ligne 17.

Notez : Le prieuré de Flixecourt paraît avoir possédé autrefois moitié de l'autel de Pernois, qui lui aurait été donné par le titre de 1150, énoncé ci-dessus (I, 478.)

Ibid. — Note 5.

Ajoutez : Par lettres du jeudi après la fête de St.-André, apôtre, c'est-à-dire du mois de décembre 1293, l'évêque Guillaume, institua, pour desservir l'église, deux chapelains séculiers, tenus à résidence, chargés de dire l'office et de célébrer la messe chaque jour. A l'un d'eux, spécialement chargé de la cure de toute la paroisse, il attribua les menues dîmes, les oblations, les inhumations et deux muids de blé, mesure de Domart, sur la grange du lieu. A l'autre (peut-être celui de St.-Nicolas), il assigna 10 livres tournois de revenus et aussi deux muids de blé sur ladite grange. (Carton de titres détachés. Arch. départem.)

Page 505. — Ligne 9.

Notez : L'autel de l'église de St.-Vast est compris parmi les biens donnés au chapitre de Picquigny par le titre de sa fondation.

Page 505. — Ligne 19.

Notez : L'autel de Talmas (*de Talemardis*) fut donné au chapitre de Picquigny par le titre de sa fondation de l'année 1066. (*Gallia Christ.* X, Instrum. col. 290.)

Page 508. — Note 3.

Ajoutez : Les droits des dames de Moreaucourt s'étendaient sur deux cantons, où la dîme se percevait à 7 pour cent. Dans l'un appelé *le Vivier, le grand borne et Sintelette*, elles prenaient 2/3, à l'encontre du chapitre d'Amiens et du prieur de Boves pour l'autre tiers, excepté sur un petit canton contenant 6 à 7 journ. y inclus et nommé *l'épine de serpette,* où les religieuses ne prenaient qu'un tiers et les religieux de St.-Jean d'Amiens deux tiers. Dans l'autre canton auprès du *bois Thibaut*, sur 26 à 27 journ. l'abbaye de Moreaucourt, le Chapitre d'Amiens et le prieur de Boves prenaient chacun un tiers. Ces proportions sont déterminées en une *notoriété* du 12 juillet 1697. (Titres de Moreaucourt. Arch. départ.)

Page 509. — Note 3.

Ajoutez : Cette fondation est-elle bien applicable à ladite chapelle ? — Le titre nouvellement retrouvé et que nous avons analysé tout-à-l'heure (suppl. à la note 5 de la page 501) nous en fait douter.

Page 510. — Note 3. — Ligne 5.

Ajoutez : La pièce de terre ici désignée serait-elle celle de 30 journaux, tenant à la voie merdeuse, à 30 journaux « que li prestre parochial de le confraerie d'Amiens ont acaté..., » et à 20 journaux aussi achetés par le chapitre de Fouilloy, que Bernard d'Amiens, chevalier, seigneur de Vinacourt, vendit au mois de septembre 1284 à Jehan du Bosquel, doyen de Vinacourt, pour fonder une chapellerie ? (*Cartul. de la collégiale de Vinacourt*, p. 21. — Voy. ci-dessus tome I, p. 82, note 3 ; et p. 253, note 1.)

§ III.

ANNOTATIONS ET CORRECTIONS DU TOME SECOND.

Page 1ʳᵉ. — Ligne 5.

Après les mots : Etablissements religieux, *Ajoutez* : d'hommes.

Page 8. — Note 1. — Ligne 19.

Ajoutez : On lit indifféremment patronat et patronage dans un grand nombre de titres et dans les anciens jurisconsultes, notamment dans le commentaire de de Heu, sur l'article 4 de la Coutume d'Amiens. (Voy. le *Coutumier de Picardie*, I, 190 et 191.)

Cependant nous tenions à employer une expression uniforme, et c'est malgré nous qu'en plusieurs endroits et surtout dans les feuilles que la maladie nous a empêché de revoir avec assez d'attention, le mot patronat est resté. Signalons surtout et une fois pour toutes les pages 61, 63, 64, 65, 70, 117 et 133 du présent volume.

Page 8. — Notes 3 et 4.

Le premier paragraphe de la note 4 doit se confondre avec la note 3, dont il est une répétition.

Page 10. — Ligne 20.

Notez : Les terres situées en côtes étaient autrefois en friche. Les chartreux les avaient mises en labour. — La plus grande partie des terres de Thuison provenait de la primitive fondation. Une partie, notamment 18 journaux, avait été acquise, en 1654, du chapitre de Longpré ; une autre partie venait d'une ancienne donation ; et enfin une partie était du fief de St.-Milfort. (*Déclaration*.)

Page 17. — Note 2.

Ajoutez : L'emplacement donné par le fondateur d'Epagne était situé auprès d'une fontaine dite de Saint-Albin, entre l'église de ce nom et le village d'Epagne, à une lieue d'Abbeville. Ingelran de Fontaine renouvela sa donation en 1192 au profit de l'abbesse *Albrea* et des religieuses amenées de Rouen. Il est à remarquer que les auteurs du *Gallia Christiana* disent qu'Albrea ne fut point abbesse, mais seulement prieure. L'abbaye fut confirmée par bulles des papes Célestin III, de l'année 1192, et Innocent III, de l'année 1210. (*Gallia Christ.* X, col. 1342. Instrum. col. 330 et 331.)

Ibid. — Note 3.

Ajoutez : Le couvent avait été fondé pour treize religieuses. (*Gallia Christ.* X, Instr. col. 315.)

Page 19. — Ligne 1re.

Dime a Heuzecourt. — *Notez* : L'abbaye d'Epagne en fut dotée par *Fudellus*, chevalier, ainsi qu'il résulte d'une charte confirmative de l'évêque Evrard, de l'année 1214. (*Invent. de St.-Vulfran*, f° 5 v°. Arch. Départ.)

Ibid. — Ligne 7.

Tailles. — Election. — *Notez* : L'assiette ou répartition des tailles ou de l'imposition de la taille se faisait par des officiers qui étaient *élus* à l'origine par les communes. C'est de là que vint leur nom.

Ibid. — Note 4.

Après les mots : Pontem de Remy, *ajoutez* : ce sont les termes mêmes de la charte de fondation. (*Gallia Christ.* X, Instr., col. 320.)

Page 20. — Note 2.

Ajoutez : L'abbesse madame de Rambures administra si sagement qu'elle acheta pour plus de 40 mille livres de biens et paya plus de 15 mille livres de droits d'amortissement. Elle mourut en février 1707. (*Manuscrit concernant la Picardie*, p. 212. Biblioth. de M. C.-P.)

Page 21. — Ligne 8.

Notez : La terre de Millencourt, sise entre ce village et Drucat, fut achetée de Madame la duchesse de Caderousse, moyennant 5,000 livres le 15 juin 1683. (*Manuscrit concernant la Picardie*, p. 211. Biblioth. de M. C.-P.)

Page 22. — Ligne 5.

Notez : La ferme de la porte St.-Gilles fut achetée de Pierre Poisson, moyennant 4,400 livres, le 4 mai 1689. (*Manuscrit concernant la Picardie*, p. 212. Bibl. de M. C.-P.)

Page 22. — Ligne 8.

Fief sans Domaine. — *Notez :* Le fonds occupé par le seigneur se nommait *Domaine*, l'autre partie de la propriété se composait de tenures, qui étaient soumises à des charges diverses. Les tenures nobles étaient possédées par des vassaux, sous le nom de bénéfices ou fiefs. Les autres, occupées par des colons ou serfs, étaient appelées rotures et chargées de censives.

Ibid. — Ligne 11.

Au lieu de : Tunele, *lisez* : Tuncle.— C'est probablement la corruption de Tuncq, comme Puincq le serait de Buignes. (Voy. ci-dess. II, 77, note 6.) — Les fiefs de La Motte, Tuncq et Buygne furent achetés du sieur de Toflet le 28 novembre 1679, moyennant 18,000 livres. (*Manuscrit concernant la Picardie*, p. 211. Bibl. de M. C.-P.)

Page 32. — Note 2.

Ajoutez : Les offrandes et les cires se partageaient entre le chapitre de St.-Vulfran et la fabrique de la paroisse.

Les fondations étaient fort incertaines, parceque les fonds en étaient placés sur l'Hôtel-de-Ville et sur les rentes provinciales.

La paroisse n'était composée, sauf quelques ménages, que de pauvres artisans et d'indigents. Il y avait beaucoup de fatigue et point de casuel. (*Déclarat.*)

Page 39. — Ligne 13.

Au lieu de : 1726, *lisez* : 1728.

Page 43. — Note 6.

Ajoutez : La portion de dîme de l'abbaye d'Epagne lui provenait de son titre de fondation. (*Gallia Christ.* X, Instrum. col. 315.)

Page 48. — Note 1re.

Ajoutez : Spécialement pour les 36 ^{1} 16 ^{s} des fondations exprimées, la communauté des chapelains était tenue d'acquitter chaque année : 26 messes hautes d'obit, avec vigiles ou matines la veille ; 4 saluts les jours de Pâques, Pentecôte, Nativité de St.-Jean-Baptiste et Noel ; et 4 autres saluts les jours de l'Annonciation, l'Assomption, la Nativité et la Conception de la Sainte-Vierge. (*Déclaration.*)

Page 49. — Ligne 10.

Chapelle du St.-Esprit. — *Notez* : Nous avons trouvé à Rue le procès-verbal de la prise de possession par l'ordre du Mont Carmel de l'hôpital et de la chapelle du St.-Esprit d'Abbeville en 1677. (Arch. de l'hospice de Rue, dressé par nous en 1860, série H. 1.)

Ibid. — Note 1re.

Ajoutez : La chapelle de Ste-Croix fut fondée par Guillaume comte de Ponthieu, dans son château d'Abbeville, au mois de mars 1205, et confirmée par bulle du pape Innocent III, du 16 des kal. de mai (16 avril) 1212. — Elle fut divisée entre deux chapelains par Simon comte de Ponthieu, gendre de Guillaume, vers 1240. — La chapelle avait été bâtie dans la partie du château où l'on enfermait les prisonniers. (P. Ignace, loc. cit. p. 396 à 398.)

Page 56. — Ligne pénultième.

L'un des 68 grands obits dont il s'agit était dû pour le comte Guillaume de Ponthieu, pourquoi le chapitre touchait 4 liv. parisis sur la vicomté du pont à poissons, au chapitre des arrière-fiefs d'Abbeville. (Voy. *quittance* de 1450, dans les *Documents inédits concernant la Picardie*, publiés par M. de Beauvillé ; pièce cxiv.)

Page 60. — Ligne 19.

Au lieu de : 2 muids 1/2 de cidre, *lisez* : un muid et demi...

Page 61. — Ligne 10.

Dîme de Bettencourt-lès-Rivière.— *Notez* : Les deux tiers de la dîme, qui se percevait sur 300 journ. de terre environ, étaient inféodés au seigneur du lieu, qui les tenait en fief restreint de l'abbaye de Saint-Riquier ; le curé jouissait de l'autre tiers. (*Aveu* servi le 12 septembre 1759 par mess. Nicolas Barthélemy de Louvencourt, chevalier, seigneur de Béthancourt-Rivière. Titres de St.-Riquier. Arch. départem.)

Page 64. — Note 2.

Ajoutez : La dîme d'Estruisuiz avait été donnée à l'abbaye de Selincourt par Girold Famine, Bernard Cotin et Mathieu, comme on le voit dans la charte de confirmation de l'évêque Thibaut de l'année 1177. (*Cartulaire de Selincourt*, f° 11, c^a 16.)

Page 65. — Note 5.

Ajoutez : La portion de dîme du Chapitre d'Abbeville figure parmi les possessions confirmées par l'évêque Richard, en l'année 1206. (*Invent. des titres de St.-Vulfran*, f° 7 v°.)

Page 66. — Note 5. — Ligne 3.

Après ces mots : les religieuses de l'Hôtel-Dieu, *ajoutez* : d'Amiens.

Page 67. — Ligne 6.

Notez : L'autel de Heuecort avait été retiré de mains laïques par l'évêque Thibaut, et par lui donné à l'abbaye de Selincourt, en l'année 1177. (*Cartul. de Selincourt*, f° 11.)

Ibid. — Note 2.

Ajoutez : La portion de dîme de Heucourt, appartenant au curé comprenait sans doute les droits (probablement le tiers) qu'y avait autrefois l'abbaye de Selincourt, confirmés en l'année 1177 par l'évêque Thibaut. Ce prélat les dit provenir, aussi bien que ceux sur la dîme d'Estrejux (Estruisuiz), du don de Girold Famine, de Bernard Cotin et de Mathieu. (*Cartul. de Selincourt*, f° 11, carta 16.)

Ibid. — Note 3.

Ajoutez : Par lettres de l'évêque Godefroy, de l'année 1231, la cure de Liercourt fut détachée de celle de Fontaine, qui comprenait quatre villages et deux églises. Le prélat voulut qu'il en fût fait deux paroisses : Fontaine avec Sorel, et Liercourt avec Dunc. (*Invent. des titres de St.-Vulfran*, f° 7 v°.)

Page 76. — Note 2.

Ajoutez : MM. Dusevel et Scribe, dans la *Description historique et pittoresque du département de la Somme*, publiée en 1837, disent (page 113 du 1er volume) que Huc Camp d'Avesne avait fondé l'abbaye de Cercamp en expiation de l'assassinat du curé de Beauval, qu'il avait tué au pied de l'autel. D'autres pensent que l'assassinat fut commis sur le curé de Beauvoir. (Voy. *Puits Artésien*, 1839, p. 295.)

Page 76. — Note 4.

Avant les mots : *Puits Artésien*, ajoutez : *Recherches historiques sur quelques communes*, par M. N. Lambert. 1838.

Page 77. — Note 6. — Ligne 3.

Ajoutez : Les religieux de St.-Riquier jouissaient autrefois du tiers de la dîme, seulement sur le fief de Méricourt, à l'encontre de l'Hôtel-Dieu d'Auxy-le-Château, qui avait les deux tiers, sauf sur quelques portions de terre. La dîme se percevait à 7 du cent. (*Inventaire de l'abbaye de St.-Riquier*, III, 1268.)

Page 78. — Ligne 1re.

Notez : Ce nom est écrit Basly, au *pouillé* de 1301.

Page 80. — Ligne 1re.

Notez : La paroisse de Cercamp ne figure pas au *pouillé* de 1301. Cependant nous avons vu (tome II, p. 80, note 2) que dès le xiie siècle le patronage en appartenait à l'abbaye de St.-Michel de Doullens : ce qui en présuppose nécessairement l'existence.

Page 84. — Note 2.

Au lieu de : L'autel de Monchy, *lisez* : de Montigny.

Page 87. — Ligne 4.

Notez : La cure de Villers-l'hôpital ne figure pas au *pouillé* de 1301, parcequ'elle était de commanderie et qu'à ce titre elle ne payait pas de décimes. Son existence à cette époque n'est pas douteuse, puisque le droit de patronage du commandeur de Fieffes fut l'objet d'une difficulté avec le prieur de Canchy, selon l'énonciation de M. Cocheris, en citant une charte du mois de mai 1197. (*Catalogue de Manuscrits sur la Picardie* no 563 ; —4o cartul. de Fieffes, fo 7, A. I. sect. adm., S. 5059, no 7) —M. Cocheris a fait erreur en plaçant le prieuré de Canchy à Conchy-sur-Canche.

Page 90. — Ligne 6.

Notez : L'abbé Durant de Missy était, dit la procuration énoncée, docteur de la société de Sorbonne, vicaire-général de S. E. Mgr le cardinal de Bissy, évêque de Meaux.

Ibid. — Note 4.

Ajoutez : Cette ferme est nommée Rufigny dans les baux. Elle consistait en maison d'habitation, bâtiments ruraux, cour fermée, jardin, pourpris, un journal de bois à couper par an, et 7 pièces de terre d'une contenance de 173 journ. — A cette ferme était attachée une rente seigneuriale de 27 liv. due par le comte de Lannoy. (Baux du xviiie siècle devant Déleplanque et Bourgeois, notaires à Gamaches.)

Page 91. — Ligne 2.

Au lieu de : Beaumont, *lisez* : Boismont.

Page 96. — Note 3.

Ajoutez : Ne s'agit-il pas de ce Jean Aucosté, valet du roi, qui, avec sa femme, fonda une chapellerie dans l'église de St.-Vulfran, en l'honneur de Notre-Dame, de tous les saints et spécialement de St.-Christophe, en l'année 1342 ? (*Inventaire des archives municipales d'Abbeville*, GG. 10.)

Page 109. — Note 8.

Ajoutez : La dîme de Feuquières ne se percevait pas d'une manière uniforme. Sur les terres qui relevaient de l'abbaye de St.-Riquier en fief ou en roture, l'abbaye prenait 3 gerbes de 12 et en rendait une au curé, par forme d'augmentation de portion congrue, le curé en prenait encore une des 9 autres, le commandeur d'Oisemont 5, le prieur de Pont-Remy ou de Canchy une et un tiers, et le seigneur du fief Cany-Dreuil sis à Feuquières une gerbe et deux tiers. Sur les terres non mouvantes de l'abbaye, celle-ci prenait 9 gerbes de 12 et en rendait une au curé, qui en prenait encore une des trois autres, le prieur de Pont-de-Remy une, et le seigneur du fief de Cany la dernière. Le commandeur d'Oisemont n'avait aucune part à cette dîme. — L'abbaye de St.-Valery n'avait de droits que sur Ostcleux. (*Invent. de St.-Riquier*, IV, 1901.—Voy. ci-dess. II, 241 et 279.)

Page 128. — Note 4. — Ligne 7.

Ajoutez : Ce titre doit être de la fin du XIIe siècle. En effet, on voit les mêmes Raoul de Clermont et Aélis, son épouse, consentir une transaction en l'année 1190. (Voy. ci-dess. I, 181, note 1.)

Page 129. — Note 3. — Ligne 2.

Ajoutez (entre la parenthèse) : tome 1er.

Page 146. — Note 2.

Ajoutez : Par lettres de l'année 1125 Raynald, archevêque de Reims, confirma l'établissement des chanoines de St.-Josse-au-bois et la possession de leurs biens. (*Gallia Christ.* X, Instr. col. 303. — *Annal. Præmonst.* I, pr. col. 514.)

Page 147. — Note 3. — Lignes 11 et 12.

Ajoutez : Il s'agit des dîmes de Buigny-l'Abbé, au doyenné d'Abbeville, et de Visme, au doyenné de Mons. (Voy. ci-dessus II, 36 et 176.)

Page 151. — Ligne 15.

Notez : On lit Ekemecourt, au *pouillé* de 1301.

Ibid. — Note 2, *in fine*.

Ajoutez : Cependant le Collège d'Amiens avait un tiers de toutes les dîmes de Vadicourt, d'après les baux. (*Invent. du Collège*, p. 53. — Voy. ci-dess. I, 117.)

Page 154. — Ligne 17.

HIERMONT. — *Notez* : Les décimateurs étaient : lesdits chanoines théobaldiens, l'abbesse de Villencourt, le commandeur de Fieffes et le curé. Celui-ci jouissait de la part des chanoines, à la charge de leur remettre 200 livres, en conséquence d'un arrêt. (*Pouillé de l'Archid.* f° 81.)

Page 175. — Note de la page précédente. — Ligne 7.

Il faut lire Wibert du Chaussoy, plutôt que W. de Sauchoy, parce que le nom vulgaire du village est Chaussoy et que l'expression latine *de Salcheto* peut se traduire des deux manières. (Voy. ci-dessus II, 128, note 3.)

Page 177. — Note 3.

Ajoutez : Le *Gallia Christiana* (X, 1233 B) reporte la date de la fondation de ces chapelles à l'année 1370 et dit que l'une d'elles fut établie dans le château de St.-Valery. Cependant les *déclarations* transcrites portent bien la rubrique Cambron, et pour chacune : « l'une des quatre chapelles. » — Le *pouillé de l'Archid.* les place aussi toutes à Cambron.—Ajoutons que le domaine de Cambron relevait bien du seigneur de Rambures, mais qu'il n'en était pas de même de celui de St.-Valery. Nous ne pensons donc pas que l'une de ces chapelles ait été établie dans le château, mais elle fut placée sous le patronage du châtelain et peut-être dédiée à St.-Valery. —M. Prarond (*Abbeville, communes rurales*, p. 126,) a fait quelques remarques à ce sujet, comme aussi sur les variantes dans l'indication des dates.

Page 185. — Note 3. — Ligne 17.

Gautier de Camberon, seigneur de Evessen... Telle est la leçon de la *Copie du Cartulaire de St.-Josse*, p. 109. Mais il est à croire *qu'il faut lire* : ... seigneur de St.-Maxent. En effet, on trouve Gautier de Camberon, chevalier, seigneur de St.-Maxent en 1199, 1236 et 1257 dans le *Cartulaire de Sery*, p. 89 et 257. (Voy. ci-dess. p. 96, note 6, et p. 212, note 8.) C'est évidemment le même personnage.

Page 189. — Ligne 24.

Notez : Il semble que le chapitre de Montreuil devait être composé régulièrement de 8 chanoines, le doyen compris. C'est ce qui résulte de la comparaison des pouillés. (Voy. aussi Piganiol de la Force, *Nouv. Descript. de la France.* Picardie, II, 37.)

Page 190. — Note 1re. — Ligne 4.

Au lieu de : Comtesse de Boulogne et d'Alvernie, *lisez* : ... et d'Auvergne.

Page 192. — Note 1re, ligne 2.

Au lieu de : Adrien IV, *lisez* : Anastase IV.

Page 196. — Note 5.

Ajoutez : Par jugement arbitral du 1er septembre 1690 il fut attribué au curé de Maintenay le tiers des dîmes appartenant à l'abbaye de Valloire, et le tiers de celles appartenant au chapitre de Montreuil, plus 22 liv. à payer par ce chapitre et 53 liv. par l'abbaye. (Titres de Valloire, n° 7.) — Nous trouvons cette partie du supplément dans la *déclaration*, mais celui dû par le chapitre y est converti en grains.

Ibid. — Ligne 8.

Au lieu de : l'abbaye de Groffliers, *lisez* : la fabrique de Groffliers.

Page 202. — Note 4, ligne 2.

Au lieu de : Adrien IV, *lisez* : Anastase IV.

Page 211. — Ligne 11.

Notez : L'autel de St.-Germain-sur-Bresle avait été confirmé à l'abbaye par lettres de l'évêque Thibaut, du premier mars 1190. (Titres de St.-Fuscien, carton 2. Arch. départem.)

Ibid. — Ligne 12.

Notez : La dîme de la paroisse de St.-Germain était au prieur du lieu, lequel payait le gros du curé, comme nous l'avons vu (p. 206, note 2).

Page 211. — Note 1ʳᵉ.

Ajoutez : On croit que Ste.-Godeberte, vierge, était native du village de la Neuville-au-bois. (P. Ignace, *Hist. eccl. d'Abbeville*, p. 139. — M. Corblet, *Hagiographie du diocèse d'Amiens*, II, 550.)

Page 215. — Ligne 9.

Au lieu de : Frestmontier, *lisez* : Forestmontier.

Page 223. — Ligne 20.

NOCAGE. — *Annotez* : On appelait *nocqs*, eschaulx et courses les canaux qui étaient établis pour conduire à la mer les eaux que le flux avait jetées sur les terres en culture ; *nocage* l'ensemble des travaux du désséchement ; et *nocquier* le préposé à la garde et à l'entretien de ces canaux, à la levée des cotisations fournies par les intéressés, etc. D'un autre côté, des digues appelées *caliches* défendaient les terres contre l'envahissement des eaux. Elles étaient sujettes, de même que les nocqs à de fréquentes et coûteuses réparations. On trouve dans les papiers de l'Intendance de Picardie de bien curieux documents à cet égard.— Philippe duc de Bourgogne, par lettres données « à Duay » le 23 mai 1438, pour aider les habitants des ville et pays de Marquenterre à faire les réparations et ouvrages nécessaires à la sûreté du pays, les déchargea de cinq années d'arrérages d'une rente qu'ils lui devaient. (Arch. du Département. — Titres de la commune de Quend, CC. 1. DD. 1.)

Page 231. — Ligne 13.

Notez : L'autel de Ponches fut donné au chapitre de Noyelle par Gautier de Ponches, du consentement du comte de Ponthieu, comme il est dit en une bulle confirmative du pape Grégoire IX de l'année 1217. (P. Ignace, loc cit. p. 416.)

Page 235. — Note 1ʳᵉ, ligne 2.

Ajoutez : Ne faut-il pas traduire le mot *Pincerna* par Le Bouteiller, qui en rend le sens propre ?

Page 241. — Note 4.

Ajoutez : La terre de Noyelle semble avoir été usurpée à diverses reprises ou dans diverses parties, car, outre les titres que nous avons énoncés à cet égard, on trouve encore dans Mabillon et dans Dachery un diplôme du roi Henri Iᵉʳ de l'année 1035, qui restitue le village à Centule, et des lettres de Gervin, abbé de St.-Riquier, du 9 octobre 1053, relevant de l'excommunication le chevalier Wautier, qui avait restitué Noyelle à Centule. (*Acta SS. Bened.* sæculo VI, pars 1ᵃ, p. 440 ; pars 2ᵃ, p. 329. — *Spicilegium*, IV, 552 et 580.)

Ibid. — Notes 4 et 5.

Ajoutez : Le 10 juillet 1466 un accord fut fait entre l'abbaye de St.-Riquier et le chapitre de St.-Vulfran d'Abbeville, relativement aux dîmes des terroirs de Portes, Troissencourt et Danicourt. Il y est dit que sur onze vingts (220) journaux de terre du domaine de St.-Jean de Jérusalem, aux droits de l'hôtel de Bellinval, en quatre pièces, du fief et prévôté de Portes, l'abbaye prenait fourrage, don et past, mais aucune dîme ; les droits de dîme du chapitre lui sont reconnus. (*Inventaire des titres de St.-Vulfran*, f° 5 r°.)

Page 249. — Note 2.

Ajoutez : Une déclaration fournie tant à l'officialité du diocèse qu'au greffe du bailliage d'Amiens, le 20 avril 1720, établit que l'abbaye possédait à Brédené un prieuré consistant dans une maison, grange et bâtiments, cour et jardin, 50 mesures de terre, dont 17 en labour et le surplus en pâtures; et la moitié des dîmes qui se percevaient sur deux petits cantons de Brédené. Ces deux petits cantons se nommaient le grand et le petit *Parphonth*, voit-on dans le bail de 1745, que nous avons cité. La portion de dîme comprise en la *déclaration* des religieux dépendait aussi du prieuré, avec des censives et rentes en froment, chapons, beurre et fromage. — Le terroir de Sainte-Catherine-Ouest avait été inondé probablement en 1713 ou 1744, car un édit de S. M. du 9 mai 1744 permettait aux propriétaires de contribuer aux frais de la digue qui était à faire au poldre de Steene, entre le port d'Ostende et les eaux de la Gauveloose ; et des lettres-patentes données par la reine de Hongrie le même jour, permettaient aux propriétaires des terres nommées *Chorrelande*, sises auprès du port d'Ostende, de faire une écluse et digue dans la creeque de Sainte-Catherine, à leurs dépens. Une ordonnance de l'évêque de Bruges du 27 janvier 1764 adjugea au curé de Staine 10 livres, et au curé de Mariekerke 8 livres, payables par les gros décimateurs, pour chaque année pendant lesquelles ces curés avaient desservi une partie de la paroisse de Sainte-Catherine, dont les habitants ne pouvaient se rendre à l'église à cause des eaux. — L'abbaye de St.-Riquier avait le droit de patronage ou présentation à la cure de Brédené, à la grande et à la petite chapelles qui étaient fondées dans l'église, avec la sacristie, à la cure de Sainte-Catherine-Ouest, et à la sacristie de l'église. La chapelle qui y existait avait été réunie en 1578 par l'évêque de Bruges à son séminaire de St.-Donat. Le patronage de la cure de Brédené avait été concédé à l'abbaye par Rabolde, évêque de Noyon et de Tournay, le 26 avril 1087 ; ce qui fut confirmé par Etienne, évêque de Tournay en 1095. Des lettres de Simon, évêque de Tournay, de l'année 1131, font connaître qu'il y avait autrefois à Brédené deux cures, dont l'une fut éteinte et ses revenus abandonnés à l'abbaye de St.-Riquier, pour l'indemniser des dévastations commises par Camp-d'Avaine, comte de St.-Pol, par ordre du concile tenu à Reims en ladite année. (*Invent. de St.-Riquier*, IV, 1674 et suiv. — J. de la Chapelle, *Cronica abbreviata*, XLI.)

Page 252. — Note 3.

Ajoutez : Le titulaire du prieuré de Containvillers note qu'il a trouvé la chapelle abandonnée et hors d'état de servir, et qu'il en coûtera beaucoup pour la rétablir. — Il ajoute qu'il y avait de fortes réparations à faire à l'église de Bernaville. (*Déclaration*.)

Page 257. — Note 5, ligne 9.

Au lieu de : en l'église Saint-Remy d'Amiens, *lisez* : dans le collège d'Amiens.

Page 259. — Ligne 14.

Présentateur. — *Notez* : Le 13 novembre 1598, Louis d'Aoust vendit le fief dont ce patronage dépendait au sieur Hugue Fournier, écuyer de la grande écurie du roi, seigneur de Neuville-lès-St.-Riquier, Valines, La Court-au-Bois, Montigny et St.-Acheul. — Plus tard le droit de patronage de la paroisse de Bussu passa au seigneur d'Yaucourt et de Bussu. (*Dénomb*. du 1er juillet 1609 et du 20 septembre 1782, aux Titres de l'Evêché, L. 13e. — M. Prarond, *St.-Riquier et les cantons voisins*, I, 484.)

Page 260. — Note 4.

Ajoutez : Disons cependant que le manoir roturier aux champs, qui s'appelait hébergement, était plus anciennement nommé *ménage*. (Voy. article 271 de la *Coutume de Normandie*, et Basnage, sur l'art. 356 de la même coutume). Y avait-il à Cramont un semblable établissement ?

Ibid. — Note 5, ligne 5.

Ajoutez : Ricard est mis pour Richard dans l'*Inventaire* énoncé et *aliàs*.

Page 267. — Ligne 23.

Notez : La dîme se prenait à 7 du cent. De 27 gerbes, bottes ou warats, il en appartenait 11 au curé, 4 au prieur de Biencourt, et 12 à l'abbé de St.-Riquier. (*Pouillé de l'Archid.* — Voy. ci-dessus p. 242. — *Inventaire de St.-Riquier*, III, 1019.)

Page 268. — Note 3, ligne 12.

Au lieu de : Leqieux, *lisez* : Le Quieux. — Dans les *Mémoires de la Société d'Emulation d'Abbeville* (1852-1857. p. 278 et *aliàs*), on lit : Eustache Le Quien.

Page 269. — Ligne 20.

TERRE DE CURE A SAINT-HILAIRE. — *Notez* : Le curé jouissait en 1689 de 4 journaux de terre à la sole, dont il fit abandon, avec son tiers de dîme, à l'abbaye de Bertaucourt, pour recevoir la portion congrue. (*Pouillé de l'Archid.*, f° 324. — Voy. ci-dess. I, 482.)

Ibid. — Note 2. — Ligne 5.

Ajoutez : Une déclaration (non datée) des revenus de la cure de Noyelle-en-Chaussée porte ce renseignement : partout où le chapitre de St.-Vulfran dîme, le curé a « le tierche part » ; ainsi, par tout Sercémaisnil, St.-Vulfran a moitié et le prêtre un tiers ; au terroir de Troissencourt et de Aniencourt, St.-Vulfran a 1/3 et le prêtre 1/3. Partout où St.-Vulfran prend sans compagnie, le prêtre prend une neuvième gerbe. Suivent d'autres détails. (*Invent. des titres de St.-Vulfran*, f° 11 r°.)

Page 292. — Note 4, ligne 32.

Au lieu de : Syndic de la communauté des chapelains, *lisez* : Syndic du clergé.

Page 321. — Ligne 20.

BOIS. — *Notez* : Ces 100 journaux de bois furent donnés au chapitre par Guillaume III, comte de Ponthieu ; ce que reconnut, en 1247, le comte Mathieu, son gendre à cause de Marie de Ponthieu. — Au mois d'août 1255, Jeanne, reine de Castille et de Léon, comtesse de Ponthieu et de Montreuil, du consentement de son fils Ferrand, ratifia la donation. Ladite quantité de bois était à prendre dans la forêt de Cressy, auprès de la maison du Temple dite Forest d'une part, d'autre part auprès du bois de Guillaume de Bouberch, dit Roondel. (P. Ignace, *Histoire ecclésiastique d'Abbeville*, p. 91. — *Invent. de St.-Vulfran*, f° 8 v°.)

Page 322. — Note 1ʳᵉ, *in fine*.

Ajoutez : Nous croyons utile de donner ici quelques détails sur les constructions faites autour de la collégiale de St.-Vulfran. En 1515 le chapitre autorise « honneste homme Baptiste Bourguet, libraire, à bâtir le long du pilier cornier du costé du marché, une petite loge sans cheminée, de 8 pieds et demi de longueur ; ..... où il pourra vendre ses marchandises honnestes..., en paiant au trésorier 18 sols par an. » En 1527 il accorde « à honorable jeune homme Jacques Lesage, marchand de mercerie meslée, ...le pouvoir de bastir près de l'huis du cimetière une petite loge sans cheminée, sans pouvoir y coucher..., en paiant 12 sols parisis. » En 1535 il donne « à honneste personne Jacques Duponchel pouvoir de bastir le long de St.-Vulfran une loge sans cheminée, pour 36 sols de cens... Marie Lecomte estoit sa femme... » (*Inventaire des titres de St.-Vulfran*, folio 10 v°.)

CONCLUSION.

L'ouvrage que nous publions ne fera pas assurément l'objet d'une lecture suivie; mais nous avons la conviction qu'il sera consulté souvent, à raison des renseignements qui y sont consignés et des autres causes que nous avons dites en l'Introduction.

Tirons, en terminant, quelques conséquences de ce travail, et complétons-le par certains détails qui n'ont pu trouver place ailleurs.

Une vérité qui ressort évidente des documents que nous avons cités et qui s'affirme ainsi d'elle-même, c'est la légitimité de la possession des biens de l'église, de ces biens dont la Révolution l'a dépouillée. Nous n'avons pas à insister à cet égard : il suffit ici de regarder pour voir. Toute prévention et tout sophisme tombent devant ce témoignage.

Notre travail n'aurait pas de résultat pratique si nous ne résumions les nombreux détails qu'il contient sur la fortune du clergé. Afin d'arriver à connaître exactement l'importance des revenus et des charges, nous avons dû nous livrer à de longues et fastidieuses additions de chiffres. Nous n'en infligerons pas l'ennui à nos lecteurs. Il leur suffira du résumé que nous donnons ici et que nous avons fait avec la plus grande fidélité.

Tableau récapitulatif des Revenus et des Charges des Bénéfices.

	Revenus.			Charges.			Reste net.		
Évêché	27,752[1]	»»[s]	»»[d]	17,914[1]	»[s]	»[d]	9,838[1]	»[s]	»[d]
Chapitres	165,452	11	6	79,042	»	3	86,410	11	3
Prieurés simples, Prévôtés, Personnats et Chapelles [1]	154,675	11	10	41,322	15	6	113,352	16	4
Cures	430,301	11	2	57,034	2	11	373,267	8	3
Abbayes, Prieurés conventuels et autres Communautés d'hommes .	508,922	8	2	119,387	17	3	389,534	10	11
Abbayes et autres Communautés de femmes	121,086	6	7	59,910	9	9	61,175	16	10
Totaux [2]	1,408,190	9	3	374,611	5	8	1,033,579	3	7

[1] Nous y comprenons les communautés de chapelains d'Amiens, d'Abbeville et autres.

[2] Quelques chiffres de revenus des biens situés en dehors du diocèse se trouvent confondus dans les

Mettons à côté de ces chiffres l'importance numérique du clergé du diocèse, et nous verrons qu'en supposant une répartition des revenus par tête, ses membres n'eussent pas vécu dans l'abondance.

Il ne serait malheureusement pas possible de donner très-exactement le nombre des ecclésiastiques et des religieux du diocèse, en compulsant le travail qui précède. D'une part, nous n'y trouverions pas le chiffre des religieux composant les communautés dont les déclarations font défaut ; d'autre part, on sait que beaucoup de bénéfices simples étaient possédés ou par des titulaires d'autres bénéfices, ou plusieurs par un même titulaire, ou encore par des ecclésiastiques étrangers au diocèse. Mais un document que nous avons rencontré dans les Archives départementales nous vient en aide. Il est précisément du xviiie siècle, et il présente tous les caractères de l'exactitude. Le voici :

Tableau numérique du Clergé du diocèse.

CLERGÉ SÉCULIER.	Curés	775	1,485
	Autres ecclésiastiques	710	
CLERGÉ RÉGULIER.	Religieux rentés	341	640
	Religieux mendiants	299	
	Religieuses		1,121
	TOTAL.		3,246

Concluons. Si l'on répartit l'importance totale des revenus du clergé, nets des charges (c'est-à-dire 1,023,741 livres, non compris, bien entendu, ceux de l'évêché, qui doivent rester en dehors) entre tous ses membres confondus, au nombre de 3,246, on trouve par tête la somme de 315 livres. Si l'on fait la répartition entre les deux classes du clergé, on obtient les résultats suivants : les 553,030 livres de revenus du clergé séculier donneraient pour chacun de ses 1485 membres, 372 livres ; et les 450,710 livres de revenus du clergé régulier et des communautés de femmes donneraient 255 livres pour chacun de leurs 1761 membres. — N'oublions pas que le clergé était encore chargé envers le Roi des décimes et du don gratuit, dont nous avons noté plus haut l'importance [1].

Mais prenons la réalité, le revenu vrai d'un grand nombre de cures, de plusieurs communautés d'hommes et de la plupart des communautés de femmes [2]. Nous avons vu que pour

déclarations : on peut les considérer comme faisant compensation avec ceux de divers biens situés dans le diocèse et qui appartenaient à des bénéfices étrangers, quoique ceux-ci soient à coup sûr plus importants.

[1] Tome 1er, pages xlix à lij.

[2] La misère de celles-ci était bien notoire. Dans l'Assemblée générale du clergé, tenue en 1723, l'archevêque de Narbonne disait : « la plus grande partie des communautés de filles religieuses du royaume sont réduites à une situation déplorable ; non seulement elles ne peuvent concourir, comme autrefois, aux impositions, mais elles n'ont plus de quoi subvenir à leurs plus pressants besoins.... » (Voy. *Collection des procès-verbaux des Assemblées générales du clergé de France*, tome VI, col. 1593.)

deux de celles-ci les charges excédaient les revenus : elles devaient chercher dans la charité publique et dans le travail des mains, travail peu lucratif alors, les moyens de pourvoir à leur nourriture. Seize autres communautés de femmes n'avaient que de 15 à 100 livres par tête, et les six dernières 170 livres. Cinq communautés d'hommes avaient moins de cent livres. Quant aux cures, elles étaient en grand nombre restreintes à la portion congrue de 300 livres, avec un mince casuel. Nous ferons remarquer que la vie individuelle est beaucoup plus coûteuse que la vie en commun, et que si les couvents situés dans les villes recevaient facilement des aumônes, il n'en était pas ainsi du curé de village, au milieu de populations ordinairement pauvres : il recevait rarement et donnait toujours. Avec quelle frugalité donc, avec quelle parcimonie était-il forcé de vivre !

Pour apprécier le rapport existant entre les chiffres qui précèdent et la valeur de notre monnaie actuelle, il n'est pas de moyen plus exact que la comparaison, aux deux époques, du prix des objets de première nécessité, et surtout que celle des salaires. Or, la journée de l'ouvrier se payait, au commencement du XVIII° siècle, de 12 à 15 sols en Picardie [1]. Aujourd'hui elle se paie 2 à 3 francs.

Rappelons les prix moyens des denrées à la dite époque, tels qu'ils sont portés dans les déclarations. Ces prix adoptés par le bureau diocésain présentent un cachet d'exactitude qu'on ne trouverait pas dans d'autres appréciations.

Tableau du prix des denrées en 1730.

Blé froment [2] et pamelle : le setier d'Amiens	. . . .	42 sols.
Seigle,	id.	35 —
Orge,	id.	39 —
Avoine,	id.	30 —
Beurre : la livre pesant.	. . . .	6 —
Cidre : le muid . . .	. . . .	10 à 12 —
Poulet	. . . .	4 —
Chapon [3] . . .	. . . .	12 à 15 —
Poule	. . . .	8 à 10 —
Canard	. . . .	20 —

Il est inutile de compléter la comparaison par un tableau des prix actuels des mêmes denrées. Le lecteur y suppléera facilement. D'ailleurs, ce qui est vrai aujourd'hui ne le sera plus demain, tant est rapide l'augmentation à notre époque.

---

[1] M. Louandre, *Histoire d'Abbeville*, II, 369.

[2] Le setier de blé se vendait : un sol 6 deniers en 1402 ; deux sols en 1430, 1452 et 1470 ; deux sols six deniers en 1530. (Titres de la Communauté des curés. Arch. Départem.)

[3] Le chapon se vendait : un sol en 1337, un sol six deniers en 1400, vingt deniers de 1415 à 1500, vingt-deux deniers en 1536, vingt-six deniers en 1580, deux sols trois deniers en 1600, et deux sols six deniers de 1602 à 1660. (Titres de la communauté des curés.)

Nous avons vu que le casuel des cures comprenait le produit des messes ; et, d'un autre côté, que la charge à peu près unique des titulaires de chapelles se composait d'un certain nombre de messes qu'avait imposées le titre de fondation. Le Bureau diocésain a apprécié en 1730 à dix sols l'honoraire des messes basses, à 16 sols celui des messes hautes et à 20 sols celui des obits.

Nous trouvons encore sur ce point des renseignements extraits des comptes de la communauté des curés. Ce sont les chiffres de la rétribution successive des messes depuis l'année 1400 jusqu'en l'année 1650. A cette dernière époque ils étaient déjà les mêmes qu'en 1730. On verra par là quelle fut la progression descendante de la valeur du numéraire.

I. Rétribution des Messes basses.

De 1400 à 1450	1 sol 4 den.	De 1600 à 1612		5 sols.
De 1450 à 1470	1 — 8 —	En 1625		6 —
De 1520 à 1530	2 — » —	En 1640		8 —
En 1580	2 — 6 —	En 1650		10 —

II. Rétribution des Messes hautes [1].

En 1400	1 sol 6 den.	En 1580	4 sols 1 den.
En 1435	2 — » —	En 1600	5 — 1 —
En 1450 et 1455	2 — 1 —	En 1612	6 — » —
En 1470	2 — 2 —	En 1625	7 — » —
En 1520	2 — 6 —	En 1640	10 — » —
En 1530	3 — » —	En 1650	12 — » —

Passant à un autre ordre d'idées, nous nous demandons comment les vocables ont été imposés aux paroisses. Les causes sont bien diverses et il est difficile de les apprécier aujourd'hui. Peut-être, dans certaines localités, quelque évènement oublié, un miracle, le dépôt de reliques ; dans d'autres, le vocable lui-même de l'abbaye fondatrice, la situation des lieux, etc. Mais, au premier rang, il faut mettre le souvenir des saints missionnaires qui avaient évangélisé la contrée, comme St.-Firmin, St.-Martin[1], St.-Vast. Quant au culte de la Sainte Vierge, il fut de tous les temps et il présente un caractère tout particulier.

---

[1] Il est à remarquer que cette rétribution a un rapport constant avec le prix du setier de blé, aux mêmes époques, d'après la note 2 de la page précédente.

[1] La grande popularité de ce soldat missionnaire fut due aussi à son acte de charité si connu.

Tableau des Noms des Saints Patrons (Vocables) des Églises.

VOCABLES.	ARCHIDIACONÉ D'AMIENS		ARCHIDIACONÉ DE PONTHIEU		TOTAUX.
	PAROISSES.	SECOURS.	PAROISSES.	SECOURS.	
Saint Acheul	»	»	1	»	1
Saint Agnan	1	»	»	»	1
Saint Albin	5	»	»	»	5
Saint Amand	2	»	»	»	2
Saint André	1	»	3	»	4
Saint Antoine	2	»	»	»	2
Saint Apre	»	»	1	»	1
Saint Aquilin	1	»	»	»	1
Saint Arnoul	1	»	»	»	1
Saint Aubin	1	»	3	1	5
Sainte Austreberte	»	»	1	»	1
Sainte Barbe	1	1	»	»	2
Saint Barthélemy	1	»	2	»	3
Saint Blaise	1	»	»	»	1
Saint Blimont	»	»	1	»	1
Saint Brice	2	»	»	»	2
Sainte Catherine	»	»	1	»	1
Saint Christophe	»	1	1	1	3
Saint Chrysogone	»	»	1	»	1
Sainte Colombe	1	»	»	»	1
Saint Corneille	»	»	»	1	1
Saints Crépin et Crépinien	»	»	1	1	2
Sainte Croix (Exaltation de la)	1	»	1	»	2
Saint Cyr et Sainte Julitte	7	»	»	»	7
Saint Denis [1]	9	»	7	»	16
Saint Eloi	7	1	3	1	12
Saint Esprit	»	»	1	»	1
Saint Etienne	5	»	4	»	9
Saint Eustache	1	»	»	»	1
Saint Eutrope	1	»	»	»	1
Saint Fare, Faron ou Pharon	2	»	»	»	2
Saint Féréol	1	»	1	»	2
Saint Fiacre	»	1	»	»	1
Saint Firmin le Confesseur	2	1	»	»	3
Saint Firmin le Martyr	13	1	9	1	24
Saint Flour	»	»	1	»	1
Saint Front	1	»	»	»	1
A reporter	70	6	43	6	125

[1] Il ne nous a pas été possible de distinguer les églises dédiées à Saint-Denis l'aréopagite ou à Saint-Denis, évêque de Paris, si tant est qu'ils fussent bien deux personnages. A Airaines seulement la distinction est faite. Mais il y a lieu de penser que les églises voisines, Dreuil-sous-Airaines et Hallencourt sont aussi dédiées à l'aréopagite. Elles ont dû être consacrées sous l'influence de la même idée.

VOCABLES.	ARCHIDIACONÉ D'AMIENS		ARCHIDIACONÉ DE PONTHIEU		TOTAUX.
	PAROISSES.	SECOURS.	PAROISSES.	SECOURS.	
Report.	70	6	43	6	125
Saint Fursy	1	»	2	»	3
Saints Fuscien et ses compagnons	5	»	3	»	8
Sainte Geneviève	1	»	1	»	2
Saint Gentien [1]	1	»	»	»	1
Saint Georges	6	1	1	»	8
Saint Germain	2	»	1	1	4
Saint Germain, évêque d'Auxerre. . .	1	»	»	»	1
Saints Gervais et Protais	3	»	1	»	4
Saint Géry	1	»	»	»	1
Saint Gildard	1	»	»	»	1
Saint Gilles	6	1	2	»	9
Saint Grégoire	1	»	1	»	2
Saint Hilaire.	2	1	2	»	5
Saint Honoré	3	»	1	»	4
Saint Hubert	»	»	»	1	1
Saints Innocents	»	1	»	»	1
Saint Jacques le Majeur [2]	7	»	6	1	14
Saint Jean l'Évangéliste.	1	»	5	1	7
Saint Jean-Baptiste.	16	2	9	2	29
Saint Josse	»	»	3	»	3
Sainte Julitte (Voy. Saint-Cyr).	»	»	»	»	»
Saints Just et Arthémis.	»	»	1	»	1
Saint Léger	22	4	3	1	30
Saint Léonard	2	»	1	»	3
Saint Leu.	1	»	»	»	1
Saint Liéphard (*Limphardus*)	»	»	1	»	1
Saint Lô	»	»	1	»	1
Saint Louis	2	»	1	»	3
Saint Lucien.	4	»	»	»	4
Saint Maclou	2	»	»	1	3
Saint Marcel	3	»	»	»	3
Saint Marcou ou Marculphe	1	»	»	»	1
Sainte Marie-Madeleine	6	1	3	2	12
Sainte Marguerite	2	»	1	»	3
Saint Martin	72	5	60	2	139
Saint Mathieu	1	»	»	»	1
Saint Mauguille	»	»	2	»	2
Saint Ménelé (*Mauviglius*)	»	»	»	1	1
Saint Maur [3]	1	»	»	»	1
A reporter. . . .	247	22	155	19	443

[1] C'est l'un des compagnons de Saint-Fuscien; mais il est seul patron de l'église de Morcourt (I, 312).

[2] A défaut de distinction nous avons compris ici tous les vocables du nom de Saint-Jacques.

[3] Il était le second patron de l'église de Bazentin-le-Grand (I, 148).

VOCABLES.	ARCHIDIACONÉ D'AMIENS		ARCHIDIACONÉ DE PONTHIEU		TOTAUX.
	PAROISSES.	SECOURS.	PAROISSES.	SECOURS.	
Report.	247	22	155	19	443
Saint Maurice	1	»	4	»	5
Saint Maxent	»	»	2	»	2
Saint Médard	14	»	2	1	17
Saint Michel	3	1	3	»	7
Saint Nazaire	1	»	»	»	1
Saint Nicaise	1	»	»	»	1
Saint Nicolas	25	»	8	2	35
Saint Omer	1	»	1	»	2
Saint Ouen	2	»	1	»	3
Saint Paul	»	»	1	»	1
Saint Pierre[1]	50	3	30	1	84
Saint Pierre et Saint Paul	1	»	2	»	3
Saint Quentin	7	1	4	»	12
Saint Remi	4	»	1	1	6
Saint Riquier	1	»	6	»	7
Saint Romain	1	»	»	»	1
Saint Sanson	1	»	2	»	3
Saint Saturnin	1	»	3	1	5
Saint Sauveur, Salvateur ou la Trinité[2]	2	»	2	»	4
Sainte Segrée (*Sigrada*)	1	»	»	»	1
Saint Sépulcre	1	»	1	»	2
Saint Servais	»	»	1	»	1
Saint Séverin	»	»	2	»	2
Saint Sulpice	7	»	5	1	13
Saint Sylvain	»	»	1	»	1
Saint Thibault	1	1	»	»	2
Saint Thomas, apôtre	2	»	»	»	2
Saint Thomas de Cantorbéry	1	»	1	»	2
La Trinité (Voy. Saint-Sauveur)	1	»	2	»	3
Saint Valery	1	»	4	1	6
Saint Valois	»	»	1	»	1
Saint Vandrille	»	»	1	»	1
Saint Vast	12	1	11	1	25
La Sainte-Vierge (Notre-Dame)	60	8	64	10	142
Saint Vincent	3	»	»	»	3
Saints Vit, Modeste et Crescence	»	»	1	»	1
Saint Vulfran	»	»	2	»	2
Saint Vulphy	»	»	1	»	1
TOTAUX	453	37	325	38	853

[1] Les églises sous ce vocable sont souvent dédiées aussi à Saint-Paul, sans que cela soit dit. Ces deux saints sont à peu près inséparables dans la pensée des chrétiens.

[2] Il faudrait, ce semble, confondre toutes les églises consacrées sous ces deux vocables.

On voit que les églises dédiées à la Sainte Vierge sont les plus nombreuses (142); puis viennent celles à St.-Martin (139), celles à St.-Pierre (87), à St.-Nicolas (35), à St.-Léger (30), à St.-Jean-Baptiste (29), à St.-Vast (25), à St.-Firmin-le-Martyr (24), etc.

Il faut remarquer que tous les vocables des secours ne sont point comptés, parce qu'ils font défaut aux déclarations.

Nous avons expliqué dans l'*Introduction* comment le droit de patronage, c'est-à-dire de collation des bénéfices, s'est établi. Dans les *déclarations* on a vu à qui il appartenait. Mais il ne sera pas sans intérêt de résumer ici l'étendue des droits de chaque collateur à cet égard. Nous nous bornerons d'ailleurs à les constater en ce qui regarde les cures, les personnats, les prieurés simples et les prévôtés. Nous en dresserons deux tableaux : l'un comprendra les collateurs directs et de plein droit, l'autre les simples présentateurs. C'est le plus souvent à l'évêque que la présentation est faite, et dans ce cas c'est lui qui nomme.

I. Tableau des Collateurs de plein droit.

1° L'Evêque[1] nommait aux *cures* de : Abancourt, Agnières, Ailly-sur-Somme, Arvillers, Ayencourt, Bazentin, Beaudéduit, Belleuse, Bergicourt, Bertrancourt, Blangy-lès-Poix, Bosquel, Bouillencourt, Bourdon, Bouvresse, Bouzencourt, Bricquemaisnil, Brove, Buire, Bussy-lès-Poix, Canaple, Cardonnoy, Cayeux-en-Santerre, Chipilly, Coigneux, Contalmaison, Courcelles-sous-Moyencourt, Courcelles-sous-Thoix, Crocq, Dameraucourt, Dargies, Démuin, Derncncourt, Domfront, Dreuil-lès-Amiens, Eslencourt, Esquennes, Etinehem, Famechon, Fignières, Fleury, Fouilloy, Frettemolle, Fricamps, Fricourt, Godenvillers, Gratibus, Grivillers, Guizencourt, Hailles, Hamel, Hamelet, Hargicourt, La Chapelle-sous-Poix, La Vicogne, Lignières-lès-Roye, Malpart, Marquivillers, Méraucourt, Mervil, Mesnil-Saint-Firmin, Mézières, Mirvault, Montiers, Offoy, Pas, Pernois, Petit-Crèvecœur, Popincourt, Quesnel, Quiry-le-Sec, Raineval, Remiencourt, Renneville, Rogy, Rouvrel, Saint-Ouen, Saint-Romain, Sainte-Segrée, Sarcus, Saulchoy-lès-Poix, Sentelie, Septoutre, Scresvillers, Souplicourt, Taisnil, Thieulloy-la-Ville, Thièvres, Thoix, Villers-aux-Erables, Vinacourt et Wailly. De l'Archidiaconé d'Amiens.

Aux *cures* de : Agenvillers, Belloy-Saint-Léonard, Bernâtre, Bernaville, Biencourt, Cahon, Condé-Folie, Domémont, Drucat, Ergnies, Estrebeuf, Gorenflos, Guéchart, Hangest-sur-Somme[2], Martinneville, Méricourt, Mons, Mouflers, Neuilly-le-Dien, Quesnoy (Saint-Sulpice), Renierécluse, Rivière, Saigneville, Saint-Mauguille-lès-Saint-Riquier et Warlus. De l'Archidiaconé de Ponthieu.

Aux *personnats* de Béthencourt-Saint-Ouen, Bézieux, Boileau, Essertaux, Mametz, Méaulte, Saint-Aubin, Thoix, Treux et Villers-le-Vert : de l'Archidiaconé d'Amiens; —

---

[1] Dans un certain nombre de cures l'évêque nommait eu qualité d'abbé de Saint-Martin-aux-Jumeaux.

[2] *Vicissim* avec le prieur de Saint-Pierre-à-Gouy.

Brucamps, Bussu, Caumont-en-Artois, Citerne, Ergnies, Liomer, Maison-Rolland et Villers-sur-Authie : de l'Archidiaconé de Ponthieu.

2° LE CHAPITRE DE NOTRE-DAME D'AMIENS [1] nommait aux *cures* de Saint-Jacques, Saint-Michel, Saint-Remy, Saint-Sulpice et Saint-Maurice, en la ville et au faubourg d'Amiens.

Et aux *cures* de Bonneleau, Catheux, Choqueuse, Cormeille, Creuse, Croissy [2], Dommelier, Dury, Ferrières, Folie-en-Santerre, Fontaine-sous-Catheux, Fransures, Galet, Longueau, Mesnil-Conteville, Neuville-sous-Leuilly, Pont-de-Mets, Revelles, Rumaisnil, Saint-Mard-en-Chaussée [3], Saulchoy-sous-Dommelier, Vacquerie, Vaux-en-Amiénois, Vers et Villers-Bocage [4].

3° LE DOYEN DUDIT CHAPITRE nommait aux *cures* de Notre-Dame en la Cathédrale et de Camon.

4° L'ARCHIDIACRE D'AMIENS, à la *cure* de Vieuvillers.

5° LE CHAPITRE DE SAINT-FIRMIN D'AMIENS, à la *cure* de Tailly.

6° LE CHAPITRE DE SAINT-NICOLAS D'AMIENS, à la *cure* de Saint-Sauflieu.

7° LE CHAPITRE DE SAINT-MARTIN DE PICQUIGNY, aux *cures* de Prouzel et Rumigny.

8° L'ABBAYE DE SAINT-ACHEUL nommait au *prieuré* de Domvast.

9° L'ABBAYE DE CORBIE, aux *cures* de la ville de Corbie, au nombre de cinq, de Bus, Nampty, Oresmaux et Thennes.

Aux *prieurés* de Bouzencourt, Heilly, Saint-Nicolas de Regny et Wagny.

Aux *prévôtés* de Bus, Cérisy et Naours.

10° L'ABBAYE DE SAINT-FUSCIEN nommait à la *cure* de Saveuse.

11° L'ABBAYE DE SAINT-RIQUIER, à la *cure* de Leuilly.

12° L'ABBAYE DE SAINT-QUENTIN DE BEAUVAIS, à la *cure* de Tilloy.

13° L'ABBAYE DU BEC-HELLUIN, au *prieuré* de Canchy-lès-Pont-de-Remy.

---

[1] Lorsqu'il s'agissait de pourvoir aux bénéfices dont le chapitre avait la collation ou la présentation, celui-ci n'agissait pas en corps. Un acte capitulaire de l'année 1302 avait statué que chacun des chanoines, à son tour pendant un mois, ferait les présentations qui écherraient. D'abord les dignitaires, puis les prêtres, ensuite les diacres et enfin les sous-diacres. Le doyen commençait, puis les autres dignitaires selon leur rang ; parmi les autres chanoines, on commençait par le plus ancien de chaque ordre. Si le chanoine en mois venait à mourir, les présentations pendant le reste du mois se faisaient par le chapitre, en vertu d'une décision du 29 avril 1626. (*Recueil de décisions capitulaires des chanoines de Notre-Dame.* Ms. p. 38 à 41.) — On comprend donc pourquoi nous indiquons le chapitre comme collateur de plein droit, lorsque la présentation se fait par l'un de ses membres.

[2] Le *Rec. de décis. capitul.* porte (p. 386-388) les cures de Croissy, Fransures, Saint-Mard-en-Chaussée et Villers-Bocage parmi celles dont le chapitre n'avait que la présentation.

[3] Ledit *Recueil*, qui n'attribuait ailleurs au chapitre que la simple présentation à cette cure, dit plus loin (2ᵉ partie, p. 280) qu'il en était collateur de plein droit.

[4] Dans le *Cartulaire I de l'Eglise d'Amiens* (f° 102 v°) se trouve une liste des paroisses à la collation, de plein droit, du chapitre. On y distingue celles qui étaient situées sur le territoire dit de Beauvais, de celles situées sur le territoire Amiénois. Les premières étaient : Catheu, Choqueuse (Saucheuses), Cormeille (Cormelles), Dommelier, Fontaine, Saulchoy et Galet. — Une autre liste figure au *Cartulaire blanc* (f° 91 v°). On y remarque quelques variantes. (Voy. aussi aux Titres du Chapitre, armoire 1ʳᵉ, liasse 24, n° 2.)

14° L'Abbaye de Breteuil, aux *prieurés* de Courcelles, La Falloise et Mareuil.

15° L'Abbaye de Cluny nommait aux *prieurés* de Dompierre, Lihons et Saint-Pierre d'Abbeville.

16° L'Abbaye de Saint-Germer-lès-Fly ou de Flay, aux *prieurés* de Cayeux-sur-Mer, Containvillers, Domart-en-Ponthieu, Fresmontier, Gamaches, Laleu, Notre-Dame de Poix et Saint-Pierre-à-Gouy.

17° L'Abbaye de Saint-Martin-des-Champs, aux *prieurés* d'Airaines et de Ligny-sur-Canche.

18° L'Abbaye de Vezelay en Bourgogne, au *prieuré* de Verjolay.

19° Le Prieuré de Saint-Pierre d'Abbeville, nommait au *prieuré* du Saint-Esprit de la même ville.

20° Le Prieuré d'Airaines, aux deux *cures* du lieu (Notre-Dame et Saint-Denis).

21° Le Prieuré de Lihons, aux *prieurés* de Boves, Davenescourt et Méricourt.

22° Le Prieur de Canchy-lès-Pont-de-Remy, à la *cure* de Wiry.

23° Le Personnat d'Essertaux, à la *cure* du lieu.

24° Le Commandeur de Beauvoir, aux *cures* de Brailly-Cornehotte et Cramont.

25° Le Commandeur de Saint-Maulvis, à la *cure* du lieu.

II. Tableau des Présentateurs.

1° Le Chapitre de Notre-Dame d'Amiens présentait aux *cures* de Beaufort, Blangy, Bus-lès-Artois, Castel, Chilly, Dancourt, Gouy-les-Groseilliers, Guignemicourt, Heilly, Laucourt, Le Meige, Monsures, Montonvillers, Morlencourt, Plessier-Rosainvillers, Poulainville, Quevauvillers, Ribemont, Rouvroy-en-Santerre, Saleux, Vaux-sous-Montdidier, Villers-Bretonneux et Warvillers. De l'Archidiaconé d'Amiens.

Et aux *cures* de Bétaucourt (Saint-Firmin), Bouvincourt, Hiermont, L'Étoile, Mautor, Saint-Jean de Rouvroy et Tormont. De l'Archidiaconé de Ponthieu.

2° Le Doyen et le Chancelier dudit Chapitre, conjointement, présentaient à la *cure* de Pissy.

3° L'Archidiacre d'Amiens présentait aux *cures* de Conchil-Saint-Nicaise, Folleville [1], Hallivillers, Namps-au-Mont, Namps-au-Val et Paillart [2].

Au *personnat* de Treux.

4° L'Archidiacre de Ponthieu, aux *cures* de Boismont, Buire-au-Bois, Huitainéglise, Montigny-sur-Authie, Nesle, Neuville-lès-Saint-Valery, Quend, Rue (Saint-Esprit), Saint-Jean-au-Marais et Woincourt.

5° Le Préchantre de la Cathédrale, aux *cures* de : Acheux, Avesnes, Bourseville, Folleville [3], Louvrechy et Paillart [4].

---

[1] Conjointement avec le préchantre.
[2] Aussi conjointement avec le préchantre.
[3] Conjointement avec l'archidiacre.
[4] Aussi conjointement avec l'archidiacre.

6° Le Chantre de la Cathédrale, aux *cures* de Harcelaine et Hélicourt.

7° L'Écolatre d'Amiens et le grand Pénitencier présentaient conjointement aux *cures* de Dodelainville, Ramburelles et Saint-Maxent.

8° Le Chanoine Théologal présentait à la *cure* du Crotoy.

9° La Communauté des Chapelains d'Amiens, à la *cure* de Nibas.

10° Les deux Chapelains de Saint-Jean-Baptiste, aux *cures* de Beauchamp, Beaucourt, Fréchencourt, Mailly et Montigny-Villincourt.

11° Les deux Chapelains de Notre-Dame d'Anglette, à la *cure* de Bougainville.

12° Le Chapitre de Saint-Firmin d'Amiens, aux *cures* de Saint-Firmin-le-Confesseur et Saint-Firmin-le-Martyr, dans la ville ; et à celles de : Allonville, Bavelincourt, Béhencourt, Bussy-lès-Dours, Gentelles et Querrieu. De l'Archidiaconé d'Amiens.

Et aux *cures* de : Acheux, Andinville, Avesnes, Bayonvillers, Béhen, Boisrault, Bouillancourt-lès-Miannay, Chepy, Le Mazy, Limeux et Ramburcs. De l'Archidiaconé de Ponthieu.

13° Le Chapitre de Saint-Nicolas d'Amiens présentait aux *cures* de Saint-Martin d'Amiens, Authieulle, Beauval, Bresles, Candas, Hérissart, Léchelle, Puchevillers, Sailly-Laurette, Sailly-le-Sec, Saint-Aubin-en-Amiénois, Vaux-sous-Corbie et Warloy. De l'Archidiaconé d'Amiens.

Aux *cures* de Gapennes, Inval et Yvren : de l'Archidiaconé de Ponthieu.

14° Le Chapitre de Fouilloy présentait aux *cures* de : Assainvillers, Aubercourt, Cachy, Dargnies, Enguillaucourt, Hangard, Hénencourt et Ignaucourt.

15° Le Chapitre de Picquigny, aux *cures* de Cléry, Fourdrinoy, La Chaussée-de-Picquigny, Oissy, Picquigny, Saint-Vast-en-Chaussée et Talmas.

16° Le Chapitre de Roye, aux quatre *cures* de la ville : Saint-Pierre, Saint-Georges, Saint-Gilles et Saint-Médard de Toulles.

17° Le Chapitre de Saint-Vulfran d'Abbeville présentait aux *cures* de Saint-André, Sainte-Catherine, Saint-Georges, Saint-Gilles, Saint-Jacques, Saint-Jean-des-Prés, Saint-Nicolas, Saint-Paul, Saint-Vulfran-en-Chaussée et Notre-Dame du Châtel, dans la ville ; Allery, Auvillers, Bray-lès-Mareuil, Cambron, Caux, Dreuil-sous-Airaines, Epagnette, Fontaine-sur-Maye, Fontaine-sur-Somme, Frucourt, Hallencourt, Heuzecourt, Laviers, Lheure, Liercourt, Long, Nœux, Nouvion, Noyelle-en-Chaussée, Translay, Ville-sous-Flixecourt et Wavant. Toutes de l'Archidiaconé de Ponthieu.

18° Le Chantre et le Trésorier du Chapitre d'Abbeville, alternativement, à la *cure* de Favière.

19° Le Chapitre de Longpré-les-Corps-Saints présentait aux *cures* dudit lieu, de Bettencourt-lès-Rivière et Wanel.

20° Le Chapitre de Saint-Firmin de Montreuil, à la *cure* de Saint-Firmin dans la ville[1].

21° Le Chapitre de Noyelle-sur-Mer, à la *cure* du lieu et à celles de Broutelle, Cérisy-Buleux, Ligescourt, Oust et Ponches.

---

[1] Alternativement avec l'abbesse de Sainte-Austreberte.

22° Le Chapitre de Saint-Pol en Artois, à la *cure* d'Orville.

23° L'Abbaye de Saint-Acheul présentait aux *cures* de : Argœuves, Aubigny, Bacouel, Baillescourt, Canchy, Caubert, Domart-sur-la-Luce, Dommartin, Ercourt, Fluy, Franleu, Guillaucourt, Hourges, Saint-Sauveur d'Hédicourt, Teuffle et Wiencourt.

24° L'Abbaye de Saint-Jean, aux *cures* de Saint-Firmin-à-la-Porte et de Saint-Germain, dans la ville ; du Petit-Saint-Jean-lès-Amiens, de La Motte-en-Santerre, Marcelcave, Olincourt et Outrebois.

25° Le Prieur [1] de l'Abbaye de Saint-Martin-aux-Jumeaux, aux *cures* de Saint-Leu et Saint-Pierre de la ville d'Amiens, Epécamps et Selincourt.

26° L'Abbesse de Bertaucourt, aux *cures* de Bertaucourt, Beaumetz, Bouchon, Halloy-lès-Pernois, Haravesnes, Hem, Mesnil, Mézerolles, Monstrelet, Montigny-les-Jongleurs et Surcamps.

27° L'Abbé de Clerfay, aux *cures* de Forceville et Léalvillers.

28° L'Abbaye de Corbie, aux *cures* de Beauquesne, Bonnay, Bouquemaison, Cérisy-Gailly, Coisy, Courcelle-au-bois, Notre-Dame, Saint-Martin et Saint-Pierre de Doullens, Fescamp, Franvillers, La Houssoye, Luchuel, Maisnières, Morcourt, Naours, Neuville-lès-Corbie, Ocoches, Saint-Acheul et Vecquemont.

Et au *prieuré* de Saint-Sulpice de Doullens [2].

29° L'Abbaye de Saint-Josse-au-bois ou de Dommartin présentait aux *cures* de Prouville, Tigny et Tortefontaine.

30° L'Abbaye de Saint-Michel de Doullens, aux *cures* de Gennes, Neuvillette et Ransart.

31° L'Abbé de Forestmontier, aux *cures* de : Arrest, Cressy, Forestmontier, Le Titre, Machiel et Visme.

32° L'Abbaye du Gard, aux *cures* de Belloy-sur-Somme, Croy et Izeux.

33° L'Abbaye de Saint-Sauve de Montreuil, aux *cures* de Notre-Dame (les deux portions), Saint-Jacques, Saint-Josse-au-Val, Saint-Pierre et Saint-Valois en la ville, Airon (Notre-Dame), Escuire, Esquincourt et Wailly.

34° L'Abbesse de Sainte-Austreberte de Montreuil présentait aux *cures* de Saint-Firmin [3], en la ville, Sainte-Austreberte en Artois et Roussent.

35° L'Abbaye de Moreuil, aux *cures* de Beaucourt, Glimont, Moreuil et Morisel.

36° L'Abbaye de Saint-Fuscien-au-bois, aux *cures* de : Ailly-sur-Noye, Berny, Bovelles, Boves, Cagny, Fresnoy-au-Val, Fresnoy-en-Chaussée, Glisy, Guémicourt, Guyencourt, Jumelles, Le Quesne, Longpré-lès-Amiens, Molliens-le-Vidame, Moyencourt, Neuville-Coppegueule, Sains et Saint-Germain-sur-Bresle.

---

[1] On se rappelle que la manse abbatiale était réunie à l'évêché.

[2] Le droit de présentation, en ce qui concernait les trois cures de Doullens et celles de Luchuel, Ocoches, Saint-Acheul et Vecquemont, provenait du prieuré de Saint-Sulpice de Doullens, uni à l'abbaye. Ce prieuré et ses dépendances avaient été cédés à l'abbaye de Corbie par celle d'Anchin. (Voy. ci-dess. I, 208, note 1.)

[3] Tour à tour avec le chapitre du lieu.

Aux *prieurés* de : Notre-Dame de Grâce, Molliens-Vidame et Saint-Germain-sur-Bresle.

37° L'Abbaye de Saint-Josse-sur-Mer présentait aux *cures* de Airon (Saint-Vast), Arry, Aubin, Berck, Calloterie, Conteville, Cucques, Dominois, Dourier [1], Gouy-en-Artois, Groffliers, Maizicourt, Marconnelle, Nampont, Plumoison, Prouville, Saint-Josse, Sorus, Verton, Vironchaux et Waben.

38° L'Abbaye de Saint-Riquier présentait aux *cures* de Notre-Dame en la ville, Ailly-le-Haut-Clocher, Boisbergue, Bray, Montrelet, Vieulaines et Villers-sous-Ailly.

Et au *prieuré* de Leuilly.

39° L'Abbaye de Saint-Valery, aux *cures* de Saint-Martin et Saint-Nicolas dans la ville, Miannay, Onival et Woignarue, Pendé, Tully et Vraignes.

40° L'Abbaye de Selincourt, aux *cures* de : Aumont, Boisrault, Caulière, Dreuil-sous-Molliens, Heucourt, La Maronde, Saint-Jean-lès-Brocourt, Saint-Léger-le-Pauvre et Thieulloy-l'Abbaye.

41° L'Abbaye de Sery, aux *cures* de Bouillancourt-en-Sery, Framicourt, Fressenneville, Friville, Neslette, Saint-Etienne-en-Sery, Vaudricourt et Villers-sous-Campsart.

42° L'Abbé d'Anchin présentait à la *cure* de Bonnières [2].

43° L'Abbaye de Saint-Vast d'Arras, aux *cures* de Campignolles et Pont-Noyelle.

44° L'Abbé d'Auchy ou d'Auxy-les-Moines, aux *cures* de Boubers, Capelle, Conchy, Flers, Fontaine-l'Etalon, Monchel, Quesnoy-lès-Hesdin, Quœux, Remesnil et Vacquery-le-Bouc.

45° L'Abbesse d'Avesne-en-Artois, à la *cure* de Pozières.

46° L'Abbé de Beaubec, aux *cures* de : Abancourt et Blergies.

47° L'Abbaye de Saint-Lucien de Beauvais, aux *cures* de Cempuis, Grandvillers et La Verrière.

Et aux *prieurés* de La Chaussée d'Eu, Notre-Dame sur le mont à Picquigny, et Senarpont.

48° L'Abbaye de Saint-Quentin de Beauvais, aux *cures* de Saint-Antoine et Saint-Martin à Conty, Eplessier, Saint-Denis et Saint-Martin à Poix.

Et aux *prieurés* de Conty et de Saint-Denis de Poix.

49° L'Abbaye de Breteuil présentait aux *cures* de Blancfossé, Boussicourt, Chaussoy-Epagny, Chirmont, La Falloise, La Warde-Mauger, Pierrepont et Sourdon.

Aux *prieurés* de Courcelles, Démuin, Pierrepont et Saint-Albin-en-Harponval.

50° L'Abbé de Cercamp, à la *cure* dudit lieu.

51° L'Abbaye de Chezal-Benoist, au *prieuré* de Floxicourt.

52° L'Abbaye de Saint-Corneille de Compiègne (ou, à cause de l'union, le Val-de-Grâce), aux *cures* de Boiteau, Bouchoire, Erches, Mesviller, La Villette-lès-Rollot.

53° L'Abbaye du Val-de-Grace, aux *cures* de Becquigny et Faverolles.

54° L'Abbaye de Saint-Arnoul de Crespy, aux *cures* de Guerbigny et Villers-lès-Roye.

Et au *prieuré* de Maresmontiers.

---

[1] Le seigneur du lieu présentait d'abord à l'abbaye.
[2] Nous ne voyons pas si ce patronage a été compris dans la cession faite à l'abbaye de Corbie. (Voy. ci-dessus, I, 208, note 1.)

55° L'Abbé d'Eaucourt-lès-Bapaume, aux *cures* de : Auchonvillers et Grandcourt.

56° L'Abbé d'Eu, aux *cures* de : Allenay, La Motte-Croix-au-Bailly et Lanchères.

57° L'Abbaye de Saint-Germer de Flay, à la *cure* de Molliens-en-Beauvoisis.

58° L'Abbé de Foucarmont, à la *cure* de Saint-Thibault.

59° L'Abbaye d'Honnecourt, à la *cure* de Ray.

60° L'Abbé de Lannoy, aux *cures* de Halloy-Briot et de Monceaux-l'Abbaye.

61° L'Abbaye de Longvillers (diocèse de Boulogne), à la *cure* de Lespine.

62° L'Abbaye de Marmoutier, à la *cure* d'Esquemicourt.

63° L'Abbaye de Saint-Faron de Meaux, à la *cure* d'Esclainvillers.

Et au *prieuré* dudit lieu.

64° L'Abbaye de Molesmes, au *prieuré* de Bagneux.

65° L'Abbaye du Mont-Saint-Quentin, à la *cure* de Chuigne.

66° L'Abbesse de Morienval, aux *cures* de Fransart et Parvillers.

67° L'Abbaye de Nogent (diocèse de Laon), aux *cures* de Cantigny, Fontaine-sous-Montdidier et Villers-les-Tournelles.

68° L'Abbaye de Saint-Eloi de Noyon, aux *cures* de Conchil-le-Temple, Maucourt, Méharicourt et Vrély.

69° L'Abbaye de Saint-Remi de Reims, à la *cure* de Montauban.

70° L'Abbaye de Saint-Leu, à la *cure* d'Andechy [1].

71° L'Abbaye de Saint-Martin-au-Bois (unie au collège de Louis-le-Grand), aux *cures* de Goyencourt et Saint-Mard-lès-Roye.

72° L'Abbaye de Saint-Martin-des-Champs, au *prieuré* de Saint-Gervais et Saint-Protais d'Encre.

73° L'Abbaye de Saint-Crépin de Soissons, à la *cure* de Fresnoy-lès-Roye.

74° L'Abbaye de Tréport, à la *cure* de Camps-en-Amiénois [2].

75° Le Prieuré conventuel de Saint-Denis d'Amiens (depuis l'union, le Collège des Jésuites d'Amiens) présentait aux *cures* de Bertangle, Contay, Contre ? Dours, Molliens-au-Bois et Piergot.

76° Le Prieuré de Saint-Pierre et Saint-Paul d'Abbeville, aux *cures* de Saint-Eloi, Saint-Sépulcre et Notre-Dame de la Chapelle, dans la ville, Auxy-le-Château, Barly, Beauvoir-Lannoy, Collines, Cocquerel, Fransières, Frettemeule, Frohen-le-Petit, Genville, Himmeville, Meneslies, Rue (Saint-Vulphy), Sailly-le-Sec et Veron.

77° Le Prieur de Montdidier, aux cinq *cures* de la ville et à celles de : Andechy [3], Aubvillers, Brache, Contoire, Courtemanche, Domelien, Dompierre, Etelfay, Ferrière, Hangest-en-Santerre, La Hérelle, La Neuville-sire-Bernard, Le Frestoy.

78° Le Prieuré de Lihons, aux *cures* du lieu, de Caix, Chuignolle, Faucocourt, Fouque-

---

[1] *Vicissim* avec le prieur de Montdidier.

[2] Alternativement avec le commandeur de Saint-Maulvis.

[3] *Vicissim* avec l'abbaye de Saint-Leu.

court, Hallu, Harbonnières, Herleville, Méricourt, Proyart, Rozières, Rubempré, Senlis et Thiebval.

Et aux *prieurés* de Saint-Ausbert de Boves, Méricourt et Saint-Thaurin.

79° LE PRIEURÉ D'AIRAINES, aux *cures* du lieu (Notre-Dame et Saint-Denis), de Croquoison, Dourier-lès-Airaines, Estrejus, Frettecuisse et Quesnoy-sous-Airaines [1].

80° LE PRIEURÉ D'AUTHIE, aux *cures* du lieu, de Louvencourt, Rincheval, Toutencourt et Vauchelles-lès-Authie.

81° LE PRIEURÉ DE BAGNEUX, aux *cures* de : Auteux, Coin et Gézaincourt.

82° LE PRIEURÉ DE BOVES, aux *cures* de Saint-Nicolas du lieu, Cottenchy, Fouencamps, Grivenne et Thory.

83° LE PRIEURÉ DE CANCHY-LÈS-PONT-DE-REMY, aux *cures* de Dromesnil, Feuquières, Frévent, Grébaumaisnil, Maison-lès-Ponthieu [2], Ochencourt et Pont-de-Remy.

84° LE PRIEURÉ DE CAYEUX, aux *cures* du lieu et d'Ault.

85° LE PRIEURÉ DE DAVENESCOURT, à la *cure* du lieu.

86° LE PRIEURÉ DE DOMART, aux *cures* du lieu, de Berneuil, Franqueville, Fransu, Saint-Hilaire et Saint-Léger-lès-Domart.

87° LE PRIEURÉ DE DOMPIERRE, aux *cures* du lieu, de Bailleul, Machy et Tours-en-Vimeu.

88° LE PRIEURÉ DE DOMVAST, à la *cure* du lieu.

89° LE PRIEURÉ D'ENCRE OU D'ALBERT, aux *cures* du lieu, et à celles de : Aveluy, Beaumont, Bécordel, Bouzaincourt, Englebelmer, Mesnil-Martinsart, Millancourt, Ovillers et Vadencourt [3].

90° LE PRIEURÉ DE FLIXECOURT (uni au collège d'Amiens), aux *cures* du lieu, de Flesselles [4] et Havernas.

91° LE PRIEURÉ DE FRESMONTIER, à la *cure* du lieu et peut-être de Contre [5].

92° LE PRIEURÉ DE GAMACHES, à la *cure* du lieu.

93° LE PRIEURÉ D'HORNOY, aux *cures* du lieu et de Tronchoy.

94° LE PRIEURÉ DE LA CHAUSSÉE D'EU, aux *cures* du lieu et de Mers.

95° LE PRIEURÉ DE LALEU, aux *cures* de Fresneville, Mérelessart, Métigny et Vergies.

96° LE PRIEURÉ DE LIGNY-SUR-CANCHE [6], aux *cures* du lieu et de Vitz-sur-Authie.

97° LE PRIEURÉ DE MAINTENAY, aux *cures* du lieu, de Buire-le-Sec et Sauchoy.

98° LE PRIEURÉ DE MARESMONTIER, aux *cures* du lieu, de Remaugies et Onvillers.

---

[1] D. Marrier (*Sancti Martini de Campis historia*, p. 394) indique les mêmes paroisses comme dépendant du prieuré d'Airaines. Mais il donne pour vocable à Frettecuisse, l'Assomption, au lieu de la Nativité de Notre-Dame. (Voy. ci-dess. p. 65.)

[2] Alternativement avec le commandeur de Fieffes.

[3] D. Marrier (*Sancti Martini de Campis historia*, p. 303 et 304) indique les mêmes paroisses comme dépendant du prieuré d'Encre. Mais il donne Saint-Serre, au lieu de Saint-Fare, pour vocable à Aveluis, et Saint-Martin, au lieu de Saint-Firmin, à Milancourt. (Voy. ci-dess. tome Ier, p. 147 et 158.)

[4] *Vicissim* avec le prieuré de Saint-Pierre-à-Gouy.

[5] Voy. tome Ier, p. 437, note 1re.

[6] Il présentait aussi à la cure de Saint-Hilaire de Frévent, dans le diocèse de Boulogne. (D. Marrier, loc. cit., p. 352. — Voy. ci-dess. II, 80.)

Et au *prieuré* de Sarton.

99° LE PRIEURÉ DE MAREUIL, à la *cure* du lieu, et à celles de : Aumâtre, Huchenneville, Saint-Aubin-en-rivière et Villers-sur-Mareuil.

100° LE PRIEURÉ DE NOTRE-DAME DE POIX, à la *cure* de Notre-Dame du lieu.

101° LE PRIEURÉ DE SAINT-PIERRE A GOUY, aux *cures* du lieu, de Bettembos, Breilly, Cavillon, Flesselles [1], Hangest-sur-Somme [2], Lignières-Châtelain, Offignies, Riencourt, Saisseval, Seux et Soues.

102° LE PRIEURÉ DE SAINT-THAURIN, aux *cures* du lieu, Damery, Hattencourt et La Chavatte.

103° LE PRIEURÉ DE SARTON [3], aux *cures* de Sarton et Souich.

104° LE PRIEURÉ DE SENARPONT, aux *cures* du lieu et de Mesnil-Eudin.

105° LE PRIEURÉ DE BEAURAIN, à la *cure* de Riquebourg.

106° LE PRIEUR DE BIENCOURT (ou le Grand Monastère), aux *cures* de Bellencourt, Caumont-en-Artois, Epagne, Frohen-le-grand, Labroye, Millencourt [4], Ponchel, Regnauville et Tollent.

107° LE PRIEURÉ DE CAPPY, aux *cures* de Framerville, Mametz, Neuville-lès-Bray et Vauvillers.

108° LE PRIEUR DE SAINTE-MARGUERITE D'ELINCOURT (diocèse de Beauvais), aux *cures* de : Armancourt, Boulogne-la-grasse, Coullemelle, Hinvillé, Rocquencourt et Welles.

109° LE PRIEUR DE MILLY, à la *cure* de Sarnoy [5].

110° LE PERSONNAT DE BÉTHENCOURT-LÈS-SAINT-OUEN, à la *cure* du lieu.

111° LE PERSONNAT DE BÉZIEUX, à la *cure* du lieu.

112° LE PERSONNAT DE BRUCAMPS, à la *cure* du lieu.

113° LE PERSONNAT DE CITERNE, à la *cure* du lieu.

114° LE PERSONNAT DE LIOMER, aux *cures* du lieu et d'Arguel.

115° LE PERSONNAT DE MAISON-ROLLAND, à la *cure* du lieu.

116° LE PERSONNAT DE MÉAULTE, à la *cure* du lieu.

117° LE PERSONNAT DE PORT (uni aux Chartreux d'Abbeville), aux *cures* de Nolette et de Port.

118° LE PERSONNAT DE TREUX, aux *cures* du lieu et de Ville-sous-Corbie.

119° LE PERSONNAT DE VILLERS-LE-VERT, aux *cures* du lieu, d'Authuille et La Vieville.

120° LE PERSONNAT DE VILLERS-SUR-AUTHIE, aux *cures* du lieu et de Vercourt.

121° LE COUVENT DES PÉNITENTS DE LIMOURS, au *prieuré* d'Authie.

122° LE COMMANDEUR DE FIEFFES, aux *cures* du lieu, de Fienvillers, Maison-lès-Ponthieu [6], et Villers-l'Hôpital.

123° LE COMMANDEUR D'OISEMONT, aux *cures* du lieu, de Mouflières, Saint-Mard-en-Vimeu et Vaux-en-Amiénois.

---

[1] *Vicissim* avec le prieuré de Flixecourt.
[2] *Vicissim* avec l'évêque.
[3] Ou l'abbaye de Ham.
[4] Paroisse du doyenné de Saint-Riquier.
[5] Par indivis avec le commandeur de St.-Maulvis.
[6] Alternativement avec le prieuré de Canchy.

124° LE COMMANDEUR DE SAINT-MAULVIS, aux *cures* de Brocourt, Camps [1], Epaumesnil, Gouy-l'Hôpital, Hocquincourt, Lincheux, Romescamps et Sarnoy.
125° LE COMMANDEUR DE SOMMEREUX, à la *cure* du lieu.
126° L'HÔPITAL DE REIMS, à la *cure* de Vaire-sous-Corbie.
127° LE SEIGNEUR DE BÉTHENCOURT-SUR-MER, à la *cure* du lieu.
128° LE SEIGNEUR DE BUSSU et YAUCOURT, à la *cure* du lieu.
129° LE SEIGNEUR DE COULONVILLERS, à la *cure* du lieu.
130° LE SEIGNEUR DE DOMQUEUR, à la *cure* du lieu.
131° LE SEIGNEUR DE DOURIER-EN-ARTOIS, à la *cure* du lieu.
132° LE SEIGNEUR DE FORMERIE, à la *cure* du lieu.
133° LE SEIGNEUR DE HUPPY, à la *cure* du lieu.
134° LE SEIGNEUR DE LONGVILLERS, à la *cure* du lieu.
135° LE SEIGNEUR DE NEUVILLE, à la *cure* du lieu.
136° LE SEIGNEUR DE SAINT-BLIMONT, à la *cure* du lieu.

Nous croyons devoir rappeler ici à quels ordres monastiques appartenaient les abbayes et les prieurés du diocèse d'Amiens.

I. ORDRE DE ST.-AUGUSTIN : Chanoines réguliers.

ABBAYES D'HOMMES : St.-Acheul, St.-Martin-aux-Jumeaux et Clerfay.
PRIEURÉS de : Conty, St.-Denis de Poix, Domvast et Epécamps.

II. ORDRE DE PRÉMONTRÉ [2].

ABBAYES D'HOMMES : St.-Jean-lès-Amiens, Sery, Selincourt, Dommartin et St.-André-au-bois.

III. ORDRE DE ST.-BENOÎT.

ABBAYES D'HOMMES : Corbie, St.-Fuscien, St.-Vast de Moreuil, St.-Sauve de Montreuil, St.-Josse-sur-Mer, Forestmontier, St.-Riquier et St.-Valery.
ABBAYES DE FEMMES : St.-Michel de Doullens, Bertaucourt, et Ste.-Austreberte.
PRIEURÉS de : St.-Denis d'Amiens, Méaulte, Leuilly, Notre-Dame de Grâce ou St.-Remy-au-bois, Pierrepont, St.-Sulpice de Doullens, Sarton, Demuin, Bouzencourt, Heilly [3], Wagny, Courcelles, La Falloise, St.-Albin en Harponval, St.-Nicolas de Regny [4], Camps-en-Amiénois, Floxicourt, Molliens-le-Vidame, Notre-Dame sur le Mont à Picquigny, St.-Pierre-à-Gouy,

---

[1] *Vicissim* avec l'abbé du Tréport.
[2] C'était une réforme des chanoines réguliers de St.-Augustin.
[3] Ce prieuré était primitivement sous la règle des chanoines de St.-Augustin. (Voy. ci-dessus I, 321.)
[4] Ce prieuré était aussi sous la règle des chanoines de St.-Augustin avant sa réunion à l'abbaye de Corbie. (Voy. ci-dess. I, 377.)

Notre-Dame de Poix, Fresmontier, Flixecourt, Canchy-lès-Pont-de-Remy, Laleu, Ligny-sur-Canche, Gamaches, La Trinité d'Eu, Hornoy, Biencourt, Dompierre, Verjolay, Mareuil, Maintenay, St.-Germain-sur-Bresle, Senarpont, Containvillers et Domart.

IV. Ordre de Cluny [1].

Prieurés de: Encre ou Albert, Davenescourt, Maresmontiers, Lihons, Méricourt, Montdidier (conventuel), Boves, Esclainvillers, St.-Thaurin, St.-Pierre et St.-Paul d'Abbeville (conventuel), St.-Esprit d'Abbeville, Airaines et Cayeux-sur-Mer.

V. Ordre de Cîteaux (Bernardins).

Abbayes d'hommes : Le Gard, Cercamp, Lieu-Dieu et Valloire.
Abbayes de femmes : Le Paraclet, Epagne et Villencourt.
Prieurés de : Authie et Bagneux.

Mesures locales.

Pour procurer au lecteur tous les moyens de nous comprendre, nous allons compléter les données sur les mesures locales exprimées dans les déclarations qui précèdent et dans les titres que nous avons analysés à l'appui.

I. Mesures de surface, ou agraires.

Nous indiquons seulement les principales, c'est-à-dire celles qui étaient employés spécialement pour l'arpentage des bois et forêts, et les mesures d'Amiens, du Ponthieu et du Vimeu, les plus généralement usitées.

Pour les Bois. — Suivant l'ordonnance des eaux et forêts de 1669, l'*arpent* était la mesure des bois. Il portait cent perches carrées, de 22 pieds de roi chacune, le pied ayant 12 pouces et le pouce 12 lignes.

Cet arpent forestier équivalait à 5107 mètres carrés, ou 51 ares 7 centiares [2].

Amiens. — Comme nous l'avons dit ci-dessus (I, lxij), la mesure agraire était le *journal*, ou plutôt le *journel*. Il se composait de cent verges ; la verge du bailliage était de 20 pieds de roi, et le pied de 12 pouces. La verge de l'évêché portait 20 pieds 2 pouces. — Le pied d'Amiens ne portait que 11 pouces, à la mesure du roi [3], ou 0^m,307.

Ce journal est représenté aujourd'hui par 42 ares 21 centiares.

---

[1] C'était une réforme de la règle de St.-Benoît.

[2] Procès-verbal d'arpentage et bornage des bois du prieuré de Boves, en 1726. Archives départem. — *Nouvelle encyclopédie moderne*, aux mots Arpent et Mesures.

[3] Procès-verbal d'arpentage, dans l'*Invent. des chapelains d'Amiens*, p. 415. — de Heu, sur la *Coutume d'Amiens*, I, 522, n°^{s} 11 à 15.

ABBEVILLE. — Sur la rive droite de la Somme (le Ponthieu, proprement dit), le journal se composait de cent verges, de 22 pieds chacune, à la mesure du Ponthieu, ou de 20 pieds 2 pouces de roi. — Il est représenté par 42 ares 91 centiares.

Le pied du Ponthieu ne portait que onze pouces de roi [1].

Sur la rive gauche (le Vimeu), le journal portait 75 verges, à 22 pieds 8 pouces de roi l'une. — Il est représenté par 40 ares 66 centiares.

Nous avons dit ce qu'étaient : le journal de Montdidier (I, 25, note), le *jallois* de Ribemont (I, 231, note 5, et 234, note 4), le journal de Sailly-le-Sec (I, 161, note 4) ; et, en dehors du diocèse, la *mine* de Monchy-le-preux (I, 239), le *septier* de Noyon (I, 459), etc.

II. Mesures de capacité pour les grains.

Nous aurions pu renvoyer aux traités spéciaux qui ont été publiés sur cette matière, ou aux historiens locaux qui s'en sont occupés par occasion ; mais, outre qu'ils ne sont pas toujours d'accord entre eux, ils ne le sont pas non plus avec les calculs résultant du mode de comparaison que nous allons établir.

La mesure d'Amiens prise pour type, nous y rapporterons toutes les autres, en nous appuyant sur des documents officiels ou incontestables [2]. Au moyen de la réduction faite ici, en chiffres métriques, de la première mesure, il sera très facile au lecteur de trouver, au besoin, par comparaison, la valeur métrique de toutes les autres.

AMIENS. — La mesure de la ville, dite mesure du vidame [3], était le *setier*. Il se divisait en quatre *piquets*. Six setiers formaient le sac ou la *somme*, et dix-huit setiers le *muid*. — Le setier au blé est représenté aujourd'hui par 35 litres 28 centilitres, et le piquet par 8 litres 82 centilitres [4] ; le setier à l'avoine par 50 litres 98 centilitres.

Le setier de froment pesait 50 livres, et le setier d'avoine 30 livres.

La mesure du chapitre d'Amiens était, comme nous l'avons dit [5], plus forte d'un douzième. On la nommait la grande mesure.

ABBEVILLE OU PONTHIEU [6]. — Le setier se composait de seize boisseaux ; huit boisseaux formaient la mine, et douze setiers le muid.

---

[1] Darras, *Table de rapport entre les anciennes mesures et les nouvelles*, 1802, p. 28. — Louandre, *Histoire d'Abbeville*, II, 266.

[2] *Droits perçus sur les grains*. Titres de l'Intendance de Picardie. — *Réduction des mesures et espalages des villes et bourcqs, à la mesure d'Amiens*. Titres du Paraclet. Arch. du départem.— D. Grenier, Mss. paq. 1er. *Dissertation sur les poids et mesures.*—Du Cange, Biblioth. de l'Arsenal, n° 237 bis. H. F.— M. Cocheris, *Catalogue des Manuscrits sur la Picardie*, n° 11.

[3] *Inventaire de Saint-Nicolas*, p. 79 et 86.

[4] *Le Comparateur de l'Oise.*

[5] Tome 1er, p. 19.

[6] Duchesne, notes sur les *Coutumes générales de la sénéchaussée de Ponthieu*, art. cvij. — Voy. ci-dessus, tom. 1er, p. 4, note 7, et p. 32, note 3.

Le setier au blé contenait 3 setiers 3 piquets et un tiers d'Amiens ; celui au mars 3 setiers et un demi-piquet.

Le setier de froment pesait 204 livres [1].

AIRAINES [2]. — Le setier se composait de douze boisseaux. Douze setiers formaient le muid.

Le setier au blé contenait 4 setiers d'Amiens, et celui au mars 3 setiers et un demi-piquet.

ALBERT OU ENCRE. — Le setier au blé revenait à un setier trois piquets et un quart d'Amiens ; et le setier au mars à un setier deux piquets et demi.

Douze setiers formaient le muid.

AUMALE [3]. — La mesure était la *mine*, qui se composait de six boisseaux.

La mine au blé revenait à 3 setiers un piquet d'Amiens, et celle au mars à 2 setiers 2 piquets et un demi-quart.

CORBIE [4]. — Le setier au blé revenait à un setier un piquet d'Amiens ; et le setier au mars seulement à 3 piquets et cinq sixièmes.

Douze setiers formaient le muid. — Le muid du cellerier de l'abbaye était plus grand : il contenait 18 setiers d'Amiens pour le blé, et 20 setiers pour l'avoine.

Le setier de blé pesait 55 livres [5].

DOMART-EN-PONTHIEU [6]. — Le setier au blé revenait à 4 setiers d'Amiens ; et celui au mars à 2 setiers 2 piquets et deux tiers de piquet.

FONTAINE-SOUS-CATHEUX. — La mesure était la mine, qui se composait de 5 piquets, mesure du chapitre d'Amiens. Douze mines formaient le muid.

Le *vasel* [7], qui était aussi en usage, contenait 4 piquets.

GAMACHES [8]. — Le setier se composait de 12 boisseaux. Le setier au blé revenait à 4 setiers d'Amiens ; celui à l'avoine ou au mars, à 3 setiers un piquet.

Le boisseau de blé pesait 19 livres 11 onces, poids de marc.

GRANDVILLERS [9]. — La mesure était la mine. Celle au blé revenait à un setier deux piquets et demi ; celle au mars à 2 setiers d'Amiens.

---

[1] Dans sa *déclaration*, le curé du Quesnoy (doyenné de St.-Valery) estime ce poids à 192 livres seulement.

[2] *Cartul. de Selincourt*, f° 49. — Voy. ci-dess. I, 109, note 6, et 114, note 4 ; II, 129, note 2.

[3] *Inventaire de St.-Mauvis*, f° 273 r°. — Voy. ci-dess. I, 430, note 6, et 449, note 3.

[4] *Inventaire de Corbie*, V, 22 et 24. — Titres de Corbie, arm. 5. liasse 4, n° 6. — Voy. ci-dess. I, 237, note 3 ; II, 129, note 3.

[5] Voy. ci-dess. II, 306, note 3.

[6] *Invent. de l'Evêché*, f° 241 v°.

[7] *Recueil de décisions capitulaires*, Ms. p. 66.

[8] La mesure au blé était la même qu'à Domart. Il n'en était pas ainsi de celle à l'avoine, qui était plus forte à Gamaches : cela probablement depuis l'année 1614. (Voy. *Description du canton de Gamaches*, p. 41.)

[9] Duire, *Hist. du doyenné de Grandvillers*, Ms. p. 3.

Labroye. — Le setier au blé revenait à 4 setiers d'Amiens, et celui au mars à 3 setiers et un piquet.

Montdidier [1]. — Le setier ou la mine tant au blé qu'au mars revenait à un setier un piquet et sept huitièmes de piquet. Douze setiers formaient le muid, qui équivalait à 17 setiers 2 piquets et demi d'Amiens.

Montreuil. — Le setier au blé revenait à 4 setiers d'Amiens, et celui au mars à 3 setiers un piquet et demi.

Péronne [2]. — Le setier tant au blé qu'à l'avoine revenait à un setier 3 piquets d'Amiens. Huit setiers formaient le muid, qui équivalait à 14 setiers d'Amiens.

Picquigny [3]. — Le setier tant au blé qu'au mars revenait à un setier et un demi-piquet d'Amiens.

Vingt quatre setiers formaient le muid.

Poix [4]. — La mesure était la mine, qui se divisait en quatre quartiers pour le blé, et six quartiers pour l'avoine.

La mine au blé revenait à 2 setiers un piquet et demi ; celle au mars à 2 setiers un piquet et deux tiers d'Amiens.

St.-Riquier [5]. — Le setier au blé revenait à 3 setiers 3 piquets et un tiers ; celui au mars à 3 setiers et demi-piquet d'Amiens. — Ces mesures étaient donc les mêmes qu'à Abbeville.

St.-Valery. — Le setier se composait de 12 boisseaux. Le setier au blé revenait à 4 setiers et demi d'Amiens, et celui au mars à 3 setiers et demi.

Ainsi que nous en avions averti dans l'*Introduction* [6], les noms propres, mais surtout les noms de lieux ont été par nous reproduits tels que les chartes nous les ont présentés. Tout le monde comprendra que c'est un moyen de conduire à plus d'une découverte utile. Il en résultera notamment une plus grande facilité pour retrouver la véritable étymologie des noms de lieux, qu'il ne faut pas chercher dans leur forme latine, mais plutôt dans celle vulgaire. En effet, les rédacteurs des chartes qui, jusqu'au XIII° siècle, ont écrit en latin toutes les conventions, ont ordinairement traduit en latin le nom vulgaire, d'une manière plus ou moins compréhensible, d'après les consonnances syllabiques et souvent en en faisant une sorte de *rebus*. Aussi n'est-il pas rare de rencontrer le même nom traduit de plusieurs manières et bien différentes l'une de l'autre dans des titres d'une même époque.

---

[1] Voy. ci-dess. I, 184.

[2] Voy. ci-dess. I, 75, note 1re.

[3] Titres de l'hospice de Picquigny. B, 12. — *Picquigny et ses seigneurs*, p. 117.

[4] *Invent. d'actes, titres et mémoires touchant le prieuré de St.-Denis de Poix* ; Ms. p. 36. — Voy. ci-dess. I, 430, note 5.

[5] Voy. ci-dess. II, 243, note 1re.

[6] Voy. tome 1er, p. lxij.

Plus tard, les écrivains ont traduit à nouveau le nom latin en français; et, comme ils n'en reproduisaient pas la forme ou l'orthographe primitive, ils en ont dénaturé la signification. Aussi rien au monde n'est-il plus difficile que de retrouver aujourd'hui une étymologie acceptable de ces noms. Nul ne doit oser la tenter qu'en faisant abstraction tant de la forme moderne que de la forme latine, et en prenant la forme primitive sur les plus anciens titres écrits dans le pays même.

Disons cependant que quelques rédacteurs de chartes ont eu la sagesse de conserver le nom vulgaire. Nous avons remarqué que, dans ce cas, le nom est écrit tel qu'il se prononce encore aujourd'hui sur les lieux, après un grand nombre de siècles.

La citation scrupuleuse que nous avons faite, toutes les fois que cela a été possible, des noms des fondateurs et des donateurs, fournira des documents pour compléter et rectifier les généalogies, pour en dresser de nouvelles. Elle fera connaître des familles éteintes et oubliées ; elle montrera le grand nombre de seigneurs, à tous les degrés de l'échelle féodale, qui se partageaient le sol.

On ne s'étonnera pas du soin attentif que nous avons mis à citer les sources. C'est un fil conducteur que nous avons voulu mettre dans la main de qui voudra rechercher plus loin que nous ne l'avons fait l'origine des biens ; car cela est parfois possible. Ainsi en est-il, par exemple, pour les biens de l'abbaye de St.-Martin, qui provenaient du prieuré d'Épécamps. L'inventaire donne l'analyse des titres de la donation faite à ce prieuré ; mais on comprendra que nous n'ayons point abordé de tels détails. Notre ouvrage déjà bien long eût été interminable.

Des tables bien faites et exactes sont le complément nécessaire d'un tel travail, qu'elles résument utilement. Nous y avons donné tous nos soins. Les variantes, les formes diverses d'un même nom de personnes ou de lieux seront groupés ensemble : ce qui peut aider singulièrement à découvrir l'étymologie. Sous le nom du village nous avons placé les lieux-dits et les fiefs, qu'on n'aurait guère cherchés ailleurs, leur existence étant ignorée. Souvent d'ailleurs ils ne tirent d'intérêt que de leur situation.

Il resterait à faire, comme corollaire de cet ouvrage, un travail analogue sur les biens des fabriques du diocèse. Mais ceci n'entrait point dans notre cadre, et notre charge en fût devenue trop lourde. Quelqu'un de nos jeunes collègues aura le courage d'entreprendre un jour cette tâche un peu ingrate. Ce sera le dernier mot de la richesse réelle de l'église d'Amiens.

Exprimons, en terminant, un autre vœu. Puisse-t-il être entendu ! Nous voudrions être aidé à remplir les vides que nous laissons, bien à regret, dans ce tableau, à placer partout où ils font défaut les cubes égarés de cette vaste mosaïque.....

TABLE

DES

NOMS DE PERSONNES.

TABLE

DES

NOMS DE PERSONNES.[1]

A

Abancourt (d'), lieutenant du roi à St.-Quentin. — II, 84.
Abbeville (d'), Bernard, évêque d'Amiens. — I, 52. — II, 337.
— Gautier. — II, 257.
— Gérard ou Girard, seigneur de Bouberch. — I, 97, 135. — II, 97, 176, 255.
— Gérard, seigneur de Bouberch, écuyer, puis chevalier. — II, 176, 177.
— Guillaume. — II, 255.
— Jean, doyen du chapitre d'Amiens, puis cardinal. — I, 54, 261. — II, 75.
— Simon — II, 270.
Abencourt (d'), Eustace, chanoine d'Amiens. — I, 477.
Abraham, Firmin. — I, 53.
— Marie, damoiselle d'Izengremers, épouse de Henri de Monthuis. — II, 333.
Achery (d'), le sieur. — II, 31. — Voy. Tillette d'Achery.

Acheux (d'), Antoine, chevalier, seigneur de Foucaucourt, etc. — I, 244. — Voy. Aissieu.
Achicourt (d'), Colard. — I, 123.
— Jean. — I, 123.
Adam, seigneur de Cardonnette. — I, 337.
— évêque de Morinie. — II, 185.
— abbé de Dommartin. — II, 146.
— doyen de chrétienté d'Abbeville. — II, 202, 320.
— prévôt de Noyelles. — II, 221.
Ade, prêtre (curé) de Hangest. — I, 269.
— abbesse d'Epagne. — II, 44.
Adélaide, veuve du roi Louis VI. — II, 313.
Adelhard (saint), abbé de Corbie. — I, 243.
Adrien IV, pape. — I, 8.
Aélis, abbesse de St.-Michel de Doullens. — I, 204.
Agenvillers (d') Aléaume. — II, 241.
Agnicourt (d'), Jean, vavasseur. — I, 324.
— Philippe, écuyer. — II, 355.
— Robert. — I, 118.
Ailegrin, Marguerite. — I, 231.
— Marie, femme de W. de Hestru. — I, 231.

[1] Les formes variées des noms de personnes seront reproduites à la Table, immédiatement après le nom écrit dans la forme usitée, lorsqu'il nous semblera certain qu'il s'agit d'une même famille.
Il arrivera que plusieurs personnages portant le même prénom seront confondus ; mais cela était inévitable.
Les noms des saints figureront à leur ordre alphabétique et non pas au mot Saint. Il en sera autrement des noms de famille, dans la composition desquels entre le mot saint, comme Saint-Preuil.

AILEGRIN, Pierron, écuyer. — I, 231.
AILLY, AILLI, ALLY, ARLY (d'), Bauduin, vidame. — I, 403.
— Charles, vidame. — I, 420.
— Charles. — I, 495.
— Charles, abbé de St.-Fuscien. — I, 365.
— Charlotte, épouse d'Honoré d'Albert, duc de Chaulnes. — II, lv, 32, 138.
— Françoise, dame d'Escarbotin et de Friville en partie, épouse de Etienne de Roussé. — II, 111.
— Hugue, fils de Robert. — II, 220.
— Jean, chevalier. — I, 425.
— Jean, chanoine et trésorier du chapitre de Picquigny. — I, 408.
— Jean, vidame. — I, 29, 106, 409.
— Louis, seigneur de Bellonne, etc. — I, 345.
— Louis, son fils. — I, 345.
— Louis, duc de Chaulnes, gouverneur d'Amiens. — I, 129.
— Phillebert-Emmanuel, vidame.—I, 495.
— Philippe, notaire. — I, xxiv.
— Raoul, archidiacre de Cambray, fils de Philippe. — I, xxiv, 35.
— Raoul, vidame. — I, 175, 408, 409.
— Robert, noble homme. — II, 220.
— Robert, chevalier, seigneur dudit lieu et de Bouberch-sur-Canche. — II, 79.
— Robert. — I, 38.
— Ysabel, veuve de mess. de Rabodengues, chevalier. — I, 29.
AINSETELLE (d'), Jehenne. — I, 82.
AIRAINES (d'), Adam. — II, 71.
— Foulques-Guion. — II, 71.
— Gautier. — II, 52.
— Henri, chevalier. — I, 403 ; — II, 125.
— Hugue. — II, 52.
— Hugue, chevalier, seigneur d'Avlesge. — II, 129, 134.
— Raoul, fils de Hugue. — II, 129, 134.
— Raoul, très-noble prince. — I, 404, 414. — II, 52, 71, 124, 125.
AISSIEU (d'), Pierre. — I, 65.
— Raoul. — I, 65.
AITINEHAM (d'), Pierre. — I, 159.
— Raoul, I, 159.
Voy. ETINEHAN.

ALAINVILLE, Gillon.— II, 337.
— Gilles, sa fille, femme de Jean de Glisy, chevalier.— II, 337.
ALAÏS ou ALAÏDE, fille de Louis-le-Pieux, femme de Willaume de Ponthieu. — I, 135. — II, 183.
ALBÉRIC, prévôt de l'église d'Amiens. — II, 192.
ALBERT, prévôt de l'église d'Amiens. — I, 310.
ALBERT (d'), Honoré, duc de Chaulnes. — I, 32, 138.
— duc de Luynes. — I, 145.
ALBREA, abbesse d'Epagne. — II, 366.
ALDEGONDE (sainte) — II, 307.
ALELME ou ADELELME, maire de Castel. — I, 371.
— prévôt de Noyelles. — II, 221.
ALEXANDRE II, pape. — I, xxj. — II, 80.
— III, pape. — I, 4, 19, 45, 78, 81, 132, 194, 203, 214, 220, 222, 223, 246, 263, 320, 340, 350, 353, 397, 401, 406, 480, 481, 482, 485, 500. — II, 36, 82, 83, 84, 102, 153, 154, 208, 218, 253, 264, 266, 267, 285, 362.
— IV, pape. — I, 251, 255.
— VI, pape. — I, 322.
— Louis, religieux prémontré, curé. — II, 297.
ALFONSE, comte d'Eu, chambellan de France. — II, 96.
ALLAVOINE, Louis, prieur-curé. — I, 500.
ALLOU, François, curé. — I, 262.
— Jean, vicaire. — I, 304.
ALSACE (d'), Philippe, comte de Flandre. — I, 99.
ALSI (d'), Hugue. — II, 150.
— Hugue dit Rage. — II, 150.
ALVES (d'), Gui. — II, 202.
ALVISIUS, évêque d'Arras. — I, 222, 300.
AMELIUS. — I, 478.
AMFRIDE, doyen d'Encre. — I, 163.
AMIENS (d') Agnès, femme de Jean du Mont.—I, 44.
— Agnès, fille de Renault, dame de Labroye, épouse de Jean de Varennes. — I, 486.
— Alelme ou Alerme. — I, 481. — II, 256.
— Bernard. — I, 82, 253, 481. — II, 237, 247, 365.
— Dreux et Drienon. — I, 82, 107, 134, 253, 486. — II, 247, 335, 336, 344.
— Jean. — I, 214. — II, 247, 258, 344.
— Marguerite, dame de Fiefes. — II, 363.

Amiens (d'), Pierre. — I, 22, 133, 134, 481.
— Pierre, chevalier, seigneur d'Outrebais, fils de Thibault. — I, 508. — II, 86.
— Renaud, Renault ou Réginald. — I, 3, 107, 394, 478, 481, 486. — II, 344, 364.
— Théobald. — I, 481. — II, 237.
— Thibault, chevalier, seigneur de Canapes. — I, 508. — II, 86.
— M., conseiller au présidial. — I, 121.
— M., seigneur d'Acheux. — I, 212.
Amourette, Jean, curé. — II, 173.
Anastase IV, pape. — II, 181, 192, 195, 197, 198, 199, 202. — II, 371.
Ancre (maréchal d'). — Voyez Concino-Concini.
Andecy (d'), Jean. — II, 362.
Anger, Jacques, curé. — II, 288.
Angilguin, ou Angilvin, seigneur de Fontaine. — I, xj, xliv, 18, 22, 23, 25, 30, 31, 175.
Angoulême (duchesse d'). — II, 28.
Anguier, Nicolas, curé. — II, 256.
Anquier, François, curé. — I, 384.
Anscher, chevalier. — II, 147.
— 1er abbé de St.-André-au-Bois. — II, 147.
— prêtre, chapelain. — II, 348.
Ansel, Jean. — I, 233.
Anselin, Jacques, curé. — II, 86.
Anselme, neveu de l'évêque Geoffroy. — I, 265, 295.
— archidiacre de l'église d'Amiens. — II, 355.
Ansfred. — I, 22.
Antoing (sieur d'). — I, 427. — II, 361.
Aoust (d'), François, écuyer. — I, 211.
— Hugue. — I, 241.
— Louis. — II, 373.
— Pierre. — I, 241.
Voy. Acouste (d').
Archambault. — Voy. Erchinoald.
Arembergue (d'), Ernestine, princesse d'Espinoy. — I, 135.
Argienlieu, Robert, chevalier. — I, 175.
Arginette (d'), Pierre, vavasseur. — I, 324.
Argœuves (d'), Roussel. — I, 506.
Argouve (d'), Gui, fils de Walery de Beaurain. — I, 481.
Aridel, Pierre. — I, 460.
— Thomas. — I, 460.
Arly (d'). — Voy. Ailly (d').

Arnoul ou Arnulfe, évêque d'Amiens. — I, xxij, 52, 66, 111, 174, 182, 251, 271, 323, 337, 339, 397, 415, 422, 457, 488. — II, 81, 176, 245, 261, 344.
— prêtre, prieur de Pas. — I, 357.
Arras (d') Ysabeau. — I, 87.
Arry (d'), Gautier. — II, 184, 192.
— Gilbert. — II, 202.
— Renaud. — II, 202.
Arthémis (Saint) : lieu de son martyre. — II, 80, 83.
Artois (d'), les princes. — II, 93.
— Charles, comte d'Eu. — II, 107.
— Guirinfroid. — I, 235.
— Jean, clerc. — I, 28.
— Robert, comte. — I, xij.
Arviler ou Arviller (d'), Bartholomé. — I, 452.
— Grégoire? chapelain. — I, 461.
— Raoul, chevalier, neveu de Grégoire — II, 461.
Aseux, Laurent, curé. — II, 108.
Asli (d'), Robert. — II, 257.
Athies, Guerart, archev de Besançon. — I, 108.
Atre (del), Adam. — II, 315.
Aubé, Suzanne, veuve du sieur Roussel. — II, 312.
Aubeigni (d'), Hugue, dit Tacon, seign. d'Orreville. I, 32. — Voy. Aubigny (d').
Aubercourt (d'), Enguerran, chevalier. — I, 316.
— Voy. Waubercourt.
Aubert, MM. — I, 457.
— l'aîné, curé. — I, 382.
— (Saint), évêque d'Arras. — II, 308.
Aubigny (d'), Jean, évêque de Troyes. — I, 6.
— Robert. — I, 6.
Voy. Aubeigny (d').
Aubrelique, Florimond. — I, 183.
Aucosté ou Aucôté (Ad latus), Firmin. — I, 22.
— Jean. — II, 96, 334, 369.
Audenarde (d'), Jean, chevalier, vidame d'Amiens. — I, 27, 333. — II, 66.
Audois, avocat à Montdidier. — I, 467.
Audoul, D. Gaspard-François, prêtre, prieur claustral, trésorier et procureur du prieuré de Lihons. — I, 299, 399.
Aufait, François. — I, 59.
Auguiercourt (d'), Gui, chevalier. — II, 263.
Augustin (Saint), évêque d'Hippone. — I, 101.
Augustini, Raoul. — I, 28.

Augy (d'), François, curé. — I, 356.
Aulaincourt (d'), Asseline, veuve de Guy de Moufflers. — I, 509.
Auls (d'), Ricard. — II, 173.
Ault (d'), Jehan, prêtre, curé. — I, 454.
Aumale, Aubemarle (d'), le duc. — I, 102, 118.
— Etienne, comte. — II, 52.
— Jean, comte. — II, 9.
— Willaume, comte. — II, 125, 128.
Auouste (d'), Raoul, chevalier.— II, 116. — Voy. Aoust.
Austreberte (Sainte), fille de Badefride. — II, 187.
Auteux ou Auteaux (des), Idorea, épouse de Gilles de Villers au Bocage. — I, 510.
— Robert. — I, 510. — II, 357, 358.
Authie (d'), Madame. — II, 194.
— Hugue, marié à Agnès. — II, 348, 349.
— Hugue, leur fils. — II, 348.
Authieule (d'), de Autlœle, Jean, chevalier. — I, 208.
Authiol (d'), Aubin. — I, 213.
— Jean. — I, 213.
— Michel. — I, 213.
Autiule (d'), Gilles, chevalier. — I, 213.
Autriche (d'), Anne. — II, 29.
Autuile (d'), Gillon, chevalier. — I, 325.
Auty, Charles-Joseph, curé. — II, 272.
Auwilette, Jehan. — II, 345.
Auxcouteaux, mayeur d'Amiens. — I, 102.
— Pierre. — I, 118.
Auxi (d'), David, dit Lallemant, chevalier. — I, 38.
— Hugue. — II, 77, 79.
— Hugue, chevalier, fils de Hugue. — II, 77, 84, 88.
— Isabeau, épouse de Philippe de Crévecœur. — II, 239.
— Jean. — I, 118.
Avantage, Jean, évêque. — I, xxxij, 45, 48. — II, 294.
Avelus (d'), Elisabeth. — I, 215.
— Gila. — I, 215.
Aveneaux, Jean-Baptiste, curé de Cachy. — I, 261.
Avernes (d'), Bernard, commandeur de Beauvoir. — II, 228.
Avesnes (d'), Bauduin, écuyer. — II, 135.
— Hugue, chevalier. — II, 135.
— Jean, fils de Willaume. — II, 127.
Avesnes (d'), Willaume, chevalier, fils de Hugue. — II, 127, 135.
Azincourt ou Aezincourt (d'), Gilles dit l'Esgle, écuyer. — I, 255.

B

Bachelier, Basile, curé. — I, 279.
— Louis. — I, 85.
Bacouel, Charles, prêtre, chanoine. — I, 139.
Bacq (de), Antoine. — I, 14.
— Joseph. — I, 78, 89.
Badefride, le comte. — II, 187.
Bail, Antoine, curé. — I, 165.
— Nicolas, curé. — I, 149.
Baillescourt (de), Bauduin Besques. — I, 147.
— Ibert. — I, 147.
Baillet, François, curé. — II, 193.
— Louise, femme de Guillaume Buignet. — I, 505.
— Marie-Madeleine. — I, 505.
— Maurice, curé. — I, 305.
Bailleul (de), Bernard, chevalier. — I, 350. — II, 148.
— Hue. — II, 118.
— Jean, père du roi d'Écosse. — II, 96, 97.
— Jean, roi d'Écosse. — II, 96.
Bailly (de), Guy. — I, 114.
— Louis, curé. — I, 355.
Bains (de), N. — I, 28, 229.
— Antoine, curé. — I, 185, 275.
— Drocon Vilain, chevalier. — I, 461.
— Jean, chevalier, chambellan du roi. — I, 363.
— Jean, écuyer. — I, 461.
— Louis, chevalier, seigneur d'Aubigny. — I, 237.
— Robert, écuyer. — I, 461.
Baisieu ou Baizieu (de), Pierre, chevalier.—I, 324.
— Vautier. — I, 325.
— la dame. — I, 325.
Bapaume (de), Héluin. — I, 300.
Baque, Jean. — I, 173.
Bar (duc de). — I, 110.
Barbe, Gui. — Voy. Garbe.
— (Ste), invoquée contre la foudre. — I, 88.
Barberi, Henri, bailli d'Airaines et d'Arguiel. — II, 129.

BARBIER, Charles, curé. — II, 259.
— Louis, curé. — I, 329.
— Michel. — I, 187.
— Nicolas, curé. — II, 259, 293.
— Philippe. — I, 141.
— Pierre, curé. — II, 259.
BARDE, Adam. — I, 133.
BARDIS, Philippe, curé. — I, 296.
BARDOUX, Louis, curé. — I, 389.
BARILLON, intendant de Picardie. — I, 20.
BARON (le sieur). — I, 82.
— Augustin, curé. — I, 326, 319.
BARRA (de), Guillaume. — I, 133.
BARTHÉLEMY, évêque de Laon. — I, 231. — II, 352.
— abbé de Ste-Marie de Ham. — I, 299.
— doyen de Moreuil. — I, 311.
— Pierre, curé. — I, 356.
BARTHOLOMÉ, chanoine d'Amiens. — II, 140.
BASCOAZ, Raoul. — II, 129.
BASCOUEL (de), Adam, chevalier. — I, 82, 95.
— Raoul, chevalier. — I, 95, 402.
— Sancta, femme de Nicolas de Revele. — I, 82.
BASENTIN (de), Renaud, chevalier. — I, 148.
— Marie. — I, 148.
BASIN, N. demeurant à Roye. — I, 453.
BATHILDE (Sainte), reine de France. — I, xj, 223.
BATTE (sieur de la). — Voy. BOILLEAU.
BAUCHIEN ou BAUCIEN ou BALCHEN (de), Rorgon. — II, 92, 107.
— Emeline. — II, 92.
BAUDELICQUE, Jean, curé. — I, 412.
BAUDELOQUE, Antoine. — I, 256.
BAUDET LA PIERRE, Denis, chantre et chanoine. — I, 1, 11, 16, 347. — II, 276, 331.
BAUDOUIN, archidiacre de Ponthieu. — II, 192.
— le buveur. — I, 179.
BAUDRELIQUE, Guy-François, curé. — II, 78.
BAUDRY, évêque de Noyon. — I, 299.
BAULDRY, Philibert Bernard, abbé de St.-Fuscien. — I, 365. — II, 346.
BAUDUIN, archidiacre, neveu de Symon, aussi archidiacre. — II, 202, 358. — Voy. SYMON.
— dit la personne de Donquerre et de Longvillers, écuyer. — II, 266.
BAURIN, Jean, bachelier de Sorbonne, curé. — I, 145.

BAUVENT (de), Huard. — I, 300.
— Imbert. — I, 316.
BAVIÈRE (de), Isabelle. — I, 106. — Voy. ISABEAU DE BAVIÈRE.
BAVLAINECORT (de), Hesselin, chevalier. — I, 323.
BAYEMPONT (de), Collart. — I, 20.
BAYENCOURT (de), François, écuyer. — I, 312.
— Jean. — I, 312.
BAYEU (de), Guillaume, sieur de Lonvillé. — II, 62.
BAZIN, Catherine. — I, 111.
BÉATRIX dite Comtesse. — II, 105.
BEAUCAMPS (de) M. — II, 169.
BEAUCHAMP (de), Bernard. — II, 97.
Voy. BAUCHIEN.
BAUDOUIN, seigneur de Dours. — I, 3.
BEAUFORT (de), Bauduin. — I, 134.
— Louis-Antoine, avocat en parlement. — I, 458.
— Paul Robert, évêque de Lectoure, abbé de Forestmontier. — II, 215.
— Pierre dit Ribaud. — I, 260.
— Simon. — I, 260, 411.
BEAUGENCY (de), Hubert. — I, xliv.
— Raoul. — I, xliv.
— Simon. — I, xliij, xliv.
BEAULIEU (de). — Voy. MAQUERON et DANZEL.
BEAUMEZ (de), Clémence, épouse de Regnaut de Chaule. — I, 477.
BEAURAIN, Edouard, chevalier, seigneur de Bureuil. — II, 107.
— Edouard-François, curé, fils d'Edouard. — II, 107.
BEAURAIN (de), de Bello ramo, Aléaume, fils de Raoul. — II, 217.
— Guillaume. — II, 217.
— Hugue dit Pichot, fils d'Ingelran. — II, 147.
— Hugue dit Colez, fils de Walery. — II, 481.
— Ingelran. — II, 147.
— Ingerran, chanoine. — I, 29.
— Pierre, prêtre, chanoine, I, 453.
— Raoul, seigneur d'Argoules. — II, 217, 218.
— Walery. — I, 481.
Voy. COLLET et FOILLOY (de) Guillaume.
BEAUSACQ, Nicolas, curé. — I, 172.

— 404 —

BEAUSAUT (de). — Voy. MORET et MONTMORENCY.
BEAUSORMONT (de), Jehenne. — I, 107.
BEAUVAIS (de), Philippe, seigneur de Martinsart.— 157, 158.
BEAUVAL (de), Bauduin. — II, 82.
— Jehan, chevalier, seigneur de Havesquerque. — II, 326.
— Louis, curé. — I, 325.
— Robert, chevalier. — I, 215.
BEAUVARLET, Josse, ancien mayeur d'Abbeville. — I, 210.
BEAUVILLÉ (de), M. — II, 343 et aliàs.
BEAUVOIR (de), Claire. — I, 38.
— Ferry, évêque d'Amiens.—I, xix, 63.
— Jacques, seigneur d'Aveluis. — I, 162, 345.
BEAUWEOIR (de), Jakemer, chevalier. — Voy. le précédent.
BECEL, François, curé. — I, 278.
BECORDEL (de). — Voy. MOREL.
BÉCOURT (de), Jacques. — I, 157.
BECQUET (St.-Thomas), archevêque de Cantorbery; son origine. — I, 217.
— Enguerran, prévôt du Vimeu. — I, ix.
— (Thomas), seigneur de Fouilloy. — I, 245.
BECQUIGNY ou BÉQUIGNY (de), Mme. — I, 137. 138.— Voy. BÉQUEGNIES (de).
BECQUIN, Claude, mayeur d'Abbeville. — II, 29.
— de Fresnel, curé. — II, 33.
BÉELOI (de), Guarin, chevalier. — I, 45. — II, 364.
— P. — I, 45.
BÉGON, Scipion-Jérôme, évêque-comte de Toul, abbé de St.-Germer. — II, 303.
BÉGUIN, curé. — 291.
BÉHENCORT (de), Warin, chevalier. — I, 324.
BÉKINCORT (de), Jean. — 354.
BÉLANGEZ, Jean. — I, 59.
BEL-ESTRE (de), Bernard. — II, 84, 253.
BELGUISE, Pierre. — I, 129.
BELHOMME, François, curé. — I, 380.
— Pierre, curé. — I, 396.
BELLAINVAL (de), Hugue, écuyer. — I, 28.
— Jean. — I, 27, 28.
BELLANGER, Charles-François. — I, 86, 88.
BELLEFORÊT (de), Symon, chevalier. — I, 285.
BELLEFORIÈRE (de), Agnès, femme de Baulduin de Glisy. — I, 39.

BELLEFORIÈRE, Marie Renée, marquise de Soyecourt, dame de Roye en partie et de Tilloloy, veuve de M. de Boisfran. — I, 456, 477.
— Maximilien, marquis de Guerbigny, comte de Tilloloy, baron de Soyecourt. — I, 457.
— Pontus. — I, 337.
BELLEJAMME ou BELJAMME (sieur de), intendant de Picardie. — I, 113, 209.
BELLENGREVILLE (de), Gosselin. — II, 99.
— le marquis. — II, 166.
BELLETTE, Jehan. — I, 39.
BELLEVAL, Louis. — I, 457.
Voy. BELVAL.
BELLEVAL (de), Nicolas. — I, 83.
— Jean. — II, 248.
— Martin. — II, 318.
Voy. BELVAL (de)
BELLIN, Guillaume, prêtre. — II, 275.
BELLOY (de), seigneur de Bachimont. — I, 197.
BELLOY-PONTDFMER (de), M. — II, 3.
BELMARRE, Pierre. — I, 129.
BELNAY (de), Ingerran. — II, 141.
BELVAL, Louis. — I, 224.
Voy. BELLEVAL.
BELVAL (de), Charles, sieur de Rouvroy.— II, 122.
— Hugue. — I, 215.
Voy. BELLEVAL (de)
BENOIST, Catherine, religieuse. — I, 481.
BENOIT VII, pape. — II, 278.
— Nicolas, curé de Domart sur la Luce. — I, 266.
BENTIVOGLIO, Jean, conseiller-aumônier du roi, abbé de St.-Valery. — II, 278, 280.
BENYER, Enguerran. — I, 369.
BÉQUEGNIES (de), Raoul, aliàs Lionnel, écuyer. — I, 257. — Voy. BÉQUIGNY (de).
BÉRARD, Jean, curé. — I, 294.
BERCHECURT (de), Gautier. — I, 403.
— Girard, son fils. — I, 403.
BERCHICORT (de), Firmin. — II, 364.
BERCHICOURT (de), Jean. — I, 434.
BERGER, François-Nicolas, curé. — II, 291.
BERLENCOURT, Eloi, curé.— I, 336.
BERNAPRÉ (de), trésorier de France. — II, 283.
BERNARD (le comte), fils de Charles-Martel.—I, 243.

BERNARD, Bénigne, baron de Boves. — II, 343.
— fils de Viterbe. — I, 336, 503.
— évêque d'Amiens. — I, 179. — II, 81.
— Louise, épouse du sieur d'Achery. — II, 31.
— archidiacre de Ponthieu. — II, 227, 268.
— écolâtre d'Amiens. — I, 337.
— Antoine, curé. — I, 269.
— Charles, chapelain. — I, 426.
— Firmin, curé de la paroisse St.-Eloi de Corbie. — I, 264, 282.
— Gilles, curé. — I, 314, 338.
— Nicolas, laboureur. I, 93.
— curé de Jumelles. — I, 369.
— (le sieur) dem^t. à Amiens. — I, 373.
BERNAULT, Louis, prieur-curé. — I, 273.
BERNAVILLE, Charles, curé. — 291.
BERNIEULES (les seigneurs de). — II, 312.
BÉROALDE, Mathieu, savant théologien, natif d'Hocquélus. — II, 122.
BERSACLES (de), Adam. — II, 245.
— Ade, veuve de Wautier de Bersacles. — II, 245.
— Hue. — II, 245.
— Jean. — II, 245.
— Raoul. — II, 246.
— Simon, — II, 245.
— Wautier, chevalier. — II, 245.
BERTANGLE ou BARTANGLE (de), André. — I, 31.
— Drienon. — I, 32.
— Pierre. — I, 98.
— Pierron. — I, 98.
— Walon, ou Walles. — I, 32.
BERTEFRIDE, évêque d'Amiens. — I, xxj, 228, 349.
BERTHAULT, Guillelme, veuve Le Rendu. — I, 107.
BERTHELOT, la famille. — I, 88.
— Jean-Baptiste, curé. — I, 491.
— Simon et sa fille. — I, 20, 88.
— Thomas, chapelain. — I, 48, 508.
BERTIN, M. — I, 474.
— Jacques, chapelain. — II, 73.
BERTIN (de), Joseph, écuyer, curé. — I, 185, 360, 362. — II, 355.
— N., administrateur de l'hôpital de Montdidier. — I, 201.
BERTOT, Ignace. — I, 102.
BERTRANCOURT (de), Gautier. — I, 215.
— Jean. — I, 215.

BERTRAND, abbé de Cîteaux. — I, 311.
BERY (de), Philippe. — I, 38.
BESNE (de), Lambert, dit de Dijon. — I, 56.
BESQUES, Bauduin, seigneur de Bailliscourt. — I, 147.
BESSE, D. Etienne, prêtre, prieur de Bagneux. — I, 206.
BÉTENBOS (de), Gautier, châtelain. — I, 434.
BÉTENCORT (de), Simon. — I, 179.
BÉTENCOURT (de), André. — II, 95.
— Giboin. — I, 237.
— Jean. — II, 95.
BÉTHENCORT (de), Béatrix. — I, 497.
BÉTHENCOURT (de), Jean. — I, 235.
— Guy. — I, 235.
BÉTHOUART, Pierre, curé. — II, 229.
BÉTHUNE (de), Guillaume. — I, 119.
— Jacqueline, femme de Raoul d'Ailly. — I, 409.
BÉTIZY (de), dom Nicaise, prévôt de Dampierre-sur-Arques. — I, 244.
— Ysabelle, citoyenne d'Amiens. — I, 279.
. BEUVRES (de), Pierre-François Huart, trésorier de la cathédrale de Rennes. — I, 426.
BEZANNE (de), D. Louis, prieur. — I, 251.
BIAUMONT (de), Robert. — I, 22.
BIAUNAY (de), Jean, chevalier. — II, 125.
— Jourdain. — II, 125.
BIBIS, Marie, femme de Quentin Muses. — I, 230.
BICHECOURT (de), demeurant à Amiens. — I, 367.
BIDAULT, Adrien. — I, 471.
BIENCOURT (de), Guérard, curé. — II, 34.
— Hainfroy, chevalier. — II, 97.
BIGARD, Josse, chapelain. — I, 41.
BIGORGNE, Antoine, curé. — I, 309.
— Charles, curé. — I, 308.
BIGORNE, Martin, curé. — II, 151.
BIGOS, Joseph. — I, 89.
BIHARS (demoiselle), épouse de Jehan de Canteraine. — II, 81.
BILLECOCQ, M. — I, 457.
— Louis, curé. — I, 360.
BILLORÉ, Jeanne. — II, 174.
BILLOT, Jean, curé. — I, 309.
BINET, François, curé. — I, 55, 385, 386, 400.
BINOT, Louis, lieutenant au bailliage de Montdidier. — I, 345.

Bion (du ou de), Arnould. — I, 40, 45.
Bisete, Guillaume. — II, 141.
Bizet, Ernoul, *illustris vir.* — II, 206.
Blanc pommier, Jean. — I, 226.
Blanger (de), Antoine, curé. — II, 71.
Blandin, Arnould, curé. — I, 347.
— Claude, curé. — I, 492.
Blandroul, Jehan. — II, 21.
Blancfossé (de), Philippe. — II, 347.
— Raoul, son fils. — II, 347.
Blangy (de), M. — I, 248.
— Manassès, chevalier. — I, 448.
— Pierre, chevalier. — I, 430.
Blankes (de), Hugue. — II, 146.
— Ingelran, fils de Hugue. — II, 146.
Blarel, Jean, dit Handricourt. — I, 96.
Blaris, Ingelran, chevalier. — II, 152.
— Ourson *(Urso).* — II, 152.
— Robert. — II, 152.
— Simon. — II, 152.
Blasset, sculpteur. — I, 111.
Blatier, Florence, veuve de Charles Goulliart. I, 458.
Blérancourt (de), gouverneur de Montdidier. — I, 343.
Blimont (Saint). — 278, 282.
Blocq (du), Adrien, curé. — II, 200.
Blocquet, Jean-Baptiste, curé. — II, 72.
Blond, Pierre, vicaire. — II, 225.
Blondel. — I, 29.
— François, curé. — I, 325.
— Jean, curé. — II, 173.
— Marguerite, épouse de François de Créquy. — II, 148.
— Pierre, curé. — II, 21.
Blottefière (de), Jehan. — II, 258.
— Nicolas, chevalier, seigneur de Willencourt. — II, 248.
Bobeuf, Jean-Baptiste, curé. — I, 398.
Boca, Conservateur des Archives du département de la Somme. — I, j. — II, 328.
Bocles (de) Guillaume, écuyer. — II, 70.
Bocquillon, curé. — I, 21.
Boetin (de), Jacques, bourgeois de Montreuil. — II, 219.
Boilet, Robert. — I, 126.
Boilleau, Pierre, sieur de la Batte. — I, 368.

Boisdon, Aimé, sieur de la Charbonnière. — I, 139.
Boisfran (de), maître des requêtes à Paris. — I, 477.
Boismont (de), Melle. — II, 118.
Boisraoul (de), Robert, écuyer. — I, 175.
Boissart, Laurent, curé. — I, 278.
Boisselle (de). — I, 259.
Boistel, Adrien. — I, 489.
— Laurent. — I, 193.
— Michel. — I, 257.
Voy. Boitel.
Boisy (de), Henry, chevalier, seigneur de Chaule (Chaulne). — I, 463.
Boitar, Etienne, chapelain. — I, 450.
Boitel, Jean, curé, natif de Montreuil. — II, 199.
— Jean-Baptiste. — I, 46.
— Jeanne. — I, 87.
Boitelle (de), Gédéon, chevalier, seigneur de Martinsart, etc. — I, 158.
Boitoire, Jean, sire de Contay. — I, 232.
Boivin, Mathieu. — II, 339.
Bokincort (de), Etienne. — I, 310.
— Marie, religieuse de Vermand. — I, 310.
— Thierry *(Theodericus).* — I, 310.
Bologne (de), Dreux. — I, 461.
— Pierre, chevalier. — I, 452.
— Robert. — I, 461.
Bon de Gouy. — I, 197.
Bonard, Eustache. — II, 125.
— Gautier. — II, 125.
Bonnard, Thomas, homme lige de Hugue Chiéreth. — II, 220.
Bongars (de), Charles Joachim, curé. — II, 74.
Bonger, Nicolas. — I, 421.
Bonnaire (de), Robert. — I, 48.
— chapelain. — I, 423.
Bonnemain, Jean, chapelain. — I, 363.
Bonnement, Liesse, femme de Thomas de Nueville. — II, 153.
Bonnet, Dom Antoine, prieur bénédictin. — I, 405.
Bonneville (de), Isabelle. — I, 86.
— Milone. — I, 86.
— Simon. — I, 86.
Bonvallet de Ste.-Marthe, supérieure-mère des religieuses de l'Hôtel-Dieu de Montdidier. — I, 475.
Bonvillers (de), Renault. — I, 176.

BOOLCURT (de), Ebrard. — I, 94.
— Jacob. — I, 94.
— Sotbert. — I, 94, 270.
— Ursion. — I, 94.
Bos (du), Geoffroy (*Jofridus de Bosco*), chevalier.— II, 205.
— Pierre dit Morelet. — I, 24.
BOSQUEAU (de), Guy. — I, 455.
BOSQUEL (du), Jehan, doyen du chapitre de Vinacourt. — II, 365.
BOSQUILLON DE FRESCHEVILLE.— Voy. ce dernier nom.
BOSQUILLON DE L'ETOILE. — I, 475.
BOSSUET, Jacques-Bénigne, évêque de Troyes, abbé de St.-Lucien de Beauvais. — II, 302.
BOUBERS ou BOLBERCH (de), les sires. —II, 176.
— Jean, bailli du temporel de l'abbaye de St.-Riquier. — II, 243.
— Guillaume. — 374.
BOUCART, Jehan, évêque d'Avrenches. — II, 338.
BOUCHER, Jean-Baptiste, curé — I, 139.
— Martin, curé. — I, 417.
— Philibert, chapelain. — I, 52.
— Robert. — II, 326.
BOUCHON (de), Hue, écuyer. — I, 134.
BOUFFLERS (de), René. — I, 201.
— (Madame), abbesse de St.-Michel de Doullens. — I, 205.
BOUGAINVILLE (de), Oudon. — I, 71, 138.
— Raoul. — II, 61.
BOUKEMAISONS (de), Pierre, demeurant à Doullens.— I, 482.
BOUILLANT DE MONTAIGU, religieux cordelier, desservant. — II, 268.
BOUILLENCOURT (de), M. — II, 31.
BOUILLON (de). — Voy. GODEFROY.
BOULAN (M.). — I, 62.
BOULANT (de), Clarembault. — I, 146.
— Mathieu. — I, 146.
BOULENGAS, Marthe. — I, 108.
BOULENGER, Antoine, curé. — I, 277.
— Joseph, curé. — II, 272.
— Michel, curé. — II, 39.
BOULENOIS (de), Marguerite, femme de Vitasse Piecos. — I, 225.
BOULES, Raoul. — I, 153.
BOULESTEVEN, Joseph, curé. — II, 296.
BOULET, Catherine Anne. — I, 114.

BOULET, Louis. — II, 93.
Voy. BOULLET.
BOULFROY, Denis, curé. — I, 152.
BOULIN (héritiers du sieur).— I, 240.
BOULLE, Pierre, curé. — I, 350.
BOULLET, Françoise Thérèse, religieuse de la Visitation. — I, 138.
Voy. BOULET.
BOULNOIS, Antoine, curé. — I, 197.
BOULOGNE, Claude, curé. — I, 214.
BOULOGNE ou BOULLOGNE (comte de), Etienne. — II, 202.
— Jehan. — I, 362, 453.
— Mathieu. — II, 186.
BOURBON (de), le Cardinal. — I, 241, 339.
— Jacques, comte de Ponthieu. — II, 73.
— Jeanne. — I, 125.
— Louis-Auguste, duc du Maine et d'Aumale. — II, 205.
BOURDIN (de), Alais, bâtard du prince de Conty. — I, 391.
BOURDON, Richard, curé. — II, 286.
BOURDON (de), François, commandeur de Reims, curé de Romescamps. — I, 295.
— Nicolas. — II, 311.
BOURGACOURT ou BOURGARCOURT (de), Jean.— II, 345.
— Ottes, écuyer. — II, 350.
BOURGEOIS, notaire. — II, 92.
BOURGEON, Marie-Antoine, dame d'Etonne et de Sailly-le-Sec. — I, 70, 161.
BOURGOGNE ou BOURGOIGNE (de), le duc. — I, xix, 106, 108, 125.
—. Jean, comte d'Estampes, seigneur de Dordain et de Bouillancourt.-II, 98.
— Philippe, comte de Flandre. — I, 2, 238, 372.
— Yolande, femme de Jean de Picquigny.—I, 409.
BOURGOIS, Firmin, curé. — II, 195.
BOURGUET, Baptiste, libraire à Abbeville.—II, 374.
BOURIERS (de), Eustache. — I, 455.
BOURLÉ, Louis, curé. — II, 172.
BOURNONVILLE (de), le prince.— II, 161, 162.
BOURNOVILLE (de), Jean, chevalier. — I, 38.
BOURS (de), Guillaume, chevalier. — II, 154.
— Hue, écuyer, sire de la Guéritte-lès-Guessard. — II, 153.

Bourse, Claude, curé. — I, 174, 183.
Boursin (de), le marquis. — II, 188.
Bousincourt ou Bouzincourt (de), Henri dit Lionnel. — I, 236.
— Gilles, chevalier. — I, 461.
— Huc. — I, 236.
Boutavant (de), Hugue. — I, 431.
Boutehors, Joseph. — I, 225.
Bouteris (de), Jean, chevalier, seigneur de Hupi.— II, 164.
Boutery, Charles (Mgr). — I, 235.
— Jeanne, femme de Henry de Tilly.-I, 235.
Bouthors, Jean, curé. — I, 275.
Boutigny, Pierre, chapelain — I, 337.
Boutillerye (de la), Jacques. — I, 381.
Boutin, seigneur de La Boissière. — I, 188.
— Mathieu. — II, 67.
Boutmy (l'abbé), curé. — I, j.
Boutté, François, curé. — I, 199.
Boutteroye, François, marinier. — II, 184.
Bouture, Antoine, vice-régent. — I, 177.
Bouzier, Marguerite, femme de Antoine Hesduin. — I, 458.
Bovele, Colart-Ioland. — I, 119.
Bovele (de), Honneré, femme de Thomas de le Croix. — I, 29.
Bovelle (de) Amilly. — I, 403.
Boves (de), Anselme, clerc. — II, 352.
— Enguerran, 1er du nom.— I, 240, 365, 388. II, 352.
— Enguerran. — I, 66, 121, 123, 124, 232, 240, 243. — II, 354,395.
— Mathieu. — I, 268.
— Pierre. — I, 20.
— Robert, chevalier. — I, 32, 121, 122, 123, 124, 135, 232, 233, 236, 238, 243, 260, 277, 366, 378, 381, 384, 385, 386. — II, 352, 395
— Thomas. — I, 181, 270.
— Ysabeau, demoiselle de Fouencamp, femme de Guy de Nœrois. — I, 233.
Boytel, Vincent, sieur de Sarpillière et du Petit-Champy. — I, 109.
Brabant (duc de), comte de Nevers, Eu, Réthel et Estampes, etc. — I, 481.
Braiers, Jean, chevalier, seigr des Essertiaux. — I, 172.

Brailly, Toussaint, curé. — II, 175.
Brandicourt, Claude, docteur en théologie, curé.— II, 30.
— Louis, curé. — II, 256.
Branlincourt (de), André, chevalier.—II, 228, 229.
— Matilde. — II, 228.
Braquemont (de), Guillaume dit Braquet. — I, 276, 462.
Brasseur (le sieur). — I, 136.
— Marguerite, prieure de l'abbaye de Bertaucourt. — I, 480.
Bray (de), Jehan. — I, 101.
— Pierre. — I, 159.
Brecq (de), François-Joseph, curé. —I, 379.
Breilly (de), Jacques. — I, 104.
Breny (de), Colard dit Famoillens, écuyer.—I, 379.
Bresle ou Breele (de), Colard. — I, 326.
— Jeanne, dite le Diable. — I, 175.
Bretagne (de), Anne, reine.— I, 118.
Brétencourt (de), Gautier, chevalier.—I, 294, 295.
Breteuil (de), Evrard. — II, 311.
— Gilduin. — II, 309.
— Hugue. — II, 312.
— Valeran. — II, 311, 342.
Bretuel (de), Francon, vicomte d'Aumale.—I,295.
Breuil (de), Boson.— I, 299.
— Hubert. — I, 299.
Bréviller (de), Marie-Thérèse, religieuse de la Visitation. — I, 138.
Briançon de la Saludie (de), Geneviève, épouse de Laurent de Fourbin Janson. — II, 278.
Bridou d'Hiermont ou Bridoux de Huyermont, Guillaume. — I, 7. — II, 332.
— Jean, — I, 7. — II, 332.
Brienne, Alphonse, comte d'Eu. — II, 126.
— Jean, roi de Jérusalem, père d'Alphonse. — II, 126.
— Jean, comte d'Eu. — II, 91.
Briet, François, curé. — II, 111.
— Fremin, bachelier en décret, curé.—II, 277.
— Paul, curé. — I, 466.
Brikes, Guerard. — I, 119.
Brimeu ou Brimeux (de), Adrien, chevalier, sieur de Humbercourt. — I, 118. — II, 17.
— Eustache, seigneur de Huppy.—II, 248.
— Hugue. — II, 183.
— Jean, chevalier. — I, 403. — II, 248.

BRIOSTEL, Arnulphe. — I, 294.
BRIQUEMAISNIL (de), Pierre.— I, 436.
BROCQUET, Jehan, curé. — II, 225.
BROCQUEVIELLE, Pierre, curé. — II, 264.
BROGLIO (de), Hyacinthe, abbé de Valloire. — II, 217.
BROISE (de la), Jacques-Barthélemy, docteur en théologie, curé de St.-Louis en l'Ile à Paris, prieur d'Airaines. — II, 52.
BROKETE, Hugue. — I, 98.
BROSSE (de), le marquis. — I, 130.
— (Mlle). — I, 489.
BROUSTELLE (de), Geoffroy. — II, 97.
— Jehan. — II, 326.
BROYART, Nicolas, curé. — I, 488.
BROYE (de), Louis, curé. — I, 447.
— Mme. — I, 137.
BRUHIER (sieur), demeurant à Amiens. — I, 373.
BRUHIERS, Pierre, curé. — I, 446.
BRULLÉ, Colard. — I, 256.
BRUNCAMP (de). — Voy. MEIGNOIRE.
BRUNEL, chapelain. — I, 225.
— Mlle, demeurant à Hattencourt. — I, 457.
— François, curé. — I, 414.
— Louis, curé. — II, 161, 271.
— Martin, curé. — I, 156.
BRUYÈRE (de), Elisabeth, femme de Jean de Varennes. — II, 161.
BUCQUET, Antoinette. — I, 197.
— Claude, curé de St.-Pierre de Roye. — I, 460.
— Pierre, curé. — I, 191.
— Vincent. — I, 83.
BUEL, curé. — I, 30.
BUHIERCOURT (de), Robert.— I, 239. — II, 345.
BUIERCOURT (Je), Dreux. — I, 3.
BUIGNET, Antoine, curé. — I, 494.
— Guillaume. — I, 505.
BUIGNY (de), Antoine. — I, 127.
BUIRES (de), Jacques, écuyer. — II, 111.
BUISSY (de), Charles-Honoré, trésorier de France en la généralité d'Amiens.—II, 50, 273.
— Honoré, lieutenant particulier en la sénéchaussée de Ponthieu.—II, 50, 73.
— Jacques, acolyte du diocèse d'Amiens, bachelier en théologie et docteur ès-lois, fils de Honoré. — II, 73.

BUISSY (de) Paul-François, chevalier, seigneur d'Yvrench, Acquet, le Maisnil, etc. — II, 248.
— du Maisnil, prieur. — II, 4, 6.
BULES ou BULLES (de), Gérard dit Haspeal, clerc. — II, 350.
— Jehan. — I, 412.
BULLE (de la), les frères. — I, 209.
BULLECOURT (de), Catherine, veuve de Guillaume de Bours. — II, 154.
BUNLCURTE (de), Emmeline. — I, 94.
BURDELLE, Gaultier, chanoine d'Encre. — I, 166, 170.
BURES (de), Henri, seigneur de Flandre. — II, 89.
BURNEX, Guarin. — I, 180.
BUS (de), Barthélemy. — I, 216.
— Eustache, père de Thomas. — I, 216.
— Eustache, vavasseur, fils de Thomas. — I, 216.
— Girard, id. — I, 216.
— Jean, id. — I, 216.
— Raoul, id. — I, 216.
— Robert, — I, 22, 216 ?
— Thomas, vavasseur. — I, 216.
BUS (du), Pierre. — I, 87.
BUSCAMP (de), M., décimateur.— II, 118.
BUSCHI (de), Ingelran, vavasseur. — I, 436.
BUSCOI (de), Hugue. — I, 239.
— Pierre, châtelain de Péronne.—I, 239.
BUSQUOI (de), Guillaume. — I, 482.
— Hugue, chevalier.— I, 482.
BUSSU (de), Marguerite, femme de Bournoville. — I, 38.
BUSSUEL (de), seigneur de Monflières. — II, 25.
BUSSY (de), Jehane, femme de Mollaincourt. — I, 160. — Voy. COULLET, Jean.
BUSSY-LAMETH (de), M. — I, 124.
BUTIN, Louis. — I, 237.
BUTEUX (le sieur). — II, 19, 251.
— Adrien, curé. — II, 169.
— NN., notaires. — II, 240, 242.
BUTTEUX, Jean, curé. I, 416.
BUYON (du), Adam. — I, 106.
BYS (de), veuve. — I, 242.

C

CABANE, Jean, chapelain. — II, 178.
CACHELEUX, Jehan. — II, 290.
CACHY (de), Bertrand. — I, 392.
CADET, Philippe, religieux, prieur-curé. — I, 173.
CADION (de), François Nicolas. — I, 62.
CADROUSSE (la duchesse de). — II, 148, 366.
CAGNARD, Jean. — I, 141.
— Jean-Pierre. — I, 141.
CAGNY ou CAIGNY (de), *de Caigniaco*, Alain, chevalier. — I, 370.
— Girard. — I, 370.
— Honorat. — I, 122.
— Willaume. — I, 380.
CAHON, Gédéon, chapelain. — II, 122.
CAHURS (de), Robert. — II, 265.
CAIÈRE (de), Jeanne, veuve Le Mor. — I, 38.
CAIEU (de), Ansiaus, sire de Dominois. — II, 222.
CAILLEU, Antoine, curé. — II, 200.
— Baptiste, curé. — II, 157.
— Jehan, seigneur de Villers-aux-Erables. — I, 109.
CAISNEEL (de), Girard, seigneur de Croy. — I, 415.
CAISNOY (de), Herbert. — II, 157.
CAISNY (de), Jehan, écuyer. — I, 412.
— Marguerite, femme de Jehan de Bules. — I, 412.
CAIX (de), Philippe, chapelain. — I, 41.
CALDERONS, Bauduin. — I, 223.
— Guibert. — I, 223.
CALIPPE, Jacques, curé. — II, 192.
— Jean-Baptiste, curé. — II, 33.
CALLETOIS (les), seigneurs de Beaurain. — II, 76, 218.
CALMER, seigneur de Picquigny. — I, lvij.
CALVIN, Jean. — I, 147.
CAMBERON ou CAMBRON (de), André, chevalier. — II, 326.
— Gautier, chevalier, seigneur de Saint-Maxent. — II, 96, 185, 213, 371.
— Hawid. — II, 219.
— Jacques, chevalier. — II, 177.
— Jean, chevalier. — II, 213.
— Renier, fils d'Hawid. — II, 219.
CAMBIER ou CAMBURE, Jeanne, femme de Jean Lehure. — II, 243.
CAMBRAY (de), Charles. — I, 109.

CAMBRAY (de), Florimond. — I, 139, 287.
— Marguerite. — I, 39.
— Maximilien. — I, 139, 287.
CAMON, Pierre. — I, 158.
CAMPAGNE, Charles, curé. — II, 291.
CAMPAGNE (de la), Mabille. — II, 18.
CAMP-D'AVESNE, CAMP D'AVAINE, CANDAVEINE, CANDAVÈNE, CAUDAVÈNE, CHAMP D'AVOINE. — Anselme. — I, 143, 482. — II, 344.
— Bauduin. — I, 204. — II, 349.
— Béatrix, I, 395.
— Elisabeth, comtesse, épouse de G. de Chastillon. — I, 170, 482.
— Gui. — II, 166, 344.
— Hugue ou Hue, comte de St.-Pol. I, 143, 319, 482. — II, 76, 218, 344, 368, 373.
— Hugue, seigneur de Belval. — I, 204, 208, 213, 215, 494. — II, 86, 349.
— Ingerran ou Ingelran, fils de Hugue, premier nommé. — I, 482. — II, 344.
— Lambert. — I, 482.
CAMP-REMY (de), Jean. — I, 277.
— Marie, épouse de Guillaume de Braquemont. — I, 276, 462.
— Witasse. — I, 276.
CAMPSART (de), Pierre. — II, 144.
CAMUS, Louis, curé. — II, 149.
— le sieur, de Quiermont. — II, 203.
CANAPLE (de), Pierre. — I, 134.
CANAPPE (de), Gilles. — I, 4.
CANCHY (de), Eustache, vicomte. — II, 3.
— Gérard. — I, 97.
— Godefroi, fils d'Eustache. — II, 3.
— Nicolas. — I, 97.
— Pierre. — I, 97.
— Vincent. — I, 4.
CANDAS (du), Enguerran, chevalier, seigneur de Frohens, fils de Willaume. — II, 81.
— Gui, fils d'Enguerran. — II, 81.
— Guiot, seigneur de Belloy-sur-Somme. — I, 489.
— Willaume. — II, 81.
— le sieur. — II, 28.

Cange (du), Charles, philologue et historien. — I, xj, 122.
— Jean. — I, 226.
— Robert. — I, 91.
Voy. Du Fresne.
Canis, Pierre, curé. — I, 189.
Cantegnies ou Cantegny (de), Anne-Marie.—I, 352.
— Gui, bourgeois de St.-Josse. — II, 184.
Canteraine, *aliàs* Chanteraine (de), Jehan, écuyer. — II, 81.
Canthereinc (de), M., cons.-secrét. du roi.—I, 127.
Cantrel, Louis, curé. — II, 266.
Capegny (de), Eustache. — II, 93.
— Gui. — II, 95.
Capeneulles, Campeneulles, Champeneulles, Champenilles (de), Gilles. — II, 250.
— Jean. — II, 250.
Cardon, Adrien-Antoine, avocat en parlement. — II, 299.
— Gérard. — II, 227.
— Henri, procureur en la cour du roi.—I, 96.
— Nicolas, curé. — II, 53, 69.
Cardonnoy (du), M. — I, 137.
Cardot, chanoine d'Amiens, syndic. — I, 18.
Carequy (le sieur). — II, 264.
Carette, Claude, curé. — I, 197.
— Jacques. — I, 119.
— N. — II, 259.
Carignan (de), la princesse. — II, 161.
Carlef, Gautier. — II, 245.
Carlier, Antoine, curé. — I, 312.
Caron, Adrien, curé. — II, 228, 237.
— Antoine, curé. — II, 143.
— François, prêtre, bachelier en Sorbonne, curé de Boves. — I, 260.
— François, chapelain. — II, 88.
— Jean-Louis, curé. — II, 108.
— Liévin, prieur de la Chartreuse St.-Honoré d'Abbeville. — II, 10.
— Louis, curé. — I, 400. — II, 132.
— Marie, femme Debonnaire. — I, 132.
— Pierre. — II, 93.
— Thérèse-Elisabeth. — I, 138.
— N., curé de St.-Nicolas à Boves. — I, 122.
— N., notaire à Amiens. — I, 327.
Caron de Blangy, Louis, prêtre de l'Oratoire. — II, 343.

Carpentier, François, curé. — II, 258.
— Jean. — I, 177.
— Louis, curé. — I, 153.
— Nicolas, curé. — II, 196.
Carpentin, François, chanoine de Notre-Dame de Paris. — I, 370.
Carpentin (de), M. — II, 31.
Carré, Jean, prêtre et chapelain. — I, 38.
Cartegnies (de), Jean, chevalier. — II, 354.
Cartier, Barthélemy-Louis, chanoine de la collégiale de Ste-Opportune de Paris. — I, 375.
Cassel, Geneviève, femme de Pierre Watelle. — I, 459.
Cassini, astronome et géographe. — I, 398. — II, 213, 223, 252.
Castel (de), Eloi, chevalier. — I, 372.
— Gilles, chevalier. — I, 372, 379.
— Jehan, écuyer. — I, 379.
— Willaume, écuyer. — I, 372.
Castelet, François, ancien mayeur d'Amiens. — I, 126.
Castellane (de), Marie-Anne, abbesse d'Epagne. — II, 17, 18.
— M. — II, 244.
Castellons (de), Hue, avoué de St.-Pol.—II, 227.
Castellot, Jean-Laurent, curé de St.-Thierry, près Reims. — I, 285.
Castille (de), Jeanne, épouse de Jean de Nesle. — II, 97, 213.
Castillon (de), Guillaume, comte de St.-Pol. — I, 325.
Cateu (de), Robert, curé. — I, 177. — Voy. Catheux (de).
Catheux (de), Amicie.— I, 183.— Voy. Cateu (de).
Catuel, Pierre. — I, 103.
Cauberc (de), Hugue. — II, 164, 163.
Cauchy, Jean-François, chanoine, curé. — II, 45.
Caudavesne, Gui, châtelain de Corbie.—I, 301, 314.
Caulincourt (dom), religieux de Corbie, chroniqueur. — I, 237.
Caumartin, Augustin, chapelain. — I, 58, 85.
— N., curé. — II, 268.
Caumartin (de) Lefebvre, François, évêque. — I, 103, 120, 121, 138, 343. — II, 211, 233, 343.
Caumenchon (de), Jean, chanoine de Noyon. — II, 331.
Caumont (de), Adrien. — I, 422.

Caumont (de), Anne, épouse du comte de St.-Paul. — I, 210.
— Guy, fils de Hugue. — II, 162.
— Hugue. — II, 152, 162.
Caurel (du), Lyenor, veuve de sire Clabaut, Antoine. — I, 21.
Cauroy (du), Jehan, écuyer. — I, 82.
— Jehan dit Percheval. — I, 82.
Caurrie ou Caurrye (de la), Dom Claude. — I, 244.
— Jacques, écuyer. — I, 244, 256.
Caussin, Pierre, curé. — I, 159.
Cauvel, Antoine, conseiller du roi, élu. — I, 342.
— Nicolas, curé, I, 202, 355.
Cauzza, Jacques, curé. — I, 464.
Cavellon (de), Walbert. — II, 129.
Caveillon (de), Hugue, vavasseur. — II, 359.
— Laurent. — II, 360.
Cavesos, Robert. — II, 357.
Cavoy (sieur de). — I, 462.
Cayeu, Cayeux, Caieux, Kaieu, Kayeu (de), *de Caio*, les sires. — II, 93, 108, 117, 119, 213, 286, 290.
— Ansel, chevalier. — II, 146.
— Ansel, fils du précédent. — II, 146.
— Anselme, seigneur de Bouillancourt-en-Sery et de Friville. — II, 94, 95, 106, 107, 112, 297.
— Baudouin. — II, 186.
— Eustache, fils de Willaume, second nommé. — II, 99.
— Gillebert. — II, 96.
— Helwide ou Hawilde. — I, xxix.
— Jean, chevalier, seigneur de Visme et de Dominois. — II, 95, 129.
— Jean, frère de Wibert. — II, 97.
— Jeanne, femme de Jean de Varennes. - II, 96.
— Marie, femme de Ansel, premier nommé. — II, 146.
— Wibert, Hubert ou Eubert, chevalier, seigneur de Broustelle. — II, 97, 112, 288.
— Willaume, fils d'Anselme. — II, 94, 95, 96, 99, 206, 297.
— Willaume ou Guillaume, seigneur de Bouillancourt et de Senarpont, chevalier. — II, 96, 99, 128, 207, 285.
— Willaume, seigneur de Carenchy, fils du précédent. — II, 96.

Cayeu (de), Willaume, chevalier, seigneur de Boulaincort. — II, 104.
Célestin III, pape. — I, 194. — II, 366.
Cempuis ou Cempuz (de), Hugue. — I, 6. — II, 357.
— Gui, fils de Hugue. — II, 357.
— Eustache, fils de Gui. — *Ibid.*
— Hugue, fils de Gui. — *Ibid.*
Cens (de), Florent-Charles. — I, 61.
Censier, Antoine, curé. — I, 314.
Cérisy (de), Jean Payen. — I, 160.
Césaire (Saint). — I, xxxviij.
César, Jules, consul et historien. — I, x.
Chafar, Philippe-Antoine, curé. — I, 218.
Chambelane, Elisabeth. — I, 86.
Chambre (de la), Philippe. — I, 228.
Champion, N., curé de Nesle. — I, 207.
— Nicolas, curé de Vitz. — II, 160, 248.
Champllisant (de), Marguerite, abbesse de Bertaucourt. — I, 480.
Chantal (Madame de). — I, 138.
Charlemagne, empereur. — I, xxxj, xxxviij, xl, 243, 258. — II, 135, 138, 183, 215.
Charles III, dit le Glorieux, empereur d'Allemagne. — I, 25.
Charles-Quint, empereur d'Allemagne. — I, 130.
Charles Ier, dit le Chauve, roi de France. — I, vij, lix, 25, 355. — II, 215, 241, 245, 302, 309.
— II, dit le Gros. — II, 354.
— V. — I, 24, 35, 45, 95. — II, 30, 57, 73, 88, 94, 319.
— VI. — I, 29, 35, 103, 104, 106, 363, 463.
— , VII. — I, 20.
— IX. — I, xlij, 1, 6, 211.
Charlot, Jean, curé. — I, 221.
— Marguerite, femme Lemaître. — I, 243.
Charpentier, Jean, curé. — I, 151.
Chasteau (de), Thomas. — II, 35.
Chateauneuf (de) de Rochebonne, Charles-François, évêque-comte de Noyon, abbé de St.-Riquier. — II, 71, 240.
Chatillon, Chasteillon, Chastillon (de), les seigneurs. — II, 259.
— Gauchier (Gaucher). — I, 38, 169, 170, 482. — II, 275.
— Jeanne, comtesse de Blois et d'Alençon. — I, xliv.

CHATILLON (de), Jehan, chevalier, sire de Gandelus et de la Ferté. — II, 275.
    Voy. SAINT-PAUL (comtes de).
CHAULE (de), Regnaut. — I, 477.
CHAULNES (duc de). — I, 32, 48, 64, 138, 425, 506.
    — Charles-François. — I, 495.
    — Charlotte (duchesse de).—I, 64.—II, 356.
    Voy. CHAULE (de).
CHAUSSOY (du), Renier, clerc. — II, 128.
    — Wibert, fils de Renier. — II, 128, 175, 370.
    Voy. SAUCHOY (de).
CHEC (de), Hugue. — II, 1.
CHEDEVILLE (de), Pierre, chanoine. — II, 55.
CHEMERAULT (la comtesse). — I, 130.
CHEMIN (du), Gilles, *Egidius du Quemin*, curé. — I, 202.
CHEMINEL, N., curé. — I, 197.
CHEPOY (de), Jean, chevalier. — I, 392.
    — Jean, son fils, écuyer. — I, 178, 392.
CHEPY (de), le marquis. — II, 3, 170, 321.
    — Hugue. — I, 69.
    — de Grouche. — I, 210.
    Voy. GROUCHE (de).
CHERCHEMONT (de), Jean, évêque d'Amiens.— I, 53, 225, 339, 394, 502, 509. — II, 81, 161, 337.
CHERETH, Adam, seigneur de Douriher.— II, 220.
    — Gérold? — II, 220.
    — Hugue, seigneur de Dourieh. — II, 220.
    — Robert, chevalier, seigneur de Douriher. — II, 220.
CHERGUET, Louis. — I, 128.
CHÉRISI ou CHÉRISY (de), Beaudouin, écuyer.—I, 26.
    — Isabelle, femme de Kais. — I, 26.
    — Jean. — I, 26.
    — Warnier. — I, 282.
    — M. — I, 40.
CHERLIER (de), M. — II, 358.
CHESNEL, Jean-Charles-Antoine, curé. — II, 289.
CHESSOI (de), Henri. — I, 474.
CHEVALIER (dom), Henri, bénédictin. — I, 172.
    — (*Miles*), Raoul, vavasseur. — II, 359.
CHEVREUSE (de), Charles-Honoré, vidame d'Amiens. — I, 425.
    — Jehan. — I, 108.
    — Loys. — I, 108.
CHIEN (du), Jean. — I, 272.

CHILDEBERT II, roi de Metz et d'Austrasie.— I, 27.
    — III. — II, 109, 302.
CHILLY ou CHILLI (de), N. — I, 26.
    — Alerme. — I, 463.
    — Hugue. — I, 463.
    — Robert, chevalier. — I, 301.
CHILPÉRIC Ier. — I, 365. — II, 124, 302.
CHIPELLY (de), Bauduin, écuyer. — I, 26.
CHIVOT, Antoine, chapelain. — II, 179.
CHOCHOLLE, N., curé. — I, 28.
CHOQUARS, Riquier. — II, 244.
CHOISI ou CHOISY (de), Arnoul. — I, 230.
    — Jacques, curé. — I, 276.
    — Jean. — I, 230.
CHOPART, Gentien, curé. — I, 313.
CHOQUEUSE (de), Le Caron. — I, 121.
CITTERNES (de), Jehan. — I, 108.
CLABAUT (de), écuyer, seigneur de Limeræux et de Vaux-en-Amiénois. — II, 318.
CLABOLD, Roger. — II, 125.
CLAIRY (de), Raoul. — I, 174.
CLARI (de), Gilo. — I, 481.
    — Jean, écuyer, sire de Gezainecourt.—II, 266.
CLAUDE, empereur romain. — I, vj.
CLÉMENT III, pape. — I, 263.
    — IV, pape. — I, xxiv. — II, 168, 232.
    — VII, pape à Avignon. — I, xxiv, 39, 43, 292.
    — VII, pape. — II, 132.
    — IX, pape. — I, 429.
    — XII, pape. — II, 18.
CLÉMENT, curé. — I, 252.
    — Jean-Baptiste, curé. — II, 85,
CLERC, Firmin, dit Rabuissons. — I, 503.
CLERC (de), Georges, baron. — II, 129.
    — Georges, son fils, baron de Clerc, de la Croix-St.-Lieffroy et de Noefville-sous-St.-Germain. — II, 129.
CLERMONT (de), Charles, chevalier, comte de Thoury, seigneur de Bertangles, Rivery, etc. — II, 342.
    — Jehanne (comtesse), épouse de Jehan, comte de Boullogne et d'Auvergne.— I, 433.
    — Louis, évêque de Laon. — II, 280.
    — Louis, chevalier, comte de Toury, etc. — II, 342.

Clermont, Raoul.—I, 181, 383, 384.—II, 128, 370.
— Raoul, seigneur d'Ailly-sur-Noye. — I, 238, 415.
— Raoul, sire de Neele et connétable de France. — I, 124.
— Simon, seigneur d'Ailly-sur-Noye. — I, 238.
— Simon, seigneur de Neele ou Nesle. — I, 243, 391.
Cléry, Christophe. — I, 422.
— Jean (messire). — I, 422.
— Raoul. — II, 347.
Clotaire II, roi de France. — II, 117, 278.
— III, roi. — I, xj, 228. — II, 349.
Clotilde, reine de France. — II, 301.
Clovis, roi de France. — I, viij. — II, 301.
Cocerel (de), Bauduin, chevalier. — II, 353.
— Geoffroy. — Ibid.
— Pierre. — Ibid.
— Willaume. — Ibid.
Cocheris, — Hyppolite, antiquaire. — II, 103.
Cocquet, David. — II, 93.
— Jacques. — I, 190.
— Pierre, curé. — I, 347.
Cocu, Georges, curé. — II, 268.
Coigneux (de), Gilles, vavasseur. — I, 217.
Coillete, Jean, prêtre (curé) de St.-Maurice-lès-Amiens. — I, 267.
Cokerel, Emme, épouse de Willerme de Daminois. — II, 225.
Colbert, ministre. — II, 16,
Colette (Sainte). — I, 125.
Colez, Hugue. — Voy. Beaurain (de), Hugue.
Collechon, Jehenne, femme Brullé. — I, 256.
Collet, Eustache, seigneur de Beaurain.—II, 146. Voy. Beaurain (de).
Collette, Jean, curé. — I, 447.
Colliette, Louis-François, prêtre, curé. — I, 317.
— Louis Paul, curé, antiquaire. — I, 317.
Colonne du Lac, Henri-Louis, prêtre, docteur en théologie, protonotaire du St.-Siége, etc. — I, 406, 419. — II, 238.
Colpart, François-Joseph, curé. — II, 225, 226.
Comesnil (de), Guérard, chevalier. — I, 227.
Conchy (de), Gérard, évêque d'Amiens. — II, 80.
Concino Concini, maréchal d'Ancre. — I, 145.
Condé (de), Bernard, fils de Raoul. — II, 62.

Condé (de), Raoul. — II, 62.
Conflans (de), Hugue, chevalier, seigneur de Gizainecourt. — II, 22.
Congles (de), Marie, épouse de Jean Coullet, sieur de Bussy. — I, 345.
Constance-Chlore, empereur romain. — I, xxxvj.
Constant, M., décimateur. — II, 118.
Constantin, empereur romain. — I, viij, xxxv, xxxvj, xxxviij.
Contai (de), Jean, vavasseur. — I, 327.
Contart, Guislain, curé. — II, 266.
— Michel, docteur de Sorbonne. — I, 336.
Conty ou Conti (de).— Ermengart, dame de Kierrieu. — I, 38.
— Evrard (père du médecin de Charles V?) — I, 69.
— Girold. — II, 357.
— Jean, chevalier. — I, 170, 176.
— Jean, chancelier de l'église d'Amiens. — I, 5.
— Jean, écolâtre de l'église d'Amiens.—I, 69.
— Manessès, seigneur suzerain de Vaqueresse. — II, 357.
— Manassès, fils de Jean, premier nommé.— I, 170.
— Thibault, seigneur de Tilloy. — II, 357.
Convers, Jean, curé. — II, 167.
Coquerel, Firmin, évêque de Noyon.—I, 50, 53, 62.
— (de), le sieur. — I, 30.
— Eustache, meunier. — II, 18.
Corbeil (de), Guillaume. — I, 169.
Corbie (de), Bernard. — I, 133.
— Gautier. — I, 311.
— Pierre, chevalier. — I, 270, 311.
— Roger. — I, 133.
Cordelois, Augustin, chapelain. — I, 42.
Cordier, Louis, notaire royal à Roye. — I, 458.
Cordon, Charles, charpentier, restaurateur du clocher de la cathédrale. — I, 383.
Cordonnier, François. — I, 50.
Cormont (de), Anne. — II, 31.
Cormontagne, Jacques, curé. — I, 388.
Cornehote (de), Hugue. — I, 97.
Cornet, Henri. — I, 103.
— Jean-Baptiste-Joseph, curé. — I, 165.
— Louis, prieur-curé. — I, 466.
— Louise. — I, 422.

Cornet, Marie-Anne. — I, 138.
— MM. — I, 455.
Cornet de Coupel. — I, 97. — II, 118.
Cornette, M., curé. — I, 422.
— Claude, curé. — I, 294.
Cornu, F., chanoine. — I, 451.
— Jacques, curé. — II, 36.
Corroi (de), Jean. — I, 216.
Cosses, Mathieu. — II, 21.
Costenchy (de), Marie, femme de Morlencourt. — I, 159.
Cotenchy (de), Renauld. — I, 260.
Cotin, Bernard. — II, 368.
Cotte, Firmin, chapelain. — I, 56.
Cottin, François, prêtre, docteur en Sorbonne, conseiller-aumônier du roi. — I, 319.
Coucy (de), Gérard. — I, 4.
— Enguerrand, comte de Soissons. — II, 312.
Coudun (de), Jean, chevalier. — II, 243.
Coulaincourt (le marquis de). — II, 261.
Coullet, Jean, sieur de Bussy. — I, 345.
— Wilard. — II, 127.
Coulon, Marin, chanoine d'Amiens. — I, 190.
Coupel (de). — Voy. Cornet.
Coupier, Denis, curé. — II, 151.
Coupillon (N.). — I, 256.
— Jehan, bourgeois de Corbie. — I, 256.
Couquer (du), Adam, curé. — I, 334.
Courbeton (de), Jehan, prieur de St.-Pierre Lahors à Doullens. — I, 251.
Courbil, Jean, prieur. — I, 321.
Courcelles, Antoine, chapelain. — I, 280.
Courchon (de), Jean, chevalier. — I, 26.
Courtebourne (de), Marie-Françoise. — I, 138.
Courtehouche, Pierre, marchand linger à Amiens, assassiné. — I, 356.
Courtieux (de). — Voy. Courtils (des).
Courtils (des), de Curtillis, Hugue. — I, 96.
Courtin (M.). — I, 448.
— Anne, veuve de Bénigne Bernard, baron de Boves. — II, 343.
Courtois, Jean-Baptiste, curé. — I, 305.
Coussin, Jean-François. — II, 188.
— Jean-Paul, curé. — II, 112.
Couture, Charles. — I, 165.
— Philippe, curé. — I, 156.
Cozette, Antoine, chapelain. — I, 474.

Cozette, Charles, docteur en théologie, doyen de Rue. — II, 231.
Cramesnil (de), Bonne. — I, 37.
Craon (de), Jean, chevalier, seigneur de Dompmart et de Bernaville. — II, 104.
— Jeanne, épouse de Jean de Soissons.—I, 431.
Crapoulet, Robert, doyen de chrétienté, curé. — I, 415.
Crépin (Saint). — I, vj.
Crépinien (Saint). — I, vj.
Crequy (de), Antoine, cardinal, évêque d'Amiens. — J, xxiij, 32, 298, 372. — II, 333.
— Antoine, maréchal de France. — I, 32.
— Charles, seigneur de Douriers. — II, 148.
— Charles, prince de Poix, gouverneur de Péronne. — II, 312.
— Charles, chevalier, marquis de Hesmond. — I, 484.
— Claude, de Bernouil. — I, 114.
— François, seigneur de Douriers, sénéchal et gouverneur du comté de Boulogne-sur-Mer. — II, 148.
— Ingerran, dit le Bègue, chevalier, seigneur de Waubercourt. — II, 190.
— Jean. — II, 89.
— le vicomte. — II, 166.
— (demoiselle), abbesse de Villancourt. — II, 20.
Créséques, Crésecques, Crésekes (de), Bon.—II, 56.
— Jean, seigneur de Long et de Longpré. — II, 56.
— Mathilde ou Mahaut, veuve du vidame Gérard de Pinkeigni, remariée à Jean d'Audenarde. — I, 333. — II, 66.
— Pierre. — II, 220.
— Robert. — II, 73.
— Vitasse, seigneur de Long et de Long-pré. — II, 73.
Cresgny (de), Jean, seigneur de Contes et du Riquier, chevalier. — II, 154.
Crespaut, N. — I, 43.
Cressen, Joseph, curé. — I, 216.
Cressent, Jean-Baptiste, curé. — II, 174.
Crestien, Catherine. — I, 141.
Creton N. — I, 82.
— Nicolas, notaire. — II, 90.
Creuet, Jean, clerc. — II, 245.

CREUSE (de), Hugue. — II, 130.
CRÉVECŒUR (de), Arnoul. — I, 351.
— Colart, écuyer. — I, 175.
— Philippe, conseiller-chambellan du roi. — II, 239.
— Philippe, épouse de Charles d'Ailly, vidame. — I, 420.
CREVEL, Jean-Charles, prieur-curé. — II, 115.
CRIGNON, Charles, chapelain. — II, 88.
— Charles, curé. — II, 113.
— Nicolas, curé. — II, 293.
CROCQUOISON (de), le sieur. — I, 136.
CROI ou CROY (de), Eloi. — I, 124.
— Enguerran. — I, 170.
— Enguerran. — I, 174, 182.
— Guillaume-François, abbé de Selincourt. — II, 124.
— Harduin, évêque de Noyon. — II, 311.
— Marie-Joséphine. — I, 138.
— Raoul. — I, 81.
— Robert. — I, 178. — II, 346.
CROIS (de le), Thomas. — I, 29.
CROISILLES (de), Jean, chevalier, seigneur du lieu et de Gizencourt — II, 266.
CROISSY (de), Robert dit Argienlieu. — I, 175.
CROIX (de la), Bernard. — I, 197.
CROIZET, Pierre, chapelain. — I, 200.
CROMONT (de), Raoul, écuyer, prévôt de Doullens (Dollens). — I, 483, 484.
CROQUELOIS, Charles. — I, 190.
CUCU, Louis-Jean, curé. — II, 194.
CUÈRES, Jean dit Poulain. — I, 235.
CUERLU (de), Gérard. — I, 170.
COIGNET, Nicolas, huissier au Bureau des finances. — I, 118.
CUIGY (de), René. — I, 201. — Voy. BOUFFLERS (de).
CUISSET, Jean, curé. — I, 289.
CUMONT (de), M., seigneur en partie de Hanchy. — II, 260.
CUPAINCURTE (de), Wermond. — II, 164.
CYPRIEN (le père) DE GAMACHES, célèbre prédicateur capucin. — II, 10.

D

DABOVAL, Jean. — II, 248.
— Charles, chapelain. — II, 298.

DACHEU, Jacques, curé. — II, 268.
DAGENCOURT, Jean. — I, 104.
DAGOBERT, roi. — I, 299. — II, 187, 278, 282.
DAILLY, Jean-Baptiste, curé. — I, 329.
DAIRE, Adrien, curé. — II, 137.
— Joseph, curé. — I, 176.
— (le père), religieux Célestin, historien. — I, vj et passim.
DAIZ, Adrien, chanoine de St.-Augustin, curé. — II, 291.
— Pierre. — I, 50, 74.
DALBE, chancelier de la cathédrale. — II, 143.
DALLERY, Antoine, desservant. — II, 46.
DALLIER, Marc, marchand. — II, 175.
DALONGEVILLE, Ambroise, curé. — I, 269, 392.
DALPHE, Dalphius, DALFINS, Raoul. — I, 192, 270, 368.
DAMAY, Pierre, curé. — I, 163.
DAMIENS, Pierre, curé. — II, 294.
DAMIETTE, Anthoinette, veuve de Bécourt. — I, 157.
DAMINOIS (de), Willerme, chevalier. — II, 225.
— Jean, écuyer, fils de Willerme. — II, 225.
DAMMARTIN (de), Simon, comte de Ponthieu. — I, 134. — II, 9, 19, 22.
— Jeanne, reine de Castille et de Léon, fille de Simon et de Marie de Ponthieu. — II, 22, 374.
DAMPIERRE, Marie. — I, 156.
DAMPIERRE (de), Antoine, écuyer, sieur de Saint-Sulpice, en partie. — II, 275.
DANEL, Jessé, poudrier. — I, 20.
DANGEST, Antoine, curé. — I, 415.
DANGLA, Pierre-François-Marie, doyen du chapitre de Fouilloy. — I, 251, 267.
DANMERY, Aveline. — I, 274.
DANZEL, Gilberte, femme Herny. — I, 21.
DANZEL DE BEAULIEU, Antoine. — II, 122.
— M. — II, 122.
DAOURS (de), la dame. — I, 257. — Voy. DOURS.
DAQUET, Louis, chapelain. — II, 162.
DARC, Jean, citoyen d'Amiens. — I, 51.
DARDRE, Jean, meunier. — II, 184.
DAREGNIES (de), Bernard. — II, 92, 113.
— Jean. — II, 104.
— Reginald, chevalier. — II, 104.
— Willaume, chevalier. — II, 104.
— Willaume, fils du précédent. — II, 104.

— 417 —

Dargies (de), Gobert, chevalier. — I, 172.
— Jean. — I, 229.
— Regnault, seigneur de Catheux, fils de Simon. — I, 183. — II, 128.
— Regnault, seigneur de Boulogne-de-lès-Bus, châtelain de Roye. — I, 229.
— Simon. — I, 66.
— Walleran. — II, 353.
Dargnies, Louis-Michel. — I, 17.
Dargnyes, Pierre. — I, 40.
Darly, Eloy, curé. — I, 185.
Darsy, Ferrand, prêtre, religieux de Fontevrault. — II, 258.
Dasket, Alelme. — I, 483.
Dalbelle (*de Albello*), Laurent, doyen de l'église d'Amiens. — I, xxiv, 36. — Voy. De Lobelle.
Daullaincourt (de), Isabeau, épouse de Florent de Morcourt. — I, 279.
Daullé, Jean-François, curé. — I, 385.
Dault, Louis, écuyer, sieur de Neuville.—II, 247.
Dauzières, Jean, chanoine de St.-Pons. — I, 304.
David, François, principal du collège de Laon, à Paris. — I, 167.
Debains. — Voy. Bains (de).
Debeauvais, Charles, curé. — I, 470.
Deberteuil, Antoine, curé de Cachy. — I, 261.
Debonnaire, Antoine. — I, 132.
— François, curé. — I, 311.
Debordes, D. Achille, prieur d'Ambierle.—I, 303.
Debray, Jean, curé. — I, 336.
De Bray, Adrien, curé déporté. — II, 231.
De Camiez, François-Etienne, chapelain.—I, 45, 87.
Dèce, empereur romain. I, vj.
Déchepy, Nicolas, curé. — II, 106.
Dècle, Jean, curé. — I, 440.
Dedun, curé. — I, 425.
Defacque, Jacques, curé. — I, 499.
Defay, Charles-François, curé. — I, 449.
Deflesselles, Jean-Baptiste, curé. — II, 231.
— Pierre, curé. — I, 498.
De Gouy, Jean, curé. — II, 242.
Degrain, Pierre, prêtre. — I, 166.
Dehaussy, abbé de Moreuil. — I, 370.
Dehaut, Claude-Aubert, curé. — I, 357.
Dehée, le sieur. — I, 83.
Dehen, Adrien, chapelain — I, 281.
— Charles, curé. — I, 160.

Dehen, Claude, curé. — I, 443.
— François, notaire à Péronne. — I, 119.
— Joachim (R. P.), minime. — I, 119.
Deherte, curé. — II, 231.
Déjardin, Jean-Hyacinthe, curé. — I, 332.
Delabarre, Jeanne. — I, 422.
Delabye, Jean, chanoine, curé. — II, 325.
— Nicolas, curé. — I, 423.
Delacourt, Adrien, curé. — I, 292.
Delacroix, Claude-François, curé. — II, 230.
De la Garde (*de Custodia*), Jean, curé. — II, 108.
— N., curé. — I, 332.
Delahaye, Guillaume, curé. — I, 220.
— Joseph, doyen du chapitre de Picquigny. — I, 410.
— Marie, dame de Pontoiles, épouse de Robinet de Licques. — II, 241.
De Laire, Jean-Jacques, curé. — I, 35, 64, 332.
— Louis, chapelain. — I, 63.
— Pierre-François, chapelain. — I, 49.
Delamare (*de Mara*), Jean. — II, 105.
— Jean. — I, 84.
Delamers ou Delavier, Jehan, curé. — II, 225.
Delamotte, Adrien. — II, 250.
Delandre, Jean, curé. — II, 266.
Delaon, Adrien, curé. — I, 198.
Delaplace, Hilaire. — I, 393.
— François, son fils. — I, 393.
Delaporte, François, curé. — I, 498.
— Jean-Baptiste, curé. — I, 463.
— Nicolas, maieur du Crotoy. — II, 248.
Delard, F. prieur du Gard. — I, 401.
Delasalle, Jean, curé. — I, 296.
Delattre, Arnoul, clerc. — II, 201.
— Charles, curé. — I, 353.
— Jean (*de Atrio*). — II, 175.
— Louis, curé. — II, 116.
— Nicolas, curé de St.-Albin de Corbie. — I, 263.
— Ulric. — II, 201.
— N., avocat en 1689. — I, 394.
— N., curé. — II, 246.
Del Atre, Adam. — II, 345.
Delavier ou Delamer, curé. — II, 225.
Delbus, Adam. — I, 371, 372.
— Eloi. — I, 371.
Delcourt, curé. — I, 22.

DELÉPINE, Marie. — II, 67.
DELESPINE, Firmin. — I, 194.
DELESPINOY DE GODMONT. — Voy. MASQUEREL.
DELGOVE, M., historien.—I, 251.—II, 56 *et passim*.
DE LHOMEL, Charles, curé. — II, 153.
DELILLE (*de Insula*), Raoul, curé. — II, 225.
DELISLE, Antoine, curé. — II, 145.
DELOBEL, Marie, épouse de Eloi d'Hervilly.—I, 453.
DE LOBEL, chanoine. — I, xxiv, 451.
DE LOBELLE, doyen de l'église d'Amiens. — I, xxiv.
DELOGE, Jacques. — I, 421.
DE LORIER ou DE LOZIER, Louis, curé. — II, 2, 169.
DELORME, Firmin, curé. — I, 388.
— Nicolas, curé. — I, 275.
DEMAGNEZ, curé. — I, 492.
DEMARSY, Pierre, curé, doyen de chrétienté.-I, 448.
DEMATIFA, Guillaume, curé. — I, 391.
DEMFAUX, Pierre, curé. — II, 290.
DEMIANNAY, Jean, prêtre, chanoine. — II, 324.
DE MONCHY, Nicolas, curé. — II, 290.
— Pierre, curé. — II, 139.
DEMUIN (de), N., épouse de Witasse de Camp-Remy. — I, 276.
DENAMPS, Jean-Baptiste, curé. — I, 268.
DENIS (M.). — I, 369.
— (Mlle). — I, 369.
— Jean-Baptiste, curé. — II, 194.
DENIS (Saint), l'aréopagite. — II, 379.
— (Saint), évêque de Paris. — II, 379.
DENISART, Jean, curé. — I, 324.
DENNEL, curé. — I, 418.
DENYS, Angélique-Madeleine, veuve Bertot.-I, 102.
DE PARIS, notaire. — II, 93.
DEPOILLY, Jean, curé. — II, 67.
DE PONTHIEU, Robert, notaire. — II, 82.
DEQUEHEN, Marie, veuve d'Adrien Delamotte. — II, 250.
DEQUENNEHEM, Antoine. — II, 327.
DEQUEUX, N., desservant. — II, 268.
DERCOURT, Pierre-François, chanoine. — II, 55.
DERIBEAUCOURT, Jean, marchand à Amiens.—I, 138.
DERONDEL, Anne. — I, 103.
DERUE, Béatrix, femme de Picquet. — I, 122.
DESAINTIVE, Nicolas, curé. — II, 108.
DESCHAMPS, Nicolas-Isidore, curé. — II, 268.
— N., curé. — II, 268.
DESCLUZELLES (le sieur). — I, 32.

DESDIMES (M.), bourgeois d'Abbeville. — II, 209.
DESERCILLE, Marie, veuve de Pierre de la Cousture. — I, 22.
DESGLIQUIÈRES, Guillaume, verrier. — I, 38.
DESJARDINS, Claude-César, curé. — I, 191.
DESLAVIERS, Jean-Baptiste, curé. — II, 44.
DESMAISONS, Pierre. — I, 483.
DESMARETS, docteur en médecine. — I, 445.
DESNOYERS (M.), historien. — I, lvj, lvij, lviij.
DE SOREL, Pierre, chanoine de Picquigny.—I, 411.
Voy. SOREL (de).
DESPAUX, François Hyacinthe, curé. — II, 77.
— Louis-Alexandre, curé. — I, 78.
DESPRÉAUX, Gode, dame de Davenescourt.—I, 184.
— René, curé. — II, 196.
DESPREZ, Louis, curé. — II, 209.
DES PREZ (*de Pratis*), Guillaume, chevalier.-II, 190.
DES PREZ ou DES PRÉAUX (*de Pratellis*), Raoul, chevalier, seigneur de Raineval.—I, 394.
— Pierre, chevalier, seigneur de Jumelles. — I, 385.
Voy. JUMELLES (de).
DESRUE, Marguerite. — I, 96.
DESSOMMES, Louis, chanoine. — II, 54.
DESSUS-LE-MOUTIER (de), Adam. — II, 241.
DESTALMINY, Oudart, de Buigny-St.-Maclou. — II, 58, 59.
DETUNCQ, Jean-Nicolas, curé. — II, 2, 110.
DEVALOIS, Henri, curé. — I, 21, 411. — II, 2.
DEVAUCHELLE, Antoine-Louis, curé. — II, 231.
— Jean, curé. — I, 501.
DE VAULT, Jehenne, veuve de Enguerran Benyer. — I, 369.
DEVAUX (*Vituli*). — I, 169.
DEVIENNE, François, curé. — I, 359, 363.
DEVILLE, Pierre-Nicolas, curé. — I, 150.
DEVILLIER, Nicolas, prêtre. — II, 239.
DE WAILLY, Pierre, marchand brasseur. — I, 43.
D'HANGEST, François, curé. — I, 192.
— Jean-Baptiste, chapelain. — II, 160.
D'HERVILLY, Eloi, docteur en médecine à Roye. — I, 453.
DIDIER, évêque de Morinie. — II, 202.
DIGEON, Claude, curé. — I, 190.
— François, curé. — II, 166.
— Jean, curé. — I, 414.
— Joseph, chapelain. — I, 84.

DIGNESCORT (de), Jean dit Tatin. — I, 300.
DIJON (de). — Voy. BESNE (de).
DINCOURT, Adrien, prieur. — I, 376.
DIOCLÉTIEN, empereur. — I, xxxvj.
DISQUE, M. et Mlle. — II, 188.
DOBREMER, Honoré, curé. — II, 156.
DOBY, Jacques-Albert, curé. — I, 222.
DODENFORT, Nicolas, chanoine. — II, 55.
DODEBEL, Etienne, chapelain. — I, 62.
DOLIGER, Antoine, curé. — II, 84.
DOMART, DOMMART ou DOMPMART (de). — Bernard, châtelain. — II, 253, 265.
— Gautier, châtelain. — II, 253, 265.
— Grégoire-Guillaume. — I, 31.
— Ibert. — I, 270.
— Ode. — I, 135.
— Robert, vicomte. — II, 358.
— Mlle. — I, 64.
DOMICE (Saint), chanoine d'Amiens. — I, 399.
DOMMARTIN (de), Adam. — I, 385.
— Jacques. — I, 384.
— Robert, prêtre. — I, 385.
DOMPIERRE (de), Jean, curé. — II, 118.
DONION (de), Foulques. — I, 206.
DORYCH, Jean, chevalier, seigneur de Tilloy. — I, 175.
DOTTIN, François, de Villers-Bretonneux. — I, 33.
DOUAY, François, chapelain. — I, 362.
DOUAY (de) DE BAISNES, Sébastien-Fidèle, vicaire général, archidiacre d'Amiens. — I, lix.
DOUBLET, Ozias. — I, 129.
DOUBTE, Jehan, curé. — II, 226.
DOUCHET, Pierre, curé. — I, 313.
DOUCHER (de), Dom Jacques, prieur bénédictin. — I, 405.
DOUILLET, Antoine, curé. — II, 65.
DOUMELIERS (de), Jehan. — I, 23.
DOURCE, Claude, prêtre, vice-gérant de cure. — I, 443.
DOURLENS, Jean-François. — I, 14.
DOURLENS, DORLENS ou DURLENS (de). — Geoffroy ou Gaudefroy (*Gaufridus*), chevalier, seigneur de Burbures.—I, 494.—II, 357.
— Hibert ou Ibert, fils de Robert. — I, 215, 404. — II, 221.
— Ingelran, fils de Geoffroy. — I, 494. — II, 357.

DOURLENS (de), Jean dit Nani. — I, 204.
— Marie, supérieure des religieuses de Sainte-Geneviève. — I, 140.
— Robert, fils de Hibert. — I, 215, 404. — II, 221.
DOURS (de), Béatrix. — I, 258.
— Nicolas. — I, 213.
Voy. DAOURS.
DOUVILLE, François, curé. — I, 212, 224.
DOUZENEL, Charles, sieur de Bellencourt. — I, 21.
— Charles-Antoine, curé. — II, 158.
— Mauguille, acolyte du diocèse. — I, 169.
— le sieur. — II, 56.
DOYEN, Robert. — I, 240.
DRAINE. — Voy. DRAVIE.
DRAVIE, Enguerran, de Oissy, chapelain.— I, 67.
DREUÉ, Florent-Marie, chanoine. — I, 455.
— Honoré, curé. — I, 463.
DREUX ou DRELES (de), Aanor, femme de Bernard de St.-Valery.— I, 481. — II, 90, 104, 122, 257, 296.
— Jean, comte. — I, 4. — II, 265.
— Philippe, évêque de Beauvais. — II, 313.
— Robert. — I, 400.
— Robert, seigneur de St.-Valery. — II, 263.
— évêque de Thérouenne. — I, 5, 69.
DREVEL, Nicolas, curé. — I, 413.
DRUAN (Saint). — I, 383.
DRUGY (de), Raoul. — II, 244.
DUBAL, Jean, curé. — II, 44.
DUBLAIN, Bernard, curé. — I, 155.
DUBOIS, Guillaume, bailli de Caux. — I, ix.
— Jacques. — I, 253.
— Jacques, dit *Sylvius*, savant médecin. — I, 177.
— Jacques-Théodore, chapelain. — I, 60.
— Jean, curé. — I, 193.
— Marin, curé. — I, 199.
— Michel. — II, 190.
— Nicolas, curé. — II, 263.
— N., docteur, détenu à la Bastille. — I, 316.
DU BOIS, Antoine, abbé. — I, 503.
— Guillaume. — I, 460.
DUBOS, Marie, religieuse. — I, 481.
— Philippe-Honoré, prêtre, seigneur de Drancourt. — I, 45, 167, 225. — II, 238.
DU BOS le borgne. — II, 326.

Du Buisson, Martin, chapelain. — II, 213.
Dubus, Nicolas, prêtre. — II, 66.
Ducastel, Nicolas, curé. — II, 235.
Ducaudray, François, curé. — II, 287.
Ducauroy, Marie-Catherine, femme Barbier. — I, 141.
Du Cauroy, André, curé. — II, 210.
Du Chastel, chanoine. — I, 451.
Duchaussoy, Louis, chapelain. — II, 178.
Duchesne, Péronne, femme de Nicolas Savary. — II, 326.
Ducrocq, Antoinette, veuve Doublet. — I, 129.
— Jean, de Sempy. — II, 190.
— Jean-Baptiste, chapelain. — I, 287.
— Pierre, curé. — II, 150.
Voy. Ducroquet.
Ducrocquet (M.). — I, 112.
Ducroquet ou Ducrocq, Jacques. — I, 226.
— Marie, femme de Louis de Villers. — I, 10.
Du Fay, tonsuré, demeurant à Paris.— I, 451.
Dufey (M.). — I, 137.
Duflos, Jean, curé. — II, 170.
Du Flos, Frémin. — I, 239.
Dufossé, David (le P.). — I, 121. — II, 343.
— Pierre, curé. — II, 292.
Dufour, Guillaume. — II, 326.
— Henri, supérieur du collège de Cluny. — II, 304.
— Joseph, curé. — I, 155.
— Marie, épouse de la Forge. — I, 197.
— (M.). — I, vij.
Dufresne, Joseph-Antoine, prêtre. — I, 477.
— Marie-Alexandrine. — I, 140.
— Pierre-Antoine, curé. — I, 492.
Du Fresne, Alexandre, curé. — I, 69, 140, 141.
— Charles, sieur du Cange.—Voy. Cange (du), Charles.
— Firmin. — I, 79.
— Jacques. — I, 141.
— Jean-Joseph. — I, 79.
— René. — I, 141.
— trésorier de France. — I, 130.
Dufresnoy, Louis, curé. — I, 177.
Dugardin, Jean-Charles, chapelain. — II, 122.
Du Gardin, Bernard. — II, 245.
Dugrospré, Jacques, curé. — I, 354.

Duliège, Nicolas, chapelain. — II, 178.
Dumeige, Pierre, curé. — II, 260.
Duménil des Calles (sieur). — II, 16.
Dumet, Nicolas, curé. — II, 71.
Dumont, Jean dit le Noble. — I, 332.
— Robert, chapelain. — I, 316.
Duvoulin, M., conseiller. — II, 131.
Du Moulin, Pierre. — I, 420.
Duneufgermain, Pierre. — I, 61, 64, 87.
Duperron, cardinal, abbé de Clerfay. — I, 319.
Dupoisselle, Pierre, curé. — I, 465.
Duponchel, Jacques. — II, 374.
Dupont, Aléaume, écuyer. — II, 351.
— Antoine, curé. — II, 65.
— Jacques, curé. — II, 168.
— Jeanne, femme de Picquet. — I, 94.
Du Prat de Barbançon, François, chevalier, seigneur de Nantouillet, Arviller, etc. — II, 249.
Dupré, Ignace-François-Landri, curé. — I, 334.
— Maurice. — I, 100.
— René, curé. — I, 333.
Duprez, Antoine, curé. — I, 328.
Du Prier, Jean. — II, 225.
Dupuis, Claude, de Canchy. — II, 19.
— Jean, caritable de Corbie. — I, 256.
— Jean, curé. — I, 347.
— Louis-Joseph, chapelain. — I, 50.
Duputel, Antoine, curé. — I, 351.
Dupuy, Charles, curé. — II, 84.
Duquesne, Antoinette, femme de Hilaire Delaplace. — I, 393.
Duquesnel, Gabriel, curé. — II, 226.
Durand, Jacques, curé. — II, 32.
— N. — II, 331.
Durant, Hector, curé. — I, 324.
Durant de Missy, Pierre-Jean-Baptiste, docteur de Sorbonne, abbé du Lieu-Dieu. — II, 90, 369.
— cardinal, évêque de Meaux. — II, 369.
Durcat (de), Jeanne, épouse de Hugue de Rambures. — II, 16.
— Willaume. — II, 16.
Dureboise, Thomas (Mgr), chevalier. — I, 252.
— Ysabeau, sa fille. — I, 252.
Duri ou Dury (de), Pierre. — I, 24.
— Beauduin. — II, 349.

— 421 —

Duru, G.-Joseph, religieux. — II, 91.
Dusevel, Hyacinthe, historien.— I, xix.— II, 368.
Du Val, André, docteur en théologie, lecteur du roi. — II, 23.
Duval, Blaise, seigneur de Bomy, conseiller du roi, mayeur d'Abbeville. — II, 233.
— François, prêtre, curé. — II, 67, 233.
— François-Paul, chanoine. — II, 50, 54.
— Jean, bourgeois d'Amiens. — I, 291.
— Louis-Antoine, bachelier de Sorbonne, curé. — II, 31, 179.
— N., prieur. — II, 53.
Voy. Estienne, Philippe.
Duwes dit Percheval. — Voy. ce dernier nom.

E

Edouard II, roi d'Angleterre. — II, 206.
— III, roi d'Angleterre. — II, 31, 211.
Egmont (comte d'). — II, 11.
Elicourt (d'), Jean, chevalier. — I, 381.
Elisabeth (Sainte), reine de Hongrie. — I, 128.
Eloi (Saint), évêque de Noyon. — II, 310.
Embeza, Adrien. — I, 489.
Enbrevile (d'), Jean. — I, 481.
Encre (d'), Anselme, comte. — I, 319.
— Baudouin. — I, 246.
— Bauduin le Walois, chevalier, fils d'Eustache. — I, 422.
— Enguerran. — I, 119.
— Enguerran, fils d'Eustache. — I, 133, 426.
— Eustache, chevalier, marié à Améline. — I, 133, 180, 261, 422.
— Eustache, chevalier, fils d'Eustache. — I, 134, 422.
— Ingerran, dit Cornu, chevalier, seigneur de Rouverel. — I, 390.
— Oton, chevalier, fils d'Eustache. — I, 422.
— Otton, fils d'Ingerran. — I, 390.
Engelicourt (d'), Hesselin. — I, 123.
— Jean dit Ribaud. — I, 123.
Engeliercort (d'), Jean, vavasseur. — I, 267.
Engesliercurt (d'), Adam. — I, 270.
Enghien (d'), Marie, épouse de Bernard de Moreuil. I, 400.
Engramer, Jean, curé. — I, 278.
Enguerran, sénéchal de Ponthieu. — II, 20.

Enguerran ou Ingelran, évêque d'Amiens. — I, 143, 178, 305, 306, 307, 313, 357, 406, 498. — II, 83, 149, 150, 156, 184, 192, 199, 200, 201, 202, 224, 253, 347.
— (Ingerranus), doyen du chapitre d'Amiens. — I, 45, 194.
Voy. Ingerran.
Enguillaucourt (d'), Joseph, curé. — I, 356.
Enlart, Philippe-François, curé. — II, 201.
Epagne (d'), Isabelle. — II, 18.
— M. — II, 166.
Epernois (d'), Firmine, femme Rohaut. — I, 106.
Erard, Pierre, chapelain. — I, 41.
Erches (d'), Gambart. — I, 461.
Erchinoald ou Archambault, maire du palais, châtelain de Péronne. — II, 311.
Ercles (d'), Jean, chevalier. — I, 311.
Erembald, gendre d'Adam Chereth. — II, 220.
Erkembold, abbé de St.-Bertin. — II, 159.
Ermenfred, seigneur. — I, 301.
Ermengarde, femme de Pierre d'Amiens. — I, 22.
— comtesse. — I, 23, 175.
Ermite (l'), Pierre. — I, 277.
Voy. Leremitte.
Erveloy (d'), Bernard. — I, 97.
Escapet (l'), Hugue. — II, 220.
Esclainvillers (d'), le marquis. — I, 394.
Esclainvilliers (d'), Mme, abbesse de St.-Michel.— I, 203.
Voy. Esclenviller (d').
Esclebech (d'). — Voy. Halwin (de).
Esclebecq (d'), le sieur. — I, 237.
Esclenviller (d'), Alaide, veuve de Pierre des Prez ou des Préaux (de Pratellis). — I, 385.
Voy. Esclainvilliers (d').
Escorailles (d'). — Voy. Léger d'Escorailles.
Esmery (d'), Catherine, femme de Folleville. — I, 109.
Espagne (d'), Pierre, homme de Lucione. — I, 371.
Esquaves (d'), Robert. — II, 80.
Essartiaux (des), Jean, chevalier. — I, 172.
— Gérard, seigneur de Blancfossé. - I, 172.
Voy. Braiers.
Estalommaisnil (d'), Girold. — I, 403.
Estalons (d'), Jaquion, chevalier. — I, 123.
Estampes (d'), le comte. — II, 93.

ESTANCHEAU (d'), Pierre, grand prieur de Corbie. — I, 237.
ESTEVÉ, Urbain, curé. — I, 329.
ESTIENNE, Philippe dit Duval, chapelain. — I, 285.
ESTOCARDE, Frémine. — I, 20.
ESTOCQUART, Jehan, curé. — I, 104.
ESTOILE (de l'), Richard, *Ricarius de Stella*. — I, 24. Voy. POUSSE-MOTHE.
ESTOURMEL (d'), Charles, seigneur de Plainville. — I, 112.
— Louis-Charles-Marie, abbé. — II, 94.
— marquis. — I, 130.
— marquis, baron de Cappy, seigneur de Suzanne. — I, 127.
ESTRÉE (d'), Jehan. — I, 106.
— Jehennin. — I, 106.
— Marie, épouse de Théobald d'Amiens. — II, 237.
— Xavier (*Waverus de Stratia*), chevalier, seigneur d'Epagne. — II, 279.
ETAPLES (d'), Arnoul, chevalier. — II, 185.
— Mathilde, fille d'Arnoul, femme de Baudouin dit Serviens. — II, 185.
ETHÉART, Nicolas. — II, 178.
ETIENNE, comte de France (*aliàs* de Meaux ou de Champagne). — I, 23, 174, 175, 177.
— évêque de Tournay. — II, 373.
— évêque de Noyon. — I, 470.
ETINEHAN (d'), Wautier, écuyer. — I, 241.
EU (d'), *de Augo*, les comtes. — II, 93.
— Aélis, comtesse, épouse de Raoul d'Issoudun. — II, 100, 279.
— Guillaume Ier, comte. — II, 309.
— Henri Ier, comte. — II, 100, 102, 107, 305, 309.
— Henri, fils de Jean. — II, 99, 100, 126.
— Hugue, seigneur de La Chaussée, fils de Robert. — II, 102.
— Jean Ier dit Strabon, fils de Henri Ier. — II, 100, 102, 114, 126.
— Jeanne, femme de Renault, vidame de Picquigny. — I, 402.
— Pierre. — I, 57.
— Robert, vicomte, père de Hugue. — II, 102.
EUDEL (sieur). — I, 113.
EUDELINE, Léonor, curé. — I, 412.
EUDIN (d'), Enguerran. — I, 106.

EUGÈNE III, pape. — I, 6, 7, 321, 502. — II, 218, 219.
— IV, pape. — I, 104, 106.
EUSTACHE, maire de Thanes. — I, 232.
— clerc, appelé *illuminator*. — II, 66.
— doyen du chapitre de Gamaches. - II, 104.
EVRARD, évêque d'Amiens. — I, xxvj, xxviij, 178, 204, 216, 220, 251, 265, 276, 312, 437, 486, 510. — II, 8, 9, 60, 80, 201, 211, 328, 349, 366.
— prieur de Pernois. — I, 502.
EVREUX (d'), Marguerite, comtesse de Boulogne et d'Auvergne, femme de Guillaume Des Prés, chevalier. — II, 190, 371.
EVROLS (Saint), 1er abbé de St.-Fuscien. — I, 365.

F

FALENTIN, Adrien, curé. — I, 187.
FALISE (de la), les héritiers. — I, 231.
FAMINE, Girold. — II, 368.
FASCONNEL, Tristran, conseiller au bailliage d'Amiens. — I, 28.
— François, fils de Tristran. — I, 28.
— Anthoinette, fille de Tristran. — I, 28.
FAUCHON, Louis, curé. — I, 423.
FALCON, Simon, curé. — II, 230.
FAUKEMBERGUE (de), Jakemon. — I, 89.
FAURE, François, évêque d'Amiens. — I, liv, 3, 10, 214, 222, 338, 451. — II, 275, 296.
FAUSTINIEN, sénateur. — I, 93.
FAUVEL, Aubert, bourgeois d'Amiens. — I, 39, 40, 102.
— Jean, écuyer. — I, 213.
— Nicolas (peut être le même que Nicole). — I, 114.
— Nicole, écuyer, seigneur d'Estrées. — I, 39.
FAUVELLE, Périne, femme de Vauchelles. — I, 37.
FAVEREL, Jean-Baptiste, prieur-curé. — I, 438.
FAVIÈRES (de), Charles. — I, 347.
FAY (de), Charles-François. — I, 13.
FAY (du), Jehan, chevalier, seigneur du Fay et de Thilloloy. — I, 477.
Voy. DU FAY.
FÉJAC, Jean, curé. — II, 176.
FENIER, L., curé. — II, 72.
FÉNIÈRES (de), Marie, dame de la Tournelle. — I, 229.

FERCHANCOURT ou FERCHENCOURT (de), Guerard. — I, 37.
— Jehan. — I, 3.
FÉRET, Bérenger. — II, 130.
— Etienne. — II, 130.
— Jacques, curé. — I, 497.
— Jean-Louis, curé. — I, 177.
FERNETTE, Antoinette. — I, 457.
FERRAND, fils de Ferdinand, roi de Castille et de Léon. — II, 374.
FERTÉ (de la), Marie, femme d'Alelme de Moreuil. — I, 135. — II, 128.
FEUILLY (de), Raoul, chevalier. — I, 55.
FEUQUIÈRES (de), Richard. — II, 90.
FEYDEAU DE BROU, Henri, évêque d'Amiens. — I, lv, 3, 76, 290. — II, 339.
FIEFFES (de), Nicolas, chevalier. — I, 62.
— Regnaut. — I, 419.
FIENCOURT (de), Jean. — I, 57.
FIENTES ou FIENLES (de), Ingerran, marié à Sybille de Tingry. — II, 185.
— Willaume ou Willerme, noble homme, fils d'Ingerran. — I, 484. — II, 185.
— Thomas, autre fils d'Ingerran. — II, 185.
— Ingerran, fils de Willerme. — I, 484.
FILLEUX, Nicolas, archidiacre. — I, lix, 14.
FIRME, père de St.-Firmin. — I, vj.
FIRMIN (Saint), le martyr. — I, vj, xliij, xliv, 93, 171. — II, 378.
— (Saint), le confesseur. — I, vij, 93.
FIRMIN, Nicolas, curé. — I, 326.
— Jean, du village de Bauchen. — II, 93.
FISSEUX (de), Simon. — I, 97.
FLAHAULT, Charles, curé. — II, 193.
FLAISSIÈRES (de), Enguerrans, écuyer. — I, 29.
— Jean, écuyer. — I, 236. — II, 351.
FLAN, Anne, religieuse cordelière. — I, 210.
FLANDRE (de), les comtes. — I, xiij.
— Arnoul. — I, 145.
— Charles, comte. — II, 79, 83.
— Clémence, comtesse. — I, 300.
FLANS (de), Ernold, chevalier. — I, 181.
FLAVY (de), Thibault, sieur de Monthaubain. — I, 110, 274.
FLESSELLES (de), Antoinette. — I, 129.
FLESSICOURT (de), Alelme. — I, 181. — II, 339.
FLEUR, Louis, curé. — I, 464.

FLEURETON (de), Antoine, écuyer, sieur de Beaumay, etc. — I, 122.
— Henry, sieur de la Rivière. — I, 114.
FLEURY, Nicolas, curé. — II, 166.
FLIXECOURT ou FLEXICOURT (de), Guy, châtelain d'Amiens, seigneur de Vinacourt. — I, 273, 335, 478. — II, 85.
— Aléaume, Alelme ou Adelelme, seigneur d'Amiens, fils de Guy. — I, 94, 132, 273, 478, 501. — II, 85.
Voy. GUY, comte d'Amiens.
FLOCQUES (de), M. — I, 112.
— Claude, curé. — II, 286.
— Daniel-François, curé. — I, 271.
— Madeleine-Angélique, religieuse de la Visitation. — I, 138.
FLOISSIES (de), Gilles, dit de Framerville. — I, 372.
FLORENT (Saint), prêtre, confesseur. — I, 451.
FLOÜART, Charles, curé. — II, 46, 50.
FLORIBAS (de), Hélin. — II, 343.
FLOURIE, Robert, maire de Blangy. — II, 96.
FLUY (de), Guarin ou Garin, chevalier. — I, 180, 411.
— Hubert, doyen du chapitre d'Amiens.-I, 411.
— Jean, dit le Roux. — I, 174, 436.
— Martin. — I, 68, 436.
— Pierre. — I, 439.
FOILLOY (de), Guillaume, écuyer, sieur de Beaurain. — I, 246.
FOLLEVILLE (de), Aulbert. — I, 109.
— Jean. — I, 386.
— Mathieu. — I, 386.
FONCHET, François-Jean-Louis, curé. — I, 172.
FONS (de la), Claude, chevalier, seigneur d'Happencourt, etc. — I, 459.
FONTAINE, Jean-Baptiste, curé. — I, 416. — II, 134.
— Noele, religieuse cordelière. — I, 209.
— Pierre-Charles, curé. — I, 353.
FONTAINES (de), Aléaume ou Alelme, neveu de Henri. — I, 135. — II, 50, 54, 57, 75, 166.
— Charles. — I, 39.
— Charlotte, religieuse. — II, 25.
— Eustache, chanoine. — II, 56.
— Henri. — II, 166.
— Hugue, fils de Henri. — II. 54, 166.
— Hugue, fils d'Aléaume. — I, 135.

Fontaines (de), Ingelran, sénéchal de Ponthieu, seigneur châtelain d'Epagne. — II, 17, 19, 366.
— Ingerran, chevalier. — II, 106.
— Isambart. — II, 54.
— Jean, fils d'Ingerran. — II, 106.
— Jeanne, femme de Jean du Gard. — I, 312.
— Marie-Françoise, femme de J.-P. de Monet de Lamarque. — I, 148.
— Witasse (Eustache), sire de Long. — I, 135. — II, 56.
— M., seigneur d'Ornois. — II, 16.
— le marquis. — II, 56.
— Demoiselle. — II, 320.
Fontenilles (de). — Voy. Roche (de la).
Forbin ou Fourbin de Janson, Jacques, archevêque d'Arles, abbé de St.-Riquier. — II, 278, 280.
— Laurent, marquis de Janson. — II, 278.
— évêque, comte de Beauvais. — I, 139.
Forcedebras, chanoine. — I, 18.
— Antoine. — II, 277.
Forceville (de), Hugue, écuyer. — II, 211.
— Jacques, vavasseur. — I, 246.
— Nicolas, curé. — II, 261.
— Percheval. — I, 108.
— Pierre-Alexis, curé. — II, 69.
Forcheville ou Forchevile (de), Alexandre-François, curé. — II, 213.
— Robert, chevalier, seigneur de Beaussart. — I, 331.
— N., chantre. — II, 5.
Forest, Charles, curé. — I, 273.
Forestier (de), Raoul. — I, 130.
Forge (de la), Antoine. — I, 197.
Forget, Jehan, tailleur d'images. — I, 120.
Fornet, Antoine, curé. — I, 390.
Forville (Mme), abbesse de St.-Michel de Doullens. — I, 203.
Fossart, René-Hyacinthe, prieur conventuel de St.-Riquier. — II, 244.
Fossemanant (de), Witasse. — II, 246.
Fossés (des), Raoul, *Radulphus de Fossatis*, archidiacre de Ponthieu. — I, 30, 44.
Fouache, Jean-Baptiste. — I, 53.
— N., curé — II, 115.

Foubert, Jacques, chapelain. — II, 121.
Foucart, Gabriel, curé. — II, 9, 208.
Foucquart, Gabrielle, veuve Du Val. — II, 24.
Fouilloy ou Foulloy (de), Evrard, évêque.—I, 75.
— Gauthier, chanoine. — I, 473.
— Guerard ou Evrard, chanoine. — I, 286.
— Hue. — I, 252.
— Jean. — I, 160, 240.
— Robert, évêque d'Amiens. — I, 6, 44, 133, 321. — II, 54.
— Simon. — I, 240, 252.
Foukencans ou Fokencans (de), Pierre, chevalier. — I, 366, 503.
— Robert, chevalier, fils de Pierre. — I, 366, 461.
Foulque, curé d'Enancourt. — I, 257.
Foulques II, évêque d'Amiens.-I, xx, xxj, 175, 305.
— archidiacre d'Amiens.—I, 429.—II, 348, 355.
— archidiacre de Ponthieu. — II, 3.
— préchantre d'Amiens. — I, 488, 497, 504. — II, 192.
Foulques Ier, abbé de Corbie. — I, xxxiij, 255. — II, 351.
Fouquesolles (de), Nicole ou Nicolas, prêtre, curé d'Hornoy, seigneur en partie de Quevauvillers. — I, 39.
Fourdrinoy (de), Hugue, chevalier. — I, 124, 402.
— Hugue, écuyer, fils de Warin. — I, 28, 417.
— Warin, chevalier. — I, 28.
Fouré, Jean-Baptiste, curé. — I, 489.
Fourman, Antoine, religieux, prieur de St.-Denis à Senarpont. — II, 207.
Fournier, Guillaume. — II, 92.
— Hugue, écuyer de la grande écurie du roi. — II, 373.
— (*Fornarius*), Jean. — I, 483.
— Louis, curé. — II, 39.
— Martin, curé. — I, 434.
— Robert, docteur en théologie. — I, xxiij.
Fournière, Marguerite. — I, 483.
Foyelle, Jean-Louis, docteur en théologie, chanoine de l'église d'Arras. — I, 281.
Fraitemeule (de), Eustache, fils de Robert.—II, 99.
— Robert, chevalier. — II, 99.
Frameric. — II, 182.

FRAMERY, Charles, curé. — II, 159.
FRAMICOURT (de), Raoul. — I, 352.
FRANCASTEL (de), Jean, écuyer. — I, 173.
FRANÇOIS Ier, roi de France. — I, xlix, 177, 211, 288, 371.
— II, roi. — I, 130, 211.
FRANÇOIS, Nicolas, curé. — I, 219.
FRANÇOIS D'ASSISE (Saint). — I, 102, 111, 457.
FRANÇOIS DE PAULE (Saint). — I, 117, 118. — II, 24.
FRANÇOIS DE SALES (Saint). — I, 64, 138.
FRANQUEVILLE (de), Arthur. — I, 40.
FRANSIÈRE, Charles, curé. — II, 135.
— N., curé. — II, 291.
FRANSU (de), le sieur. — II, 266.
FRANSURES (de), Jean dit Flameng, écuyer, seigneur de Brayne. — I, 229.
— Pierre. — I, 66.
FRASIER, Michel. — I, 457.
FRÉCHENCOURT (de), Mathieu. — I, 109.
FRÉDÉGONDE, épouse de Chilpéric Ier. — I, 365.
FRÉMIN, Nicolas, prieur-curé. — II, 262.
FRENEVILLE (de), Laurent, chevalier. — II, 134.
FRÉROT, Arnoul ou Ernoul. — I, 37. — II, 335.
Voy. VAUCHELLES (de).
FRESCHEVILLE (de), Paul Bosquillon, curé. — I, 189.
FRESNE (du). — Voy. DU FRESNE.
FRESNOY (de la), François. — I, 398.
FRESSENNEVILLE ou FRESCHENVILLE (de), Anscher, chevalier. — II, 108, 110.
FRESTIAUX, Robert, sieur de Bus. — I, 216.
FRÉTIAX, Thomas, chevalier, seigneur de Hardecourt. — I, 307.
FRICOURT (de), Gérard. — I, 152, 169.
FRION, Barthélemy, prêtre. — I, 319.
— Guillaume (sire). — I, 446.
— Jacqueline, veuve Masse. — I, 119.
FRIREULES (de), le sieur. — II, 298.
FRIVILLE (de), Girold, neveu de Willaume. — II, 95.
— Jeanne, fille de Laurent, femme de J. de Bétencourt. — II, 95.
— Laurent, fils de Girold. — II, 95.
— Willaume. — II, 95.
FRODIN *de Vesuio*. — I, xij.
FROHEN (de), Aélis, femme de Willaume de Candas. — II, 81.
— Cristofles, « li manniers. » — II, 81.
— Enguerran, écuyer, leur fils. — II, 81.

FROHEN (de) Jean, seigneur du lieu. — II, 81.
FROISSART, Étienne, curé, doyen de chrétienté. — II, 173.
— Françoise-Emmanuelle, supérieure de la Visitation d'Abbeville. — II, 29.
— Gaspart, curé. — II, 47.
— Pierre, curé. — II, 173.
FROITERIE, Jehan, citoyen d'Amiens. — I, 107.
FROMENT (M.). — I, 156.
FRUSCANS (de), Marguerite. — I, 40.
FUDELLUS, chevalier. — II, 366.
FURNES (de), Jean Le Mor. — I, 38.
FURNIVAL (de), Bauduin. — I, 232.
— Hermé, religieuse à Margelles. — I, 232.
— Hubert, fils de Bauduin. — I, 501.
— Lescelin, fils de Bauduin. — I, 501.
FURSY (Saint). — I, xij, 146. — II, 83.
FUSCIEN (Saint). — I, vj, 365.
FUZELIER, Cyr-Charles, curé. — II, 231.
— la veuve. — II, 46.

G

GADIFET, Claude, chapelain. — I, 281.
GAFFET, Pierre, laboureur à Caix. — I, 141.
GAILLARD, marchand, bourgeois d'Abbeville. — II, 228.
— curé. — II, 268.
GAILLET, Hélène, femme de Jacques Loutrage. — I, 422.
GAISSART (de), Bauduin, abbé de St.-Riquier. — II, 275, 277.
GALICULES (de), Wesron. — II, 125.
GALANT, Catherine. — II, 117.
GALLANS ou GABLANS (de), Alfred, vavasseur de Buschi. — I, 436.
— Havevide, sa fille. — I, 436.
GALLANT, Sébastien. — II, 56.
GALLET, Magdeleine, veuve Beauvarlet. — I, 210.
GAMACHES (de), Jean, époux de Marie. — II, 97.
— (de *Gamachus*), Jean. — II, 136.
— le P. Cyprien ? — Voy. ce nom.
— (marquis de). — I, 130. — II, 94, 280, 281.
GAMBIER, Adrien. — I, 422.
GAMELIN. — II, 92.
GAND (de), Louis-François. — I, 51, 183.

Gant (de), Baudouin, maître des Templiers. — II, 95.

Garbe ou Barbe, Gui, prieur du St.-Esprit d'Abbeville. — II, 243.

Gard (du), Charlotte, veuve Le Caron. — I, 138.
— Colart. — I, 109.
— Jean, écuyer. — I, 312.
— Julienne. — I, 84.
— Pierre ou Pierron. — I, 84.
— Ysabelle, veuve d'Estrée. — I, 106.

Gardin (du), Andrieu. — II, 85, 87.
— (M.). — II, 288.

Garet, Pierre-Gautier. — I, 491.
— Guillaume, curé. — II, 108.

Garfrois, maire de Grattepanche. — I, 181.

Garlanda (de), Guillaume, seigneur de Livry. — II, 309. — Voy. Guillaume.

Garnier, conservateur de la Bibliothèque communale d'Amiens. — I, j, liv.
— Louis, curé. — I, 315.

Gaucourt (de), évêque d'Amiens. — II, 338.

Gaudefroy, Jean, chapelain. — I, 52.

Gaudissart le jeune, Nicolas, sergent-royal. — I, 344.

Gaueccourt, Gawecourt ou Goecourt (de), Raoul, chevalier, sire du Plaissié. — I, 195, 236.

Gaultier ou Wautier, comte d'Amiens. — I, xiij, 163. — Voy. Wautier.
— Maxime-George, bachelier en théologie. II, 52.

Gautier (Saint). — I, 480. — II, 118.
— chevalier. — II, 111, 176.
— abbé du Mont-St.-Martin. — I, 310.
— abbé de Selincourt. — II, 59.
— prieur de St.-Martin-des-Champs. — I, 403.
— doyen d'Encre. — I, 149, 183, 309. — Voy. Burdelle.

Gay, Charles, prêtre, bachelier en théologie du diocèse d'Apt. — I, 227, 281.

Gayest, Charles-Alexandre, curé. — I, 323.

Gébert, abbé de St.-Riquier. — II, 244.

Gédouin, Nicolas, abbé de St.-Sauve. — II, 181.

Gélase, pape. — I, xxxviij.

Gelucq, François, bachelier, curé. — II, 114.

Gence, Philippe, curé. — II, 199, 203.

Genest (Dom André). — I, 170.

Genet, Laurent, chapelain. — I, 316.

Gentelles (de), Enguerran ou Ingerran, chevalier. — I, 233, 284.
— Jean. — I, 261.
— Pierre. — I, 261.

Gentien (Saint). — I, 365.

Geoffroy (Saint), Gaudefroy ou Godefroy, évêque d'Amiens. — I, xx, 31, 34, 76, 79, 81, 163, 171, 172, 194, 206, 265, 266, 270, 271, 306, 307, 309, 312, 313, 321, 355, 365, 376, 392, 396, 412, 417, 429, 430, 467, 473, 480. — II, 36, 76, 82, 133, 147, 154, 164, 170, 175, 340, 345, 352, 354.

Geoffroy de la Marthonie, évêque. — I, 88, 116.

Geoffroy II ou Godefroy d'Eu, évêque. — I, xxviij, 217, 251, 265, 295, 327, 331, 335, 384, 397, 421. — II, 18, 47, 60, 135, 331, 368.

Gérard de Conchy, évêque d'Amiens. — I, 370, 373. — II, 80.

Gérard, vidame. — Voy. Picquigny (de).
— abbé de Corbie. — I, 264.
— prieur. — I, 70.
— curé. — II, 80.
— Charlotte, femme de Louis Cordier, notaire. — I, 458.

Géballt, Antoinette. — I, 128.

Gerberoy (de), Richard, chanoine d'Amiens. — I, 286. — Voy. Richard de Gerberoy.

Germain l'Écossais (Saint), évêque régionnaire. — II, 205.

Germain, Catherine, veuve Berthelot. — I, 88.

Germer (Saint). — II, 303.

Gérold. — I, 133.

Gervin (Saint), abbé de St.-Riquier. — I, 170. — II, 305, 372.
— évêque. — I, xxiij, 95, 172, 206, 223, 301, 337, 480. — II, 79, 132, 254, 259, 265, 340, 348.
— Martin, prêtre, prieur de Livry. — II, 309.

Gigault, Antoine, chapelain. — I, 226.

Gillebert, maire de Sainz. — I, 368.

Gillermeriville (de), Willaume. — II, 128.

Girold, sous-diacre, frère de l'évêque Roricon. — I, 95.

Gislebert-Maisnil (de), Raoul. — II, 141.
— Renold. — II, 141.

Gisainecourt (de), Isabiaus, dame de Croisilles, douairière. — I, 484.

GLACHANT, Antoine. — I, 15.
— Michel, curé. — I, 505.
GLICOURT (de), Jacques, curé. — II, 119.
GLIMONT (de), Adam. — I, 269.
— Raoul, chevalier, époux de Marie. — I, 269.
— Raoul, époux de Ade. — I, 269.
GLISI ou GLISY (de), Bauduin. — II, 337.
— Bauduin, fils de Bauduin. — Ibid.
— Bauduin ou Baulduin, seigneur de Méricourt et de Poullainville. — I, 39. — II, 335.
— Jean, chevalier. — II, 337.
— Jean, écuyer. — I, 24.
— Hugue, chevalier. — I, 269.
— (la dame). — I, 168.
GLOS (de), Louis-Claude. — I, 63.
GOBERT, François. — I, 422.
GODDE, Louis, prêtre, trésorier de Rue. — II, 239.
— Michel-François, curé. — I, 77.
GODEBERTE (Sainte), native de la Neuville-au-Bois. — II, 372.
GODEFROY (Gaufridus), évêque de Châlons. — I, 143.
— archevêque de Rouen. — II, 309.
— avoué de Braz. — I, 371.
GODEFROY DE BOUILLON. — II, 33.
GODELANDE, religieuse, abbesse de Bertaucourt. — I, 480.
GODESCALE, évêque d'Arras. — I, 482.
GODET, Antoine. — I, 42.
GODEY, Nicolas, curé. — I, 78.
GOECOURT (de), Raoul (Raous), chevalier, sire de Plaissié. — I, 195.
GOLECULES ou GALICULES (de), Wesron. — I, 430, — II, 125.
GOLENCOURT, GOLLENCOURT ou GOLLAINCURT (de), Nicolas, chanoine — I, 286.
— Nicolas. — I, 389.
— Nicolas, chanoine d'Amiens. — I, 442.
— Pierre. — I, 94.
— Robert. — I, 442.
GOMECOURT (de), Alard. — I, 147.
GOMER (de), M. — I, 97, 138.
— Nicolas, seigneur de Cuignières. — II, 17.
GORENFLOS (sieur de). — II, 12.
GORET, Claude, curé. — II, 267.
— Pierre, curé. — I, 359.
GORIN, Charles-François-Joseph, curé. — II, 266.

GORIN, Pierre, prieur-curé. — I, 436.
GORLIER, Hugues, curé. — I, 330.
GORMER, Pierre. — II, 257.
GOSSELIN (Gauslenus), évêque de Soissons. — I, 143.
GOSSET, Claude-Antoine, prévôt de Naours. — I, 480.
— Philippe, curé. — I, 271.
GOTERIE (de la), Mlle Claire. — I, 140.
GOUET, Mathieu, curé. — II, 105.
GOUFFIER (de), marquis. — I, 83.
— Angélique, femme de Florimond de Cambray. — I, 139.
GOUILLARD, Jacques, chapelain. — I, 475.
GOUILLIARD, Geneviève. — I, 197.
GOULLIART, Charles, procureur et notaire royal à Roye. — I, 458.
GOUJART, d'Hattencourt. — I, 457.
GOUJAT, Philippe, demeurant à Hattencourt. — I, 302.
GOURGUECHON, Antoine. — I, 505.
GOURJON, Joseph, prêtre, bachelier en théologie. — I, 56, 317.
GOURLAY (de), messire Anne, chevalier, seigneur de Pendé, etc. — I, 45.
GOURLIER, Jacob. — I, 118.
GOUSSENCOURT (de), Charles. — I, 200.
GOUY, Claude-François, curé. — I, 147.
GOUY (de), Bon. — I, 197.
— Jacques. I, 197.
— L., prieur des Jacobins d'Abbeville. — II, 14.
— Nicolas, curé. — II, 43.
Voy. BON DE GOUY.
GOVIN, Claude, maître écrivain. — I, 488.
GOY (de), Geoffroy. — I, 403.
GRAIN (de), François, chapelain. — I, 47.
— Pierre, chapelain. — I, 56.
GRAIOT, curé. — II, 98.
GRAMBUS (de), Guillaume. — II, 250.
GRANDCOURT (de), Henri. — II, 96.
GRANDSIRE, Antoine, curé. — II, 193.
GRANGE (de la), Jean. — I, 47, 50.
— Mathieu (sire). — I, 347.
GRANVALLET, François, curé. — I, 351.
GRATENOY (de), Ade. — I, 104.
GRATEPANCHE (de), Pierre, dit Bayart. — I, 66.
— Willaume, écuyer, sire de Ferrières, — I, 390.

GRATIEN (Saint) : lieu de sa naissance. — I, 337.
GRAUVILLE, Jean, prieur de Domvast. — II, 254.
GRÉBAULT, N., chapelain. — I, 280.
GRÉBAUVAL (de), Jehan, dit Lallemant, écuyer. — I, 42.
GRÉBONVAL (de), Charles. — I, 38.
GRÉGOIRE le Grand (Saint). — I, xxj, xxxviij.
— VII, pape. — I, xxxj.
— IX, pape. — I, 365. — II, 47, 372.
— X, pape. — I, xlix, 203.
— XIII, pape. — I, l.
— de Tours, évêque et historien. — II, 332.
— chapelain de St.-Florent. — I, 461. — Voy. ARVILER (de).
GRENÉE (de la), M.— I. 214.— Voy. LAGRENÉE (de).
GRENET, curé. — I, 506.
GRENIER, Alelme, chevalier. — II, 265.
— Nicolas, procureur à Fouilloy. — I, 141.
— Dom, religieux bénédictin, archiviste du roi. — I, vj, vij, liv, 452. — II, 4, 54.
GRESSET, poete. — I, 178.
GREVEMBROCH (de), le sieur. — I, 242.
GRIGNY (de), Jean. — II, 76.
GRILLY, Jean-Baptiste, curé. — I, 201. — II, 258.
GRINCHON (veuve). — I, 131.
GRISEL, Pierre, licencié ès-lois. — I, 109, 110, 499.
GROSELIERS (des), Catherine. — II, 229.
GROSWEL, Alard. — I, 135.
GROUCHE (de), Nicolas-Antoine, chevalier, marquis de Grébauval-Chepy, seigneur de Huppy. — II, 248.
— Robert, chevalier, seigneur de Griboval, etc. — I, 211.
Voy. CHEPY (de).
GROULLE, Vincent, curé. — II, 41.
GROULT, Marie-Antoinette. — I, 114.
GRUMAULT ou GRIMAULT, Pierre. — I, 23.
— Colart. — I, 23.
GRUNNARD, Raoul. — I, 300.
GUARIN, archidiacre, puis évêque d'Amiens. — I, 99, 143, 149, 170, 182, 195, 202, 203, 208, 232, 266, 274, 309, 322, 350, 353, 355, 357, 368, 378, 395, 397, 401, 405, 480, 501. — II, 8, 80, 85, 124, 125, 144, 148, 153, 192, 202, 211, 254, 255, 269, 315, 352, 359.
— prévôt de l'église d'Amiens. — II, 358.

GUEBIENFAY (de), Mathieu. — I, 67.
GUELDRE (de), Philippe, comtesse. — II, 214.
— Renaut. — II, 214.
GUENARD, Joseph, curé. — I, 435.
GUERARD, Antoine, curé. — II, 140.
— Charles, chapelain. — I, 57, 88.
— Louis-Joseph, curé. — I, 217.
— Nicolas. — I, 101.
— Nicolas, curé. — I, 393.
— M., antiquaire. — I, xx, xxxj. — II, 334.
GUÉRARD, M., historien. — I, vij, viij, xiij.
GUERART, Lois. — I, 105.
GUERAUD, Raoul. — I, 24.
GUERBE, Pierre-Firmin, curé. — I, 305.
GUERIN (Saint), fils de Sainte Sigrade. — I, 447.
— Pierre, curé de St.-Georges de Roye.-I, 460.
GUERLIN, Madeleine. — II, 188.
GUEUDON, Marie, veuve Pieffort. — I, 122.
GUEULLES (de), Anne, veuve de Rigauville.—I, 210.
GUEULLUY DE LOMPRÉ (de), Louise-Elisabeth.-I, 141.
— Catherine. — I, 141.
GUI, premier abbé de Forestmontiers. — II, 215.
— doyen du chapitre d'Amiens. — II, 355.
— doyen de Luechuel. — I, 405.
— curé de Toutencourt. — I, 170.
GUIBET, Alexandre, curé. — I, 346.
GUILLART, Jean-Baptiste, curé. — I, 157.
GUILLAUCOURT (de), Mahius. — I, 94.
GUILLAUME DE NORMANDIE. — I, 145.
GUILLAUME DE MACON, évêque d'Amiens. — I, xxij, xxiv, xliv, liv, 3, 4, 8, 41, 46, 51, 274, 290, 342, 485, 502, 508. — II, 8, 10, 331, 363, 364.
GUILLAUME, archevêque de Reims. — I, 77, 194. — II, 17, 90.
— noble homme. — I, 81.
— de Garlanda, seigneur de Livry.-II, 309.
— abbé de Breteuil. — I, 376.
— abbé du Tréport. — II, 107.
— prêtre, fondateur de l'hôpital du St.-Esprit à Abbeville. — II, 49.
— prêtre (curé) de Blangy. — I, 269.
GUILLEBERT, Louise-Antoinette, religieuse de la Visitation. — I, 138.
GUILLEBOUT, Robert, curé. — II, 149.
GUILLEMAIN, Marie. — I, 139.
GUILLEMEZ, Jean, curé. — II, 152.

GUILLIN, Perrine. — I, 96.
GUILLUY, Jean, curé. — I, 391.
GUIMERVILLE (de). — Voy. GILLERMERIVILLE (de).
GUINECORT (de), Hugue. — II, 80.
GUIRAN (de), Guillaume. — I, 244.
GUISE (de), Godefroy. — I, 231.
GUISENCOURT ou GUYSANCOURT (de), Jean. — I, 175.
— Marguerite. — I, 114.
— M. — I, 431.
GULA ASINI, curé. — II, 333.
GUNTLAND ou GOTLAND (le comte). — I, xj, xij, 228.
GUY, comte d'Amiens. — I, 24.
— châtelain d'Amiens. — I, 77, 99, 132. — II, 205. — Voy. FLIXECOURT (de).
GUY ou GUI, évêque d'Amiens. — I, 5, 18, 305. — II, 332, 351.
GUYOT, Jean. — I, 398.

H

HACHETTE, Jean-François, prieur. — II, 280.
HACOT, Jean-Baptiste, curé. — II, 197.
HAIDINCOURT (de), Enguerran (*Ingelranus*), chevalier. — I, 509.
— Jean. — I, 509.
— Thibaut, chevalier. — I, 488. — Voy. HÉDINCOURT et HÉDICOURT.
HAIGNÈRES, Oylard. — II, 83.
HAIMEVILLE (de), Marc. — II, 321.
— Raoul. — *Ibid.*
HAIMON ou AYMON, duc. — I, xij. — II, 83, 147.
HAINAUT (de), Yole ou Yolande, comtesse de St.-Pol. — I, 166, 170.
HAINSELIN, François, chapelain. — I, 60.
HALBART, Adrien, curé. — II, 109.
HALENCOURT (de), Gautier. — I, 436. — II, 320, 356.
HALET, Charles, curé. — II, 67.
HALLAM, historien. — I, xxxvij.
HALLES (de), Bernard. — I, 327.
— Foulque (*Fulco*), prêtre. — I, 327.
— Mabile. — I, 327.
— Massa. — I, 327.
— Pierre. — I, 327.
HALLEWIN (de), Alphonse, abbé. — II, 94.
— Anthoinette, abbesse. — II, 82.
— François, évêque. — I, 63, 202, 345. — II, 149, 355.

HALLEWIN PIENNES (de), Jeanne, épouse d'André de Rambures. — II, 16.
Voy. HALLUIN (de) et HALWIN (de).
HALLOY (d'), Mme v^e. — I, 132.
HALLUIN (de), duc. — I, 112.
— Anne, duchesse, épouse de Charles de Schomberg. — I, 112, 343.
HALOY (de), Eustache. — II, 357.
HALWIN (de), Antoine, seigneur d'Esclebech et de Wailly. — I, 230.
Voy. HALLEWIN (de)
HAM (de), Gérard, chevalier, sire de Douchy. — I, 238.
— Jean, chevalier. — I, 238.
HAME, Robert. — I, 335.
HAMEL (de), Gaultier, chevalier. — I, 461.
— Gaultier, son fils. — I, 461.
— Hugue. — I, 461.
— Jean, *aliàs* Bérangier, chevalier, sieur de Aubigni. — I, 257.
— Kabein ? — I, 149.
— Marguerite, dame de Bequegnies. — I, 257.
— Mathieu. — I, 75.
HAMEL (du), seigneur de Cléry. — I, 7.
— (le sieur). — II, 111, 288.
— Gautier ? — I, 194. — II, 347.
— Joachim, sieur de Canchy. — I, 97.
HAMELEZ, Jacques, religieux, curé. — I, 445.
HAMELLET (de), Hugue ? prévôt de Corbie. — I, 194.
— Wautier, chevalier. — I, 194.
HANCHIS (de), Colard. — I, 86.
HANGARD (de), Henri, seigneur d'Enguillaucourt. — I, 123.
HANGART (de), Jean, chevalier. — I, 265, 278.
— Jean, seigneur de Pérennes. — I, 356.
HANGEST (de), Agnès, épouse de Selle de Beauvoir. — II, 358.
— Bauduin dit le Roux. — I, 194.
— Florent. — I, 201.
— Guillaume, trésorier de France. — I, 363.
— Jean. — I, 201. — II, 360.
— Jeanne, veuve de M. de Vienne. — I, 32.
— Marie, épouse de Baudouin de Noyelle. — I, 28.
— Marie, veuve de Charles Lefebure. — I, 102.
— Milès dit Rabache. — I, 28.

Hangest (de), Pierre, bailli de Rouen. — I, ix.
Hanimeraume, clerc. — II, 290.
Hanique, François, écuyer, sieur de Rocquerolles. I, 231.
Hantecourt (de). Robert, écuyer. — II, 129.
Harbaville, M., historien. — I, xij. — II, 146 et aliàs.
Harbonnieres (de), Enmeline. — I, 97.
— Manassès, Manessier, *Manasserus*. — I, 123.
Harcourt (d'), princesse. — I, 196.
— Marie, épouse de Bon de Crésecques. — II, 56.
Hardouin, sœur ursuline. — II, 28.
— Henri, antiquaire. — I, x, 25, 270.
Hardy, Firmin, curé. — II, 36.
— Jean-Baptiste. — I, 70.
— Nicolas, curé. — II, 81.
— Pierre-Bernard, religieux, curé. — I, 445.
Hareux, Charles, maître chirurgien à Amiens. — I, 365.
— Jean-Baptiste, curé de Talmas. — I, 317.
Hargicourt (de), Adam, surnommé *la Rage*. — I, 195.
Harlé, François. — I, 507.
Harles, Pierre, bourgeois de Péronne. — I, 307.
Harmant, Jacques, curé de Nampty. — I, 111.
Harmilly (de), Hugue. — I, 403.
Haslin (de), Aélide. — I, 329.
Hastes, Hammard. — I, 301.
Hatereals, Ansold, doyen d'Airaines. — II, 132.
— H., chevalier. — II, 132.
Haudebourcq, Antoine, curé. — I, 490.
Haudoire (d') d'Aigreville, Nicolas-Jean, clerc tonsuré. — I, 167.
Haudrechy (de), Hugue. — II, 145.
Haudressy, Nicolas, curé. — I, 172.
Hault, Augustin, curé. — II, 257.
Havernast (de), Robert. — I, 133.
Haves, Gilles, chevalier, sire de Soyeucourt. — I, 234.
— Jean Hué, chevalier. — I, 284.
Voy. Havet.
Haveskerke (de), Baudouin (*Boydinus*), chevalier. — I, 242.
— Gilles. — I, 242.
Havet, Pierre, chevalier. — I, 124.

Havet, Siger, chevalier, sieur de Soiercort. — I, 124.
Voy. Haves.
Havré (le duc d'). — I, 444.
Hawid, mairesse de Ver, femme de Jean de Courchon. — I, 26.
Haymars, Laurent. — II, 242.
Hecquet, André-Nicolas, doyen de chapitre de Noyelle-sur-Mer. — II, 8.
— Antoine, curé. — II, 137.
— Jacques, curé. — II, 60.
— Pierre, chanoine. — II, 10.
Hede, Riquier. — II, 246.
Hédicourt (de), Jean, chevalier. — I, 510.
Hédincourt (de), Alof, chevalier. — I, 443.
Voy. Haidincourt.
Hédouville (d'), Louis. — I, 118. — II, 345.
Heilly, Heilli, Helly ou Helli (de), le sire. — I, xlv.
— Béatrice, épouse de Jean-Hue Haves. — I, 284.
— Enguerran, chan. d'Amiens. — I, 329.
— Eustache, chanoine. — I, 347.
— Gautier, fils de Thibault. — I, 321.
— Gautier, fils dudit Gautier. — I, 321.
— Gautier. — I, 188, 252.
— Ingerran. — I, 22.
— Jehan. — I, 67.
— Mahius (Mathieu), chevalier. — I, 160, 240, 379.
— Raoul, chevalier. — I, 238.
— Raoul, doyen d'Amiens, fils de Thibault. — I, 321.
— Robert. — I, 329.
— Thibault. — I, 321.
— Thibault. — I, 329.
— Thibaut, évêque d'Amiens.—Voy. Thibaut.
Helchuide, religieuse, fondatrice de Bertaucourt. I, 480.
Hellande (de), Marie, épouse de François Le Veneur. — I, 230.
Helmeradus, évêque d'Amiens. — I, 25.
Héluin, François, curé. — I, 196.
Helvis ou Heloysis, femme de Biaumont. — I, 22.
Hémard (la veuve), I, 120. — II, 343.
— R. P. oratorien. — I, 120.
Hémart (le sieur). — I, 136.

— 431 —

Hémart, François, frère de Jean. — I, 118.
— François, curé. — I, 27, 502.
— Jean, bourgeois d'Amiens. — I, 118.
Hémery (d'), demeurant à Amiens. — I, 373.
Hémond (do), Mme. — I, 137.
Hen (de), Adrien, chapelain. — I, 58.
— Andrieu, caritable. — I, 256.
Henau (de), Massine, femme de Lemire. — I, 20.
Henencourt (de), Adrien, doyen et chanoine d'Amiens. — I, 63, 341. — II, 333.
Henne, Louis, bachelier en Sorbonne, curé. — I, 311.
Hénocque, Marthe. — I, 127.
Henri Ier, roi de France. — I, xlvi. — II, 181, 182, 195, 198, 372.
— II. — I, 130.
— III. — I, 1, 209. — II, 46.
— IV. — I, lij, 116, 117, 135. — II, 238, 315.
Henri, archevêque de Reims. — I, 430. — II, 124, 129, 143.
— archidiacre de Beauvais. — I, 170, 182.
— abbé du Mont-St.-Quentin. — I, 299.
Henry, Guillaume, curé. — I, 386.
Henriquet, Louis, curé. — II, 110.
Hérault (famille). — I, 362.
Herbert, fils de Malgeri. — II, 265.
Herbet, Robert, citoyen de Corbie. — I, 106.
— Pasquier, curé. — I, 327, 338.
— Pierre, curé de Fourdrinoy. — I, 416.
— Pierre, curé de Soues. — I, 424.
Héricourt (de), Jean, pénitencier. — I, xxviij.
Hérissart (de), Raoul. — I, 431.
Herleville (de), Pierre. — I, 467.
Herlie (de), Raoul. — I, 301.
Hermain, François-Jacques, prieur de Verjolay. — II, 148.
Hermant, Valentin, curé. — I, 216, 282.
— Guillaume, curé. — I, 217.
Hermine, Jean. — II, 93.
Herny, Jacques, marchand. — I, 21.
Héros, Jean, seigneur de Promeroy. — I, 345.
Hérouart, Pierre, curé. — I, 156.
Hes (de), Beatrix, épouse de Wibert de Jumelles. — I, 380.
Hesdignoel (de), Arnoul, chevalier. — I, 484.
Hesdin (de), Arnoul, comte. — II, 181.
— Gautier, comte. — II, 79, 83.
— Henri, comte. — II, 187.

Hesdin (de), Ingelran, comte. — II, 79, 149.
Hesduin, Antoine. — I, 458.
— Françoise. — I, 458.
Hestru (de), Wautier, chevalier. — I, 231.
Hétineham (de), Wautier, écuyer. — I, 230.
Heü, Antoine, curé. — I, 223.
Heu (de), jurisconsulte. — II, 365.
Heudebières, Engerens, écuyer. — II, 334.
Heudebourg, Marie. — I, 422.
— Pierre (messire). — I, 422.
Heudicourt (d'), abbé de St.-Fuscien. — I, 365.
— le chevalier, pensionnaire de l'abbaye de St.-Fuscien. — I, 367.
Heudre, Jean, curé. — II, 233.
Heulmes (des), Jean, clerc tonsuré. — I, 227.
Heuzé, Auguste (dom). — I, 143.
Hibon, Norbert, curé. — II, 201.
Hiermont ou Huyermont (d'). — Voy. Bridou.
Hincmar, archevêque de Reims. — II, 309.
Hochard, Joseph, curé. — I, 413.
Hoche-Avoine (de), le sieur. — I, 21.
Hochetoc ou Hochecot, chevalier. — I, 156. — II, 345.
Hocmelle, Jean, prieur-curé. — II, 106.
Hocpillard, Jean, verrier à Aumale. — II, 142.
Hocquet, Joseph, curé. II, 68.
Hocquincourt (d'), le maréchal. — I, 279.
Hodencq (de), Pierre, curé. — I, 326.
— François, doyen du chapitre d'Amiens. — I, xxv.
Hoiez, Martin, curé. — I, 40.
Hollande (d'), Claire. — I, 114.
— Magdelaine. — I, 114.
Honorat (saint), évêque de Toulouse. — I, vj.
Honoré (saint), évêque d'Amiens. — II, 46, 187.
Honoré IV, pape. — I, 69.
Honorius III, pape. — I, 77, 203, 370, 460, 470. — II, 103.
Hornoy ou Hornoi (de), Étienne. — II, 129.
— Gérold. — II, 131.
— Henri dit Loup. — I, 98.
— Jehan. — II, 135.
Hosdenc (de), Renauld. — II, 128.
Hôtel (de l'), Jean, clerc de l'église. — I, 282.
Hotman, Jean, seigneur de Villers-St.-Paul. — I, 241.
Houbart, Étienne, curé. — I, 212.

Houbert, Pierre, curé. — II, 255.
Houchart, Eustache. — II, 84.
— Jean, fils d'Eustache. — II, 84.
Hourges (de), Gérard. — I, 266, 272.
— Jean, chevalier. — I, 271, 272.
— Marguerite, femme de Pierre de Rivery. — I, 109.
— Pierre, vavasseur. — I, 271.
Houzé (le sieur). — I, 415.
Hoyer, Jean, curé. — II, 63.
Hubault, Charles-Claude, syndic du clergé d'Amiens. — I, lx, 40, 52. — Voy. Hubolt.
Hubert, vicomte de St.-Riquier. — II, 237.
Hubolt, payen qui trancha la tête de S. Germain. — II, 205.
Huelieu (de), Jehanne, femme de Renald de Pinkeigny. — II, 358.
Hugon. — I, 179. — Voy. Louves, Hugue.
Hugle, archevêque de Rouen. — II, 100.
— abbé de Bonance. — II, 217, 219.
— abbé de Corbie. — I, 282.
— abbé de Sery. — II, 96.
— abbé de St.-Germer. — II, 100.
— moine de Cluny. — II, 302.
— clerc, chanoine de St.-Fursy de Péronne. — I, 299, 302.
— doyen de chrétienté de St-Riquier. — II, 185.
— curé de Fontaines (1201). — II, 152.
Hugue Capet, roi de France. — II, 198, 215, 278.
Hules, Jean. — I, 443.
Humières (de), les seigneurs. — II, 313.
Huppy, Hupy ou Hupi (de), Élisabeth, femme de Jean de Brimeu. — I, 403.
— Enguerran. — II, 262.
— Philippe-Jacques, curé. — I, 348.
— Raoul. — II, 218.
Hurtel, Pierre, curé. — II, 241.
Hurtrel, Barthélemy, curé. — II, 291.

I

Idoine (*Ydonea*), châtelaine de Péronne. — I, 135.
Ignace (le Père), historien. — I, lviij. — II, 24, 100.
Imbault, Jacques. — I, 89.
Imberville (d'), le sieur. — II, 16.
Ingelard, abbé de St.-Riquier. — II, 270.

Ingerran, disciple d'Eustache de Helli. — I, 347.
Inglessens (d'), seigneur d'Ansenne. — II, 99.
Innocent II, pape. — I, 322, 340. — II, 76, 124, 130, 249, 255, 310, 344.
— III, pape. — I, 36, 45. — II, 90, 173, 278, 284, 313, 366, 367.
— IV, pape. — I, xxviij, 121.
— VIII, pape. — I, 209.
Isabeau de Bavière. — I, 20, 463. — Voy. Baviere (de).
Iseu (de), Wibert. — I, 497. — Voy. Yzeu (de).
Issoudun (d'), Raoul. — II, 100.
— Raoul le jeune. — II, 100.
Ives, comte de Soissons. — I, 243.
Ivregny (d'), le sieur. — I, 26.
Izancourt (d'), le sieur. — II, 104.

J

Jacquesson, Léonor-Lambert, correcteur des Minimes. — II, 16.
Jacquin, Jean-Pierre, bachelier en théologie. — II, 252.
Jamart, René, curé de la paroisse St.-Étienne de Corbie. — I, 264.
Janvier, M., historien. — I, 399.
Jean, roi de France. — II, 57, 74.
— roi de Jérusalem. II, 96.
Jean XXI, pape. — I, 365.
Jean, évêque d'Amiens. — I, 394, 396. — Voy. Cherchemont (de).
— évêque de Térouanne. — II, 80.
— II, évêque de Morinie. — II, 185.
— Ier, abbé de St.-Acheul. — I, 66.
— Ier, abbé de Corbie. — I, 263, 301.
— II, id. — I, 233.
— IV, id. — I, 250.
— VII, id. — II, 336.
— abbé de St.-Valery. — II, 298.
— abbé de Forestmontier. — II, 221.
— doyen de chrétienté de Péronne. — I, 307.
— doyen de St.-Maxent. — II, 128.
— curé de Vieuvillers. — I, 183.
— curé de St.-Maurice-lès-Amiens. — I, 267.
Jeanne la bienfaisante, reine de France. — I, 458.
Jeanne d'Arc. — II, 244.

JEHAN, prévôt de l'église d'Amiens. — I, 45, 286.
JEHAN, chapelain. — I, 68.
JOIGNY (de), Antoine, écuyer, sieur de Ploichs, Nouvillier et La Cave. — II, 326.
JOLY, Claude, curé. — I, 259.
— Florimond, chapelain. — I, 52.
— François, chapelain. — I, 57.
— Jacques, sous-prieur de Boves. — I, 375.
— Jean-Baptiste, T. féodiste. — I, 93.
— Joseph, curé. — I, 304, 400.
JOSLEIN (*Joslenus*), évêque de Soissons. — II, 309.
JOSSE (Saint). — I, xij. — II, 147, 158, 183, 198.
JOSSE, Charles, curé. — I, 332.
— Charles-Nicolas, curé. — II, 136.
JOURDAIN, Anne, femme Carette. — I, 119.
— Jacques — II, 56.
JOURNE, Nicolas, sire, bourgeois d'Abbeville. — II, 319.
— Jehan. — II, 326.
JOÜY (de), M., seigneur de St.-Mard. — I, 277.
JUDAS (la veuve). — I, 138.
JULES II, pape. — I, 118, 249.
JULIEN, Jean. — I, 175.
JUMEL, Ignace. — II, 43.
— Pierre. — I, 507.
JUMELES (de), Jehan. — I, 378.
JUMELLES (de), *de Gemellis, de Jumellis*, Ibert. — I, 377, 378.
— Pierre, fils d'Ibert. — I, 378.
— Pierre. — I, 260.
— Pierre, chevalier. — I, 380, 385.
— Wibert, chevalier. — I, 380.
Voy. LE JUMEL et DES PREZ.
JUSUARS, Gautier, prêtre. — I, 436.
— Grenburge, sœur de Gautier. — I, 436.
JUSTE (Saint). Son origine et son martyre. — II, 80, 83.
JUSSAC (de) D'AMBLEVILLE. — Voy. SAINT-PREUIL.
JUVEIGNIES (de), Hugue. — I, 82.

K

KAHEIN (*Kahenius*) de Hamel. — I, 149.
KAIGNI (de). — Voy. CAIGNY (de).
KAIS (de), Herbert, écuyer. — I, 26.
— Jean, chevalier. — I, 283.
KAMIERS (de), Pierre. — II, 185.

KARADOS. — Voy. QUESNES (des).
KAYEU (de). — Voy. CAYEU.
KERVIGNAN, écrivain. — I, xliij.
KIERET, Guerard, chevalier. — I, 37.
— Henri dit *le Vakier*, chevalier, fils de Guerard. — I, 38.
— Hue, écuyer, fils de Guerard. — I, 37.
— Hugue, seigneur de Douriez-sur-Canche. — II, 196.
Voy. QUIÉRET.
KIERI ou KYERI (de), Ingelran. — I, 394.
— Robert, son fils, vavasseur. — I, 240, 394.
KIERRIEU. — Voy. QUERRIEU.
KIKERI, Bauduin, chevalier. — I, 301.
— Jean. — I, 301.
KIQUERI (de), Gobert, écuyer. — I, 453.

L

LABOCHE (de), Anne, v° de Boufflers. — I, 201.
— Catherine. — I, 201.
LA BOISSIÈRE (de), Florent. — II, 348.
— Jehan, chapelain. — II, 348.
— Thiebault, chevalier. — II, 348.
— M. — II, 126.
LAC (du). — Voy. COLONNE DU LAC.
LA CHABOISSIÈRE (de), le sieur. — I, 485.
LA CHAPELLE (de), Foulque, fils de Godefroi.-II, 357.
— Godefroi. — II, 357.
— Jean, maître-ès-arts, notaire apostolique, curé d'Oneux, chroniqueur. — II, 243, 245, 268.
LA CHAUSSÉE (de) d'Eu, Georges, chevalier.— I, 32.
— Marie-Anne-Louise. — I, 32.
— Mathilde. — I, 404.
— Rolland, chevalier. — II, 359.
— M. — I, 446.
LA COURT (de), Gentien, chanoine. — I, 41.
LA COURT-AU-BOIS (de), M. — II, 173.
LA COUSTURE (de), Jehan, curé de Lymeu. — I, 22.
— Pierre, dit Desfosses. — I, 22.
LADIENNE, Marguerite. — I, 211.
— Philippe. — I, 211.
LA DREUE (de), François, curé. — I, 441.
LAFERGAUT, Jean, curé. — I, 226.
LA FOLIE (de), Jean, chevalier. — II, 190.
LA GIRARDA, homme de Lucione. — I, 371.

LAGNEAU, Antoine, curé. — I, 81.
— Martin-Thomas, licencié en théologie, curé de St.-Jean-Baptiste de Péronne. — I, 279.
LAGRENÉ, Jehenne, épouse d'Aoust. — I, 211.
Voy. GRENÉE (de la).
LA HAIE (de), Jehan. — I, 105.
LA HAYE (de), Ysabeau. — II, 172.
LA HOUSSOYE OU LA HOUSSOIE (de), Hugue.— I, 163, 233.
— Huon, chevalier. — I, 461.
LAIR, J. — I, 115.
Voy. DE LAIRE.
LALEU, Louis, curé. — I, 490.
LALLEMAND, Jacques, curé. — I, 438.
— Joseph, curé. — I, 438.
LALLEMANT, François, curé. — II, 296.
— Madeleine, supérieure de l'hôtel-Dieu de Rue. — II, 236.
LALLOUETTE, D. Pierre. — I, 121.
LAMARCK (de), Jean-Baptiste-Pierre-Antoine, savant naturaliste. — I, 148.
LAMARQUE (de), Jacques-Philippe de MONET, père du précédent. — I, 148.
Voy. LAMARCK (de).
LAMBERCOURT (de), la dame, épouse de Claude de Vendôme. — II, 179.
LAMBERT, clerc, bourgeois de Corbie. — I, 252.
— époux de Aélis de Malherbe ? — I, 482.
— Voy. CAMP D'AVESNE, Lambert.
— évêque de Morinie. — II, 185.
LAMBERT DE THORIGNY, Mme Claude-Marie-Marguerite, abbesse. — II, 18.
LA METH (de), marquis. — I, 63, 115.
LAMORLIÈRE, administrateur de l'hôpital de Montdidier. — I, 201.
LA MORLIÈRE (de), Marie, religieuse ursuline. — I, 343.
— historien. — I, 9 et passim.
LAMORY, Charles, curé. — II, 138.
LA MOTHE (de), le sieur. — II, 279.
LA MOTTE (de), Aubert. — I, 272.
— Louis-François-Gabriel D'ORLÉANS, évêque d'Amiens. — I, lvj, lvij, 1, 140.
— Nicolas, chevalier. — I, 272.
— D'APREMONT, Louis, abbé de Breteuil. — I, 382.

LAMY (Amicus), archidiacre de Rouen. — II, 206.
LAMYRÉ, Antoine, écuyer, sieur d'Achery.— I, 65.
LANDO, Gilles. — II, 12.
LANDRIEU, Charles. — II, 19.
LANERY (de), Claude. — I, 70.
LANGLET, Claude. — I, 457.
— Nicole, curé. — II, 225.
LANGLOIS. demeurant à Septenville. — I, 302.
LANGUILLON (le sieur) — I, 127.
LANNEL, Charles, prêtre, chanoine. — II, 324.
LANNOY (de), Adrienne. — I, 118.
— Claude, épouse de Ph. Ladienne. — I, 211.
— Foulque, chevalier. — I, 370.
— François, seigneur de Morviller et de Paillart. — I, 202.
— François, maieur de la ville de Lucheu.— I, 211.
— Geoffroy. — I, 370.
— Mathieu, chevalier. — I, 483.
— Nicolas. — I, 111.
— Raoul. — I, 202, 385.
— Robert, maire de Sailly-le-Sek. — I, 232.
— le comte. — I, 431. — II, 123, 369.
— M. — II, 281.
LANQUER, Louis, curé. — I, 490.
LAPIERRE, Denis. — Voy BAUDET LA PIERRE.
LARCEVESQUE, Hugue, sire de Montfort. — I, 124.
LA ROUTURE (demoiselle), femme du sieur Pastourelle. — II, 93.
LASSISE, Jean-Baptiste, curé. — I, 441.
LATARTE, Guillaume. — II, 9.
— Guillaume, fils de Guillaume, receveur de Ponthieu. II, 9.
LAUCOURT (de), Hugue, chevalier. — I, 468.
LAUNAY, Jacques, curé. — I, 335.
LA VACQUERIE (de). — Voy. VACQUERIE (de la).
LAVRAY (la marquise de). — I, 455.
LE BAILLY, Jacques, demeurant à Pierrepont en Normandie. — II, 93.
LEBEL, Louis, curé. — I, 443.
— Marguerite, épouse de M. de Carpentin. — II, 31.
LE BEL, Jean, curé. — II, 111.
— veuve Morgan. — II, 7.
LEBLANC, Charles. — I, 453.
LE BLANC, licencié en Sorbonne, prieur de St.-Faron d'Esclainvillers. — I, 376.

LeblondduPlouy, religieuse-professe d'Epagne. — II, 17.

Leblond, Gabriel, curé. — II, 226.

Le Blond, Pierre, chapelain. — II, 49.

Lebon, N. — I, 247.

Leboucher, Guillaume, surnommé Hottignau, laboureur. — II, 95.

Le Boucher, administrateur de l'hôpital de Montdidier. — I, 201.
— d'Orsay de Marolles, Marie-Anne, abbesse de St.-Michel de Doullens. — I, 203.

Le Bourgeois, Jehanne, femme de Le Picard - I, 41.

Le Bourguignon, Simon. — I, 84.

Le Bouteiller, Godart. — Voy. Pincerna.

Le Bret, Gui, d'Airaines. — II, 60.
— Henri, curé d'Aleri, fils de Gui. — II, 60.

Le Breton, Claude, chapelain. — I, 362.

Lebrun, Louis. — I, 83.

Lebrune, Marguerite, religieuse. — II, 258.

Le Caine, administrateur de l'hôpital de Montdidier. — I, 201.

Le Cambellengne, Catherine. — I, 72.

Le Carbonnier (Carbonarius), Jacques, maieur d'Abbeville. — I, 135.

Lecaron, Catherine. — II, 339.

Le Caron, Antoine. — I, 138.
— François, seigneur de Navenne. - I, 43.
— Jacques, chapelain. — I, 82.
— Jehan, prêtre, chapelain. — I, 40.
— de l'Esperon. — I, 185.
— du Petit Mailly, Antoine, curé. — II, 257.

Lecat, Jean. — I, 453.
— Martin. — I, 453.
— Robert, curé. — II, 116.
— (Catus), Wilart. — II, 135.

Le Cat, Bertaut, chevalier. — I, 94.
— Jean. — II, 70.

Le Chatelain, Jean, curé. — I, 176.

Leclair, Pierre. — I, 421.

Leclerc, Charles, curé. — I, 420. — II, 275.
— Jean, prêtre habitué à Paris. — I, 399.
— Jean, de Domart. — II, 263.
— Nicolas, fils de Jean. — II, 263.
— Pierre, docteur ès-droit, archidiacre d'Amiens. — II, 112.

Le Clerc (Clericus), Nicolas. — I, 396.
— Robert. — I, 483.

Le Clerc de Beauquesne, Adam. — I, 27.

Leclercq, Antoine, curé. — I, 289.
— Charles, curé. — I, 89, 173, 364. — II, 269.
— Jean, mayeur de Pissy. — I, 6.
— Jean-Baptiste. — I, 56.
— Marie-Rose, supérieure des Cordelières de Doullens. — I, 209.
— Philippe, curé. — I, 156.
— N., curé. — II, 63.

Le Clercq, François, prieur-curé. — II, 142.

Lecomte, Marie, femme de Jacques Duponchel. — II, 374.

Le Comte, Jean, curé, doyen de chrétienté, chanoine, littérateur. — I, 420, 425.
— officier du roi. — I, 197.

Le Conte, Jean, curé de St.-Aubin. — I, 421, 422.

Lecoq (Gallus), Jean. — II, 269.

Le Cordelier (Cordigerius), Robert, maître des requêtes de l'hôtel du roi. — I, 107. — II, 341.

Le Cordier, Hugue (Hugo dictus Cordarius). — I, 98.
— Jean, chanoine. — I, 175.

Le Corroyer, Louis-Claude, religieux augustin. — II, 176.

Le Couteulx, Jacques, bourgeois de Paris. — II, 14.

Lecourt, D. Adrien, prieur de Pierrepont. — I, 186.

Lécuier, curé. — II, 142.

Ledez, Charles, curé. — II, 59.
— Claude, curé. — II, 66.

Ledien (M.). — I, 115.

Ledieu, Louis, curé. — I, 162.

Ledouche, Marie. — II, 128.

Ledoux, Jacqueline. — I, 457.
— Philippe. — I, 83.

Leducq, François, curé. — II, 159.

Leduin, Willaume. — II, 243.

Lefargaut, Jean, chapelain. — I, 477.

Le Fallqueur, Guillaume, chanoine. — I, 43.

Lefebure, Charles, bourgeois et marchand d'Amiens. — I, 102.
— Jean, curé. — II, 254, 260.
— Marie (Mlle). — I, 113.
— Marie-Josèphe, religieuse de la Visitation. — I, 138.
— Nicolas, curé. — I, 193.

LEFEBURE, Pierre-Joseph, curé. — II, 167.
— (le sieur), directeur de l'abbaye de Bertaucourt. — I, 485.
LEFEBURE D'ORMESSON. — Voy. ce dernier nom.
Voy. LEFEBVRE. — L'emploi du *v* pour l'*u* assez fréquent dans les *déclarations* a pu faire faire quelque confusion.
LEFEBVRE, Antoine, curé. — I, 507.
— Charles, prieur-curé. — I, 357.
— Firmin, curé. — II, 224.
— François, curé. — I, 350.
— Jean-Baptiste, curé. — I, 437.
— Louis, curé. — I, 393.
— Marie, veuve d'Antoine Louvel de Fontaine. — II, 314.
— Pierre, ancien échevin d'Amiens. — II, 249.
— curé d'Aubigny. — I, 258.
Voy. LEFÈVRE, LEFEBURE et CAUMARTIN (de).
LEFER, Louis. — II, 230.
LEFERGANT, Jean, curé. — I, 272.
LE FÉRON, Pierre. — I, 428.
LEFERS, Lifers, Willaume. — II, 155, 344.
LEFEUVRE, Jean, chapelain. — II, 275.
— François, chapelain. — *Ibid.*
LEFÈVRE, Claude de Bernard, bachelier de Sorbonne, doyen de chrétienté. — I, 435.
— Enguerran. — I, 135.
— Gille. — II, 245.
— Jacques. — I, 252.
— (dom), Jean, religieux de Mortemer, sous-prieur du Gard. — I, 401.
— Jehan. — I, 107.
— Louis, curé. — I, 418.
— Nicolas, curé. — II, 140.
— Renier (*Renerus dictus Faber*). — I, 98.
— greffier de l'élection d'Abbeville. — II, 228.
— procureur à Abbeville. — II, 165.
Voy. LEFEBVRE.
LEFÈVRE DE LA CARDONNETTE, Charles, chapelain. — II, 121.
LE FLAMENC, Milon, chanoine de Noyon. — I, 163.
LE FLAMENG, Hamon. — II, 214.
LE FLAMENS, Bauduin. — I, 286.
LEFORT, Antoine, curé. — I, 328.
— Catherine. — I, 13^.

LEFORT, Louis, curé. — II, 141.
LE FOURNIER, Hugue, écuyer, sieur de St.-Jean et de la Court-au-Bois. — II, 247.
LE FRANCHOMME, Anthoine, femme Fasconnel.-I, 28.
LEFRANÇOIS, Claude, sieur du Mesnil, bailly d'Auxy-le-Château. — II, 87.
— Marguerite. — II, 87.
LE GAGE (Mlle), Claude, dite du *Passage.*—I, 471.
LEGARDE, N., femme de Eustache, maire de Thanes. — I, 232.
LÉGER, Jean-Baptiste, curé. — I, 23, 493.
— Jean-François, curé. — I, 74, 79.
— Marie-Angélique. — I, 209.
LÉGER D'ESCORAILLES DE ROUSSILLE DE FONTANGE, abbé de Valloire. — II, 220.
LÉGER (saint), évêque d'Autun. — I, 447.
LEGILLEZ (Mlle), Françoise. — I, 142.
LE GONDELIER, Colard. — II, 274.
— Eve (*la Gondelière*). — *Ibid.*
LEGRAND, Charles, curé. — I, 460.
— Jean, curé. — II, 37.
LE GRAS, Gérard. — I, 236.
LE GRIS, Jacques, curé. — II, 234.
LEHURE, Jean, natif du Pont-Remy. — II, 243.
LEJEUNE, Louis, curé. — II, 42.
— Pierre. — I, 104.
LE JOLY, Jacques, seigneur de Bougainville.—I, 96.
LE JOLLY, Jeanne. —I, 40.
LEJOSNE, Michel, curé. — I, 173.
LE JUIF (*Judæus*), Firmin, clerc et diacre. — I, 96.
LE JUMEL, Mathilde, femme de Leclerc de Beauquesne. — I, 27.
LELEU, Nicolas, curé. — II, 113.
LELIÈVRE, Antoine, curé. — I, 395.
— Arnoul. — I, 152.
— Pierre, curé. — I, 445.
LE LONCHIER, Philippe, chevalier, baron de Solières, etc. — I, 209.
LEMAIRE, Augustin, curé. — I, 422.
— Éloi, curé. — I, 271.
— Jacques. — I, 457.
— Jean. — I, 507.
— Jean-Nicolas. — I, 312.
— Jehan. — I, 454.
— Jérôme, religieux d'Arrouaise. — I, 319.
— Louis. — I, 27, 179.
— (*Major*), Vincent. — I, 483.

Le Maire, Philippe, receveur des domaines du roi. — I, 39.
Le Maistre, Jean, à Flixecourt. — I, 495.
Lemaître, François. — I, 243.
— Laurent, chanoine. — I, 45.
— Louis, prieur de Cayeux. — II, 285.
— Pierre, curé. — II, 185.
Le Mannier, Jean-Charles, chapelain. — II, 308.
Lemansiaulx, Jacques, fils de Renier. — II, 242.
— Renier. — II, 242.
Le Marchand de Rozinville, Charles. — I, 283.
Le Marchand, Marguerite. — I, 129.
Le Marchant, Claude, curé. — II, 193.
— Nicole, chapelain. — I, 40.
Le Mareschal, Aubry, chevalier. — I, 316.
— Jean-Louis. — I, 90.
Lemarié, Nicolas, chanoine. — I, 41.
Lemercier, Nicolas, acolyte. — I, 284.
— Philippe (le P.), procureur du collége des Jésuites. — II, 337, 342.
Le Mesnager, Pierre, chapelain. II, 213.
Le Messier, Jehan. — I, 106.
Le Messière, Jehenne, femme de Buyon. — I, 106.
— Marie, femme de Vauchelles. — I, 37.
Lemeulu, Jean. — II, 244.
Lemeunier, Thomas, de Bertaucourt. — I, 481.
— Willaume. — II, 92.
Le Mire, Alphonse, receveur des aides. — I, 20.
— Jacques-François prieur de Poix.—I, 432.
Lemoine (*Monachus*), Girard. — I, 483.
— Nicolas-Honoré, chapelain. — I, 48.
— Pierre-Camille, avocat en parlement. — I, 12, 36, 69, 228, 255.
Le Moine, Jean, écuyer, seigneur de Blangermont. — II, 208.
Le Moisne, seigneur de Gouy-l'Hôpital. — I, 418. Voy. Le Moyne.
Le Monnier (*Monetarius*), Jean, chanoine.— I, 170. — II, 268.
Le Monnoyer, Colle ou Nicole, veuve de Gilles Ravin. — I, 128.
Le Monoière, Marie, demoiselle de Contay. — I, 232.
Le Mor, Jean, dit Furnes (de). — I, 38.
Le Moulinier, Simon. — I, 403.
Le Moyne, Adrien, curé. — II, 291.
— Firmin. — I, 101.

Le Moyne, François-Alexandre, curé. — I, 351. Voy. Le Moisne.
Lempereur, Charles, curé. — I, 199.
— Jeanne. — I, 141.
— Marc-Antoine, chanoine. — I, 33.
— Michelle, femme de Jean de Bayencourt. — I, 312.
— Nicolas, prêtre. — I, 141.
— Pierre, curé. — I, 307.
Lenflé, Charles, laboureur. — I, 210.
Lengaveresse, Marie, sœur de Pierre Lengaveur et veuve de sire Jehan de Broustelles. — II, 326.
Lengaveur, Pierre, seigneur de Caours et de Thofflet. — II, 326.
Lenglacié, Jehan, chanoine de Notre-Dame. — I, 119. — II, 342.
Lenglès, Nicolas, prêtre, curé — II, 82.
Lenglet, N., seigneur du fief de la gerbe.— I, 226.
Lengorée, Ève, dame de la Ferté (?) — I, 135.
Lenoir, Jacques-Louis, prêtre, prieur de St.-Germain-sur-Bresle. — II, 205.
Le Normand, Nicolas, curé. — I, 378.
Lentilly (de la), Thibault, seigneur de Wailly. — I, 183.
Léon III, pape. — I, xxj. — II, 183, 240.
— X, pape. — I, xlix, 118, 202. — II, 17.
Le Page, Charles-François, curé de St.-Étienne du Puiset. — I, 168.
— Jean, curé. — I, 387.
Lepautre, Émeline, femme de Riquier Hede. — II, 246.
Le Petit, Estève, bourgeois d'Amiens. — I, 37.
— Jacques, fils d'Estève. — I, 37, 101.
— Thomas, fils de Jacques. — I, 101.
Le Picard, Jacques, clerc. — I, 165, 424, 510.
— Jehan. — I, 41.
Lépicier, Guillaume, chapelain. — I, 53, 74.
Lepor, Charles, diacre, chanoine de la cathédrale. — I, 284.
Le Porc (*Porcus*), Mathieu. — I, 384.
Le Porcq, Anne-Antoinette, veuve Le Caron. — I, 43.
Le Prévost, Jean, dit le bègue, écuyer. — I, 210.
— Mareguet. — I, 39.
— Thomas, procureur du roi au bailliage d'Amiens. — I, 366.
Le Prévost de Rommerel, Antoine, curé.— II, 296.

Le Prieur, Robert. — I, 278.
Le Puloise, Jeanne, femme de Nicole Leschopier. — II, 277.
Le Queux, Jean. — II, 350.
Lequibin, N. — II, 282
Lequien, Antoine, curé. — I, 154.
— Jean-Baptiste, curé. — I, 397.
— Louis, curé. — I, 330.
— Mathias, de Humbert. — II, 188.
— Philibert, curé. — I, 146.
Le Quien, Eustache. — II, 374. — Voy. Le Quieux.
Lequieu de Moyenneville. — I, 42.
Le Quieux, Eustache, abbé de St.-Riquier. — II, 268, 374.
Le Rat, Robert. — I, 175.
Lerats, Hugue. — II, 220.
— Pierre. — II, 220.
Leremitte, Pierre. — I, 105. — Voy. Ermite (?).
Le Rendu, Nicolas, bourgeois d'Amiens. — I, 107.
Leriche, Geneviève, épouse de Marc Dallier. — II, 175.
Le Riche, Gaultier, chanoine de Picquigny et de Fouilloy. — I, 261.
— Obert, père de Gaultier. — I, 261.
Lérigny (de), Évrard, évêque d'Auxerre. — I, 5.
Lerminier, F.-A., doyen de Rue. — II, 231.
Le Rouge, chanoine. — II, 133.
Leroux, Antoine, curé. — I, 306.
— Vincent. — I, 40.
Le Roux, François, curé. — I, 153.
— Jean-Joseph, curé. — I, 443.
— Jehan. — I, 119, 127.
— Marie. — I, 127.
— Michel, religieux, cellerier du Lieu-Dieu. — II, 91.
Leroi, Jean. — I, 91.
— Jeanne, femme de Michel Marchand. — I, 422.
Leroy, Antoine, curé. — I, 306.
— Charles, curé. — II, 42.
— François, de l'ordre de Malte, curé. — I, 493.
— François, curé. — II, 165.
— D. François, cellerier de l'abbaye du Gard. — I, 426.
— Jean. — I, 60.
— Toussaint, curé. — I, 335.

Le Roy, Charles, chanoine. — II, 163.
— Hugue, fils de Thiébaut. — II, 245.
— Jean, chapelain. — I, 42, 60.
— Jean. — I, 381.
— Jean, curé. — II, 171.
— Nicolas, curé de Tailly. — II, 70.
— Nicolas, curé de Mareuil. — II, 172.
— Raoul. — II, 90.
— Thiébaut. — II, 245.
— N., curé. — II, 63.
Lesage, Bauduin. — II, 86.
— Firmin. — I, 42.
— François, curé. — II, 234.
— Jacques, marchand de mercerie meslée. II, 374.
Leschopier, Nicole. — II, 277.
Lesclin, Louis-Pascal, curé. — I, 419.
Lescot, C., écolâtre de l'église de Noyon. — II, 307.
Lescote, Aélis. — I, 94.
Lescuyer, Jean-Baptiste, curé. — I, 290.
Le Sec, Lesecq, Lesecque ou Leseque, Jeanne, femme de Mathieu Boivin. — II, 339.
— Jehanne, veuve de Robert Hame. - I, 335.
— Henri. — I, 402. — II, 359.
— Léonard. — II, 339.
— Oillard, clerc. — II, 86, 359, 360.
— Vilard. — I, 180.
Voy. Le Seuc.
Leseigne, Joseph, curé. — I, 77.
Le Selier, Gersende, femme de Le Thieulier. — II, 244.
Le Sellier, Guillaume, écuyer, seigneur de Frieules. — I, 175.
Le Sellier de Riencourt, doyen de la cathédrale. — II, 216.
Le Sénéchal, Antoine, chapelain. — I, 53.
— Jacques, écuyer. — I, 40.
Lesenne, Jeanne. — II, 132.
— Jeanne, veuve Lenglet. — I, 226.
— Ysabeau. — II, 132.
Le Sereurile, Jean. — II, 127.
Lesergeant, religieuse de Bertaucourt. — I, 481.
Le Seuc, Jehan. — I, 91. — Voy. Le Sec.
Lesieur, Simon, curé. — I, 277.
Lesigne, Pierre, curé. — I, 416.
Le Sot, Germain, curé. — I, 469.
Le Sourt, Charles, bourgeois d'Amiens. — I, 105.

LÉPINE (de), baronne. — Voy. NÉDONCHEL (de).
L'ESPINE DE BUGNY (de). — II, 271.
LESTOCQ (de), Adrien-Antoine, doyen du chapitre d'Amiens. — I, 18.
— Guillaume, prêtre, docteur de Sorbonne. II, 255.
— Nicolas, doyen. — I, 12, 18, 287, 319.
— N.? curé. — I, 187.
LESCEUR, Jean, curé. — II, 33.
LE SUEUR, Jacques, chapelain. — II, 177.
LETELLIER, Pierre, curé. — I, 382.
LE TELLIER, chanoine régulier de la congrégation de France, curé. — I, 444.
— François, curé. — II, 266, 272.
LETEMPLE, Louis, curé. — I, 164.
LE THIEULIER, Mahieu. — II, 244.
L'ÉTOILE (de), Gilebert. — II, 358.
— (de Stella), Hugue. — II, 358.
— Philippe, curé. — I, 188.
LE TOURNOIS, Nicolas, religieux bénédictin. — I, 377.
LE TRAVERSIER, Firmin, chapelain. — I, 428.
LEU ou LOUP (Saint). — I, xiij. — II, 117.
LEUGA (de), Aleline. — I, 439.
— Gui. — I, 439.
LEUILLY (de), Simon. — I, 179.
LEUREUX, Nicaise. — I, 109.
LEVALÉE (de), Pierre. — I, 42.
LE VALLET, Godefroy, chanoine, puis évêque d'Amiens. — I, 394. — II, 356. — Voy. GEOFFROY.
LE VALLOIS (Li Vallois), Eustache, chevalier. — II, 344.
LEVASSEUR, D. Adrien, religieux de St.-Riquier. — II, 250.
— Antoine, curé. — I, 159.
— Bernard. — II, 277.
— François, curé. — I, 61. — II, 61, 70.
— Herbert. — II, 86.
— Jacques, curé. — I, 221, 222.
LE VEAU (*Vitulus*), Willard. — I, 480.
LE VENEUR, François, chevalier, baron de Tilliers. I, 230.
— Jehan, seigneur de Heudreville. — I, 230.
LÉVÊQUE, Jean, orfèvre. — I, 278.
LE VERT, Simon-Joseph, chapelain. — II, 88.

LÉVESQUE (le Père), recteur du collége d'Eu. — II, 163, 305.
LEVIEIL, demeurant à Andechy. — I, 302.
LEVOIR, Gervais. — II, 244.
— Protais. — II, 242.
LE VOYER, Mathieu, chanoine. — I, 175.
— Raoul, chanoine. — I, 175.
LEZOIR, Nicolas, curé. — I, 220.
LHOMMEZ, Pierre, curé. — I, 50, 179.
LHÔTE, François, curé. — I, 181.
LHÔTELLIER, Jean, curé. — I, 199.
LICQUES (de), Robinet, chevalier. — II, 241.
LIÉBAUT, Jacques, chapelain. — II, 179.
LIERPONT, Vincent, prêtre de Maison-en-Rolland, doyen de St.-Riquier. — II, 153.
LIGNIERES, Claude, curé. — II, 118.
LIGNIÈRES (de), Marguerite, femme de Jehan de La Haye. — I, 105.
LINIÈRES (de), Mathieu, trésorier de France. — II, 290.
— Raoul. — I, 461.
— Robert. — I, 415.
LIOMEX (de), Béatrix. — II, 140.
LION (de), Jehan, abbé de Corbie. — I, 256.
LIONNEL. — Voy. BEQUEGNIES.
LISLE (de), Ingerran. — I, 483.
— Raoul, prêtre. — I, 483.
— Robert. — I, 483.
LOISEL, Charles, curé. — I, 383.
LOMBARD, Jean-Baptiste, curé. — I, 471.
LOMBART, Pierre, curé. — I, 151. — II, 295.
LOMBRE (*Umbra*), Michel. — I, 316.
LOMPRÉ (de). — Voy. GUEULLUY (de).
LONCGIÈRE (de), dame. — I, 215.
LONGIAUE (de), Enguerran, écuyer. — I, 26.
— Jean. — I, 26.
LONGPÉRIER (de), conservateur des antiques au Musée du Louvre. — I, xx, xxxiij.
LONGUEMORT (de), Jehan. — II, 118.
— Philippe, frère de Jehan. — II, 118.
LONGUET, Anne, veuve d'Adrien Bidault. — I, 471.
— François, curé. — II, 34.
LONGUEVAL (de), Aubert. — I, 241.
— Beaudouin, chevalier. — I, 52.
— Guillaume. — I, 52.
— Jehan, fils de Robert. — II, 335.

LONGUEVAL (de), Robert, chevalier, seigneur de Busquoi. — II, 335.
— (Mme), abbesse de Bertaucourt. — I, 484.
LONGUEVILLE (duc de). — II, 10, 12.
LONROY (de), Ysabel, dame de Rivery, etc. — I, 32.
LORDEAU, Hugue. — I, 378.
LORRAINE (de), Charles, duc d'Aumale. — I, 118.
— (duc de) et de Bar, roi de Sicile. — I, 110.
— (duc de), seigneur de Bove. — I, 369.
LOTHAIRE, roi de France. — I, 228.
LOUANDRE, historien. — II, 15. 20, 24, 25, 171.
LOUCHES (de), Jean, bailli de Beauval. — I, 226.
LOUETTE, Louis, chanoine. — II, 55.
— Nicolas, curé. — I, 219. — II, 247.
LOUIS Ier, dit le débonnaire, roi de France. — I, xij, 23, 228. — II, 243, 245.
— III. — II, 292.
— VI. — II, 313.
— VII. — I, 396 — II, 109, 183, 309.
— VIII. — II, 54.
— IX (Saint). — I, xij, 116, 123, 373. — II, 66, 80, 219, 243.
— X. I, 44.
— XI. — I, 45, 97, 209, 366. — II, 239, 336.
— XII. — I, 118.
— XIII. — I, xlij, lj, 100, 104, 205, 209, 343. — II, 23, 239, 281,
— XIV. — I, xlij, lj, 103, 128, 147, 187, 205, 475. — II, 178.
— XV. — I, xxiv, xlij, 205, 209, 211.
— XVI. — I, vij.
LOUP, Gaultier, vavasseur de Waubercourt. — I, 257. Voy. LEU (Saint).
LOURME (de), del Hourme, de Ulmo, Jean. — I, 123.
— Adam. — I, 123.
— Colard. — I, 123.
— Guillaume. — I, 123.
LOURS, Guillaume. — I, 38, 56. — Voy. URSO.
LOUTRAGE, Françoise. — I, 422.
— Jacques. — I, 422.
LOUVEL, Antoine, écuyer, sieur de Fontaine, maieur de Péronne. — I, 111. — II, 314.
— (Lupellus), Bernard. — I, 480.
— François, seigneur de Glisy. — I, 76.
— Louis, frère de Marguerite. — I, 112.
— Marguerite, veuve d'Antoine de Rély. — I, 112.

LOUVEL, Pierre, sieur de Fontaine. — I, 119.
— (demoiselles). — I, 142.
LOUVENCOURT ou LOUVANCOURT (de), Jehanne. — I, 126.
— Nicolas-Barthélemy, chevalier, seigneur de Béthancourt-Rivière. — II, 368.
— Pierre. — I, 29.
LOUVES ou LOUVET, Aléaume. — I, 179.
— Bernard, chevalier. — I, 179.
— Hugue. — I, 179.
— Robert. — I, 179.
LUCAS, Adrien-François, prévôt du prieuré de St.-Pierre d'Abbeville. — II, 5, 6.
— Antoine, conseiller au Parlement. — I, 29.
— Antoine, prêtre. — I, 114.
— D. Bernard, cellerier du monastère de St.-Sevin. — I, 302.
— Charles, curé. — II, 40.
— Louis, prieur de La chaussée d'Eu. — II, 102.
— Nicolas-Alexandre, curé. — II, 31.
— N., receveur de Longpré-lès-Oresmaux. — I, 247.
— chanoine d'Amiens. — I, 442.
LUCE III, pape. — I, 451, 471. II, 304, 305, 362.
LUCET, Nicolas, curé. — I, 164.
LUCHEU (de), Robert. — I, 215.
LUCHEUL (de Luceolo), Baudouin. — I, 208.
— Guy. — I, 208.
LUCIEN (Saint). — I, vj, 170. — II, 302.
LUECUEL (du), Jean. — II, 129.
LULLY ou LUILLY (de), Ector ou Hector. — I, 82.
— Marie. — I, 125.
— Marguerite, femme de E. d'Encre. — I, 426.
— Mathieu ? — I, 378.
— Ysabeau. — I, 87.
LUSTIN, Catherine, veuve de Jacques Le Couteulx. — II, 14.
LUYNES (duc de). — I, 205.
LUZARCHES (de), Robert. — I, 75.
LYCHOS, Hugue. — II, 277.

M

MABILLE, François, curé. — II, 257.
MACHACOU, Raoul, seigneur de Lucione. — I, 371.
MACHART, Daniel. — II, 252.

Machart, Jacques, curé. — I, 440.
— Olivier. — II, 252.
Machault (le P.), jésuite. — I, 116.
— (de), Louis-Charles, évêque d'Amiens.— I, lvij, 104.
Machaus, Micheus. — I, 453.
Machemont (de), Gille, abbé de St.-Riquier. — II, 244.
Machi (de), Symon. — II, 218.
Macon (de), André, chanoine. — I, 482.
— Etienne. — I, 67.
— Guillaume. — Voy. Guillaume de Macon.
Magnez, chanoine de Lens. — I, 221.
Magnier, Antoine, curé. — I, 175.
— Barbe, veuve Oultrebon. — I, 210.
— Charles, curé. — I, 439.
— François, curé. — I, 497.
— François. — II, 188.
— Jean-Norbert, curé. — II, 212.
— Nicolas, curé. — I, 421.
— Paul, curé. — II, 133.
— Pierre, curé. — I, 349.
Maguet, Geneviève, femme de Wailly. — I, 43.
— Jean, chanoine. — II, 55, 58.
Mahieu, N., curé. — I, 199.
Mahius, maire de Ville-sur-Corbie. — I, 241.
Maigret, Jean et Nicolas, curés de Blangy. — I, 259.
Maihencourt (de), Gautier, chevalier. — I, 488.
Maillard, Charles. — II, 4.
Maillart, Louis. — I, 55.
— (demoiselle). — I, 111.
Maillet (dame), religieuse bénédictine. — II, 27.
Maillot, Jean, époux de Marguerite, veuve de Gui de Neuville. — II, 153.
— Philippe, curé. — II, 62.
Mailly ou Mailli (de), Colaye, *Colaia*, épouse de Jean de Nouvion. — I, 27, 502.
— Colard dit *Payen*. — I, 103.
— Florimond. — II, 241.
— Gilles. — I, 234.
— Gilles, chevalier, seigneur d'Acheu. — I, 231.
— Gilles, chevalier, marié à Avicie. — I, 331.
— Gillon, le joule, chevalier, seigneur de Bruncamp. — II, 265.
— Jean, évêque de Noyon. — I, 62.

Mailly ou Mailli (de), Jean, chevalier, seigneur de Ainviller, etc. — I, 255.
— Jean, chambellan du roi.—I, 322.—II, 105.
— Jean dit *Maillet*. — II, 88.
— Jehan, écuyer. — I, 28.
— Jehan, chevalier, seigneur de Catheu. — I, 109.
— Jehan, prêtre, chapelain. — I, 225.
— Louis-Henri, chevalier, seigneur de St.-Martin, Sourdon, etc. — I, 135.
— Marguerite, épouse de Henry de Boisy. — I, 463.
— René. — I, 363.
— (marquis de). — I, 62, 63.
Mainier (*Mainerius*), curé. — I, 317.
Maiseroles (de), Robert. — I, 494.
Maisières (de), Eloi, chevalier. — I, 260.
Maisnières (de), B., chanoine d'Amiens. — I, 373.
— Edmond, écuyer. — I, 235.
— Henri, seigneur de Nellette. — II, 96.
— Hugue. — I, 402. — II, 257.
— Jean. — I, 235.
— Raoul, écuyer. — I, 235.
— Willaume, fils de Henri. — II, 96.
— Ysabelle, femme de J. Cuères.—I, 235.
Maisnil (du), Landry. — II, 235.
— Martin, châtelain d'Ault. — II, 104.
— Robert. — II, 235.
Maisons (de), Arnulphe. — II, 221.
— Ive. — II, 221.
Makaire, Hue. — I, 256.
— Pierre. — I, 256.
Malerbe, André, ancien mayeur d'Amiens. — I, 45, 89. — Voy. Malherbe.
Malery, Antoine, greffier de la juridiction consulaire d'Abbeville. — II, 23.
Malet, M. — I, 437. — Voy. Mallet.
Maletere (de), Firmin. — I, 503.
— Foulque, chanoine de Noyon. — I, 503.
— Renaud, chevalier. — I, 503.
Malgeri. — II, 265.
Malherbe, André, prêtre. — I, 114. — Voy. Malerbe.
Malherbe (de), Aélis ou Héloys, fille de Hugue et femme de Lambert, religieuse.-I, 482.
— Hugue. — I, 482.
Mallet, Fernand, numismate. — I, xx, xxxiij.

56

MALLET, Louis, curé. — I, 352, 363.
Voy. MALET.
MALOT, Jean-Baptiste. — I, 76.
MALRECOETH (de), Ingerran. — II, 18.
MANASSES, archevêque de Reims. — I, 93.
MANESSIER, Antoine, chanoine. — II, 55, 274.
— Jean, prêtre, chanoine de la cathédrale. — I, 284.
— Marie, damoiselle. — II, 31.
— (le sieur). — II, 165.
MANGOT, Françoise, veuve de messire Nicolas Rouault. — II, 172.
— Jean-Baptiste, curé de Beaucourt. — I, 259.
— Louis, curé de Hailles. — I, 387.
MANIER, François, curé. — II, 285.
MANSART, Pierre, curé. — I, 376, 382.
MAQUERON DE BEAULIEU, Marie, prieure d'Epagne. — II, 17.
MAQUET, Jacques-Nicolas, curé. — II, 82.
MARAIS (dom), ancien prieur d'Esclainvillers. — I, 376.
MARAN, doyen de St.-Riquier. — II, 2.
MARBOTE, Philippe, abbesse du Paraclet. — I, 122.
MARBRIER, Jeanne. — II, 11.
MARCADÉ, Jean. — II, 220.
MARCAIS (de), Gilles, doyen du chapitre de Fouilloy. — I, 252.
MARCEL, Ade, fille de Bernard, femme de Wulfran Mulet. — II, 18.
— Bernard. — II, 18.
MARCHAND, Michel. — I, 420.
MARCILLIAC (de), M. le chevalier. — II, 244.
MARCOTTE, Etienne, curé. — II, 198.
— conservateur de la Bibliothèque communale d'Abbeville. — I, j.
MARCOUL, Guy, chanoine d'Amiens. — I, 239.
MARESCHAL, Jehan. — I, 344.
MARESSAL, Jean-Baptiste. — I, 226.
— Marie, sœur de Philibert. — I, 496.
— Philibert, curé. — I, 496.
MARIETTE, Pierre, curé. — I, 266.
MARILLAC (le sieur). — I, xlij.
MARKAISVILER (de), Albéric, chevalier. — I, 469.
— Mathieu. — I, 469.
MARLE (de), Geoffroy (Goffridus), chevalier. — II, 185, 192.

MARLE (de), Geoffroy (Guiffridus), chevalier. — II, 185.
MAROLLES (de), N., abbesse de St.-Michel de Doullens. — I, 205.
MARON, Antoine, dit Digny, garde du roi. — I, 393.
MARSEAU (de). — I, 440.
MARTEL, Guillaume, abbé de St.-Josse-sur-Mer. — II, 186.
MARTENOT, D. Jean, cellerier de Corbie. — I, 237.
MARTIN (Saint). — I, vij, xxxij, 357. — II, 332, 378.
MARTIN V, pape. — I, 60, 508.
— Fursy, curé. — I, 308.
— Jacques, curé. — II, 108.
— Jean. — I, 39.
MARTINOT, Charles, prêtre, écuyer, seigneur de la Folie, etc. — I, 361.
— Claude-Luglien, chapelain. — I, 361.
— François, curé d'Enguillaucourt. — I, 266.
— Jehan, substitut du procureur du roi au bailliage de Montdidier. — I, 344.
MARTINSARD (de), Eustache. — I, 165.
MARY, Mme. — II, 124.
MASCLEF (de). — II, 252.
MASCRET, François, lieutenant-criminel en l'élection de Péronne. — I, 128.
MASQUEREL DE L'ESPINOY DE GODMONT, Richard-Dominique, doyen du chapitre de Gamaches. — II, 103.
MASSE, Noel, laboureur. — I, 119.
— Pierre, curé. — II, 270.
— Pierre-Chrysologue, curé. — II, 38.
MASSELIN, François, curé. — I, 391.
— Louis-François, curé. — I, 396.
MASSON, Jean, curé. — II, 202.
MASSONNIERE (de la), François, chanoine de Picquigny. — I, 411.
MASTRELINENS (de), Jean. — I, 338.
MATHE, chirurgien à Doullens. — I, 204.
MATHIEU, prévôt de Boves. — I, 261.
— N. — II, 368.
MATIFFAS, Antoine, curé de Talmas. — I, 505.
— Antoine, curé de Bellencourt. — II, 242.
MATIGNON (de), Léonore, abbesse du Paraclet. — I, 122.
MAUCHEMBERT, François-Marie, curé. — II, 325.
MAUCHEVALIER, Willaume. — I, 107.
MAUCHION, Hugue, curé. — II, 80.
MAUCLERC, Jean. — I, 213.

Mauecourt (de), Flourent. — I, 94.
— Jehan. — I, 94.
Mauguet, Ambroise, curé. — I, 460.
Maupin, Jean, seigneur de Friville. — II, 95.
— Périgne, femme de Jean Le Maistre. — I, 496.
Maurice, préchantre de l'église d'Amiens.— I, 55.
Mauritanie (de), Hugue. — I, 481.
Mautort (de), A. (*Ansguillus*), chevalier. — II, 20.
— Auster, chevalier. — II, 279.
— Jehan. — II, 19.
— Michel, fils d'Auster. — II, 279.
Mautriant ou Maltraiant (*de Aperts*), Jean, chevalier. — I, 403.
Maximin, empereur romain. — I, xxxvj.
Mayencourt (de), Jehan, chevalier. — I, 412.
Mazencourt (de), Adrien, écuyer. — I, 454.
Médain (de), Mme, seigneur de Caubert. — II, 168.
Médicis (de), Marie, régente de France. — I, lj.
Meignoire de Bruncamp, Jean, écuyer. — II, 265.
Melcheriis (de), Hugue. — II, 84.
Meleun (de), Jehanne, veuve de Jehan de Beauval. — II, 326.
Mencicourt (de), Adrien, chevalier. — II, 86.
Menjot, André, prieur de Davenescourt, ancien conseiller au Parlement de Paris. — I, 185.
Méobres (de), Pierre, chevalier et mayeur de Baillescourt. — I, 147.
Mercher, Jean, curé. — I, 272.
Mercier, Alexandre, curé. — II, 133.
— Charles, religieux bénédictin. — I, 376.
— Pierre-Florent, chapelain. — I, 476.
Méressart (de), Mme. — I, 129.
Mi icourt (de), Baudouin ? chanoine d'Amiens. — II, 355.
— Otbert, chanoine d'Amiens. — *Ibid.*
— Regnier. — *Ibid.*
— Tetbaut, frère d'Otbert. — *Ibid.*
Mérincourt ou Merincort (de), Florent. — I, 168.
— Gotbert, seigneur du lieu. — II, 354.
— Mathieu, chevalier.—I, 168.— II, 354.
— Pierre, fils de Mathieu. — II, 354.
— Théophanie. — *Ibid.*
Merles ou Merleth, Gautier. — I, 403.
— Henri. — I, 403. — II, 135.
Merlin, Charles, chapelain. — I, 285.
— N., curé. — I, 28.

Mesnelé (Saint), abbé en Auvergne. — II, 142.
Mesnils (de), Gilbert dit *Physicien*, chanoine.-I, 23.
Méseutre (de), Brucard. — I, 181.
Mesme (de), Jean-Jacques, ambassadeur de Malte, etc. — I, 162, 299.
Mesrel-Essart (de), Gui. — I, 439.
— Hugue. — I, 439.
Voy. Mesliereschart (de).
Mesviler (de), Jehan. — I, 390.
— Jehan, fils. — I, 390.
Méteni, Pierre, chapelain. — I, 285.
Meurice, Jean, curé. — II, 64.
Meuricourt (de), Jean. — I, 38.
Meurisse, Charles, curé. — I, 393.
Meyri (de), Clément Kaisnos, écuyer. — I, 342.
Mezières (de), Guillaume. — I, 285.
— Pierre, chevalier. — I, 285.
— Raoul, chevalier. — I, 286.
Miaunay (de), Godefroy, chevalier. — II, 128.
— Jean. — II, 128.
Mianné, Louis, curé. — I, 437.
Michaut, Adrien, curé. — II, 270.
Michel, abbé de Corbie. — I, 255.
Micquignon, François. — I, 56, 74.
— Jean-Baptiste. — I, 50, 226.
— syndic du clergé. — II, 111, 292.
Mille, Joachim, curé. — I, 297.
Millencourt (de), Arnoul. — II, 119.
— Riquier, prieur de Corbie. — II, 119.
— Silvain. — II, 119.
— M. — I, 114.
Millevoye (le sieur). — I, 204.
Milly (de), Drienon, chevalier. — I, 434.
— Geoffroy, bailli d'Amiens. — I, 52.
Milois, Louis, curé. — II, 198, 203.
Milon, Pierre. — I, 373.
— évêque de Morinie. — II, 185.
— chanoine d'Amiens.—I, 71, 72, 221, 443.
— abbé de Sery. — II, 134.
— abbé de Dommartin. — II, 146.
— coûtre de Péronne. — I, 307, 313.
— chapelain du château de Gamaches.-II, 103.
Minard, Jean, curé. — II, 81.
Minon, Étienne, curé. — I, 204. — II, 153.
Minot (dom), Étienne-Jean. — I, 171.
— N. — I, 222.
Miny, Louis-Victor, chapelain. — II, 122.

Mioland, évêque d'Amiens. — I, viij, xix.
Miramion (de), Mme. — I, 140.
Miroir, Marguerite. — II, 28.
Missy (de). — Voy. Durant de Missy.
Moiliens (de), Bartremieu (Barthélemy), chevalier. — I, 31.
— Hugue, sénéchal. — I, 405.
— Hugue de St.-Pierre, fils de Landri. — II, 353.
— Jehan. — I, 31.
— Landri, chevalier. — II, 353.
— Mabille. — I, 405.
— Thibault. — I, 405.
— époux d'Orrée. — I, 405.
Moinet, Jean. — I, 104.
— Pierre. — I, 178.
Moireau, Robert. — I, 483.
Moisnet, Léger, prêtre, curé. — I, 496.
Moitié, Nicolas. — I, 83.
Monchaux (de), Raoul. — II, 95, 332.
Monchi (de), Raoul. — I, 216.
Monchy (de), André, marquis, chevalier, seigneur et baron de Visme, seigneur de Sailly-le-Sec, etc. — II, 47.
— Edmond, chevalier, seigneur de Senarpont, Vymes, etc. — II, 129.
— Élisabeth, abbesse de Bertaucourt.—I, 480.
— François, père d'André. — II, 47.
— François, sieur de Longueval. — I, 112.
— Gédéon, sieur de Senarpont. — I, 99.
— Mme la marquise. — I, 129.
Moncourt (de), Robert, bachelier en théologie, prieur de St.-Pierre d'Abbeville. — II, 243.
Monmignon (de), Jean. — I, 26.
Monnot de Manay, François, chapelain. — I, 477.
Monsures, Molsures ou Mossures (de), Augustin-Samson. — I, 87.
— Hugue. — II, 357.
— Ingerran, fils de Hugue. — II, 357.
Monsus (de), Henry, chevalier, marquis de Ruvigny et de Raineval. — I, 371.
Mont (du), Jean, chevalier. — I, 44.
Montalembert (de), historien. — II, 117.
Montcavrel (de). — I, 32.
Montdidier (de), Adam, surnommé *la Rage*.-I, 233.
— Enguerran. — I, 365.
— Foulques. — I, 99.

Montdidier (de), Hélinand, chevalier. — I, 355.
— Menier, clerc. — I, 347.
— Pierre, chanoine d'Amiens. — I, 286.
— Symon, chanoine d'Amiens. — I, 286.
— les comtes. — I, 340.
Montebenne (de), Cyprien-Gérard, écuyer.—I, 32.
— Henriette, veuve de Georges de La Chaussée d'Eu, etc. — I, 32.
Montfort (de), le sire. — I, 124.
— Laure, femme de Gérard de Picquigny. — I, 404.
Montguiot (de), le sieur, gentilhomme. — II, 227.
Monthomer (de), Hippolyte, veuve de Hugue de Forceville. — II, 211.
Monthuis (de), Henri, écuyer, seigneur de Frucourt, etc. — II, 333.
Montières (de), Pierre. — II, 208, 209.
Montiers (de), Richard. — II, 96.
Montigny ou Montegni (de), Willaume, chevalier, seigneur de Cayeu. — II, 97, 130.
Montmorency (de), Erard, seigneur de Conflans. — I, 3.
— Hue. — I, 312.
— Marguerite, damoiselle de Beaussaut. — I, 35.
— Marie-Stanislas, religieuse de la Visitation. — I, 138.
— Mathieu. — I, xij. — II, 218, 374.
Montonvillers (de), seigneur de la Folie-Guerard. — I, 197.
Montreuil (de), Enguerran. — II, 189.
— Helgaud, comte. — II, 187.
— Herluin, comte. — II, 195.
— Hugue Ier. — II, 190.
— Mathieu et Nicolas, prêtres. — I, 260.
— Willaume. — II, 202.
— Willelme, marié à Ymberge. — II, 219.
Voy. Ponthieu (de).
Morcourt (de), Florent, écuyer. — I, 279.
— Jean. — I, 279.
Mordramme, abbé de Corbie. — I, 232.
Moreau, Charles, écolâtre d'Amiens.—I, 17, 374.
— Estienne, abbé et comte de St.-Josse, docteur en théologie, agent général du clergé de France, évêque d'Arras. — II, 183, 184.
— Jean-Baptiste, chapelain — II, 180.

Moreaus, Gautier. — I, 97.
Morel, Adrien, sieur de Bécordel. — **I, 132**.
— Louis, chapelain. — I, 317.
— Martin, curé. — I, 348.
— Wilard. — I, 483.
— prieur de St.-Remy. — I, 369.
Mores ou Moret, Nicolas, chevalier. — I, 181.
— Raoul, chevalier. — I, 181.
Moreuil, Moreul, Moroel ou Moruel (de), Alelme. — I, 135, 316.
— Améric, homme de Lucione. — I, 371.
— Bernard Ier. — I, 392.
— Bernard II. — I, 270, 371, 400.
— Bernard III. — II, 124.
— Bernard IV. — I, 32, 94, 123, 277, 372. — II, 189, 235.
— Bernard V. — I, 133.
— Flandrine, fille d'Alelme. — I, 316.
— Nicolas, abbé de Corbie. — I, 246.
— Perrenele ou Péronne, dame de Chevreuse. — I, 108.
— Pierre. — I, 133.
— Raoul. — I, 392. — II, 224.
— Thiébaut. — I, 371.
Morgan (la veuve), née Le Bel. — II, 7.
Morisel (de), Mathieu. — I, 347.
Morlan (de), Enguerran. — II, 147, 185.
Morlencourt, Morlancourt, Morlaincourt, Mollaincourt ou Morlaincort (de), Ansiaus. — I, 160.
— Denis. — I, 132.
— Eustache, chevalier. — I, 169, 323.
— Geoffroy, oncle d'Eustache. — I, 169.
— Jean, chevalier. — I, 159.
— Jean, clerc. — I, 169.
— Robert. — I, 159.
— Simon. — I, 159.
— M. — I, 72.
Moronval, Jean, curé de Mametz. — I, 156.
Moronval (de), Jean, curé de St.-Martin d'Amiens. — I, 160.
Mortagne (de), Bernart. — I, 484.
Mortemer (de), Guillaume. — I, 49.
— Havise, épouse d'Étienne, comte d'Aumale. — II, 52.
— Raoul. — II, 52.
Morvillers (de), Jehan. — I, 109.
— Philippe. — I, 109.

Morvillers (de), (M.). — I, 386.
Mouflers (de), Guy, écuyer. — I, 239, 509.
Mourecourt (dame de), Flandrine. — I, 257.
Moures, Nicolas. — I, 55.
Mouret, Jeanne, femme de Le Sénéchal. — I, 40.
Moutanviler (de), Hescelin. — I, 481.
Montière, Antoine, curé. — II, 136.
Montieres (de), Mathieu. — I, 3.
— Thomas. — I, 3.
Mouflières (de), Gui. — II, 19, 256.
— Renaut. — II, 256.
Moy (de), Charles, chevalier, marquis de Riberpré, baron et châtelain de Boves, etc. — II, 343.
Moye, Antoine, curé. — I, 415.
Moyencourt (de), François-Martin, curé. — I, lvij.
Moyette, Jean-Baptiste, curé. — I, 149.
Moyon, Marguerite, femme Boîlet. — I, 126.
Mulet, Wulfran. — II, 18.
Muguet, Honoré. — I, 471.
Mulette, Gautier, seigneur de St-Hilaire. — II, 332.
Muret (de), Clémence, dame de Biausaut. — I, 3.
Murgale, Allys, femme Seneschal. — I, 110.
Muses, Quentin. — I, 230.
Mytras ou le soleil. — I, 471.

N

Namps (de), Osmond, chevalier. — I, 443.
Nans (de), Godefroy, prêtre. — I, 67.
— Henri, écuyer. — I, 39.
— Mathieu, écuyer. — I, 39.
Naours (de), Jean. — I, 72, 75.
Natier, Martin. — I, 47.
Navel, Jehan. — I, 82.
— Philibert, bachelier en théologie, curé de St.-Jean de Corbie. — I, 265.
Navet, Pierre. — I, 415.
Nayez, Denis, curé. — II, 197.
Necker, ministre. — I, xxxvij.
Nédonchel (de), Aldegonde, baronne de Lépine. — II, 307.
Nemours (de) la duchesse. — II, 22.
— la princesse. — II, 161.
Nesle, Nelle ou Neele (de), Guy, châtelain de Noyon. — I, 234.
— Isabel, épouse de Hugue Larcevesque. — I, 124.

NESLE, NELLE ou NEELE [de], Jean, seigneur de Fa-
       levy, comte de Ponthieu. — I, 100, 243,
       301. — II, 97, 215.
— Jean, châtelain de Bruges. — I, 232.
— Jean, marié à Eustache de St.-Paul. — II,
       313.
— Raoul. — I, 234.
— Walon. — I, 463.
— Yve. — I, 463.
— les sires. — I, 124, 295.
— le marquis. — II, 308.
NEUFBOURG (de), Robert. — II, 206.
NEUM (de), Jean, clerc — II, 80.
NEUVILLE ou NUEVILLE (de), Aélis, veuve de P. Ha-
       vet. — I, 124.
— Bérenger. — II, 357.
— Eustache. — I, 180.
— Gui, chevalier, frère de Théobald. — II,
       268.
— Gui, fils de Thomas, marié à Marguerite.
       — II, 153.
— Sargualon, fils de Bérenger. — II, 357.
— Simon, chevalier. — I, 28.
— Théobald, chevalier. — II, 268.
— Thomas, écuyer. — II, 153.
— (Mademoiselle). — II, 263.
NEVELON, seigneur de Chaule. — I, 285.
NEVERS (duc de). — II, 287.
NEVEU, Jacques, prêtre. — I, 22.
NICAISE, chapelain de Querrieu, — I, 334.
NICOLAS IV, pape. — I, 4, 106, 502.
NICOLAS III, abbé de Corbie. — I, 243, 246, 263,
       320.
NICOLAS, chanoine. — I, 66.
— prêtre de Contalmaison. — I, 152.
— maire de Revele. — I, 82.
— maire de Popeincourt, de Bus, de Fes-
       camp et de Marcaisviler.. — I, 230.
NICQUET, Claude, chapelain. — I, 41.
NISBAT (de), Jean, dit doyen. — II, 112.
NOEROIS (de), Guy. — I, 233.
NOIÈRES (de), Robert, vavasseur. — I, 481.
NOINCTEL (de), Anne. — I, 211.
— Barbe. — I, 211.
— Claude, écuyer. — I, 211.
NOINTEL, (de) le marquis, seigneur de Noyelle-sur-
       la-mer, etc. — II, 22.

NOION (de), Robert. — I, 97.
NOIRET, Pierre. — I, 475.
NOLENT, François, curé. — I, 173.
NOLETTE (de), Simon. — II, 228, 325.
NORBERT (Saint), évêque de Térouanne. — II, 146.
— abbé d'Auchy-les-moines. — II, 79.
NORMAND, curé. — I, 26.
NORMANDIE (de), Guillaume. — I, 145.
— Richard. — II, 250.
— Willaume. — II, 250.
NOSKET, Vuillard, bourgeois de St.-Josse. — II, 184.
NOULLY (de), Manessier. — II, 277.
NOURRIVERVILLE (de), de Revelois. — II, 219.
NOURTIER, Augustin, curé. — II, 225.
— Charles, curé. — II, 170.
NOUVION ou NOVION (de), Dreux, chevalier. — II, 229.
— Eustache, chevalier, seigneur de Béten-
       cort. — I, 489. — II, 324, 364.
— Jehan, chevalier, seigneur de Tièvre, ma-
       rié à Colaye de Mailly. — I, 27, 502.
NOVÉGLISE, Raimond, religieux de La Grasse. —
       I, 322.
NOYELET (de), Harpin. — I, 236.
NOYELLES, NOIELLE ou NOYÈRES (de), Bauduin ou
       Baudouin, dit BAUDOT, chevalier. — I,
       28, 477.
— (de Nigellula), Gérard, écolâtre. — I, 146.
— Hugue, fils d'Oylard. — II, 221.
— Oylard. — II, 221.
— Robert, chevalier, fils d'Oylard. — II,
       221, 277.
NUEVIRELE (de), Enguerran. — I, 124.

O

OBALE, chanoine de Roye. — I, 453.
OBERT, Antoine, curé de St.-Thomas de Corbie. —
       I, 265.
OBRÉ, Claude, curé. — II, 228, 324.
OBRY, Jean, curé. — II, 291.
OCOCH (d'), Jeanne, femme d'Edmond de Mais-
       nières. — I, 235.
ODOLRIC, abbé de St.-Fuscien. — I, 365.
ODON, comte ? — I, 175.
— chirurgien ou saigneur (*minutor*). — II, 97.
OERIO (de), Hugue. — I, 296.
— Guarin, fils de Hugue. — I, 296.

Œuillart. — II, 353.
Offegnies (d'), Robert. — I, 28.
Oger, François, curé. — I, 506.
— Jacques, chapelain. — I, 60.
— d'Amiens, moine. — I, 194, 310. — Voy. Otbert.
Oisemont (de), Ricard. — I, 483.
Oissencourt (d'), Gui. — II, 112.
Oissy (d'), Enguerran. — I, 460.
Olive, François, curé. — II, 64.
— Jean, curé. — I, 495.
Olivier (dom), Nicolas, prieur de l'abbaye de St.-Fuscien. — I, 368.
Olric, prieur de St.-Laurent-au bois. — I, 321.
Onneu (d'), *de Onodio*, Aléaume ou Alerme, maire. — II, 242.
— Aléaume, écuyer. — II, 242.
— Hue, fils d'Aléaume. — *Ibid.*
Orcas (comte d'), seigneur de Cayeux en Santerre. — I, 262.
Orémieulx (d'), Marie-Marguerite, correctrice des Minimesses. — II, 24.
Orémieux (d') M. — II, 17.
Oresmeaus (de), Robert, chevalier. — I, 347.
Orieul, D. Étienne, religieux de Beaubec, curé. — I, 289.
Orion, Dom Jean-Baptiste, prieur de Gamaches. — II, 102.
Orland, comte ou vicomte du Vimeu. — I, xiij.
Orléans (d'), Adélaïde, abbesse de Chelles. — II, 334.
— François, comte de St.-Paul, pair de France, etc. — I, 210.
Voy. La Motte (de) d'Orléans.
Ormesson (d'), Claude-François de Paule Lefebure, docteur de Sorbonne, doyen de l'église de Beauvais. — I, 139.
Orsay (d') de Marolles. — Voy. Le Boucher (Marie-Anne).
Orville (d'), Arnold. — I, 220.
Osane, Warin. — I, 335.
Osberne, abbé de Tréport. — II, 131.
Osmond, vavasseur de Coulomeles. — I, 383, 384.
Otbert ou Osbert, prévôt de l'église d'Amiens. — I, 194, 309, 310.
— chanoine d'Amiens. — II, 355.

Oultrebon, François, lieutenant de la châtellenie d'Orville. — I, 210.
Oupp: (de), Éloi. — I, 51.
Outeris (d'), Henri. — II, 164.
Outren, François, curé. — II, 200.
Ozenne, Anne. — II, 93.
— Françoise. — II, 93.

P

Paalete, Jacques, écuyer. — I, 231.
Pagès, historien. — I, vj, xix, 5 *et passim.*
Paillart (de), Gautier, chevalier. — II, 130.
— Marie, épouse de Rouveroy. — I, 108.
Palvart, François, curé. — II, 155.
— Marie (demoiselle). — I, 83.
Panlou, François, religieux de Cîteaux, curé. — II, 196, 203.
Papillon, Nicolas, curé. — II, 167.
Pardaillant (de), Mme. — II, 166.
Parent, François. — I, 188.
Parenty, historien. — I, xij. — II, 146.
Parmentier, Georges, curé. — I, 197.
— Jean, curé. — II, 231.
Parthenay (Maison de). — I, 362.
Parvillers (de), Lugle, curé de Caix. — I, 262.
Pas (Maison de). — I, 309.
Pas (de), Antoine, chevalier. — I, 236.
— Guillebert. — I, 280.
— de Feuquières de Mazancourt. — II, 343.
Pascal II, pape. — I, 6, 195, 299, 302, 350, 365. — II, 72, 142, 278, 332.
Paschal, Charles, chevalier, conseiller du roi. — II, 46.
Pasquier (M.), président du grenier à sel de Montdidier. — I, 363.
Pastourelle (le sieur). — II, 93.
Pate, Jean. — II, 120.
Patris, Jean *le jeune*. — I, 94.
Patte, François, curé. — I, 76, 494.
— Jehan, chroniqueur. — I, 126.
Patté, Antoine, curé. — II, 192.
Paul III, pape. — I, xxj.
— V, pape. — I, 75, 91, 116, 136, 427, 433, 476, 478, 510. — II, 313.
Paulard, F., gardien des Cordeliers. — II, 13.
Paumier (le), Beauduin. — I, 57.

PEAUDERAT, Jacques. — II, 250.
PÉCON, Raymond, chanoine, prieur-curé.— I, 472.
PÉCOUL, Claude, sieur de St.-Sauflieu. — I, 138.
— Sébastien, receveur de Beauquesne. — I, 210.
PECQUET, Jean. — I, 505.
PÉLERIN, Hue, de Roye. — I, 469.
— Raoul, son fils, chapelain. — I, 469.
PELLIEUX, Catherine, femme Cagnard. — I, 141.
PÉNEL, Nicolas, curé. — II, 286, 298.
PÉPIN, maire du palais, puis roi. — I, viij. — II, 135, 138.
— roi d'Aquitaine. — I, xij.
PÉRACHE, Enguerran. — II, 276.
PERCHEVAL (Duwes dit), écuyer, seigneur d'Offegnicourt. — II, 243.
PERDU, Marguerite, prieure du Paraclet.—I, 121.
— ancien élu d'Amiens. — I, 445.
PERKE-A-PIE, Alerme. — II, 245.
PERNOIS (de). — Voy. EPERNOIS (d').
PÉRONNE (de), Boson, chevalier. — I, 299, 302.
— Hugue, clerc. — I, 299, 302.
— Robert, chevalier. — I, 302. — II, 304.
PERROSAINES (de), Hugue. — I, 431.
PERROSEL (de), Eve. — I, 503.
PERROUSEL (de), Willaume, chevalier. — I, 294.— Voy. PROSEL.
PETIT, François, curé. — I, 178.
— C.-François, chanoine. — II, 55.
— Nicolas, curé. — I, 148.
— Pierre, curé. — I, 63, 331, 338, 339.
— N. — II, 22.
PETIT (le), Jacque, prévôt de l'église d'Amiens. — I, 29.
— Robert. — I, 22.
Voy. LE PETIT.
PETITPAS, clerc. — I, 62.
PEZÉ, notaire. — II, 356.
PHELYPEAUX, Antoine, conseiller d'état ordinaire. — I, 429.
— Jacque-Antoine, évêque de Lodève. — I, 429, 438.
— Raymond-Balthasar. — I, 429.
PHILIPPE Ier, roi de France. — II, 1.
— Auguste. — I, xj, xx. — II, 309, 313, 351.
— III, le Hardi. — I, 26, 96, 157, 195. — II, 81, 176.

PHILIPPE le Bel. — I, ix. 7, 39, 44, 101, 204, 468. — II, 96, 191, 251, 348.
— VI, de Valois. — I, 85, 225, 226, 449.— II, 144, 204.
PHILIPPE, comte de Flandre. — I, xj, 208.
— comte de Flandre et de Vermandois. — I, 396. — II, 202, 315.
PHILIPPE, archidiacre de Morinie. — II, 185.
PICARD, Adrien. — I, 391.
— Adrien, prêtre, clerc de l'église St.-Leu d'Amiens. — I, 496.
— Claude, curé. — II, 192, 199.
— Jean. — I, 390.
— Jean-Baptiste, curé de Fresnoy-en-Chaussée. — I, 268.
— Moïse, prêtre. — I, 391.
— Nicolas, curé. — I, 156.
PICCOLOMINI, gouverneur d'Arras. — I, 319.
PICQUET, seigneur d'Avelesges. — I, 31.
— François, écuyer, sieur de Becquigny. — I, 138.
— Jean, dit Archambeaut. — I, 259.
— Jean, le Jeune. — I, 94.
— Jehan. — I, 122.
— Marguerite, du tiers-ordre de St.-Dominique. — I, 114.
— Marie. — I, 122.
— Noel, curé. — II, 157.
— (M.). — I, 489.
PICQUET DE DOURIER. — I, 85.
— R. P., religieux de St.-Jean d'Amiens. — I, 85.
PICQUIGNY, PINKIGNY, PINQUEIGNY, PINKEIGNI OU PINKEGNY (de), Enguerran ou Ingelran, vidame d'Amiens.—I, 3, 180, 333, 402, 403, 412, 415, 422, 426, 428, 486. — II, 336, 347, 362.
— Enguerran, sire du Fes. — I, 31.
— Eustache, vidame. — I, 95, 174, 407.
— Gérard ou Girard Ier, vidame. — I, 99, 401. — II, 124, 130, 359.
— Gérard II, vidame. — I, 133, 180, 181, 208, 402, 412. — II, 257.
— Gérard III, vidame. — I, 31, 124, 333, 402, 404, 411, 420, 426.—II, 135.
— Guerard (frère de Renault?) — I, 129.
— Guerard, doyen de Terrouenne.—I, 31.

PICQUIGNY, PINKIGNY, PINQUEIGNY, PINKEIGNI OU PIN-
KEGNY (de), Guermond, vidame, fils de
Gérard. — I, 133, 378, 412. — II,
130, 359.
— Guillaume, fils d'Enguerran du Fes. —
I, 31.
— Hubert. — I, 407.
— Jean, vidame. — I, 82, 174, 253, 333,
410, 412, 502. — II, 66.
— Jean, archidiacre d'Amiens. — I, 407.
— Jean, chanoine et prévôt de l'église d'A-
miens. — I, 48, 177, 181, 412, 434.
— II, 347.
— Jeanne, dame d'Outrebois, veuve de
Jean de Créquy. — II, 89.
— Mahaut, dame de Gouy, prévoste de
Douay, femme du seigneur d'Antoing.
— I, 427. — II, 361.
— Marguerite, vidamesse, femme de Raoul
de Raineval. — I, 95, 183. — II, 361.
— Marguerite, vidamesse, femme de Robert
d'Ailly. — I, 37, 403.
— Marguerite, femme de Colard de Mailly.
— I, 103.
— Marguerite, femme de Mathieu de Roye,
sieur de la Ferté. — I, 428. — II,
275, 276.
— Maroie (Marie), femme de Batremieu de
Moiliens. — I, 31.
— Mathieu, clerc. — I, 31.
— Pierre, fils de Gérard Ier. — I, 133, 208.
— Renald, écuyer, sire de Mallers.- II, 358.
— Renault, vidame. — I, 402, 411. — II,
129, 361.
— Robert. — II, 360.
PIE II, pape. — I, xxxij.
— V, pape. — I, l.
PIÈCE, François. — I, 40.
— Pierre. — I, 40.
PIECOS, Vitasse, bourgeois de Beauquesne.— I, 225.
PIÉDECOQ, Antoine, curé. — II, 268.
PIÉDELEU, Frémin. — I, 109.
— Gille, veuve de Jehan de Morvillers. —
I, 109.
— Jehan, chanoine de St.-Acheul, curé.—
I, 94.
— Pierre. — I, 69.

PIEFFORT, Adrien, procureur et notaire royal à
Péronne. — I, 122.
PIERRE (Saint). — I, vj.
PIERRE, évêque d'Arras. — I, 470.
— abbé de St.-Riquier. — II, 217.
— doyen de Labroye. — II, 83.
— prévôt de Vinartcort. — I, 496.
— curé de Wauberecourt (Aubercourt). —
I, 257.
PIERREFITTE (de), Mme. — II, 159.
PIERRIN, N., curé. — I, 213.
PIERRON, chevalier, seigneur d'Estrées. — I, 39.
PIGANIOL DE LA FORCE, historien. — I, vij. — II, 18
et passim.
PIGEON, N., curé. — I, 25, 176.
PIGUERRE, Jaquemon, mayeur de Doullens.- II, 358.
PILAIN, Gabriel. — II, 188.
PILARS, Enguerran, écuyer, seigneur d'Argœuves.
— I, 430.
PILES, Nicolas, curé. — II, 235.
PINCEPRÉ, Louis, chapelain. — I, 85.
PINCERNA, Godart. — II, 235, 372. — Voy. LE
BOUTEILLER et SEILES (de).
PINCHEMEL, Jacques, curé. — I, 177.
PINCHET, Jeanne. — II, 9.
PINCHON, Colard. — I, 282.
PINCHONET, Firmine, femme des Vignes. — I, 256.
PINGRÉ DE GUINEMICOURT, Joseph, écuyer. — I, 29.
— Louis-Pierre-Jean, chevalier. — I, 38.
— Pierre, chapelain. — I, 508.
Voy. SAINCLET (de).
PINGUET, Paul, conseiller-assesseur au bailliage
d'Amiens. — I, 355.
PIOLÉ, François, chapelain. — II, 51.
PIQUET, Catherine, veuve Fournel. — I, 137.
— Charles, prieur-curé. — II, 141.
— Jean, demeurant à Plattemart. — II, 93.
PITEL (le Père), jésuite, procureur du collège d'Eu.
— II, 163, 305.
PLAISSIER ou PLAISSIÉ (du), Gobert, écuyer.- II, 351.
— Marie, femme de Jean de Flaissières et
fille de Gobert. — 1, 236. — II, 351.
— Raoul. — Voy. GAUECOURT (de).
PLAISSIS (du), Anselme, chevalier. — I, 371.
Voy. PLESSIS (du).
PLANKE (de la), Guillaume. — I, 26.
PLANQUES (des), Guillaume. — I, 58.

— 450 —

Plantehaye, Antoine. — I, 422.
— Marie. — I, 422.
Plessis (du), Bernard. — I, 333.
  Voy. Plaissis (du).
Plichon, Charles, curé. — II, 138.
— François, curé. — I, 292.
— Jean, curé. — II, 263.
Pline l'ancien, célèbre naturaliste. — I, xij.
Plois (de), Richard. — II, 213.
Plonquin (de), Catherine. — I, 148.
Plouy (du). — Voy. Leblond du Plouy.
Pohier, Jean-Philippe, curé. — II, 115.
Pointard, François, curé. — I, 322.
Poirier, Gaspard, chanoine. — II, 55.
Poisle, Louise, femme de Beauvais. — I, 158.
Poissi (de), Bouchard, chevalier. — I, 246.
Poisson, Pierre. — II, 366.
Poix, Poiz ou Poys (de), André, citoyen d'Amiens. — I, 68.
— Guillaume, chanoine. — I, 38.
— Guillaume, vicomte, chevalier, seigneur d'Eskaines et d'Anières. — I, 298, 449.
— Guillaume. — I, 443.
— Jeanne, dame de Folleville, etc., veuve de Raoul de Lannoy. — I, 202, 385.
— Pierre, chapelain. — I, 41.
— Robert, vicomte. — II, 129.
— Wernon. — II, 129.
Polecque, Marguerite, femme Desgliquières. - I, 38.
Polignac (de), cardinal. — I, 236.
Pollehoy, François, curé. — II, 287.
Pollehoye (de), Willaume, écuyer. — II, 241.
Pommeray (de), seigneur de Hérissart. — I, 32.
Ponches (de), Gautier. — II, 372.
— Ricalde dite le Sauvage. — II, 225.
— Willaume, surnommé le Clerc. — II, 225.
Pont (du), Jean. — II, 97.
Ponthieu (de), comtes et comtesse. — I, 96, 101, 218. — II, 9, 22, 49, 51, 73, 206, 228, 241, 247, 251, 278, 372.
— Aimeric. — II, 46.
— Alix, comtesse. — II, 9.
— Edèle, épouse de Thomas de St.-Valery. — II, 90, 104.
— Enguerran, Ingerran ou Angelran, fils de Hugue. — II, 203, 241.
— Gui Ier. — II, 1, 2, 5, 183, 203, 235.

Ponthieu (de), Gui II. — II, 95, 181, 217, 218.
— Guillaume Talvas. - I, 208. - II, 47, 146.
— Guillaume ou Willaume III. — I, 134, 135, 215. — II, 8, 9, 20, 22, 95, 150, 183, 202, 203, 215, 236, 251, 269, 282, 319, 320, 357, 367, 368, 374.
— Hugue. — II, 203, 241.
— Jean Ier. — I, 208. — II, 8, 56, 82, 227.
— Jean II. — II, 3, 4, 8, 17, 37, 39, 42, 43, 60, 64, 68, 95, 166, 168, 212, 218, 221, 228, 256, 324.
— Jean, comte d'Aumalle, sire de Noielle et de Hiermont. — II, 9, 125, 155.
— Jeanne, épouse du sire de Nesle. — II, 8.
— Marguerite, épouse d'Enguerran de Picquigny. — I, 403. — II, 336.
— Marie, épouse de Simon de Dammartin. — I, 134. — II, 9, 19, 22, 367.
— Marie, épouse de Mathieu de Montmorency. — I, xij. — II, 9, 218, 374.
— Philippe (dame). — II, 18.
Pont-l'Évêque (de), Jean, chevalier. — I, 452.
Pontreué (de), Charles. — I, 80.
— Jacques. — I, 46.
Pontreué (du), François. — I, 127.
— Marie. — I, 127.
Pontrond (de), Jean, seigneur de Grivenne. - I, 193.
Popaincourt (de), André. — I, 232.
Porret, François, chapelain. — I, 361.
Porta (de), Antoine, de Milan. — I, 386.
Porte (de la), Emmeline fille de Robert. — I, 384.
— Jean. — I, 384.
— Joseph, curé. — I, 198.
— Robert. — I, 384.
Porte de Lihons (de la), Robert. — I, 301.
Portemont, Vincent, curé. — I, 500.
Portian (le comte). — I, 403.
Portugal (de), Élisabeth ou Isabeau, épouse de Philippe de Bourgogne. — II, 238.
Poselli, Guillaume, clerc. — I, 362.
Postel, Antoine, curé. — I, 333.
Postiaus, Hugue, prévôt de Haimeville. — II, 321.
— Pierre, fils de Hugue. — II, 321.
Potente, Robert, curé de Montegni. — II, 225.
Pothuy, Pierre, curé. — II, 193, 204.
Potier, Guillaume. — II, 104.
Pouillet, M., historien. — I, 429.

POULAINVILLE ou POLAINVILLE (de), le sire.— I, xlv.
— Gilles.— II, 335.
— Jean, chevalier. — II, 335.
POULLETIER, Jean-Baptiste, curé. — I, 464.
POULTIER, Jean-Baptiste, curé. — II, 236.
— Raoul, maire de Roye. — I, 457.
— M., bourgeois d'Abbeville.— II, 175.
POUPINCOURT (de), M. et Mme, sieurs de Mézerolles. — I, 212.
POURCEL, François, sieur de Willermont.— I, 245.
POUSSE-MOTHE DE L'ESTOILLE. — I, 95.
POUSSE-MOTHE DE L'ESTOILLE DE MONTBRISEUIL.—I, 93.
POUTRINCOURT (Mme de). — II, 142.
POUY, M., antiquaire. — I, 84.
PRAEL (du), Colard, chevalier. — I, 336.
PRAROND, Ernest, historien. — I, xix. — II, 371 et *passim*.
PRÉAUX (de), Gérard. — II, 219.
PRESSI (de), Pierre, clerc. — II, 9.
PREVOST, Anne, femme de Louvel, sieur de Fontaine. — I, 119.
— Antoine, prêtre, chanoine. — I, 457.
— Jean, prêtre, chapelain. — I, 45.
— Jean-Baptiste, chapelain. — I, 57.
— René, curé de St.-Maurice-lès-Amiens. — I, 80, 84, 339.
PRÉVÔT, Jacques. — I, 484.
PRÉVOT DE MONTAUBERT, maire perpétuel de Doullens. — I, 7. — Voy. LE PRÉVOST.
PRIEUR, Colard, bourgeois de Roye. — I, 453.
PROIAST (de), Milon. — I, 301.
PROSEL (de), Hugue. — I, 181.
— Ode. — I, 181.
PROUVILLE ou PROEVILLE (de), Henri. — I, 42.
— Herbert. — II, 220.
PRUDHOMME (de) D'AILLY, Charles, seigneur de Hannecamp. — II, 87.
PRUVOST, Charles-François, curé. — I, 218.
— Jean-Baptiste, prêtre, docteur de Sorbonne. — I, 227, 283.
— René, chapelain. — I, 46.
— (le sieur), d'Amiens. — I, 373.
PRUVOT, Jeanne. — I, 422.
PUCHEVILLERS (de), Adam. — I, 221.
— Baudouin, écuyer. — I, 221.
PUISEUX (de), Roger. — I, 327.

PUISSAY (de), Jacques, écuyer, seigneur du Pressier. — I, 153.
PUTART, Maximilien, chapelain. — I, 474.

Q

QUARREL, Colart. — I, 244.
QUATRELIVRES, Martine, veuve de Lannoy. — I, 211.
QUENNESSENT, Mathieu, curé. — II, 289.
QUENTIN (Saint). — I, 89.
QUÉQUÉ, curé. — I, 27.
QUÉQUET, Henry, curé. — I, 159.
QUERRIEU, KIERRIEU, KYERRIEU ou KYERRU (de), Bernard, chevalier, fils de Foulque. — I, 333, 339. — II, 335.
— Ermengart, femme de Drienon de Bartangle. — I, 31.
— de Karorivo, Étienne ou Estève (*Stephanus*), seigneur d'Inocourt. — I, 124.
— Foulque, chevalier, père de Bernard.— I, 339.
— Foulque, fils de Bernard du Plessis. — I, 333.
— Guerart, chevalier, fils de Bernard. — I, 333.
— Hugue. — I, 124.
— le marquis. — I, 137.
QUESNEL, Honoré, curé. — I, 40, 197.
QUESNES (des), Jean, dit *Karados*, chevalier.- I, 229.
— Marguerite, épouse de André de Camberon. — II, 326.
QUEVAUVILLER (de), Philippe, curé. — II, 208.
QUEVAUVILLERS (de), Jacques, curé. — I, 152.
QUEVAUVILLIER (de), Adam, prêtre. — I, 403.
QUIÉRET ou QUIERES, Guy, chanoine d'Amiens. — I, 22, 37. — II, 336. — Voy. KIERET.
QUIGNON, Charles. — I, 59.
— Claude. — I, 46, 55, 76.
— Michel. — I, 59, 61, 85.
— Pierre, chapelain. — I, 41.
QUINERTILLE (de), *Fulco* (Foulque). — I, 270.
QUINQUEMPOIX (de), Marie. — I, 229.

R

RABARDEL, Hugue. — I, 452.
— Massa, veuve de Pierre de Bologne. — I, 452.
RABELLUS. — I, 478.

Rabodengues (de), Alart, chevalier, bailli de St.-Omer. — I, 29.
Rabolde, évêque de Noyon. — II, 349, 373.
Rabouille, François, demeurant à Sainsaulieu. — I, 369.
— Nicolas, curé. — II, 198.
Rabuisson (de), Jehan. — I, 19.
Rabuissons (des), Willaume, bourgeois d'Amiens. — II, 350. — Voy. Clerc, Firmin.
Rachmar, chanoine. — I, xlv.
Raimbaucourt (de), Renier, chevalier. — I, 483.
Raimbault, Jacques, curé. — II, 139.
Rainald, abbé de St.-Quentin.— I, 368.
Raineval (de), Jehan, chevalier. — I, 390.
— Perrine. — I, 108.
— Raoul. — I, 95, 183.
— (sire). — I, xlv.
Rainvillers (de), Enguerran. — II, 319.
Rakes, Raoul. — II, 134.
Ramburelles (de), M. — II, 275.
Rambures (de), André, fils de Raoul.— II, 207, 288.
— André. — II, 177.
— André. — II, 16, 132.
— Antoine, comtesse de Meghen. — I, 233.
— Hugue. — II, 16.
— Jacques. — I, 233.
— Jehan, chapelain de Fluy. — I, 31.
— Jehan. — II, 135.
— Raoul, chevalier. — II, 207, 326.
— Renée, abbesse de Villancourt.—II, 20, 366.
— Willaume, chevalier. — II, 107.
— la famille. — II, 22, 162.
Raoul, doyen du chapitre d'Amiens. — I. 45. — II, 358.
— archidiacre de Ponthieu. — I, 75, 251. — II, 347.
— abbé de Corbie. — I, 255. — II, 346.
— abbé de Sery. — II, 95.
— curé. — II, 360.
Raoul *le poète*, chanoine. — I, 70.
Raoul qui ne rit point (*qui non ridet*). — I, 99.
Rasteals (de), Élisabeth, femme de Eustache Houchart. — II, 84.
Ratebert (Saint), abbé de Corbie. — I, 282.
Ratel, Jean, curé. — I, 176.
Ravin, Gilles, ancien mayeur d'Amiens. — I, 128.

Ravin, Jean-Baptiste, chapelain. — I, 200.
— Jehan, cauchetier. — I, 37.
— Louis-Mathieu, curé. — II, 291.
Raynald ou Reginald, archevêque de Reims.— II, 124, 370.
Regnault, Charles, docteur en théologie, principal du collége de Boncourt. — II, 49.
— Philippe, bachelier en théologie, curé. — II, 30.
Pierre, procureur fiscal de la baronnie de Mailly. — II, 355.
— curé d'Auxy-le-Château. — II, 88.
Regni (de), Gérold. — I, 377.
— Martin, son fils. I, 377.
— Roger, fils de Martin. — I, 378.
Rély (de), Antoine. — I, 112.
— Jean. — I, 112, 114.
Remaisnil ou Riesmaisnil (de), Mores ou Moret, Nicolas, chevalier. — I, 181.
Rembault, Gabriela — I, lv, lvj, 136.
Remy (de), Hugue. — I, 269.
Renard, Jacques, curé. — I, 313.
Renart, Jehan. — I, 252.
Renauld, dit *Maire de la Vacquerie*. — I, 30.
Renault, Charles. — I, 422.
Renellois, Marie-Xavier, religieuse de la Visitation. — I, 138.
Rengunval (de), Bernard. — II, 92.
Reniercort (de), Bernard, chevalier. — I, 267.
Renoval (de), Robert. — I, 81, 394.
Reondel (de), Jean, écuyer. — I, 176.
Requin, Étienne, curé. — I, 256.
Restaut, Josson. — I, 453.
Restonval (de), Willaume. — II, 106.
Revelois (de). — Voy. Nourriverville (de).
Révillon, Adrien, curé. — II, 62.
Retz (de la) le sieur. — II, 223.
Ribaucourt, le sieur. — II, 288.
— Jean-Baptiste, chapelain. — II, 276.
Ribaucourt ou Ribeaucourt (de), Honoré, chapelain. — I, 51.
— Marie, femme de Pierre Lefebvre, ancien échevin. — II, 249.
— Robert. — *Ibid.*
Ribauville (de), le sieur. — II, 357.
Ricanez (de), Guillemete, veuve du sieur de Stanay. — I, 32.

Ricalmez (de), Jehan. — I, 40.
Ricbourg, Louis, curé. — I, 469.
Richard, chapelain d'Amiens. — II, 265.
Richard de Gerberoy, évêque d'Amiens. — I, 72, 82, 159, 272, 342, 383, 389, 401, 405, 415, 474. — II, 103, 104, 167, 171, 208, 233, 260, 269, 318, 358, 368, 373. — Voy. Gerberoy (de).
Richarde, veuve d'Enguerrand Pérache.—II, 276, 277.
Richardot, François, évêque d'Arras. — I, 208.
Richart (demoiselle), veuve Lebrun. — I, 83.
Richelieu (de), le cardinal. — I, 122.
Richer, frère de Foulque, le préchantre d'Amiens. — II, 192.
Ricouart, Pierre, du village d'Embreville.—II, 93.
Ricquebourg (de), Jean, prévôt de Corbie.—I, 254.
Riencourt ou Riencort (de), François, seigneur de Bergicourt. — I, 116.
— Gautier, vavasseur. — II, 359.
— Huon. — II, 334.
— Jean, chevalier, (seigneur de).—I, 403. — II, 360.
— Laurent. — II, 359.
— Robert. — I, 3. — II, 124.
Voy. Le Sellier de Riencourt.
Rieu (M), curé. — I, 189.
Rigaut, Eudes, archevêque de Rouen. — II, 100.
Rigauville (de), Anne. — I, 210.
— Jehan. — I, 210.
— Marie. — I, 210.
Rigobert, noble homme. — II, 159.
Rigollot, numismate. — I, xx, xxxiij.
Rikemaisnil (de), Christophe, chevalier. — II, 82.
Rimache, Jean, citoyen et bourgeois d'Amiens. — II, 341.
Rimulde, femme d'Angilvin. — I, xliv, 18.
Rinceval (de). Marguerite. — I, 114.
Rincheval (de), Louis-Victoire, religieux de Cluny. — II, 298.
Ringard, Bernard, chanoine d'Amiens. — I, 36, 49, 85, 168, 283.
— Louis-Charles, curé. — II, 229.
Ringot, Jacques, curé. — II, 32.
Ringuet, ermite. — I, 171.
Riquier (Saint), abbé de St.-Riquier. —II, 66, 215, 240.
Rivery (de), Pierre, écuyer. — I, 109.

Rivières (de), Ade, première femme de Gilles. — II, 75.
— Eustache. — I, 402.
— Gilles, chevalier. — II, 66, 75.
— Gilles, seigneur dudit lieu et de Frettecuisse. — II, 73.
— Raoul, fils de Gilles, premier nommé. — II, 66, 75.
— Raoul, fils de Gilles, second nommé. — II, 73.
Robart, Ambroise, prieur-curé. — II, 142.
Robecq (de), Firmin. — I, 83.
Robert, roi de France. — II, 198, 199.
— (de la Chambre), évêque d'Amiens.— I, 4, 496. — II, 83, 331.
— (de Fouilloy), évêque d'Amiens. — Voy. Fouilloy (de).
— abbé de Marmoutier. — I, 92.
— abbé de Corbie. — I, 265.
— 1er abbé de Molesmes. — II, 348.
— chancelier de l'église d'Amiens. — I, 439.
— prévôt de l'église d'Amiens. — I, 310.
— prieur de St.-Martin-des-Champs.— I, 415.
— clerc. — I, 165.
— curé de Liomer. — II, 140.
— curé de Ville-sous-Corbie. — I, 163.
— doyen de St.-Maxent. — II, 128.
— doyen de St.-Vulfran. — II, 202.
— maire de Rokencourt de le Cousterie. — II, 351.
Robine, Michel, bachelier en Sorbonne, curé. — I, 389.
Roche, Catherine, femme d'Antoine de Buigny. — I, 127.
— Jacques, chapelain. — I, 52.
— Jeanne, épouse du Fresne. — I, 141.
— Nicolas, père de Jeanne. — I, 141.
Roche (de la), de Fontenilles, Antoine, prieur de Saint-Pierre d'Abbeville. — II, 1.
Rochefort, F., gardien des Cordeliers de Doullens. — I, 209.
Rocque, Jean, curé.— I, 496. — II, 291.
Rodius (le nommé). — I, 314.
Rogeau, Alexis, curé. — I, 25. — II, 153.
Rogeham (de), Hugue. — II, 128.
Rogehen (de), Wautier. — II, 321.
Roger, Charles-Augustin, chapelain. — I, 47.

Roger, François, curé. — II, 154.
— Henri, prêtre et chanoine. — I, 67.
— prieur de Belleval. — I, 133.
— prêtre de Morisel. — I, 397.
— notaire. — II, 353.
Rogon, abbé de Balance. — II, 221.
Rogy (de), Enguerran, chevalier. — I, 180.
Rohan (de), le prince, Armand-Jules, archevêque de Reims, premier pair de France, abbé du Gard. — I, 401.
Rohaut, André, citoyen d'Amiens. — I, 106.
— N., curé de Chanssoy-Épagny. — I, 382.
Roie ou Roye (de), Albéric, sénéchal. — I, 501.
— Bernard, chanoine. — I, 502.
— Lyénor, femme de Jean de Chasteillon. — II, 275.
— Mathieu, chevalier, seigneur de Guermigny. — II, 19, 314.
— Mathieu ou Mahieu, sieur de la Ferté-lès-St.-Riquier. — I, 428. — II, 275, 276.
— Odo, dit *le Barbu*. — I, 501.
— Raoul. — II, 348.
— Rigor, marié à Élisabeth. — II, 362.
— Rorige (*Rorigo*), seigneur de Garmegny. — II, 348.
Roillars, Jean, seigneur de St.-André. — I, 6.
Rolland, Antoine, trésorier général des Invalides au département de St.-Valery. — II, 279.
— Jean, évêque d'Amiens. — II, 336.
Rollepot (de), Mahieu. — II, 87.
Romanet, Gilbert, prêtre de l'Oratoire. — II, 342.
Romeval (de), Lucas. — I, 114.
Roncherolles ou Ronquerole (de), baron, seigneur de La Ferté. — I, 45.
— Claude, chevalier, seigneur-marquis de Pont-St.-Pierre, châtelain et seigneur de La Ferté, etc. — II, 251.
— Nevelon. — I, 135.
Rondenoy (de), Jacques, chapelain. — I, 169.
Rony (de), Jeanne-Mauvoisine, dame d'Araines. — I, 38.
Roquée, Antoine, fille de Regnault, et veuve de Jehan de Sorel. — I, 453.
— Regnault. — I, 453.
Roques, N., seigneur d'Hangest et de Davenescourt. — I, 200.

Roricon, évêque d'Amiens. — I, vij, xxiij, 95. — II, 302.
— seigneur de Roye. — I, 24, 93.
— *vir venerabilis*, fils de Simon, tenant en fief le prieuré de Domvast. — II, 254.
Rosier (du), Jean, *Joannes de Roseria*, chevalier, seigneur d'Authieulle. — I, 218.
Rosières (de), Hugue, chevalier. — I, 483. — II, 263.
— Jean, chevalier. — I, 214, 483.
— Thomas. — I, 301, 314.
— Willaume. — I, 123.
Rossi (de), M., archéologue. — I, xxxv.
Rotois (de), Jean, chevalier. — I, 295.
— Richard. — I, 295.
— Thomas. — I, 295.
Rotrou, archevêque de Rouen. — II, 205, 206.
Rouault, Joachim, maréchal de France. — II, 103.
— Nicolas, chevalier, seigneur et marquis de Gamaches. — II, 172, 178.
Rouget, Nicolas, chapelain — II, 177.
Roujault, Claude, prieur d'Hornoy. — II, 131.
Roullepot (de), Mathieu, chevalier. — I, 217.
Rousen (de), Marie, femme de Charles Douzenel. — I, 21.
Roussé (de), Etienne, chevalier, seigneur de St.-Cler. — II, 111.
Rousseau, Pierre, chapelain. — II, 74.
Roussel, Jacques, curé. — I, 417.
— Jean, curé. — I, 148.
— Hélène. — I, 119.
— Henriette. — I, 118.
— Michel, prieur de St.-Denis de Poix, écolier. — I, 431.
— Pierre, chanoine de la cathédrale. — I, 66.
— N., lieutenant particulier à Péronne. — II, 312.
Roussel (de), Claude, épouse du sieur du Hamel. — II, 111.
— Reignier ou René, écuyer, seigneur de Friville en partie. — II, 95.
Roussele, Marie, femme de Roussiaus. — I, 26. Voy. Argœuves (d'), Roussel.
Roussen (de), Jacques, curé. — II, 263.
Roussiaus, Jean. — I, 26.
Routier, maire d'Oisemont. — I, 114.
Rouverel (de), Mehaut, épouse de Jehan de Mesviler. — I, 390.

Rouverel, Henry dit *Cayn*, écuyer. — I, 390.
Rouvroy ou Rouveroy (de), Claude, bourgeois et marchand. — I, 119.
— Claude, curé. — I, 223, 474, 509.
— Jacqueline, femme de Monmignon.—I, 26.
— Jean, curé. — I, 174.
— Jehan, écuyer. — I, 108.
— Pierre. — II, 360.
Rouvroy (de) St.-Simon, Françoise, femme d'Hédouville. — I, 118.
Rouzé, Antoine, curé. — I, 219.
Rozinville (de). — Voy. Le Marchand.
Rosoi ou Rozoy (de), Arnoul. — I, 389.
— Arnulfe, chevalier. — I, 389.
Rovrel (de), Agnès, femme de Nicolas Le Clerc. — I, 396.
Roy (de), Jean, citoyen d'Amiens. — I, 96.
Roye ou Roie (de), Drogo. — I, 232.
— Lambert. — I, 232.
— Mathieu. — I, 124, 135, 213.
— Rorgon. — I, 396.
Royon, André, religieux prémontré, curé.—II, 269.
Royon (du), François, curé. — I, 359.
Rue (de la), Adrien, curé. — II, 34.
Rue Baim. — II, 277.
Ruemont (de), Aléaume. — I, 4.
Rufin (Saint). — I, vj.
Rully (de). — Voy. Lully (de).
Rumbli (de), Haket. — II, 185.
Rumelly (de), Hugue. — I, 215.

S

Sabatier (de), Joseph. — I, 64, 183, 448, 509. — II, 274.
— Pierre, évêque d'Amiens. — I, xxix, 1, 68, 73, 80, 103, 110. — II, 47.
Sachy (de), Catherine, femme de Rouvroy. — I, 119.
— Michel, curé. — I, 356.
— le sieur. — I, 113.
Sacqespée, Marie. — I, 106.
Sacquespée (de), Jean-Charles, chevalier, seigneur de Thésy, etc. — I, 236.
— René, père de Jean. — I, 236.
Sagot, F., bachelier en Sorbonne, curé.—II, 267, 268.

Sailly (de), le marquis. — I, 102.
— Marie. — I, 197.
— Madame. — II, 149.
Sainclet Pingré (de), Etienne. — I, 139.
Sains, Jean, doyen. — II, 229.
Sains (de), *de Sanctis*, Guibert. — I, 261.
— Jean, chevalier, seigneur de Marigny et d'Arvillers. — II, 249.
— Osmond. — I, 238.
— Raoul, chevalier, maieur de l'abbaye de Corbie à Rokencort. — I, 397.—II, 351.
Saint-Acheul (de), Bauduin, fils de Roger.—II, 21.
— Guy, fils d'Ingerran. — II, 22.
— Ingerran, fils de Robert.—II, 21, 22.
— Robert, chevalier. — II, 21.
— Roger. — II, 21.
Saint-Albin (de), Berte, sœur, dans la maladrerie de Doullens. — II, 84.
— Boëmond. — I, 371.
— Gamelo.—I, 371.
— Robert. — I, 371.
Saint-Aubin (de), Alexandre (sieur de Tilloy). — I, 459.
— Charles-Alexis, écuyer, capitaine d'une compagnie au régiment de Picardie. — I, 459.
— Richard. — I, 436.
— Mme. — I, 422.
Saint-Blimond (de), Jean, chanoine. — II, 55, 180.
— M. — II, 283, 284.
Saint-Delis, Antoinette, femme de Pierre Jumel. — I, 507.
Sainte-Beuve (de), François, curé. — I, 394.
Sainte-Foix (de), Colard. — I, 86.
Saint-Fuscien (de), Marie. — I, 259.
— N., notaire. — II, 344.
Saint-Fussien (de), Pierre. — I, 85.
Saint-Hilaire (de), Hugue. — II, 107.
Saint-Laud (de), M. — II, 155.
Saint-Ligier (de), *Driex* (Adrien), chevalier. — I, 213.
— Jehan. — I, 109.
Saint-Martin (de), Gautier. — II, 92.
Saint-Omer (de), Guillaume ou Willelme.—II, 147.
— Guillaume, fils du précédent.—II, 147.
— Guillaume. — I, xij. — II, 147.
— Guy ou Guion, comte. — I, 146, 461.

— 456 —

Saint-Paul (de), les comtes et comtesses.—I, 169.
— le comte, gouverneur de Picardie. — I, 116.
Saint-Pol, Eustache, femme de Jean de Nesle. — II, 313.
— Hugue, comte. — I, 319.
— Hugue, marié à Yolande. — I, 143.
— Hugue, surnommé Tacon, chevalier, seigneur d'Aubigny et d'Orreville. — I, 214.
— Roger. — I, 220. — II, 80.
Voy. Camp-d'Avesne.
Saint-Pierre (de), *Wisso*. — I, 436.
Saint-Preuil (de), le sieur. — I, 113.
Saint-Quentin (de), Gui, évêque de Beauvais. — II, 303.
Saint-Sauflieu (de), Dreux ou Adrien. — I, 460.
Voy. Sessolieu (de), etc.
Saint-Saurin (de), Raoul. — I, 24.
Saint-Sidoine (de), Élie. — II, 92.
Saint-Souplet (de), Claudine, abbesse du Paraclet. — I, 121.
Saint-Valery (de), les sires. — II, 274.
— Bernard II°. — II, 54, 90, 92, 93, 103, 104, 257, 296.
— Bernard III°, fils de Bernard II°. — II, 257, 296.
— Henri.— II, 90.
— Lorette (*aliàs* Laurence), femme d'Aléaume de Fontaine. — II, 54, 57, 75.
— Renault, fils de Bernard II°. — II, 296, 297.
* — Thomas. — II, 90, 103, 104, 107, 113, 146, 167, 169, 174, 253, 357.
Sainte-Maure (de), Adrien, chevalier, comte de Joigny et seigneur de Beaulieu, fils de Charles. — II, 335.
— Charles, comte de Neele, baron de Cappy. — II, 335.
Sainville (de), Mme. — I, 137.
Saladin, soudan d'Égypte. — I, xlix.
Salchois (de). — Voy. Sauchoy.
Salet, Guillaume, docteur en théologie, prieur de St.-Denis de Poix. — I, 429. — II, 143.
Saleu (de), Pierre. — I, 439.
— Thomas. — II, 61.

Saleu (de), Warin. — I, 29.
Salmatoris (de), Françoise. — I, 481.
Salmon, Charles, historien. — I, vj.
Samson, archevêque de Reims. — II, 115.
Sangnier, Antoine, curé. — II, 31.
— François, bachelier de Sorbonne, curé. — II, 31.
Sanier, Foulque, doyen de Montreuil et de Rue.— II, 229.
Sannier, Aimé, curé. — II, 34.
Sanson, Nicolas, géographe. — I, x.
— Nicolas, curé. — II, 232.
Sapegnies (de), Hue ou Hugue, écuyer, seigneur de Miaute (Méaulte). — I, 157. — II, 335.
Sarcus (de), François. évêque du Puy.—I, 288.
— Gilles dit *Lebrun*. — I, 105. — II, 341.
— Jean, colonel général des légions de Picardie. — I, 288.
— Pierre. — I, 288, 296.
— Renaud ou Regnault, chevalier.-I, 107, 372.
— Robert, écuyer. — I, 37.
Sarra (veuve). — I, 45.
Sarton (de), Pierre, chanoine d'Amiens. — I, 75, 427, 497.
Saturnin (Saint). — I, vj.
Sauchoy (de), Jean, connétable d'Eu. — II, 99.
— Jean. — *Ibid*.
— Hugue. — II, 99.
— Marie. — *Ibid*.
Voy. Chaussoy (du).
Saucourt ou Ialcourt (de), la dame. — II, 223.
Saulmon, Louis, curé. — I, lv.
— Nicolas. — II, 102.
— Pierre, prêtre. — II, 67.
Sauvage, François, curé. — II, 263.
— Pierre, religieux célestin. — I, 110.
— religieux prémontré, sous-prieur de Sery. — II, 94.
— M., historien. — II, 146.
Sauvage (le), Ricalde. — Voy. Ponches (de).
Sauve (Saint), évêque d'Amiens. — I, xliij, 65, 75. — II, 181.
Savary, Jehan, prêtre, docteur en théologie, doyen du chapitre de St.-Vulfran, fils de Nicolas. — II, 326.
— Jehan, noble homme, conseiller au siège présidial de Ponthieu. — II, 326.

Savary, Marie, femme de Antoine de Joigny. — II, 326.
— Nicolas, bourgeois d'Abbeville.—II, 326.
Savenelle (de), Élisabeth, épouse de mess. Claude de la Fons. — I, 459.
Saveuses (de), Anthoine, notaire et secrétaire du roi. — I, 479.
— Antoine, conseiller au Parlement, prieur de Montdidier. — I, 341.
— Enguerran. — I, 42.
— François, seigneur de Coisy. — I, 408.
— Louis, écuyer, sieur de Coisy. — I, 244.
— Louis, chevalier, sieur de Bouquinville. — I, 479.
— Philippe. — I, 125.
— le sieur. — I, 209.
Savoie (de), Philippe, abbé de Corbie. — I, 228.
— Thomas, chanoine. — II, 9.
Savoye (de), François, curé, doyen de chrétienté. — I, 503.
Scellier, François, chapelain. — I, 54, 88.
— Madeleine, veuve Morlancourt. — I, 132.
Schomberg (de), Charles, duc d'Halluin, maréchal de France. — I, 112, 343.
Segon, pêcheur du comte de Ponthieu. — II, 217.
— Benoit, fils de Segon, religieux. — II, 217, 218.
— Hubert, fils de Segon. — II, 218.
Seibrand, honorable homme de Montreuil. — I, 229.
Seiles (de), Manassès, chevalier. — II, 202.
— Symon-Pincerna. — II, 202.
Seisseval (de), Hugue. — I, 3.
Silecqle, Valois. — II, 188.
Selincourt ou Selincort (de), Ade, femme de Gautier Tirel. — I, 429. — II, 125.
— Bauduin, vicomte. — II, 127, 128.
— Dreux. — I, 296. — II, 72, 125, 130.
— Droux. — II, 128.
— Gautier. — II, 128.
— Hue, écuyer, fils de Raoul. — II, 127, 128.
— Raoul, marié à Emmeline. — II, 127.
— Raoul, écuyer. — I, 430.
— Roger. — II, 144.
— Wermont, vicomte. — II, 128.
Selle de Beauvoir. — II, 246, 358.

Sellier, Louis, curé. — I, 146.
Semets, Jean-Baptiste, curé. — I, 207. — II, 85.
Senamon (de), Marie, femme de Frémin Du Flos. — I, 239.
Senarmont (de), Coline, femme de Witasse de Fossemanant. — II, 246.
Sené, Blaise, caritable. — I, 256.
Sénéchal (le sieur). — I, 55. — Voy. Le Sénéchal.
Sénescal, Marie, élue de Doullens. — II, 341.
— Jeanne, femme de Rimache, Jean. — II, 341.
Séneschal, Pierre, citoyen d'Amiens. — I, 110.
Senlis (de), Isabelle, seconde femme de Gilles de Rivières. — II, 75.
Senneville, Charles, curé. — II, 202.
Serchy (de), Milon. — I, 69.
Seret, Jean-Baptiste, curé. — I, 331.
— Jean. — I, 455.
Sericourt (de), Jacques. — I, 97.
Serpette, Jean-Baptiste, curé. — I, 468.
Serviens, Baudouin, chevalier. — II, 185.
— Eustache. — II, 185.
Sessolieu ou Sessoiliu (de), Dreux, chevalier. — I, 179, 402.
— Enguerran, chevalier, fils de Dreux. — I, 179, 402.
Sessoliu (de), Engelramme. — I, 402.
Sessouliu (de), Adam. — I, 181.
— Gui. — I, 181.
Voy. Saint-Saulflieu (de).
Seully (de), Péronnelle, comtesse de Dreues, dame de St.-Vallery. — I, 484.
Seux (de). — I, 71.
Sevancemont (de), Ingerran. — II, 126.
Sevaux, Philippe, curé. — I, 201.
Sigrade (Sainte). — I, 447.
Silly (de) de Louvigny, François-Olivier, prêtre, bachelier en théologie de la Faculté de Paris. — II, 323.
Simon, évêque de Noyon.— I, 234, 236.— II, 310.
— évêque de Tournay. — II, 249, 373.
— seigneur d'Ailly-sur-Noye. — I, 238.
— prieur d'Airaines. — II, 52.
— Nicolas, curé. — II, 144.
— père de Roricon (seigneur de Domvast?)— II, 254.
Voy. Symon.

SINCRY (de), Pierre. — I, 453.
SIXTE V, pape. — I, lj, 128.
SOES (de), Adam. — I, 403.
SOIERCORT (de), le sieur. — Voy. HAVES et HAVET.
SOISSONS (de), Aléaume, seigneur de Poix.—I, 431.
— Jean. — I, 101, 431. — II, 104.
— Walleran. — I, 37.
SOLVILER (de), Guillaume, chevalier. — I, 357.
Voy. SOUVILER (de).
SOREL (de), Bernard, chevalier. — II, 320.
— Jehan, écuyer. — I, 453.
— DE DONERY, Charles-Jacques-Michel, chantre de la cathédrale de Toul. — II, 53.
Voy. DE SOREL.
SORENC (de), Guillaume. — II, 95, 100.
SOUBIZE (de), le prince. — — II, 188.
SOUHAIT (François), curé. — I, 122, 380.
SOUICH (du), Thomas, écuyer, seigneur de la Ferrières. — II, 342.
SOUMELLONS, Henri. — I, 215.
SOUVILER (de), Jean. — I, 371.
Voy. SOLVILER (de).
SOYECOURT (de), Françoise, épouse de Pontus de Belleforière. — I, 337.
Voy. SOIERCORT.
SOYER, Jean-François, curé. — I, 270, 315.
— Vincent, chapelain. — I, 475.
SPÉZIAN. — Voy. POSELLI.
STANAY (de), Claude. — I, 32.
— Louise. — I, 32.
STRABON, Robert. — II, 357.
SURCAMP (de), Jean. — II, 253.
— Renart, écuyer. — II, 265.
SUSANE (de), Jean, chevalier. — I, 331.
SYLVESTRE, pape. —— I, xxxviij.
SYMMAQUE, pape. — I, xxxviij.
SYMON, archidiacre d'Amiens. — II, 202.
— maire de Gouy. — I, 173.

T

TABARIE, Robert. — II, 245.
TACON, Hugue, chevalier. — I, 214.
TAINFRIDE, monétaire. — I, 28.
TAISNY (de), Willerme, écuyer. — II, 347.
TALLET, Thomas, abbé de Sery — II, 208, 209.
TALMAS (de), Baudoin. — I, 332.

TANGUES (de), Colart, premier écuyer du corps du roi. — II, 259.
TANNAY (de), Jacqueline, épouse de Louis d'Ally. — I, 345.
TARDIF, Siméon, prieur de Davenescourt, de Bourdeilles, etc. — I, 184.
TASSART (de), Charlotte, dame d'Enguillaucourt. — I, 267.
TASSEGON, Jacques, prêtre. — I, 256.
TASSOT, Jacques-Gilbert, curé. — I, 352.
TATEBALLT, Nicolas. — I, 422.
TAUPIN, Jean, prêtre. — I, 204. — II, 349.
TAVERNIER, Jean-Baptiste, chapelain. — I, 55, 166.
— Joseph, chapelain. — I, 51.
TELLIER, curé. — I, 26.
TERNOIS, Etienne. — II, 175.
TESTART, François, curé. — I, 293.
TESTU, Charles, curé. — II, 59.
— François, religieux de Prémontré, prieur-curé. — I, 442.
— Gabriel, curé. — II, 67.
TEZ (de), Henri. — I, 296.
— Hugue. — I, 296.
THANES (de), Pierre, écuyer. — I, 232.
THÉLU, J., curé. — II, 268.
THÉNARD, Hugues, prieur-curé. — I, 498.
THÉODORIC, évêque d'Amiens. — Voy. THIERRY.
THÉRON, Robert, curé. — II, 116.
THÉRU, Charles, chapelain. — I, 509.
THÉSART ou TÉSART, Raoul, clerc. — II, 60.
THIBALLT, évêque d'Amiens. — I, xx, xxiij, 5, 24, 30, 45, 66, 70, 71, 72, 164, 165, 201, 208, 285, 310, 321, 324, 327, 333, 359, 361, 370, 371, 381, 392, 397, 401, 405, 411, 412, 416, 434, 439, 442, 464, 468, 470, 497, 501, 507.— II, 17, 20, 41, 43, 52, 68, 83, 90, 94, 95, 97, 106, 107, 110, 117, 119, 121, 124, 129, 130, 134, 135, 152, 189, 207, 208, 225, 227, 230, 234, 254, 257, 262, 270, 290, 296, 297, 320, 336, 347, 351, 360, 368, 371.
— archidiacre d'Amiens. — I, 166, 286, 402. — II, 347, 359.
— Nicolas, curé. — II, 117.
THIBAUT, comte de France (aliàs de Champagne). — I, 23, 174? 175, 177.

THIBAUT, archevêque de Rouen. — I, 182.
— abbé de St.-Josse-sur-mer.—II, 192, 219.
THIEBAULT, Jean, curé. — II, 268.
THIEMBRONE, Bertin, religieux d'Auchy-les-Moines. — II, 79.
THIERRY ou THÉODORIC, évêque d'Amiens.—I, xxiij, 6, 7, 8, 66, 93, 94, 143, 147, 172, 174, 181, 182, 189, 190, 198, 208, 223, 235, 258, 270, 290, 296, 336, 340, 348, 349, 350, 351, 355, 357, 371, 382, 384, 388, 389, 390, 395, 398, 401, 439, 460, 488, 492, 493, 497, 499, 502, 503, 504, 506. — II, 72, 112, 130, 142, 147, 164, 168, 170, 192, 221, 254, 259, 265, 273, 342, 344, 349, 350, 353, 357, 358.
THIERRY, Augustin, historien, — I, v, xix, 52 et passim.
— Jean-Baptiste, écuyer, seigneur de Dours. — I, 44.
THIEULIN, D. François, prêtre, prieur de St.-Germain-sur-Bresle. — II, 205.
THILLOLOY (de). — Voy. FAY (du).
THŒUFFLES (de), Louis, sieur de Huppi.—II, 170.
THOMAS, abbé de Sery. — II, 93.
— doyen du chapitre. — II, 321, 324.
THOMAS DE CANTORBÉRY (Saint). — I, 78.
THONNEL, Gaspart, laboureur. — I, 95.
THORACE (de), le comte. — II, 3.
THOREL (la veuve). — II, 93.
THORY (de), Blanche. — I, 119.
THOUSEL, Antoine. — II, 175.
THUILLIER, Antoine, curé. — I, 496.
— Jacques, curé. — I, 428.
— N., curé. — II, 234.
TILBVAL (de), Pierre. — I, 149.
TIEMBRONE ou TILNBRONE (de), Clarbord. — II, 202.
— Clerbaud ou Clarembaud. — II, 186, 202.
— Guillaume, fils de Clarembaud. — II, 202.
TIERCELAIN, Michel, curé. — II, 234.
TILLETTE, Pierre, curé. — II, 230.
TILLETTE D'ACHERY, Louis, seigneur d'Acheu. — II, 286.
— DE SAINTE-BARBE, Marie-Anne, religieuse de Saint François. — II, 222.

TILLIER, curé. — II, 206.
TILLOCQ, Pierre, curé. — II, 238.
TILLOLOY (de), E. dite DU CHOISE. — I, 477.
TILLOY (de), Jean. — I, 28.
— Thibault, chevalier. — I, 29.
TILLY (de), Henry, écuyer. — I, 235.
TINGRY (de), Pharam, noble homme. — II, 185, 186.
— Sybille, femme de Ingerran de Fientes. — II, 185.
TIRARD, L.-F., chapelain. — II, 49.
TIRLL. — Voy. TYRLL.
TITRE (du), Guillaume. — I, 422.
TOFLET (de), le sieur. — II, 367.
TOLENT (de), Odon. — II, 129.
TOLOMÉ, Louis, curé. — II, 2, 40.
TONNEILER-BRETEUIL (le), François, marquis de Fontenay-Trésigny. — I, 108.
TORELLE, Maroie (Marie), épouse de Guillebert de Pas. — I, 280.
TORKEFEL, Jean, dit de Corbie. — I, 27.
— Pierre. — I, 27.
TORNAY (de), Jean. — I, 19.
— Sarra, veuve, mère de Jean. — I, 19.
TOUDOUZE, d'Arvillers. — I, 457.
TOULET, Charles, curé. — II, 265.
TOUR (de la), Charles, prêtre et pénitencier de la cathédrale. — I, 22.
— Dreux. — I, 503.
— le comte. — II, 188.
TOURNELE (de le), Robert, chevalier. — I, 392.
TOURNELLE (de la), Jean. — I, 486.
— Pierre. — I, 312.
— Raoul, chevalier. — I, 301, 316.
— Robert, fils de Roger. — I, 342.
— Robert, IVe du nom. — I, 342.
— Roger, son frère. — I, 342.
TOURNEUR, Nicolas, curé. — I, 185, 274.
TOURS (de), César, écuyer, sieur des Noières. — II, 208.
— Enguerran. — II, 119.
TOUTENCOURT ou TOTENCORT (de), Adam. — I, 327.
— Jacques. — I, 335.
— Marie. — I, 38.
TRANELLE, Jacques. — I, 42.
TREIGNEIL (de), gouverneur d'Amiens. — I, 116.
TRENCART, Charles, curé. — I, 421.

TRENCART, Jean, curé. — II, 61.
— Louis, prieur-curé. — I, 504.
— Nicolas, curé. — II, 137.
TRENCQUIE (de la), Mathieu. — I, 106.
TRÉSALI (de), Odo, légat du St.-Siège. — I, 407.
TREUS ou TREU (de), Gamelin. — I, 146.
— (de Tributo), Ingerran, chevalier. — I, 146, 163. — II, 314.
— Pierre. — I, 163.
TRIE (de), Mahieu, chevalier, chambellan du roi, sire de Fontenoy et de Plecville. — I, ix.
TRONVILLE (de), Bernard. — I, 82. — II, 339.
— Robert. — II, 332.
— le sire. — I, xlv.
— demoiselle. — II, 332.
TROPSAGE, Robert, bourgeois de St.-Josse. — II, 184.
TROUVAIN, Charles, chapelain. — I, 58, 183.
TRUDAINE, François-Firmin, évêque de Senlis. — II, 253.
TRUE, Jérôme, prieur de Canchy. — II, 7.
TRLFIER, le sieur. — II, 12.
TRUNET, Antoine, curé. — II, 227.
TUGNY (de), Charles dit Goissanne. — I, 311.
TURMENYES (de), Jean, prêtre, docteur en Sorbonne, prieur bénédictin. — I, 406.
— DE NOINTEL, Jean, seigneur, baron de Boves. — II, 343.
TURPIN, Michel, curé. — I, 158.
TYREL, TIREL ou TIRELLE *, Hugue, quadrisaïeul de Gautier le jeune. — II, 129.
— Gautier. — II, 241
— Gautier, IIIe du nom, chevalier, seigneur de Poix, marié à Ade de Selincourt. — I, 292, 429, 430. — II, 7, 125, 143, 201, 354.
— Ibert. — II, 201.
— Hue ou Hugue, fils de Gautier III. — I, 429. — II, 125, 202.
— Guillaume, fils du même Gautier. — I, 430.
— Hugue. — I, 6, 403.
— Gautier IV, ou Wautier, dei gratid, seigneur de Poix, fils de Hugue, et marié à Ève. — I, 403, 429. — II, 124, 147, 185, 218.

* Nous avons pu assez bien distinguer les membres de cette famille pour les placer ici dans leur ordre chronologique : ce qui forme un vrai tableau généalogique.

TYREL, Gautier le jeune, noble homme. — I, 443. — II, 129, 356.
— Raoul, chevalier, marié à Gila. — II, 97, 288.
— Ingerran, fils de Raoul. — II, 97.
— Guillaume ou Willaume, chevalier. — I, 443. — II, 127.
— Jean, chevalier. — I, 298, 430, 449.
— Jean, chevalier. — I, 38.

U

ULPHE (Sainte). — I, 121.
URBAIN Ier, pape. — I, xxxvj, xxxviij.
— III, pape. — I, 48, 184, 187, 198, 340, 341, 349, 350, 353, 397. — II, 173, 281, 347.
— IV, pape. — I, 411.
— VIII, pape. — I, 100, 205.
URSO (Lours, Ourson?), mayeur de Maisons-en-Rollant. — II, 242. — Voy. LOURS.

V

VACONSIN, Martin, curé. — I, 398.
VACQUERIE (de la), Guillaume. — II, 261.
VACQUET (héritiers). — I, 404.
VACQUETTE, Marthe (demoiselle). — I, 114.
VADENCOURT (de), Jean-Mahue. — I, 327. — Voy. WADENCOURT.
VAHUON (du), M. — II, 194.
VAILLANT, Augustin, curé. — I, 195.
— Charles, chanoine régulier de Prémontré, curé. — I, 395.
— Claude, chapelain. — II, 48.
VAILLANT D'YALCOURT. — II, 259.
VALANGLART, M. — I, 137.
VALENCOURT (de), Baudouin-Buridan, seigneur de Dours. — I, 84.
VALENGLART (de), M. — II, 166.
VALÈRE (Saint). — I, vj.
VALERY (Saint), apôtre du Vimeu. — II, 91, 278.
VALINES (de), Jean, chevalier. — II, 97.
— Willaume. — II, 97.
VALLÉE (de la), Pierre, curé. — I, 177.
VALLOT, directeur général des eaux minérales de France. — I, 25.

Valois (de), Aliénor, comtesse de St.-Quentin. — II, 313.
— Jean, écuyer. — I, 175.
Valpergue (de), Louise, douairière de Fouilloy. — I, 245.
Vals (de), Hugue. — I, 235.
Vandrille (Saint), abbé de Fontenelle. — II, 310.
Van-Robais, Josse. — II, 28, 29.
— M. — I, 486. — II, 98.
Varanguien, Jean, curé. — I, 162.
Varennes (de), Florent, chevalier. — I, 229.
— Jean, chevalier, seigneur de Vinacourt. — I, 26, 232, 486. — II, 96, 161.
Varesne (de), chevalier, seigneur de Forcheville. — II, 265.
Vargnier, Jean, prêtre, curé, écolier de l'Université de Paris. — I, 462.
Varlet, Louis. — I, 457.
Varloy (de), Jean. — I, 238.
Vacon, Mlle. — II, 188.
Vassal, Raoul. — II, 92.
Vasserie, Antoine, curé. — I, 158.
Vasset, Daniel, prêtre, chanoine de Noyon. — I, 458.
Vasse (de), Antoine, chevalier, seigneur de Bethizy. — II, 17.
Vasseur, Antoine, curé. — I, 215.
— Jean. — I, 279.
— Jean, à Gousseauville. — II, 93.
— Martin. — II, 250. — Voy. Levasseur.
Vast (Saint), Lieu de sa naissance, etc. — I, vij.
— II, 132, 308, 378.
Vatel, François, chapelain. — I, 58.
Valchelles (de), Jehan dit Frérot. — I, 37.
— Jehennon, fille de Jehan. — I, 37.
— Raoul, marié à Marie Le Messière. — I, 37.
— le marquis. — II, 29.
Vaucousin, conseiller à Abbeville. — II, 110.
Vaudequin (de), Enguerrand. — I, 337.
Valx (de), Girault. — I, 164.
— Mme. — II, 188.
Vavasseur, Jean. — II, 18.
Vellenne (de), Jean, curé. — II, 139.
Vendôme (de), Claude, seigneur de Ligny. — II, 179.

Venisse (de), Laurence. — I, 27.
— Mathilde, veuve. — I, 27.
Ver (de), Robert. — I, 443.
Verchin ou Verrechin (de), Eustache, fille de Hubert. — I, 380.
— Hubert. — I, 380.
— Philippe, seigneur de Glisy. — I, 381.
Verdure, Simon. — I, 197.
Verdure (de la), Jean. — I, 197.
Véret, Antoine, curé. — I, 467.
Vérifroy, Thomas. — II, 208.
Vermandois (de). Adalbert, comte. — II, 310.
— Adèle, comtesse. — I, 230.
— Élisabeth. — I, 99.
— Herbert, IIIe du nom, comte. — I, 451, 456.
— Hugue-le-Grand, comte. — I, 451. — II, 310.
— Philippe, comte de Flandre. — I, 396.
— Raoul, comte. — I, 396.
— Simon, évêque de Noyon. — II, 310.
— Voy. Simon.
Vers (de), Henri, dit Ector, écuyer. — I, 241.
Versé, Pierre, évêque. — I, 69, 72. — II, 333.
Verton (de), Joseph, curé. — II, 237.
Vertqul (de), Gauthier. — II, 227.
Vesuio (de). — Voy. Frodin.
Vetiforo (de) Ticinus. — I, 165.
Velillot, Louis, littérateur. — II, 33.
Vicourt, Milon, seigneur de Davenescourt, fils de Robert. — I, 200.
— Robert. — I, 200.
Victoric (Saint). — I, vj.
Vienne (de), marié à Jeanne de Hangest. — I, 32.
Vigereus, Jean, bailli d'Abbeville, pour la reine d'Espagne. — I, 96
Viget (de), Philipia-Sidonia, épouse Le Lonchier. — I, 209.
Vignes (des), Balthasar, laboureur. — I, 256.
Vignolle, Nicolas, grand prieur de St.-Remy de Reims. — II, 301.
Vignon, médecin à Paris. — II, 173.
Vilainecort (de), Ingerran, chevalier. — I, 378.
— Thibault. — I, 378.
Vile (de), Jean, chevalier. — II, 341.
— Pierre, écuyer, dit le doyen de Warloy. — I, 336.

VILEIN, Adam. — I, xxx.

VILERS (de), Ernold. — I, 493. — Voy. VILLERS (de).

VILIERS (de), Enguerran. — II, 262.

VILLE-SUR-CORBIE (de), Mahius. — I, 241.
— Robert. — I, 241.

VILLEMAN, François, curé, puis chanoine, historien. — I, 160. — II, 146.

VILLEMANT (demoiselle). — I, 111.
Voy. VILMAN.

VILLENEUVE (de la), M. — II, 192.

VILLEPAUX (de), Pierre, chevalier, seigneur de Mareuil. — II, 178.

VILLEROY (de), M. — I, 114.
— (de Villa regia), Pierre, notaire apostolique et impérial. — II, 345.

VILLERS (de), Agnès, femme de Bernard de Morcuil. — II, 189.
— Guillaume, chevalier. — I, 278.
— Louis. — I, 10.
— Raoulequin. — I, 106.
— Robert. — I, 278.
Voy. VILERS (de).

VILLERS-AU-BOCAGE (de), Gilles. — I, 510.
— Robert, fils de Gilles. — I, 510.
— Robert. — II, 332.

VILMAN, Antoine-Adrien, prêtre. — I, 166. — Voy. VILLIMAN.

VIME (de), Bartholomé, chevalier. — II, 320.

VINACOURT (de), Drocon ou Dreux, noble homme. — I, 508, 510.

VINTIMILLE (de) des comtes de Marseille du Luc, Charles-Gaspard-Guillaume, archevêque d'Aix. — I, lx.

VIOLETTE, de St.-Marc. — I, 457.

VIOLLETTE, Norbert, curé. — I, 214.

VION, Jean, chapelain. — I, 41.

VIRI (de), Hugues, abbé de St.-Fuscien. — I, 23.

VIRONCHAUX (de), M., bourgeois d'Abbeville. — II, 209.

VITASSE, François, chapelain. — I, 62.

VITERBE, bienfaiteur de l'abbaye d'Anchin. — I, 336, 503.

VITRY (de), Robert, mayeur de Doullens. — I, 251.

VIZ (de), Arnoul. — I, 96.
— Galeran. — I, 96.

VOCQUET, N., curé. — II, 46.

VOISSET (de), Philippe, écuyer, seigneur de Gapenne. — I, 345.

VRAŸET, Pierre-Paul, chapelain. — I, 476.

VUATELET, de St.-Marc. — I, 457.

VUATIN, Pierre, curé. — I, 376.

VULPHY (Saint) : lieu de sa naissance. — II, 233.

W

WABLE, Jacques, curé. — I, 195.

WADENCOURT ou WADENCORT (de), Bauduin, chevalier. — I, 335.
— Gui, chevalier. — I, 335. — II, 348.
— Symon, chanoine. — I, 286.
Voy. VADENCOURT (de).

WAGNY (de), Gui, clerc. — I, 322.

WABEN (de), Gebon. — II, 71.

WAILLE, Pierre, chanoine d'Amiens. — I, 76.

WAILLY (de), Guillaume, chevalier. — II, 184, 192.
— N. — II, 315.

WALCCORT, curé. — I, 323.

WALQUIN, Mathieu, chanoine d'Amiens — II, 335.

WALLART, Antoine, curé. — II, 157.

WALLET, Jacques, chapelain. — I, 280.
— Pierre, prêtre et chapelain. - I, 20, 24, 119.

WALLY (de), Eustache. — II, 202.
— Gautier. — II, 202.
— Guillaume. — II, 202.
— Robert, clerc, fils d'Eustache. — II, 202.

WALNAST (de), Robert. — I, 481.

WALOY (de), Girart. — I, 103.

WALVIS (de), Emmeline, femme de Raoul de Selincourt. — I, 430.

WANTIGNET (de), chevalier. — I, 26.

WARCONSIN, Nicolas, curé. — I, 354.

WAREMBAUD, abbé de St.-Josse-sur-mer. — I, xxj. — II, 183.

WARGNIES, WAREGNIES, WARLIGNIES ou WARENNIES (de), Ancelot, chevalier. — I, 221.
— Anselme, chevalier, maire de Naours. — II, 317, 351.
— Antiaume. — II, 364.
— Ingelran. — II, 317.
— Jean, chevalier. — II, 364.
— Mathilde, épouse de Jean de Hamel. — I, 257.
— sire Robert. — I, 204.

WARIN, Charles, curé. — I, 291.
WARLUZEL (de), Claude, seigneur d'Estinehen. — I, 153.
WARMÉ, Augustin, curé. — I, 197.
— Jean-Baptiste, chanoine de Fouilloy. — I, 282.
— (demoiselle). — I, 115.
WARRON, Pierre. — I, 260.
WARTY (de), Françoise, veuve de Charles d'Ailly. — I, 495.
WASART (de), Gilles. — I, 62.
— Pierre. — I, 62.
WATAIRE, Vincent (alias Wature), curé. — II, 226.
WATELLE, Pierre, laboureur au Mesnil-St.-Nicaise. — I, 459.
WATEBLÉ, Charles, curé. — II, 35.
— Jean, seigneur de Watcblérie. — II, 97.
— Jeanne, veuve de Nicolas Guerard. — I, 101.
WATTEBLÉ, Frémain, chapelain. — I, 40.
— Jean, curé. — II, 37.
WATTEVILLE (de), M., colonel du régiment d'Orléans. — II, 40.
WAUBERCOURT (de), Robinet (Robinus). — I, 270.
WAUBERT, Jean. — I, 234.
WAULLAINCOURT (de), Wy (Gui), chevalier, sire d'Autie. — I, 213.
WAUTIER, comte d'Amiens. — Voy. GAULTIER.
— chevalier. — II, 372.
— prieur de Davenescourt. — I, 301.
WAUVILLER (de), Gilles. — I, 234.
— Hubert. — I, 234.
WENSIO, chantre de l'église de St.-Quentin. — I, 305.
WESBERY (de), Guillaume, vicomte de Domart. — II, 253.
WIBERT, chantre de Reims. — I, 329.
— doyen de Vinacourt. — I, 481.

WICARD. — I, 324.
WICART, Adrien. — I, 454.
WILARD, fils de Durand. — II, 331.
WILLAMEVILLE (de), M. — I, 114.
WILLALME, doyen d'Abbeville. — I, 96.
WISEMALE (Mgr de), maréchal, héritier de Brebant. — I, 107.
WISOC, chevalier, seigneur de Thannay. — II, 241.
WITASSE, François, curé. — II, 153.
WYET, Nicole, prêtre. — I, 21.

Y

YEUCOURT (de), Enguerran. — II, 277.
— Jean, écuyer, sieur dudit lieu, fils de Enguerran. — II, 277.
— Renier. — II, 241, 277.
YGNY (d'), Jacques, seigneur de la Salle, chevalier. — I, 279.
— Willaume. — I, 279.
YRECHON (d'), Gobert, chevalier. — I, 230.
YVART, Nicolas, curé. — II, 297.
YVEMANS, Sagalo, marié à Ade. — I, 30.
YVEREMENS, Pierre, marié à Aélis. — I, 30.
YVES, comte d'Amiens. — I, 24. — Voy. IVES.
YVRENEL, Heudiars, femme de Valois. — I, 175.
— Sagalon. — I, 30.
— Simon, écuyer. — I, 175.
Voy. YVEMANS.
YZEU et YSEU (de), Henri. — II, 358.
— Hugue, curé. — I, 491.
— Jean, fils de Mathieu. — II, 364.
— Mathieu, chevalier. — I, 489. — II, 364.
— Mathieu, fils de Mathieu ci-dessus. — II, 364.
— Michel, prêtre. — I, 491.
— Pierre. — II, 358.
Voy. ISEU (de).

TABLE

DES

NOMS DE LIEUX.

TABLE

DES

NOMS DE LIEUX.

Un astérisque (*) placé immédiatement après le chiffre indiquera la page où il y a été traité du bénéfice (abbaye, cure, etc.).

A

Abancourt, au doyenné de Grandvillers. I, ix, x, 289*. — II, 387.

Abancourt, Abencourt, Habancourt, au doyenné de Lihons. I, 253, 254, 257, 303, 304*. — II, 382.

Abbaye-au-Bois (l') : emplacement ancien de l'abbaye de Sery, puis cimetière. II, 94, 96, 208.

Abbeville. I, xxix, xxxij, 96, 98, 135, 136, 210, 345, 428, 481, 486. — II, 3, 4, 5, 6, 7, 9, 10, 11, 14, 15, 16, 17, 19, 20, 22, 23, 24, 27, 29, 30*, 31*, 32*, 33*, 34*, 41, 49, 54, 55, 56, 62, 73, 96, 105, 108, 110, 160, 165, 169, 179, 214, 219, 228, 230, 233, 238, 244, 248, 251, 256, 258, 283, 309, 319, 320, 321, 322, 323, 324, 325, 326, 327, 331, 334, 366, 367, 368, 370, 372, 375, 384, 385, 388, 390, 393, 394.

   Fiefs : de Baillon. II, 54, 321. — de Fleuron. II, 321. — de St.-Milfort. — Voy. ce nom.

   Lieux-dits : les Planches. II, 15. — Le Nouvel Atre. II, 14.

Abemont, Abbemont, hameau dépendant de Domelien. I, 349. — II, 303.

Abladène, ancien nom de St.-Acheul. I, 93.

Ablaincourt, Ablincourt, au diocèse de Noyon. I, 300.

   Lieux-dits : le Camp Aspiax. I, 300. — Rue de Faiel. I, 300.

Aboval, hameau dépendant de la paroisse de Caumont-en-Artois. II, 149.

Achery, fief voisin d'Acheux-en-Vimeu. I, 65. — II, 285, 286.

Acheux, Acheu-en-Vimeu, Acheu, Aysseu, au doyenné de St.-Valery. I, 65, 67, 83. — II, 2, 11, 12, 285*, 286, 298, 385.

   Lieu-dit : Berville. II, 298.

Acheux, Acheu, Aissieu, au doyenné de Doullens. I, 16, 212*, 224, 231, 234, 236, 320, 384.

Achicourt, fief vers Guillaucourt? I, 123.

Acquet, Hacquet, secours de Neuilly-le-Dien. II, 156*, 248.

Agenvillers, Genvillers, Aysenviler. II, 16, 247, 249, 255*, 382.

Agnanie. I, 203.

Agnicourt, dépendance de Bavelincourt. I, 65, 231, 323, 324. — II, 355.

Agnière, Anières. I, 289*, 298, 449. — II, 130, 353, 382.

AIGNEVILLE. I, 235. — II, 115*, 122.
AIGUMONT, dépendance de Contoire. I, 191.
AILINCOURT. — Voy. ELINCOURT.
AILLEMONT. — Voy. ALMONT.
AILLY-LE-HAUT-CLOCHER, Ailly-en-Ponthieu, Asly, Arly. II, 50, 95, 242, 256*, 274, 387.
Lieu-dit : le Champ des Hosteulx. II, 245.
AILLY-SUR-NOYE, Ailli. I, 124, 128, 238, 370, 378*, 391. — II, 386.
AILLY-SUR-SOMME, Ally, Alli. I, 6, 10, 21, 38, 124, 406, 407, 411*, 412, 415, 425. — II, 2, 3, 79, 382.
AINVILLER. — Voy. HINVILLÉ.
AIRAINES, Araines. I, xv, 38, 404, 414, 415. — II, 52, 53, 55, 56, 59*, 60, 70, 71, 73, 124, 125, 129, 131, 321, 384, 389, 394.
AIRE-EN-ARTOIS. I, 223, 242.
AIRON-NOTRE DAME. II, 182, 192*, 386.
AIRON-ST.-VAST, Ayron. II, 149, 184, 192*, 387.
AIRONDEL, Érondel, hameau de la paroisse de Bailleul. II, 16, 17, 165.
AIX-EN-ARTOIS. II, 188.
AIXENISSART. II, 187.
AIX, en Provence. I, lx.
ALBERT, Encre, *Encra, Incra.* I, xxxj, 143, 144, 145*, 149, 154, 157, 158, 166, 167, 169, 170, 234, 246, 319, 320, 426. — II, 245, 344, 389, 394.
ALLENAY, Alnay. II, 95, 286*, 388.
ALETTE-EN-BOULLENOIS, Allette. II, 182, 185.
Lieu-dit : Toutendal. II, 182.
ALLERY, Alery, Aleri, Hallery. I, 253. — II, 53, 60*, 61, 319, 321, 385.
Fief: Machy. II, 60.
Lieu-dit : Cambot. II, 60.
ALLEUX (les), dépendance de Halloy-Briot. I, 293.
— dépendance de Béhen. — Voy. ZALEUX.
AILLIEL, Alliel, Allier, dépendance d'Ailly-le-Haut-Clocher. II, 50, 242, 256, 274, 319.
ALLONVILLE, Alunville. I, 6, 11, 65, 91, 105, 322*, 333. — II, 385.
Lieux dits : Beauvoir. I, 323. — Le Mesnil. I, 323.
ALTAVIO (*silva in*), entre Fontaine-sous-Catheux et Dommelier. I, 31.
AMBLAINSEVELLE, Emblinsevelle, *Albani silvula, Albani silva*, au diocèse d'Arras. I, 481, 482.
AMBRY. II, 187.

AMIÉNOIS (l'), *Ambiani, Ambianensium civitas.* I, vij, xj, xij, xiij, 355. — II, 383. — Voy. AMIVETUM.
AMIENS. I, vj, vij, ix, x, xj, xiij, xliij, xliv, xlv, 1, 65, 72, 73, 75* et suiv., 79, 92, 94, 95, 96, 97, 98, 99, 102, 103, 104, 114, 117, 118, 119, 120, 122, 125, 131, 132, 134, 137, 141, 171, 245, 266, 305, 338, 357, 370, 378, 381, 404, 425, 449, 469, 498. — II, 1, 17, 46, 66, 76, 79, 129, 131, 162, 187, 189, 205, 241, 244, 251, 264, 304, 305, 309, 315, 316, 319, 327, 338, 339, 342, 355, 357, 364, 370, 373, 375, 382, 383, 384, 385, 386, 391, 392, 396.
Fiefs : Ardiviller ou Hardeville. I, 42. — Conty. I, 69. — Marconnelles. I, 99. — Mont St.-Denis, au faubourg de Beauvais. I, 91. — II, 339.
Lieux-dits : l'Agrapin, Grapin. I, 91, 96, 99. — Le Camp des Fées ou des Buttes. I, 112. — Le Cardonnoy. I, 37. — Le Marché du Coq ou le Rillon du Coq. I, 72. — La place du Bel Arbre. I, 103. — Le Prélion, Preslion, Praillon, Praaillon. I, 37, 53. — Les Prés-Forest, au faubourg de la Hautoie. I, 30. — La Vallée. I, 6. — La Voierie. I, 110. — Le Windas. I, 85.
AMILLY, Amelly, cense de la paroisse de Sains. I, 6, 396.
AMIVETUM, *Amynettum*, Aminois ou Amiénois? I, 421.
AMINOIS. — Voy. AMIVETUM.
AMPLIERS. I, 204, 205, 220*. — II, 185.
AMY, au diocèse de Noyon. I, 452, 458.
ANDECHY, Andecy. I, 6, 10, 105, 185, 186, 302, 452, 456, 460*, 474, 475. — II, 309, 311, 312, 313, 341, 362, 388.
Lieu-dit : le Puits Cybert. I, 452.
ANDEINVILETE, Aldan-Vilete, Andevillette, fief près de Thieulloy-l'Abbaye. II, 52, 126, 129, 143.
ANDEVILLE, fief près de Thieulloy-l'Abbaye. II, 143.
ANDINVILLE, Andainville, Andainvile. I, 65, 67. — II, 24, 124, 126, 127, 132*, 133, 385.
ANGLE (forêt de l'), près de Noyon. I, 108.
ANGLETERRE. I, xliij, 485. — II, 31, 46, 206, 284.
ANGOULÊME. I, xxv.
ANJOU. I, 451.
ANSENNE, Ancenne, dépendance de la paroisse de St.-Étienne-en-Sery. II, 99, 117*.

ANTHEUIL, au diocèse de Beauvais. I, 239.

APT. I, 227.

ARDOIS, en Flandre. II, 188, 189.

AQUITAINE. I, xij.

ARCHONVAL, fief entre Hailles et la maison de St.-Domice. I, 366.

ARGŒUVES, Arguève, Arguèves. I, 97, 98, 430, 488*, 489, 504, 506, 510. — II, 318, 386.

ARGOLLES, Argouves, Argoves, *Argovia, Arguvia*. II, 217, 218, 220, 227*, 228.

ARGUEL, Arguiel. II, 125, 129, 130, 131, 133*, 145, 390.

ARLES. II, 278.

ARLEUX, fief auprès de Cérisy et dépendant d'Oisemont. II, 211.

ARMANCOURT, Ermencourt. I, 460*. — II, 313, 390.

ARPONVILLE, fief vers Valloire ? II, 219.

ARQUES, en Normandie. II, 275.

ARQLÈVES. I, 206, 244*.

ARRAS. I, ix, x, xliv, 125, 223, 319. — II, 76, 183, 242, 308, 313, 387.

ARREST, Arrêt-en-Ponthieu, Arrech. II, 20, 93, 215, 216, 286*, 289, 298, 319, 386.

ARRY, Arri. I, xliij. — II, 9, 181, 224*, 225, 387.

Fief : Wadricourt. II, 225.

Lieux-dits : Le champ de St.-Jean-des-Marets. II, 224. — Les Essarts. II, 9, 224.

ARTOIS, comté. I, xij, xiij, 241, 242, 250, 251. — II, 22, 149, 151, 155, 160, 183, 186, 218, 231.

ARVILLERS, Arviller, Arvillé, Arviler, Harvillers, Herviller. I, 21, 107, 139, 185, 253, 254, 341, 343, 452, 454, 456, 457, 460*, 461, 464. — II, 248, 311, 313, 382.

Fief : le Fief noir. I, 139.

ASNIERCOURT, près de la ferme du Fayel. II, 130.

ASSAINVILLERS, Assenviller, Assinvillers, Ausainviler. I, 253, 346*, 358, 362 — II, 385.

ATTIN, en Boullenois. II, 185, 203.

AUBERCOURT, Aubercort, Waubercourt. I, 81, 82, 253, 257*, 258, 266, 285, 316. — II, 190, 385.

Lieux dits : Framicans. I, 258. — Rouffoy. I, 258.

AUBIGNY, Aubigni, Aubegny, *Albignium, Albenni*. I, 211, 237, 246, 247, 252, 257, 258*, 285. — II, 312, 386.

AUBIN, Aubin-St.-Vast, Obin-en-Artois, Albin. II, 149*, 182, 184, 212, 244, 387.

AUBVILLERS, Aubeviler. I, 187*, 195, 341. — II, 388.

AUCH. I, xxv.

AUCHONVILLERS, Ochonvillers, Aussonvillers, Auconviler. I, 66, 67, 116, 117, 146*, 158, 166, 256, 257. — II, 388.

AUCHY-LÈS-AUMALE, Alcy. I, 430.

AUCHY-LES-MOINES. — Voy. AUXY-LES-MOINES.

AUCONNAI, vers QLŒUX, en Artois. II, 162.

AUGERIACUM, fief près d'Heilly ? II, 355.

AUGICOURT-LÈS-PROUVILLE, Augiercort, Augecourt, Argicourt. I, 479. — II, 261.

AULNOY, dépendance de Riquebourg. II, 159.

AULT (bourg d'), Aut, Alt. I, 481. — II, 91, 93, 104, 105*, 106, 119, 120, 181, 283, 284, 285, 389.

Fief : Hamel ; sa consistance. I, 481.

AUMALE, *Albamarlia*, Aumale-en-Caux, Aubbemale, Aubemalle, au diocèse de Rouen. I, 289, 293, 295, 370, 430, 436, 449. — II, 16, 52, 125, 127, 142, 155, 205, 211, 313, 353, 394.

AUMATRE, Omatre, Oumastres, *Hulmastrum, Ulmastrum*. II, 133*, 164, 165, 241, 282, 340, 390.

ALMENCOURT, près de Tieux. I, 166.

AUMONT, Allemont, Aillemont. I, 38. — II, 124, 129, 134*, 387.

Lieux-dits : le bois d'Aumont. II, 124. — La Croix Reneline. II, 134. — L'essart du bois d'Aumont. II, 134 — Rue creuse, *cava rua*. II, 134.

AUROY, Auroir, au diocèse de Noyon. II, 351.

AUTEUX, Autheux, Auteus. I, 69. — II, 77*, 357, 389.

AUTHIE, Autie. I, 43, 205, 206, 212*, 213, 223, 320. — II, 349, 389, 390.

AUTHIEULE, Autiule. I, 213*, 218. — II, 385.

AUTHUILLE, *Antiolum*. I, 141, 146*. — II, 390.

AUTIEUX (les), les Autels, hameau dépendant de Formerie. I, 293. — II, 355.

AUTUN. I, 447.

AUVILLERS, Ouvillers, Ouviller, Ouviler, Omvilé. I, 97, 134. — II, 35*, 241, 242, 324, 385.

AUXY-LE-CHATEAU, Auxi-Château, Auxi. I, xv, 36, 57, 58, 64, 134. — II, 2, 20, 23, 26, 51, 76, 77*, 78, 88, 146, 239, 247, 343, 344, 367, 369, 388.

Fiefs : La Motte. II, 367. — Méricourt. Voy.

ce nom. — Puincq, Buigne ou Cuigne. II, 51, 78, 344, 367.
  Lieux-dits : Neuville. II, 51. —Tuncq, II, 51, 78, 314.
Auxy-les-moines, Auchy, *Aquicinctum.* II, 78, 79, 202, 387.
Avelesge, Avlesge, Avlège, *Avlegia.* I, 24, 27, 29, 31. — II, 129, 130, 131, 134*.
Aveluy, Aveluis. I, 119, 144, 147*, 162. —II, 389.
Avesnes, au doyenné de Rue. II, 225*, 384.
Avesnes, *Avisnas, Avisinas,* au doyenné d'Hornoy. II, 325*, 385.
  Lieux-dits : le bos Robait. — Le Bout de Sous. — Le Cornet du bos Fraigneville. — Le Crois de pierre. II, 135.
Avesnes, près Ribemont. I, 234, 236, 403.
Avrenches, au pays de Normandie. II, 338.
Avricourt, au diocèse de Noyon. I, 452, 458. — II, 362, 363.
Ayencourt, Aiencourt, Ayancourt-le-Monchel. I, 253, 254, 347*. — II, 310, 382.

B

Bachimont, hameau dépendant de Buire-au-Bois. I, 487. — II, 79.
Bacouel, Bascouel. I, 46, 55, 86, 95, 172*. — II, 303, 386.
  Lieu-dit : au-delà du bois. I, 95.
Baellon (les alleux de). I, 22.
Bacquancourt, au diocèse de Noyon. I, 229.
Bagneux, *Balneolum, Bagusta,* paroisse de Gézaincourt. I, 206, 207, 219.
Baillescourt, Bailliscourt. I, 147*. — II, 386.
Bailleul, Bailluel. I, 98. — II, 148, 165*, 389.
Baillon, dépendance de Warloy. I, 70, 336.
Baillon, terre appartenant au chapitre d'Amiens. I, 21. — Voy. Baellon.
Baillon, fief auprès d'Abbeville. II, 54, 321.
Bains, fief au doyenné de Montdidier. I, 347, 354.
Balances, *Balantiæ,* ferme appartenant à l'abbaye de Valloire. II, 186, 217, 218, 219, 220, 221.
Balatre, au diocèse de Noyon. I, 452, 459.
Bale. II, 315.
Bamières. II, 146.
Bannières, ferme, au comté d'Artois, bailliage de Hesdin. II, 186.

Bapaume, au diocèse d'Arras. I, 300.
Barlette, hameau près de Franqueville. II, 263.
Barly, Barli, Basly. I, ix, 204, 212. — II, 1, 2, 3, 78*, 186, 369, 388.
Bavelincourt, Bavelainnecourt, Bavelainecort, Bavlainecort. I, 65, 67, 253, 254, 323*, 325, 332. II, 385.
Bavière. I, xij.
Bayonvillers, Baienvillers. I, 40, 65, 67, 123, 142, 229, 233, 252, 256, 257, 305*, 318. — II, 306, 307, 385.
  Lieu-dit : la Solette. I, 252.
Bazentin-le-Grand. I, ix, 148*, 236. —II, 380, 382.
Bazentin-le-Petit. I, 148*.
Bazinval, au diocèse de Rouen. II, 100.
Béalcourt, secours de Frohen-le-Grand. II, 21, 22, 81*.
Beaubec, au diocèse de Rouen. I, 289, 290.
Beaucamp-le-Jeune, au diocèse de Rouen. II, 207.
Beaucamp-le-Vieux, au diocèse de Rouen. I, xiij. — II, 127, 128, 207.
Beauchamp, Bauchen, Bauchien, Baucien, Balchen. II, 90, 92, 93, 102, 106*, 385.
  Lieu-dit : le champ de la Sansuière. II, 92.
Beaucourt, Boecourt, au doyenné de Fouilloy. I, 259*, 287, 345, 366, 368, 372, 373. — II, 351, 386.
Beaucourt-sur-Alaye, Bieucourt, au doyenné de Mailly. I, 46, 237, 247, 324*. —II, 385.
Beaucourt, secours d'Authuille. I, 146*.
Beaucourt-lès-Senlis, au doyenné d'Albert. I, 162.
Beaudéduit, Biaudéduit. I, 289*. — II, 382.
Beaufort-en-Santers, *aliàs* en Senters, Biaufort. I, 28, 123, 276, 377, 461*. — II, 306, 384.
Beaugency, près d'Orléans. I, xliij, xliv, 33.
  Fiefs : de St.-Firmin. I, xliv. — de Vendôme. I, xliv.
Beaullincourt, près Labroye. II, 155.
Beaulieu-en-Beine. I, 229.
Beaumelle, Beaumer, hameau de la paroisse d'Onival. II, 55, 293.
Beaumery, Baumery, Beaumerie, Belmery, secours d'Escuire. I, 61. — II, 181, 182, 183, 195*.
Beaumetz, Beaumé, Beaumay, Biaumes. I, 92, 122, 482. — II, 256*, 261, 266, 386.
Beaumont-Hamel. I, ix, 144, 148*, 149, 253, 254. — II, 389.

— 471 —

BEAUMONT-EN-BAINE. I, 243.
   Fief: les Bétis. I, 243.
BEAUQUESNE. I, 208, 210, 211, 214*, 220, 225. — II, 258, 386.
BEAURAIN, *Rimacus, Runiacus*, au diocèse d'Arras. I, ix, xij. — II, 76, 146, 159, 187, 390.
BEAUREPAIRE, hameau dépendant de la paroisse St.-Pierre de Doullens. I, 218.
   — ferme. I, 208, 210.
BEAUREPAIRE, *Bellus redditus*, maison de campagne au faubourg Noyon d'Amiens. I, 13. — II, 333.
BEAUSSART, Biausart, hameau dépendant de Mailly. I, 331.
BEAUSSAULT, Biausaut, Beausault, fief vers Davenescourt? I. 3, 35, 185.
BEAUVAIS. I, vj, ix, x, xij, xliv, lviij, 83, 96, 108, 124, 130, 139, 170, 173, 288, 294, 313, 341, 345, 429, 430, 431, 447. — II, 76, 302, 303, 309, 313, 342, 350, 383, 387.
BEAUVAIS (territoire dit de), distinct du territoire Amiénois; son étendue. II, 383.
BEAUVAL, Biauval, Beleval, Belval, *Bellavallis*, auprès de Doullens. I, 6, 10, 37, 70, 204, 208, 214*, 215, 226, 235. — II, 76, 82, 326, 348, 349, 369, 385.
   Fief: Gille ou Gillon Lostegiez. I, 215.
   Lieux-dits: Ambrinon. I, 215. — Belvisoule. I, 215. — Chêne Carvin. I, 215. — Croix Anselle. I, 215. — Le Sart de Caisnoi. II, 349. — Le Sart de Seri. II, 349.
BEAUVOIR-LÈS-ABBEVILLE. I, xlij. — II, 11, 38, 43, 44, 45, 68, 150, 228, 258, 320, 384.
BEAUVOIR-LÈS-RAINNEVILLE, ferme. I, 97, 235, 243, 248.
BEAUVOIR, huit fermes dépendant de Bonnières. II, 79.
BEAUVOIR-LANNOY-LÈS-RUE. II, 226, 234*, 388.
BEAUVOIR-RIVIÈRE, hameau, secours de Wavant. II, 87*, 369.
   Fief: des Castelers. II, 87.
   Lieu-dit: le Bocquet. II, 87.
BEAUVOISIS (pays de). I, 185. — II, 285, 302.
BÉCORDEL, Bécourdel. I, 132, 144, 149*. — II, 389.
BÉCOURT-AU-BOIS, hameau dépendant de Bécordel. I, 144, 149.
BECQUEREL, ferme. II, 223.
BECQUIGNY, Bekegnies. I, 187*, 192. — II, 387.

BECQUINCOURT. I, 280, 283.
BEGUEUDEL ou BIGAUDET, près Montigny. I, 324.
BÉHEN, Béhem. I, 65, 67. — II, 166*, 385.
BÉHENCOURT, Béencourt. I, 65, 67, 234, 323, 324*. — II, 385.
BELESBAST-LÈS-BOUTIGNY. II, 239.
BELESTRE (terre de). I, 484.
BELGIQUE (seconde). I, vj, x.
BÉLINVAL, Bellinval, Bellenval, Bellanval. II, 223, 241, 242, 258, 372.
BELLAVESNE, Bele-Avesne. II, 128, 130, 174, 175.
BELLENCOURT, Bellancourt. I, lxj, 21. — II, 18, 36*, 242, 390.
BELLENGREVILLE, sur l'Eaulne, au diocèse de Rouen. II, 99.
BELLEUSE. I, 21, 172*, 179, 366, 433. — II, 382.
BELLEVAL, Belval. — Voy. BEAUVAL, CANAPLE et MAILLY.
BELLEVILLE, hameau dépendant de Blergies. I, 290.
BELLEVILLE, ferme dépendant de la paroisse de Buire-au-Bois. II, 79.
BELLIFONTAINE, secours de Bailleul. II, 148, 165*.
BELLONNE. I, 345.
BELLOVACI, habitants de la cité de Beauvais. I, x, xij.
BELLOY-SUR-SOMME, Beeloy, Beeloie. I, 404, 407, 408, 479, 489*. — II, 358, 364, 386.
   Lieux-dits: Ardenne. II, 364. — Bethenoie. II, 364. — Boillonpré. II, 364. — Le bois de croix de pierre. I, 489. — La Bouillière. I, 489. — Caisnel. II, 364. — L'ancienne Chaussée Brunehaut. I, 489. — L'enclos de la Motte. I, 489. — Lenglet. I, 489. — Haut Ligny. I, 487, 489. — Bas-Ligny. I, 489. — Les prés Ségain? II, 358. — Les prés du haut bourne? II, 358. — Les prés aux Oysons? II, 358. — St.-Accard. I, 479, 489. — La vieille Ville. I, 489.
BELLOY-ST.-LÉONARD, Beeloy. II, 136*, 382.
BELLOY, dépendance de la paroisse de Friville. II, 95, 111.
BÉNAT, Baienast, secours de Grébaumesnil. II, 169*.
BÉRENCOURT, partie du village d'Ételfay, mais de la paroisse de St.-Médard de Montdidier. I, 356.
BERGERAC, au diocèse de Périgueux. I, xxv.
BERGICOURT. I, 55, 116, 433, 434*. — II, 382.

— 472 —

Fiefs, des Écolâtres. I, 116. — Le Mont de Pois. I, 116.
Lieu-dit : le Quesne. I, 116.
Berk, Berc, Bercq, village et hâvre. II, 186, 193*, 387.
Berlancourt, diocèse de Noyon. I, 237, 247.
Berlincourt. I, 341.
Bernapré, ferme dépendant de Romescamps. I, 295. — II, 207.
Bernatre, Bernatte, Bernastre. I, 54, 58, 59, 208. — II, 20, 78*, 382.
Bernaville, Bernard-Ville, *Bernardi villa.* I, xiij, 479. — II, 18, 19, 20, 104, 252, 253, 254, 257*, 262, 274, 373, 382.
Fief : de Cuvières. II, 257.
Bernay, dépendance de Forestmontier. II, 215, 216, 229.
Berneuil, Bernues. I, 95, 481, 482, 485. — II, 253, 254, 257*, 389.
Lieu-dit : le bois l'Abbesse. I, 481.
Berneuil, au diocèse de Soissons. I, 242, 317.
Berny, Bieny, Berni. I, 61, 237, 247, 366, 368, 379*, 380. — II, 386.
Bersaques, Bersacles, *Bersaccas, Bersiaccas,* village et ferme détruits, auprès de St.-Riquier. II, 215, 216.
Bertangle, Bertangles, Bartangle. I, 31, 40, 48, 49, 91, 92, 235, 490*. — II, 342, 388.
Bertalcourt, Bertocourt, Bertoilcort, Bertolcurt, Béthoucort, Bertoucort, dépendance de Thennes. I, 236, 277, 482, 483, 490*. — II, 82, 386.
Lieux-dits : Bois de Jean le Sergent. I, 483. — Bois de la Warde. I, 483.
Bertaucourt-les-Dames, Bertolcort. I, xiij, 479, 480, 481, 486. — II, 82.
Lieux-dits : le Pré. I, 480. — La vallée Soibert. I, 481.
Bertrancourt, Bétrancourt, Bétramecourt. I, 22, 215*. — II, 301, 382.
Bertricourt, fief et ferme dépendant de Longpré-lès-Amiens. I, 99, 499. — II, 315, 317, 341.
Besançon. I, 108, 125.
Bétancourt l'Abbé, peut-être le même que Bettancourt-le-Noir ? I, 236.
Bétaucourt (St -Firmin), Béthaucourt, Bétancourt, Bétencourt, Bertaucourt, Bertoucort. I, 21. — II, 223, 225*, 226, 234, 384.

Lieux-dits : le Camp le Comte. — Les Campeaulx. — Le Champ Pernet. — La Foraine St.-Firmin. — Les Froises. — Les Hauts-Prés. — Les Herdronnières. — Le Margue. — Le Mont Bruyant. — Les Plannières. — Le pré l'Abbé. II, 226.
Béthencourt, paroisse d'Arvillers. I, 461.
Lieu-dit : terres de St.-Germain. I, 461.
Béthencourt-lès-St -Ouen, Bétencourt, Bétencort. I, xiij, 47, 479, 490*, 508. — II, 364, 382, 390.
Béthencourt-sur-Mer, Bétancourt. II, 283, 287*, 391.
Béthisy, Bétizy, Bestesy, dépendance d'Harbonnières. I, 118, 236, 309, 315. — II, 17.
Bethlessart, Béthelessart, Breteulessart, Bretonessart, Berthenessart, Bertenechart, fief situé entre les villages de Monsures, Croissy et Belleuse. I, 22, 178.
Bettancourt-le-Blanc, Bétencourt, ferme ou fief vers Lamotte-en-Santerre. I, 229, 237.
Bettancourt-le-Noir, ferme sise entre Marcelcave et Villers-Bretonneux. I, 229. — Voy. Bétancourt-l'Abbé.
Bettembos, Bétembos, Bétenbos. I, 21, 403, 407, 434*. — II, 304, 390.
Bettencourt-lès-Rivière, Bétencourt. II, 61*, 70, 368, 385.
Bezencourt, Bezancourt. II, 2, 132, 143*, 144.
Bézieux, Baisieu, Baizieu. I, 234, 325*, 337. — II, 382, 390.
Lieux-dits : le bois Robert. I, 234. — Cense de la Follie. I, 234.
Biausaut. — Voy. Beaussaut.
Biencourt, *Bonidicurtis.* II, 147, 374, 390 et *passim.*
Biencourt, au doyenné de Gamaches. II, 12, 97, 207*, 382.
Bienfay, hameau dépendant de Bouillancourt-sur-Miannay. I, 66. — II, 166, 321, 322, 323.
Bier, au diocèse de Noyon. I, 234.
Biès, au bailliage de Hesdin. II, 185.
Biette (la), ferme au terroir de Duncq. II, 18.
Billencourt, au diocèse de Noyon. I, 454.
Birreval, au diocèse de Rouen. I, 370.
Blancfossé. I, 22, 25, 46, 53, 118, 119, 172*, 176. — II, 387.
Fief : d'Essertaux. I, 118, 172. — Voy. Essertaux.

BLANCHEMAISON, les Blanches maisons, Outre le val du bois d'Hornoy, hameau dépendant d'Hornoy. II, 131, 132.
BLANGERVAL. I, ix. — II, 80*.
BLANGIEL, près Limeux. II, 171.
BLANGIZEL, membre dépendant de Conchy. II, 80.
BLANGY-LÈS-POIX, Blangy-sous-Poix. I, 110, 430, 432, 435*, 448, 449. — II, 382.
BLANGY-SUR-BRESLE, bourg au diocèse de Rouen. II, 94, 95, 96, 98.
BLANGY-TRONVILLE. I, 22, 127, 233, 237, 238, 259*, 260, 269, 324. — II, 333, 384.
BLANVILLE, Blainville, vers Montreuil. II, 190.
BLERGIES, Blargies. I, ix, 290*. — II, 387.
BOANCOURT, Bancourt, *Buiencurtis*, secours de Huchenneville. II, 164, 165, 170*.
BOCQUET (le), hameau dépendant de Sarcus. I, 296.
BOCQUET (le). I, 117. — Voy. PETIT BOCQUET.
BOFFLES, secours de Nœux. II, 85*.
BOIN, secours d'Aubin. II, 149*.
BOISBERGUE Baisbergues, *Bagardas*. II, 78*, 245, 251, 387.
    Lieux-dits : Cocriamont. II, 245. — Les Hallots. II, 245.
BOISCHOQUÉ, partie du village de Bonnières. II, 79.
BOISDINGHEN, dans le Boulenois. II, 16.
BOISMONT, Boyemont, Bayemont. II, 91, 283, 287*, 288, 290, 369, 384.
BOISRAULT, Bos Raoul, *Boscus-Radulphus*. II, 126, 127, 128, 131, 136*, 385, 387.
BOIS-REGNAULT, vers Breteuil. I. 105.
BOIS-RIQUIER, ferme auprès de Moreaucourt. I, 133, 134.
BOITEAU, Boistiax. I, 187*, 188, 200. — II, 348, 382, 387.
BOMY. II, 233.
BONANCE, *Bonantia*, ferme appartenant à l'abbaye de Valloire. II, 217, 218, 220.
BONNAY. I, 231, 238, 246, 247, 255, 256, 257, 283, 322, 325*. — II, 386.
BONNEL, dépendance de Forestmontier. II, 229.
BONNELEAU, Bonnelois, Bonneloie, *Bonolium aquosum*, *Bonogilus*, *Bonoglo*. I, xiv, 22, 173*. — II, 383.
BONNEUIL, au diocèse de Beauvais. I, 210, 247. — II, 302.
BONNEVAL, ferme dépendant de la paroisse d'Auvillers. II, 12, 35, 36, 219.

BONNEVILLE, paroisse de Fieffe. I, 4, 61, 133, 207, 210, 211, 408, 493*, 494.
BONNIÈRES. I, ix. — II, 79*, 152, 387.
BONOGILUS, villa. — Voy. BONNELEAU.
BONVILLERS, au diocèse de Beauvais. II, 342.
BONVILLEZ dit le Mallemaison, Bonviler, ferme auprès de Tronchoy. II, 125.
BOSQUEL (le), Boskeel, le Bocquet, le Bosquet. I, 29, 173*. — II, 342, 382.
BOUBERS, Bouberch, Budbers, au doyenné d'Auxy-le-Château. I, ix. — II, 79*, 80, 187, 188, 387.
BOUBERS, Boubercq, Bouberch, au doyenné de Mons. II, 79, 97, 173*, 176, 177, 283, 290.
BOUCACOURT, Boucarcourt, Bourgarcourt. I, 155.
BOUCHICOURT. — Voy. BOUSSICOURT.
BOUCHOIRE, Bouchoirre, Bouchoir. I, 22, 65, 456, 462*, 464, 473. — II, 308, 310, 311, 312, 314, 387.
BOUCHON. I, 482. — II, 36*, 37, 386.
BOUDELEVILLE, Bout-de-la-Ville, petit et ancien Flixecourt. I, xiij, 496. — II, 41*, 42.
BOUFFLERS, hameau dépendant de Montrelet. I, 15, 368. — II, 156.
BOUGAINVILLE, Bogainvile, Bouquinville. I, 48, 52, 96, 412*, 479. — II, 385.
    Fiefs : Cartigny, Cantigny ou Cantegni. I, 96, 97, 412. — Handricourt ou Haudricourt. I, 96, 412.
BOUILLANCOURT-EN-SÉRY, Bouillencour, Boulaincort. II, 94, 96, 98, 102, 104, 105, 106*, 107, 111, 387.
    Fief : de Belleperche. II, 102.
    Lieu-dit : le bois de St.-Séverin. II, 99.
BOUILLANCOURT-EN-VIMEU, Bouillancourt-sur-Miannay, Boullaincourt. I, 65, 67. — II, 12, 26, 97, 98, 99, 101, 166*, 295, 322, 385.
BOUILLENCOURT, Bollencourt, au doyenné de Davenescourt. I, 186, 188*, 189, 193, 195, 197. — II, 382.
BOULAINVILLERS, Bouslainviler, Bosleinviler, Butlainvileir. II, 52, 126, 127, 130, 144.
BOULOGNE-LA-GRASSE, Boulogne-de-lès-Bus, *Bolonia*. I, ix, 229, 233, 347, 354, 453. — II, 390.
BOULOGNE-SUR-MER (ville et cité de). I, vij, x, xliv. — II, 80, 148, 156, 186, 187, 188, 388, 389.
BOULONNOIS (le), le Boulenois, le Boullenois. I, xij. — II, 16, 182, 185, 186, 187.
BOUQUEMAISON, Boucquemaison, Boukemaisons. I, xiij, 96, 203, 205, 216*. — II, 386.

Fiefs: Grebert, en la rue du Souich. I, 216. — Herpin. I, 216.
BOURDON, Bordon. I, xiij, 37, 43, 479, 482, 485, 491*. — II, 382.
   Fief: Cornet. I, 37.
   Lieu-dit: le rang d'Essure. I, 491.
BOURGES. II, 286.
BOURSEVILLE, Boussevile. II, 279, 280, 288*, 299, 384.
   Lieu-dit: Lestrade. II, 288.
BOUSSICOURT, Bouchicourt, Bousincourt, Bozencourt. I, 111, 186, 189*, 229, 230, 233. — II, 342, 387.
   Lieux-dits: le grand Champert. II, 342. — Le Montplaisir. *Ibid.* — Les prés de Brédicourt. *Ibid.*
BOUTAVANT, hameau dépendant de Bouvresse. I, 290.
BOUT-DES-PRÉS, hameau dépendant de la paroisse St.-Pierre de Doullens. I, 218.
BOUTTENCOURT. II, 97, 98, 99, 105, 117*, 120.
   Lieux-dits: le plant des Quatre-Nations. II, 105. — Le Val-Mault. II, 97.
BOUTILLERIE, dépendance de Cagny. I, 94, 115, 380, 381.
   Lieux-dits: Grand-Champ. I, 94. — La vallée de Bretel. I, 94. — Trunscaisnoi. I, 94.
BOUVAQUE (la). II, 8, 11.
BOUVINCOURT, Bouvaincourt. II, 93, 104, 105, 107*, 120, 305, 306, 384.
   Fiefs: Cantepie. II, 93, 107. — Petit-Cantepie. — L'Ile St.-Hilaire. — Le Chellier ou Sellier. II, 107.
BOUVRESSE, Bouvresse, Bouvreches. I, 3, 9, 10, 11, 290*, 294. — II, 331, 353, 382.
BOUZAINCOURT, au doyenné d'Albert. I, 119, 144, 149*. — II, 389.
BOUZENCOURT, Bouzancourt, Bousencourt, au doyenné de Lihons, I, 230, 233, 236, 241, 302, 303, 304, 305*, 309. — II, 352, 382, 383.
BOUZICOURT? I, 65.
BOVELLES, Bovele, Botvelle. I, 29, 47, 119, 412*. — II, 346, 386.
BOVENT, Bauvent, dépendance d'Ablaincourt. I, 360.
BOVES. I, 107, 109, 118, 122, 124, 232, 233, 234, 241, 254, 259, 260*, 366, 367, 368, 369, 374, 375, 380*, 384, 399. — II, 343, 384, 386, 389.
   Fiefs: de Dompmartin. I, 374. — de May. I, 374.

Lieux-dits: Bon air (bois du). I, 374. — Bucailles (bois de). — Camp des Essars. — Feuqueroy (bois de). — Filet (bois du). — Futimont (bois de). I, 124. — As mosneaus, les mosneaux. I, 121, 122, 124. — Notre-Dame (bois). I, 124. — Rachineuse (bois de). I, 124. Voy. SAINS: *lieux-dits*. — La vallée de l'Oyson. I, 122. — La vallée des Aires. I, 375. — Vivier de l'Épine. I, 122.
BOZODEMER, hameau de la paroisse de Bonneuil. II, 302, 341.
BRABANT (le). I, 228, 243.
BRACHE, Braches, Brach. I, 189*, 236, 341, 342. — II, 388.
BRAHIC ou Radic, île sur l'Authie. II, 158.
BRAILLY, Brasly. II, 241, 238*, 384.
BRANLERS, fief entre Rubempré et Toutencourt. I, 223.
BRANLICOURT, ferme voisine d'Estrée-en-Chaussée. II, 229.
BRASSY, village dépendant de Sentelie. I, 296, 433, 440.
BRAY-LES-MARELIL. II, 167*, 385.
BRAY-SUR-SOMME. I, ix, 31, 53, 150*, 151, 156, 167, 209, 234, 236, 245, 316. — II, 246, 357, 387.
   Lieux-dits: les Auteux. I, 156. — La Hochetokerie ou Hochetoquerie. I, 156.
BRAY (pays de). I, 430. — II, 125.
BREBIÈRES (vicomté de), *de Breberiis*. II, 350. — Voy. LAMOTTE-BREBIÈRE.
BREDNAI, Brédené, en Flandre. II, 249, 372, 373.
   Lieux-dits: Parphonth. II, 373. — Schoverlander. II, 249.
BREILLY, Braily. I, 407, 409, 412, 413*, 425, 426. — II, 390.
BRESLES, Bresle, *Berella*. I, 105, 326*. — II, 385.
BRETEL, hameau de la paroisse de Boismont. II, 91, 283, 287, 288.
BRETELLE, Brestel, hameau des paroisses de Gézaincourt et de Hem. I, 219. — II, 82.
BRÉTENCOURT, Bertencourt, hameau dépendant de Flettemolle. I, 293, 298.
BRETEUIL. I, 105, 106, 108, 139, 183, 186, 193, 371. — II, 128, 384.
   Fief: de Locques. I. 105.
BRÉTIZEL. II, 205.

Brévillers, au doyenné de Labroye. II, 149*.
Brévillers, Bréviller, secours de Souich, au doyenné de Doullens. I, 124, 210, 223*.
Brexent, en Boullenois. II, 187.
Bricquemaisnil, Brikemaisnil. I, 405, 413*, 427. II, 382.
Fief : Roberval. I, 414.
Brimeux, en Boullenois. I, viij. — II, 185.
Briot, Brios, fief. I, 453.
Briquemaisnil, Bricquemaisnil, Rikemaisnil, hameau de la paroisse de Hem. II, 82, 357.
Britanni (pays des). I, xij.
Brocourt, Broecoit, Brauecourt. I, ix. — II, 125, 137*, 141, 391.
Bromancourt, Bromocourt, hameau de la paroisse d'Onival. II, 55, 293.
Brovoilo, lieu auprès de Chevincourt. II, 243.
Broutelette, hameau de la paroisse d'Onival. II, 55, 293.
Broutelle, Broustelle, Brustele. II, 9, 95, 97, 98, 112, 288*, 385.
Broye. I, 190*. — II, 382.
Fief : de Mons. I, 190.
Lieux-dits : les Avesnes. — Le grand et le petit Brule. — Le chemin des Moulins. — Le clos des Paniers. — Le clos des Vignes. — La Glanière. — Les Graterons. — Le jardin à Noyers. — A la Montagne. — Le Quillebeuf. — Les Saulx. — La Terrière. I, 190.
Brucamps, Burcampus, Burcamp, Bruncamp. I, 134, 487. — II, 253, 258*, 259, 265, 273, 304, 383, 390.
Lieu-dit : Babos. II, 258.
Bruges. I, 232. — II, 249, 373.
Bucaille (la basse), hameau dépendant de Sarcus. I, 296. — Voy. Sarcus.
Bucquoi, en Artois. I, 482.
Buiercourt, Buhiercourt, dépendance de Millencourt? I, 239. — II, 345.
Buignopré, Bignopré, ferme dépendant de Riquebourg. II, 147, 159, 185.
Lieu-dit : le bois du Fay. II, 147, 185.
Buigny-l'Abbé, Bugniacum. I, 482. — II, 36*, 147, 240, 241, 242, 370.
Lieux-dits : le champ Anguier. II, 241. — Le val Sénéchal. Ibid.

Buigny-lès-Gamaches, village dépendant de la paroisse de Hélicourt. II, 93, 104, 105, 113, 114, 120, 223.
Fiefs : Yzencourt. II, 114. — Vaux-Moreaux ou Gamoreaulx. II, 114.
Lieu-dit : Fontenelle. II, 114, 122.
Buigny-Saint-Maclou. II, 2, 6, 35*, 36, 48, 55, 58, 324.
Buire, doyenné d'Albert. I, 151*, 427. — II, 382.
Buire-au-Bois, en Artois. I, 134, 136, 487. — II, 21, 22 ? 23, 79*, 88, 384.
Lieu-dit : le fief et camp de Lannoy. II, 88.
Buire-le-Sec, Buyres. II, 193*, 203, 389.
Buire (bois de), vers Selincourt. II, 126.
Bllechers, près de Clerfay ? I, 246.
Blquoy, près Baillescourt. I, 147.
Burbures, fief entre Auteux et Fienvillers ? II, 357, 358.
Bureuil, fief en Normandie ? II, 107.
Bus, doyenné de Rouvroy. I, ix, 230, 233, 352, 451, 462*, 463. — II, 383.
Lieux-dits : bois Audemer. I, 230. — Bois Marolin. I, 230.
Bus-lès-Artois. I, 22, 216*, 227. — II, 310, 384.
Busmenard, Rohastre. II, 94, 95, 98.
Bus-Osenain. I, 383, 384.
Bussu, Bussus, Buyssu. II, 241, 244, 245, 259*, 273, 277, 373, 383, 391.
Fief : du Patronage. II, 259.
Lieux dits : le camp de le Croix. II, 245. — Le camp Liard. Ibid. — Les Eschartiaulx. Ibid. — Esmimont. II, 259. — Le jardin Bailleul. II, 250. — Leloche ? II, 277. — Les terres du grand compte. II, 259. — Les terres du petit compte. Ibid. — Les terres de l'Aumône. II, 245.
Bussy-lès-Daours, Bussi, Buissi. I, 37, 66, 67, 326*. — II, 385.
Bussy-les-Poix, Buschi, Buissy, Buschy. I, 68, 422, 432, 435*, 436. — II, 382.
Lieu-dit : Saint-Antoine. I, 436.
Butin, en Boullenois. II, 185.
Buverigne, au diocèse de Noyon. I, 451.
Buyon, Bion. I, 21, 83. — II, 331.
Buzfort, fief vers Selincourt ? II, 126.

C

CACHY, Kachi. I, 23, 54, 127, 229, 230, 233, 253, 254, 261*. — II, 385.
  Lieu-dit : Bois-l'Abbé. I, 229, 245.
CAGNY, Cainni, Caigny, Kaigny. I, 94, 257, 380*, 381. — II, 386.
  Lieu-dit : Hardine. I, 381.
CAHON. II, 104, 105, 167*, 281, 283, 284, 382.
CAIX, Kais. I, 127, 137, 138, 141, 233, 236, 262*, 266, 279, 299, 345 — II, 332, 368.
CALAIS. II, 186.
CALAMINOIS. I, 421. — Voy. CAMPS, AMINOIS et AMINETUM.
CALÈTES (pays des) : Son étendue. I, vij.
CALLETS (les), hameau dépendant de St.-Thibault. I, 295.
CALLOTERIE, Calloterye, Caloterie. II, 182, 191, 193*, 387.
CAMBRAY. I, xxiv, xliv, 35. — II, 105, 158, 307.
CAMBRON. II, 19, 20, 22, 91, 167*, 177, 279, 280, 319, 371, 385.
CAMELI. I, 246.
CAMIERS, Kamiers. II, 185.
CAMON. I, xlvij, 2, 12, 13, 37, 42, 54, 56, 110, 117, 119, 131, 326*, 327. — II, 328, 331, 336, 349, 383.
  Fiefs : d'Alençon. I, 22.—de Viéville. II, 336.
  Lieu-dit : la bassure. I, 327.
CAMPAGNE, secours de Riquebourg. — II, 159*.
CAMPAGNE-EN-VIMEU, secours de Himmeville. II, 2, 3, 291*.
CAMPIGNEULLES-LES-PETITES, Campengnol. II, 181, 190, 198*.
  Lieux-dits : le dimeron des Granges. II, 181. — Les terres de St.-Crépin. II, 181.
CAMPIGNOLLES, Campegnueles-les-Grandes. II, 193*, 387
CAMPIGNOLLES, hameau dépendant de Reniercéluse. II, 232.
CAMPS, Cans-en-Aminois ou l'Aminois, Calaminois. I, xiij, 414*, 421. — II, 150, 388, 391.
CAMPSART, Cansart, hameau de la paroisse de Villers. II, 95, 144.
CANAPIZ, Canaples, Canapes. I, 11, 133, 134, 135, 492*, 508. — II, 2, 24, 332, 382.
  Lieu-dit : Belleval. I, 133, 134.

CANCHY, Canci, Canchi, Canchis, Cancy. I, 97. — II, 19, 234, 235, 259*, 260, 269, 386.
  Fief : de St.-Acheul. I, 97.
  Lieux-dits : bois du Rondel ou Roondel. I, 97. — II, 259, 374.—Epine-Ruland ou Bulain. I, 97. — Le Warde. I, 97.
CANCHY-LÈS-PONT DE REMY, village détruit. II, 7, 383, 384, 389 et *passim*.
CANDAS. I, 70, 71, 207, 487, 492*, 493. — II, 385.
  Fiefs : Barré. — Du Quesnoy. — Warnier. I, 492.
CANDOR, au diocèse de Noyon. I, 458.
CANNESSIÈRES. II, 211.
CANSART. — Voy. CAMPSART.
CANTIGNY, Cautignies, Cantegnies. I, 193, 347*. — II, 388.
CANVRIÈRE, ferme. II, 283.
CAPELLE-EN-ARTOIS, *Capella*. II, 149*, 184, 387.
CAPELLE, hameau dépendant de St.-Josse-sur-Mer. II, 200.
CAPPY, Capy, au diocèse de Noyon. I, 53, 127, 131, 156, 158, 255, 307, 308, 315. — II, 248, 304, 305, 335, 346.
  Lieux-dits : Balimont. I, 255. — Le bois de Beaucroix. II, 346. — Mézières. I, 255.
CARCASSONNE. I, 322.
CARDONNETTE. I, 91, 92, 323, 337, 408.
CARDONNOY, au doyenné de Montdidier. I, 318*. — II, 382.
CARDONNOY (fief du), sis à la voirie de Camon. I, 42.
CARENCHY. II, 96.
CARENTON, ferme auprès de Ribemont. I, 234.
CARNOY, Carnoi. I, ix, 158*. — II, 301, 305.
CARRÉPUITS, Carrépuis, au diocèse de Noyon. I, 234, 452, 454, 455, 456.
CARROY, ferme dépendant de Romescamps. I, 295.
CASTEL. I, 35, 37, 42, 43, 44, 371, 373, 331*. — II, 384.
  Lieux-dits : l'Essart-aux-Maîtresses. I, 371. — L'Essart-Gamel. I, 371.
CASTILLE (royaume de). II, 22, 374.
CASTILLON, au diocèse de Beauvais. I, 238.—II, 350.
  Fief : Jean Dijon ou mieux Jean Lequeux. I, 238. — II, 350.
CATHELEU, auprès de Plessier. I, 28.
CATHEUX, Catheu. I, 109, 173*, 178, 183.—II, 383.
CAUBERT, Cauberc, Cauberch. II, 168*, 178, 386.

— 477 —

Lieux-dits : le champ *Teboldi*. II, 164. — Le Chellier. II, 178. — Faiel. — *Furoma*. II, 164. — Sous le Mont-Caubert. II, 43. — Talesac. II, 164.

CAUDEBEC. II, 310.

CAULIERE, Caoulières, Caolières. I, 436*, 449. — II, 126, 127, 387.

Lieu-dit : Forestel. I, 436.

CAUMARTIN, hameau de Cressy. II, 226.

CAUMINIL, Caumesnil, Caumaisnil, Comesnil, paroisse d'Orville. I, 210, 220, 227.

CAUMONDEL, Commodel. II, 164, 170.

CAUMONT, dépendance de Huchenneville. II, 164, 170.

CAUMONT-EN-ARTOIS. I, 81, 82. — II, 149*, 150, 152, 160, 161, 383, 390.

CAUROY, Corroy, hameau de la paroisse de Tours. I, 81, 82. — II, 8, 12, 91, 93, 94, 99, 118, 119.

CAUX, Caours, Cahois. II, 37*, 247, 319, 326, 385.

CAUX, Caus, Cauz (bailliage et pays de), en Normandie. I, ix. — II, 310.

CAVILLON, Cavellon, Caveillon. I, 49, 104, 106, 134, 136, 407, 414*. — II, 359, 390.

Fief : de Breilly. I, 104.

Lieux-dits : les Aires. II, 360. — Les Avennes. II, 359, 360.

CAYEUX-EN-SANTERRE, Cayeu, Caiex, Cais. I, 127, 135, 233, 262*, 279, 366, 368, 377. — II, 352, 382.

Fiefs : le clos d'Ygny. I, 279. — la Motte d'Ygny. I, 233.

CAYEUX-SUR-MER, Cayeu, Caieu, Kayeu. II, 26, 97, 285, 289*, 384, 389.

Lieux-dits : les Molières. II, 26. — Le Paradis. II, 289.

CEMPUIS, Chempuis. I, ix, 290*, 291, 459. — II, 302, 303, 387.

CENTULE. II, 240, 245, 372. — Voy. SAINT-RIQUIER.

CERCAMP. I, ix. — II, 76, 80*, 369, 387.

CÉRISY-BULEUX, Chérisy. II, 9, 10, 208*, 211, 385.

CÉRISY-GAILLY, Chérisy, Chérisi, *Cherisiacum*. I, 158, 160, 236, 238, 241, 244, 245, 247, 252, 256, 281, 304, 305*, 306, 312. — II, 383, 386.

Lieux-dits : bois Charlin. I, 238. — Le bus Foucart. I, 252. — Mons-à-Moulins. I, 241. — Le Pumerel. I, 252. — Le val Translai. I, 252.

CERNY, en Normandie. II, 130.

CERY, ferme. I, 208.

CHALONS-SUR-MARNE. I, x.

CHAMPAGNE. I, 96.

CHAMPIEN, Cempieng, diocèse de Noyon. I, 234.

CHAPELLES (les). I, 108.

CHATEAU-THIERRY. I, 94, 210.

CHAULNE, CHAULE, au diocèse de Noyon. I, 285, 300.

CHAUNY, Calni, au diocèse de Noyon. I, 243.

CHAUESOY, *Salceium*, *Salchetum*, dépendance de Teuffle. II, 174.

CHAUSSOY, hameau dépendant d'Avesnes. II, 135.

CHAUSSOY-EPAGNY, Saulchoy-Damehaut. I, 382*. — II, 387.

Lieu-dit : les vignes du Bois. I, 382.

CHAUSSOY-FONTAINES-SOUS-DOMMELIER. — Voy. SAULCHOY-SOUS-DOMMELIER.

CHAUSSOY. — Voy. SAUCHOIS.

CHAUSSOY-SUR-DAVENESCOURT. I, 184, 191*, 192.

CHEC. II, 1.

CHEPOIX, Chepoy, diocèse de Beauvais. I, 391, 292.

CHEPY. I, 65, 67, 83. — II, 26, 95, 108*, 321, 385.

CHESSOY, Chessoi, dépendance de Laucourt. I, 474.

CHEVINCOURT, *Cwimcurtis*, auprès de Compiègne. II, 243, 244.

CHILLY. I, 22, 97, 463*. — II, 312, 334, 384.

CHINE. I, xxxv.

CHIPILLY, Chippelly, Chipelly. I, 106, 230, 240, 245, 306*. — II, 349, 382.

Lieux-dits : bois du Quesnoy, les bos de le Kaine. I, 106. — Bois des Fosses. I, 230. — Mont-à-Moulin. I, 230.

CHIRIENNE, secours de Caumont. II, 149*, 160.

CHIRMONT, Chirenmont, Circlmont. I, 376, 382*. — II, 387.

CHIVICOURT, dépendance de Grandcourt. I, 154.

CHOQUEUSE, Saukeuses, Sauchouses. I, ix, 173*. — II, 383.

Lieu-dit : la Cousture. I, 173.

CHUIGNE, Chuignes, Chiwignes. I, ix, 253, 234, 306*, 307, 315. — II, 305, 309, 388.

CHUIGNOLLE, Chuignoles, Chuignolles, *Cevinniolis*. I, 307*, 315, 317, 377. — II, 246, 305, 314, 388.

Fief : d'Ambercourt. I, 307.

CITERNE, Chisternes. II, 208*, 213, 281, 282, 383, 390.

— 478 —

Fiefs: d'Archimont. — d'Ionville. — des Marets. II, 281.
CLERC. II, 129.
CLERFAY, Clerfaï. I, 319, 320.
 Lieux-dits: le bois d'Hétroy. — le bois des Meurtris ou de l'Abbaye. I, 320.
CLERMONT. I, 185, 354.
CLERY, Clary. I, 127, 173*, 180, 408. — II, 305, 385.
CLIARIIS, lieu voisin de Moreuil. I, 372.
CLUNY. I, 156, 186, 299, 342, 375. — II, 8, 148, 304, 384.
COCQUFREL, Cokerel, Coquerel. II, 2, 6, 37*, 38, 57, 269, 319, 388.
COHUES (les), ferme dépendant de la paroisse de Hangest-sur-Somme. II, 66.
COIGNEUX, Congnuel, Coignuel. I, ix, 217*. — II, 382.
 Fief: château de Rossignol. I, 217.
COIN, Coing. I, ix, 217*. — II, 389.
COISY, Coizy. I, 23, 85, 230, 235, 248, 493*. — II, 386.
COIVREL. I, 341.
 Fief: de la Mairie. I, 341 ?
COLLENCAMPS, Colincamp, hameau dépendant de Mailly. I, 51, 233, 331, 339. — II, 337.
COLLINES, Colline, Colines. II, 6, 194*, 388.
COMPIÈGNE. I, 126. — II, 243, 313, 317, 348, 387.
COMPLOTON, paroisse de Rue. II, 223.
CONCHIL, Conchy, Conchil-St.-Nicaise. I, ix, 348*, 454. — II, 384.
CONCHIL-LE-TEMPLE. II, 194*, 388.
CONCHY-LE-PRÉVOST. I, 345.
CONCHY-SUR-CANCHE, Conci. I, ix, 234. — II, 80*, 369, 387.
 Lieu-dit: le pré Saint-Pierre. I, 234.
CONDÉ-FOLIE. I, 407, 409, 410. — II, 41, 42, 55, 56, 61*, 74, 382.
 Lieu-dit: Faucaucourt. I, 410. — II, 61. — Villeneuve de Folies. II, 41.
CONTAINVILLERS, lieu détruit entre Bernaville et Beaumetz. II, 252*, 373, 384.
CONTALMAISON, Constar-Maisons, Gontarmaisons. I, 57, 58, 59, 151*, 152. — II, 382.
 Fiefs: Boulan. — de Séraucourt. I, 152.
CONTAY, Cuntai. I, lxj, 131, 233, 253, 283, 327*. — II, 340, 388.

CONTES, au diocèse d'Arras. I, ix. — II, 154.
CONTEVILLE, *Comi'is villa, Cuncta villa*. I, 481, 483. — II, 5, 22, 150*, 387.
CONTEVILLE, au diocèse de Beauvais. I, 178. — II, 387.
CONTOIRE. Comtoire, Contuère. I, 111, 186, 191*, 275, 311, 358. — II, 312, 317, 388.
 Fiefs: de Bellecourt. I, 191, 358. — de la Couture-Queval. — de Hauteloge. — de Petit-Cardonnoy. I, 191.
CONTRE. I, 433, 437*. — II, 388, 389.
CONTY. I, 139, 170, 174*, 182, 378, 415. — II, 334, 339, 342, 346, 387.
 Fief: le vieux Tilloy. I, 182.
COPPEGUEULE (hameau). I, 110, 179, 246.
COQUEL, village dépendant d'Arguel. II, 133.
COQUICHART, hameau dépendant de la paroisse de Caumont-en-Artois. II, 149.
CORBIE, *Corbeia*. I, xj, xij, xiij, 5, 93, 106, 123, 133, 150, 161, 163, 227, 228, 229, 233, 234, 236, 237, 238, 241, 245, 246, 247, 253, 255, 256, 257, 263*, 264*, 265*, 280, 281, 282, 283, 284, 301, 309, 311, 339, 378. — II, 351, 383, 394.
 Fiefs: de Corbie. I, 233. — de Poissy. I, 246. — de Rambures. I, 233.
 Lieux-dits: bois de Corbie. I, 238, 245. — Clos St.-Adhélard. I, 212. — La demi-lune de Narbonne. I, 244. — Les Formions. — La fosse Torniche. — Le jardin Madame. — La loge des Moines. — Longlion ou Chanteraine. — Le pont Becquet : date de sa construction. I, 245. — Le Pré-l'Abbé. I, 242. — Le pré de l'Écluse. I, 265. — Le pré de la Torche. I, 244. — Séburne. I, 242. — Petite Séburne. I, 242. — La tour Saint-Jean. I, 244. — La vallée du Cavain. I, 245. — La vallée de Saint-Jean. I, 245.
CORBIOIS (le). I, xiij.
CORMEILLE, Cormelles. I, ix, 174*. — II, 383.
CORNFBOTTE, dépendance de la paroisse de Domvast. II, 262.
 Lieu-dit: le bois du Croc. II, 255.
COSTENCOL, au diocèse de Rouen. I, 370.
COTTENCHY, Costenchi, Costenchy, Costenci. I, 23, 122, 124, 299, 374, 375, 383*, 384. — II, 331, 343, 389.
 Lieu-dit: Teuloy. I, 124.

— 479 —

Coullemelle, Coulonmelles, Coulonmeles, Collemelles. I, 89, 110, 238, 247, 341, 383*, 384.— II, 342, 390.
   Lieux-dits : les Aboaus.—Devant Bus-Oseuain. — Langle Hairon. — le Pumeret. I, 384.
Coulonvillers, Coulonviler. I, 114, 115.—II, 246, 260*, 391.
   Fief : de Senarmont. II, 260.
Courcelle-au-Bois, Courcheles. I, ix, 319, 322, 328*. — II, 340, 386.
Courcelles, hameau de la paroisse de Visme. II, 176.
Courcelles-sous-Demuin. I, 106, 251, 375*, 382.— II, 387.
Courcelles-sous-Moyencourt. I, 54, 141, 432, 437*, 443. — II, 382.
Courcelles-sous-Thoix, Courchelles. I, 291*. — II, 353, 382.
   Lieu-dit : Franc-Aleu. I, 291.
Courtemanche, Cordemence, Courdemanche, *Curtis dominica*. I, 243, 345, 349*. — II, 388.
Courtieu, hameau de Lignières-Chatelain. I, 442.
Courtieux, dépendance de Maisnières. I, 235. — II, 115.
Courtils, ferme. I, 402.
Courtray, en Flandre. II, 188.
Cousdun. I, 396.
Couture (la), hameau, en Flandre. I, 242.
Cramoiau, fief. I, 211.
Cramont, Cromont. I, 212. — II, 3, 260*, 275, 373, 384.
   Lieux-dits : le bois Brûlé. II, 260. — Les baies de dame Aalis. II, 275. — Le Ménage. II, 260.
Crapeaumesnil, au diocèse de Noyon. I, 452.
Creil. I, 241.
Crémery, au diocèse de Noyon. I, 300, 459.
Crespy, Crépy, en Valois, au diocèse de Soissons. I, 187, 193, 314, 461, 467, 470, 473.—II, 313, 387.
   Lieu-dit : le parc aux Dames, le parc *de Thruilla* ou *de Bovilla*. II, 313.
Cressonsart. I, 108.
Cressy, Crécy, Cresci. I, 131, 135.— II, 4, 8, 11, 16, 19, 191, 215, 216, 221, 222, 226*, 236, 237, 374, 386.
Cressy-Grange. II, 219, 221.

Creuse. I, 23, 37, 174*. — II, 331, 383.
   Lieu-dit : le bois de Creuse, ou le Viés-Pière. I, 37.
Crévecœur. I, 178, 431.
Crocq. I, ix, 174*. — II, 382.
Croisette, Croisettes, paroisse d'Huchenneville. II, 164, 170.
Croisettes (les) : deux fermes dépendant de Bonnières. II, 79.
Croisilles. I, 484. — II, 266.
Croissy, *Crisciacum*. I, 21, 23, 30, 174*, 175. — II, 331, 334, 383.
   Fief : de l'Escorvée. I, 175.
   Lieu-dit : la Malmaison. I, 174.
Croixrault, *Crux Radulphi*, annexe de St.-Martin de Poix. I, 137, 430, 432, 445*. — II, 129.
Croqoison, Crocquoison, Crokoison. I, 412. — II, 62*, 389.
Crotoy. II, 8, 11, 226*, 227, 237, 248, 251, 319, 385.
Croy, Crouy, Croi. I, xiij, 401, 402, 403, 404, 415*. — II, 358, 359, 360, 386.
   Lieux-dits : bois de Guermund naset.—Prairie de Follemprise. — Prairie Rabajoye. I, 403. — Les prés M. d'Amiens. II, 357. — St.-Albin. I, 415. — La terre Avunt. I, 403.
Cucques, Cucq, Cuc. II, 184, 195*, 200, 387.
Cuignières. II, 17.
Curchy, au diocèse de Noyon. I, 458.
Cuyt, au diocèse de Noyon. I, 459.
Cyracourt. II, 185.

D

Daidincort. I, 295.
Dameralcourt, Damerescourt. I, 111, 291*, 429, 431. — II, 382.
Damery, Dammery. I, 56, 57, 184, 186, 252, 254, 452, 456, 463*, 466. — II, 309, 311, 314, 390.
   Lieu-dit : la ferme des Murs. II, 311.
Dampierre-sur-Arques, diocèse de Rouen. I, 244. — II, 275.
Dancourt, Doecort? I, 23, 114, 370, 452, 456, 458, 463*, 464, 472, 473. — II, 311, 384.
   Lieu-dit : les terres de St.-Aurin. I, 114.

DARGIES. I, 21, 101, 141, 172, 183, 292*, 430, 432. — II, 354, 382.
   Fiefs : de Commeneliart.—de la Communauté. — Regnault du Fay — des Sarriets. — de la Ville. I, 430.
   Lieux-dits : le Bosquet.—Le chemin de Pierre. — La ploye aux bois de Misseline. I, 430.
DARGNIES, Daregnies, Daregni, Daregny, Deigny, *Dareneyum*. II, 62, 68, 91, 92, 104, 109*, 113, 119, 385.
   Lieux-dits : le camp Boiard.—*Campus Tierricii*. II, 104.
DAUPHINÉ (le). I, 106.
DAVENESCOURT, Avenescourt, Davenoiscourt, Davenoiscort, *Daveniscurtis, Avenœcurtis*. I, xv, 184, 185, 186, 191*, 200, 302, 340, 345, 451. — II, 384, 389.
   Lieux-dits : le Pois-le-Comte. — Le bois des Moines.— Le bois Pitane. I, 185.— La Montagne. I, 184.—Les Onze-Quartiers. I, 185.
DEMUIN. I, 109, 123, 251, 265*, 266, 284. — II, 382, 387.
DENICOURT. I, 458.
DENIFRCOURT, Dignescort, diocèse de Noyon. I, 300.
DERNENCOURT. I, 144, 152*. — II, 382.
DIALETO (de), paroisse, diocèse de Beauvais. I, 341.
DIANCOURT, Dyencourt, paroisse de Léchelle. I, 236, 468*.
DIEPPE. II, 99.
DIJON. I, 141.
DIVION. I, 162*.
DODELAINVILLE, Doudelainvile, *Dodelanivilla*. I, 17, 18, 482, 485.— II, 16, 17, 208*, 213, 333, 385.
DOMART-EN-PONTHIEU, Dommart, Dompmart, *Domnus Medardus*. I, xiij, 4, 82, 133, 135, 481.—II, 104, 146, 253, 254, 266*, 264, 270, 274, 275, 304, 384, 394.
   Fief : de la Bonnière. I, 481.
   Lieu-dit : Rouvroy. II, 253.
DOMART-SUR-LA-LUCE, sur Aluche, *super Alutiam*, vel *Aluchiam*. I, 57, 58, 97, 112, 127, 266*, 270, 271, 366, 367, 368. — II, 386.
   Fief : de Mareuil (*de Marolio*). I, 266.
   Lieu-dit : la Justice I, 266.
DOMÉCAN. II, 304.
DOMELIEN, Dommailien, Domelier. I, 349*, 350. — II, 388.

DOMÉMONT. Domesmont, Dommainmont, Dumainmont, Omesmont. I, 6, 10, 479.— II, 18, 261*, 382.
   Lieu-dit : Wastepus. II, 18.
DOMFRONT. I, 6, 10, 350*. — II, 382.
DOMINOIS, Daminois. II, 95, 220, 222, 227*, 228, 387.
DOMLEGER, Donligier. I, 481, 482, 483.— II, 267*.
   Lieu-dit : le jardin de Milesende. II, 267.
DOMMARTIN. I, 97, 368, 369, 370, 384*, 385, 386. — II, 386.
   Lieu-dit : Broches. I, 385.
DOMMELIER, Domelier, Doumelier, *Dulcimelario*. I, xliv, 23, 29, 31, 175*, 182. — II, 330, 383.
   Lieux-dits : Chemin de pierre ou du piège. — Chemin-Vert. — Francastel. — Neuve-Rue. — Surmaison. I, 175.
DOMPIERRE, *Donna Petra*, au doyenné de Labroye. II, 147, 148, 151*, 158, 219, 389.
DOMPIERRE, au doyenné de Montdidier. I, 350*, 358. — II, 388.
DOMQUEUR, Donqueur, Donqueurre, Donquerre. I, 134, 482, 485. — II, 50, 261*, 266, 277, 391.
DOMVAST, Donvast, Dompvast. I, 97, 98, 135. — II, 26, 254, 255, 260, 262*, 383, 389.
   Lieux-dits : Vallée Quenel.— Vallée du Quesnoy (*de Caisneio*). I, 97.
DONNIO (Sancta Maria de) : lieu où était située l'abbaye d'Arrouaise ? II, 348.
DONQUERELLE, Dulquerel, hameau dépendant de Domqueur. II, 261, 262.
DORDAIN. II, 98.
DOUAY, Duay. II, 186, 361, 372.
DOUCHY. I, 238.
DOUDANCOURT, paroisse de Cameli. I, 246.
DOULAINCOURT, paroisse disparue. I, 346.
DOULLENS, Dollens, Dorlens, Dourlens, Dourlans, Durlerz, *Durlendum*. I, lvij, 7, 203, 204, 205, 208, 210, 211, 212, 215, 217*, 222, 226, 227, 250, 251, 339, 345, 482, 483. — II, 3, 80, 84, 105, 150, 185, 186, 251, 332, 341, 349, 358, 369, 386.
   Fiefs : Bruquentin, Bruquenthin ou Brouquentin. I, 204, 208, 211. — Engreviler, entre Doullens et Beauval. II, 349. — de la Gerbe. I, 226.

Lieux-dits : Le Cai-le-Prestre. I, 226. — Maison des Coquelets. I, 209. — Mai-eaux (moulin des). I, 208.— La Mer salée. I, 226. — La Voie des prés. I, 227.

DOURIER-EN-ARTOIS, Douriers, Douriez-sur-Canche, Dourieh, Dourihier, *Donno Rihero*. II, 148, 151*, 196, 220, 228, 387, 391.

DOURIER-LÈS AIRAINES, Dourihier. II, 57, 62*, 389.
Lieu-dit : Terre de St.-Lazare. II, 62.

DOURS, Daours, *Durtium*. I, 37, 56, 84, 85, 91, 92, 233, 323*. — II, 333, 340, 388.
Fief: de Graville ou Guerartville. — I, 37.
Lieux-dits : Coûture des Argillières. I, 84. — Le petit Marché de Dours. I, 56.

DRANCOURT. I, 167, 225.

DRANCOURT, dépendance de la paroisse de Neuville-lès-Saint-Valery. II, 291.

DRENBOLTMAISNI — Voy. GRÉBAUMESNIL.

DREUIL-LÈS-AMIENS, Druel, Drueul. I, 402, 415*. — II, 359, 360, 382.

DREUIL-SOUS-AIRAINES, Drueul, Dreul. II, 63*, 65, 319, 320, 379, 385.

DREUIL-SOUS-MOLLIENS, Druel, Drueul *juxta Molanum*. I, 403, 416*.—II, 126, 127, 130, 360, 387.
Lieu-dit : Le Val de Golea. II, 130.

DROMESNIL, Dromaisnil, Doumaisnil. II, 127, 137*, 389.

DRUCAT, Durcat. I, 4, 10.—II, 5, 11, 16, 38*, 49, 55, 57, 127, 237, 366, 382.

DULCAT, ferme sur la paroisse de Wavant. II, 87.

DRUELLE (la), ferme dépendant de Sourdon, I, 398.

DRUGY, *Drusciacum*, hameau dépendant de Saint-Maugille. II, 241, 244, 270.
Lieu-dit : Le Pont-Hulin. II, 244.

DUNCQ, Dunc. II, 18, 368.

DURY, Duri. I, 12, 21, 24, 31, 35, 70, 87, 127, 131, 175*. — II, 331, 334, 383.
Fief: du Mandé. I, 87.
Lieux-dits : Camp de l'Hôtel-Dieu. — Camp Saint-Nicolas. I, 175. — Treu Warnier ? I, 396.

E

EAUCOURT-SUR-SOMME, Yaucourt, *Aquacuria*. II, 2, 19, 24, 26, 39*, 49, 262.
Lieu-dit : Li Cans tiuleus. II, 19.

EAUCOURT-LÈS-BAPAUME. I, 146, 154, 155.—II, 388.

EBALET, hameau de la paroisse de Saint-Blimont. II, 296.

ECOSSE. II, 96.

ECUVILLY, Escuvelly, au dioc. de Noyon. I, 453, 459.

EGYPTE. I, xij.

ELINCOURT, auprès de Compiègne. I, 185, 347, 383 et *passim*.

EMACOURT. II, 235*.

EMBREVILLE, secours de Beauchamp. I, 46, 47.—II, 92, 93, 106*.
Lieux-dits : Le champ de Noës. — Fontenelle. II, 90.

ENCRE. — Voy. ALBERT.

ENGLEBELMER. I, 144, 152*. — II, 389.

ENGUILLAUCOURT, Engelicourt, Engueleicort, Engeliercort, Enguelliecourt. I, 123, 232, 265, 266*, 267. — II, 285.

EPAGNE, *Hispania*. II, 6, 8, 17, 18, 19, 20, 32, 39*, 164, 165, 320, 366, 390.
Lieux-dits : L'Angle Heudebergun. II, 18. — La Fontaine St.-Allin. II, 366.—Le Wate-Rivière. II, 18.

EPAGNETTE, *Hispaneta*. II, 39*, 321, 385.

EPAUMFSNIL, Espermaisnil. II, 137*, 391.

EPÉCAMPS. I, 5, 6, 133. — II, 232, 262*, 386.

EPINEY, au diocèse de Rouen. II, 74.

EPINOY (l'), au diocèse de Rouen. II, 100.

EPLESSIER-LÈS-POIX, Les Plaissiers, Les Plaissies, Plessier-sur-Poix. I, 430, 432, 438*. — II, 303, 387.
Lieux-dits : Le bois des Prêtres.—Terrimesnil. I, 430.

EQUEMAUVILLE, Scameauville, Ecamauvillé, *Scabellivilla*, auprès de Honfleur. II, 250.

ERCNES, Etche, Herche, *Erptias*. I, 186, 355, 452, 459, 464*, 475, 476. — II, 313, 387.

ERCOURT, Hercourt. II, 2, 4, 169*, 386.

EREMCOURT, Erembecourt, secours de Méraucourt. I, 294*, 429.

ERGNIES, Eregnies, *Enericæ*. I, 105, 106, 110, 134. — II, 169, 263*, 265, 266, 274, 382, 383.

ERONDEL. — Voy. AIRONDEL.

ERQUERY, fief au Pont-de-Metz. I, 24.

ERQUIÈRES, Herkières, Herkueres, village dépendant de Fontaine-l'Étalon. II, 152.

ERVELOY, Hervelois. I, 17. — II, 174.

ESBARET, Esbarez, dépendance d'Esquennes. I, 438.
ESBART, ferme dépendant de Bavelincourt. I, 65, 323.
ESCARBOTIN, secours de Friville. II, 93, 97, 111.
ESCLAINVILLERS, Esclenviler. I, 97, 99, 376, 385*, 389, 394. — II, 341, 388.
ESCOUAVRES, Esquaves, *Escua vias*. I, ix.-II, 79, 80*.
ESCUIRE, Escuir, Ecuire, Ecuir, *Scuira*. I, 56, 61. — II, 181, 182, 195*, 386.
  Lieux-dits : Le dîmage des Courts-Dizeaux. II, 181, 195. — Marcadé. — Le mont de la Hüe. II, 181.
ESLENCOURT, Elencourt. I, 292*, 429. — II, 382.
ESLINCOURT, Weraincourt, Ailincort, hameau de la paroisse St.-Blimont. II, 99, 146, 296.
ESMONT, cense. II, 150.
ESPAGNE (royaume d'). I, 319. — II, 183, 184.
ESPAGNY, en la comté de Soissons. II, 348.
ESPINOY (l'), cense. II, 186.
ESQUEMICOURT-EN-ARTOIS, Ekemecourt. II, 151*, 370, 388.
ESQUENNES, Eskaines, Les Kaisnes. I, 298, 431, 438*, 448, 449 — II, 7, 382.
ESQUINCOURT, Escuignecourt. II, 195*, 203, 386.
ESSARS (camp des), vers Cottenchy ? I, 23.
ESSARTS (les), paroisse de Cuyt, au diocèse de Noyon. I, 459.
ESSERTAUX, Essortiaux (les). I, 62, 172, 175*, 183, 370. — II. 382, 384.
ESTALLON-DERLY, Estallons, Estalons. I, 123.
ESTREBEUF, Destrebucs. II, 279, 282, 289*, 292, 382.
  Lieu-dit : Catigny. II, 282, 289.
ESTRÉE-EN-CHAUSSÉE, Estrée-lès-Cressy. I, 133, 487. — II, 215, 216, 226*, 237.
ESTRÉES-SOUS GUYENCOURT, secours de la paroisse de Guyencourt. I, 39, 106, 111, 387*, 399.
ESTRÉES, près Demécourt. I, 300.
ESTREIUS, Estruisiex, Estruisuiz. II, 52, 64*, 368, 389.
ETAMPES, hameau de la banlieue de Corbie. I, 252.
ETAPLES. II, 185, 186, 313.
ETELFAY, Estaillefay. I, 341, 342, 351*, 362. — II, 388. — Voy. FAYE.
  Lieu-dit : Bérencourt, partie du village. I, 351, 356.
ETICHEAM, en Angleterre. I, 485.

ETINEHEM, Estinehen, Etinehan, Hestineham. I, 152*, 153, 167, 230, 233, 240, 241, 255. — II, 314, 382.
  Lieu-dit : bois Livechon. I, 230.
ETOUVY, Estouvi, Estouvy. I, 3, 82, 171, 177, 179*, 183, 499.
EU (ville et comté d'), *Augum*. I, vij, 15, 111, 295. — II, 20, 91, 92, 93, 96, 102, 103, 120, 121, 275, 279, 313, 388.

F

FALEVI, FALVI I, 100, 235. — Voy. FLAVY.
FAMECHON-LES-POIX, Faumechon. I, 38, 433, 439*, 449. — II, 382.
FAMECHON, dépendance d'Ailly-Haut-Clocher. II, 242, 256.
FAMECHON, au diocèse de Beauvais. I, 278.—II, 350.
FARINVILLERS, près de Breteuil. I, 139, 140.
FARNIERES, Farnier, Frenière (seigneurie de). I, 75, 111.
FAUCOCOURT, Foukaucourt. I, ix, 301, 308*. — II, 305, 311, 388.
FAUVILLÉ. I, 196.
FAVEROLLES. I, 341, 343, 344, 351*, 357, 358. — II, 387.
FAVIELLE, hameau dépendant de Renierécluse. II, 232, 234.
FAVIÈRE. II, 228*, 279, 280, 324, 325, 385.
FAVIÈRE, vers Dommelier. II, 330.
FAY, hameau contigu à Thieulloy-l'Abbaye. II, 143.
FAY (le), hameau dépendant de Vergies. II, 65, 71.
FAYDOY, ferme dépendant de Dompierre (doyenné de Labroye). II, 148.
FAYE (probablement ETELFAY). I, 111.
FAYELLE (le), Le Fayel, Faïel, ferme dépendant de Montagne. II, 130, 131, 353.
  Lieu-dit : le bois de Druel. II, 130.
FÉNIÈRES, Fresnières. — Voy. FIGNIÈRES.
FERRIÈRE, au doyenné de Montdidier. I, ix, 351*. — II, 303, 388.
FERRIÈRES, la Férière, *Fereria*. I, 119, 124, 176*, 390. — II, 342, 383.
  Lieux-dits : Dimeron des ruelles. — Dimage de St.-Andrieu. I, 175.
FERTÉ (la). — Voy. LA FERTÉ.
FERVAQUES. I, 230.

Fescamp. I, 230, 352*, 463. — II, 386.
  Lieu-dit : le bois Marotin. I, 230.
Festel, secours d'Oneux. II, 219, 268*.
  Fief : de Valobin. II, 219.
Festonval. I, 141.
Feuquerolles, dépendance de Feuquières-en-Vimeu. II, 241.
Feuquières-en-Vimeu, Feukières. II, 7, 26, 109*, 241, 279, 280, 313, 370, 389.
  Fief : de Cany-Dieuil. II, 370.
  Lieu-dit : Osteleux ou Autelus. II, 241, 279, 370.
Feuquières, marquisat près de Harbonnières. I, 234, 236.
Ficheu, fief. I, 136.
Fieffes, Fieffe, Fiefes, Fief I, 10, 70, 133, 135, 207, 408, 484, 493*, 494, 509. — II, 363, 369, 390.
  Lieu-dit : d'Anmont ou Domont. I, 133, 134.
Fienvillers, Fienvillé, Fienvileur, Fienviler, Finviler. I, xvj, 4, 10, 70, 207, 483, 485, 493, 494*. — II, 253, 254, 357, 390.
  Lieu-dit : Bouqueville. I, 494.
Fignières, Fesnières, Fresnières. I, 111, 186, 192*, 200, 229, 230, 362, 363. — II, 382.
  Fief : le petit Fignières. I, 192.
  Lieu-dit : le Brule. I, 192.
Fillièvres, Filheuvre-en-Artois. I, ix. — II, 157, 184.
Flaisseroles, Flesserolles, Flécherolles, Flescherolles. I, 27, 234, 235, 247, 503, 507.
  Lieu-dit : Rosel. — Voy. ce nom.
Flamervont, Frodmermont, en Artois. II, 79, 152.
Flandre (province de). I, 99, 228, 245, 241, 243, 250, 251. — II, 79, 129, 188, 249, 252.
Flavi-le-Merdeux, diocèse de Noyon. I, 237, 247.
Flavy-sur-Somme, Falevi, Faalvy, Phalevy. I, 243. — Voy. Falevi.
Flécherolles. — Voy. Flaisseroles.
Flers, au doyenné de Conty. I, 62, 106, 175*, 370. — II, 341.
  Lieu dit : le camp de Gornay. II, 341.
Flers, Fleurs, au doyenné d'Auxy-le-Château. II, 79, 80*, 152, 387.
Flescuies, secours de Blancfossé. I, ix, 172*, 173.
Flesselles, Flaissières. I, 42, 479, 494*. — II, 306, 318, 389, 390.

Fleury, Floury. I, 38, 43, 170, 176*. — II, 382.
Flibealcourt, dépendance de Sailly-le-Sec. II, 3, 47, 324.
Flixecourt, Flichecourt, Flexicourt, Flessicourt, Fleschicourt. I, xiij, 99, 132, 134, 411, 427, 478, 479, 486, 487, 489, 495*, 496. — II, 41, 324, 344, 363, 364, 389.
  Fief : du Cornet I, 491.
  Lieux dits : le bois Waschier. I, 478. — La Hayette. I, 491. — Marais Capitaine. — Marais de Soubite. I, 495. — Les prés Becquet. — Les prés de la Cour de Fief. — Les près de la Vergne. I, 479. — Les Quaielles des Moines. I, 478.
  Voy. Petit-Flixecourt.
Floisy, Floisi, Floissi, Flenzy, Fleusi, au diocèse de Rouen I, 370. — II, 353.
  Lieux-dits : Terre Brachare ? — Forestel (bois) ? I, 370.
Floriville, dépendance de la paroisse de Maisnières. I, 235. — II, 115.
Floxicourt, Floichecourt, dépendance de Bricquemaisnil. I, 405, 413.
  Lieux-dits : le bois de Blotfier. — Le camp Robert. — Le Chemin vert. — Les Placamps. — Le Quesnaux. — Le val Hutain. I, 405.
Fluy, Flui, Floy. I, 31, 98, 180, 366, 368, 410, 411, 439*, 449. — II, 132, 386.
  Lieu-dit : Lentilly. I, 439.
Focolviler (probablement Fourquivillers, dépendance de Coullemelle). I, 383.
Folie-en-Santerre, Folies, Follies. I, 24, 25, 58, 66, 90, 139, 452, 464*, 471. — II, 330, 383. — Voy. La Folie.
Follie, fief. I, 35. — Voy. La Follie.
Folliette, hameau de Folie en-Santerre. I, 464.
Folleville, Folevile. I, 202, 240, 247, 385*, 386, 398. — II, 384.
  Lieu-dit : le champ Thiebaut. I, 386.
Fontaine-lès-Cappy ? I, 114, 119.
  Fief : le Quesnel. I, 114.
Fontaine-le-Sec, dépendance de la paroisse d'Oisemont. II 2, 211.
Fontaine-l'Etalon, Fontaines-les-Serkes, Fontaine-le-Sec. II, 21, 79, 147, 152*, 158, 162, 387.
Fontaine-sols-Catheux. I, xliv, xlv, 13, 23, 25, 29, 31, 176*, 182, 183. — II, 331, 383, 394.

Lieu-dit: le bois de Moimont ou Mimont. I, 25.

FONTAINE-SOUS-MONTDIDIER. I, 352*, 353, 360. — II, 388.

FONTAINE-SUR-MAYE. II, 216, 228*, 320, 385.

FONTAINE-SUR-SOMME. II, 7, 64*, 67, 68, 72, 73, 320, 368, 385.
Lieux-dits: le Clausez. — Le Courco. — Les Escharts. — Les Novales. — Les prés de Mailly. — Vendures. II, 64.

FONTENAY-TRÉSIGNY. I, 108.

FORCEVILLE, Forcheville, au doyenné d'Albert. I, 153*, 231, 233, 246, 319, 320, 321. — II, 265, 386.

FORCEVILLE, dépendance de la paroisse d'Oisemont. II, 55, 58, 211.

FOREST-L'ABBAYE, hameau dépendant de Nouvion et de Beauvoir. II, 4, 10, 13, 41, 43.
Lieu-dit: le bois Forest. II, 253.

FORESTMONTIER, Foresmontier. I, 107.—II, 42, 215, 216, 229*, 237, 372, 386.
Lieux-dits: bois de Beauregard. I, 107.—Laie de Bonnelle. II, 215.

FORGES, au diocèse de Rouen. I, xxiv.

FORMANOIR, hameau dépendant de Boves. I, 260.

FORMERIE, Fourmeries. I, ix, 293*. — II, 391.

FORTEL, Forestel, secours de Villers-l'Hôpital. II, 7, 87.

FORTINCOURT. I, 302.

FOSSE-BLEUET, hameau de la paroisse de Courcelles-sous-Moyencourt. I, 437.

FOSSEMANANT, secours de Prouzel. I, 180*.

FOSSEUX. II, 161, 162.

FOUCARMONT, au diocèse de Rouen. I, 296.—II, 388.

FOUCAUCOURT, au doyenné d'Oisemont. I, 15, 244. — II, 210*.

FOUENCAMPS, Fouencans. I, 123, 233, 236, 300, 386*, 399. — II, 313, 356, 389.
Fief: des planques. I, 386.

FOUILLOY, Fou'loy, Foilloy, *Folliacum*. I, 4, 10, 31, 141, 149, 185, 228, 233, 234, 236, 238, 245, 246, 247, 250, 251, 252, 253, 256, 258, 267*, 278, 284, 299, 304, 305, 307, 380, 392. — II, 81, 350, 353, 382.
Fiefs: d'Acheu. I, 252, 253. — de Werneul, entre Fouilloy et Hamelet. II, 350?
Lieux-dits: le bois Randon. I, 238. — II, 350. — Le pont de Rome. I, 238.

FORQUECOURT, Fouquescourt, Foukieucourt. I, 238, 244, 247, 248, 283, 311, 437, 465*, 476. — II, 311, 312, 388.
Lieux-dits: la Paturelle. — La Tombe. — La voie de Parvillers I, 283.

FOURDRINOY, Fourdinoy, *Fordinetum*. I, 405, 407, 408, 416*. — II, 359, 360, 385.

FRAMERVILLE. I, 52, 53, 59, 127, 236, 301, 308*, 309. — II, 246, 304, 305, 310, 312, 390.
Fief: de Rainecourt. I, 236.

FRAMICOURT, Framercour, au doyenné d'Oisemont. II, 96, 99, 101, 208*, 209, 387.

FRAMICOURT, *Framericuria*, dépendance de Fontaine-sous-Montdidier. I, 112, 114, 352*.

FRANLEU, Franlues, Franslues. I, 98, 99. — II, 2, 16, 179, 280, 290*, 386.
Lieu-dit: Gnischengui II, 290.

FRANQUEVILLE, Frankeville. I, 92, 482. — II, 253, 254, 263*, 265, 389.

FRANQUEVILLE, *Franca villa*, auprès de Bapaume. I, 300, 485.

FRANSART. I, 110, 452, 456, 465*. — II, 309, 310, 311, 312, 313, 388.

FRANSIÈRES, Franssières, Francière, en Ponthieu. II, 2, 3, 7, 40*, 46, 388.
Fief: de la Queute, Quest, *Questa*: sa situation. I, 39. — II, 46.

FRANSU, Franssu. I, 23, 483, 485. — II, 253, 254, 263*, 264, 389.
Lieux-dits: le bois de Goyenval. II, 264.—Les Essarts. II, 253, 264.

FRANSLRES. I, 177*. — II, 310, 383.

FRANVILLERS I, 233, 234, 238, 256, 257, 284, 322, 329*, 337. — II, 386.

FRÉCHENCOURT, Ferchencourt, Ferchancourt. I, 47, 238, 247, 252, 324, 329*, 332, 337, 338. — II, 385.

FRÉCHEVILLERS, dépendance de la paroisse Saint-Martin de Doullens. I, 218.

FRÉMONT, hameau dépendant de Vaux-en-Amiénois (non de Vaux-sous-Corbie). I, 164.

FRESMONTIER, Frémontier, Fraisnemoutier. I, 62, 139, 296, 433, 434, 440*. — II, 304, 384.
Lieu-dit: la Maladrerie. I, 139.

FRESMOULIN, Fraitmoulin, Fraitmolin, Francmoulin, ferme dépendant de Bavelincourt. I, 65, 231, 247, 323.

FRESNE, Fraisnes, secours d'Avesnes. II, 225.
FRESNES-TILLOLOY, dépendance de la paroisse d'Oisemont. II, 211.
FRESNEVILLE, Frenneville, Fraisnevile, Fraigneville. II, 16, 53, 54, 135, 138*, 389.
FRESNOY-ANDINVILLE. I, 65. — II, 132*, 133, 304.
FRESNOY-AU-VAL, Fraisnoy, Fraisnet. I, 98, 365, 366, 367, 369, 410, 417*. — II, 356, 386.
FRESNOY-EN-CHAUSSÉE, Fraisnoy, Fraisnet-en-Santers. I, 268*, 369, 370. — II, 352, 386.
 Lieu-dit : Equincourt. I, 268.
FRESNOY-LÈS-ROYE, Fraisnoy. I, ix, 452, 456, 457, 458, 459, 463*. — II, 310, 311, 312, 388.
FRESSENNEVILLE, Fressaineville, Flexenneville. II, 16, 97, 110*, 121, 185, 279, 280, 387.
 Lieu-dit : le Fresnal. II, 97.
FRESTOY. — Voy. LE FRESTOY.
FRETTECUISSE, Fratecuisse. II, 52, 53, 65*, 73, 389.
FRETTEMEULE, Fraitemole. I, lv. — II, 2, 3, 99, 102, 104, 105, 110*, 306, 388.
FRETTEMOLLE, Frestemolle, Frestemole, Fraitemole. I, ix, 4, 10, 293*, 294. — II, 382.
FRÉVENT, Frévench. I, ix. — II, 76, 80*, 389.
FRIAUCOURT, secours de la paroisse d'Ault. II, 95, 98, 102, 105*, 106.
FRICAMPS, Friscans. I, 105, 422, 432, 440*, 450. — II, 382.
 Lieu-dit : le bosquet dit le jardin Madame. I, 450.
FRICOURT, Freucourt, Friecort. I, 153*, 154, 167, 169, 170. — II, 382.
 Lieu-dit : li Alve. I, 170.
FRIÈRES-EN-VIMEU. I, 65, 83. — II, 285, 286.
FRIELLES, Frieul, Frireule, Fricules, dépendance de la paroisse de Chepy. I, 65, 175.—II, 2, 109, 285, 286, 298.
FRIVILLE, Frieuvile. II, 94, 95, 98, 111*, 387. — Voy. FROILLEVILLE.
FROCOURT, Froelcort, hameau de la paroisse de St.-Romain. I, 446*, 447. — II, 128, 131.
FROHEN-LE-GRAND, Frohens, Frouen. I, 4, 10, 134, 208. — II, 81*, 390.
 Lieux-dits : Bétencourt. — Le bois du Caisneel. II, 81.
FROHEN-LE-PETIT. II, 81*, 388.
FROILLEVILLE (peut-être Friville, sinon Froideville, près Eu). II, 95.

FROIZE, dépendance de Quend. II, 215.
FROSMORTIER, près Quœux. II, 152.
FROYELLE. II, 26, 215, 216, 228*.
FRUCHEVILLIERS, fief en Artois. II, 184.
FRUCOURT, Frocourt, Freucourt. I, 99. — II, 171, 208*, 320, 333, 385.
FURCELLICURTIS : nom de la paroisse Saint-Martin de Montdidier. I, 355.

G

GADEN-SELVE : lieu-dit et forêt auprès d'Abbeville. II, 4, 54.
GAILLY, dépendance de Cérisy. I, 211, 305. — Voy. CÉRISY-GAILLY.
GALAMEZ-EN-ARTOIS, *Galamni mansum*. II, 182.
GALET. I, ix, 177*, 182. — II, 383.
GALLARDON, en Beauce. I, 406.
GAMACHES. I, xv, lv, lviij, 16.—II, 90, 92, 93, 94, 100, 102, 103, 104, 112*, 122, 172, 178, 278, 384, 389, 394.
 Lieux-dits : Jardin dit le Prieuré. — Le Jardinet. II, 102.
GAPENNES, Gapenne, Gaspanes. I, 70, 71. — II, 241, 242, 249, 264*, 277, 385.
 Lieu-dit : les haies de Villers. II, 249.
GARD (le). I, 401. — II, 357 et *passim*.
 Lieux dits : les bois du Gard-Hamery. II, 357, 859. — La Cordelière. — La Vieille Forge. II, 357.
GARD-LÈS-RUE (le). II, 238, 251.
GAULE (la). I, vij, viij, xij, xxxvj.
GANNES, au diocèse de Beauvais. I, 195, 202.
GAUVILLE, Gohoville, au diocèse de Rouen. I, 403.
GENNES, Genne-en-Artois. I, 204, 205, 483, 485.— II, 153*, 386.
GENONVILLE, hameau dépendant de Moreuil. I, 109, 392.
GENTELLES. I, 26, 65, 67, 231, 233, 253, 257, 268*, 284. — II, 333, 385.
GENVILLE-EN-PONTHIEU, Aisenvile. II, 2, 3, 4, 265*, 388.
GENVILLERS (probablement fief vers Namps-au-Mont et Revelles). I, 39.
GERBEROY, au diocèse de Beauvais. I, lviij, 288.
GESSORIACUS. I, xij.
GEUDINCOURT : ancien nom du village de St.-Léger. II, 360.

Gézaincourt, Gésainecourt, Gézinecourt, Zézaincourt, Gizencourt, *Gysencuria.* I, xiij, 207, 219*, 227, 483, 484. — II, 247, 266, 389.

Gien-sur-Loire. II, 98.

Gillomer : ferme située dans la banlieue de Saint-Valery, entre cette ville et La Neuville. II, 282.

Glimont, Glismont. I, 122, 253, 269*.—II, 386.

Glimont, hameau dépendant de la paroisse de Heuzecourt. II, 82.

Glisy. I, 6, 38, 76, 84, 163, 269*, 270, 375. — II, 352, 386.

Godemelle, seigneurie voisine de Rollot. I, 342.

Godenvillers, Godainviller, Godainviler, Goremdamvillers. I, ix, 185, 353*, 357, 358, 361. — II, 382.

Gollencourt, Gollencort, village de la paroisse de Dommartin. I, 368, 384*.

Fief : des Marais. I, 368.

Gonnieu. II, 326.

Gorenflos, Gorrenflos. I, 38, 43, 94.—II, 12, 253, 254, 263, 265*, 272, 309, 382.

Lieux-dits : Bois Ircon (*Udonis, Idonis*). II, 253. — Hapiencourt, Hapencourt. — Rastel, Raastel, entre les villages de Gorenflos et d'Ergnies. II, 265.

Gorges. I, 6, 10, 89, 94, 95.—II, 253, 257*, 262.

Gorveel, fief voisin de Gauville. I, 430.

Goulencourt dépendance de Dommartin. I, 97.

Gournay, écart de Revelles. I, 62, 180, 410.

Gournay-sur-Aronne. I, 396.

Gousseauville, au diocèse de Rouen. II, 93.

Lieux-dits : la Carrière. — Les Landes. II, 93.

Gouy, Goy. — Voy. Gouy-l'Hôpital et Saint-Pierre-a-Gouy.

Gouy-en-Artois, Goy. I, 51. — II, 147, 153*, 184, 387.

Gouy-l'Hôpital, Goy-Hospital, Goy, *Gaudiacum.* I, xiij, 417*, 422, 427. — II, 360, 361, 391.

Lieu-dit : dessoubs Harmellies. II, 361.

Gouy-les-Groseilliers ou Gréoliers, *Gaudiacum.* I, 23, 25, 173, 177*. — II, 324, 384.

Goyencourt, Goiencourt. I, ix, 107, 452, 453, 454, 456, 466*. — II, 310, 341, 388.

Grace (Notre-Dame de) : ferme, chapelle et bois auprès de Montiers-lès-Amiens. I, 26, 171, 179. — Voy. Saint-Remy-au-Bois.

Grandcourt. I, ix, 154*. — II, 388.

Grandcourt, au diocèse de Rouen. II, 96.

Grandsart, dépendance de Bailleul. I, 74. — II, 18.

Grand-Selve, *Gerlandi silva* ? cense. II, 92, 93.

Grandvilliers, Grantviler, Granviler. I, x, xv, 83, 210, 288, 292, 293*, 294, 420. — II, 130, 302, 387, 394.

Grasse (la), au diocèse de Carcassonne. I, 322.

Gratibus. I, 186, 188, 193*, 345. — II, 382.

Grattepanche I, 26, 181*, 408. — II, 343.

Graville, Gueraitville, fief. — Voy. Dours.

Grébaumesnil, Grébertmaisnil, Grebesmaisnil-en-Vimeu, Grebesmesnil, Grébaut-en-Vimeu, Drenboltmaisni ? II, 2, 146, 169*, 185, 389.

Grémecourt, dépendance de Riquebourg. — Voy. Saint-André-au-Bois.

Grémichart, fief dépendant de la seigneurie de Dargies. I, 292.

Grenier, ferme de la paroisse de La Chaussée de Picquigny. I, 425.

Grez, dépendance de Huppy : lieu détruit. II, 170, 171.

Griboval, Grébauval, fief voisin de Chepy ? I, 211. — II, 248.

Gricourt. I, 317.

Grislieu, Grislieu-lès-Flécelles, Grilleux, secours d'Olincourt. I, 494, 495, 501. — II, 318.

Grivenne, Grivesnes, Grivane, *Grivana, Grivanna.* I, 32, 186, 188, 193*, 195, 200, 372.—II, 389.

Grivillers, Griviler. I, 4, 10, 239, 247, 466*. — II, 382.

Groffliers, Grosfliers, Grofflies. II, 181, 196*, 371, 387.

Grouches, dépendance de la paroisse Saint-Martin de Doullens. I, ix, 210, 211, 218.

Grue (la), hameau dépendant de Formerie. I, 293.

Gruny, au diocèse de Noyon. I, 107, 452.

Guechard, Gueschard, Guessart, Gaissart, Gayssart. I, 4, 10, 25. — II, 24, 26, 153*, 154, 242, 382.

Fiefs : de Sarton. — de St.-Riquier. II, 242.

Gueldres (l'une des sept provinces unies). I, 228.

Guemicourt, Gémicourt. II, 205, 209*, 386.

Guerbigny, Gueimigny, Garmigny, Garmegny, *Garmeniacum* I, 345, 454, 457, 467*, 474, 475, — II, 314, 318, 387.

Fief : d'Inneville I, 474.

GUERVILLE, au diocèse de Rouen. II, 92.
Lieu-dit : le bois de La Haye. II, 92.
GUIBERMESNIL, Gislebert-Maisnil. I, ix. — II, 126, 127, 141*.
GUIGNEMICOURT, Guinemicourt, Gaignemicourt, Gainegnicourt, Gameignicourt, Gamegnicourt. I, 26, 31, 38, 42, 119, 177*. — II, 317, 337, 384.
GUILLAUCOURT, Guillocourt, Gislocourt. I, 94, 95, 119, 123, 239, 247, 257, 266, 270*, 278, 279. — II, 386.
Lieux-dits : le chemin de Moluels. I, 94. — le jardin de la cense de l'abbaye. I, 95.
GUIMERVILLE, Guillemerville, Guillermeriville, au diocèse de Rouen. II, 129.
GLISE. I, 231.
GUISENVILLE, fief. I, 26.
GUISY, cense dépendant de Longpré-lès-Oresmaux. I, 70, 239, 378. — II, 129.
GUIZENCOURT, Guizancourt. I, 54, 431, 441*. — II, 337, 382.
Fief : de Mets. I, 431.
GUYENCOURT. I, 387*, 397. — II, 386.

H

HACQUET. — Voy. ACQUET.
HAILLES. I, xlv, 48, 49, 379, 387*. — II, 382.
HAIMON, près de Renty. II, 188.
HAINAUT (Province de). I, 228. — II, 307.
HAINNEVILLE, hameau dépendant de Chaussoy-Epagny. I, 382.
HALBOURDIN, dépendance de Quend. — II, 223.
HALEINE, hameau dépendant de St-Thibault I, 295.
HALLENCOURT, Halencourt. II, 7, 53, 54, 63, 65*, 66, 74, 320, 379, 385.
HALLIVILLERS, Haluviler, Halovillare. I, ix, 240, 247, 388, 418*. — II, 304, 309, 361, 384.
Lieux-dits : le bois d'Hallivillers II, 309. — le bois de St.-Michel. Ibid. — les Boquettes de Paillart, I, 388.
HALLOY-BRIOT. I, ix, x, 293*. — II, 388.
HALLOY-LÈS-PERNOIS, Haloy, Haloi. I, 4, 10, 53, 60, 70, 90, 481, 483, 485, 486, 496*, 502. — II, 154, 337, 386.
Fiefs : de Mauritanie. — de Walnast. I, 481.
HALOY, Haloy, paroisse d'Orville. I, ix, 220, 227. — II, 185.
HALLOY, fief à Neuilly-l'Hôpital. II, 12, 260.

HALLU, Halu, Halud. I, ix, 301, 463, 467*. — II, 307, 308, 311, 389.
HAM, en Vermandois. I, 238, 243. — II, 343.
HAMEL, annexe de Contoire. I, 186, 191.
— dépendance de Forestmontier. II, 10, 229.
— au doyenné de Lihons. I, 141, 230, 232, 281, 283, 303, 305, 309*, 317, 378. — II, 382.
— secours de Beaumont. I, 38, 144, 148*, 149, 253, 254, 256, 257.
HAMELET. I, 231, 233, 244, 245, 246, 250, 254, 271*, 317. — II, 349 350, 382.
Fief : Allegrin. I, 231. — de Roquerolles. II, 349. — de Werneul. II, 350 ?
HAMELET, dépendance de Nolette. II, 13, 44*, 51.
HAMENCOURT, dépendance de la paroisse de Saint-Martin de Doullens. I, 218.
HAMERY (bois d'), vers Fourdrinoy. I, 404.
HAMICOURT, Hamercourt, hameau de la paroisse de Tours. II, 118.
HAMPTONCOURT (Hauton), en Angleterre. II, 284.
HANCHY, Anchy. II, 150, 260*.
HANCOURT-HAVERNA. II, 209.
HANDICOURT, Andicourt, Aidincourt, dépendance d'Agnière. I, 289. — II, 130, 131.
HANGART, Hangard. I, 265, 266, 271*. — II, 385.
HANGEST-EN-SANTERRE ou en Sangterre, Angestum. I, 26, 66, 185, 191, 194*, 200, 201, 239, 247, 251, 253, 269, 309, 377. — II, 306, 307, 313, 317, 388.
Lieu-dit : la croix Boilleau. I, 194.
HANGEST-SUR-SOMME. I, xiij, 49, 129, 402, 407, 410, 427. — II, 54, 55, 57, 61, 66*, 382, 390.
Lieu-dit : Montenoy. I, 129.
HANNECAMP. II, 87.
HANNICOURT, vers Senarpont. II, 207.
HANTECOURT, hameau de la paroisse de Visme. II, 176.
HANTOVA, en Angleterre. I, 485.
HAPPENCOURT. I, 459.
HARACOURT, dépendance de la paroisse de Saint-Léger-lès-Domart. I, 42.
HARAVESNE, Haravennes, Herravesnes, Haravesnia. I, 485. — II, 117, 154*, 356.
HARBONNIÈRES, Harboneria. I, 54, 119, 123, 234, 236, 237, 257, 266, 299, 303, 304, 309*, 312, 318, 366, 367, 368. — II, 306, 312, 354, 389.

Fiefs : de Bétizy. — de Feuquières. I, 309.

Lieux-dits : le Tieulloie. I, 234. — Vallée de Lanchepot. — Warbercort. I, 123.

HARCELAINE, Harceleine, Hercelaine, Hercelaines. I, 16. — II, 102, 104, 105, 113*, 385.

Fief : du Chantre. I, 16.

HARDECOURT, au diocèse de Noyon. I, 232, 307.
HARDEVILLE, fief. — Voy. AMIENS, *fiefs*.
HARDICOURT, dépendance de Dompierre. I, 147.
HARDINVAL, secours de Hem. II, 82*.
HARENCOURT, près de Flesselles. II, 306.
HARGICOURT, Argicourt. I, 6, 10, 45, 46, 50, 195*. — II, 382.
HARPONVAL. I, 376. — Voy. SAINT-ALBIN.
HARPONVILLE. I, 38, 43, 144, 335*.
HARVILLERS, Herviller. — Voy. ARVILLERS.
HASTINANGLE, fief voisin de Mezoutre. II, 220.
HATTENCOURT, Hatencourt. I, ix. 301, 302, 452, 457, 467*. — II, 308, 311, 313, 390.
HAUDEVILLE, hameau dépendant de la paroisse de Caumont-en-Artois. II, 149.
HAUTEBUS, dépendance de Woignarue. II, 278, 294.

Lieu-dit : le bas terroir ou les Mollières. II, 294.

HAUTEMOTTE, dépendance de la paroisse de Ligny. II, 83.
HAUTEVILLE, fermes auprès de Ribemont. I, 231.
HAUTEVISÉE-LE-BEAU, hameau près de Doullens. I, 203, 204, 210, 211, 217.
HAUTEVISÉE, ferme auprès du Gard. I, 402.
HAUTMESNIL, Hautemesnil, Heutemaisnil, dépendance de Quœux. II, 157.
HAUTOYE (la), à Amiens : ses allées d'arbres et plan. I, 26. — II, 317.
HAVERNAS, Havernast, Havrenast, Vuaunast. I, 62, 133, 134, 479, 496*. — II, 154, 389.
HAVESQUERQUES, en Artois. I, 241, 242. — II, 326.
HÉBECOURT, Heubecourt, au doyenné de Conty. I, 26, 396. — II, 331.
HÉDAUVILLE, Hédouville, Douxville. I, 162*, 169, 231, 319. — II, 340, 345, 346.

Lieu-dit : bosquet Walon. I, 231.

HÉDICOURT, Haidencourt, Haidincourt, Hédincourt, Haidicourt. I, 98, 99, 488, 504, 509. — II, 130, 318. — Voy. SAINT-SAUVEUR.

Fief : du plat d'étain. I, 98.

HEILLY. I, 14, 239, 244, 247, 251, 252, 256, 283, 329*, 338. — II, 355, 383, 384.

Lieux-dits : le bois de Saint-Laurent. I, 245, 247. — Les terres au-delà du bois. I, 329.

HÉLICOURT, Héliscourt. I, 16. — II, 102, 113*, 114, 385.

HELLIEL, auprès d'Estallon. I, 123.

HEM, Ham, Hens, Han, Hen-lès-Doullens. I, xiij, 7, 204, 210, 212, 331, 482, 485. — II, 82*, 332, 382.

Fief : d'Oricourt ou de Douriecourt. II, 82, 332.

HEM, Ham, Han, faubourg d'Amiens. I, 3, 4, 10, 82, 171.

HÉVENCOURT, Hainencourt, Enancourt. I, 63, 257, 330*. — II, 385.

HENNEVILLE, dépendance de Quevauvillers. I, 445.
HEPPEVILLE, paroisse de Toutencourt. I, 206.
HÈRE, dépendance de Quend. II, 223, 232.
HÉRISSART, Henri-sart, Henri-Sart. I, 31, 32, 40, 70, 92, 141, 185, 208, 219*, 231, 324. — II, 385.

Fief : Porel. I, 141.

HÉRISSART le grand et Hérissart le petit, ARRISART, hameaux dépendant de Welles. I, 360*, 372.

HERLEVILLE, Hellevile. I, 301, 310*. — II, 246, 310, 311, 354, 389.

HERMES, ferme au bailliage d'Hesdin. — II, 186.
HERMILLY, Harmilly, *Harmeliacum, Harmelus*, ferme et bois au doyenné d'Hornoy. I, 403. — II, 357, 359.

HÉRONS, au diocèse de Noyon, I, 235.
HERVILLY, Harvelli, au diocèse de Noyon. I, 230.
HESCAMPS, secours de Frettemolle. I, ix, 4, 293*.
HESDIN, Hesding. I, ix, xij, 345. — II, 79, 80, 98, 152, 184, 185, 186.
HESMOND. I, 484.
HESTON, en Angleterre. II, 284.
HELCHIN, en Artois. II, 239.
HELCOURT, Heucucourt, Heuecort. II, 67*, 368, 387.
HÉUZECOURT. Heuserourt. I, 483. — II, 19, 20, 22, 82*, 320, 366, 385.
HIENCOURT-LE-GRAND, au diocèse de Noyon. I, 452.
HIERMONT, Hyermont, Huiermont. II, 21, 22, 154*, 161, 370, 384.
HIERVILLE. Herville, dépendance de Villers-Bretonneux. I, 233, 278, 284.

Lieu-dit : bois à part. I, 233.

HIMMEVILLE, Himville, Haimeville, Haineville, *Haimivilla.* II, 5, 282, 291*, 321, 388.

HINVILLÉ, Hinviller, Hinvillers, Hainviler, Ainviller. I, ix, 231, 236, 255, 347, 354*, 362. — II, 390, 131.

 Lieu-dit : les Fosses. I, 354.

HOCQUÉLUS, Hocqueleu, hameau dépendant d'Aigneville. I, 235. — II, 114, 122.

HOCQUET (seigneurie du), à Amiens. I, xlv, 1, 2.

HOCQUINCOURT, Hokencourt. II, 209*, 391.

HODENCQ, Hodenc, Hosdenc, vers Senarpont. I, ix. — II, 130, 131.

HOMBLEUX, au diocèse de Noyon. I, 229.

HONFLEUR. II, 250.

HONGRIE (royaume de). II, 373.

HORNOY, Ornois, *Horona* I, xiij, xv, 446. — II, 16, 124, 125, 127, 129, 131, 132, 138*, 389.

HOTTIGNAUX, Catelois, Caplois, Caplers, fief auprès de Monchaux, au diocèse de Rouen. II, 95.

HOUDENCOURT, Haudencourt, Hadencort. II, 253, 254, 263*.

HOUDENT, Houdan, Houdeng, hameau de la paroisse de Tours. I, 480. — II, 118, 126.

HOLPPY, Ouppi. I, 26.

HOURGES-SUR-LA-LUCE. I, 109, 266, 271*, 272. — II, 386.

HOUSSOY, hameau de Remaugies. I, 357, 359, 362.

HOUVIGNEUL-EN-ARTOIS. I, 51.

HOUVIN-EN-ARTOIS. I, 51.

HUCHENNEVILLE. Huchaineville, *Haulcineville, Helcinevilla.* II, 164, 166, 170*, 390.

 Lieu-dit : la vallée de Somme-lès-Huchenneville. II, 165.

HUIEUCOURT. — Voy. WIENCOURT.

HUITAINÉGLISE, Witainéglise, *Octava Ecclesia.* II, 96, 99, 100, 208, 209*, 384.

HULEU, Huleux, Heuleu, ferme dépendant de Beauval. I, 214, 215, 226, 227. — II, 185.

HUMBERCOURT. I, 118.

HUMBERT, en Artois. II, 187, 188.

HUPPY, Huny, Huppi. I, 211.—II, 164, 170*, 179, 241, 248, 280, 391.

 Fiefs : de Belleval. — de Laleu. II, 248.— de Marigny ou marquis. II, 248, 249. — de Tilly. II, 248.

 Lieu-dit : l'âtre de grés. II, 170.

HOQUELEU, ferme auprès du village d'Embreville. II, 90, 91, 92.

HURTEBISE. II, 124.

HUSSOI, lieu voisin de Laucourt ? I, 474.

HUY (cense de). I, 93. — II, 340.

HYSNY, vers Oresmaux ? I, 70.

I

IGNAUCOURT, Inocourt, Ynaucourt. I, 124, 226, 253, 272*, 377. — II, 385.

 Fief: Canvermont. I, 272.

INGIERS. I, 94.

INGREUMAISNIL, vers Wargnies ? I, 204.

INVAL, Aienval, secours de Septoutre. I, 68, 397*. — II, 385.

INVAL, Ayenval, au doyenné d'Hornoy. II, 139*.

INVAL, Aienval, hameau de la paroisse d'Huchenneville. II, 164, 170.

IONVILLE, hameau de la paroisse de Citerne. II, 208.

ISLEWORTH (Stelebord), Histelorde, en Angleterre, sur la Tamise. II, 284.

IZENGREMERS, Izengremel, Isengremeir, Izangremer, Izangremel. I, 15. — II, 99, 101, 109, 119*, 333.

IZEUX, Yseux, Yseu. I, 404, 408, 479, 489, 497*. — II, 358, 386.

 Lieux-dits : Genevroie, *Genevroia.* — Les prés de Longuequolle. II, 358.

J

JENVILLE, hameau dépendant de Forestmontier. II, 229.

JÉRUSALEM. I, xlix. — II, 96, 126.

JUMEL, auprès de Beaurain, en Artois. II, 187.

JUMFL'ES. I, 97, 98, 369, 377, 388*, 400. — II, 356, 386.

JUPIGNY-LES-RENIÉTUIT, en Normandie. II, 91.

L

LA BASSÉE, hameau dépendant de Crotoy. II, 226.

LA BOISSELLE, secours d'Ovillers. I, 141, 144, 147, 159*.

LABOISSIÈRE, *Buxeria,* au doyenné d'Aumale, diocèse de Rouen. II, 125.

La Boissière, secours de Boiteau. I, 187* 188. — II, 313, 318.
Labroye, Labroie, Larbroie. I, xv, lvj, 133, 486, 487. — II, 76, 96, 146, 147, 148, 152, 155*, 161, 184, 185, 390, 394.
La Cave, paroisse de Gonnieu. II, 326.
La Chapelle-sous-Poix. I, 441*. — II, 382.
La Chaussée. I, 295. — Voy. Saint-Thibault.
La Chaussée de Picquigny. I, 136, 406, 407, 427, 489, 497*. — II, 361, 385.
   Lieu-dit : les prés d'Acon. I, 497.
La Chaussée d'Eu. II, 102, 114*, 121, 387, 389.
La Chavatte, Lachavate. I, 466, 468*. — II, 308, 309, 310, 312, 313, 390.
La Court-au-Bois, fief auprès de Quesnoy-le-Montant? II, 373.
La Croix-au-Bailly. — Voy. La Motte-Croix-au-Bailly.
La Croix-Saint-Lieffroy. II, 129.
La Double, au diocèse de Périgueux. I, xxv, xxxvj.
La Falloise, Faloise. I, 376, 389*. — II, 387.
La Ferme, écart de la paroisse de Paillart. II, 341.
La Ferté-en-Ponthieu, la Ferté-de-Saint-Riquier, la Fresté. I, 38, 45, 135, 213, 428. — II, 4, 11, 251, 271, 275, 276, 281.
La Folie-Guérard, dépendance de Grivenne. I, 193*, 197, 361.
La Follie, cense ou ferme des paroisses de Béhencourt et de Bézieux. I, 234, 325.
La Fosse, hameau de la paroisse de Caumont-en-Artois. II, 119.
Lahaye, dépendance de la paroisse de St.-Romain. I, 446.
Lahaye, ferme de la paroisse de Guerville, diocèse de Rouen. II, 91, 94.
La Herelle. I, ix, 100, 195* 196, 341. — II, 388.
La Houssoye, Lahoussoie. I, 231, 223, 257, 322, 330* 338. — II, 386.
   Lieux-dits : l'Angle St.-Pierre. I, 257. — bois de la Cardonneuse. I, 233. — bois de la Tuilerie. I, 230.
Laleu, secours de Métigny. I, 119. — II, 53, 60, 65, 69*, 71, 73, 384.
Lalonde II, 304.
La Magdeleine, hameau de la banlieue de Montreuil. II, 197, 198.

La Maronde. I, 114, 115, 403, 442*. — II, 125, 126, 127, 129, 131, 357, 359, 387.
Lambercourt, dépendance de Miannay. II, 173, 179.
Lambus, Emelinbuch, Emelimpuch, Emelinpuz. II, 146, 152.
La Morlière, *Maleria*, hameau dépendant de Welles. I, 36, 361.
La Mothe, ferme près d'Auxy-le-Château. II, 20, 22.
La Motte, château dépendant de Saint-Thibault. I, 295.
La Motte-Bcleux, dépendance d'Auvillers. II, 35.
La Motte-Croix-au-Bailly. II, 115*, 122, 281, 283, 313, 388.
   Lieux-dits : canton de la Croix-au-Bailly. — Faulny. — Petit Faulny. II, 283.
La Motte-en-Santerre. I, 124, 141, 233, 236, 237, 239, 252, 272*, 273, 304, 317. — II, 352, 353, 386.
   Fiefs : Gonnet. — Pontonville. I, 124.
Lamotte-Brebière, Lamotte-Creuse, Lamottelette. I, 27, 106, 231, 326*, 327. — II, 333, 350.
Lamotte-Pronière, de la paroisse de Surcamps. I, 107. — II, 270, 272.
La Mottelette, ferme dépendant de St.-Thibault. I, 295.
Lanche, annexe de Saint-Hilaire, Lances, *Lanceriœ curiœ*. II, 269*, 270.
   Lieu-dit : en Esquires. II, 270.
Lanchères, Lanchère, Lanchières. II, 291*, 304, 388.
Landevoisin, au diocèse de Noyon. I, 232.
La Neuville-au-Bois, Neuville-au-Marché-lès-Oisemont. II, 55, 58, 211, 282, 372.
La Neuville-sire-Bernard. I, 198*, 275. — II, 388.
La Neuville-sous-Saint-Acheul. I, 93, 94. — II, 340.
   Lieux-dits : le pré Saint-Quentin, entre les deux ponts de Longueau? I, 93. — Le puchoir ad dames ou le lavoir aux dames. I, 94.
La Neuville-en-Beine. I, 229. — Voy. Neuville.
Lani, lieu voisin de Cagny. I, 94.
Lannoy, dépendance d'Auxy-le-Château. I, 64, 202? — II, 77, 88.
Lannoy-lès-Rue. II, 223, 233, 234*, 238.
Lanyers près Rue. II, 224.
Laon. I, xliv, 167, 231, 431. — II, 352, 388.

— 491 —

La Pature, ferme vers Rue. II, 222, 223.

Lapre, ferme auprès de Domart-en-Ponthieu. II, 254.

Larronville, hameau de la paroisse de Saint-Jean-au-Marais. II, 234.

Latran. I, xxviij, xl, 77.

Laucourt, Locourt, Laoucourt, Loecort. I, 26, 370, 452, 468*, 474. — II, 314, 384.
    Lieux-dits : Chaule et anciennement Boissy.— Haute Loge. I, 468.

La Verrière, Le Verrière. I, 294*. — II, 387.

La Vicogne, Vicongne. I, 498*.—II, 358, 359, 382.

Laviers (grand et petit), Lavier. II, 8, 11, 12, 40*, 239, 323, 385.

La Viéville. I 155. — II, 390.

La Villette, hameau près de Renierécluse. II, 233.

La Villette-lès Rollot. I, 360*. — II, 309, 387.

La Warde-Mauger, *Custodia Maugerii, Guarda*. I, 109, 389*, 390. — II, 342, 387.
    Lieux-dits : le bois Mauger. II, 342. — *In vespere campo*. I, 390.

Léalvillers, Loiauviler, Léoviller. I, 155*, 246, 319, 509. — II, 386.

Le Bois Jean, secours de Lespine. II, 196.

Le Boisle, secours de Labroye. II, 12, 155*.

Le Cardonnois, fief vers Dourier-lès-Airaines. II, 57.

Le Chaufour, hameau de Cressy. II, 226.

Léchelle, l'Echelle, Léchéle, L'Echelle. I, 70, 185, 468*. — II, 311, 318, 385.

Lectoure. II, 215, 216.

Le Frestoy, Frétoy, Fraitoy. I, 310, 342, 353*, 361. — II, 388.

Legny, lieu voisin de la ferme de Beaurepaire. I, 208.

Le Mazy, Le Mazis, Masys. II, 126, 127, 139*, 385.

Le Meige, Le Mesge, *Megium*. I, xiij, 24, 27, 418*. — II, 331, 359, 384.
    Lieu-dit : la vallée de Bollempré. I, 27.

Lenchères. II, 179.
    Fief : des Gorges. II, 179.

L'Enclos, ferme dépendant de Selincourt. II, 125, 127.

Léon (royaume de). II, 22, 374.

Lépinoy, village sur la Canche. I, ix.

L'Épinoy, ferme et bois auprès de Moreuil. I, 101.

Le Plessier, Le Plaissier-Gobert, hameau dépendant de Rocquencourt. I, 395, 396.

Le Ploiron. I, ix. 345, 357, 358.

Le Quesne, Les Caisnes. II, 139*, 386.

L'Équipée, L'Esquipée-lès-Cayeux. I, 270, 278*.

Le Sart, près de Bapaume. I, 300.

Lesin. près Quœux ? II, 162.

Lespine, Delespine. II, 196*, 388.

Lespinoy, Lespinois, Espinois, hameau dépendant de Moreuil ; ancienne paroisse. I, 392.

Les Rendus, ferme auprès de Dieppe. II, 99, 100.

Lestocq, hameau dépendant de Monsures. I, 178.

Le Titre, Tristre. II, 42*, 55, 386.

L'Étoile, L'Estoile, *Stella*. I, xiij, 26, 32, 132, 133, 134, 136, 244, 479. — II, 41*, 42, 57, 247, 251, 272, 313, 384.
    Fief : de l'anneau d'or. II, 247.
    Lieux-dits : le camp Badin ou Baudan. — La fontaine Turaude. II, 41.

Le Tronquoy, Tronchoy, vers Montdidier. I, 353*, 361.

Leuconaus, lieu du Vimeu où fut fondée l'abbaye de Saint-Valery. II, 278.

Leuilly, Lœuilly, Luilly, Lully. I, 119, 170, 177*, 183. — II, 342, 383, 387.

Lheure, Leures. II, 11, 42*, 129, 320, 321, 385.
    Fief : de Tourtinéglise. II, 11, 12.

L'Hortoy. I, ix, 389*, 390.

Liancourt, Liencourt, au diocèse de Noyon. I, 238, 247, 301, 456, 459.

Liège. I, 228.

Liercourt, Liarcourt. II, 7, 26, 67*, 368, 385.

Liermont. II, 320.

Liestres, en Flandre. I, 241, 242.

Lieuvillers, Lyeviler, hameau dépendant d'Assainvillers. I, 362.

Ligescourt, Eligecourt. II, 188, 229*, 385.

Lignières-Chatelain, Linières. I, ix, 26, 442*, 450. II, 304, 390.
    Lieux-dits : Camual. — Haugier. — Hinnu. — Melliviler I, 442.

Lignières-hors-Folcaccourt. II, 209*.

Lignières-lès Roye, Linières. I, 196*, 239, 247.|— II, 348, 382.

Ligny-sur-Canche, Legny. I, ix, 210. — II, 76, 83*, 384, 389.

LIGNY, Laigni, cense ruinée, auprès de Belloy-sur-Somme. I, 404.

LIHONS-EN-SANGTERRE, *Lehunum*; bourg. I, ix, 32, 66, 107, 123, 162, 234, 285, 299, 301, 302, 311*, 315, 316, 451. — II, 311, 312, 354, 384, 388.
   Lieux-dits: la couture de Faies Berrengier. I, 301. — Le grand ménage. I, 316.

LIMERCOURT. II, 12, 164, 170.

LIMERŒUX. II, 318.

LIMEUX, Limeu. I, 98. — II, 2, 3, 68, 99, 171*, 172, 385.
   Lieu-dit: Saint-Pierre. II, 171.

LIMOGES, fief. I, 211.

LIMOURS, au diocèse de Paris. I, 205, 222, 224. — II, 390.

LINCHEUX, Luchuel, Luechuel. I, 405, 418*. — II, 304, 391.

LIOMER, Lyomer, Lyomeis, Liomex, Liaumés, Lyonmés. I, ix, xiij. — II, 133, 140*, 145, 207, 383, 390.

LIVRY. II, 309.

LODÈVE. I, 292, 429. — II, 353.

LONG, Lonc. I, 135. — II, 19, 43*, 50, 55, 56, 73, 74, 236, 320, 385.

LONGPRÉ-LÈS-AMIENS, Lompré. I, 65, 67, 99, 107, 131, 498*, 499. — II, 317, 341, 386.
   Fief: de Saint-Léger. I, 498.
   Lieu-dit: la terre grasse. I, 499.

LONGPRÉ-LES-CORPS-SAINTS, Longpré-aux-Corps-Saints, Longprez, Loncpré. I, 133, 410 — II, 5, 13, 41, 42, 50, 52, 54, 55, 56, 57, 58, 61, 67*, 68, 70, 71, 72, 73, 75, 136, 211, 258, 259, 306, 320.
   Fief: du Mès ou Metz. II, 56, 58.

LONGPRÉ-LÈS-ORESMAUX, Lompré, Loncpré emprès Oresmiaux. I, 66, 179*, 180, 239, 240, 247, 378. — II, 129.
   Fief: Vigier. I, 66.
   Lieux-dits: Guisy. — Marché du résidu. I, 239.

LONGROI, au diocèse de Rouen. II, 93.

LONGUEAU, Longueyaue. I, 13, 26, 29, 34, 58, 93, 107, 273*. — II, 331, 333, 352, 383.

LONGUEMORT, hameau dépendant de la paroisse de Tours. II, 2, 97, 118.

LONGUET, hameau dépendant de Cocquerel. II, 37, 38, 55, 56.

LONGUEVAL, au diocèse de Noyon. II, 305.

LONGUEVILLE: ferme près de Fienvillers. II, 357, 358.

LONGUEVILLETTE, paroisse de Gézaincourt. I, 207, 219. — II, 247, 358.

LONGVILLERS, Loncviller, Lonviler, Lonvillé, Loncviler. I, 72, 73, 82, 481, 483, 484, 485. — II, 21, 23, 62, 247, 253, 251, 266*, 391.
   Lieux-dits: Arondel (moulin d'). I, 484. — Le champ Pecullon. I, 483. — La forêt de Goyaval. I, 484. — II, 264, 266. — Neuville. II, 247.

LONGVILLIERS, en Artois. II, 185.

LOUAUSE, au diocèse de Beauvais. I, 83.

LOUVENCOURT. I, 206, 211, 219*. — II, 326, 389.

LOUVRECHY. I, xlv, 16, 26, 128, 390*, 400. — II, 384.

LUCHEUX, Luchen. I, 211, 212.

LUCHUEL, Lucheul. I, 208, 210, 220*. — II, 386.
   Lieu-dit: Camp-Martin ou Camp-St.-Martin. I, 210.

LUCIONE. I, 371.

LUZIÈRES. I, 122, 174*.

LYANNE, près Bournonville? I, 38.

. LYON. I, xxviij, xlix, 121, 138.

M

MACRIEL. II, 215, 216, 230*, 238, 386.

MACHY, Machi. II, 215, 216, 230*, 233, 389.

MACON. I, xxxvij, xl.

MAGNY, au diocèse de Noyon. I, 459.

MAIGNEVILLE, dépendance de la paroisse de Frettemeule. II, 104, 110, 306.

MAILLY. I, ix, 27, 51, 63, 82, 153, 170, 231, 233, 236, 256, 319, 331*, 338, 339. — II, 105, 355, 385.
   Lieux-dits: Bas-Laroquier. I, 331. — Belleval ou Belval. I, 51, 331, 338. — Ham. I, 331. — Hérangnière, haut et bas. I, 338.

MAILLY-RAINEVAL. I, 371. — Voy. RAINEVAL.

MAINTENAY, Mentenay. II, 151, 189, 190, 193, 196*, 217, 219, 371, 389.

MAIOC, Maioch, Maiocq, Majoch, hameau dépendant de Crotoy. I, xij. — II, 226, 227, 248.

— 493 —

Maismes-en-Ponthieu ? II, 255.

Maisnières, Maynières. I, xiv, xliij, 235.—II, 24, 115*, 122, 298, 386.

Fief · de la vicomté de Maisnières. I, 235, 254?

Maisnil, dépendance d'Avesnes. II, 225.

Maisnil-Huchon, Maismichon, hameau dépendant de Frettemolle. I, 293.

Maisnil, membre dépendant de Conchy. II, 80.

Maisnil, dépendance de Rouvrel. I. 396.

Maison-lès-Ponthieu, Maisons-en-Ponthieu, Maison-Ponthieu. I, 15, 212. — II, 155*, 161, 162, 221, 222, 389, 390.

Maison-Rolland, Maison-en-Rolland, Maisons-en-Rollant, *Domus Rollandi*. I, 38, 43, 45, 155. — II, 241, 242, 244, 250, 256, 266*, 274, 277, 336, 383, 390.

Lieu-dit : la prévôté (d'Ecamonville). II, 250.

Maison-sur-Seine. I, 236.

Maizicourt, Mézicourt, Maisecourt, Maisilcurt. I, 208. — II, 83*, 387.

Maleria. — Voy. Lamorlière.

Malines. I, 228, 243.

Malmaison, ferme auprès de Bonnelois. I, 22.

Malmaison, Mallemaison, autre ferme auprès de Tronchoy. II, 125.

Malpart, Malepart. I, 32, 51, 188, 193, 195, 197*, 372, 373. — II, 382.

Lieux-dits : le champ panche à la vache. I, 188. — La grande lanture. I, 188.

Mametz, Mamès, Maumés, Moumés. I, 156*, 165. — II, 301, 304, 305, 382, 390.

Mamure, ferme dépendant de Buire-au-Bois. II, 79.

Mannai (Miannay) ? II, 255.

Marcelcave, Marchel, Marcel-le-Cave, Marchais, Marché-le-Cave. I, 101, 109, 131, 141, 229, 233, 252, 255, 256, 258, 266, 272, 273*, 335. — II, 315? 352, 353, 386.

Fief : de la Monnoye. I, 233.

Marcheville, dépendance de Fontaine-sur-Maye. II, 229.

Marchez-Allouarde, Marchés, au diocèse de Noyon. I, 452, 459.

Marcone, sur la Canche, au diocèse de Boulogne. II, 187.

Marconnelle, Marconnelles, Marconnele, Marconnelles. II, 156*, 161, 162, 184, 387.

Mercour. I, 487.

Marend-en-Artois. II, 187, 188.

Marendeuil, hameau dépendant de Sommereux. I, 297.

Marenla, village. II, 187, 188.

Maresquel-sur-Canche, dépendance de Riquebourg. I, ix. — II, 147, 159.

Lieu-dit : l'Alnoi. II, 147.

Maresmontier, Maremontier, Marmontier, Moriaumoustier, *Morandi monasterium*. I, 32, 187, 188, 193, 197*, 268, 357, 359, 373. — II, 387, 389.

Marests, hameau dépendant de Calloterie. II, 184.

Mareuil, Mareul, Maruel, Marueilg, *Marolium*. I, 37, 298, 449. — II, 3, 12, 26, 164, 165, 166, 172*, 175, 178, 390.

Mariakereke, village de Flandre. II, 249, 373.

Maricourt-sur-Curlu, au diocèse de Noyon. I, 232, 299.

Lieux dits : la plante. — Bois Caillort. I, 232.

Marieu, Marieux. I, 210, 211, 223*, 225.

Marle. II, 185.

Marlers, Marlay, hameau dépendant de Lignières-Châtelain. I, ix, 412. — II, 304.

Marly (dans l'Ile de France). I, 319.

Marquenneville, Marquenville, Marquainville, hameau. II, 213, 279, 280.

Marquenterre, Mare-quieneterre, Mareskienterre, Mareskiene terre, Mareskigneterie, *Mareskina terra*. II, 215, 225, 372.

Marquivillers, Marcaisviller, Markaisviler. I, 4, 10, 230, 232, 469*, 474. — II, 382.

Lieux-dits : Beaupuits. — Kaisnoy. I, 469.

Marseille, au diocèse de Beauvais. I, 431.

Martinneville, Marchaigneville, Martaigneville, au doyenné de Mons. II, 97, 99, 172*, 174, 176, 214, 382.

Martinneville sur-Mer, Martaineville, au doyenné de St.-Valery. I, 16. — II, 279, 280, 288.

Martinsart. I, 144, 157*, 158.

Lieu-dit : les blancs monts. I, 158.

Massoure (la), en Egypte. I, xij.

Maubergeon (le). II, 39.

Malbeuge. I, 467. — II, 307, 308.

Maucourt, Meaucourt, Mauecourt. I, 46, 301, 311, 452, 459, 465, 469*, 476. — II, 306, 310, 311, 388.

Mautor, Mautort, Maltort. I, 27. — II, 11, 12, 19, 20, 43*, 48, 384.
   Lieux-dits : à le crois de pierre, ou croix qui corne. II, 19. — Sous le Mont-Caubert. II, 168.
Mayence. I, xxxiij.
Mazencourt. I, 454.
Méaulte, Méhaulte, Miaute, *Melta*. I, 26, 143, 144, 145, 156*, 157, 165, 166, 167, 256, 316, 426, 427. — II, 312, 335, 382, 390.
   Lieux-dits : les Auteux. — La Hochetokerie, Hochetoquerie, Hoche Koterie. I, 156.
Meaux. II, 369.
Méharicourt, Maharicourt, Mahéricourt. I, 27, 56, 57, 94, 236, 238, 247, 256, 301, 311*, 312, 316, 459, 465. — II, 310, 311, 312, 388.
Meigneux. I, 412*. — II, 304.
Meillard (le grand), ferme de la paroisse de Frohen. II, 81.
Meillard (le petit), Meslers, Mellers, hameau, dépendant de Frohen-le-Grand. II, 81.
Ménantissart, Mainoltessart, hameau dépendant de Saint-Thibault. I, 295.
Menapii (pays des). I, xij.
Menchecourt, faubourg d'Abbeville. II, 2, 6, 12, 25, 26, 31, 321.
   Fief : de Fleuron. II, 321.
Meneslies, Mainelies. II, 116*, 388.
Méneviller, ferme et bois. II, 357.
Ménin (Pays-Bas). I, 211.
Menneville, en Artois. I, 128.
Ménovillers, Mesnevillers, ferme dépendant de Quevauvillers. I, 433, 445.
Méraucourt. I, 294*, 448. — II, 382.
Mérelessart, Mesrel-Essart, Mellieressart, Meslier-Eschart. I, 439 — II, 53, 54, 68*, 339.
   Lieux-dits : le bois Renaud. — Le bois de la carrière. II, 68.
Méricourt-l'Abbé, Mérincourt, Mérincort, *Otmaricurtis*. I, 38, 39, 43, 163*, 164, 168, 233, 239, 244, 245, 246, 247, 255, 256, 257. — II, 335, 336, 346, 354.
   Fief : de Poissy. I, 245.
Méricourt-lès-Auxi-le-Chateau. I, 57, 58. — II, 77, 247, 369.
Méricourt-sur-Somme, *Merincurtis*. I, 86, 234, 236, 303, 309, 312*. — II, 384, 389.

   Fief : de Pontonville. I, 236.
Méricourt-en-Vimeu, Meuricourt, Ermenricourt. I, xiij, 38, 42, 43, 63, 140*. — II, 337, 382.
   Fief : Vallée. I, 42.
   Lieu-dit : le bois Marot ou Mareau. I, 38. — II, 337.
Merlers, en Artois. I, 483, 484.
Merlimont, secours de Cucques. II, 195*.
Mers. I, ix. — II, 93, 103, 107, 116*, 309, 389.
   Lieu-dit : le bois de Mers. II, 309.
Mervil, Merville, Muerville. I, 391*. — II, 382.
Méry, Meyri. I, 342, 343, 361.
Mesnil, Maisnil, hameau dépendant de Domleger. II, 267*, 386
Mesnil (le), Maisnil, hameau dépendant de Domqueur. I, 481, 483. — II, 21, 87, 247, 248, 253, 254, 255, 261, 277.
Mesnil-Conteville. I, ix, 178*. — II, 383.
Mesnil-Eudin, Maisnil-Odain. II, 207, 210*, 390.
Mesnil-Favielle. — Voy. Favielle.
Mesnil-lès-Franleu, Mesnil-lès-Ochencourt. I, 179, 279, 290.
Mesnil-Martinsart. I, 144, 157*, 158, 256. — II, 389.
Mesnil-Saint-Firmin, Maisnil. I, ix, 6, 10, 178, 391*. — II, 382.
   Fief : du moulin de pierre. I, 392
Mesnil-Saint-Georges, Maisnil I, 345, 356*.
Mesnil-Saint-Nicaise, au diocèse de Noyon. I, 459.
Mesoutre, Mezoutre, Mesoultrel, Mesultrel, Mosultrel. II, 217, 218, 219, 220, 221, 222.
   Lieu-dit : Mordancamp. II, 220.
Mesviller-Piennes, *Melvillare*. I, 354*, 355. — II, 387.
Metigny. I, 63, 119. — II, 53, 69*, 389.
Metz. — Voy. Pont-de-Metz.
Mézerolles, Maiserolles, Maiseroles. I, 208, 209, 483. — II, 83, 336.
Mézières, Maisières-en-Sangters, *Maceriæ*. I, 6, 11, 27, 48, 49, 110, 123, 124, 184, 208, 266, 274*, 285, 286, 372, 373. — II, 382.
   Lieu-dit : les Oteaux. I, 274.
Miannay, Miaunay. II, 12, 128, 173*, 179, 255 ? 283, 284, 326, 337.
Millancourt, Millencourt, au doyenné d'Albert. I, 144, 158*, 224, 239, 242, 247. — II, 245, 389.
   Lieu-dit : bois de Saint-Laurent. I, 242.

MILLENCOURT-EN-PONTHIEU. II, 21, 242, 245, 249, 267*, 345, 366, 390.
MILLY-LE-GRAND. I, 217.
MILLY-LE-PETIT. I, 218.
MINIL (le), Maisnil, Mesnil-sur-Limeux, paroisse d'Huchenneville. II, 164, 170, 171.
MIRVALLT, Mirvaux, Mirovaut. I, 3, 10, 11, 39, 232, 324, 331*. — II. 337, 382.
    Lieu-dit : le champ Saint-Pierre. I, 232.
MOISMONT, dépendance de Labroye. II, 155.
MOLESMES. I, 205. — II, 348 et *passim*.
MOLLIENS-AU-BOIS, Moiliens. I, 92, 332*. — II, 340, 383.
MOLLIENS-EN-BEAUVOISIS. I, ix, 288, 294*, 298. — II, 382.
MOLLIENS-LE-VIDAME, Moiliens, Moliens. I, 92, 117, 134, 405, 406, 419*, 422, 426. — II, 124, 126, 127, 131, 353, 360, 361, 386.
    Fief : de Moreaucourt. II, 361.
MOLNELLE, Mollenel, hameau de la banlieue de St.-Valery. II, 280, 281, 282, 284.
MONCEAUX-L'ABBAYE. I, ix, x, 294*. — II, 383.
MONCELS. II, 152. — Voy. MONCHEL.
MONCHAUX, Monceaux, paroisse de Chepy. I, 65. — II, 103, 292.
MONCHAUX, Manchiau, village auprès de Quend. II, 215, 232, 282.
MONCHAUX, hameau dépendant de Regnauville. I, 51. — II, 158.
MONCHEL, Monchel-sur-Canche, Moncels, au doyenné d'Auxy. I, ix. — II, 83*, 84, 152, 387.
MONCHEL, annexe d'Ayencourt. I, 346*.
MONCHEL, hameau dépendant de la paroisse d'Ercourt. II, 169.
MONCHELET, hameau dépendant d'Harcelaine. II, 104, 113.
MONCHY-AU-BOIS, diocèse d'Arras. I, 319.
MONCHY-BRETON, Monchy-Saint-Riquier. II, 242.
MONCHY-LAGACHE, Monci, au diocèse de Noyon. I, 239, 247. — II, 350.
MONCHY-LE-CHATEL, au diocèse de Beauvais. I, 196.
MONCHY-LE-PREUX, Monchy-le-Perreux, Monchy-Humières, *Monchiacum*, au diocèse de Beauvais. I. 239, 247, 357. — II, 313, 314, 393.
MONCY, Monci, sur la rivière d'Aronne. I, 396.
MONFLIÈRES, hameau dépendant de la paroisse de Bellencourt. II, 25, 26, 31, 36, 242.

MONS-EN-VIMEU, Mons-en-Boubert. I, xv, luj. — II, 79, 96, 97, 164, 173*, 176, 177, 205, 280, 283, 284, 286, 370, 382.
MONS, auprès de Monchaux-en-Artois. I, 51.
MONSTRELET, Mosterlet Monsterlet, au doyenné de Vinacourt. I, 70, 485, 499*. — II, 386.
MONSURES, Molsures, Mossures. I, 21, 54, 178*, 179. — II, 384.
    Fief : Béthelessart. — Voy. ce mot.
MONTAGNE-FAYEL, Montaigne, Montaignes. I, 7, 105, 107, 108, 109. — II, 72, 130, 341.
MONTAGNE, dépendance d'Abancourt. I, 289.
MONTAN, hameau dépendant de la paroisse de Quesnoy. I, 66. — II, 295.
MONTAUBAN. I, ix, 158*. — II, 301, 310, 388. — Voy. MONTHAUBAIN.
MONT-AUX-AIGLES. I, 27.
MONTDIDIER, *Desiderium*. I, xv, 184, 185, 186, 190, 198, 201, 210, 230, 257, 259, 301, 340, 341, 343, 344, 345, 351, 355*, 356*, 358, 362, 363, 373, 389, 453, 467, 474. — II, 310, 355, 388, 393, 394.
    Lieux-dits : Mont Galet. I, 358 — Mont Goron. I, 358. — Le Pâty. I, 355. — La Tour rouge. I, 344.
MONTEGNY-EN-BEAUVOISIS. I, 108.
MONTENOI, Montenois, Montenoy. I, 117, 421*, 422. II, 357.
    Fief : les Routieux. I, 117.
MONTHAUBAIN (Montauban ?) I, 110.
MONTHEWIS, Montewis, *Montanus*. II, 183.
MONTHIÈRES, Monthiers, au doyenné de Gamaches. II, 99, 100, 117.
    Lieux-dits : les Houllois (prairie). II, 92.
MONTIERS-LÈS-AMIENS, Montières, Monstiers. I, 3, 7, 9, 10, 11, 54, 72, 73, 82, 171, 172, 179*, 183, 422, 442. — II. 331, 382.
    Lieu-dit : les prés à crapauds. I, 72.
MONTIGNEULES, Monteignoles, Monteinoles, Muntennolles. I, 7. — II, 52, 126, 129, 130.
MONTIGNY-LES-JONGLEUX, Montegny. I, 481, 484. — — II, 84*, 87, 225 ? 369, 373, 386.
MONTIGNY-SUR-AUTHIE, Montigny-Nampont, Montegny. I, 15, 119. — II, 219, 230*, 231, 238, 384.
MONTIGNY-VILLINCOURT, Montegny. I, 47, 239, 324, 332*. — II, 385.

MONTONVILLERS, Motonviler. I, 500*. — II, 384.
MONTPLAISIR-EN-ARTOIS, paroisse de Sarton. I, 223.
MONTRELET, Monstrelet, Monsterlet II, 156*, 387.
MONT-RENAULT, ferme auprès de Heuzecourt. II, 82.
MONTREUIL, Munstroil, *Monsteriolum*. I, xxx, lvj, 210, 345. — II, 20, 22, 146, 147, 149, 181, 182, 183, 184, 187, 188, 189, 190, 191, 193, 195, 197*, 198, 199, 200, 203, 204, 219, 239, 371, 385, 386, 394.
    Lieux-dits : Darnetal. II, 197. — Saint-Josse-au-Val. — Terres de St.-Crepin. II, 198.
MORCOURT, Mourecourt, Moroucourt. I, 232, 234, 236, 241, 253, 254, 257, 303, 306, 312*, 316. — II, 306, 380, 386.
MOREAUCOURT-DES-CHAMPS, Moriaucourt, Moralcurt. I, 132, 133, 134, 136. — II, 79, 258.
MORENCAMPS, fief. I, 236.
MOREUIL, Moreul, Moruel. I, 32, 37, 94, 101, 109, 124, 254, 260, 365, 370, 371, 372, 373, 391, 392*, 400, 453. — II, 233, 333, 353, 386.
    Lieux-dits : Belle Chtèche. — Bois des Moines. — Haute Borne. I, 372. — Lucione? — Le petit couvent. — La Sablonnière. — La Solette. — La vallée Flocquet. — La vallée de Walluys? I, 371. — Saint-Ribert. I, 371, 372. — Saint-Sépulcre. — *Serpenti viler*. I, 371.
MORINIE. II, 185, 190, 202.
MORINS (pays des), *Morini*. I, vij, xij.
MORISEL. I, 371, 373, 393*. — II, 386.
MORIVAL, hameau de la paroisse de Visme. II, 13, 53, 129, 176, 306.
MORLAINE-LE-TONNELIER, ou les Chastignières, au diocèse de Beauvais. I, 105, 108.
MORLAY. II, 10, 12.
MORLENCOURT, Morlancourt, Mollaincourt, Morlaincourt, Morlaincort. I, 27, 151, 159*, 165, 168, 169, 254, 323. — II, 311, 312, 346, 384.
MORTEMER. I, 312.
MORVILLER. I, 202.
MORY, vers Breteuil. I, 195.
MOUFLERS. II, 95, 268*, 382.
MOUFLIÈRES, village. II, 209*, 326, 390.
MOUFLIÈRES (terre et ferme de), Mouflière. I, 484. II, 188, 219.
MOURIEZ, secours de Tortefontaine. II, 159*.

MOYENCOURT, Maiencourt. I, 54, 82, 179, 432, 442*, 443. — II, 386.
MOYENNEVILLE, Moieneville. I, 42, 66, 67. — II, 2, 19, 166*.
MUREAUMONT, hameau dépendant de Blergies. I, 290.
MUZERVILLE. I, 230.

N

NAMPONT, Nempont-Saint-Fremin, Nempont *ultra aquam*. II, 146, 199*, 387.
NAMPONT (Saint-Martin), annexe de Montigny. II, 230*.
NAMPS-AU-MONT, Nans *in monte*. I, 39, 54, 62, 443*. — II, 384.
NAMPS-AU-VAL, Nans *in valle*. I, 54, 97, 443*. — II, 384.
NAMPTY-COPPEGUEULLE, Nanty, Nanti. I, 70, 111, 179*, 230, 246. — II, 383.
    Lieu-dit : la Vacquerie. I, 179.
NANTOUILLET. II, 249.
NAOURS, Nawrs, Naors. I, 70, 133, 134, 239, 242, 247, 266, 480, 500*, 509. — II, 154, 317, 350, 383, 386.
    Fiefs : de Castenith (Castenoy)? II, 350. — de Moufflers. I, 239. — de Pincencurt? II, 350.
    Lieux-dits : Bois de Carnoy. — Bois de Corbière. — Bois de la Haye. — Bois du Plouy. — Bois de Talmas. — Bois du Tilloy. I, 240. — Le Cousturelle. I, 133. — Le Cul-du-Mont. I, 240. — La vallée Ribolde. I, 133.
NARBONNE. I, 321. — II, 376.
NAVENNE. I, 43.
NESLE, Nelle, Néelle, *Nigella*, au diocèse de Noyon. I, 123, 311, 348, 453. — II, 311, 312, 335, 348.
NESLE-L'HÔPITAL, *Nigella hospitalis*. I, 15. — II, 207, 210*, 384.
NESLETTE, Nellette, Noielete, *Nigellula*. II, 96, 97, 99, 210*, 387.
NEUFMOULIN, dépendance de la paroisse de Caux. Anciennement OTREMENCOURT. II, 37, 241, 247, 251.
NEUFVILLE, hameau dépendant de Forestmontier. II, 229.
NEUILLY-LE-DIEN, Nouli-le-Doyen, Noelly. II, 2, 153, 156*, 382.

— 497 —

Neuilly-l'Hôpital, Neuilly ou Rue, Noelli. II, 215, 216, 246, 255, 259*, 260.
   Fief : Halloy. — Voy. ce mot.
Neustrie. I, xiij.
Neuville, hameau dépendant de Molliens-en-Beauvoisis. I, 294.
Neuville, dépendance d'Auxy-le-Château. I, 134. — II, 22, 51, 152, 343.
Neuville-en-Boullenois. II, 190.
Neuville-lès-Bray. I, 313*, 316. — II, 390.
Neuville-Coppegueule, Nœufville-sous-St.-Germain, Neuville-sous-Bresle, Nuevile. I, ix. — II, 128, 129*, 210, 386.
Neuville-lès-Corbie, La Neuville, La Nueveville, Le Nuefville. I, 233, 234, 244, 246, 252, 256, 287, 322, 332*, 319. — II, 386.
   Lieu-dit : Jeanlieu. I, 332.
Neuville-sous-Lelilly. I, 27, 28, 32, 179*. — II, 331, 383.
Neuville-les-Saint-Riquier, Nuevile. I, 4. — II, 50, 216, 247, 260, 268*, 373, 391.
   Lieux-dits : les grandes bonnances. — Les petites bonnances. II, 247.
Neuville-les-Saint-Valery, Novavilla. II, 281, 282, 291*, 384.
   Voy. La Neuville et Nueveville-le-Roy.
Neuvillette, Neuvilette, Nova'villeta, Novileta. I, ix, xiij, 222. — II, 84*, 386.
Neuvirelle, Nuevirele, Nœvirelle, paroisse de St.-Léger-lès-Domart. I, 26, 42, 256.
Nibas, Nibat. I, 16, 39, 43. — II, 4, 279, 280, 292*, 385.
Nifrigny, Ruffigny, ferme auprès d'Ault. II, 90, 91, 369.
Nigeon les-Paris. I, 119.
Nœux, Nues. I, 70. — II, 85*, 154, 320, 385.
Nogent, au diocèse de Laon. I, 353.
Noiremont. I, 236.
Nolette, Nollette, Noyellette, Nigellula. II, 11, 12, 13, 41*, 51, 58, 279, 280, 390.
Normandie. II, 92, 128, 129, 251, 275, 305.
Nortoria, en Angleterre. I, 485.
Nourast, au diocèse de Beauvais ? II, 350.
Nouvillier. II, 326. — Voy. Novelliez.
Nouvion. II, 10, 13, 44*, 45, 320, 385.
Novelliez, en Boulenois. II, 187. — Voy. Nouvillier.

Noyelle, Noiele-sur-Auty, dépendance de Tigny. II, 201.
Noyelle-en-Chaussée, Noyelles, Noielle, Noyères, Noières, Nielles, Noieriœ, Nogueriœ, Nwielia, Nialla. II, 2, 155, 221, 241, 242, 249, 251, 269*, 277, 319, 320, 324, 372, 374, 383.
   Fiefs : Pollehoye. — Portes. II, 241, 372.
   Lieux-dits : Aniencourt. II, 374. — Biaucamp. II, 241. — Danicourt. II, 372. — Sercémaisnil. II, 374. — Terre N.-D. de Béthencourt. II, 277. — Trochencourt, Troissencourt. II, 241, 277, 372, 374.
Noyelle-sur-Mer, Nigella. II, 8, 9, 10, 11, 12, 16, 22, 45*, 51, 237, 385.
   Fiefs : d'Heudemer. II, 9. — Simon Broquet. II, 11.
   Lieux-dits : l'enclos Pinchet. — Les Salines. II, 12.
Noyelle, près de Trémont. I, 235.
Voy. Pont-Noyelle.
Noyon, ville. I, x, xliv, 108, 156, 183, 234, 236, 237, 299, 300, 310, 348, 455, 459, 466, 469, 470. — II, 71, 76, 304, 305, 306, 307, 309, 310, 311, 312, 313, 314, 331, 351, 373, 393.
Noyon, faubourg d'Amiens. I, 12.
   Lieu-dit : Beaurepaire. — Voy. ce nom.
Nozarette, village de Flandre. II, 249.
Nueveville-le-Roy. I, 107.

O

Obremets, au bailliage de Hesdin. II, 185.
Ochencourt, Ossencourt, Ayssencourt. I, 137. — II, 180, 279, 290, 293*, 389.
Ocoches, Occoche, Aucoche, Alcoch. I, 204, 205, 208. — II, 21, 23, 85*, 386.
Offgnicourt. II, 243.
Offémont. I, 105, 186, 455, 466. — II, 312.
Offeu, Aufeu, hameau de la paroisse de St.-Blimont. II, 97, 99, 296.
   Lieu-dit : le Camp Magin. II, 97.
Offignies, Offigny, Aufegnies. I, ix, 27, 414*. — II, 304, 357, 390.
Ofroel, Aufuel, hameau de la paroisse de St.-Biimont. II, 99, 296.
Offoy. I, 101, 292, 294*. — II, 382.
Osemont, Oysemont, Ausomons. I, xv. — II, 2, 3,

63

13, 19, 96, 109, 111, 112, 113, 132, 164, 205, 209, 211*, 213, 286, 306, 390.
Fief: Arleux, auprès de Cérisy. II, 211.

OISSEL (le rieu d'). I, 7.

OISSY, Osci, Aussy. I, 6, 10, 67, 403, 405, 408, 409, 420*. — II, 359, 361, 383.
Lieux-dits : la Vallée. — La Vallée à glines. I, 405.

OLAINVILLE, près Limeu. II, 99, 172.

OLINCOURT, Ollaincourt, Ollincourt. I, 479, 500*, 501. — II, 315, 317, 318, 386.
Lieux-dits : Avesnes. — Le blanc fossé. I, 501. — Le bois d'Ollincourt. II, 317.

OMENCOURT. I, 26.

OMIÉCOURT, au diocèse de Noyon. I, 452, 454.
Lieu-dit : la cense du Mont-Royal, et non du Mont-Royard. I, 453.

ONEUX, Onneu. I, 4, 10. — II, 16, 241, 242, 244, 246, 251, 268*, 273, 309.
Lieux-dits : les Allumières. — La couture du Festel. II, 242. — Vaux? entre St.-Riquier et la maison du Val. II, 268.

ONICOURT, paroisse de Martinneville. II, 8, 99, 172, 319, 323.

ONIVAL. II, 57, 279, 280, 285, 293*, 387.
Lieu-dit : le haut terroir. II, 279.

ONVILLERS. I, 357*, 363, 364. — II, 314, 389.

ORANGE. I, xxxviij.

ORBENDAS. I, 324.

ORESMAUX, Oresmeaux, Orémeaux, Oresmax. I, 6, 10, 27, 46, 55, 67, 70, 179*. — II, 383.

ORIVAL. I, 116.

ORLÉANS. I, xxv, xliij, xliv.

OROMANSACI (pays des). I, xij.

ORVILLE, Orreville, Orrevile, *Aurea villa*. I, 32, 204, 205, 208, 210, 214, 220*, 227. — II, 185, 247, 386.
Lieu-dit : le haut Catty. I, 210.

OSTENDE, en Flandre. II, 249, 373.
Lieu-dit : les terres Chorrelande. II, 373.

OTREMENCOURT. — Voy. NEUFMOULIN.

OUPPI, village. — Voy. HOUPPY.

OURSCAMP. I, 122, 232. — II, 310.

OUST, Ouste, Aoûte, Aouste, *Augusta*. II, 9, 10, 91, 101, 103, 116*, 120, 383.
Fief : de Belle d'Oust. II, 116.

OCTERIS-EN-PONTHIEU, lieu maintenant inconnu. II, 164.

OUTREBOIS, Oultrebois. I, 134, 207, 208, 335. — II, 85*, 86, 88, 89, 311, 386.
Lieux-dits : le bois de Vis. — Le dessus des fosses. — Le Fougreux. — La petite réserve. — La grande réserve. — La Versée l'Eperon. II, 311.

OUVILLERS. — Voy. AUVILLERS.

OVILLE, hameau de la paroisse d'Auvillers. II, 35.

OVILLERS, au doyenné d'Albert. I, 144, 159*. — 389.

P

PAILLART. I, ix, 14, 16, 109, 202, 240, 247, 393*. — II, 341, 342, 384.

PAMPELUNE. I, vj.

PARACLET-DES-CHAMPS. I, 122.

PARIS. I, 1, 375, 406, 429, 451, 462, 470. — II, 3, 30, 52, 183, 220, 252, 309, 313, 323, 343, 346, 379.

PARVILLERS, Parviler. I, 453, 458, 469*, 476. — II, 312, 313, 314, 388.
Lieu-dit : le bois Gambart. I, 458.

PAS, *Passus*, au doyenné de Montdidier. I, 347, 351, 353, 354, 357*. — II, 382.

PAVERI, Pavery. I, 374, 383.

PELLEVERT, au diocèse de Rouen. I, 244.

PENDÉ, Pendée, Pandé. II, 279, 280, 281, 283, 284, 294*, 295, 387.

PÉRENNES, Perrennes, Pérenne, Périnne, hameau dépendant de Welles. I, 88, 185, 360, 361, 372.

PÉRIGUEUX. I, xxv.

PERNOIS, Peernoys, *Petronoso*. I, 4, 7, 10, 11, 53, 479, 482, 501*, 502, 509. — II, 331, 364, 382.
Lieux-dits : la Couture Martin. II, 331. — Ovillers, Hautviller ou les Hautvillers. I, 479, 482, 502.

PÉRONNE. I, 66, 74, 122, 129, 135, 151, 155, 221, 253, 299, 307, 308, 313, 317, 377. — II, 308, 310, 312, 314, 394.

PETIT-BOCQUET, *alıàs* Bosquet, hameau dépendant de Jumelles. I, 131, 388.

PETIT-CAGNY. I, 12, 370, 396.

PETIT-CHAMPY. I, 109.

PETIT-CHEMIN, Petit Quemin, annexe de Dominois. II, 218, 219, 227*, 228.
PETIT-CONSEIL, dépendance de Framicourt. II, 208.
PETIT-CREVECŒUR, Crievecuer. I, 359*. — II, 303, 382.
PETIT-FLIXECOURT-EN-PONTHIEU. II, 41.
PETIT-HALLOY, dépendance de Halloy-Briot. I, 293.
PETIT-MARAIS, Petit-Marest, au diocèse de Rouen. II, 107, 116.
PETIT-MEZOLTRE, ferme : son origine, II, 220.
PETIT-MOLLIENS, écart de Blergies. I, 290.
PETIT-PORT. II, 11, 324
PETIT-ST-JEAN, village de la banlieue d'Amiens. I, 80*. — II, 316, 317, 386.
    Fief : des Marconnelles. II, 317.
    Lieu-dit : St.-Roch. II, 316.
PETIT-SARCUS, hameau dépendant de Sarcus. I, 296.
PETIT-SELVE, Théold-Selve, Tiot Selve, *Theoldi silva?* ferme. II, 93.
PICARDIE. I, xliv, lxij, 398, 423, 499. — II, 91, 163, 278.
PICQUIGNY, Pinkegny, Pinkeigny, *Pinkonium*. I, lvij, lviij, 32, 42, 64, 82, 91, 96, 105, 106, 124, 138, 145, 157, 170, 236, 402, 406, 407, 408, 409, 410, 413, 417, 420*, 423, 425, 426, 427, 428, 446. — II, 61, 66, 124, 247, 383, 385, 387, 394.
    Lieux-dits : le chemin des Chaufours. I, 409. — Le Guindal. I, 428. — Surmont ou Sur-le-Mont. II, 52. — Tamfol, Tanfol ou Toufol. I, 426.
PIENNES. I, 314, 347, 357.
PIERGOT, Pierregot. I, 3, 8, 10, 11, 39, 92, 220*. — II, 388.
PIERREPONT. I, 111, 186, 191, 198*. — II, 387.
PIERREPONT, en Normandie. II, 93.
PINCHEFALISE, Pinchephalise, hameau dépendant de la paroisse de Boismont. II, 282, 287, 288.
PISSY. I, 4, 6, 11, 12, 14, 119, 180*, 411, 502. — II, 384.
PLACHY, Placi. I, 28, 83, 172*, 180, 183, 375. — II, 331, 340, 357.
PLAINVILLE. I, 112, 199*.
PLANTOIGNON, écart de Romescamps. I, 295.
PLANTY-EN-ARTOIS (le), ferme. II, 21, 23.
PLATEMART, hameau, au dioc. de Rouen. II, 92, 93.
    Lieu-dit : les Landes. II, 92.

PLESSIER-RAULEVÉ, Plaissié, Le Plessier-Rauleval ou Raulevel, Le Plessy, *Radulphi vetuli*. I, 186, 193*, 195? 201, 376 ? — II, 348.
PLESSIER-ROSAINVILLERS, Plaissier, *Plaissiacum*. I, 28? 240, 251, 275*, 287, 377. — II, 306, 384.
    Lieux-dits : le Champ rouge. — Le chemin du cimetière. — Le Mont-Urmet. I, 240.
    Voy. LE PLESSIER.
PLESSIS-PATTE-D'OIE, diocèse de Noyon. I, 237, 247.
PLESSIS-ST.-Nicaise. I, 454.
PLEVILLE, Plceville, hameau dépendant de Molliens-en-Beauvoisis. I, ix, 294. — II, 129.
PLICHOLLES, fief auprès de Thieulloy-l'Abbaye. II, 143.
PLOUY-DONQUEUR, Ploui, Ploiez. I, 482. — II, 50, 253, 261, 262.
PLOUY, hameau de la paroisse de Visme. II, 176.
PLOUY, Ploych, Ploichs. I, 28. — II, 326?
PLUMOISON. II, 157*, 387.
POISSY. I, xlix.
POITIERS. I, 406.
POIX, Poyx, Poiz, Pois, Poix-le-Château, Poys, Poix-en-Picardie. I, xv, 38, 182, 202, 288, 298, 403, 405, 417, 429, 430, 431, 432, 433, 435, 436, 437, 438, 444*, 445*, 449. — II, 7, 124, 125, 127, 128, 129, 354, 356, 384, 387, 390, 394.
POLOGNE. II, 46.
PONCEAU, ferme, de la paroisse de Beauvoir. I, 235.
PONCHEL-EN-ARTOIS. II, 157*, 390.
PONCHES. II, 188, 231*, 372, 385.
PONT-DE-METS, Metz, Mes. I, 4, 10, 12, 27, 29, 38, 99, 171, 180*. — II, 331, 333, 383.
    Fiefs : d'Erquery. I, 24, 180. — de la Mairie. I, 180.
PONT-DE-L'ARCHE. I, 119.
PONT-DE-REMY, *Pons Remigii*. II, 7, 13, 19, 46*, 64, 65, 243, 320, 366, 389.
    Lieu-dit : la Queute, *Questa* : sa situation. II, 46. — Voy. ce nom.
PONTHIEU, Pontieu, Pontiu, Pontyu, *Pontinum*. I, vij, viij, xj, xij, xiij, lvij, 235, 321, 403, 484. — II, 2, 9, 11, 12, 13, 19, 20, 47, 51, 57, 83, 95, 97, 164, 183, 184, 186, 188, 220, 222, 223, 231, 233, 237, 238, 239, 264, 266, 283, 297, 319, 323, 326, 382, 383, 384, 385, 392, 393.

PONTLENIER (le), ferme dépendant de Conchil-St.-Nicaise. I, 318.

PONT-NOYELLE, Pons. I, 27, 333*. — II, 308, 335, 387.

Lieu-dit: les terres de St.-Vast. II, 308.

PONTOILE, hameau dépendant de Forestmontier. II, 229.

PONTS, Pont, près d'Eu, au diocèse de Rouen; partie en Picardie. II, 20, 91, 107, 116, 279.

POPINCOURT, Popeincourt, Popaincourt, Poupincourt, Poupaincourt. I, 4, 10, 230, 232, 233, 470*. — II, 382.

PORT, Port-le-Grand. II, 3, 10, 11, 12, 13, 44, 46*, 187, 241, 324, 331, 390.

Fiefs: d'Allenay. — Lando. — St.-Honoré. — Tillette. II, 11.

POULAINVILLE, Poullainville, Polainville, Poliville. I, xlv, 27, 39, 42, 70, 168, 235, 512*, 503. — II, 335, 384.

Lieux-dits: les Alues. I, xlv. — Aubinal. II, 335. — Laitbutville. — Multiville. — Normincourt. — Sarticourt. I, 503.

POULTIÈRE, Poultières, *Pulterias*, ferme et bois auprès de Selincourt. I, 430. — II, 125, 126, 129.

POLLTIERS, Poultier, dépendance de la paroisse d'Huppy. II, 11, 279.

POZIÈRES. I, ix, 159*. — II, 387.

PRÉAUX, Prayaux, Préals, Prael, villette dépendant de Valloire. II, 219.

PRÉLION, Praaillon, manège et tènement auprès d'Amiens. I, 53.

PRÉS-FORÊT les), lieu-dit sis au faubourg de la Hautoye d'Amiens. I, 30.

PRESSIER (le). I, 153.

PRESSOIR-SOUS-CHAULNES. I, 128.

PRILUR-VILLE. I, 170. — Voy. LEUILLY.

PROMEROY. I, 345.

PROUVILLE. II, 19, 261, 269*, 387.

PROUZEL, Prouzel. I, 28, 180*, 408. — II, 383.

PROVASTRE, près Mesvillers. I, 355.

PROYART, Proiast, Prohaz. I, 56 108, 151, 284, 301, 313*, 316, 317. — II, 248, 308, 311, 312, 389.

PROZAINES ou Franvillers. I, 233.

PRUNEROLIS (de): culture ou cense. I, 25.

PRUNIERVAL, Prunier-le-Val, paroisse d'Arvillers. I, 139, 341, 461.

Fief: des Arisses ou des Boulets. I, 139.

PUCHAU, lieu-dit ou fief? II, 2.

PUCHEVILLERS, Puceviller, Puceuviler, Pucheuviller. I, 27, 28, 34, 70, 72, 208, 214, 221*, 487. — II, 319, 385.

Lieux-dits: Belesars. — Guerviler. — La Vicogne. — La Ville. I, 221.

PUISET, au diocèse d'Orléans. I, 168.

PUY (le). I, 288.

Q

QUEND-EN-MARQUENTERRE, Quent. I, 15. — II, 215, 223, 231*, 232, 384.

Lieux-dits: Bergerette. — La grande Retz. — La petite Retz. — La Molière de Routiauville. — La Motte. — Les bas champs de Monchaux. — Lignereux. II, 232.

QUENTOVIC. I, xij.

QUERRIEU, Querrieux, Quierrieu, Kierrieu, Kyerrieu, Kyerru. I, 28, 32, 38, 39, 43, 63, 67, 333*, 334, 339. — II, 17, 385.

Fief: de la Salle. I, 39, 40.

Lieux-dits: Bellivaux. — La Cauchiette. — Les champs picards. I, 333. — Gonbertcort. I, 339.

QUESNEL, Caisneel, Le Quesnel-en-Santerre. I, 28, 40, 90, 123, 185, 216, 253, 275*, 276, 277, 345, 459. — II, 306, 353, 382.

Fief: Bayart. I, 276.

QUESNOT, Les Quesnots, ferme. I, 402, 415.

QUESNOY, Quénoy, Caisnoy, au doyenné de Saint-Valery. I, 137? — II, 2, 4, 279, 280, 295*, 296, 298, 382, 394.

Lieu dit: le bois de la Ransonnière. II, 298.

QUESNOY-SOUS-AIRAINES, Caisnoy. I, xiij, 103. — II, 52, 53, 69*, 389.

QUESNOY-LES-HESDIN, Caisnoy, Caisnoit. II, 157*, 162, 213? 387.

QUESNOY-EN-SANTERRE, Caisnoy. I, 35, 105, 108, 129, 186, 238, 247, 252, 254, 456, 459, 466, 470*. — II, 311, 312, 314.

QUESNOY, hameau de la paroisse de Puchevillers. I, 221.

QUESNOY, au diocèse de Cambray. II, 307.

QUEUTE, Quest, *Questa*, fief sis à Fransières. — Voy. FRANSIÈRES et PONT-DE-REMY.

QUEVAUVILLERS, Kevauviller. I, 39, 57, 408, 411, 443, 445*, 446. — II, 384.
   Fiefs : Pierre Carue.—La fosse à veau. I, 39.
QUIERMONT. II, 203.
QUIQUERY, Kikeri, au diocèse de Noyon. I, 232.
QUIRY-LE-SEC, Kyeri, Kiery. I, ix, 233, 240, 247, 393*, 394. — II, 382.
   Fiefs : des Basses Coutures.—du Sart. I, 233.
QUIRY-LE-VERT. I, 28.
QUIVIERFS. I, 235, 236.
   Fiefs : le Mesnil. — le Rouage. I, 235.
QUŒUX-EN-ARTOIS, Keus. II, 152, 157*, 162, 387.

R

RAIMBERTVAL, lieu voisin de Poix. I, 429.
RAINECOURT, Rennecourt. Renecourt. I, 52, 236, 308*, 309. — II, 246, 305, 310, 312.
   Voy. FRAMERVILLE.
RAINEVAL : aujourd'hui Mailly-Raineval. I, 32, 33, 64, 371, 390, 394*, 400. — II, 356, 382.
RAINVILLERS, Rinvillers. II, 8, 66, 319.
   Lieu-dit : les terres de *Miserere*. II, 66.
RAMBURELLES, Rambureles. I, 17, 18. — II, 5, 55, 211*, 385.
RAMBURES. I, lvij, 66, 67. — II, 13, 96, 211*, 213, 371, 385.
RANCOURT. I, 119.
RANG-DU-FLIER, hameau de la paroisse de Verton. II, 201.
RANSART, Roynsart, *Roiumsart*. I, 203, 204, 205, 221*, 222. — II, 386.
RAPECOY, dépendance de Dompierre. II, 147, 151, 162.
RASTELS, Rasteals, dépendance de Montigny. II, 84.
RATIAUX, lieu vers Hailles ? I, xlv.
RATILLUVILLE, villette dépendant de Valloire. II, 219.
RAY, *Rayum*. II, 155, 158*, 232, 388.
REBREUVE, diocèse de Boulogne. I, 210, 212.
   Lieu-dit : la Couture. I, 210.
RECQUE, au diocèse de Morinie. II, 190.
RÉDERIE, hameau dépendant de Blergies. I, 290.— II, 207.
REGNAUVILLE-EN-ARTOIS, Renautvile. II, 158*, 390.
REGNY, village dépendant de la paroisse de Jumelles. I, 70, 247, 321, 377, 378, 388.

REIMS, Rheims. I, x, xxj, xxv, xxxvj, xxviij, xxix, xxxij, xl, lvij, 176, 266, 285, 295, 329, 357, 430. — 14, 17, 115, 124, 249, 370, 373, 391.
RÉLY, en Flandre. I, 212.
REMAUGIES, Rumaugies. I, 359*, 363, 364. — II, 313, 389.
RRMESNIL, Erreumaisnil, Riminy. II, 86*, 387.
REMIENCOURT. I, 368, 395*. — II, 382.
RENANCOURT, Renencourt, Ernancourt, Ernencourt. I, 24, 171. — II, 317, 331.
RENIERÉCLUSE, Reniereseluse, *Ragnacharii-Sclusa*. I, 15, 28. — II, 232*, 233, 248, 382.
   Fief : Waucogne. II, 232.
   Lieux-dits : Le bois de Longue-Borne. — Le bois de Périot. — Maison des Cangues. — Talotte (ferme détruite). II, 233.
RENNES, en Bretagne. I, 426.
RENNEVILLE, Raineville, Rainoville, Rainneville. I, 105, 108, 235, 213, 244, 248, 334*, 335. — II, 382.
   Lieux-dits : Beauvoir. I, 243. — Voy. ce nom. — La Couture des fleurs. I, 244.
RENOVAL, *Renaudi vallis*, ferme, sur la paroisse d'Olincourt. I, 81, 501. — II, 363.
RENOVAL, en Normandie. II, 91.
RENTY, en Artois. II, 188.
RÉTHONVILLERS, au diocèse de Noyon. I, 453, 458, 459.
RETS-A-COULON, Retz, hameau dépendant de Forestmontier. II, 229, 232.
REVELLES, Revel. I, 12, 13, 14, 28, 29, 31, 39, 43, 55, 82, 97, 117, 180*, 183, 450. — II, 330, 336, 382.
   Fiefs : auprès de la porte de Jean de Falkemberge. I, 28. — Coupel. I, 39, 97. — Kaisnois. — Tuluel. I, 28.
REVENNES, auprès de Mezières. I, 274.
RIBEAUCOURT. II, 233, 254, 256*.
RIBEMONT. I, 14, 231, 234,·236, 251, 253, 281, 335*. — II, 384, 393.
RICHEMOND, en Angleterre. II, 284.
RICQUEBOURG, fief à Amiens. I, 1.
RIENCOURT, Riencort. I, 407, 421*. — II, 130, 132, 359, 390.
RIKEMAISNIL. II, 82. — Voy. BRIQUEMAISNIL.
RILLFUX, Rislens, Rislues, Risluez, ferme. I, 403. — II, 52, 126, 129, 143.

RIMACUS, Runiacus. — Voy. BEAURAIN.
RIMBEHEN, Ribehem-lès-Nibat, ferme. II, 93, 292.
RIN, Rim, ferme dépendant de Canaples. I, 6, 492. — II, 332.
RINCHEVAL. I, 47, 222*. — II, 389.
RIQUEBOURG, Rikebourc. II, 159*, 161, 390.
RIVERY. I, 326. — II, 333, 342.
RIVIÈRE, au doyenné d'Airaines. I, 129, 497. — II, 70*, 75, 382.
RIVIÈRE, *Rivaria*, dépendance de la paroisse de St.-Martin de Conty. I, 23, 174.
ROCHE, Roches, ferme détruite, entre Ivren et Maison-Ponthieu. II, 218, 221, 222, 241.
ROCHELLE (la). I, lj.
ROCQUEMONT. I, 134.
ROCQUENCOURT, Roquencourt, Rokencourt, Rokencort. I, ix, 223, 240, 247, 383, 392, 395*, 396. — II, 351, 390.
  Fief: la Bouteillerie. I, 396. — II, 351.
  Lieux-dits: le bois de Rokencort. II, 351. — Les terres de l'Hôpital, I, 396.
ROCQUEROLLES. I, 231, 250.
ROGEANT, Rogean, Rogehem. I, 235. — II, 174.
ROGY, *Rivaria*. I, 23, 117, 180*. — II, 334, 342, 382.
  Lieu-dit: le bois des Guénetaux ou des Quennetaux. II, 342.
ROHASTRE. — Voy. BUSMENARD.
ROIEGLISE, au diocèse de Noyon. I, 453, 454, 455, 456.
ROISEL. I, 230.
ROLLOT, Roollot, Roelot. I, ix, 342, 343, 345, 360, 363. — II, 309.
  Fiefs: de Baillon. — de Beaussart. — de Godemule. I, 342. — Marié. I, 364. — du Piège. I, 342.
  Lieu-dit: le Champ lion. I, 343.
ROMAINE, hameau dépendant de Forestmontier. II, 49, 229.
ROME, en Italie. I, xx, xxxviij.
ROME, écart de la paroisse de Paillart. II, 341.
ROMEREL (le). II, 281.
ROMESCAMPS, Romescans. I, ix, 4, 9, 10, 28, 295*. — II, 391.
  Fiefs: de Mathonville. — de M. de Nelle. — de la Ville. I, 295.
ROOUVAL, près Doullens. I, 204.

ROSEL, Rozel, ferme dépendant de Beauval. I, 208, 215, 235.
ROST, ferme dépendant de Fresmontier. I, 433.
ROTHIAUVILLE, Rostiauville, *Ratherii villa*, hameau de la banlieue de St.-Valery. II, 281, 282, 284.
ROUEN. I, vij, ix, xij, xiij, 370. — II, 17, 74, 91, 99, 100, 101, 107, 129, 206, 309, 310, 313, 366.
ROUGEFAY, Roussenfay. II, 79*, 88.
ROUGEMONT, au diocèse de Beauvais. II, 350.
ROUSSENT, Roussem. II, 187, 188, 199*, 386.
ROUSSIGNY, hameau de la banlieue de St.-Valery. II, 281.
ROUTEAUVILLE, Routiauville, auprès de Quend. II, 215, 232.
ROUTEQUEUX, Routekeue, hameau dépendant de la paroisse St.-Pierre de Doullens. I, 218, 246.
ROUVREL, Rouverel, Rovreel. I, 39, 124, 133, 136, 395, 396*. — II, 382.
ROUVROY, Rouvroy-en-Sangterre, Rouveroy, Roveroy, *Roboretum, Roboredum*. I, 4, 10, 11, 28, 39, 64, 82, 90, 92, 109, 110, 240, 247, 252, 311, 352, 431, 453, 456, 458, 470*, 471, 473, 477. — II, 310, 311, 312, 331, 340, 341, 360, 363, 384.
  Fief: le petit Aubigny? I, 470.
  Lieu-dit: le bois Watelet. I, 64.
ROUVROY, Rouveroy, auprès d'Abbeville. I, 404, 407. — II, 8, 15, 20, 34*, 43. 384.
ROUVROY, ferme dépendant de Croy. I, 415.
ROUY, au diocèse de Noyon. I, 459.
ROYAUCOURT. I, 112, 349*, 350, 364. — II, 303.
ROYALLIEU, auprès de Compiègne. II, 313.
ROYE, Roie. I, ix, 97, 105, 107, 108, 109, 123, 229, 232, 238, 254, 372, 376, 451, 452, 453, 454, 455, 456, 457, 458, 459, 460, 463, 471*. — II, 308, 311, 312, 313, 363, 385.
  Fief: de la Fère. I, 453.
  Lieux-dits: Toulle. Voy. ce mot. — Faubourg St.-Gilles. I, 108. — Le Bocquet des Cordeliers. — Le camp de la Fouache. I, 453. — La cave ou le caveau de St.-Florent, derrière l'église. I, 454. — Les Granges, Granges de Falays ou Faletz. I, 107. — Le paragon, tenant à la chaussée d'Amiens. I, 453. — Le pré Berte. — Le pré Carvoisin. — Le pré Cornu. — Le pré Mézières. I, 457. — Le vieux Cati. I, 453. — Moulin de

Clermont. I, 107. — St.-Firmin. I, 453. — Vicourt ou Vuicourt. I, 109.

Rozière (la basse), dépendance de Neuville-Coppegueule. II, 129.

Rozières, Rosières, Rosières-en-Santerre, Rousières, *Roserias, Referias*. I, 6, 10, 123, 236, 256, 285, 301, 313*, 314, 345, 362. — II, 303, 310, 311, 354, 389.

Rozoy, Rozoi, le Rosoi, *Rosetum*. I, 376, 389*.

Rubécourt, Robécourt. I, 345, 357*, 358, 364.

Rubempré, Raimberpré, Raimbert pré, Riberpré, *Reimberti pratum*. I, 2-3*, 240, 247. — II, 317, 343, 349, 389.

Rue. I, xxx, xlij, xliij, 43, 135, 210, 345, 484. — II, 6, 19, 154, 178, 215, 219, 222, 223, 225, 226, 233*, 234, 236, 238, 239, 367, 384, 388.

Rue ou Neuilly. II, 246. — Voy. Neuilly-l'Hôpital.

Ruffigny. — Voy. Nifrigny.

Rumacum, lieu où fut bâtie l'abbaye de St.-Josse. II, 183.

Rumaisnil, Rainelet-Maisnil, Rehermaisnil. I, 28, 181*. — II, 383.

Rumbli, paroisse de Camiers. II, 185.

Rumigny, Rumegny. I, 28, 114, 115, 181*, 366, 368, 369, 396, 408. — II, 335, 347, 383.

S

Saigneville, Sainneville. II, 9, 104, 105, 173*, 180, 283, 382.

Lieux-dits : le haut terroir ou les hauts champs. — Le bas terroir ou les bas champs. II, 283.

Sailly-le-Sec ou le Sek, Petit-Sailly, au doyenné d'Albert. I, 70, 160*, 161, 232, 236, 240, 257. — II, 385, 393.

Fiefs : d'Étonne. — De la Mairie. — De Sailly. I, 70. — De Libermont. I, 70, 161.

Lieux-dits : bois de l'Épinoy. — Bois du Luth. — Bois de Thomas d'Amiens. I, 232.

Sailly-le-Sec, au doyenné d'Abbeville. II, 11, 45, 47*, 388.

Sailly-au-Bois. I, 141, 328.

Sailly-Bray, paroisse de Noyelle-sur-mer. II, 11, 45, 58.

Sailly-Laurette, Sailly-liaures, l'Iaurech, l'Yaurech, l'Yauerech, l'Eauret, l'Eaurelle ou le Vert,

Salliacum aquosum. I, 43, 70, 138, 160*, 232, 240, 241, 245, 247, 253, 254. — II, 385.

Fiefs : l'Aire Piot. I, 241. — La Vallée. — Noirion. I, 138.

Lieux-dits : le Buisson l'enclos. I, 241. — La Caniselle. I, 160, 241. — Vier de Ridel. I, 160.

Sains, Sainz, Scinz, *Sama*. I, 109, 110, 131, 366, 367, 368, 369, 370, 375, 387, 396*, 397. — II, 342, 343, 386.

Fief : Grisel. I, 109. — II, 342.

Lieux-dits : Caumont (bois). I, 366, 369. — Moimont (bois). — Rachineuse (bois). I, 366.

St.-Accard, lieu-dit. — Voy. Belloy-sur-Somme.

St.-Acheul-lès-Amiens. I, 93, 94, 380.

St.-Acheul, au doyenné d'Auxy-le-Château. II, 21, 22, 86*, 87, 373, 386.

Lieux-dits : le bois de Mons. — Franc-lieu. — Rasciaux. II, 21. — Le Traisnoy. II, 22. — Le Val Roger. II, 21.

St.-Agnan, dépendance de Givenne. I, 372, 373.

St.-Aignan, dans le comté d'Eu. II, 91.

St.-Albin-en-Harponval. I, 376, 377. — II, 387. — Voy. Harponval.

St-André-au-Bois, hameau dépendant de Riquebourg, au doyenné de Labroye. II, 147, 159.

St-André, au diocèse de Lodève. I, 429.

St.-Arnaud, St.-Arnoult, au diocèse de Beauvais. I, 288, 294.

Fief : du Hezel. I, 283.

St.-Aubin-en-Amiénois, St.-Aubin *in Amineto, in Amynetto*. I, 45, 72, 73, 117, 414, 421*, 424, 425, 427. — II, 337, 382, 385.

Lieux-dits : Frach, Frahahel, Froele, Frohel, Frouelle, et Frohais-St.-Aubin. I, 421, 422, 425. — Val Wibert. — Val Wilard. I, 422.

St.-Aubin ou St.-Albin, secours d'Airon-St.-Vast. II, 149, 183, 184, 192.

St.-Aubin-en-Rivière, *S^{tus} Albinus*. II, 141*, 390.

St-Aurin. I, 114. — II, 311. — Voy. St.-Thaurin.

Ste-Austreberte-en-Artois, *Sancta Ostroberta*. II, 159*, 187, 188, 189, 386.

St.-Blimont. I, 483, 485. — II, 9, 10, 98, 101, 279, 280, 296*, 391.

Ste-Catherine, village de Flandre. II, 249, 373.

St.-Clair, hameau dépendant de Frettemolle. I, 293.

— 504 —

St.-Christofle-en-Halate. II, 204.
St.-Delis — Voy. Sentelie.
St.-Étienne-en-Sery', S^{tus} Stephanus. II, 117*, 387.
St.-Firmin. — Voy. Bétaucourt (St.-Firmin).
St.-Floris, en Artois. I, 241, 242.
St.-Fuscien. I, 366, 369, 387, 396. — II, 383.
   Lieu-dit: le Petit marché. I, 369.
St.-Georges de Toulle, St.-Georges-lès-Roye, faubourg de Roye. I, 453, 454, 436, 472*.— II, 311.
   Lieu-dit : le vivier de Coursebonne. II, 311.
St.-Germain-sur-Bresle. I, ix, xiij.— II, 205, 206, 211*, 371, 386.
   Lieux-dits: le haut terroir. — Le bas terroir. II, 206.
St.-Gilles, faubourg de Roye. I, 453, 454, 456, 472*, 477.
St.-Gratien. I, 29, 91, 92, 129, 337. — II, 308, 340, 341.
   Lieu-dit : le bois Cornilloy. II, 308.
St.-Hilaire, St.-Hylaire, St-Hylayre. I, 6, 11, 135, 481, 482, 484, 485. — II, 253, 269*, 270, 332, 374, 389.
   Fief : Cuvières. II, 269, 270.
St.-Jean-au-Marais, St.-Jean-des-Marès. II, 223, 224, 225, 226, 233*, 384.
St.-Jean-lès-Brocourt. II, 141*, 387.
St.-Josse-sur-Mer, St.-Gyosse-seur-le-Mer. II, 146, 182, 183, 184, 200*, 387.—Voy. Rumacum.
St.-Ladre, ferme dépendant de Neuville-lès-Corbie. I, 332.
St.-Lambert, auprès de Sentelie. I, 72.
Ste-Larme. II, 71, 124 et passim. — Voy. Selincourt.
St.-Laud, S.-Lot, hameau de la paroisse de Maison-lès-Ponthieu. I, lv.—II, 153, 161, 162, 163.
St.-Léger, St.-Léger de Geudincourt, village détruit, sur la rivière de St.-Landon; annexe de Dreuil-sous-Mollens. I, 416*. — II, 130, 360.
St.-Léger-lès-Althie. I, ix, 39, 42, 43, 49, 50, 206, 212*, 213. — II, 270.
St.-Léger-lès-Domart, St.-Ligier. I, 484, 485. — II, 270*, 389.
   Fief : d'Espinoy. I, 42.
St.-Leger-le-Pauvre, St.-Ligier-le-Poure, St.-Ligier-lès-Senarpont. I, ix. — II, 126, 128, 129, 130, 207, 212*, 387.
St.-Léger-les-Rouvrel. I, 133, 135.

St.-Mard-en-Chaussée (doyenné de Fouilloy), St.-Marc-de-la-Cauchie. I, 29, 276*, 277.— II, 383.
St.-Mard-en-Chaussée (doyenné de Gamaches), St.-Maart, St.-Mard-en-Cauchie, St.-Mard-en-Vimeu. I, 83. — II, 118*, 390.
St.-Mard-lès-Roye, St.-Mard-les-Cressonnières, St-Marc, St.-Médard. I, 185, 453, 456, 457, 458, 464, 472*. — II, 388.
St.-Martin, dépendance de Villers-Bretonneux. I, 233, 278.
St-Martin-les-Horets, de Lohière-Campaigne, de Loheri Campania, ferme auprès de Laboissière. II, 125, 127, 128.
St.-Martin-le-Pauvre, dépendance d'Agnière. I, 289, 430. — II, 353.
St.-Maugluille, St.-Mauguile. I, 114, 122. — II, 244, 270*, 382.
St.-Maulvis, St.-Mauvis, St.-Mauvil, St.-Mauvils, S^{tus} Mauvilius. I, 66, 67, 294, 295, 414, 416, 417, 418, 485.—II, 54, 71, 126, 127, 129, 135, 142*, 384.
St.-Maurice-les-Amiens. I, 24, 29, 131, 267, 488.
St.-Maxent. I, xxx, 17. — II, 17, 26, 54, 56, 96, 174*, 180, 385.
St.-Medard de Toulle, faubourg de Roye (dit parfois St.-Martin). I, 107, 456, 458, 472*. — II, 385.
St.-Milfort, fief dans la banlieue d'Abbeville. II, 11, 12, 366.
St -Nicolas-des-Essarts, ferme auprès d'Abbeville. II, 54, 298.
St.-Omer, Sithiu. I, xliv, 314, 345.— II, 3, 16, 187.
St.-Ouen, St.-Ouin, St.-Uyn. I, 479, 487, 503*, 504. — II, 382.
St.-Pierre-a-Gouy, Goy. I, 402, 404, 407, 413, 416, 422*, 423. — II, 61, 360, 361, 384, 390.
St.-Pol-en-Artois. I, 204, 211, 214. — II, 76, 227, 385.
St.-Pons. I, 304.
St.-Quentin-en-Tourmont. I, 421. — II, 215. — Voy. Tormont.
St.-Quentin-en-Vermandois. I, xlviij, 127, 142, 345. — II, 84, 303, 306, 307, 313.
St.-Remy-au-Bois. I, 171. — II, 346. — Voy. Notre-Dame de Grace.
St.-Remy-au-Bois, annexe de Sauchoy, doyenné de Montreuil. II, 200*.

St.-Remy-en-Vallée, en Normandie. II, 92.

St.-Ribert, hameau, ferme et cense auprès de Moreuil. I, 371, 373, 392.

St.-Riquier, St.-Rikier. I, 4, 135, 150. — II, 2, 4, 8, 13, 76, 151, 153, 161, 185, 218, 220, 240, 241, 242, 244, 245, 247, 249, 251, 256, 271*, 276, 372, 383, 387, 390, 394.
    Fiefs: de la Couture. II, 251. — L'Évêque. I, 4. — Du Potage. II, 249.
    Lieux-dits: le mont de St.-Riquier. II, 4. — Le moulin de Vassery. — Le Val de Bersakes. II, 246. — Miranduel. II, 245. — Nicamp. II, 250. — Rue Abengue. II, 246.

St.-Romain. I, 429, 446*. — II, 382.

St.-Saulflieu, Sainsaulieu, Sessaulieu, Sessolieu, Sessolin, Sessouliu. I, 29, 70, 138, 179, 181*, 369, 402, 423. — II, 357, 383.
    Lieu-dit : le champ Prouzel. I, 181.

St.-Sauveur, St.-Sauveur d'Hédicourt. I, 98, 99, 109, 428, 504*, 505, 506, 509. — II, 130, 318, 386. — Voy. Hédicourt.
    Fief: du plat d'étain. I, 505.

Ste-Segrée, Ste-Grée, Sta Sigrada. I, 447*. — II, 382.

St.-Séverin, ferme auprès de Watteblérie. II, 96, 99.
    Lieu-dit: l'Angle Gile. II, 99.

St.-Sulpice, hameau et ferme auprès de Doullens. I, 208, 218.

St.-Sulpice, en Normandie, village. II, 275.

St.-Thaurin, St.-Taurin, St.-Aurin. I, 114, 185, 431, 473*. — II, 311, 318, 389, 390.

St.-Thibault, S^{tus} Theobaldus de Calceya. I, xiv, 295*. — II, 388.

St.-Valery, St.-Vallery. I, xiij, 38, 484. — II, 90, 93, 98, 263, 265, 278, 280, 281, 282, 284, 296*, 297*, 371, 387, 394.
    Fief: du Jardinet ? II, 282.
    Lieux-dits : au bas de la montagne. — Près du cimetière St.-Nicolas. — La Croix des Anglais. II, 282.

St -Vast-en-Chaussée, St.-Vaast-en-le-Cauchie. I, 214, 408, 487, 505*, 506. — II, 308, 364, 385.
    Lieu-dit : le bois de St.-Vast. II, 308.

Saissemont, Sessemont. I, 130, 423*.

Saisseval, Sesseval. I, 29, 129, 407, 423*. — II, 359, 390.

Salëux, Saleu. I, 24, 28, 39, 54, 57, 75, 124, 181*. — II, 331, 357, 384.

Sallenelle, Salnelle. II, 5, 279, 282, 294*.

Salouel, Sallouel. I, 29, 75, 181*, 183. — II, 357.

Samarobriva. — Voy. Amiens.

Sancourt, au diocèse de Noyon. I, 240, 247. — II, 351.

Sandricourt, dépendance d'Agnières. I, 118, 289. — II, 345.

Sangterre, Sangters, Santerre, Saincters, *Sanguis thorsus, Sanguis tersus, Sangine torso, Sana terra*. I, 24, 32, 58, 66, 110, 124, 314, 464.—II, 334.

Santy. II, 76.

Sarcus. I, ix, 288, 294, 296*, 298, 487.—II, 129, 304, 382.
    Fief: la Bucaille. I, 296, 487.

Sardon. I, 304.

Sarlat, au diocèse de Périgueux. I, xxv.

Sarnoy. I, 296*. — II, 391.

Sarpillière. I, 109.

Sarton. I, 209, 223*. — II, 340, 390.

Saucnois, Chaussoy, ferme dépendant de Cléry. I, 173.

Sauchoy, au doyenné de Montreuil. II, 200*, 389.

Saulchoy, Salchois (aujourd hui Salchay), en Normandie. II, 99.
    Voy. Sallchoy.

Saucourt, Saulcourt, *Sathulcurtis*. II, 24, 105, 279, 292.

Saulchoy-Damehaut. — Voy. Chaussoy-Epagny.

Saulchoy-lès-Poix, Sauchoy, Chaussoy. I, 431, 447*. — II, 362, 382.

Saulchoy-sous-Domelier, Chaussoy. I, 29, 109, 110, 177, 182*. — II, 330, 383.
    Lieu-dit : la fossette Betterel. I, 177.

Saulchoy (le), dépendance d'Avesnes. — Voy. Chaussoy.

Saulx, paroisse de Bazinval, au diocèse de Rouen. II, 100.

Saumur. I, 431.

Sauvillers, Sorvillers. I, 187*, 311.

Saveuse. I, 171, 182*, 425. — II, 383.

Savières, Savière : ferme de la paroisse de Villers-Bocage. I, 33, 487.—II, 315, 318, 336, 363, 364.

Secqueville, hameau dépendant de Blergies. I, 290.

Seevioe, station romaine. I, 276.

Seez, en Normandie. II, 205.

Selincourt, Selincort, Serincort, Serycourt. I, ix, 6, 7, 10, 403, 430. — II, 124, 125, 127, 128, 131, 142*, 292, 386, 387.
    Lieux-dits : le bois l'abbé. II, 128. — Le bois de Poullière ou Poutières. II, 125, 126, 129. — Le bois Watier Talon. II, 126, 127, 128. — Les terres Maillart. II, 125.
Selve (grand et petit). — Voy. Grand Selve et Petit Selve.
Semeurmaisnil, Semiermaisnil, au diocèse de Rouen. I, 370, 405.
Sempy. II, 190.
Senarpont. I, ix, 99. — II, 96, 126, 128, 129, 206, 207, 211, 212*, 387, 390.
    Lieu-dit : le Caisnoi. II, 128.
Senart, île en la rivière d'Authie. II, 20.
Senermont, Senarmont, ferme détruite. II, 246, 260. — Voy. Collonvillers.
Senlis, Sanlis. I, 162*, 170, 236, 240, 247. — II, 301, 345, 389.
Senlis (ville et cité). I, x.
Sens. I, lj, lxj.
Sentelie, Saintely, Sainterlies, St -Elie, St.-Hélye, St.-Delie, St.-Delis. I, 35, 72, 101, 296*, 440. — II, 130, 382.
    Fief : Nouveau-Lieu. I, 296.
Septenville, Septemville. I, 92, 223, 235, 249. — II, 313, 317, 340.
    Lieu-dit : le Montjoie. II, 317.
Septmelles, au diocèse de Rouen. II, 96.
Septoutre, Sepoutres, Setcortel, *Septem tortis*. I, 68, 397*. — II, 382.
    Lieu-dit : le bois du Fay. I, 397.
Seran-sur-Oise. I, 378.
Seresvillers, Sarevillers, Saresviller, Sareviler, I, 199*, 202. — II, 382.
Sery : emplacement d'abbaye, bois, etc. II, 94, 96.
Sessoy. I, 453, 456.
Setucis, station romaine. I, 276.
Seux, Seulx. I, 29, 72, 73, 117, 134, 136, 366, 367, 368, 423*. — II, 390.
Silvavectevses : habitants de la cité de Senlis. I, x.
Soberimaisnil, près Domqueur. II, 262.
Soiries : fief dépendant de la seigneurie de Dargies. I, 292.
Soissons. I, x, xliv, 293, 447. — II, 76, 309, 312, 313, 348.

Solente, Sollente, au diocèse de Noyon. I, 234, 434.
Solières. I, 209.
Sombres, Sombre. II, 185.
Sommereux. I, 292, 297, 388. — II, 356, 391.
Sommette. I, 236.
Sorel. I, 236. — II, 64*, 320, 368.
Soreng, Sorenc. II, 100.
Sorus, Sorrus, Sorru, Soirru. II, 181, 184, 200*, 387.
Sotllinoxe, vers St.-Pierre-à-Gony I, 402.
Soups. I, 49, 117, 129, 403, 407, 424*. — II, 54, 55, 57, 390.
Souich, Suich. I, ix, 117, 223*. — II, 390.
Soulplicourt. I, 297*. — II, 382.
Sourdon, Surdun. I, 386, 398*. — II, 387.
Soyecourt, Soyercourt, Soiercort, Soihescort. I, 124, 300, 337, 437.
Steene, Staine, auprès d'Ostende. II, 373.
Sullement, hameau de Lignières-Châtelain. I, 442.
Surcamps. I, 105, 107, 109. — II, 248, 272*, 341, 386.
    Lieu-dit : Lamotte-Pronière ou Peronnière. I, 107. — II, 270, 272.
Sur-Somme. II, 35, 43, 322.
Sutova, en Angleterre. I, 485.
Suzanne I, 127.
Suzennlville, dépendance de Fresmontier. I, 139, 433, 440.

T

Tacerville, hameau de la paroisse de St.-Blimont. II, 296.
Taigny. I, 438.
Tailly. I, 110. — II, 70*, 73, 383.
    Fief : d'Aigneville. I, 110.
Taisnil, Taisny, Tanny. I, 182*. — II, 347, 382.
Taleu ou Taiou (comté de). I, vij, viij.
Talmas, Talemars, Talmar, Thalemars, *Talemardis*. I, 29, 30, 47, 131, 223, 236, 317, 408, 409, 410, 505*. — II, 317, 365, 385.
Talmeny, en Normandie. II, 91.
Tarbes. I, 302.
Temple (le), ferme voisine de Montreuil. II, 181.
Tencheremesnil, Tencenoul-Maisnil. II, 125, 144.
Terramesnil. I, 205, 208, 214, 220. — II, 185.

Teuffle, Teufle, Tueffles, Tœuffle. I, 29, 98. — II, 174*, 175, 386.

Thannay. II, 241.

Thennes, Thannes, Thanes, Tanes. I, 109, 232, 245, 277*. — II, 350, 383.

Lieux-dits: le Chesneel. — Les Mallières. I, 232.

Thérouanne, Térouanne, Térouane. I, xij, 130. — II, 76, 80, 146, 162.

Thézy. I, 122, 124, 125, 236, 269*.

Thiebval. I, 162*. — II, 389.

Thiennes, en Flandre. I, 241, 242.

Thieulloy-l'Abbaye, Teuloi, Thilloy, *Tuleium*. I, 403, 430, 432. — II, 126, 127, 128, 129, 143*, 387.

Thieulloy-la-Ville, Tieulloy. I, 418*. — II, 382.

Lieux dits : le gros bucquet. — Le jeu du fay. I, 418.

Thièvres-les-Authie, Tièvre, Tyèvre. I, ix, 206, 223*, 502. — II, 382.

Thofflet, près de Laviers. II, 326.

Thoix. I, 83, 136, 175, 290, 297*, 298. — II, 382.

Thory, Thoiry. I, 375, 398*. — II, 389.

Thouris, au diocèse d'Orléans. I, 168.

Thuison, faubourg et banlieue d'Abbeville. II, 11, 366.

Tigny-Noyelle. II, 201*, 386.

Tilloloy, paroisse de Dancourt. I, ix, 454, 457, 463*, 464, 470, 477.

Tilloy-lès-Conty, Tylloy, *Teillolium*. I, 29, 139, 175, 182*. — II, 357, 383.

Tilloy, Tilloy-sur-Gamaches. I, 235. — II, 105, 115.

Lieu-dit : l'arbre de Tilloy. II, 105.

Tilloy-sur-Mer, hameau de la paroisse de Pendé. II, 91, 279, 281, 283, 284, 294*, 295.

Tilloy, ferme et bois vers Valloire. II, 218, 221.

Tilloy, dépendance de Réthonvillers, au diocèse de Noyon. I, 459.

Tingry, en Boulenois. II, 185.

Tirencourt, paroisse de La Chaussée. I, 406, 407, 409, 497. — II, 216, 359.

Lieux-dits : Beaumetz. — Camp de César. — Les haies à moineaux. I, 409.

Titre. II, 217, 251, 320. — Voy. Le Titre.

Lieu-dit: le bois du Titre. II, 251.

Tœuffle. — Voy. Teuffle.

Tollent-en-Artois, Tolent, Tholent. II, 147, 159*, 390.

Tormont, Tourmont. II, 215, 234*, 384. — Voy. St.-Quentin-en-Tourmont.

Tortefontaine. II, 159*, 386.

Tortonne, en Normandie. II, 130.

Toul, en Lorraine. II, 53 303.

Toullay, ferme de la paroisse d'Ailly. I, 411, 425.

Toulle, Toul, Thole, St.-Mard, St.-Médard ou St.-Martin de Toul, faubourg de Roye. I, 107, 254, 454, 472*.

Toulouse. I, vj.

Tournay (ville et cité). I, x, xliv, 35, 228, 463. — II, 243, 249, 373.

Tours-en-Vimeu. II, 3, 91, 118*, 119, 126, 127, 389.

Fief ou *Lieu-dit* : Berville. II, 118.

Tours, en Touraine. I, xxv. — II, 102.

Toutencourt, Toutencort, Totencort, *Cassaincurtis*. I, 92, 170, 206, 223*, 224, 231, 327. — II, 340, 389.

Toutenval. II, 185.

Tolvent, ferme auprès d'Eu. II, 120.

Toxandri (peuplade de la Gaule-Belgique). I, xij.

Tramblesseau, fief. I, 211.

Translay, Tranlé, Translel, Tranlel, Transliaux. II, 13, 97, 212*, 213, 214, 320, 385.

Trémont (haut et bas), fermes. I, 235.

Trente. I, xxvj.

Trépied. II, 200.

Treport, *Ulterior portus*. I, ix, 99, 111, 404, 414. — II, 107, 206.

Trelx, Treu, I, 163*, 164, 166, 168, 169, 253, 255. — II, 350, 382, 384, 390.

Fief: de Lamotte, entre Treux et Villecourt. II, 350.

Tricot. I, 341, 463.

Troissencourt, Trochencourt. II, 241, 277, 372, 374. — Voy. Noyelle-en-Chaussée.

Tronchoy, doyenné d'Hornoy. I, ix, 430. — II, 132, 143*, 144, 389.

Tronchoy. — Voy. Le Tronquoy.

Tronville, annexe de Blangy. I, xlv, 22, 259*, 260.

Fiefs : Pullemont. I, 259. — Les Cavines, les prés de Beaupuits et le rieu d'Oissel. I, xlv.

Troyes. II, 302.

— 508 —

Trudoldi-Vallis, fief. I, 25.
Tully, Tuly. II, 91, 283, 284, 287, 297*, 387.
Tuluel. — Voy. Revelles.
Tuncle, Tuncq, Tunc, auprès d'Auxy-le-Château. II, 22, 51, 78, 314, 367.
Turelles-lès-Rue, ferme. II, 222, 223.
Tutendal-en-Boullenois. II, 187.
Twickenham (Twikeham), Tucheam, en Angleterre. II, 284.

U

Ugny-l'Équipée, au diocèse de Noyon. I, 235.
Ursimaisnil, près Domqueur. II, 262.

V

Vacqueresse, Vaqueresse, Vachereceia, Vaccareia, ferme dépendant de Quevauvillers. I, 445. — II, 357.
Vacquerie, au doyenné de Conty. I, 30, 173, 182*. — II, 330, 383.
    Fief: la Boullaye, dépendant de la ferme de Fontaine. I, 182.
    Lieux-dits: le Bucquet Martin. — La Campagne. — Le Chostel. — La fosse Gueraid. — La Hour. — Le Montaterre. I, 182.
Vacquerie-en-Ponthieu, Vakerie. I, 38. — II, 261*.
Vacquery-le-Bouc, Vacquerie, Vacaria, au doyenné d'Auxy-le-Château. II, 79, 87*, 387.
Vadencourt, Wadencourt, Wadencort. I, 38, 43, 114, 335*. — II, 389.
Vadicourt, dépendance de Dompierre. I, 117. — II, 147, 151, 370.
Vailli, en Artois. II, 158.
Vaire-sous-Corbie, Vers, Vair. I, 43, 231, 233, 236, 241, 244, 245, 252, 257, 303, 314*, 317, 318. — II, 391.
    Lieu-dit: Terre des Trépassés. I, 314. — Voy. Vers.
Val-aux-Lépreux, près Abbeville. II, 325.
Val-de-Gland, près Eu. II, 121.
Val-des-Maisons. II, 315 317, 342.
Val-des-Malades, ferme auprès de Montreuil. II, 181.
Val de St.-Riquier, cense et maladrerie. II, 261, 268, 276.

Val-en-Cendre, près St.-Josse-sur-Mer. II, 190.
Valenglart, Valanglart, dépendance de Bouillancourt-sur-Miannay. I, 63. — II, 166.
Valheureux, Valerreus, Vallis erroris, ferme. I, 208, 403. — II, 357.
    Fief ou *Lieu-dit*: Tilloloy. I, 403.
Valine, Valines, Valignes. II, 95, 97, 290*, 291, 373.
Valivon, cense dépendant de Riquebourg. II, 147, 159.
Valiabocet, ferme dépendant de Blergies. I, 290.
Vallée (la), ferme auprès d'Amiens. I, 6.
Valloire, Valloires, Vallolicæ. II, 217, 218, 220, 222.
Valonpuis. II, 71.
Valréas, en Provence. I, 317.
Valvion, Valguion, ferme dépendant de Vauchelles-lès-Authie. I, 99, 224. — II, 315.
Varenne. I, 155*, 236, 319, 320, 486.
    Fief: de Franc-Mailly. I, 155.
Vauchelles, près d'Occoche. I, 21, 85.
Vauchelles-lès-Authie. I, 206, 224*. — II, 349, 389.
Vauchelles-lès-Domart. II, 248, 272*.
Vauchelles le-Quesnoy, Vaucelles, de la paroisse d'Épagnette. I, 428, 483. — II, 39*, 242, 275, 276, 321.
Vaudricourt, Vaudricuria. II, 95, 97, 179, 297*, 387.
Vaudricourt (bois de), vers Warlus et Montagne. II, 107.
Vaussoire (domaine de): sa situation, sa consistance, etc. I, 35.
Vauvillers, Vauviller, Vauvillé, Wauviler, Vuauviller. I, 30, 39, 63, 64, 127, 234, 302, 309, 314*. — II, 248, 304, 305, 335, 390.
Vaux, Vaus, au doyenné d'Oisemont. II, 211, 213*.
Vaux, Vaus, auprès d'Abbeville. II, 19, 43. — Voy. Yonval.
Vaux-en-Amiénois, Vals. I, 30, 506*, 507. — II, 318, 331, 383, 390.
    Fief: Monchy-Frémont. I, 506.
    Lieux-dits: le Bucquelot. — Le Camp Robin. I, 506. — Le chemin du Marquet. I, 507. — Le chemin de la ruelle. — Le chemin de Vinacourt. — Faugenèvre. — Le fond de Vadencourt. — Fosse de l'Oreuille. I, 506. — Fromont ou Frémont. I, 164, 506. —

Le mont du Crocq. — Le Poirier des champs. I, 506. — Rochefort? I, 164. — La Valette. — La Vallée de St.-Vast. — La Vasse. — Les Seize. — La Voie des Rousseux. — La Voie Routieux. I, 506.

VAUX-HARAVENNES, Vals, *Vallis*. I, 70? 483, 485. — II, 154*.

VAUX-SOUS-CORBIE, Vauls. I, 164*, 232, 241, 256, 281. — II, 285.

Fiefs : de Frémont? — De Rochefort? I, 164. (ou mieux dépendant de Vaux-en-Amiénois).

VAUX-SOUS-MONTDIDIER. I, 4, 10, 13, 358, 359*. — II, 384.

VAUX-YAUCOURT. II, 248, 250, 259. — Voy. YAUCOURT.

VECQUEMONT, Vesquemont. I, 56, 235, 284, 336*. — II, 386.

Lieu-dit : le petit marché de Dours. I, 56.

VELENNES, Vellennes. I, 62, 433, 440*.

VENDELL. I, 38.

VERCOURT, Vercoul. II, 223, 234*, 390.

Lieu-dit : les Livranches. II, 234.

VERDERON. I, 242.

VERJOLAY, dépendance de Labroye. I, 487. — II, 148, 155, 384.

VERGIES, Verresies. II, 53, 54, 57, 71*, 389.

VERMANDOIS (comté de). I, 108, 396, 451, 452, 453, 454.

VERMANDOVILLERS, Vermandovillé, Vermandois Vileirs, Vermandoisviler, au diocèse de Noyon. I, 299, 300, 302.

VERON, Vion. II, 6, 235*, 388.

VERPILLIÈRE, au diocèse de Noyon. I, 454, 456.

VERS, Ver, au doyenné de Conty. I, 30, 50, 182*. — II, 331, 335, 383.

Fief :la Lentilly. I, 33. — Voy. VAIRE.

VERTON. I, 55, 61. — II, 184, 190, 201*, 387.

VERVINS. I, 132.

VEZELAY, en Bourgogne. II, 148, 384.

VICOGNE (la), *lieu-dit* et forêt. I, xij, 27, 208, 215, 221, 239, 403.

VIEULAINES. II, 71*, 74, 130, 131, 387.

VIELVILLERS, Vieuviller, Viefvillers. I, ix, x, 40, 43, 182, 183*. — II, 383.

VIEUX-ROUEN, Viel-Rouen. II, 205, 206.

Fief: Bellefontaine. II, 206.

Lieu-dit : le Château Hubault. II, 205.

VIEZECOURT. I, 242.

VILLAINECOURT, Vilencourt, Villaincourt, dépendance de Montigny. I, 82, 239, 324.

VILLANCOURT, Villencourt, *Willelmi curtis*, auprès d'Auxy-le-Château. II, 20, 21, 23, 77, 160.

VILLE-LÈS-FLIXECOURT, Viles. I, 495. — II, 13, 272*, 324, 385. — Voy. BOUDELEVILLE.

VILLE-ST.-OUIN, Ville-en-Ponthieu. I, xiij, 133, 136, 482, 485.

VILLE-SOUS-CORBIE. I, 54, 163, 164*, 166, 240, 336. — II, 390.

VILLEBERT. I, 108.

VILLECOURT, hameau de Ribemont. I, 335. — II, 350.

VILLENCOURT, Willencourt. II, 248.

Lieu-dit : les trois cornets. II, 248.

VILLERMONT. I, 233, 245.

VILLEROY, Vileroie, *Vilereia*, secours de Vitz-sur-Authie. II, 160*, 163, 248.

VILLEROY, en Vimeu. II, 2, 3, 16, 95, 211.

VILLERS-AUX-ÉRABLES, aux-Éraules, as-Éraules, *ad araules*. I, lvij, 30, 109, 139, 277, 278*. — II, 382.

VILLERS-BOCAGE, au Boscaige, Villers-Bocaige, Vilers *in Boscagio*, Vileirs *in Boschagio*. I, 7, 30, 40, 41, 129, 142, 235, 369, 370, 507*, 509. — II, 332, 383.

VILLERS-BRETONNEUX, Vilers le Bretonneus, Villers-le-Breteneux. I, 30, 229, 232, 233, 251, 253, 256, 266, 278*, 281, 283, 287. — II, 353, 384.

Fief: de Baing. I, 278.

VILLERS-LÈS-ROYE, Vilers *subtus* (sous) Roye. I, 71, 109, 186, 453, 454, 456, 459, 466, 472, 473*. — II, 313, 314, 338, 387.

VILLERS-LES-TOURNELLES. I, 199*. — II, 351, 388.

Fief: la Bouteillerie. I, 396. — II, 351.

VILLERS-LE-VERT. I, 146, 165*, 166, 241, 248. — II, 346, 382, 390.

Lieux dits : la Coignée. I, 241. — La Cousture de Bannas ou fief de la tasse. II, 346.

VILLERS-L'HÔPITAL. I, 493. — II, 7, 85, 87*, 369, 390.

Fiefs : de Hanchy. — du jardin. II, 87.

VILLERS-ST.-PAUL, près Creil. I, 241.

Fief: de la tour d'Anchin. I, 241.

VILLERS-SOUS-AILLY, Vilers-sous-Asly. I, 134. — II, 2, 242, 258, 272*, 387.

Lieu-dit : le bois Ratier. I, 134.

VILLERS-SOUS-CAMPSART, Villers-sur-Campsart, Villers-Campsart, Vilers. II, 98, 125, 126, 127, 132, 141, 144*, 387.

VILLERS-SUR-AUTHIE, Villers-sous-Authie, Villiers-sur-Authie, Vilers, Viliers. I, 42. — II, 2, 5, 184, 189? 215, 235*, 236, 383, 398.

VILLERS SUR-MAREUIL. II, 11, 16, 175*, 178, 390.
   Fief : de Tourtinéglise. II, 11.

VIMEU, Vymeu, Vimnau. I, vij, viij, ix, xj, xiij, xxix, 233, 324, 480. — II, 2, 94, 100, 125, 135, 138, 278, 286, 290, 297, 392.

VINACOURT, Vignacourt, Vinarcourt, Vinacort, *Winardi curtis*. I, lvij, lviij, 4, 10, 30, 44, 73, 74, 77, 82, 89, 99, 106, 134, 253, 375, 404, 409, 411, 478, 479, 481, 486, 487, 489, 508*, 510. — II, 161, 247, 314, 358, 361, 364, 382.
   Fiefs : de Bréhouville. I, 486. — de Gorenflos. I, 409.
   Lieux-dits : auprès du bois Thibaut. II, 365. — Le bois Jean Leu ? — Le bois de Lagrené ? I, 486. — Le Cantuaire. I, 487. — Le grand Borne. — L'épine de Serpette. — Sintelette. — le Vivier. II, 365. — Le voie merdeuse : sa direction, etc. I, 82, 253. — II, 365.

VIRONCHAUX, Vironchiaus, Vilonceaus. I, xxx. — II, 182, 216, 236*, 387.

VISIGNEUX, ferme entre Paillard et Rouvroy. I, 109, 393. — II, 341.

VISME, Vime, Vymes, *Vimma, Vyma*. I, xxx, 99. — II, 47, 93, 95, 129, 147, 171, 176*, 215, 216, 321, 370, 386.

VISMEMONT, hameau de la paroisse de Visme. II, 176.

VISSE, Vis. I, 233. — II, 115.

VITERBE. II, 232.

VITERMONT. I, 114, 152*, 256.

VITZ-SUR-AUTHIE, Vis, Vy, *Vis*. II, 160*, 241, 248, 389.

VOISIN, dépendance de Dompierre. II, 147, 151.

VRAIGNES, Vraigne, Verrignes, Verignes, Vermes. II, 26, 130, 131, 145*, 387.

VRÉLY, Verly. I 84, 312, 315*, 362. — II, 310, 388.

VUAUNAST. — Voy. HAVERNAST et WALNAST.

W

WABEN. II, 130, 184, 190, 202*, 253, 387.

WAILLY. I, 139, 183*, 230. — II, 382.

WAILLY, Vally, au doyenné de Montreuil. II, 182, 184, 202*.

WAILLY, paroisse de Nibas. II, 279, 292.

WALLON, hameau dépendant de Sarcus. I, 296.

WALNAST, Gualnast, Vuaunast, Wagnat? Wannat? dépendance d'Halloy. I, 70, 134, 496. — II, 154.

WALUTU, près Demiécourt, diocèse de Noyon, I, 300.

WALVIS, fief auprès de Poix? I, 430.

WANDREHIERCORT, près de Montagne-Fayel. II, 130.

WANEL. II, 56, 57, 63, 68, 72*, 385.

WARCHEVILLE, Varceville. I, 17. — II, 333.

WARFUSÉE. I, 42, 141, 236, 252, 255, 257.

WARGNIES, de la paroisse d'Havernas. I, 133, 134, 136, 496*. — II, 351, 364.

WARLOY. I, 70, 71, 232, 233, 281, 282, 336*, 337. — II, 301, 385.
   Fief : du doyenné de Warloy. I, 336.
   Lieu-dit : terres de la petite alme. I, 336.

WARLUS, Warluis, Waerluis, Waaluys, au doyenné d'Airaines. I, 107. — II, 72*, 128, 130, 382.

WARLUS, Warlu, Wallus, Walluis, Walluys, cense au doyenné de Moreuil. I, 371, 372, 483 ?

WARSY, Warsie, paroisse de Guerbigny. I, 467*.

WARTI. I, 484.

WARVILLERS, Warviler. I, 30, 84, 123, 470, 471, 473*. — II, 306, 310, 330, 384.
   Fief : du petit Aubigny ? I, 470, 473.

WASART, fief voisin d'Havernas? I, 62.

WATIÉBURT, hameau dépendant de la paroisse de Lanchères. II, 291, 304.

WATTEBLÉRIE, Wateblérie, Watteblèry. II, 94, 96, 97, 99, 101, 208.
   Lieux-dits : les grandes masures. — Les petites masures. II, 96.

WATTÉGLISE, ferme. II, 148.

WAUBERCOURT. — Voy. AUBERCOURT.

WAVANT-EN-ARTOIS, Wavans. II, 7, 87*, 89, 321, 383.

WELLES, Welle, Waelles, Waeles, Ouelle, Vesle. I, ix, xiv, 185, 207, 360*, 361, 372, 373. — II, xiv, 390.

WIENCOURT, Wiancourt, Viencourt, Huiencourt. I, 94, 112, 241, 244, 252, 255, 278*, 279. — II, 306, 386.

Fiefs: de Meaucour. I, 252. — d'Obviller ou de Warfusé et de l'aigle d'Azincourt. I, 255.

Lieu-dit : la Vallée. I, 255.

WILLAMEVILLE, Willemville. I, 114 — II, 176, 306.

WIMIL, Wimille, en Boulenois. I, 484.

WIRY, Wairy. II, 7, 72*, 284, 384.

Lieux-dits : Wiry-au-Mont. — Wiry-au-Val. II, 72.

WIS, au doyenné de Montreuil, hameau dépendant de Calloterie. II, 184.

WISSENS, en Boulenois. II, 185.

WOIGNARUE, Warnierrue. II, 55, 57, 278, 279, 280, 285, 293*, 294, 387.

Lieux-dits : le bas terroir. — Les hauts champs ou les bois eschartés. II, 294.

WOINCOURT, Waincourt, Oincourt. I, 15. — II, 91, 99, 109, 111, 119*, 310, 333, 384.

WOIREL, paroisse de Wiry. II, 72.

Y

YAUCOURT, Yeucourt, Hiaucourt. I, 4, 483. — II, 241, 259*, 277, 373, 391.

YONVAL, Wionval. II, 19, 20, 43.

YPRÈS. I, 242.

YVREGNY, Ivregny, Yvrenni, Yvergny. II, 153*.

YVREN, Yvrench, Ivren, Ivrenc, Vuivrench, Wivrench, Wivrens. I, 4, 10, 70 71. — II, 150, 218, 221, 222, 248, 250, 260, 273*, 385.

Fief : Grambus. II, 250, 273.

Lieux-dits : le camp Boyard. — Le champ Aliame. II, 250.

YVRENCHEUX, Ivrencheux, Wivrencheul. I, 70. — II, 248, 250, 273*, 309.

Lieu-dit : Belleval. II, 273.

Z

ZALEUX, les Alleux, les Aleux, *Alodia*, hameau dépendant des paroisses de Béhen et de Huchenneville. II, 12, 164, 166, 170.

ZOTEUX. I, 65. — II, 13, 285, 286.

TABLE DES MATIÈRES.

TABLE DES MATIÈRES.

Les chiffres accompagnés d'un astérisque (*) indiquent la page de la *Déclaration* des revenus du bénéfice cité.

Pour simplifier la table, nous avons placé sous les mots : évêché, abbayes, chapitres, prieurés, etc., ce qui s'est présenté sous les formes suivantes : l'évêque, l'abbé, les chanoines, le prieur, etc., lorsqu'il s'agissait de droits et revenus leur afférant.

A

ABBAYES d'hommes :
   Anchin. — Voy. *St.-Sauveur d'Anchin.*
   Arras. — Voy. *St.-Vast d'Arras.*
   Arrouaise. Arida gamantia, Sta-Maria de Donnio ? I, 75, 229, 230, 232, 234, 235, 236, 237, 239, 243, 319. — II, 348.
   Auchy ou Auxy-les-Moines. II, 78, 79, 80, 83, 84, 85, 86, 149, 152, 157, 158, 159, 162, 182, 202, 314, 387.
   Auchy-lès-Aumale. — Voy. *St.-Martin d'Auchy.*
   Balances. I, xxix. — II, 202. — Voy. *Valloire.*
   Beaubec. I, 289. — II, 387.
   Beaupré (au diocèse de Beauvais). I, 172, 292, 430, 434, 437.
   Beauvais. — Voy. *St.-Symphorien.*
   Bec-Helluin (au diocèse de Rouen). I, 293. — II, 109, 305, 383.
   Breteuil. I, 172, 174, 177, 186, 189, 190, 193, 194, 195, 196, 198, 199, 200, 201, 240, 287, 311, 376, 382, 388, 389, 390, 392, 398. — II, 69, 133, 164, 166, 167, 168, 169, 170, 175, 303, 309*, 314, 384, 387.

ABBAYES d'hommes :
   Cambronne (ou *Cambron*). I, 242.
   Centule. — Voy. *St.-Riquier.*
   Cercamps. I, 204, 216, 479. — II, 76* 77, 78, 79, 81, 82, 257, 261, 368, 387, 392.
   Chaalis. — Voy. *Notre-Dame de Chaalis.*
   Charroux (en Poitou). — Voy. *St.-Sauveur de Charroux.*
   Chezal-Benoist. I, 405. — II, 387.
   Cîteaux. I, 311.
   Clerfay. I, 153, 155, 206, 246, 319*. — II, 386, 391.
   Cluny. I, 156, 186, 299, 375. — II, 8, 148, 304, 384.
   Compiègne. — Voy. *St.-Corneille.*
   Corbie. I, xj, xiij, xxj, xxxij, xliij, lvj, 31, 39, 49, 70, 73, 74, 94, 105, 123, 141, 148, 150, 152, 153, 156, 158, 160, 162, 163, 164, 165, 166, 179, 182, 189, 194, 196, 205, 208, 214, 215, 217, 218, 223, 228*, 229, 230, 231, 232, 234, 235, 236, 238, 239, 240, 241, 242, 243, 245, 246, 251, 252, 254, 258, 259, 263, 265, 266, 267, 270, 271, 275, 277, 278, 281, 304, 305, 306, 309, 311, 312, 314, 319, 320, 321, 322, 324, 325, 326, 328, 329, 330,

ABBAYES d'hommes :
>332, 334, 336, 337, 339, 347, 352, 354,
368, 377, 378, 379, 384, 386, 388, 393,
394, 396, 455, 462, 465, 467, 469, 470,
471, 480, 493, 498, 500, 501, 503, 507,
509. — II, 78, 80, 83, 85, 86, 115, 119,
129, 275, 306, 314, 317, 333, 343, 346,
348, 350, 351, 383, 386, 391.

Dommartin, St.-Josse-au-Bois, Nouveau-Lieu (*Novus locus*). I, xij, xxxij, 487.
— II, 38, 94, 139, 146*, 147, 149, 155,
158, 159, 160, 169, 186, 201, 202, 217,
228, 230, 243, 254, 261, 262, 269, 364,
370, 386, 391.

Eaucourt-lès-Bapaume (au diocèse d'Arras).
I, 146, 154, 155, 158, 215. — II, 314,
387.

Eu. — Voy. *S^{te} - Marie d'Eu*.

Fontenelles. — Voy. *St.-Vandrille*.

Forestmontier. II, 93, 176, 215*, 219, 223,
225, 226, 228, 229, 230, 236, 238, 260,
268, 287, 386, 391.

Foucarmont (au diocèse de Rouen). I, 296.
— II, 90, 388.

Gard (le), ou Notre-Dame-des-Prés. I, 137,
172, 219, 401*, 403, 407, 408, 413, 414,
415, 421, 422, 424, 426, 433, 434, 442,
444, 489, 491, 494, 497, 498, 508. —
II, 52, 135, 143, 356, 357, 359, 360,
386, 392.

Ham, près d'Aire. — Voy. *S^{te} - Marie de Ham*.

Honnecourt (au diocèse de Cambrai). II,
158, 314, 388.

Lannoy. I, 292, 293, 294, 354, 431. — II,
388.

Licques. II, 26.

Lieu-Dieu. II, 90*, 91, 93, 99, 107, 116,
118, 119, 168, 283, 287, 294, 295, 297,
392.

Livry. II, 273, 309*.

Longpont. I, 465. — II, 309*, 313.

Longvillers (au diocèse de Boulogne). II,
196, 200, 388.

Marmoutier de Tours. I, 92. — II, 147, 148,
189, 271, 340, 345, 388.

Meaux. — Voy. *St.-Faron*.

ABBAYES d'hommes :
Molesmes. I, 205, 206. — II, 348, 388.
Montreuil. — Voy. *St.-Sauve de Montreuil*.
Mont-St.-Eloi. — Voy. *St.-Vindicien*.
Mont-St.-Martin. I, 310.
Mont-St.-Quentin. I, 299, 307, 308. — II,
309, 388.
Moreuil. — Voy. *St.-Vast de Moreuil*.
Nogent. — Voy. *S^{te} - Marie de Nogent*.
Notre-Dame de Chauny. — Voy. *St.-Eloi-Fontaine*.
Notre-Dame de Lamourquier de Narbonne?
I, 321.
Notre-Dame de Chaalis (au diocèse de Senlis).
I, 173, 183, 242, 296.
Notre-Dame d'Eu. — Voy. *S^{te} - Marie d'Eu*.
Notre-Dame du Lieu-Dieu. — Voy. *Lieu-Dieu*.
Notre-Dame de Sery. — Voy. *Sery*.
Notre-Dame-des-Prés. — Voy. *Gard* (le).
Nouveau-Lieu. II, 364. — Voy. *Dommartin*.
Noyon. — Voy. *St.-Éloi de Noyon*.
Ourscamp. I, 122, 232. — II, 310*.
Pontoise. II, 118.
Prémontré. I, 310.
Reims. — Voy. *St.-Remy*.
St.-Acheul-lès-Amiens. I, vij, xxiij, 8, 39,
65, 66, 93*, 94, 95, 96, 98, 123, 147,
172, 173, 266, 270, 271, 311, 381, 384,
385, 417, 439, 440, 488, 501, 510. —
II, 35, 171, 173, 174, 175, 176, 177,
209, 251, 255, 257, 265, 290, 318, 340,
383, 386, 391.
St.-André-au-Bois. II, 147*, 153, 185, 186,
190, 201, 391.
St.-Arnoul de Crespy, ancienne abbaye,
puis prieuré conventuel. — Voy. PRIEURÉS.
St.-Bertin de St.-Omer. Sithiu. I, 242, 314.
— II, 3, 159.
St.-Corneille de Compiègne. I, 35, 187, 188,
192, 198, 351, 355, 360, 461, 462, 464,
473, 475, 476. — II, 309*, 347, 363,
387.
St.-Crépin de Soissons. II, 388.
St.-Denis. I, 234. — II, 135, 138.
St.-Eloi-lès-Arras. I, 220. — Voy. *Mont-St.-Éloi* et *St.-Vindicien*.

ABBAYES d'hommes :

St.-Eloi-Fontaine ou Notre-Dame de Chauny. I, 213.

St.-Eloi de Noyon. I, 310, 311, 314, 315, 462. — II, 310*, 312, 314, 351, 354, 388.

St.-Faron de Meaux. I, 97, 376, 389. — II, 380.

St.-Fuscien-au-Bois. I, 95, 96, 98, 106, 123, 171, 174, 175, 177, 179, 181, 248, 259, 263, 266, 268, 269, 302, 310, 312, 365*, 367, 370, 374, 378, 379, 380, 381, 384, 385, 386, 387, 397, 399, 417, 423, 424, 437, 439, 412, 464, 468, 488, 498, 499, 507.—II, 205, 206, 316, 352, 354, 356, 361, 383, 386, 391.

St.-Germer-lès-Fly ou de Flay. I, 294, 296, 404, 418, 432, 433, 434, 442, 444, 450. —II, 100, 102, 254, 258, 270, 285, 291, 303*, 314, 384, 388.

St.-Jean d'Amiens. I, 23, 73, 74, 77, 80, 92, 99*, 157, 223, 237, 258, 272, 273, 274, 279, 310, 335, 402, 407, 426, 479, 486, 487, 488, 499, 501, 504, 508.—II, 83, 85, 86, 315*, 317, 318, 339, 386, 391.

St.-Josse-au-Bois. — Voy. Dommartin.

St.-Josse-sur-Mer. I, xxj, 205, 220. — II, 1, 3, 110, 149, 153, 155, 156, 169, 183*, 185, 189, 190, 192, 194, 195, 196, 197, 200, 201, 202, 203, 219, 220, 235, 236, 387, 391.

St.-Julien de Tours. II, 102.

S^{te}- Larme ou St.-Pierre de Selincourt. I, ix, 7, 247, 289, 292, 296, 401, 403, 416, 417, 419, 429, 436, 442, 446, 484. — II, 52, 64, 71, 72, 118, 124*, 125, 127, 128, 129, 130, 132, 133, 134, 135, 136, 139, 140, 141, 142, 143, 144, 145, 175, 202, 212, 360, 368, 387, 391.

St.-Leu de Séran-sur-Oise. I, 378, 460. — II, 388.

St.-Lucien de Beauvais. I, 4, 288, 290, 293, 478, 479, 493, 502, 503. — II, 98, 102, 114, 206, 210, 212, 302*, 314, 387.

S^{te}- Marie d'Eu. I, 294. — II, 121, 286, 291, 293, 295, 309*, 388.

ABBAYES d'hommes :

S^{te}- Marie de Ham, près d'Aire. I, 223, 235, 299. — II, 314, 390.

S^{te}- Marie de Molesmes. — Voy. Molesmes.

S^{te}- Marie de Nogent (au diocèse de Laon). I, 347, 352. — II, 388.

St.-Martin-au-Bois (au diocèse de Beauvais). I, 341, 465, 470, 472. — II, 388.

St.-Martin-aux-Jumeaux ou aux Moines. I, xxiij, xlv, lvij, 5*, 6, 7, 10, 30, 31, 71, 81, 83, 100*, 105, 119, 122, 138, 173, 179, 180, 182, 195, 271, 274, 309, 314, 323, 337, 350, 353, 357, 368, 392, 395, 396, 408, 411, 412, 416, 420, 460, 470, 484, 506. — II, 72, 131, 143, 255, 257, 261, 262, 269, 270, 332, 360, 382, 386, 391, 396.

St.-Martin d'Auchy-lès-Aumale. I, 289, 293, 296, 297, 422, 429, 430. — II, 206.

St.-Martin-des-Champs, à Paris. I, 143, 322, 328, 415. — II, 52, 61, 76, 160, 305, 344, 384, 388.

St.-Martin de Seez, en Normandie. II, 205.

St.-Martin de Tournay. II, 243.

St.-Médard de Soissons. I, 465.

St.-Michel de Tréport. I, 404, 414. — II, 107, 131, 206, 294, 388, 391.

St.-Omer. — Voy. St.-Bertin.

St.-Pierre de Selincourt.—Voy. S^{te}- Larme.

St.-Quentin de Beauvais. I, 170, 174, 239, 293, 314, 349, 351, 429, 431, 438, 445, 447. — II, 303*, 314, 383, 387.

St.-Remy de Reims (archimonastère). I, 158, 160, 215. — II, 301*, 314, 388.

St.-Riquier. Centule I, xxxij, 31, 38, 53, 143, 150, 156, 170, 177, 219, 308.—II, 13, 35, 36, 37, 41, 66, 70, 76, 77, 78, 109, 110, 149, 153, 156, 160, 215, 219, 220, 232, 237, 240*, 241, 242, 243, 245, 246, 247, 248, 250, 255, 236, 259, 260, 264, 266, 267, 268, 269, 271, 272, 273, 277, 324, 368, 369, 370, 372, 373, 374, 383, 387, 391.

St.-Sauve de Montreuil. II, 149, 181*, 183, 192, 193, 195, 197, 198, 199, 200, 202, 204, 219, 224, 239, 386, 391.

St.-Sauveur d'Anchin, en Artois. I, 208,

ABBAYES d'hommes :
210, 214, 215, 218, 230, 231, 234, 235, 300, 336, 493, 503. — II, 78, 79, 157, 186, 314, 335, 386, 387.

St.-Sauveur de Charroux, en Poitou. I, 3, 290.

St.-Sevin, en Lanedan (au diocèse de Tarbes). I, 302.

St.-Symphorien de Beauvais. I, 293.

St.-Valery. Leuconaus. I, xiij, xxxij, 248. — II, 9, 19, 20, 44, 73, 106, 109, 110, 115, 167, 168, 170, 173, 208, 211, 212, 213, 226, 228, 231, 278*, 283, 285, 287, 288, 289, 290, 291, 292, 293, 294, 295, 296, 297, 387, 391.

St.-Vandrille de Fontenelles. II, 109, 119, 310*.

St.-Vast d'Arras. I, 329, 333, 484. — II, 308*, 387.

St.-Vast de Moreuil. I, 193, 197, 259, 274, 275, 276, 360, 361, 370*, 392, 393, 455, 462, 470. — II, 351, 353, 386, 391.

St.-Victor en Caux. II, 287.

St.-Vindicien au Mont St.-Eloi. I, 208.

Selincourt. — Voy. S^{te} - Larme.

Seran. — Voy. St.-Leu.

Sery. II, 9, 93, 94*, 95, 97, 100, 102, 106, 107, 108, 110, 111, 117, 118, 119, 121, 134, 144, 166, 171, 172, 207, 208, 209, 210, 213, 286, 288, 290, 291, 296, 297, 387, 391.

Suhiu. — Voy. St.-Bertin de St.-Omer.

Soissons. — Voy. St.-Crépin et St.-Médard de Soissons.

Tréport. — Voy. St.-Michel.

Valloire. I, xxx. — II, 19, 186, 196, 217*, 222, 225, 227, 230, 236, 241, 269, 371, 392.

Vermand. I, 310.

Vezelay, en Bourgogne (au diocèse d'Autun). II, 148.

Vicoigne, en Hainaut. II, 249.

ABBAYES de femmes :
Abbaye-au-Bois, à Paris. I, 463.—II, 313*.

Avesne, en Artois. I, 157, 159. — II, 314, 387.

Beauvais. — Voy. St.-Paul.

ABBAYES de femmes :
Bertaucourt. I, 42, 70, 136, 479, 480*, 482, 484, 490, 491, 494, 496, 499, 500, 502. — II, 9, 36, 39, 72, 77, 79, 81, 82, 83, 84, 86, 118, 131, 153, 154, 208, 242, 247, 253, 256, 257, 261, 262, 263, 264, 266, 267, 269, 270, 272, 296, 320, 374, 386, 391.

Bival. I, 289.

Chelles. I, 311. — II, 354.

Doullens. — Voy. St.-Michel.

Epagne. II, 17*, 20, 43, 44, 82, 279, 320, 366, 367, 392.

Fervaques, près St.-Quentin. I, 230.

Maubeuge. — Voy. S^{te} - Aldegonde.

Monchy. II, 467.

Montivilliers. II, 250.

Montreuil. — Voy. S^{te} - Austreberte.

Morienval. I, 463, 465, 470.—II, 314, 388.

Notre-Dame de Bertaucourt.—Voy. Bertaucourt.

Notre-Dame d'Epagne. — Voy. Epagne.

Notre-Dame de Soissons. I, 447.

Pantemont-lès-Beauvais. I, 357, 359.

Paraclet ou Paraclit d'Amiens. I, 23, 121*, 243, 260, 261, 266, 270, 374, 380, 386, 462. — II, 275, 343, 392.

Paraclet d'Abbeville. II, 17.

Parc-aux-Dames. II, 312*.

Port-Royal. I, 203.

Royaulieu. II, 309, 313*.

S^{te} - Aldegonde de Maubeuge. I, 467. — II, 307*.

S^{te} - Austreberte de Montreuil. II, 159, 185, 186*, 187, 197, 199, 385, 386, 391.

S^{te} - Claire, les Capucines d'Amiens. I, 125*.

St.-Cyr. I, 234.

S^{te} - Marie-au-Bois.— Voy. Abbaye-au-Bois.

St.-Michel de Doullens. I, 203*, 205, 209, 216, 220, 221. — II, 3, 77, 80, 84, 85, 153, 186, 369, 386, 391.

St.-Paul de Beauvais. I, 173.

Soissons. — Voy. Notre-Dame de Soissons.

Val-de-Grâce. I, 187, 192, 351, 360, 461, 462, 476. — II, 309, 313*, 363, 387.

Variville. I, 193, 290.

— 519 —

ABBAYES de femmes :
  Villancourt. II, 3, 17, 20*, 39, 77, 78, 79, 81, 83, 152, 158, 247, 266, 267, 370, 392.
ABENGUE, sorte de mesure de capacité. II, 243.
— *Abenga*, monnaie de compte. II, 243.
— Rue à St.-Riquier. II, 246.
ABLAIS : ce que c'est. I, 425.
ACOURSAIGE, droit perçu sur les animaux au pied fourché. II, 302.
ACQ, salaire du marin. II, 3.
ACRE (mesure agraire) : son étendue. II, 92.
ADÉQUATIONS : leur composition, leurs règlements, etc. I, xlvij. — II, 328.
ADÉQUÉS. I, xlvij, 32, 174, 175.
AFFORAGE (droit d'). I, 5.
AIDE (droit d'). I, 108.
AIDES ET GABELLES. I, 118. — II, 3, 4, 15, 191.
— Voy. GABELLES.
ALBIGEOIS. — Voy. CROISADES.
AME DES RAISINS, livrable à titre de redevance. II, 243.
ANGLAIS (les) prennent la ville de Gamaches. II, 94.
— (guerre contre les). II, 106, 278.
ANNATES. I, 7.
ANNONCIADES (dames), à Roye. I, 458*.
ANNONCIATION (monastère de l'), fondé à Compiègne. I, 126.
ANNOTATIONS ET CORRECTIONS. II, 327 à 374.
AQUATIA. — Voy. MARÉE.
ARBALÉTRIERS d'Amiens. I, 138.
— de Roye. I, 458.
ARCHERS d'Amiens. I, 42.
ARCHEVÊCHÉS représentant les anciennes provinces romaines. I, vij.
ARCHIDIACONAT D'AMIENS : ses revenus, ses attributions, etc. I, xxvj, 14*, 494. — II, 244, 383, 384.
ARCHIDIACONAT DE PONTHIEU : ses attributions, ses revenus, etc. I, xxvj, 14*. — II, 119, 155, 156, 210, 231, 232, 235, 280, 384.
ARCHIDIACONÉ D'AMIENS. I, xiij, xiv, liv, lix.
— DE PONTHIEU OU D'ABBEVILLE. I, xiij, xv, liv, lviij, lix, 254, 324. — II, 1, 303, 324.
ARCHIDIACONÉS : leur formation. I, xiij.

ARCHIDIACRES : prétendent à la direction du diocèse pendant la vacance du siège. I, xxij.
— Restriction de leur droit. I, xxij, xxiij.
ARMOIRIES : de l'évêché d'Amiens. I, xxij, 327.
— Du chapitre d'Amiens. I, xxv.
— Des chapelains de la cathédrale. I, xxxij.
— Du chapitre de St.-Vulfran. II, 8.
— Du prieuré de N.-D. de Montdidier. I, 340.
— D'Adam de Bersacles. II, 245.
— De Renier de Yeucourt. II, 241.
ARMOIRIES (droit d'). — Voy. LITRE.
ARPENT (mesure d'étendue) de bois. I, 3. — II, 392.
ASSEMBLÉES du clergé. — Voy. CLERGÉ.
ASSISES de Roye. I, 454.
AUGUSTINS (couvent des). I, 100*, 101.
AUMUSSE des chanoines et des chapelains de la cathédrale. I, 83.
AUTEL (maître) de la cathédrale. I, 33.
AUTEL gallo-romain trouvé à Sains. I, 396.
AUTELAGE (droit d') : ce que c'était. I, 259.
AVRE. — Voy. RIVIÈRES.
AVRELLE. — Voy. RIVIÈRES.

B

BAILLI (le) d'Amiens. I, 85.
BAILLIAGE OU BAILLIE : d'Amiens. I, ix, x, lxij, 389.
— II, 2, 104, 264.
— D'Aumale. II, 142.
— De Beauvais. I, xlvj.
— De Caux. I, ix, x.
— De Montdidier. I, 275, 344, 345, 468, 469.
— De Péronne. I, 377.
— De Rouen. I, ix.
— De Roye. I, 471.
BAILLIE, circonscription de l'ordre de Malte. I, 353.
BAINS ROMAINS. I, 206.
BANALITÉ (droit de). I, 2.
BANLIEUE d'Amiens. I, 179, 498.
BANNISSEMENT : sa forme. II, 248.
BASTILLE (la) : Dubois, docteur, y est détenu. I, 316.
BATARDISE (droit de). I, 139.

BATEAUX (droit sur les) à Picquigny. I, 409.
BATONNIERS : sorte de fonctionnaires chargés de la garde des dîmes. II, 294.
BATTEURS de grains : leurs gages. I, 161.
BÉGUIGNES à Abbeville. II, 25.
BÉNÉFICES civils ou fiefs. II, 367. — Voy. FIEFS.
BÉNÉFICES ecclésiastiques : ce que c'était. I, xxxvij, xxxviij, xxxix.
— Distinction entre le bénéfice et la prébende. I, xxxviij.
— du diocèse ; leurs revenus et charges. — Voy. ces deux mots.
— étrangers au diocèse (biens des). II, 310 à 314.
BÉNÉFICES réguliers. I, xxxix.
— Séculiers. I, xxxix.
— Cures. I, xxxix.
— Simples. I, xxxix.
— Claustraux. I, xxxix.
— Manuels. I, xxxix.
BIENS de l'église d'Amiens : leur origine. I, xxxv.
— leur importance. I, xxxvj.
— leur utilité, leur emploi. I, xxxvj, xxxvij.
— légitimité de leur possession. II, 375.
BIENS-FONDS de l'église. I, xxxvj, xxxix.
BIGOTTES : fagots d'épines. I, 358.
BILLETS de la Banque royale. I, 130, 218, 416. — II, 30, 31, 275.
BISCUITS d'Abbeville, redevance. I, 407.
BOÊTE de Ponthieu. II, 56.
BŒUFS distribués aux pauvres. I, 9. — Voy. CHAIR-DIEU.
BOIS dont la situation est incertaine *, dits :
Cathon. II, 239.
Du Foyel, près de St.-Riquier? II, 249, 251.
De Grambus, près d'Yvren. II, 250, 273.
Guillart, près de St.-Riquier? II, 250.
Mutuel, vers Épagne? II, 19.
Périeux, vers Cottenchy? I, 23.
Tronquoy, Trunkoi, Triunchei, près de Valloire? II, 222.
Vaudricourt, vers Warlus et Montagne. II, 107.
Voy. FORÊTS.

* Les autres bois ont été portés sous le nom de la paroisse où ils sont situés.

BOIS AGNEAUX. I, 262.
BOIS-MORT. I, 211. — II, 100, 126. — Voy. MORT-BOIS.
BOISSEAU (mesure pour les grains) : d'Airaines. I, 414.
— De Gamaches. I, 16.
BONNIÈRE (mesure agraire) : sa contenance. I, 230.
BORNAGE (droit de). I, 108.
BORNE milliaire de Tongres. I, 276.
BORNES (bonnes) Renaugart. I, 402.
BOUCHERIES (grandes et petites) d'Amiens. I, 104.
BOUES (impositions dues pour les). I, 82.
BOUHOUR ou BOHOUR, sorte de joûte. I, 12.
BOUHOURDY, jour de la fête du Bouhour. I, 12.
BOUQUET taillé en bois doré, redevance. I, 373.
BOUQUETS de chanvre, ou poignées de bouquet : s'entend du chanvre contenant le chenevis. I, 489, 491. — Voy. POIGNÉES.
BOURRELIERS (confrérie des), à Amiens. I, 115.
BOURSES : petite et grande, dans le collège de Laon. I, 431.
BOVIER, Bouvier, Buvier, Buvière, *Bouvaria*, mesure agraire : sa contenance. I, 25, 123, 201, 229, 302, 407. — II, 362.
BRAI à toraille. I, 2.
BRANDONS (dimanche des). I, ix.
BRUNEHAUT (chaussée). I, 42. — II, 356.
BUCHE (droit de). I, xlvj.
BUFFET de Corbie : ce que c'était. I, 258, 281.
BUIS des Rameaux. I, 158.
BUREAU DIOCÉSAIN d'Amiens. I, lvj, lx, lxj, 1. — II, 16, 59.
— De Rouen. II, 100.
BUREAU DES PAUVRES : d'Abbeville. II, 244.
— d'Amiens. I, 98, 130. — II, 4, 5, 13, 25, 27, 28.
Voy. TAXE des pauvres.

C

CABANES (petites maisons), situées à Amiens. I, 103.
CACQUE, sorte de baril. I, 211.
CALVINISTES. — Voy. HUGUENOTS et PROTESTANTS.
CAMAIL des chapelains de St.-Jacques. I, 83.
CAMBAGE (droit de). I, 2.
CAMP DE CÉSAR, à Tirencourt. I, 409.

— 521 —

Canal de la Somme, en 1311. I, 6. — II, 108.
— entrepris dans la vallée de Bresle. II, 108.
Canonicats. I, 93.
Cantuaire : ce que c'était. I, 85, 87, 306.
Capettes : d'où vient leur nom. I, 116.
Capitation. I, liij, 10, 125.
Capucines ou religieuses de Ste-Claire à Amiens. I, 125*.
Capucins à Abbeville. II, 10.
— à Amiens. I, 88, 102*, 126, 361.
— à Montdidier. 1, 343*, 356.
— à Montreuil. II, 187.
Carion (droit de). I, 259, 269, 277, 385.
Caritables ou Carités de Corbie. I, 163, 164, 254, 255*, 378.
Carmélites à Amiens. I, 126*. — II, 23.
— ou couvent de Jésus-Maria à Abbeville. II, 23, 24.
Carmes déchaussés à Amiens. I, 77, 103*.
— à Montreuil. II, 187, 191*.
Cartulaire : ce que c'est. I, v.
Castillon, *Castellum*, vieux château où fut la prison de St.-Firmin. I, 176.
Casuel certain et incertain : ce que c'était. I, xlj, 417.
— exigible et non exigible. I, 76.
Catacombes romaines (découvertes dans les). I, xxxv.
Cathédrale (église). I, 12, 93.
Cathédratiques (droits) : ce que c'était. I, 413.
Catiches : digues contre les eaux. II, 372.
Cave ou Caveau de St.-Florent : sa situation ; lieu de refuge. I, 454.
Cayage (droit de). I, 2.
Célestins d'Amiens. I, 10, 26, 100, 103*, 104, 105, 106, 108, 134, 248, 274, 275, 277, 278, 334, 393, 415, 453, 499. — II, 127, 263, 274, 341, 342.
— de Ste-Croix-sous-Offémont, au diocèse de Noyon. I, 105, 108, 186, 455, 466. — II, 312*, 342.
— de Ste-Croix, à Soissons. II, 312*.
Cellerier, officier claustral : ses fonctions. I, xxxiij.
Cens : ce que c'était. I, xxxix.
Cense : ferme ou manage. II, 90.
Censerie, office claustral : ce que c'était. I, 244.
Centenies : ce que c'était. I, xiv.

Cercles de nuit : leur nombre, leurs fonctions. |I, 249.
Cervoise : ce que c'était ; son prix. I, 211.
— (Redevance en). II, 128.
Chaine (droit de) à Picquigny. I, 124.
Chair-Dieu (la) : aumône distribuée à la quinquagésime. II, 333. — Voy. Bœufs distribués.
Chaire de Folleville, dans laquelle St.-Vincent de Paul fit sa première mission. I, 383.
Chambre de St.-Lucien au collége d'Amiens, sa destination. I, 478.
Chambre des amortissements. II, 183.
Chambre ecclésiastique. I, 260.
Chambrette : sens de ce mot. I, xxiij, xxvj.
— (droit de). I, 14.
Champart : ce que c'était. I, 425.
Chanallade (réforme de). I, 472.
Chancellerie de l'église d'Amiens : ses revenus, etc. I, xxvj, 11*, 329, 335, 446. — II, 231, 244, 275, 280, 338, 384.
Chandelles (droits de). I, 116.
— de cire (redevance d'une .poignée de). I, 479.
Chanoine : étymologie de ce mot. I, xxij.
Chanoines théobaldiens. — Voy. ce mot.
Chantre d'Amiens : ses attributions, etc. I, xxvij.
— II, 385.
— du chapitre d'Abbeville. II, 385.
Chantrerie de l'église d'Amiens, ses revenus. I, xxvij, 16*, 440. — II, 113, 114.
Chapeau de fleurs, de boutons ou de roses. I, 43, 254, 258. — II, 346. — Voy. Couronne.
Chapelains (communauté et université des) d'Amiens. I, xxxij, 8, 36*, 39, 43, 48, 50, 60, 62, 63, 72, 97, 144, 168, 176, 213, 214, 247, 256, 261, 327, 335, 336, 417, 423, 424, 485, 491. — II, 41, 77, 246, 261, 265, 270, 292, 335, 336, 337, 338, 361, 375, 385.
— De l'ancienne communauté. I, xxxij.
— Vicariaux. I, 60*, 61*. — Chapelles qui leur sont affectées. I, 60.
— (Communauté des) de la collégiale de St.-Nicolas. I, xxxij, 72*, 247, 421, 423, 424. — II, 247, 266.
— (Communauté des) en St.-Jacques, au cimetière St.-Denis. I, xxxij, 83*.

— 522 —

CHAPELAINS (Communauté des) de St.-Vulfran, à Abbeville. I, xxxij. — II, 47*, 269, 326*, 375.
— (Communauté des) de St-Jean des prés, à Abbeville. I, xxxij. — II, 32, 33, 43, 47*, 367.
— (Communauté des) de l'église St.-Quentin-en-Vermandois. II, 307.
— de St.-Florent de Roye. I, 455, 456*, 466.
— de la collégiale de Nesle. II, 312*.
—. de la collégiale de Noyon. II, 312*.

CHAPELLES en la cathédrale : du côté droit, I, 45 à 50; 54 à 57 et 60. — du côté gauche, 50 à 53; 57 à 59; 61 et 62. — Vicariales, 60 à 62. — Qui n'étaient pas de l'Université, 62 à 64.
— en la collégiale de St.-Firmin d'Amiens. I, 67, 68, 181.
— en la collégiale de St.-Nicolas d'Amiens. I, 73 à 75.
— dans la ville et les faubourgs. I, 83 à 90.
— dans les doyennés ruraux. — Voy. sous la rubrique de chacun des doyennés, in fine.

CHAPELLES diverses [1], à Amiens, dites :
— de l'Argillière. — Voy. de Ste-Marguerite.
— de l'Aurore ou du Point du jour. I, xxiv, 3, 36, 54*, 55*, 58*, 178, 261, 441, 443, 444.
— de la Drapière, ou de Pierron, ou la grande Chapelle. I, 39, 57*.—II, 335.
— d'Emmeline Hoche-Avoine. — Voy. de St.-Eloi.
— de Fieffes. I, 494. — II, 364.
— du grand Autel, en St.-Remy. I, 86*, 172.
— du Mardi. I, 66, 68*.
— Muettes : ce qu'on entendait par là. I, 64.
— de Notre-Dame Anglette ou Englesque. I, 48*, 412. — II, 385.

[1] Nous n'avons porté ici que les chapelles qui sont citées dans le cours du texte, en dehors de leur rubrique, où il est suffisamment renvoyé, quant aux autres, par les indications qui précèdent.

CHAPELLES diverses, à Amiens, dites :
— de Notre-Dame du Jardinet ou de l'Annonciation. I, 62*, 63*.
— de Notre-Dame des Prîmes. I, xxxij, 12, 24, 57*, 59*, 151.
— de Notre-Dame de la Rose. I, 72, 74*, 75*, 177, 180, 182.
— d'Onze heures. — Voy. de St.-Jean-Baptiste dite de Chaulnes.
— de la Rose ou du Mercredi, en St.-Firmin-le-Confesseur. I, 68*, 436. — II, 139.
— du Rouge pilier. I, 50*, 59*, 62.
— de Ste-Agnès. I, 45*, 89.
— de St.-Augustin. I, 45*, 172, 195, 266. — II, 77.
— de Ste-Brigitte. I, 38, 43, 63*.—II, 337, 338.
— de St.-Didier et de St.-Valery. I, 6.
— de St.-Domice. I, 63*. — II, 53, 69.
— de St.-Eloi ou d'Emmeline Hoche-Avoine. I, 55*, 64*, 172, 179.
— de St.-Etienne. I, 58*, 151, 172, 179, 380.
— de St.-Honoré, en la cathédrale. I, 46*, 58*, 82, 168, 172, 434, 468.
— de St.-Honoré, au faubourg Beauvais. I, 90*, 91.
— de St.-Jacques. I, 45, 48, 55*, 56*, 61*. — II, 201.
— de St.-Jacques, au cimetière St.-Denis. I, 83.
— de St.-Jean-l'Evangéliste. I, 64*, 255.
— de St.-Jean-Baptiste. I, 46*, 47*, 48, 222, 324, 329, 331, 332, 412, 491. — II, 106, 153, 337, 385.
— de St.-Jean-Baptiste, dite de Chaulnes. I, lv, 64*.
— de St.-Laurent. I, 88*, 91, 102, 103, 361.
— de St.-Louis. I, 48*, 278.
— de Ste-Marguerite, en la Cathédrale. I, 51*, 352. — II, 208.
— de Ste-Marguerite ou de l'Argillière, en St.-Firmin-en-Castillon. I, 84*, 197.
— de St.-Maur (ou de Fieffes ?) I, 60*, 61*. — II, 364.
— de St.-Maurice. — Voy. de St.-Maur.
— de St.-Michel. I, 255.

CHAPELLES diverses, à *Amiens*, dites :
- de St.-Nicaise. I, 37, 38.—Voy. de St.-Maur.
- de St.-Nicolas. I, 56*, 311, 463. — II, 78.
- de St.-Nicolas-aux-Clercs. I, 38, 61*, 62*, 89, 175, 440.
- de St.-Nicolas, dans le collège d'Amiens ou de la Grande école. I, 89*.—II, 257.
- de St.-Paul. I, 48*, 52*, 274, 275, 278, 387, 490, 491.
- de St.-Pierre. I, 44, 48, 49*, 414. — II, 66, 359.
- de St.-Quentin. I, 60*, 496.
- de St.-Quentin des Meurtris. I, 59*. — II, 246.
- de St.-Sébastien. I, 53. — II, 337.
- de St.-Valery. — Voy. de St.-Didier.
- de St.-Vincent, au palais épiscopal. I, liv, 90*.

CHAPELLES à *Abbeville* : des Cinq Plaies. II, 321. — de l'Extrême-Onction. II, 260. — de Ste-Croix, dans la Cour de Ponthieu. II, 19, 49*, 367. — du St.-Esprit. II, 49*, 367.—de St.-Jean des Prés. Voy. Chapelains (communauté des) de St.-Jean-des-Prés. — de Ste-Marguerite, au faubourg des Planches. II, 15, 178*.
- à *Albert*, de Ste-Marguerite au château. I, 145, 154, 169*. — du Tabellion. I, 166.
- à *Andechy*, de St.-Jean de Guerbigny. I, 185, 460.
- à *Arrest*, de St.-Nicolas. II, 287, 298*.
- à *Beauval*, de Ste-Marguerite. I, 215.
- à *Beauvoir-Rivière*, de Notre-Dame de la Consolation. II, 87.
- à *Berny*, de St.-Pierre, chapelle détruite; ses biens, etc. I, 379.
- auprès de *Boves*, de St.-Marcel. I, 384.
- à *Brassy*, de St.-Hubert. I, 296.
- à *Canchy*, de Notre-Dame de Foye. II, 259.
- à *Capy*, de St.-Etienne. II, 53.
- à *Cardonnette*. I, 337.
- à *Collencamps*, de St.-Thomas. I, 331.

CHAPELLES à *Coppegueule*, de Notre-Dame des Vertus. I, 179.
- à *Corbie* : de Ste-Brigitte, Brigide ou Bride. I, 281*, 282. — de Ste-Marguerite. I, 254. — de St.-Michel. I, 255. — de Notre-Dame de Famechon. I, 227, 281*.
- à *Doullens*, de St.-Nicolas en St.-Michel. I, 204.
- à *Dreuil-sous-Airaines*, de St.-Elier. II, 63.
- à *Eaucourt*, de Ste-Marguerite. II, 50*, 262.
- à *Etouvy*, de St.-Servais. I, 171, 183*.
- à *Eu*, de St.-Laurent. II, 114.
- à *Fluy*, de St.-Nicolas. I, 180, 449*. — II, 126, 336.
- à *Folleville*, de St.-Jean-Baptiste. I, 385.
- à *Fontaine*, de Ste-Marguerite. I, 352.
- à *Fouencamps*, de St.-Domice. I, 300.— II, 356.
- à *Fransières*, de Notre-Dame de Liesse. II, 40.
- à *Fressenneville*, de Ste-Barbe. II, 110, 121*.
- à *Gamaches*, de St.-Michel. II, 112. — de St.-Thomas de Cantorbéry. II, 103, 105.
- à *Godenvillers*, de Notre-Dame d'Annechy ou d'Andechy. I, 361.
- à *Gozicourt* ? II, 242.
- au *Hamel-lès-Contoire*, de St.-Laurent. I, 191.
- à *Heilly*, de St.-Laurent-au-Bois. I, 321.
- à *Hermont*, de St.-Georges. II, 155, 161*.
- à *Houssoy*, de St.-Nicolas. I, 357, 359.
- à *Jumelles*, des Coquelets ou de Cokelet. I, 388, 400*. — II, 356.
- à *La Boissière*, de Ste-Catherine, dans le château. II, 348. — de St.-Fiacre. I, 188.
- à *La Chaussée*. I, 413, 414, 427*, 497.
- à *Long*, de St.-Nicolas, en l'hôpital. II, 50*, 77, 78.
- à *Mailly*, de la Conception de la Ste-Vierge. I, 82, 338*.

CHAPELLES à *Maucourt*, de St.-Eloi. I, 469, 476*.
— à *Mézières*, de St.-Nicolas. I, 274, 275, 285*.
— à *Miannay*, de St.-Denis. II, 179.
— à *Monflières*, de Notre-Dame. II, 36.
— à *Montdidier*, de Ste-Catherine. I, 192.
— — de la Ste-Vierge, dans le château. I, 340.
— à *Montreuil*, de Notre-Dame aux pieds des Sœurs. II, 204.
— à *Morcourt*, de Notre-Dame. I, 312, 316*.
— à *Neslette*, de St.-Lambert. II, 210.
— à *Pernois*, de St.-Nicolas. I, 509*. — II, 364.
— à *Péronne*, de St.-Nicolas. II, 308.
— à *Perreines*, de St.-Jacques. I, 88.
— à *Picquigny*, du Guindal. I, 409, 428*.
— à *Plachy*, de Notre-Dame. I, 172, 183*.
— au *Plessier-Rauleval*. I, 193, 201*.
— à *Quesnoy*, de St.-Sulpice. II, 298.
— aux *Rendus* (ferme auprès de Dieppe), de St.-Nicolas. II, 99.
— à *Revelles*, de St.-Nicolas. I, 183*. — II, 126.
— à *Rubécourt*, de Notre-Dame de Pitié. I, 357, 364*.
— à *St.-Gratien*. I, 337.
— à *St.-Riquier*, de St.-Benoît. II, 271, 276*.
— auprès de *St.-Valery*, de la grande chapelle de St.-Valery. II, 282, 284, 298.
— à *Saucourt*, de St.-Louis. II, 298.
— à *Soyecourt*, de St.-Cyr. I, 337.
— à *Thézy*, de Ste-Marguerite. I, 269.
— à *Tricot*. I, 463, 470.
— à *Tronville*, de St.-Honoré. I, 259.
— à *Valines*, de St.-Denis. II, 298.
— à *Zoteux*, de St.-Fiacre. II, 298.

CHAPITRE D'AMIENS. Il était le conseil de l'évêque ; dirigeait le diocèse pendant la vacance, etc. I, xxij. — Son droit de préséance, etc.; sa composition. I, xij.

CHAPITRES : leurs attributions. I, xxij ; — leurs fondations et dotations. I, xxiv.

CHAPITRES de :
Abbeville (St.-Vulfran). I, xxix, 175. — II, 4, 8*, 10, 14, 30, 31, 32, 33, 35, 37, 38, 39, 40, 42, 43, 44, 46, 47, 49, 60, 62, 64, 65, 66, 67, 68, 72, 73, 77, 82, 85, 87, 168, 170, 172, 176, 202, 208, 209, 212, 227, 228, 229, 256, 258, 260, 269, 287, 319*, 320, 321, 324, 325, 327, 367, 368, 372, 374, 385.

Amiens (Notre-Dame). I, xix, xliij, xlv, lvj, 1, 7, 18*, 47, 48, 57, 60, 61, 66, 69, 72, 78, 88, 95, 99, 102, 106, 107, 113, 116, 146, 150, 159, 165, 169, 172, 173, 174, 175, 176, 177, 179, 180, 181, 182, 188, 193, 194, 214, 216, 221, 231, 246, 247, 251, 252, 259, 261, 268, 271, 275, 276, 278, 295, 302, 307, 311, 315, 324, 327, 329, 331, 333, 334, 335, 352, 359, 378, 380, 383, 390, 392, 397, 408, 411, 412, 418, 419, 434, 437, 442, 444, 461, 462, 463, 464, 465, 468, 471, 473, 477, 493, 496, 497, 499, 503, 506, 507, 508. — II, 10, 12, 13, 35, 41, 43, 44, 153, 174, 175, 225, 226, 227, 230, 232, 246, 257, 263, 266, 275, 331, 333, 335, 338, 347, 349, 352, 365, 383, 384.

Amiens (St.-Firmin-le-Confesseur). I, 65*, 66, 76, 84, 98, 113, 146, 180, 194, 268, 302, 305, 323, 324, 326, 332, 333, 334, 397, 465, 499. — II, 70, 108, 132, 142, 166, 171, 211, 285, 295, 355, 383, 385.

Amiens (St.-Nicolas). I, 59, 65, 69*, 70, 71, 72, 160, 161, 162, 163, 175, 181, 213, 214, 215, 219, 221, 247, 279, 328, 336, 378, 422, 443, 482, 485, 492, 494, 496. — II, 77, 154, 264, 273, 338, 343, 361, 383, 385.

Beauvais. II, 310*.
Boulogne-sur-mer. II, 310*.
Cassel, en Flandre. II, 242.
Clermont. I, 334.
Doullens (St.-Martin). I, 208.
Dourier (St.-Riquier). II, 148*, 219.

CHAPITRES de :
>Fouilloy (St.-Mathieu). I, 144, 149, 151, 159, 160, 194, 251*, 252, 257, 261, 265, 267, 268, 269, 271, 272, 276, 279, 282, 284, 303, 304, 305, 307, 309, 323, 327, 335, 347, 373, 374, 392, 455, 461, 463, 470, 472, 508. — II, 60, 109, 314, 345, 347, 353, 365, 385.
>Gamaches (l'Assomption de Notre-Dame). II, 103*, 105, 107, 111, 113, 116, 167, 173, 283.
>Gerberoy. I, 297.
>Longpré-les-Corps-Saints (l'Assomption de la Sainte-Vierge). I, 424. — II, 5, 13, 38, 42, 44, 50, 54*, 66, 68, 70, 71, 72, 74, 77, 211, 258, 259, 293, 294, 306, 322, 366, 368, 385.
>Mellou (Notre-Dame). I, 39.
>Monchy le-Châtel. I, 196.
>Montreuil (St.-Firmin). II, 189*, 190, 196, 197, 198, 201, 202, 203, 371, 385.
>Nesle. I, 311, 314. — II, 311*.
>Noyelle-sur-mer (Notre-Dame). II, 8*, 43, 51, 116, 208, 224, 230, 237, 283, 288, 296, 372, 385.
>Noyon (Notre-Dame). I, 185, 234, 235, 239, 300, 455. — II, 311*.
>Paris (Notre-Dame). I, 370. — II, 88, 311*.
>— (St.-Nicolas-du-Louvre). II, 133.
>— (Ste-Opportune). I, 375.
>Péronne (St.-Fursy). I, 239, 299, 313, 317. — II, 311*.
>Picquigny (St.-Martin). I, 157, 172, 173, 174, 180, 181, 404, 407*, 408, 409, 410, 413, 417, 418, 420, 426, 427, 439, 446, 489, 497, 505, 506. — II, 61, 68, 347, 359, 360, 361, 362, 364, 365, 383, 385.
>Reims. I, 314.
>Rollot. I, 342*.
>Roye (St.-Florent, précédemment St.-Georges-le-Martyr). I, lvj, 232, 234,

CHAPITRES de :
>254, 372, 373, 451*, 453, 454, 456, 460, 461, 466, 468, 472, 473. — II, 385.
>St.-Pol (St.-Sauveur). I, 214, 220. — II, 80, 386.
>St.-Quentin-en-Vermandois. I, xlviij, 142, 194, 236, 252, 268, 305, 315, 461, 473. — II, 303, 306*.
>Sarcus. I, 288, 294, 298.
>Soissons (St.-Gervais et St.-Protais). II, 311*.
>. Thérouanne. I, 242.
>Vinacourt (St.-Firmin). I, 155, 221, 296, 486*, 489, 505, 508. — II, 79, 83, 155, 258, 363.
>Ypres (St.-Martin). I, 242.

CHARBON (offices des porteurs de), à Paris. I, 336.
CHARGES des biens du clergé. I, xlviij. — II, 375.
CHARITÉ (Sœurs de la) d'Eu. II, 121.
CHARPENTIERS D'AMIENS (Confrérie des). I, 115.
CHARRONS D'AMIENS (Confrérie des). I, 115.
CHARTREUX à Abbeville (la Chartreuse de St.-Honoré). I, 236. — II, 10*, 34, 43, 44, 45, 46, 51, 54, 55, 58, 59, 170, 219, 290, 331, 390.
CHASSE AUX CYGNES. I, 9, 245. — II, 332.
CHASSE AUX POULES : sorte de redevance féodale. II, 318.
CHATEAU d'Amiens. I, 76.
>— de Fresnoy-au-Val ; sa reconstruction. I, 367.
CHATELET (maison du), à Amiens. I, 45.
CHAUFFAGE (droit de) : dans le bois de Bretizel et la Haye. II, 205.
>— dans la forêt de Cressy. II, 191.
>— dans la forêt d'Eu. II, 93, 100, 126.
CHAUSSÉE Brunehaut. — Voy. ce mot.
>— romaine d'Amiens à Reims. I, 337.
>— de Roye à Amiens. I, 453.
>— de Beauvais, dans Amiens. I, 69.
>— de Poix à Beauvais. I, 430.
>— de St.-Valery, dans Amiens. I, 71.
>— (grande) au blé d'Amiens. I, 98, 125.
>— St.-Pierre d'Amiens. I, 79. — Voy. RUES D'AMIENS.
>— d'Abbeville (la grande). II, 41.
>— du Bois d'Abbeville. II, 27.

CHAUSSÉE d'Hocquet d'Abbeville. II, 26, 27, 28, 322.
— Marcadé d'Abbeville. I, 481. — II, 20, 21, 25, 31.
Voy. VOIES ROMAINES et CHEMIN DE FLANDRE.
CHAUSSURES (distribution de). I, 404.
CHAUSSURES FERRÉES, redevance. I, 368.
CHEF DE ST.-JEAN-BAPTISTE, relique. I, 8.
— (dévotion au). I, 47.
CHEMIN de Flandre. II, 129.
CIERGES (redevances de). I, xliv. — Voy. CHANDELLES.
CIMETIÈRE St.-Denis à Amiens. I, 52, 83.
— St.-Jacques à Amiens. I, 45.
CIRCATEUR, officier claustral : ses fonctions. I, xxxiij.
CITADELLE d'Amiens. I, 104.
— de Doullens. I, 209, 211. — Voy. FORTERESSE.
CITEAUX (ordre de). I, 112, 121, 122, 125. — II, 220, 343.
CITÉS (*civitates*) représentées par les diocèses. I, vij.
CLERCS (pauvres) de St.-Nicolas. I, 38, 89, 117.
CLERGÉ du diocèse d'Amiens (Tableau numérique du). II, 376.
— du diocèse de Beauvais. I, 139.
— (Assemblées du). I, xlix, l, lj, lix, lx, lxj, 139. — II, 376.
CLOCHER de Corbie couvert de plomb. I, 248.
CLOCHES de la Cathédrale refondues. I, 24.
— diverses pendues à des arbres. I, 436, 442. — II, 42.
CLOITRE du chapitre d'Amiens ; sa construction. I, 31, 35.
CLOQUIERS (maison des), à Amiens. I, 69.
CLUNY (ordre de). I, 451. — II, 4, 6, 53, 304.
COCQUET, mesure de capacité pour l'huile. I, 114.
CODE MARILLAC. I, xlij.
COLLATEURS des bénéfices. I, xxxiv.
COLLÉGIALES : de Saint-Firmin-le-Confesseur, à Amiens. I, 65, 75.
— de St.-Nicolas, à Amiens. I, 65, 69.
— de St.-Martin, à Picquigny. I, 157, 407.
COLLÈGE d'Amiens. I, xxiij, 43, 63, 75, 100, 116*, 146, 172, 182, 183, 219, 220, 223, 224, 280, 311, 327, 332, 406, 419, 427, 433, 440, 471, 476, 478, 490, 491, 495, 496, 503, 504, 510. — II, 337, 361, 370, 373, 388, 389.
Voy. JÉSUITES.
COLLÈGE de St.-Nicolas-aux-pauvres-Clercs. I, 116.
— de Montdidier. I, 475.
— de Roye, son établissement, élection du principal. I, 451.
— des Jésuites, à Eu. II, 107, 111, 163, 176, 305.
— de Boncourt, à Paris. II, 49.
— des Cholets, à Paris. I, 477.
— de Cluny, à Paris. II, 304.
— de France, à Paris. I, 177.
— de Laon, à Paris, rue Montagne-Ste-Geneviève. I, 167, 431.
— du cardinal Le Moine, à Paris. I, 347, 351.
— des Jésuites de Paris (Louis-le-Grand). I, 341, 466, 472. — II, 388.
— du Plessis, à Paris. I, 429.
COMMANDERIES (en général). I, xxxj.
COMMANDERIES de St.-Jean de Jérusalem : à Beauvoir-lès-Abbeville, aliàs d'Abbeville. I, 485. — II, 11, 38, 43, 44, 45, 62, 68, 78, 150, 228, 258, 260, 384.
— à *Conchil*. II, 194.
— à *Eterpigny*. I, 311, 314, 331, 454.
— à *Fieffes*. I, 70, 155, 162, 484, 492, 493, 494. — II, 82, 85, 86, 87, 155, 156, 320, 369, 370, 389, 390.
— à *Fontaine*. I, 199, 352, 353, 360.
— à *Oisemont*. II, 92, 109, 111, 112, 113, 114, 126, 132, 142, 169, 170, 175, 209, 210, 211, 286, 306, 370, 390.
— à *Reims*. I, 295.
— à *St.-Maulvis*. I, 293, 294, 295, 297, 414, 416, 417, 418, 441, 447, 485. — II, 65, 67, 71, 116, 119, 126, 129, 137, 139, 142, 144, 210, 384, 388, 391.
— à *St.-Vast*. I, 495.
— à *Sommereux*. I, 297, 388, 391, 398. — II, 356, 391.
— de *l'Oison* ou de *Loyson*. II, 181, 202.
— du *Val*, sa situation. II, 34, 40.
COMMENCEMENT DE L'ANNÉE. I, lxij. — II, 144, 331.

— 527 —

COMMENDATAIRES (abbés) : ce que c'était. I, xxxiij.
COMMENDE (abbayes en) : leur origine. I, xxxiij.
— partage de leurs biens. I, xlviij.
COMMUNAUTÉ : des curés. — Voy. CURÉS.
— des chapelains. — Voy. ce mot.
— des avocats, à Montdidier. I, 344.
— des bouchers, menuisiers et serruriers de Doullens. I, 212.
— des maîtres chirurgiens de Doullens. I, 212.
— des marchands drapiers de Doullens. I, 212.
— des marchands de vins de Doullens. I, 212.
— des notaires de Doullens. I, 212.
COMPAGNIE DES INDES (actions sur la). II, 17.
COMPENAGE : ce que c'était. I, 105.
COMPOSITION ANNUELLE des habitants de Tournay, envers le Roi. I, 35, 463.
COMPOSTURE. I, 81.
COMTES, gouverneurs des cités. I, vij.
COMTÉS : ce que c'était. I, vij, xj, xiv.
COMTÉS : d'Amiens. I, xj, xx.
— d'Aumale. II, 125.
— de Corbie. I, xj, xij, 309, 384.
— d'Eu. I, vij. — II, 100.
— de Ponthieu. I, xj, xij.
— de St.-Josse ; son étendue. II, 183.
— de Taleu ou Talou. I, vij.
— de Vimeu. I, viij.
CONCILES : de Latran. I, xxviij, xl, 77.
— de Lyon. I, xxviij, xlix.
— de Mâcon. I, xxxvij, xl.
— de Mayence. I, xxxiij.
— d'Orange. I, xxxviij.
— de Reims. I, xxvj, xxviij, xxix, xl.
— de Rome. I, xxxviij.
— de Soissons. I, 293.
— de Trente. I, xxvj.
CONCLUSION de l'ouvrage. II, 375 à 396.
CONCORDAT de 1516. I, xix.
CONFISCATION (droit de). I, 140.
CONFRÉRIES : en la Cathédrale. I, 8.
— de N.-D.-du-Puy. I, xlvj, 59, 63, 140.
— du St.-Sacrement. I, 79.

CONFRÉRIES : en l'église des Jacobins, savoir : de N.-D. de Pitié ; — de l'Assomption de la S^{te}.Vierge ; — du St.-Rosaire ; — de St.-Louis, pour les sergents ; — des bourreliers, cordiers et laboureurs ;—des courtiers ;—des peintres et sculpteurs ; — des tonneliers, etc. I, 115.
— de la Ste-Vierge, à Abbeville. II, 34.
— de la Miséricorde, à Abbeville. II, 30.
— de la Charité, à Ault, II, 106.
— du Rosaire, à Ault. II, 106.
— du St.-Sacrement, à Boves. I, 261.
— de Ste-Barbe, à Boves. I, 261.
— de St.-Nicolas, à Bray. I, 151.
— des Trépassés, à Bray. 1, 151.
— de St.-Nicolas de Doullens. I, 218.
— de la Charité, à Gamaches. II, 112.
— de St.-Jacques en Galice, à Ham. I, 243.
— de St.-Nicolas, à Molliens. I, 405.
— des Trépassés, à Vrély. I, 315.
CONSEIL SOUVERAIN de Malines. I, 228.
— — de Tournay. Ibid.
CORDE DE BOIS d'Amiens. I, 7.
— du comté d'Eu : ses dimensions. II, 100.
CORDELIÈRES (religieuses du tiers-ordre de St.-François), à Doullens. I, 209*, 211, 345.
— à Montdidier. I, 193, 259, 344*, 345, 355. — II, 355.
Voy. SŒURS-GRISES.
CORDELIERS à Abbeville. II, 10, 13*, 342.
— à Amiens. I, 111*.
— à Bouttencourt. II, 105*.
— à Doullens. I, 209*.
— à Mailly. I, 322*, 355.
— à Roye. I, 457*, 458, 459.
CORDIERS (confrérie des) à Amiens. I, 115.
CORNETTES : ce que c'était, etc. I, xlvij. — II, 328.
CORRECTIONS. — Voy. ANNOTATIONS.
COSTUME des chanoines d'Amiens. I, xxv.
— des chapelains de la Cathédrale. I, xxxij.
— des enfants de chœur. I, xxvij.
— des chanoines d'Abbeville. II, 8.
— des chapelains de St.-Jean-des-Prés d'Abbeville. II, 47.

COUPLE DE GRAINS : ce que c'est, etc. II, 131, 319.
COURONNE D'OR, sorte de monnaie. — Voy. FLORINS.
COURONNES ou CHAPEAUX de fleurs. I, 43, 254, 258.
COURS d'Amiens, dites : du Loup garou. I, 128, 129.
— Sire-Firmin-Leroux. I, 40, 44, 72, 366.
COURTIERS (confrérie des) à Amiens. I, 115.
COURTILIER, *Curtillarius* : sorte de tenancier. I, 25.
COURTILLIÈRES (terres). I, 25.
COÛTRE ou CUSTODE : ce que c'était. I, 307.
COUTUME (droit de) : en quoi il consistait. I, 481.
COUTUME-LE-COMTE. II, 351.
COUVENT (petit) : de Corbie ; ce que c'était. I, 243.
— de Lihons. I, 300.
— de St.-Jean. I, 99.
COUVENTS d'hommes et de femmes. — Voy. leurs noms.
CREUX (le) de l'Eglise. I, 176, 219.
CROISADES. I, xlix, 368, 373. — II, 96.
CROISÉS Picards et Normands, passés en revue par Godefroy de Bouillon. II, 33.
CROIX (grande) des Jacobins. I, 113.
CUIGNETS, redevance. II, 19.
— distribués aux chanoines d'Amiens, etc. I, xlvj.
CURÉ : étymologie du mot, ce qu'est le curé, etc. I, xxx.
CURÉS D'AMIENS (Communauté des). I, 46, 81*, 257, 339, 443. — II, 150, 266, 339.
CURÉS-PRIMITIFS : ce que c'était. I, xxxj.
CUSTODE. — Voy. COÛTRE.

D

DÉCANAT : ce que c'était. I, 233. — Voy. DÉCANIES.
DÉCANIES : ce que c'était. I, xiv ; — converties en fiefs. I, xxx.
DÉCIMES. I, xlix, lviij, 10, 11, 125.
— leur répartement. I, lviij.
DÉCLARATIONS anciennes des biens du clergé. I, lix.
— des revenus et charges des bénéfices. I, lix, lx.
— omises. II, 314, 327.
DÉNOMBREMENT des biens de l'Évêché. I, 1.
DENRÉES (prix des) en 1730, et à d'autres époques. II, 377.
DIGNITÉS de l'église d'Amiens : leurs noms, origine, etc. I, xxv, 12.

DIGNITÉS d'autres églises : quelle était la première. I, xxv.
DIGUES établies contre l'inondation de la mer. II, 232, 284, 294, 295. — Voy. RENCLÔTURES.
DIMAGE : portion de territoire. I, xl.
DIMERON : ce que c'était. I, 176.
DÎMES : ce que c'était. I, xl. — Leurs charges. xl, xlviij. — A qui appartenaient : *Voy. pour chaque paroisse, sa rubrique ; pour les autres lieux ou fiefs, les pages citées à la table des noms de lieux.*
DÎME de cour ; ce que c'était. I, xlj, 156.
— ecclésiastique (*casa decima, casia ecclesiæ*). I, 259, 431. — II, 192.
— inféodée : ce que c'était. I, xlj, 260.
— de rapport. — Voy. REPORTAGE.
— charriée sous l'orme du village. I, 440.
DÎMES grosses. I, xl.
— menues. I, xlj.
— novales. I, xlj, xlij.
— vertes. I, xlj.
— de sang et charnage. I, xlj.
— de laine. I, xlj.
— sacramentelles. I, xlj. — II, 199, 226, 293.
— anodaille. II, 109.
DÎMETTE d'Arviller. I, 456.
DIOCÈSE d'Amiens. I, vij, x, xj, xiij, xxxij, xliv, xlix, l. — Son étendue, ses limites, viij.
— d'Arras. I, viij, x, xliv.
— de Beauvais. I, viij, x, xij, xliv.
— de Boulogne. I, viij, x, xliv.
— de Cambray. I, x, xliv.
— de Châlons-sur-Marne. I, x.
— de Laon. I, x, xliv.
— de Noyon (*civitas Veromanduorum*). I, viij, x, xliv, xlviij.
— de Reims. I, x.
— de Rouen. I, vij, viij, xij, xiij.
— de St.-Omer. I, xliv.
— de Senlis. I, x.
— de Soissons. I, x, xliv.
— de Térouanne (*civitas Morinorum*). I, x.
— de Tournay. I, x, xliv.
DIOCÈSES représentant les anciennes cités (*civitates*). I, vij.
DISTRIBUTIONS manuelles aux chanoines ; comment s'acquéraient. I, xlvj.

DISTRIBUTIONS manuelles aux officiers du chapitre : ce que c'était. I, 33.
— de pains. I, 249, 460.
— de dragées, etc. I, 248.
DIVISION de l'ouvrage : Introduction. I, i à lxij. — Première partie, *Ville d'Amiens.* I, 1 à 142. — Deuxième partie, *Archidiaconé d'Amiens.* I, 143 à 510. — Troisième partie, *Archidiaconé de Ponthieu.* II, 1 à 299. — Quatrième partie, *Bénéfices étrangers.* II, 301 à 314. — Supplément. II, 315 à 374. — Conclusion. II, 375 à 396.
DIXIÈME. I, 125.
DOMAINE (le) du Roi. I, 142. — II, 26, 28, 189.
— d'Amiens, ou de Picardie. I, 88, 117, 129.
— de Ponthieu. I, 134. — II, 26.
DOMAINE : ce qu'on entend par ce mot. II, 367.
DOMINICAINES (religieuses) à Aumale. II, 313.
DOMINICAINS. — Voy. JACOBINS.
DON (droit de). I, 108, 173. — II, 248.
DON GRATUIT : ce que c'était. I, xxxvij, xl, 1, 125.
DONNÉE (la) du Jeudi-Saint. I, 125.
DOYENNÉ de l'église d'Amiens : ses attributions, ses revenus, etc. I, xxv, 12*. — II, 383, 384.
DOYENNÉ : sorte de fief à Warloy.
DOYENNÉS DE CHRÉTIENTÉ, leur étendue, leur organisation. I, xiv, xv.
DOYENNÉS (composition des) de :
    Abbeville. II, 1 à 51.
    Airaines. II, 52 à 75.
    Albert. I, 143 à 169.
    Auxy-le-Château. II, 76 à 89.
    Conty. I, 170 à 183.
    Davenescourt. I, 184 à 202.
    Doullens. I, 203 à 227.
    Fouilloy. I, 228 à 287.
    Gamaches. II, 90 à 123.
    Grandvillers. I, 288 à 298.
    Hornoy. II, 124 à 145.
    Labroye. II, 146 à 163.
    Lihons. I, 299 à 318.
    Mailly. I, 319 a 339.
    Mons. II, 164 à 180.
    Montdidier. I, 340 à 364.
    Montreuil. II, 181 à 204.
    Moreuil. I, 365 à 400.
    Oisemont. II, 205 à 214.
    Picquigny. I, 401 à 428.

DOYENNÉS de : Poix. I, 429 à 450.
    Rouvroy. I, 451 à 477.
    Rue. II, 215 à 239.
    St.-Riquier. II, 240 à 277.
    St.-Valery. II, 278 à 299.
    Vinacourt. I, 478 à 510.
DOYENS DE CHRÉTIENTÉ : leur autorité, leur juridiction. I, xxix. — Ils reçoivent les actes de juridiction volontaire. I, xxix. — Noms de plusieurs doyens anciens. I, xxix.
DOYENS, *decani*, fonctionnaires ruraux. I, xiv, xxix. — Noms et résidence de plusieurs. I, xxx. — II, 128, 132.
DRAGÉES, redevance. I, 43.
— (distribution de). I, 249, 250.
DRAGEURS : pêcheurs en pleine mer. Leur suppression. II, 281.
DRAP MORTUAIRE (droit de). II, 6.

E

EAUX MINÉRALES : à Fontaine-sous-Catheux. I, 25.
— à Forges, fréquentées par les chanoines d'Amiens. I, xxiv.
— à St-Mard-en-Chaussée, au doyenné de Fouilloy. I, 276.
ÉCHEVINAGE d'Amiens. — Voy. MAIRE et ÉCHEVINS.
— de Montdidier. I, 319.
ÉCOLATRE. I, 17, 380. — II, 208, 385.
ÉCOLATRERIE : sa création, ses attributions, etc. I, xxvij, 17*.
ÉCOLE DE FILLES fondée dans la paroisse St.-Remi d'Amiens. I, 140, 141.
ÉCOLE LATINE à Montdidier. I, 346.
ÉCOLES (droit d'ouvrir des). I, 17.
— (maîtres d'). I, 17.
— (grandes). I, xxviij, 116.
— (petites). I, xxviij.
— des pauvres : à Abbeville. II, 28.
— — à Frireules. II, 299.
— — à La Ferté-lès-St.-Valery. II, 280.
— de théologie : fondation. I, 114.
ÉCOLES de Moreuil, brûlées et rebâties. I, 373.
ÉCOLIERS pendus à Amiens. I, 52.
ÉCREVISSES dans la rivière de Somme. I, 34.
ÉCU D'OR. I, 37, 463.
— à la couronne. I, 45.

ÉGLISE D'AMIENS : son origine, etc. I, vj.—II, 396.
ÉGLISE de l'abbaye de Corbie : Devis de sa restauration et de son embellissement. I, 248.
ÉGLISES D'AMIENS : de Ste-Ache et St.-Acheul. I, 93, 95.
— de Notre-Dame-des-Martyrs. I, 93.
— de St.-Firmin-le-Confesseur. I, 35.
— de St.-Germain. I, 77.
— de St.-Jacques, au cimetière St.-Denis. I, 83.
— de St.-Julien-le-Martyr. I, 101.
— de St.-Martin-aux-Waides ou au Bourg. I, 78, 89.
— de St.-Nicolas-aux-Cloîtres. I, 5.
— de Notre-Dame-de-Foye. I, 101.
— des Célestins; sa réédification. I, 110.
— des Cordeliers ou de St.-Remy. I, 111.
— des Jacobins. I, 113.
ÉLECTION d'Amiens. I, 43.
— de Ponthieu. II, 19, 233.
ÉLU : ce qu'on entendait par là. II, 341, 366. — Voy. ÉLECTION.
ENFANTS DE CHOEUR : leurs privilèges, leur costume, etc. I, xxvij.
ENFANTS TROUVÉS ET EXPOSÉS. I, 9, 34, 44, 498. — II, 280.
ENSEIGNES de maisons et hôtels à Amiens. I, 35, 40, 41, 45, 47, 51, 83, 86, 87, 96, 98, 128, 136, 141.
— de maisons à Abbeville. II, 14, 16.
— de maisons à Gamaches. II, 104.
Voy. MAISONS.
ÉPAVES : ce que c'est. I, 387.
ÉPERONS, redevance. I, 37, 95, 96, 97, 98, 375. — II, 97.
ERMITES DE ST.-AUGUSTIN. I, 101.
ÉTAPAGE (droit d') I, 2.
ÉTATS D'ARTOIS. II, 22, 155, 187.
ÉTOLE blanche, abandonnée au vicaire. II, 155.
— conservée devant l'évêque par le doyen d'un chapitre. I, 451.
ÉTUDIANT augustin entretenu à Paris. I, 102.
— de l'Université de Paris. I, 462.

ÉTUDIANT du village de Fourdrinoy. I, 115.
ÉVÊCHÉ d'Amiens. I, xlv, 1*, 69, 72, 80, 81, 83, 90, 95, 98, 121, 246, 263, 268, 274, 275, 295, 297, 314, 323, 329, 350, 420, 484, 492, 494, 502, 503, 508. — II, 38, 131, 143, 153, 247, 259, 260, 261, 267, 268, 269, 273, 331, 382, 390.
— de Beauvais. I, 105.
ÉVÊQUES D'AMIENS : leur élection par le chapitre et le peuple; leur mérite. I, xix.
— leurs privilèges. I, xx.
EXEMPTION du droit de gîte. I, xxj.
— de la juridiction épiscopale. I, xxj. — II, 183, 278, 315.
— de la régale. I, xx.
EXPLOSION d'un moulin à poudre. I, 88.
EXTRÊME-ONCTION : droit de la porter dans la ville, réservé au chapitre seul. I, xxij, 34.

F

FABRIQUE de : Notre-Dame d'Amiens. I, 120.
— St.-Etienne d'Abbeville. I, 98.
— St.-Jacques, au cimetière de St.-Denis d'Amiens. I, 98, 113, 140.
— St.-Michel d'Amiens. I, 94.
— St.-Remy d'Amiens. I, 87.
— St.-Jean de Corbie. I, 254.
— Libons. I, 315.
— Mailly. I, 331
— Rozières. I, 314.
FAUBOURGS d'Abbeville, dits :
du Bois. II, 18, 27, 33.
de Menchecourt. — Voy. ce nom.
de St.-Gilles. II, 15, 18, 22, 24, 26, 29, 48, 321.
de St.-Jean-des-Prés. II, 321.
de la Portelette. II, 26.
de Thuison. II, 10, 34.
FAUBOURGS d'Amiens, dits :
de Beauvais. I, 6, 29, 72, 80, 87, 90, 91, 127. — II, 316, 338, 339.
de la Hautoye. I, 30, 72, 83.
de Hem. I, 90, 179.
de Noyon. I, 6, 91, 128. — II, 339.
de St.-Pierre. I, 6, 80, 81, 105, 131.
FAUBOURGS d'Amiens ruinés en 1358. II, 336.

Faubourg de Montdidier, dit Becquerel. I, 356.
Faubourgs de Roye, dits :
    de St.-Georges. I, 453, 471.
    de St.-Gilles. I, 453, 472, 477.
    de St.-Mard ou St.-Médard de Toulle. I, 453, 472.
Fer (suite de) : ce que c'était. I, 277.
Feuillants (religieux), à Amiens. I, 112*.
Feuilles de table de l'office. I, 16.
Feus de la St.-Pierre, à Corbie. I, 249.
Fief : ce que c'était. I, xxxviij, 291.
— local (*feodum locale*). II, 269.
— ouvert, faute d'homme. II, 334.
Fiefs dont la situation est incertaine [1].
— de Beausault. I, 185.
— de la Mairie, à Coivrel ? I, 341.
— des Routises. I, 341.
Filles de la Croix, à Roye. I, 460.
Finances (recette générale des) de Picardie. I, 112.
Flèche d'osier ornée, redevance. II, 270.
Fleurs (couronnes de). — Voy. Couronnes ou Chapeaux.
Florins ou Flourins d'or à la couronne : valeur de cette monnaie. I, 28. — II, 243, 290.
— dits Philippus ou rides : leur valeur. I, 37.
Flux de la mer : à Abbeville. II, 20.
— à Sallenelle et Hautebus. II, 294, 295.
Foire de St.-Mathieu, à Corbie. I, 240, 245. — II, 351.
— de St.-Pierre, à Corbie. I, 245.
Fondations, casuel certain. I, xlj.
Fonsage (droit de). I, 5.
Fontevrault (ordre ou institut de). I, 110, 132, 133.
Forage (droit de). I, 5, 433.
Forêt de l'Aigue ou de l'Esgue (*Esga*), sur l'Oise. II, 310.
— de l'Angle, au diocèse de Noyon. II, 312.
— d'Arques. II, 275.
— d'Arrouaise. I, 146.
— de Cantastre, entre Flibeaucourt et Hautvillers. II, 4.
— de Caule, entre Hiermont et Conteville. II, 22.

[1] Les autres fiefs ont été portés sous le nom de la paroisse où ils sont situés.

Forêt de Compiègne (*Silva Cotia*). II, 313.
— de Cressy. II, 4, 8, 16, 26, 28, 191, 215, 374.
— d'Eu. II, 93, 100, 126, 293.
— de Gaden-Selve. II, 4.
— de Goyaval, Goyauval ou Goyenval, vers Longvillers. I, 484. — II, 264, 266.
— de Sauchoy (Sauchay), en Normandie. II, 99.
— de Villers-sur-Authie. II, 189.
— de Vinacourt. I, xij, 404, 489.
Forteresse de Doullens. I, 208.
Fortifications d'Abbeville. II, 26, 28.
        d'Amiens. I, 104.
        de Rue, démolies. II, 233.
Fouage (droit de). I, 433.
Fouets, Fouais (mesure de quantité pour le chanvre) : ce que contient. I, 165, 190.
Franc d'or : monnaie. I, 37.
Franc-alleu : ce que c'était. I, 291, 386, 453, 462.
Franc-ardoir. — Voy. Chauffage (droit de).
Franc-cuire (*libertas coquendi*). I, 201.
Franc-moudre (*libertas molendi*). I, 201, 479.
Franc-panage (droit de), dans la forêt d'Eu. II, 92.
Franc-salé (droit de) : ce que c'était, etc. I, 117, 135, 344. — II, 93.
Franciscaines, à Bray-sur-Somme. I, 458.
Frères mineurs (ordre des). I, 102.
      pénitents. I, 126.
      prêcheurs. — Voy. Jacobins.
Fromages de Rollot, redevance. I, 363, 364.

G

Gabelles de la généralité de Picardie. I, 114, 118, 126. — Voy. Aides.
Gai (jour du) de St.-Léger. II, 270.
Gaignage : sorte de petite culture. II, 100.
Gants : redevance. I, 471.
Garde du trésor de Corbie : par qui se faisait. I, 250.
Gaux : mesure de poids. II, 227.
Généralité d'Amiens. II, 50.
Gîte (droit de) : ce que c'était. I, xx, xxj, xxij, xxvj.
— remise et exemption de ce droit. I, xx, xxj, 228.
Gouverneur (le) d'Amiens. I, 85.

GREFFE du bailliage de St.-Quentin. I, 127.
GROS de cure. I, 149.
— de prébendes. I, xlvj.
GROS FRUITS. I, 237.
GUET : où et comment il se faisait à St.-Josse-sur-Mer, à Cucques et à Trépied. II, 200.
GUINDAL : ce que c'est. I, 428.

H

HABLE D'AULT : ses inconvénients. II, 285.
HANAP (droit de). II, 316.
HARENGS (redevance en). II, 186, 358.
HAUTONS : sorte de fourrage. I, 159.
HERBAGE (droit de mort et vif). I, 5, 433.
HÉRÉDITÉ des fiefs. I, xx.
— (l') du comté de Ponthieu est la plus ancienne. I, xij.
HERMITAGE Ringuet. I, 171.
— dans la forêt de Goyauval. II, 266.
HOMME vivant, mourant et confisquant. I, 90, 140. — II, 276.
HOMMES libres de St.-Pierre de Lihons. I, 301.
HONORIFIQUES (droits). I, xxxiv.
HÔPITAL général, à Amiens. I, 52, 60, 98, 112, 113, 121, 125, 128, 131, 136, 140, 141, 369.
— St.-Jacques, à Amiens. I, 79, 120, 125.
— St.-Jean, à Amiens. — Voy. HÔTEL-DIEU.
— de St.-Julien-le-Pauvre, à Amiens. I, 130.
— St.-Nicolas-en-Cocquerel, à Amiens. I, 128.
— St.-Quentin, à Amiens. I, 89.
— des Clercs, à Amiens. I, 122.
— des Prêtres infirmes, à Amiens. II, 66.
— projeté en 1390, à Amiens. I, 106.
— du St.-Esprit, à Abbeville. II, 49, 367.
— de la Trinité, à Montdidier. I, 201. — Voy. HÔTEL-DIEU.
— de Ste-Barbe, pour les pèlerins, à Montdidier. I, 363.
— des Orphelins, à Montreuil. II, 199.
— d'Auxy-le-Château. II, 77.
— de St.-Jean-Baptiste, à Bouttencourt. II, 120.
— de Domart. II, 274.
— de St.-Thibaut, à Fouilloy. II, 350.
— de Hiermont. II, 154.

HÔPITAL de Long. II, 50, 78, 256.
— de St.-Lazare, à Noyon. I, 466.
— d'Oisemont. II, 213.
— de Reims. I, 314. — II, 391.
— de Rivière. I, 129.
— de Rue. — Voy. HÔTEL-DIEU.
— de Villers-l'Hôpital. II, 85, 87.
— St.-Jean de Jérusalem. II, 273.
Voy. HÔTEL-DIEU.
HOSPICES. — Voy. HÔPITAL et HÔTEL-DIEU.
HOSTISES : ce que c'était. I, 173. — II, 90.
— de Canaples. I, 508.
HÔTEL-DE-VILLE de Paris (rentes sur l'). I, xxxix, xlix, 33, 83, 88, 95, 102, 105, 111, 112, 114, 115, 120, 124, 127, 131, 137, 139, 142, 243, 336, 346, 457, 458, 459, 484.— II, 4, 15, 23, 28, 29, 182, 188, 191, 223, 322, 343, 367.
— d'Amiens (rentes sur l'). I, 45, 57, 69, 85, 87, 95, 102, 114, 129.
— d'Abbeville. II, 10, 56.
— de Mondidier. I, 363.
— de Montreuil. II, 181.
HÔTEL-DIEU d'Amiens (hôpital St.-Jean). I, xxviij, 33, 34, 35, 45, 69, 78, 81, 92, 98, 119, 120, 129, 151, 152, 175, 180, 181, 215, 221, 269, 278, 279, 324, 326, 327, 328, 329, 333, 334, 381, 389, 397, 412, 471, 495, 497, 507. — II, 66, 341, 368.
— d'Abbeville. I, 89. — II, 11, 19, 24, 34, 35, 40, 42, 54, 55, 58, 59, 108, 119, 170, 211, 286, 293, 295, 298, 322.
— d'Airaines. II, 52, 75.
— d'Albert. I, 151.
— d'Auxy-le-Château. II, 247, 369.
— de Beauvais. I, 99.
— de Boves. I, 260.
— de Corbie. I, 152, 161, 163, 164, 229, 255, 282, 284, 332, 339.
— d'Eu. II, 114, 120.
— de Montdidier. I, 189, 345, 346, 347, 475.
— de Montreuil. II, 181, 190, 199, 201.

HÔTEL-DIEU de Péronne. I, 253.
— de Picquigny. I, 420, 428. — II, 41, 362.
— de Roye (sexe masculin). I, 456.
— de Roye (sexe féminin). I, 455.
— de Rue. II, 154, 178, 223, 224, 236, 280.
— de St.-Riquier. II, 251, 256, 276.
— de St.-Valery. II, 120, 280.
Voy. HÔPITAL.
HÔTELLERIE du Constantin à Doullens. I, 211.
HÔTELS à *Amiens* : de Cocquerel. I, 128.
— de Contay ou d'Humières. I, 120.
— de Crévecœur. I, 136.
— d'Esclebecq ou de Longueval. I, 112.
— d'Espagny. I, 118.
— des Invalides. I, 110.
— de Mailly. I, 103, 104.
— des Marcounelles. I, 126.
— de Montceaux. I, 118.
— du Petit-Paraclet. I, 122.
Voy. MAISONS.
HÔTELS à *Abbeville* : de Gamaches. II, 27 ; — de St.-Riquier : sa situation et sa consistance. II, 243.
— à *Montdidier* : de St.-Jacques. I, 345.
— de Noières, appartenant à l'abbaye de St.-Riquier. II, 243.
HÔTES (*Hospites*) : ce que c'était. II, 90.
HUER LES FLETS : sorte de pê he particulière à St.-Valery. Comment elle se faisait. II, 281.
HUGUENOTS à Chipilly. I, 306.
— à Mesnil-Conteville. I, 178.
— à Molliens-Vidame. I, 419.
— à Vinacourt. I, 508.
— détruisent le couvent des Cordeliers de Mailly. II, 355.
Voy. PROTESTANTS.

I

IMAGES (tailleurs d'). I, 120. — Voy. SCULPTEURS.
IMPOSITIONS SUR LE CLERGÉ : Mode de répartition, etc. I, l, liij, lix.
INCENDIES : de la cathédrale d'Amiens. I, 383.
— à Ailly-sur-Noye. I, 378.
— à Authie. I, 205.

INCENDIES : à Bernâtre. II, 78.
— à Bertaucourt. I, 486.
— à Cayeux-sur-Mer. II, 286.
— à Davenescourt. I, 185.
— à Domart-sur-la-Luce. I, 266.
— à Flixecourt ; deux enfants brûlés. I, 495.
— dans le bois de Flixecourt. I, 478.
— à Fresmontier. I, 440.
— à Lihons. I, 311.
— à Montdidier, du couvent des Sœurs-Grises. I, 345.
— à Moreuil, des écoles. I, 373.
— à Poix. I, 438.
— à St.-Riquier. II, 240, 252.
— à Villeroy. II, 160.
INONDATIONS : à Cayeux. II, 285.
— à Sallenelle. II, 295.
INSTITUT de Ste-Thérèse, de la congrégation de France. II, 23.
INSTRUCTION GRATUITE des pauvres. I, xxiij.
INTRODUCTION à l'ouvrage. I, iij à lxij.
INVASION ESPAGNOLE. II, 345, 355.
INVASIONS DES NORMANDS. II, 187. — Ils détruisent l'abbaye de St.-Fuscien. I, 365. — celle de St.-Josse. II, 183 ; — celle de St.-Riquier. II, 240, 278 ; — celle de St.-Sauve, à Montreuil. II, 183 ; — celle de Breteuil. II, 309 ; — celle de Ste-Aldegonde de Maubeuge. II, 307 ; — celle de St.-Eloi de Noyon. II, 310 ; — celle du Mont-St.-Quentin. II, 310.
INVENTAIRES DES TITRES : de l'évêché. I, 1 ; — du chapitre de Notre-Dame d'Amiens. I, 12 ; — de l'université des chapelains, I, 36 ; — de l'abbaye de Corbie. I, 228 ; — de l'abbaye de St -Riquier. II, 240 ; — d'autres bénéfices, *passim*.

J

JACOBINS à Abbeville. II, 14*.
— à Amiens. I, xxix, 113*, 137.
JALLOIS, mesure agraire : ce qu'il contenait. I, 231, 231. — II, 393.
JÉSUITES. I, xxix, 63, 75, 91, 116, 140, 219, 221, 224, 311, 328, 381, 406, 423, 424, 472, 476, 478, 494, 495, 496, 503, 504. — II, 41, 261, 263, 361.
JÉSUITES du collège de Paris. I, 341, 466.

JÉSUITES de Douay. II, 80.
— du collège d'Eu. II, 111, 163, 176.
Voy COLLÈGES d'Amiens, de Louis-le-Grand, à Paris.
JEUDI ABSOLU. I, 72.
JOURNAL (mesure agraire) d'Amiens. I, lxij, 3. — II, 392.
— du Ponthieu. II, 393.
— du Vimeu. II, 393.
— de Montdidier. I, 25 — II, 393.
— de Sailly-le-Sec. I, 161. — II, 393.
— de Boiteau. I, 188.
JOURNAL A LA SOLE : ce que c'est. I, 3.
JOURNÉE (prix de) de l'ouvrier. II, 377.
JOURS NÉFASTES. I, 69.
JUBÉ de St.-Nicolas (collégiale). I, 74.
JURIDICTION civile de l'évêque et du chapitre. I, xxij.
— spirituelle de l'évêque et du chapitre; leur partage. I, xxij.
JUSTICE (lieu de). I, 89.

K

KALENDES : pourquoi cette orthographe. I, xliv.
KANE, mesure de capacité pour les liquides. I, 5.

L

LABOUREURS (confrérie des) à Amiens. I, 115.
LAGAN (droit de) : ce que c'était. II, 184.
LANGUAIAGE, langaiage, langueyage, languyage : droit perçu sur les porcs. II, 302.
LANTERNES (dû pour les). I, 82.
LAPINS faisant dommage. I, 86.
LÉGIONS DE PICARDIE. I, 288.
LENDIT (droits du). I, 116.
LÉPROSERIE : à Abbeville. I, 96.
— de Beauval. II, 349.
— de Bertaucourt. I, 483.
— de Coullemelle. I, 384.
— de Faucocourt. I, 308.
— d'Oisemont. II, 96, 213.
— de Soihescort. I, 300.
— de Tamfol, Tanfol ou Toufol, près de Picquigny. I, 426.
— du Val-aux-Lépreux, ou du Val d'Abbeville. II, 4, 40, 92.

LÉPROSERIE de Warsie (Warsy). I, 467.
Voy. MALADRERIES.
LIMITES du diocèse d'Amiens. I, viij et suiv.
— du Ponthieu et de l'Artois. II, 231.
LITRE ET ARMOIRIES (droit de) : ce que c'est, à qui appartenait. I, xxxiv.
LITS (bénédiction de). I, 486.
LIVRÉE de terre : ce que c'était. II, 361.
LOGES autour de l'église de St.-Vulfran. II, 322, 374.
LOT ou Pot (mesure de capacité pour les liquides); moitié de la kane. I, 5.

M

MAIEUR, MAIRE et ÉCHEVINS d'Amiens. I, xxiij, 45, 83, 89, 104. — II, 275, 338.. — Voy. HÔTEL-DE-VILLE D'AMIENS.
MAIEUR de Doullens. I, 251.
— de Flixecourt, tué dans une émotion populaire. I, 495.
— de Péronne. I, 111.
MAILLE (monnaie). I, 5.
— d'or de la nation picarde. I, xliv.
MAIRES de la commune : d'Amiens. I, 484.
— de Doullens. I, 250.
— de Rue. I, 484.
— de St.-Riquier. II, 251.
MAIRE ou Maieur (*major*), fonctionnaire féodal ; nature de ses fonctions. I, 238.
MAIRE (officier féodal) de : Bus. I, 230.
— Castel. I, 371.
— Chérisi. I, 238.
— Creuse. I, 23.
— Fescamp. I, 230.
— Fouquecourt. I, 238
— Marcaisviller. I, 230.
— Pissy. I, 6.
— Popencourt. I, 230.
— Revele. I, 82.
— Rokencort. II, 351.
— Sailly-le-Sek. I, 232.
— Sainz. I, 368.
— Thanes. I, 232.
— Vacquerie. I, 30.
— Ver. I, 30.
— Ville-sur-Corbie. I, 241.

MAIRESSE de Ver. I, 26.
MAIRIE (fonction féodale) de :
    Bus. I, 230.
    Chérisi. I, 238.
    Coivrel. I, 341.
    Doumeliers. I, 23.
    Esclainvillers. I, 97.
    Fescamp. I, 230.
    Hamelet. I, 231.
    Marcaisviller. I, 230.
    Naours. II, 317.
    Pissy. I, 6.
    Popeincourt. I, 230, 232.
    Sailly-le-Sek. I, 232.
    Sainz. I, 368.
    Thanes. I, 232.
    Ver. I, 26, 30, 231.
MAIRIES converties en fiefs. I, xxx.
MAISONS à *Amiens*, dites :
    Le blanc leurier. I, xlv.
    Le limechon (petit hôtel St.-Fuscien). I, 365, 370.
    Boucard, du Bousquoy ou de Table de plomb. I, 21. — II, 334.
    Notre-Dame de Cercamp. I, 72.
    Des Cloquiers. I, 69.
    Des Templiers. I, 72.
    De Stratis. I, 69.
— à *Abbeville*, dites :
    Du Dieu d'amour. II, 5.
    Des Templiers. II, 10.
    La Commanderie. II, 28.
    La grande maison du chapitre ou la Grange. II, 321.
    L'hôtel de Sery. II, 96.
— à *Forestmontiers*, du Temple, dite Forest. II, 374.
— à *Lihons*, dite du Temple. I, 311.
— à *Longpré-lès-Corps-Saints*, dite : Chambre des malades. II, 57.
— à *Montreuil*, dite : la Gaiole. II, 184.
— à *Moreuil*, dite des Lombards. I, 371.
— à *Romescamps*, dite *la Loge*. I, 295.
    Voy. ENSEIGNES.
MAISONS CLAUSTRALES ET CANONIALES. I, xlv, 31.
MAITRISE : ce que c'est. I, xxvij.
    — d'Abbeville. II, 217.

MALADRERIE de la Madeleine, à Amiens. I, 181.
— d'Airaines. II, 52, 63, 321.
— de Blangy. I, 435.
— de Bouttencourt, ou de Blangy-sur-Bresle. II, 120.
— de Bouvincourt. II, 120.
— de Boves. I, 260, 399.
— de Cressy. II, 236.
— de Doullens. II, 84.
— d'Escuire. II, 195.
— d'Encre. I, 157.
— de Flixecourt. I, 479.
— de Gland, près d'Eu. II, 120.
— de Ste-Marguerite, à Gamaches. II, 122.
— de Guerbigny. I, 475.
— du Hamel. I, 191.
— d'Harbonnières. I, 310.
— d'Hornoy. II, 138.
— de Lannoy. II, 223, 238.
— de la Madeleine, à Montdidier. I, 345, 346.
— de la Neuville-lès-Corbie. I, 332.
— de Rivière. II, 75.
— du Val, près St.-Riquier. II, 251, 259, 276.
— de Villers-sur-Mareuil. II, 178.
Voy. LÉPROSERIES.
MALTE (ordre de). I, 162, 418.
MANSE : ce qu'on entendait par là; orthographe du mot. II, 340.
— de l'évêque séparée de celle du chapitre. I, 1.
— libre. I, 481. — II, 340.
MANTEAU d'agneau, redevance. I, 2.
— de St.-Martin, relique. I, 5.
MANUFACTURE (de draps) de Van Robais, à Abbeville. II, 33.
MARC d'or. I, 28, 37.
— d'argent : sa valeur en 1305. I, 243; — en 1728. II, 148; — en 1640. II, 186.
— d'argent, au poids de Tours. I, 333.
MARCHÉ (droit de) : trace de son origine. I, 134.
MARCHÉ de St.-Maxent. II, 54.
MARCHÉS (places des) d'Amiens, dites : le Grand marché. I, 129, 141. — Le marché au blé, I, 141. — Le marché au feurre. I, 129. — Le marché aux fromages. I, 366. — Voy. PLACES.

MARÉE : produit d'une pêche. II, 3. — Voy. AQUATIA.
MARIÉS (nouveaux) : affranchissement des droits de dispense pour « gésir ensemble. » II, 30.
— Argent exigé d'eux par les jeunes gens. II, 81, 84.
MARSINE, grains de mars. I, 462.
MASURE AMASÉE. I. 90, 175.
MASURE : quelle en était la contenance. II, 57.
MATHURINS (religieux) de Paris. II, 275.
MAUSOLÉE : de Nicolas de Lannoy, en l'église des Cordeliers d'Amiens. I, 111.
— de Raoul de Lannoy, en l'église de Folleville. I, 386.
MÉNAGE, manoir roturier aux champs. II, 373.
MENCAUDÉE, mesure agraire. I, 300, 482.
— mesure de capacité pour les grains. I, 147.
MERLAGE à Croquoison : ce que c'est. II, 62.
MERLY (bottes de) à Bovelles. I, 413.
MESSES (rétribution des) à diverses époques. II, 378.
MESURES de capacité pour les grains : d'Amiens ou du Vidame. I, lxij, 70. — II, 393.
— du chapitre d'Amiens. I, 16, 19, 22. — II, 393.
— de Ponthieu. I, 32. — II, 393.
— de Montdidier. I, 94, 184. — II, 395.
— de Péronne, I, 75. — II, 395.
— d'Airaines. I, 110. — II, 129, 394.
— de St.-Omer. II, 16.
— de divers lieux. II, 394, 395.
Voy. BOISSEAU, MENCAUDÉE, MINE, MUID, PIQUET, POLLE, SETIER, SOMME.
MESURES de capacité pour les liquides. — Voy. KANE, LOT, POT, SETIER.
MESURES de surface ou agraires : pour les bois. I, 3, 105, 108. — II, 392.
— pour les terres : dans le bailliage. II, 392 ; — dans le Ponthieu. II, 393 ; — dans le Vimeu. II, 393.
Voy. ARPENT, JALLOIS, JOURNAL, MENCAUDÉE, MINE, MUID, SETIER.
MÉTIERS (corps de). I, 8.
MINAGE : droit perçu en nature sur le mesurage des grains. II, 302. — Voy. PALETTE.

MINE (mesure agraire) : de Clermont. I, 22.
— de Frestoy. I, 310.
— de Monchy-le-Preux. I, 239. — II, 393.
— de Sarcus. I, 288.
MINE (mesure pour les grains) : d'Aumale ; sa contenance. I, 430. — II, 126, 394.
— de Fontaine-sous-Catheux. II, 394.
— de Gerberoy. I, 288.
— de Grandvillers. I, 290. — II, 394.
— de Montdidier. II, 394.
— de Poix ; sa contenance ; ses divisions. I, 430, 431. — II, 394.
— de Ponthieu. II, 393.
MINOT, mesure pour le sel. I, 117, 135.
MINIMES à Abbeville. I, 118. — II, 10, 16*, 165.
— à Amiens. I, 78, 117*, 124. — II, 342.
— à Nigeon-lès-Paris. I, 119.
— à Péronne. II, 312.
— à Roye. I, 457*.
MINIMESSES à Abbeville. II, 24*.
MISÈRE des religieuses. II, 376.
MISSI DOMINICI. I, vij, lix.
MISSION : des Oratoriens, fondations. I, 120, 121.
— de St.-Lazare, à Dijon. I, 141.
MOLLIÈRES ou MOUILLÈRES : ce que c'est. II, 232, 279, 294.
MONNAIE (droit de battre) : il appartenait à l'évêque d'Amiens. I, xx.
— à l'abbé de Corbie. I, xxxiij.
MONNAIE d'Amiens. I, 7, 492. — II, 115.
— des évêques d'Amiens. I, xx.
— du Ponthieu. II, 257.
— du Vimeu. II, 97.
— des abbés de Corbie. I, xxxiij, 328.
— du Hainaut ; sa valeur. II, 307.
— d'Orléans. I, xliv.
MONNAIE SEKE. I, 253.
Voy. MAILLE, OBOLE, PITE.
MOREAUCOURT (couvent de Notre-Dame de) à Amiens. I, 110, 132*, 387, 414, 419, 423, 424, 484, 496, 508. — II, 35, 41, 77, 79, 81, 85, 86, 155, 258, 259, 261, 272, 324, 325, 344, 359, 360, 361, 364, 365.
MORNE : mesure d'étendue à Hinvillé. I, 354.
MORT-BOIS : ce que c'était. II, 100.
— (droit au). II, 124.

— 537 —

Moulins [1] à Abbeville et dans la banlieue, dits :
  d'Arragon. II, 56.
  de Babos ou Baboth. II, 3.
  de Brassières, sur l'eau de Talance. II, 8.
  le Comte. II, 322.
  du Fossé. II, 8.
  de la Mare. II, 19.
  de la rivière de Maillefeu. II, 48.
  de la Penne; sa situation. II, 56.
  de Pennoc. II, 8.
  de Riquebourg. II, 11.
  de St.-Milfort. II, 12.
  de St.-Nicolas. II, 48.
  du Pont Talance. II, 19, 322.
  (grand) de Rouvroy. II, 19.

Moulins à Amiens, appartenant au chapitre, dits :
  d'Arondel. I, 19, 20, 484?
  Baillard, de Baiart ou Bayard. I, 19. — II, 330.
  Bauldry, du Roi, ou du Comte. I, 20, 366.
  Becquerel ou Béquerel. I, 19.
  Boucart. I, 19, 21. — II, 334.
  à Brai ou des brasseurs. I, 19. — II, 334.
  Clinquant, de Clenkain, de pierre, à la pierre, Croix-de-fil, ou du Crucifix. I, 18, 19.
  Formentel. I, 19.
  à Foulon. I, 21.
  Grenier. I, 19.
  Neuf. I, 19.
  Passarière. I, 19.
  Passavant ou du Bassin. I, 19.
  à Pétard, Happetard, Happe-tarte, ou Hapetarte. I, 19, 20.
  à poudre. I, 20.
  St.-Pierre ou de la plaine. I, 20.
  Taillefer. I, 19, 20.

Moulins : d'Auconnai. II, 162.
  d'Aumont. II, 124.
  à Boves. I, 122. — II, 343.
  de Brustele. II, 112.

[1] Si nous portons les moulins à la table, c'est parce qu'ils formaient un domaine spécial aux seigneuries, et que leur possession était un privilège féodal. A ce titre, il peut être important de les signaler.

Moulins : de Citerne. II, 282.
  à Flessicourt (Flixecourt). II, 344.
  de Gamaches. II, 104.
  Herlaut, auprès de Sery. II, 98.
  à Labroye. II, 148.
  à Long. II, 19.
  de Longpré-les-Corps-Saints. II, 55, 56.
  à Marconnelles. II, 184.
  de Molnelle. II, 280, 282.
  des Cloyes, à Neslette. II, 97.
  à Pavery, appartenant au Paraclet d'Amiens. I, 374.
  à Rue. II, 3.
  à St.-Josse-sur-mer. II, 184.
  à fouler les étoffes, à St.-Léger-le-Pauvre. II, 128, 130.
  à vent, à Selincourt. II, 130.
  à Verton. II, 184.
  à Wavant. II, 89.
  de Woigrarue. II, 280.

Muid (mesure agraire) à Ribemont. I, 234.
Muid (mesure de capacité) : d'Amiens. II, 393.
  — du chapitre d'Amiens. I, 16. — II, 393.
  — d'Abbeville ou de Ponthieu. II, 393.
  — d'Airaines; sa contenance. II, 129, 394.
  — de Corbie et du cellerier de l'abbaye. II, 394.
  — de divers lieux. II, 394.

Musée du Louvre. I, xx.
  — Napoléon à Amiens. I, 132.

Musique (maître de). I, 60.

N

Nataux (jours), *natalitia*. I, 15.
Nation picarde, en l'Université de Paris et en celle d'Orléans. I, xliv.
Nefs des églises : réparations. — Voy. ce dernier mot.
Neuve prime de l'église de Corbie : ce que c'est. I, 258.
Nielle, carie des blés : procédé pour les en préserver. I, 473.
  — produite par les brouillards de la mer. II, 292.
Nocage, Nocqs et Nocquier : ce que c'était. II, 372.
Normands (les). I, xiij. — II, 278, 292. — Voy. Invasions des Normands.
Notaire se disant apostolique et impérial. II, 345.

— 538 —

Notaires de Doullens. I, 211.
Novales (dîmes et terres). I, xlj, xlij.

O

O (les), ou grandes antiennes. I, 67.
— de Noel. I, 265.
Obits, anniversaires, messes de *requiem* pour des personnages historiques. I, 20, 35. — II, 336.
— fondés par les chanoines d'Amiens. I, xlvj.
Oblations : ce qu'on entend par là ; leur mode de partage. I, xxxviij. — II, 177.
Obole, monnaie. I, 5, 12.
Oboles (fermes des). II, 26.
Official, Officialité. I, xxviij.
Officialité de Paris. I, 101.
Offrande (aller à l') : chose insolite dans l'église d'Amiens. I, 20.
Offrandes ou Oblations. — Voy. ce dernier mot.
Orage remarquable. I, 178.
— (sonnerie des cloches pendant l'). II, 239.
Oratoire (prêtres de l'). I, 120, 121, 337. — II, 342.
Ordres monastiques :
    de St.-Augustin : chanoines réguliers. I, xxxj, xxxij, 93. — II, 309, 391 *et passim*.
    — congrégation de Prémontré. I, xxxj, 99. — II, 94, 391 *et passim*.
    de St.-Benoît. I, xxxij, 91. — II, 391.
    — Cluny. I, 340. — II, 1, 392 *et passim*.
    — Fontevrault. I, 132. — II, 258.
    — Congrégation de St.-Maur. I, 228, 365. — II, 181, 183, 301 *et passim*.
    de St.-Bernard : Cîteaux. I, xxxij, 401.— II, 76, 392 *et passim*.
    de St.-François d'Assise : mendiants. I, xxxlj. — II, 14 *et passim*.
Ordres militaires :
    de Malte. I, 162, 299, 493.
    de St.-Jean de Jérusalem. I, xxxj, 295, 396. — II, 142, 211 *et passim*.

Ordre de Notre-Dame du Mont Carmel et de St.-Lazare. I, 495. — II, 120, 154, 223, 276, 367.
Oreille d'un voleur arrachée. II, 231.
Orgues (grandes et petites) de la cathédrale. I, 20.
Origine de l'église d'Amiens. I, vj.
— des biens du clergé. I, xxxv.

P

Pagi : ce que c'était. I, vij, xxix.
— convertis en comtés. I, xj.
— se retrouvant dans les archidiaconés. I, xiij.
Pagus Pontivus. I, vij.
— Vinemacus. I, vij.
Pain (distributions de). I, 300, 302, 460.
— (redevance en). I, 6. — II, 128.
Pairies de la baronnie de Domart : ce que c'était. II, 254.
Paix de Vervins. I, 132.
Palais épiscopal : son emplacement. I, 35.
— des Templiers à Oisemont ; sa destruction. II, 211.
Palette : tiers du boisseau d'Abbeville. II, 319.
Palettage ou droit de palette : droit perçu sur les grains. II, 302, 319.
Pamail (jeu de). I, 112.
Pamelly (boîtes de) à Bovelles. I, 413.
Panier (droit de). I, 2.
Paraclet (religieuses du) à Abbeville. II, 17.
— à Amiens. I, 121*. — II, 343. — Voy. Abbayes.
Parata : ce qu'il faut entendre par ce mot. I, xx.
Paroisses : ce que c'est ; leur formation, leurs circonscriptions. I, xiv.
Paroisses d'Amiens. I, 75 à 81.
— du diocèse d'Amiens. — Voy. sous la rubrique de chaque doyenné.
— de Péronne : St.-Jean-Baptiste. I, 119.
Passage Lenoel à Amiens. I, 103.
Past et Repas (*Pastus*) : ce que c'était. I, xx, 9, 15, 66, 228, 375. — II, 179, 205.
Pâtés d'Amiens (redevance en). I, 376, 407.
Patron des bénéfices : celui qui a le droit de patronage. I, xxxiv.
Patronage (droit de) : ce que c'était, son origine, etc. I, xxxiv. — II, 365.

— 539 —

Pauvres (bureau des) : son établissement. I, 98.
— Voy. Bureau des pauvres.
— (vêtements et chaussures aux). I, xxx, 162, 401. — II, 24.
— (rente aux). I, 367, 410, 432.
— (cène et aumône aux). I, 375.
Pauvres honteux de Roye. I, 455.
Pauvres clercs. — Voy. Clercs (pauvres).
Péage. — Voy. Travers.
Peintres (confrérie des). I, 115.
Pèlerinages : à Ste-Colombe d'Aubigny. I, 258.
à Notre-Dame de Boubers. II, 177.
à St.-Sauveur de Bouvincourt. II, 120.
à St.-Sauveur de Bouvresse. I, 290.
à Notre-Dame de Foye, de Canchy. II, 259.
à Conty. I, 174.
à St.-Druan de Cottenchy, pour la pierre. I, 383.
à Demuin (doigt de St.-Ouen), pour la surdité. I, 265.
à Divion. I, 162.
à St.-Elier de Dreuil-sous-Airaines. II, 63.
à la chapelle de St.-Domice, à Fouencamps. I, 399.
à Notre-Dame de Liesse, à Fransières. II, 40.
à St.-Christophe de Mareuil. II, 172.
à Notre-Dame des Vertus, paroisse de Nampty. I, 179.
à St.-Lambert de Neslette. II, 210.
à St.-Sulpice de Quesnoy. II, 298.
à St.-Hubert de Royaucourt, pour l'hydrophobie. I, 364.
à St.-Esprit de Rue (crucifix miraculeux). II, 238, 239.
à St.-Fiacre de Seux. I, 424.
à Thory (la mâchoire de St.-Léger), pour les maux de tête et vapeurs. I, 398.
à St.-Valery. II, 298.
Pèlerins : de St.-Jacques-en-Compostelle. I, 80.
Pendus (écoliers d'Amiens). I, 52.
— (habitants de Folie). I, 25.
Pénitencerie : ses attributions, sa création, etc. I, xxviij, 17*.

Pénitencier. II, 208, 211, 385.
Pénitentes (filles). I, 117.
Pénitents de Limours. I, 205, 222, 224. — II, 390.
Pensions sur le domaine du roi, etc. I, 112.
Personnat : ce que c'était. I, xxxj, 492.
Personnats de : Béthencourt-lès-St.-Ouen. I, 508*. — II, 390.
Bézieux. I, 325, 337*. — II, 390.
Boiteau. I, 200*.
Brucamps. II, 273*, 390.
Bussu. II, 273*.
Cachy. I, 261.
Candas. I, 492.
Caumont-en-Artois. II, 160*.
Citerne. II, 213*, 390.
Domfront. I, 350.
Ergnies. II, 274*.
Essertaux. I, 183*.
Liomer. II, 145*, 390.
Maison-Rolland. II, 274*, 390.
Mametz. I, 165*.
Méaulte. I, 165*. — II, 390.
Port. II, 390.
St.-Aubin. I, 424*.
Thoix. I, 258*.
Treux. I, 165*.
Villers-sur-Authie. II, 236*, 390.
Villers-le-Vert. I, xxxj, 165*. — II, 390.
Personne : ce qu'on entendait par là, etc. I, xxxj. — II, 232, 266.
Peste a Amiens. II, 316.
Philippus, monnaie. I, 37.
Pied d'Amiens, mesure de longueur. I, 3.
Pied fourché : ce qu'on entendait par là. II, 302.
Pière (eau du), rivière. I, 22.
Pierre : mesure de poids. II, 40.
Pierre peinte de St.-Firmin. I, 77.
Pierre sépulcrale des meurtris. I, 52.
Piquet : mesure de capacité pour les grains. II, 393.
Pite : monnaie. I, 12.
Place d'armes à Doullens ; son établissement. I, 211.
Places d'Abbeville, dites :
du béguignage, maintenant la placette. II, 25.
du marché au blé. II, 31.
St.-Pierre. II, 1, 27, 31.

— 540 —

Places d'Amiens, dites :
    de la Mairie. I, 76.
    Maubert. I, 129.
    St.-Firmin à la pierre. I, 76, 129.
    St.-Martin. I, 78.
    St.-Michel. I, 79, 83.
    Voy. Marchés d'Amiens.
Plans de la maison dite le Limechon, petit hôtel de St.-Fuscien, à Amiens. I, 368.
    du château d'Airaines. II, 73.
    de terres à Arvillers. I, 139.
    de la terre et seigneurie d'Aumont. II, 125.
    de Bacouel. I, 46.
    de la seigneurie de Bellavesne. II, 128.
    du prieuré de Bosquel. I, 173.
    du bois des Racineules à Boves. I, 371.
    de bois et de terres à Cottenchy. I, 374.
    de Faverolles. I, 344.
    de Fayel, près Montagne. II, 130.
    du fief de Gollencourt. I, 368.
    de Guillaucourt. I, 123.
    de la seigneurie de Lamaronde. II, 126.
    du prieuré de Montdidier. I, 340.
    du château de Montiers. I, 179.
    de Rilleux. II, 129.
    de St.-Acheul. I, 94.
    de la terre de St.-Léger-le-pauvre. II, 129.
    du bois de St.-Ribert. I, 371.
    des terres de l'abbaye de Selincourt. II, 125.
    de Thieulloy-l'Abbaye. II, 129.
    du dimage du Vieux-Rouen. II, 206.
Poignées de chanvre. I, 308, 489.
    — de bouquet : s'entend du chanvre contenant le chenuis. I, 489, 491.
    Voy. Bouquets, Fouets ou Fouais.
Poivre (rente de). II, 96.
Polle, *Polkinus*, mesure pour les grains ; sa contenance. I, 484.
Pommes de Capendu. II, 188.
Ponts d'Abbeville, dits : au Scardon. II, 10.
    Touvoyon. II, 21.
    — d'Amiens, dits : d'Amour. I, 119.—II, 328.
    d'Armonet. I, 101.
    Auger, Heugier ou à glaines. I, 19. — II, 334.
    de la Barette. I, 37.
    Dollent. I, 20.

Pont où Dieu ne passa oncques. I, 79.
Pont de Picquigny (revenus du). I, 124. — II, 358.
    Voy. Chaine (droits de).
Pontenage (droit de). I, 428.
Port de St.-Valery : moyen d'empêcher son ensablement. II, 282.
Porte Héluin de Bapaume, à Lesart. I, 300.
Portes d'Abbeville, dites :
    du bois (*nemoris*). I, 96.
    Comtesse. I, 96.
    de St.-Gilles. II, 366.
    — d'Amiens, dites :
    aux Jumeaux. I, 5.
    de Beauvais. I, 69, 91.
    Montrecul. I, 34.
    de Noyon. I, 91.
    de Paris. I, 113.
    de St.-Firmin-au-Val. I, 103.
    St.-Michel. I, 101. — II, 66.
    de St.-Pierre. I, 89, 103, 104.
    — de Corbie, dites :
    à aller à Ste-Bride (Brigitte). I, 228.
    Bourdin. I, 228.
    de le Buire. I, 228.
    d'Encre. I, 228, 264.
    Hennard. I, 228.
    de l'Image. I, 228, 244.
    St.-Chaumont. I, 228.
    — de Doullens, dites :
    de Beauquesne. I, 208, 218, 226.
    de Lucheu. I, 208.
    de St.-Ladre. I, 204.
    — de Montdidier, dites :
    d'Amiens. I, 345.
    de Paris. I, 345.
    de Roye. I, 343, 344, 345.
    — de Roye, dite de St.-Pierre. I, 456.
Portes enlevées pour défaut de paiement. I, 65.
Porteume, monnaie. I, 38.
Portion congrue. I, xlij.
Pot, mesure de capacité pour les liquides, moitié de la kane. I, 5.
Pot-de-vin : ce que c'est. I, xlvij, 184, 454.
Potiers d'étain à Abbeville. II, 48.
Poudre (moulin à). I, 88.
Pouillés : ce que c'est. I, liij.

Pouillés anciens du diocèse d'Amiens. I, liv, lv, lvj, lvij, lviij.
— leur utilité. I, lix, lx.
Prébende : ce qu'on entend par ce mot. I, xxxviij.
Prébendes : *de Albello*. I, xxiv, 36.
— de *Alhaco* ou *de Vaussoire*. I, xxiv, 30, 35.
— Guillemines. I, xxiv.
— Théobaldiennes. I, xxiv. — Voy. Théobaldiens (chanoines).
Précepteur entretenu par les collégiales, etc. I, xxiij, 117, 451. — II, 76.
Préchantrerie de l'église d'Amiens. I, 15*, 17. — II, 288, 356, 384.
— ses attributions, sa création, etc. I, xxvij, 17.
Prémontré (ordre de). I, 99. — Voy. Ordres monastiques.
Presbytères (réparations des). — Voy. ce mot.
Prévôt : officier de chapitre ou d'abbaye. I, 304. — Voy. Prévôté (office de gestion).
Prévôt (grand), à Corbie ; ses fonctions. I, 245.
Prévôt-gérant : ses fonctions. I, xxxiv, xlvij, 304.
Prévôt : administrateur des biens des adéqués. I, xlvij.
Prévôt des marchands de Paris. I, 95.
Prévôté (dignité) : de l'église d'Amiens ; ses attributions, ses revenus. I, xxvj, 13*.
— du chapitre de Fouilloy. I, 254*, 472.
Prévôté (office de gestion) de Boves. I, 261.
— de Bus. I, 230, 352, 451*. — II, 383.
— de Cérisy. I, 236, 304*, 306. — II, 383.
— de Corbie. I, 233, 386.
— de Croissy. I, 174.
— de Dury. I, 175.
— d'Ecamonville. II, 250.
— de Naours. I, 480*. — II, 383.
Prévôté (juridiction) de : Beauquesne. II, 258.
— Compiègne. II, 249.
— Doullens. II, 82.
— Fouilloy. I, 141, 258.
— Montdidier. I, 389.
— Péronne. I, 159, 302.
— Vimeu. I, ix, 235.
Prévôtés du chapitre d'Amiens : ce que c'était ; leur nombre et leur situation. I, xxij, xlvj et suiv., 32, 95. — II, 330, 331, 345.

Prévôté (droit de) : en quoi il consistait. I, 481.
Prieur (grand). I, 246.
Prieur-curé : ce que c'était. I, xxxj.
Prieuré conventuel : ce que c'était. I. xxxiv.
— simple : ce que c'était. I, xxxiv.
Prieurés de : Abbeville. — Voy. *St-Esprit* et *St.-Pierre et St.-Paul d'Abbeville*.
Airaines. — Voy. *Notre-Dame d'Airaines*.
Albert. — Voy. *Encre*.
Ambierle. I, 303.
Authie — Voy. *Saint-Robert*.
Bagneux. I, 206*, 207, 219, 360, 492, 494. — II, 77, 86, 160, 247, 388, 389, 392.
Beaulieu? I, 465.
Beauram. II, 151, 159, 201, 390.
Belleval I, 133.
Biencourt. II, 36, 77, 78, 81, 147*, 153, 154, 155, 156, 157, 158, 159, 160, 161, 176, 242, 255, 264, 268, 271, 273, 374, 390, 392.
Bonneuil. I, 240.
Bosquel. I, 173.
Bourdeille (au diocèse de Périgueux). I, 184.
Bouvresse, supprimé. I, 290.
Bouzencourt. I, 302*, 305. — II, 383, 391.
Boves. — Voy. *St.-Ausbert*.
Bredené, en Flandre. II, 372.
Camps-en-Amiénois (St.-Jean-Baptiste). I, 404*. — II, 391.
Canchy-lès-Pont-de-Remy. II, 7*, 40, 46, 64, 65, 66, 67, 72, 73, 81, 87, 109, 110, 155, 169, 284, 369, 370, 383, 384, 389, 390, 392.
Cappy. I, 53, 156, 158, 308, 315. — II, 248, 304*, 390.
Cayeux-sur-Mer. II, 106, 285*, 289, 293, 294, 304, 384, 389, 392.
Containvillers. II, 252*, 257, 373, 384, 392.
Conty (St.-Martin). I, 170*, 176, 181, 182, 369, 435, 437. — II, 346, 387, 391.
Courcelles. — V. *Notre-Dame de Courcelles*.
Crespy. — Voy. *St.-Arnoul*.
Davenescourt. I, 184*, 192, 194, 274, 275, 276, 360, 451, 461, 463, 470, 473, 474. — II, 384, 392.

Prieurés de : *Démuin.* I, 251*, 266.—II, 387, 391.
Domart-en-Ponthieu. I, 485, 494. — II, 247, 253*, 256, 257, 258, 261, 263, 265, 266, 267, 275, 304, 384, 389, 392.
Dompierre.—Voy. *St.-Pierre de Dompierre.*
Domvast. I, 98. — II, 254*, 255, 260, 262, 383, 389, 391.
Doullens. — Voy. *St.-Pierre du Lahors, St.-Sauveur* et *St.-Sulpice.*
Elincourt. — Voy. *Ste-Marguerite.*
Encre ou *Albert* (St.-Gervais). I, 143*, 157, 166, 183, 335, 336. — II, 344, 388, 389, 392.
Epécamps. I, 5.—II, 255*, 257, 261, 262, 270, 391, 396.
Esclainvillers (St.-Faron). I, 376*. — II, 388, 392.
Estourmel. I, 308.
Flescherolles. I, 235, 334.
Flixecourt. — Voy. *St.-Léger.*
Floisy ou *Fleusi*, près d'Aumale (au dioc. de Rouen). I, 370. — II, 353.
Floxicourt. — Voy. *Notre-Dame de Floxicourt.*
Fluy. II, 132.
Framcourt. II, 87.
Fresmontier. I, 172, 296, 433*, 437, 439, 440. — II, 389, 392.
Gamaches. — Voy. *St.-Pierre et St.-Paul de Gamaches.*
Gournay-sur-Aronde. I, 239.
Goyencourt. I, 454, 455, 456, 463, 466*, 468, 470, 473.
Heilly. — Voy. *St.-Laurent-au-Bois.*
Hornoy. I, 429. — II, 131*, 138, 144, 389, 392.
La Chaussée d'Eu (la Trinité). II, 102*, 114, 387, 389, 392.
La Falloise (St.-Martin). I, 376*, 389. II, 384, 391.
Laleu (St.-Valery). II, 53*, 60, 65, 66, 68, 69, 71, 138, 142, 384, 389, 392.
Leuilly. I, 170*. — II, 387, 391.
Ligny-sur-Canche. I, 210, 220.—II, 76*, 80, 81, 87, 160, 384, 389, 392.
Lihons (conventuel). I, 66, 119, 163, 194, 223, 262, 276, 279, 299*, 300, 301, 302, 307, 308, 310, 311, 313, 315, 316, 321, 323, 367, 377, 399, 451, 461, 463, 467, 473, 501. — II, 354, 384, 388, 392.

Prieurés de : *Lucheux.* I, 223.
Maintenay. — Voy. *Notre-Dame de Maintenay.*
Maresmontier (St.-Pierre). I, 32, 187*, 188, 193, 197, 268, 357, 359, 373, 374. — II, 387, 389, 392.
Mareuil (St.-Christophe). II, 39, 133, 134, 141, 164*, 166, 169, 170, 171, 175, 178, 384, 390, 392.
Margelles de St.-Nicolas-en-Arrouaise. I, 229, 232, 234, 243, 501, 507.—II, 348.
Méaulte (non Vulte). I, 145*. — II, 391.
Méricourt. I, 303*, 309, 310, 312, 367. — II, 384, 389, 392.
Milly. I, 296. — II, 390.
Molliens-Vidame. — Voy. *Notre-Dame de Mollens-Vidame.*
Montdidier. — Voy. *Notre-Dame de Montdidier.*
Notre-Dame d'Airaines. I, 404, 415. — II, 52*, 53, 57, 59, 62, 64, 63, 68, 69, 70, 71, 72, 126, 129, 384, 389, 392.
Notre-Dame de Courcelles. I, 375*, 382, 383. — II, 384, 387, 391.
Notre-Dame de Floxicourt. I, 405*.-II, 391.
Notre-Dame de Grâce ou *St.-Remy au-Bois.* I, 171*, 179, 369 — II, 346, 387, 391.
Notre-Dame de Maintenay. II, 151, 189*, 193, 196, 198, 199, 200, 235, 236, 389, 392.
Notre-Dame de Molliens-Vidame. I, 405*, 419, 421, 422.—II, 131, 353, 387, 391.
Notre-Dame de Montdidier (conventuel). I, 185, 187, 191, 192, 194, 196, 198, 268, 275, 340*, 349, 350, 352, 354, 355, 356, 357, 360, 397, 460, 461. — II, 347, 355, 388, 392.
Notre-Dame de Poix. I, 429, 432*, 433, 434, 435, 437, 440, 443, 447. — II, 384, 390, 392.
Notre-Dame de Surmont ou *sur le Mont*, à Picquigny. I, 406*, 420, 497. — II, 52, 387, 391.

Prieurés de : *Olincourt.* I, 494, 495.
  Pas. I, 191, 340, 351, 357*, 358.
  Pernois (St.-Martin). I, 502.
  Pierrepont. I, 186*, 193, 198. — II, 387, 391.
  Poix. — Voy. *Notre-Dame* et *St.-Denis de Poix.*
  Pont-de-Remy. — Voy. *Canchy.*
  Regny. — Voy. *St.-Nicolas.*
  St.-Albin ou *St.-Aubin-en-Harponval.* I, 194, 263, 272, 275, 307, 308, 376*, 377, 462. — II, 391.
  St.-Amand-lès-Thourotte, au diocèse de Tournay. II, 243.
  St.-Arnoul de Crespy. I, 187, 193, 314, 461, 467, 470, 473. — II, 387.
  St.-Ausbert, Aubert, Osbert ou *Ansbert de Boves.* I, 125, 172, 193, 194, 260, 261, 367, 374*, 383, 386, 398, 508. — II, 365, 384, 389, 392.
  St.-Denis d'Amiens. I, 91*, 116, 117, 183, 219, 220, 221, 224, 311, 323, 327, 328, 332, 337, 419, 437, 471. — II, 263, 317, 340, 345, 388, 391.
  St.-Denis de Poix. I, 289, 292, 297, 429*, 430, 432, 438, 444, 445, 446, 447. — II, 125, 126, 132, 143, 353, 354, 362, 387, 391.
  St.-Denis de Senarpont. II, 106, 118, 206*, 210, 212, 387, 390, 392.
  St.-Esprit d'Abbeville. II, 6*, 243, 392.
  St.-Firmin-au-Val d'Amiens. I, 77, 99. — II, 85, 315.
  St.-Georges de Hesdin. II, 79, 80, 149, 152, 158.
  St.-Germain-sur-Bresle. II, 205*, 371, 387, 392.
  St.-Laurent-au-bois d'Heilly. I, 247, 321*, 323, 377, 501. — II, 383, 391.
  St.-Léger de Flixecourt. I, 187, 195, 478*, 489, 491, 495, 496, 502, 503, 504, 507, 508. — II, 41, 154, 261, 364, 387, 389, 390, 392.
  Ste-Marguerite d'Elincourt. I, 185, 347, 360, 383. — II, 390.
  Ste-Marie-Madeleine de Verjolay. II, 148, 384, 392.

Prieurés de : *St.-Martin-au-Bosc*, près Eu. II, 107, 111, 176, 305*.
  St.-Martin de La Falloise. — Voy. *La Falloise.*
  St.-Martin de Pernois. — Voy. *Pernois.*
  St.-Martin de Wagny. I, 322*, 326, 329, 330. — II, 383, 391.
  St.-Nicolas de Regny. I, 70, 247, 321, 323, 377*, 388, 501. — II, 383, 391.
  St.-Pierre et St.-Paul d'Abbeville (conventuel). I, 98, 204, 251, 411, 412, 432, 492.—II, 1*, 6, 21, 31, 34, 35, 38, 39, 40, 46, 57, 61, 67, 77, 78, 102, 111, 116, 118, 144, 150, 155, 156, 166, 168, 169, 171, 172, 186, 189, 194, 209, 211, 235, 236, 243, 265, 269, 272, 285, 290, 291, 292, 295, 298, 306, 319, 324, 384, 388, 392.
  St.-Pierre de Dompierre. I, 184.—II, 118, 119, 147*, 165, 211, 384, 389, 392.
  St.-Pierre dit Lahors, de Doullens. I, 250, 251.
  St.-Pierre et St.-Paul de Gamaches. II, 98, 102*, 106, 107, 111, 112, 113, 114, 384, 389, 392.
  St.-Pierre à Gouy. I, 404, 406*, 412, 413, 414, 416, 417, 423, 424, 442, 494, 497, 506. — II, 61, 62, 66, 68, 304, 359, 382, 384, 389, 390, 391.
  St.-Remy. — Voy. *Notre-Dame de Grâce.*
  St.-Sauveur de Doullens. I, 208, 213, 215.
  St.-Sulpice de Doullens. I, 208*, 213, 214, 218, 234, 336. — II, 78, 83, 85, 86, 150, 386, 391.
  St.-Sulpice d'Abbeville. II, 244.
  St.-Thaurin. I, 185, 451*, 461, 463, 467, 468, 470, 473 —II, 362, 389, 390, 392.
  Sarton. I, 209, 220, 223. — II, 390, 391.
  Senarpont.— Voy. *St.-Denis de Senarpont.*
  St.-Robert d'Authie. I, 205*, 212, 220, 223, 224, 320. — II, 340, 348, 349, 389, 390, 392.
  Verjolay. — Voy. *Ste-Marie-Madeleine.*
  Wagny. — Voy. *St-Martin de Wagny.*
  Wailly-en-Artois. I, 229.

Prime de St.-Pierre : ce que c'est. I, 258. — II, 346.

— 544 —

Prisons : d'Abbeville. II, 31, 49.
— d'Amiens: où fut enfermé St.-Firmin. I, 76 ; où fut enfermé St.-Quentin. I, 89. — II, 339.
— de Montdidier. I, 356.
Prix des denrées en 1730 et antérieurement. II, 377.
Procuration (droit de). I, xx, xxij, 7, 14, 121, 419. — II, 363.
Procure (droit de). I, xxvj. — Voy. Procuration et Gîte.
Procureurs (communauté des) d'Amiens. I, 130.
Protestants ou religionnaires, à Abbeville. II, 31, 33.
— à Gouy-l'Hôpital. I, 417.
Voy. Huguenots.
Providence (filles de la). — Voy. Ste-Geneviève (filles de).
Province ecclésiastique de Reims. I, x.
Provinces romaines représentées par les archevêchés. I, vij.
Psautier : mode particulier de récitation entre les chanoines de Notre-Dame d'Amiens. I, 23.
Puy (confrérie du). — Voy. Confréries.

Q

Quai d'Abbeville : du Pont-Neuf. II, 34.
Quais d'Amiens : (grand). I, 89, 141.
— (petit). I, 137.
Quartier, mesure agraire, différente du quart. I, 324. — II, 109.
Quêteurs (frères). I, 126.
Quint (droit de) : ce que c'était. I, 367.

R

Rachat des biens aliénés de l'église. I, 1, 244.
Rapport (droit de). — Voy. Reportage.
Ravoieurs : pêcheurs de côte. II, 281.
Recarts. II, 217. — Voy. Requart.
Recette générale de Picardie. I, 118, 129.
Réconciliation d'église : ce que c'est. I, 419.
Redevances curieuses ou insolites : de plats ou écuelles en étain. I, 370. — Voy. Ame des raisins, Biscuits d'Abbeville, Bouquet, Cervoise, Chandelles, Chapeau de fleurs, Chapeau de roses, Chasse aux poules, Chaussures ferrées, Couronne de fleurs, Cuignets, Dragées, Éperons, Flèche, Fleurs, Fromages de Rollot, Gants, Harengs, Manteau d'agneau, Pain, Past et Repas, Patés d'Amiens, Poivre, Pommes, Souliers, Verre, Vêtements divers et Vin.
Réforme introduite dans les abbayes. II, 94, 186, 278.
Refuge (privilège du). I, 96.
Refuge (maisons et hôtels de) : des religieux de St.-Fuscien. I, 366.
— des religieux de St.-Josse-sur-Mer. II, 184.
— des religieuses de Bertaucourt, à Abbeville. I, 481, 486.
Voy. Maisons.
Régale : ce que c'était. I, xx.
Relief fait devant le corps de St.-Riquier. II, 277.
Religieuses de Monchy-le-perreux. I, 357, 359.
Reliques diverses : de St.-Vulphy, à Rue. II, 233.
Corps de St.-Riquier. II, 277.
Corps des SS. Fuscien et Gentien : leur découverte. I, 365.
Mâchoire de St.-Léger, à Thory. I, 398.
Un doigt de St.-Ouen, à Démuin. I, 265.
Renclôtures : digues ou barrières élevées contre le flux de la mer. II, 295. — Voy. Digues.
Renouvélation de la loi. II, 239.
Rentes provinciales. I, xxxix, 82, 83, 131, 137. — II, 25.
— sur le clergé d'Amiens. I, xxxix, 33, 118, 139.
— sur le clergé général de France. I, 33.
— sur l'Hôtel-de-Ville de Paris, ou sur celui d'Amiens. — Voy. Hôtel-de-Ville.
Réparations des nefs et des presbytères. I, 34.
Repas de corps et autres. I, xxv, 9, 13, 15, 145, 249. — II, 5.
Reportage ou Rapport (droit de) : ce que c'était. I, xlj, 193, 278, 332, 506. — II, 349, 353.
Requart (droits de) : ce que c'était. II, 237. — Voy. Recarts.
Requint (droits de) : ce que c'était. I, 367. — II, 237.
Réserve des bois : ce que c'est. I, 134.
Retrait de biens aliénés. I, 41.
Retraite spirituelle donnée aux pauvres femmes. I, 141.

RETRAITE (maison de). I, 108. — Voy. REFUGE (maisons de).
REVENUS de l'évêché amoindris. I, 8.
— des bénéfices, en total. II, 375.
— du clergé. I, xxxv et suiv.
RIDES, monnaie. I, 37.
RIVIÈRES dites : Alaye. I, 324.
    Aronde. I, 396.
    Authie, *Altea*. I, xij, 204. — II, 20, 83, 158, 181, 215, 218, 220, 282.
    Avre, Arve, Aureigne, Arvelle, Avrelle, Aurelle. I, 2, 18, 35, 380, 399. — II, 362.
    De Baboc, à Abbeville. II, 5.
    Bresle (*Auga*). I, vij, ix, xiij, 145. — II, 90, 91, 94, 117. — Elle servait de limite aux diocèses d'Amiens et de Rouen. II, 107. — Changement de lit. II, 107.
    Canal St.-Dominique, déviation de la Bresle. II, 313.
    Canche. I, viij, xij. — II, 181, 183, 187, 198.
    Corbeia. — Voy. Encre.
    Des trois Doms. I, 330.
    Eau de la Caniselle. I, 160, 241.
    Eau des Aynettes : ruisseau affluent de la Bresle. I, ix.
    Eau du Pière. I, 22.
    Eau de Talance, à Abbeville. II, 8.
    Eaulne, en Normandie. II, 99, 275.
    Encre. I, 145.
    Escaut. I, xij.
    Gauveloose, en Flandre. II, 373.
    Grouches. I, 218.
    De Hailles. I, 122.
    Du Hocquet, à Amiens. I, xxviij, 100.
    Iaue de Merderon. I, 89.
    Loire. I, xij, xlij.
    Luce, Aluce, Aluche. I, 266, 371.
    De Lucheux. I, 209.
    De Luchuel. I, 208.
    De Maillefeu, à Abbeville. II, 48.
    Maye, Maie. II, 215, 228.
    De la Neuville. I, 322.
    Nieppe, en Flandre. I, 242.
    Noye, *Noia*. I, 122.
    Oise. II, 117.

RIVIÈRES dites : Rieu d'Oissel. I, 7.
    Les Planques St-Martin : ruisseau affluent de la Bresle. I, ix.
    De St.-Landon. I, 416. — II, 130.
    Scardon. II, 5.
    Seine. I, xij.
    Selle, Ser, *Sala, Salix, Seila*. I, 2, 10, 23, 25, 26, 94. — II, 315.
    Somme. I, xij, xiij, xxix, 104, 160, 236, 402. — II, 5, 18, 187, 357, 393.
ROUAGE (droit de). I, 108.
RUELLE d'Abbeville, dite Lucquet. II, 31.
— d'Amiens, dite St.-Didier. I, 72.
— de Mailly. I, 104.
RUES d'Abbeville, dites :
    Des Basses chambres. II, 15.
    De Bouberch (chaussée d'Hocquet). I, 98.
    Du Collège. II, 27.
    Dargonne. II, 25.
    D'Hocquet. II, 15.
    Larquet. II, 16.
    Des Minimes. II, 16.
    Notre-Dame. II, 34.
    Aux Pareurs. II, 10.
    De la Pescherie. II, 327.
    De la Pointe. II, 96.
    Du Pont-à-Plicourt. II, 15.
    Des Poulies. II, 29.
    Des Rapporteurs. II, 29.
    De St-André. II, 30.
    St.-Éloi. II, 10.
    St.-Gilles. II, 20, 23, 24.
    St.-Jacques. II, 16.
    St.-Jean-des-Prés. II, 14, 32.
    St.-Vulfran. II, 16, 33.
    De la Tannerie. II, 15.
    Du Vimeu, ou quartier (*Burgum Vimiaci*). I, xxix, 98. — II, 3, 219.
    Des Wets, maintenant des Stes-Maries. II, 29.
— d'Amiens, dites :
    Des Archers. I, 119.
    De la Barette. I, 83.
    Basse Notre-Dame. I, 87, 98.
    Du Beauregard (des 3 Cailloux). I, 83, 366.
    De Beauvais. I, 69, 88, 91, 100, 113, 129.
    Blanquetaque. I, 124.

— 546 —

Rues d'Amiens, dites :
  Le Blocq. I, 98.
  Des Bornes. II, 328.
  Des Bouchers. I, 41.
  Des Cannettes (de Lescamette). I, 101, 111, 118.
  De Constantine. I, 101.
  Coquerel ou des Sœurs-Grises. — Voy. ce dernier mot.
  De Corbie. I, 67. — II, 328.
  Des Cordeliers. I, 111.
  Des Corroyers. I, 127.
  Des Crignons ou Crinons. I, 39, 40.
  De la Crosse. I, 40.
  De la Double-Chaise (Chééle). I, 41.
  D'Engoulvent. I, 141.
  D'Espagny. I, 118.
  Du Four des Champs. I, 129.
  De Framicourt. I, 122.
  Des Francs-Mûriers. I, 141.
  Aux Fromages. I, 87.
  De la grande Boucherie. I, 42.
  Des grandes Écoles ou des Jésuites. I, 41.
  Des Granges. I, 83.
  Haute Notre-Dame. I, 98.
  Du Hocquet. I, 42, 94, 98, 101.
  Des Huchettes. I, 42.
  Des Jacobins. I, 53, 122, 136.
  Des Jardins ou des Capucins. I, 102.
  Au Lin. I, 68, 98.
  Des Lirots. I, 69.
  Du Loup qui waronne, qui varonne, ou qui va à Rome. I, 41, 42, 84.
  Des Louvets. I, 132, 134, 141.
  De Majoch. I, 115.
  Du Marché aux bêtes ou de Condé. I, 128.
  Des Mariniers ou des Minimes. I, 119, 120.
  Des Merderons. I, 128.
  De Metz. I, 83, 87, 103.
  Me'z-l'Évêque. I, 40, 65, 67, 85.
  Du Moulin-du-Roi. I, 129.
  Napoléon. I, 122.
  De Narine. I, 111, 113, 132, 134, 140, 141.
  Neuve St.-Denis. I, 41, 42, 45, 84, 96, 116.

Rues d'Amiens, dites :
  Notre-Dame. I, 21, 98.
  De Noyon. I, 41, 83, 84, 98.
  De Paris. I, 92.
  Des Orfèvres. I, 98, 141.
  Pavée. I, 35, 41.
  Des Plumettes. I, 41.
  Des Poirées. I, 19, 83.
  Des Poulies. I, 101.
  Du Puits à-Brandez. I, 129.
  De la Queue de Vache. I, 68.
  Des Quevaux. I, 122.
  Quincampoix. I, 129.
  Des Rabuissons. I, 111, 112, 113, 132, 138, 139.
  Des Rinchevaux. I, 68.
  De Riquebourg (aliàs Ricbors), ou du Puits Abraham Daix. I, 41. — II, 66.
  Du Sacq. I, 138.
  St.-Denis (grande). I, 21, 40, 42, 44, 58, 59, 72, 96, 129. — II, 342.
  St.-Dominique. I, 113, 114.
  St.-Germain. I, 127, 129.
  St.-Jacques (grande). I, 45, 126, 127.
  St.-Leu. I, 129.
  St.-Méry. I, 103.
  St.-Michel. I, 42, 96.
  St.-Pierre ou de la porte St.-Pierre. I, 104. — Voy. Chaussée.
  St.-Remy. I, 79.
  Des Sergents. I, 68, 366.
  Des Sœurs grises ou Coquerel. I, 129.
  Du Soleil. I, 41, 120.
  Des Tanneurs. I, 83.
  Des Vandales. I, 83.
  De la Veillère. I, 101, 137.
  Des Vergeaux. I, 87, 98, 141.
  Véronique. I, 87.
  Verte. I, 101.
    Voy. Chaussées, Cours, Places, Ruelles.
— de Corbie, dites :
  Des Prés. I, 229, 244, 265.
  Des Prés du Bascon. I, 283.
— de Doullens, dites :
  Du Menchon. I, 209.
  De la Poterne. I, 210.
— de Gamaches, dite de la Chaussée. II, 112.

Rues de Montreuil, dites :
> Des Carmes. II, 191.
> De la Licorne. II, 191.
> Le Pan. II, 219.
— de Paris, dite Neuve-St.-Honoré. II, 14.
— de Poulainville, dite des Naves. II, 335.
— de Querrieu, dite du Baille. I, 39.
— de Roye, dites :
> Des Arbalétriers. I, 458.
> Des Prévôts. I, 458.
— de St.-Riquier, dite Abengue. II, 216.

S

Sacré-Cœur (dames du). I, 120.
Ste.-Agnes (religieuses de), à Péronne. I, 314.
St.-Augustin (frères de). II, 124.
— (sœurs de) administrent l'hôtel-Dieu de St.-Valery. II, 120.
Ste.-Claire (couvent de), à Amiens. — Voy. Capucines.
St.-Dominique (religieuses de) administrent l'hôtel-Dieu de St.-Valery. II, 120.
Ste.-Elisabeth (dames de) ou Sœurs grises : à Amiens. I, 77, 128*.
— à Abbeville. I, 210, 345. — II, 25*, 26.
Ste.-Geneviève (congrégation de). I, 429, 466.
— (filles de), à Amiens, dites de la Providence. I, 140.
St.-Julien (dames de), à Amiens. I, 78, 130*, 233.
St.-Maur (congrégation de). I, 228.
Salines : de Noyelle-sur-Mer. II, 11.
— de Nollette. II, 11.
Sceau de la cour d'Amiens. II, 215.
— (droit de) : par qui dû. I, 11. — II, 231.
Sculpteurs : Blasset. I, 111. — De France. I, 112.
— Forget, Jehan. I, 120.
Sculpteurs (confrérie des). I, 115.
Seigneurs tués à Crécy : leurs restes. II, 236.
Sel (droit sur le). I, 2, 114.
Selle (rivière), Ser, Sala, Seila, Salix. I, 2, 10, 23, 25, 26, 94. — II, 315.
Séminaire d'Amiens. I, liv, 73, 74, 90, 381. — II, 39, 141, 164, 170, 172.
— de Noyon. II, 305.
— (petit) de Montreuil. II, 195, 197, 199.

Sénéchaussée de Ponthieu. I, 235. — II, 23, 50, 73, 264, 319.
Séparative (ligne) des bailliages d'Amiens et de Caux. I, x.
Septier, mesure agraire en usage à Noyon. I, 459. — II, 393.
Sergents (confrérie des) d'Amiens. I, 115, 129.
Sertes des valets dimeurs. I, 161.
Sestelage : ce que c'était. I, 93, 426.
Setier (mesure pour les grains) :
> d'Abbeville ou de Ponthieu. I, 4, 32. — II, 393.
> d'Airaines. I, 7. — II, 52, 394.
> d'Albert ou Encre. I, 394.
> d'Amiens. I, lxij, 4. — II, 393.
> de Boves. I, 260.
> de Corbie. II, 394.
> de Domart-en-Ponthieu. I, 500. — II, 394.
> de Doullens. I, 204.
> de Gamaches. II, 394.
> de Labroye. II, 394.
> de Lihons. I, 300.
> de Montdidier. II, 394.
> de Montreuil. II, 394.
> de Péronne. II, 394.
> de Picquigny. II, 394.
> de St.-Pol. I, 204.
> de St.-Riquier. II, 394.
> de St.-Valery. II, 394.

Setier, mesure de capacité pour les liquides. I, 5.
Seurettes à Abbeville. — Voy. Sœurs-grises.
Siège de Corbie. I, 93.
— de Hesdin. II, 184.
— de La Rochelle. I, lj.
Signaux de feu sur le bord de la mer. II, 200.
Sœurs blanches à Amiens. I, 126.
Sœurs grises à Abbeville et à Amiens. — Voy. Ste.-Elisabeth (dames de).
— à Beauvais. I, 345.
— à Grandvillers. I, 288.
— à Hesdin. I, 345.
— à Montdidier. — Voy. Cordelières.
— à Montreuil. I, 345. — II, 191.
— à Rue. I, 345. — II, 216, 222*, 223, 238.
— à St.-Omer. I, 345.
— à St.-Quentin. I, 345.

Sol ou sou, monnaie. I, 5.
Somme, rivière. I, 2.
— (vallée de). I, 489.
Somme, mesure pour les grains. II, 393.
Sonneurs couchant dans la cathédrale. I, xxviij, 48.
Soulèvement des vassaux du chapitre d'Amiens. I, 34.
Souliers (redevance en). II, 218.
Stérage d'Amiens. I, 31.
Subvention au roi. I, 65.
Supplément à l'ouvrage. I, 315 à 374.
Suppression des Communautés religieuses. I, lix.
Surcens : ce que c'était. I, xxxix.
Synode tenu à Montdidier en 1115. I, 355.

T

Table de marbre (la), tribunal des eaux et forêts à Paris. II, 100, 126.
Tableau des bénéfices en 1301. I, xviij.
— des bénéfices en 1730. I, xvj.
— des secours. I, xvij.
Tableaux en peinture. I, 136.
à l'aiguille. I, 136.
Taille, imposition. I, 66, 105, 118, 120, 127, 129, 142, 344, 459. — II, 15, 23, 24, 26, 29, 48, 188, 275, 366.
Taxe du Clergé. I, xlix et suiv., 2.
Taxe des pauvres et de l'hôpital. I, 121, 130, 136, 137, 140. — Voy. Bureau des pauvres.
Tempête du 30 décembre 1706. I, 134.
Temple payen, à Abbeville. II, 34.
— auprès d'Amiens. I, 171.
— de Diane, à Boves. I, 380.
— de Mytras, à Roye. I, 471.
— (chevaliers ou frères de la milice du). — Voy. Templiers.
Templiers. I, 297, 348. — II, 94, 95, 211.
— de Bellinval. II, 241, 258.
— de Berlincourt. I, 341.
— de Conchil. II, 194.
— de Fontaine. I, 341, 353.
Terra nominata, terre fieffée. I, 301.
Terrage (droit de). I, 3.
Testament de St.-Preuil. I, 113.
Tête de St.-Preuil. I, 113.

Théobaldiens (chanoines). I, xxiv, 177, 279, 332, 470, 473. — II, 154.
Voy. Prebendes.
Théologal : les auditeurs font défaut. I, xxix.
— son droit de patronage. II, 385.
Tiers-ordre de St.-Dominique. I, 114.
— de St.-François. I, 118, 126, 130.
Tiers-ordre de St. François (filles du) : à Doullens et à Montdidier. — Voy. Cordelieres et Minimes.
— à Montreuil et à Rue.—Voy. Sœurs grises.
Voy. St.-Julien (dames de).
Tirtaine, sorte d'étoffe. I, 162.
Titres des paroisses : défense aux curés de les conserver chez eux. I, v. — Leur destruction. Ibid. — Leur inventaire. Ibid.
Tombeau de St.-Honoré à Port. II, 187.
Tonlieu (droit de). I, 2, 108.
Tonneliers (confrérie des) à Amiens. I, 115.
Torillage (droit de). I, 2.
Trappistes. I, xxxvj.
Travers (droit de). I, 2, 11.
— de Doullens. I, 7.
— de Longueau. I, 107.
— de Picquigny. I, 428.
— de Vinacourt. I, 44.
Traversier : préposé au droit de travers. I, 428.
Trésorerie de l'église d'Amiens. I, 8*, 48, 79.
— de Corbie. I, 245, 249, 257. — II, 349.
Trésorier du chapitre d'Abbeville. II, 385.
Trésoriers de France (les), à Amiens. I, 116. — II, 163.
— (hôtel des), à Amiens. I, 40.
Troubles dans le couvent des Cordeliers d'Abbeville. II, 14.

U

Union d'abbayes d'hommes a des abbayes de femmes. I, 234. — II, 309.
Université des Chapelains.—Voy. ce dernier mot.
Université d'Orléans. I, xliv.
— de Paris. I, xliv, 431, 462. — II, 73.
Ursulines (religieuses) : à Abbeville. II, 1, 16, 27*.
— à Amiens. I, 113, 114, 136*, 404.
— à Arras. II, 313*.

— à Eu. II, 120, 313*.
— à Montdidier. I, 313*, 345, 356.
— à Péronne. II, 314*.
USAGERS en la forêt de Cressy. II, 16, 26, 28, 191.
USURPATION des biens des églises. I, xxxj.

V

VARECH (droit de) : ce que c'était. II, 184.
VARIVILLERS (dames de) : couvent. I, 183.
VASEL, mesure de capacité à Fontaine-sous-Catheux. II, 394.
VERGES (droit de). I, 108.
VERRE, redevance. I, 12. — II, 176.
VÊTEMENTS divers, redevances. II, 218.
  Voy. CHAUSSURES, GANTS, MANTEAU, SOULIERS.
VICAIRE-PERPÉTUEL : ce que c'était. I, xxxj, 166.
VICAIRIES : ce que c'était. I, xiv.
VICE-RÉGENT : ce que c'était. I, 166.
VICOMTÉ de Notre-Dame. I, 157.
VIDAME d'Amiens ou de Picquigny ; son institution, ses attributions, etc. I, xx, 62. — II, 247, 332, 333, 361.
  Voy., à la table des noms d'hommes, PICQUIGNY (de) et AILLY (d').
VIDAME de Gerberoy. I, 139.
VIDAME d'Amiens. I, 31, 221.
VIGNE L'ÉVÊQUE, domaine de l'évêché à Amiens. I, 1.
VIGNES à Amiens. I, 101, 105.
— à Cagny. I, 381.
— à Chaussoy-Epagny. I, 382.
— à Coullemelle. I, 383.
— à Maresmontiers. I, 197.
— au Meige. I, 419.
— à Seresvillers. I, 202.

VIGNOBLES. I, 6. — Voy. VIGNES et VIN récolté.
VIN récolté à Grivenne. I, 193.
— — à Broye. I, 190.
— (dîme sur le) récolté en divers lieux. I, 188, 192, 195, 196, 197, 199, 381, 419.
— (droits sur le). I, 161.
— offert aux grands seigneurs. II, 323.
— redevance. I, 43.
VISITATION (la) de Ste-Marie : autorisation et confirmation des établissements de cet ordre en France. I, 138.
— à Abbeville. II, 29*.
— à Amiens. I, 122, 138*.
— au faubourg St.-Jacques, à Paris. I, 138.
VISITE (droit de). I, 7, 132.
— des évêques. I, xxj.
— des paroisses par les archidiacres. I, lix, 14.
VITRAUX PEINTS : à Agnière. I, 289.
— à St.-Maulvis. II, 142.
VOCABLES des paroisses ; leur origine, etc. II, 378.
— (tableau des). II, 379.
VŒU DE LA VILLE. I, 53.
VOIE du Ré (roi). I, 425.
VOIES ROMAINES : d'Amiens à la mer. II, 120.
— d'Amiens à Thérouanne. I, 207.
  Voy. CHAUSSÉES.
VOÛTE DE ST.-QUENTIN (*Vauta Sᵗⁱ-Quintini*), prison du saint. II, 339.
VRAIE-CROIX, relique. I, 8.
VULTE (prieuré de) ? — Voy. PRIEURÉ DE MÉAULTE.

W

WINDAS : ce que c'était. I, 85. — Voy. GUINDAL.

FIN.

QUELQUES *ERRATA*.

TOME I.

P. xvj, Doyenné de Montreuil, — *Au lieu de :* 3 abbayes d'hommes, *lisez :* 2. — Ce qui réduit le nombre des bénéfices de ce doyenné à 33, le total des abbayes d'hommes du diocèse à 20, et le total général des bénéfices à 1344.

P. 243, note 4, *lisez :* St.-Jacques en Galice, *au lieu de :* en Galilée.

TOME II.

P. 208, note 7, *effacez* Witainéglise, qui était paroisse. Voy. à la page suivante Huitainéglise.

P. 467, ligne 4,'*lisez :* où il a été traité....

P. 479, col. 1ʳᵉ, ligne 13, *corrigez ainsi :*

    Courcelles-sous-Démuin. I, 106, 251.

    Courcelles, dépendance de Chirmont. I, 375*, 382. — II, 387.